Prof. Dr. Peter Schade, OStD Hans-Joachim Stark

Geschichte in der Gegenwart

Lehr- und Arbeitsbuch für Geschichte und Gemeinschaftskunde/
Sozialkunde in der gymnasialen Oberstufe

12. Auflage

Bestellnummer 00145

Bildungsverlag EINS
westermann

Die in diesem Werk aufgeführten Internetadressen sind auf dem Stand zum Zeitpunkt der Drucklegung. Die ständige Aktualität der Adressen kann vonseiten des Verlages nicht gewährleistet werden. Darüber hinaus übernimmt der Verlag keine Verantwortung für die Inhalte dieser Seiten.

Bildquellenverzeichnis

Fotos

akg-images GmbH, Berlin: S. 69, 334

Bayerische Staatsbibliothek München/Bildarchiv: S. 200.2

Bergmoser+Höller Verlag AG, Aachen: S. 82, 178, 179, 189, 190, 194, 257, 304, 326, 355, 364, 376, 386, 395.1, 404, 407, 408, 414

Bildarchiv Preußischer Kulturbesitz, Berlin: S. 21 (RMN Grand Palais/Christian Larrieu), 46 (Kunstbibliothek, SMB), 58 (Bayerische Staatsgemäldesammlungen), 65.1 (RMN Grand Palais/Hervé Lewandowski), 68 (RMN Grand Palais/Daniel Arnaudet), 70, 86 (RMN Grand Palais/Bulloz), 91, 102 (Dietmar Katz), 110, 124 (Hermann Buresch), 125 (British Library Board/Robana), 152 (Klaus Göken), 159.1 (Kunstbibliothek, SMB/Knud Petersen), 159.2, 173 (Archiv Gerstenberg)

BMF, Berlin/DDR MiNr. 3037, Lothar Grünewald: S. 257.2

Bundesarchiv, DVM 10 Bild-23-61-23 / CC-BY-SA 3.0: S. 157.2

Bundesregierung/Jesco Denzel: S. 417

Bundeswehr: S. 425 (Bienert), 430 (Matthias Raab)

CDU Deutschlands: S. 385

Deutscher Bundestag: S. 374

Deutsches Klimarechenzentrum, Hamburg: S. 362

DHM, Berlin: S. 157

dpa Infografik GmbH, Hamburg: S. 145.1, 145.2, 274.1, 284, 285, 287, 291, 301, 335.1, 335.2, 336, 337, 344, 356.2, 357, 359, 361.2, 365, 366, 377, 389, 396, 400, 403, 406, 409, 423, 429, 440, 449, 451, 454.1, 459.1, 460, 461.2, 467

dpa Picture-Alliance GmbH, Frankfurt: S. 20 (dpa), 22 (rtn - radio tele nord), 32 (ANE Edition), 211 (dpa), 302 (landov), 310 (dpa/dpaweb), 311 (dpa), 320 (akg-images), 327 (akg-images), 358 (dpa), 367 (dpa), 383 (dpa), 415 (dpa), 432.1 (dpa), 432.2 (dpa), 433 (dpa), 434 (dpa), 435.1 (dpa), 435.2 (dpa), 439 (abaca), 442 (dpa), 443 (dpa), 444 (dpa), 448 (dpa), 453.1 (dpa), 454.2 (Godong), 455 (dpa), 459.2 (dpa), 461.1 (dpa), 462 (dpa), 465.1 (robertharding), 468.2 (dpa)

Fotolia.com: S. 75 (Dmitry), 239 (eyeQ), 274.2 (Uwe Graf), 287.1 (finecki), 334.2 (Thomas wagner), 447 (Sport Moments), 453.2 (Phattana)

Björn Hänssler/bopicture, Bildungsverlag EINS GmbH: S. 118, 169, 332

Hellweg-Museum Unna, Inv.-Nr. 2013/84: S. 247

JOKER: S. 42 (Ralf Gerhard)

Klaas Ole Kürtz/Deutsche Model United Nations (DMUN) e.V.: S. 299

Mercedes-Benz Classic/Daimler AG: S. 127

MEV Verlag GmbH, Augsburg: S. 288, 465.2

Project Photos GmbH & Co. KG, Walchensee: S. 350

Christian Schlüter/Bildungsverlag EINS: S. 335.3

Süddeutsche Zeitung Photo: S. 44, 183 (Scherl), 200.1, 210 (IMAGNO), 230, 231 (Scherl), 232, 241 (Rue des Archives/Tallandier), 262 (Sven Simon), 271 (Andreas Schoelzel)

ullstein bild, Berlin: S. 101 (Archiv Gerstenberg), 133 (Archiv Gerstenberg), 137 (Archiv Gerstenberg), 171 (Archiv Gerstenberg), 222, 251 (BPA), 254, 256 (Jung), 265 (Christian Günther), 270 (Günter Schneider)

Wikimedia Commons – PD: S. 166

Karikaturen/Zeichnungen

Angelika Brauner/Bildungsverlag EINS: S. 14, 25, 245, 423.1

Horst Haitzinger, München: S. 95

Erik Liebermann, Steingaden: S. 352

Reinhold Löffler, Dinkelsbühl: S. 395.2

Gerhard Mester, Wiesbaden: S. 465.3, 468.1

Thomas Plaßmann, Essen: S. 356.1

Ivan Steiger, München: S. 413

Jupp Wolter/Haus der Geschichte der Bundesrepublik Deutschland, Bonn: S. 286

Umschlag

Deutscher Bundestag/Thomas Trutschel/phototek.net (oben); Sergii Figurnyi /Fotolia.com (unten)

service@bv-1.de
www.bildungsverlag1.de

Bildungsverlag EINS GmbH
Ettore-Bugatti-Straße 6-14, 51149 Köln

ISBN 978-3-441-**00145**-4

westermann GRUPPE

Grundsätzliches zur Benutzung dieses Buches

Geschichte in der Gegenwart ist ein Lehr- und Arbeitsbuch für Geschichte und Gemeinschaftskunde/Sozialkunde in der gymnasialen Oberstufe.

Die einzelnen Kapitel sind durchgängig nach folgendem Prinzip aufgebaut:

1. Der **Darstellungsteil** – mit Bildern, Grafiken und statistischen Tabellen angereichert – stellt eine in sich geschlossene lehr- und lernbare Einheit dar, die dem Schüler[1] auch selbstständiges Einarbeiten, Wiederholen und Vertiefen ermöglichen soll. Darstellungsteil

2. Die **Quellen** dienen der Dokumentierung, Ergänzung und Veranschaulichung; vor allem aber sind sie in den Unterrichtsphasen der Einzel-, Partner- oder Gruppenarbeit einzusetzen. Quellen

3. An jede Quelle schließen sich **Fragen** an, die sich direkt und ausschließlich auf sie beziehen. Diese Fragen können in fast allen Fällen unabhängig vom Darstellungsteil beantwortet werden. Fragen

4. **Aufgaben** zur Wiederholung und Festigung geben weitere Anregungen für den Unterricht und die Vor- und Nachbereitung zu Hause. Die Aufgaben beziehen sich auf das gesamte Kapitel, sie erstrecken sich auf den Darstellungsteil und teilweise auch auf die in den Quellen enthaltenen Informationen. Aufgaben

Formale Grundlage des Buches ist der Lehrplan für berufliche Gymnasien in Baden-Württemberg; es wurden aber auch Lehrpläne der anderen Bundesländer berücksichtigt. Die Autoren haben aus didaktisch-methodischen Überlegungen Schwerpunkte gesetzt.

Der Titel des Buches spiegelt die Grundkonzeption insbesondere in Teil A wider: Geschichte wird durch – auch kontrastierenden – Vergleich mit der Gegenwart veranschaulicht und aktualisiert. Geschichte wird nicht um ihrer selbst willen gelehrt, sondern um dem Schüler zu helfen, die heutige Welt besser zu verstehen.

Die Verfasser kennen die einschlägigen fachwissenschaftlichen Bedenken gegen diese Intention; sie sind aber überzeugt, dass die pädagogisch-didaktischen Vorteile überwiegen. Manche im Buch gebotenen Gegenwartsbezüge stellen eine Herausforderung zum Widerspruch und zur Diskussion dar, weitere können von Lehrern und Schülern selbst entwickelt werden.

Stets haben die Autoren sich bemüht, die pädagogische Grundforderung zu beachten: Was in Wissenschaft und Politik kontrovers diskutiert wird, muss auch unterrichtlich kontrovers dargestellt werden. Aber die – gerade auch im Quellenteil – gebotene Meinungsvielfalt darf nicht zur Standpunktlosigkeit führen. Die Bejahung der Grundwerte unserer staatlichen Ordnung und die Ablehnung aller demokratiefeindlichen Strömungen sind für ein Schulbuch selbstevident.

Für Kritik und Anregungen sind Autoren und Verlag stets dankbar.

Die Verfasser

1 Aus Gründen der besseren Lesbarkeit wird bei geschlechtsspezifischen Bezeichnungen in vielen Fällen ausschließlich die männliche Form gewählt.

Vorwort zur zwölften Auflage

Gegenüber der elften Auflage wurden im Wesentlichen Aktualisierungen vorgenommen und Ergänzungen eingefügt, die den Stand Mitte 2015 widerspiegeln.

Diese Neuauflage berücksichtigt weitgehend den Lehrplan für die beruflichen Gymnasien in Baden-Württemberg.

HOT

Die handlungsorientierte Themenbearbeitung (**HOT**) bleibt nach wie vor tragendes didaktisches Prinzip. Deshalb schließt jedes Kapitel mit der Darstellung einer bestimmten Arbeits- und Lernmethode, was selbstverständlich die Anwendung der übrigen für diesen Abschnitt nicht ausschließt.

Internetadressen

Die Aufgaben wurden entsprechend formuliert und ans Kapitelende angefügt. In der Randspalte finden sich zahlreiche **Internetadressen**, durch die die Schüler zur Weiterarbeit und zu selbstständiger Recherche angeregt werden sollen.

Bei allem Bemühen, stets den letzten verfügbaren Stand der politischen Ereignisse und der wissenschaftlichen Erkenntnis wiederzugeben, kann nicht ausgeschlossen werden, dass dies in einzelnen Fällen nicht vollständig gelungen ist.

Die Verfasser weisen darauf hin, dass im selben Verlag mit demselben Titel zusammen mit einer neuen Autorin, *Studienrätin Dr. Ines Mayer*, ein Lehrbuch herausgegeben worden ist, das dem gültigen Lehrplan für Geschichte mit Gemeinschaftskunde für berufliche Gymnasien in Baden-Württemberg in Aufbau und Inhalt genau und vollständig entspricht.

Die Verfasser

Inhaltsverzeichnis

Teil A | Geschichte

Teil B | Gemeinschaftskunde

Teil A | Geschichte

Historia magistra vitae
(Geschichte ist die Lehrmeisterin des Lebens)
M. T. Cicero (106–43 v. Chr.)

Was die Erfahrung aber und die Geschichte lehren,
ist dies, dass Völker und Regierungen niemals
etwas aus der Geschichte gelernt und nach Lehren,
die aus denselben zu sichern gewesen wären,
gehandelt haben.
G. W. Friedrich Hegel (1770–1831)

Geschichte macht den Menschen nicht klug für ein
andermal, sondern weise für immer.
Jacob Burckhardt (1818–1897)

1 Das Altertum

Semper aliter, semper idem
(Immer anders, immer dasselbe)
Friedrich Schiller (1759–1805)

SCHLÜSSELDATEN

etwa 2 Mio. Jahre v. Chr.	Homo habilis (der geschickte Mensch)
etwa 2900 v. Chr.	Entstehung des Alten Reiches in Ägypten
2200–800 v. Chr.	Bronzezeit in Europa
ab 800	Eisenzeit in Europa

1.1 Einführung in die Geschichte

1.1.1 Der Übergang des Menschen von der Vorgeschichte in die Geschichte

DARSTELLUNG

Das Alter der Erde als Planet wird auf drei bis zehn Milliarden Jahre geschätzt; eine Zeitspanne, die sich jeder menschlichen Vorstellungskraft entzieht. Auch die Frage nach dem zeitlichen Beginn des Lebensursprungs wird in Dimensionen diskutiert, die außerhalb von Zeiträumen liegen, die noch nachempfunden werden können. Die ersten primitiven Pflanzenformen *(Algen)* entstanden vor etwa 500 Millionen Jahren, ungefähr gleichzeitig mit einzelligen Lebewesen an der Grenze zwischen Pflanze und Tier *(Amöben)*. Die Entwicklung der Säugetiere und Vögel begann vor etwa 100 Millionen Jahren.

Primaten
Homo habilis

Die ersten Zeugnisse eines *zweibeinigen Gehens* und damit Spuren eines menschenähnlichen Wesens aus der Gruppe der **Primaten** („Herrentiere“, affenartige Säugetiere) sind rund vier Millionen Jahre alt. Doch erst zwei Millionen Jahre später war der **Homo habilis** (der geschickte Mensch) fähig, Steine als primitive Werkzeuge und Waffen zu benutzen, um etwa Tiere von seiner Wasserstelle zu vertreiben.

Homo erectus

Neuere Forschungen haben ergeben, dass der **Homo erectus** (der aufrecht gehende Mensch) vor rund einer Million Jahre neugierig und intelligent genug war, seine angestammte Heimat *Afrika* zu verlassen und nach Asien und Europa vorzudringen. Vielleicht trieben ihn Klimaveränderungen mit Dürre nach Norden. Er folgte dem Zug der Tiere und überquerte vermutlich sogar das lange Zeit ausgetrocknete Mittelmeer. Einer seiner späteren Nachkommen war der bekannte **Homo neanderthalensis** (Neandertaler), der aber vor 39 000 Jahren ausstarb.

Homo neanderthalensis

www.neanderthal.de

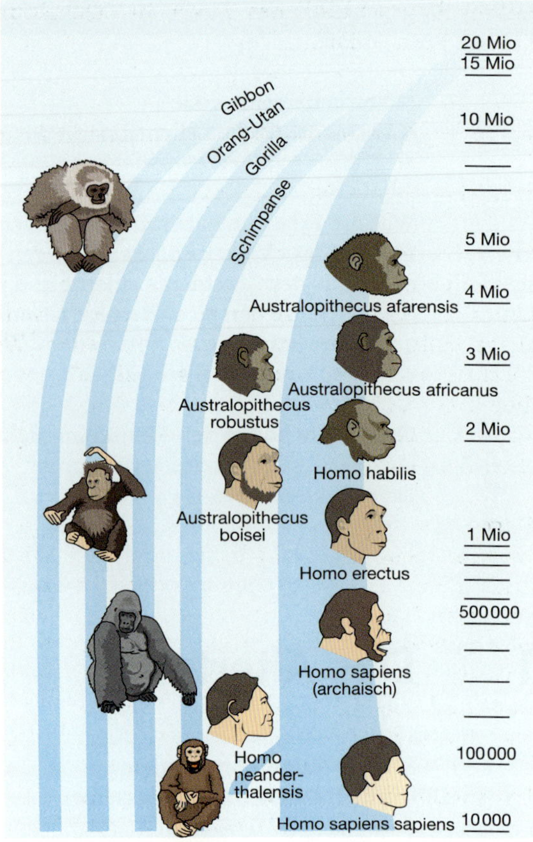

Stammbaum des Menschen

Die Urgeschichte des Menschen wird nach der Art des Materials der von ihm benutzten Geräte eingeteilt.

Steinzeit

Paläolithikum

Mesolithikum

Die **Steinzeit** umfasst rund 99 % der bisherigen Menschheitsgeschichte. Der Mensch des **Paläolithikums** (Altsteinzeit) ernährte sich von der Hordenjagd und wohnte in Höhlen und einfachen Hütten. Beim Übergang zum **Mesolithikum** (mittlere Steinzeit) werden die ersten geografisch bedingten Unterschiede deutlich. Die für die Mittelsteinzeit typischen Arbeiten, etwa die *Töpferei*, beginnen in Ägypten und Südeuropa um 10000 v. Chr., in Nordeuropa dagegen erst zweitausend Jahre später: Jäger-, Fischer- und Sammlerhorden werden teilweise sesshaft und sammeln erste Erfahrungen mit dem Ackerbau.

Neolithikum

Das **Neolithikum** (Jungsteinzeit) um 5000–4000 v. Chr. ist charakterisiert durch die Ausbildung einer sesshaften bäuerlichen Kultur. Ackerbau und Viehzucht sind die Grundlagen für einen lebhaften Tauschhandel.

Noch in der Gegenwart lassen sich Kulturen finden, die als *alt- und mittelsteinzeitlich* beschrieben werden können. In Zentralafrika, im Amazonasgebiet und in Nordaustralien leben Menschen in kleinen Gruppen und Stammesverbänden, die sich – noch (!) – kaum von den Wildbeutern und Sammlern längst vergangener Zeiten unterscheiden.

Bronzezeit

In der **Bronzezeit** (2200–800 v. Chr.) werden die Handelswege weiter ausgebaut, *Bernstein* wird zur begehrten Tauschware.

Eisenzeit

Mit der **Eisenzeit** ab 800 v. Chr. beginnt eine stärkere soziale Gliederung der Bevölkerung in Bauern, Handwerker und Händler. Dörfliche Siedlungen werden mit Mauern umgeben und damit zur Stadt.

Ur- oder Vorgeschichte

Hochkulturen

Die Entwicklung im mitteleuropäischen Raum bis zu diesem Zeitpunkt wird zur **Ur- oder Vorgeschichte** gerechnet, weil *schriftliche Quellen* fehlen, wodurch sie sich von der **Geschichte** unterscheidet. Dagegen sind aus anderen Teilen der Erde **Hochkulturen** bekannt, die auf eine mehrere tausend Jahre lange *Schriftlichkeit* zurückblicken können.

So beginnt im *Vorderen Orient* die *geschichtliche Zeit* rund 4 000 Jahre früher als in dem Gebiet, das heute Deutschland umfasst. Um 5000 v. Chr. tritt der Mensch mit der Entwicklung seiner

Kultur als **geschichtliches Wesen** in Erscheinung. Die *eigentliche* **Geschichte der Menschheit** nimmt ihren Anfang.

Geschichte der Menschheit

1.1.2 Chronologie und Periodisierung in der Geschichte

1.1.2.1 Historische Quellen

Quellen

Erkenntnisse aus der Vergangenheit gewinnt der Historiker aus **Quellen**, insbesondere aus schriftlichen. *Erzählende Quellen* sind solche, die geschichtliche Ereignisse zur Belehrung und Unterhaltung an Interessierte weitergeben wollen. Dabei werden bestimmte Begebenheiten ausgewählt, andere verschwiegen; es werden Wertungen und Deutungen vorgenommen. Die *Geschichtenschreiber* sind parteiisch, sie können nicht objektiv sein. Dieser Mangel fordert die **Quellenkritik** heraus. Sie fragt nach dem Verfasser und seinen Lebensumständen, seinen Absichten, seinen Kenntnissen, um so den Wahrheitsgehalt und die Glaubwürdigkeit einer solchen Quelle zu ermitteln.

Quellenkritik

Dagegen scheinen **Urkunden, Akten** und **andere amtliche Schriftstücke** auf den ersten Blick eher eine Garantie für die historische Wahrheit zu bieten. Allerdings nutzten sie gerade wegen ihrer Glaubwürdigkeit schon antike Geschichtsschreiber dazu, Geschichte zu fälschen, um bestimmten Interessen dienbar zu sein. Das berühmteste Beispiel ist wohl die sog. **Konstantinische Schenkung** (gefälscht zwischen 750 und 850), nach der angeblich von Kaiser *Konstantin* (280–337) dem mittelalterlichen Papst eine Vormachtstellung gegenüber dem (weltlichen) Kaiser bescheinigt wird. Mönche „besorgten" die Fälschung. Die Tradition der Geschichtsfälschung wurde im Mittelalter fortgesetzt und vervollkommnet.

Konstantinische Schenkung

Der stolze Titel Hamburgs „Freie und Hansestadt" beruht auf einer „Kaiserurkunde" von 1189. Nur entstammt dieses Dokument nicht der kaiserlichen Kanzlei, sondern dem Hamburger Rathaus. Für ein Urteil des Reichskammergerichtes von 1618, das der Stadt nun *wirklich* den Titel „Freie Stadt" verleihen sollte, ließ der Hamburger Senat von seinen Schreibern gleich eine ganze Reihe von Fälschungen herstellen, nach denen ihre Stadt angeblich schon seit *Karl dem Großen* „frei und kaiserlich" gewesen sei.

Es muss freilich berücksichtigt werden, dass im Mittelalter gekonnte Fälschungen geradezu als legitime Mittel betrachtet wurden, Interessen durchzusetzen.

Ende des 20. Jahrhunderts haben die frei erfundenen *Hitler-Tagebücher* großes Aufsehen erregt. Selbst anerkannte Historiker fielen zunächst auf diese Fälschung herein.

Statistiken können zwar sehr aussagekräftig sein, bieten aber andererseits ein weites Feld der Verwirrung. Fragestellung, Art der Materialauswertung, Form der äußeren Darstellung in Schaubildern und Diagrammen können den unkritischen Leser irreführen. Ähnliches gilt auch für *Karten und Bilder*.

Nicht schriftliche Quellen

Zu den **nicht schriftlichen Quellen** gehören Bauten wie Denkmäler, aber auch einfache Häuser, Hütten, Brücken und Straßen.

So kann man z. B. noch heute in Frankreich Häuser sehen, die zur Frontseite keine Fenster aufweisen, Beleg für die *Fenstersteuer* im vorigen Jahrhundert.

Archäologie

www.archaeologie-online.de

In zunehmendem Maße beschäftigen sich nicht nur die **Archäologie** (Altertumsforschung) mit Werkzeugen, Geräten, Kleidungsstücken und Münzen, sondern auch die Historiker, um auf diese Weise die Lebensumstände der „kleinen Leute" zu erforschen.

Je mehr wir uns der Gegenwart nähern, desto umfangreicher wird das Quellenmaterial. Mit Filmen und Tonträgern erwächst künftigen Generationen eine ganz neue Dimension historischen

Forschens. Allerdings geht dies auch zulasten schriftlicher Aufzeichnungen: Es werden kaum noch Briefe geschrieben, stattdessen wird telefoniert, oder es werden E-Mails und SMS verschickt.

Datierung

Die **Datierung** ist für die Bedeutung einer Quelle entscheidend. Es macht einen erheblichen Unterschied, ob es sich z. B. um den Bericht eines **Zeitzeugen** handelt, der unmittelbar dabei gewesen ist, oder um einen Schreiber, der vielleicht erst Jahrhunderte später Gehörtes und Gelesenes zu Papier bringt.

Doch wie die Erfahrung des Alltags immer wieder von Neuem lehrt, enthalten auch die *Augenzeugenberichte* nicht nur Wahrheiten.

1.1.2.2 Chronologie

Chronologie

Mit der Quellendatierung eng zusammen hängt die **Chronologie** (Lehre von der Zeiteinteilung und -rechnung). Die Einteilung der Zeit in Abschnitte, die für jedermann erkennbar und verständlich sind, eröffnet die Möglichkeit, die Zeit zu messen.

Zeitrechnung

Die astronomisch-mathematischen Grundlagen der **Zeitrechnung** sind zum einen der *mittlere Sonnentag* als der Zeitraum, in dem sich die Erde einmal um die eigene Achse dreht, und zum anderen das *Sonnenjahr,* d. h. die Zeitspanne, in der die Sonne wieder zum selben Wendepunkt wandert.

Julianischer Kalender
Gregorianischer Kalender

Mit der *Zeitrechnung* kann einem geschichtlichen Ereignis ein eindeutig definierter Platz im Strom der Zeit gegeben werden. *Julius Cäsar* gab Rom einen Kalender **(julianischer Kalender)**, der nur geringfügig vom astronomischen Jahr abwich. Dieser wurde erst 1582 vom **gregorianischen Kalender** abgelöst. Bei dieser Reform wurde die Differenz zwischen dem astronomischen Jahr und dem julianischen Kalender beseitigt. Sie hatte im Laufe der Jahrhunderte zu einer Verschiebung des ersten Frühlingsvollmondes und damit des Osterfestes geführt. Mit einem Trick wurde der Zeitunterschied überbrückt: Auf den 4. Oktober 1582 folgte sofort der 15. Oktober, sodass zehn Tage einfach ausfielen.

Oktoberrevolution

Deutschland führte den *gregorianischen Kalender* allgemein um 1700 ein; die Sowjetunion übernahm ihn erst am 14. Februar 1918. Deshalb wurde die **Oktoberrevolution** vom 25. Oktober 1917 – nach *julianischem Kalender* – immer erst am 7. November zumeist mit einer großen Militärparade auf dem *Roten Platz* in Moskau gefeiert.

Der Kalenderunterschied führte am 17. Oktober 1805 bei Ulm zu einer Niederlage der österreichischen Truppen gegen *Napoleons* Marschall *Ney*. Die mit Österreich verbündeten Russen hatten sich nach ihrer Zeitrechnung gerichtet und ihr Eintreffen „rechtzeitig" für den 15. Oktober des julianischen Kalenders geplant, sodass sie zu spät eintrafen.

Ära

Politische, religiöse und kulturelle Umstände bestimmen die Wahl für den Beginn der Jahreszählung. Die fortlaufende Zählung der Jahre von einem bestimmten geschichtlichen Ereignis wird mit **Ära** bezeichnet.

Die römische Zeit begann mit dem Jahre 753 v. Chr., *seit Gründung der Stadt* („ab urbe condita"). Die jüdische Weltära beginnt 3761 v. Chr., die der Moslems nahm ihren Anfang mit der Flucht *Mohammeds* von Mekka nach Medina im Jahre 622. Und die uns geläufigste, die christliche Ära, beginnt mit der Geburt von *Jesus Christus,* die höchstwahrscheinlich aber bereits vier Jahre vorher stattfand.

Versuche in der neueren Geschichte, eine politisch motivierte Kalenderreform einzuführen, scheiterten. Der mit der Französischen Revolution von 1789 dekretierte Kalender setzte sich ebenso wenig durch wie der von *Mussolini* im faschistischen Italien.

1.1.2.3 Das Periodisierungsproblem

Der Strom der Ereignisse, in schriftlichen Zeugnissen überliefert, muss in Kanäle gelenkt werden, wenn er einigermaßen überschaubar sein soll. Damit können die Geschehnisse unterscheidbar und somit verständlicher werden. Dem dienen die verschiedenen **Periodisierungsversuche** in der Weltgeschichte. Die älteste und heute noch bei uns gebräuchliche Einteilung geht auf *Christoph Cellarius* (1638–1707) zurück: Altertum, Mittelalter und Neuzeit. Er übernahm dieses sehr vereinfachende Schema von **Humanisten** des 15. und 16. Jahrhunderts.

Periodisierungsversuche

Diese Dreiteilung ist für die Weltgeschichte insofern wenig aussagekräftig, als sie nur auf ein geografisch eng begrenztes Gebiet anwendbar ist, nämlich *Europa*. So kennt die Geschichte Afrikas kein Mittelalter, weil die Veränderungen, die diese Epoche charakterisieren (siehe S. 18), dort nicht eingetreten sind.

Aber die Wirksamkeit dieser Dreiteilung zeigt sich z. B. heute noch darin, dass an den Universitäten Deutschlands Lehrstühle immer noch für *alte, mittlere und neue Geschichte* besetzt werden.

Die Festlegung der Grenzen dieser **Epochen** (der größeren Zeitabschnitte) ist Gegenstand kontroverser Diskussionen in der Geschichtswissenschaft auch heute noch. Die Versuche, anhand einer bestimmten Jahreszahl z. B. das Ende der **Antike** zu bestimmen, werden kritisiert, weil dabei der allmähliche gesellschaftliche Wandel unberücksichtigt bleibt.

Epoche

Selbst ein inhaltlich relativ leicht bestimmbarer Vorgang wie die *Industrialisierung* (siehe S. 119 ff.) ist gekennzeichnet durch die *Überlappung* verschiedener Produktions- und Gesellschaftsformen:

Während in den Städten Deutschlands die industrielle Fließfertigung um die Mitte des letzten Jahrhunderts selbstverständlich war, gab es auf einzelnen Bauernhöfen nur 40 Kilometer südlich des *Ruhrgebietes* kein elektrisches Licht und das Wasser wurde aus einem Brunnen geschöpft. Die Produktionsweise – praktisch keine landwirtschaftlichen Maschinen, nicht einmal Zugpferde – kann als *frühagrarisch* beschrieben werden – und das inmitten eines hoch industrialisierten Landes.

1.1.2.4 Die Epochengrenzen

Das **Altertum** beginnt mit den frühen Hochkulturen, also etwa vor 5 000 Jahren. Fälschlicherweise wird dieser Begriff oft mit der **Antike** (lat. antiquus = alt) gleichgesetzt, aber diese umfasst nur das griechisch-römische Altertum und nicht die *frühen* Kulturen.

Altertum

www.zfda.de

Die Epochengrenze zwischen *Altertum* und *Mittelalter* ist schwer zu ziehen, und schon gar nicht ist es möglich, eine bestimmte Jahreszahl festzulegen. Dennoch zeigen die angebotenen Daten die möglichen Wertungen der Ereignisse.

Das **Mittelalter**, abwertend auch als *dunkles Zeitalter* zwischen Antike und Neuzeit bezeichnet, wurde unterteilt in **Früh-**, **Hoch-** und **Spätmittelalter**. Diese Hilfskonstruktion unterstreicht noch einmal die Fragwürdigkeit aller Periodisierungsversuche, da auch sie nicht unumstritten ist.

Mittelalter

Die **Neuzeit**, deren Beginn auf etwa 1500 festgelegt wird, wird noch einmal unterteilt in die **Neuere Zeit** ab 1789 und die **Neueste Zeit**, die mit den Jahren 1914 bis 1918 beginnt.

Neuzeit

Die meisten Historiker wählen 1917 als Zäsur (Schnittstelle). In diesem Jahr traten die USA in den europäischen Krieg ein, und die *bolschewistische Revolution* veränderte die politische Struktur der Welt grundlegend.

Die beiden Supermächte des 20. Jahrhunderts – die USA und die UdSSR – traten zum ersten Mal *weltgeschichtlich* in Erscheinung und stellten die Weichen für ihre künftige **Hegemonie** (Vorherrschaft).

Epochengrenzen zwischen Altertum und Mittelalter

313	**Toleranzedikt von Mailand**, in dem die völlige Religionsfreiheit, damit auch die Gleichberechtigung des Christentums festgelegt wird. Abschaffung des heidnischen Staatskultes im gesamten Römischen Reich.
308 bis 337	**Kaiser Konstantin der Große**, der erste christliche Herrscher im Römischen Reich.
324	**Sieg Konstantins über Licinius**, seinen letzten Widersacher. Damit beginnt die Alleinherrschaft des ersten christlichen Kaisers.
375	**Einfall der Hunnen in Europa** und damit der Beginn der Völkerwanderung, die die politischen Verhältnisse in Europa völlig neu gestaltet.
378	**Schlacht bei Adrianopel**, in der der römische Kaiser Valens fällt. Das römische Heer verliert den Nimbus der Unbesiegbarkeit.
394	**Ende der Olympischen Spiele** und damit einer für den „Geist der Antike“ prägenden Institution.
395	**Tod des Theodosius**, nach dem das Römische Reich aufgeteilt wird und endgültig die Einheit verliert.
410	**Eroberung Roms durch die Westgoten.** Aus dem Eroberer ist ein Eroberter geworden. Symbolisches Ende der Weltherrschaft.
476	**Absetzung des Romulus Augustulus durch Odoaker**, damit auch formales Ende des weströmischen Reiches.
482	**Herrschaftsantritt Chlodwigs im Merowingerreich** und damit der Beginn eines neuen dauerhaften Reiches, dem später von Karl dem Großen regierten Frankenreich.
529	**Schließung der Akademie in Athen**, des Symbols von „griechischem Geist und griechisch-römischer Bildung“.
622	**Hedschra (Auswanderung) Mohammeds**, ein zentrales religionshistorisches Ereignis für die Moslems.
633	**Beginn der islamischen Expansion** und Ende der religiösen Einheit des Mittelmeerraumes.
711	**Landung der Araber in Spanien**, was den Beginn einer neuen kulturellen und politischen Herrschaft bedeutet.
800	**Kaiserkrönung Karls des Großen**, der sich als Verwalter und Fortführer des römischen Reichsgedankens betrachtet, dessen Herrschaft gleichzeitig die für das Mittelalter typischen Erscheinungen begünstigt und z. T. erst möglich macht.

1.1.2.5 Die Ansätze zur Periodisierung

Sechs Weltzeitalter

www.augustinus.de

Der Kirchenvater *Augustinus* (354–430) entwickelte in seinem Hauptwerk „De civitate Dei“ (*Gottesstaat*) ein geschichtsphilosophisches Modell von den **sechs Weltzeitaltern** in Analogie (ähnliche Entsprechung) zu den Lebensaltern. Während die antiken Schriftsteller, z. B. *Cicero,* Geschichte als einen sich ewig wiederholenden Kreislauf sahen, stellte *Augustinus* die These von der linearen Abfolge auf, die im *Jüngsten Gericht* endet und damit zugleich das Ende der

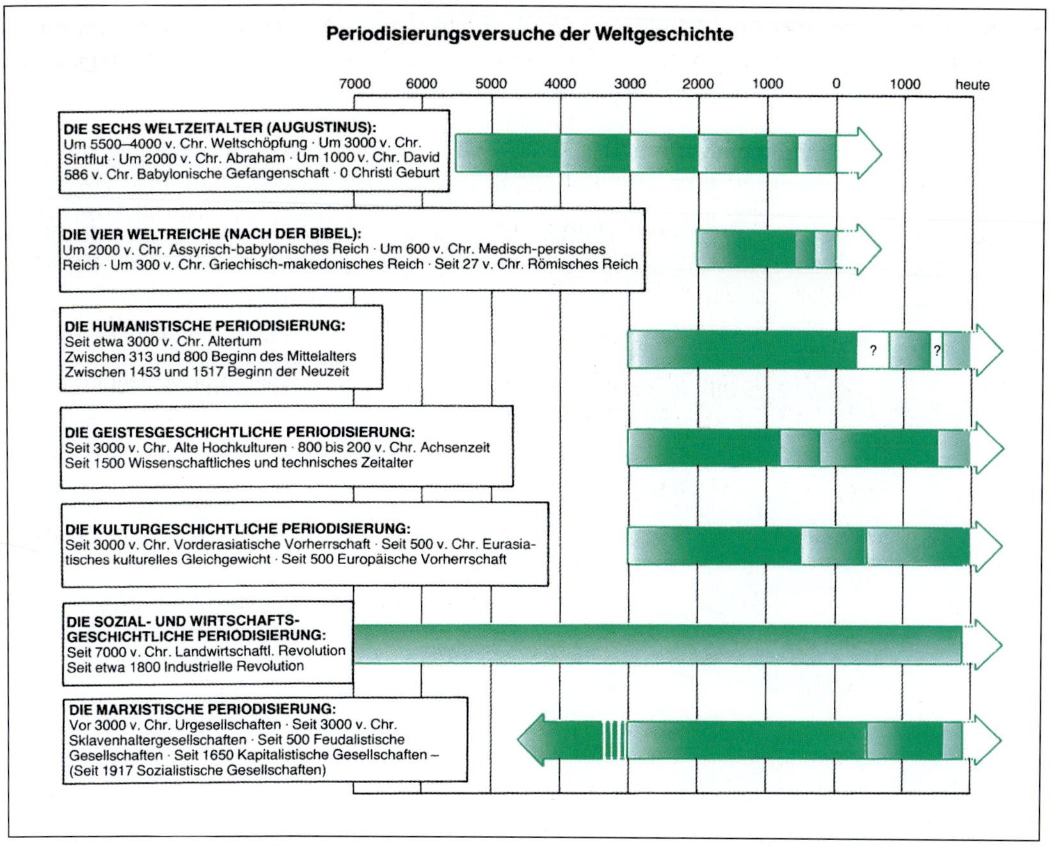

menschlichen Geschichte markiert. Da nach seiner Ansicht das sechste und somit letzte *Weltzeitalter* bereits angebrochen war, musste der strenggläubige Christ des Mittelalters im Grunde täglich mit dem Ende der Welt rechnen.

Vier Weltreiche

www.mediaevistik.com

Auch die Einteilung der Geschichte in **vier Weltreiche** nach der *Danielprophetie* der Bibel enthält die Vorstellung eines jüngsten Gerichtes. Wiederum ist das letzte Stadium erreicht, und das Ende der Welt wird für den mittelalterlichen Menschen schon fast zur greifbaren Wirklichkeit.

Neuere Versuche periodisieren die Geschichte unter einem bestimmten Aspekt. Dazu gehören die

- **geistesgeschichtliche,**
- **kulturgeschichtliche** sowie die
- **sozial- und wirtschaftsgeschichtliche** Periodisierung.

Einen davon sich abhebenden Lösungsansatz bietet die **marxistische** Periodisierung im *Historischen Materialismus* (siehe S. 140 f.). Er sieht die Geschichte als ein „Entwicklungsgesetz", das „objektiv" existiert, d. h. „unabhängig vom Willen und Bewusstsein der handelnden Menschen den Gang der gesellschaftlichen Entwicklung" bestimmt (Wörterbuch der Geschichte, Berlin [Ost] 1984). Die *Produktionsverhältnisse,* die von der Entfaltung der *Produktivkräfte* abhängen, bestimmen die Perioden der menschlichen Geschichte und ihre *Klassenkämpfe,* ist doch „die Geschichte aller bisherigen Gesellschaft [...] die Geschichte von Klassenkämpfen" (*Marx/Engels:* Kommunistisches Manifest).

Kein Periodisierungsversuch hat allgemeine Anerkennung gefunden, auch wenn er, wie der *marxistische,* Anspruch auf Allgemeingültigkeit erhebt. Gemeinsam ist allen Konzepten, dass sie *ideologisch* geprägt sind und so von (Vor-)Urteilskategorien ausgehen. Zumindest aber als *Lernhilfen* sind Periodisierungen unverzichtbar.

1.1.3 Entstehung und Merkmale früher Hochkulturen

1.1.3.1 Frühe neolithische Siedlungen

Produktionswirtschaft

Der Übergang zur **Produktionswirtschaft** ist jene Veränderung im Vorderen Orient, die der englische Archäologe *Gordon Childe* als „neolithische Revolution" bezeichnet. Nicht mehr allein was die Natur „von selbst" liefert, ist Grundlage des Lebens, sondern der Mensch wandelt sich vom *Nur-Konsumenten* zum Produzenten. Ausgrabungen zeigten, dass im heutigen Grenzgebiet von Iran und Irak schon zu Beginn des 7. vorchristlichen Jahrtausends Dörfer existierten, deren Bevölkerung vom Getreideanbau und der Zucht von Ziegen und anderen kleinen Wiederkäuern lebten. Zur Ergänzung ihres Speiseplans gingen die Einwohner auf die Jagd und sammelten außerdem Eicheln, Pistazien und Schnecken.

Ausgrabungen der Mauerreste des alten Jericho in Jordanien

Die ältesten Spuren einer stadtartigen Siedlung finden sich im Gebiet von *Jericho* (Jordanien). Um 7000 v. Chr. lebten dort Menschen auf einer Fläche, die von einer großen Steinmauer umgeben war, in die ein mächtiger Turm von neun Metern Durchmesser und gleicher Höhe eingebaut war.

Befestigungsanlagen sowie ein Bewässerungs- und Vorratssystem deuten auf organisierte Gemeinschaftsarbeit einer sozial gegliederten Bevölkerung. Schriftliche Zeugnisse aber fehlen, sodass Jericho nur als Vorform einer städtischen Hochkultur bezeichnet werden kann.

▶ Q. 1

1.1.3.2 Kriterien einer Hochkultur

Hochkultur

Es gibt unterschiedliche Erklärungsansätze für den historischen Begriff **Hochkultur.** Zwei Merkmale aber sind ihnen allen gemeinsam:

Stadt

1. Die **Stadt** wird nicht einfach als quantitativ-gradueller Unterschied zum Dorf begriffen, sondern als Ausdruck einer veränderten Sozialstruktur verstanden. **Arbeitsteilung** und beginnendes Spezialistentum bestimmen das soziale Gefüge.

Herrschaft

2. Die **Herrschaft** als dauerhafte Institution ist das zweite Kriterium. Es existiert nicht mehr die zufällige und zeitlich eng begrenzte Machtausübung Einzelner oder einzelner Gruppen, sondern die dauerhafte Machtentfaltung eines Königs oder eines gottähnlich verehrten Priesters wird zum Bestimmungsfaktor für den Begriff *Hochkultur*.

Unentschieden ist bisher die Frage, ob alle Hochkulturen unabhängig voneinander entstanden sind oder ein gemeinsames *Ursprungszentrum* haben. Als ziemlich gesichert gilt jedoch die Erkenntnis, dass die Hochkulturen Ägyptens, des *Zweistromlandes* (Euphrat und Tigris) und Indiens miteinander in Verbindung standen und sich gegenseitig beeinflussten.

Schrift

Als weiteres Merkmal aller Hochkulturen gilt die Entwicklung der **Schrift,** mit der eine für den Historiker entscheidende Geschichtsquelle entsteht. Die ersten Schriftzeichen stammen von den

Sumerern in *Mesopotamien*. Sie sind auf gebrannten und damit haltbar gemachten Tontäfelchen geschrieben. Die Chinesen benutzten dagegen Pergament, Papier und Seide als Material, auf das mit Tusche und Pinsel geschrieben wurde. In Ägypten verwandte man für die **Hieroglyphen** Tinte und Papyrusrollen. Die Entzifferung dieser Bilderschrift gelang erstmals dem Franzosen *Jean-François Champollion (1790–1832)*.

Hieroglyphen

Der hohe soziale Rang der Schreiber, die weit über den Bauern und Kaufleuten standen, zeigt, welche Bedeutung der Schrift und ihrer Beherrschung in den ersten Hochkulturen zugemessen wurde.

▶ Q. 2

Ein weiteres Kennzeichen dieser Frühkulturen ist der **Kalender**, dessen Entwicklung wahrscheinlich auf Bedürfnisse der Landwirtschaft zurückgeht, die Termine für Aussaat und Ernte festlegen wollte.

Kalender

Die *Mayas* in Mexiko teilten das Jahr in 18 Zeiteinheiten zu je 20 Tagen, woran noch fünf Tage angehängt wurden. Diese fünf Schalttage beendeten auch das ägyptische Jahr mit bereits zwölf Monaten zu je 30 Tagen.

Recht und Gesetz, z. T. schon gegliedert in ein **Rechtssystem**, ist ein weiterer Grundzug der Hochkulturen. Das *Gewohnheitsrecht* wird abgelöst durch ein *gesetztes Recht*, wie es uns in Gestalt der Gesetzessäule des Königs *Hammurabi* von *Babylon* begegnet, deren Entstehung vermutlich auf 1700 v. Chr. datiert.

Rechtssystem

Das gesetzte Recht ist der Vorläufer des heutigen **positiven Rechts**, worunter die Gesamtheit der staatlichen Rechtssetzung verstanden wird, z. B. das Bürgerliche Gesetzbuch (BGB).

Fortschritte in Technik und Naturwissenschaften sowie Schöpfungen der Architektur, Malerei und Plastik kennzeichnen die weitere Entwicklung der Hochkulturen.

Im alten China war die Herstellung des Schießpulvers schon lange bekannt, ehe erst vor wenigen Jahrhunderten diese Erfindung auch in Europa gemacht wurde.

Gesetzessäule des Königs Hammurabi von Babylon

1.1.3.3 Beispiel einer frühen Hochkultur: Ägypten

Etwa um 2900 v. Chr. entstand der von einem als Gott verehrte Herrscher regierte Flächenstaat Ägypten. Der *Nil* war mehr als ein Fluss, er wurde personifiziert und als gottähnliche Erscheinung gepriesen, denn sein Hochwasser sicherte den Anbau und die Ernte und damit Ernährung und Wohlstand der Bevölkerung. Leben war – außer im Nildelta Unterägyptens – nur innerhalb eines schmalen, etwa 50 Kilometer breiten Streifens links und rechts des Nils möglich.

Die ägyptische Geschichte wird nach den **Dynastien** (Herrscherfamilien) und ihrer Regierungsdauer gegliedert. *Zwischenzeiten* sind jene, in denen Ägypten dem Verfall und dem Einfluss fremder Völker unterlag.

Dynastie

Pyramiden

Pharao

Bereits im **Alten Reich** wurden die **Pyramiden** gebaut. Diese einzigartigen, heute noch zu besichtigenden Bauwerke galten in ihrer Gesamtheit als eines der sieben Weltwunder des *Altertums*. Der Gott-König, der erst ab der 18. Dynastie als **Pharao** („das große Haus") bezeichnet wurde, ließ sich die **Cheopspyramide** als Grabmal bauen. Das Bauwerk legt Zeugnis ab von der Exaktheit der Berechnung und der Präzision in der Ausführung.

Über sechs Millionen Tonnen Steine mussten zusammengetragen werden. Die Quader wiegen je zweieinhalb Tonnen, aber jeder musste millimetergenau bearbeitet und mit anderen verfugt werden. Bis heute ist das große Rätsel nicht eindeutig geklärt, wie die Ägypter die Probleme eines solch gigantischen Baus gelöst haben.

Priester- und Amtsaristokratie

▶ Q. 3

Auch die wirtschaftlichen und gesellschaftlichen Schwierigkeiten müssen gewaltig gewesen sein. Zehntausende von Arbeitern an den Pyramiden fielen für eine produktive Tätigkeit aus, mussten gleichwohl ernährt werden. Dafür benötigten die Pharaonen die Unterstützung der **Priester- und Amtsaristokratie**, die sie nur durch die Zugeständnisse von Privilegien erhalten konnten. Unfreiwillig förderten sie damit deren Streben nach Selbstständigkeit.

Die Pyramiden zeigen, wie auch andere Monumentalbauten in der Geschichte, die unvorstellbare Ausbeutung der Bevölkerung durch ihre Herrscher. Andererseits, den Gedanken zu Ende gedacht: Ohne die gewaltige, vom Herrscher erzwungene Arbeitsleistung wären solch einzigartige, von Millionen Touristen besuchte Kulturdenkmäler nicht entstanden.

Vergoldeter Sarg des ägyptischen Königs Tutanchamun

www.aegypten-geschichte-kultur.de

Spätere Dynastien konnten sich einen derartig verschwenderischen Aufwand – modern formuliert: unproduktiven Staatskonsum für Grabkammern – nicht mehr leisten. Zahlreiche Pharaonen wurden im „Tal der Könige" in der Nähe von Luxor in Stollen, die zumeist in Felswände getrieben wurden, bestattet.

Tutanchamun

Eines dieser Gräber wurde 1922 entdeckt; es war ausnahmsweise nicht von Grabräubern ausgeplündert. Es enthielt alle Grabbeigaben und barg unermessliche Kunstschätze, die der Forschung neue Erkenntnisse und Impulse brachten. Der Name eines schon mit neun Jahren zum Pharao erhobenen und bereits im Alter von 19 Jahren (1325 v. Chr.) gestorbenen, wenig bekannten und auch unbedeutenden Herrschers wurde so der ganzen Welt bekannt: **Tutanchamun**.

Eine Ausstellung mit Exponaten (Ausstellungsstücken) aus seinem Grab führte um 1980 zu einem regelrechten „Ägypten-Boom" in den USA und in Westeuropa.

Gordon Childe über die „Städtische Revolution"

▶ QUELLE 1

Das entscheidende Ereignis für die europäische Vorgeschichte war die Städtische Revolution; sie war auch zugleich ein Akt der Befreiung, gerade weil sie sich zuerst in den Tälern des Nils, des Tigris und Euphrats und des Indus vollzogen hatte. Diese Revolution war in der Tat die Vorbedingung für den ganzen zukünftigen Fortschritt in Wissenschaft und Technik; wirtschaftlich gesehen schuf sie das erste Kapital, das für eine vollständigere Ausbeutung der natürlichen Hilfsquellen der Erde und damit für die Emanzipierung des Menschen von der parasitischen Abhängigkeit von seiner nicht-menschlichen Umgebung nötig war. Doch gerade dank seiner Rückständigkeit konnte Europa aus der befreienden Tat des Orients Nutzen ziehen, ohne den vollen Preis dafür zahlen zu müssen, konnte von einem Kapital zehren, ohne es selbst ansammeln zu müssen. Denn die Städtische Revolution schuf sowohl Armut wie Wohlstand; das für diese Verstädterung erforderliche Kapital war – ebenso wie das für die Industrialisierung im neunzehnten Jahrhundert notwendige – durch die erzwungenen Ersparnisse der Massen zusammengekommen. [...]
So häuften in Ägypten göttliche Könige, in Mesopotamien Gottheiten und Stadtkönige Reserven an, die groß genug waren, eine neue Klasse von vollbeschäftigten Spezialisten zu ernähren und den Berufshandwerkern die Freiheit zur Ausübung und Vervollkommnung ihrer Künste zu garantieren. Ferner wurden aus diesen Reserven auch direkt oder indirekt die an der Förderung und dem Transport der von der Industrie benötigten Rohstoffe Beteiligten ernährt. Ägypten und Mesopotamien fehlten Metalle und Bauholz, Mesopotamien auch Steine, und bei beiden war eine Nachfrage nach dem, was wir Luxuswaren nennen möchten, vorhanden – Lapislazuli und anderen Halbedelsteinen, wohlriechenden Hölzern, Wein, Olivenöl –, die auch eingeführt werden mußten. Dank dem auf diese Weise von den neuen Staaten finanzierten Handel wurden die ägyptischen und sumerischen Handwerker regelmäßig mit Rohstoffen zur Ausübung ihrer Künste versorgt. So schuf die Städtische Revolution die Vorbedingungen für ein Bronze-Zeitalter: sie befreite die Handarbeiter von der Notwendigkeit, die eigene Nahrung anzubauen oder zu erbeuten, so daß sie ihre ganze Zeit ihrem Gewerbe widmen konnten, und sie sicherte ihnen die regelmäßige Zufuhr von Metallen. Doch sie versetzte dieselben Arbeiter, die sie befreit hatte, zugleich auch in wirtschaftliche Sklaverei; sie waren, was Nahrung und Rohmaterial anbetraf, gänzlich vom Staat abhängig, sie waren Proletarier geworden, die ihren Lebensunterhalt durch den Verkauf ihrer Arbeit oder ihrer Geschicklichkeit verdienen mußten.

(Gordon Childe: Vorgeschichte der europäischen Kultur. Übersetzt von Hertha Federmann. Hamburg, Rowohlt 1960, S. 56)

1. **Erklären Sie in eigenen Worten den Begriff „Städtische Revolution".**
2. **Welche Folgen hatte die „Städtische Revolution" für die Arbeiter?**

Ein ägyptischer Schreiber über die Schriftbeherrschung

▶ QUELLE 2

Lehre, verfaßt von dem Schreiber des Königs,
dem großen Verwalter der Rinder des Amun
Nimurrianacht,
für seinen Gehilfen, den Schreiber Uentai-Amun.

Liebe das Schreiben und hasse das Tanzen, daß du ein trefflicher Rat werdest. Neige dein Herz nicht dem Sportfeld zu, laß ab vom Bumerangwerfen oder Ballspiel. Bringe den ganzen Tag damit zu, daß deine Finger schreiben, und lies in der Nacht. Verbrüdere dich mit der Buchrolle und dem Schreibzeug; es ist zuträglicher als der Schedehtrank. Das Schreiben ist nützlicher für den, der es recht versteht, als jeder andere Beruf. Es ist süßer als Brot und Bier, als Kleider und Salbe; es macht glücklicher als ein Erbteil im Ägypterland und als ein Grab im Westen [...] Siehe es mit eignen Augen an, die Berufe liegen hier vor dir.
Der Wäscher steigt den Tag lang hinauf und hinab, alle seine Glieder werden müde, wenn er täglich die Kleider seines Nachbarn weiß wäscht und ihre Flecken auswäscht. Der Ziegelmaurer ist mit Erde beschmiert wie einer, dessen Angehörige gestorben sind; seine Hände und Füße sind voller Schlamm, und es ist, als ob er im Sumpf steckte. Der Schuster ist mit Gerbstoff beschmiert, und sein Geruch ist leicht zu erkennen. Seine Hände sind rot von Farbe, als wäre er mit seinem Blut beschmiert; er blickt hinter sich nach dem Raubvogel wie ein Mann, der sein Fleisch ungeborgen liegen findet. Der Kranzbinder macht Blumensträuße, um die Untersätze der Krüge zu schmücken. Er verbringt die Nacht mit Arbeit, als wäre die Sonne schon über ihm aufgegangen. Die Handelsmänner fahren stromab und stromauf und sind beschäftigt, um die Dinge einer

Stadt zur anderen zu tragen, und versorgen den, der nichts hat; aber die sie zur Steuer einschätzen, tragen das Gold und die vortrefflichsten Steine jeder Art fort. Die Schiffsleute jedes Haushaltes nehmen ihre Ladung in Empfang und fahren damit nach Phoinikien. Und von diesen sagt keiner, wir werden Ägypten wiedersehen!

Der Handwerker auf dem Zimmerplatz trägt das Holz und legt es hin. Gibt er die Arbeit für gestern erst heute ab, wehe dann seinen Gliedern. Der Vorarbeiter steht hinter ihm und sagt zu ihm böse Worte. Ein Handlanger auf dem Felde ist härter daran als jeder andere Beruf.

(Friedrich Wilhelm v. Bissing [Hrsg.]: Der alte Orient. Altägyptische Lebensweisheit. München, Artemis 1955, S. 38 f.)

1. **Welche Berufe nennt der Verfasser?**
2. **Welche Vor- und Nachteile gegenüber anderen Berufen werden angesprochen?**
3. **Wie lässt sich das Alltagsleben in Ägypten beschreiben?**

▶ QUELLE 3 Privilegien für zwei Pyramidenstädte und den Tempel des Gottes Min

Meine Majestät hat befohlen, daß diese beiden Pyramidenstädte um seinetwillen für alle Ewigkeit davon befreit werden, Arbeit für den Palast zu leisten, für alle Ewigkeit davon befreit werden, Zwangsarbeit für irgendeinen Teil der königlichen Residenz zu leisten, und für alle Ewigkeit davon befreit werden, irgendeine Fronarbeit auf Geheiß von wem auch immer zu leisten.

Für den obersten Propheten und den nachgeordneten Propheten des Min in Koptos [...] für alle Knechte, die dem Hause des Min dienen, für das Gesinde, die Gefolgschaft und die Wache des Min, für die Insassen des Arbeitshauses und für die beiden Architekten dieses Tempels – für alle, die dort sind – verfügt meine Majestät, daß sie für keinerlei Tätigkeiten für den König herangezogen werden dürfen, weder sie noch ihre Rinderherden, Eselsherden oder Kleinviehherden [...] vielmehr möge jeder Arbeit auf Zeit und jede Zwangsarbeit in alle Ewigkeit dem Hause des Min zugute kommen. Heute von neuem sind sie befreit für den Min von Koptos durch eine Verfügung des Königs von Ober- und Unterägypten, der für immer und ewig leben wird. Der Statthalter von Oberägypten soll, wenn er die Verfügung wegnimmt und in ein Amt des Hauses der königlichen Urkunden oder des Hauses des Prüfungsmeisters oder eines Archivs oder eines siegeltragenden Hauses überführt, um den Tempel zu irgendeiner Arbeit für den Palast zu bringen, mit dem Wort ‚Verrat' verflucht sein.

(John A. Wilson: Ägypten. In: Golo Mann [Hrsg.]: Propyläen Weltgeschichte. Band I, 2, Frankfurt a. M., Ullstein/Propyläen 1961, S. 387 f.)

1. **Welche konkreten Vorteile ergeben sich durch die Privilegien für die zwei Pyramidenstädte und den Tempel des Gottes Min?**
2. **Welche Motive bewegen (auch heute noch) einen Herrscher dazu, Privilegien zu erteilen?**

1.2 Antikes Erbe: Griechenland

SCHLÜSSELDATEN

900 v. Chr.	Gründung Spartas
594	Solons Verfassung
561–510	Tyrannis des Peisistratos und seiner Söhne
550	Peloponnesischer Bund
509–507	Kleisthenes' Verfassungsreform
490	Marathonschlacht: Sieg der Griechen über die Perser
480	Schlacht bei den Thermopylen: Opfertod der Spartaner
477	Delisch-attischer Seebund
461–429	Perikleisches Zeitalter
404	Sparta erobert Athen

1.2.1 Das dunkle Zeitalter und die archaische Zeit

DARSTELLUNG

Im 12. Jahrhundert v. Chr. starben die Kulturen der Bronzezeit in Griechenland und Kleinasien aus. Es begann ein Zeitalter der Völkerwanderungen, über das die Geschichtswissenschaft allerdings nur wenig zu berichten vermag, da fast keine schriftlichen Quellen aus dieser Zeit vorhanden sind. Deshalb wird der Zeitraum zwischen 1200 und 800 v. Chr. auch – ähnlich wie später das Mittelalter – das **dunkle Zeitalter** genannt. In diesen vier Jahrhunderten früher griechischer Geschichte führte eine Wanderungswelle zur Gründung kleiner griechischer Siedlungen an den westlichen Küsten Kleinasiens. Die ältesten schriftlichen Dokumente griechischer Geschichte sind zwei epische Gedichte, die **Ilias** und die **Odyssee**. Beide Werke wurden nach der Überlieferung von *Homer* zwischen 750 und 650 v. Chr. verfasst. Die heutige Philologie (Wissenschaft von der Erforschung von Texten) vermutet jedoch, dass sie nicht vom selben Verfasser stammen. Umstritten ist ferner, ob die rhythmischen Verse („Gesänge“) ein zutreffendes historisches Bild der gesellschaftlichen Verhältnisse in dieser Zeit geben, da sie erst etwa 100 Jahre später entstanden sind.

Das dunkle Zeitalter

Ilias

Odyssee

Griechenland und die Küste Kleinasiens

Als relativ sicher gilt, dass der **König** in einer Art Gewalteneinheit die alleinige Macht innehatte und als Gesetzgeber, Richter und militärischer Oberbefehlshaber über das Land und seine Untertanen herrschte. Zwischen dem König und dem übrigen Adel bestanden ständig Spannungen, sodass Kämpfe um den Machtbesitz entbrannten. Wenig ist bekannt über die Lebensbedingungen des Volkes; in den Werken *Homers* erscheint es nur als unbestimmbare Masse zur Veranschaulichung der Macht von König und Adel.

König

Gegen Ende des 8. Jahrhunderts v. Chr. setzte sich allmählich die Bezeichnung **Hellenen** als Sammelname für alle griechischen Stämme durch. Die Hellenen wiesen drei gemeinsame Merkmale auf:

- Sie lebten in **Hellas**, das war ursprünglich das griechische Festland, später kamen noch Inseln der Ägäis hinzu.
- Sie sprachen griechisch und
- nahmen an den **Olympischen Spielen** teil.

Hellenen

Alle vier Jahre (wie heute) fanden in der Antike die Olympischen Spiele statt, allerdings stets am selben Ort, **Olympia**, der ihnen den Namen gab. Im Monat der Spiele schwiegen in ganz Hellas die Waffen; bedauerlich, dass diese Tradition heute nicht mehr gilt.

Olympia
www.dainst.org

Zu keiner Zeit stellten die Hellenen eine politische Einheit dar. Der Begriff „Hellas“ oder „Hellenen“ bezeichnet allenfalls eine geistige Gemeinsamkeit, etwa wie das Christentum oder der Islam, so wie selbst heute von einer **politischen Einheit** Europas noch kaum die Rede sein kann.

Die Jahrhunderte zwischen 800 bis 500 v. Chr. gelten als die **archaische Zeit** griechischer Geschichte. Der Beginn dieser Periode wird durch zwei Entwicklungen charakterisiert:

- Die Entstehung des typischen griechischen Gemeinwesens, der **Polis** („Stadtstaat“), und
- die griechische Kolonisationsbewegung.

Archaische Zeit

1.2.2 Die griechische Polis

Die Geschichte der Polis beginnt mit der Abschaffung der Monarchie. Auf einem kleinen Gebiet mit relativ geringer Bevölkerung wurden städtische Siedlungen gegründet, die fast immer nach demselben Muster konzipiert waren: Im Stadtzentrum mit den wichtigsten öffentlichen und religiösen Gebäuden lag die von Säulen umgebene **Agora** (Marktplatz), die Stätte, auf der die Volksversammlungen abgehalten wurden. Ein erhöhter Punkt, die **Akropolis**[1], diente als Fluchtburg und letzte Verteidigungslinie.

Die bekannte Akropolis in Athen hatte in erster Linie eine kultische Funktion. Sie ist heute die besterhaltene Anlage ihrer Art. Erst in letzter Zeit beginnen die Mauern und Säulen durch Umwelteinflüsse zu zerfallen. Steinerne Zeugen einer ehrwürdigen Vergangenheit überlebten mehr als 2 000 Jahre. Nur wenige Jahrzehnte mit Autoabgasen, Industriedämpfen und saurem Regen genügen, sie zu zerstören.

Autonomie
Autarkie

Jede Polis war politisch unabhängig und strebte nach einem Zustand gesicherter **Autonomie** (Selbstständigkeit). Auch wirtschaftlich trachteten die **Poleis** (Mehrzahl von Polis) nach **Autarkie** (Unabhängigkeit), war sie doch die Grundlage für außenpolitische Handlungsfreiheit.

Aristokratie

Gemeinsam war allen Griechen die Überzeugung, dass für ein zivilisiertes Leben die Polis die angemessene Struktur darstellt. Zu Beginn des archaischen Zeitalters wurde sie von der **Aristokratie** (Adelsherrschaft) geformt, die sich dank ihres Grundbesitzes ein Machtmonopol sichern und so das einfache Volk wirtschaftlich ausbeuten konnte.

Phalanx
Hopliten
Oligarchie
Demokratie

Um 650 v. Chr. entwickelte sich die Militärtaktik. Nicht mehr Einzelkämpfer, sondern eine dicht gedrängte **Phalanx** von schwer bewaffneten Männern bestritt die Schlacht. Nur wohlhabende Bürger konnten sich die aufwendige und damit teure Bewaffnung leisten, und so wurden sie, auch wenn sie keine Aristokraten waren, in die Reihen der **Hopliten** (Schwerbewaffnete mit Schild, Helm, Lederpanzer und Schwert) aufgenommen. Dafür musste die Adelsherrschaft sie entlohnen. Der Preis: Die **Oligarchie** (Herrschaft der Wenigen) wurde abgelöst von der „Herrschaft des Volkes“, der **Demokratie**.

Diese Entwicklung durchzieht die gesamte Geschichte gleichsam wie ein roter Faden: Die gesellschaftliche Unentbehrlichkeit einer Schicht gibt ihr im Laufe der Zeit politische Macht: Das reiche Bürgertum des Ancien Régime (siehe S. 84 f.) eroberte 1789 gegen den Adel politische Selbstbestimmung, die Forderungen der Arbeiterbewegung konnten nur durchgesetzt werden, weil die Industriearbeiterschaft für die kapitalistische Entfaltung unentbehrlich geworden war. Auch mit der Wiedereinführung der Wehrpflicht in der Bundesrepublik Deutschland (1956) wurden neue Rechte zugebilligt. Weil die Wehrpflicht mit 18 Jahren beginnt, wurde die Volljährigkeitsgrenze und damit das Wahlrecht von 21 auf 18 Jahre herabgesetzt; ausdrücklich begründet damit, dass man jungen Menschen, die „das Recht und die Freiheit des deutschen Volkes tapfer“ verteidigen sollen, auch die demokratische Mitbestimmung geben muss.

Tyrannis

Unfähigkeit und Unwilligkeit der antiken Aristokratie, den aufstrebenden Schichten demokratische Rechte einzuräumen, führten allerdings häufig zur **Tyrannis** (Herrschaft eines Einzelnen). Der Name war ursprünglich eine wertneutrale Bezeichnung, und die Herrschaft des Tyrannen wurde oftmals als segensreich und mildtätig empfunden, wenn innerhalb der Polis lange, schwere Konflikte und Bürgerkriege vorausgegangen waren. Erst der Missbrauch der Tyrannenherrschaft gab dieser den bis heute gültigen abwertenden Inhalt.

Despotismus

Gegen einen unerträglichen **Despotismus** (schrankenlose Gewaltherrschaft) hatten die Hellenen allerdings eine relativ einfache Möglichkeit: auswandern. Die Besiedlung des gesamten

1 akrópolis (griech.): oberhalb der Stadt, höchste Erhebung; auch in anderen Städten gibt es eine solche Erhebung, auf der oftmals eine Festung oder ein Tempel errichtet wurde. Der Tempel in Athen heißt eigentlich Parthenon, wird aber oftmals einfach als Akropolis bezeichnet.

Mittelmeerraumes und Städtegründungen an der Küste des Schwarzen Meeres zeugen davon. Falsch wäre allerdings die Vorstellung einer flächendeckenden Kolonisation. Punktuell und nur an den Küsten bildeten die Griechen einzelne städtische Siedlungen, und der nächste Nachbar war oftmals mehrere Hundert Kilometer entfernt. Auch waren die Neugründungen, z. B. auf Sizilien oder an der spanischen Mittelmeerküste, keineswegs von den Mutterstädten abhängige Kolonien, sondern selbstständige Poleis, verbunden aber mit dem Heimatland durch Sprache und Kultur.

1.2.3 Der „spartanische Kosmos"

Der Begriff „Kosmos" soll andeuten, dass **Sparta** eine Art „geschlossene Welt" darstellte, in der alles auf einen einzigen Zweck ausgerichtet war: Kampf. Sparta

Gesellschaftsschichtung, Verfassungsaufbau und Erziehung dienten nur dem einen Ziel: jeden Krieg siegreich zu bestehen und niemals zu kapitulieren.

1.2.3.1 Der gesellschaftliche Aufbau

Tatsächlich unterschied sich Sparta – auf der südöstlichen Peloponnes gelegen – in mehrfacher Hinsicht von den übrigen griechischen Poleis. Es war kein Stadt-, sondern ein **Territorialstaat**. Die Polis von Sparta bestand rechtlich nur aus einer einzigen Klasse von „Gleichen", den **Spartiaten**, die über die unterworfene Bevölkerung herrschte. Diese setzte sich aus zwei Gruppen zusammen: Territorialstaat Spartiaten

- Die **Perioken** (Umwohner) waren freie Bewohner in dem von Sparta eroberten Landgebiet. Sie lebten in eigenen kleinen Siedlungsgemeinschaften, waren aber politisch unselbstständige Untertanen Spartas und zur Heeresfolge verpflichtet. Periöken
- Die **Heloten** (urspr. von der Stadt *Helos*, die wegen Empörung gegen Sparta zur Knechtschaft verdammt worden war; oder von *healos* = Kriegsgefangener) waren die Ureinwohner Lakoniens, zu denen später noch die auf der südwestlichen Peloponnes beheimateten **Messenier** hinzukamen. Die Heloten besaßen keinerlei persönliche Freiheit; aber sie waren nicht etwa Privateigentum eines Großgrundbesitzers, wie später im antiken Rom, sondern „Staatssklaven", die einzelne Spartaner vom Staat zur beliebigen Verfügung erhalten hatten. Sie waren völlig rechtlos. Um sich im Kampf zu üben, veranstalteten die spartanischen Krieger jährlich einmal regelrechte Jagden auf die Heloten, suchten sich die stärksten heraus, forderten sie zum Kampf und töteten sie. Heloten

Die männlichen **Spartiaten** (die „Gleichen") führten ausschließlich ein Soldatenleben. Schon im Alter von sieben Jahren wurden die Knaben den Eltern entzogen, auf „Staatskosten" erzogen und lebten in enger Gruppengemeinschaft. Um diesen Zusammenhalt noch zu fördern, mussten alle Spartiaten, wie der griechische Historiker *Plutarch* (46–125) berichtet, die Mahlzeiten gemeinsam einnehmen, die oftmals nur aus einer „schwarzen Suppe" bestanden, einem Gemisch aus Tierblut, Fleischbrühe, Essig und Salz. Jede Verweichlichung war verpönt. Gehorsamkeit, Tapferkeit und Genügsamkeit galten als höchste und einzige Tugenden. Sparta war kein Staat wie Athen, der neben Soldaten auch Kaufleute, Handwerker und Philosophen zu seinem stimmberechtigten Volk zählte, sondern eine Armee, im ständigen Feldlager lebend, die sich als Staat von Sparta verstand.

1.2.3.2 Die Verfassung Spartas

Den Oberbefehl über die Furcht einflößende Militärmacht hatten **zwei Könige**, deren Befehlsgewalt sich aber nur auf die Kriegsführung erstreckte. In Sparta selbst unterstanden sie der strengen Aufsicht durch fünf **Ephoren**, die ebenfalls von der **Apella** (Heeresversammlung) gewählt wurden. Die Könige hatten allerdings Sitz und Stimme in der **Gerusia**, dem Ältestenrat, der drei- Zwei Könige Ephoren, Apella Gerusia ßig Mitglieder umfasste. Diese staatlichen Institutionen waren berechtigt, der Apella Vorschläge zur Abstimmung zu unterbreiten. Ein Initiativrecht besaß die „Basis“ nicht, sie konnte nichts ändern, sondern nur mit Ja oder Nein abstimmen.

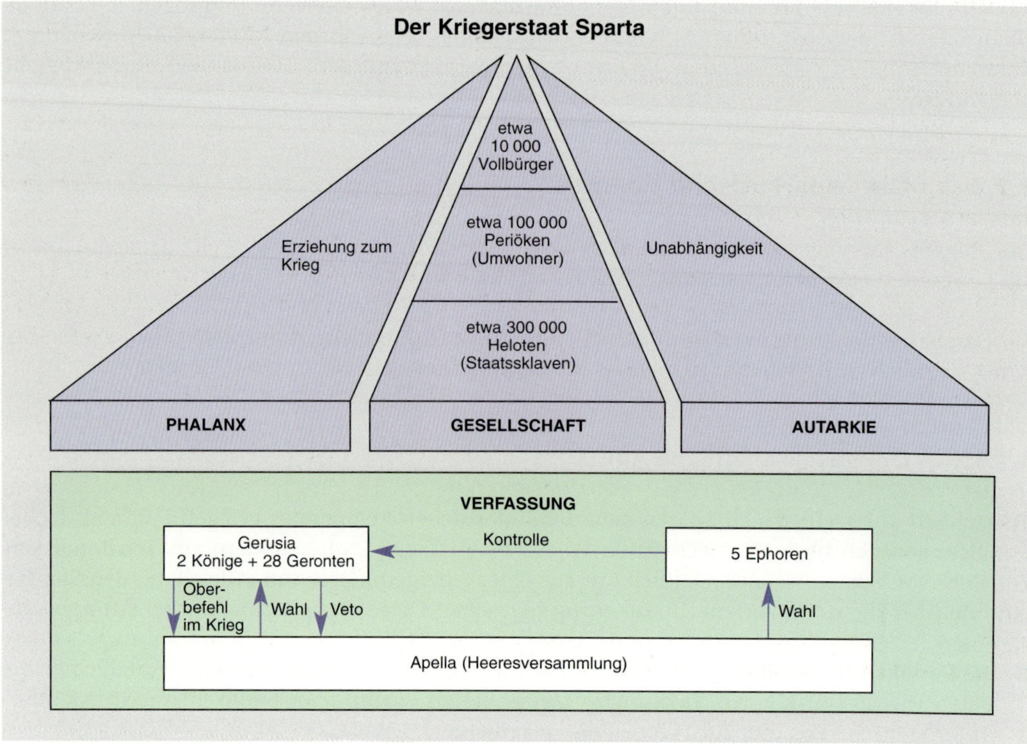

▶ Q. 1

Als Schöpfer dieser Verfassung gilt der sagenumwobene König *Lykurg*, über den *Plutarch* berichtet. Seine Darlegungen spiegeln das Leben in Sparta wider.

Noch heute sind Begriffe aus diesem Kriegerstaat lebendig. Eine harte, an militärischen Erfordernissen ausgerichtete Erziehung wird *spartanisch* genannt. Kommandos zeichnen sich durch *lakonische Kürze* aus (nach Art der alten Lakonen, das sind die Lakedämonier oder Spartaner). Der morgendliche **Appell** einer Bundeswehrkompanie erinnert, auch wenn das Wort aus dem Französischen stammt, an die Heeresversammlung, die Apella, und auch der Bundestag kennt einen **Ältestenrat**, der auf die Gerusia der Verfassung Spartas zurückgeht. Von den Mitgliedern dieses Rates, den Geronten, stammt der Name eines jungen Wissenschaftszweiges: die **Gerontologie** (Lehre vom Alter). Auch sprechen wir noch heute bei einer geschlossen und diszipliniert auftretenden Gruppe von einer **Phalanx**.

1.2.4 Athen in archaischer Zeit – die Reformen Solons

Neben Sparta entwickelte sich Athen zum bedeutendsten Stadtstaat des antiken Griechenlands. In Athen waren – im Gegensatz zu Sparta mit seinen Periöken und Heloten – alle freien Bürger in gleicher Weise Athener. Natürlich gab es zwischen ihnen Klassenunterschiede. Die Sklaven waren auch in Athen ebenso recht- und besitzlos wie alle Sklaven im Altertum.

Die Sklaverei war in der Antike so selbstverständlich, dass sogar der große Athener Philosoph *Aristoteles* (384–322 v. Chr.) sie gerechtfertigt hat.

Eupatriden

Wie in den meisten griechischen Poleis herrschten auch in Athen zu Beginn des 7. Jahrhunderts v. Chr. einige angesehene, alteingesessene Aristokratenfamilien, die **Eupatriden** („von guter Abstammung“). Die Streitigkeiten um die Macht wurden erstmals von *Drakon* um das Jahr 620 v. Chr. beendet, der Gesetze mit scharfen Strafen einführte. Solche tragen noch heute seinen Namen: *drakonische Strafen*.

Etwa eine Generation später reformierte *Solon* (640–560 v. Chr.) das politische System Athens von Grund auf. Mit seiner ersten Maßnahme verbot er für alle Zukunft, dass freie Männer (und Frauen) sich persönlich als Sicherheit für ein Darlehen in Gewahrsam geben dürften. Das Gesetz schützte vor allem die Bauern, die etwa bei einer Missernte ihren aufgenommenen Kredit nicht tilgen konnten und so in die Sklaverei gerieten. *Solon* schuf damit die Grundlage für einen freien Bauernstand.

Die Bevölkerung teilte er in vier Klassen ein, wobei nicht der Geldbesitz, sondern der landwirtschaftliche Ertrag das entscheidende Einteilungskriterium war: Die oberste Klasse aus Großgrundbesitzern und besonders wohlhabenden Kaufleuten musste über so viel Land verfügen, dass sie einen Ertrag von mindestens 500 Maßeinheiten (Scheffel) erwirtschaftete.

Bei Getreide entspricht ein Scheffel etwa 45 Litern; bei Öl und Wein sind es ungefähr 36 Liter. Nur die Angehörigen dieser Klasse konnten die höchsten Staatsämter besetzen: die neun **Archonten** (Herrscher). Sie waren nach Abschaffung des Königtums die höchsten Würdenträger. Ihre Amtszeit währte ein Jahr, danach wurde der **Archon** auf Lebenszeit Mitglied im **Areopag** („dem Ares geweihter Hügel"), einer Art Gerichtshof, dem ältesten der Welt.

Archonten

Areopag

Sowohl die zweite Klasse, deren Mitglieder mindestens 300 Scheffel vorweisen mussten, als auch die dritte Klasse mit 200 Scheffeln bestanden aus Kaufleuten, Handwerkern, Bauern und Kleingewerbetreibenden. Sie waren berechtigt, niedere Staatsämter zu bekleiden und sich in den **Rat der Vierhundert** wählen zu lassen, einer Art Legislative.

Rat der Vierhundert

Die Angehörigen der vierten und letzten Klasse hatten nur in der **Volksversammlung** Wahl- und Stimmrecht, wobei nicht mehr eindeutig geklärt werden kann, wie sich die politischen Befugnisse auf Rat und Versammlung verteilten.

Volksversammlung

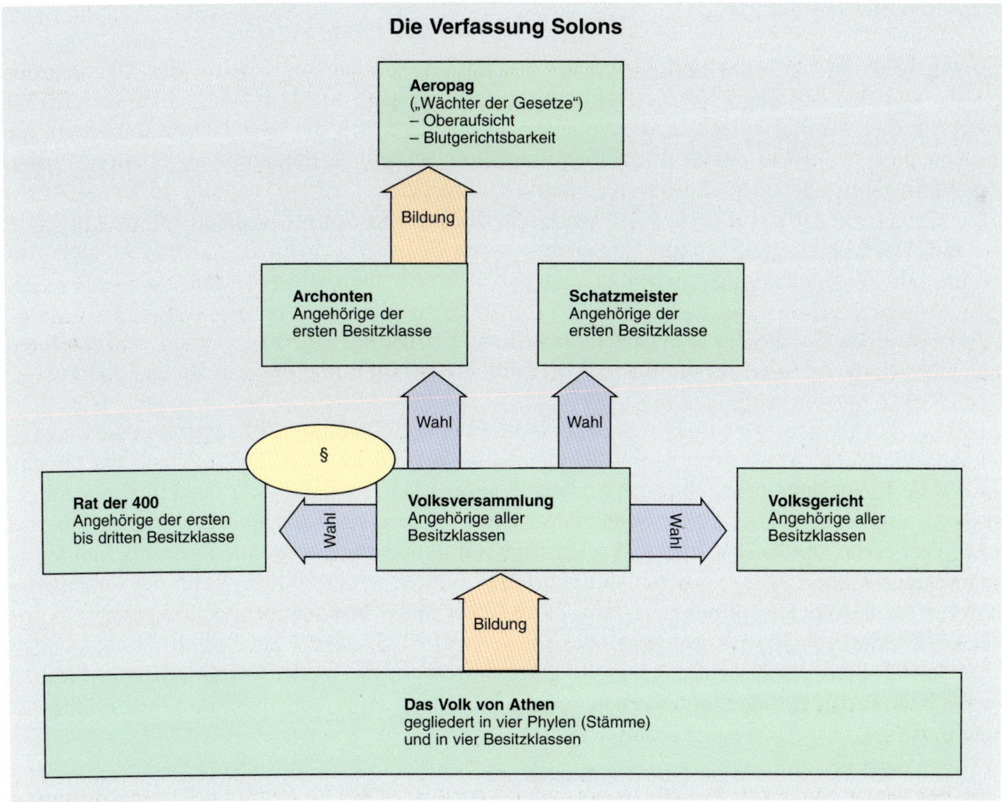

▶ Q. 2 Auch nachdem *Solon* Athen verließ, blieben seine Reformen in Kraft. Tragender Grundgedanke dieser Ordnung ist, dass Rechte und Einfluss der Bürger umso höher sind, je größer ihr Beitrag zum Gemeinwesen ist.

Im preußischen **Dreiklassenwahlrecht** von 1850–1918 wie auch im **Zensuswahlrecht** der Revolutionsjahre in Frankreich (siehe S. 88) ist dieser antike Gedanke noch einmal verwirklicht worden. Doch seitdem gilt weltweit der demokratische Gleichheitsgrundsatz: One man – one vote.

Solons Gesetze konnten keine politische Stabilität bringen, insbesondere die Kleinbauern unterstützten die Errichtung einer Tyrannis.

1.2.5 Athen und der Beginn der „klassischen Periode"

Im Jahre 561/60 v. Chr. gelang es *Peisistratos* (600–527 v. Chr.), sich zum Tyrannen von Athen zu erheben. Er ließ *Solons* Verfassung im Ganzen unberührt, sorgte aber dafür, dass er oder ein naher Verwandter jährlich zum Archon gewählt wurde. Nach seinem Tod übernahmen seine Söhne *Hippias* und *Hipparchos* von 527–510 v. Chr. die Herrschaft.

Phylen

Strategen

Nach dem Sturz der Tyrannis führte *Kleisthenes* zwischen 509–507 v. Chr. eine umfassende Reform der Verfassung durch. Er teilte das attische Volk in zehn **Phylen** (Stämme) ein, die etwa je 100 Gemeinden umfassten. Diese künstlich konstruierte Einteilung bildete die Grundlage für eine Heeresreform: Insgesamt zehn **Strategen**, jeder mit dem Kommando einer Phyle betraut, teilten sich den Oberbefehl.

Rat der Fünfhundert

Kleisthenes erweiterte den Rat der Vierhundert zum **Rat der Fünfhundert**, zu dem jede Phyle 50 Vertreter entsandte; zum ersten Mal wurde damit im Ansatz das Prinzip der proportionalen Repräsentation verwirklicht.

Ostrakismos

Große Auswirkung hatte das von *Kleisthenes* geschaffene Verfassungsinstitut des **Ostrakismos** („Scherbengericht", ein Begriff, der selbst heute noch nicht ganz aus dem Wortschatz verschwunden ist). Jährlich einmal entschied die Volksversammlung durch die Abgabe von Scherben, die sozusagen eine Frühform des Stimmzettels darstellten, ob ein Ostrakismos abgehalten werden sollte. Wenn mehr als 6 000 Stimmen (Scherben) abgegeben wurden, musste derjenige Athen und das Gebiet von Attika für zehn Jahre verlassen, dessen Name am häufigsten auf diesen Scherben stand. Das „Volksurteil" konnte so selbst höchste Beamte verbannen – allerdings stets nur einen pro Jahr. Wurden weniger Scherben abgegeben, wurde niemand verbannt.

Die Verfassung des *Kleisthenes* war in ganz Griechenland einzigartig, denn in den übrigen Stadtstaaten behauptete sich die Adelsherrschaft und ließ der demokratischen Entfaltung nur wenig Spielraum.

Klassische Periode

Das Jahr 500 v. Chr. datiert als Beginn der **klassischen Periode**. Zu dieser Zeit begannen die kriegerischen Auseinandersetzungen mit dem mächtigen Königreich der Perser. Ein Aufstand der griechischen Städte Kleinasiens gegen ihre persischen Unterdrücker misslang trotz der Hilfe aus Athen. Aber Persien scheiterte, als es Athen wegen dieser Unterstützung des Aufstands bestrafen wollte: Das mächtige persische Landheer wurde 490 v. Chr. bei Marathon von den vereinten griechischen Stämmen geschlagen. Auch in der Folgezeit kämpften Athen und Sparta mit ihren Verbündeten gemeinsam gegen die Perser. Sie erlitten zwar zehn Jahre später in der Schlacht bei den Thermopylen eine schwere Niederlage; doch dank des Opfertodes der (verratenen) Spartaner unter ihrem König *Leonidas* konnte der Großteil der griechischen Flotte gerettet werden, die in der Seeschlacht von Salamis schließlich die Perser besiegte (480 v. Chr).

> Wanderer, kommst Du nach Sparta,
> verkündige dorten, Du habest uns hier liegen gesehn,
> wie das Gesetz es befahl.
> *(Schillers Übersetzung eines Epigramms von Simonides v. Keos, 556–467 v. Chr.)*

Schon ein Jahr später (479 v. Chr.) gaben die Perser ihren Plan auf, Griechenland zu erobern. Mit der Gründung des **delisch-attischen Seebundes** (477 v. Chr.) gegen die Persergefahr wuchs Athen zur stärksten See- und Wirtschaftsmacht Griechenlands. Es konnte 100 bis 200 Verbündete um sich scharen, ein Machtzuwachs, der von Sparta misstrauisch beobachtet wurde.

Delisch-attischer Seebund

1.2.6 Die Vollendung der attischen Demokratie durch Perikles

Ab 487/86 v. Chr. wurden die Archonten in Athen nicht mehr gewählt, sondern ausgelost. Der Areopag verlor dadurch an Ansehen, und viele Athener waren mit diesem Rat unzufrieden, dessen Zufallsmitglieder auf Lebenszeit praktisch unabsetzbar und unkontrollierbar waren. Deshalb wurde der Areopag 462 v. Chr. entmachtet, eine Reform, die weitere Verfassungsänderungen einleitete.

Die Zeit der Staatslenkung durch *Perikles* (etwa 495–429 v. Chr.) von 461 bis 429 v. Chr. markiert Vollendung und Höhepunkt der attischen Demokratie. Sie wies Elemente einer direkten Demokratie auf. Alle entscheidenden Beschlüsse, vor allem über Krieg und Frieden, Bündnisse u. Ä. wurden in der Ekklesia (Volksversammlung) gefasst. Die politische Alltagsarbeit leistete der Rat der Fünfhundert.

Schon damals war die Beteiligung der Bürger am aktiven politischen Leben gering. Wie heute zogen es auch seinerzeit die meisten Bürger vor, sich ihren beruflichen Interessen und persönlichen Neigungen zu widmen.

Die Rechtsprechung oblag der **Heliaia** (Geschworenengericht). Alljährlich wurden mindestens 6 000 Bürger als Geschworene ausgelost, die in verschiedenen Gerichten urteilten.

Heliaia

Die einflussreichsten Beamten waren die zehn Strategen. Nur männliche Bürger aus Attika hatten Zugang zu diesem höchsten Amt. Die **Metöken** („Mitbewohner"), die am besten als „Ausländer" zu verstehen sind, die sich nur vorübergehend in Athen aufhielten, waren davon ausgeschlossen. Den Frauen war im gesamten Altertum der Zugang zu sämtlichen Staatsämtern versperrt, so auch in Athen.

Metöken

Perikles war es, der den „Politiker" zum bezahlten Beruf erhob. Um die Masse der Bürger für ein politisches Engagement zu gewinnen, führte er zuerst für die Geschworenen, später für alle durch Los bestimmte Beamte **Diäten** (Tagegelder) ein.

Der griechische Geschichtsschreiber *Thukydides* (460–395 v. Chr.) lässt *Perikles* in einer (erfundenen) Rede selbst die Vorzüge der perikleischen Demokratie preisen.

▶ Q. 3

1.2.7 Der Dualismus Athens – Sparta und das Ende des Griechentums

Zwei verschiedenartige **Militärbündnisse** waren in Griechenland entstanden:

- Der **delisch-attische Seebund** stand unter der Führung der traditionellen athenischen Seemacht. Er hatte seine Existenzberechtigung längst verloren, war doch die Persergefahr gebannt. Aber Athen hielt seine Bundesgenossen in strenger Abhängigkeit.
- Der **Peloponnesische Bund** unter der Leitung Spartas war ein militärisches Landbündnis. Sparta ließ seinen Verbündeten im Gegensatz zu Athen weitgehende innere Freiheit. Die Spartaner mit ihren Bündnispartnern genossen den Ruf der Unbesiegbarkeit.

Militärbündnis

Dieser **Dualismus** (Zweigleisigkeit) führte, wie so oft in der Geschichte (siehe S. 103), zum offenen Kampf um die Vorherrschaft. Im Jahre 431 v. Chr. begann die große Auseinandersetzung unter den Griechen, der **Peloponnesische Krieg**, der beide Kontrahenten schwächte; durch die Pest wurde besonders Athen schwer mitgenommen. Auch *Perikles* fiel 429 v. Chr. dieser „klassischen" Seuche zum Opfer.

Dualismus

Peloponnesischer Krieg

Nur vorübergehend glückte 421 v. Chr. ein Friedensschluss. Nach wechselvollen Schlachten endete der Bruderkrieg 404 v. Chr. mit der Übergabe und endgültigen Niederlage Athens. Doch die wahren Sieger waren nicht Sparta und seine Verbündeten, sondern die Perser. Zunächst fielen fast alle griechischen Städte Kleinasiens von ihrem neuen Herrn Sparta ab und öffneten ihre Tore dem Königreich Persien. Danach erhob sich das mächtige Theben gegen die vom langen Krieg geschwächten Spartaner. Zum ersten Mal in ihrer ruhmreichen Militärgeschichte mussten sie in offener Feldschlacht eine schwere Niederlage hinnehmen (371 v. Chr. bei Leuktra). Die Hegemonie (Vorherrschaft) Spartas ging endgültig zu Ende.

Ein Grund für dieses, an der Geschichte Spartas gemessen, unrühmliche Ende könnte in der spartanischen Gesellschaftsverfassung zu finden sein: Die antifamiliäre Männergesellschaft hatte nicht genügend Nachwuchs. Bei ihrer letzten großen Schlacht vermochte dieser Kriegerstaat gerade noch 1 000 waffenfähige Spartiaten aufzubieten.

Athen und Sparta waren als politische Kräfte ausgeschaltet. Aber Griechenland lebte weiter, auch wenn es nie wieder eine bedeutende Rolle im politischen Konzert der Mächte spielen sollte. Doch seine Kunst, seine Philosophie, seine politischen Ideen wirken bis in die heutige Zeit. Unser Kontinent verdankt seinen Namen – der Sage nach – einer schönen Jungfrau, die von *Zeus,* der sich in einen Stier verwandelt hatte, entführt wurde. Wenn der Besuch der *schole* (Schule) abgeschlossen ist, streben viele nach Bildung an einer *akademeia* (Akademie). Ein *kritikos* war im antiken Griechenland ein scharfsinniger Denker (was der heutige Kritiker nicht immer ist). Dynamisch ist ein Mensch, den die Griechen mit *dynamikos* als kräftig und mächtig bezeichnet hätten.

Theater von Epidauros in Griechenland

Die abendländische Philosophie ist ohne *Sokrates* (469–399 v. Chr.) und seinen genialen Schüler *Platon* (etwa 427–347 v. Chr.) nicht denkbar. Bis in das Mittelalter wirkte das kanonische Zinsverbot des *Aristoteles* nach, und jeder Gymnasiast lernt in der Dreiecksgeometrie den Lehrsatz des *Pythagoras* (etwa 6. Jh. v. Chr.).

Viele in der Gegenwart bewunderte antike Bauwerke zeigen in Form und Gestalt ihren griechischen Ursprung. Im rund 2 500 Jahre alten Freilichttheater in *Epidauros* werden noch heute nahezu unverändert die klassischen Tragödien eines *Euripides* (etwa 485–406 v. Chr.) oder *Sophokles* (etwa 496–406 v. Chr.) aufgeführt. Kein fremder Besucher vermag sich dem Zauber einer nächtlichen Vorführung zu entziehen, wenn er aufgrund der ausgezeichneten Akustik selbst auf der höchsten (55.) Sitzreihe noch alles hört, obwohl er die Sprache nicht versteht.

Der schon erwähnte *Thukydides,* der als Feldherr am Peloponnesischen Krieg teilgenommen hat, gilt als der erste Geschichtsschreiber, der das Berufsethos der Historiker geprägt hat: vorurteilsfrei über einen Vorgang zu berichten. Und schließlich hat jener Begriff, um den sich dieses Buch in Vergangenheit und Gegenwart dreht, **Politik**, seine Geburtsstätte in Griechenland. Er leitet sich ab von *polis.* **Politik** war den Griechen die Staatskunst, auch Staatsklugheit. Ein *Politicos* war ein staats- und weltkluger Mann und *politisch* galt als staatskundig, auch staatswissenschaftlich. *Politisieren* war nichts Abfälliges, sondern bedeutet nur „von Staatssachen redend". Bedenkt man diesen Ursprung des Wortes, wird erkennbar, dass auch die **Polizei** ihren Namen von der *politeia,* der Staatsverwaltung, ableitet, die für die öffentliche Ordnung und Sicherheit sorgen soll.

Plutarch über die Verfassung Spartas

▶ QUELLE 1

Unter den verschiedenen Neuerungen, die Lykurgos einführte, war die erste und wichtigste die Einsetzung des Rates der Geronten, von dem Platon sagt, daß er, der hitzigen Königsmacht beigemischt und ihr für die wichtigsten Entscheidungen an Rechten gleichgestellt, Wohlfahrt und Vernunft geschaffen habe. Denn der Staat, ungewiß schwankend und bald zu den Königen nach der Tyrannis hin, bald zur Menge nach der Massenherrschaft hin sich neigend, empfing in der Macht der Geronten einen festen Anker, kam so ins Gleichgewicht und gewann die sicherste Ruhe und Stetigkeit, indem immer die 28 Ältesten sich zu den Königen schlugen, um der Massenherrschaft entgegenzuwirken, und hinwiederum, damit keine Tyrannis entstünde, das Volk stärkten. [...]

Daher gestattete er es auch nicht allen, die den Wunsch hatten, das Land zu verlassen und zu reisen, so daß sie hätten fremde Sitten kennenlernen und zuchtlose Lebens- und andersartige Staatsformen sich zum Vorbild nehmen können. Er verwies auch alle, die aus keinem triftigen Grunde herkamen ... des Landes, nicht in der Besorgnis, daß sie ihm seine Verfassung nachmachen und ihnen etwas Gutes und Förderliches ablernen könnten, sondern damit nicht Lehrmeister von irgend etwas Schlechtem da wären. Denn mit fremden Menschen müssen notwendig auch fremde Gedanken hereinkommen; neue Gedanken aber führen auch zu neuen Werturteilen, aus denen notwendig neue Begierden und Zielsetzungen entspringen, nicht im Einklang gleichsam mit der Stimmung des bestehenden Staates.

In dem allen ist keine Spur von Ungerechtigkeit und Habsucht zu entdecken, die manche den Gesetzen des Lykurgos vorwerfen, daß sie nämlich zwar gut wären für die Erziehung zur Tapferkeit, aber unzulänglich für die Gerechtigkeit. Der sogenannte Geheimdienst bei ihnen jedoch – wenn dies eine der Einrichtungen des Lykurgos ist, wie Aristoteles erzählt hat –, der dürfte auch bei Platon diese Meinung über den Staat und den Mann erzeugt haben. Mit ihm verhielt es sich folgendermaßen: Von Zeit zu Zeit schickten die Oberen die gewandtesten jungen Leute überall aufs Land hinaus, versehen mit Schwertern und den notwendigen Nahrungsmitteln, sonst nichts. Am Tage verstreuten sie sich, hielten sich an schwer auffindbaren Orten verborgen und ruhten aus, bei Nacht gingen sie auf die Straßen und töteten jeden Heloten, dessen sie habhaft wurden. Oft auch gingen sie über die Felder und erschlugen die stärksten und tüchtigsten von ihnen. [...]

(Plutarch: Lykurg. Zitiert nach der Ausgabe von Konrat Ziegler, übersetzt von Konrat Ziegler, Frankfurt, Fischer 1976, S. 108 f.)

1. **Wie beurteilt Plutarch die Maßnahme Lykurgs, einen Rat der Geronten einzusetzen?**
2. **Wie beurteilen Sie Lykurgs Maßnahmen, was das Reisen und die Aufnahme von Fremden betrifft, aus heutiger Sicht?**
3. **Erläutern Sie, was es mit dem „sogenannten Geheimdienst“ (Z. 37 f.) auf sich hat.**

Aristoteles über die Reformen Solons

▶ QUELLE 2

(9) So war die Staatsleitung geordnet.

Drei Dinge sind es vornehmlich, in denen der volksfreundliche Charakter der solonischen Verfassung hervortritt. Das erste und wichtigste war, daß er die Schuldsklaverei abschaffte, das zweite, daß er jedem, der da wollte, das Recht gab, für einen anderen, der geschädigt war, klagbar zu werden, das dritte – und darin findet man die Hauptquelle für die spätere Allmacht der Gemeinde – daß von der Entscheidung der Behörde an das Gemeindegericht appelliert werden konnte. Wenn die Gemeinde die höchste richterliche Entscheidung hat, so hat sie auch die Verfassung in der Hand, ganz abgesehen davon, daß, da die Gesetze nicht immer klar und unzweideutig gefaßt waren und darum, wie z. B. das Gesetz über Erbrecht und Erbtöchter, vielfach verschiedene Auffassung erfuhren, dem Gemeindegericht die authentische Interpretation zustand, in öffentlichen wie in privaten Rechtsfällen. Es meinen nun zwar manche, Solon habe die Fassung der Gesetze absichtlich dunkel gehalten, damit der Gemeinde die entscheidende Deutung zufiele. Doch ist es wahrscheinlicher, daß er überall die beste Fassung zu finden außer Stande war. Nicht nach der heutigen Praxis soll man billigerweise seine Absichten beurteilen, sondern nach seiner eigenen politischen Wirksamkeit.

(11) Nachdem Solon auf diese Weise die Verfassung geordnet hatte, wurde er von allen Seiten seiner Gesetze wegen bestürmt: die einen kamen mit Vorwürfen, andere mit Fragen. Da er aber weder ändern noch die, mit denen er leben mußte, sich verfeinden wollte, so beschloß er, teils zu Handelszwecken, teils um die Welt zu sehen, eine zehnjährige Reise nach

Ägypten und weiter zu machen. Denn, sagte er, es sei nicht in der Ordnung, wenn er dabliebe und ihnen seine Gesetze auslegen müsse; es hätte eben jeder zu tun wie geschrieben stehe. Dazu kam, daß unter den Vornehmen viele ihm wegen des Schuldenerlasses zürnten, und beide Parteien andres Sinnes geworden waren, weil die neue Verfassung ihren Erwartungen nicht entsprach. Der kleine Mann hatte gehofft, er werde das ganze Land aufteilen, die Vornehmen, er werde alles wieder ins alte Geleise bringen. Er aber dachte nicht an Änderungen und widersetzte sich beiden. So machte der Mann, der doch, gestützt auf welche Partei er wollte, Alleinherrscher hätte werden können, sich lieber bei beiden Parteien verhaßt, zufrieden damit, sein Vaterland gerettet und ihm nach bestem Wissen eine Verfassung gegeben zu haben.

(Aristoteles: Vom Staatswesen der Athener. Übers. und hrsg. von Georg Kaibel und Adolf Kiessling, Straßburg, Trübner 1891, S. 48 f.)

1. **Welche „drei Dinge“ machten laut Aristoteles den volksfreundlichen Charakter der solonischen Verfassung aus?**
2. **Welche Motive hatte Solon für seine zehnjährige Reise nach Ägypten?**

▶ QUELLE 3 Thukydides: Eine (fiktive) Rede des Perikles

37. Wir haben bei unserer Verfassung keine fremden Einrichtungen zum Muster genommen; im Gegenteil, wir haben anderen eher als Vorbild gedient als ihnen was nachgemacht. Und weil das Regiment bei uns nicht in der Hand weniger, sondern der Gesamtheit liegt, nennt man unsere Verfassung demokratisch. Denn wie in den Angelegenheiten der einzelnen gleiches Recht für alle gilt, so gibt auch in Beziehung auf Geltung und Ansehen in Staat und Gemeinde nur persönliche Tüchtigkeit einen Vorzug, nicht aber die Zugehörigkeit zu einer bestimmten Klasse, und selbst Armut hindert keinen, der was kann, aus seiner Unansehnlichkeit zu Amt und Würden zu gelangen. Wir sind im öffentlichen Leben nicht engherzig und im täglichen Verkehr untereinander keine Duckmäuser, nehmen es unserem Nächsten nicht übel, wenn er mal über die Stränge schlägt, und machen darüber kein sauertöpfisches Gesicht, um ihn dadurch, wenn auch nicht umzubringen, doch moralisch zu vernichten. Im persönlichen Verkehr sind wir nichts weniger als Splitterrichter, im öffentlichen Leben aber schämen wir uns jeder Ungesetzlichkeit und gehorchen der jeweiligen Obrigkeit und den Gesetzen, vorzüglich den zum Schutz der Bedrängten gegebenen, und den wenn auch ungeschriebenen Gesetzen, deren Übertretung jedermann für Schande hält.

38. Auch für Gelegenheit zur Erholung von Mühe und Arbeit ist bei uns reichlich gesorgt durch Spiele und Feste, wie sie hier jahrein, jahraus gehalten werden, aber auch durch unser schönes Familienleben, dessen tägliche Freuden die Sorgen verscheuchen. Bei der Größe unserer Stadt kommen die Erzeugnisse aller Länder hier zu Markte, die wir so gut als unser Eigentum ansehen können wie die Erzeugnisse unseres eigenen Landes.

39. Auch in Beziehung auf das Kriegswesen befolgen wir insofern andere Grundsätze als unsere Gegner, als wir niemand den Aufenthalt hier in der Stadt verwehren. Es kommt nie vor, daß jemand ausgewiesen oder daran gehindert wird, sich hier umzutun und zu belehren, aus Furcht, die Feinde könnten uns Geheimnisse absehen und sich zunutze machen. Denn wir verlassen uns nicht sowohl auf Vorsichtsmaßregeln und Überraschungen als vielmehr auf den im Kampf bewährten persönlichen Mut. Während man bei ihnen die Knaben schon von klein auf durch Anstrengungen und Abhärtung zur Tapferkeit erziehen zu müssen glaubt, gehen wir auch ohne solche harte Zucht nicht minder entschlossen in den Kampf und können es dreist mit ihnen aufnehmen. Das sieht man schon daraus, daß die Lakedaimonier bei Einfällen in unser Land nicht allein kommen, sondern gleich alle ihre Bundesgenossen aufbieten, während wir unseren Nachbarn allein ins Land fallen und sie, obwohl sie für Haus und Hof fechten, in der Regel ohne große Mühe besiegen. Wenn wir aber auch ohne solchen Zwang getrost in den Kampf gehen und uns dabei nicht auf künstlich gezüchtete Tapferkeit, sondern auf angeborenen Mut verlassen, so kommt uns das nur zugute; denn auch ohne unsere Kräfte vorher auszugeben, stehen wir nicht minder unseren Mann als unsere Gegner, die sich bis dahin beständig abgequält haben. Und deshalb bewundert man Athen mit Recht, aber freilich noch aus anderen Gründen.

(Thukydides II, 37–39. Zit. nach der Ausg. von Joachim Rehork, Hamburg, Rowohlt 1963)

1. **Welche Unterschiede in Verfassung, Lebensweise und Kriegswesen charakterisieren die attische Demokratie im Vergleich zu Sparta?**
2. **Mit welchen Worten versucht Perikles, Sparta zu skizzieren?**

1.3 Antikes Erbe: Rom

SCHLÜSSELDATEN

753 v. Chr.	Gründung Roms nach der Sage
510 v. Chr.	Abschaffung des Königtums
490 v. Chr.	Beginn der Ständekämpfe – Plebejer ringen um Gleichberechtigung
60 v. Chr.	Triumvirat: Cäsar, Pompejus, Crassus
27 v. Chr.	Prinzipat des Augustus
14	Beginn der Kaiserzeit
391	Christentum wird Staatsreligion
476	Ende Westroms

1.3.1 Die Etrusker und Rom

DARSTELLUNG

Um das Jahr 1200 v. Chr. begann die sogenannte Große Wanderung. Starke Völkerscharen drangen aus dem innerasiatischen Raum nach Westen vor. Auch die **Italiker**, ein Volk, dessen Herkunft nicht genau zu bestimmen ist, wurden Teil dieser Völkerwanderung und fielen in Italien ein. Eine Gruppe von ihnen, die **Latiner**, siedelte sich an der Tibermündung und in der Ebene Mittelitaliens an.

Italiker

Latiner

Mit dem beginnenden 8. Jahrhundert v. Chr. erschienen zwei weitere Völker auf der italienischen Halbinsel, die dank ihrer überlegenen Kultur großen Einfluss gewannen: die **Griechen** und die **Etrusker**.

Griechen

Etrusker

Die Latiner öffneten sich dem Einfluss der unmittelbar benachbarten Etrusker. Auch die Siedlung *Rom* erhielt jetzt eine städtische Kultur und wurde von etruskischen Familien organisiert. Der Stadtname *Rom* leitet sich ab von der etruskischen *gens* (Familie) *Ruma*.

1.3.2 Die Gründung Roms nach der Sage

In späteren Jahren verboten Selbstbewusstsein und Selbstverständnis den Römern, ihre Stadt als etruskische Gründung zu verstehen. Rom wurde stattdessen in einen Zusammenhang mit den großen Gestalten der mythischen Vergangenheit gestellt und die Gründung als ein Ergebnis des *Trojanischen Krieges* gedeutet.

www.romanum.de

Der letzte König aus dem trojanischen Heldengeschlecht des *Äneas* vertreibt seinen Bruder und lässt dessen junge Enkel – *Romulus und Remus* – auf dem Meer aussetzen. Eine Wölfin rettet und nährt sie, und als sie erwachsen sind, gründen sie eine neue Stadt am Ufer des Tibers. Sie befragen die Götter, wem von beiden diese gehören solle. Die Götter, so die Sage, schenken sie *Romulus*, und so wird sie nach ihm benannt: Rom.

Romulus und Remus

Als Gründungstag wählten die Römer später den 21. April 753 v. Chr., und die damalige Zeitrechnung begann mit diesem Datum.

Sechs weitere Herrscher folgten dem König *Romulus;* aber der letzte von ihnen – so die Sage weiter – wurde wegen seiner Tyrannei von den Adeligen vertrieben. Danach war den Römern die Königsherrschaft so zuwider, dass sie mit einer republikanischen Verfassung jeglicher Monarchie abschworen.

1.3.3 Der Ständekampf und die republikanische Verfassung

1.3.3.1 Patrizier gegen Plebejer

Patrizier
Plebejer

Nach der Vertreibung der etruskischen Könige hatten die latinischen Adelsgeschlechter, die **Patrizier**, die politische Macht an sich gerissen. Dagegen war die andere Schicht, die der **Plebejer**, von jeder Mitwirkung ausgeschlossen und stand in einem Abhängigkeitsverhältnis zu den Patriziern. Aber die Bedeutung der Plebejer wuchs, mehr und mehr brauchte der Adel sie, um militärische Konflikte austragen zu können. Die Kampfesweise hatte sich geändert: Nicht mehr der Einzelkampf auf dem Streitwagen entschied über Sieg oder Niederlage, sondern die möglichst geschlossene Schlachtordnung, die Phalanx. Dazu aber brauchte man eine große Zahl von Kämpfern. Die kriegerische Bedeutung hob ihr Selbstbewusstsein, und so forderten die Plebejer politisches Mitspracherecht.

Wieder einmal beschreibt dieser Vorgang ein geschichtliches Grundmotiv: Eine Gruppe verlangt erfolgreich mehr Rechte, weil ihre Leistung gebraucht wird.

Aristokratie

Mehr als 200 Jahre dauerte es, bis die Plebejer ihr Ziel erreicht hatten: Gleichberechtigung mit den Patriziern. Einzelne plebejische Familien, deren Angehörige im Laufe der Zeit militärische Ehren erkämpft oder große Vermögen erworben hatten, genossen das gleiche Ansehen wie die patrizischen Familien und stiegen in den Adelsstand auf. Eine neue **Aristokratie** aus alten patrizischen und neuen plebejischen Geschlechtern entstand.

1.3.3.2 Die republikanische Verfassung

Römische Republik

Nach Abschluss der Ständekämpfe kristallisierte sich in Rom eine Verfassung heraus, die schon von den Zeitgenossen bewundert wurde. Die **römische Republik** ruhte auf drei Pfeilern:

- Volksversammlung
- Senat
- Magistrat

1.3.3.2.1 Die Volksversammlung

Kurien

Tributkomitien

Ursprünglich war die **Volksversammlung** nach Geschlechterverbänden, den **Kurien** zusammengesetzt, sog. *Kuriatkomitien.* Die Plebejer waren als *clientel* (Schutzbefohlene, vgl. heute: *Klient)* an ein bestimmtes patrizisches Geschlecht gebunden und in der Versammlung ohne jeden Einfluss. Deshalb schufen sie sich eine eigene Volksversammlung, die nach den vier städtischen und den 17 – später 31 – ländlichen Bezirken organisiert war. Diese Gliederung der *plebejischen Volksversammlung (concilium plebis)* entsprach den sog. **Tributkomitien**, die die Kuriatkomitien nach dem Ende der Königszeit abgelöst hatten.

Volkstribune

In der rein *plebejischen Volksversammlung* wurden **Volkstribune** gewählt, die als *sacrosanctus* (verletzlich, *sakrosankt)* galten. Wann immer die Patrizier es wagen sollten, einen Volkstribun anzugreifen oder gar zu verhaften, der sich schützend vor einen Plebejer gestellt hatte, mussten sie mit einem Aufstand der gesamten *Plebs* rechnen. Die Anerkennung dieser Verfassungsinstitution im Jahre 287 v. Chr. markiert zugleich das Ende der Ständekämpfe. Die Volkstribune erhielten das Recht des **Vetos** („ich verbiete“) gegen Magistratsbeschlüsse.

Die ständigen Mitglieder des Sicherheitsrats in der UNO genießen ebenfalls ein solches *Vetorecht* (zum *suspensiven Veto* siehe S. 304).

Die Volkstribune konnten ferner Gesetze einbringen und zur Abstimmung vorlegen. Diese Rechte verschafften ihnen hohes Ansehen; so wurde das **Volkstribunat** allmählich mehr und mehr zum Sprungbrett für eine politische Karriere.

An diesen grundsätzlichen Zusammenhängen hat sich bis heute nichts Entscheidendes geändert. Besondere Rechte verleihen einem Amt Macht und können dem Amtsträger zu öffentlichem Ansehen verhelfen, das seiner weiteren Laufbahn nur förderlich sein kann. Ein Mitglied des Bundestages kann in aller Regel vielfältige Beziehungen und Verbindungen knüpfen, gewinnt Einfluss, vermag zu helfen und zu fördern, sorgt für Beziehungen, die ihm nützlich sein können. Hoch dotierte Positionen für verdiente „Parteisoldaten" (und -soldatinnen) z. B. in gemeindeeigenen Unternehmungen wie der Energieversorgung, den Ortskrankenkassen und den Sparkassen sind sichtbare Zeichen solcher Politkarrieren.

Eine andere Form der Volksversammlung hatten die Plebejer den Patriziern schon in der Mitte des 5. Jahrhunderts v. Chr. abringen können: die **Zenturiatkomitien** (*comitia centuriata*). Sie entsprachen einer *Heeresversammlung* und trugen damit dem quantitativen Anteil der Plebejer am Heeresdienst Rechnung. Doch der plebejische Einfluss blieb begrenzt. Die Bürgerschaft war in fünf Vermögensklassen eingeteilt, und den beiden ersten Klassen wurde die Stimmenmehrheit zuerkannt, im Grunde also ein Verfahren, das dem Zensuswahlrecht (siehe S. 89) nahekommt.

Zenturiatkomitien

Nach Ausformung der republikanischen Verfassung kannten die Römer vier Formen der Volksversammlung:

- die fast bedeutungslosen Kuriatkomitien, die lediglich die Wahl des Magistrats zu bestätigen hatten;
- die Tributkomitien mit dem Recht, den niederen Magistrat zu wählen;
- die Zenturiatkomitien, die neben der Wahl der höchsten Beamten auch die Entscheidung über Krieg und Frieden und auswärtige Verträge trafen;
- die plebejische Volksversammlung für die Wahl der Volkstribune.

1.3.3.2.2 Der Senat

Ruhende Mitte des römischen Staates war der Senat. Er verbürgte die Kontinuität der Politik, seine Mitglieder waren auf Lebenszeit gewählt. Die Mitglieder dieses Gremiums rekrutierten sich aus ehemaligen Inhabern höchster Staatsämter. Senator konnte nur werden, wer die gesamte Ämterlaufbahn hinter sich hatte *und* das Wohlwollen des Senats besaß. Denn dieser entschied selbst, wer aufgenommen wurde. Der Senat konnte über ehrgeizige und willfährige Beamte das politische Leben beeinflussen und mittels der Volkstribune, die nach den höheren Weihen eines Senators strebten, indirekt sogar die Gesetzesinitiative ergreifen.

1.3.3.2.3 Der Magistrat

Der Magistrat war praktisch das Exekutivorgan des Senats, denn jeder Magistratsbeamte sah es als sein höchstes Ziel an, später einmal in den Senat aufgenommen zu werden, und musste sich deshalb gegenüber Senatorenwünschen zumindest nicht abweisend verhalten.

Auf der untersten Stufe der sich nach und nach bildenden Beamtenhierarchie standen die 20 **Quästoren**. Sie waren für die Staatskasse zuständig. Im Anschluss an dieses Amt konnte sich der junge Adelige als **Ädil** bewerben und damit oblag ihm neben der Versorgung Roms die Ausrichtung der Spiele. Die insgesamt vier Ädilen waren auch für das Polizeiwesen verantwortlich.

Quästoren
Ädil

Wesentlich mehr Machtfülle besaß der **Prätor**: Zwei Prätoren fungierten als Richter und waren gleichzeitig Vertreter der beiden **Konsuln**. Dieses höchste in Rom zu vergebende Amt stattete die Träger mit einer fast uneingeschränkten Machtfülle aus, da sie die Staatsleitung und gleichzeitig den Oberbefehl über das Heer innehatten.

Prätor
Konsuln

1.3.3.2.4 Machtbalance und Machtkontrolle

Allen Ämtern waren drei Grundsätze gemeinsam:

Annuität

1. Die Amtszeit war auf ein Jahr beschränkt, Wiederwahl ausgeschlossen – Prinzip der **Annuität**.

Kollegialität

2. Jeder Amtsinhaber hatte einen – modern formuliert – gleichberechtigten Kollegen an seiner Seite – Prinzip der **Kollegialität**.

Interzessionsrecht

3. Dieser war mit denselben Vollmachten ausgestattet und konnte gegen die Amtshandlungen des anderen Widerspruch erheben – Prinzip des **Interzessionsrechtes**.

Despotie
Diktator auf Zeit

Auf diese Weise sollte die **Despotie** eines Einzelnen verhindert werden. Doch für Not- und Kriegszeiten gab es die verfassungsmäßige Einrichtung eines **Diktators auf Zeit**, der für sechs Monate uneingeschränkte *auctoritas* (Autorität) besaß. Kein Gleichgestellter war ihm zugeordnet und seinen Maßnahmen konnte nicht widersprochen werden.

Die – allerdings bisher nie angewandten – Bestimmungen des Grundgesetzes für den Notstand und den Verteidigungsfall als „Stunde der Exekutive" laufen in der Tendenz gleichfalls auf erweiterte Vollmachten für höchste Amtsinhaber hinaus.

Zensoren

Die **Zensoren** standen außerhalb der eigentlichen Ämterlaufbahn. Die zwei Zensoren wurden zumeist aus dem Kreis ehemaliger Konsuln für eine Amtszeit von 18 Monaten gewählt. Ihre Aufgaben bestanden darin, die Bürger den einzelnen Vermögensklassen zuzuweisen und die Steuer

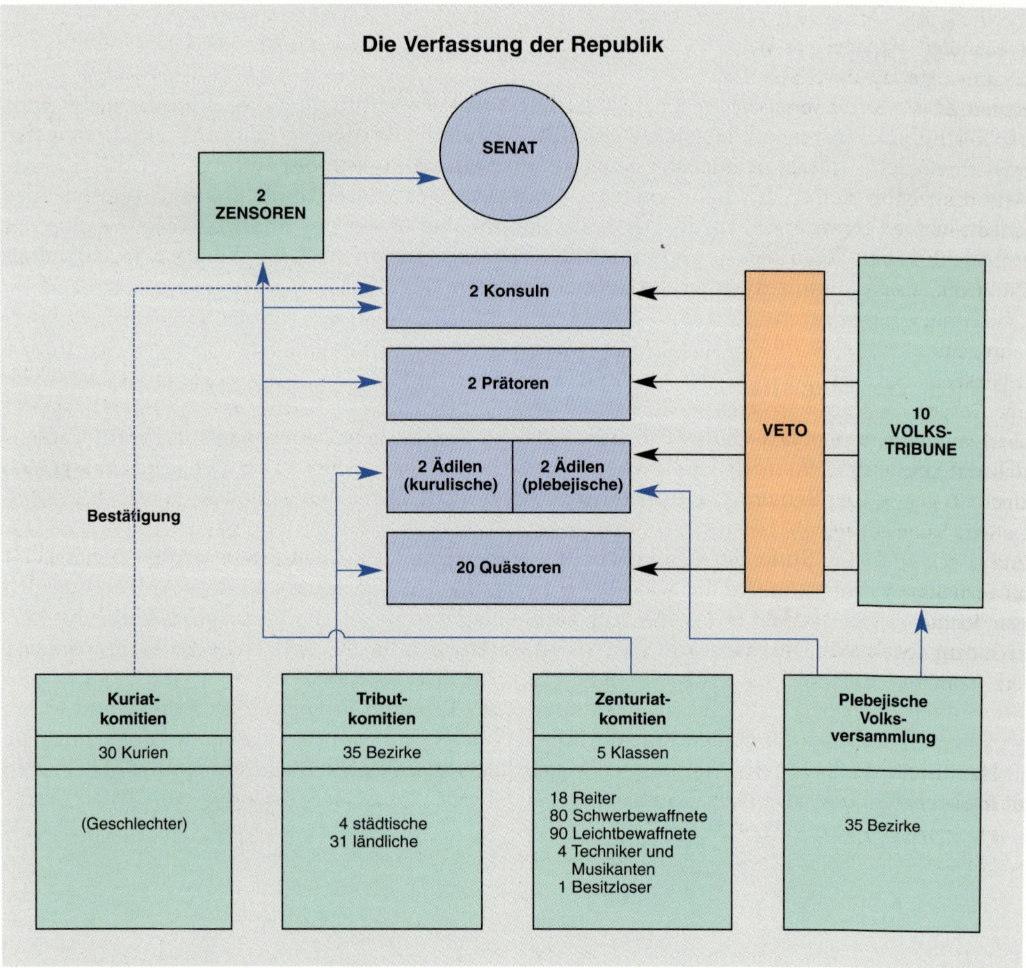

festzusetzen. Als ältere und deshalb zumeist konservative Bürger wachten sie außerdem über die Einhaltung der guten Sitten in Rom.

Noch heute sind uns viele Begriffe aus dem antiken Rom geläufig. Wir hören von einem Skandal im Wiener *Magistrat*. Ein US-*Senator* erfreut sich eines kaum geringeren Ansehens als sein römischer „Kollege" vor 2 000 Jahren. Der amerikanische Präsident kann gegen Beschlüsse des Kongresses sein *Veto* einlegen. *Konsul* ist ein Amt und immer noch auszeichnender Titel im diplomatischen Dienst. Einen guten Massenredner nennt man einen „Volkstribun" und an manchen Universitäten wird die Finanzverwaltung auch als *Quästur* bezeichnet. Presse*zensur* besteht immer noch in einigen Staaten.

Rom hat unser heutiges politisches Leben in Inhalt und Form geprägt.

Sueton über Ämter und Ehren des Augustus

▶ QUELLE 1

1 Ämter und Ehren nahm er teils vor dem gesetzlichen Alter an, teils wurden ihm auch solche ganz neuer Art auf Lebenszeit verliehen. Das Konsulat riß er in seinem zwanzigsten Lebensjahr an sich, indem er seine Legionen in feindlicher Absicht vor der Hauptstadt aufmarschieren ließ und Soldaten schickte, die im Namen des Heeres dieses Amt für ihn fordern sollten [...]. Sein zweites Konsulat bekleidete er neun Jahre später, das dritte nur nach einem Jahr Unterbrechung und die folgenden bis zum elften alle hintereinander. Nachdem er viele abgeschlagen hatte, die ihm angetragen wurden, bewarb er sich nach der langen Zwischenzeit von siebzehn Jahren um sein zwölftes Konsulat und zwei Jahre später zum dreizehntenmal [...]. Die fünf mittleren Konsulate, das heißt das sechste bis zehnte, übte er das ganze Jahr aus, die übrigen entweder neun, sechs, vier oder drei Monate, das zweite sogar nur wenige Stunden [...]. Die tribunizische Gewalt übernahm Augustus auf Lebenszeit, wobei er sich zweimal, immer für je fünf Jahre, einen Amtskollegen zugesellte. Ebenfalls auf Lebenszeit wurde ihm auch die Aufsicht über Sitten und Gesetze anvertraut. In dieser Stellung führte er, obschon er nie Zensor gewesen war, dreimal eine Volkszählung durch, das erste- und drittemal mit einem Kollegen, das zweitemal allein [...]. Daran anstoßend baute er Säulenhallen mit einer lateinischen und griechischen Bibliothek, wo er in seinem Alter oft auch Senatssitzungen abhielt und die verschiedenen Richtergruppen auswählte [...]. Als Augustus nach dem Tode des Lepidus das Amt des Oberpriesters (pontifex maximus), das er diesem zu seinen Lebzeiten nicht hatte entziehen wollen, endlich übernehmen konnte, sammelte er überall sämtliche griechischen und lateinischen Orakelbücher [...] und verbrannte sie [...]. Er selbst sprach mit großer Ausdauer Recht, manchmal bis in die Nacht hinein [...]. Da der Senat wegen der allzu großen Zahl der Senatoren zu einem unförmigen und unübersichtlichen Gebilde geworden war [...] gab ihm Augustus durch eine doppelte Auslese wieder die frühere Größe und seinen alten Glanz zurück: die erste wurde vom Senat selbst vorgenommen, indem jedes Mitglied ein anderes zu wählen hatte, die zweite durch Augustus und Agrippa [...]. Einige Senatoren brachte er dazu, daß sie sich, um den Schein zu wahren, von selbst zum Rücktritt entschlossen, und er beließ diesen das Vorrecht der senatorischen Kleidung, den Ehrenplatz im Theater und die Teilnahmeberechtigung an den gemeinsamen öffentlichen Festessen [...]. Mit zehn ihm vom Senat bewilligten Helfern zwang er jeden einzelnen Ritter, Rechenschaft über seinen Lebenswandel abzulegen, und diejenigen, die sich als nicht würdig erwiesen, bedachte er teils mit Geldstrafen, teils mit Ehrentzug, die meisten aber mit Verwarnungen [...]. Auch das alte Recht der Wahlversammlungen führte er wieder ein und belegte den Stimmenkauf mit hohen Strafen; am Wahltag ließ er selbst [...] pro Kopf tausend Sesterzen verteilen, damit sie auf keine Gelder von Kandidaten angewiesen seien.

(Sueton: Leben der Cäsaren. Augustus 26–40. Übers. von Andre Lambert, Reinbek, Rowohlt 1960, S. 50 ff.)

1. **Nennen Sie die Ämter, die Augustus im Lauf der Jahre bekleidete.**
2. **Inwiefern hob Augustus die Verfassung der Republik (vgl. Schaubild S. 38) auf, inwiefern behielt er sie bei?**
3. **Welche Änderungen setzte Augustus im Hinblick auf den Senat durch?**

▶ QUELLE 2 Augustus über sich selbst

(Augustus [63 v. Chr. bis 14 n. Chr.] faßt in seinem Tatenbericht [res gestae] sein gesamtes politisches Handeln zusammen. Nach dem Hauptfundort der in Stein gemeißelten Inschrift erhielt er den Namen „Monumentum Ancyranum".)

Die Taten des vergöttlichten Augustus, mit denen er den Erdkreis der Herrschaft des römischen Volkes unterwarf, sowie die Aufwendungen, die er für das römische Staatswesen und Volk machte, eingegraben auf zwei ehernen Pfeilern, die in Rom aufgestellt sind, wiedergegeben in folgender Abschrift.

Mit neunzehn Jahren habe ich aus privater Initiative und aus eigenen Mitteln ein Heer aufgestellt, mit dem ich dem Staatswesen, das durch die Gewaltherrschaft einer politischen Machtgruppe unterdrückt wurde, die Freiheit wiedergab. [...] Das Volk aber wählte mich im gleichen Jahr zum Konsul, als beide Konsuln im Krieg gefallen waren, und zum Triumvirn zur Neuordnung des Staatswesens [...]. Konsul war ich dreizehnmal bis zu dem Zeitpunkt, an dem ich dies schreibe, und ich habe im 37. Jahr die tribunizische Gewalt inne. Die Diktatur, die mir in meiner Abwesenheit und in meinem Beisein sowohl vom Volk wie auch vom Senat [...] angetragen wurde, habe ich zurückgewiesen. Nicht abgelehnt habe ich aber, als größter Mangel an Getreide herrschte, die Aufsicht über die Getreidebeschaffung, die ich so betrieb, daß ich innerhalb von wenigen Tagen die gesamte Bürgerschaft von Furcht und lastender Gefahr dank meiner Aufwendungen und meiner Fürsorge befreien konnte. Das mir damals angetragene jährliche Konsulat auf Lebenszeit habe ich ebenfalls nicht angenommen. Als [...] der Senat und das römische Volk einmütig beantragten, daß ich als einzelner mit höchster Machtbefugnis zum Wahrer von Gesetz und Sitte ernannt würde, habe ich dies ebensowenig angenommen wie irgendein anderes mir angetragenes Amt, das gegen Sitte und Herkommen der Vorfahren verstieß. Was damals der Senat von mir ausgeführt wissen wollte, habe ich kraft meiner tribunizischen Amtsgewalt vollbracht. [...] Erster Mann des Senats war ich bis zu dem Tag, an dem ich dies schreibe, 40 Jahre lang. [...] Dem Volk in Rom habe ich pro Kopf 300 Sesterzen auszahlen lassen gemäß dem Testament meines Vaters. In meinem eigenen Namen habe ich während meines fünften Konsulats jedem einzelnen 400 Sesterzen aus der Kriegsbeute zugewiesen, ein weiteres Mal habe ich in meinem zehnten Konsulat aus meinem ererbten Vermögen pro Kopf 400 Sesterzen als Spende auszahlen lassen. In meinem elften Konsulat habe ich zwölf Getreidespenden austeilen lassen, zu denen das Getreide aus meinem Privatvermögen aufgekauft worden war. Im 12. Jahr meiner tribunizischen Amtsgewalt habe ich zum dritten Mal 400 Sesterzen pro Kopf verteilt. Diese meine Spenden gingen niemals an weniger als 250 000 Menschen. Als ich die tribunizische Gewalt zum achtzehnten Mal und das Konsulat zum zwölften Mal innehatte, habe ich an 320 000 Menschen aus der städtischen Bevölkerung pro Kopf 60 Denare auszahlen lassen. Den Ansiedlern unter meinen Soldaten habe ich in meinem fünften Konsulat pro Mann 1 000 Sesterzen aus der Kriegsbeute gegeben. Diese zur Feier des Triumphs ausgezahlte Spende haben in den Neuansiedlungen ungefähr 120 000 Menschen in Empfang genommen. Als ich zum dreizehnten Mal Konsul war, habe ich je 60 Denare an diejenigen aus dem Volk gezahlt, die damals von Staats wegen Getreidespenden erhielten; dies waren etwas mehr als 200 000 Menschen. [...] Seit dieser Zeit überragte ich alle übrigen an Autoriät, an Amtsgewalt aber besaß ich nicht mehr als die anderen, die auch ich im Amt zu Kollegen hatte. [...]
Während ich dies schreibe, bin ich in meinem 76. Lebensjahr.

(Augustus: Tatenbericht. Übers. von Marion Giebel, Stuttgart, Reclam 1958, S. 18 ff.)

1. **Wie charakterisiert Augustus seine Herrschaft?**
2. **Mit welchen Mitteln sicherte sich Augustus seine Herrschaft?**
3. **Ist es gerechtfertigt, Augustus einen Diktator zu nennen? Begründen Sie Ihre Meinung.**

▶ QUELLE 3 Aus einem Sitzungsprotokoll des römischen Senats, 438

In dem Jahr, in dem der Kaiser Theodosius zum sechzehnten Mal zusammen mit Anicius Glabrio Konsul war, versammelte sich der Senat, um der Verkündigung der vom Kaiser veranlaßten Gesetzessammlung beizuwohnen. Als der Konsul das kaiserliche Edikt verlesen hatte, notierte das Protokoll Beifallsrufe der Versammlung: „[...] Ihr, Kaiser der Kaiser, größter der Kaiser, wird acht Mal wiederholt; Gott gab Euch uns, Gott erhalte Euch uns, wird siebenundzwanzig Mal wiederholt; Ihr, Kaiser der Römer, sollt glücklich und gottesfürchtig viele Jahre herrschen, zweiundzwanzig Mal wiederholt; zum Wohl des Menschengeschlechts, zum Wohl des Senats, zum Wohl des Staates, zum Wohl aller, vierundzwanzig Mal wiederholt; Unsere Hoffnung, unser Heil seid Ihr, sechsundzwanzig Mal wiederholt; Durch Euch sind Ehren, Güter, alle Dinge, achtundzwanzig Mal wiederholt; Ihr seid uns lieber als unsere Kinder, teurer als unsere Eltern, sechzehn Mal wiederholt."

(Iacobus Gothofredus: Codex Theodosianus. Leipzig 1736–1743 (Nachdruck 1975), Gesta Senatus 14,75. Übers. von Hugo Rahner, S. 455)

1. **Beschreiben Sie das Verhältnis des Senats zum Kaiser.**
2. **Welche politische Bedeutung hatte der Senat? Begründen Sie Ihre Ansicht.**

AUFGABEN

1. Welche gemeinsamen Merkmale charakterisieren eine Hochkultur?
2. Informieren Sie sich mithilfe eines Lexikons bzw. des Internets über die sieben Weltwunder des Altertums und beschreiben Sie diese.
3. Schreiben Sie in Ihrer Klasse – jeder für sich – ein vorher bestimmtes aktuelles Ereignis so auf, dass sich ein Historiker in 100 Jahren von dem Geschehen ein Bild machen könnte. Vergleichen Sie Ihren Bericht mit dem Ihrer Klassenkameraden. Was stellen Sie fest?
4. Nennen Sie Beispiele, wie und in welchen Bereichen die Kultur des antiken Griechenlands heute noch nachwirkt.
5. Fertigen Sie einen systematischen Verfassungsvergleich der römischen Verfassung der Republik (vgl. die Abbildung auf. S. 38) mit dem Grundgesetz der Bundesrepublik Deutschland an. Präsentieren Sie die Ergebnisse Ihrer Arbeit in geeigneter Form.
   a) Beschreiben Sie die jeweils entscheidenden Merkmale der beiden Verfassungen.
   b) Nennen Sie die Unterschiede zwischen
      - Senat und Bundestag,
      - Senat und Bundesregierung,
      - Volksversammlung und Bundestag,
      - Konsul und Bundeskanzler.

HOT Grundlegende Arbeitstechniken und Methoden 1:

Erkundungen und Besichtigungen

Das Lernen im Klassenzimmer ermöglicht immer nur eine begrenzte Sicht auf den Gegenstand. Im Bereich des historischen Lernens sind Museumsbesuche, Besuche von Ausgrabungsstätten, Stadterkundungen u. v. a. m. eine Möglichkeit, durch Anschauung und eigene Beobachtung den Horizont zu erweitern.

Historische Museen beschäftigen sich zumeist mit einer Epoche oder mit der geschichtlichen Entwicklung einer bestimmten Region. Fast jedes Dorf hat inzwischen ein Heimat- oder Brauchtumsmuseum, das oft nur einige Stunden in der Woche geöffnet ist, aber doch einen guten Einblick in die örtliche Geschichte vermitteln kann. Daneben gibt es in den großen Museen sehr häufig thematische Ausstellungen, die sich mit einem klar umrissenen Gegenstand auseinandersetzen, sei es nun die Entwicklung der Industrie, das Leben in der Stauferzeit oder neue Funde aus der Antike. Gewinnbringend sind Museumsbesuche, wenn man an einer Führung teilnehmen kann – in den größeren Museen kümmern sich außerdem Museumspädagogen um die Schüler.

Auch die Besichtigung nicht schriftlicher Quellen, also z. B. von Denkmälern, Ausgrabungsstätten oder besonders bedeutsamen Gebäuden, kann Geschichte veranschaulichen und neue Erkenntnisse vermitteln.

Daneben dienen Erkundungen – z. B. eines Betriebes oder einer Behörde – dazu, einen besseren Einblick in die Arbeitswelt und die dort praktizierten Abläufe und Gegebenheiten zu gewinnen. Solch eine *Erkundung* darf nicht mit einer *Betriebsbesichtigung* verwechselt werden. Bei einer Betriebsbesichtigung wird der Betrieb festlegen, was der Besuchergruppe wann und in welcher Reihenfolge gezeigt wird. Bei einer Erkundung werden dagegen entweder einzelne Schüler oder Schülergruppen vorher festgelegte Erkundungsaufträge bearbeiten, also beispielsweise Interviews durchführen oder ganz bestimmte Bereiche innerhalb des Betriebes genauer beobachten.

Schülerinnen beim Museumsbesuch

Jede Erkundung verlangt auch inhaltlich eine sehr intensive Vorbereitung. So muss beispielsweise klar verabredet werden:

- Welchem Ziel dient die Erkundung?
- Welche Vorinformationen können eingeholt werden?
- Was soll beobachtet werden?
- Wer soll befragt werden?
- Welche Unterlagen müssen vorbereitet werden?
- Ist der Einsatz von Medien (Tonband, Kamera) sinnvoll bzw. erlaubt?

Die Nachbereitung sollte einen großen Raum einnehmen, damit die Erkundung nicht nur ein flüchtiger Eindruck bleibt. Geprüft werden muss u. a., ob sich die angewandten Methoden bewährt haben, was beim nächsten Mal anders oder besser gemacht werden sollte, welche Konsequenzen man eventuell ziehen sollte und welche Fragen noch offengeblieben sind. Eine Dokumentation der Erkundung, z. B. in Form eines Zeitungsberichtes oder einer Ausstellung, empfiehlt sich in jedem Fall.

2 Mittelalter und Neuzeitbeginn

Das Mittelalter will als eine uns zugehörige,
aber fremd gewordene Welt begriffen sein.
Hermann Heimpel, Historiker (1901–1988)
(Hermann Heimpel: Neue Wege im Geschichtsunterricht, 3. Aufl., Frankfurt a. M., Schulte-Bulmke 1965, S. 13)

SCHLÜSSELDATEN

800	Kaiserkrönung Karls des Großen
911	Wahl Konrads von Franken zum deutschen König
1077	Gang nach Canossa
1122	Wormser Konkordat
1492	Kolumbus entdeckt Amerika
1517	Luthers Thesenanschlag
1521	Wormser Edikt
1555	Augsburger Religionsfrieden
1618–1648	Dreißigjähriger Krieg

2.1 Das Mittelalter

DARSTELLUNG

Die Zeit zwischen der griechisch-römischen Antike und ihrer **Renaissance** (Wiedergeburt) zu Beginn der **Neuzeit** wurde von den Humanisten als dunkles, ja finsteres Zeitalter betrachtet, ein Zeitalter der Barbarei, der Unwissenheit und des Aberglaubens.

Bis in die Gegenwart ist der Begriff **Mittelalter** mit negativen Urteilen belastet, wie dies z. B. in der Redewendung von „Zuständen wie im Mittelalter" zum Ausdruck kommt.

www.mediaevum.de
www.mgh.de

2.1.1 Die Grundherrschaft im Fränkischen Reich

Römisches Weltreich

Die zunehmenden Germaneneinfälle bedrohten während der Völkerwanderung (375–568) das **römische Weltreich** immer stärker. Die römischen Kaiser sahen nur noch eine Möglichkeit, die ausgedehnten Grenzen des Reiches zu sichern: Ab dem 4. Jahrhundert erlaubten sie germanischen Volksstämmen, sich auf römischem Reichsboden anzusiedeln, um sie so besser unter Kontrolle zu halten. Diese **Föderaten** (Bundesgenossen, vgl. *Föderalismus)* nahmen aber die römische Lebensart nicht an, sondern lebten fast wie ein Fremdkörper im Römischen Reich. Sie regelten ihre Angelegenheiten selbstständig, wählten ihre eigenen Fürsten und dehnten ihre Macht so weit aus, dass es bald zu germanischen Reichsgründungen auf römischem Staatsgebiet kam.

Föderaten

Frankenreich

Das **Frankenreich** erwuchs zum stabilsten und dauerhaftesten dieser Reichsgründungen. Die **Franken** – zu übersetzen etwa mit „die Freien" oder „die Kühnen" – breiteten sich unter ihrem König *Chlodwig* (466–511) über fast ganz Gallien und die ehemals römischen Provinzen Germaniens aus.

Grundherrschaft

Im Jahre 768 wird *Karl I.* (der Große) fränkischer König. In seine Regierungszeit fällt der Ausbau der **Grundherrschaft**, die am besten als *Herrschaft über Land und Leute* definiert wird. Die Grundherrschaft ist eines der charakteristischsten Merkmale des Mittelalters und wird zum zentralen Rechts- und Ordnungsbegriff.

Domänen

Als die Franken ihre Macht über weite Teile des ehemaligen Römischen Reiches ausdehnten, ergriffen viele Großgrundbesitzer und Verwalter der kaiserlichen **Domänen** die Flucht. Sie verließen ihren Grundbesitz, der nun zum Privateigentum des Königs wurde. Mit dem eroberten Land „gehörten" dem König auch die zahlreichen Menschen, die zurückgeblieben waren. An ihrer Lage änderte sich wenig. Hatten sie bisher für einen römischen Grundbesitzer das Land bestellt, so verrichteten sie nun ihre Arbeit für einen fränkischen Adligen oder den König, der seine Königsgüter der Aufsicht eines Verwalters *(Amtmann)* unterstellte.

▶ Q. 1

Herrenhof

Salland

Dreifelderwirtschaft

Jede einzelne Grundherrschaft war nach einem ganz bestimmten Schema geordnet: Im Mittelpunkt des Besitzes lag der **Herrenhof**, zu dem auch Handwerksbetriebe, wie Mühle, Schmiede, Bäckerei usw., gehörten. *Unfreie Knechte,* die kein Pachtland besaßen, bewirtschafteten das den Herrenhof umgebende Land, das sog. **Salland**. Mit den immer fortschrittlicheren landwirtschaftlichen Methoden – **Dreifelderwirtschaft** – konnten die Kleinbauern der Umgebung bald nicht mehr konkurrieren. Der ihnen übertragene Grundbesitz war so klein, dass sie es sich nicht leisten konnten, jedes dritte Jahr ein Stück Land brachliegen zu lassen. So übertrugen sie ihr Eigentum an Grund und Boden dem Grundherrn und erhielten es als geliehenes Gut zurück. Als Bewirtschafter einer sog. **freien Hofstelle** sicherten sie sich zwar ihren Lebensunterhalt, waren aber zu Abgaben und Frondiensten verpflichtet.

Freie Hofstelle

Verknechtung

▶ Q. 2

Häufig wurde die Situation eines freien Bauern so misslich, dass er sich sogar in die Knechtschaft – **Verknechtung** – des Grundherrn begeben musste. Damit wurde er zum **Hörigen** und zu zusätzlichen Abgaben verpflichtet, die er zumeist in Form von **Frondiensten** leistete.

Bauern zahlen dem Fürsten den Pachtzins (16. Jahrhundert)

Die Gesellschaft des Hochmittelalters wies eine klare Dreiteilung auf: Adel, Freie und Unfreie. Die Rechtsstellung aber besagte wenig über ihre tatsächliche Lage. Es gab *Freie,* die von ihrer adligen Herrschaft wie Knechte gehalten wurden, andererseits konnten viele *Unfreie* auf den Besitzungen der meist abwesenden Grundeigentümer nahezu nach Gutdünken schalten und walten.

Auch heute sagt die soziale Stellung wenig über den faktischen Freiheitsspielraum und vor allem über den Lebensstandard aus. Es gibt *arme* Selbstständige, Kleinunternehmer, die z. B. als Zulieferer von einigen wenigen Großabnehmern abhängig sind, die ihnen die Liefer- und Zahlungsbedingungen weitgehend diktieren können. Andererseits haben hoch qualifizierte, begehrte Arbeitnehmer einen großen beruflichen Entfaltungsspielraum. Ihre Spezialfähigkeiten erlauben es ihnen, bei angesehenen Unternehmen hohe Einkommen zu erzielen, aus denen sie allerdings ihre Gesundheits- und Altersvorsorge selbst bestreiten müssen. War eine akademische Ausbildung lange Jahre sicherer Garant für eine herausgehobene Position, so sind heute manchmal selbst promovierte Universitätsabsolventen gezwungen, auch schlecht bezahlte Aushilfsjobs anzunehmen.

Spanndienste

Handdienst

Diese Fron- oder Zwangsdienste bestanden einerseits aus den **Spanndiensten**, wie Ackerbestellung, und andererseits aus **Handdiensten** in Form von Dienstleistungen für den Gutsherrn. Die Frondienste mussten unentgeltlich verrichtet werden und erstreckten sich auf ganz bestimmte Tage des Jahres, des Monats oder der Woche.

Als Gegenleistung für die von *Freien und Unfreien* erbrachte Arbeit gewährte der Grundherr persönlichen Schutz gegen Feinde. Er besaß allerdings neben dem Grund- und Bodeneigentum auch die Gerichtsbarkeit über die Bauern und das Recht, den Dorfgeistlichen zu ernennen.

2.1.2 Das Lehenswesen im Frankenreich

www.regionalgeschichte.net/bibliothek/glossar/alphabet/l/lehenswesen.html

Im Frankenreich entwickelte sich ein **Lehenswesen**, das die Gesellschaftsordnung und das Herrschaftssystem des gesamten Mittelalters bestimmte. Die lateinisch abgefassten Schriftstücke und Urkunden enthielten den Begriff *feudum* (Gut, Lehen). Aus diesem Wort entstand der Oberbegriff des **Feudalismus**, den die marxistische Geschichtsschreibung zur Charakterisierung des gesamten Mittelalters benutzt. Er kann inhaltlich mit dem Begriff „Lehenswesen“ gleichgesetzt werden.

Feudalismus

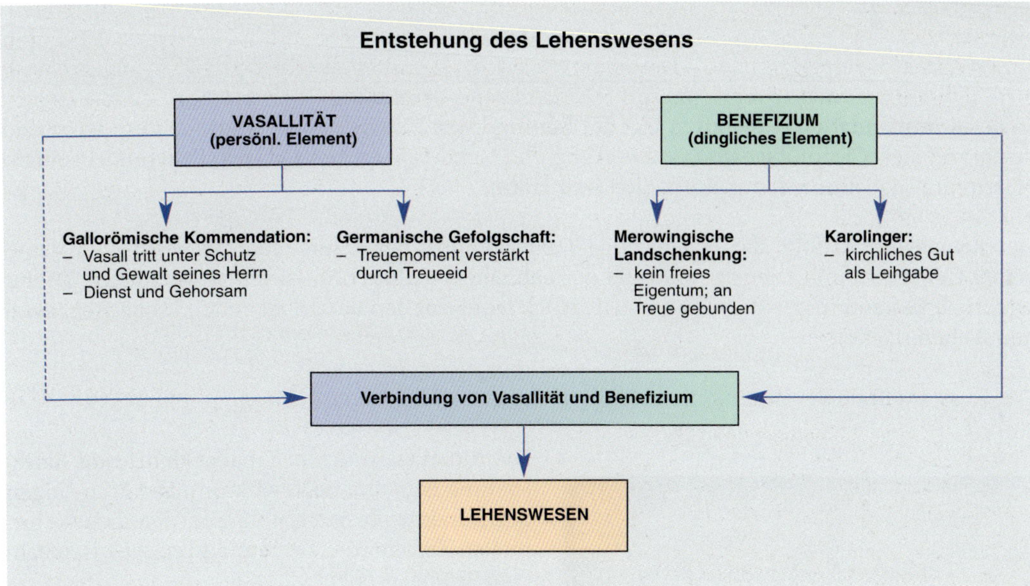

Lehnsherr und **Lehnsmann** vereinbarten im **Lehensvertrag** ein gegenseitiges, persönliches Treueverhältnis. Oberster Lehnsherr war der König, der den fränkischen Adligen ein **Landlehen** zur Nutzung übertrug. Der Adlige war zum **Vasallen** (ursprüngliche Bedeutung: *Knecht)* geworden. Er verpflichtete sich damit, dem König Dienste, insbesondere Kriegsdienste zu leisten. In der **Heerfahrt** (Kriegszug) der Kronvasallen wurde diese Pflicht konkretisiert. Sie umfasste nicht nur den Dienst im Reichsheer als gepanzerte Reiter, sondern auch die Gefolgschaft beim Italienzug zur Kaiserkrönung. Nach der Krönung *Karls des Großen* erschien das alte Römische Reich wiedererstanden, und die Könige der Folgezeit trachteten danach, gleichfalls vom Papst zum Kaiser gekrönt zu werden. Ein starkes Heer als Begleitschutz war auf der gefahrvollen Reise nach Rom unerlässlich.

Lehensvertrag

Heerfahrt

Der Vasall war außerdem zur **Hoffahrt** verpflichtet. Das mittelalterliche Königtum kannte keine feste Residenz; der König war mit seinem gesamten Hofstaat ständig unterwegs. Um seinen Vasallen Weisungen erteilen zu können und sich mit ihnen zu beraten, wurden Termine festgesetzt, an denen der König an einem bestimmten Ort *Hof hielt* und zu denen die Vasallen zu erscheinen hatten.

Hoffahrt

Die **Kronvasallen**, die unmittelbar an die Person des Königs gebunden waren, setzten sich aus hohen weltlichen Fürsten, wie *Herzögen* und *Grafen,* und aus kirchlichen Würdenträgern, wie *Bischöfen* und *Äbten,* zusammen. Ihr Lehen war so groß, dass sie einen Teil ihres Besitzes an **Untervasallen** weitergeben konnten, z. B. an *Ritter* oder auch einfache *Dienstmannen.* Damit band der Kronvasall Gefolgsleute an sich, die unmittelbar ihm unterstanden und nur ihm verpflichtet waren. So entstand allmählich eine hierarchische *(Hierarchie* = Rangordnung) Schichtung der mittelalterlichen Gesellschaft: die **Lehenspyramide**.

Kronvasallen

Untervasallen

Lehenspyramide

Der Abschluss eines Lehensvertrages vollzog sich in einem strengen, formalen Ritual, das sich in drei Abschnitte gliederte.

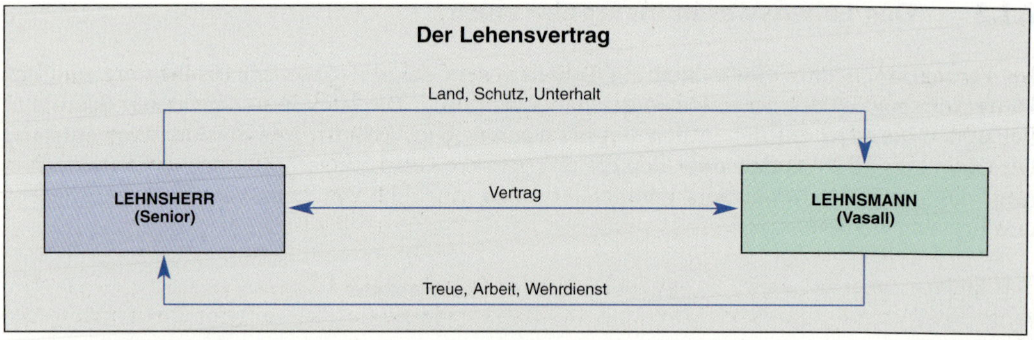

Kommendation

In der **Kommendation** (Ergebung) legt der künftige Vasall seine Hände in die seines Herrn und bringt mit dieser Demutsgeste Unterwerfung und Gehorsam zum Ausdruck. Er schuldet seinem Herrn nun „consilium et auxilium" (Rat und Hilfe).

Treueeid

Der *Kommendation* folgt das gegenseitige Treuegelöbnis, der **Lehns-** oder **Treueeid.** Der Vasall gelobt Gehorsam und Dienste, während der Lehnsherr Schutz und Unterhalt verspricht. Dieser Unterhalt bestand in der Regel aus einem Stück Land mit den darauf lebenden Menschen, eben dem **Lehen** (Leihe).

Kuss

▶ Q. 3

Der **Kuss** am Ende der Zeremonie bekräftigte die getroffene Vereinbarung.

Die Ritualisierung von Treuegelöbnis und Eidesleistung ist heute noch wirksam. Die Freiwilligen der Bundeswehr *geloben* in einer feierlichen, formellen Zeremonie, „der Bundesrepublik Deutschland treu zu dienen".

Der so abgeschlossene Lehensvertrag galt auf Lebenszeit und war für beide Seiten unkündbar. Mit dem Tode des Lehnsmanns fiel das Lehen an den Lehnsherrn zurück, der es neu *verleihen* konnte, doch schon früh konnten die Vasallen die *Erblichkeit* durchsetzen, und der Erstgeborene übernahm die Rechte und Pflichten seines Vaters. Starb der Lehnsherr, so schloss dessen Sohn mit dem Lehnsmann einen neuen Lehensvertrag, um sich dessen Dienste auch weiterhin zu sichern.

Der Grundgedanke des Lehens kehrte sich später in sein Gegenteil: War im Frühmittelalter das Lehen der „Lohn" für geleistete Dienste und Treue, so wurde es im Laufe der Jahrhunderte Vorbedingung für noch zu erbringende Leistungen, eine Art „Vorauszahlung", und der Lehnsherr konnte sich nicht einmal sicher sein, dass die versprochene Gegenleistung im Bedarfsfall auch erbracht wurde.

Von oben nach unten:
1. Gewappneter Lehnsmann. 2. Königsweihe durch den Papst. 3. Ein Vasall kauft sich von der Heerfahrt frei. 4. Szene vor dem Lehnsgericht. 5. Ein Lehnsmann leiht dem Herrn ein Pferd (aus der Heidelberger Bilderhandschrift des Sachsenspiegels, dem bedeutendsten deutschen Rechtsbuch des Mittelalters, 14. Jh.).

2.1.3 König und Adel im Deutschen Reich

Im *Vertrag von Verdun* teilten die drei Enkel *Karls des Großen* 843 das Fränkische Reich, und im Laufe der folgenden Jahre bildeten sich zwei getrennte Reiche heraus, die, geografisch grob betrachtet, bis heute noch bestehen: **Frankreich** und **Deutschland**. Eine Wiedervereinigung des *ostfränkischen* – jetzt deutschen – Reiches mit dem *westfränkischen* lehnten die Herzöge von Bayern, Schwaben, Sachsen, Lothringen und Franken ab. Sie hatten einen aus ihrer Mitte zum König gewählt, und seit 911 regierte der Frankenherzog *Konrad* als deutscher König.

Frankreich und Deutschland

Das Eigenschaftswort „deutsch" als Name für eine Sprache gilt als „thediscus" erstmals belegt im Jahre 786. Am Hofe Karls des Großen (786–814) war sie die Bezeichnung für die germanischen Volkssprachen im Unterschied zur (lateinischen) Kanzleisprache. Etwa um die Jahrtausendwende kommt die althochdeutsche Form „diutisc" als Adjektiv zu „diota" (= Volk) auf. Daraus lässt sich die wörtliche Übersetzung von „Deutsche" als „die unseres Volkes sind" ableiten. Das deutsche Reich wurde offiziell als Römisches Reich bezeichnet; erst ab dem 15. Jahrhundert hieß es „Heiliges Römisches Reich Deutscher Nation".

Doch von Anfang an war *Konrad* von den Stammesherzögen abhängig. Zwischen der vom König repräsentierten **Reichsgewalt** und den Herzögen entbrannte ein Machtkampf, der das gesamte Mittelalter wie ein roter Faden durchzieht.

Reichsgewalt

Spannungen zwischen Teilstaaten und der Zentralgewalt gibt es auch heute noch, wenngleich sie selbstverständlich nur gewaltfrei und wesentlich weniger heftig ausgetragen werden. Doch immer wieder argwöhnen die Länder der Bundesrepublik Deutschland, dass der Bund ihre Kompetenzen schmälern will, während der Bund die *Bundestreue* einklagt, wenn z. B. ein – von einer Oppositionspartei geführtes – Bundesland seine Zustimmung zu Bundesgesetzen verweigert.

Zunehmend wurde die königliche Stellung als oberster Lehnsherr erschüttert. Die Kronvasallen wollten die Lehen auf Dauer besitzen, d. h., sie sollten bei ihrem Tod nicht an den König zurückfallen, sondern vererbbar sein. Sie konnten sich mit dieser Forderung durchsetzen, weil der König auf ihre Gefolgschaftstreue bei Heerzügen angewiesen war. Zwar blieb unumstritten, dass der König rein rechtlich der *Eigentümer* des Lehens war. Aber mehr und mehr wurden die Untervasallen der Herrschaftsgewalt des Königs entzogen; den Herzögen gelang der Aufbau einer eigenen, nur ihnen gehorchenden **Hausmacht**.

Hausmacht

Nach dem fränkischen König wählten die deutschen Herzöge 919 den sächsischen Herzog, als den mächtigsten unter ihnen, zum König, der unter dem Beinamen *Heinrich der Vogler* in die Geschichte einging. Noch heute kann in Quedlinburg die Stelle besichtigt werden, an der ihm die Königskrone angetragen wurde.

Das Bundesland Sachsen-Anhalt umfasst die Kerngebiete des damaligen Herzogtums und kann deshalb als die Wiege des Deutschen Reiches bezeichnet werden. Denn als *Heinrich* 936 starb, wurde *Otto* sein Nachfolger, der Magdeburg zu seiner Residenzstadt erhob und auch dort begraben liegt. Nach dem Sieg über die Ungarn im Jahre 955 – Schlacht auf dem Lechfeld, vermutlich aber bei Augsburg – nannten ihn die Menschen der damaligen Zeit „Otto der Große". Er ließ sich am 2. Februar 962 vom Papst in Rom zum ersten deutschen Kaiser krönen.

Otto I. versuchte, die Abhängigkeit von den Stammesherzögen zu mildern, indem er seine Verwandten zu Herzögen ernannte. Doch auch dieser Versuch scheiterte, selbst die eigenen Söhne erhoben sich gegen ihn. So schlug er einen neuen Weg ein: Er gründete seine Macht auf Bischöfe und Äbte, die er zu Trägern der Reichsverwaltung machte. Auch seine Nachfolger *Otto II.* und *Otto III.* verfolgten diese Politik, die als **Ottonisches Reichskirchensystem** in die Geschichte einging.

www.ottonenzeit.de

Ottonisches Reichskirchensystem

Immer häufiger belehnte der König die Geistlichen mit Lehen; ihre Kinderlosigkeit, sie waren in der Regel nicht verheiratet, unterband die Vererbung, sodass der König die Verfügungsgewalt über Land und Leute behielt.

Staatskirche

Die *Ottonen* „vermählten“ Staat und Kirche zur **Staatskirche**. Dennoch blieben die Geistlichen Mitglieder der *universalen Weltkirche*, deren Oberhaupt der **Papst** und deren Zentrum Rom war. In strittigen Fällen betrachtete die Geistlichkeit den Papst als ihren Herrn, der danach trachtete, seine Machtstellung gegenüber dem Kaiser zu wahren.

Konrad II., im Jahre 1024 gewählt, versuchte, mit einer anderen Strategie seine Königsmacht zu sichern. Er stützte sich auf die Untervasallen, indem er ihnen Rechte verlieh. Damit verminderte er die uneingeschränkte Herrschaft der Kronvasallen über ihre Ritter und Dienstmannen.

Ministerialen

So entstand im 11. und 12. Jahrhundert allmählich eine neue gesellschaftliche Schicht, die dem König zunächst treu ergeben war und seine Herrschaft festigte: die **Ministerialen**. Sie waren ursprünglich – unfreie – Dienstmannen. Vom König mit Lehen versorgt, wurden sie als Landfremde zur Einforderung von Abgaben und Frondiensten eingesetzt. Sie genossen richterliche Funktionen und berieten den König. Sie und nicht mehr die *Großen* des weltlichen und geistlichen Adels bildeten nun die tragenden Säulen der Königsherrschaft.

Aber auch dieses System bewährte sich nicht lange. Die Ministerialen verbanden sich mit dem *landsässigen Adel*, z. B. durch Heirat, und verfolgten bald ihre eigenen Interessen, die mehr und mehr mit den Interessen des Adels zusammenfielen.

Hohenstaufen

Reichsfürsten

Friedrich I. Barbarossa, gewählt im Jahre 1152 aus dem Hause der **Hohenstaufen**, festigte die Königsherrschaft gegen den Adel, indem er das Herzogtum Sachsen teilte und aus dem Herzogtum Bayern Gebiete herauslöste, die er zu neuen Herzogtümern machte. Damit nahm die Zahl der an der Herrschaft beteiligten Adelsgeschlechter zwar zu, aber gleichzeitig wurde die Rivalität unter ihnen gefördert. Ausdrücklich untersagte *Friedrich I.* den **Reichsfürsten**, untereinander Verträge abzuschließen, die gegen den Kaiser gerichtet waren. Als Gegenleistung verzichtete *Barbarossa* weitgehend auf den Einsatz der Ministerialen.

Staufer

▶ Q. 4 UND 5

Doch trotz zeitweiliger Erfolge gelang es den **Staufern** nicht, sich endgültig gegen den Adel durchzusetzen. Kaiser *Friedrich II.* (1212–1250) musste ihm Zugeständnisse machen, die letztlich die Adelsherrschaft zulasten einer starken Zentralgewalt begünstigten. In zwei berühmten Urkunden gewährte dieser bedeutende, hochgebildete Kaiser Privilegien, mit denen er die **fürstliche Landeshoheit** begründete.

Diese eigenständige Hoheit wurde zur wichtigsten Ursache der jahrhundertelangen Zersplitterung Deutschlands, die erst 1871 beseitigt wurde. Nur knapp 80 Jahre später wurde Deutschland wieder geteilt, eine Teilung, die 45 Jahre bis 1990 dauern sollte. Die Deutschen haben während des größten Teils ihrer gemeinsamen Kulturgeschichte – im Gegensatz zu anderen europäischen Völkern – nicht unter *einem* staatlichen Dach *einer* Nation gelebt.

▶ QUELLE 1 Karl der Große: Verordnung über die Krongüter und Reichshöfe (Capitulare de villis), um 795

1. Wir befehlen: Unsere Krongüter, die wir eingerichtet haben, unseren Hofhalt zu beliefern, sollen allein unserem Bedarf dienen und niemandem sonst.
2. Unsere Hofleute sollen wohl versorgt und von niemand in Schuldknechtschaft gebracht werden.
3. Die Amtmänner sollen sich hüten, unsere Hofleute in ihren eigenen Dienst zu stellen; sie dürfen sie nicht zu Fronen, zum Holzfällen oder irgendeiner anderen Arbeit zwingen und keine Geschenke von ihnen annehmen: weder Pferd, Ochsen, Kuh, Schwein, Hammel, Ferkel, Lamm noch sonst etwas, ausgenommen Würstchen, Gemüse, Obst, Hühner und Eier.

23. Auf jedem unserer Krongüter sollen die Amtmänner einen möglichst großen Bestand an Kühen, Schweinen, Schafen, Ziegen und Böcken halten.

45. Jeder Amtmann soll in seinem Bezirk Grob-, Gold- und Silberschmiede, Schuster, Drechsler, Stellmacher, Schildmacher, Fischer, Falkner, Seifensieder, Brauer, [...] Bäcker, [...] Netzmacher [...] (halten).

56. Jeder Amtmann soll in seinem Bezirk öfters Gerichtstage abhalten.

62. Jeder Amtmann soll alljährlich über den Gesamtertrag unseres Wirtschaftsbetriebs berichten.

70. Wir befehlen: In den Gärten soll man alle nachgenannten Pflanzen ziehen: (Es folgt eine Aufzählung von über 70 Kräutern und mehr als 10 verschiedenen Obstsorten).

(Günther Franz: Quellen zur Geschichte des deutschen Bauernstandes im Mittelalter. Darmstadt, Wissenschaftliche Buchgesellschaft 1967, S. 38–59)

1. **Welche Machtbefugnisse verlieh Karl der Große den Amtmännern seiner Krongüter und Reichshöfe?**
2. **Warum war den Amtmännern nicht erlaubt, bestimmte Geschenke anzunehmen?**
3. **Welches sind vermutlich die Gründe für die streng geregelte Organisation der Krongüter und Reichshöfe?**

Urkundenformular für eine Selbstverknechtung (um 700)

▶ QUELLE 2

An meinen Herrn soundso (ich) der soundso. Da, veranlaßt durch das Drängen meines Prozeßgegners, meine Unfähigkeit (zu bezahlen) immer größer wurde und ich in große Schwierigkeiten geriet, so daß ich mein Leben hätte verlieren können, habt Ihr in Eurer Barmherzigkeit mich, der ich schon zum Tod verurteilt war, mit Eurem Geld losgekauft und (zur Buße und Bezahlung) meiner Verbrechen ansehnliche Vermögensstücke hingegeben. Ich besitze nun kein Vermögen (mehr), womit ich Eure Wohltaten vergelten könnte; deshalb habe ich beschlossen, dafür den Stand meiner Freiheit Euch unterwürfig zu machen, derart, daß ich von diesem Tag an aus Eurem Dienst mich durchaus nicht begeben werde, sondern ich gelobe, auf Euren und Eurer Beamten Befehl alles zu tun, was Eure übrigen Knechte tun. Wenn ich dies nicht tun werde oder mich in irgendeiner Absicht Eurem Dienst entziehen will oder unter die Herrschaft eines anderen (zu kommen) trachten will, sollt Ihr das Recht haben, mich nach Eurem Ermessen mit beliebiger Strafe zu belegen oder zu verkaufen oder mit mir zu tun, was Ihr sonst beschließen wollt. Nach vollzogener Verknechtung am Tag [...].

(Günter Franz: Quellen zur Geschichte des deutschen Bauernstandes im Mittelalter. Darmstadt, Wissenschaftliche Buchgesellschaft 1967, S. 17)

1. **Inwiefern zeigt die Quelle, dass „Selbstverknechtung“ ein alltägliches Rechtsgeschäft darstellte?**
2. **Welche Gründe nennt die Quelle für die Selbstverknechtung?**
3. **Welche Pflichten übernimmt der Unterzeichnende?**

Der Lehnseid des bayrischen Herzogs Tassilo III. (757)

▶ QUELLE 3

Und König Pippin hielt seinen Reichstag in Compiègne mit den Franken, dorthin kam der Bayernherzog Tassilo, und indem er ihm als Vasall huldigte, schwur er viele Eide ohne Zahl, die Reliquien der Heiligen mit den Händen berührend, und gelobte Treue dem König Pippin und seinen vorgenannten Söhnen Karl und Karlmann, als Vasall aufrecht und ergeben nach dem Recht, wie ein Vasall gegen seinen Herrn sein soll. Das bekräftigte der genannte Tassilo an den Gebeinen der hl. Dionysius, Rusticus und Eleutherius, sowie denen des hl. Germanus und des hl. Marinus, zeit seines Lebens es so zu halten, wie er es eidlich versprach; so bekräftigten es auch seine vornehmen Begleiter [...]

(Reinhold Rau: Quellen zur karolingischen Reichsgeschichte. Darmstadt, Wissenschaftliche Buchgesellschaft 1969, S. 19)

1. **Beschreiben Sie das Ritual des Lehnseides mit eigenen Worten.**
2. **Welche Bedeutung kam dabei religiösen Elementen zu?**

▶ QUELLE 4 Vereinbarung Kaiser Friedrichs II. mit den geistlichen Fürsten (Confoederatio cum principibus ecclasiasticis) (1220)

[...] Dankbar bekennen Wir, mit welcher Treue die geistlichen Fürsten uns bisher beigestanden sind und unseren Sohn Heinrich einmütig zu ihrem König und Herrn gewählt haben. Daher wollen Wir diejenigen, die uns gefördert haben, Unsererseits fördern und sie mit ihren Kirchen gegen jede Gefahr schützen.

Wir versprechen, daß Wir künftig nie mehr beim Tod eines geistlichen Fürsten dessen Nachlaß für den Fiskus beschlagnahmen werden. Wir verbieten auch, daß irgendein Laie sich diesen Nachlaß aneigne, vielmehr soll er dem Nachfolger gehören, wenn der Vorgänger ohne Testament verstorben ist.

Wir bestimmen, daß keine Gebäude, Burgen oder Städte auf kirchlichem Gebiet errichtet werden. Wenn solche Anlagen gegen den Willen der Grundherren errichtet worden sind, sollen sie mit Befehl des Königs zerstört werden.

Wir werden gegen ihren Willen in ihren Territorien keine neuen Münz- und Zollstätten errichten.

Die den Kirchen verliehenen alten Zölle und Münzrechte wollen Wir schützen und bestätigen.

Wir verbieten allen Unseren Beamten, sich in den Städten der Kirchenfürsten irgendeine Amtsgewalt in Zoll-, Münz- oder anderen Sachen zu beanspruchen, außer acht Tage vor unserem öffentlich angekündigten Hoftag und acht Tage danach.

Wir werden Leute, die in irgendeiner Form der Hörigkeit zu ihnen gehören und die ihren Dienst aus irgendeinem Grund verlassen haben, nicht in Unsere Städte aufnehmen.

Weil das weltliche Schwert zum Schutze des geistlichen eingesetzt ist, soll dem Kirchenbann die Reichsacht folgen, wenn die Gebannten länger als sechs Wochen in ihm verharren; und die Acht darf nicht vor dem Kirchenbann widerrufen werden [...].

(Gottfried Guggenbühl, Otto Weiss: Quellen zur allgemeinen Geschichte des Mittelalters. Zürich, Schulthess 1970, S. 18)

1. Welchem Verhalten verdanken die geistlichen Fürsten das Wohlwollen des Kaisers?
2. Welche Privilegien werden den geistlichen Fürsten zugesprochen?
3. Worin bestehen die Vor- und Nachteile für die Stellung des Kaisers nach Gewährung dieser Privilegien?

▶ QUELLE 5 Verordnung Kaiser Friedrichs II. für die deutschen Reichsfürsten (Statutum in favorem principum), 1232 (Auswahl)

Der König wird keine neue Burg oder Stadt zum Nachteil der Fürsten errichten.

Neue Märkte sollen den alten Märkten nicht hinderlich sein. Niemand soll gezwungen werden, einen Markt wider seinen Willen zu besuchen.

Jeder Fürst soll seine Freiheiten, Gerichtsbarkeiten, Grafschaften und Zehnten ungestört nach Landesgewohnheit gebrauchen.

Eigenleute der Fürsten, der Edlen, der Dienstmannen und der Kirchen sollen in den Reichsstädten nicht mehr aufgenommen werden.

Diesen Herrschaften soll ihr Eigen und Lehen, die von den Reichsstädten eingezogen worden sind, zurückgegeben werden.

Zum Stadtbau sollen nur die rechtlich Verpflichteten angehalten werden.

(Die Zeit der Staufer. Katalog der Ausstellung vom Württembergischen Landesmuseum. Bd. 1, hrsg. Reiner Hausherr, Stuttgart 1977, S. 9)

1. Welche Privilegien werden den weltlichen Fürsten vom Kaiser gewährt?
2. Worin bestehen die Konsequenzen für die Untertanen der weltlichen Fürsten, die sich aus dieser Urkunde ergeben?

2.1.4 Die Stadt im Mittelalter

2.1.4.1 Die Stadt im Übergang vom Altertum zum Mittelalter

Schon der römische Historiker Cornelius Tacitus (58–116) berichtete, dass die Germanen nicht in Städten wohnten, ja nicht einmal geschlossene Siedlungen hatten. So verwundert es kaum, dass zahlreiche frühere Stadtgründungen der Römer verfielen oder bedeutungslos wurden, die in den von Germanen zurückeroberten Gebieten lagen.

Lediglich die spätantiken **Bischofsstädte** wie etwa Trier, Köln und Mainz blieben wie bisher besiedelt, weil ein Bischof seinen Sitz in einer Stadt nehmen musste, eine Frühform der Residenzpflicht. Bischofsstädte

So war Trier seit dem 3. Jahrhundert nachweislich Bischofssitz und im 4. Jahrhundert mit rund 70 000 Einwohnern die damals größte Stadt diesseits der Alpen. Nachdem es von den Normannen 882 völlig verwüstet wurde, begann nach 940 der Wiederaufbau, doch erst um das 12./13. Jahrhundert gewann Trier wieder die Bedeutung, die es tausend Jahre zuvor bereits innegehabt hatte.

Die Germanen kannten also kein ausgeprägtes und organisiertes Städtewesen, wie es das antike Griechenland oder Italien kennzeichnete. Erst im 9./10. Jahrhundert entdeckte man die militärischen Möglichkeiten einer Stadt als Verteidigungsbastion. Als das Reich sich der Normannen- und Ungarneinfälle erwehren musste, wurden vor allem in den Grenzgebieten die Siedlungen mit starken Mauern umgeben und befestigt. Die Stadtmauer wurde so zur Markierungslinie für das „Hoheitsgebiet“ einer Stadt, so wie im 18. und 19. Jahrhundert die Staatsgrenzen die voneinander getrennten nationalen Territorien schufen.

Doch auch im Innern des Reiches entstanden ab dem 10. Jahrhundert neue Städte. Das deutsche Königtum war ein **Wanderkönigtum**, d. h., der Herrscher zog mit Großfamilie und Gefolge umher, um die laufenden Regierungsgeschäfte zu erledigen und Hof- und Reichstage abzuhalten. Zahlreiche Burgbauten und Städtegründungen sollten die beschwerlichen Reisewege sichern und dem König mit seinem Hofstaat Schutz, Verpflegung und Unterkunft gewähren. Die Kosten für eine solch aufwendige „Staatsführung“ wurden durch Zölle, Steuern und andere Abgaben gedeckt. Oft war die städtische Bürgerschaft verpflichtet, beim Durchzug oder Aufenthalt des Königs einen größeren Geldbetrag zu zahlen; häufig hatten die Juden davon den Hauptanteil zu tragen. Wanderkönigtum

▶ Q. 1

Im ostfränkischen und späteren Deutschen Reich lebten fast alle Adeligen mit ihren Familien auf dem Lande. In den wenigen Städten herrschte ein **Stadtherr**, Bischof oder Graf, der von den Einwohnern einen Jahreszins erhob. Der ansässige Handwerker war zwar von allen Frondiensten befreit, lebte aber noch in einem Zustand, der treffend mit **freier Unfreiheit** beschrieben wird, weil er nach wie vor vom Stadtherrn persönlich abhängig, sein Leibeigener war. Stadtherr Freie Unfreiheit

Erst zu Beginn des 12. Jahrhundert wurden dem Zuzügler Rechte und Privilegien gewährt, die allmählich zu einer Art persönlicher Freiheit führten. „Stadtluft macht frei“ wurde zum geflügelten Wort. Die Bürgerrechte konnte aber nur erlangen, wer eine bestimmte Zeit, mindestens ein Jahr („über Jahr und Tag“), in einer Stadt sesshaft war, ohne dass z. B. ein Grundherr auftauchte, der Ansprüche auf seine Person erhob.

Solche „Rückgabeforderungen“ wurden allerdings relativ selten gestellt, weil ein Grundherr angesichts der Bevölkerungszunahme wenig einzuwenden hatte, wenn ein Leibeigener in die Stadt immigrierte.

In den Ländern der Dritten Welt hält die Landflucht, die Flucht in die Stadt, unvermindert an. Auch heute erhoffen sich vor allem die Ureinwohner in und in der Nähe der Stadt ein besseres Leben als das in landwirtschaftlicher Armut. Doch die Erwartung trügt. Die meisten vegetieren aussichtslos in den ausufernden Slums der Großstädte, etwa den Barriadas von Lima (Peru). Für sie bietet die Stadt weniger, als diese dem mittelalterlichen Hörigen, der seinem Grundherrn entfloh, geboten hat.

Erst später, mit Beginn des 13. Jahrhunderts, suchten die Landesfürsten die Abwanderungen ihrer Untertanen in die Städte zu verhindern. So setzten sie beim König ein Verbot der „Pfahldörfer“ durch. Die sog. **Pfahlbürger** hatten ihre geschlossenen Siedlungen mit Pfählen umgeben und konnten sich so den Pflichten – Arbeitsleistung, Militärdienst und Steuerabgaben – entziehen. Dieses Königsverdikt (Verbot) beschnitt die Macht- und Territoriumsansprüche der Städte. Pfahlbürger

2.1.4.2 Die Städtegründungen im Hochmittelalter

Wirtschaftlicher Aufschwung

Ab Mitte des 11. Jahrhunderts unterstützte ein allgemeiner wirtschaftlicher Aufschwung die Gründung von Städten. Wer das formelle Recht und die wirtschaftliche Kraft hatte, eine Stadt zu gründen, tat dies. Könige und Fürsten, Bischöfe und Äbte förderten die städtische Lebensweise. Inzwischen genügte es nicht mehr, Grund und Boden für eine neue Stadt zur Verfügung zu stellen, es mussten auch Menschen dafür gewonnen werden, vor allem Handwerker und Kaufleute, die den Reichtum einer Stadt prägten. Die Stadtherren und solche, die es werden konnten und wollten – vom König bis zum kleinen Landadeligen –, konkurrierten um Gründung und Ausbau ihrer Städte. So konnten sich viele künftige Bürger die Stadt aussuchen, die ihnen die besten Bedingungen bot.

Etwas von diesem Konkurrenzkampf der Städte ist bis heute erhalten geblieben. Die Stadt- und Landgemeinden locken mit Nachlässen bei der Gewerbesteuer und mit billigen Grundstücken Gewerbeunternehmen in ihre Gemarkung. Der häufige Hinweis auf genügend qualifizierte Arbeitskräfte zeigt, dass in der Gegenwart wie in der Vergangenheit das menschliche Kapital für das Wachstum der Stadt den Ausschlag gibt.

Markt- und Produktionsstätte

Vor allem der „Herr der Stadt“ genoss ihre Vorteile: Die Ummauerung bot als Wehranlage „Schutz und Trutz“. Die relative militärische Sicherheit bürgte für politische Stabilität. Mit einsetzender Geldwirtschaft sorgte die Stadt als **Markt- und Produktionsstätte** für finanziellen Ertrag in Form von Abgaben aller Art. Besonders die Zölle auf Waren, die von außerhalb in die Stadt gebracht wurden, bescherten beträchtliche Einnahmen.

▶ Q. 2

Zwergstädte

Doch die meisten Städte erfüllten die mit der Gründung verbundenen Hoffnungen nicht oder nur in geringem Umfang. Eine Stadt, abseits der großen Handelswege, verkümmerte rasch, **Zwergstädte** im Schatten benachbarter großer Konkurrenten erblühten kaum. Nur der kleinere Teil der neuen Städte entwickelte sich zu bedeutenden Marktplätzen und Produktionszentren.

Heute gibt es nur noch selten planmäßige, völlig neue Gründungen, wenn man von Ausbau und Erweiterung vorhandener Städte absieht. Eine beachtenswerte Ausnahme bildet *Brasilia*. Inmitten des Urwalds – rund 800 Kilometer vom Atlantischen Ozean entfernt – wurde sie 1956 als neue „künstliche“ Hauptstadt gegründet (bis dahin Rio de Janeiro), in der 2014 geschätzte 2,8 Millionen Menschen leben.

Allmählich kristallisierten sich drei Typen von Städten heraus:

- Reichsstädte: Die von den *Staufern* gegründeten, auf Königsland entstandenen **Reichsstädte**, die dem König unterstanden und nur ihm tributpflichtig waren. Mit dem Zerfall der königlichen Zentralgewalt erweiterten sie ihre Territorien und bildeten eigene kleine Staaten. Besonders zahlreich wurden Reichsstädte im Elsass und in Württemberg gebildet, also im staufisch beherrschten Herzogtum Schwaben. *Beispiele:* Reutlingen, Ulm, Hagenau, Heilbronn, Straßburg.
- Landesstädte: Die Mehrzahl der deutschen Städte waren **Landesstädte**, die dem jeweiligen Landesherrn unterstanden. Einige dieser Gründungen erlangten im Laufe der Zeit erhebliche Selbstständigkeit. *Beispiele:* Stuttgart, Urach, Kassel.
- Residenzstädte: Die **Residenzstädte** dienten vor allem dem Unterhalt des Stadtherrn, zumeist einem Bischof. Die städtische Selbstverwaltung konnte sich in ihnen im Gegensatz zu den Reichs- und Landesstädten nur zaghaft entwickeln und es hing vom Belieben des Stadtherrn ab, ob und in welchem Umfang er den Bürgern Mitwirkungsrechte einräumte. *Beispiele:* Trier, Mainz.

2.1.4.3 Die städtische Gesellschaft

Stadtrat in Speyer

Klug nutzten die Stadtbürger die Konkurrenz zwischen den Städtegründern für sich aus. Wohl oder übel mussten diese dem Streben nach Selbstständigkeit entgegenkommen, wenn sie nicht die Bürger an andere Städte verlieren wollten. So genehmigte *Friedrich Barbarossa* 1182 die Wahl eines zwölfköpfigen **Stadtrates** in Speyer. Wenig später konnten Basel und Lübeck

Ratsherren wählen. Die Macht der jeweiligen Stadtherren schrumpfte, und mit weiteren Zugeständnissen erhielten viele deutsche Städte nach und nach den gesicherten Rechtszustand der **Autonomie** (vom griech. „nach eigenen Gesetzen lebend"). Dies war die historische „Grundsteinlegung" der heutigen kommunalen **Selbstverwaltung**, die den Gemeinden gem. Art. 28 GG ausdrücklich als „Bundesgarantie" gegeben wird. Eine solche Gewährleistung sieht auch der Art. 71 der Landesverfassung von Baden-Württemberg vor, und entsprechende Regelungen finden sich gleichfalls in den Verfassungen der anderen Bundesländer.

Ratsherren

Autonomie

Das **Rathaus**, der Amtssitz des Rates der Stadt, wurde zum augenfälligsten Symbol dieser gemeindlichen Selbstverwaltung. Große Bedeutung erhielt das **Stadtsiegel**, mit dem das Recht der Stadt verbunden war, Urkunden anzufertigen und auszustellen. Ebenso wichtig war das **Münzrecht**, das erlaubte, eigene Münzen zu schlagen. **Markt- und Zollrecht** gestatteten, innerhalb der Stadtmauern einen Markt abhalten zu dürfen. Der städtische Rat konnte sich über die von ihm für die meisten Waren festgesetzten Marktpreise Gewinnbeteiligung und Gebührenaufkommen sichern.

Rathaus

Stadtsiegel

Münzrecht

Markt- und Zollrecht

Ein schwaches Überbleibsel davon hat sich bis heute erhalten. Viele Städte, z. B. Stuttgart, verlangen vom Händler eine **Standgebühr** für die Genehmigung, seine Waren am Markttag feilbieten zu können.

Um ihre Bürger nicht dem Urteil fürstlicher Beamten ausliefern zu müssen, trachteten alle Städte danach, die **Rechtsprechung** auf der Grundlage der eigenen Stadtgesetze selbst zu übernehmen. Eine starke Rechtszersplitterung war die Folge. Das mittelalterliche Rechtssystem kannte kein einheitliches Recht, wie es uns heute innerhalb eines Staates als selbstverständlich erscheint. Die spärlichen Rechtsbücher, wie etwa der **Sachsenspiegel**[1], hatten keine juristische Bindewirkung.

Rechtsprechung

Sachsenspiegel

www.sachsenspiegel-online.de/cms/

Der Grad der städtischen Autonomie war höchst unterschiedlich. Nur eine Minderheit – vor allem die freien Reichsstädte – erhielt alle Privilegien, wie sie hohen Fürsten zustanden. Ebenso ausgeprägt war die soziale Differenzierung innerhalb der städtischen Gesellschaft.

2.1.4.3.1 Die städtische Oberschicht

Zur städtischen Oberschicht gehörten alle, in deren Händen Verwaltung und Rechtsprechung innerhalb der Stadt lagen. Viele von ihnen waren ehemalige Ministeriale (siehe S. 48). Aber auch reiche Kaufleute – in **Gilden** organisiert – gehörten dazu. Sie entwickelten ein erhebliches Selbstbewusstsein, war ihr wirtschaftlicher Einfluss doch größer als der manches (verarmten) Grafen, was sie nicht zuletzt in einer gewissen Prachtentfaltung vor allem bei ihrer Kleidung zeigten.

Gilden

Kaufmannsgilden gibt es in anderer Form auch heute noch, z. B. als Förderkreise für Wirtschaftsgymnasien.

2.1.4.3.2 Die Mittelschicht

Die mittlere Schicht bestand vorwiegend aus Handwerkern. Oft versuchten diese, in die obere Schicht, die der Patrizier (vom lat. *patres* = Väter, Vorfahren), aufzusteigen, um an der Führung der Stadt beteiligt zu werden. In vielen Städten kam es deshalb mehrfach zu blutigen Auseinandersetzungen um die Sitzverteilung im Stadtrat.

Alle Handwerker waren in **Zünften** organisiert. Für jeden Handwerksberuf gab es einen solchen eigenen, zwangsweisen Zusammenschluss aller Meister und Gesellen. So existierte eine Zunft der Kammmacher, der Riemenschneider und selbstverständlich der Bäcker, Metzger, Schuhmacher

Zünfte

1 Der „Sachsenspiegel" fasste um 1230 die im sächsischen Gebiet geltenden Gewohnheitsrechte und die Grundlagen des Lehensrechts zusammen.

usw. Doch gelegentlich haben sich auch Notare, Musikanten, ja sogar Bettler in eigenen Zünften zusammengetan. Die ersten Zünfte entstanden in Bischofsstädten: Worms 1106, Würzburg 1128 und Köln 1149. Die Zünfte können am besten als ein umfassendes Kartell zur Marktbeherrschung verstanden werden, das seinen Mitgliedern, vor allem den Meistern, beträchtliche wirtschaftliche Vorteile sicherte. Die Zünfte legten nicht nur Art, Menge, Preise und Qualität der Waren fest, sie bestimmten auch, wer wann Mitglied in der Zunft werden konnte und damit berechtigt war, seine Leistungen anzubieten. So konnten sie nach Belieben unliebsame Konkurrenz fernhalten und das Angebot drosseln. Junge Gesellen – zumeist unter erbärmlichen Bedingungen im Haushalt des Meisters lebend – hatten in der Regel nur dann eine Chance, selbstständig zu werden, wenn ihr Meister starb und sie seine Witwe oder Tochter heiraten konnten.

▶ Q. 3

Zünfte waren das Herzstück des politischen, wirtschaftlichen und gesellschaftlichen Lebens des städtischen Mittelalters.

Das Zunftleben ging so weit, dass bei Kriegsgefahr die einzelnen Zünfte bestimmte Teile der Stadtmauer als das von ihnen zu verteidigende Stück erhielten. Das Nordtor wurde etwa von den mit Spießen bewaffneten Bürgern der Schneiderzunft bewacht, woraus sich der – heute abfällige – Begriff des „Spießbürgers" ableitet. Auch das noch gelegentlich benutzte Wort „zünftig" im Sinne von meisterlich deutet auf seinen mittelalterlichen Ursprung.

Die heutigen **Innungen** haben zwar ihre historischen Wurzeln in den Zünften, sind aber mit ihnen kaum vergleichbar, weil sie keinerlei Vorrechte genießen. Auch ist kein Handwerker verpflichtet, Mitglied einer Innung zu werden.

2.1.4.3.3 Die untere Schicht

Zur unteren Schicht gehörten Dienstboten, Knechte, Gehilfen, Büttel und viele andere, die alle kein Wahlrecht hatten und selbstverständlich keinen Einfluss auf das Geschick der Stadt ausüben konnten. Innerhalb der Unterschicht gab es – ähnlich wie auch in den oberen Schichten – weitere Differenzierungen, die sich nach außen in einer streng überwachten Kleiderordnung ausdrückten. Jeder Bürger hatte seinen festen Platz in der Hierarchie (Rangordnung) der städtischen Gesellschaft und behielt ihn zumeist bis zum Lebensende bei.

Außerhalb der Gesellschaft und in sie nicht integrierbar standen die Angehörigen der „nicht ehrbaren", der verachteten Berufe. Dazu gehörten die Henker, Totengräber, Abdecker, umherziehende Spielleute und Schauspieler.

In sehr alten Wirtshäusern ist noch heute der Tisch zu sehen, an dem der Henker allein gesessen hat, und damit niemand versehentlich aus dem Henkerskrug trank, war dieser an einer Wandkette befestigt.

In der Soziologie (Lehre von der Gesellschaft) wird der unterste Teil der Unterschicht als „sozial Verachtete" bezeichnet, zu dem etwa die Nichtsesshaften gehören. Es scheint so, als ob es in jeder Gesellschaft Menschen gibt, die nur außerhalb der bestehenden Ordnung leben können oder müssen.

Gettos

Progrom gegen Juden

Isoliert von der übrigen Stadtbevölkerung und damit ohne Teilhabe am „Stadtregiment" wohnten die Juden als Händler und Geldverleiher in eigenen, ummauerten Stadtvierteln, den **Gettos**. Seit dem Konzil von 1215 war Juden und Christen das Zusammenleben untersagt. Juden konnten nicht Mitglied einer Zunft werden und somit kein „ehrbares Handwerk" betreiben. Oft kam es zu **Pogromen gegen Juden**. In den Pestjahren zwischen 1348 bis 1350 erreichte die Verfolgung einen grausamen Höhepunkt, weil man den Juden die Schuld an der Seuche gab. Man beschuldigte sie, die Brunnen vergiftet zu haben („Brunnenvergifter").

Das Wort „Pogrom" ist ein Lehnwort aus dem zaristischen Russland und bezeichnet eine mit Mord und Plünderung verbundene, staatlich initiierte Judenverfolgung.

2.1.4.4 Städtebünde im Spätmittelalter

Mit Beginn des 13. Jahrhunderts waren die Städte von ihren Landesherren und anderen Stadtgründern so emanzipiert, dass sie es wagen konnten, als eigene politische Kraft aufzutreten. Zwar hatte auch jetzt eine einzelne Stadt nicht die Macht, weitreichende Ansprüche gegenüber König und Adel durchzusetzen, aber im Zusammenschluss sahen sie die Chance, sich weitere wirtschaftliche Vorteile zu sichern und ihre Position auszubauen.

2.1.4.4.1 Der Rheinische Städtebund

Rheinischer Städtebund

Bereits in der ersten Hälfte des 13. Jahrhunderts existierten lokale Städtebündnisse, die später in den **Rheinischen Städtebund** mündeten. Kaiser *Friedrich II.* (1212–1250) aber fürchtete, neben der fürstlichen nun auch noch die städtische Opposition gegen sich zu haben und löste den Bund wieder auf. Als aber nach dem Tode des Kaisers (1250) keine Zentralgewalt den Frieden im Reich mehr sichern konnte, sahen die rheinischen Städte ihre Stunde wieder gekommen. Im Februar 1254 schlossen die Bürger von Mainz und Worms ein „ewiges Bündnis", und im Laufe des Jahres traten Köln, Speyer, Straßburg, Basel und andere Städte diesem „Heiligen Friedensbündnis" bei.

Bereits ein Jahr später waren fast alle großen Städte Mitglieder des Städtebundes geworden. Er erstreckte sich von Zürich und Bern im Süden des Reiches über Regensburg und Nürnberg im Osten und Aachen im Westen bis nach Bremen im Norden. Selbst Fürsten erlagen seiner Machtgravitation, so z. B. die Bischöfe von Worms, Mainz, Köln. Auch König *Wilhelm von Holland,* nach *Friedrich II.* zum deutschen König gewählt, trat dem Städtebund bei. Der Bund war zu einer machtvollen Kraft im Reich geworden.

Von außen konnte niemand es wagen, ihm Schaden zuzufügen. Aber als König *Wilhelm* 1256 starb, zerbrach die Einigkeit des Rheinischen Städtebundes, der damit seine historische Chance verspielte, dauerhaft Politik und Gesellschaft im Deutschen Reich zu beeinflussen. Die späteren Städtebundgründungen blieben in Ziel und Stärke beschränkt und begnügten sich zumeist damit, ihre Handelsinteressen durchzusetzen.

2.1.4.4.2 Die Hanse

Hanse

www.hanse.org

Trotz der Goldenen Bulle von 1356, die alle Städtebünde verbot, erwuchs im Norden Deutschlands der stärkste Bund: die **Hanse**. Ursprünglich nur als Zusammenschluss von Fernhandelskaufleuten gegründet, wurde sie aufgrund ihrer wirtschaftlichen Kraft so reich, dass sie selbstständig Kriege gegen andere Staaten führen konnte, so z. B. erfolgreich gegen Dänemark 1367–1370. Doch auch dieser Bund konnte seinen Niedergang nicht aufhalten. Der ständige Druck der Landesfürsten, der scharfe internationale Handelswettbewerb, vor allem durch England und die Niederlande, und eigensüchtige Streitigkeiten zwischen den Mitgliedern ließen den wirtschaftlich mächtigsten Städtebund untergehen.

Der **Deutsche Städtetag** von heute ist ein später Nachfolger der mittelalterlichen Städtebünde. Sein Ziel ist, die Interessen der Gemeinden gegenüber den Ländern und dem Bund zu artikulieren. Im Vergleich zur ehemaligen Hansemacht oder zum mächtigen Rheinischen Städtebund ist er allerdings fast ohnmächtig.

Heinrichs IV. Privileg für Worms (18. Januar 1074)

▶ QUELLE 1

Es ist Aufgabe königlicher Gewalt und Güte, den Dienst aller Leute mit angemessenen guten Gaben zu entgelten, in der Weise also, daß diejenigen, die sich in der Ergebenheit des Dienstes besonders bereitwillig zeigen, auch beim Entgelten des Dienstes sich freuen können, als besonders verdienstlich und besonders erhaben beurteilt zu werden. Und unter diesen haben Wir die Einwohner der Stadt Worms nicht eines ganz kleinen, sondern eines ganz großen und besonderen Entgelts für würdig [...] angesehen – sie, von denen Wir wissen, daß sie in der ganz großen Erschütterung des Reiches mit ganz großer und besonderer Treue zu Uns gehalten haben […] Während alle Fürsten des Reiches unter Mißachtung des heiligen Bandes der Treue gegen Uns wüteten, gaben sie allein sich gleichsam dem Untergang preis und hingen Uns an gegen den Willen aller. […]

Daher sollen Einwohner aller Städte froh sein in der Hoffnung auf die königliche Vergütung, welche die Wormser tatsächlich erreicht haben. […] Denn die Abgaben, die man in deutscher Sprache als „Zoll“ bezeichnet, welche die Juden und die anderen Wormser in allen Zollstätten, die der Königlichen Gewalt zugehören … bei der Durchreise zu zahlen verpflichtet waren, haben Wir den Wormsern erlassen […].

(Lorenz Weinrich: Quellen zur deutschen Verfassungs-, Wirtschafts- und Sozialgeschichte. Darmstadt, Wissenschaftliche Buchgesellschaft 1977, S. 133 ff.)

1. Warum erlangten die Einwohner der Stadt Worms das Wohlwollen des Königs?
2. Wie lauten die Privilegien, die der Stadt Worms zugesprochen wurden?

▶ QUELLE 2 Aus der Gründungsurkunde für Freiburg i. B., ausgestellt von Konrad, Herzog von Zähringen (1120)

Es sei bekannt, daß ich, Konrad, in meinem eigenen Besitz Freiburg einen Markt errichtet habe im Jahre des Herrn 1120.

Nachdem ich Kaufleute der Umgebung zusammenrief, habe ich mit einer Eidgenossenschaft diesen Markt ins Leben gerufen. Jedem Kaufmann, der sich hier niederläßt, wird ein Grundstück von 100 Fuß Länge und 50 Fuß Breite zum Bau eines Hauses zu eigen gegeben, von dem mir und meinen Nachfolgern jährlich bloß ein Schilling Zins gezahlt werden soll.

Aufgrund der Bitten dieser 24 Kaufleute setze ich folgende Bestimmungen fest: Wer zu meinem Markt kommt, dem gewähre ich Frieden und Schutz innerhalb meines Marktbereiches. Stirbt einer meiner Bürger, sollen sein Weib und seine Kinder alles besitzen, was der Verstorbene hinterlassen hat. Allen Kaufleuten der Stadt wird der Zoll erlassen. Den Bürgern will ich keinen anderen Vogt noch Priester geben, als den, welchen sie sich selbst wählen. Wenn ein Streit unter den Bürgern entsteht, soll nicht von mir noch von meinem Richter gerichtet werden, sondern nach Gewohnheit und Recht aller Kaufleute, wie dies besonders in Köln üblich ist.

Wer in die Stadt kommt, darf sich hier frei und unbehelligt niederlassen; wer aber über ein Jahr und einen Tag in der Stadt gewohnt hat, ohne daß irgendein Herr ihn als seinen Leibeigenen zurückgefordert hat, der genießt von da an sicher und unangefochten die Freiheit.

Wird ein Kriegszug beschlossen und ein Bürger, der es gehört hat, ist nicht mitgezogen, dessen Haus wird, falls er keinen triftigen Grund vorweisen kann, niedergerissen.

(Friedrich Keutgen: Urkunden zur städtischen Verfassungsgeschichte. Aalen, Scientia Aalen 1965, S. 117)

1. Welche besonderen Rechte verleiht der Herzog von Zähringen den Stadtbürgern von Freiburg?
2. Welche Motive stehen hinter seinem Verhalten?
3. Welche Gegenleistung verlangt Konrad von den Freiburgern?

▶ QUELLE 3 Einschränkung der Zunftbürgerschaft in Ulm um 1403

1. Von heute an soll keiner unserer Bürger, der ein Handwerksmann ist und am heutigen Tage eingesessener Bürger ist, in ihre Zunft (der Weber) aufgenommen werden, und auch andere sollen keinem ihr Zunftrecht verleihen.

2. Allen unsern Bürgern und Bürgerinnen, die am heutigen Tag unsere Bürger sind und auch fünf Jahre bei uns behaust und begütert gesessen sind, haben wir erlaubt und vergönnt, wenn eins ihrer Kinder die Weberzunft lernen wollte, die können das tun, und wenn die Lehrjahre zu Ende gehen, so können die Weber diesen unsern eingesessenen Bürgerkindern ihr Zunftrecht wohl verleihen.

3. Danach haben wir ferner gesetzt und geboten: Wenn von nun an irgendein Auswärtiger, sei er vom Lande oder aus anderen Städten, der unseres Handwerks ist, sich in unserer Stadt niederlassen oder unser Bürgerrecht empfängt oder erhalten will, daß innerhalb von fünf Jahren vom Tag an, da er unser Bürger wird, niemand von ihnen das Weberhandwerk treiben oder in die Zunft aufgenommen werden soll, und sie sollen auch niemandem von ihnen ihr Zunftrecht verleihen, wie vorher festgesetzt ist.

(Friedrich Keutgen: Urkunden zur städtischen Verfassungsgeschichte. Aalen, Scientia Aalen 1965, S. 287)

1. Wie lauten die konkreten Einschränkungen der Zunftbürgerschaft?
2. Welche Ziele werden durch die Einschränkung der Zunftbürgerschaft angestrebt?

2.2 Ein neues Welt- und Menschenbild

2.2.1 Die Entdeckung der Neuen Welt

DARSTELLUNG

Vielfältig ist das *Mittelalter* mit der *Neuzeit* verknüpft, zahlreiche Erscheinungen, z.B. das Klosterwesen, wirkten fort, doch mit der Wende vom 15. zum 16. Jahrhundert veränderte sich das Weltbild entscheidend. Die bedeutendste Rolle spielte dabei wohl die Entdeckung Amerikas durch *Christoph Kolumbus* (1451–1506) im Jahre 1492, weil sie den Beginn der außereuropäischen Politik markiert.

Zwar waren die *Wikinger* bereits um das Jahr 1000 in Amerika gelandet, aber diese Entdeckung geriet in Vergessenheit und blieb deshalb ohne Einfluss auf Europa.

Kolonialismus

Mit *Kolumbus'* Rückkehr begann das **Zeitalter des Kolonialismus**. Spanien und Portugal teilten 1494 die Neue Welt unter sich auf. Unter Führung von *Hernando Cortéz* (1485–1547) vernichteten die spanischen Konquistadoren 1521 rücksichtslos die Hochkultur der Azteken in Mexiko und schickten ganze Schiffsladungen voll Sklaven und geraubten Goldes und Silbers nach Spanien. *Francisco Pizarro* (1475–1541), noch heute in Peru verehrt, zerstörte 1533 unter Wortbruch und Verrat endgültig das Reich der Inkas.

Eine der ersten Kolonialmächte, nämlich Portugal, war auch eine der letzten. Erst 1975 entließ Portugal seine Kolonie Angola in die Unabhängigkeit. Und die koloniale Herrschaft endete, wie sie begonnen hatte: mit blutigen Kämpfen und furchtbarem Gemetzel.

Im Jahre 1498 entdeckte der Portugiese *Vasco da Gama* (1469–1524) schließlich den Seeweg nach Indien, den *Kolumbus* vergeblich gesucht hatte, obwohl er bis zu seinem Tode geglaubt hatte, Indien gefunden zu haben (deshalb: *Indianer). Da Gama* wählte die Route um Afrika, dessen große Ausdehnung viele Seefahrer und Abenteurer aus Europa anlockte. Innerhalb weniger Jahre war die damals bekannte Welt um ein Mehrfaches gewachsen. Neue Erdteile schienen nur darauf zu warten, von den europäischen Mächten erobert und ausgebeutet zu werden.

Ptolemäisches Weltbild

Heliozentrisches Weltbild

Doch nicht nur das Bild von der Erde war im Bewusstsein der Zeitgenossen verändert worden. Auch die Himmelskörper wurden mit anderen Augen gesehen. Der Domherr *Nikolaus Kopernikus* (1473–1543) entwarf ein Weltbild, das dem bisher anerkannten **ptolemäischen Weltbild** widersprach. Er erkannte, dass nicht die Erde als Mittelpunkt des Universums betrachtet werden darf, und berief sich dabei auf den griechischen Philosophen *Aristarch* (3. Jh. v. Chr.), der bereits ein **heliozentrisches Weltbild** entwickelt hatte. Knapp 100 Jahre später konnte *Galileo Galilei* (1564–1642) die Theorie des *Kopernikus* festigen und erweitern. Die Erde wurde nun endgültig nicht mehr als Zentrum des Alls gesehen, sondern ist nur einer von vielen Himmelskörpern, die um die Sonne kreisen.

2.2.2 Der Humanismus

Eindrucksvoll bewies die Entdeckung Amerikas die Kugelgestalt der Erde, eine Vorstellung freilich, die schon in der Antike bekannt war. Jetzt erinnerte man sich daran, und so begannen die Gelehrten und Künstler, sich mit der griechisch-römischen Antike zu beschäftigen. Fast schon vergessene Schriften, wie die des *Marcus Tullius Cicero,* wurden Gegenstand eifriger Studien. Voraussetzung dafür war die Beherrschung alter Sprachen, und so galten *Latein, Griechisch* und *Hebräisch* als Kern jeder humanistischen Bildung. Nur wer sich in ihnen schriftlich und mündlich ausdrücken konnte, galt als umfassend **humanistisch gebildet** und konnte sich in allen Wissenschaften zurechtfinden.

Humanist

Als einflussreichster **Humanist** galt *Erasmus von Rotterdam* (1465–1536), der sich mit den Mängeln und Fehlern seiner Zeit auseinandersetzte. Er veröffentlichte aber auch eine Ausgabe des

Neuen Testaments im griechischen Urtext. In der Vorrede dazu plädierte er für die Übersetzung

▶ Q. 1

der Bibel, um sie so allen Volksschichten zugänglich zu machen.

Buchdruck

Verwirklicht werden konnte diese Forderung jedoch nur, weil um das Jahr 1450 der Mainzer *Johannes Gutenberg* (1397–1468) den **Buchdruck** mit beweglichen Lettern erfunden hatte. Die immer wieder verwendbaren Lettern machten das kostspielige und zeitraubende Abschreiben überflüssig. Auf vergleichsweise billigem Papier gedruckt, konnten die Bücher in praktisch unbegrenzter Menge relativ preiswert verkauft werden. So gelang es, eine ständig zunehmende Zahl von Lesern zu erreichen, die nun belehrt und beeinflusst werden konnte. Schon wenige Jahre nach *Gutenbergs* Erfindung erschienen in Deutschland Flugblätter und Broschüren, in denen die Bürger über politische, religiöse und andere Vorgänge unterrichtet wurden. Die Obrigkeit begann, ihre Bekanntmachungen und Verordnungen in gedruckter Form herauszugeben.

Erst die Druckkunst schuf die Voraussetzungen dafür, dass alle Volksschichten lesen lernen konnten. Die Kultur ist ab dem 17. Jahrhundert ohne den Buchdruck kaum vorstellbar. Niemand vermag zu sagen, welche gewaltigen gesellschaftlichen Veränderungen von den Medien der Gegenwart – Internet mit virtuellen Einkaufsmöglichkeiten, Treffpunkten, Telekommunikation via Bildschirm, elektronische Post, jederzeitige Funktelefonverbindung mit prinzipiell jedermann weltweit – ausgehen werden. Grundsätzlich erlaubt die moderne Informationstechnik, alles Gedruckte auf dem Computerbildschirm einzusehen. Ob die Buchkultur und mit ihr langfristig die Lesekultur sterben werden, ist eine der Fragen, die erst im Verlauf der nächsten Jahrzehnte beantwortet werden kann.

2.2.3 Die Renaissance

Geistig eng verwandt mit dem Humanismus entstand in Italien ab dem 14. Jahrhundert eine Bewegung, die in einer „Wiedergeburt" (lat. renascere) der Antike und einer Abkehr vom „dunklen Mittelalter" die Hauptaufgabe der kulturellen Entwicklung sah.

Individuen

Vor allem in der Kunst bedeuteten die neuen Anschauungen eine radikale Abwendung von mittelalterlichen Grundsätzen. Das Ideal war nicht mehr eine an **Typen** gebundene Schaffensweise, sondern die Herausarbeitung naturgetreu nachgebildeter, perspektivisch und in den Proportionen stimmiger **Individuen**. In der plastischen und malerischen Komposition entstand ein neues Menschenbild: Die Gestalt mit ihren persönlichen, unverwechselbaren Merkmalen trat in den Mittelpunkt. Das Porträt fesselte das künstlerische Interesse. Zwar wurden weiterhin biblische Themen dargestellt und interpretiert, aber Motive aus den antiken Götter- und Heldensagen gewannen zunehmend an Bedeutung.

Kaiser Karl V. (Gemälde von Tizian, 1548)

Etwa ab 1500 erreichten die Ausstrahlungen der italienischen Kunst auch das weitere Europa, obwohl sie nicht durchgängig den Stil nördlich der Alpen bestimmten. Als bedeutendste Vertreter der italienischen Renaissancekunst gelten *Leonardo da Vinci, Michelangelo* und *Raffael*. In Deutschland gilt *Albrecht Dürer* (1471–1528) als größter Repräsentant der Renaissance. Auf

Reisen nach Oberitalien holte er sich gestalterische Eindrücke; aber er gab auch den italienischen Künstlern zahlreiche Anregungen und Impulse.

2.2.4 Die Reformation und ihre Folgen

Das Papsttum entwickelte sich während der Renaissance zu einer Quelle ständiger Unzufriedenheit und Unruhe unter den Gläubigen. Die sog. Renaissance-Päpste missbrauchten ihre Macht derartig, dass die Forderungen nach einer „Reform an Haupt und Gliedern" immer lauter erhoben wurden.

Papst Julius II. (1443–1513) beauftragte *Michelangelo* mit dem Bau seines Grabmals, das er noch zu Lebzeiten vollendet sehen wollte. Um diesem Grabmal eine ihm als würdig erscheinende Stätte zu geben, befahl er, die alte *St.-Peter-Basilika* abzureißen und an ihrer Stelle einen mächtigeren Bau zu erstellen, in dem er seinen letzten Ruheplatz finden wollte. Doch die Baukosten überstiegen rasch die päpstlichen Einkünfte und so suchte der Vatikan nach einem neuen Finanzierungsinstrument und fand es im **Ablassverkauf**. Durch ganz Europa zogen die Ablassprediger, die Ablässe für jede Art von Vergehen und Verbrechen verkauften. Es gab regelrechte Gebührenkataloge: So „kostete" ein Totschlag in Norddeutschland sieben Dukaten, während die Verkürzung des Fegefeuers für einen Elternmord schon für vier Dukaten zu haben war.

www.historicum.net/themen/reformation

Ablassverkauf

Viele Theologen kritisierten in äußerster Schärfe den Missbrauch des Glaubens der Menschen und forderten, dass zumindest der religiöse Gehalt des Ablasshandels diskutiert werden müsse. Einer dieser Kritiker war *Martin Luther,* der am 31. Oktober (*Fest der Reformation*) 1517 seine 95 Thesen in Wittenberg veröffentlichte.

▶ Q. 2

Wie so viele große historische Ereignisse hat auch die **Reformation** ihre zwei Seiten. Sie ist zweifellos ein Akt der Befreiung aus religiöser Unmündigkeit gewesen, führte letztlich auch zu einer Reformierung der katholischen Kirche; aber sie spaltete das deutsche Volk in zwei Glaubenslager mit schwerwiegenden, anhaltenden Folgen.

Reformation

Luther wurde 1483 in Eisleben geboren (gest. 1546) und sollte ursprünglich auf Geheiß seines Vaters Jurist werden. Er trat aber 1505 in das Erfurter Augustinerkloster ein, um sein Gelübde als Mönch abzulegen und Theologie zu studieren. Während seiner Studienzeit beschäftigte er sich vor allem mit den religiösen Begriffen der **Reue**, **Buße** und **Vergebung**, sodass seine Thesen gegen den Ablasshandel die theologische Problematik dieser Begriffe widerspiegeln.

Luthers Thesen verbreiteten sich rasch in ganz Deutschland, fanden weite Zustimmung und verhalfen ihm zu einem ungewöhnlichen Ansehen. *Luther* war zum Sprachrohr der allgemeinen Unzufriedenheit geworden, hatte die an die Adresse der Kirche gerichteten Wünsche und Hoffnungen vieler Menschen artikuliert; der Konflikt mit der römischen Kurie war so unausbleiblich.

Der Ketzerprozess gegen ihn wurde 1518 eröffnet, der Kirchenausstoß erfolgte drei Jahre später. Doch der Bann blieb wirkungslos. Weite Volksteile standen hinter ihm. Als er auf Befehl *Karls V.* im April 1521 nach Worms reiste – er sollte dort über seine Lehren verhört werden –, schlug ihm eine Welle der Sympathie entgegen. Doch der Reichstag zu Worms urteilte anders. *Luther* verweigerte in seinem berühmten „Hier stehe ich und kann nicht anders" den Widerruf, sodass die **Reichsacht** über ihn verhängt und er für vogelfrei erklärt wurde. Man verbrannte seine Schriften und unterwarf alle theologischen Veröffentlichungen einer strengen Zensur.

Reichsacht

Doch selbst unter den Reichsfürsten hatte *Luther* inzwischen Anhänger für sich und seine Lehre gefunden. Der Kurfürst von Sachsen gewährte ihm auf der *Wartburg* als „Junker Jörg" Unterschlupf, wo er das Neue Testament ins Deutsche übersetzte.

Luthers Ideen von der Kirchenreformation lebten trotz seiner Verbannung weiter. Bald schon erfasste die Reformation auch weite Teile Europas. In Zürich vollzog sie sich im Zusammenspiel von Stadtregierung und dem Priester *Ulrich Zwingli* (1484–1531). In Schweden wurde sie von König *Gustav I.* (1523–1560) kurzerhand verordnet, doch auch in anderen Gebieten Skandinaviens konnten die Ideen *Luthers* bald Fuß fassen.

Der französisch-schweizerische Reformator *Johannes Calvin* (1509–1564), eine Generation jünger als *Luther* und *Zwingli*, setzte sich für eine umfassende Reform des Gottesdienstes und der Gemeinde ein. Als seine Anhänger im Stadtrat von Genf die Mehrheit gewonnen hatten, konnte er seine Vorstellungen dort verwirklichen. Er verlangte strenge Sittenzucht und eine radikale Vereinfachung des Gottesdienstes. Vor allem sollten die Kirchen ohne jeden Schmuck bleiben, damit kein Gläubiger vom Wort Gottes, auf das es allein ankäme, abgelenkt werde. *Calvin* hat die auf

Prädestinationslehre

den Kirchenvater *Augustinus* (354–430) zurückgehende **Prädestinationslehre** weitergebildet. Danach beruht sowohl die Erwählung des Menschen zur ewigen Seligkeit als auch die Verwerfung des verlorenen Menschen zur Verdammnis auf Gottes unerforschlichem Ratschluss. Aus dieser *doppelten Prädestination* haben angelsächsische Anhänger *Calvins* gefolgert, dass Gott die Erwählung dem Menschen bereits durch den Erwerb weltlichen Wohlstands signalisiere. Fleiß und Sparsamkeit anstelle von Müßiggang und Verschwendung wurden damit zur Voraussetzung, ein solches Zeichen zu erhalten.

In seiner Abhandlung „Die protestantische Ethik und der Geist des Kapitalismus" hat der bedeutende deutsche Soziologe *Max Weber* (1864–1920) den Gedanken aufgegriffen. Er meinte, dass die der kapitalistischen Produktionsweise eigene Arbeits- und Berufsdisziplin in Verbindung mit der Sparneigung zum Ansammeln von Kapitalien in religiös asketischen Gesinnungen seine Wurzeln habe.

Waren für *Luther* Glück und Wohlstand Früchte des Glaubens gewesen, so sah *Calvin* darin Zeichen der göttlichen Erwählung. Mit Disziplin und Sittenstrenge glaubte er, als Oberhaupt des protestantischen Stadtstaates Genf die Gemeinde dem Reich Gottes näherzubringen.

Die religiöse Umbruchstimmung ergriff auch das soziale und wirtschaftliche Leben in Deutschland und führte zu zahlreichen örtlichen Unruhen. Vor allem die Bauern sahen in der evangelischen Bewegung eine Rechtfertigung für ihre Forderungen. Unzufriedenheit und einzelne Erhebungen hatte es schon früher gegeben. Aber jetzt – im Jahre 1525 – breiteten sich Aufstände über ganz Süddeutschland aus. Zwischen den Landesherren und ihren Bauern entwickelte sich ein regelrechter Krieg. In den „Zwölf Artikeln" proklamierten die Bauern ihre Forderungen.

▶ Q. 3

Die Bauern hatten *Luther* zum Schiedsrichter in ihrem Konflikt ausgerufen, aber der Kirchenreformator verurteilte den Aufruhr der Bauern scharf und verfasste ein Pamphlet „Wider die räuberischen und mörderischen Rotten der Bauern". Darin rief er zur Vernichtung der ungehorsamen Bauern auf, weil sie gegen die gottgewollte Obrigkeit verstoßen hätten.

▶ Q. 4

Mit diesem Schlag verlor die Reformation viel von ihrer volkstümlichen Kraft. Die Landesherren machten die kirchliche Erneuerung nun zur ihrer Sache und verliehen ihr damit eine andere Stoßrichtung: Herauslösung der Kirche aus der päpstlichen Amtsgewalt. Damit gewannen sie die Chance, die kirchliche Regierungsgewalt selbst zu übernehmen. Dagegen betrachtete sich der Kaiser als Schutzmacht der alten Kirche und lehnte deshalb die Reformation strikt ab; konnte ihm doch an einer stärkeren Selbstständigkeit der Reichsfürsten nicht gelegen sein. Zwischen *Karl V.* und den protestantischen Landesherren entstanden bald bürgerkriegsähnliche Konflikte. Auf dem Reichstag von Augsburg wurde der Kaiser 1555 gezwungen, einer weitgehenden politischen

Autonomie
Luthertum

Autonomie und reichsrechtlichen Anerkennung des **Luthertums** zuzustimmen. Die Kirchenspaltung war damit auch formal legalisiert. Die Religionszugehörigkeit bestimmte sich nunmehr nach dem Grundsatz „Cuius regio, eius et religio" (= Wer das Land regiert, bestimmt auch den Glauben).

Augsburger Religionsfrieden

Dreißigjährige Krieg

Doch auch der **Augsburger Religionsfrieden** (1555) vermochte die Streitigkeiten nicht beizulegen und die widersprüchlichen Interessen zwischen der alten und der neuen Kirche zu beseitigen. Politische Machtkämpfe wurden mit konfessionellen begründet und gleichgesetzt. Als fürstlicher Glaubensgrundsatz galt das Recht, das eigene Bekenntnis auch mit dem Einsatz von Truppen über die Landesgrenzen hinaus zu verbreiten. Je länger der **Dreißigjährige Krieg** (1618–1648) dauerte, desto deutlicher wurde, dass neben glaubwürdigem religiösem Eifer auch theologisch verbrämte Machtpolitik betrieben wurde.

Prager Fenstersturz

Evangelische Union

Katholische Liga

▶ Q. 5

Der Befehl des katholischen Kaisers *Ferdinand II.* (1578–1635), in Böhmen zwei evangelische Kirchen zu schließen und abzureißen, gab den Anlass zum Aufstand. Die dortigen evangelischen Landstände kündigten dem Kaiser, der in Personalunion auch König von Böhmen war, den Gehorsam und wählten sich einen eigenen, evangelischen König. Der bekannte **Prager Fenstersturz**, den die kaiserlichen Beamten – auf einem Misthaufen gelandet – unverletzt überstanden, war das Signal zur Erhebung. Unversöhnlich standen sich die **evangelische Union** und die **katholische Liga** gegenüber und in ganz Deutschland entbrannte ein grausamer Krieg, der weite Landstriche verheerte (das Wort ist abgeleitet von: *Heer)* und entvölkerte.

Im Jahre 1630 griffen auch die Schweden unter König *Gustav Adolf* (1594–1632) in das Kriegsgeschehen ein. Vordergründig nannten sie dafür religiöse Motive – und tatsächlich retteten sie auch die Sache der Protestanten –, aber in Wirklichkeit trachteten sie danach, die Herrschaft über die Ostsee durch die Eroberung Pommerns und Mecklenburgs zu gewinnen und zu festigen. Wie sehr Glaubensgründe nur den Vorwand lieferten, ließ sich am Bündnis mit dem katholischen Beherrscher Frankreichs, Kardinal *Richelieu,* ablesen.

Westfälischer Frieden

Augsburger Religionsfrieden

www.muenster.de/friede

In der Schlacht bei Lützen (1632) gelang es zwar den Schweden, die Kaiserlichen unter ihrem Feldherrn *Wallenstein* zu schlagen, aber ihr König fand dabei den Tod. Frankreich trat, aus Gründen des Staatsinteresses und gegen seine konfessionelle Ausrichtung, aufseiten der Schweden in den Krieg ein, um das Haus Habsburg zu schwächen, doch der Krieg begann „einzuschlafen“ *(Golo Mann).* Keine Seite war stark genug, einen entscheidenden Sieg zu erringen, alle zu schwach, um dem Feind den eigenen Willen aufzuzwingen. Im **Westfälischen Frieden** zu Münster und Osnabrück (1648) wurde der **Augsburger Religionsfrieden** wiederhergestellt. Als Richtschnur galt der kirchliche Besitz- und Bildungsstand des sog. Normaljahres 1624. Norddeutschland blieb protestantisch, der Süden wurde teilweise „rekatholisiert“.

Bis zum heutigen Tag lassen sich die Glaubensgrenzen auf einer Karte Deutschlands mit den eingezeichneten Konfessionen verfolgen. Über Jahrhunderte haben die meisten Eltern ihre Kinder in dem Glauben erzogen, den sie dank des geografischen Zufalls ihres Wohnsitzes für den jeweils richtigen gehalten haben.

Erasmus von Rotterdam über die Bibel

▶ QUELLE 1

Leidenschaftlich rücke ich von denen ab, die nicht wollen, daß die heiligen Schriften in die Volkssprache übertragen und auch von Laien gelesen werden, als ob Christus so verwickelt gelehrt hätte, daß er kaum von einer Handvoll Theologen verstanden werden könne, und als ob man die christliche Religion dadurch schützen könne, daß sie unbekannt bleibt. Es mag angehen, daß Könige ihre Geheimnisse verheimlichen, aber Christus will mit Nachdruck, daß seine Geheimnisse unter das Volk gebracht werden. Ich würde wünschen, daß alle Weiblein das Evangelium lesen, auch daß sie die Paulinischen Briefe lesen. Wären doch diese in die Sprache aller Völker übertragen, damit sie nicht nur von den Schotten und Iberern, sondern auch von den Türken und Sarazenen gelesen und verstanden werden könnten! [...] Gelehrt zu sein, ist wenigen gegeben, aber niemandem ist es verboten, Christ zu sein, niemandem, fromm zu sein, und ich wage noch kühn hinzuzufügen: Niemandem ist es verboten, ein Theologe zu sein.

(Werner Welzig [Hrsg.]: Erasmus von Rotterdam. Ausgewählte Schriften, übersetzt von Werner Welzig, Band 3, Darmstadt, Wissenschaftliche Buchgesellschaft 1967, S. 15–23)

1. **Was fordert Erasmus?**
2. **Welche Argumente benutzt Erasmus, um seiner Forderung Nachdruck zu verleihen?**
3. **Welche Reaktion von Kirchenseite ist zu erwarten?**

▶ QUELLE 2 Martin Luthers Thesen gegen den Ablass

Aus Liebe zur Wahrheit und dem Eifer, sie zu ermitteln, soll über das Nachstehende in Wittenberg disputiert werden, unter dem Vorsitz des ehrwürdigen Vaters Martin Luther, der freien Künste und der heiligen Theologie Magister, sowie ihres ordentlichen Professors daselbst. Darum bittet er die, welche nicht als Anwesende mündlich mit uns diskutieren können, dies als Abwesende brieflich zu tun. Im Namen unseres Herrn Jesus Christus, Amen.

21. Daher irren alle die Ablaßprediger, die erklären, daß der Mensch durch den Ablaß des Papstes von jeder Strafe los und frei werde.

22. Vielmehr erläßt er den Seelen im Fegefeuer keine einzige Strafe, die sie zu Lebzeiten nach kirchlichen Satzungen hätten büßen müssen.

27. Man predigt Menschenlehre, wenn man sagt: Sobald das Geld im Kasten klingt, entflieht die Seele dem Fegefeuer.

32. Wer glaubt, durch Ablaßbriefe seines Heils sicher zu sein, wird auf ewig mit seinen Lehrmeistern verdammt werden.

41. Der päpstliche Ablaß ist nur mit äußerster Vorsicht zu verkündigen, damit das Volk nicht fälschlich meint, er sei mehr wert als die guten Werke der Liebe.

43. Man soll die Christen lehren, daß es besser sei, den Armen etwas zu schenken und den Bedürftigen zu leihen, als Ablässe zu kaufen.

44. Denn durch ein Werk der Liebe wächst die Liebe im Menschen, und er wird besser; aber durch den Ablaß wird er nicht besser, sondern nur von Strafe freier.

45. Man soll die Christen lehren: wer einen Bedürftigen sieht und ihm nicht hilft, und statt dessen sein Geld für Ablaß gibt, der hat sich nicht des Papstes Ablaß, sondern Gottes Zorn erworben.

46. Man soll die Christen lehren, daß, wer keinen Überfluß besitzt, verpflichtet ist, das Notwendige für sein Hauswesen zu behalten und keineswegs für Ablaß zu verschwenden.

(Bernhard Pollmann [Hrsg.]: Lesebuch zur deutschen Geschichte. Band 2, Dortmund, Chronik-Verlag 1984, S. 34–37)

1. Skizzieren Sie Luthers Haltung zum Ablass und Ablasshandel.
2. Was empfiehlt Luther den Christen, anstatt Ablassbriefe zu kaufen?

▶ QUELLE 3 Aus den Zwölf Artikeln der Bauern (1525)

Der erst Artikel. Zum Ersten ist unser diemütig Bitt und Beger, auch unser aller Will und Mainung, das wir nun fürohin Gewalt und Macht wöllen haben ain ganze Gemain sol ain Pfarer selbs erwölen und kiesen; auch Gewalt haben den selbigen wider zu entsetzen, wann er sich ungepürlich hielt. [...]

Der drit Artikel. Züm dritten ist der Brauch bisher gewesen, das man uns für ir aigen Leüt gehalten haben, wölchs zu erbarmen ist, angesehen das uns Christus all mit seinem kostparlichen Plutvergüssen erlößt und erkauft hat, den Hirten gleich als wol als den Höchsten, kain ausgenommen. Darumb erfindt sich mit der Geschrift, das wir frei seien und wöllen sein. [...]

Der viert Artikel. Zum vierten ist bisher im Brauch gewesen, das kain armer Man nit Gewalt gehabt hat, das Wiltpret, Gefigel oder Fisch in fließenden Wasser nit zu fachen zü gelassen werden, welchs uns ganz unzimlich und unbrüderlich dunkt, sunder aigennützig und dem Wort Gots nit gemeß sein. [...]

Der funft Artikel. Zum fünften seien wir auch beschwert der Holzung halb, dann unsere Herschaften habend inen die Hölzer alle allain geaignet, und wann der arm Man was bedarf, muß ers umb zwai Geld kaufen. [...]

Der sibent Artikel. [...] Der Herr soll in nit weiter zwingen noch dringen, mer Dienst noch anders von im umbsunst bergeren, darmit der Baur solich Gutt onbeschwert also rüeblich brauchen und nießen müg. [...]

Beschluß. Zum zwelften ist unser Beschluß und endliche Mainung, wann ainer oder mer Artikel, alhie gestelt, so dem Wort Gotes nit gemeß weren, als wir dann nit vermainen, dieselbigen Artikel wol man uns mit dem Wort Gots für unzimlich anzaigen, wolt wir darvon abston, wann mans uns mit Grund der Schrift erklert. [...]

(Günter Franz: Quellen zur Geschichte des deutschen Bauernstandes in der Neuzeit. Darmstadt, Wissenschaftliche Buchgesellschaft 1963, S. 175 ff.)

1. Welche Forderungen betrachten Sie als gerechtfertigt und welche als übertrieben? Begründen Sie Ihre Meinung.
2. Inwiefern können die Forderungen der Bauern als „revolutionär“ bezeichnet werden?

Martin Luther: Wider die räuberischen und mörderischen Rotten der Bauern (Mai 1525)

▶ QUELLE 4

Dreierlei greuliche Sünden wider Gott und Menschen laden diese Bauern auf sich, daran sie den Tod verdienet haben an Leib und Seele mannigfältiglich. Zum ersten, daß sie ihrer Obrigkeit Treu und Huld geschworen haben, untertänig und gehorsam zu sein [...]. Weil sie aber diesen Gehorsam brechen mutwilliglich und mit Frevel, und dazu sich wider ihre Herren setzen, haben sie damit verwirkt Leib und Seel, wie die treulosen, meineidigen, lügenhaften, ungehorsamen Buben und Bösewichte pflegen zu tun. [...]

Zum andern, daß sie Aufruhr anrichten, rauben und plündern mit Frevel Klöster und Schlösser, die nicht ihr sind, womit sie als die öffentlichen Straßenräuber und Mörder, alleine wohl zwiefältig den Tod an Leib und Seele verschulden [...].

Drum soll hie zuschmeißen, würgen und stechen, heimlich oder öffentlich, wer da kann, und gedenken, daß nichts Giftigeres, Schädlicheres, Teuflischeres sein kann, denn ein aufrührerischer Mensch. Gleich als wenn man einen tollen Hund totschlagen muß; schlägst du nicht, so schlägt er dich, und ein ganz Land mit dir.

Zum dritten, daß sie solche schreckliche, greuliche Sünde mit dem Evangelio decken [...].

Ein Fürst und Herr muß hie denken, wie er Gottes Amtmann und seines Zornes Diener ist [...]. Denn wo er kann und straft nicht, es sei durch Mord oder Blutvergießen, so ist er schuldig an allem Mord und Übel, das solche Buben begehen [...]. Drum, liebe Herren, löset hie, rettet hie, erbarmet euch der armen Leute, steche, schlage, würge hie, wer da kann. Bleibst du drüber tot, wohl dir, seliglichern Tod kannst du nimmermehr überkommen. Denn du stirbst im Gehorsam göttlichen Worts und Befehls [...].

(Martin Luther: Sämtliche Werke. Übersetzt von Georg Merz und Hans Heinrich Borcherdt. Münchner Ausgabe. Band 4. Chr. Kaiser Verlag 1957, S. 148 ff.)

1. **Nennen Sie die „dreierlei greuliche Sünden", denen sich die Bauern nach Luther schuldig gemacht haben.**
2. **Welche Empfehlungen im Umgang mit den Bauern gibt Luther der Obrigkeit?**
3. **Warum wandte sich Luther in so scharfer Form gegen die Forderungen der Bauern? Begründen Sie Ihre Vermutungen.**

Die Verwüstung Deutschlands im Dreißigjährigen Krieg

▶ QUELLE 5

Wie jämmerlich stehen nun die großen Städte! Wo zuvor tausend Gassen waren, sind nun nicht mehr hundert. Wie elend stehen die kleinen Städte, die offenen Flecken! Da liegen sie verbrannt, zerfallen, zerstört, daß weder Dach, Gesparr, Türen oder Fenster zu sehen sind. Wie sind sie mit den Kirchen umgegangen? Sie haben sie verbrannt, zu Pferdeställen und Marketenderhäusern gemacht, die Altäre entweiht und die Glocken hinweggeführt. Ach Gott, wie jämmerlich steht es auf den Dörfern! Man wandert bei zehn Meilen und sieht nicht einen Menschen, nicht ein Vieh, nicht einen Sperling, wofern sich nicht an etlichen Orten ein alter Mann oder ein paar alte Frauen finden. In allen Dörfern sind die Häuser voller Leichname und Äser, Mann, Weib, Kinder und Gesinde, Pferde, Schweine, Kühe und Ochsen, neben- und untereinander, vom Hunger und von der Pest erwürgt und voll Würmer, und sie sind von Wölfen, Hunden, Krähen und Raben gefressen worden, weil niemand gewesen, der sie begraben, beklagt und beweint hat. Deutschland liegt in Schmach, Jammer, Armut und Herzeleid; die vieltausendmal tausend armen jungen Seelen, die in diesem Kriege unschuldig hingeschlachtet worden sind, schreien Tag und Nacht unaufhörlich zu Gott um Rache, und die Schuldigen, die dies verursacht, sitzen in stolzer Ruhe, Freiheit, Frieden und Sicherheit und führen Gastereien und Wohlleben.

(Joachim Betkius: Excidium Germaniae. Übers. und hrsg. von Wolfgang Menzel: Geschichte der Deutschen. Band 3, Stuttgart/Augsburg, Cotta 1855, S. 352 f.)

1. **Schildern Sie in eigenen Worten die Lage in den Städten und Dörfern zur Zeit des Dreißigjährigen Krieges.**
2. **Wer sind „die Schuldigen, die dies verursacht"?**

2.3 Der Absolutismus

Das Gesetz bestimmt, dass der Fürst von der Gewalt der Gesetze ausgenommen ist.
Jean Bodin, frz. Staatsrechtler (1530–1596)

SCHLÜSSELDATEN

1643–1715	Regierungszeit Ludwigs XIV.
1740–1786	Regierungszeit Friedrichs II. von Preußen
1756–1763	Dritter Schlesischer (Siebenjähriger) Krieg
1774–1792	Ludwig XVI., letzter absoluter Monarch Frankreichs

2.3.1 Die theoretische Begründung im 16. und 17. Jahrhundert

DARSTELLUNG
Absoluter Staat

Im Dezember 1513 vollendete *Niccolo Machiavelli* (1469–1527) sein Werk „Il Principe" (Der Fürst), das als geistige Grundlage und Rechtfertigung des **absoluten Staates** gilt.

Machiavellismus
▶ Q. 1

Machiavelli wuchs in Florenz auf, wo er bereits in jungen Jahren Sekretär des Stadtrates wurde, zu dessen Aufgaben das Kriegswesen und die Außenpolitik gehörten. Sein Werk widmete er dem Fürsten *Lorenzo Medici,* dem er darin Empfehlungen und Ratschläge für eine effektive und dauerhafte Regierung gab. Der Name *Machiavelli* wurde zum Gattungsbegriff für skrupelloses, Gesetze und Rechtsnormen missachtendes staatliches Handeln **(Machiavellismus)**.

Auch in der Gegenwart wirken Machiavellis Ideen nach. Bundeskanzler und Ministerpräsidenten werden von Journalisten auch heute noch mit dem Satz von Machiavelli konfrontiert, „dass man Grausamkeiten zu Beginn der Amtszeit begehen müsse". Es gibt auf dem Buchmarkt einen „Machiavelli für Manager" und einen „Machiavelli für Frauen", in denen die Ratschläge des Florentiners auf die heutige Zeit übertragen werden.

▶ Q. 2

Der Franzose *Jean Bodin* (1530–1596) sah dagegen das wesentliche Moment des politischen Handelns nicht in der Machteroberung, sondern in der Übereinstimmung des Herrschers mit den göttlichen Geboten. Die – unumschränkte – väterliche Befehlsgewalt erschien ihm spiegelgleich der staatlichen Autorität. Und so wie der Vater allein entscheiden darf und soll, entscheidet auch der Souverän unabhängig von Institutionen und Gesetzen, da nur auf diese Weise das Gemeinwesen zum Wohle aller zu regieren sei. Der Herrscher kennt nur ein Gebot, dem er sich verpflichtet weiß: der göttliche Wille, so wie er ihn versteht.

▶ Q. 3

Der Engländer *Thomas Hobbes* (1588–1679) entwarf ein Gesellschaftsbild, das vom Kampf aller gegen alle ausging, denn „der Mensch ist dem Menschen ein Wolf". So begründet er, dass jeder einzelne Bürger die Existenz des Staates wünschen muss, weil nur auf diese Weise ein friedliches Zusammenleben möglich ist. Nach *Hobbes* schließen die Individuen einen Gesellschaftsvertrag, in dem sie sich verpflichten, auf ihre natürlichen Rechte zugunsten eines staatlichen Souveräns zu verzichten. Der so entstandene Staat muss die Einhaltung des Vertrages und damit den Frieden erzwingen und garantieren.

Gottesgnadentum
▶ Q. 4

Die weitestreichende und konsequenteste Rechtfertigung des Absolutismus und des **Gottesgnadentums** lieferte der französische Theologe *Jacques-Bénigue Bossuet* (1627–1704), der auch als Erzieher des französischen Königs wirkte. Nach seiner Ansicht ist die Monarchie die einzig mögliche Regierungsform, und die königliche Gewalt ist absolut.

Karikatur auf den absoluten Herrscher nach nebenstehendem Gemälde mit Text (von links nach rechts unter den drei Figuren): REX (= König) – LUDOVICUS (= Ludwig) – LUDOVICUS REX (von William Thackeray)

Ludwig XIV. (Gemälde von Hyacinthe Rigaud, 1701)

2.3.2 Richelieu und Mazarin: Wegbereiter des französischen Absolutismus

Auch nach der Erfindung des Buchdrucks las nur eine gebildete Minderheit theoretische Schriften, die sich mit Politik und Staatsphilosophie beschäftigten, woran sich allerdings bis heute nichts geändert hat. Man darf deshalb den Einfluss der Bücher von *Machiavelli* oder *Hobbes* nicht überbewerten. Erst königliche und fürstliche Verlautbarungen offenbarten breiteren Schichten diese Gedanken und ließen sie zum anerkannten geistigen Gemeingut werden. Bedeutsamer noch für die Entwicklung zum absoluten Königtum waren Männer in politischen Schlüsselstellungen, wie Minister und hohe Beamte, die in einem mächtigen König die Voraussetzung für einen starken Staat sahen.

www.historicum.net/en/themen/franzoesische-revolution/einfuehrung/hintergruende

In Frankreich waren dies nacheinander zwei Kardinäle, die für die Staatsgeschäfte verantwortlich waren: *Richelieu* und *Mazarin*. Kardinal *Richelieu* (1585–1642), erster Minister seit 1624, hatte sein politisches Handeln an zwei Zielen orientiert. Das wichtigere war die Verdrängung Habsburgs vom Platz als erste europäische Großmacht. Er sah Frankreich von habsburgischem Besitz eingekreist, deshalb griff er mit der Kriegserklärung an Spanien 1635 offen in den Dreißigjährigen Krieg ein, wobei er konfessionelle Interessen zugunsten der **Raison d'Être** (Staatsräson, Staatsinteresse) hintanstellte. Nach anfänglichen Niederlagen gelang es ihm, den Weg zur französischen Vorherrschaft in Europa zu ebnen, den sein Nachfolger *Mazarin* (1602–1661) erfolgreich weiter beschreiten konnte.

Raison d'Être

Das zweite Ziel sah *Richelieu* in der rücksichtslosen Bekämpfung innenpolitischer Opposition, um die königliche Autorität zu stärken. *Richelieu* behauptete sich vor allem in der Auseinandersetzung mit dem Hochadel, der eine Minderung seines Einflusses bei Hof hinnehmen musste.

Nach *Richelieus* überraschendem Tod (1642) rückte sein Mitarbeiter, Kardinal *Mazarin*, in den französischen Kronrat auf und wurde bereits ein Jahr später leitender Minister.

Dem politischen Ehrgeiz beider Kardinäle war dienlich, dass sie bei der Übernahme ihrer Ämter jeweils einen unmündigen König vorfanden, der zu jung war, um die Regierungsgeschäfte selbst betreiben zu können. Doch auch nach Erreichen der Volljährigkeit sahen weder *Ludwig XIII.* noch *Ludwig XIV.* einen Grund, ihre fähigsten Ratgeber kaltzustellen, arbeiteten doch beide Kardinäle an der Mehrung der königlichen Autorität. Erst nach dem Tode *Mazarins* (1661) entschloss sich *Ludwig XIV.*, die wichtigsten politischen Entscheidungen selbst zu treffen und sich nicht mehr auf rein repräsentative Aufgaben zu beschränken.

Ludwig XIV., König von Frankreich seit 1643, übernahm im Alter von 23 Jahren die Alleinregierung. Tag für Tag widmete er sich mehrere Stunden den Staatsgeschäften. Die im Hohen Rat tagenden Minister hatten nur noch eine beratende Funktion. Der König ließ sich von den zumeist bürgerlichen Amtsträgern einen Sachverhalt vortragen, hörte sich die Empfehlungen an und fällte dann seine Entscheidung.

Intendanten

Die königliche Autorität sollte bis in die fernsten Provinzen wirken. Deshalb ordnete der König **Intendanten** ab, die in ihrem Amtsbezirk Behörden und Gerichte zu überwachen hatten und vor allem den Einzug der Steuern kontrollieren sollten. Der König veranlasste ferner eine **Generaldurchsicht** aller Rechtsbücher, vereinheitlichte das Recht, beseitigte Sonderregelungen und Privilegien einzelner Provinzen und machte so das Reich zentralistisch leichter regierbar.

Absolutes Königtum

Hofadel

Gefahr für das **absolute Königtum** drohte vom Hochadel. Mit einem geschickten Schachzug wandte *Ludwig XIV.* sie ab. Er verpflichtete den gesamten Hochadel, „bei Hofe" zu residieren, und ermöglichte ihnen in seiner Umgebung ein Leben im süßen Nichtstun, ausgefüllt mit prächtigen Festen. Diesem neuen **Hofadel** war logischerweise jeder Gedanke an einen Aufstand fremd; nur der vom Königshof isolierte Provinzadel versuchte hin und wieder, in kleineren erfolglosen Aufständen gegen die königliche Bevormundung anzugehen.

Die Gunst des städtischen Bürgertums, auf dessen Steuerkraft er angewiesen war, sicherte sich der König durch Subventionen und zinsgünstige Kredite. Lukrative Aufträge des Hofes – d. h. *Hoflieferant* zu werden – waren begehrter als unsichere politische Mitbestimmungsrechte.

2.3.3 Der Merkantilismus

Merkantilismus

Colbertismus

Aktive Handelsbilanz

Verantwortlich für die Wirtschaftspolitik war der Minister *Jean-Baptiste Colbert* (1619–1683). Er gilt als der eigentliche Begründer des **Merkantilismus**, dem er in Frankreich eine so eigenwillige Ausprägung gab, dass er bis heute dort als **Colbertismus** bezeichnet wird. Nach der Lehre des Merkantilismus soll der Staat, um die Steuerkraft zu stärken, möglichst eine **aktive Handelsbilanz** anstreben, billige Rohstoffe importieren und teure Fertigwaren exportieren. Handwerkertum, Manufakturwesen und Handel sollen staatlich gefördert werden.

Mit gewissen Einschränkungen kann man vom Merkantilismus als einem System gezielter planwirtschaftlicher Eingriffe sprechen. Im Außenhandel kann dieser Wirtschaftsordnung kein Dauererfolg beschieden sein. Wenn *alle* Länder danach trachten, mehr aus- als einzuführen, ist das Ziel nicht erreichbar. Konflikte und **Wirtschaftskriege** sind die unvermeidbare Folge. Es ist erstaunlich, dass merkantilistische Gedankengänge bis in die Gegenwart wirksam sind. Der Ruf nach Importbeschränkungen, „buy American", ist später Ausfluss dieser Vorstellungen. Auch das inzwischen mehrfach geänderte und angepasste Entsendegesetz von 1998, das zunächst vorschrieb, dass bei Montagearbeiten auf Baustellen in Deutschland die ausländischen Arbeitskräfte mindestens den Lohn der niedrigsten deutschen Lohngruppe – inzwischen Mindestlohn – erhalten mussten, war protektionistisch.

Colbert holte mit erheblichem Kostenaufwand ausländische Facharbeiter ins Land, um die inländische Produktion zu erhöhen.

Man kann darin einen Vorläufer der *Gastarbeiterpolitik* während der 1960er- und 1970er-Jahre sehen, obwohl die Zielsetzung eine andere war. *Colbert* suchte Fachleute, die er im eigenen Land

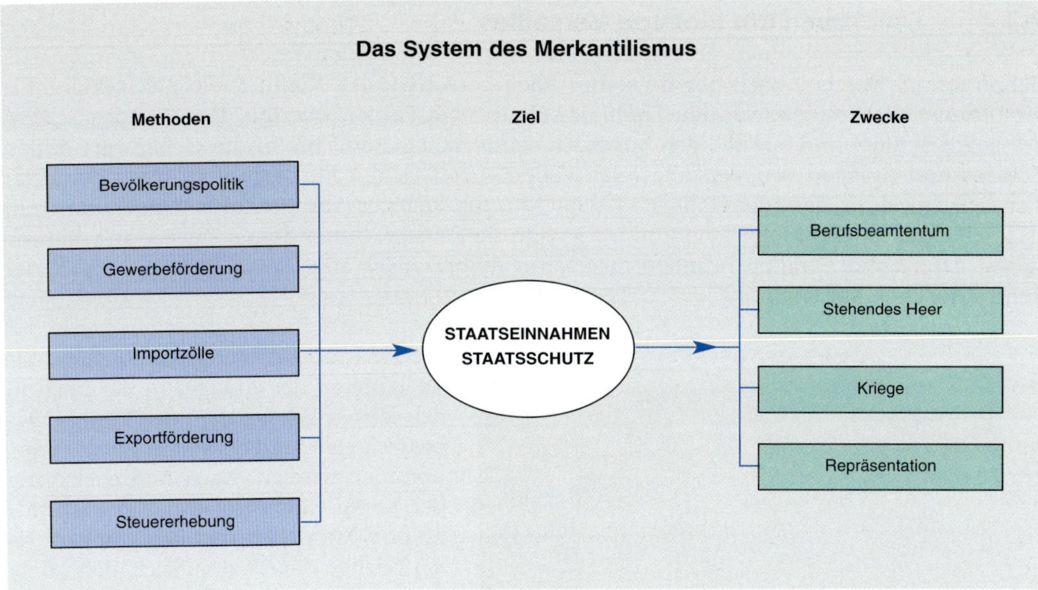

nicht finden konnte, während die Bundesrepublik Deutschland bis zum Anwerbestopp 1973 vor allem Arbeitskräfte für einfache Tätigkeiten brauchte.

Die wirtschaftlichen Erwartungen wurden allerdings nicht erfüllt. Die Ursache liegt vor allem darin, dass die Steuereinnahmen nicht investiv verwendet wurden, also nicht die Produktionskraft der Volkswirtschaft erhöhten, sondern nahezu ausschließlich in den Staatskonsum flossen. Eine üppige Hofhaltung, repräsentative Prachtbauten **(Versailles)** und zahlreiche Kriege verschlangen Summen, die die Finanzkraft des Staates überstiegen. Steuererhöhungen und Inflation infolge Münzverschlechterung ließen Initiative und Schaffensfreude der Handwerker und Kaufleute erlahmen.

Versailles

▶ Q. 5

Im Widerspruch zu den wirtschaftspolitischen Zielsetzungen ließ *Ludwig XIV.* die **Hugenotten** aus konfessionellen Gründen verfolgen, um die religiöse Einheit Frankreichs wiederherzustellen, die er als Vorbedingung der politischen Einheit betrachtete. Nach dem 1685 erlassenen Edikt von Fontainebleau verließen zwischen 200 000 und 300 000 Hugenotten, so wird geschätzt, das Land und schwächten so abermals seine Wirtschaftskraft.

Hugenotten

www.hugenotten.de

Von den Mitteln abgesehen, die der französische König anwandte, kann der Vorgang als Beispiel angesehen werden, das auch für unsere Tage noch Gültigkeit hat. Staatliche Ziele stehen im Konflikt zueinander, die Förderung des einen erschwert die Erreichung des anderen.

Beispiel: Die sog. Währungsunion 1990, die eigentlich gar keine war, denn die beiden Währungen wurden ja nicht miteinander verschmolzen, sondern DDR-Mark-Guthaben wurden auf DM im Verhältnis 2:1 umgestellt, zum Teil sogar 1:1, wie z. B. Löhne, Gehälter und Renten. So politisch und sozial wünschenswert dieses für die DDR-Einwohner außerordentlich günstige und für sie selbst überraschende und so nicht erwartete Umstellungsverhältnis auch war, ökonomisch war es eine der Hauptursachen für den massenweisen Zusammenbruch der Betriebe und daraus folgende Arbeitslosigkeit.

In der französischen Außenpolitik hatte ein Ziel Vorrang: die Wahrung der **Hegemonie** (Vorrangstellung) Frankreichs in Europa. Bei den Mitteln, dies zu erreichen, war *Ludwig XIV.* nicht wählerisch. Wenn eine auch kunstvoll eingefädelte Diplomatie scheiterte, führte er Krieg. In 54 Regierungsjahren war Frankreich 35 Jahre in Kriege verwickelt. Die Kriegskosten für das stehende und ständig aufzufrischende Heer brachten Frankreich an den Rand des Staatsbankrotts, der eine Hauptursache für den Ausbruch der Französischen Revolution war.

Hegemonie

2.3.4 Das Leben am Hof von Versailles

www.chateauversailles.fr

Schon wenige Wochen nach Beginn seiner Alleinherrschaft ließ König *Ludwig XIV.* Pläne für eine prunkvolle Residenz vor den Toren der Hauptstadt Paris entwerfen. Der Bau des Schlosses sollte Symbol und sinnfälliger Ausdruck seiner Macht sein. Bis in die Gegenwart bilden Schloss und Anlagen von Versailles, von vielen europäischen Fürstenhöfen in verkleinerter Form nachgeahmt, das augenfälligste Beispiel für die Idee des Absolutismus. Die Gartenfront des Schlosses ist 580 Meter lang und hat 375 große Fenster, hinter denen über 2 000 Räume liegen. Drei breite Straßen münden in den vor dem Schloss angelegten Platz – Symbol der zentralistischen Monarchie.

▶ Q. 6

Das Schloss von Versailles (Gemälde von P. D. Martin, 1722)

Bis zu 35 000 Arbeiter bauten mehr als 20 Jahre an der Anlage, an der noch in den letzten Lebenstagen des Königs Verbesserungen und Erweiterungen vorgenommen wurden. Nach und nach hatte der König einen Hofstaat von mehr als 20 000 Menschen um sich geschart. Jeder Adelige, der etwas auf sich hielt, strebte danach, in die Nähe des Königs zu kommen, und das hieß: nach Versailles.

Das Leben in der königlichen Residenz war genau geregelt, nahezu jede Kleinigkeit wurde festgelegt und zu einem Ritual stilisiert. So wurde selbst die Morgentoilette des Königs zu einer Zeremonie, für die Hofintrigen gesponnen wurden, nur um dem König beim Anziehen seiner Beinkleider behilflich sein zu dürfen.

▶ Q. 7

Vielfältige Vergnügungen sorgten für Zerstreuung und Abwechslung. Der Park sah rauschende Feste mit Feuerwerk, Wasserspielen, Opern, Ballett und Schauspiel. Gelegentlich trat der König selbst als Akteur auf. So übernahm er in dem Ballett „Die Nacht" die Rolle der Sonne *(Sonnenkönig)*, um auf diese Weise zum Ausdruck zu bringen, dass auch er im Mittelpunkt stehe wie die Sonne im System der Planeten.

Viele Schauspieler, Musiker und Tänzer zog es ebenso nach Versailles wie Maler, Dichter und Komponisten, um dort ihr Einkommen zu verdienen. An dem vom König besonders geförderten Hoftheater wirkten so berühmte Dichter wie *Racine, Corneille* und der heute noch bekannte *Molière*. Außerhalb seines Hofstaates erwies sich der König als weniger großzügig. Insbesondere hegte er ein tiefes Misstrauen gegen alles Gedruckte und gegen die öffentliche Meinung, und eine strenge Zensur versuchte, jede kritische Äußerung bereits im Keim zu ersticken.

2.3.5 Der aufgeklärte Absolutismus

Im Jahre 1740 übernahm *Friedrich II.* (1712–1786) im Königreich Preußen die Krone. Voll Tatendrang und Ehrgeiz, seinen fürstlichen Standesgenossen an Bildung weit überlegen, schien mit Friedrich eine Regentschaft zu beginnen, in der *Platons* (427–347) Traum vom „Philosophen auf dem Königsthron" sich erfüllte. Der 28-jährige König beseitigte die Folter in Strafprozessen, gab weitgehende „Pressfreiheit" (die „Gazetten [...] dürfen nicht genieret werden"), das hieß, Zeitungen sollten frei von jeder behördlichen Zensur und Beeinflussung sein. Er verkündete Duldsamkeit gegenüber jedem Glaubensbekenntnis. Sein berühmter Satz „Die Religionen müssen alle

Friedrich der Große mit seinen Offizieren (Gemälde von Edward F. Cunningham, nach 1784)

tolleriret werden [...] denn hier muss jeder nach seiner Fasson selich werden" wurde zum Inbegriff religiöser Toleranz schlechthin.

▶ Q. 8

2.3.5.1 Friedrichs Kriege

Aufklärung

Die *Maxime* (Leitsatz) des Preußenkönigs kündigten vom Heraufziehen einer neuen Idee: der **Aufklärung**. Und doch blieb *Friedrich II.* ein Kind seiner Zeit. Im Jahre seiner Thronbesteigung trat auch *Maria Theresia* (1717–1780) die Nachfolge ihres plötzlich verstorbenen Vaters, *Karl VI.* an. *Friedrich II.* sah eine gute Chance, Preußen zulasten der geschwächten Habsburgmonarchie zu erweitern, und marschierte in bester machiavellistischer Tradition – als Prinz hatte er noch einen „Antimachiavelli" geschrieben – in Schlesien ein. Die Kaiserin in Wien musste sich mit ihrer schlecht gerüsteten Armee geschlagen geben, und *Friedrich II.* gewann Land und – was auch *er* anstrebte: Ruhm, auch wenn er die erste Schlacht bei *Mollwitz* beinahe verloren hätte.

Stehendes Heer

Wirtschaftspolitisch folgte *Friedrich* dem Zug der Zeit. Nach dem Vorbild des französischen Merkantilismus trachtete er vor allem danach, die Staatseinnahmen zu erhöhen, um sein stehendes Heer zu vergrößern. Selbst als sich diese Einnahmen im Laufe der Regierungszeit verdreifachten, gab *Friedrich* rund zwei Drittel davon für das Militär aus. Bei seiner Thronbesteigung fand er ein von seinem Vater, dem Soldatenkönig, vortrefflich gedrilltes Heer von 80 000 Mann vor, das viertgrößte Europas! Ein Vierteljahrhundert später bestand diese Armee aus 200 000 Soldaten. Für ein so kleines, dünn besiedeltes Land eine schwere Bürde. Die Personalstärke betrug – gemessen an der Bevölkerungszahl von 2,2 Millionen Einwohnern – 3,6 %.

Zum Vergleich: Die Bundeswehr hatte vor der Wiedervereinigung mit knapp 500 000 Soldaten bei rund 61 Millionen Einwohnern einen Anteil von nur 0,8 %, der bis 2015 bei 180 000 Soldaten und rund 81 Millionen Einwohnern auf unter 0,3 % gesunken ist.

Im Jahre 1756 sah sich *Friedrich* – gemessen an der Einwohnerzahl – einer fast zwanzigfachen Übermacht gegenüber: Eine Allianz aus Österreich, Russland, Frankreich, Schweden und der Mehrzahl der Reichsfürsten stand gegen Preußen, das nur von England mit Subsidien (Hilfsgeldern) unterstützt wurde. Diesmal ging es nicht nur um den Erhalt der Gebietseroberung Schlesiens. Bei diesem Dritten Schlesischen Krieg, dem Siebenjährigen, stand nicht weniger als die Existenz des preußischen Staates auf dem Spiel. Nach glänzenden Siegen, so z. B. bei *Leuthen* 1757, erlitt der König bei *Kunersdorf* 1759 gegen die vereinten österreich-russischen Truppen seine schwerste Niederlage. Das Ende schien besiegelt.

Frieden zu Hubertusburg

Ein Zufall rettete ihn. Mit dem Tod der Zarin schied Russland aus der Kriegskoalition aus, und nachdem auch Frankreich sich zurückzog, konnte *Friedrich* im **Frieden zu Hubertusburg** (1763) seinen Besitzstand zu Beginn des Siebenjährigen Krieges wahren.

Die Unterstützung Preußens durch England ist ein Beispiel für die jahrhundertelange Politik der Britischen Insel, auf dem Kontinent das Machtgleichgewicht zu wahren. Keine europäische Großmacht sollte die Hegemonie gewinnen und damit England gefährlich werden können. Im Siebenjährigen Krieg leistete England einen Beitrag, um die Vormachtstellung Österreichs zu verhindern.

2.3.5.2 Staat und Kultur in Preußen

Friedrich der Große und seine Tafelrunde (Gemälde von Adolph von Menzel, 1850)

Neben diesen Schlesischen Kriegen wandte sich der König verstärkt innenpolitischen Aufgaben zu, einem Gebiet, auf dem er sich zweifellos historische Verdienste erwarb. Er wurde zum Förderer von Kunst und Wissenschaft. Die bereits 1711 gegründete Akademie der Wissenschaften in Berlin wurde 1743 wiedereröffnet, und bald kamen namhafte Gelehrte nach Berlin, angelockt von der Großzügigkeit des Königs, der sich selbst gern als Philosoph unter Philosophen sah. Über ganz Europa pflegte er einen Briefwechsel mit Gelehrten, darunter allein mit *Voltaire* (1694–1778) über 36 Jahre lang.

Berlin wurde in kurzer Zeit zum Mittelpunkt der Gedanken der Aufklärung, doch auf dem Lande vermochte der König wenig zu ändern. Zwar war schon 1711 in Preußen die achtjährige Schulpflicht eingeführt worden, aber es fehlte an guten Lehrern, oftmals waren die Schulmeister ausgediente Unteroffiziere, die kaum einen nennenswerten Wissensstand aufweisen konnten. Vor allem aber konnten die armen Leute das fällige Schulgeld nicht bezahlen, und daran änderte auch der von *Friedrich* 1763 erneuerte Erlass der Schulpflicht nichts.

Auch für *Friedrich II.* als aufgeklärten Monarchen gab es Bereiche, die er für unantastbar hielt. Dazu gehörte die preußische Gesellschaftsordnung mit starrer, ständischer Gliederung und den Vorrechten des Adels, und trotz aller späteren Versuche, in *Friedrich II.* einen Vorkämpfer für die Einheit Deutschlands oder gar Europas zu sehen, blieb sein Denken zeitlebens begrenzt auf „seinen" Staat Preußen.

Von *Voltaire* übernahm er die kritische Haltung gegenüber Religion und Kirche, die er mit beißendem Spott bedachte. Der Preußenkönig war Atheist, was es ihm freilich leicht machte, religiöse Toleranz zu üben.

▶ Q. 9

Aufgeklärter Absolutismus

Auch in Österreich hatte sich der **aufgeklärte Absolutismus** immer mehr durchgesetzt. Der Sohn *Maria Theresias, Joseph II.*, seit 1765 Kaiser und Mitregent, sah in der Durchsetzung von Reformen seine Pflicht.

Nach dem Friedensschluss von 1763 waren die europäischen Großmächte, wozu auf dem Kontinent neben Österreich und Frankreich nun auch Preußen zählte, bestrebt, ihren Territorialbesitz zu erweitern, wenngleich ohne starke Neigung zu neuerlichen kriegerischen Auseinandersetzungen.

Die wiederholten Teilungen Polens im 18. Jahrhundert sind ein Beispiel für die Großmachtpolitik, die Gebiete schwacher Staaten untereinander aufzuteilen.

Die Herrschaft *Friedrichs II.* war „ein Königtum der Widersprüche“ *(Theodor Schieder)*. Nach der verlorenen Schlacht bei Kunersdorf gab ihm das Volk den Beinamen „der Große“, und später wurde er populär als „der Alte Fritz“. Als er am 17. August 1786 im Potsdamer Schloss starb, soll „niemand geweint“ haben, berichtet der französische Graf *Mirabeau*. Schon zu Lebzeiten rankten sich um Person und Werk Legenden.

▶ QUELLE 1

Auszüge aus „Der Fürst“ von Niccolo Machiavelli

Es bleibt noch zu betrachten, wie ein Fürst sich gegenüber seinen Untertanen oder seinen Freunden verhalten soll. [...]

Zwischen dem Leben, wie es ist und wie es sein sollte, ist ein so gewaltiger Unterschied, daß, wer das, was man tut, aufgibt für das, was man tun sollte, eher seinen Untergang als seine Erhaltung bewirkt; ein Mensch, der immer nur das Gute tun wollte, muß zugrunde gehen unter so vielen, die nicht gut sind. Daher muß ein Fürst, der sich behaupten will, auch imstande sein, nicht gut zu handeln und das Gute zu tun und zu lassen, wie es die Umstände erfordern. [...]

Daran knüpft sich eine Streitfrage: ob es besser sei, geliebt zu werden als gefürchtet, oder umgekehrt. Die Antwort lautet, daß es am besten wäre, geliebt und gefürchtet zu sein; da es aber schwer ist, beides zu vereinigen, ist es weit sicherer, gefürchtet zu sein als geliebt, wenn man schon auf eins verzichten muß. [...]

Man zählt es zu den bewunderungswürdigsten Leistungen Hannibals, daß in seinem gewaltigen, bunt zusammengewürfelten Heere, das auf fremdem Boden kämpfte, nie irgend ein Streit entstand, weder unter den Soldaten noch mit dem Feldherrn, weder in guten noch in bösen Tagen. Der Grund dafür kann nirgends anders gesucht werden als in seiner unmenschlichen Grausamkeit, die ihn im Verein mit seinen vielen großen Eigenschaften zum Abgott und zum Schrecken seiner Soldaten machte. [...]

Ein kluger Fürst kann und darf demnach sein Wort nicht halten, wenn er dadurch sich selbst schaden würde oder wenn die Gründe weggefallen sind, die ihn bestimmten, es zu geben. Wenn alle Menschen gut wären, wäre diese Vorschrift nicht gut; da sie aber schlecht sind und dir die Treue nicht halten würden, brauchst du sie ihnen auch nicht zu halten. [...]

Man muß nur verstehen, der Fuchsnatur ein gutes Ansehen zu geben und ein Meister sein in Heuchelei und Verstellung: denn die Menschen sind so einfältig und gehorchen so leicht dem Zwang des Augenblicks, daß ein Betrüger stets einen finden wird, der sich betrügen läßt. [...]

(Niccolo Machiavelli: Der Fürst. Übersetzt von Ernst Merian-Genast, Leipzig, Reclam 1978, S. 95–105)

1. Warum kann der Fürst nicht nur Gutes tun?
2. Welche Eigenschaften schätzt Machiavelli an Hannibal besonders? Warum?
3. Inwiefern kann Machiavelli als der Wegbereiter des Absolutismus bezeichnet werden?

▶ QUELLE 2

Jean Bodin über den Begriff „Souveränität“

Souveränität ist die absolute und dauernde Macht eines Staates, die die Lateiner „majestas“ nennen ... und bedeutet soviel wie „höchste Befehlsgewalt“. Wir müssen hier den Begriff der Souveränität formulieren, weil noch kein Rechtsgelehrter und kein Staatsdenker aufgetreten ist, der ihn definiert hätte [...].

Wohl aber gehört es notwendig zum Begriff der Souveränität, daß ihre Inhaber auf keine Weise den Befehlen eines anderen unterworfen sind, daß sie den Untertanen Gesetze geben, überholte Gesetze kassieren und aufheben und neue dafür erlassen können: Das kann keiner, der selber den Gesetzen oder anderen, die Befehlsgewalt über ihn haben, untersteht. Dies ist gemeint, wenn das Gesetz sagt, der Fürst sei von der Gewalt der Gesetze befreit (absolus); und das Wort „Gesetz“ bedeutet auch im Lateinischen soviel wie: Befehl des Inhabers der Souveränität.

(Hermann de Buhr [Hrsg.]: Die Entstehung des modernen Staates im Absolutismus. Frankfurt, Hirschgraben 1979, S. 22)

1. Welche Rechte gesteht Bodin dem Fürsten zu?
2. Definieren Sie mithilfe eines Lexikons den Begriff „Souveränität“ und stellen Sie ihn der Auffassung Bodins gegenüber.

▶ QUELLE 3 Auszüge aus dem „Leviathan“ von Thomas Hobbes

Daraus ergibt sich klar, daß die Menschen während der Zeit, in der sie ohne eine allgemeine, sie alle im Zaum haltende Macht leben, sich in einem Zustand befinden, der Krieg genannt wird, und zwar in einem Krieg eines jeden gegen jeden. [...]
Der alleinige Weg zur Errichtung einer solchen allgemeinen Gewalt, die in der Lage ist, die Menschen vor dem Angriff Fremder und vor gegenseitigen Übergriffen zu schützen und ihnen dadurch eine solche Sicherheit zu verschaffen, daß sie sich durch eigenen Fleiß und von den Früchten der Erde ernähren und zufrieden leben können, liegt in der Übertragung ihrer gesamten Macht und Stärke auf einen Menschen oder eine Versammlung von Menschen, die ihre Einzelwillen durch Stimmenmehrheit auf einen Willen reduzieren können. [...]
Dies ist mehr als Zustimmung oder Übereinstimmung: Es ist eine wirkliche Einheit aller in ein und derselben Person, die durch Vertrag eines jeden mit jedem zustande kam, als hätte jeder zu jedem gesagt: Ich autorisiere diesen Menschen oder diese Versammlung von Menschen und übertrage ihnen mein Recht, mich zu regieren, unter der Bedingung, daß du ihnen ebenso dein Recht überträgst und alle ihre Handlungen autorisierst. Ist dies geschehen, so nennt man diese zu einer Person vereinigte Menge Staat, auf lateinisch civitas. Dies ist die Erzeugung jenes großen Leviathan oder besser, um es ehrerbietiger auszudrücken, jenes sterblichen Gottes, dem wir unter dem unsterblichen Gott unseren Frieden und Schutz verdanken. [...]
Niemand hat die Freiheit, dem staatlichen Schwert Widerstand zu leisten, um einen anderen Menschen, ob unschuldig oder nicht, zu verteidigen, denn diese Freiheit beraubt den Souverän der Mittel zu unserem Schutz und zerstört deshalb das eigentliche Wesen der Regierung. [...]
Was die anderen Freiheiten betrifft, so hängen sie vom Schweigen des Gesetzes ab. In den Fällen, wo der Souverän keine Regel vorgeschrieben hat, besitzt der Untertan die Freiheit, nach eigenem Ermessen zu handeln oder es zu unterlassen. Und deshalb ist diese Freiheit mancherorts und zu manchen Zeiten größer oder geringer, je nachdem es die Inhaber der Souveränität für am zweckmäßigsten halten. [...]

(Norbert Hoerster [Hrsg.]: Klassische Texte der Staatsphilosophie. Übersetzt von Norbert Hoerster, München, dtv 1976, S. 111, 125, 129 f.)

1. Wie erklärt sich der Buchtitel von Hobbes' „Leviathan“?
2. Vergleichen Sie die Ansichten Hobbes' über das Widerstandsrecht mit den entsprechenden Artikeln des Grundgesetzes.

▶ QUELLE 4 Jacques Bossuet über den Absolutismus

Die Monarchie ist die allgemeinste, die älteste und auch die naturgemäßeste Regierungsform. Wenn man Staaten bildet, sucht man sich zu vereinigen, und man ist nirgends besser geeinigt als unter einem einzigen Oberhaupt. Man ist daher nirgends stärker, weil alles zum gleichen Ziel zusammenwirkt.
Die königliche Gewalt ist erstens heilig, zweitens väterlich, drittens unumschränkt. Die Fürsten handeln als Diener Gottes und als dessen Stellvertreter auf Erden. Durch sie übt er seine Herrschaft aus. Wir sehen also, daß der königliche Thron nicht der Thron eines Menschen, sondern der Thron Gottes selbst ist. [...]
Die königliche Gewalt ist unumschränkt. Der Fürst braucht niemandem Rechenschaft abzulegen über das, was er verfügt. Ohne diese unumschränkte Gewalt kann er das Gute nicht fördern und das Böse nicht unterdrücken. Wenn der Fürst gerichtet hat, gibt es kein anderes Urteil. Gott nur kann über die Entscheidungen der Herrscher und über ihre Person richten. Die Untertanen sind dem Fürsten unbedingten Gehorsam schuldig. Es gibt nur eine Ausnahme hinsichtlich des Gehorsams, den man dem Fürsten schuldig ist, nämlich wenn er etwas gebietet, was gegen Gott ist.
Es ist durchaus notwendig, mit der wahren Kirche verbunden zu bleiben. Der Fürst muß seine Gewalt dazu anwenden, die falschen Religionen in seinem Staate zu vernichten.

(Hermann de Buhr [Hrsg.]: Die Entstehung des modernen Staates im Absolutismus. Frankfurt, Hirschgraben 1979, S. 24)

1. Bossuet gilt als Begründer des „Gottesgnadentums“. Erklären Sie diesen Begriff anhand der in der Quelle enthaltenen Aussagen.
2. Es gibt auch in der Gegenwart Herrscher, die mit dem von Bossuet formulierten Anspruch regieren. Nennen Sie einige.

Colbert über den Wert des Handels

▶ QUELLE 5

Ich glaube, man wird ohne weiteres in dem Grundsatz einig sein, daß es einzig und allein der Reichtum an Geld ist, der die Unterschiede an Größe und Macht zwischen den Staaten begründet. Was dies betrifft, so ist es sicher, daß jährlich aus dem Königreich einheimische Erzeugnisse (Wein, Branntwein, Weinessig, Eisen, Obst, Papier, Leinwand, Eisenwaren, Seide, Kurzwaren) für den Verbrauch im Ausland im Wert von 12 bis 18 Millionen Livres hinausgehen. Das sind die Goldminen unseres Königreiches, um deren Erhaltung wir uns sorgfältig bemühen müssen. [...] Außer den Vorteilen, die die Einfuhr einer größeren Menge Bargeld in das Königreich mit sich bringt, wird sicherlich durch die Manufakturen eine Million zur Zeit arbeitsloser Menschen ihren Lebensunterhalt gewinnen. Eine ebenso beträchtliche Anzahl wird in der Schiffahrt und in den Seehäfen Verdienst finden, und die fast unbegrenzte Vermehrung der Schiffe wird im gleichen Verhältnis Größe und Macht des Staates vermehren. Dies sind die Ziele, nach denen der König meines Erachtens aus guter Gesinnung und Liebe zu seinem Volke streben sollte. Als Mittel, sie zu erreichen, schlage ich vor:

[...] die am Hof erscheinenden Kaufleute sollten mit allen Anzeichen der Gewogenheit und des guten Willens empfangen, in allen Angelegenheiten ihres Handels unterstützt [...] werden.

[...] es sollte jährlich eine bedeutende Summe für Wiederherstellung der Manufakturen und die Förderung des Handels [...] ausgeworfen werden. [...] Zahlung von Gratifikationen an alle, die neue Schiffe kaufen oder bauen oder große Handelsreisen unternehmen. Die Landstraßen sollen ausgebessert, die Zollstationen an den Flüssen aufgehoben [...] werden. Man bemühe sich unablässig, die Flüsse im Innern des Königreiches schiffbar zu machen [...].

(Hermann de Buhr [Hrsg.]: Die Entstehung des modernen Staates im Absolutismus. Frankfurt, Hirschgraben 1979, S. 28 f.)

1. **Welche Ziele verfolgt Colbert in der Wirtschaftspolitik?**
2. **Welche Mittel schlägt er dem König vor, um diese Ziele zu erreichen?**
3. **Gibt es in der Gegenwart Parallelen zu diesem Wirtschaftssystem?**

Der Herzog von Saint-Simon über Versailles

▶ QUELLE 6

Aus verschiedenen Ursachen war der Hofstaat für immer aus Paris entfernt worden. Die Unruhen, die sich in dieser Stadt zutrugen, als der König noch nicht volljährig war, hatten dem Herrscher einen eigentlichen Widerwillen gegen Paris eingeflößt. Zudem stellte er sich vor, daß seine Person um so verehrungswürdiger werde, je mehr er sich den Augen der Menge entziehe. [...] In allem liebte er Glanz, Verschwendung, Fülle. Es war wohlberechnet, daß er die Sucht, ihm hierin nachzueifern, in jeder Weise begünstigte. Er impfte sie seinem ganzen Hofe ein. Wer alles draufgehn ließ für Küche, Kleidung, Wagen, Haushalt und Spiel, der gewann sein Wohlwollen. Um solcher Dinge willen redete er die Leute an. Indem er so den Luxus gewissermaßen zur Ehrensache und für manche zur Notwendigkeit machte, richtete er nacheinander alle zugrunde, bis sie schließlich einzig und allein von seiner Gnade abhingen. So befriedigte er seinen Hochmut und seinen Ehrgeiz.

(Saint-Simon: Memoiren. Übersetzt von Sigrid von Massenbach, Berlin, Claassen Verlag 1976, S. 76)

1. **Warum verlegte Ludwig XIV. seinen Hof nach Versailles?**
2. **Wie gelang es Ludwig XIV, mithilfe von Luxus und Verschwendung seine Herrschaft zu sichern?**

Das Lever des Königs

▶ QUELLE 7

Gewöhnlich um acht Uhr, jedenfalls zu der Zeit, die er selbst bestimmt hat, wird der König morgens geweckt; und zwar von dem ersten Kammerdiener, der zu Füßen des königlichen Betts schläft. Die Türen werden den Kammerpagen geöffnet. Einer von ihnen hat inzwischen den „grand chambellan", den Großkämmerer und den ersten Kammerherrn benachrichtigt, ein zweiter die Hofküche wegen des Frühstücks, ein dritter stellt sich an der Tür auf und läßt nur die Herren eintreten, die das Vorrecht des Eintritts haben.

Dieses Vorrecht war ganz genau abgestuft. Es gab sechs verschiedene Gruppen von Menschen, die nacheinander eintreten durften. [...] Die ersten beiden Gruppen wurden zugelassen, wenn der König noch im Bett war. Dabei trug der König eine kleine Perücke; er zeigte sich niemals ohne Perücke, auch dann nicht, wenn er im Bett lag. Wenn er aufgestanden war und der Großkämmerer mit dem ersten Kammerherren ihm die Robe hingelegt hatten, rief man die folgende Gruppe. Wenn der König die Schuhe übergezogen hatte, verlangte er die officiers de la chambre, und man öffnete die Türen der nächsten Gruppe. Der König nahm seine Robe. Der maître de la garderobe zog das Nachthemd beim rechten Ärmel, der erste Diener der Garderobe beim linken; das Taghemd wurde von dem Großkämmerer oder von einem der Söhne des Königs, der gerade anwesend war, herbeigebracht. Der erste Kammerdiener hielt den rechten Ärmel, der erste Diener der Garderobe den linken. So zog der König das Hemd an. [...]

(Norbert Elias: Die höfische Gesellschaft. Darmstadt, Wissenschaftliche Buchgesellschaft 1969, S. 126 ff.)

1. **Geben Sie den Inhalt der Quelle in eigenen Worten wieder.**
2. **Was sagt das Lever des Königs über die Stellung der Adligen am Hofe Ludwigs XIV. aus?**
3. **Welche protokollarischen Regeln sind auch heute noch – z. B. bei Staatsempfängen – von Bedeutung?**

▶ QUELLE 8 Friedrich der Große über die Aufgaben des Fürsten

Eine gut geleitete Staatsregierung muß ein ebenso fest gefügtes System haben wie ein philosophisches Lehrgebäude. Alle Maßnahmen müssen gut durchdacht sein, Finanzen, Politik und Heerwesen auf ein gemeinsames Ziel steuern: nämlich die Stärkung des Staates und das Wachstum seiner Macht. Ein System kann aber nur aus einem Kopfe entspringen; also muß es aus dem des Herrschers hervorgehen. Trägheit, Vergnügungssucht und Dummheit; diese drei Ursachen hindern die Fürsten an ihrem edlen Berufe, für das Glück ihrer Völker zu wirken. Solche Herrscher machen sich verächtlich, werden zum Spott und Gelächter ihrer Zeitgenossen. Der Herrscher ist nicht zu seinem hohen Rang erhoben, man hat ihm nicht die höchste Macht anvertraut, damit er in Verweichlichung dahinlebe, sich vom Mark des Volkes mäste und glücklich sei, während alles darbt. Der Herrscher ist der erste Diener des Staates. Er wird gut besoldet, damit er die Würde seiner Stellung aufrechterhalte.

(Friedrich d. Gr.: Die politischen Testamente. Übers. und hrsg. von Friedrich von Oppeln-Bronikowski, München, Treu 1936, S. 42)

1. **Welchem Ziel müssen alle Maßnahmen des Staates dienen?**
2. **Welche Verhaltensweisen lehnt Friedrich beim Herrscher ab?**

▶ QUELLE 9 Friedrich der Große über die Religion

Für die Politik ist es völlig belanglos, ob ein Herrscher religiös ist oder nicht. Geht man allen Religionen auf den Grund, so beruhen sie auf einem mehr oder minder widersinnigen System von Fabeln. Es ist unmöglich, daß ein Mensch von gesundem Verstand, der diese Dinge kritisch untersucht, nicht ihre Verkehrtheit erkennt. Aber diese Vorurteile, diese Irrtümer und diese Wundergeschichten sind für die Menschen gemacht, und man muß auf die große Masse soweit Rücksicht nehmen, daß man ihre religiösen Gefühle nicht verletzt, gleich, welchem Glauben sie angehören.

(Friedrich d. Gr.: Die politischen Testamente. Übers. und hrsg. von Friedrich von Oppeln-Bronikowski, München, Treu 1936, S. 42)

1. **Welche Bedeutung misst Friedrich der Religion bei?**
2. **Inwiefern sind seine Aussagen charakteristisch für seinen Regierungsstil?**

AUFGABEN

1. Vergleichen Sie das Verhältnis von Staat und Kirche im Mittelalter und in der Gegenwart.
2. Organisieren Sie eine Erkundung in ein (Heimat-)Museum, das sich mit Themen aus dem Mittelalter bzw. der frühen Neuzeit beschäftigt.
3. Erarbeiten Sie eine Präsentation zum Thema „Begriffe der Umgangssprache, die aus mittelalterlicher Zeit stammen".
4. Welche Bedeutung hatten die Städte für das Spätmittelalter?
5. Unterscheiden Sie: Reichsstadt – Landesstadt – Residenzstadt. Nennen Sie dazu je ein Beispiel aus Ihrer Heimat und stellen Sie die jeweiligen Städte Ihren Mitschülern in einer Kurzpräsentation vor.
6. Der Dreißigjährige Krieg wird oft – zu Recht oder zu Unrecht – als Glaubenskrieg bezeichnet. Diskutieren Sie diese These und vergleichen Sie den Dreißigjährigen Krieg mit Glaubenskriegen, die Sie aus der Gegenwart kennen.
7. Geben Sie Beispiele für machiavellistisches Verhalten aus der Gegenwart.

8. Vergleichen und bewerten Sie folgende Aussagen, indem Sie die Unterschiede herausarbeiten:
   - „Der Staat bin ich" (Ludwig XIV.)
   - „Ich bin der erste Diener meines Staates" (Friedrich d. Große)
   - „Ich bin der erste Angestellte der Bundesrepublik Deutschland" (Helmut Schmidt, deutscher Bundeskanzler 1974–1982)
   - „Der Staat sind wir" (Titel eines Gemeinschaftskundebuches für die Berufsschule, 1959)

HOT

Grundlegende Arbeitstechniken und Methoden 2:

Arbeit mit Texten

Gleichgültig, ob Sie eine historische Quelle oder einen wissenschaftlichen Text aus einem anderen Bereich lesen, verlangt wird zunächst einmal Ihre ungeteilte Aufmerksamkeit. Denn anders als bei einem Krimi oder anderer Unterhaltungsliteratur erschließt sich der Inhalt eines solchen Textes oft erst nach mehrmaliger Lektüre.

Dabei ist es unverzichtbar, einen Text im wahrsten Sinne des Wortes zu bearbeiten, d. h. konkret, dass er „mit dem Stift in der Hand" gelesen werden muss. Schon beim ersten Durchlesen sollten Sie wichtige Textpassagen unterstreichen und Fremdwörter markieren, die Sie nicht verstehen, damit Sie diese später nachschlagen können. Doch auch hier gilt: Weniger ist oft mehr, denn man kann häufig beobachten, dass zu viel unterstrichen wird, manchmal beinahe der ganze Text. Das ist natürlich wenig sinnvoll, denn Unterstreichungen sollen ja dazu dienen, sich bei einer späteren Lektüre schnell zu orientieren und die wirklich wichtigen Passagen noch einmal rasch überfliegen zu können.

Beim zweiten Durchlesen sollten Sie sich am Rand des Textes die wichtigsten Kernaussagen und zentralen Begriffe notieren. Wer außerdem für die einzelnen Abschnitte jeweils eine knappe Überschrift findet und notiert, ist auf dem Weg zum Verständnis des Textes ein großes Stück weitergekommen.

Doch nicht immer ist es möglich, direkt am Text zu arbeiten, was beispielsweise für entliehene oder sehr wertvolle Bücher gilt. In diesem Fall muss man sich die Arbeit des Exzerpierens machen, also ein *Exzerpt* anfertigen. Exzerpieren heißt, die wichtigsten Textpassagen wortwörtlich abzuschreiben und den Text knapp zusammenzufassen, also eine Inhaltsangabe anzufertigen. Sinnvollerweise benutzt man hierzu Karteikarten, die man leicht archivieren und eventuell nach Stichworten ordnen kann. Natürlich ist die Arbeit mit dem Computer auch in diesem Bereich zeitsparend: Man kann die Exzerpte speichern und eventuell mithilfe einer Datenbank verwalten.

Wer Texte nur fotokopiert und dann abheftet, gewinnt zwar im Laufe der Zeit eine ansehnliche Sammlung von Papieren, aber ob er deren Inhalt verstanden hat und darüber verfügt, darf mit Recht bezweifelt werden.

3 Aufklärung und bürgerliche Revolution im 18. Jahrhundert

Aufklärung ist der Ausgang des Menschen
aus seiner selbstverschuldeten Unmündigkeit.
Immanuel Kant (1724–1804)

SCHLÜSSELDATEN

1776	US-Unabhängigkeitserklärung
1787	Verfassung der USA
14. Juli 1789	Sturm auf die Bastille, Französische Revolution
1791	Erste Verfassung in Frankreich, konstitutionelle Monarchie
1792	Frankreich wird Republik
1795	Direktorialverfassung
1799	Staatsstreich Napoleons, Konsulatsverfassung
1804	Kaiserkrönung Napoleons
1814	Verbannung Napoleons auf Elba

3.1 Die Aufklärung

3.1.1 Der Rationalismus

DARSTELLUNG

Rationalismus

www.bpb.de

Als Begründer der Philosophie des Rationalismus gilt der Franzose *René Descartes* (1596–1650). Er war tief beeindruckt von den neuen Erkenntnissen in Physik und Astronomie. Mit seinem berühmten Satz „Cogito, dubito, ergo sum" (Ich denke, zweifle, also bin ich) setzt er den Geist über die Materie. Alles, was klar und deutlich geistig zu erfassen ist, ist wahr, aber auch nur das. Um die Welt zu verstehen, sollte der Mensch denken, statt gläubig zu sein. Der **Rationalismus** (Ratio = Vernunft) ist die Lehre, sich seines eigenes Verstandes zu bedienen und nicht einfach unkritisch zu glauben. Mit seinem „Sapere aude" (Wage, zu denken) fasste *Immanuel Kant* (1724–1804) die Forderung nach Rationalität 100 Jahre später in eine griffige Formel.

In England forderte der Puritaner *John Milton* (1608–1674) in Streitschriften religiöse Toleranz, Meinungsfreiheit und – seiner Zeit weit vorauseilend – die Republik, gegründet auf der Volkssouveränität.

Aufklärung

Auch in Frankreich entwickelte sich trotz der Unterdrückung kritischer Schriften gegen den zentralistischen Absolutismus eine geistige Richtung, die unter dem Begriff **Aufklärung** in die Geschichte eingegangen ist. Ziel der Aufklärung ist es, den Menschen zur selbstbestimmten Freiheit zu führen, ihn mündig zu machen. Der Mensch ist – im Widerspruch zur christlichen Lehre – von Natur aus gut und vernünftig, seine Schlechtigkeit nur Folge gesellschaftlicher Umstände und religiöser Normen.

In ehrgeizigen Vorhaben wollten Gelehrte der damaligen Zeit das gesamte Wissen der Menschheit einer kritischen Prüfung unterwerfen und in Lexika veröffentlichen. Besondere Bedeutung gewann dabei das von *Denis Diderot* (1713–1784) geleitete Projekt der „Encyclopédie ou dictionnaire raisonné des sciences, des arts et des métiers" („Enzyklopädie oder auf Vernunftserkenntnis gegründetes Lexikon der Wissenschaften, der Künste und des Handwerks"). Politische Fragen standen zwar nicht im Mittelpunkt des Werkes, doch wurden in anderen Schriften neue politische Theorien entwickelt und diskutiert.

3.1.2 Die Lehre von den Staatsgewalten

Wieder war es ein Engländer, der den ersten Schritt in die uns heute völlig selbstverständliche politische Lehre von der Trennung der Staatsgewalten tat: *John Locke* (1632–1704). In seinen „Two Treatises of Government" bekämpft er die Ideologie vom göttlichen Königsrecht und zeichnet die Umrisse eines liberal-demokratischen Staates. Die **Gewaltenteilungslehre** kennt bei *Locke* im Grunde nur zwei Gewalten, die **Legislative** und die **Exekutive**. Aber wie bei *Montesquieu* werden diese auf die beiden mächtigsten gesellschaftlichen Kräfte verteilt, und diese sollen sich gegenseitig hemmen, damit keine schädliche Machtkonzentration entstehen kann.

Gewaltenteilungslehre

▶ Q. 1

Den größten Einfluss übten die 20 Bücher „Vom Geist der Gesetze" des *Charles-Louis de Montesquieu* (1689–1755) aus. Sie erlangten weit über die damalige Zeit hinausreichende Bedeutung. Bis in unsere Gegenwart ist seine Lehre von der **Gewaltenteilung** Leitlinie für die Verfassungsstruktur des demokratischen Rechtsstaates.

▶ Q. 2

3.1.3 Der Gesellschaftsvertrag

Im Gegensatz zu *Montesquieu* beschäftigte sich *Jean-Jacques Rousseau* (1712–1778) nicht mit der praktischen Seite der Politik. Er nahm die Fragestellung der Theoretiker des **Gesellschaftsvertrages** wieder auf. In seinem gleichnamigen Werk „Du contrat social" formuliert *Rousseau* die These einer ursprünglichen Übereinkunft, der alle Mitglieder der Gesellschaft zugestimmt und der sie sich bedingungslos verpflichtet haben. Leitendes Prinzip ist der **allgemeine Wille** (volonté général), den *Rousseau* allerdings nie klar definiert, der aber vom Willen aller (volonté des tous) zu unterscheiden ist.

Gesellschaftsvertrag

Allgemeiner Wille

Es bleibt bei *Rousseau* offen, ob er von einem *vorgegebenen* **Gemeinwohl** ausgeht. Er erwartet aber, dass in einer homogenen Gesellschaft die Bürger in der Lage sind, sich von der Selbstsucht zu befreien, sodass Tugend und Vernunft „triumphieren" können. Im Ausgleich der Interessen aller entsteht nach *Rousseau* der **Gemeinwille**, der dann den eigentlichen, den wahren Interessen der Gesellschaft und damit dem, was jeder vernünftigerweise wollen muss, entspricht.

Gemeinwohl

Gemeinwille

Mit dem Begriff des **Gesamtwohls** oder **Gemeininteresses** haben wir auch in der modernen Demokratie noch eine Vorstellung, die auf *Rousseau* zurückgeht. Im Theorieverständnis der repräsentativen Demokratie wird unterstellt, dass die Mehrheitsentscheidung die Entscheidung für das Gemeinwohl darstellt. Anhänger einer Basisdemokratie berufen sich gern auf *Rousseau,* lehnte dieser doch die Gewaltenteilung ab und forderte die unmittelbare Machtausübung durch das Volk.

Rousseaus Ideen von der **Gleichheit** und der **Volkssouveränität** hatten tief gehende Auswirkungen: Die führenden Persönlichkeiten der Französischen Revolution versuchten, seine Theorien in die Praxis umzusetzen.

Gleichheit
Volkssouveränität

Die Idee der Freiheit war älter als die der Gleichheit; aber der Gleichheitsgedanke gab der Revolution in Frankreich die besondere Dynamik, die einzigartige Sprengkraft, mit Vorrechten gleich welcher Art radikal zu brechen. Die uns heute völlig geläufigen Vorstellungen von der **Gleichbehandlung** und der **Gleichheit vor dem Gesetz** bis hin zur modernen **Chancengleichheit** fußen letztlich auf *rousseauschen* Ideen.

3.1.4 Der Wirtschaftsliberalismus

Auch die Wirtschaftspolitik des Merkantilismus geriet in die Kritik aufklärerisch-liberaler Ideen. Der schottische Universitätsprofessor *Adam Smith* (1723–1790) (siehe S. 124) lehrte, dass nur die Arbeit „der Quell allen Reichtums" sei, ein Argument, das später *Marx* zu einer Waffe gegen den Kapitalismus schmiedete. *Smith:* Der Wohlstand einer Gesellschaft hängt davon ab, wie die Arbeit organisiert wird. Je mehr diese spezialisiert und in einzelne Teilschritte zerlegt wird, desto höher ist der Ertrag. Das natürliche Gewinnstreben ist der Motor für das Wirtschaftsleben, die Konkurrenz verhindert, dass ein Einzelner zu viel Profit macht. Egoismus ist nicht nur nicht schädlich, sondern für die Gesellschaft sogar nützlich, denn je gewinnsüchtiger ein Mensch ist, desto mehr muss er für die Gesellschaft leisten. Jede staatliche Aktivität schadet dem Wirtschaftsablauf, denn von allein stellt sich eine Harmonie ein, wenn nur jeder kräftig auf seinen Vorteil bedacht ist – **prästabilierte Harmonie**.

Prästabilierte Harmonie

Lehre von der Arbeitsteilung

Freihandel

Wirtschaftsliberalismus

Die **Lehre von der Arbeitsteilung** übertrug *Smith* auch auf den Außenhandel, der nichts anderes sei als eine weltwirtschaftliche Arbeitsteilung. *Smith* wurde damit zum Begründer der Lehre vom **Freihandel**. Mit seinem Hauptwerk „An Inquiry into the Nature and the Causes of the Wealth of Nations" legte *Smith* die Basis der „klassischen Nationalökonomie" des **Wirtschaftsliberalismus**.

Auch *seine* Gedanken leben heute noch fort, wenngleich wohl niemand mehr an eine *vorgegebene Harmonie* glaubt. Wer „mehr Markt" fordert, wer auf Konkurrenz setzt anstatt auf staatliche Preiskontrolle, wer den freien Außenhandel gegen den Protektionismus verficht, beruft sich – bewusst oder unbewusst – auf die Ideen des *Adam Smith.*

Globalisierung

Auch die unter dem Schlagwort **Globalisierung** geführte Diskussion ist nichts anderes als ein Kampf um freien Marktzugang für alle. Salopp formuliert: Der Niedriglohnangestellte in Neu-Delhi konkurriert mit seiner Software gegen die des Computerfachmanns bei IBM in Ehningen in der Nähe von Stuttgart.

▶ QUELLE 1 John Locke: Die legislative Gewalt und ihre Grenzen

Das Ausmaß der gesetzgebenden Gewalt

Das große Ziel, mit welchem die Menschen in eine Gesellschaft eintreten, ist der Genuß ihres Eigentums in Frieden und Sicherheit, und das große Werkzeug und Mittel dazu sind die Gesetze, die in dieser Gesellschaft festgelegt sind. Das erste und grundlegende positive Gesetz aller Staaten ist daher die Begründung der legislativen Gewalt – so wie das erste und grundlegende natürliche Gesetz, welches selbst über der legislativen Gewalt gelten muß, die Erhaltung der Gesellschaft und (soweit es vereinbar ist mit dem öffentlichen Wohl) jeder einzelnen Person in ihr ist. Diese legislative Gewalt ist nicht nur die höchste Gewalt des Staates, sondern sie liegt auch geheiligt und unabänderlich in jenen Händen, in die die Gemeinschaft sie einmal gelegt hat. Keine Vorschrift irgendeines anderen Menschen, welcher Art sie auch sei, von welcher Macht auch gestützt, kann die Verpflichtungskraft eines Gesetzes haben, wenn sie nicht durch jene Legislative sanktioniert ist, die von der Allgemeinheit gewählt und ernannt worden ist. Ohne sie könnte das Gesetz nämlich nicht haben, was absolut notwendig ist, um es zum Gesetz zu machen, nämlich die Zustimmung der Gesellschaft. Der Gesellschaft Gesetze zu geben, kann niemand Gewalt haben, es sei denn kraft der Zustimmung ihrer Glieder und der Autorität, die ihr von diesen verliehen wurde. Aller Gehorsam, den irgendein Mensch durch die heiligsten Bande zu leisten verpflichtet sein kann, endet folglich zuletzt in dieser höchsten Gewalt und ist jenen Gesetzen unterstellt, die diese Gewalt beschließt. Keinerlei fremde Gewalt auch und keinerlei heimische untergeordnete Macht kann irgendein Glied der Gesellschaft von seiner Gehorsamkeitspflicht gegen die Legislative entbinden, wenn sie dem in sie gesetzten Vertrauen gemäß handelt, oder ihn zu irgendwelchem Gehorsam verpflichten, der wider die so beschlossenen Gesetze gewandt ist oder weiter reicht, als die es zulassen. Ist es doch lächerlich anzunehmen, man könnte verpflichtet sein, letztlich irgendeiner Gewalt in der Gesellschaft zu gehorchen, die nicht die höchste ist.

Die Grenzen der legislativen Gewalt

Dies sind die Grenzen, die der legislativen Gewalt eines jeden Staates, gleich welcher Regierungsform, gesetzt sind durch jenes Vertrauen, welches die Gesellschaft und das Gesetz Gottes und der Natur in sie gelegt haben: Zum ersten soll sie nach öffentlich bekanntgemachten festen Gesetzen regieren, die nicht für besondere Fälle geöffnet werden dürfen, sondern nur ein Maß anzulegen haben für Reich und Arm, für den Günstling bei Hof wie für den Landmann am Pflug.

Zum zweiten sollen diese Gesetze auf kein anderes Endziel als das Wohl des Volkes ausgerichtet sein.
Zum dritten darf sie keine Steuern auf das Eigentum des Volkes erheben ohne die eigene oder durch Abgeordnete erteilte Zustimmung des Volkes. Und dies betrifft eigentlich nur jene Staatswesen, in denen sich die Legislative dauernd im Amte befindet oder wo doch jedenfalls das Volk die legislative Gewalt nicht teilweise Abgeordneten vorbehalten hat, die jeweils neu von ihm selbst gewählt werden.
Zum vierten darf und kann die Legislative die Gewalt, Gesetze zu geben, nicht auf jemand anders übertragen, und sie kann sie nirgendwo hinlegen als dort, wohin sie das Volk gelegt hat.
(John Locke: Über die Regierung [The Second Treatise on Government]. Hrsg. von Peter Cornelius Mayer-Tasch, übers. von Dorothee Tidow, Reinbek b. Hamburg, Rowohlt 1966, S. 106 f., 115)

1. **Welches Ziel verfolgen Menschen, die in einer Gesellschaft zusammenleben?**
2. **Wo liegen für Locke die Grenzen für die legislative Gewalt?**
3. **Inwiefern richtet sich Lockes Schrift gegen den Absolutismus?**

Montesquieu: Vom Geist der Gesetze

▶ QUELLE 2

In jedem Staat gibt es drei Arten von Gewalt: die gesetzgebende Gewalt, die vollziehende Gewalt in Ansehung der Angelegenheiten, die vom Völkerrechte abhängen, und die vollziehende Gewalt hinsichtlich der Angelegenheiten, die vom bürgerlichen Recht abhängen.
Vermöge der ersten gibt der Fürst oder Magistrat Gesetze auf Zeit oder für immer, verbessert er die bestehenden oder hebt sie auf. Vermöge der zweiten schließt er Frieden oder führt Krieg, schickt oder empfängt Gesandtschaften, befestigt die Sicherheit, kommt Invasionen zuvor. Vermöge der dritten straft er Verbrechen oder spricht das Urteil in Streitigkeiten der Privatpersonen. Ich werde diese letzte die richterliche Gewalt und die andere schlechthin die vollziehende Gewalt des Staates nennen. [...]
Wenn in derselben Person oder der gleichen obrigkeitlichen Körperschaft die gesetzgebende Gewalt mit der vollziehenden vereinigt ist, gibt es keine Freiheit, denn es steht zu befürchten, daß derselbe Monarch oder derselbe Senat tyrannische Gesetze macht, um sie tyrannisch zu vollziehen.
Es gibt ferner keine Freiheit, wenn die richterliche Gewalt nicht von der gesetzgebenden und vollziehenden getrennt ist. Ist sie mit der gesetzgebenden Gewalt verbunden, so wäre die Macht über Leben und Freiheit der Bürger willkürlich, weil der Richter Gesetzgeber wäre. Wäre sie mit der vollziehenden Gewalt verknüpft, so würde der Richter die Macht eines Unterdrückers haben.
Alles wäre verloren, wenn derselbe Mensch oder die gleiche Körperschaft der Großen, des Adels oder des Volkes diese drei Gewalten ausüben würde: die Macht, Gesetze zu geben, die öffentlichen Beschlüsse zu vollstrecken und die Verbrechen oder die Streitsachen der einzelnen zu richten. [...]
(Norbert Hoerster [Hrsg.]: Klassische Texte der Staatsphilosophie. Übersetzt von Norbert Hoerster, München, dtv 1976, S. 181 f.)

Wie lauten die Argumente Montesquieus zur Begründung der Gewaltenteilung?

3.2 Die Unabhängigkeit der USA

3.2.1 Die Kolonialzeit bis 1783

DARSTELLUNG

England griff erst relativ spät in das Ringen um überseeische Besitzungen ein: 1607 landete das erste Schiff mit englischen Siedlern an der Ostküste des nordamerikanischen Kontinents. Wenige Jahre zuvor (1603) hatten sich die Franzosen am Sankt-Lorenz-Strom in Kanada festgesetzt.

Im Gegensatz zu Spanien, Portugal und Frankreich hielten sich die britische Krone und Regierung bei der Besiedlung der Kolonien zurück und überließen es im Wesentlichen der Initiative von privaten Kaufleuten und Handelsgesellschaften, Schiffe auszurüsten und über den Ozean segeln zu lassen. „The flag follows the trade" war das Motto der Kolonialisierung. Bei den Emigranten, die als Siedler in die Neue Welt aufbrachen, handelte es sich zumeist um **Puritaner**, die sich in England manchen Repressalien ausgesetzt sahen. In der neuen Heimat Nordamerika entwickelte die streng protestantische Glaubensgemeinschaft der Puritaner bald eine politische Einheit, die ihr Zusammenleben durch „gerechte und gleiche Gesetze" regeln wollte.

Puritaner

Beispielhaft dafür war der Vertrag, den 41 Pilgerväter auf der *Mayflower* schlossen. Sie waren mit ihren Familien nach Amerika gesegelt und vereinbarten kurz vor der Landung an der Küste von Neuengland am 12. November 1620, sich zu einer politischen Körperschaft zusammenzuschließen und ihre Angelegenheiten nach dem **Prinzip der Selbstverwaltung** zu regeln.

Selbstverwaltung

Doch nicht nur religiöse Gründe veranlassten etwa zwei Millionen Immigranten (Einwanderer) zwischen 1607 und 1763, ihre Heimat zu verlassen und sich der Herausforderung der Neuen Welt zu stellen. Hoffnung auf raschen materiellen Gewinn, Abenteuerlust, Flucht vor den Soldatenwerbern stellten weitere Gründe dar, die Übersiedlung nach Amerika zu wagen.

Mit ihnen strömten auch unfreiwillige Einwanderer nach Amerika. Im Jahre 1619 waren die ersten Sklaven aus Afrika gekauft worden, um auf den Baumwollfeldern und Tabakplantagen der südlichen Kolonien eingesetzt zu werden. Im Jahr 1860 lebten in den USA etwa vier Millionen Sklaven bei einer Gesamtbevölkerung von rund 12 Millionen, aber erst fünf Jahre später wurde die Abschaffung der Sklaverei als 13. Zusatz in der amerikanischen Verfassung festgeschrieben.

Wirtschaftliche, geografische und klimatische Unterschiede führten rasch zu Gegensätzen innerhalb der Kolonien. Im Norden etablierte sich eine Schicht von Bauern, Handwerkern, Kaufleuten und ersten Fabrikunternehmern, während im Süden der Typ des reichen Plantagenbesitzers überwog, der die Arbeit im feuchtheißen Klima von Sklaven verrichten ließ. Ein weiterer Gegensatz entstand zwischen den vom Bürgertum geprägten Städten der Ostküste und den Pionieren, die das weite, freie Land des Westens angelockt hatte.

3.2.2 Entfremdung zwischen Kolonien und Mutterland

Kolonialregierung

Seit 1700 hatte sich ein System der **Kolonialregierung** herausgebildet. Die Einwanderer waren freie Briten und konnten wie in England eine Ordnung der Selbstverwaltung aufbauen. Die 13 Kolonialstaaten gaben sich geschriebene Satzungen, die erste war die von Connecticut im Jahre 1639. Das Mutterland regierte die Kolonien mit lockerer Hand und ließ ihnen viele Freiheiten. Königliche Beamte verhielten sich gegenüber den Siedlern sehr zurückhaltend.

Frieden von Versailles

Erst als England mit Frankreich einen Krieg um den Besitz der Kolonien führte und sich deswegen hoch verschuldete, änderte sich diese Einstellung. England gelang es zwar, im **Frieden von Versailles** (1763) Frankreich fast alle Kolonien in Nordamerika zu entreißen, aber es verlangte zur Bezahlung der Kriegskosten höhere Steuern auch von den Siedlern. Grundsätzlich verweigerten diese dem Mutterland nicht das Recht, Steuern zu fordern, aber zwei Umstände verstärkten ihren Widerstand:

Die Kolonisten besaßen kein Wahlrecht für das englische Parlament in London und waren so den Beschlüssen dieser Körperschaft hilflos ausgeliefert. Im Wahlspruch „No taxation without representation" verdichtet sich ihre Ablehnung. Die Forderung nach Vertretung war zugleich Ausdruck eines politischen Selbstbewusstseins, das auf der weitgehenden Selbstverwaltung der Kolonien beruhte.

Der zweite Grund, der zur wachsenden Entfremdung zwischen Mutterland und Kolonien führte, lag in einer Entscheidung des britischen Königs *Georg III.* (1738–1820). Er wollte die Indianer besänftigen und sie von weiteren Angriffen abhalten. Deshalb versprach er ihnen einen Teil des

Gebietes, das den Franzosen weggenommen worden war. Die Siedler vermochten nicht einzusehen, warum die von ihnen erkämpfte Beute nun den Indianern geschenkt werden sollte. Sie beanspruchten diese Gebiete für sich.

Navigationsakte

Auch die noch aus *Cromwells* Zeiten stammende **Navigationsakte** von 1651, nach der englische Waren nur auf englischen Schiffen transportiert werden durften, war für die Kolonisten wenig vorteilhaft. Es fehlte – modern formuliert – die internationale Konkurrenz im Seetransport, sodass ihre Waren im Kauf wie im Verkauf mit höheren Frachtraten belastet waren.

www.damals.de

Doch alle Proteste verhallten in London ungehört, sodass sich England selbst dort Rebellen schuf, wo zuvor keine gewesen waren. Jetzt gingen die Kolonisten nahezu geschlossen dazu über, die Steuerleistungen generell zu verweigern und keine zollpflichtigen Waren mehr einzuführen. Die zunehmend gewalttätigen Auseinandersetzungen kulminierten in einem vorläufigen Höhepunkt. Als Indianer verkleidete Siedler warfen im Hafen von Boston die Ladung eines Teeklippers ins Meer (**Boston Tea-Party,** 1773), um damit gegen die von England beschlossene Teesteuer zu protestieren. England reagierte überscharf. Es sperrte den Hafen, entzog das Recht zur Selbstverwaltung und entsandte Truppen. Nun waren auch die noch gemäßigten Kolonisten davon überzeugt, dass die Trennung vom Mutterland den einzigen Ausweg bot.

Boston Tea-Party

3.2.3 Unabhängigkeitskrieg und Unabhängigkeitserklärung

England hatte erwartet, dass die strenge Bestrafung Bostons die Kolonie Massachusetts von den anderen Kolonien isolieren würde. Tatsächlich aber führte sie zu einem engeren Zusammenhalt der Siedlungsgebiete. Im September 1774 trafen sich Vertreter aller nordamerikanischen Kolonien – mit Ausnahme Georgias – zum sog. **Kontinentalkongress.** Der Kongress drohte England mit einem totalen Handelsboykott, wenn nicht innerhalb eines Jahres alle Anlässe für die Beschwerden beseitigt wären. Außerdem wurde allen Bürgern empfohlen, sich zu bewaffnen, um einer möglichen militärischen Intervention des englischen Mutterlandes zu begegnen. König *Georg* sah darin eine offene Rebellion gegen die Krone, und das englische Parlament bezeichnete die Einigkeit der Kolonien als Verrat.

Kontinentalkongress

England entsandte Söldnertruppen. Doch schon das erste Gefecht bei *Lexington* endete nicht mit einem nahezu als selbstverständlich erwarteten englischen Sieg. Der Krieg gegen die eigenen Landsleute war bei den Soldaten so unpopulär, dass deutsche Söldner, vor allem Hessen, angeworben werden mussten. Dies bestätigte die Kolonisten in ihrer Haltung gegen die englische „Tyrannei". 13 Kolonialgebiete schlossen sich nun zusammen. In der Virginia **Bill of Rights** vom 12. Juni 1776, von *Thomas Jefferson* (1743–1826) entworfen, wurden zum ersten Mal Menschenrechte formuliert, die zum Vorbild der französischen „Erklärung der Menschen- und Bürgerrechte" wurden: „Alle Menschen sind von Natur gleichermaßen frei und unabhängig und besitzen gewisse angeborene Rechte [...] nämlich das Recht auf Leben und Freiheit und dazu die Möglichkeit, Eigentum zu erwerben und zu behalten und Glück und Sicherheit zu erstreben und zu erlangen."

Bill of Rights

Diese Erklärung wurde Teil der **US-Unabhängigkeitserklärung** vom 4. Juli 1776 **(Nationalfeiertag der USA).** Die Deklaration gilt als eines der bedeutendsten Dokumente der Weltgeschichte, wurde ihr Inhalt doch zur Richtschnur für Menschen- und Bürgerrechte in allen demokratischen Verfassungen.

US-Unabhängigkeitserklärung

▶ Q. 1

Die „Bill of Rights" wurde 1791 in die US-Verfassung aufgenommen, die damit die einzige Verfassung der Welt ist, die das Recht der Menschen auf „pursuit of happiness" postuliert.

Auch im Bonner Grundgesetz sind Ausläufer der US-Verfassung feststellbar.

Beispiel: Art. 2 der „Bill of Rights": „Alle Macht ruht im Volke und leitet sich daher von ihm ab."
Art. 20,2 GG: „Alle Staatsgewalt geht vom Volke aus."

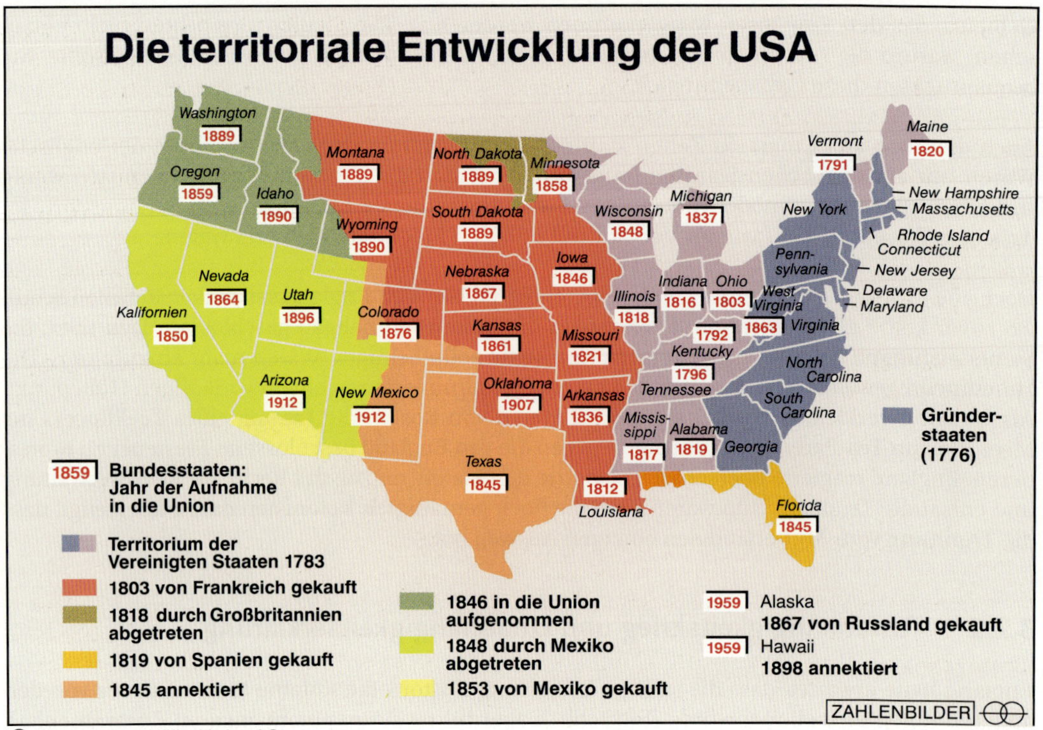

 853 110

England erkannte die Unabhängigkeitserklärung selbstverständlich nicht an, fand aber keinen Weg und hatte nicht die Mittel, die Rebellen zu unterwerfen. Unter Führung von *George Washington* (1732–1799) konnten die militärisch ungeübten und unzureichend bewaffneten Siedler immer wieder erstaunliche, wenn auch örtlich begrenzte Siege erringen. Als schließlich Frankreich die amerikanische Unabhängigkeit anerkannte, Spanien England den Krieg erklärte, Holland die Rebellion unterstützte und Russland die Blockade gegen Nordamerika ignorierte, sah sich England zum Nachgeben gezwungen. Im **Vertrag von Paris** vom Januar 1783 bestätigte es die Unabhängigkeit der 13 Kolonien und erkannte sie als international gleichberechtigt an. Außerdem übergab England den Kolonisten in Nordamerika seinen gesamten dortigen Kolonialbesitz mit Ausnahme Kanadas, sodass nunmehr der amerikanischen Expansion nach Westen nichts mehr im Wege stand.

www.whitehouse.gov/history

Vertrag von Paris

3.2.4 Die Verfassung der USA

Nach der formellen Unabhängigkeit entstand das Problem, wie die politische Zukunft der 13 Staaten geordnet werden sollte. Einig war man sich in der Ablehnung eines zentralistischen Systems, denn jeder Einzelstaat war darauf bedacht, seine souveränen Rechte zu wahren. Andererseits zeigten Streitigkeiten über Gebiets- und Wirtschaftsfragen, wie wichtig eine übergeordnete Instanz war, um den Frieden in der eben erst errungenen Freiheit zu wahren.

1787 trafen sich in Philadelphia 55 Amerikaner, um eine Verfassung auszuarbeiten. Sie konnte bereits 1789 in Kraft treten und wurde ein Jahr später von allen Einzelstaaten angenommen. Damit war die Gründung der **Vereinigten Staaten von Amerika** vollzogen. Die Verfassung erwies sich als überaus elastisch, denn sie brauchte in rund 200 Jahren nur durch eine geringe Anzahl sog. *Amendments* (2015: 27) verändert bzw. erweitert zu werden. Die USA besitzen damit die älteste geschriebene, heute noch gültige Verfassung der Welt, und zum ersten Mal wurden grundlegende Ideen der Aufklärung in Verfassungsnormen umgesetzt, und das Prinzip der Gewaltenteilung nach *Montesquieu* wurde praktiziert.

Gründung der Vereinigten Staaten von Amerika

▶ Q. 2

Legislative

- Die **Legislative**, also die Gesetzgebungsbefugnis, liegt in den Händen des **Kongresses**, der aus zwei Kammern besteht, dem **Senat** und dem **Abgeordneten-** oder **Repräsentantenhaus**.

Exekutive

- Die **Exekutive** obliegt einem vom Volk gewählten **Präsidenten**, der in Personalunion Staatsoberhaupt, Regierungschef und Oberbefehlshaber der Streitkräfte ist.

Wahlmänner

Die indirekte Wahl durch **Wahlmänner** ist historisch bedingt. Die Wähler konnten in dem weiten Land die Kandidaten für das Amt gar nicht selbst kennenlernen und gaben deshalb Wahlmännern ihre Stimme, im Vertrauen darauf, dass diese den richtigen Mann auswählen. Die USA blieben bei diesem System, obwohl es heute natürlich anachronistisch (veraltet) ist.

Judikative

- Die **Judikative** findet im **Obersten Gerichtshof** ihre letzte Instanz (vgl. S. 304).

Erster Präsident der USA wurde *George Washington* im Jahre 1789. Nach ihm wurde auch die Hauptstadt benannt: *Washington D.C.* (District of Columbia).

Die Unabhängigkeitserklärung der USA vom 4. Juli 1776

▶ QUELLE 1

Wir halten diese Wahrheiten für in sich einleuchtend: daß alle Menschen gleich geschaffen sind; daß sie von ihrem Schöpfer mit gewissen unveräußerlichen Rechten ausgestattet sind, darunter Leben, Freiheit und Streben nach Glück; daß zur Sicherung dieser Rechte Regierungen unter den Menschen eingesetzt sind, die ihre gerechten Vollmachten von der Einwilligung der Regierten herleiten; daß, wenn immer eine Regierungsform diesen Zielen zum Schaden gereicht, es das Recht des Volkes ist, sie zu ändern oder abzuschaffen und eine neue Regierung einzusetzen, die sich auf solchen Grundsätzen aufbaut und ihre Macht in einer Weise organisiert, wie sie am geeignetsten erscheint, seine Sicherheit und sein Glück zu schaffen [...].
Wenn eine lange Kette von Mißbräuchen und Anmaßungen, stets das gleiche Ziel verfolgend, die Absicht enthüllt, ein Volk unter den unbeschränkten Despotismus zu beugen, so ist es sein Recht, ist es seine Pflicht, eine solche Herrschaft abzuschütteln und sich neue Bürgschaften für seine zukünftige Sicherheit zu verschaffen. [...]
Im Namen und in Vollmacht des guten Volkes dieser Kolonien geben wir feierlich bekannt und erklären, daß diese Vereinigten Kolonien sind und von Rechts wegen sein sollen freie und unabhängige Staaten, daß sie von jeder Untertanenpflicht gegen die britische Krone befreit sind [...] und daß sie als freie und unabhängige Staaten die volle Macht besitzen: Krieg zu führen, Frieden zu schließen, Bündnisse einzugehen, Handelsbeziehungen anzuknüpfen und alle anderen Handlungen und Dinge vorzunehmen, die unabhängige Staaten von Rechts wegen tun dürfen. [...]
(Fritz Wagner: USA, Geburt und Aufstieg in der Neuen Welt. München, Graphische Kunstanstalt 1947, S. 69 ff.)

1. **Worin sehen Sie die weltgeschichtliche Bedeutung der US-Unabhängigkeitserklärung?**
2. **Untersuchen Sie, welche der enthaltenen Formulierungen und Wendungen auch heute noch Bedeutung haben.**

Die Verfassung der Vereinigten Staaten von Amerika

▶ QUELLE 2

Artikel I

Abschnitt 1. Alle in dieser Verfassung verliehene gesetzgebende Gewalt soll einem Kongreß der Vereinigten Staaten übertragen sein, der aus einem Senat und einem Abgeordnetenhaus bestehen soll.

Abschnitt 2. Das Abgeordnetenhaus soll aus Mitgliedern zusammengesetzt sein, die jedes zweite Jahr in den einzelnen Staaten vom Volke gewählt werden; und die Wähler in jedem Staate sollen den Bedingungen genügen, die für die Wähler der zahlenmäßig stärksten Kammer der Staatsgesetzgebung vorgeschrieben sind.

Abschnitt 3. Der Senat der Vereinigten Staaten soll aus zwei Senatoren von jedem Staate zusammengesetzt sein, welche von dessen gesetzgebender Körperschaft für sechs Jahre gewählt werden, und jeder Senator soll eine Stimme haben. [...]

Abschnitt 7. Alle Gesetzesvorlagen für die Erhebung von Staatseinkünften sollen vom Abgeordnetenhaus ausgehen; doch kann der Senat Abänderungen vorschlagen oder nur mit Vorbehalt solchen zustimmen, wie bei anderen Gesetzesvorlagen. [...]

Abschnitt 8. Dem Kongreß steht es zu, Steuern, Zölle, Abgaben und Akzisen aufzulegen und einzuziehen, [...] Postämter, Poststraßen einzurichten, [...] Gerichtshöfe niedrigeren Ranges unter dem Obersten Gerichtshof einzurichten, [...] Krieg zu erklären, [...] Armeen aufzustellen und zu unterhalten; doch soll die Bewilligung von Geldmitteln für diese Zwecke nicht für länger als zwei Jahre erteilt werden [...].

Artikel II

Abschnitt 1. Die vollziehende Gewalt soll einem Präsidenten der Vereinigten Staaten von Amerika übertragen sein. Er soll sein Amt für die Dauer von vier Jahren innehaben und soll zugleich mit dem für dieselbe Amtsdauer gewählten Vizepräsidenten auf folgende Weise gewählt werden: Jeder Staat soll in der von seiner gesetzgebenden Körperschaft vorgeschriebenen Weise eine Anzahl von Wahlmännern bestellen, die der Gesamtzahl der dem Staat im Kongreß zustehenden Senatoren und Abgeordneten gleich ist [...].

Abschnitt 2. Der Präsident soll Oberbefehlshaber der Armee und der Marine der Vereinigten Staaten und der Miliz der einzelnen Staaten sein, wenn letztere zur aktiven Dienstleistung für die Vereinigten Staaten einberufen wird; er soll das Recht haben, außer in Fällen der Staatsanklage, Strafaufschub und Begnadigung für strafbare Handlungen gegen die Vereinigten Staaten zu gewähren. Es steht ihm zu, auf den Rat und mit Zustimmung des Senats Verträge zu schließen, vorausgesetzt, daß zwei Drittel der anwesenden Senatoren zustimmen; er soll auf den Rat und mit Zustimmung des Senats Gesandte, andere diplomatische Geschäftsträger und Konsuln, die Richter des Obersten Gerichtshofes und alle anderen Amtsträger der Vereinigten Staaten, deren Ämter durch Gesetz geschaffen sind, vorschlagen und ernennen; doch kann der Kongreß, wenn er es angemessen findet, die Ernennung von Beamten geringeren Ranges durch Gesetz dem Präsidenten allein, den Gerichtshöfen oder den Leitern der Verwaltungszweige überlassen. [...]

Artikel III

Abschnitt 1. Die richterliche Gewalt der Vereinigten Staaten soll einem Obersten Gerichtshof und solchen nachgeordneten Gerichten übertragen sein, wie sie der Kongreß von Zeit zu Zeit anordnen und errichten wird. Die Richter sowohl des Obersten Gerichtshofes wie der nachgeordneten Gerichte sollen im Amt bleiben, solange ihre Amtsführung einwandfrei ist, und sollen zu bestimmten Zeiten für ihre Dienste eine Entschädigung erhalten, die während ihrer Amtsdauer nicht herabgesetzt werden soll. [...]

(Günter Franz: Staatsverfassungen. Darmstadt, Wissenschaftliche Buchgesellschaft 1964, S. 10 ff.)

1. **Wie will die US-Verfassung Missbrauch der politischen Macht verhindern?**
2. **Vergleichen Sie die Verfassung der Vereinigten Staaten mit dem Grundgesetz. Wo sehen Sie Übereinstimmungen und Abweichungen?**

3.3 Die Französische Revolution

3.3.1 Ursachen und Ausbruch der Revolution

DARSTELLUNG

www.historicum.net/themen/franzoesische-revolution

Der aufgeklärte Absolutismus, z. B. in Preußen, konnte einige soziale und wirtschaftliche Verbesserungen durchsetzen; aber König *Ludwig XVI.* (1754–1793) von Frankreich scheiterte mit seinen zaghaften Reformversuchen. Bei seinem Regierungsantritt 1774 hatte er seinen Finanzminister *Turgot* beauftragt, die Staatsfinanzen zu sanieren. Allein die kostspielige Hofhaltung und der Schuldendienst verschlangen 1788 über 60 % aller Staatseinnahmen. Ein ordentlicher Staatshaushalt im heutigen Sinne war unbekannt, es gab auch keine Trennung zwischen der Privatschatulle des Königs und den staatlichen Mitteln. Weder König noch Minister kannten die genaue Höhe der Einnahmen und Ausgaben. Alle Versuche *Turgots* zur Ordnung der Finanzen scheiterten am Einspruch des Adels und der Geistlichkeit, die um ihre Steuerprivilegien fürchteten. Die ohnedies halbherzigen Vorschläge bewirkten vielmehr, dass sich die Finanzkrise zur politischen Krise steigerte.

Die französische Gesellschaft des 18. Jahrhunderts war in drei **Stände** gegliedert, die wiederum sehr heterogen (unterschiedlich, verschiedenartig) zusammengesetzt waren: Stände

- Der erste und vornehmste Stand war der **Klerus**, zu dem neben reichen Bischöfen und Prälaten auch arme Pfarrer und Vikare gehörten. Die Kirche selbst war zwar sehr reich, aber zwischen den aus dem Adel stammenden hohen Würdenträgern, die über stattliche Einkünfte verfügten, und den kärglich lebenden Landgeistlichen gab es erhebliche soziale Spannungen. Klerus
- Der **Adel** war zwar politisch machtlos, aber er hatte sich zahlreiche Privilegien gesichert, vor allem die Befreiung von den Hauptsteuern. Zu dieser Adelsschicht gehörte sowohl der völlig verarmte Landadel als auch die in Pracht und Luxus lebende Hocharistokratie. Adel

Adel und Klerus hatten einen Gesamtanteil an der Bevölkerung von unter 2 % (480 000 von 26 Millionen); die restlichen 98 % der Franzosen gehörten zum

- **dritten Stand.** Er umfasste Unternehmer und Finanzmakler, Juristen und Handwerker, Kaufleute und Bauern bis hin zu den Tagelöhnern. Jeder, der nicht zum Adel oder zur Geistlichkeit gehörte, zählte zum dritten Stand. Aber alle Angehörigen dieses Standes hatten ein sie verbindendes Ziel: Abschaffung oder wenigstens Minderung der Steuerprivilegien von Adel und Geistlichkeit. Doch weder *Turgot* noch seinen Nachfolgern gelang es, die beiden ersten Stände nennenswert an der Finanzierung der Staatsausgaben zu beteiligen. Dritter Stand

Die Finanzkrise des absolutistisch regierten und verwalteten Frankreich wuchs zur Staatskrise. Im August 1788 mussten alle Zahlungen mangels Masse eingestellt und der **Staatsbankrott** erklärt werden. König *Ludwig XVI.* hatte die seit 1614 nicht mehr einberufenen **Generalstände** zu einer Zusammenkunft geladen und ihnen damit das Recht auf Steuerbewilligung wieder zugestanden. Er brauchte die Hilfe seiner Untertanen, wenn er der Lage wieder Herr werden wollte. Von der Einberufung der Generalstände erhofften sich beide Seiten Vorteile, wenn auch höchst gegensätzlicher Art. Adel und Geistlichkeit gedachten dem König weitere Privilegien abzuringen, während der dritte Stand von der Krone Reformen und Zugeständnisse erzwingen wollte, insbesondere einen Abbau der Vorrechte von Klerus und Adel. Im Mai 1789 eröffnete der König die Versammlung der Vertreter der drei Stände, von denen 291 dem Klerus, davon 200 der niederen Geistlichkeit angehörten. 270 Vertreter entsandte der Adel. Diesen beiden standen 578 „Abgeordnete“ des dritten Standes gegenüber. Gleich zu Beginn der Eröffnung entbrannte ein erbitterter Streit um den – allerdings höchst wichtigen – Abstimmungsmodus. Der dritte Stand verlangte die Abstimmung nach Köpfen, da er in der Mehrheit war. Die Vertreter der beiden anderen Stände forderten die korporative Stimmabgabe, d. h., jeder Stand gibt ein Votum ab, was in der Regel zu einem Ergebnis von 2:1 geführt hätte. Sechs Wochen debattierten die Generalstände allein über diese Frage. Der König hielt sich zurück und äußerte sich nicht. Staatsbankrott Generalstände

3.3.2 Nationalversammlung und konstitutionelle Monarchie

▶ Q. 1

Der dritte Stand trat mit viel Selbstvertrauen auf. Seine Forderungen wurden in zahlreichen Broschüren propagiert und waren bei der Bevölkerung auf allgemeine Zustimmung gestoßen. Den größten Nachhall fand eine Flugschrift des Abbé *Emanuel Siéyès* (1748–1836) mit dem Titel „Was ist der dritte Stand?“.

Unter dem Einfluss dieser Gedanken erklärte sich der dritte Stand, der Hinhaltetaktik des Königs überdrüssig, am 17. Juni 1789 zur **Nationalversammlung** und forderte die Mitglieder der anderen Stände auf, sich anzuschließen. Einige Angehörige der niederen Geistlichkeit und eine Reihe von fortschrittlichen Adelsvertretern traten tatsächlich über. Damit hatte der dritte Stand die mittelalterliche Ständeordnung durchbrochen und sich als neue politische Institution konstituiert. Der König befahl den Deputierten, auseinanderzugehen. Doch diese, im Ballhaussaal des Versailler Schlosses versammelt, gaben die stolze Antwort: „Die versammelte Nation kann keinen Befehl entgegennehmen“ und beschlossen, sich nicht eher zu trennen, bis sie der Nation eine Verfassung gegeben hätten. Nationalversammlung

Der Ballhausschwur zu Versailles am 20. Juni 1789 (Gemälde von Jacques Louis David)

Der König versuchte, Zeit zu gewinnen. Einerseits befahl er dem Klerus und Adel, sich der selbst gebildeten Nationalversammlung anzuschließen, andererseits zog er heimlich Truppen um Paris zusammen. Als die Bevölkerung dennoch davon erfuhr, bewaffneten sich Teile der niederen Volksschichten und stürmten am 14. Juli 1789 die Bastille, eine düstere Festung, hinter deren Mauern man eine Vielzahl politischer Gefangener vermutete. Das Gefängnis erwies sich zwar als nahezu leer, aber der **Sturm auf die Bastille** gilt bis heute als der Beginn der Französischen Revolution, und der 14. Juli ist in Frankreich **Nationalfeiertag**. Der greifbare Erfolg lag im Abzug der königlichen Truppen.

Sturm auf die Bastille

Nationalfeiertag

Viele Aristokraten verließen daraufhin verängstigt das Land, denn von wem konnten sie noch Schutz erwarten, war doch der König entmachtet und offensichtlich unfähig, die Staatsgewalt zurückzugewinnen.

In der Nacht vom 4. zum 5. August 1789 beschloss die Nationalversammlung einstimmig, unter ihnen auch zahlreiche Adelige und Angehörige des Klerus, alle Privilegien abzuschaffen und die Gleichstellung bei der Steuerzahlung zu verfügen. Das Ende der Ständegesellschaft war gekommen. Am 26. August folgte unter der Losung „Persönliche Freiheit, Rechtsgleichheit, Weltbürgertum" die Proklamation der **Menschen- und Bürgerrechte**, die auch die Volkssouveränität versprach.

Menschen- und Bürgerrechte

Zunächst versuchte die Nationalversammlung, die dringendsten Notstände zu beseitigen. Als Folge von drei Missernten hintereinander prägten Teuerung und Hunger den Pariser Alltag. Danach ordnete die Versammlung den Verwaltungsapparat völlig neu, teilte Frankreichs Gebiet in 83 ungefähr gleich große **Departements** (Verwaltungsbezirke) auf, deren jeweilige Provinzhauptstadt in einer Tagesreise erreichbar sein sollte. Das auch heute noch gültige Prinzip der Bürgernähe fand in dieser Maßnahme sinnfälligen Ausdruck. Außerdem wurden die Maße und Gewichte vereinheitlicht.

Departements

Die Departementeinteilung ist im Ganzen gesehen heute noch gültig; seit dieser Gebietsreform wird Frankreich zentralistisch von Paris aus regiert.

Der Besitz der Kirche wurde verstaatlicht und zum Nationaleigentum erklärt. Seitdem ist die politische Macht des Klerus in Frankreich gebrochen. Kirche und Staat sind bis heute streng voneinander getrennt.

Die wichtigste Leistung der Nationalversammlung bestand in der Verabschiedung einer Verfassung, die im September 1791 in Form einer **konstitutionellen Monarchie** in Kraft trat. Die Macht des – erblichen – Herrschers blieb auf die Exekutive und der von ihm bestimmten Regierung beschränkt; außer einem *aufschiebenden* **Veto** hatte er keine Möglichkeit mehr, Legislative und Judikative zu beeinflussen.

Konstitutionelle Monarchie

Veto

▶ Q. 2

Der Inhalt der Menschenrechtserklärung vom August 1789 wurde Teil der Verfassung, deren Gedanken sich in vielen Verfassungen der Gegenwart wiederfinden.

3.3.3 Nationalkonvent und Schreckensherrschaft

Die neu gewählten 745 Abgeordneten der Legislative traten im Oktober 1791 zum ersten Mal zusammen. Sie gliederten sich in vier Gruppen:

- königstreue **Feuillants**, die einen Sammelpunkt des liberalen früheren Adels und des Großbürgertums bildeten und die Revolution mit der Verfassung von 1791 beenden wollten. Sie wurden nach ihrem Versammlungsort im Kloster der Feuillanten (reformierte Zisterzienser) in Paris benannt.
- **Jakobiner**, die den Feuillants an Zahl unterlegen, aber radikaler, entschlossener und politisch aktiver waren und Paris hinter sich wussten. Auch die Jakobiner wurden nach ihrem Versammlungsort, dem Kloster Saint-Jacques in Paris, benannt.
- gemäßigte **Girondisten**, wie die Feuillants eine Abspaltung des „Clubs der Jakobiner". Sie verstanden sich als Vertreter des Besitzbürgertums und der Intellektuellen. Da mehrere ihrer Führer aus dem Departement Gironde kamen, wurde die ganze Gruppe entsprechend bezeichnet.
- **Unabhängige**, eine zahlenmäßig bedeutende Gruppe, die sich nicht festlegen wollte.

Feuillants

Jakobiner

Girondisten

Unabhängige

Zunächst hatten die Feuillants die Mehrheit und damit die Macht, aber diese entglitt ihnen zunehmend, weil sie Hunger und Unzufriedenheit der Pariser Bevölkerung nicht beseitigen konnten. Außerdem stärkte die Furcht vor einer Gegenrevolution die Stellung der Jakobiner und Girondisten. Vor allem letztere betrieben im Frühjahr 1792 die Kriegserklärung gegen Österreich, um von innenpolitischen Schwierigkeiten abzulenken. Sie forderten, wie der Revolutionär *Brissot* formulierte, einen „Kreuzzug für die Freiheit".

Der Krieg als Mittel, die Kräfte der Nation zu einigen, den innenpolitischen Konflikt damit zu überdecken und das Interesse auf ein gemeinsames außenpolitisches Ziel zu lenken, ist bis heute wirksam geblieben. Ein gutes Beispiel stellt der 1980 ausgebrochene und erst 1989 beendete Krieg zwischen *Irak* und *Iran* dar.

Am 10. August 1792 kam es in Paris zu einem Aufstand der Volksmassen, der oft als *zweite* französische Revolution bezeichnet wurde. Der Sturm auf die *Tuilerien*, wo die königliche Familie eine Wohnung erhalten hatte, und die Inhaftierung des Königs leiteten das Ende der Monarchie ein. Frankreich wurde zum ersten Mal Republik. Nun übernahmen unkontrollierbare Volksmassen, der „Pöbel", die unmittelbare Macht. Untätig sah die gewählte Legislative zu, wie zahlreiche Gefängnisse gestürmt und nach einer improvisierten gerichtlichen Scheinverhandlung mehr als 1 000 Insassen totgeschlagen wurden. Mit den *Septembermorden* von 1792 war die Verfassung hinfällig geworden. Im selben Monat trat eine zweite verfassungsgebende Versammlung zusammen, der **Nationalkonvent**. In ihm standen sich praktisch nur noch die Jakobiner und Girondisten gegenüber. Während die Girondisten das Prinzip der uneingeschränkten Gesetzlichkeit auf der Basis starker Selbstverwaltung der einzelnen Departements vertraten, verfochten die Jakobiner einen Kurs der revolutionären Diktatur und eines straffen Pariser Zentralismus. Verständlich werden diese gegensätzlichen Forderungen, da – vereinfachend – die Jakobiner „das Volk von Paris" vertraten, während die Girondisten die Provinzen hinter sich wussten.

Nationalkonvent

Rhetorisch geschickt konnten die Jakobiner ihren Einfluss erweitern. Für alle Schwierigkeiten machten sie die Girondisten verantwortlich. Die Revolution wurde radikaler. Am 21. Januar 1793

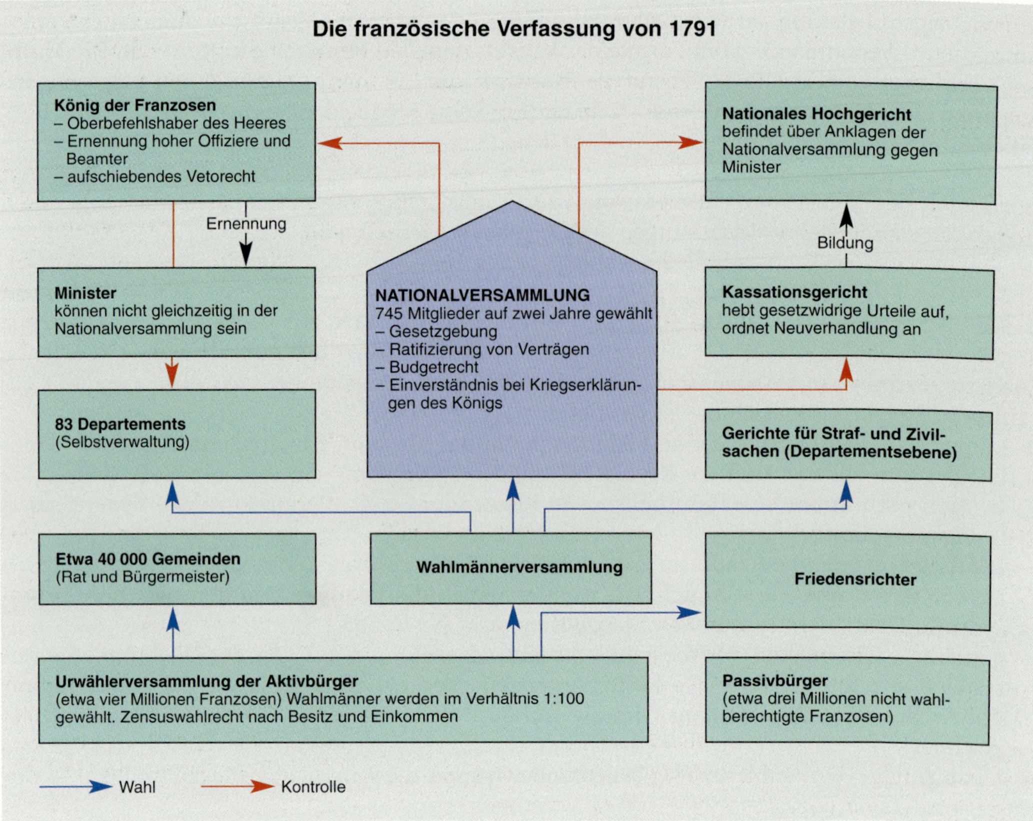

endete *Ludwig XVI.* unter der Guillotine. Nun erklärten, aufgeschreckt durch den Königsmord, England, Sardinien, Spanien, Neapel, die Niederlande und das Deutsche Reich der Republik Frankreich den Krieg, die sich nun im Kriegszustand mit fast ganz Europa befand. Aber zum grenzenlosen Erstaunen der Fürsten gelang es den Franzosen, sich der Übermacht zu erwehren, ja sogar einige beachtliche Siege zu erringen. Die **Levée en masse**, ein Volksheer aus Wehrpflichtigen, erwies sich an Kampfmoral, Initiative, Einsatzfreude und nicht zuletzt an Opferbereitschaft, wie sich bereits bei der *Kanonade von Valmy* am 20. September 1792 gezeigt hatte, den Söldnertruppen der alten Mächte als überlegen.

Levée en masse

▶ Q. 3

Die allgemeine **Wehrpflicht** ist tatsächlich eine Folge der Französischen Revolution, ein „legitimes Kind der Demokratie" *(Theodor Heuss)*. Wenn der Staat nicht mehr dem Fürsten gehört, wenn das Volk selbst Träger der Souveränität ist, dann muss konsequenterweise das Volk auch bereit sein, sein Territorium, das nun sein eigenes ist, militärisch zu verteidigen.

Sicherheitsausschuss
Wohlfahrtsausschuss

Um die Arbeit effektiver zu gestalten, hatte der Nationalkonvent verschiedene Ausschüsse gebildet, Vorläufer heutiger Parlamentsausschüsse. Die beiden wichtigsten davon, der **Sicherheitsausschuss** und der noch entscheidendere **Wohlfahrtsausschuss** gerieten immer mehr unter den Einfluss der Jakobiner, vor allem ihrer Führer *Danton, Marat, Saint-Just* und insbesondere *Robespierre.*

Maximilien de Robespierre wurde 1758 als Sohn eines Rechtsanwaltes geboren. Nachdem er denselben Beruf ergriffen hatte, wurde er als Vertreter des dritten Standes in die Generalstände gewählt. Erst 1793 trat der „Unbestechliche", wie er anerkennend, aber schon gefürchtet genannt wurde, in den Vordergrund. Er übernahm den Vorsitz im Wohlfahrtsausschuss und mit ihm begann das „régime de la terreur" („Schreckens- und Terrorherrschaft"), das auch die Befürworter und Bewunderer der Revolution abstieß. Königin und Girondisten endeten nach einem Scheinprozess auf dem Schafott, Ende des Jahres 1793 begannen die ersten Massenhinrichtungen. Man schätzt, dass insgesamt etwa 30 000 Menschen unter dem Fallbeil starben oder auch, vor allem in den Provinzen, ohne Urteil erschossen, enthauptet und ertränkt wurden. „Die revolutionäre Bewegung [...] schuldet den Feinden nur den Tod." Mit solchen und ähnlichen zündenden Parolen rechtfertigte *Robespierre* den **Terror**, der bald auch seine Anhänger erreichte. Denunziation sei Tugend und Pflicht jedes anständigen Franzosen.

Terror
▶ Q. 4

Im Frühjahr 1794 ließ *Robespierre* selbst ehemalige Freunde und Mitglieder seiner Jakobinerpartei wie *Danton* und *Hébert* hinrichten. Der Terror trieb seinem Höhepunkt zu; täglich fuhren die Ochsenkarren die Verurteilten zur Hinrichtungsstätte. Die Angeklagten waren völlig der Willkür der **Revolutionstribunale** ausgeliefert; Verteidiger, Zeugen, Verhöre wurden für überflüssig erklärt. Selbst die engsten Mitarbeiter *Robespierres* begannen zu fürchten, Opfer des Wütens zu werden. Als er in einer Rede eine Säuberung des Wohlfahrtsausschusses forderte, ließen sie ihn und die wenigen ihm verbliebenen Anhänger am 28. Juli 1794 selbst guillotinieren. Die Revolution hatte ihren blutigen Höhepunkt überschritten.

Revolutionstribunale

3.3.4 Das Direktorium und der Aufstieg Napoleons

Die **Sansculotten**[1] und Jakobiner verschwanden von der politischen Bühne. Der neue Nationalkonvent hatte eine andere Zusammensetzung. Gemäßigte Republikaner erarbeiteten eine neue, die **Direktorialverfassung** als dritte geschriebene Verfassung der Revolution. Mit ihrer Verabschiedung löste sich der Nationalkonvent auf.

Sansculotten
Direktorialverfassung

Auch die Direktorialverfassung beherzigte den Gedanken der Gewaltenteilung. Zwei Kammern, bestehend aus dem **Rat der Alten** mit 250 Mitgliedern und dem **Rat der Fünfhundert**, bildeten die Legislative. Mit der Einführung eines **Zensuswahlrechts** (Voraussetzung für das Wahlrecht ist ein gewisses Minimalvermögen bzw. Mindestjahreseinkommen) hatte das Besitzbürgertum der Girondisten seine Interessen weitgehend durchgesetzt.

Rat der Alten
Rat der Fünfhundert
Zensuswahlrecht

Die bewusst geschwächte Exekutive wurde einem fünfköpfigen **Direktorium** anvertraut, das vom Rat der Alten bestimmt wurde. Damit niemand zu lange an der Macht blieb und diese deshalb missbrauchen könnte, mussten jährlich einer der Direktoren und ein Drittel der Abgeordneten durch andere ersetzt werden.

Direktorium
▶ Q. 5

Auch diese Verfassung weist auf ein Grundproblem der Verfassungsgeschichte hin: Machtzuteilung und Machtdelegation sind erforderlich, damit die Staatsgewalt effektiv ausgeübt werden kann, aber gleichzeitig muss der immerwährenden Gefahr eines Machtmissbrauchs vorgebeugt werden.

Die Formulierung „Die Gleichheit besteht darin, dass das Gesetz für alle das gleiche ist" findet sich in sinngemäßer Form in allen rechtsstaatlichen Verfassungen der Welt. Auch darin sind die Wurzeln der französischen Revolutionszeit bis heute nachweisbar.

Das neu ernannte Direktorium hatte eine schwere finanzielle Hypothek aus den Revolutionswirren übernommen: Der Staat war weitgehend bankrott und konnte nur durch eine schuldenbefreiende Währungsreform saniert werden, die vor allem die kleinen Leute traf. Aber alle unpopulären Maßnahmen wurden durch militärische Siege und damit außenpolitische Erfolge kompensiert. Frankreich setzte zu einem Eroberungsfeldzug an. Geführt von einem erst 26-jährigen korsischen General, trieb die französische Italien-Armee das zahlenmäßig weit überlegene Heer der Österreicher wie einen Spielball vor sich her. Damit waren er und seine Erfolge für die Regierung in Paris unentbehrlich geworden: *Napoleon Bonaparte.*

Napoleon wurde 1769 in Ajaccio auf Korsika geboren und trat mit 15 Jahren in die Pariser Militärschule ein. Schon früh zeichnete er sich als junger Offizier bei artilleristischen

www.napoleon-web.de

1 Sansculotten: „ohne Hosen", Bezeichnung für radikale Kleinbürger und Gewerbetreibende, die im Gegensatz zum Adel lange Beinkleider anstelle der Kniebundhosen trugen.

Berechnungen aus. 1795 warf er einen gegen das Direktorium gerichteten Staatsstreich nieder und wurde zum Dank dafür mit dem Oberbefehl über die Italien-Armee betraut. Seine Position war bereits so gefestigt und sein Ansehen im Volk so groß, dass er es sich erlauben konnte, auf eigene Faust Friedensverhandlungen zu beginnen und Friedensverträge zu schließen. Kaum einer wagte zu protestieren, als er sich über die Anweisungen des Direktoriums hinwegsetzte. Seine Soldaten gehorchten ihm bedingungslos, weil er sie mit Kriegserfolgen verwöhnte und die Siegesbeute in erheblichem Umfang unter ihnen verteilte.

Selbst ein missglückter Feldzug in Ägypten konnte seine Stellung nicht mehr ernsthaft gefährden. Er wurde vielmehr zum Haupt einer Verschwörung gegen das Direktorium. Am 10. November 1799 trieben *Napoleons* Soldaten den Rat der Alten und den der Fünfhundert auseinander, ein Rumpfparlament setzte drei Konsuln ein, die eine neue Verfassung ausarbeiten sollten. Die Namen der drei Konsuln lauteten: *Siéyès, Ducos* und – **Napoleon**.

Napoleon

Konsularverfassung

Bereits am 15. Dezember desselben Jahres trat die **Konsularverfassung** in Kraft. Die Verkündungserklärung endete mit den Worten:

▶ Q. 6

„Bürger, die Revolution hält an ihren Grundsätzen fest. Sie ist beendet."

Erster Konsul

Konsul auf Lebenszeit

Kaisertum

Ausgestattet mit den Machtbefugnissen eines **Ersten Konsuls**, bestätigt durch neuerliche Siege, z. B. in der *Schlacht bei Marengo 1800*, von charismatischer Ausstrahlung (*Charisma* = Verheißung), ließ sich *Napoleon* in einer Volksabstimmung zum **Konsul auf Lebenszeit** wählen. Nun konnte er es wagen, die Republik in ein erbliches **Kaisertum** umzuwandeln. In Anwesenheit von Papst *Pius VII.*, der zuvor die Salbung selbst vollzogen hatte, setzte er am 2. Dezember 1804 sich und seiner Frau *Josephine* die Krone auf. Frankreich war wieder Monarchie.

Konkordat

Code Civil

In der Innenpolitik gelang es *Napoleon*, die durch die Revolutionszeit verfeindeten Gruppen zu versöhnen. Er ermunterte die Emigranten zur Rückkehr, versöhnte die Kirche durch ein **Konkordat**, reformierte das Schulwesen und schuf Institutionen, die noch heute in Frankreich bestehen, wie die berühmte „École polytechnique" (Technische Hochschule). Seine bedeutendste Leistung ist, neben der straffen Zentralisierung der französischen Verwaltung, die Herausgabe eines Zivilgesetzbuches, des **Code Civil**, der für alle später von *Napoleon* beherrschten Staaten zur Grundlage des Bürgerlichen Gesetzbuches wurde – auch für das BGB des Deutschen Reiches von 1900.

In der Außenpolitik aber kannte *Napoleon* praktisch nur ein Mittel: Krieg. Sein erklärtes Ziel war es, England niederzuwerfen und das gesamte Festland zu beherrschen.

Rheinbund

Kontinentalsperre

Der Neuordnung Mitteleuropas schien nichts mehr im Wege zu stehen. Österreich wird zusammen mit den verbündeten Russen 1805 bei *Austerlitz* von *Napoleon* vernichtend geschlagen, 16 süddeutsche Fürsten verlassen auf Druck Napoleons das Reich und gründen einen von *Napoleon* abhängigen **Rheinbund**, eine Art Satellitensystem. Das „Römische Reich Deutscher Nation" hatte 1806 aufgehört zu existieren. Preußen erlitt am 14. Oktober 1806 in der Doppelschlacht bei *Jena* und *Auerstedt* am eine der schwersten Niederlagen seiner Kriegsgeschichte. Nur England vermochte sich durch einen glänzenden Seesieg bei *Trafalgar* (Admiral *Nelson*) zu behaupten. *Napoleon* verhängte gegen die Insel die **Kontinentalsperre**, ein totales Ein- und Ausfuhrverbot. Selbst der Briefverkehr wurde untersagt, und kein britisches Schiff durfte einen europäischen Hafen anlaufen. Doch die Handelsblockade erwies sich als durchlässig, vor allem aber wurde sie von Russland nicht eingehalten. *Napoleon* beschloss deshalb den Angriff gegen Russland, um so England wirtschaftlich in die Knie zu zwingen. Am 24. Juni 1812 überschritt die „Grande Armee" mit 600 000 Mann, darunter etwa ein Drittel Deutsche aus den mit Frankreich zum Bündnis gezwungenen Staaten, ohne Kriegserklärung die russische Grenze.

Die Parallelen zur jüngeren deutschen Geschichte sind verblüffend. Fast auf den Tag genau (22. Juni) griff *Hitler* 129 Jahre später die UdSSR an, um Englands letzten „Festlanddegen" zu vernichten, in der Hoffnung, auf diese Weise auch Großbritannien zu schlagen. Er scheiterte aus ähnlichen Gründen wie *Napoleon.*

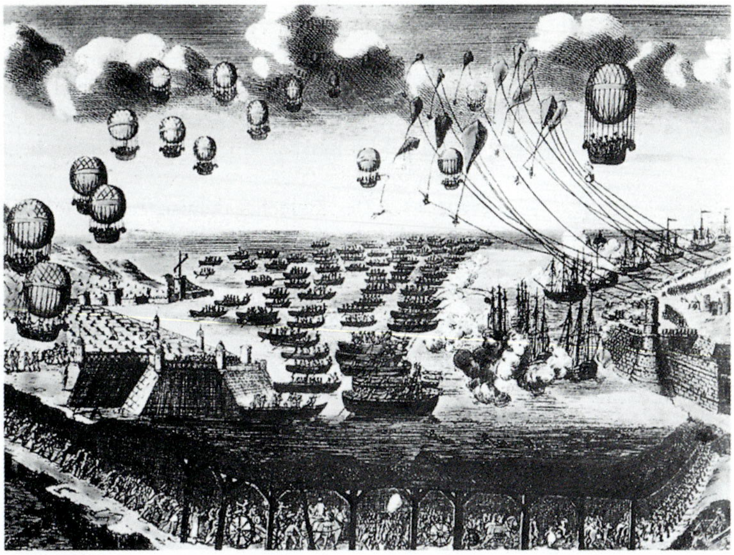

Fantasiebild eines französischen Angriffs auf England aus der Luft und durch einen Kanaltunnel (1804)

Wider Erwarten stellten sich die Russen erst bei *Borodino* einer großen Schlacht und lockten *Napoleon* so in die Weite des Landes. Am 7. September 1812 zog er in Moskau ein; aber schon wenige Tage später brannte die Stadt an vielen Stellen. Unzureichende Versorgung, mangelhafte Winterausrüstung, Erschöpfung und vor allem auch Enttäuschung, dass Russland immer noch nicht zur Kapitulation bereit war, zwangen *Napoleon* zum Rückzug. Nur Trümmer der Armee, etwa 30 000 Mann, konnten sich retten.

Die Niederlage war das Signal zur Erhebung. „Mit Mann und Ross und Wagen hat sie der Herr geschlagen", hieß es damals in Preußen, das mit Russland und Österreich eine Kriegskoalition gegen *Napoleon* bildete, der sich bald einige süddeutsche Staaten anschlossen. Obwohl *Napoleon* in überraschend kurzer Zeit noch einmal eine starke Armee aufstellen konnte und gerade bei den Rückzugsgefechten sein Feldherrntalent abermals zeigte, konnte er auf die Dauer der Übermacht nicht standhalten. Am 31. März 1814 marschierten die Verbündeten in Paris ein.

Napoleon dankte am 6. April ab und wurde auf die Insel Elba verbannt. *Ludwig XVIII.*, ein Bruder des 1793 hingerichteten *Ludwig XVI.*, übernahm den Thron und erneuerte die Staatsform der konstitutionellen Monarchie. Das **Napoleonische Zeitalter** war zu Ende.

Napoleonisches Zeitalter

Frankreich hat in seiner Geschichte der letzten 200 Jahre eine unvergleichbare Staatsformenvielfalt aufzuweisen: fünf Republiken, drei Spielarten des Königtums, zwei Kaiserherrschaften und das als Diktatur zu bewertende *Vichy-Regime* von 1940 bis 1944. Und doch ist die historische Kontinuität gewahrt geblieben. Die gültige französische Verfassung vom 4. Oktober 1958 beginnt mit den Worten: „Das französische Volk erklärt feierlich seine Bindung an die Menschenrechte und die Grundsätze der Souveränität der Nation, wie sie durch die Erklärung von 1789 definiert [...] worden sind."

▶ QUELLE 1

Abbé Siéyès: Was ist der dritte Stand?

Die Absicht dieser Schrift ist ziemlich einleuchtend. Wir haben drei Fragen zu stellen. 1. Was ist der dritte Stand? Alles. 2. Was ist er bis jetzt in der politischen Ordnung gewesen? Nichts. 3. Was fordert er? Endlich etwas zu sein. Was braucht die Nation, um zu bestehen und zu blühen? – Private Verrichtungen und öffentliche Ämter. Alle privaten Verrichtungen kann man in vier Klassen zusammenfassen: 1. den Ackerbau; 2. die Industrie ist dazu da, die Gaben der Natur zu vervollkommnen; 3. zwischen Produktion und Verbrauch schiebt sich eine Menge von Vertretern, Händlern, Kaufleuten ein; 4. gibt es noch wissenschaftliche und freie Berufe von den ausgezeichnetsten bis zu den Bedientenstellungen. Diese Arbeiten halten die Gesellschaft zusammen. Wer übt sie aus? Der dritte Stand. Wer wollte da noch bezweifeln, daß der dritte Stand alles umfaßt, um eine vollkommene Nation zu bilden? Aber er ist der starke und kräftige Mann, dessen einer Arm noch immer in Ketten liegt. Höbe man den privilegierten Stand auf, so würde die Nation nicht um etwas ärmer, sondern um etwas reicher sein.

(Emmanuel Siéyès: Was ist der dritte Stand? Neue Ausgabe, Paris 1952, übersetzt von Rolf Erich Reichardt, München, Beck)

1. **Was versteht Abbé Siéyès unter dem Begriff „private Verrichtungen"?**
2. **Welche Forderungen werden erhoben?**
3. **Wie ist das Bild von dem einen Arm, der noch immer in Ketten liegt, zu verstehen?**

▶ QUELLE 2 Die Französische Verfassung von 1791

Artikel 1. Die Menschen sind und bleiben von Geburt frei und gleich an Rechten. Soziale Unterschiede dürfen nur im gemeinen Nutzen begründet sein.

Artikel 2. Das Ziel jeder politischen Vereinigung ist die Erhaltung der natürlichen und unveräußerlichen Menschenrechte. Diese Rechte sind Freiheit, Eigentum, Sicherheit und Widerstand gegen Unterdrückung.

Artikel 3. Der Ursprung jeder Souveränität ruht letztlich in der Nation. Keine Körperschaften, kein Individuum können eine Gewalt ausüben, die nicht ausdrücklich von ihr ausgeht.

Artikel 4. Die Freiheit besteht darin, alles tun zu können, was einem anderen nicht schadet. [...]

Titel III. Von den öffentlichen Gewalten.

Artikel 1: Die Souveränität ist einheitlich, unteilbar, unveräußerlich und unverjährbar. Sie gehört der Nation. Kein Teil des Volkes und keine einzelne Person kann sich ihre Ausübung aneignen.

Artikel 2: [...] Die französische Verfassung ist eine Repräsentativverfassung. Ihre Repräsentanten sind die gesetzgebende Körperschaft und der König.

Artikel 3. Die gesetzgebende Gewalt ist einer Nationalversammlung übertragen, die aus Abgeordneten besteht, die durch das Volk frei und auf Zeit gewählt werden.

Artikel 4. Die Regierung ist monarchisch. Die ausführende Gewalt ist dem König übertragen, um unter seiner Autorität durch die Minister und andere verantwortliche Beamte auf die Art ausgeübt zu werden, die nachstehend bestimmt ist.

Artikel 5. Die richterliche Gewalt ist den durch das Volk auf Zeit gewählten Richtern übertragen.

Abschnitt II. Urversammlungen. Bestellung der Wahlmänner.

Artikel 1. Um die gesetzgebende Nationalversammlung zu wählen, treten die aktiven Bürger alle zwei Jahre in den Städten und den Kantonen zur Urversammlung zusammen. [...]

Artikel 2. Um aktiver Bürger zu werden, ist es notwendig: als Franzose geboren oder Franzose geworden zu sein, das 25. Lebensjahr vollendet zu haben, [...] in irgendeinem Orte des Königreiches eine direkte Steuer zu zahlen, die mindestens dem Wert von drei Arbeitstagen gleichkommt und darüber eine Quittung vorzulegen, nicht dem Bedienenstand anzugehören, d. h. Lohndiener zu sein, im Rathaus seines Wohnsitzes in die Liste der Nationalgarde eingeschrieben zu sein [...].

Kapitel III. Von der Ausübung der gesetzgebenden Gewalt.

Artikel 1. Die Verfassung überträgt ausschließlich der gesetzgebenden Körperschaft die folgenden Vollmachten und Aufgaben:

1. Gesetze vorzuschlagen und zu beschließen. Der König kann allein die gesetzgebende Körperschaft auffordern, eine Sache in Beratung zu nehmen;
2. die öffentlichen Ausgaben festzusetzen;
3. die öffentlichen Steuern anzusetzen, ihre Art, Höhe, Dauer und Erhebungsweise festzulegen. [...]

Artikel 2. Im Falle, daß der König seine Zustimmung verweigert, ist diese Verweigerung nur von aufschiebender Wirkung. [...]

(Günter Franz: Staatsverfassungen. Darmstadt, Wissenschaftliche Buchgesellschaft 1964, S. 309 ff.)

1. **Wie werden die Menschenrechte definiert?**
2. **Wie verändert sich durch diese Verfassung die Stellung des Königs?**
3. **Welche Voraussetzungen müssen erfüllt werden, um als „aktiver Bürger“ an Wahlen teilnehmen zu können?**
4. **Welche Rechte werden der „gesetzgebenden Gewalt“ zugebilligt?**

Dekret des Nationalkonvents zur Levée en masse (23. August 1793)

▶ QUELLE 3

Vom heutigen Tage an bis zu dem Tage, an dem die Feinde vom Boden der Französischen Republik vertrieben sein werden, sind alle Franzosen dauernd zum Wehrdienst verpflichtet. Die jungen Männer ziehen in den Kampf; die Verheirateten schmieden Waffen und tragen Lebensmittel herbei; die Frauen fertigen Zelte und Kleider und dienen in den Lazaretten; die Kinder zupfen altes Leinen zu Fäden; die Greise lassen sich auf die öffentlichen Plätze tragen, um den Mut der Krieger anzuspornen, sie mit Haß gegen die Könige und Liebe zur Einheit der Republik zu erfüllen. Niemand kann sich in dem Dienst, zu dem er eingezogen wird, vertreten lassen; die Staatsbeamten bleiben auf ihren Posten. Die Aushebung wird allgemein sein; die Bürger, die nicht verheiratet sind, sowie kinderlose Witwer im Alter von 18 bis 25 Jahren werden zuerst marschieren; sie werden sich unverzüglich in den Hauptort ihres Distrikts begeben, wo sie bis zum Marschbefehl täglich in der Handhabung der Waffen ausgebildet werden.

(Paul Bachmann [Hrsg.]: Französische Revolution. Stuttgart, Reclam 1984, S. 69 f.)

1. **Welche Folgen hat dieses Dekret?**
2. **Welche Aufgaben werden den einzelnen Bevölkerungsgruppen zugeteilt?**
3. **Warum waren die neu geschaffenen Volksheere den Söldnern der alten Mächte überlegen?**

Robespierres Rede über politische Moral (5. Februar 1794)

▶ QUELLE 4

Am 5. Februar 1794 betritt Maximilian Robespierre die Rednertribüne des französischen Konvents, um vor den Volksvertretern die „Prinzipien der politischen Moral, die den Nationalkonvent bei der inneren Verwaltung der Republik leiten sollen“ zu entwickeln. Zu der Zeit hat die Französische Revolution bereits ihr letztes, radikales, blutiges Stadium erreicht. Diese Rede ist oft als „das politische Testament Robespierres“ bezeichnet worden.

Recherchieren Sie diese Rede im Internet und beantworten Sie folgende Fragen:

1. **Welche Ziele nennt Robespierre für seine Politik?**
2. **Was versteht er unter „Tugend“ und „Schrecken“?**

Die Direktorialverfassung vom 22. August 1795

▶ QUELLE 5

1. Es gibt nur eine unteilbare französische Republik
2. Die Gesamtheit der französischen Bürger ist der Souverän.

41. Die Wahlversammlungen wählen, je nachdem der Fall eintritt:
    1) die Glieder des gesetzgebenden Körpers, nämlich: die Glieder des Rates der Alten, sodann die Glieder des Rates der Fünfhundert;
    2) die Glieder des Berufungsgerichts;
    3) die Hochgeschworenen;
    4) die Departementsverwalter;
    5) die Präsidenten, öffentlichen Ankläger und Schreiber des peinlichen Gerichts;
    6) die Richter der bürgerlichen Gerichte.
44. Der gesetzgebende Körper ist aus einem Rat der Alten und einem Rat der Fünfhundert zusammengesetzt.
45. In keinem Falle kann der gesetzgebende Körper einem oder mehreren seiner Mitglieder noch irgend sonst jemandem irgendeine der Amtsverrichtungen übertragen, die ihm durch die gegenwärtige Verfassung zugeeignet sind.

76. Der Vorschlag der Gesetze kommt ausschließlich dem Rate der Fünfhundert zu.

86. Dem Rate der Alten kommt es ausschließlich zu, die Beschlüsse des Rates der Fünfhundert zu genehmigen oder zu verwerfen.

(Walter Grab [Hrsg.]: Die Französische Revolution. Eine Dokumentation. Übersetzt von Otto Watzke, München, Nymphenburger 1973, S. 239 ff.)

1. **Wie wird versucht, dem Machtmissbrauch vorzubeugen?**
2. **Wodurch unterscheidet sich diese Verfassung von der bisherigen?**

▶ QUELLE 6 **Die Konsularverfassung vom 13. Dezember 1799**

39. Die Regierung ist dreien Consuln, welche auf 10 Jahre ernannt werden und unbeschränkt wieder abwählbar sind, anvertraut. Jeder derselben wird einzeln mit der unterscheidenden Eigenschaft des ersten, des zweiten oder des dritten erwählt. Die Verfassung ernennt zum ersten Consul den Bürger Bonaparte, gewesenen provisorischen Consul; zum zweiten Consul den Bürger Cambacères, gewesenen Minister der Gerechtigkeitspflege; und zum dritten Consul den Bürger Lebrun, gewesenes Mitglied der Commission des Rats der Alten. [...]

41. Der erste Consul verkündet die Gesetze; er ernennt und entsetzt nach Willkür die Mitglieder des Staatsrats, die Minister, die Gesandten und andere auswärtige Oberbeamten, die Offiziere der Land- und Seemacht, der örtlichen Verwaltung und die Regierungskommissarien bei den Gerichtshöfen.

(Karl Heinz Ludwig Pölitz: Die europäischen Verfassungen seit dem Jahr 1789 bis auf die neueste Zeit. Leipzig, Brockhaus 1833, S. 60 f.)

Welche Elemente der Gewaltenteilung können Sie in dieser Verfassung (noch) entdecken?

AUFGABEN

1. Informieren Sie sich über den Begriff „Wirtschaftsliberalismus“ und stellen Sie fest, welche Bedeutung dieser Begriff in der Gegenwart hat.
2. Beschreiben Sie anhand des Schaubildes auf S. 82 die Entstehung und das Wachsen der Vereinigten Staaten.
3. Skizzieren Sie die Entwicklungen und Veränderungen in den französischen Verfassungen zwischen 1791 und 1799.
4. Nennen und analysieren Sie Beispiele aus der Gegenwart für „revolutionären Terror“.
5. Welche Beispiele aus der jüngeren Geschichte gibt es für die Verlagerung innenpolitischer Konflikte nach außen?

HOT

Grundlegende Arbeitstechniken und Methoden 3:

Bilder und Karikaturen

In den allermeisten Fällen wird Bildmaterial zur Meinungsbildung und -beeinflussung verwendet; genau genommen steckt hinter jedem Bild auch eine Meinung und Absicht. Politische Plakate, Karikaturen und die gesamte Werbung bekennen sich offen dazu, Meinungen zu transportieren und darstellen zu wollen. Man darf aber nicht vergessen, dass diese Meinungsbildung immer häufiger auch unterschwellig erfolgt und der Konsument beeinflusst wird, ohne dass er dies immer bemerkt oder auch bemerken soll. So kann schon allein die Auswahl eines besonders unvorteilhaften Bildes eines Politikers in der Zeitung einen negativen Trend seines Ansehens oder das seiner Partei womöglich noch deutlich verstärken. Aus diesem Grund wird der Gestaltung und Auswahl des Bildmaterials z. B. bei Wahlkampfbroschüren immer größere Aufmerksamkeit gewidmet.

Die technischen Möglichkeiten digitaler Bildbearbeitung bieten jedem Fälscher eine geradezu ungeahnte Vielfalt, um neue künstliche Bildwelten herzustellen. Verschiedene Vorlagen werden neu zusammengesetzt, Elemente werden eliminiert bzw. integriert – und das alles, ohne dass dies dem Beobachter auffällt, ja überhaupt auffallen kann. Die Grenze zwischen Schein und Sein ist bis zur Unkenntlichkeit verwischt. Von keinem Bild, das heute irgendwo auf der Welt veröffentlicht wird, ist sicher zu sagen, ob es authentisch oder nachträglich am Computer bearbeitet ist. Kaum eine Redewendung ist so von der Wirklichkeit widerlegt worden wie „Bilder lügen nicht!".

Horst Haitzinger: Politische Karikaturen, München, Bruckmann 1986, S. 56

Umso kritischer muss die Vorgehensweise bei der Bildbetrachtung im Geschichts- und Politikunterricht sein: Auch hier ist Quellenkritik, wie sie bei Texten angewandt wird, unverzichtbar.

Für Karikaturen gilt prinzipiell dieselbe kritische Betrachtungsweise, erschwerend kommt allerdings noch hinzu, dass viele Karikaturen tagespolitische Inhalte haben, wodurch für spätere Betrachter oft nicht mehr ersichtlich ist, worin eigentlich der Witz liegt. Gerade Karikaturen müssen deshalb im historischen Kontext gesehen und interpretiert werden, wobei diese Interpretation oft schon dem Lösen eines Bilderrätsels gleichen und ohne zusätzliche Informationen und Hinweise fast nicht gelingen kann.

So ist beispielsweise die auf dieser Seite abgebildete Karikatur nur verständlich, wenn man weiß, dass sie 1986 unter dem Titel „Terroristenjäger mit übereifrigem Jagdhund" erschienen ist. Im April 1986 verurteilten zwar zahlreiche europäische Regierungschefs die Unterstützung des internationalen Terrors durch Libyen, wollten sich aber nicht an den vom US-Präsidenten Ronald Reagan geforderten Wirtschaftssanktionen beteiligen.

4 Einheit und Freiheit Deutschlands im 19. Jahrhundert

Le congrès ne marche pas, il danse.
Fürst Ligne zum Wiener Kongress

Wegen Unpäßlichkeit des Schusterjungen
Herrn Friedrich Schulze kann heute
die große Berliner Revolution nicht stattfinden.
Scherzhafte Plakatinschrift in Berlin 1848

SCHLÜSSELDATEN

1814/15	Wiener Kongress
1830	Juli-Revolution in Frankreich
Februar 1848	Revolution in Frankreich
März 1848	Revolution in Deutschland
1864	Dänischer Krieg
1866	Deutscher Krieg
1870/71	Deutsch-Französischer Krieg
18. Januar 1871	Kaiserproklamation und Reichsgründung

4.1 Restauration und Revolution

4.1.1 Deutschland beim Ausgang des Napoleonischen Zeitalters

DARSTELLUNG
www.napoleon-online.de

Deutschland bestand um 1810 im Wesentlichen aus drei größeren politischen Einheiten: den *Rheinbundstaaten, Österreich* und *Preußen.*

Rheinbund

Die Staaten des **Rheinbunds**, zu ihnen gehörten auch die Königreiche Bayern und Württemberg, waren Vasallen Frankreichs, konnten aber aus diesem Zustand erheblichen Nutzen ziehen. Sie organisierten nach französischem Vorbild ihre Verwaltung zentralistisch, ordneten Finanz- und Justizwesen neu und reformierten das Erziehungswesen.

Österreich unter *Franz I.* (1768–1835) schien nach den wiederholten Niederlagen gegen *Napoleon* wie gelähmt; viele Reformversuche blieben schon im Ansatz stecken. Als fortschrittlicher Impuls kann lediglich die Schaffung eines Allgemeinen Bürgerlichen Gesetzbuches nach dem Beispiel des „Code Napoleon“ gewertet werden, da dies die Donaumonarchie zu einem einheitlichen Rechtsgebiet machte.

Preußische Reformen

Städteordnung

Auch Preußen war nach der vernichtenden Niederlage und dem demütigenden Frieden zu *Tilsit* (1807), der ihm viele Gebiete entriss, zunächst energie- und mutlos. Doch weitblickende Männer wie der Reichsfreiherr *Karl vom und zum Stein* und der (spätere) Fürst *Karl August von Hardenberg* erkannten, dass die notwendigen **Reformen** nur mit Bürgern erreicht werden können, die sich nicht mehr als rechtlose Untertanen verstehen, sondern sich mit *ihrem* Staat zu identifizieren vermögen, weil sie Möglichkeiten zur Mitgestaltung erhalten. Das Motto der preußischen Reformer lautete: „Demokratische Grundsätze in einer monarchischen Regierung“. Die 1808 verabschiedete **Städteordnung**, die den Städten und Gemeinden die **Selbstverwaltung** „von oben“ verordnete, hat sich in ähnlicher Form bis in die Gegenwart erhalten.

Dasselbe gilt für die Einführung der **Gewerbefreiheit** und des **Ressortprinzips** bei der Einrichtung von Ministerien.

Gewerbefreiheit
Ressortprinzip

Aus dieser Zeit rührt, dass die fünf Fachministerien – *Äußeres, Inneres, Krieg, Finanzen, Justiz* – bis heute als „klassische" gelten, und jeder Minister „seinen Geschäftsbereich selbstständig und unter eigener Verantwortung" leitet (Art. 65 GG).

Vor allem aber hatten die preußischen Reformer aus der Französischen Revolution gelernt, dass Volksheere den gekauften Söldnertruppen überlegen sind. Hohe Offiziere, wie *Gneisenau* und *Scharnhorst*, reformierten das Heerwesen in Struktur und Ausbildung und öffneten auch Bürgerlichen die Offizierslaufbahn. 1814 wurde in Preußen die **allgemeine Wehrpflicht** eingeführt.

Allgemeine Wehrpflicht

Die Edikte zur **Bauernbefreiung** (1807/1810) und zur **Judenemanzipation** (1812) waren zwar von guten Absichten getragen, hatten aber in der praktischen Auswirkung erhebliche Mängel. Die Gleichstellung der Juden mit Christen konnte sich im Alltag nur schwer durchsetzen, zu tief wurzelten die Vorurteile, zu groß erschien die traditionelle Kluft. Die **Aufhebung der Erbuntertänigkeit** befreite zwar die Bauern rechtlich, sie konnten aber die wirtschaftlichen Lasten nicht tragen und mussten deshalb vielfach ihre Höfe an die adeligen Gutsbesitzer verkaufen.

Bauernbefreiung
Judenemanzipation

Aufhebung der Erbuntertänigkeit

Fernziel aller Reformen war die Ausarbeitung einer geschriebenen Verfassung, die auch den Monarchen binden sollte. König *Friedrich Wilhelm III.* hatte zwar wiederholt versprochen, dem Land eine solche zu geben, aber die Entscheidung darüber so lange hinausgeschoben, bis die restaurativen Beschlüsse des **Wiener Kongresses** ihn seines Versprechens enthoben. Sein Aufruf „An mein Volk" zur Erhebung gegen *Napoleon* zeigte aber eine neue Einstellung gegenüber den Untertanen und verfehlte deshalb auch nicht seine Wirkung.

▶ Q. 1

4.1.2 Der Wiener Kongress

Die verbündeten Großmächte *England, Russland, Preußen, Österreich* hatten am 31. Mai 1814 mit Frankreich Frieden geschlossen und großzügig auf Kriegsentschädigungen verzichtet, um die Monarchie des neuen Königs *Ludwig XVIII.* nicht von Anfang an zu belasten und damit zu gefährden. Alle Siegermächte trachteten danach, eine dauerhafte Friedensordnung zu schaffen. Zu diesem Zweck trafen sich die europäischen Könige und Fürsten im Herbst 1814 in Wien unter Einschluss Frankreichs. Die Vertreter der fünf Hauptmächte waren

- Außenminister *Castlereagh* für England,
- Zar *Alexander I.* von Russland,
- Fürst *Hardenberg* aus Preußen,
- der gewandte Diplomat *Talleyrand* für das besiegte Frankreich,
- Fürst *Metternich*, der Vertreter Österreichs, der als eigentlicher Lenker und Organisator des Kongresses bezeichnet werden kann.

Mitten in die Verhandlungen platzte die Nachricht, die den Kongress aufschreckte: *Napoleon* war am 1. März 1815 in Südfrankreich gelandet, begleitet von 1 000 Anhängern mit vier Geschützen. Die von König *Ludwig XVIII.* entsandten Truppen liefen zu Napoleon über und gestalteten seinen Weg nach Paris zum Triumphzug. Die Bourbonen flohen nach Belgien, was die in Wien versammelten Alliierten dazu veranlasste, *Napoleon* für geächtet zu erklären und eine erneute Kriegskoalition gegen ihn zu schließen. Am 18. Juni 1815 kam es bei *Waterloo* (Belgien) zur Entscheidungsschlacht. Die verbündeten Armeen, angeführt vom englischen Herzog *Wellington* und dem preußischen Marschall *Blücher* schlugen *Napoleon* vernichtend. Er wurde auf die südatlantische Insel *St. Helena* verbannt, wo er, von den Engländern scharf bewacht, 1821 starb.

Unbeirrt hatte der Kongress seine Arbeit fortgesetzt und so konnte er die außenpolitische Neuordnung Europas beschließen. Sie sah ein Gleichgewicht der Mächte vor und vermied es, beim besiegten Gegner Revanchegedanken aufkommen zu lassen. Der Besitzstand Frankreichs von 1792 blieb im Wesentlichen unangetastet.

Man hat den Wiener Kongress oft als „tanzenden Kongress" verspottet (siehe das Eingangsmotto dieses Kapitels) und tatsächlich wurde auch ein neuer Tanz kreiert: der *Wiener Walzer*. Andererseits hat der Kongress eine Friedensordnung geschaffen, die Mitteleuropa jahrzehntelang vor Krieg bewahrte. Auch die **Exterritorialität** der Botschaften und die **diplomatische Immunität** sind friedenssichernde Leistungen des Wiener Kongresses, die sich bis heute erhalten haben.

Exterritorialität
Diplomatische Immunität

Restauration

Die Wiener Beschlüsse gingen vom Prinzip der **Restauration** aus, d. h., nach Möglichkeit sollten die vorrevolutionären staatlichen Zustände wiederhergestellt werden. Allerdings wurde nur ein Teil der Wünsche berücksichtigt. Deutschland wurde nicht wieder in 300 Reichsstände zersplittert, sondern in „nur" 39 Staaten gegliedert. Für die zukünftige Entwicklung war bedeutsam, dass Preußen für die Abtretung polnischer Gebiete im Westen entschädigt wurde und so nach Deutschland *hineinwuchs*. Dagegen gab Österreich zahlreiche in Deutschland gelegene Gebiete auf, sodass es aus Deutschland *herauswuchs*.

Befreiungskriege
Deutscher Bund
Bundestag
▶ Q. 2

Für die Wahrung des europäischen Gleichgewichts und damit zur Friedenssicherung erschien es unerlässlich, eine Zentralgewalt zu schaffen. Aus dem in den **Befreiungskriegen** geweckten Gefühl einer gemeinsamen Zugehörigkeit erwuchs der Wunsch nach *einer* deutschen Nation, gemäß französischem Vorbild. Demgegenüber war das Ergebnis der Verhandlungen enttäuschend: Es entstand mit dem 8. Juni 1815 ein **Deutscher Bund** aus 39 Mitgliedern, dessen einziges Zentralorgan der **Bundestag** in Frankfurt am Main war. Die dortigen Gesandten waren Vertreter ihrer Regierung und weisungsgebunden. Die Staaten des Bundes behielten weitgehend ihre Souveränität, für den Kriegsfall war die Aufstellung eines Bundesheeres aus Teilkontingenten vorgesehen.

Ein Vergleich mit dem „Europa der 28" drängt sich auf. Das Inkrafttreten der Europäischen Währungsunion und die Einführung einer gemeinsamen Währung haben nämlich die Erwartungen verstärkt, dass die EU auch zur politischen Einheit werden könnte, wie es die Zielsetzung vorsieht. Ob sich der europäische Staatenverbund allerdings zum (stark föderalistischen) Europäischen Staat entwickelt, so wie das Deutsche Reich auf den Deutschen Bund folgte, muss indes abgewartet werden. Allein schon die Sprachbarrieren lassen es auf absehbare Zeit schwierig erscheinen, dass ein europäisches Volk entstehen kann.

4.1.3 Der Vormärz in Deutschland

Vormärz

Die Zeitspanne zwischen 1815 und der Märzrevolution von 1848 wird als **Vormärz** bezeichnet. Sie ist gekennzeichnet durch den Gegensatz zwischen zunehmenden demokratischen Forderungen der Bürger und repressiver Regierungspolitik vor allem in Preußen und Österreich.

Burschenschaften
Wartburgfest

www.wartburg-eisenach.de

Aus Anlass der dreihundertsten Wiederkehr der Reformation hatten die mitteldeutschen **Burschenschaften** zu einem Treffen auf die *Wartburg* eingeladen. Das **Wartburgfest** am 18. Oktober 1817 sollte zugleich die Erinnerung an die Völkerschlacht bei Leipzig wachhalten, bei der 1813 *Napoleons* Armee, wenn auch unter schweren Opfern, besiegt werden konnte. In mehreren, in Inhalt und Ton moderaten Reden wurde die Forderung nach nationaler Einheit erhoben, ein Gedanke, der besonders die gebildeten Stände in Deutschland begeisterte.

An dieser Begegnung nahm auch die Jenaer Burschenschaft teil. Sie war eine studentische Vereinigung, gegründet von den Lützower Jägern, die in schwarzen Uniformen mit roten und goldenen Borten am Befreiungskrieg teilgenommen hatten. Die Fahne der Burschenschaft trug die gleichen Farben: **schwarz-rot-gold**. Diese Farben wurden zum Zeichen für alle, die sich gegen Fürstenwillkür, Kleinstaaterei und Ungleichheit stemmten. Sie versinnbildlichten zwei politische Ziele: die nationale Einigung aller deutschsprachigen Länder und die Zusammenfassung der gesellschaftlichen Kräfte für eine parlamentarische Demokratie mit der Garantie der

Menschenrechte. Die Farben der Bundesflagge schwarz-rot-gold (Art. 22 GG) haben ihre geschichtliche Wurzel in den Befreiungskriegen.

Je länger das Fest dauerte, desto radikaler klangen die Parolen, freilich auch schwülstiger, unbestimmter und gefühlsbetonter. Die Rede des Studenten *Riemann* gibt das Stimmungsbild und die damals übliche Rhetorik wieder. ▶ Q. 3

Am Abend fand eine symbolische Bücherverbrennung statt. Die Studenten warfen Schriften und Broschüren von Schriftstellern ins Feuer, die man als „Fürstenknechte“ oder „Feinde des Volkes“ verdächtigte.

Preußen, Russland und vor allem Österreich protestierten energisch beim Großherzog *Karl August von Sachsen*, der das Fest genehmigt hatte. Doch insgesamt maßen die Regierungen den Vorgängen keine allzu große Bedeutung bei, zumal die Bücherverbrennung auch Liberale und fortschrittlich Gesinnte abgestoßen hatte. Fürst *Metternich* konnte seine **Demagogenverfolgung** zunächst noch nicht beginnen. Demagogenverfolgung

Das änderte sich aber schnell, als am 23. März 1819 der Student *Karl Ludwig Sand* den Lustspieldichter *August von Kotzebue* ermordete. *Kotzebue* hatte einige antidemokratische Aufsätze veröffentlicht und wurde außerdem verdächtigt, als russischer Generalkonsul Spion zu sein. Ein politischer Mord stellte eine neue Qualität in der Auseinandersetzung dar. *Metternich* konnte zuschlagen. Auf sein Betreiben verabschiedete der Frankfurter Bundestag die **Karlsbader Beschlüsse** als Ergänzung zur **Bundesakte**. Karlsbader Beschlüsse Bundesakte ▶ Q. 4

Mit strenger Zensur der Druckschriften, Überwachung der Universitäten durch Spitzel, Entlassung oder gar Verhaftung von Professoren versuchte das **System Metternich**, die demokratischen Strömungen zu ersticken. System Metternich

Der Begriff **reaktionär** wurde in der damaligen Zeit zum ersten Mal in der noch heute gültigen, abwertenden Weise für die Bezeichnung einer Politik verwendet, die als rückschrittlich gilt. Reaktionär

Nicht alle deutschen Staaten beteiligten sich an der Politik Österreichs, Meinungsfreiheit zu unterdrücken und Opposition zu verbieten. Zwischen 1814 und 1830 gaben sich 15 vor allem süddeutsche Staaten **landständische Verfassungen**, darunter Baden 1818, Württemberg ein Jahr später. In vielen dieser Verfassungen wurden sogar Grundsätze der Französischen Revolution verankert. Landständische Verfassungen

Doch gerade diese Grundsätze, zu denen *Gleichheit vor dem Gesetz, Versammlungs- und Pressefreiheit, Meinungs- und Gewissensfreiheit* gehörten, wurden im Ursprungsland Frankreich von König *Ludwig XVIII.* eingeschränkt. Auch der Thronfolger, sein Bruder *Karl X.*, erließ Gesetze in der Manier eines absoluten Herrschers. Er löste ein ihm nicht genehmes Parlament kurzerhand auf und änderte das Wahlgesetz, um künftig nur noch mit einer willfährigen Volksvertretung zu regieren. In dreitägigen Straßenkämpfen zwangen die Pariser den König zur Abdankung. Die **Juli-Revolution** in Frankreich von 1830 erwies sich als ein Signal für ganz Europa. Der revolutionäre Funke sprang über und erreichte zunächst Belgien und Polen. Unruhen brachen sodann in norddeutschen Staaten aus, die noch keine Verfassung kannten. Braunschweiger Bürger stürmten im September 1830 das Schloss des verhassten Herzogs und zündeten es an. Ähnliche Ausschreitungen ereigneten sich in Kurhessen, Sachsen und Hannover. Juli-Revolution

Zu einer großen, um einen modernen Begriff zu gebrauchen, *politischen Demonstration* wurde das **Hambacher Fest**, das vom 27. bis 30. Mai 1832 von 30 000 Menschen aus vielen Bevölkerungsschichten besucht wurde. Einer der Organisatoren, der Publizist und Jurist *Johann Wirth*, stellte die damals kühne Forderung nach einer **Republik** auf. Hambacher Fest Republik

Metternich schien beunruhigt; er suchte unter den Mitgliedern des Deutschen Bundes Verbündete, die gleich ihm die Politik der Unterdrückung betreiben wollten. Wahrscheinlich wäre ihm

Frankfurter Hauptwache

wenig Erfolg beschieden gewesen, wenn nicht 1833 junge Radikale zum Sturm auf die **Frankfurter Hauptwache** angesetzt hätten. Sie versuchten, mit der Entwaffnung der Stadtsoldaten das Signal für eine allgemeine Erhebung zu geben. Die Absicht misslang und provozierte nur weitere Verfolgungsmaßnahmen. Viele Deutsche verließen aus Furcht vor Verhaftung ihre Heimat. Eine Gruppe, die sich das **Junge Deutschland** nannte, wanderte aus, zumeist nach Paris. Zu ihr zählten so bedeutende Schriftsteller und Dichter wie *Heinrich Heine, Ludwig Börne* und *Georg Büchner*.

Junges Deutschland

Nationalhymne

In dieser Zeit entstand das „Lied der Deutschen", die spätere **Nationalhymne**, zu einer Melodie des österreichischen Komponisten *Joseph Haydn* (1732–1809). Der Text stammt von *August Heinrich Hoffmann von Fallersleben* (1798–1874), der damit als liberaler und nationaler Demokrat seine Abneigung gegen die zahllosen Fürstenstaaten ausdrückte. Er erhoffte sich Deutschland als großen Nationalstaat. Deutschland erschien ihm wichtiger – „über alles" – als die Kleinstaaten des Deutschen Bundes.

www.bmi.bund.de/DE/Themen/Gesellschaft-Verfassung/Staatssymbole/Nationalhymne/nationalhymne_node.html

Das **Deutschlandlied** mit allen drei Strophen wurde vom ersten Reichspräsidenten *Friedrich Ebert* 1922 zur Nationalhymne erklärt. Es wurde 1952 wieder eingeführt, aber mit der Einschränkung, dass bei offiziellen Anlässen nur die dritte Strophe gesungen werden soll, um Missdeutungen der ersten, „Deutschland, Deutschland über alles ...", vorzubeugen. Seit 1991 ist nur diese dritte Strophe des Deutschlandliedes Nationalhymne.

Als in Hannover 1837 König *August* gekrönt wurde, kam es zu weiteren Unruhen. Eine seiner ersten Amtshandlungen war die Ungültigkeitserklärung der erst 1833 erlassenen Verfassung. Dagegen protestierten sieben international anerkannte Professoren, die **Göttinger Sieben**. Sie wurden aus dem Staatsdienst entlassen, vier von ihnen sogar des Landes verwiesen.

Göttinger Sieben

4.1.4 Die Revolution von 1848

Wieder ging von Frankreich die Initialzündung aus. Ursache der neuen Revolution war ein Versammlungsverbot der Pariser Regierung. Der Bürgerkönig *Louis Philippe* dankte ab, Frankreich wurde zum zweiten Mal Republik. Abermals pflanzte sich der Impuls fort. In Süddeutschland wurden die **Märzforderungen** veröffentlicht, die *Pressefreiheit, Verfassungen für alle Einzelstaaten* und die *Einberufung eines deutschen Parlaments* vorsahen. Fast alle herrschenden Fürstenhäuser gaben nach, bewilligten einige der Forderungen und ernannten liberale Minister, sog. **Märzregierungen**, um einem gewaltsamen Aufstand zuvorzukommen.

Märzforderungen

Märzregierungen

Anders entwickelte sich die Lage in den Hauptstädten der beiden Großmächte, Berlin und Wien. Im *metternichschen* Polizei- und Überwachungsstaat hatte sich das Gefühl der Ohnmacht in Zorn und Aufsässigkeit verwandelt. Als Militär gegen Demonstranten eingesetzt wurde, leisteten vor allem die Studenten bei Schießereien und Barrikadenkämpfen heftigen Widerstand. Staatskanzler Fürst *Metternich* musste zwar zurücktreten, aber noch einmal konnte sich die Monarchie durchsetzen. Ende Oktober waren alle revolutionären Strömungen militärisch unterdrückt.

Barrikadenkämpfe

Auch in Berlin, der Hauptstadt Preußens, kam es zu **Barrikadenkämpfen**, als am 18. März 1848 eine Massenversammlung von königlichen Truppen umstellt wurde.

Die Gewalttätigkeit wurde ausgelöst durch einen einzigen Schuss, von dem nicht einmal sicher ist, welche Seite ihn abgegeben hat. Er genügte als Fanal für die Aufständischen, die fürchteten, vom Militär niedergeschossen zu werden.

Um weitere Gewalttaten zu verhindern, ließ *Friedrich Wilhelm IV.* schließlich ein liberales Ministerium bilden und verneigte sich auf Verlangen der Revolutionäre vor den in den Straßenkämpfen Gefallenen, die vor dem königlichen Schloss aufgebahrt wurden. Erst Ende 1848 vermochte er seine monarchische Autorität wiederherzustellen. Allmählich versandete auch in anderen

Sturm auf das Zeughaus in Berlin am 14. Juni 1848

Einzelstaaten der revolutionäre Schwung. Eines aber wurde erreicht: Am 31. März 1848 traten in Frankfurt am Main über 500 Revolutionäre zusammen, bildeten ein **Vorparlament** und setzten durch, dass in allen deutschen Staaten freie Wahlen für eine **Nationalversammlung** durchgeführt wurden. Am **18. Mai 1848** begaben sich die ersten in allen deutschen Landesteilen frei gewählten Abgeordneten in einer feierlichen Prozession in die **Frankfurter Paulskirche**, den künftigen Tagungsort der Versammlung.

Vorparlament
Nationalversammlung
18. Mai 1848
Frankfurter Paulskirche

Die *Paulskirche* war gewählt worden, weil dies der einzige größere Versammlungsraum in Frankfurt war; die alte Kaiserstadt stellte geografisch und vor allem verkehrsmäßig eine Art Mittelpunkt dar. Die Paulskirche wurde im Zweiten Weltkrieg zerstört, aber danach originalgetreu wieder aufgebaut und mit einer Feierstunde am 18. Mai 1948 zur Einhundertjahrfeier ihrer neuen Bestimmung übergeben, eine Stätte nationaler Besinnung zu sein.

www.bpb.de
www.frankfurt-interaktiv.de/frankfurt

Die Nationalversammlung stand 1848 vor zwei großen Aufgaben:

- Schaffung eines Nationalstaates
- Ausarbeitung einer Verfassung für diesen Staat

Die Versammlung der Paulskirche war auf geradezu klassische Weise ein **Honoratiorenparlament**, dagegen kein *Professorenparlament,* wie fälschlich oft behauptet wird. Juristen, Schriftsteller, Gelehrte und Beamte stellten zwei Drittel der Mitglieder. Nur wenige waren Handwerker oder Bauern, Arbeiter fehlten völlig. Gemeinsam war allen der ehrliche Wille, einen demokratischen Nationalstaat zu schaffen. Der spätere Bundestagspräsident *Gerstenmaier* hat die Paulskirchenversammlung einmal als das *edelste Parlament der deutschen Verfassungsgeschichte* bezeichnet. Gemeinsam aber war bei allen Abgeordneten auch die politische Unerfahrenheit, das fehlende taktische Geschick und vor allem das fehlende Gespür für Machtpolitik.

Honoratiorenparlament

Die Zusammensetzung entsprach natürlich in keiner Weise der Schichtung der Bevölkerung, nur darf nicht übersehen werden, dass auch die modernen Parlamente kein repräsentatives Spiegelbild des Wählervolkes sind. Beamte, vor allem Lehrer/-innen, sind beispielsweise in den Länderparlamenten wie im Bundestag ebenso überrepräsentiert wie Juristen und Absolventen eines Politologie- oder Soziologiestudiums.

Einzug der Mitglieder des Vorparlaments in die Frankfurter Paulskirche am 30. März 1848

Die Abgeordneten kannten noch keine Parteien, deshalb formierten sie sich zu politischen Gruppen, deren Namen sich nach den Tagungsgasthäusern richteten. Der Gruppe *Café Milano* stand die des *Schwarzen Adlers* gegenüber, die Anhänger einer konstitutionellen Monarchie trafen sich im *Württemberger Hof*, während die Republikaner im *Deutschen Hof* tagten. Die Gruppen blieben nicht starr, die Grenzen zwischen ihnen waren fließend, feste Programme gab es nicht.

Reichsverweser

Im Juni 1848 wurde der österreichische Erzherzog *Johann* zum **Reichsverweser** ernannt. Die Abgeordneten versuchten, sich damit eine provisorische Zentralgewalt zu schaffen. Aber schon bald rächte sich, dass sich das Parlament keine militärische Macht unterstellt hatte. Der König von Preußen musste mit der Führung eines Krieges gegen Dänemark beauftragt werden, nachdem sich die Deutschen in Schleswig-Holstein gegen die dänische Herrschaft erhoben hatten. Trotz militärischer Siege schloss aber König *Friedrich Wilhelm IV.* auf Druck Englands und Russlands einen Waffenstillstand, der im Wesentlichen den alten Zustand wiederherstellte, und scherte sich im Übrigen nicht um die Anordnungen der Nationalversammlung. Mehr und mehr vermochten sich monarchistische Kräfte auch in den Einzelstaaten wieder durchzusetzen.

Dennoch arbeitete das Parlament – trotz ineffektiver Vorgehensweise, denn es gab keine Ausschüsse – zügig an der Ausarbeitung einer Verfassung für ganz Deutschland.

Von Beginn standen sich zwei Lager gegenüber:

Kleindeutschen

- Die **Kleindeutschen** plädierten für die Erhaltung des österreichischen Vielvölkerstaates, der dann allerdings unter Anwendung des Nationalprinzips keine Aufnahme in den zu schaffenden deutschen Bundesstaat finden sollte.

Großdeutschen

- Die **Großdeutschen** forderten dagegen die Einbeziehung der deutschen Teile Österreichs, was natürlich eine Auflösung der Donaumonarchie bedeutet hätte.

Kleindeutsche Lösung

Wie kaum anders erwartet werden konnte, lehnte Österreich diesen zweiten Weg ab, und die **kleindeutsche Lösung** mit der nun unvermeidlichen Vormachtstellung Preußens setzte sich durch.

Bundesstaat
Konstitutionelle Monarchie
▶ Q. 5

Am 27. März 1849 konnte die Reichsverfassung verkündet werden. Die Einzelstaaten sollten unter einer starken Zentralgewalt zu einem **Bundesstaat** zusammengefasst und der preußische König zum kaiserlichen Staatsoberhaupt dieser **konstitutionellen Monarchie** gewählt werden. Aufgenommen wurden erstmals in eine Verfassung „Grundrechte des deutschen Volkes“.

Doch *Friedrich Wilhelm IV.*, der Romantiker auf dem Thron, lehnte die angebotene Kaiserkrone ab, weil er sie nicht aus den Händen gewählter Abgeordneter empfangen wollte, sondern nur von „Seinesgleichen" als Akt des **Gottesgnadentums**. In einem Brief spricht er von der Kaiserkrone als einem „imaginären Reif, aus Dreck und Letten gebacken". Gegenüber den Abgesandten der Paulskirche begründet er seine Ablehnung freilich anders. Damit stürzte das kunstvoll errichtete Verfassungsgebäude in sich zusammen. Auch die Verfassung selbst lehnte er ab. Inzwischen war die fürstliche Macht wiedererstarkt, sodass fast alle Regierungen das Werk der Paulskirche zurückweisen konnten.

Gottesgnadentum
▶ Q. 6

Die Abgeordneten gingen resignierend auseinander. Ein **Rumpfparlament** traf sich noch einmal im Mai 1849 in Stuttgart, wurde aber schon nach kurzer Zeit von württembergischen Soldaten auseinandergejagt. Preußische Truppen unterdrückten in der Pfalz und in Baden bürgerkriegsähnliche Aufstände. Die Revolution war gescheitert, die Verfassung blieb theoretischer Entwurf, und bei den Liberalen und Demokraten machte die hoch gespannte Erwartung einer tiefen Hoffnungslosigkeit Platz.

Rumpfparlament

4.1.5 Das Jahrzehnt der Reaktion

Die Periode der nun beginnenden **Reaktion** war gekennzeichnet durch ein wiedererstarktes Selbstvertrauen der Monarchen und eine Rückkehr zum vorrevolutionären Recht. Preußen *oktroyierte* (zwang auf) 1850 eine Verfassung mit dem berüchtigten **Dreiklassenwahlrecht**, das eindeutig den monarchisch gesinnten Kreisen das politische Übergewicht verlieh. Diese Verfassung blieb in Preußen bis 1918 in Kraft.

Reaktion

Dreiklassenwahlrecht

Der Deutsche Bund wurde zwar wiederhergestellt, aber rasch entwickelten sich zwischen Preußen und Österreich Konkurrenz und Misstrauen zum **Dualismus**, der auch schon früher latent vorhanden gewesen war. Beide großen Mächte warben um die mittleren und kleineren deutschen Staaten, die unter Führung von Bayern und Sachsen eine Politik der *dritten Kraft*, der **deutschen Trias** betrieben. Je stärker der Bund war, desto geringer blieb der Einfluss der Großmächte. Die gegenläufigen Zielsetzungen der beiden großen und der vielen kleinen Staaten innerhalb des Bundes waren damit offenbar.

Dualismus

Deutsche Trias

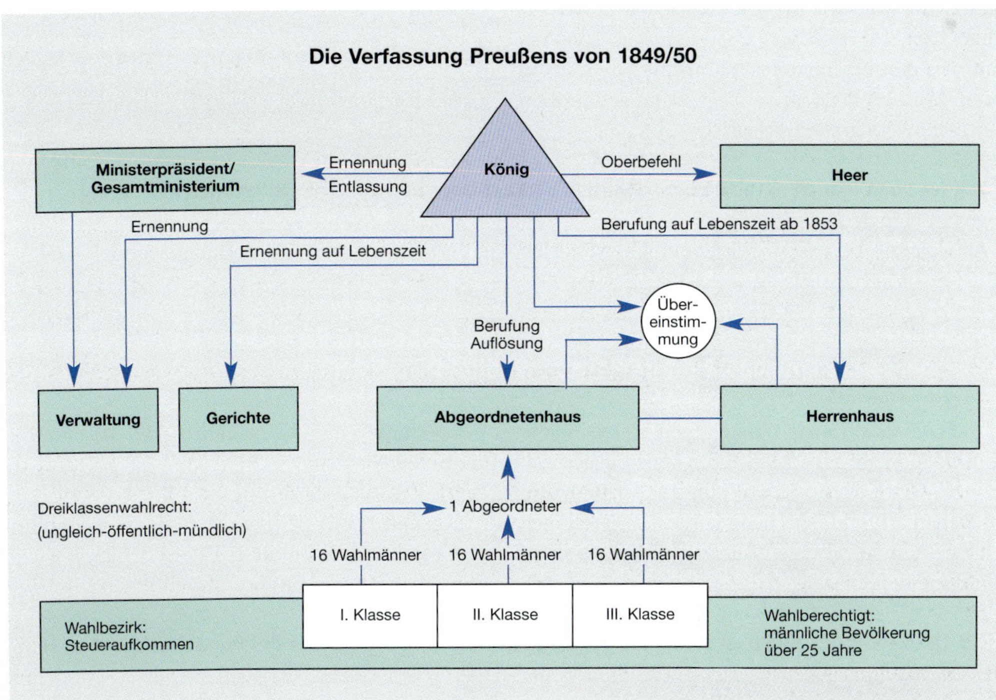

Die Einzelstaaten widmeten sich nunmehr intensiv der Bildungs- und Schulpolitik, nicht zuletzt, um auch dadurch ihr angeschlagenes Prestige wiederherzustellen. Das Kleinbürgertum und ebenso revolutionsfreundlich gesonnene Kreise wandten sich von der Politik ab und dem Privaten zu. Das „politisch Lied" wurde ein „garstig Lied" (Faust I). Der Weg für das unpolitische **Biedermeier** mit seiner Suche nach dem kleinen Glück im stillen Winkel war damit frei.

Biedermeier

Auch das Großbürgertum verhielt sich politisch abstinent. Es konzentrierte seine Interessen und Energien auf einen ganz anderen Bereich: die **Industrialisierung**.

Industrialisierung

▶ QUELLE 1 Friedrich Wilhelm, König von Preußen an sein Volk

An mein Volk.

So wenig für Mein treues Volk als für Deutsche, bedarf es einer Rechenschaft, über die Ursachen des Krieges welcher jetzt beginnt. Klar liegen sie dem unverblendeten Europa vor Augen.

Wir erlagen unter der Uebermacht Frankreichs. [...] Das Mark des Landes ward ausgesogen, [...] der Ackerbau ward gelähmt so wie der sonst so hoch gebrachte Kunstfleiß unserer Städte. Die Freiheit des Handels ward gehemmt, und dadurch die Quelle des Erwerbs und des Wohlstands verstopft. Das Land ward ein Raub der Verarmung.

[...] Jetzt ist der Augenblick gekommen, wo alle Täuschung über unsern Zustand aufhört.

Brandenburger, Preußen, Schlesier, Pommern, Litthauer! Ihr wißt was Ihr seit fast sieben Jahren erduldet habt, Ihr wißt was euer trauriges Loos ist, wenn wir den beginnenden Kampf nicht ehrenvoll enden. Erinnert Euch an die Vorzeit, an den großen Kurfürsten, den großen Friedrich. [...]

Große Opfer werden von allen Ständen gefordert werden: [...] Ihr werdet jene lieber bringen, für das Vaterland, für Euren angebornen König, als für einen fremden Herrscher [...]. Aber, welche Opfer auch von Einzelnen gefordert werden mögen, sie wiegen die heiligen Güter nicht auf, für die wir sie hingegeben, für die wir streiten und siegen müssen, wenn wir nicht aufhören wollen, Preußen und Deutsche zu seyn.

Es ist der letzte entscheidende Kampf den wir bestehen für unsere Existenz, unsere Unabhängigkeit, unsern Wohlstand; keinen andern Ausweg giebt es, als einen ehrenvollen Frieden oder einen ruhmvollen Untergang. Auch diesem würdet Ihr getrost entgegen gehen um der Ehre willen, weil ehrlos der Preuße und der Deutsche nicht zu leben vermag. Allein wir dürfen mit Zuversicht vertrauen: Gott und unser fester Wille werden unserer gerechten Sache den Sieg verleihen, mit ihm einen sicheren glorreichen Frieden und die Wiederkehr einer glücklichen Zeit.

Breslau, den 17. März 1813 Friedrich Wilhelm

(Schlesische privilegierte Zeitung No. 34, Sonnabends den 20. März 1813)

1. **Mit welchen – auch sprachlichen – Mitteln versucht der König, seine Untertanen zum Krieg gegen Napoleon zu bewegen?**
2. **An welchen Textstellen wird deutlich, dass sich das Verhältnis König – Untertan gewandelt hat?**

▶ QUELLE 2 Auszüge aus der deutschen Bundesakte vom 8. Juni 1815

Art. 1. Die souveränen Fürsten und freien Städte Deutschlands mit Einschluß Ihrer Majestät des Kaisers von Österreich und der Könige von Preußen, von Dänemark und der Niederlande, [...] vereinigen sich zu einem beständigen Bunde, welcher der deutsche Bund heißen soll.

Art. 2. Der Zweck desselben ist Erhaltung der äußeren und inneren Sicherheit Deutschlands und der Unabhängigkeit und Unverletzbarkeit der einzelnen deutschen Staaten.

Art. 5. Österreich hat bei der Bundesversammlung den Vorsitz, jedes Bundes-Glied ist befugt, Vorschläge zu machen und in Vortrag zu bringen [...].

Art. 11. Alle Mitglieder des Bundes versprechen sowohl ganz Deutschland als jeden einzelnen Bundesstaat gegen jeden Angriff in Schutz zu nehmen und garantieren sich gegenseitig ihre sämtlichen unter dem Bunde begriffenen Besitzungen.

Art. 13. In allen Bundesstaaten wird eine Landständische Verfassung stattfinden.

(Ernst Rudolf Huber: Dokumente zur Deutschen Verfassungsgeschichte. Stuttgart, Kohlhammer 1978)

1. **Wie gestaltet sich das Verhältnis des Deutschen Bundes zu den Einzelstaaten?**
2. **Erläutern Sie Artikel 13 der Bundesakte. Welche konkreten Verpflichtungen gehen die Unterzeichner damit ein?**
3. **Vergleichen Sie die Struktur des Deutschen Bundes mit dem föderalen Aufbau der Bundesrepublik Deutschland. Welche Gemeinsamkeiten und Unterschiede stellen Sie fest?**

Auszug aus der Festrede des Studenten Heinrich Arminius Riemann auf dem Wartburgfest am 18. Oktober 1817

▶ QUELLE 3

[...] und ihr andern alle, die ihr euer Herzblut vergossen habt für des Deutschen Landes Herrlichkeit und Freiheit, die ihr jetzt über uns schwebt in ewiger Klarheit und mit hellem Blick in die Zukunft schaut, euch rufen wir auf zu Zeugen unsers Gelübdes. Der Gedanke an euch soll uns Kraft geben zu jedem Kampfe, fähig machen zu jeder Aufopferung. So wie euch der Dank eures Volkes bleiben wird, und sein Segen euch gefolgt ist in euer Grab, so seien uns auch gesegnet alle die, welche für des Vaterlandes Wohl, für Recht und Freiheit erglühet sind, dafür leben und mit Wort und That wirken. Verderben und Haß der Guten allen denen, die in niedriger schmutziger Selbstsucht das Gemeinwohl vergessen, die ein knechtisches Leben einem Grab in freier Erde vorziehn, die lieber im Staube kriechen, als frei und kühn ihre Stimme erheben gegen jegliche Unbill, die, um ihre Erbärmlichkeit und Halbheit zu verbergen, unsrer heiligsten Gefühle spotten, Begeisterung und vaterländischen Sinn und Sitten für leere Hirngespinste, für überspannte Gedanken eines krankhaften Gemüthes ausschreiben! Ihrer sind noch viel, möchte bald die Zeit kommen, wo wir sie nicht mehr nennen dürfen!

(Hagen Schulze: Der Weg zum Nationalstaat. München, dtv 1980, S. 145 f.)

1. **Welche konkreten Forderungen werden erhoben?**
2. **Wer bzw. welche gesellschaftliche Gruppe wird angegriffen?**
3. **Charakterisieren Sie den Stil dieser Rede. Welche Besonderheiten fallen Ihnen auf?**
4. **Erläutern Sie die Situation im Februar 2011, wo der Funke der befreienden Revolution gleichfalls von einem Staat auf einen anderen übergesprungen ist, ähnlich wie 1848 von Frankreich auf Deutschland.**

Die Karlsbader Beschlüsse vom August 1819

▶ QUELLE 4

[...] dürfen Schriften, die in der Form täglicher Blätter oder heftweise erscheinen, [...] in keinem deutschen Bundesstaat ohne Vorwissen und vorgängige Genehmhaltung der Landesbehörden zum Druck befördert werden. [...]

– Es soll bei jeder Universität ein mit zweckmäßigen Instruktionen und ausgedehnten Befugnissen versehener, am Ort der Universität residierender außerordentlicher landesherrlicher Bevollmächtigter [...] angestellt werden. Das Amt dieses Bevollmächtigten soll sein, über die strengste Vollziehung der bestehenden Gesetze und Disziplinarvorschriften zu wachen, den Geist, in welchem die akademischen Lehrer bei ihren öffentlichen und Privatvorträgen verfahren, sorgfältig zu beobachten und demselben jedoch ohne unmittelbare Einmischung in das Wissenschaftliche und die Lehrmethoden, eine heilsame, auf die künftige Bestimmung der studierenden Jugend berechnete Richtung zu geben [...].

– Die Bundesregierungen verpflichten sich gegeneinander, Universitäts- und andere öffentliche Lehrer, die durch erweisliche Abweichung von ihrer Pflicht oder Überschreitung der Grenzen ihres Berufes, durch Mißbrauch ihres rechtmäßigen Einflusses auf die Gemüter der Jugend, durch Verbreitung verderblicher, der öffentlichen Ordnung und Ruhe feindseliger oder die Grundlagen der bestehenden Staatseinrichtungen untergrabender Lehren ihre Unfähigkeit zur Verwaltung des ihnen anvertrauten wichtigen Amtes unverkennbar an den Tag gelegt haben, von den Universitäten und sonstigen Lehranstalten zu entfernen [...].

– Die seit langer Zeit bestehenden Gesetze gegen geheime oder nicht autorisierte Verbindungen auf

den Universitäten sollen in ihrer ganzen Kraft und Strenge aufrechterhalten und insbesondere auf den seit einigen Jahren gestifteten, unter dem Namen der allgemeinen Burschenschaft bekannten Verein [...] ausgedehnt werden [...].
– Kein Studierender [...] soll [...] ohne ein befriedigendes Zeugnis seines Wohlverhaltens auf der von ihm verlassenen Universität von irgendeiner anderen Universität aufgenommen werden.

(Bernhard Pollmann [Hrsg.]: Lesebuch zur deutschen Geschichte. Band 2, Dortmund, Chronik 1984, S. 219)

Beschreiben Sie die Folgen dieser Beschlüsse für das Leben an den Universitäten.

▶ QUELLE 5 Auszug aus den Grundrechten des deutschen Volkes vom 27. Dezember 1848

§ 7 [...] Der Adel als Stand ist aufgehoben. [...] Die Deutschen sind vor dem Gesetz gleich.

§ 130 [...] Sie [die Grundrechte] sollen den Verfassungen der deutschen Einzelstaaten zur Norm dienen und keine Verfassung eines deutschen Einzelstaats soll dieselben je aufheben oder beschränken können.

§ 138 Die Freiheit der Person ist unverletzlich.

§ 143 Jeder Deutsche hat das Recht, durch Wort, Schrift, Druck und bildliche Darstellung seine Meinung frei zu äußern. [...]

§ 144 Jeder Deutsche hat volle Glaubens- und Gewissensfreiheit. [...]

§ 164 Das Eigentum ist unverletztlich.

§ 174 Alle Gerichtsbarkeit geht vom Staate aus. Es sollen keine Patrimonialgerichte bestehen.

§ 175 Die richterliche Gewalt wird selbständig von den Gerichten geübt. Kabinetts- und Ministerialjustiz sind unstatthaft.

§ 186 Jeder deutsche Staat soll eine Verfassung mit Volksvertretung haben. Die Minister sind der Volksvertretung verantwortlich.

(Ernst Rudolf Huber: Dokumente zur Deutschen Verfassungsgeschichte. Stuttgart, Kohlhammer 1978, S. 108–121)

Vergleichen Sie den Grundrechtsentwurf der Paulskirche mit den Grundrechten des Grundgesetzes und stellen Sie inhaltliche Übereinstimmungen bzw. Unterschiede fest.

▶ QUELLE 6 Rede König Friedrich Wilhelms IV. anlässlich der Ablehnung der Kaiserkrone am 3. April 1849

Meine Herren! Die Botschaft als deren Träger Sie zu Mir gekommen sind, hat Mich tief ergriffen. Sie hat Meinen Blick auf den König der Könige gelenkt und auf die heiligen und unantastbaren Pflichten, welche Mir als dem König Meines Volkes und als einem der mächtigsten deutschen Fürsten obliegen. Solch ein Blick, Meine Herren, macht das Auge klar und das Herz gewiß. [...]

Aber, Meine Herren, Ich würde Ihr Vertrauen nicht rechtfertigen, Ich würde dem Sinne des deutschen Volkes nicht entsprechen, Ich würde Deutschlands Einheit nicht aufrichten, wollte Ich mit Verletzung heiliger Rechte und Meiner früheren ausdrücklichen und feierlichen Versicherungen, ohne das freie Einverständnis der gekrönten Häupter, der Fürsten und der freien Städte Deutschlands, eine Entschließung fassen, welche für sie und für die von ihnen regierten deutschen Stämme die entscheidendsten Folgen haben muß. – An den Regierungen der einzelnen deutschen Staaten wird es daher jetzt sein, in gemeinsamer Beratung zu prüfen, ob die Verfassung dem Einzelnen wie dem Ganzen frommt, ob die Mir zugedachten Rechte Mich in den Stand setzen würden, mit starker Hand, wie ein solcher Beruf es von Mir fordert, die Geschicke des großen deutschen Vaterlandes zu leiten und die Hoffnungen seiner Völker zu erfüllen. [...]

(Bernhard Pollmann [Hrsg.]: Lesebuch zur deutschen Geschichte. Band 2, Dortmund, Chronik 1984, S. 304 f.)

1. **Warum lehnte Friedrich Wilhelm die Kaiserkrone ab?**
2. **Begründen Sie, ob die Argumente der Wahrheit entsprechen oder nur vorgeschoben sind.**

4.2 Die Einigung Deutschlands

4.2.1 Preußen und Otto von Bismarck

DARSTELLUNG

Im Januar 1861 wurde *Wilhelm I.* (1797–1888) zum preußischen König gekrönt. Obwohl er als Thronfolger führend bei der rücksichtslosen militärischen Niederwerfung der lokalen Unruhen von 1849 beteiligt war – deshalb im Volksmund auch „Kartätschenprinz“ genannt wurde –, setzte das liberale Bürgertum gewisse Hoffnungen in ihn. Doch bereits wenige Tage nach seinem Amtsantritt verdeutlichte *Wilhelm,* welche politische Richtung er einschlagen wollte: Die Staatsmacht sollte vor allem auf ein starkes Heer gestützt werden, das nicht nur gegen mögliche Feinde von außen, sondern auch gegen politische Gegner im Innern eingesetzt werden konnte. Eine große und gut ausgerüstete Armee sollte gleichzeitig zur vollen Wiederherstellung der königlichen Autorität führen.

Kriegsminister *Albrecht von Roon* (1803–1879) erhielt den Auftrag, ein militärisches Reformprogramm auszuarbeiten, dessen Entwurf dem preußischen **Abgeordnetenhaus** vorgelegt wurde. Der König wünschte eine Vergrößerung des stehenden Heeres, der **Linie**, was aus Besoldungsgründen beträchtliche Mehrausgaben verursachen würde, und dafür brauchte er die Zustimmung des Abgeordnetenhauses, des preußischen Landtages.

Abgeordnetenhaus
Linie

Mit dem des **Herrenhauses** konnte er fest rechnen. Demgegenüber verlangte die liberale Mehrheit des Landtages eine Verstärkung der **Landwehr**, die zumeist aus Reservisten bestand und von bürgerlichen Offizieren geführt wurde. Der König war ungehalten, empört, dass seine Militärpolitik von gewählten Abgeordneten abhängig sein sollte. Er löste den preußischen Landtag kurzerhand auf und ließ neu wählen. Doch die Neuwahl verstärkte die liberale Mehrheit und Kompromissvorschläge scheiterten daran, dass der Monarch an der dreijährigen Dienstzeit festhielt. *Wilhelm I.* spielte bereits mit dem Gedanken der Abdankung. In dieser Lage riet ihm *Roon,* seinen Freund *Otto von Bismarck* in die Regierung zu berufen, so wurde *Bismarck* im September 1862 preußischer Ministerpräsident.

Herrenhaus
Landwehr

Otto von Bismarck wurde am 1. April 1815 in Schönhausen in der Altmark geboren, er starb 1898. Sein Vater war adliger Rittergutsbesitzer und Offizier, seine Mutter entstammte einer angesehenen Gelehrtenfamilie. Seine Herkunft prägte lebenslänglich seine Einstellung als die eines ostelbischen Großgrundbesitzers, auch **Junker** genannt, der auf seinem Hof fast wie ein feudaler Herrscher des 18. Jahrhunderts schaltete und waltete.

Otto von Bismarck
www.bismarck-stiftung.de
Junker

Als konservativer Abgeordneter wurde *Bismarck* 1851 zum Bundestag nach Frankfurt entsandt, wo er fast acht Jahre wirkte. Energisch setzte er sich für eine Politik ein, die Preußen unabhängig machen sollte sowohl vom Deutschen Bund als auch von Österreich. 1859 wurde er **Gesandter** Preußens am russischen Zarenhof, was er als Degradierung empfand, weil seine politischen Einflussmöglichkeiten dort gering waren. „Ich will aber Musik machen, wie ich sie für gut erkenne, oder gar keine“, schrieb er voller Ehrgeiz in einem Brief jener Zeit.

Gesandter

Ministerpräsident *Bismarck* erbot sich, auch gegen die Parlamentsmehrheit zu regieren. Ohne Etatbewilligung setzte er die Militärvorlage durch. In seinen „Erinnerungen“ beschreibt er eindrucksvoll seine Argumentation.

Ministerpräsident

▶ Q. 1

Gegenüber den Abgeordneten argumentierte er, dass die Frage der Armeestärke zur uneingeschränkten Kommandogewalt des Königs als alleinigem Oberbefehlshaber gehöre, mithin der Kompetenz (Zuständigkeit) des preußischen Landtags entzogen sei. Was geschehe, wenn dieser die zur Ausübung der Kommandogewalt benötigten Mittel nicht zur Verfügung stelle? Darüber sage die preußische Verfassung nichts; sie weise hier eine Lücke auf **(Lückentheorie)**.

Lückentheorie

Der Bestand des Staates erfordere jedoch Handlungsfähigkeit; die Regierung sei deshalb in einem solchen Fall zur budgetlosen Verwaltung geradezu verpflichtet.

Das Vorgehen *Bismarcks* darf nicht als Staatsstreich gewertet werden; er wollte die Verfassung selbst ja nicht beseitigen, sondern nur im Interesse des Königs interpretieren. Rein rechtlich ist diese Auslegung allerdings unzulässig. Wenn für das Gesetzgebungsverfahren die Zustimmung beider Kammern prinzipiell erforderlich ist, so gilt eine Vorlage als gescheitert, wenn eines der Häuser sie ablehnt (vgl. *Zustimmungsbedürftige Gesetze* gemäß Grundgesetz, S. 405 f.).

Bundesreform
Fürstentag

Ein Jahr später legte Österreich das Projekt einer **Bundesreform** vor, das dem Bund als Zentralgewalt mehr Gewicht geben sollte, und lud im August 1863 zum **Fürstentag** nach Frankfurt ein. Die meisten deutschen Fürsten standen der Reform wohlwollend gegenüber; aber *Bismarck* sah darin eine Schwächung der Vormachtstellung Preußens, und so blieb *Wilhelm I.* auf Anraten *Bismarcks* dem Fürstentag fern. Weil die übrigen Herrscher ohne Preußen nicht abschließen wollten, scheiterte erwartungsgemäß der Reformplan. Der preußisch-österreichische Gegensatz spitzte sich zu.

4.2.2 Die Neuordnung Deutschlands durch Krieg

Londoner Protokoll

Im Frühjahr 1863 hatte der dänische König das **Londoner Protokoll** von 1852 für ungültig erklärt. Darin war festgelegt worden, dass die beiden Herzogtümer *Schleswig* und *Holstein* autonom (selbstständig) bleiben sollten. Entgegen der vertraglichen Abmachung wurden die Gebiete nun von Dänemark annektiert. Noch einmal gelang es *Bismarck,* Österreich zum gemeinsamen Handeln zu bewegen. Ohne die übrigen Bundesmitglieder zu fragen, richteten Preußen und Österreich im Januar 1864 ein Ultimatum an Dänemark. Nach dessen Ablauf erklärte *Bismarck* im Namen Preußens Dänemark den Krieg, der schon nach wenigen Wochen mit der Erstürmung der *Düppeler Schanzen* im April 1864 siegreich beendet werden konnte. Dänemark verzichtete auf die Herzogtümer Schleswig, Holstein und Lauenburg.

Dieser Krieg ist ein Beispiel für eine begrenzte Kriegszielsetzung. Es ging nicht um die Vernichtung des Feindes, sondern nur um die Wiederherstellung eines Status quo ante (vorheriger Zustand). Auf Kriegsentschädigung oder „Bestrafung“ des Gegners wurde verzichtet.

Dänischer Krieg

Unmittelbar nach dem **Dänischen Krieg** flammten die Auseinandersetzungen zwischen den Bundesgenossen Preußen und Österreich wieder auf; Streitpunkt war die Verteilung der „Beute“. Preußen strebte eine *Arrondierung* (Grenzgebietserweiterung) in Norddeutschland und damit eine Machtvergrößerung an, während Österreich eher geneigt war, den Herzogtümern die bisherige Selbstständigkeit zu belassen, um das europäische Gleichgewicht nicht zu zerstören.

Der Gedanke des Machtgleichgewichts ist keine moderne Erfindung der Sicherheitspolitik, sondern hat jahrhundertelang die Außenpolitik in Europa geprägt. Dieses Gleichgewicht geschaffen zu haben, war die Leistung des Wiener Kongresses, dessen Friedenswerk erst durch den Dänischen Krieg gestört wurde.

Gasteiner Konvention

In der **Gasteiner Konvention** von 1865 konnte der Konflikt zunächst beigelegt werden: Preußen sollte *Schleswig,* Österreich *Holstein* verwalten. *Lauenburg* fiel für 2,5 Millionen Taler an Preußen.

Dennoch hörten die Streitigkeiten nicht auf. Der jahrzehntealte Dualismus trieb seinem kriegerischen Höhepunkt zu. Preußen schloss mit Italien am 8. April 1866 einen auf drei Monate befristeten Militärpakt. Die Stoßrichtung war unverkennbar: Italien und Österreich hatten seit Jahren Auseinandersetzungen um bestimmte Gebietsteile, z. B. Venetien.

Die österreichische Regierung beschloss, den Konflikt vor den Bundestag zu bringen, in dem Österreich den Vorsitz führte und mit einer Mehrheit für seine Interessen rechnen durfte. Die Antwort *Bismarcks* bestand im Einmarsch preußischer Truppen in das von Österreich verwaltete Holstein.

Österreich und mit ihm 13 „bundestreue“ Staaten, darunter auch *Baden* und *Württemberg,* mobilisierten sieben nicht preußische Korps der Bundesarmee. Preußen wurde dagegen von

18 norddeutschen Klein- und Mittelstaaten unterstützt. Wer die Einigung Deutschlands erhofft und erstrebt hatte, sah fassungslos auf diesen Krieg, den **Deutschen Krieg**. „Jeder Sieg – eine Niederlage" formulierte knapp und zutreffend ein bayerischer Liberaler.

Deutscher Krieg

Zum letzten Mal schossen in einem Krieg Deutsche auf Deutsche. Bei Tauberbischofsheim lieferten sich Preußen und Württemberger ihr letztes Gefecht um den Übergang über den Main am 24. Juli 1866.

Mit dem Entscheidungssieg bei *Königgrätz* wurde der jahrzehntelang schwelende Konflikt mit Österreich zugunsten Preußens entschieden. *Bismarck* beschwor den König, den Sieg nicht zulasten Österreichs auszunutzen, um einer Einmischung Frankreichs zuvorzukommen, denn die nächste Auseinandersetzung zeichnete sich bereits ab.

4.2.3 Der Norddeutsche Bund

Mit dem Frieden von Prag am 23. August 1866 sicherte sich Preußen die **Hegemonie** (Vorherrschaft) in Mitteleuropa.

Hegemonie

Preußen annektierte mit Ausnahme von *Sachsen* und *Hessen-Darmstadt* alle gegnerischen Staaten nördlich der Mainlinie und bildete den **Norddeutschen Bund.** Der Deutsche Bund war damit aufgelöst und die kleindeutsche Lösung hatte sich endgültig durchgesetzt; Österreichs Rolle als Großmacht, verstärkt noch durch den Verlust *Venetiens* nach dem Krieg mit Italien im selben Jahr, war endgültig ausgespielt.

Norddeutscher Bund

Die Verfassung des *Norddeutschen Bundes* trat am 1. Juli 1867 in Kraft. Sie war Vorläufer der späteren Reichsverfassung. Der Norddeutsche Bund hielt auch für die Staaten südlich der Mainlinie die Tür „immer offen" wie *Bismarck* erklärte, und er band sie durch geheime **Schutz- und Trutzbündnisse** an die preußische Großmacht.

Schutz- und Trutzbündnisse

Unter dem Eindruck dieser militärischen und außenpolitischen Erfolge gab das preußische Abgeordnetenhaus am 3. September 1866 *Bismarck* in einer **Indemnitätsvorlage** (*Indemnität* = Straffreiheit) nachträglich die Billigung seiner ungesetzlichen Militärausgaben. Der Verfassungskonflikt war damit beendet, auch wenn die mit Mehrheit angenommene Vorlage bestätigte, dass *Bismarcks* Handeln verfassungswidrig war.

Indemnitätsvorlage

Wirtschaftlich wurde ein erster Schritt zur deutschen Einigung durch die Bildung des **Zollvereins** von 1834 vollzogen, dessen Vorkämpfer *Friedrich List* (1789–1846) im Abbau der Zollgrenzen einen Weg zur politischen Einheit Deutschlands sah.

Zollverein

Wieder drängt sich der Vergleich mit der **Europäischen Union** auf, die 1957 als Zollunion begann. Wird sie nicht auch, wie es der Zollverein wurde, zum Vorläufer einer politischen Einigung? Die nationalen Unterschiede in der „Gemeinschaft der 28" sind allerdings gegenüber dem Zollverein unvergleichlich größer, sodass der Weg wesentlich länger und mühsamer sein wird.

4.2.4 Der Deutsch-Französische Krieg

Napoleon III. (1808–1873), einen Neffen des ehemaligen Kaisers, erfüllte die Entwicklung in den östlichen Nachbarstaaten mit größtem Misstrauen. Nach der Februarrevolution von 1848 war er zum Präsidenten gewählt worden. Das Plebiszit von 1852 verschaffte ihm den Titel eines Kaisers „der Franzosen durch Gottes Gnaden und den Willen der Nation". Sein erbliches Kaisertum verlieh ihm eine Machtstellung, die durchaus mit der seines Onkels vergleichbar war. Zudem brannte in ihm ähnlicher Ehrgeiz, dem sein außenpolitisches Talent allerdings nicht entsprach. Kläglich scheiterte z. B. sein Versuch, den österreichischen Erzherzog *Maximilian* zum „Kaiser von Mexiko" zu machen. *Maximilian* wurde 1867 standrechtlich erschossen und Frankreich

Kaiserproklamation in Versailles am 18. Januar 1871 (Stich nach einem Gemälde von Anton von Werner)

musste alle Truppen aus Mexiko abziehen. Umso mehr drängte *Napoleon* auf außenpolitischen Gewinn in Europa, was nach der neuen Lage von 1866 nur zulasten Preußens gehen konnte.

www.preussen.de/de/geschichte.html

Im Frühsommer 1870 sah der französische Kaiser die Stunde gekommen, Frankreichs Stellung im Staatengefüge zu stärken und Preußen in die Schranken zu weisen. Seit 1866 war der spanische Königsthron verwaist. Als die Thronkandidatur des Erbprinzen *Leopold von Hohenzollern-Sigmaringen* am 1. Juli 1870 offiziell bekannt gegeben wurde – sie galt bereits lange als wahrscheinlich –, erhob Frankreich förmlichen Protest. Es fürchtete eine bedrohliche Umklammerung seines Reiches.

Obwohl nicht sonderlich beeindruckt, riet König *Wilhelm* der Sigmaringer Linie des Hauses von der Kandidatur ab, und am 12. Juli 1870 erklärte der Erbprinz den Verzicht auf den spanischen Königsthron. Frankreich hatte einen diplomatischen Erfolg errungen. Doch der französische Kaiser wollte mehr; er wollte die Demütigung Preußens vor aller Welt. Der Botschafter *Benedetti* wurde beauftragt, vom preußischen König, der gerade zur Kur in Bad Ems weilte, eine Erklärung zu verlangen, nach der für alle Zukunft und nicht nur für diesen abgeschlossenen Fall kein *Hohenzollernprinz* den spanischen Königsthron besteigen sollte. Dieses für die damalige Zeit unerhörte Ansinnen lehnte der König ab und ließ *Bismarck* in einem Telegramm nach Berlin über die Unterredung berichten.

▶ Q. 2

Emser Depesche ▶ Q. 3

Bismarck verkürzte den Bericht und gab ihn als **Emser Depesche** zur Veröffentlichung frei.

Die verkürzte und dadurch verschärfte Fassung erschien *Napoleon III.* als ein nicht hinnehmbarer Prestigeverlust. Er ließ seine Truppen mobilisieren und erklärte Preußen am 19. Juli 1870 den Krieg. Doch nicht nur die Länder des Norddeutschen Bundes schlossen sich Preußen an, auch die süddeutschen Staaten traten zum Erstaunen des französischen Kaisers freiwillig an die Seite Preußens, sodass von Anbeginn der Krieg zum Nationalkrieg Deutschland gegen Frankreich wurde. Abermals zur Enttäuschung *Napoleons* verhielt sich Österreich zudem neutral und übte keine *Rache für Sadowa,* wie die Schlacht bei Königgrätz im Jahre 1866 von den Österreichern genannt wurde.

Die alles entscheidende Schlacht wurde am 1. September 1870 bei *Sedan* ausgetragen. Es gelang den Preußen und den mit ihnen verbündeten deutschen Truppen, die französische Hauptarmee völlig zu vernichten und den Kaiser gefangen zu nehmen. Der Krieg schien zu Ende, doch in Paris wurde die Republik ausgerufen, die dritte, und der Kampf wurde, wenn auch aussichtslos, fortgesetzt. Bereits am 19. September konnten die deutschen Truppen Paris umzingeln, das sich aber weigerte zu kapitulieren. Der preußische König zögerte lange, die Stadt mit Artillerie beschießen zu lassen; er fürchtete Opfer unter der Zivilbevölkerung und die Zerstörung der unermesslichen Kunstschätze. Paris sollte ausgehungert werden. Erst am 26. Februar 1871 konnte ein vorläufiger Frieden geschlossen werden, der im Mai im **Frieden von Frankfurt** bestätigt wurde. Aus Enttäuschung über den Waffenstillstand und aus Empörung über eine unsoziale Innenpolitik war die **Pariser Kommune** entstanden, die allerdings bald von Regierungstruppen blutig niedergeschlagen wurde. Zu diesen innenpolitischen bürgerkriegsähnlichen Zuständen kam nun auch noch die von vielen Franzosen als demütigend empfundene Abtretung Elsass-Lothringens an Deutschland sowie eine Kriegsentschädigung von fünf Milliarden Francs in Gold.

Frieden von Frankfurt

Pariser Kommune

Noch während der Kampfhandlungen hatte *Bismarck* im Oktober 1870 die süddeutschen Fürsten nach Versailles geladen. Es galt, die nationale Stimmung auszunutzen und den Norddeutschen Bund unter preußischer Führung zu erweitern. In zähen Verhandlungen wurde ein neuer Bund gegründet; er erhielt den Namen **Deutsches Reich**. Staatsoberhaupt sollte König *Wilhelm* als **Deutscher Kaiser** werden, der allerdings den Titel „Kaiser von Deutschland" bevorzugt hätte. Die Proklamation erfolgte am 18. Januar 1871, als der Großherzog von Baden im Spiegelsaal von Versailles im Namen der deutschen Fürsten ausrief – den Titelstreit taktvoll umgehend: „Es lebe Kaiser Wilhelm I.!"

Deutsches Reich

Deutscher Kaiser

Aus den Erinnerungen Otto von Bismarcks

▶ QUELLE 1

Ich hatte für Leute, die weniger erbittert und von Ehrgeiz verblendet waren, deutlich genug gesagt, wo ich hinaus wollte. Preußen könne – das war der Sinn meiner Rede – wie schon ein Blick auf die Karte zeige, mit seinem schmalen langgestreckten Leibe die Rüstung, deren Deutschland zu seiner Sicherheit bedürfe, allein nicht länger tragen. Diese müsse sich auf alle Deutschen gleichmäßig verteilen. Dem Ziele würden wir nicht durch Reden, Vereine, Majoritätsbeschlüsse näher kommen, sondern es werde ein ernster Kampf nicht zu vermeiden sein, ein Kampf der nur durch Eisen und Blut erledigt werden könne. Um uns darin Erfolg zu sichern, müßten die Abgeordneten das möglichst große Gewicht von Eisen und Blut in die Hand des Königs von Preußen legen, damit er es nach seinem Ermessen in die eine oder andere Waagschale werfen könne. [...]
Um dem vermutlichen Eindruck der Presse auf ihn (gemeint ist [Wilhelm I.] beizeiten entgegenzuwirken, fuhr ich ihm nach Jüterbogk entgegen [...]. Als ich um die Erlaubnis bat, die Vorgänge während seiner Abwesenheit darzulegen, unterbrach er mich mit den Worten: „Ich sehe ganz genau voraus wie das alles endigen wird. Da vor dem Opernplatz unter meinen Fenstern wird man Ihnen den Kopf abschlagen und etwas später mir." [...]
Als er schwieg, antwortete ich mit der kurzen Frage: „Et après, Sire?" – „Ja après, dann sind wir tot", erwiderte der König. „Ja", fuhr ich fort, „dann sind wir tot, aber sterben müssen wir früher oder später doch und können wir anständiger umkommen? Ich selbst im Kampf für die Sache meines Königs und Eure Majestät, indem Sie Ihre königlichen Rechte von Gottes Gnaden mit dem eigenen Blute besiegeln. Ob auf dem Schafott oder auf dem Schlachtfeld ändert nichts an dem rühmlichen Einsetzen von Leib und Leben für die von Gottes Gnaden verliehenen Rechte. [...]
Je länger ich in diesem Sinne sprach, desto mehr belebte sich der König und fühlte sich in die Rolle des für Königtum und Vaterland kämpfenden Offiziers hinein ... [...] Das Leben für König und Vaterland einzusetzen war die Pflicht des preußischen Offiziers, um so mehr die des Königs als des ersten Offiziers im Lande.

(Bernhard Pollmann [Hrsg.]: Lesebuch zur deutschen Geschichte. Band 2, Dortmund, Chronik 1984, S. 306 ff.)

1. **Wie begründet Bismarck gegenüber dem Parlamentsausschuss seine Forderung nach einem höheren Heeresetat?**
2. **Warum ist Wilhelm I. skeptisch gegenüber Bismarcks Erfolgsaussichten?**
3. **Wie gelingt es Bismarck, den König zu überzeugen?**

▶ QUELLE 2 Die erste Fassung der „Emser Depesche". Der vortragende Rat Abeken an Bismarck

Seine Majestät der König schreibt mir: „Graf Benedetti fing mich auf der Promenade ab, um auf zuletzt sehr zudringliche Art von mir zu verlangen, ich sollte ihn autorisieren, sofort zu telegraphieren, daß ich für alle Zukunft mich verpflichtete, niemals wieder meine Zustimmung zu geben, wenn die Hohenzollern auf ihre Kandidatur zurückkämen. Ich wies ihn, zuletzt etwas ernst, zurück, da man a tout jemals dergleichen Engagements nicht nehmen dürfe noch könne. Natürlich sagte ich ihm, daß ich noch nichts erhalten hätte, und, da er über Paris und Madrid früher benachrichtigt sei als ich, er wohl einsähe, daß mein Gouvernement wiederum außer Spiel sei."
S. M. hat seitdem ein Schreiben des Fürsten bekommen. Da S. M. dem Grafen Benedetti gesagt, daß er Nachricht vom Fürsten erwarte, hat Allerhöchstderselbe, mit Rücksicht auf die obige Zumutung, auf des Grafen Eulenburg und meinen Vortrag beschlossen, den Grafen Benedetti nicht mehr zu empfangen, sondern ihm nur durch einen Adjutanten sagen zu lassen, daß S. M. jetzt vom Fürsten die Bestätigung der Nachricht erhalten, die Benedetti aus Paris schon gehabt, und dem Botschafter nichts weiter zu sagen habe. S. M. stellt Ew. Exzellenz anheim, ob nicht die neue Forderung Benedettis und ihre Zurückweisung sogleich sowohl unseren Gesandten als in der Presse mitgeteilt werden sollte.

(Bernhard Pollmann [Hrsg.]: Lesebuch zur deutschen Geschichte. Band 3, Dortmund, Chronik 1984, S. 11 f.)

1. **Wer ist Absender, wer Empfänger der Depesche?**
2. **Warum fühlt sich der Gesandte Frankreichs brüskiert?**

▶ QUELLE 3 Die zweite, verkürzte Fassung der „Emser Depesche" von Bismarck

Nachdem die Nachricht von der Entsagung des Prinzen von Hohenzollern der Kaiserlich Französischen Regierung von der Königlich Spanischen amtlich mitgeteilt worden ist, hat der französische Botschafter in Ems an S. M. den König noch die Forderung gestellt, ihn zu autorisieren, daß er nach Paris telegraphiere, daß S. M. der König sich für alle Zukunft verpflichte, niemals wieder seine Zustimmung zu geben, wenn die Hohenzollern auf ihre Kandidatur zurückkommen sollten. S. M. hat es darauf abgelehnt, den französischen Botschafter nochmals zu empfangen, und demselben durch den Adjutanten vom Dienst sagen lassen, daß S. M. dem Botschafter nichts mehr mitzuteilen haben.

(Bernhard Pollmann [Hrsg.]: Lesebuch zur deutschen Geschichte. Band 3, Dortmund, Chronik 1984, S. 11 f.)

1. **Worin unterscheidet sich die zweite Fassung der Emser Depesche von der ersten?**
2. **Warum wirkt diese Version verschärft?**
3. **Warum erklärt Frankreich nach Veröffentlichung dieser Depesche Deutschland den Krieg?**

4.3 Die Innenpolitik im Kaiserreich

4.3.1 Die Verfassung von 1871

DARSTELLUNG
Bundesstaat

Die Verfassung des neuen Reiches trat am 16. April 1871 in Kraft, entwickelt aus der Verfassung des Norddeutschen Bundes. Das Deutsche Reich war nun ein **Bundesstaat**, dem 25 Einzelstaaten angehörten, wobei Preußen größer und wirtschaftlich stärker war als alle anderen Bundesstaaten zusammen. Dennoch hatten einzelne Staaten auf Sonderrechten bestanden, ohne deren Garantie wahrscheinlich keine Einigung zustande gekommen wäre. So unterhielt z. B. Bayern eigene diplomatische Vertretungen und behielt wie Württemberg seine eigene Postverwaltung.

Nach 1945 wollte der Freistaat Bayern an diese Regelung anknüpfen und verlangte bei der Ausarbeitung des Grundgesetzes 1948/49 – vergeblich – das Recht, eigene diplomatische Vertretungen zu unterhalten.

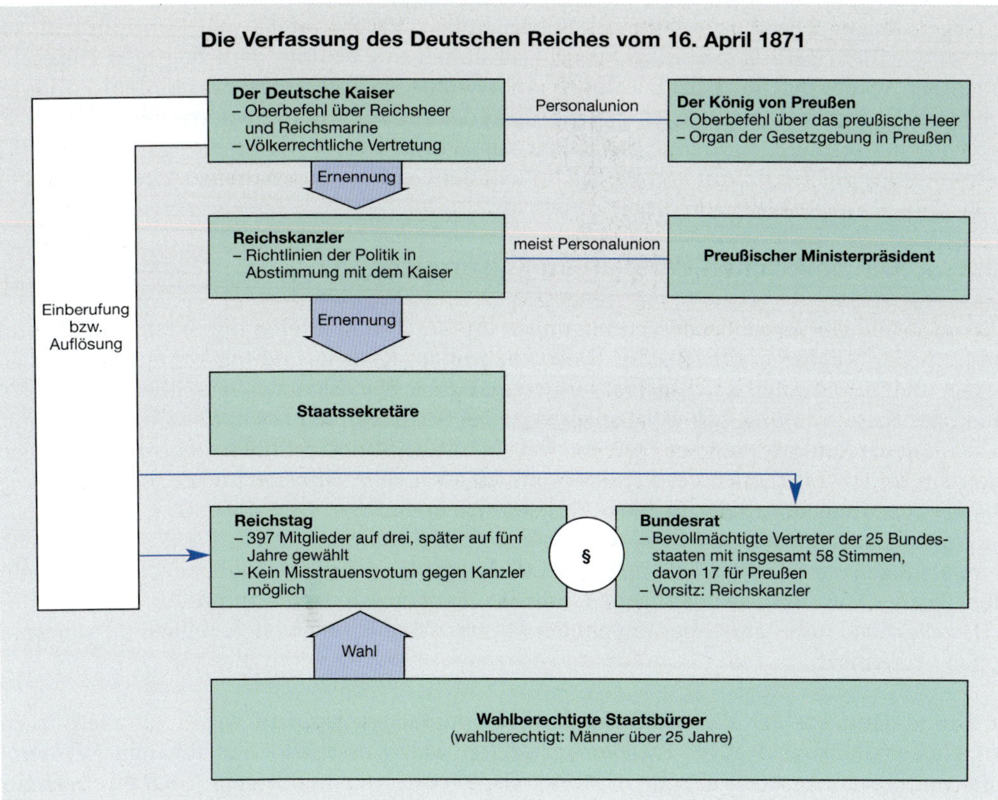

Der föderative Charakter der Reichsverfassung wurde vor allem durch die Finanzverfassung betont. Das Reich erhielt lediglich die Einnahmen aus den Zöllen, einige Verbrauchsteuern und den Überschuss der Reichspost. Es wurde zum „Kostgänger der Länder", weil es in immer wiederkehrenden Verhandlungen sich weitere Einnahmen von den Bundesstaaten sichern musste.

Konstitutionelle Monarchie

Deutscher Kaiser

Reichskanzler

Tragendes Prinzip der Verfassung war die **konstitutionelle Monarchie**, d. h., Staatsoberhaupt war der **Deutsche Kaiser**, der zugleich in **Personalunion** König von Preußen war. Er hatte die alleinige Kommandogewalt über die Streitkräfte und ernannte und entließ den Reichskanzler, der nicht dem Parlament, sondern dem Kaiser verantwortlich war, sog. *unverantwortlicher* Minister. Der **Reichskanzler** war meistens auch preußischer Ministerpräsident. Es gab keine Reichsminister, sondern nur Staatssekretäre, die dem Reichskanzler verantwortlich waren, der sie ernannte und entließ.

Bundesrat

Reichstag

Die Gesetzgebung war in erster Linie Aufgabe des **Bundesrates**, der aus insgesamt 58 Vertretern der Einzelstaaten bestand und unter dem Vorsitz des Reichskanzlers tagte. Für die Verabschiedung eines Gesetzes war die Zustimmung des **Reichstages** erforderlich.

Absolute Mehrheitswahl

Die 397 (männlichen) Abgeordneten des Reichstages wurden allgemein, gleich und direkt gewählt. Wahlberechtigt waren alle Männer über 25 Jahre. Das Wahlsystem war das einer **absoluten Mehrheitswahl**, ähnlich dem heutigen Wahlrecht zur Nationalversammlung in Frankreich. Konnte kein Kandidat in einem Wahlkreis die absolute Mehrheit erringen, so kam es in einem zweiten Wahlgang zu einer Stichwahl zwischen den Bewerbern mit den beiden höchsten Stimmanteilen. So entsprach die Zusammensetzung des Reichstages nie dem Anteil der für die Parteien abgegebenen Stimmen, ein genereller Nachteil dieses Systems. Die SPD erreichte beispielsweise 1890 bei fast 20 % der Wählerstimmen nicht einmal 10 % der Reichstagssitze.

Im Gegensatz zum Bundesrat hatte der Reichstag kein Verordnungs- und Kontrollrecht, sondern lediglich ein *Haushaltsbewilligungsrecht*. Er ähnelt nur bedingt dem heutigen Deutschen Bundestag. Weder der Reichskanzler noch einer seiner Staatssekretäre waren dem Parlament rechenschaftspflichtig; der Reichstag besaß nicht das Instrument des Misstrauensvotums; völkerrechtliche Verträge, soweit sie sich nicht auf Handel und Verkehr bezogen, waren nicht zustimmungspflichtig. Damit konnte das System der **Geheimdiplomatie** bestehen bleiben.

Geheimdiplomatie

▶ Q. 1

4.3.2 Die politischen Parteien im Kaiserreich

In Deutschland gibt es politische Vereinigungen im Sinne von Parteien mit Satzung, Programm und formeller Mitgliedschaft seit 1861. Doch erst mit der Reichsgründung konnten sie sich entwickeln und im gesamten Reichsgebiet verbreiten. Da der Reichskanzler ausschließlich vom Vertrauen des Kaisers abhing, gab es beispielsweise bei Wahlkämpfen keine *Kanzlerkandidatur* aus den Reihen der konkurrierenden Parteien, wie sie für die Bundesrepublik Deutschland prägend geworden ist. Die Fraktionen der Parteien konnten auch keine Minister stellen, eine *Regierungskoalition* aus Mitgliedern verschiedener Parteien war undenkbar. Den politischen Parteien blieb nur die Möglichkeit, von Fall zu Fall die Politik des Reichskanzlers – bzw. die des Monarchen! – zu unterstützen oder dagegen zu opponieren. Das enthob sie der Notwendigkeit, mit dem politischen Gegner Kompromisse einzugehen. *Fraktionsdisziplin* war, vielleicht mit Ausnahme bei der SPD, weitgehend unbekannt, die Grenzlinien zwischen den Parteien blieben fließend und waren oft nicht erkennbar.

www.dhm.de/lemo/html/kaiserreich

Ein Grund dafür war der klassische Typus des Honoratiorenpolitikers, wie er vor allem in den bürgerlichen und konservativen Parteien anzutreffen war. Wirtschaftlich unabhängig, oft vermögend, von hohem Ansehen in seinem Wahlkreis, konnte er es sich leisten, nach eigenem Gutdünken zu votieren.

Ende der Sechzigerjahre des 19. Jahrhunderts hatten sich in Deutschland vier politische Grundrichtungen herauskristallisiert:

Konservative

- Die **Konservativen** als Vertretung agrarischer und aristokratischer Interessen, die *Bismarcks* Politik weitgehend unterstützten und monarchisch gesonnen waren. Während die *Deutschkonservative Partei* die sog. *Ostelbier* vertrat, setzte sich die *Freikonservative Partei* mehr für die Belange der erstarkenden Industrie ein.

▶ Q. 2a

Konfessionelle Partei

- Die **Konfessionelle Partei** war das katholische *Zentrum*, das in Opposition zum Reich stand, weil es den *föderalistischen* Gedanken vertrat und den Schwerpunkt auf Kirchen- und Kulturpolitik legte.

▶ Q. 2b

Liberale

- Die **Liberalen** waren in zahlreiche Einzelparteien zersplittert, die sich zum Teil gegenseitig bekämpften. Die *Nationalliberalen* waren Anhänger der konstitutionellen Monarchie, setzten sich aber für eine rechtsstaatliche Ordnung ein und unterstützten als Vertreter bürgerlich-industrieller Kreise die militärische Rüstung. Die unter dem Oberbegriff *Linksliberale* zu erfassenden Parteien unterschieden sich in der Intensität ihres republikanischen Strebens und fanden ihre Anhänger bei Angestellten und Handwerkern.

▶ Q. 2c

Sozialdemokratische Partei Deutschlands

- Die **Sozialdemokratische Partei Deutschlands** (SPD) datiert ihren „Geburtstag" auf den 23. Mai 1863, als *Ferdinand Lassalle* in Leipzig den *Allgemeinen Deutschen Arbeiterverein* (ADAV) gründete.

Massenpartei

Die SPD war von Anbeginn keine *Honoratiorenpartei*, sondern eine **Massenpartei**, die für jedermann offenstand, der ihre Ziele unterstützte. Sie gab ihren Mitgliedern, besonders den im Kaiserreich sich an den Rand gedrängt fühlenden Arbeitern, eine politische Heimat, schenkte ihnen „Nestwärme". Der Zusammenhalt innerhalb der SPD war deshalb enger als in den anderen Parteien; Partei und Fraktion traten geschlossener auf.

▶ Q. 2d

Etwas davon scheint sich bis heute erhalten zu haben. Sozialdemokraten betonen stolz, dass in ihrer Partei *Solidarität* „kein Fremdwort ist". Dennoch unterliegt die moderne SPD als Volkspartei genauso wie andere harten Flügelkämpfen und innerparteilicher Auseinandersetzung.

Damals waren alle Parteien *Interessenparteien* und vertraten offen bestimmte gesellschaftliche Gruppen und deren Richtungen.

Bismarck machte sich Verfassung und Parteienwirklichkeit zunutze, indem er wiederholt „mit wechselnden Mehrheiten" regierte, d. h., je nach Vorhaben stützte er sich mal auf die eine, mal auf die andere Stimmenmehrheit der Parteien im Reichstag.

4.3.3 Die Gesellschaft im Kaiserreich

Im Verlauf der industriellen Revolution (siehe S. 119 ff.) wandelte sich Deutschland vom Agrar- zum Industriestaat. Das industrielle Großbürgertum konnte seinen Einfluss erheblich ausdehnen, auch wenn die Führungspositionen in Politik, Verwaltung und Militär zumeist in der Hand der Aristokratie blieben. Zwar konnten Bürgerliche, mit Ausnahme von SPD-Mitgliedern, Beamte in der Bürokratie des Kaiserreiches werden. Sie waren allerdings schlecht bezahlt und blieben zumeist ohne politischen Einfluss.

Als besonders erstrebenswert galt es jedem Nichtadligen, selbst wenn er einen akademischen Grad erworben hatte, den Titel eines Reserveoffiziers zu erhalten. Der Offizier genoss im Kaiserreich das höchste *Sozialprestige*. Die Ernennung zum *Leutnant der Reserve* war so etwas wie eine Ersatznobilitierung (*Nobilitierung* = Adelsernennung).

Militärische Erscheinungen – der Befehlston der Behörden, der Schleppsäbel des Bediensteten der Reichsbahn, die Hochschätzung der Uniform (*Köpenickiade!*) – prägten Einstellung und Umgangsformen des Groß- und Bildungsbürgertums. Verstärkt wurde diese Tendenz noch in dem Wunsch der Kleingewerbetreibenden, Handwerker und der immer zahlreicheren Angestellten, sich von der **Arbeiterklasse** abzugrenzen und die revolutionären Bestrebungen der SPD zu verurteilen.

Arbeiterklasse

Schul- und Erziehungswesen sollten die Bürger zu fleißigen und loyalen Untertanen erziehen. Hierin sah Kaiser *Wilhelm II.*, der 1888 im sog. *Dreikaiserjahr*, das Amt von seinem nach 99 Tagen Regentschaft gestorbenen Vater *Friedrich III.* übernahm, eine besonders wichtige Aufgabe.

Allerdings widersprach die katholische Kirche dieser Einflussnahme im kulturpolitischem Bereich und es kam zum sog. **Kulturkampf**, als dessen wichtigste Ergebnisse die Einführung der Zivilehe, die staatliche Schulaufsicht und der Kanzelparagraf gelten. Der Kanzelparagraf verbot die Erörterung staatlicher Angelegenheiten durch Geistliche in Ausübung ihres Berufes. Er wurde in der Bundesrepublik Deutschland 1953 wieder aus dem Strafgesetzbuch gestrichen.

Kulturkampf

Die *bismarcksche* Innenpolitik ist von einer eigenartigen Widersprüchlichkeit geprägt. Neben Fortschrittlichem, wie z. B. der ersten **Sozialgesetzgebung** der Welt, und einer dynamischen Politik der Industrialisierung, in deren Verlauf sich auch der Lebensstandard der breiten Massen langsam besserte, standen erstarrte Strukturen eines *anachronistisch* (veraltet) gewordenen Systems. Dazu gehört zweifellos das System der Staatsführung, die Fixierung auf militärische Leistung und die Hochschätzung des Adels. Manches ist aus der Entstehungsgeschichte des Reiches zu erklären. Nicht eine bürgerliche, eine vom Volk getragene Revolution hatte die nationale Einheit geschaffen – der Versuch dazu war 1848 gescheitert –, sondern die adligen Offiziere mit ihren siegreichen Truppen hatten in drei Kriegen, den **Einigungskriegen**, den Weg dazu mit „Blut und Eisen" (*Bismarck*) erkämpft. Aber *Bismarcks* Drohungen mit Parlamentsauflösung, Verfassungsrevision und Staatsstreich können nicht darüber hinwegtäuschen, dass er den parlamentarisch-demokratischen Strömungen seiner Zeit feindlich gegenüberstand und das Ideal eines Ständestaates sein Weltbild und das seiner konservativen Anhänger prägte. Seine parteipolitische Basis, so geschickt er auch zu taktieren wusste, blieb schmal, das Regieren war Privileg einer kleinen Schicht, die Vertreter des Volkes hatten darauf keinen Einfluss.

Sozialgesetzgebung

Einigungskriege

▶ QUELLE 1 Aus der Verfassung des Deutschen Reiches von 1871

Artikel 3. Für ganz Deutschland besteht ein gemeinsames Indigenat [Staatsangehörigkeit] mit der Wirkung, daß der Angehörige eines jeden Bundesstaates in jedem anderen Bundesstaat als Inländer zu behandeln und demgemäß zum festen Wohnsitz, zum Gewerbebetriebe, zu öffentlichen Ämtern, zur Erwerbung von Grundstücken, zur Erlangung des Staatsbürgerrechts und zum Genusse aller sonstigen bürgerlichen Rechte unter denselben Voraussetzungen wie der Einheimische zuzulassen, auch in Betreff der Rechtsverfolgung und des Rechtsschutzes demselben gleich zu behandeln ist.

Artikel 5. Die Reichsgesetzgebung wird ausgeübt durch den Bundesrat und den Reichstag. Die Übereinstimmung der Mehrheitsbeschlüsse beider Versammlungen ist zu einem Reichsgesetz erforderlich und ausreichend.

Artikel 11. Das Präsidium des Bundes steht dem König von Preußen zu, welcher den Namen Deutscher Kaiser führt. Der Kaiser hat das Reich völkerrechtlich zu vertreten, im Namen des Reiches Krieg zu erklären und Frieden zu schließen, Bündnisse und andere Verträge mit fremden Staaten einzugehen, Gesandte zu beglaubigen und zu empfangen.

Zur Erklärung des Krieges im Namen des Reichs ist die Zustimmung des Bundesrates erforderlich, es sei denn, daß ein Angriff auf das Bundesgebiet oder dessen Küsten erfolgt.

Artikel 15. Der Vorsitz im Bundesrat und die Leitung der Geschäfte steht dem Reichskanzler zu, welcher vom Kaiser zu ernennen ist.

Artikel 17. Dem Kaiser steht die Ausfertigung und Verkündigung der Reichsgesetze und die Überwachung der Ausführung derselben zu. Die Anordnungen und Verfügungen des Kaisers werden im Namen des Reiches erlassen und bedürfen zu ihrer Gültigkeit der Gegenzeichnung des Reichskanzlers, der dadurch die Verantwortlichkeit übernimmt.

Artikel 20. Der Reichstag geht aus allgemeinen und direkten Wahlen mit geheimer Abstimmung hervor. [...]

Artikel 24. Die Legislaturperiode des Reichstages dauert fünf Jahre. Zur Auflösung des Reichstages während derselben ist ein Beschluß des Bundesrates unter Zustimmung des Kaisers erforderlich.

Artikel 32. Die Mitglieder des Reichstages dürfen als solche keine Besoldung oder Entschädigung beziehen.

Artikel 59. Jeder wehrfähige Deutsche gehört sieben Jahre lang, in der Regel vom vollendeten 20. bis zum beginnenden 28. Lebensjahre, dem stehenden Heere – und zwar die ersten drei Jahre bei den Fahnen, die letzten vier Jahre bei der Reserve – und die folgenden fünf Lebensjahre der Landwehr an.

(Bernhard Pollmann [Hrsg.]: Lesebuch zur deutschen Geschichte. Band 3, Dortmund, Chronik 1984, S. 17 ff.)

1. **Vergleichen Sie die Verfassung des Deutschen Reiches von 1871 mit dem Grundgesetz. Berücksichtigen Sie folgende Inhalte: Grundrechte – Staatsoberhaupt – Kanzler – Gesetzgebung – Wahlrecht – Ländervertretung.**
2. **Bei wem liegen die entscheidenden Machtbefugnisse? Warum?**

▶ QUELLE 2 Parteiprogramme

a) Aus dem Programm der Deutschkonservativen Partei 1892

Staat und Kirche sind von Gott verordnete Einrichtungen; ein Zusammenwirken beider ist die notwendige Vorbedingung zur Gesundung unseres Volkslebens. [...] Die konfessionelle christliche Volksschule erachten wir für die Grundlage der Volkserziehung und für die wichtigste Bürgschaft gegen die zunehmende Verwilderung der Massen und die fortschreitende Auflösung aller gesellschaftlichen Bande. Wir bekämpfen den vielfach sich vordrängenden und zersetzenden jüdischen Einfluß auf unser Volksleben. [...] Wir wollen die Monarchie von Gottes Gnaden unangetastet erhalten wissen.

b) Aus einem Wahlprogramm des Zentrums 1870

1. Erhaltung der verfassungsmäßig anerkannten Selbständigkeit und der Rechte der Kirche. Abwehr jeden Angriffs auf die Unabhängigkeit der kirchlichen Organe, auf die Entwicklung religiösen Lebens und die Entfaltung christlicher Liebestätigkeit.
3. Abweisung jeden Versuchs zur Entchristlichung der Ehe.
4. Konfessionelle Schulen.
5. Für das ganze deutsche Vaterland ein Bundesstaat.
8. Ausgleichung der Interessen von Kapital und Grundbesitz durch Erhaltung und Förderung

eines kräftigen Mittelstandes in einem selbständigen Bürger- und Bauernstande.

c) Aus einem Wahlaufruf der Nationalliberalen Partei 1911

Die Nationalliberale Partei sieht die Größe unseres Reiches nur durch eine starke, machtbewußte Politik gesichert. Sie verlangt eine feste Vertretung unserer nationalen Interessen nach außen und nach innen. Die Zukunft unseres Volkes ist gefährdet, wenn Reaktion und Ultramontanismus die Herrschaft im Staate behalten. [...] Es gilt, die reichen Kräfte unseres Volkes freizumachen durch eine Gleichberechtigung, die nicht bloß auf dem Papier steht, sondern in Wahrheit allen Bürgern des Deutschen Reiches, ohne Rücksicht auf Herkunft, Glauben, Rang und Besitz den Zugang zu den öffentlichen Ämtern freigibt und jeden verfassungswidrigen Eingriff in die Unabhängigkeit des Bürgertums bei der Betätigung seiner staatsbürgerlichen Rechte ausschließt. [...] Für das Vaterlandes Größe, Ehre und Recht, für die bürgerliche Freiheit und Gleichberechtigung!

d) Aus dem Erfurter Programm der SPD 1891

Der Kampf der Arbeiterklasse gegen die kapitalistische Ausbeutung ist notwendigerweise ein politischer Kampf. Die Arbeiterklasse kann ihre ökonomischen Kämpfe nicht führen und ihre ökonomische Organisation nicht entwickeln ohne politische Rechte. Sie kann den Übergang der Produktionsmittel in den Besitz der Gesamtheit nicht bewirken, ohne in den Besitz der politischen Macht gekommen zu sein. [...] Von diesen Anschauungen ausgehend bekämpft sie in der heutigen Gesellschaft nicht bloß die Ausbeutung und Unterdrückung der Lohnarbeiter, sondern jede Art der Ausbeutung und Unterdrückung.

(Wilhelm Mommsen [Hrsg.]: Deutsche Parteiprogramme. München, Isar 1960, S. 78 ff., 217 f., 178, 350 f.)

1. **Auf welche Inhalte legen die jeweiligen Parteien den Schwerpunkt ihrer Arbeit?**
2. **Welche gesellschaftlichen Gruppen sprechen die einzelnen Parteien an?**

AUFGABEN

1. Nennen und erläutern Sie Gründe für das Scheitern der Paulskirchenversammlung.
2. Stellen Sie die wichtigsten preußischen Reformen in einer Übersicht zusammen. Welche Konsequenzen ergaben sich aus diesen Reformen für den einzelnen Bürger?
3. Nennen Sie die Beschlüsse des Wiener Kongresses. Welche dieser Bestimmungen haben bis in die Gegenwart Gültigkeit?
4. Zählen Sie die Irrtümer auf, denen Napoleon III. unterlag, als er Preußen den Krieg erklärte.
5. Worin unterscheidet sich die deutsche Einigung von 1871 von der Wiedervereinigung 1990?
6. Vergleichen Sie die Parteienlandschaft der Gegenwart mit der des Kaiserreiches. Welche Unterschiede und Gemeinsamkeiten stellen Sie fest?

HOT Grundlegende Arbeitstechniken und Methoden 4:

Notizen – Protokoll

Protokolle sollten grundsätzlich bei allen Besprechungen, Konferenzen oder Sitzungen angefertigt werden. Besonders wichtig sind Protokolle, wenn konkrete Absprachen, Zeitpläne oder andere Vereinbarungen getroffen wurden. In diesen Fällen haben Protokolle Urkundencharakter, d. h., bei eventuell auftretenden Unstimmigkeiten oder Fragen ist der Wortlaut des Protokolls verbindlich und die Teilnehmer sind bei Nichteinhaltung von Absprachen o. Ä. für die Folgen verantwortlich.

Die gängige Form des Protokolls ist das *Ergebnisprotokoll* – manchmal auch als *Beschlussprotokoll* bezeichnet. In ihm werden lediglich Ergebnisse und Beschlüsse festgehalten. Wenn Teilnehmer vom Thema abschweifen oder sich in Nebensächlichkeiten verlieren, wird der Protokollant dies nicht vermerken. Er wird sich vielmehr darauf beschränken, den Inhalt der Sitzung und die wesentlichen Ergebnisse, also z. B. Beschlüsse und Abmachungen, kurz und möglichst prägnant zusammenzufassen. Allerdings gilt: Wörtlich wiedergegeben werden – auch im Ergebnisprotokoll – die gestellten Anträge und gefassten Beschlüsse. Das Ergebnisprotokoll dient in erster Linie als Gedächtnisstütze und zur Dokumentation der geleisteten Arbeit. In der praktischen Arbeit zeigt sich rasch, dass ein Protokoll keine unnötige bürokratische Zusatzbelastung darstellt, sondern vielmehr die Ernsthaftigkeit und Kontinuität der Arbeit oder des Projektes sicherstellt.

Im *Kopf* oder Vorspann des Protokolls sind die zentralen Daten festzuhalten:
- Name, Art und/oder Thema der Veranstaltung
- Ort (Adresse, Raumnummer)
- Beginn und Ende
- Teilnehmer, ggf. Anwesenheitsliste

Im *Hauptteil* werden die Ergebnisse in knapper Form dargestellt. Stichworte reichen allerdings nicht aus, der Text sollte ausformuliert sein, um Missverständnissen vorzubeugen. Die sogenannten W-Fragen sollten beantwortet sein: Wer? Was? Wann? Wo? Warum? Wie?

Am *Schluss* stehen die Unterschriften des Leiters/Vorsitzenden und des Protokollanten.

Im *Anhang* werden ggf. die Anwesenheitsliste, Kopien von Arbeitspapieren, Präsentationsfolien o. Ä. abgeheftet.

Das Protokoll muss allen Teilnehmern zugänglich gemacht werden. Das kann entweder in Form einer Fotokopie für jeden oder durch eine andere Form der Veröffentlichung erfolgen, z. B. durch einen Aushang am Schwarzen Brett o. Ä.

Das Protokoll muss bei der nächsten Besprechung oder Sitzung genehmigt werden, d. h., die Teilnehmer können mögliche Einwände vorbringen, wenn sie mit dem Inhalt insgesamt oder auch nur mit einzelnen Formulierungen nicht einverstanden sind. Wenn keine Einwände gemacht werden, wird das Protokoll mehrheitlich genehmigt und dadurch für alle Teilnehmer verbindlich.

Grundlage für das Protokoll sind die eigenen Notizen.

5 Industrialisierung und soziale Frage

Technik ist die Anstrengung,
Anstrengung zu vermeiden.
Ortega y Gasset, spanischer Philosoph (1883–1955)

SCHLÜSSELDATEN

um 1760	Beginn der Industrialisierung in England
1765	Erfindung der Dampfmaschine durch James Watt
1814	Lokomotive von Stephenson
1807	Erstes Dampfschiff von R. Fulton
1825	Erste Dampfeisenbahn Darlington–Stockton
um 1830/40	Beginn der Industrialisierung in Deutschland, Frankreich, USA
1834	Gründung des Deutschen Zollvereins
1835	Erste deutsche Eisenbahn Nürnberg–Fürth (6 Kilometer)
1840	Gründung von Arbeiterbildungs- und Gesellenvereinen
1848	Manifest der Kommunistischen Partei (Marx/Engels)
1863	Gründung des Allgemeinen Deutschen Arbeitervereins (Lassalle)
1876	N. A. Otto erfindet den Viertaktgasmotor mit Verdichtung
1883	Beginn der Sozialgesetzgebung in Deutschland (Bismarck)

5.1 Die industrielle Revolution

DARSTELLUNG

www.bpb.de

Der Begriff „industrielle Revolution" wurde von französischen Sozialisten in der ersten Hälfte des 19. Jahrhunderts geprägt. Auch *Friedrich Engels* (1820–1895) benutzte ihn schon ganz selbstverständlich in seiner Schrift über „Die Lage der arbeitenden Klasse in England" (1844). Es ist allerdings umstritten, ob der Begriff „Revolution" geeignet ist, die zahlreichen und grundlegenden sozialen, ökonomischen und technischen Veränderungen zu charakterisieren. Wenn Industrialisierung als langsamer, allmählicher und in den europäischen Regionen mit höchst unterschiedlichem Tempo sich entwickelnder Prozess verstanden wird, so ist der Begriff „Revolution" wenig zutreffend. Denn in der politischen Geschichte bezeichnet **Revolution** eine gewaltsame, abrupte und oft unvorhersehbare Veränderung. Nur wenn man die Zustände Deutschlands um die Wende vom 18. zum 19. Jahrhundert mit denen zu Beginn des 20. Jahrhunderts vergleicht, müssen die Veränderungen als wahrhaft revolutionär, also umwälzend betrachtet werden.

Revolution

Ferner eignet sich der Begriff „industrielle Revolution" nicht dazu, einen bestimmten begrenzten Zeitabschnitt zu umreißen. In England begann die Industrialisierung bereits um 1760 und damit rund 80 Jahre früher als in Deutschland, Frankreich und den USA, und in Russland, Kanada, Australien und vielen anderen Staaten kann frühestens seit dem Ersten Weltkrieg von einer Industrialisierung gesprochen werden. Während viele Staaten der Dritten Welt erst jetzt mühsam den Anschluss an die Industrienationen suchen, werden bei uns bereits die Folgen und Fernwirkungen der zweiten industriellen Revolution diskutiert, die gelegentlich auch schon die „dritte" genannt wird: die Revolutionierung durch Mikroelektronik und automatische Prozesssteuerung.

Geschichtlich interessant ist auch das Nebeneinanderbestehen von vor- und spätindustriellen Formen. So gab es beispielsweise Mitte der Vierzigerjahre des vergangenen Jahrhunderts am Rande des hoch industrialisierten Ruhrgebietes noch kleinere Bauernhöfe ohne elektrisches Licht, fließendes Wasser und mechanisch betriebenes Gerät.

5.1.1 Voraussetzungen und Bedingungen der industriellen Revolution

Nur das gleichzeitige Zusammentreffen mehrerer Faktoren vermag zu erklären, warum zu Beginn des 19. Jahrhunderts die Industrialisierung in Deutschland begann und nicht 100 Jahre früher oder später. Jeder Faktor für sich ist zwar bedeutsam, kann aber allein nicht *revolutionär* wirken, sodass erst der Ursachenzusammenhang in der Lage ist, den entscheidenden ökonomisch-sozialen Wandel zu bewirken.

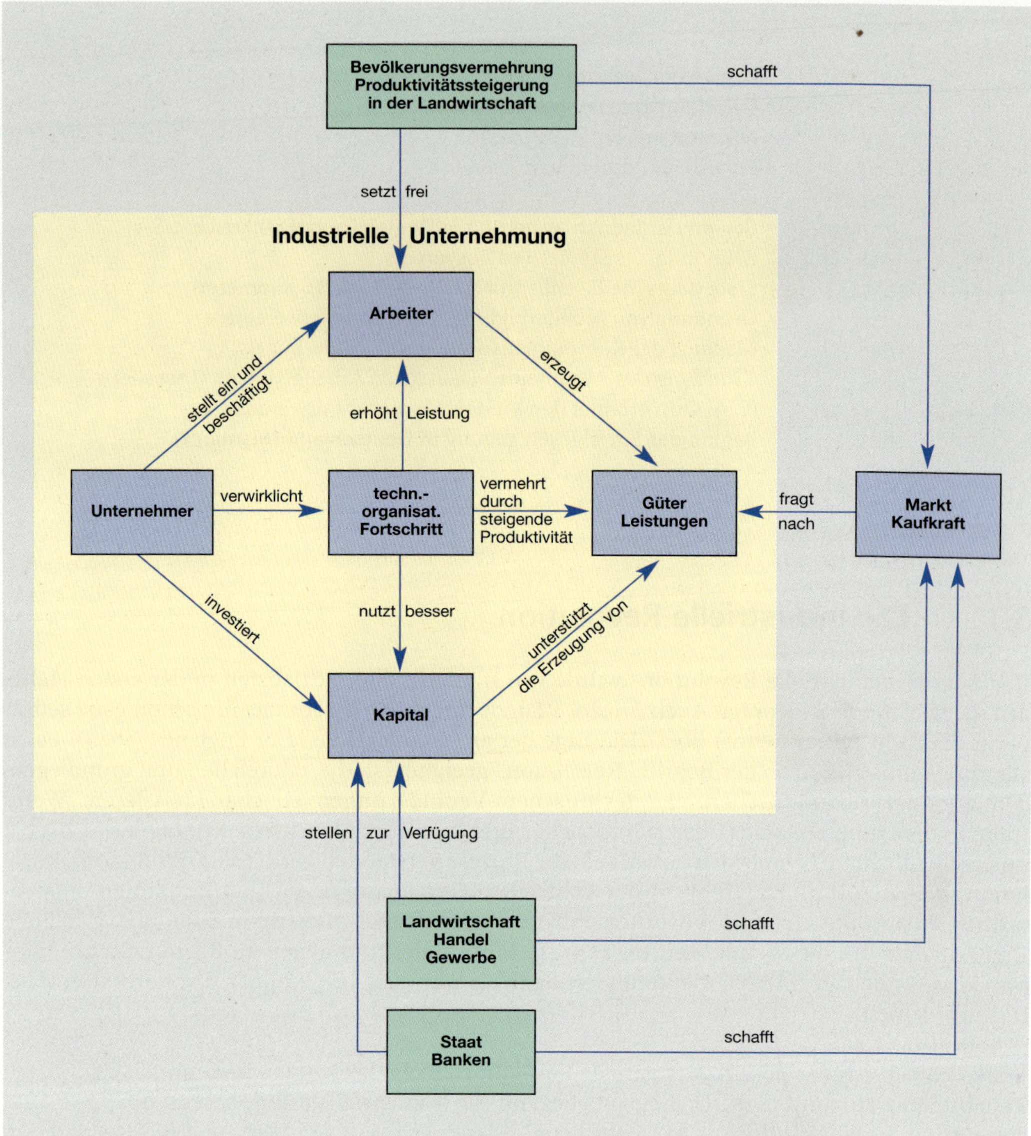

Eine sehr wesentliche Ursache ist die Bevölkerungszunahme in Deutschland, die heute mit dem modernen Ausdruck der **Bevölkerungsexplosion** beschrieben wird.

Bevölkerungsexplosion

Für die rasche Zunahme gibt es verschiedene Gründe, z. B. die Lockerung bzw. Aufhebung staatlicher und gesellschaftlicher Heiratsbeschränkungen, die es praktisch jedem gestatteten zu heiraten. Bis zur Beseitigung dieser Restriktionen wurde die Eheschließung in der Regel nur erlaubt, wenn der Bräutigam – etwa als Mitglied einer Zunft – nachweisen konnte, dass er in der Lage war, eine Familie zu ernähren. In vielen Fällen war die Zustimmung des Grundherrn oder des Meisters erforderlich, sodass überhaupt nur eine begrenzte Anzahl von Einwohnern eine Familie gründen konnte.

Ausschlaggebend für die rasche Vermehrung war die drastische Senkung der Sterberate, sodass die Geburtenrate weit darüber lag und ein wachsender Geburtenüberschuss entstand. Fortschritte in der Medizin, z. B. Impfungen, anti- und aseptische Behandlung und damit Beseitigung des gefürchteten Kindbettfiebers und die allgemeine Verbesserung der Hygiene, wie etwa die Trinkwasserreinigung, senkten die Säuglings- und Kindersterblichkeit erheblich. In ganz Europa wuchs die Bevölkerung im 19. Jahrhundert von 175 auf 460 Millionen Menschen an. Das 20. Jahrhundert begann als ein *Jahrhundert der Jugend*, und es hat geendet, zumindest in Deutschland, als ein *Jahrhundert der Greise*: 1900 betrug das Verhältnis der unter 15-Jährigen zu den über 60-Jährigen 7:1; 1986 lag es bei 1:1, mit weiterhin fallender Tendenz, da die Sterberate der Bundesrepublik Deutschland seit mehr als zwanzig Jahren über der Geburtenrate liegt. Im Jahr 2014 betrug in Deutschland die Geburtenrate je 1 000 Einwohner 8,2 und die Sterberate 11,2, d. h., die Zahl der Gestorbenen liegt um 210 000 höher als die der Lebendgeborenen. Amtliche Schätzungen (Quelle: Statistisches Bundesamt) ergeben, dass sich der Seniorenanteil in den nächsten Jahrzehnten ständig erhöhen wird.

Bevölkerungsanteil in %

Jahr	Unter 20 Jahre	30–59 Jahre	Über 50 Jahre
2000	20	55	25
2010	17	55	28
2020	15	54	31
2030	15	47	37

Bevölkerungswachstum allein garantiert aber weder wirtschaftlichen Aufschwung noch Wohlstand, sonst müssten die *Entwicklungsländer* besonders schnell den industriellen Anschluss finden, tatsächlich aber sind die Länder mit dem größten Bevölkerungswachstum zumeist auch die ärmsten.

Mit Beginn des 19. Jahrhunderts zogen viele Menschen vom Land in die Städte **(Landflucht)**. Ohne die **Bauernbefreiung** hätten die Städte nicht so rasch wachsen können.

Landflucht
Bauernbefreiung

Wachstum der wichtigsten Großstädte Deutschlands im 19. Jahrhundert (Angaben in Tausend)

	1800	1850	1880	1900	1910
Berlin	172	419	1 122	1 889	3 370
Hamburg	130	132	290	706	932
München	30	110	230	500	595
Leipzig	40	63	149	456	588
Dresden	60	97	221	396	547
Köln	50	97	145	373	516
Breslau	60	114	273	423	512
Frankfurt a. M.	48	65	137	289	415
Düsseldorf	10	27	95	214	358
Elberfeld-Barmen	25	84	190	299	339
Nürnberg	30	54	100	261	333
Charlottenburg			30	189	305

	1800	1850	1880	1900	1910
Hannover	18	29	123	236	302
Essen	4	9	57	119	295
Chemnitz	14	32	95	207	287
Stuttgart	18	48	117	177	286
Magdeburg	36	72	98	230	280
Bremen	40	55	112	163	247
Königsberg	60	76	141	184	246
Neukölln			19	36	237
Stettin	24	49	92	211	236
Duisburg			41	93	229
Dortmund			67	143	214
Kiel	7	15	44	108	211
Mannheim			53	141	193

(Vojtinskij, Vladimir S.: Die Welt in Zahlen. Band 1, Berlin, Mosse 1925, S. 132 f.)

In Preußen wurden die Bauern 1810/11 aus der *Erbuntertänigkeit* entlassen; doch mussten sie ihre gewonnene Freiheit teuer bezahlen. Die Grundherren konnten nun Zahlungen für das überlassene Landeigentum verlangen, und diese Beträge waren oftmals so hoch, dass den Kleinbauern gar nichts anderes übrig blieb, als in die Städte abzuwandern. Dort erging es ihnen jedoch vielfach noch schlechter als auf dem Land.

Die Bauernbefreiung änderte auch die Produktionsweise der Großgrundbesitzer. Die Gutsherren mussten ihren Betrieb auf Lohnarbeit umstellen, also Landarbeiter einstellen, die häufig mit den ehemaligen Bauern identisch waren. Das zwang zu einer kostendeckenden Bewirtschaftung, um das neu entstehende Landproletariat zu entlohnen. Die Abwanderung vieler Kleinbauern ermöglichte und erforderte eine maschinelle Bearbeitung großer Grundflächen, und der Übergang von der extensiven zur intensiven Feldbestellung durch **Fruchtwechselwirtschaft** und Kunstdünger steigerte die Bodenerträge, obwohl immer weniger Menschen in der Landwirtschaft tätig waren. Damit waren die Voraussetzungen geschaffen, das wachsende Industrieproletariat in den Großstädten zu ernähren.

Fruchtwechselwirtschaft

Der Anteil der Erwerbstätigen in den einzelnen Wirtschaftssektoren hat sich im Laufe der letzten 200 Jahre gewaltig verändert. Während um 1800 schätzungsweise 80 % aller Berufstätigen in der Landwirtschaft arbeiteten, waren es 100 Jahre später nur noch knapp 40 % und 1975 nicht einmal 7 %. Zu Beginn des dritten Jahrtausends (2010) sind es in Deutschland nur noch 2,1 %.

Umgekehrt stieg im gleichen Zeitraum der Anteil der Beschäftigten in Industrie und Handwerk von 15 % bis auf über 50 % um die Mitte des letzten Jahrhunderts und sank von da an kontinuierlich auf heute 31 %. Unablässig nahm dagegen die Zahl der Dienstleister zu (Handel, Banken, Verkehr, öffentlicher Dienst u. a.). Ihr Anteil stieg von ca. 20 % (1850) auf über 40 % (1950) und erreicht heute mehr als 70 %.

Um das Jahr 1910 gab es einen ausgesprochenen Mangel an deutschen Landarbeitern, sodass fast eine halbe Million ausländischer Arbeitskräfte angeworben werden musste. Vor allem Polen verdingten sich als Saisonarbeiter auf pommerschen und ostpreußischen Höfen; es kamen aber auch Italiener und sogar Chinesen – sie waren Vorläufer der späteren Gastarbeiter.

Wie die Bauernbefreiung das soziale Gefüge auf dem Lande verschob, so veränderte die **Gewerbefreiheit** die Arbeits- und Lebensbedingungen in der Stadt. Wiederum war Preußen Vorreiter. Ebenfalls 1810/11 bestimmten zwei *Edikte* (Stein und Hardenberg), dass künftig jeder Bürger einen Gewerbebetrieb eröffnen durfte, ohne Mitglied einer **Zunft** oder **Innung** zu sein. Jeder konnte einen Handwerksbetrieb eröffnen, ohne einen Ausbildungs- oder Befähigungsnachweis erbringen zu müssen. Damit erwuchs den alteingesessenen Handwerksmeistern eine schnell wachsende, bisher unbekannte Konkurrenz, hatten sie sich doch ihr Einkommen durch Markt- und Preisabsprachen relativ bequem sichern können. Dem frischen Wind des Wettbewerbs waren viele nicht gewachsen; sie verarmten oder gingen in den Konkurs. So entstand ab 1830 ein Handwerkerproletariat aus Meistern und Gesellen, das gleichfalls in die städtische Industrie drängte und dort Beschäftigung suchte. Gewerbefreiheit

Der Vorgang hat sich in der Bundesrepublik Deutschland, wenn auch unter ungleich besseren sozialen Bedingungen, noch einmal wiederholt. Viele Hunderttausend Besitzer kleiner Geschäfte – *Tante-Emma-Läden* – mussten der harten Konkurrenz der *Supermärkte* weichen und wurden oft Verkäufer bei der ehemaligen Konkurrenz.

Eine weitere Voraussetzung der Industrialisierung in Deutschland war die wirtschaftliche Einigung, vor allem die Beseitigung der innerdeutschen Handelshemmnisse durch den **Deutschen Zollverein** (1834). Er bildete zugleich eine Etappe auf dem Weg zur politischen Einigung Deutschlands. Deutscher Zollverein

Der Gedanke liegt nahe, Ähnliches auch von der wirtschaftlichen Einigung innerhalb der **Europäischen Union** zu erwarten. Doch die Unterschiede von heute zu damals sind größer als die Parallelen. Sprache, Lebensstandard, wirtschaftliche Entwicklung, Kultur, Tradition und soziales Gefüge differieren so stark, dass der politische Zusammenschluss der 28 EU-Länder sich nur sehr langsam, begleitet von vielen Rückschlägen vollziehen kann. Wesentlich komplexer sind auch die Fragen, auf die von der EU eine *gemeinsame* Antwort gefunden werden muss. Fragen, die 1834 nicht einmal theoretisch aufgeworfen wurden. Ein paar Beispiele:

- Wie hoch darf die *Inflationsrate* der Gemeinschaftswährung sein?
- Welche Arbeitslosenquote kann als noch hinnehmbar angesehen werden?
- Wie und bis zu welchem Umfang sollen die Sozialgesetze der einzelnen EU-Staaten, die mit ihren Kosten die Unternehmen unterschiedlich belasten, angeglichen werden?

Die Phase der *Frühindustrialisierung* war auch eine Zeit der **Erfindungen**. Für Kämme, Bestecke, Nadeln u. v. m. wurden neue Produktionsweisen erprobt und die kostengünstigsten Vertriebswege gesucht. Der Zollverein erleichterte den grenzüberschreitenden innerdeutschen Handelsverkehr. Die steigende städtische Nachfrage konnte preisgünstiger befriedigt werden. Erfindungen

Bereits 1764 hatte *James Hargreaves* in England die erste Spinnmaschine erfunden, die er nach seiner Tochter *Spinning Jenny* benannte Vier Jahre später glückte *James Watt* der entscheidende Schritt zur Industrialisierung Englands: die Erfindung der Dampfmaschine.

Nach einer nicht verbürgten Anekdote soll *Watt* die Idee gekommen sein, als er seiner Mutter beim Kochen zusah und beobachtete, wie der Wasserdampf den Deckel eines Topfes hob.

Edmund Cartwright baute 1785 den ersten brauchbaren mechanischen Webstuhl, mit dem Dampfantrieb begann der Aufstieg der englischen Spinnerei. *George Stephenson* erprobte 1814 auf den Grubengleisen von Newcastle die erste dampfbetriebene Lokomotive, die zusammen mit der Dampfschifffahrt zum Symbol einer ganzen Epoche wurde. In Deutschland wurden diese Maschinen bald verbessert und nachgebaut. Der Beginn der **Technisierung** war die Zeit der Praktiker, der Tüftler und Bastler, die mit neuen technischen Produkten und Methoden die Industrialisierung vorantrieben. Technisierung

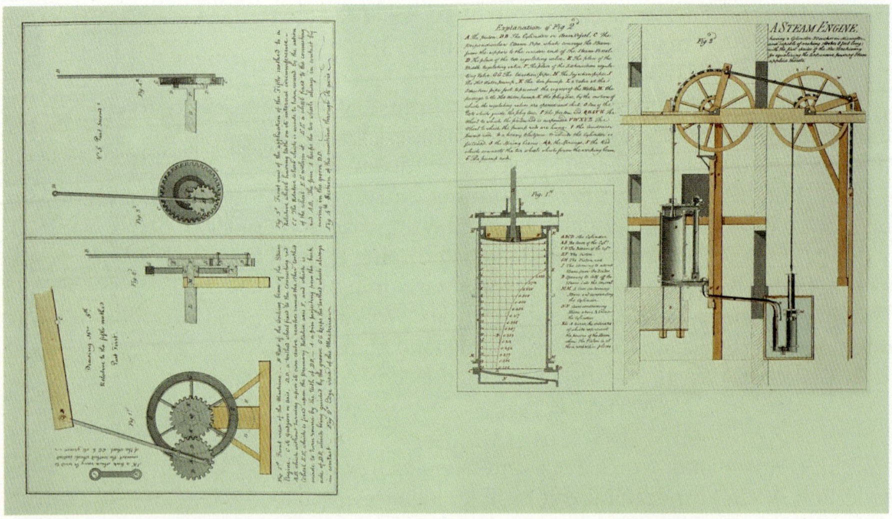

Patentzeichnung einer Dampfmaschine, Zeichnung von James Watt (1736–1819)

Doch schon früh tauchten die ersten Probleme auf. Die billige maschinelle Herstellung der Textilien ließ die Handweber – obwohl alle Familienmitglieder in Heimarbeit mitarbeiteten – derartig verarmen, dass sie hungern mussten und in Schlesien 1844 einen Aufstand riskierten, der vom preußischen Militär niedergeschlagen wurde.

Der Dichter *Gerhart Hauptmann* ließ sich von diesem Aufstand zu seinem Drama „Die Weber" inspirieren, nach dessen Uraufführung 1894 *Wilhelm II.* wegen „demoralisierender Tendenzen" die kaiserliche Loge im Deutschen Theater Berlin kündigte.

Auch in anderen Teilen Deutschlands verdrängte die industriell gefertigte Massenware die Erzeugnisse der Handwerker und Heimarbeiter, die arbeitslos wurden; ein Prozess, der sich in ähnlicher Form auch heute abspielt, wenn kostengünstigere Fertigungsstraßen und durch Mikroprozessoren gesteuerte Roboter un- oder angelernte Arbeiter ersetzen.

Erfindungen, technische Entwicklung, Bevölkerungswachstum und Industrialisierung bedingen einander, sind Ursache und Wirkung zugleich. Ihr Effekt wurde noch durch spezifische Faktoren in Deutschland verstärkt, wie Bauernbefreiung, Gewerbefreiheit und Zollunion. Die Wirtschaftslehre von *Adam Smith* (1723–1790) bereitete den geistigen Boden für die industrielle Revolution in Europa und den USA.

▶ Q. 1

Der Kerngedanke der *smithschen* Lehre ist im Grunde einfach: Der Einzelne soll seinen angeborenen egoistischen Neigungen nachgehen, versuchen, so viel Gewinn wie möglich zu erzielen und den höchstmöglichen Lohn fordern. Er muss, wenn er sein Ziel erreichen will, der Gesellschaft eine maximale Leistung erbringen. Je egoistischer er also für sich selbst arbeitet, desto mehr nutzt er der Gesellschaft. Die reine, modellhafte Lehre des **Wirtschaftsliberalismus** kommt tatsächlich mit einem *moralischen Minimum* aus. Sie bedarf keiner ethischen Appelle, keiner Aufforderung zur tätigen Nächstenliebe, auch ohne staatliches Zutun wird sich von selbst die gesellschaftliche Harmonie einstellen und das „größte Glück der größten Zahl" *(Jeremy Bentham)* erreicht werden.

Wirtschaftsliberalismus

5.1.2 Die Phasen der Industrialisierung

5.1.2.1 Industrialisierung in England

In England begann die Industrialisierung rund 80 Jahre früher als auf dem Kontinent. Die Gründe dafür sind vielschichtig und berühren politische, technische, wirtschaftliche und psychologische Bereiche.

Die „Glorious Revolution" von 1688/89 hatte das Schwergewicht der politischen Macht auf das Parlament verlagert. Der König musste alte Rechte und Freiheiten der Untertanen garantieren und sich genau beschriebenen Verpflichtungen unterwerfen, die seinen politischen

Ermessensspielraum empfindlich einengten. In England konnte keine absolutistische Willkürherrschaft entstehen, und ohne den *Absolutismus* gibt es keinen *Merkantilismus*. Von Anfang an waren die Voraussetzungen für eine freie Entfaltung des wirtschaftlichen Wettbewerbs gegeben, und dies wurde von den kapitalkräftigen Engländern in Stadt und Land genutzt. Die Gesellschaftsordnung war durchlässiger als auf dem Kontinent und es galt auch für einen Adligen nicht als schändlich, sein Geld durch Arbeit zu verdienen.

Calvinismus
Protestantische Ethik
Prädestinationslehre

Eher trat das Gegenteil ein: Die vom **Calvinismus** beeinflusste **protestantische Ethik** umfasst die sog. **Prädestinationslehre**. Sie besagt, dass Gott dem Gläubigen bereits auf Erden Zeichen seiner Gnade erweist und dass diese Gnade an den irdischen Reichtümern abgelesen werden kann, die ein Mensch erwirbt. Wer im diesseitigen Leben erfolgreich ist, wird auch im Jenseits bevorzugt werden, dagegen wird der Versager oder Nichtsnutz das Paradies kaum erblicken.

Restbestände dieser Auffassung wirken heute noch nach, besonders in den USA. Die Vorstellung, dass Armut Schande sei, hat hier ihre religiöse Wurzel.

Rohstoffquellen

Der wohl wichtigste Faktor, der die frühe Industrialisierung Englands begünstigte, lag in den praktisch unerschöpflichen **Rohstoffquellen**, die der ersten See- und Handelsmacht zur Verfügung standen. Die Sklavenarbeit tat ein Übriges, z. B. Baumwolle billig zu gewinnen. Der Sklavenhandel mit Nordamerika, durch keinerlei moralische oder religiöse Skrupel behindert, erwies sich als ein außerordentlich lukratives Geschäft.

Sklaverei

Selbst wenn nur 10 % (!) der im Schiffsbauch eingepferchten Sklaven die Überfahrt lebend überstanden, lohnte sie sich bereits für den Menschenhändler. Zwar wurde die **Sklaverei** in Großbritannien schon 1807 verboten, aber erst ab 1833 im ganzen Kolonialreich abgeschafft.

Vorrangig vollzog sich die Industrialisierung in England im Textilgewerbe, nicht zuletzt dank der Spinnmaschinen. Konnten 1760 etwa 2,5 Millionen Pfund Garn gesponnen werden, so stieg die Produktion bis 1840 auf rund 370 Millionen Pfund. Außerdem gewann das Garn an Feinheit und Widerstandsfähigkeit.

Spinnmaschinen in einer englischen Baumwollmanufaktur (um 1840)

Noch bis vor wenigen Jahren warb die englische Textilindustrie erfolgreich mit der besonderen Qualität englischer Stoffe.

Geografische Lage

Weder Zünfte noch innerstaatliche Zollschranken behinderten die Entfaltung der keimenden Industriezweige. Auch die **geografische Lage** erlaubte England, den Vertrieb der Fertigprodukte auf- und auszubauen. Kein Punkt des Landes ist weiter als 120 km vom Meer entfernt, und höchstens 150 km trennen die Industriestädte von den großen Verschiffungshäfen. Das zumeist flache Gelände erlaubt den Bau von Kanälen und erleichtert die Anlage von Eisenbahnlinien, sodass eine Voraussetzung für jede Industrialisierung, der Ausbau der Transportmittel und die Herstellung eines dichten Verkehrsnetzes, gegeben ist. „Civilization is transportation" ist die prägnante Kurzformel dafür.

Der Vorsprung Englands wuchs gewaltig. Die Weltkohleförderung – Kohle war die alles entscheidende fossile Energiequelle im vorletzten Jahrhundert – lag im Jahre 1800 ungefähr zu 90 % in englischer Hand.

5.1.2.2 Industrialisierung in Deutschland

Lediglich die Bevölkerungszunahme in Deutschland in der ersten Hälfte des 19. Jahrhunderts konnte mit der in England verglichen werden; doch langsam, aber stetig schritt die Industrialisierung auch im Deutschen Reich voran. Die Grundlage, der **Kohlebergbau**, wurde in Preußen „von Staats wegen" gefördert. Bald schon zeichneten sich die zukünftigen Ballungszentren der Industrie ab: Berlin, Schlesien, die Saar, allen voran aber das *Ruhrgebiet*. Das Land an der Ruhr, noch 1820 reines Bauernland, wies einen derartigen Reichtum so vieler Kohlearten auf, dass es besonders geeignet war, die industrielle Energieversorgung zu sichern, und was lag näher, als die Stahl- und Eisenproduktion dort anzusiedeln, wo der Energieträger zu Hause war: an der Ruhr. Die Standortwahl war – betriebswirtschaftlich formuliert – *rohstofforientiert*.

Kohlebergbau

Etwa ab 1850 nahm das Tempo der industriellen Entwicklung in Deutschland deutlich zu. Die Nachfrage nach Maschinen stieg, und als Folge davon wurde die Stahl- und Eisenproduktion gesteigert. Das Ruhrgebiet erlebte eine *Gründungswelle*, die Steinkohleförderung stieg fortlaufend.

Erzbergbau

Auch der **Erzbergbau** wurde vorangetrieben, doch schon bald erwies sich, dass die Fördermöglichkeiten an Eisenerz weit hinter dem zu erwartenden Bedarf zurückblieben. Importe wurden nötig, deren Transportkosten möglichst gering bleiben sollten. Also wählte man zur *Verhüttung* des Roherzes den Niederrhein als Standort, eine *frachtkostenorientierte* Entscheidung. Diese Hüttenindustrie wurde rasch zum Motor der industriellen Entwicklung in Deutschland und bestimmte das Wachstumstempo auch anderer Wirtschaftszweige. Die Maschinenfabriken zogen Nutzen aus dem Ausbau des Schienennetzes, das gleichzeitig wieder Voraussetzung für den Vertrieb ihrer Produkte und damit ihrer eigenen Entfaltung war. Um die Jahrhundertmitte verstummte die Diskussion um Vorteil und Gefahren des Eisenbahnbaus, und die Entwicklung ging ungehemmt aufwärts.

▶ Q. 2

Dynamische Unternehmerpersönlichkeiten beschleunigten den Trend. Zu ihnen gehörte vor allem *Alfred Krupp*, der in nicht einmal 50 Jahren die Zahl der Beschäftigten in fast unvorstellbaren Zuwachsraten steigerte. Er übernahm 1826 eine Art handwerklichen Betrieb mit vier Arbeitern, bereits elf Jahre später beschäftigte er 1 600 Menschen, 1902 standen 43 000 Arbeitnehmer auf seiner Lohn- und Gehaltsliste. Andere Namen wie *Stinnes*, *Thyssen*, *Mannesmann* oder *Harkort* sind auch heute noch als Unternehmerfamilien bekannt; sie begannen alle im 19. Jahrhundert und es gelang ihnen, in kurzer Zeit ganze Industrieimperien aufzubauen.

Gründerjahre

Nach der Kaiserproklamation von 1871 grassierte in Deutschland ein regelrechtes „Gründungsfieber". Fortlaufend entstanden neue Unternehmungen, sodass diese Jahre auch als **Gründerjahre** bezeichnet werden.

Selbst die erste „kapitalistische Wirtschaftskrise" 1873/74 *(Gründerkrise)* vermochte das Wachstumstempo kaum zu bremsen.

Fließband

Mit der Baumwollindustrie entwickelte sich auch die chemische Industrie, denn zur Bleiche und Färbung wurden immer häufiger chemische Verfahren eingesetzt. Die Produktion und Anwendung des Kunstdüngers ließen Unternehmen wie BASF und Bayer Leverkusen entstehen, und die Ausbreitung der elektrischen Energie forcierte den Ausbau der Elektroindustrie. 1886 gilt als „Geburtsjahr" des Automobils. Noch vor der Jahrhundertwende wurde es seriell produziert. Schon 1913 lief es bei *Henry Ford* vom **Fließband**, ein Verfahren, das in Deutschland erst in den Zwanzigerjahren des vergangenen Jahrhunderts eingeführt wurde.

Kapitalgesellschaften

Die zunehmende Maschinisierung und damit der Übergang zu kapitalintensiver Produktionsweise erforderte immer größere Investitionssummen, die von einem Einzelnen nicht mehr aufgebracht werden konnten. Erst **Kapitalgesellschaften** konnten durch Sammlung vieler Kleinkapitalien die nötige Basis schaffen. So prägten mehr und mehr *Aktiengesellschaften* **(AG)** und *Gesellschaften mit beschränkter Haftung* **(GmbH)** das Bild der Unternehmensgründungen.

1906: Fertigung von Karosserien in der Schreinerei der Daimler-Motoren-Gesellschaft, Stuttgart

Hand in Hand mit der Industrialisierung entstanden zahlreiche Banken zur Kreditfinanzierung und zur Abwicklung des wachsenden Zahlungsstroms.

Kartellbildung

In der Industrie zeigte sich allerdings schon bald die Tendenz, die Konkurrenz durch **Kartellbildung** auszuschalten oder zumindest ihre Wirkung abzuschwächen. 1905 gab es im Deutschen Reich bereits 385 Kartelle. Ein **Kartellrecht**, wie in der Bundesrepublik Deutschland seit 1957, das *im Prinzip* Kartelle verbietet, war damals unbekannt.

5.1.3 Gesellschaftliche Veränderungen

Trennung von Wohn- und Arbeitsstätte

Die wohl einschneidendste Veränderung im Leben der Menschen war die **Trennung von Wohn- und Arbeitsstätte**. Seit der *Sesshaftwerdung* war der Wohnsitz stets zugleich auch der Arbeitsplatz, am deutlichsten heute noch erkennbar beim bäuerlichen Familienbetrieb. Gleichzeitig machte die Fabrikarbeit die älteren Menschen „überflüssig". Konnten sie auf dem Bauernhof noch mit leichteren Arbeiten, wie Kühehüten, Holzhacken, Viehfüttern usw., beschäftigt werden, so waren sie für die schwere Arbeit in der Fabrik nicht mehr zu gebrauchen. Die Auflösung der Großfamilie zeichnete sich damit ab. Nur die jungen Leute wanderten in die Großstädte, um in der wachsenden Industrie Arbeit zu finden. Der Wohnungsbau, vor allem der Bau erschwinglicher Wohnungen, blieb trotz bescheidener Ansprüche weit hinter dem Bedarf zurück. So herrschte in Berlin bereits seit den Vierzigerjahren des vorletzten Jahrhunderts Wohnungselend, das sich in den nächsten Jahrzehnten fortlaufend verschärfte. Vielköpfige Familien wohnten in kleinen Kellerwohnungen hastig erbauter Mietshäuser, den *Mietskasernen*. Oft wurden Zimmer oder auch nur Schlafstellen an Junggesellen vermietet, um das Haushaltseinkommen ein wenig aufzubessern.

▶ Q. 3

Arbeiterklasse
Proletariat
Kapitalisten

Die Gesellschaft wurde umgeschichtet, der *vierte Stand* „geboren": die **Arbeiterklasse**. Das, wie *Marx* es in Anlehnung an die Besitzlosen im antiken Rom nannte, **Proletariat** und die Klasse der **Kapitalisten** waren die das Gesicht der kapitalistischen Gesellschaft prägenden Bevölkerungsteile des 19. Jahrhunderts.

Koalitionsverbot

Ein staatliches **Koalitionsverbot** – das hieß: Verbot von Gewerkschaften – in Verbindung mit einem Arbeitskräfteangebot, das die Nachfrage weit überstieg, ließ die Löhne um das *kulturelle* Existenzminimum pendeln, und oft genug sanken die Einkommen auf das Niveau der primitivsten

Pauperismus

Existenz – das *biologische Existenzminimum*. Massenarmut, der sog. **Pauperismus**, wurde zur Massenerscheinung der industriellen Großstädte.

Es entstand aber auch eine neue Mittelschicht. Sie bildete sich aus Handwerkern, Beamten, Offizieren und Angehörigen der *freien Berufe*. Schon damals wuchs die Zahl der Angestellten, die sich um Distanz zum Arbeiterstand bemühten, sehr rasch. An die Spitze der Sozialpyramide traten neben den alten Adel und die „Großagrarier" die Unternehmer, die eine Art *kapitalistische Aristokratie* bildeten und oftmals tatsächlich in den Adelsstand erhoben wurden, so wie etwa *Siemens, Borsig* und *Krupp*.

Fabrikarbeit

Die **Fabrikarbeit** einer weitgehend homogenen Arbeitnehmerklasse ist wohl das herausragende Merkmal der frühen Industrialisierungsphase. Ohne Unfall- und Krankenschutz mussten die Arbeiter unter schwerster Gesundheitsgefährdung täglich zwölf Stunden und mehr schuften. Die Forderung nach dem Zehnstundentag (bei sechs Arbeitstagen) galt bereits als fortschrittlich. Ohne Urlaubsanspruch, ohne Alterssicherung, die Drohung täglicher fristloser Kündigung im Nacken, waren sie „rechtlich frei", lebten aber wirtschaftlich in völliger Unfreiheit, wie *Marx* richtig erkannte. Denn sie hatten bei Strafe des Hungerns und Verhungerns ihrer Familien keine andere Wahl, als sich praktisch zu jedem Lohn zu verdingen, den der kapitalistische Unternehmer bot. Es warteten genügend andere, um sofort einen frei werdenden Arbeitsplatz zu besetzen.

Auch in der Landwirtschaft waren die Menschen im Sommer an lange Arbeitszeiten gewohnt; aber die Maschine in der Fabrik kennt keine Tages- und Nachtzeit, benötigt keine Pausen, und die in der Landwirtschaft früher übliche Winterruhe entfällt bei ihr.

▶ Q. 4

Nur langsam besserten sich Hygiene und Unfallschutz am Arbeitsplatz.

In den Fabriken herrschte strenge Disziplin, auch kleinste Ordnungsverstöße wurden scharf geahndet. „Wenn ein Fabrikunternehmen gedeihen soll, so muss es militärisch und nicht parlamentarisch organisiert sein", formulierte *Carl Ferdinand von Stumm-Halberg* das Leitungsprinzip seines großen saarländischen Eisenkonzerns. Die **Fabrikordnungen** unterschieden sich kaum voneinander und reglementierten die Arbeitspflichten bis in die letzten Einzelheiten.

Fabrikordnungen

▶ Q. 5

Doch nicht nur Erwachsene litten unter diesen harten Arbeitsbedingungen; selbst Kinder wurden ihnen unterworfen und mussten beispielsweise in engen, stickigen Förderschächten des Kohlebergbaus kriechend die „Hunde" ziehen. So nannte und nennt man noch heute die Förderwagen unter Tage. Zwar wurde in Preußen bereits 1839 die **Kinderarbeit** eingeschränkt – das geschah wegen der Befürchtung, nicht mehr genügend wehrdiensttaugliche Rekruten zu erhalten –, aber insgesamt besserte sich das Los der arbeitenden Kinder und Jugendlichen nur langsam.

Kinderarbeit

Erst 1890 konnten liberale und christliche Kreise, die in der Kinderarbeit eine Kulturschande erblickten, sich teilweise durchsetzen, sodass ein Gesetz erlassen wurde, das wenigstens die **Nachtarbeit** für Kinder und Jugendliche unter 16 Jahren verbot.

Nachtarbeit

Die gesellschaftlichen und wirtschaftlichen Auswirkungen der industriellen Revolution schufen *das* Problem des 19. Jahrhunderts: die **soziale Frage**.

Soziale Frage

Adam Smith: Untersuchungen über Natur und Ursache des Wohlstandes der Nationen (1776)

▶ QUELLE 1

[...] Da nun aber der Zweck jeder Kapitalanlage Gewinnerzielung ist, so wenden sich die Kapitalien den rentabelsten Anlagen zu, d. h. denjenigen, in denen die höchsten Gewinne erzielt werden. Indirekt wird aber auf diese Weise auch die Produktivität der Volkswirtschaft am besten gefördert. Jeder glaubt nur sein eigenes Interesse im Auge zu haben, tatsächlich aber erfährt so indirekt auch das Gesamtwohl der Volkswirtschaft die beste Förderung. [...] Welche Kapitalanlage wirklich die vorteilhafteste ist, das kann jeder einzelne besser beurteilen als etwa der Staat oder eine sonstwie übergeordnete Instanz. [...] Der Jahresertrag einer Volkswirtschaft ist höher, wenn sie sich auf die Erzeugung derjenigen Waren beschränkt, in denen sie vor anderen Ländern Kostenvorteile voraus hat, und sie ihrerseits von anderen Ländern diejenigen Waren kauft, die dort billiger sind. Die Regelung dieser Austauschverhältnisse aber muß dem freien Spiel der wirtschaftlichen Kräfte überlassen bleiben. Es ist zwar möglich, daß durch wirtschaftspolitische Maßnahmen, vor allem durch Einfuhrverbote und hohe Zölle auf fremdländischen Waren, sich im Lande selbst eine Industrie entwickelt oder schneller entwickelt, als es ohne solche staatliche Maßnahmen der Fall gewesen wäre; es ist sogar möglich, daß die betreffende Ware nach gewisser Zeit im Inland ebenso billig hergestellt werden kann, aber es folgt daraus keineswegs, daß die Gesamtsumme der gewerblichen Produktion oder des Volkseinkommens des betreffenden Landes durch solche Eingriffe vermehrt werden kann. Die Industrie eines Landes kann sich nur in dem Maße vermehren, als das Kapital zunimmt, und das Kapital nimmt nur in dem Maße zu, als nach und nach aus dem Einkommen gespart wird. Kapitalbildung und Industrieentfaltung müssen in einem Lande dem natürlichen Gang der Entwicklung überlassen bleiben. Jede künstliche wirtschaftspolitische Maßnahme lenkt die produktiven Kräfte der Arbeit und auch die Kapitalien in eine falsche Richtung. [...]

(Wilhelm Treue, Herbert Pönicke, Karl Heinz Manegold [Hrsg.]: Quellen zur Geschichte der Industriellen Revolution. Göttingen, Musterschmidt 1966, S. 133)

1. **Welche Rolle weist Smith dem Staat in wirtschaftlichen Fragen zu?**
2. **Erläutern Sie den Zusammenhang zwischen Kapitalbildung und Industrieentfaltung, wie ihn Smith darstellt.**

Stimmen zur Eisenbahn

▶ QUELLE 2

a) Aus dem Gutachten des bayrischen Obermedizinalkollegiums 1838

Die schnelle Bewegung muß bei den Reisenden unfehlbar eine Gehirnkrankheit, eine besondere Art des delirium furiosum erzeugen. Wollen aber dennoch Reisende dieser gräßlichen Gefahr trotzen, so muß der Staat wenigstens die Zuschauer schützen, denn sonst verfallen diese beim Anblick des schnell dahinfahrenden Dampfwagens genau derselben Gehirnkrankheit. Es ist daher notwendig, die Bahnstelle auf beiden Seiten mit einem hohen Bretterzaun einzufassen.

b) Aus der „Magdeburgischen Zeitung" vom 3. Juli 1833

Der Eisenbahnbau muß die Landwirtschaft völlig ruinieren. Der Landwirt wird höhere Zinsen zahlen müssen; er wird, wenn die Pferde außer Kurs kommen, weil wir mit Dampf fahren, keinen Hafer mehr bauen können.

c) Der preußische Generalpostmeister 1838

Was sollen wir mit der Eisenbahn? Ich lasse täglich verschiedene sechssitzige Posten nach Potsdam gehen, und die Wagen sind nur selten voll. Was soll denn die Eisenbahn dann befördern? Berlin ist doch nicht Paris!

d) Aus der „Leipziger Zeitung" von 1847

[...] Es ist die Erfindung der Eisenbahn-Dampfwagenfahrt und der Dampfschiffahrt. Sie bildet einen Abschnitt in unserer Culturgeschichte nach allen ihren Verzweigungen. Ein Herkules in der Wiege, sagt Fr. List, der die Völker erlösen will von der Plage des Krieges, der Theuerung und Hungersnoth, des Nationalhasses und der Arbeitslosigkeit, der Unwissenheit und des Schlendrians; der ihre Felder befruchten, ihre Werkstätten und Schächte beleben und auch den Niedrigsten unter ihnen Kraft verleihen wird, sich durch den Besuch fremder Länder zu bilden, in entfernten Gegenden Arbeit und an seinen

Hilfsquellen und Seegestaden Wiederherstellung ihrer Gesundheit zu suchen. Wie der Transport von Personen und Sachen auf Eisenbahnen den Handel und Verkehr mit den Früchten des Bodens und Klimas aller Zonen, mit den Erzeugnissen unseres Kunstfleißes, unserer Landwirthschaft, unserer Fabriken, unserer Industrie und unserer Gewerbe mit Riesenkräften emporhub und endlich den wahren Lebensbaum der Völker zur herrlichen Blüthe entwickelte: so hat er nicht minder unsere socialen, politischen und staatlichen Verhältnisse in ihren Fugen erschüttert, und der letzte Stoß wird nicht auf sich warten lassen.

(Wilhelm Treue, Herbert Pönicke, Karl Heinz Manegold [Hrsg.]: Quellen zur Geschichte der Industriellen Revolution. Göttingen, Musterschmidt 1966)

1. Stellen Sie die Argumente zusammen, die für bzw. gegen die Eisenbahn vorgebracht werden.
2. Welche Argumente sind heute noch überzeugend, welche nicht?

▶ QUELLE 3 Ein zeitgenössischer Beobachter über die Wohnverhältnisse in Berlin um die Jahrhundertwende

In Berlin waren 1900 43 Prozent aller Haushaltungen in einräumigen, 28 Prozent in zweiräumigen Wohnungen untergebracht. Es wurden 1955 Haushaltungen gezählt, die in einem einzigen Raume Eltern, Kinder (unter 15 Jahre) und Schlafleute bis zu 10 Köpfen, in 48 sogar Schlafleute verschiedenen Geschlechts beherbergten. Solche grauenhaften Zustände bestehen aber nicht bloß in Berlin. In Wohnungen mit nur einem Zimmer (mit oder ohne Zubehör) wohnten von je 100 Bewohnern in Barmen 55, Königsberg 54, Rixdorf 54, Magdeburg 46, Posen 45, Görlitz 45, Berlin 44, Halle a. d. S. 43, Breslau 41. Die Überfüllung dieser einzimmrigen Wohnungen erhellt aus der erschütternden Tatsache, daß von diesen mehr als sechs Personen beherbergten in Königsberg 26 Prozent, Posen 24, Barmen 22, Halle a. d. S. 20, Hannover 18, Magdeburg 17, Altona 15, Breslau 15, Kiel 14, Rixdorf 14, Charlottenburg 13, Berlin 12, Schöneberg 12.

(Zit. nach Peter Brandt [Hrsg.]: Preußen. Zur Sozialgeschichte eines Staates. Band 3 des Katalogs zur Ausstellung Preußen. Versuch einer Bilanz, Reinbek, Rowohlt 1981, S. 250)

1. Berechnen Sie, wie viel Prozent der Gesamtbevölkerung der angeführten Städte zusammen mit mindestens fünf anderen Personen in einem Zimmer leben mussten.
2. Stellen Sie die aufgeführten Zahlen mithilfe eines Balkendiagramms dar.

▶ QUELLE 4 Bericht der Arbeiterin Ottilie Bader (um 1870)

Wir hatten von dicken Wolltupfen dünnere Stränge zu spinnen. Wenn nun die Wolle schleuderte und Schlingen warf, die wieder in Ordnung gebracht werden mußten, durfte nicht etwa die Maschine angehalten werden, sondern wir mußten in das laufende Getriebe hineinfassen, in aller Geschwindigkeit die dicken Stellen herausnehmen, die Fäden wieder zusammenwirbeln und -knoten, damit sie durch die Öse gingen. Das gab zerschundene Hände und Knie. Schlimm war hier so manches. Die Aborte lagen neben dem Arbeitssaal. Da noch alle Kanalisation fehlte, kam es nicht eben selten vor, daß sie überliefen und im Arbeitsaal eine kaum zu ertragende Luft verbreiteten. In dieser Luft mußten junge Menschen Tag für Tag arbeiten. Dann mußte sehr oft nachts gearbeitet werden. Das geschah in der Weise, daß gewöhnlich die Nacht vom Freitag auf den Sonnabend eingelegt wurde. Der Sonnabend war dann aber nicht etwa frei, sondern mußte ebenso durchgearbeitet werden wie alle anderen Tage. Das heißt also, es waren drei Tagesschichten hintereinander, ohne nennenswerte Pausen dazwischen. In der Nacht gab es eine Tasse Kaffee, d. h. dicke Zichorienbrühe, die ich nicht herunterbringen konnte. Ich war damals so elend, daß ich wohl wie eine halbe Leiche an der Maschine stand. Das fiel sogar dem Chef auf. Ich höre noch, wie er zu dem Werkführer sagte: „Wie sieht denn die aus? Die ist wohl krank?" – „Ja", sagte der Werkführer, „die kann das Nachtarbeiten eben nicht vertragen. Das ist auch zuviel für ein ordentliches Mädchen" [...]

(Zit. nach Peter Brandt [Hrsg.]: Preußen. Zur Sozialgeschichte eines Staates. Band 3 des Katalogs zur Ausstellung Preußen. Versuch einer Bilanz, Reinbek, Rowohlt 1981, S. 243 f.)

1. Stellen Sie die Arbeitsbedingungen der Arbeiterin stichwortartig zusammen.
2. Welche der genannten Missstände sind in Deutschland inzwischen durch Gesetz abgeschafft worden?

Fabrikordnung der Berliner Kattunfabrik von C. F. Oppen

▶ QUELLE 5

1.
Die Arbeitszeit in den Wochentagen soll vom 1. April bis zum 1. Oktober (als die Sommerzeit) des Morgens um 6 Uhr ihren Anfang nehmen und bis um 7 Uhr des Abends dauern. Vom 1. Oktober bis zum 1. April (als die Winterzeit) so früh und des Abends so spät, als es der Tag erlaubt, wo ein jeder hinter einander, ordentlich, ruhig und stille fortarbeitet: – die erhaltenen Waaren stets mit allem Fleiß und Akkuratesse und ohne Fehler zu drucken, im entgegengesetzten Falle, wird nach Beschaffenheit der Fehler, das Drucklohn abgezogen, und der verursachte Schaden nach Beschaffenheit der Fehler, noch ohnedem in Rechnung gebracht.

6.
Das Zusammentreten an andere Tische in den Arbeitsstunden, so wie das Tabakrauchen, Saufereien, Singen, und andere dergleichen Gegenstände, welche Störung hervorbringen, und jedem ordnungsliebenden Mann zuwider sein müssen, wird durchaus nicht erlaubt: wer dagegen handelt, wird als Ruhestörer der Arbeit sofort entlassen.

7.
Es ist unter keiner Bedingung erlaubt, für sich oder andere Sachen oder Kleider zu drucken; demjenigen, so dabei betroffen wird, werden die Sachen abgenommen, und fällt außerdem in fünf Thaler Courant unerläßliche Strafe.

8.
Laut Abkommen findet die gesetzliche Kündigung weiter nicht statt, als daß der Drucker verpflichet ist, jede in Arbeit habende Waare fertig zu drucken und fehlerfrei abzuliefern, wo es ihm dann frei steht, seine Entlassung zu verlangen; dem Fabrikherren oder Vorsteher bleibt es aber unbenommen, wenn Ursache oder andere Gegenstände ihm veranlassen, dem Drucker zu jeder Zeit und ohne weitere Entschädigung zu entlassen.

11.
Noch ist nachträglich zu bemerken, daß dem, in den Druckstuben angehefteten Druckerei-Reglement genau nachgelebt werden muß, und keine Entschuldigung, solches nicht gelesen zu haben, statt findet; auch versteht es sich von selbst, daß für fehlerhaft gedruckte Waaren nicht allein das ganze Drucklohn, sondern nach Beschaffenheit der ganze Betrag der Waare pr. Elle berechnet, in Abzug gebracht wird.

Berlin, den 1. Januar 1843 gez. C. F. Oppen
Es folgen die Unterschriften der Drucker

(Zit. nach Peter Brandt [Hrsg.]: Preußen. Zur Sozialgeschichte eines Staates. Band 3 des Katalogs zur Ausstellung Preußen. Versuch einer Bilanz, Reinbek, Rowohlt 1981, S. 245 f.)

Vergleichen Sie die Arbeitsbedingungen von 1843 mit denen von heute. Berücksichtigen Sie dabei
- **Arbeitszeit (täglich, wöchentlich),**
- **Kündigungsschutz,**
- **Haftung für Fehler bei der Arbeit.**

5.2 Die soziale Frage

DARSTELLUNG

Das Überangebot an arbeitswilligen Industriearbeitern und die im Verhältnis dazu relativ geringe, wenngleich auch ständig wachsende Nachfrage ermöglichten eine rücksichtslose Ausbeutung. Dies führte zur Massenarmut und Verelendung vieler Arbeiterfamilien. Die **soziale Frage** bestand zwar in erster Linie darin, wie diese materiell besser gestellt werden könnten, zugleich aber machten sich viele gesellschaftliche Gruppen Gedanken um die politische und rechtliche Zukunft des Proletariats. Am Arbeitsplatz waren die Arbeiter nämlich völlig rechtlos, ein Streikrecht war unbekannt, das staatliche Koalitionsverbot unterband die Gründung von Gewerkschaften.

Soziale Frage

Das bürgerlich-liberale Ideal von der Freiheit des Einzelnen und seiner Fähigkeit, sein Schicksal selbstverantwortlich in die eigene Hand zu nehmen, musste auf den Arbeiter wie blanker Hohn wirken, gab man ihm doch praktisch keine Chance, seine Interessen auch gegen

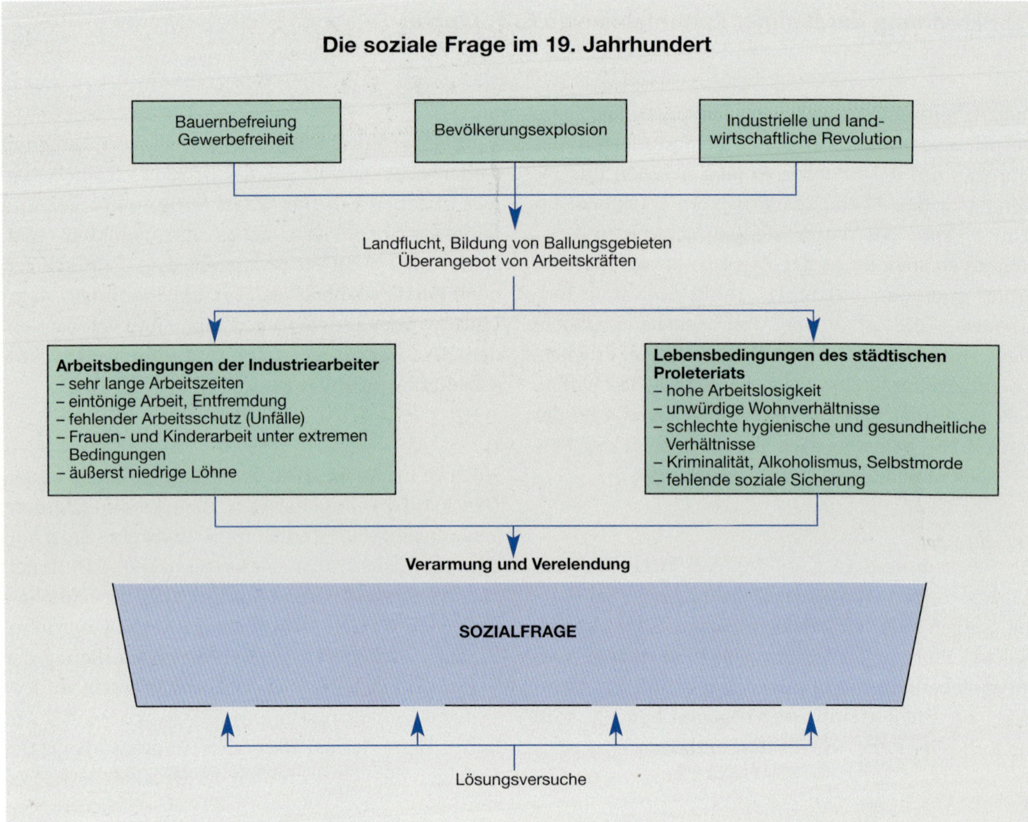

Unternehmerwillkür durchzusetzen. Nur wenn er sich in *Solidarität* mit seinen Kollegen zusammenschloss, konnte er hoffen, seine Lage zu verbessern oder wenigstens erträglicher zu gestalten.

Gewerkschaften
Arbeitervereine

Trotz zahlreicher Verbote und Einschränkungen gründeten fortschrittliche Bürger schon bald nach Beginn der Industrialisierung **Gewerkschaften** und **Arbeitervereine**. Auch Kirchen und einzelne Unternehmer suchten, wenn auch aus unterschiedlichen Motiven, nach Ansätzen zur Lösung der *sozialen Frage*. Die Hochindustrialisierung in der zweiten Hälfte des 19. Jahrhunderts zwang mit ihren Auswirkungen fast alle gesellschaftlichen Gruppen und Parteien, sich mit der sozialen Frage zu beschäftigen.

Entwicklungsländer
Parallelen

Vergleicht man heute die Lage in vielen **Entwicklungsländern** (siehe S. 449 ff.) mit der Frühindustrialisierung in Europa, so zeigen sich erstaunliche **Parallelen**, aber auch wesentliche Unterschiede. Wohnungsnot, schlechte Arbeitsbedingungen, fehlende Hygiene, geringe Lebenserwartung in Verbindung mit Unter- und Fehlernährung sind nahezu deckungsgleich mit der ersten Phase der Industrialisierung. Während aber die europäischen Staaten in der zweiten Hälfte des vorigen Jahrhunderts die Lebensbedingungen der arbeitenden Klasse zwar langsam, insgesamt aber stetig bessern konnten, bleiben die Menschen in den besonders bedürftigen Ländern trotz aller Hilfe im Zustand absoluter Armut. In diesen Staaten ist die Arbeitslosenquote mit 40 % bis 50 % erheblich höher, als sie je in Europa gewesen ist. Für die **Unterschiede** gibt es viele Ursachen; eine ist der unaufhörliche Bevölkerungsdruck durch steigende Geburtenzahl. Neben Schwächen in der staatlichen Verwaltung – die europäischen Länder hatten im 19. Jahrhundert, besonders Preußen-Deutschland, eine effizient arbeitende und weitgehend korruptionsfreie Bürokratie – spielt dabei das hoch technisierte Produktionskapital eine entscheidende Rolle. Mag der Einsatz von *Hightechmaschinen* in Europa sinnvoll sein, um (teure!) Arbeitskräfte einzusparen, so ist ihre Verwendung in Entwicklungsländern mit einem Überangebot (billiger!) Arbeitskräfte kontraproduktiv. Verkürzt und überspitzt formuliert: Die Anwendung spätindustrieller Verfahren ist keine geeignete Methode zur Entwicklung der Frühindustrialisierung.

Unterschiede

„Die soziale Frage muss gelöst werden, und wenn ich heut die ganze Nacht aufbleiben soll!“ (Satirische Zeichnung im „Kladderadatsch“, nach 1850)

5.2.1 Erste Lösungsversuche der sozialen Frage

Alle Bestrebungen, die *soziale Frage* zu lösen, lassen sich in zwei nach Zielen und Gründen unterschiedliche Ansätze einteilen:

1. Die Arbeiterschaft selbst und ihr nahestehende Intellektuelle, wie *Marx* und *Engels*, erstrebten Verbesserungen der Lohn- und Arbeitsbedingungen, Selbsthilfe durch **Solidarität**, politische Mitbestimmung und gesellschaftliche Veränderung.

Solidarität

2. Demgegenüber sahen Kirche, christliche Parteien, Unternehmer und die Regierung in den sozialen Problemen mehr eine Gefährdung ihrer eigenen Stellung, sodass es galt, die Arbeiterschaft von revolutionären Forderungen und Aktionen abzuhalten. Neben diesem politischen Kalkül prägten auch **humanitäre Gesichtspunkte** das Engagement dieser Gruppen.

Humanitäre Gesichtspunkte

5.2.1.1 Unternehmerische Lösungsversuche

www.unternehmensgeschichte.de

Die Personalpolitik zahlreicher Unternehmer ließ sich mit dem Motto umschreiben: „Alles für den Arbeiter – nichts durch den Arbeiter.“ Man trachtete durch Verbesserung der wirtschaftlichen Lage den Arbeiter von politischen Forderungen fernzuhalten. *Alfred Krupp* entwickelte ein Konzept, das seinen Arbeitern im Betriebsleben Schutz und Geborgenheit wie in einer Familie geben sollte. Er sah sich als Familienvater, der innerhalb dieses **patriarchalischen Systems** seinen „Kindern“ alle zum Leben notwendigen Leistungen und Einrichtungen gewähren wollte, dafür aber unbedingte Disziplin, widerspruchslosen Gehorsam und völlige Enthaltung von jeder politischen Betätigung erwartete.

Patriarchalisches System

▶ Q. 1

Das anfänglich von *Krupp* und vielen anderen Unternehmern praktizierte **Trucksystem** – in Deutschland ab 1855 verboten – wurde von den Arbeitern als unzumutbare Bevormundung empfunden, denn ein erheblicher Teil ihres Lohnes wurde ihnen nicht zur freien Verfügung in bar ausgezahlt, sondern sie erhielten Gutscheine für Lebens- und Genussmittel, die sie nur in firmeneigenen Läden eintauschen konnten. So wurden die Arbeiter gezwungen, oft minderwertige und teure Waren zu beziehen. Das gesamte System dieser Art von Patriarchentum mit seiner tatsächlichen oder auch nur vermeintlichen menschlichen Fürsorge erwies sich bald als überholt, denn in Unternehmen mit Hunderten, ja bald Tausenden von Beschäftigten war es unmöglich, familienähnliche Beziehungen herzustellen.

Trucksystem

Werner von Siemens trachtete vor allem danach, die Arbeiter an sein Unternehmen zu binden, indem er ihnen Anrechte auf eine betriebliche Alters- und Invaliditätskasse gewährte. Ihm schwebte ein „freudiges, selbsttätiges Zusammenwirken aller Mitarbeiter" vor, die sich vorbehaltlos mit den Interessen seiner Firma identifizieren sollten. Verließ ein Arbeiter freiwillig oder gezwungen das Unternehmen, verlor er alle bisher erworbenen Ansprüche. So war es dem Betriebsinhaber leicht, ihn zu Gehorsam und Disziplin zu bringen. Diese protektorale Form der

Betriebsverfassung

Betriebsverfassung scheiterte. Die Arbeiterschaft wurde zunehmend mobil und suchte sich günstige Arbeitsplätze; zudem verschärfte sich der außerbetriebliche Kampf um gesellschaftliche Anerkennung und Mitbestimmung.

Bis zum heutigen Tag sind zum Beispiel in weiten Teilen Japans die alten Vorstellungen der Betriebsbindung lebendig. Sie führen zu einer lebenslangen Treue zur Firma. Selbst das Privatleben wird oft noch den Firmeninteressen untergeordnet, sodass z. B. für eine Heirat vielfach nur ein Partner infrage kommt, der im selben Unternehmen beschäftigt ist.

Erst seit 1985 gilt in der Bundesrepublik Deutschland, dass Anwartschaften auf die betriebliche Altersversorgung auch bei Firmenwechsel nicht verfallen. Auf diese Weise soll dem Arbeitnehmer die Freiheit, den Arbeitsplatz nach Belieben zu wählen und zu wechseln, wirtschaftlich möglich werden.

Das radikalste Konzept unternehmerischer Sozialpolitik legte *Ernst Abbe* vor. Zusammen mit *Carl Zeiss* und *Otto Schott* hatte er die optischen Werkstätten in Jena gegründet. Nach dem Tode von *Carl Zeiss* 1889 brachte er seinen „Besitz von Produktionsmitteln vor strenger Sitte als öffentliches Gut betrachtend" in eine Stiftung ein, die er nach *Carl Zeiss* benannte. *Abbe* war nun nicht mehr Eigentümer des Werkes, sondern nur noch beamtetes Mitglied der Geschäftsleitung, er hatte seine Produktionsmittel freiwillig vergesellschaftet. *Abbes* Stiftung ließ das Interesse der Arbeiter am Werk steigen, Gewinnbeteiligung, bezahlter Urlaub und garantierte Tariflöhne taten

Carl-Zeiss-Stiftung

ein Übriges, die Firma aufblühen zu lassen. Die **Carl-Zeiss-Stiftung** war eine sozialpolitische Leistung ersten Ranges, die allerdings nur wenig Nachahmer fand.

www.carl-zeiss-stiftung.de

Der Erfolg der meisten unternehmerischen Versuche zur Lösung der sozialen Frage blieb bescheiden. Die Ansätze fanden keine oder nur wenig Nachahmer, und das Selbstbewusstsein der Arbeiter wuchs: Sie wollten sich nicht auf Dauer mit der Gewährung von „Almosen" zufriedengeben. Die Verhältnisse in den Betrieben spiegelten die Machtverhältnisse in Staat und Gesellschaft wider, und hier wie dort strebte die Arbeiterschaft danach, Mitbestimmung und Gleichberechtigung durchzusetzen.

5.2.1.2 Kirchliche Lösungsversuche

Elend und menschenunwürdige Verhältnisse, in denen die Arbeiter leben mussten, riefen bald

Christliche Kirchen

auch die **christlichen Kirchen** auf den Plan. Die katholische und die evangelische Kirche sowie die ihnen nahestehenden politischen Parteien nahmen sich der sozialen Frage an.

Der Mainzer Bischof *Ketteler* (1811–1877) sah in der Arbeiterfrage zunächst „die Ernährungsfrage für den weitaus größten Teil aller Menschen"; wie Spötter meinten, sei das soziale Problem eine „Magenfrage". Um die Ernährung und darüber hinaus die gesamte materielle Situation der Arbeiter zu verbessern, schlug er vor, dem Arbeiter neben dem Arbeitslohn auch eine angemessene Gewinnbeteiligung auszuzahlen. Zudem sollte ihm die Möglichkeit eingeräumt werden, selbst „Geschäftseigentümer" zu werden. Um dies zu erleichtern, „soll der Staat dem Arbeiterstande zu Hilfe eilen und ihm die zum Geschäfte nötigen Kapitalien leihen oder schenken". *Ketteler* gilt als Initiator und Repräsentant einer gewandelten Einstellung der katholischen Kirche, lehnte diese doch zunächst jeden Eingriff des Staates ab, da die christliche Pflicht zu Barmherzigkeit und praktischer Nächstenliebe dem Einzelnen nicht vom Staat abgenommen werden dürfte.

Die Vorschläge *Kettelers* wurden als sehr theoretisch und wenig praktikabel angesehen, im Gegensatz zu den sozialreformerischen Ideen, die *Adolph Kolping* (1813–1865) entwickelte. Er schloss die umherziehenden Gesellen in *katholischen Gesellenvereinen* zusammen, aus denen die sog. *Kolpingfamilien* hervorgingen, wie sich die örtlichen Unterabteilungen immer noch nennen. Religiöse Erziehung sowie berufliche und politische Bildung stehen auch heute noch im Mittelpunkt des **Kolpingwerkes**, das allein in Deutschland über 250 000 Mitglieder (2015) zählt.

www.kolping.de

Kolpingwerk

Auch der Papst schaltete sich in die Debatte um die soziale Frage ein. *Leo XIII.* nahm in der Enzyklika „Rerum novarum" (1891) Stellung und verurteilte den Klassenkampf, den er durch die „wunderbaren und vielgestaltigen Kräfte" des Christentums beseitigen wollte. Ihm ging es um die Versöhnung zwischen Reichen und Armen. Die Besitzenden sollten zu ihren Pflichten gegenüber den Besitzlosen angehalten werden, die dafür auf Kampfmaßnahmen verzichteten. Diese Enzyklika prägte Programm und politisches Handeln der *Zentrumspartei*, und das Entstehen der christlichen Gewerkschaften ab 1890 zeigte die sich wandelnde Einstellung vieler Katholiken.

▶ Q. 2

Die Haltung der katholischen Kirche gegenüber sozialen Spannungen ist im Kern bis heute unverändert geblieben. Papst *Pius XI.* ließ 40 Jahre später eine zweite Enzyklika folgen, „Quadragesimo anno" (1931), die auf den Grundsätzen *Leos XIII.* aufbaute und die Einzelheiten der **katholischen Soziallehre** darlegte. *Johannes XXIII.* erkannte in seiner Enzyklika „Mater et magistra" (1961) die Lehren seiner Vorgänger an und forderte aus dem Geist sittlich-sozialen Handelns zur Umverteilung des Eigentums auf. Doch Klassenkampf oder gar bewaffnete Auseinandersetzung werden bis heute abgelehnt.

Katholische Soziallehre

So verurteilten die unmittelbaren Vorgänger von Papst Franziskus noch einhellig die von südamerikanischen Geistlichen vertretene „Theologie der Befreiung", die den Gegensatz zwischen Arm und Reich als unüberbrückbar bezeichnet und radikale soziale Reformen fordert. Der seit 2013 amtierende Papst, der durch die Armut Südamerikas geprägt wurde, scheint in diesen Fragen eine fortschrittlichere Haltung einzunehmen.

Auf protestantischer Seite war der Begründer der **Inneren Mission** in Deutschland, *Johann Heinrich Wichern* (1808 –1881), maßgebend. Sozialismus und Kommunismus waren für ihn nur die „frühreife, monströse Carricatur [...] des wirksamen christlichen Sozialismus", den er in der Armenpflege verwirklicht sah. Für *Wichern* hing die materielle Not ursächlich mit der „sittlichen Noth" zusammen, und Voraussetzung zur Lösung der sozialen Frage erschien ihm die „christliche Restituierung des verwilderten Familienlebens". Ebenso wie er wollte auch *Friedrich von Bodelschwingh* (1831–1910) die **Arbeiterfrage** vom christlichen Standpunkt aus lösen. Er forderte deshalb die Unternehmer nachhaltig auf, sich ihrer christlichen Verantwortung bewusst zu werden und sich nicht nur um Maschinen, sondern auch um die Menschen an ihnen zu kümmern. Ab 1882 schuf *Bodelschwingh* sog. *Arbeiterkolonien*, die bis in die Gegenwart Bedeutung haben. Die nach ihm benannten Anstalten in der Nähe von Bielefeld, *Bethel* (das Haus Gottes), wurden 1873 gegründet; ihr Name übertrug sich von einem Krankenhaus auf die gesamte Siedlung.

Innere Mission

Arbeiterfrage

Auch den christlich-kirchlichen Initiativen war kein durchschlagender Erfolg beschieden. Weite Teile der Gesellschaft nahmen davon keine Notiz, und die Arbeiterschaft mit ihren Führern blieb skeptisch, sah sie doch zu oft die Zusammenarbeit der Kirche mit der Bourgeoisie. Der meist missverstandene Satz von *Marx*, „Religion ist das Opium des Volkes", wurde die Grundlage für eine Auffassung: „Uns von dem Elend zu erlösen, das müssen wir schon selber tun."

5.2.2 Die Arbeiterbewegung

Die erste Reaktion auf Verelendung und Rechtlosigkeit entlud sich teilweise in einer Zerstörung der Maschinen **(Maschinenstürmertum)**, die man als Ursache allen Übels betrachtete. Doch konnte dies selbstverständlich die industrielle Entwicklung nicht aufhalten. Die einzige Möglichkeit, aus eigener Kraft die soziale Frage zu lösen, bestand in der Gründung von Selbsthilfeorgani-

Maschinenstürmertum

Allgemeine deutsche Arbeiterverbrüderung
Arbeiterbewegung

sationen. Zu den bescheidenen Anfängen der Arbeiterbewegung gehörte die 1840 erhobene Forderung der Leipziger Buchdrucker nach einer tariflichen Regelung der Löhne und Arbeitsbedingungen. Im August 1848 tagte in Berlin ein Arbeiterkongress, auf dem die **Allgemeine deutsche Arbeiterverbrüderung** gegründet wurde. Aber die politische Entwickung nach 1848 mit dem Sieg der Reaktion beendete diese Anfänge der **Arbeiterbewegung**, und auch die nationalen Zentralverbände der Buchdrucker und Zigarrenarbeiter wurden wieder aufgelöst.

5.2.2.1 Arbeitervereine und Arbeiterpartei

Arbeiterbildungsvereine

Allgemeiner Deutscher Arbeiterverein

Sozialdemokratische Arbeiterpartei

Klassenkampf

Vereinigungsparteitag

Sozialistischen Arbeiterpartei Deutschlands

Die ab 1850 rasch fortschreitende Industrialisierung mit ihrer wachsenden Zahl von Industriearbeitern veranlasste Vertreter des liberalen Bürgertums, **Arbeiterbildungsvereine** zu gründen. Die Arbeiter sollten zu einer höheren beruflichen Qualifikation geführt und für die politischen und wirtschaftlichen Überzeugungen des Bürgertums gewonnen werden. Aus der kritischen Auseinandersetzung innerhalb der Arbeiterbildungsvereine entstand 1863 der **Allgemeine Deutsche Arbeiterverein**. Seine Gründung durch *Ferdinand Lassalle* (1825–1864) gilt als die Geburtsstunde der SPD. *Lassalle* sah in der Erringung des allgemeinen und direkten Wahlrechts „das einzige Mittel, die materielle Lage des Arbeiterstandes zu verbessern". Zwar hielt er die Arbeiterbildungsvereine der Liberalen nicht für die geeignete Form, die ökonomischen und politischen Forderungen der Arbeiter durchzusetzen. Aber insgesamt vertrat *Lassalle* einen arevolutionären, gemäßigten Standpunkt. Die Arbeiterschaft sollte auf legalem Wege mithilfe demokratischer Mehrheiten die Macht im Staat erringen und danach Wirtschaft und Gesellschaft in einem allmählichen Prozess verändern. Wesentlich radikaler trat dagegen die 1869 von *August Bebel* (1840–1913) und *Wilhelm Liebknecht* (1826–1900) gegründete **Sozialdemokratische Arbeiterpartei** auf. Sie proklamierte konsequent den **Klassenkampf** und lehnte die Zusammenarbeit mit staatlichen Organen und deren Repräsentanten ab. „Diesem Staat keinen Mann und keinen Groschen", erklärte *Bebel* einmal in einer Reichstagsrede zur Wehrvorlage. Die Schriften von *Marx* und *Engels* schufen die ideologische Grundlage dieser Partei. Auf dem **Vereinigungsparteitag** von 1875 in Gotha schlossen sich die beiden Parteien zur **Sozialistischen Arbeiterpartei Deutschlands** zusammen.

▶ Q. 3

Sozialdemokratische Partei Deutschlands

Die neue Partei verstand sich als ein politisches Sammelbecken für alle Arbeiter mit ihren Interessen. Doch diese organisierten sich nicht nur in der Partei, sondern auch in Gewerkschaften, die zwar zum Teil mit der Sozialistischen Arbeiterpartei eng verbunden waren, aber mehr um die Durchsetzung praktischer materieller Interessen denn politischer Forderungen bemüht waren. Nachdem das **Sozialistengesetz** (siehe S. 144) 1890 nicht mehr verlängert wurde, benannte sich die Partei um in **Sozialdemokratische Partei Deutschlands** (SPD), einen Namen, den sie bis heute unverändert beibehielt, und gab sich in Erfurt 1891 ein neues Programm.

5.2.2.2 Die Gewerkschaften

Hirsch-Dunckersche Gewerkvereine

Die Liberalen *Max Hirsch* und *Franz Duncker* waren davon überzeugt, dass das Elend der Arbeiter nur eine vorübergehende Erscheinung sei, die mit dem Ausbau der industriellen Produktion von selbst verschwinde. Die von ihnen 1868 gegründeten **Hirsch-Dunckerschen Gewerkvereine** sollten deshalb auf Ausgleich bedacht sein und die Arbeiterinteressen nicht mit Kampfmaßnahmen durchsetzen.

Sozialistische Gewerkschaften

Die **sozialistischen Gewerkschaften** organisierten sich nach lokalen und berufsständischen Gesichtspunkten, und innerhalb einzelner Berufszweige gab es oft zwei oder drei rivalisierende Gewerkschaftsrichtungen. Die rund 50 000 Gewerkschaftsmitglieder waren 1877 in etwa 30, teilweise nur in einigen Orten existierende Verbände und in mehr als 100 lokale Berufsorganisationen zersplittert. Diese Zersplitterung sollte 1878 auf einem Gewerkschaftskongress beendet werden, und ähnlich, wie es 1875 in Gotha gelungen war, *eine* sozialistische Partei zu gründen, sollte auch eine einheitliche, starke sozialistische Gewerkschaft ins Leben gerufen

Streikbrecher unter Polizeischutz beim Hamburger Hafenarbeiterstreik 1897 (satirische Zeichnung im „Wahren Jacob")

werden. Doch das „Gesetz gegen die gemeingefährlichen Bestrebungen der Sozialdemokratie" *(Sozialistengesetz)* zerschlug diese Absicht und ließ nur noch die *Hirsch-Dunckerschen Gewerkvereine* zu; alle Verbände und die meisten lokalen Berufsorganisationen wurden verboten.

Sozialistengesetz
▶ Q. 6

Erst nach dem Zweiten Weltkrieg konnte der Gedanke einer **Einheitsgewerkschaft** (DGB) konsequent verwirklicht werden.

www.dgb.de

In Tarnorganisationen, z. B. in Sportvereinen, behielten die Arbeiter jedoch Kontakt untereinander oder schlossen sich in örtlich begrenzten **Fachvereinen** wieder zusammen. Zunächst ging es ihnen nur um Verbesserung der materiellen Lage; bald jedoch begannen sie, auch gewerkschaftliche und parteipolitische Strategien zu diskutieren. Im Jahre 1886 waren über 80 000 Arbeiter in solchen Fachvereinen zusammengeschlossen. Vom Januar 1889 bis zum 1. April 1890 kam es zu 1 131 kollektiven Arbeitsniederlegungen, an denen sich fast 400 000 Beschäftigte beteiligten. Der Bergarbeiterstreik von 1889, der in allen deutschen Fördergebieten ausgerufen wurde, gilt als die größte Streikaktion des 19. Jahrhunderts und führte 1891 zur Gründung des Bergarbeiterverbandes mit mehr als 50 000 Mitgliedern.

Fachvereine

Der langjährige Vorsitzende der von den Gewerkschaftsmitgliedern gewählten „Generalkommission der freien Gewerkschaften Deutschlands", der Drechsler *Carl Legien* (1861–1920), strebte nach ideologischer und organisatorischer Unabhängigkeit von der SPD und forderte die Gewerkschaften auf, sich auf Belange der wirtschaftlichen und betrieblichen Interessen zu beschränken. Dieser **Revisionismus** innerhalb der sozialistischen Gewerkschaftsbewegung, der zunächst auf Ablehnung stieß, führte letztlich zu einer Gewerkschaftsbewegung mit weitgehender parteipolitischer Neutralität, ein Prinzip, dem sich auch die *Hirsch-Dunckerschen Gewerkvereine* anschlossen, nachdem sie bis 1902 von ihren Mitgliedern noch ausdrücklich eine Erklärung gegen die Sozialdemokratie verlangt hatten.

Revisionismus

Etwa ab 1894 entstanden auch **christliche Gewerkschaften**, die Monarchie und kapitalistische Ordnung grundsätzlich bejahten und enge Verbindung zum *Zentrum* pflegten. Doch ihre zahlenmäßige Bedeutung sank ebenso wie die der *Hirsch-Dunckerschen Gewerkvereine*. Mit der parteipolitischen Neutralitätserklärung zogen die **freien Gewerkschaften**, wie sie sich jetzt nannten, von den liberalen und konfessionellen Gewerkschaften immer mehr Mitglieder ab, und mit rund 2,5 Millionen Organisierten war 1913 der Durchbruch zur gewerkschaftlichen Massenorganisation vollzogen, während z. B. die liberalen *Gewerkvereine* 1914 nur noch 78 000

Christliche Gewerkschaften

Freie Gewerkschaften

Organisationsgrad

Mitglieder hatten. Allerdings darf der **Organisationsgrad** nicht überschätzt werden: 1885 waren nur 4 % der Arbeiter Mitglied einer Gewerkschaft, und selbst 1913 waren es erst 12 %. Obwohl also nur eine Minderheit der Lohnarbeiter Gewerkschaftsbeiträge zahlte, war der Einfluss der Arbeitnehmerorganisation beträchtlich. Die mit den Unternehmern ausgehandelten **Tarifverträge** garantierten Mindestlöhne, setzten Höchstarbeitszeiten fest und sicherten Unfallschutz und Versorgungsansprüche.

Tarifverträge

Streik

Immer häufiger gelang es den Arbeitern mithilfe ihrer Gewerkschaften, Forderungen durch **Streik** durchzusetzen. Die Auszahlungen für Streikunterstützung belegen zumindest die Streikbereitschaft: 1898 waren es rund eine Million Reichsmark, 1907 betrug die Hilfe aus der Streikkasse etwa 13 Millionen, und 1910 erhöht sich dieser Betrag auf mehr als 19 Millionen Goldmark.

Revisionisten

Während sich in den sozialistischen, den „freien Gewerkschaften" die stillschweigende Anerkennung von Staat und gesellschaftlicher Ordnung fast unmerklich durchsetzte, wurden die Spannungen innerhalb der SPD immer größer. Zwischen den **Revisionisten** um *Eduard Bernstein* (1850–1932) („Der Weg ist alles, das Ziel ist nichts") und dem orthodoxen Flügel um *Liebknecht* und *Bebel* kam es wiederholt zu heftigen Auseinandersetzungen. Diese endeten mit einem stillschweigenden Übereinkommen: Das Vokabular der SPD blieb bis 1914 revolutionär, während die Praxis längst reformerisch war. Der österreichische Sozialist *Karl Kautsky* hat dies auf die Formel gebracht, dass die SPD eine „revolutionäre, aber nicht Revolution machende Partei" sei.

Noch schärfer pointierte diese Haltung der Schriftsteller *Kurt Tucholsky* 1930 in einer Glosse über die Wahlentscheidung zugunsten der SPD: „Man tut wat für die Revolutzjon, aber man weeß janz jenau: mit diese Partei kommt se nich."

Flügelkämpfe gibt es in der SPD, wie auch bei anderen großen Volksparteien, bis zum heutigen Tag. Immer wieder brechen zwischen den Pragmatikern und den eher radikalen Veränderern, verkürzend als „rechte" und „linke" Sozialdemokraten kategorisiert, heftige Meinungsverschiedenheiten auf.

5.2.3 Der Marxismus

5.2.3.1 Die Vorläufer

www.bpb.de

Marx und *Engels* hatten Vorläufer, deren Schriften sie kannten und die sie als „utopische Sozialisten" bezeichneten, denn von ihnen sollte sich der „wissenschaftliche Sozialismus", als dessen Gründer sie sich verstanden, deutlich abheben. In veränderter Form tauchten Gedankengänge dieser auch *Frühsozialisten* genannten Theoretiker im Werk von Marx und Engels wieder auf.

Zu den Verfechtern der älteren sozialistischen Lehren gehören vor allem die folgenden:

Utopischer Sozialismus

1. Als erster Vertreter des **utopischen Sozialismus** gilt *Thomas Morus* (1478–1535) aus England, der in seinem Buch „Utopia" (daher der Name „Utopisten") das Ideal einer Gesellschaft entwirft, in der jeder ohne Privateigentum seine materiellen und geistigen Bedürfnisse befriedigen kann.

2. der Schweizer *Simonde de Sismondi* (1773–1842), der vor allem die bestehende Einkommensverteilung kritisierte, da sie die Absatzkrisen hervorriefe.

3. der Franzose *Charles Fourier* (1772–1837). Er plante sog. *Phalangen* – das sind Erzeugungs- und Verbrauchsgenossenschaften –, mit denen er das Privateigentum erhalten, die Verteilung der Produkte aber kollektiv gerecht gestalten wollte.

4. der Engländer *Robert Owen* (1771–1858) als Anhänger der Assoziationsidee. Die Arbeiter sollten statt Geld „labour notes" erhalten, die sie in die Lage versetzten, die von ihnen produzierten Erzeugnisse ihrer Arbeitsleistung entsprechend zurückzukaufen.

5. *Louis Blanc* (1811–1882), ein Landsmann *Fouriers,* entwickelte dessen Gedanken praxisnäher weiter.

6. *Pierre Joseph Proudhon* (1809–1865), dessen Lehre einen *anarchistischen* Einschlag erhielt. Von ihm stammt das berühmte Wort „Eigentum ist Diebstahl", womit er allerdings nur die Eigentumsrechte meinte, durch die arbeitsloses Einkommen, z. B. Zins, erworben werden kann.

Alle praktischen Versuche, die wenigstens von *Blanc* und *Owen* unternommen wurden, sozialistische Ideen in die Tat umzusetzen, scheiterten zumeist schon nach kurzer Zeit, wenn auch aus unterschiedlichen Gründen.

5.2.3.2 Karl Marx und Friedrich Engels

Karl Marx und *Friedrich Engels* gelten als die Begründer der Lehre, die man heute unter dem Begriff **Marxismus** zusammenfasst. Kaum eine politische Theorie hat die Geschichte so stark beeinflusst und ist dennoch bis in die heutige Zeit so umstritten geblieben.

Marxismus

Nicht einmal unter den Anhängern ist auch nur näherungsweise Übereinstimmung festzustellen. Westliche *Marxisten,* etwa die der sog. *Frankfurter Schule,* berufen sich genauso auf *Marx* wie bis 1990 alle sowjetischen Führer, die Vertreter Pekings oder die Führer Albaniens. Unbekümmert erklärten demokratisch gesonnene *Marx-Anhänger,* dass selbstverständlich der **Sozialismus** der ehemaligen DDR *kein Sozialismus* sei, während die DDR selbst sich in ihrer Verfassung als „sozialistischer Staat" titulierte und als Gesellschaft des „entwickelten Sozialismus" verstand.

Sozialismus

Alle interpretieren *Marx* und *Engels* anders. Die *Marx-Exegese* (Auslegung, Interpretation) ist unübersehbar und noch immer ist kein Ende der Publikationsflut abzusehen. Dabei sind die Schriften von *Marx* schwer verständlich, auch für die Sprache des vorletzten Jahrhunderts stilistisch nicht leicht, und die Neigung von *Marx/Engels,* mit denselben Begriffen Unterschiedliches zu meinen oder dasselbe mit verschiedenen Begriffen zu belegen, ist für das Verstehen wenig hilfreich. Nicht einmal über einen so relativ einfachen Begriff wie *Existenzminimum* kann aus dem Werk selbst letzte Klarheit gewonnen werden. Ist nun das *kulturelle* oder das *biologische* Existenzminimum gemeint?

Karl Heinrich Marx wurde am 5. Mai 1818 als Sohn eines 1824 zum Protestantismus übergetretenen jüdischen Rechtsanwalts in Trier geboren. Nach dem Willen seines Vaters absolvierte er ein Jurastudium und wurde an der Universität Berlin mit der Philosophie *Hegels* vertraut. Nach Abschluss seines Studiums in Bonn und Göttingen promovierte er 1841 zum *Doktor der Philosophie* und begann 1842 als Redakteur bei der „Rheinischen Zeitung" in Köln zu arbeiten. Als diese verboten wurde, emigrierte er im Herbst 1843 nach Paris, wo er *Friedrich Engels* kennenlernte.

www.marx-forum.de

Friedrich Engels wurde am 28. November 1820 als Sohn eines Textilfabrikanten in Wuppertal geboren, erhielt eine kaufmännische Ausbildung, die ihn von 1842 bis 1844 nach Manchester führte. Seine Erlebnisse mit den Auswirkungen des **Manchesterliberalismus** veranlassten ihn, ein Buch über „Die Lage der arbeitenden Klasse in England" zu schreiben.

Manchesterliberalismus

Unter *Manchesterliberalismus* wird ein strikt liberal-privatkapitalistisches Wirtschaftssystem verstanden, bei dem der Staat sich jeder ökonomischen Tätigkeit enthält. Er darf selbst dann nicht in den Wirtschaftsablauf eingreifen, wenn dieser sozial schädliche Folgen hat. Der

Marktautomatismus wird auf die Dauer alle Mängel beseitigen, lautet das Credo (Bekenntnissatz) dieser extrem liberalen Position.

Bund der Kommunisten

Kommunistisches Manifest

▶ Q. 5

Das Kapital

Im Jahre 1847 traten Marx und Engels in den „Bund der Gerechten" ein, der sich aus geflüchteten deutschen Handwerksgesellen zusammensetzte und auf einem Kongress in London in **Bund der Kommunisten** umbenannt wurde. Von Beginn an hatten *Marx* und *Engels* großen Einfluss in dieser Vereinigung, und im Februar gaben sie das Programm des Bundes heraus: das *Manifest der kommunistischen Partei*, oft auch kurz als **Kommunistisches Manifest** bezeichnet. Während der Revolutionswirren kehrten beide nach Deutschland zurück und gaben in Köln die „Neue Rheinische Zeitung" heraus, mussten aber bald wieder emigrieren. *Marx* ging nach London, wo er viele Jahre an seinem Hauptwerk „Das Kapital" arbeitete, dessen erster Band 1867 erschien. *Engels* übernahm die Leitung seiner Fabrik in Manchester und unterstützte *Marx* und seine Familie, die in ärmlichen Verhältnissen lebten, mit regelmäßigen Zuwendungen. *Marx* starb 1883 im Exil. Nach seinem Tode arbeitete *Engels,* der bis 1870 in Manchester geblieben war, die hinterlassenen Manuskripte von *Marx* durch und veröffentlichte sie posthum. So erschien der zweite Band vom **„Kapital"** erst 1885 und der dritte im Todesjahr *Engels'* 1895.

Der Historiker *W. Schieder* urteilte 1986 über *Marx* so: „Als Politiker hat Karl Marx herzlich wenig geleistet, als politischer Organisator war er ein Versager. Einer Parteidisziplin hätte sich dieser zügellose Individualist niemals gebeugt." (Siehe Wolfgang Schieder: Karl Marx als Politiker. München, Piper 1991)

5.2.3.3 Die Lehre von Marx und Engels

These

Antithese

Synthese

Von *Friedrich Hegel* (1770–1831) übernahm *Marx* den dialektischen Denkansatz. Danach enthält jedes Ding, jede Erscheinung als **These** bereits das Gegenteil in sich, die *Negation* als **Antithese**. Der Widerspruch wird in der **Synthese** als *Negation der Negation* wieder aufgehoben, die wiederum eine neue These bildet, zu der eine Gegenthese entsteht.

Beispiel einer marxistisch-dialektischen Interpretation: Aus dem Feudalsystem (These) entwickelte sich die Parole der Gleichheitsforderung der Französischen Revolution (Antithese), sie verschmolz zur Synthese des Kapitalismus, der als neue These „in seinem Schoß" bereits den Keim der Vernichtung durch den Sozialismus als (neue) Antithese enthält.

Idealismus

Materialistische Geschichtsauffassung

Basis

Überbau

Während allerdings *Hegel* die Philosophie des **Idealismus** vertrat, nach der Ideen die treibende Kraft der Geschichte sind, stellte *Marx* dessen Dialektik „auf den Kopf" und sah in der Materie die Grundlage für alle Ideen: *Die Menschen müssen erst essen, trinken und wohnen, ehe sie Politik, Wissenschaft und Kunst betreiben können.* Der Kernsatz der **materialistischen Geschichtsauffassung** lautet:

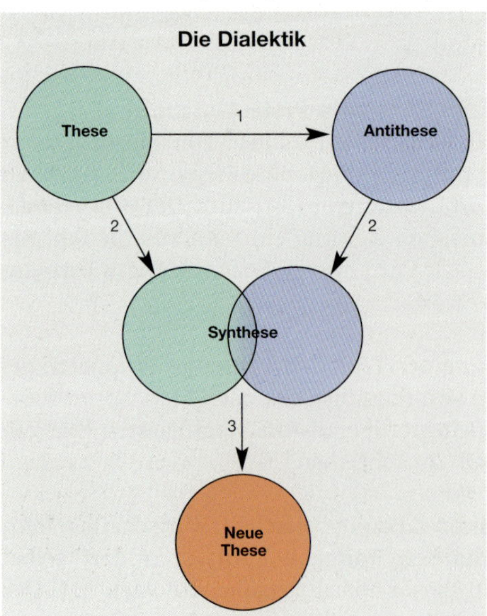

„Es ist nicht das Bewusstsein der Menschen, das ihr Sein, sondern ihr gesellschaftliches Sein, das ihr Bewusstsein bestimmt." Alle menschlichen Bereiche fußen auf einer **Basis,** für die Gesellschaft sind dies die materiellen Produktivkräfte wie Boden, Maschinen, Werkzeuge, über die sich der gesellschaftliche **Überbau** wölbt, in Gestalt des Wirtschaftssystems, Staates, Rechts, der Moral und Religion. Zum Wirtschaftssystem gehören die Produktionsverhältnisse, z. B. handwerkliche Produktion oder kapitalistische Produktion mit Maschinen.

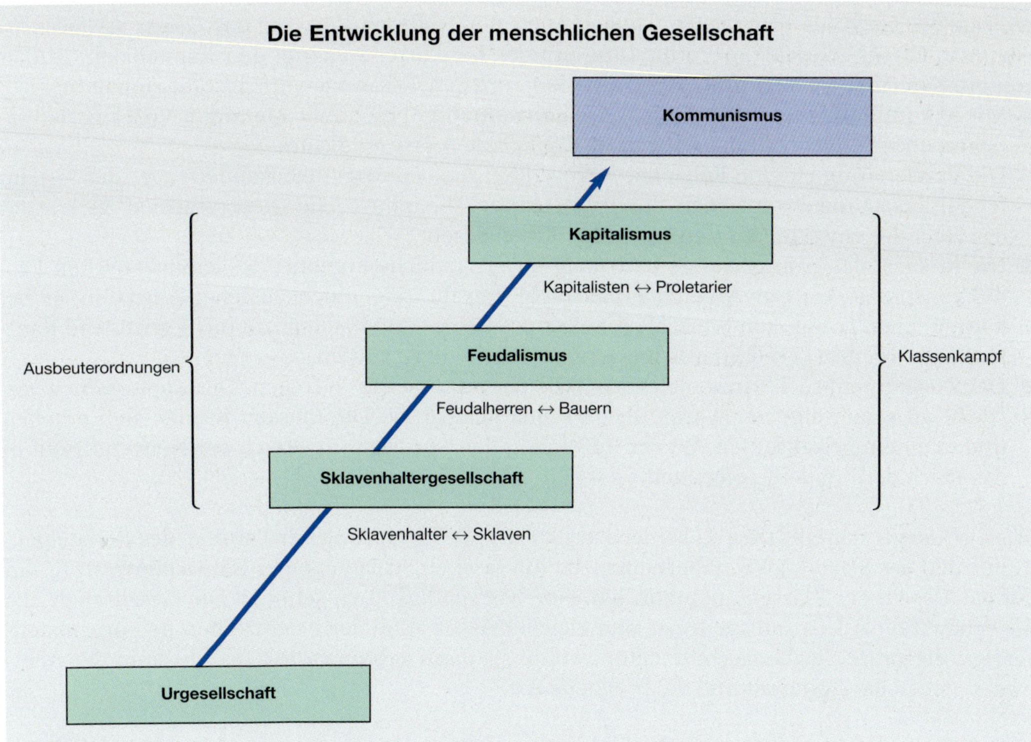

Nach *Marx* gehen die Menschen aufgrund der gegebenen materiell-ökonomischen Umstände „von ihrem Willen unabhängige [...] Produktionsverhältnisse" ein. Diese bestimmen, welcher **Klasse** der einzelne Mensch angehört. Die Interessen der Klassen stehen sich diametral gegenüber, sodass die „Geschichte aller bisherigen Gesellschaft [...] die Geschichte von Klassenkämpfen" ist. Klasse

Im **Kapitalismus** sind dies die Klassen der Kapitalisten und der (ausgebeuteten) Proletarier; der Staat ist im Besitz der „herrschenden Klasse", die diesen als Unterdrückungsinstrument benutzt. Die Kapitalismuskritik von *Marx* basiert im Wesentlichen auf folgenden Elementen: Kapitalismus

- **Entfremdung** und **Selbstentfremdung**, d. h. sich der eigenen Tätigkeit zu entfremden, sie nicht mehr als die *eigene* verstehen zu können, sind Folgen der Arbeitsteilung, die wiederum eine Folge der Eigentumsordnung, sprich Privateigentum an Produktionsmitteln ist. Entfremdung Selbstentfremdung
  Marx glaubte nun, dass mit der Aufhebung des Privateigentums (an Produktionsmitteln) auch die Entfremdung beseitigt würde.
- Das **Wertgesetz** bildet die Grundlage seiner Kapitalismuskritik. Der Wert einer Ware bestimmt sich nach der zu ihrer Herstellung „gesellschaftlich notwendigen Arbeitszeit", allein die Arbeit ist wertbildend. Nun ist auch die Arbeitskraft eine Ware, vom Kapitalisten erkauft, sodass sich ihr Wert nach der zu ihrer Erhaltung und „Reproduktion" (gemeint ist: Fortpflanzung) erforderlichen „Subsistenzmittel" bestimmt. Wertgesetz
- Der **Mehrwert** gibt – als Teil des Produktwertes – den Grad der Ausbeutung an. *Marx* versteht darunter jenen Teil, der über den Wert zur Erhaltung der Arbeitskraft, den der Arbeiter in Form von Lohn bekommt, hinausgeht. Er fließt dem Kapitalisten als *Profit* zu. Mehrwert

Diesen Profit investiert der Kapitalist in – wie *Marx* es nennt – „konstantes" Kapital, das seinen Anteil zulasten des „variablen" Kapitels ständig vergrößert. Aus diesem *variablen Kapitalteil* werden die Arbeitskräfte entlohnt. Da nur diese Mehrwert erzeugen, ihr Anteil am Produktionsprozess infolge Technisierung und Maschinisierung fortlaufend zurückgeht, sinkt die Profitrate, d. h. der Pro-

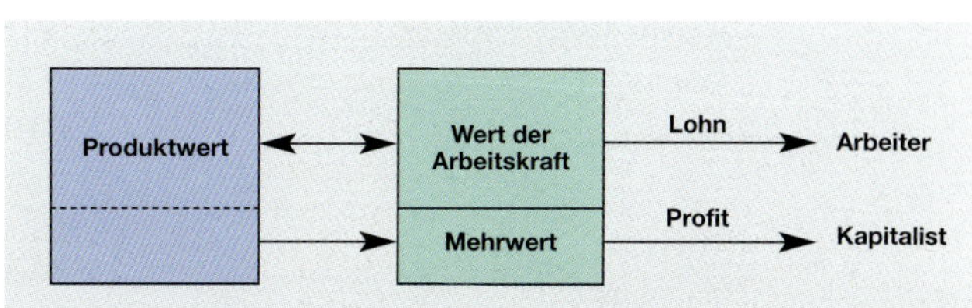

zentsatz des Gewinns vom Gesamtkapital. *Marx* nennt diesen Vorgang das *Gesetz der fallenden Profitrate*. Dieses „Gesetz“ in Verbindung mit der Konkurrenz zwingt den Kapitalisten, immer größere Kapitalien zu akkumulieren (anhäufen), um den Gesamtgewinn absolut zu halten.

Akkumulation
Konzentration
- Mit **Akkumulation** und dem Gesetz der **Konzentration** beschreibt *Marx* den Vorgang der zunehmenden Kapitalballung: *Die großen Kapitalisten fressen die kleinen auf.*

Verelendung
- Die **Verelendung** ist eine Folge der wachsenden Ausbeutung, insbesondere aber der fortlaufenden Ersetzung des Arbeiters durch Maschinen. Die industrielle „Reservearmee“ verkörpert das Heer der entrechteten und leidenden Arbeitslosen.

Krise
- Die **Krise** ist das zwangsläufige und völlig unvermeidliche Ergebnis des kapitalistischen Produktionsprozesses. Der Arbeiter erhält nicht den ihm eigentlich zustehenden Lohn, er bekommt einen geringeren Wert, als er selbst produziert und hat deshalb nicht genügend Kaufkraft, die von ihm gesellschaftlich erzeugten Produkte zu kaufen.

Zusammenbruch
- Der **Zusammenbruch** muss gleichfalls „wie ein Naturgesetz“ erfolgen. Der Kapitalismus „erstickt“ an seiner eigenen Warenfülle, die unabsetzbar ist. Die Massen werden sich erheben und in einem gewaltsamen Akt der Revolution den Sprung vom „Reich der Notwendigkeit in das Reich der Freiheit“ vollziehen.

Friedrich Engels schreibt 1884 in seiner Publikation „Der Ursprung der Familie, des Privateigenthums und des Staats“: „Wir nähern uns jetzt mit raschen Schritten einer Entwicklungsstufe, auf der das Dasein der Klassen aufgehört hat, eine Notwendigkeit zu sein [...]. Die Gesellschaft, die die Produktion auf Grundlage freier und gleicher Assoziation der Produzenten neu organisiert, versetzt die ganze Staatsmaschine dahin, wohin sie dann gehören wird: ins Museum der Altertümer, neben das Spinnrad und die bronzene Axt.“

Nicht alle Analysen und theoretischen Ansätze von *Marx* können von vornherein als falsch betrachtet werden, so hat er z. B. die Konzentrationstendenz der kapitalistischen Wirtschaft früh erkannt, auch wenn er die Ursachen dafür verkannte. Aber alle entscheidenden Thesen, die letztlich die Faszination seines Gedankengebäudes gerade für Intellektuelle ausübten, sind theoretisch und vor allem von der Geschichte widerlegt. Nicht der entwickelte und „sozial gezähmte“ Kapitalismus, in Deutschland als **soziale Marktwirtschaft** bezeichnet, ist zusammengebrochen, sondern das sozialistische System, gleich welcher Varianz. Die Annahme, im Sozialismus sterbe der Staat ab, ist geradezu ins Gegenteil gekehrt worden. Der Sozialismus ist eben nicht die logische Höherentwicklung der Menschheitsgeschichte, sondern erwies sich als rückschrittlich.

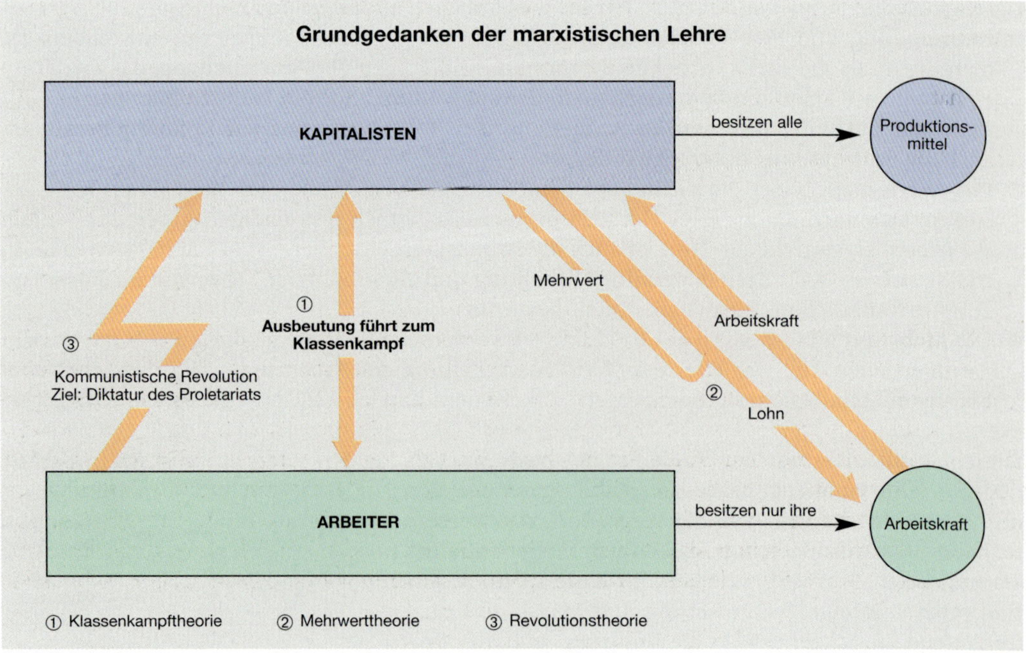

5.2.3.4 Kritik am Marxismus

www.praxisphilosophie.de

Die wichtigsten Einwände gegen *Marx* lassen sich folgendermaßen kurz zusammenfassen:

- Das *dialektische Denken* ist eine *Methode* zur Erklärung gesellschaftlicher Veränderungen, aber es ist kein Gesetz und die geschichtliche Entwicklung musste nicht zwangsläufig so erfolgen, wie sie im Nachhinein erklärt wird.
- Zweifellos sind materiell-ökonomische Faktoren oft entscheidende Ursachen beispielsweise für Kriege und Revolutionen gewesen, aber Konflikte können auch andere Gründe haben, z. B. religiöse, weltanschauliche, machtpolitische.
- *Marx'* Wertlehre steht theoretisch auf schwachen Füßen. Vor allem aber unterliegt *Marx* bei seiner Arbeitswertlehre einem Zirkelschluss. Er erklärt den Wert der Arbeit aus den Subsistenzmitteln, die zur Erhaltung der Arbeitskraft notwendig sind, die aber wiederum ihren Wert aus der zu ihrer Erzeugung notwendigen Arbeitszeit, also der darin aufgewandten Arbeitskraft erhalten.
- Der Grund für die fortschreitende Umwandlung von *variablem* in *fixes* Kapital erscheint wenig plausibel. Wenn die Kapitalisten nur die Menschen ausbeuten, da doch nur diese produktiv sind, müssten sie möglichst viele Arbeiter einstellen, also Maschinen durch Arbeitskraft ersetzen. *Marx* sagt: *Der Konkurrenzkampf zwingt sie zur Ersetzung des Menschen durch die Maschine.* Aber warum ersetzt die Konkurrenz den Menschen durch Maschinen?
- Die Lehre von der Krise mit anschließendem Zusammenbruch hat sich historisch nicht bewahrheitet, die fortschreitende Verelendung der Massen ist in den entwickelten kapitalistischen Ländern *nicht* eingetreten.
- Eng damit zusammen hängt die erstaunliche Feststellung – möglicherweise der entscheidende Einwand gegen *Marx'* gesamte Geschichtsauffassung –, dass der Übergang zum Sozialismus weltweit, soweit er nicht von außen erzwungen wurde, in noch nicht oder nur schwach kapitalistischen Staaten entstand. Das steht aber der Prognose von *Marx* entgegen, nach der jede Gesellschaft zwangsläufig erst die Stufe des Kapitalismus durchlaufen muss, ehe sie in dessen „Schoß" den Sozialismus reifen lassen kann.
- Schließlich ist der Staat nicht einfach ein Herrschaftsmittel der besitzenden Klasse, sonst würden in den Demokratien nicht so viele Gesetze verabschiedet, die den Kapitalisten durchaus nicht behagen. Und er stirbt eben nicht ab, wie *Engels* geglaubt hat, wenn die Klassengesellschaft überwunden wird.
- Am stärksten aber ist Marx von der Wirklichkeit falsifiziert (= als falsch erwiesen) worden, die doch nach seinen eigenen Worten der Prüfstein für die Richtigkeit seiner Lehre sein sollte. Selten ist in der Geschichte eine Idee von der Praxis so widerlegt worden wie die des Marxismus.

Marx hat sich auffallend zurückgehalten, wenn es galt, Möglichkeiten zu nutzen, um seine Lehren in die politische Praxis umzusetzen. Er wäre als Politiker wohl gescheitert. Soweit Marxisten politisch erfolgreich waren, waren sie es eben deshalb, weil sie die Lehre von Marx *nicht* anwandten.

5.2.4 Die Rolle des Staates

Der Wirtschaftskrise von 1873/74 folgte „die große Depression". Die öffentliche Meinung wandte sich vom unbeschränkten Wirtschaftsliberalismus ab. Zu deutlich zeigte sich, dass der Wirtschaftsablauf nicht sich selbst überlassen bleiben kann. Konkurse und Massenentlassungen waren oft das Ende hoffnungsvoll begonnener Betriebsgründungen. Der Ruf nach einer staatlichen Sozialpolitik wurde lauter, die Ära des bis heute anhaltenden **Interventionismus** in Gestalt vielfältiger wirtschaftspolitischer Eingriffe begann. Gelehrte und sozial eingestellte Unternehmer schlossen sich im „Verein für Socialpolitik" zusammen und waren davon überzeugt, dass nur der Staat der wirtschaftlichen Ausbeutung der Arbeiter ein Ende bereiten konnte. Auch *Bismarck* fing an, diesen „Kathedersozialisten", wie sie spöttisch genannt wurden, Beachtung zu schenken.

Interventionismus

Als Reichskanzler war er zwar als entschiedener Gegner aller sozialistischen Forderungen bekannt, aber andererseits konnte er sich den sozialpolitischen Erfordernissen seiner Zeit nicht entziehen und war bald davon überzeugt, dass der Staat korrigierend und helfend eingreifen müsse.

5.2.4.1 Das Sozialistengesetz

Für *Bismarck* hatte dabei der Wunsch Vorrang, die Sozialdemokratie nicht nur zu schwächen, sondern zu zerschlagen. Die Zahl der Arbeiter wuchs, und sie sollten nicht zum Machtinstrument einer gegen den Staat gerichteten Politik werden. Zwei Attentate am 11. Mai und am 2. Juni 1878 gegen Kaiser *Wilhelm I.* gaben ihm den geeigneten Vorwand, das „Gesetz gegen die gemeingefährlichen Bestrebungen der Sozialdemokratie", das **Sozialistengesetz**, vom Reichstag verabschieden zu lassen. Das Gesetz war vor allem gegen die SPD gerichtet, obwohl sie mit den Anschlägen nichts zu tun hatte. Aber der Versuch *Bismarcks,* die Arbeiter ihrer sozialistischen Bewegung zu entfremden, schlug fehl. Im Gegenteil: Als das Sozialistengesetz nach zwölf Jahren aufgehoben wurde, erwies sich die SPD stärker als je zuvor. Ihre Solidarität war gestärkt. In Tarnorganisationen wie Sport- und Arbeiterbildungsvereinen hatten die Mitglieder den Zusammenhalt gewahrt.

Sozialistengesetz

▶ Q. 6

Wer heute etwa bei einem Fußballclub auf den Namen „ABV 1884" (Allgemeiner Bildungsverein) stößt, kann fast sicher sein, dass dieser als Tarnorganisation zur Zeit des Sozialistengesetzes von früheren SPD-Mitgliedern gegründet wurde.

Nach der Machtergreifung Hitlers im Jahre 1933 (siehe S. 216 f.) trachtete die SPD wieder danach, den Zusammenhalt im illegalen Untergrund zu wahren. Von einzelnen Splittergruppen abgesehen, misslang der Versuch. Die Geheime Staatspolizei des „Dritten Reiches" (die Gestapo) überwachte ungleich schärfer und bekämpfte brutaler den Gruppenzusammenhalt, als es die Polizei des kaiserlichen Deutschlands je getan und gewollt hat.

5.2.4.2 Die Anfänge der Sozialversicherung

Sozialversicherung

Erst die *Kaiserliche Botschaft* von 1881 leitete eine Wende zu einer helfenden Gesetzgebung ein. Mit der **Sozialversicherung**, wie sie in den nächsten Jahren in Kraft trat, eilte Deutschland allen anderen Industrienationen voraus und wurde zum Vorbild für viele Staaten. Kein anderes Land hat sich bereits im 19. Jahrhundert zu solchen, von der Idee her fast revolutionär wirkenden Sozialgesetzen entschließen können.

So kennen die USA nicht einmal heute jene umfassende staatliche Sozialgesetzgebung, wie sie das kaiserliche Deutschland vor über 100 Jahren begann.

Krankenversicherungsgesetz
Unfallversicherungsgesetz

Im Jahre 1883 wurde mit dem **Krankenversicherungsgesetz** der Anfang gemacht. Das Gesetz sah die Schaffung von Krankenkassen vor, wie sie in ähnlicher Form auch gegenwärtig noch bestehen, z. B. die AOK. Ein Jahr später folgte das **Unfallversicherungsgesetz.** Der Arbeiter, nur für ihn galten zunächst diese Gesetze, war nun gegen Krankheit und Unfall zwangsversichert, sodass er und seine Familie bei Arbeitsunfähigkeit vor der größten Not bewahrt werden konnten.

Invaliditäts- und Altersversicherung

Bei beiden Gesetzen handelte es sich um Pflichtversicherungen; die Beiträge waren je zur Hälfte vom Versicherten und vom Arbeitgeber aufzubringen bzw. bei der Unfallversicherung vom Arbeitgeber allein. Träger dieser Sozialversicherung wurden öffentlich-rechtliche Körperschaften, die sog. *Versicherungsträger,* die ihre Geschäfte nach dem Prinzip der Selbstverwaltung unter staatlicher Aufsicht führen. Ehrenamtliche Vertreter der Versicherten und der beteiligten Arbeitgeber sind dabei tätig. Gleiches gilt auch für die 1889 verkündete **Invaliditäts- und Altersversicherung**, die 1891 in Kraft trat, und bei der vom Staat ein Zuschuss gezahlt wird.

Mit all diesen Gesetzen verfolgte *Bismarck* zwei Ziele: Zum einen war er, nicht zuletzt aus christlich-humanitären Motiven, durchaus ernsthaft bemüht, die *soziale Frage* zu entschärfen. Zum anderen wollte er über die Sozialversicherung die Arbeiter an den Staat binden, lag es doch auch in seinem Interesse, wenn die Arbeiter sich der gesellschaftlichen Ordnung anpassten.

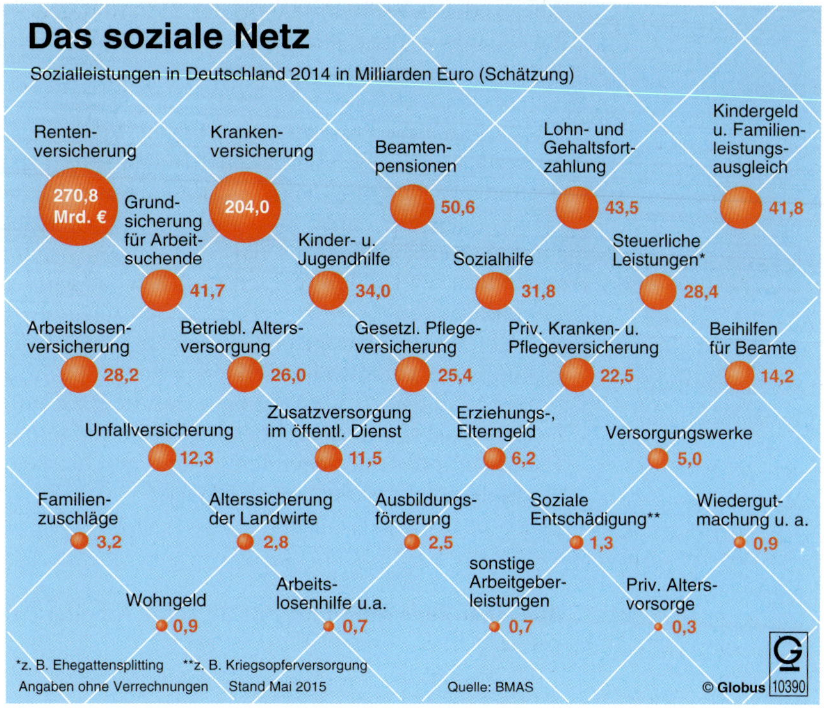

Die „Aussöhnung des Arbeiters mit dem Staat“ misslang – zunächst. Die Arbeiterschaft empfand die Leistungen der Sozialversicherung als Almosen – sie waren in der Tat am Anfang sehr gering – und die kaum besser verdienende Angestelltenschaft war davon ausgeschlossen. Außerdem sah die Arbeiterbewegung darin den Versuch, von ihren politischen und wirtschaftlichen Forderungen abzulenken.

Die noch unter *Bismarcks* Kanzlerschaft verabschiedeten Gesetze wurden 1911 in der **Reichsversicherungsordnung** zusammengefasst, zu der nun auch die **Angestelltenversicherung** kam. Die *Weimarer Republik* ergänzte 1923 wegen der besonderen Bedingungen der Bergleute den Versicherungsschutz durch die **Knappschaftsversicherung** und erließ 1927 das Gesetz über **Arbeitsvermittlung** und **Arbeitslosenversicherung**.

Reichsversicherungsordnung
Angestelltenversicherung
Knappschaftsversicherung
Arbeitsvermittlung
Arbeitslosenversicherung

Mit der Errichtung der Bundesrepublik Deutschland wurde der soziale Schutz fortlaufend ausgebaut und verbessert, gemäß den Art. 20 und 28 des Grundgesetzes, nach denen „die Bundesrepublik Deutschland [...] ein demokratischer und sozialer Bundesstaat“ ist, dessen verfassungsmäßige Ordnung „den Grundsätzen des [...] sozialen Rechtsstaates“ entsprechen muss. Nahezu unübersehbar sind die Verknüpfungen des **sozialen Netzes**, sodass man fast ohne zu übertreiben sagen kann, dass der Bürger der Bundesrepublik gegen praktisch jedes Risikio geschützt ist.

Soziales Netz

Nach *Bismarcks* Sturz im Jahre 1890, nicht zuletzt eine Folge der Auseinandersetzung mit Kaiser *Wilhelm II.* über die Sozialpolitik, verstärkten sich die Kräfte der Sozialreformer auch innerhalb der Reichsregierung. Im März 1890 trat unter dem Vorsitz des preußischen Handelsministers *Berlepsch* in Berlin die erste internationale *Arbeiterschutzkonferenz* zusammen. Fast alle europäischen Staaten griffen gesetzgeberisch in das Wirtschaftsleben ein und erließen z. B. Verbote für die Nachtarbeit von Kindern, ein Arbeitsverbot für Frauen „unter Tage“ im Bergwerk, ein Beschäftigungsverbot für Wöchnerinnen usw. Der konservative *Berlepsch* trieb die arbeiterfreundliche **Sozialpolitik** weiter voran. Auch er erhoffte sich davon eine

Sozialpolitik

Abkehr der Arbeitnehmer von der SPD und den freien Gewerkschaften, doch er erreichte sein Ziel ebenfalls nicht. Mit seinem Rücktritt im Jahre 1896 trat sogar ein gewisser Stillstand in der Entwicklung der Sozialpolitik ein.

Auch wenn diese Politik bis zum Ersten Weltkrieg Stückwerk blieb, so verdient doch festgehalten zu werden, dass kein europäischer Industriestaat so massiv die negativen sozialen Auswirkungen der Industrialisierung bekämpft und abzuschwächen versucht hat wie das Deutsche Reich. Die *soziale Frage* war damit zwar nicht gelöst, aber doch entschärft. Zwar blieb die Arbeiterschaft ihren Gewerkschaften und der SPD treu, was sich nicht zuletzt darin zeigte, dass die Sozialdemokraten 1912 bei den Wahlen zum Reichstag mit 110 Mandaten stärkste Fraktion wurden. Aber die Hinwendung zum kaiserlichen Deutschland wurde 1914 offenbar, als sich gerade auch die Arbeiter zu Hunderttausenden freiwillig zum Kriegsdienst meldeten und die SPD-Reichstagsfraktion fast einstimmig den vom Kaiser beantragten Kriegskrediten zustimmte. Wie auch immer man diesen Vorgang bewerten mag, er zeigt, dass von der öffentlichen Meinung kaum bemerkt und vielleicht nicht einmal den Arbeitern selbst bewusst, diese längst weitgehend ihren Frieden mit dem bestehenden System geschlossen hatten. Insofern hatten *Bismarck* und seine Nachfolger ihr Ziel doch noch erreicht.

▶ QUELLE 1 Aus einer Rede Alfred Krupps an seine Arbeiter (1877)

[...] Ich habe den Mut gehabt, für die Verbesserung der Lage der Arbeiter Wohnungen zu bauen, worin bereits 20 000 Seelen untergebracht sind, ihnen Schulen zu gründen und Einrichtungen zu treffen zur billigeren Beschaffung von allem Bedarf. Ich habe mich dadurch in eine Schuldenlast gesetzt, die abgetragen werden muß. Damit dies geschehen kann, muß jeder seine Schuldigkeit tun in Friede und Eintracht und in Übereinstimmung mit unseren Vorschriften. [...]

Genießet, was Euch beschieden ist. Nach getaner Arbeit verbleibt im Kreise der Eurigen, bei den Eltern, bei der Frau und den Kindern und sinnt über Haushalt und Erziehung. Das sei Eure Politik, dabei werdet Ihr frohe Stunden erleben. Aber für die große Landespolitik erspart Euch die Aufregung. Höhere Politik treiben erfordert mehr freie Zeit und Einblick in die Verhältnisse, als dem Arbeiter verliehen ist. Ihr tut Eure Schuldigkeit, wenn Ihr durch Vertrauenspersonen empfohlene Leute erwählt. Ihr erreicht aber sicher nichts als Schaden, wenn Ihr eingreifen wollt in das Ruder der gesetzlichen Ordnung. Das Politisieren in der Kneipe ist nebenbei sehr teuer, dafür kann man im Hause Besseres haben. [...]

(Alfred Krupps Briefe 1826–1887, hrsg. von Wilhelm von Berdrow. Berlin, Hobbing 1928, S. 343 ff.)

1. **Wie begründet Krupp seine Forderung nach der Einhaltung der von ihm erlassenen Vorschriften?**
2. **Warum sollen sich die Arbeiter von der Politik fernhalten?**
3. **Wer ist nach Krupps Meinung allein befugt, sich um Politik zu kümmern?**
4. **Welches unternehmerische Selbstverständnis wird aus Krupps Worten deutlich?**

▶ QUELLE 2 Aus der Enzyklika „Rerum novarum“ (1891)

Ein Grundfehler in der Behandlung der sozialen Frage ist auch der, daß man das gegenseitige Verhältnis zwischen der besitzenden und der unvermögenden, arbeitenden Klasse so darstellt, als ob zwischen ihnen von Natur ein unversöhnlicher Gegensatz Platz griffe, der sie zum Kampf aufrufe. Ganz das Gegenteil ist wahr. Die Natur hat vielmehr alles zur Eintracht, zur gegenseitigen Harmonie hingeordnet, und so wie im menschlichen Leben bei aller Verschiedenheit der Glieder im wechselseitigen Verhältnis Einklang und Gleichmaß vorhanden ist, so hat auch die Natur gewollt, daß im Körper der Gesellschaft jene beiden Klassen in einträchtiger Beziehung zueinander stehen und ein gewisses Gleichgewicht darstellen. Die eine hat die andere durchaus nötig. Der Besitz ist auf Arbeit angewiesen und die Arbeit auf den Besitz. Zur Beseitigung des Kampfes aber und selbst zur Ausrottung seiner Ursachen besitzt das Christentum wunderbare und vielgestaltige Kräfte. [...]

Von diesen Pflichten berühren folgende die arbeitenden Stände. Vollständig und treu die Arbeitsleistung zu verrichten, zu welcher sie sich frei und mit gerechtem Vertrag verbunden haben; den Arbeitgebern weder an der Hab noch an der Person Schaden zuzufügen, in der Wahrung ihrer Interessen sich der Gewalttätigkeit zu enthalten und in keinem Falle Auflehnung zu stiften; nicht Verbindung zu unterhalten mit Übelgesinnten, die ihnen trügerische Hoffnungen vorspiegeln und nur bittere Enttäuschung und Ruin zurücklassen.

Die Pflichten, die hinwieder die Besitzenden angehen, sind die nachstehenden: die Arbeiter dürfen nicht wie Sklaven angesehen und behandelt werden; ihre Würde, welche geadelt ist durch ihre Würde als Christen, werde stets heiliggehalten; Arbeit und Erwerbssorgen erniedrigen sie nicht, vielmehr muß, wer vernünftig und christlich denkt, es ihnen als Ehre anrechnen, daß sie selbständig ihr Leben unter Mühe und Anstrengung erhalten; unehrenvoll dagegen und unwürdig ist es, Menschen bloß zu eigenem Gewinn auszubeuten und sie nur so hoch anzuschlagen, als ihre Arbeitskräfte reichen. Es ist ungerecht, sie mit mehr Arbeit zu beschweren, als ihre Kräfte tragen können.

Vor allem aber ist es Pflicht der Arbeitsherren, den Grundsatz: Jedem das Seine stets vor Augen zu behalten. Dieser Grundsatz sollte auch unparteiisch auf die Höhe des Lohnes Anwendung finden, ohne daß die verschiedenen, für die Billigkeit des Lohnes mitzuberücksichtigenden Momente übersehen werden.

(Leo XIII.: Enzyklika Rerum novarum 1891. Abschn. 27–29. In: Bundesverband der katholischen Arbeitnehmer-Bewegung [Hrsg.]: Texte zur katholischen Soziallehre – Die sozialen Rundschreiben der Päpste und andere kirchliche Dokumente. Bornheim, Kettler 1992)

1. **Worin sieht Papst Leo den „Grundfehler in der Behandlung der sozialen Frage"?**
2. **Wer ist mit den „Übelgesinnten" gemeint?**
3. **Konnte diese Enzyklika zur Lösung der sozialen Frage beitragen?**

Aus dem Gothaer Programm der Sozialistischen Arbeiterpartei (1875)

▶ QUELLE 3

I. Die Arbeit ist die Quelle alles Reichtums und aller Kultur, und da allgemein nutzbringende Arbeit nur durch die Gesellschaft möglich ist, so gehört der Gesellschaft, das heißt allen ihren Gliedern, das gesamte Arbeitsprodukt, bei allgemeiner Arbeitspflicht, nach gleichem Recht, jedem nach seinen vernunftsgemäßen Bedürfnissen.

In der heutigen Gesellschaft sind die Arbeitsmittel Monopol der Kapitalistenklasse; die hierdurch bedingte Abhängigkeit der Arbeiterklasse ist die Ursache des Elends und der Knechtschaft in allen Formen.

Die Befreiung der Arbeit erfordert die Verwandlung der Arbeitsmittel in Gemeingut der Gesellschaft und die genossenschaftliche Regelung der Gesamtarbeit mit gemeinnütziger Verwendung und gerechter Verteilung des Arbeitsertrags.

II. Die Sozialistische Arbeiterpartei Deutschlands fordert, um die Lösung der sozialen Frage anzubahnen, die Errichtung von sozialistischen Produktivgenossenschaften mit Staatshilfe unter der demokratischen Kontrolle des arbeitenden Volkes.

(Dieter Fricke: Die deutsche Arbeiterbewegung 1869–1914. Berlin [Ost], Dietz 1976, S. 104)

1. **Welche Bedeutung hat die Arbeit für die Gesellschaft?**
2. **Welche Bedingungen werden durch die „Befreiung der Arbeit" geschaffen?**
3. **Welche Forderungen zur Lösung der sozialen Frage werden erhoben?**

Aus dem Erfurter Programm der SPD (1891)

▶ QUELLE 4

Nur die Verwandlung des kapitalistischen Privateigentums an Produktionsmitteln – Grund und Boden, Gruben und Bergwerke, Rohstoffe, Werkzeuge, Maschinen, Verkehrsmittel – in gesellschaftliches Eigentum und die Umwandlung der Warenproduktion in sozialistische, für und durch die Gesellschaft betriebene Produktion kann es bewirken, daß der Großbetrieb und die stets wachsende Ertragsfähigkeit der gesellschaftlichen Arbeit für die bisher ausgebeuteten Klassen aus einer Quelle des Elends und der Unterdrückung zu einer Quelle der höchsten Wohlfahrt und allseitiger, harmonischer Vervollkommnung werde.

[...] Die Sozialdemokratische Partei Deutschlands kämpft also nicht für neue Klassenprivilegien und Vorrechte, sondern für die Abschaffung der Klassenherrschaft und der Klassen selbst und für gleiche Rechte und gleiche Pflichten aller ohne Unterschied des Geschlechts und der Abstammung. Von diesen Anschauungen ausgehend, bekämpft sie in der

heutigen Gesellschaft nicht bloß die Ausbeutung und Unterdrückung der Lohnarbeiter, sondern jede Art der Ausbeutung und Unterdrückung, richtet sie sich gegen eine Klasse, eine Partei, ein Geschlecht oder eine Rasse.
Ausgehend von diesen Grundsätzen, fordert die Sozialdemokratische Partei Deutschlands zunächst:
1. Allgemeines, gleiches, direktes Wahl- und Stimmrecht mit geheimer Stimmabgabe aller über 20 Jahre alten Reichsangehörigen ohne Unterschied des Geschlechts für alle Wahlen und Abstimmungen. [...]
2. Direkte Gesetzgebung durch das Volk vermittelst des Vorschlags- und Verwerfungsrechts. [...]
3. Erziehung zur allgemeinen Wehrhaftigkeit. Volkswehr an Stelle der stehenden Heere. [...]
4. Abschaffung aller Gesetze, welche die freie Meinungsäußerung und das Recht der Vereinigung und Versammlung einschränken oder unterdrücken.
5. Abschaffung aller Gesetze, welche die Frau in öffentlich- und privatrechtlicher Beziehung gegenüber dem Manne benachteiligen. [...]

(Dieter Fricke: Die deutsche Arbeiterbewegung 1869–1914. Berlin [Ost], Dietz 1976, S. 172 ff.)

1. **Welche Forderungen werden für die Bereiche Produktion und Produktionsmittel erhoben?**
2. **Wie werden diese begründet?**
3. **Welche gesellschaftlichen Forderungen werden erhoben?**
4. **Inwiefern berücksichtigen sie die Gleichberechtigung der Frau?**

▶ QUELLE 5 Marx/Engels: Manifest der Kommunistischen Partei (Auszug)

I. Bourgeois und Proletarier
Die Geschichte aller bisherigen Gesellschaft ist die Geschichte von Klassenkämpfen.
Freier und Sklave, Patrizier und Plebejer, Baron und Leibeigener, Zunftbürger und Gesell, kurz, Unterdrücker und Unterdrückte standen in stetem Gegensatz zueinander, führten einen ununterbrochenen, bald versteckten, bald offenen Kampf, einen Kampf, der jedesmal mit einer revolutionären Umgestaltung der ganzen Gesellschaft endete oder mit dem gemeinsamen Untergang der kämpfenden Klassen.
In den früheren Epochen der Geschichte finden wir fast überall eine vollständige Gliederung der Gesellschaft in verschiedene Stände, eine mannigfaltige Abstufung der gesellschaftlichen Stellungen. Im alten Rom haben wir Patrizier, Ritter, Plebejer, Sklaven; im Mittelalter Feudalherren, Vasallen, Zunftbürger, Gesellen, Leibeigene und noch dazu in fast jeder dieser Klassen wieder besondere Abstufungen.
Die aus dem Untergang der feudalen Gesellschaft hervorgegangene moderne bürgerliche Gesellschaft hat die Klassengegensätze nicht aufgehoben. Sie hat nur neue Klassen, neue Bedingungen der Unterdrückung, neue Gestaltungen des Kampfes an die Stelle der alten gesetzt.
Unsere Epoche, die Epoche der Bourgeoisie, zeichnet sich jedoch dadurch aus, daß sie die Klassengegensätze vereinfacht hat. Die ganze Gesellschaft spaltet sich mehr und mehr in zwei große feindliche Lager, in zwei große, einander direkt gegenüberstehende Klassen: Bourgeoisie und Proletariat.

(Karl Marx, Friedrich Engels: Manifest der Kommunistischen Partei [1848]. Stuttgart, Reclam 1969, S. 23 f.)

1. **Erklären Sie die Begriffe „Bourgeois" und „Proletarier".**
2. **Worin unterscheidet sich nach Marx die Gesellschaft zur Zeit der Industrialisierung von allen vorhergehenden Gesellschaften?**
3. **Wie vollzieht sich der Übergang von einer Gesellschaft zur anderen?**

▶ QUELLE 6 Aus dem Sozialistengesetz vom 21. Oktober 1878

§ 1. Vereine, welche durch sozialdemokratische, sozialistische oder kommunistische Bestrebungen den Umsturz der bestehenden Staats- oder Gesellschaftsordnung bezwecken, sind zu verbieten. Dasselbe gilt für Vereine, in denen sozialdemokratische, sozialistische oder kommunistische, auf den Umsturz der bestehenden Staats- oder Gesellschaftsordnung gerichtete Bestrebungen in einer den öffentlichen Frieden, insbesondere der Eintracht der Bevölkerungsklassen gefährdenden Weise zutage treten.
Den Vereinen gleichzusetzen sind Verbindungen jeder Art.
§ 9. Versammlungen, in denen sozialdemokratische, sozialistische oder kommunistische, auf den

Umsturz der bestehenden Staats- oder Gesellschaftsordnung gerichtete Bestrebungen zutage treten, sind aufzulösen. Versammlungen, von denen durch Tatsachen die Annahme gerechtfertigt ist, daß sie zur Förderung der im ersten Abschnitt bezeichneten Bestrebungen bestimmt sind, sind zu verbieten.

§ 11. Druckschriften, in denen sozialdemokratische, sozialistische oder kommunistische, auf den Umsturz der bestehenden Staats- oder Gesellschaftsordnung gerichtete Bestrebungen in einer den öffentlichen Frieden, insbesondere die Eintracht der Bevölkerungsklassen gefährdenden Weise zutage treten, sind zu verbieten. Bei periodischen Druckschriften kann das Verbot sich auch auf das fernere Erscheinen erstrecken, sobald auf Grund dieses Gesetzes das Verbot einer einzelnen Nummer erfolgt.

§ 22. Gegen Personen, die sich die Agitation [...] zum Geschäft machen, kann im Falle einer Verurteilung [...] neben der Freiheitsstrafe auf die Zulässigkeit der Einschränkung ihres Aufenthalts erkannt werden. Auf Grund dieses Erkenntnisses kann dem Verurteilten der Aufenthalt in bestimmten Bezirken oder Ortschaften durch die Landespolizei versagt werden, jedoch in einem Wohnsitze nur dann, wenn er denselben nicht bereits seit sechs Monaten innehat. Ausländer können von der Landespolizeibehörde aus dem Bundesgebiet ausgewiesen werden.

(Bernhard Pollmann [Hrsg.]: Lesebuch zur deutschen Geschichte. Band 3, Dortmund, Chronik-Verlag 1984, S. 39 f.)

1. **Wie wirkte sich das Sozialistengesetz auf die Partei bzw. das einzelne Mitglied aus?**
2. **Welche Absicht verfolgte die Regierung mit diesem Gesetz?**
3. **Gibt es ähnliche Gesetze auch in der Gegenwart? Welche?**

AUFGABEN

1. Beschreiben Sie die Veränderungen, die sich aufgrund der industriellen Revolution in Ihrer näheren Umgebung ergaben. Informieren Sie sich in der Stadtbibliothek und/oder im Internet.

2. Stellen Sie die industrielle Revolution und die sich daraus ergebenden Probleme und Ereignisse in Form einer Mindmap dar.

3. Vergleichen Sie den Arbeitsalltag und Lebensstandard eines Arbeiters vor 100 Jahren mit dem eines Beschäftigten von heute und stellen Sie die Unterschiede fest. Besichtigen Sie zu diesem Zweck einen modernen Industriebetrieb, etwa ein Automobilwerk.

4. Beschreiben Sie in Ihren Worten die Arbeitswelt im 19. Jahrhundert. Beschaffen Sie Texte, Bilder und andere geeignete Medien und gestalten Sie eine Collage zu diesem Thema.

5. Befragen Sie möglichst ältere Menschen (Zeitzeugenbefragung) über die Arbeitswelt ihrer Jugend. Welche Einsichten gewinnen Sie?

6. Warum erfolgte die Industrialisierung in Deutschland später als in England?

7. Welche gesellschaftlichen und politischen Gruppen bemühten sich um die Lösung der sozialen Frage? Stellen Sie Lösungsansätze in einer Übersicht zusammen.

8. Diskutieren Sie die Frage, ob und, wenn ja, welche Bedeutung der Marxismus in der heutigen Zeit noch hat.

HOT Grundlegende Arbeitstechniken und Methoden 5:

Statistik

Als US-Präsident Roosevelt in den 1930er-Jahren einen Wissenschaftler um eine Statistik über die US-Bevölkerung bat, antwortete dieser: „For which party, Mr. President?"
Mit der Statistik lässt sich – scheinbar – alles und zugleich das Gegenteil beweisen.

Die wichtigsten absichtlichen Täuschungen bzw. Irrtümer bei statistischen Angaben sind folgende:

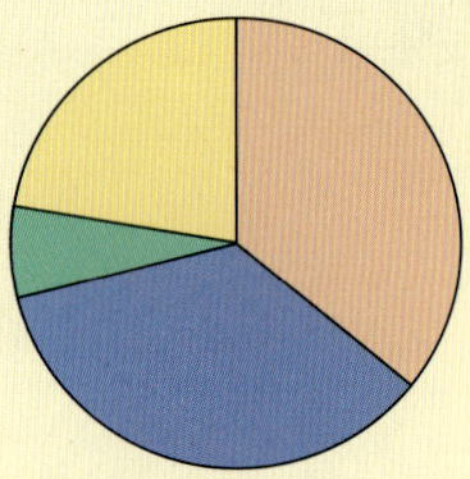

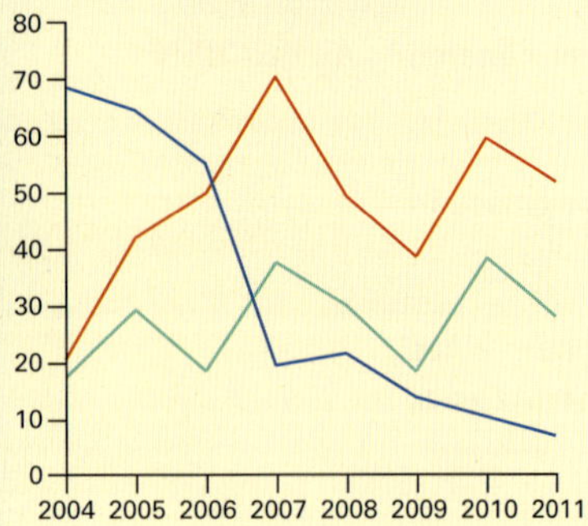

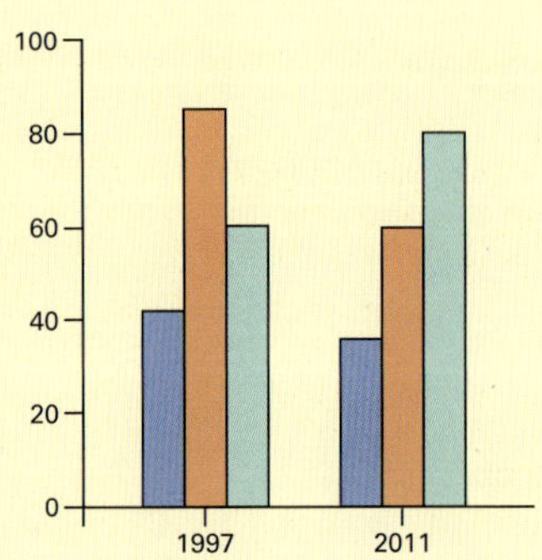

Bei der grafischen Auswertung ist zu überlegen, welche Aussage mit welcher Diagramm-Form am aussagekräftigsten dargestellt werden kann

1. Bei allen Prozentangaben muss stets der Grundwert genannt werden, weil man sonst – obwohl richtig gerechnet – einen völlig falschen Eindruck erhält.
   Beispiel: Stolz berichtet ein Personalchef, dass es in seinem Betrieb mit 80 Mitarbeitern gelungen sei, die Frauenquote im vergangenen Jahr um 50 % zu erhöhen. Er verschweigt allerdings, dass vorher nur zwei, mithin jetzt drei Frauen angestellt sind.

2. Die Auswahl des Grundwertes entscheidet über das Ergebnis.
   Beispiel: Wir befragen in einem Fitnesscenter 70 Besucher nach ihren Rauchgewohnheiten und stellen fest, dass von ihnen nur sieben Nichtraucher sind. Die Schlussfolgerung, dass also nur 10 % der Bevölkerung dieser Region Nichtraucher sind, wäre aber falsch. Würden wir Personen fragen, die selten oder nie ein Fitnesscenter aufsuchen, so würden wir leicht auf über 50 % Nichtraucher kommen.

3. Bei Indexzahlen ist der Basiszeitpunkt von entscheidender Bedeutung.
   Beispiel: Von 1991 und 1992 stiegen die Löhne besonders in den neuen Bundesländern stark an, danach verlangsamte sich der Anstieg. Die Gewerkschaften würden nun zur Rechtfertigung für eine hohe Lohnforderung als Basisjahr 1993 wählen, die Arbeitgeber dagegen – zur Abwehr der Forderung – würden sich auf den Ausgangswert von 1990 berufen.

4. Selbst der bekanntesten deutschen Demoskopin, Elisabeth Noelle-Neumann, blieb es nach ihren eigenen Worten rätselhaft, warum es genügen kann, 2 000 Menschen zu befragen, um die Meinung von 60 Millionen zu erfahren. Sie wusste natürlich, dass es deshalb genügt, weil diese Stichprobe repräsentativ ist. Wenn wir also eine Stichprobenerhebung durchführen, müssen wir darauf achten, dass die Befragten auch stellvertretend für viele andere sprechen können.
   Beispiel: Wir fragen zum Abschluss einer Parteiversammlung die Besucher beim Hinausgehen nach ihrer Ansicht über den jüngsten Finanzskandal dieser Partei. Das Ergebnis mag ein Bild für die Meinung der Parteianhänger geben; für die Bevölkerung ist sie alles andere als repräsentativ, weil die Gegner dieser Partei gar nicht erst zu dieser Versammlung gegangen sind.

5. Parallelität ist nicht Kausalität, d. h., wenn zwei Zahlenreihen gleichmäßig verlaufen, muss die eine nicht von der anderen verursacht sein, wie bei der Beobachtung im Elsass, dass jahrelang die Zunahme der Klapperstörche mit einem Anstieg der Geburtenrate einherging.

6 Entwicklung Deutschlands und Europas bis 1918

In Deutschland wählte der Patriotismus die aggressive Form.
Die Liebe zum Heimischen kleidete sich in den Hass gegen Fremdes.
Walter Rathenau (1867–1922)

SCHLÜSSELDATEN

1878	Berliner Kongress
1879	Zweibund
1882	Dreibund
1884/85	Gründung deutscher Kolonien
1887	Rückversicherungsvertrag
1894	Französisch-russisches Bündnis
1904/05	Entente cordiale
1905/06	Erste Marokko-Krise
1911	Zweite Marokko-Krise
1912/13	Balkan-Krise
1. August 1914	Beginn des Ersten Weltkrieges

6.1 Die Stellung des Deutschen Reiches in der Weltpolitik

6.1.1 Bismarcks Außenpolitik bis 1885

DARSTELLUNG

Die Gründung des Deutschen Reiches hatte die Machtverhältnisse in Europa beträchtlich verschoben. Das europäische Gleichgewicht, das sich seit dem Wiener Kongress bis 1864 als tragfähig erwiesen hatte, war gestört. Vor allem aber war es mit dem *Frieden von Frankfurt* 1871 – im Gegensatz zu 1815 – nicht zu einer Aussöhnung der Kriegsgegner gekommen. Frankreich stand dem Reich in unverhüllter Feindschaft gegenüber, sann auf Revanche. „Nie davon sprechen, immer daran denken", lautete die Parole. Das Wort vom „Erbfeind Frankreich" prägte 80 Jahre lang die Einstellung der beiden Staaten zueinander. Der deutsch-französische Gegensatz wurde für unüberwindbar gehalten und als unverrückbare Konstante der deutschen Außenpolitik betrachtet.

Erbfeind Frankreich

Unter diesem historischen Aspekt kann die Aussöhnung mit Frankreich durch den ersten Bundeskanzler *Konrad Adenauer* als besonderes, bleibendes politisches Verdienst gewertet werden.

Die Außenpolitik des Reiches musste also bestrebt sein, Frankreich zu isolieren, da es auf sich allein gestellt stets zu schwach sein würde, einen neuen Waffengang zu wagen. Auf keinen Fall durfte Deutschland in eine *Zangensituation* mit der **Gefahr eines Zweifrontenkrieges** kommen.

Gefahr eines Zweifrontenkrieges

Aus diesem Grund suchte *Bismarck* sowohl eine Verbindung mit Russland als auch mit Österreich-Ungarn, was allerdings wegen der gegensätzlichen Balkaninteressen beider Länder nicht leicht war. Als im Jahre 1875 die kaum für möglich gehaltene Verständigung zwischen England

Bismarck auf dem Berliner Kongress 1878

und Russland konkretere Formen annahm, beschloss der deutsche Reichskanzler, sich außenpolitisch sehr zurückzuhalten, um kein Misstrauen und damit antideutsche Koalitionen zu provozieren.

Schon 1878 bestätigte sich die Richtigkeit dieser Politik. Als England, Russland und Österreich um ehemals türkische Gebiete in Europa stritten *(Orientkrise)*, wurde *Bismarck* als Vermittler angerufen. In der sich selbst gegebenen Rolle eines „ehrlichen Maklers" gelang es ihm, auf dem

Berliner Kongress

Berliner Kongress die Verhältnisse auf dem Balkan neu zu ordnen.

Allerdings war dies zugleich das Ende der Politik der Zurückhaltung. Russland empfand das Kongressergebnis als Niederlage und machte *Bismarck* dafür verantwortlich. Das veranlasste den Kanzler, ein geheimes, gegen Russland gerichtetes Defensivbündnis mit Österreich-Ungarn, den

Zweibund

Zweibund, abzuschließen. Dennoch verfolgte er weiterhin seine Pläne, sich Russland zu nähern, und 1881 gelang ihm das diplomatische Kunststück, die Monarchen aus Deutschland, Russland und Österreich-Ungarn zum Abschluss eines – gleichfalls geheimen – auf drei Jahre befristeten

Dreikaiservertrag

Neutralitätsabkommens zu bewegen. Der **Dreikaiservertrag** sah vor, dass im Falle eines Angriffs einer vierten Macht auf einen der Vertragschließenden die übrigen „wohlwollende Neutralität" bewahren sollten.

Auf Initiative Italiens schlossen sich Deutschland, die Donau-Doppelmonarchie Österreich-Un-

Dreibund

garn und Italien 1882 zu einem – wiederum geheimen – **Dreibund** zusammen, der unabhängig vom Zweibund Gültigkeit haben sollte. Er richtete sich gegen einen möglichen Angriff Frankreichs. Mit dem Anschluss Rumäniens, ein Jahr später, wurde er zusätzlich aufgewertet.

www.bismarckstiftung.de

Bismarck hatte seine außenpolitischen Ziele – *Isolierung Frankreichs und Annäherung an Russland* – erreicht. Die meisten dieser und weitere *Geheimverträge* wurden erst mit Ausbruch des Ersten Weltkrieges bekannt.

6.1.2 Der Beginn der deutschen Kolonialpolitik

Zunächst bestand in den Siebzigerjahren des 19. Jahrhunderts in Deutschland wenig Neigung, aktiv in die Kolonialpolitik einzugreifen, die von den anderen Großmächten, allen voran Großbritannien, Frankreich, Belgien, Russland, Spanien, Portugal und den Niederlanden, intensiv betrieben wurde. Nur einige nationalistisch gesonnene Intellektuelle und Exportkaufleute mit Überseeinteressen forderten den Kolonialerwerb als selbstverständliches Weltmachtstreben. Noch 1881 lehnte *Bismarck* „so teure Unternehmen" strikt ab; er musste aber konstatieren, dass die öffentliche Meinung umschwenkte und mit der Gründung des **Deutschen Kolonialvereins** 1882 eine energische Kolonialpolitik forderte.

Deutscher Kolonialverein

Im April 1884 wurde das Gebiet, das ein Bremer Kaufmann in **Südwestafrika** erworben hatte, unter deutschen Schutz gestellt. Genauso verfuhr man mit anderen Gebieten. Den kaiserlichen Schutzbrief erhielten im Juli 1884 **Togo** und **Kamerun**. Im Mai 1885 wurde das **Kaiser-Wilhelm-Land** und der **Bismarck-Archipel** im Pazifischen Ozean dem Schutz des Deutschen Reiches unterstellt, und im gleichen Jahr bekam auch **Ostafrika** den Schutzbrief.

Südwestafrika
Togo
Kamerun
Kaiser-Wilhelm-Land
Bismarck-Archipel
Ostafrika

Der deutsche Kolonialismus begann als Handelskolonialismus. An seiner Wiege standen wirtschaftliche Interessen; erst später übernahm der Staat eine Schutz- und Garantieaufgabe. Dieser Vorgang wird mit *The flag follows the trade* umschrieben.

Bismarck rechtfertigte die Kolonialpolitik auch mit innenpolitischen Gründen. Er erhoffte sich davon eine Stärkung des Ansehens der Regierung, war aber skeptisch, ob sich dem Reich noch viele Möglichkeiten böten, den Kolonialbesitz auszuweiten. Die geografische Lage Deutschlands verlangte andere Prioritäten, wie er einmal dem Forschungsreisenden *Wolf* sagte: „Ihre Karte von Afrika ist ja sehr schön, aber meine Karte von Afrika liegt in Europa. Hier liegt Russland, und hier liegt Frankreich, und wir sind in der Mitte; das ist meine Karte von Afrika."

www.dhm.de/lemo/kapitel/kaiserreich/aussenpolitik/kolonialpolitik.html

6.1.3 Deutsche Außenpolitik von 1885 bis 1890

Im Jahre 1886 kam in Frankreich eine neue Regierung an die Macht, die den antideutschen Kurs verschärfte und offen die Rückgewinnung Elsass-Lothringens mit militärischen Mitteln forderte. In Russland gewannen die **Panslawisten** verstärkten Einfluss, deren Ziel der Zusammenschluss aller slawisch sprechenden Völker war, ein Ziel, das direkt gegen den *Vielvölkerstaat* der Donaumonarchie gerichtet war. Deutschland im Bündnis mit Österreich musste zwangsläufig in den drohenden Konflikt verwickelt werden. *Bismarck* sah seine schlimmsten Befürchtungen Wirklichkeit werden: Russland und Frankreich nehmen Deutschland in die Zange. Für *Bismarck* musste es ein Glücksfall sein, dass in dieser Lage Italien, England, Spanien und Österreich-Ungarn eine geheime **Mittelmeerentente** abschlossen (1887), von der nur die deutsche Regierung erfuhr. Damit war England mit denselben Partnern wie Deutschland verbunden und näher an *Zweibund* und *Dreibund* herangerückt.

Panslawisten

Mittelmeerentente

Das **Dreikaiserabkommen** ließ sich 1887 nicht mehr erneuern, zu groß waren inzwischen die Spannungen zwischen Russland und Österreich-Ungarn geworden. Doch *Bismarck* gelang es, sich den Rücken freizuhalten. 1887 schloss er mit Russland den geheimen, auf drei Jahre befristeten **Rückversicherungsvertrag** ab, der für den Kriegsfall gegenseitige Neutralität garantierte. Dennoch kühlten die deutsch-russischen Beziehungen rasch wieder ab. Russische und französische Generäle sprachen insgeheim von einer gegen Deutschland gerichteten Waffenbrüderschaft und *Bismarck* hatte Mühe, den deutschen Generalstab vom Plan eines **Präventivkrieges** abzuhalten. (Bei einem Präventivkrieg kommt ein Staat dem gegnerischen Angriff zuvor.)

Dreikaiserabkommen

Rückversicherungsvertrag

Präventivkrieg

Die außenpolitische Lage verschlechterte sich weiter, als der Versuch scheiterte, zu einem Bündnis mit England zu kommen. *Bismarck* sah die einzige Chance für Deutschland darin, keine aggressive Außenpolitik zu betreiben. „Jede Großmacht, die außerhalb ihrer Interessensphären auf die Politik der anderen Länder zu drücken und einzuwirken sucht, [...] treibt Machtpolitik und nicht Interessenpolitik, sie wirtschaftet auf Prestige hin. Wir werden das nicht tun", erklärte er in einer Rede vor dem Reichstag.

Im Grunde klingt darin ein moderner Gedanke an: Respektierung des jeweiligen Macht- und Einflussbereichs, Nichteinmischung in die „inneren Angelegenheiten“ und Anerkennung der Grenzen dieses Bereiches.

6.1.4 Kaiser Wilhelm II. – der „Neue Kurs“

Rücktritt Bismarcks

www.preussen-chronik.de

Am 20. März 1890 gab Kaiser *Wilhelm II.* dem Rücktrittsgesuch des „eisernen Kanzlers“ statt. Anlass war u. a. die Meinungsverschiedenheit über den *Rückversicherungsvertrag* mit Russland. Bismarck forderte seine Erneuerung. Über die wahren Rücktrittsgründe ist viel gerätselt worden; sie dürften, wie stets bei solchen weitreichenden Entscheidungen, mehrschichtig sein.

Da ist einmal die dem Kaiser als unklar erscheinende, in sich widersprüchliche Außenpolitik, das „Jonglieren mit mehreren Bällen“. Zum zweiten verschärften sich die Gegensätze zwischen dem Monarchen und dem Reichskanzler bei den innenpolitischen Auffassungen. Nachdem der neugewählte Reichstag eine oppositionelle Mehrheit gegen *Bismarck* besaß – *Zentrum* 108, *Freisinnige* 69 (bisher 38), *Sozialdemokraten* 35 (bisher 11) –, schwand das Vertrauen des Kaisers zu *Bismarcks* Innenpolitik.

Schließlich muss auch der Generationenunterschied beachtet werden. Zwischen dem beim Regierungsantritt knapp über 30-jährigen, vorwärtsdrängenden Kaiser und dem über 70 Jahre alten, bedächtigen Reichskanzler waren menschliche Spannungen nahezu unvermeidlich.

Neuer Kurs

Der sogenannte **Neue Kurs** – „Volldampf voraus“ *(Wilhelm II.)* – kennzeichnete ein kaiserliches Engagement, das sog. *persönliche Regiment,* insbesondere in der Außenpolitik. *Wilhelm II.* nahm zunehmend Einfluss, wobei sich oft die militärischen Berater gegen die zivilen Staatssekretäre im Auswärtigen Amt durchsetzen konnten. Vor allem aber fehlte es seit *Bismarcks* Entlassung an einer Koordinierung: Kaiser, Reichskanzler, Staatssekretär, Generalstab – alle machten sie „ihre“ Außenpolitik, sodass dem neuen Kurs Stabilität und Kontinuität fehlten.

Demgegenüber zeichnet sich die Außenpolitik der Bundesrepublik Deutschland von Anbeginn durch Stetigkeit, Verlässlichkeit und Berechenbarkeit aus. *Konrad Adenauer* stellte die Weichen für die Westintegration. Zunächst erbittert bekämpft, hat die SPD mit der Kanzlerschaft *Willy Brandts* diese Politik fortgesetzt. Die CDU stritt ebenso vehement gegen die *neue Ostpolitik* der Regierung unter Brandt, setzte sie aber nahezu unverändert fort, als sie im Jahre 1982 mit *Helmut Kohl* selbst den Kanzler stellte. Und gerade im Prozess der Wiedervereinigung legte der Bundeskanzler den größten Wert darauf, dass an der Westbindung auch des vereinten Deutschlands nicht der geringste Zweifel aufkommen dürfe. So trotzte er *Gorbatschow* die Mitgliedschaft Gesamtdeutschlands in der NATO ab, was dieser zuvor als größtes Hindernis auf dem Wege zur deutschen Einheit bezeichnet hatte. Für die westlichen, insbesondere die europäischen Partner ist die Außenpolitik der Bundesrepublik in den Grundzügen stets verlässlich kalkulierbar gewesen.

Mit der Nichterneuerung des *Rückversicherungsvertrages* wurde die Wende schon wenige Tage nach *Bismarcks* Entlassung sichtbar. Zur gleichen Zeit führte Deutschland Verhandlungen mit England über einen Tauschvertrag *Helgoland* gegen *Sansibar,* abgeschlossen am 1. August 1890.

Der Kaiser hielt die Insel, die seit 1714 Dänemark und ab 1807 England gehörte, aus seestrategischen Gründen für wichtig. Spötter meinten freilich, er habe eine „Perle gegen einen Hosenknopf“ getauscht.

Russisch-französische Militärkonvention

Russland war vom deutschen Verhalten tief enttäuscht, näherte sich nunmehr Frankreich, und zwei Jahre später (1892) konnte die **russisch-französische Militärkonvention** unterzeichnet werden, nach der Russland Frankreich militärisch helfen wollte, falls dies von Deutschland angegriffen werde. Damit war Frankreich aus der Isolation herausgetreten, ein Eckpfeiler der *bismarckschen* Außenpolitik war eingestürzt.

Der Vorgang ist ein gutes Beispiel dafür, dass Staaten ideologische Gegensätze gegenüber ihren Machtinteressen zurückstellen. Im Auswärtigen Amt der Reichsregierung war es zumindest für unwahrscheinlich gehalten worden, dass sich die demokratische, fortschrittliche Republik Frankreich mit dem rückständigen Despotismus des zaristischen Russlands verbünden könnte. Die Geschichte kennt dafür viele Parallelen. *Churchill* hat 1941, gefragt, wie er als Konservativer sich ausgerechnet mit dem Kommunisten *Stalin* verbünden könne, lapidar geantwortet: „Wenn es im Interesse Englands ist, würde ich auch mit dem Teufel paktieren."

Nun musste, damit es nicht auch noch zu einer Annäherung zwischen England und Frankreich kam, das Verhältnis zu Großbritannien besonders gepflegt werden.

Die politischen Konstellationen hingen damals – eine Folge der **Kabinettspolitik** – in hohem Maße von den persönlichen Einstellungen der entscheidenden Personen ab. In Berlin wurde 1894 der Bismarck-Nachfolger General *Leo von Caprivi* vom Fürsten *Hohenlohe-Schillingsfürst* abgelöst. In Russland ging der Thron auf *Nikolaus II.* über, einem Verwandten des deutschen Kaisers, zu dem dieser in einer freundschaftlichen Beziehung stand, sodass der Monarch überzeugt war, die russische Außenpolitik in einem für Deutschland günstigen Sinne beeinflussen zu können. Kabinettspolitik

England reagierte auf die neuerliche deutsch-russische Annäherung misstrauisch. Dieses Misstrauen wurde noch durch die undiplomatische deutsche Reaktion auf den **Jameson Raid** 1895 verstärkt, als *Sir Leander Jameson,* wahrscheinlich mit Billigung des britischen Premiers, aber ohne dessen offizielle Unterstützung versuchte, in der *Burenrepublik Transvaal* die politische Gleichberechtigung der Engländer mit 800 Freiwilligen gewaltsam durchzusetzen. Das Unternehmen endete mit einem Fiasko, und Kaiser Wilhelm beeilte sich, dem Präsidenten der Republik, *Ohm Krüger,* ein Glückwunschtelegramm zu schicken. Diese **Krüger-Depesche** vom 3. Januar 1896 hat die öffentliche Meinung in Großbritannien nachhaltig gegen Deutschland beeinflusst. Jameson Raid Krüger-Depesche ▶ Q. 1

In den Neunzigerjahren des 19. Jahrhunderts ging Deutschland zu einer Weltmachtpolitik über. Nicht mehr Kaufleute waren es, die überseeische Gebiete für das deutsche Reich erschlossen, sondern der Staat selbst ging voran, um für Deutschland „den Platz an der Sonne" zu sichern. ▶ Q. 2

„The trade follows the flag" hieß nun das Motto nicht nur in Großbritannien. Die Ermordung von zwei Missionaren gab den willkommenen Vorwand, im Einverständnis mit Russland in Ostasien Fuß zu fassen, *Kiautschau* zu besetzen und damit in China einen Flottenstützpunkt zu erwerben. Um als Weltmacht auch auf den Weltmeeren präsent zu sein, waren solche Stützpunkte wichtig. Mit dem Erwerb einiger weiterer Inseln und Inselgruppen im Pazifik, wie z. B. der *Marianen,* war der Kolonialerwerb um die Jahrhundertwende im Wesentlichen abgeschlossen, die Welt war verteilt.

6.1.5 Die erste Marokko-Krise

Die außenpolitische Isolierung des Reiches begann. Der *Dreibund* wurde 1902 zwar noch einmal erneuert, aber Italien wandte sich ab und schloss nur wenige Monate später ein Geheimabkommen mit Frankreich, das beiderseitige Neutralität zusicherte, falls einer der Vertragspartner angegriffen würde.

Im April 1904 schlossen die alten Rivalen England und Frankreich eine **Entente cordiale** (wörtlich: herzliches Einvernehmen), die zwar kein förmliches Bündnis darstellte, aber deutlich machte, wie weit die Verständigung zwischen diesen beiden Staaten inzwischen gediehen war. Entente cordiale

Deutschland hatte 1906 nur noch einen verlässlichen Bündnispartner, Österreich-Ungarn, dessen innenpolitische Schwächen nur von seiner geschichtlichen Rolle und Tradition überdeckt wurden. Die deutsche Außenpolitik hatte das Gegenteil ihres Hauptziels erreicht: Statt der Isolierung Frankreichs war nun Deutschland isoliert.

Dies zeigte sich zum ersten Mal, als das Reich im Frühjahr 1905 Mitspracherechte für die Zukunft Marokkos beanspruchte, über das sich als französisches Einflussgebiet England und Frankreich verständigt hatten. Demonstrativ besuchte der deutsche Kaiser den Sultan in Tanger, um den Franzosen zu signalisieren, dass Deutschland Marokko als einen souveränen Staat betrachtete. Auf der vom Deutschen Reich geforderten internationalen **Algeciras-Konferenz**, an der alle europäischen Mächte teilnahmen, hoffte es, seine Forderungen durchzusetzen. Doch nur Österreich-Ungarn unterstützte Deutschland; die Konferenz endete mit einem diplomatischen Sieg Frankreichs und einem schweren Ansehensverlust des Reiches. Die *Entente* ging daraus gestärkt hervor. Ab 1906 fanden regelmäßige Generalstabsbesprechungen zwischen England und Frankreich statt. Weil dabei auch militärische Geheimnisse ausgetauscht wurden, kamen sie in ihren Auswirkungen einem Militärbündnis gleich.

Algeciras-Konferenz

6.1.6 Die Flottenrivalität zwischen Deutschland und Großbritannien

Im Jahre 1897 wurde *Alfred von Tirpitz* zum Staatssekretär in das *Reichsmarineamt* berufen, der sofort energisch den Auf- und Ausbau der deutschen *Kriegsflotte* vorantrieb.

Die Kriegsmarine war die einzige Waffengattung, deren Angehörige nicht landsmannschaftlich zusammengefasst waren. Das Heer, wiewohl nach preußischem Vorbild gedrillt und unter dem Oberbefehl des Kaisers stehend, war ein **Bundesheer**, in preußische, württembergische, bayerische usw. Truppenteile gegliedert. *Wilhelm II.* sah deshalb in der Marine ein Instrument, das man heute als „Integrationsmittel“ bezeichnen würde. Er war stolz auf „seine“ Schiffe, die alle in seinem Namen fuhren – z. B. „SMS Karlsruhe“ (SMS = Seiner Majestät Schiff).

Bundesheer

Schwer- und Werftindustrie finanzierten den 1898 gegründeten **Deutschen Flottenverein**, dessen werbewirksame Öffentlichkeitsarbeit schon bald große Erfolge zeigte. „Unsere Zukunft liegt auf dem Wasser“, verkündete der Kaiser, und Millionen waren überzeugt, dass nur eine starke Hochseeflotte Deutschlands Seegeltung und Weltmachtstellung sichern könne.

Deutscher Flottenverein

▶ Q. 3

Neben dem Droh- und Druckmittel, künftige kolonialpolitische Streitigkeiten unmittelbar „vor Ort“ regeln zu können, diente der Flottenbau auch wirtschaftlichen Interessen, wie aus einem Schreiben des Präsidenten des Flottenvereins an *Tirpitz* unverblümt hervorgeht.

Die traditionell stärkste Seemacht, Großbritannien, musste die Entwicklung in Deutschland zwangsläufig mit äußerstem Misstrauen betrachten. Die englische Regierung verfolgte eine Politik des **Two-Power-Standard**, d. h., die britische Kriegsflotte sollte stets so groß sein wie die beiden stärksten nachfolgenden Flotten zusammen. Nachdem Frankreich mit seiner zweitstärksten Kriegsflotte als potenzieller Feind nicht mehr infrage kam, galt die gesamte Aufmerksamkeit der britischen Seekriegsleitung dem deutschen Flottenbau. England ließ ab 1905 sog. *Dreadnoughts* (Großkampfschiffe) vom Stapel laufen und hoffte damit, Deutschland abzuhängen. Doch tatsächlich verringerte sich der Abstand, denn Deutschland legte bis 1912 jährlich vier neue Großkampfschiffe auf, die denen der Engländer mindestens gleichwertig waren. Nach *Tirpitz'* Vorstellung sollte die deutsche Kriegsflotte stark genug sein, um für einen möglichen Angriff Englands ein zu hohes Risiko zu bedeuten. Die deutsche Kriegsmarine wurde deshalb auch als **Risikoflotte** bezeichnet.

Two-Power-Standard

Risikoflotte

▶ Q. 4

In der sicherheitspolitischen Diskussion nach 1945 tauchte dieser *Risikogedanke* in veränderter Form wieder auf. Während des Kalten Krieges sollte die Bundeswehr mit ihren Verbündeten zwar zu einem Angriffskrieg unfähig, aber doch so stark sein, dass ein Angriff für den potenziellen Aggressor Sowjetunion/Warschauer Pakt ein kalkulierbar zu hohes Risiko bedeutet hätte *(Abschreckungsstrategie)*.

Deutscher Flottenverein

Die SMS Rheinland war ein Schlachtschiff der kaiserlichen Marine, 1910

Die Flottenpolitik der wilhelminischen Zeit barg allerdings das Risiko, das auch heute nicht auszuschließen ist, dass nämlich beide Seiten die Rüstung des anderen als potenzielle Angriffsvorbereitung betrachten.

Die verstärkte Seerüstung belastete England und Deutschland finanziell erheblich. Mit äußerster Anstrengung versuchte England, den *Two-Power-Standard* zu halten, liefen doch inzwischen deutsche Schlachtschiffe fast in ebenso rascher Folge vom Stapel wie britische, und einige deutsche Politiker träumten davon, England als beherrschende Seemacht abzulösen oder doch zumindest ebenbürtig zu werden.

Während dieses schneller werdenden **Rüstungswettlaufes** schlossen England und Russland ein *Kolonialabkommen* (1907), in dem sie ihre Interessengebiete gegeneinander abgrenzten. Die übrigen Weltmächte verständigten sich zunehmend untereinander. Deutschland wähnte sich in einer **Einkreisung**, doch hatte es sich weitgehend selbst isoliert, sodass richtiger von einer **Auskreisung** gesprochen werden kann.

Rüstungswettlauf

Auskreisung

Zu lange hatte die deutsche Außenpolitik geglaubt, abwarten zu können, bis England großzügiges Entgegenkommen zeigte. „Uns bläst der Wind nicht ins Gesicht", schrieb der Staatssekretär des Auswärtigen Amtes an den Rand eines Berichtes, in dem ihm der deutsche Botschafter in London das Interesse Englands an einem Abkommen mit Deutschland schilderte.

6.1.7 Die zweite Marokko-Krise und die Politik bis 1914

In den letzten Jahren vor Ausbruch des Krieges bahnten sich jene Mächtegruppierungen an, die sich 1914 feindlich gegenüberstehen sollten. Deutschland verknüpfte seine Politik noch enger mit der verhängnisvollen Balkanpolitik der Habsburger Monarchie, als diese 1908 **Bosnien** und die **Herzegowina** in ihr Staatsgebiet eingliederte, obwohl sie seit der *Berliner Kongressakte* (1878) ohnedies in beiden Landesteilen Besatzungsmacht war. Zwar konnte Russlands Widerstand dagegen beigelegt werden, aber nun band sich das Zarenreich noch enger an England und Frankreich.

Bosnien

Herzegowina

Die Vormachtstellung der französischen Republik in Marokko war inzwischen Tatsache geworden und von den Mächten anerkannt. Die deutsche Außenpolitik aber wollte Marokko nicht ohne Gegenleistung den Franzosen überlassen und forderte eine Art Tausch: Für Marokko sollte Frankreich sein Kongogebiet an Deutschland abtreten. Um die deutsche Entschlossenheit zu

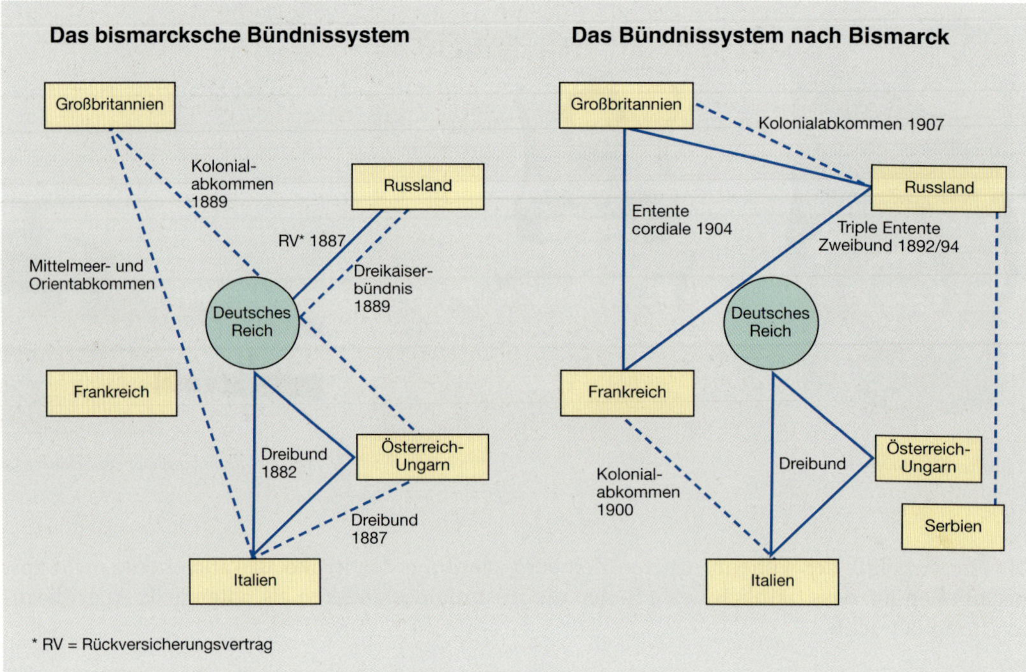

demonstrieren, wurde das Kanonenboot „Panther" in den marokkanischen Hafen Agadir entsandt, der sog. **Panthersprung** am 1. Juli 1911. Frankreich gab teilweise nach und Deutschland erhielt zum Ausgleich für das Protektoratsrecht Frankreichs über Marokko die Kolonie **Kamerun**.

Panthersprung
Kamerun

Der politische Erfolg Deutschlands wurde bereits mittelfristig teuer erkauft; in den europäischen Hauptstädten gewann man den Eindruck, dass Deutschland beim „Griff nach der Weltmacht" auch vor Drohung und Anwendung militärischer Mittel nicht zurückschreckte. Zwar galt das damals – im Gegensatz zu heute, da beides gemäß der UNO-Charta geächtet ist – nicht als völkerrechtswidrig oder gar moralisch verwerflich, aber die unverhüllte Gewaltandrohung musste zwangsläufig alle auf den Plan rufen, die ein Übergewicht Deutschlands fürchteten. Seit dieser Zeit wird der Begriff **Kanonenbootpolitik** zur Kennzeichnung einer militärisch unterstützten, lokalen Machtpolitik verwendet.

Kanonenbootpolitik

Das deutsche Flottengesetz von 1912 sah eine weitere Verstärkung der Kriegsmarine vor. Noch einmal versuchte England, sich mit dem Reich zu verständigen. Im Grunde trachtete Großbritannien danach, ein – aus heutiger Sicht – *Rüstungsbegrenzungsabkommen* zu schließen, um den Rüstungswettlauf, wenn schon nicht zu beenden, so doch wenigstens zu verlangsamen. Berlin lehnte ab. Die deutsche Aufrüstung hatte längst eine Eigendynamik entfaltet, die Kriegsmarine war nicht bereit, irgendwelche Abstriche am Schiffbauprogramm vorzunehmen.

Unkluge Äußerungen des deutschen Kaisers taten ein Übriges, das Misstrauen zu schüren. Als *Wilhelm II.* bei einem Besuch in London im Oktober 1908 dem „Daily Telegraph" ein Interview gewährte, in dem er behauptete, England habe den Burenkrieg (1899–1902) mit einem Schlachtplan gewonnen, den er genauso gut entworfen hätte, brach in Großbritannien ein Sturm der Entrüstung los **(Daily-Telegraph-Affäre)**. Auch in Deutschland überwog die ablehnende Meinung. Einige Formulierungen wurden als Anbiederei an England empfunden, was nicht zu der englandfeindlichen Stimmung passte. Selbst die Konservativen übten Kritik im Reichstag, und Reichskanzler *Bernhard von Bülow* mahnte den Monarchen in aller Öffentlichkeit zur Zurückhaltung.

Daily-Telegraph-Affäre

Französisches Protektorat

Italien hielt nach der Errichtung des französischen **Protektorats** über Marokko die Stunde für gekommen, sich Tripolis einzuverleiben, das zum türkischen Staatsgebiet gehörte. Auch einige

Politische Europakarte 1914 (Karikatur von Walter Trier)

Balkanstaaten sahen die Chance, „dem kranken Mann am Bosporus" die europäischen Besitzungen auf dem Balkan zu entreißen. Zwar führte der **Balkankrieg** in einem kurzen Feldzug zur völligen Niederlage der Türkei, aber die Siegermächte konnten sich über die Verteilung *Mazedoniens* nicht einigen, sodass es im Sommer 1913 zum **Zweiten Balkankrieg** kam. Noch hielten sich die Großmächte zurück, obwohl die Interessen Russlands wie Österreichs durch den Konflikt berührt wurden, aber alle verstärkten ihre Rüstungsanstrengungen.

Balkankrieg

Zweiter Balkankrieg

Deutschland plante, finanziert durch eine besondere *Wehrabgabe,* die Aufstellung von zwei weiteren Armeekorps (etwa je 50 000 Mann), Frankreich betrieb eine Heeresreform und Russland legte eine Rüstungsanleihe in Frankreich (!) auf, um sein Heer bis 1917 um ein Drittel zu vergrößern. Frankreich finanzierte also kreditär die russische Aufrüstung. Das Deutsche Reich musste dies als ein gefährliches Warnsignal betrachten.

Nur eines Funkens bedurfte es noch, um das Pulverfass zur Explosion zu bringen.

Wilhelm II. (Gemälde von Max Koner, 1890)

▶ QUELLE 1 Die Krüger-Depesche vom 3. Januar 1896

Ich spreche Ihnen Meinen aufrichtigen Glückwunsch aus, daß es Ihnen, ohne an die Hilfe befreundeter Mächte zu appellieren, mit Ihrem Volke gelungen ist, in eigener Tatkraft gegenüber den bewaffneten Scharen, welche als Friedensstörer in Ihr Land eingebrochen sind, den Frieden wiederherzustellen und die Unabhängigkeit des Landes gegen Angriffe von außen zu wahren.
Wilhelm II.

(Bernhard Pollmann [Hrsg.]: Lesebuch zur deutschen Geschichte. Band 3, Dortmund, Chronik 1984, S. 62)

1. Welche Gründe könnten Kaiser Wilhelm II veranlasst haben, das Telegramm abzufassen?
2. Warum reagierte die englische Öffentlichkeit entrüstet?

▶ QUELLE 2 Bernhard von Bülow in einer Reichstagsrede am 6. Dezember 1897

[...] Wir empfinden durchaus nicht das Bedürfnis, unsere Finger in jeden Topf zu stecken. Aber allerdings sind wir der Ansicht, daß es sich nicht empfiehlt, Deutschland in zukunftsreichen Ländern von vornherein auszuschließen vom Mitbewerb anderer Völker. Die Zeiten, wo der Deutsche dem einen seiner Nachbarn die Erde überließ, dem anderen das Meer und sich selbst den Himmel reservierte, wo die reine Doktrin thront – diese Zeiten sind vorüber. Wir betrachten es als eine unserer vornehmsten Aufgaben, gerade in Ostasien die Interessen unserer Schiffahrt, unseres Handels und unserer Industrie zu fördern und zu pflegen. Die Entsendung unserer Kreuzerdivision nach der Kiaotschoubucht und die Besetzung dieser Bucht ist erfolgt einerseits, um für die Ermordung deutscher und katholischer Missionare volle Sühne, andererseits für die Zukunft größere Sicherheit als bisher gegen die Wiederkehr solcher Vorkommnisse zu erlangen. [...] Aber auch abgesehen von diesem traurigen Vorfall hatten wir gegenüber China eine Reihe anderer Beschwerdepunkte. Wir hoffen, daß es gelingen wird, diese Beschwerden auf dem Wege loyaler Unterhandlung gütlich beizulegen. Wir könnten aber nicht zugeben, daß sich in China die Ansicht festsetze, uns gegenüber sei erlaubt, was man sich anderen gegenüber nicht herausnehmen würde. Wir müssen verlangen, daß der deutsche Missionar und der deutsche Unternehmer, die deutschen Waren, die deutsche Flagge und das deutsche Schiff in China geradeso geachtet werden wie diejenigen anderer Mächte. [...] Mit einem Worte: Wir wollen niemand in den Schatten stellen, aber wir verlangen auch unseren Platz an der Sonne. [...]

(Bernhard Pollmann [Hrsg.]: Lesebuch zur deutschen Geschichte. Band 3, Dortmund, Chronik 1984, S. 63 f.)

1. Welche Veränderungen in der deutschen Außen- und Kolonialpolitik waren nach dieser Rede zu erwarten?
2. Welche Angaben macht von Bülow zu den Ereignissen in China? Versuchen Sie, das Geschehen anhand seiner Aussagen zu rekonstruieren.

▶ QUELLE 3 Alfred von Tirpitz über den Flottenbau (1895)

Meiner Ansicht nach sinkt Deutschland im kommenden Jahrhundert schnell von seiner Großmachtstellung, wenn jetzt nicht energisch, ohne Zeitverlust und systematisch diese allgemeinen Seeinteressen vorwärts getrieben werden. Nicht zu geringem Grade auch deshalb, weil in der neuen großen nationalen Aufgabe und dem damit verbundenen Wirtschaftsgewinn ein starkes Palliativ gegen gebildete und ungebildete Sozialdemokraten liegt.

(Ludwig Helbig [Hrsg.]: Imperialismus. Das deutsche Beispiel. Frankfurt, Diesterweg 1968, S. 101)

1. Welche (innenpolitische) Bedeutung misst Tirpitz dem Flottenbau zu?
2. Warum erwartet er aus dem Flottenbau einen „Wirtschaftsgewinn"?

Tirpitz und sein Entwurf der deutschen Risikoflotte

▶ QUELLE 4

Ich habe es [...] vom ersten Tage meiner Amtsführung an für meine Pflicht gehalten, die Kriegsmarine für einen gegnerischen Zusammenstoß mit England so stark als möglich zu machen oder richtiger gesagt, durch Schaffung einer möglichst starken Schlachtflotte England von einem Angriff abzuhalten. [...]
Durch Erhaltung des Friedens sollen Handel und Küsten geschützt und unsere Weltposition gesichert werden. Den Frieden zu erhalten vermag nur eine starke Schlachtflotte [...]. Der Botschafter in England zieht aus der zur Zeit noch stark gefährdeten militärischen Situation – wenn auch etwas verschleiert – die Folgerung, daß wir unser Flottenbautempo einschränken müssen, ich ziehe daraus die Folgerung, daß wir dasselbe so, wie es zur Zeit gesetzlich festgelegt ist, mit eiserner Energie durchführen müssen. [...] Was im übrigen die Kriegsgefahr anbetrifft, so haben wir derselben vom ersten Flottengesetz an ins Auge gesehen. Sie ist durch den fortschreitenden Ausbau unserer Flotte nicht größer, sondern kleiner geworden. Als Beweis führe ich an, daß sich große Kreise des englischen Volkes bereits heute vor unserer Flotte fürchten. In wenigen Jahren wird unsere Flotte so stark sein, daß ein Angriff auf dieselbe auch für England ein großes militärisches Risiko bedeutet. Damit ist der Zweck der Flottenpolitik des letzten Jahrzehnts erreicht.

(Johannes Hohlfeld [Hrsg.]: Dokumente der deutschen Politik und Geschichte. Band II. Berlin, Dokumenten-Verlag, 1951)

1. **Welches Land sieht Tirpitz als Hauptbedrohung für Deutschland?**
2. **Analysieren Sie die politisch-strategischen Gedanken in den Ausführungen von Admiral Tirpitz.**
3. **Inwiefern könnten diese auch heute noch von Bedeutung sein?**

6.2 Der Imperialismus

6.2.1 Imperialismus – Begriff und Inhalt

Imperialismus

www.bpb.de

Das Wort **Imperialismus** leitet sich ab vom lateinischen *imperare* (anordnen). Bei den *Römern* bezeichnete *Imperium* zunächst die Amtsgewalt der höchsten Beamten, später das Gebiet, in dem diese ausgeübt wurde. *Imperialismus* wird definiert als „politisch-ökonomisches Herrschaftsverhalten mit dem Ziel, die Bevölkerung eines fremden Landes mit politischen, ökonomischen, kulturellen und ideologischen Mitteln zu beeinflussen, auszubeuten, abhängig zu machen und direkt oder indirekt zu beherrschen“ (Meyers Großes Taschenlexikon, Band 10, Mannheim, Wien, Zürich, Bibliographisches Institut 1981, S. 183). Die historische Epoche des Imperialismus umfasst den Zeitraum von etwa 1880 bis 1914.

Kolonialmächte

Bereits mit den Entdeckungen des 16. Jahrhunderts war das Interesse der europäischen Mächte auf außereuropäische und überseeische Gebiete gelenkt worden. Die ersten **Kolonialmächte** Spanien und Portugal verloren jedoch mehr und mehr an Einfluss, und die Wiener Schlussakte von 1815 konnte nur die englische Vormachtstellung auf kolonialem Gebiet bestätigen. Ohne die im 19. Jahrhundert beginnende industrielle Revolution ist die Erschließung und Durchdringung und vor allem die Behauptung der meisten Kolonialgebiete kaum vorstellbar. Zahlreiche Expeditionen waren nur deshalb erfolgreich, weil Dampfschiffe den raschen Transport in entfernt gelegene Gebiete ermöglichten und die Teilnehmer dieser Fahrten im Besitz überlegener, moderner Waffen waren, wie etwa des Zündnadelgewehrs und der Repetierpistole. Die industrielle Revolution war nicht nur Voraussetzung des intensiven kolonialen Strebens, sondern sie erforderte auch die Sicherung der **Rohstoffquellen** und die Erschließung neuer **Absatzmärkte.**

Rohstoffquellen
Absatzmärkte

Die ökonomische Bedeutung des imperial-kolonialen Strebens darf freilich nicht überschätzt werden, auch wenn die Zeitgenossen daran geglaubt haben mochten. Selbst 1913, also am Ende

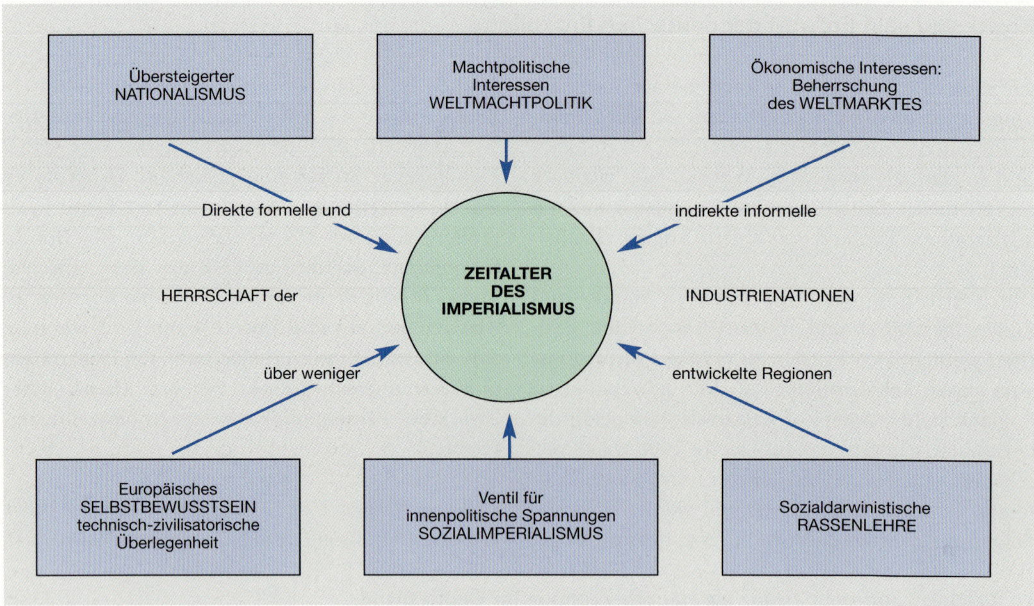

der imperialistischen Phase, machte der Außenhandel mit den Kolonialländern nur einen geringen Bruchteil des Weltaußenhandels aus. 75 % entfielen auf Europa und die USA, 11 % auf Asien, knapp 8 % Anteil am Außenhandel der Welt hatten die lateinamerikanischen Länder, und mit ganzen 3,7 % des grenzüberschreitenden Handels war Afrika beteiligt.

Nationalismus
Chauvinismus
Sendungsbewusstsein

So waren es nicht nur und nicht einmal in erster Linie ökonomische Beweggründe, die zur Ausbildung des Phänomens *Imperialismus* beitrugen. Ein immer deutlicher ausgeprägter **Nationalismus** und **Chauvinismus** (= übersteigerte Vaterlandsliebe), der von der Überlegenheit der eigenen Nation ausging, vermischte sich mit einem messianischen **Sendungsbewusstsein**, wie er z. B. in einer Äußerung Kaiser *Wilhelm II.* zutage trat: „Am deutschen Wesen soll noch einmal die Welt genesen." Ähnliche Töne waren aus Frankreich zu hören.

Sozialdarwinismus
Rassismus
▶ Q. 1

Große Bedeutung erlangte in diesem Zusammenhang die *Evolutionslehre* des Engländers *Charles Darwin* (1809–1882). Sein Begriff vom *survival of the fittest* wurde kurzerhand verfälschend auf das Zusammenleben der Völker übertragen (siehe dazu auch S. 208 f.). Nach der Theorie des sog. **Sozialdarwinismus** gilt die weiße Rasse den farbigen Rassen als überlegen und gewinnt damit das Recht, diese zu beherrschen, und die Pflicht, sie zu zivilisieren. Der aus dieser Rassenlehre entstandene **Rassismus** hat bis in die Gegenwart Bedeutung, wie sich bis in die Neunzigerjahre des vorigen Jahrhunderts am deutlichsten in der menschenverachtenden *Apartheidpolitik* Südafrikas zeigte.

Das imperialistische Streben war kein Stück der *Geheimdiplomatie,* war nicht nur virulent (aktiv, ansteckend) in den Führungszirkeln von Staat und Wirtschaft, sondern vollzog sich vor aller und mit der *Öffentlichkeit.* In allen europäischen Staaten wurden Vereine und Verbände gegründet, um die koloniale Expansion propagandistisch zu unterstützen, und die Volksmassen nahmen großen Anteil an den Ereignissen in fernen, exotischen Ländern. Das Thema „Erwerbung der Kolonien" wurde obligatorischer Lehrstoff in den Schulen.

Militaristisches Bewusstsein

Der Glaube an die *natürliche* Überlegenheit der eigenen Rasse und des eigenen Volkes verleitete zur moralischen Rechtfertigung, auch den Krieg als legitimes Mittel zur Durchsetzung der eigenen Volks- und Staatsinteressen zu betrachten. **Militaristisches Bewusstsein** war zugleich Folge und Voraussetzung der expandierenden Rüstungsausgaben. Die nachfolgenden Zahlen zeigen den Anstieg, auch wenn die Ausgaben im Vergleich zu heute sowohl absolut als auch in Prozent des Bruttosozialprodukts gering erscheinen. Dabei darf allerdings der damals wesentlich niedrigere Lebensstandard nicht außer Acht gelassen werden, sodass die Rüstungslast drückender war, als die nackten Zahlen zu zeigen scheinen.

Militärausgaben der europäischen Großmächte in Mio. Pfund Sterling

	1869–1870	1897–1898
Großbritannien	22,4	40,1
Frankreich	23,6	37,0
Russland	15,4	35,6
Deutschland	11,2	32,8
Österreich-Ungarn	9,1	16,0
Italien	7,1	13,5
Insgesamt	88,8	175,0

(John Hobson: Der Imperialismus. Aus dem Englischen von Helmut Hirsch. Köln, Kiepenheuer & Witsch 1968)

Überseekolonien erheischten einen wirksamen Schutz durch die Flotte. So mussten Stützpunkte erworben und die Kriegs- und Handelsflotten ausgebaut werden. Die Flotte wiederum brauchte weitere Anlaufhäfen, sodass sich Flottenrüstung, expansiver Imperialismus und Kolonialismus gegenseitig hochschaukelten. Besonders in Großbritannien wurde der Theorie des **Navalismus** (von lat. *navigare* = zur See fahren) gehuldigt, die besagt, dass nur über die Kontrolle der Meere Weltmachtgeltung erlangt werden könne: „Britannia, rule the waves!"

Navalismus

Häufig wurde der Kolonialerwerb auch mit der **Bevölkerungsexpansion** im eigenen Land begründet, die eine **Auswanderung** erzwang. Von den rund 1,3 Millionen deutschen Auswanderern, die zwischen 1881 und 1890 das Land verließen, fanden 1,2 Millionen in den USA eine neue Heimat. Diesem „Verlust an nationaler Volkskraft" sollte durch den Erwerb von Siedlungsräumen in Afrika und Asien Einhalt geboten werden.

Bevölkerungsexpansion
Auswanderung

Die Spuren des Imperialismus sind bis heute erkennbar. So erschwert die rücksichtslose Ausbeutung der Kolonien in Verbindung mit den damals angelegten *Monokulturen* den wirtschaftlichen Aufschwung in vielen Entwicklungsländern. Die willkürlichen Grenzziehungen der Kolonialmächte in Afrika haben seit dem Ende der Kolonialzeit dazu beigetragen, dass in diesem Erdteil viele Kriege und Stammesfehden ausbrachen, die rund 80 Millionen Menschen das Leben kosteten.

6.2.2 Moderne Imperialismustheorien

Der erste Theoretiker des Imperialismus war der Engländer *John Hobson* (1858–1940) mit seinem 1902 erschienenen Buch „Imperialism". *Hobson* kritisierte den Imperialismus am Beispiel des *Burenkrieges,* in dem er die aggressive, auch zum Krieg bereite Kolonialpolitik im Interesse der Industrie besonders markant hervortreten sah.

▶ Q. 2

Auf *Hobson* beriefen sich alle *marxistischen* Imperialismustheoretiker, der bedeutendste war *Wladimir Iljitsch Lenin* (1870–1924). In seiner Schrift „Der Imperialismus als höchstes Stadium des Kapitalismus" (1916/17) beschreibt er ihn als Erscheinungsform des **Monopolkapitalismus**, dem das alsbaldige Ende beschieden sei.

Monopolkapitalismus

Die Kommunisten in den Ostblockländern sprachen bis vor wenigen Jahren noch von *kapitalistisch-imperialistischen Methoden,* wenn sie Aktivitäten westlicher Länder in anderen Gebieten kritisierten, wie z. B. das USA-Engagement in Mittelamerika. Nach moderner marxistischer Auffassung „erstickt" der Kapitalismus an seiner eigenen Warenfülle, weil er aufgrund der Ausbeutung der Arbeiterklasse nicht genügend Lohnkaufkraft erhält. So müsse das kapitalistische System die „Flucht nach vorn" (*B. Shaw*) antreten und sich notfalls mit militärischen Mitteln neue Absatzmärkte erkämpfen. Die wissenschaftliche Fragwürdigkeit dieser These hat ihrer Popularität keinen Abbruch getan.

▶ Q. 3

Der international berühmte deutsche Gelehrte *Max Weber* (1864–1920) sah Parallelen zwischen dem römischen Imperialismus der Antike und dem der letzten Jahre bis 1913. Er überschätzte allerdings, wie die meisten Zeitgenossen, den ökonomischen Gewinn, der aus den Kolonien gezogen werden konnte. So waren z. B. die Unterhaltskosten der deutschen Kolonien stets größer als die Erträge daraus, eine Bilanz, die bei den anderen Kolonialmächten kaum günstiger aussah.

Sozialimperialismus
▶ Q. 4

Der deutsche Historiker *Hans-Ulrich Wehler* (1931-2014) griff das Schlagwort vom „Primat der Innenpolitik" wieder auf und sah neben den ökonomischen Interessen als Haupttriebkraft für den Imperialismus eine Ursache in dem Versuch, auf diese Weise soziale Spannungen abzubauen und damit die Gefahr eines Bürgerkrieges zu bannen – auch **Sozialimperialismus** genannt.

Noch einen Schritt weiter ging sein Fachkollege *Wolfgang Mommsen* (1930–2004). Er schreibt in „Das Zeitalter des Imperialismus": „Der Imperialismus war gleichsam ein höchst effizientes Instrument, um den stürmischen Prozess der Demokratisierung der europäischen Gesellschaften wenigstens partiell abzubremsen."(Wolfgang Mommsen: Das Zeitalter des Imperialismus, Fischer Weltgeschichte, Band 28, Frankfurt a. M., Fischer 1969, S. 43)

Bis in die Gegenwart bezichtigten sich vor allem die Supermächte USA und Sowjetunion gegenseitig einer *imperialistischen Politik*. Der Begriff *Imperialismus* hat so eine fast nur noch propagandistisch-wertende Funktion erhalten und ist wegen seiner Vieldeutigkeit als wissenschaftliches Analyseinstrument kaum mehr geeignet. Wenn die Politik Israels, der Einmarsch sowjetischer Truppen in Afghanistan, die Rückeroberung der Falklandinseln durch Großbritannien (1982) oder die Annexion der Krim durch Russland (2014) gleichermaßen vom jeweiligen politischen Gegner als *Imperialismus* kritisiert werden, so sind damit die höchst unterschiedlichen Motive, Interessen und Folgen dieser Aktivitäten nicht fassbar.

6.3 Der Erste Weltkrieg

6.3.1 Ausbruch

Attentat

Am 28. Juni 1914 zündet ein Funke (siehe S. 170). Ein nationalistischer serbischer Student verübt auf das österreichische Thronfolgerpaar in Sarajevo ein tödliches **Attentat**. An den europäischen Fürstenhöfen herrscht Entsetzen. Wien empfängt viel Mitgefühl. Aber die Regierung zaudert; erst als die internationale Empörung abgeklungen ist, stellt Österreich-Ungarn am 23. Juli 1914 ein an Schärfe kaum zu überbietendes, auf 48 Stunden befristetes Ultimatum an Serbien, in dem unter anderem gefordert wird, dass österreichische Beamte an der Untersuchung der Hintergründe des Attentats teilnehmen können. Die Donaumonarchie fühlt sich zu einem solchen, die serbische Souveränität auf das Empfindlichste verletzenden Vorgehen ermutigt, nachdem die deutsche Reichsregierung am 6. Juli Österreich-Ungarn die bedingungslose Bündnistreue versichert hatte, was auch immer Wien beschließe – die sog. **Blankovollmacht**. Bewusst steuert damit Berlin einen Risikokurs in Richtung Krieg.

Blankovollmacht

Die weitere Entwicklung hing nun von der Haltung Russlands gegenüber dem österreichisch-serbischen Konflikt ab. Am 25. Juli beschloss der russische Kronrat, Serbien zu unterstützen, auch wenn man dazu die „Mobilmachung erklären und Kriegshandlungen beginnen müsse". Daraufhin lehnte Serbien das Ultimatum in einzelnen Punkten ab.

Nun überstürzen sich die Ereignisse. Halbherzig unternommene Versuche, auch des deutschen Kaisers, den Konflikt zu lokalisieren und den großen europäischen Krieg zu verhindern, scheitern. Am 28. Juli erklärt Österreich-Ungarn Serbien den Krieg.

Mobilmachung

Einen Tag später ordnet *Zar Nikolaus II.* die allgemeine **Mobilmachung** an, zieht den Befehl aber aufgrund eines Telegramms *Kaiser Wilhelms II.*, in dem die Hoffnung auf Friedensvermittlung ausgesprochen wird, in der Nacht vom 29. auf den 30. Juli zurück, sodass es nur zu Teilmobilmachungen in vier Militärbezirken kommt. Doch bereits am 30. Juli lässt sich der Zar von seinem Außenminister zur Vollmobilmachung überreden.

Als Berlin am 31. Juli davon erfährt, wird Österreich-Ungarn aufgefordert, nun auch gegen Russland zu mobilisieren. Mittags erklärt die deutsche Regierung den „Zustand drohender Kriegsgefahr“. In Paris wird ultimativ angefragt, ob Frankreich im Falle eines deutsch-russischen Krieges neutral bleibe.

Am 1. August wird in Deutschland die allgemeine Mobilmachung befohlen und St. Petersburg erhält die deutsche **Kriegserklärung**. Einen Tag später besetzen deutsche Truppen Luxemburg, und das neutrale Belgien wird aufgefordert, einen deutschen Durchmarsch wohlwollend zu dulden.

Kriegserklärung

Als Reaktion auf die unklare Antwort auf die deutsche Anfrage in Paris erklärt die Reichsregierung Frankreich am 3. August den Krieg. Am selben Tag beginnt der Einmarsch in Belgien, nachdem dies die Zustimmung zum Durchmarsch abgelehnt hat. Die deutsche Kriegserklärung folgt zwei Tage später.

Die Verletzung der belgischen Neutralität nimmt England zum Anlass und zur Begründung, Deutschland am 4. August den Krieg zu erklären.

In den nächsten Tagen folgen die Kriegserklärungen Österreich-Ungarns an Russland, Serbiens an das Deutsche Reich und die Kriegserklärungen Frankreichs und Englands gegenüber Österreich.

Der Automatismus des europäischen Bündnissystems (siehe S. 158) hatte zum großen europäischen Krieg geführt, der sich später zum Weltkrieg ausweitete.

Eine Pariser Zeitung schrieb in jenen Augusttagen ahnungsvoll: „In Europa gehen die Lichter aus.“

6.3.2 Der Kriegsverlauf

Die deutsche Strategie legte gemäß dem *Schlieffen*-Plan aus dem Jahre 1905, der von einem Zweifrontenkrieg ausging, den Schwerpunkt des Aufmarsches gegen Westen. Dort sollte in einer raschen Offensive Frankreich niedergerungen werden und bis dahin im Osten nur mit schwachen Kräften verteidigt werden.

Schlieffen-Plan

Auch die schnelle Mobilisierung der deutschen Truppen und Ausnutzung des Überraschungsmomentes konnten nicht verhindern, dass sich der zunächst zügige Vormarsch im Westen bereits Anfang September 1914 festlief und die Fronten zum Stellungskrieg erstarrten. Unerwartet rasch war die russische Armee in Ostpreußen eingefallen; noch während der Westoffensive mussten vom starken rechten Flügel, der die Aufgabe hatte, die französischen Streitkräfte weiträumig zu umfassen und die Engländer zur Kanalküste abzudrängen, mehrere Divisionen nach Osten abgezogen werden. Zwar gelang unter Führung von *Hindenburg* und *Ludendorff* den deutschen Truppen die völlige Vernichtung der russischen Armeen (Schlacht bei Tannenberg). Aber im Westen hatte sich der Angriff inzwischen festgelaufen. Der Schützengrabenkrieg löste den Bewegungskrieg ab.

Schlacht bei Tannenberg

Nur mit deutscher Hilfe konnte Österreich-Ungarn verhindern, dass die russischen Truppen über die Karpaten in Ungarn eindrangen; von Kriegsbeginn an erwies sich der südliche Bundesgenosse mehr als Belastung denn als Hilfe. Die einseitige Bündnispolitik mit erheblicher Überschätzung der militärischen Stärke Österreichs rächte sich bitter.

Verdun

Im Frühjahr 1916 planten sowohl Frankreich als auch Deutschland eine neue große Offensive im Westen, die die Entscheidung bringen sollte. Generalstabschef *Falkenhayn* wählte einen Eckpfeiler der französischen Front, Verdun, zum Angriffsziel, an dem Frankreich „ausbluten“ sollte. Nach sechsmonatigen mörderischen Schlachten sind die Verluste der Franzosen mit 350 000 Mann zwar höher als die der Deutschen, aber auch sie sind in der „Hölle von Verdun“ verblutet.

Die Gedenkstätten in und bei Verdun sind heute zum Mahnmal gegen den Krieg, aber zugleich auch zum Symbol einer endgültig begrabenen Feindschaft zwischen den beiden Völkern geworden.

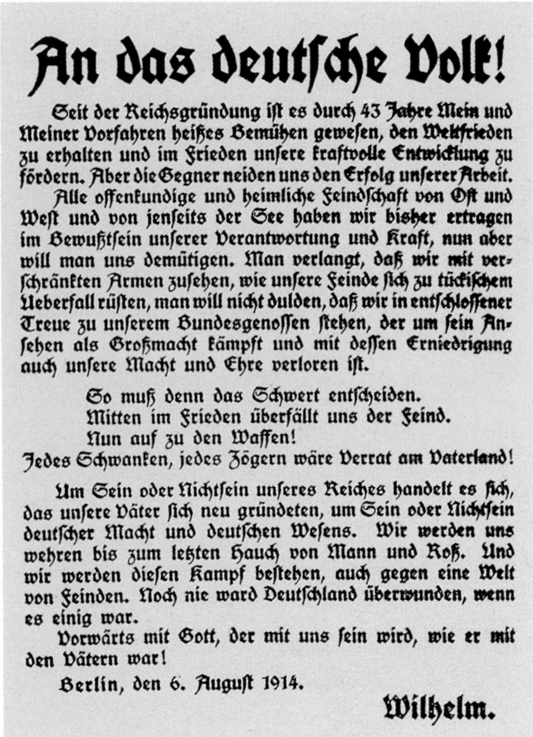

An das deutsche Volk!

Seit der Reichsgründung ist es durch 43 Jahre Mein und Meiner Vorfahren heißes Bemühen gewesen, den Weltfrieden zu erhalten und im Frieden unsere kraftvolle Entwicklung zu fördern. Aber die Gegner neiden uns den Erfolg unserer Arbeit.

Alle offenkundige und heimliche Feindschaft von Ost und West und von jenseits der See haben wir bisher ertragen im Bewußtsein unserer Verantwortung und Kraft, nun aber will man uns demütigen. Man verlangt, daß wir mit verschränkten Armen zusehen, wie unsere Feinde sich zu tückischem Ueberfall rüsten, man will nicht dulden, daß wir in entschlossener Treue zu unserem Bundesgenossen stehen, der um sein Ansehen als Großmacht kämpft und mit dessen Erniedrigung auch unsere Macht und Ehre verloren ist.

So muß denn das Schwert entscheiden.
Mitten im Frieden überfällt uns der Feind.
Nun auf zu den Waffen!
Jedes Schwanken, jedes Zögern wäre Verrat am Vaterland!

Um Sein oder Nichtsein unseres Reiches handelt es sich, das unsere Väter sich neu gründeten, um Sein oder Nichtsein deutscher Macht und deutschen Wesens. Wir werden uns wehren bis zum letzten Hauch von Mann und Roß. Und wir werden diesen Kampf bestehen, auch gegen eine Welt von Feinden. Noch nie ward Deutschland überwunden, wenn es einig war.

Vorwärts mit Gott, der mit uns sein wird, wie er mit den Vätern war!

Berlin, den 6. August 1914.

Wilhelm.

Aufruf des Kaisers vom 6. August 1914

Auch der verschärfte U-Boot-Krieg gegen Handelsschiffe, die England ansteuerten, konnte den Sieg nicht erzwingen. Die Versenkung des Dampfers „Lusitania“ am 7. Mai 1915, bei der erstmals auch amerikanische Staatsbürger ums Leben kamen, verhärtete die Haltung der USA gegen das kaiserliche Deutschland. Die Unterstützung für Großbritannien wuchs, obwohl die USA zunächst neutral blieben.

Anfang 1917 glaubt die deutsche Seekriegsleitung, England in wenigen Wochen wirtschaftlich kriegsentscheidend zu schwächen und von der Nahrungszufuhr so abzuschneiden, dass es zur Kapitulation bereit wäre, wenn es nur gelänge, diese Unterstützungen völlig zu unterbinden. Am 1. Februar 1917 erklärte das Reich den „uneingeschränkten U-Boot-Krieg“, was bedeutete, dass nunmehr jedes Schiff im Umkreis von 300 sm um die Britischen Inseln ohne Vorwarnung versenkt werden würde. Die erwartete Antwort der USA kam: Am 6. April 1917 traten die USA aufseiten der Entente in den Krieg ein und entsandten in rasch wachsendem Umfang Truppen nach Frankreich. Der europäische Krieg wurde zum Weltkrieg.

Oktoberrevolution

Noch hofften beide Seiten auf einen militärischen Sieg. Die deutsche Seite versuchte, die Kriegsmüdigkeit der russischen Soldaten auszunutzen, im Osten zum Friedensschluss zu kommen und damit das gesamte Heer im Westen einsetzen zu können. So trug die deutsche Generalität zur Auslösung der **Oktoberrevolution** (die aufgrund der Zeitdifferenz im gregorianischen Kalender in Russland auf den 6. November datiert wird) wesentlich bei. Sie ließ *Lenin* aus dem Schweizer Exil in einem plombierten Eisenbahnwaggon nach St. Petersburg reisen. Erwartungsgemäß setzte sich *Lenin* an die Spitze der revolutionären Strömungen, die ein Ende des Krieges versprachen.

Friede von Brest-Litowsk

Der **Friedensvertrag von Brest-Litowsk** beendete zwar am 3. März 1918 den Krieg, aber auch die Überführung der im Osten stehenden deutschen Truppen nach Westen vermochte die Lage nicht mehr zu wenden. Die letzte Offensive vom 21. März 1918 *(Kaiserschlacht)* scheiterte an der Überlegenheit des Gegners an Menschen und vor allem an Material.

In diesem Krieg wurde die Menschheit zum ersten Mal Zeuge jahrelanger verheerender Materialschlachten mit bis dahin unvorstellbaren Opfern. Kaltblütig kalkulierten die Generalstäbe aller Seiten tägliche Verluste von über 100 Toten ein. Die Gesamtzahl der Kriegsopfer im deutsch-französischen Krieg 1870/71 betrug „nur“ 215 000. Im Ersten Weltkrieg schwoll diese Zahl auf über 10 Millionen Tote und 20 Millionen Verwundete an. Die schwersten Verluste hatte Deutschland mit 1,8 Millionen Gefallenen und 4,2 Millionen Verwundeten zu beklagen. Die Gesamtkriegskosten einschließlich Zerstörungen belaufen sich – grob geschätzt – auf die unvorstellbare Summe von fast 1 400 Milliarden Goldmark.

Äußerungen von Cecil Rhodes (Premierminister des Kaplandes) und K. F. Wolff über die Rassenfrage

▶ QUELLE 1

Rhodes: Ich behaupte, daß wir die erste Rasse in der Welt sind und daß es um so besser für die menschliche Rasse ist, je mehr von der Welt wir bewohnen. [...] Da Gott offenkundig die englisch sprechende Rasse zu seinem auserwählten Werkzeug formt, durch welches er einen Zustand der Gesellschaft hervorbringen will, der auf Gerechtigkeit, Freiheit und Frieden gegründet ist, muss er offensichtlich wünschen, daß ich tue, was ich kann, um jener Rasse so viel Spielraum und Macht wie möglich zu geben. Daher, wenn es einen Gott gibt, denke ich, daß das, was er gern von mir getan haben möchte, ist, so viel von der Karte Afrikas britisch rot zu malen als möglich und anderswo zu tun, was ich kann, um die Einheit zu fördern und den Einfluß der englisch sprechenden Rasse auszudehnen.

Wolff: Die rassenbiologische Weltanschauung sagt uns, daß es Führerrassen und Folgerassen gibt. Die politische Geschichte ist nichts weiter als die Geschichte zwischen den Führerrassen. Insbesondere sind Eroberungen stets ein Werk von Führerrassen; die Folgerassen, die an Menschen stets viel reicher sind, werden nur mitgeschleppt. Wo in aller Welt steht geschrieben, daß die erobernde Führerrasse die Verpflichtung hat, den Besiegten nach einiger Zeit politische Rechte zu gewähren? Bildet nicht die Ausübung politischer Rechte einen Vorzug, der eben den Führerrassen biologisch zukommt? [...] Solche Menschen können erobern, dürfen erobern, sollen erobern! Und sie sollen auch Herren sein, sich und den anderen zu Nutz und Frommen! Das gilt für die Neuzeit genau so gut wie für das Altertum. Denn nicht Vernichtung, sondern Höherentwicklung bedeutet das Hereinbrechen einer hochgesinnten Edelrasse; sie dient dem Herrn der Heerscharen, und was sie tut, ist ein Erlöserwerk!

(Das Testament des Cecil Rhodes [1902]. In: Ludwig Helbig [Hrsg.]: Imperialismus. Das deutsche Beispiel. Frankfurt, Diesterweg 1968, S. 84)

1. **Wie begründet Rhodes die angebliche Überlegenheit der englischen „Rasse“?**
2. **Nach welchen Kriterien unterscheidet Wolff zwischen Führer- und Folgerassen?**
3. **Prüfen Sie, ob die aufgestellten Theorien auch heute noch von Bedeutung sind.**

John Hobson über Imperialismus

▶ QUELLE 2

Überproduktion, d. h. exzessive Fabrikation von Waren und überschüssigem Kapital, für das im Inland keine einträgliche Anlagemöglichkeit zu finden ist, zwingen Großbritannien, Deutschland, Holland und Frankreich, immer größere Teile ihrer wirtschaftlichen Mittel außerhalb ihres dermaligen politischen Herrschaftsbereichs zu plazieren, und stimulieren dann eine Politik der politischen Expansion mit dem Ziel, die neubetretenen Räume zu annektieren. [...] Imperialismus ist das Bestreben der großen Industriekapitäne, den Kanal für das Abfließen ihres überschüssigen Reichtums dadurch zu verbreitern, daß sie für Waren und Kapitalien, die sie zu Hause nicht absetzen oder anlegen können, Märkte und Anlagemöglichkeiten im Ausland suchen.

(John Hobson: Der Imperialismus. Aus dem Englischen von Helmut Hirsch, Köln, Kiepenheuer & Witsch 1968, S. 87 f.)

1. **Worauf führt Hobson den Imperialismus zurück?**
2. **Welche Faktoren vernachlässigt er?**

▶ QUELLE 3 Max Weber über Imperialismus

Die überseeische Expansion Roms zeigt, soweit sie ökonomisch bedingt ist, Züge, [...] welche seitdem [...] immer wiederkehrten und noch heute wiederkehren. Sie sind einem [...] spezifischen Typus kapitalistischer Beziehungen eigen – oder vielmehr: sie bieten ihm die Existenzbedingungen –, den wir imperialistischen Kapitalismus nennen wollen. Es sind die kapitalistischen Interessen von Steuerpächtern, Staatsgläubigern, Staatslieferanten, staatlich privilegierten Außenhandelskapitalisten und Kolonialkapitalisten. Ihre Profitchancen ruhen durchweg auf der direkten Ausbeutung politischer Zwangsgewalten, und zwar expansiv gerichteter Zwangsgewalt. Der Erwerb überseeischer „Kolonien" seitens einer politischen Gemeinschaft gibt kapitalistischen Interessen gewaltig Gewinnchancen durch gewaltsame Versklavung oder durch Schollenzuweisung der Insassen zur Ausbeutung als Plantagenarbeitskräfte [...], ferner durch gewaltsame Monopolisierung des Handels mit diesen Kolonien und eventuell anderer Teile des Außenhandels. [...] Die gewaltsame Expansion durch Krieg und die Rüstungen dafür schaffen [...], den weitaus ergiebigsten Anlass zur Inanspruchnahme von Kredit größten Umfangs und steigern die Gewinnchancen der kapitalistischen Staatsgläubiger [...].
Banken, welche Kriegsanleihen finanzieren, und heute große Teile der schweren Industrie, nicht nur die direkten Lieferanten von Panzerplatten und Geschützen, sind am Kriegführen trotzdem ökonomisch interessiert, ein verlorener Krieg bringt ihnen erhöhte Inanspruchnahme so gut wie ein gewonnener, und das eigene politische und ökonomische Interesse der an einer politischen Gemeinschaft Beteiligten an der Existenz großer inländischer Fabriken von Kriegsmaschinen nötigt sie, zu dulden, daß diese die ganze Welt, auch die politischen Gegner, mit solchen versorgen. [...] Der imperialistische Kapitalismus, zumal der koloniale Beutekapitalismus auf der Grundlage direkter Gewalt und Zwangsarbeit, hat im allgemeinen zu allen Zeiten die weitaus größten Gewinnchancen geboten, weit größer als, normalerweise, der auf friedlichen Austausch mit den Angehörigen anderer politischer Gemeinschaften gerichtete Exportgewerbebetrieb.

(Zit. nach Ludwig Helbig [Hrsg.]: Imperialismus. Das deutsche Beispiel. Frankfurt, Diesterweg 1968, S. 129 ff.)

1. **Worin besteht für Max Weber der Zusammenhang zwischen Imperialismus und Krieg?**
2. **Für wen bieten sich laut Weber die größten Gewinnchancen?**

▶ QUELLE 4 Hans-Ulrich Wehler über Imperialismus

Durch die Industrialisierung und den technologischen Fortschritt wurden in einem Lande mehr Waren produziert, als verbraucht werden konnten. Die sich daraus ergebenden wirtschaftlichen Krisen glaubte man meistern zu können, indem man Waren und Kapital ausführte und so den Markt über die nationalen Grenzen hinaus ausdehnte. Die rapiden wirtschaftlichen Veränderungen hatten auch solche sozialer Art zur Folge – die überkommene Gesellschaftsordnung drohte in Klassen zerrissen und durch eine Sozialrevolution zerstört zu werden. Auch dafür glaubte man das Heilmittel in der Expansion gefunden zu haben, denn durch die Erweiterung des Marktes wurde die Wirtschaft saniert und weiteres Wachstum möglich. Infolgedessen kam es zu keinen sozialen Erschütterungen, und die alten Gesellschaftsstrukturen waren aufs neue gesichert. Zusammengefasst heißt das: Wohlstand und die Erhaltung der sozialen Schichtung sind voneinander abhängig und zwingen zur Expansion. Cecil Rhodes hat dies einmal folgendermaßen formuliert: „Wenn man einen Bürgerkrieg vermeiden will, muss man Imperialist sein."

(Hans-Ulrich Wehler: Imperialismus. Köln, Kiepenheuer & Witsch 1970, S. 85 f.)

1. **Welche Ursachen sieht Wehler für den Imperialismus?**
2. **Gibt es in der Gegenwart vergleichbare Ursachen? Welche?**

AUFGABEN

1. Beschreiben Sie in eigenen Worten das bismarcksche Bündnissystem.
2. Stellen Sie die grundlegenden Unterschiede zwischen der Kabinettspolitik der alten europäischen Mächte und der Außenpolitik in Europa heute fest. Vermerken Sie auch Ähnlichkeiten und Gleiches.
3. Welche Spätwirkungen des Imperialismus sind heute noch in den Entwicklungsländern nachweisbar?
4. Stellen Sie in einer Übersicht die von den europäischen Mächten damals beherrschten Länder zusammen. Fertigen Sie eine Weltkarte mit den genannten Kolonien an.

Grundlegende Arbeitstechniken und Methoden 6:

HOT

Projekt

Wer sich längere Zeit mit einem Problem oder mit einer bestimmten Aufgabe beschäftigt, arbeitet an einem Projekt. Insofern ist „Projekt" ein Oberbegriff, weil zwar zu Beginn die Fragestellung und auch die Zielsetzung feststehen mögen, aber sich häufig erst im Verlauf der Arbeit herauskristallisiert, welche konkreten Methoden, welche Arbeitstechniken und welche Form der Präsentation gewählt werden sollen.

Beispiele für Projekte gibt es viele: Im Bereich von Gemeinschaftskunde und Geschichte können etwa politische Aussagen verglichen, Informationen zu einem Thema gesammelt und aufbereitet, Medien analysiert oder selbst gestaltet werden usw.

Der Verlauf eines Projekts kann folgendermaßen aussehen:

Präsentation eines Projekts durch Schüler

Die Auseinandersetzung mit der **Projektidee** muss klären, ob das Projekt auf allgemeines Interesse stößt, ob es von den inhaltlichen Vorgaben (Lehrplan) möglich ist und ob es in einer bestimmten Zeit bewältigt werden kann. In dieser Phase muss auch eine **Zielsetzung** für das Projekt erarbeitet werden.

Zur gemeinsamen **inhaltlichen Planung** des Projekts gehört z. B. eine möglichst präzise Formulierung des Themas, d. h. dass allen klar wird, welche Komplexe bearbeitet werden und welche nicht. Auch müssen Vorhaben und Methoden besprochen und festgelegt werden: Sollen Interviews durchgeführt werden? Ist ein Rollenspiel sinnvoll? Sollen Erkundungen durchgeführt werden? Diese und andere denkbare Fragen müssen gestellt und beantwortet werden.

Nicht zu unterschätzen ist die **organisatorische Planung**. Sie beinhaltet z. B. die Zusammenstellung der benötigten Informationen, Medien, Materialien und ebenso die Überlegung, ob noch andere Hilfsmittel benötigt werden, welche Räume zur Verfügung stehen, wie der Verlauf des Projekts dokumentiert werden soll, z. B. in Form eines Protokolls u. a. Auch die Frage, welche Form der Präsentation sinnvoll erscheint, sollte in dieser Phase bereits geklärt werden.

Während der **Durchführung des Projekts** ist es von besonderer Bedeutung, einen Zeitplan zu haben, aus dem z. B. zu entnehmen ist, wann die ersten Zwischenergebnisse vorliegen müssen, wann die endgültige Präsentation vorgesehen ist usw.

Ziel und formaler Abschluss der Projektarbeit ist die **Präsentation** der Ergebnisse. Am Ende des Projekts sollte ein bewusster Abschluss stehen, was natürlich nicht heißen soll, dass man sich nicht auch weiterhin mit der Problematik beschäftigen kann und darf. Aber der festgelegte Abschluss gibt die Möglichkeit, das Erarbeitete zu präsentieren, entweder vor der Klasse, vor anderen Schülern, der gesamten Schulgemeinschaft oder einer anderen Form der Öffentlichkeit (Elternabend, Schulfest, Presse etc.).

Nach der Präsentation sollte sich die Gruppe treffen, um den Verlauf und das Ergebnis des Projekts noch einmal Revue passieren zu lassen und zu beurteilen. Falls erforderlich sollten in dieser **Beurteilung** Alternativen erarbeitet, Verbesserungsvorschläge formuliert und neue Projektideen vorgeschlagen werden.

7 Die Weimarer Republik

Titel bzw. Kapitelüberschriften aus verschiedenen Büchern:

Die verratene Republik
Wilhelm Hoegner

Die ungeliebte Republik
Wolfgang Michalka und Gottfried Niedhart

Die unvollendete Demokratie
Horst Möller

SCHLÜSSELDATEN

9. Nov. 1918	Ausrufung der Republik in Berlin
11. Nov. 1918	Waffenstillstand – Ende des Ersten Weltkrieges
8./9. Nov. 1923	Putschversuch Hitlers in München
27. März 1930	Sturz der letzten parlamentarischen Regierung
10. April 1932	Wiederwahl Hindenburgs zum Reichspräsidenten
30. Januar 1933	Ernennung Hitlers zum Reichskanzler

7.1 Das Ende des Ersten Weltkrieges und die Revolution von 1918/19

7.1.1 Der Weg in die militärische Niederlage

DARSTELLUNG
www.dhm.de/lemo/kapitel/erster-weltkrieg
Mittelmächte
Entente

Der Erste Weltkrieg begann im August 1914 als europäischer Krieg infolge wachsender außenpolitischer Spannungen, verschärfter Krisen und zunehmender Angriffsaufrüstung. Auslösender Anlass war das Attentat auf das österreichische Thronfolgerpaar am 28. Juni 1914 in Sarajewo (siehe S. 164). Die **Mittelmächte** Deutschland und Österreich-Ungarn auf der einen Seite und die Mächte der **Entente** mit Großbritannien, Frankreich und Russland auf der anderen Seite reagierten mit Ultimaten, überstürzter Mobilmachung und erklärten sich gegenseitig den Krieg.

Siegfrieden

Mit Kriegseintritt der USA (siehe S. 166) wurde der große Krieg, der als europäischer begonnen hatte, zum Weltkrieg; die Mittelmächte waren damit an Menschenzahl, Wirtschaftskraft und Reserven aussichtslos unterlegen. Dennoch hoffte die deutsche Seite immer noch auf einen **Siegfrieden**. So wurden die Bemühungen des US-Präsidenten *Woodrow Wilson* um eine politische Lösung des Konflikts auf einer Grundlage einer Vierzehn-Punkte-Erklärung wenig beachtet.

Kriegsschuldfrage

Die **Kriegsschuldfrage** prägte Entstehung und Entwicklung der Weimarer Republik. Bis in unsere Zeit wird diese Frage unter Historikern und Publizisten kontrovers diskutiert. Golo Mann war der Überzeugung, dass keine andere geschichtliche Frage so gründlich durchleuchtet worden sei wie die nach der Verantwortung am Krieg von 1914. Die beiden Grundpositionen können auf der einen Seite mit dem Wort des englischen Premierministers *Lloyd George* von 1920 umschrieben werden:

„Wir sind alle in den Krieg hineingeschlittert." Dagegen vertritt der deutsche Historiker *Fritz Fischer* die These von einer weitgehenden Alleinschuld Deutschlands am Krieg.

▶ Q. 1 und 2

Die Mehrzahl der heutigen Historiker lehnt allerdings die **Alleinschuldthese** ab, betont jedoch, dass Deutschland ein hohes Maß an *Mitschuld* trifft. So liegt z. B. die „Blankovollmacht" des Deutschen Reiches vom 6. Juli 1914 vor, die Wien bedingungslose Bündnistreue verspricht, *was es auch immer unternehmen werde*, sodass der österreichische Kaiserhof sich geradezu ermutigt fühlen musste, Serbien den Krieg zu erklären. Gleich zu Beginn des Krieges beging Deutschland eine massive Verletzung des Völkerrechts, indem es gemäß dem **Schlieffen-Plan** unter Missachtung der Neutralität in Belgien einmarschierte, um das französische Heer von der Flanke zu nehmen.

Alleinschuldthese

Schlieffen-Plan

7.1.2 Die Revolution von 1918

Die teure deutsche Hochseeflotte, die nach dem Willen ihres Schöpfers *Alfred von Tirpitz* (vgl. S. 156) im Kampf gegen England eine entscheidende Rolle spielen sollte, hatte während des gesamten Kriegs fast untätig in den Kriegshäfen der Nord- und Ostsee gelegen.

Lediglich einmal war sie 1916 zu einer Seeschlacht ausgelaufen (**Schlacht im Skagerrak**), bei der sie zwar nicht verlor, aber die englische Flotte auch nicht besiegen konnte. Für den weiteren Verlauf des Krieges war diese für beide Seiten verlustreiche Schlacht völlig bedeutungslos.

Schlacht im Skagerrak

Nun sollte die Flotte noch einmal auslaufen, „Waffenruhm" wollten einige Admirale an die *Reichskriegsflagge* heften und den Engländern eine Entscheidungsschlacht liefern. Als Vorwand für dieses Unternehmen galt die „Entlastung des Westheeres", ein Argument, das nicht einmal die Generalität überzeugte.

Die Matrosen erkannten die Sinnlosigkeit, ahnten, dass sie „verheizt" werden sollten, und entfesselten eine **Meuterei**, als die Flotte am 29. Oktober 1918 die Häfen verlassen sollte. Der Aufstandsfunke sprang rasch auf die Garnisonen des Heimatheeres über, nach russischem Vorbild wurden in ganz Deutschland **Arbeiter- und Soldatenräte** gebildet, und am 7. November hatte der Aufruhr ein solches Ausmaß angenommen, dass sogar im deutschen Hauptquartier in Spa (Belgien) Soldatenräte gewählt wurden. Die Stellung der alten Herrschaftskreise wurde unhaltbar. Fürsten und Könige verloren ihre Throne, und selbst der Kaiser konnte nicht riskieren, von Spa, wohin er sich begeben hatte, nach Deutschland zurückzukehren. Er sträubte sich abzudanken, erst als der Reichskanzler

Meuterei

Arbeiter- und Soldatenräte

2. Extraausgabe Sonnabend, den 9. November 1918.

Vorwärts

Berliner Volksblatt.

Zentralorgan der sozialdemokratischen Partei Deutschlands.

Der Kaiser hat abgedankt!

Der Reichskanzler hat folgenden Erlaß herausgegeben:

Seine Majestät der Kaiser und König haben sich entschlossen, dem Throne zu entsagen.

Der Reichskanzler bleibt noch so lange im Amte, bis die mit der Abdankung Seiner Majestät, dem Thronverzichte Seiner Kaiserlichen und Königlichen Hoheit des Kronprinzen des Deutschen Reichs und von Preußen und der Einsetzung der Regentschaft verbundenen Fragen geregelt sind. Er beabsichtigt, dem Regenten die Ernennung des Abgeordneten Ebert zum Reichskanzler und die Vorlage eines Gesetzentwurfs wegen der Ausschreibung allgemeiner Wahlen für eine verfassungsgebende deutsche Nationalversammlung vorzuschlagen, der es obliegen würde, die künftige Staatsform des deutschen Volk, einschließlich der Volksteile, die ihren Eintritt in die Reichsgrenzen wünschen sollten, endgültig festzustellen.

Berlin, den 9. November 1918. Der Reichskanzler.
Prinz Max von Baden.

Es wird nicht geschossen!

Der Reichskanzler hat angeordnet, daß seitens des Militärs von der Waffe kein Gebrauch gemacht werde.

Parteigenossen! Arbeiter! Soldaten!

Soeben sind das Alexanderregiment und die vierten Jäger geschlossen zum Volke übergegangen. Der sozialdemokratische Reichstagsabgeordnete Wels u. a. haben zu den Truppen gesprochen. Offiziere haben sich den Soldaten angeschlossen.

Der sozialdemokratische Arbeiter- und Soldatenrat.

Extraausgabe des sozialdemokratischen „Vorwärts" vom 9. November 1918

Prinz *Max von Baden* aus eigenem Entschluss die Abdankung des Kaisers bekanntgab, um einen Bürgerkrieg zu vermeiden, entsagte *Wilhelm II.* Nicht gerade würdevoll floh der letzte deutsche Kaiser in der Nacht vom 10. auf den 11. November über die Grenze nach Holland ins Exil.

Friedrich Ebert

Am 9. November 1918 hatte eine SPD-Delegation unter Führung von *Friedrich Ebert* (1871–1925) vom Reichskanzler verlangt, „[...] dass die Regierungsgewalt an Männer übergeht, die das volle Vertrauen des Volkes besitzen". Prinz *Max von Baden* willigte in die Reichskanzlerschaft *Eberts* ein. Sofort fuhr *Philipp Scheidemann* (SPD) zum Reichstagsgebäude und rief vom Balkon die „Deutsche Republik" aus.

Wenige Stunden später proklamierte *Karl Liebknecht* vom linken Flügel der *Unabhängigen Sozialdemokratischen Partei* (USPD) die „Sozialistische Republik Deutschlands" nach sowjetischem Vorbild. Der Kampf zwischen der demokratisch orientierten Mehrheits-SPD und der sozialistischen USPD um die Macht hatte begonnen.

Waffenstillstand

Dolchstoßlegende

Die revolutionären Ereignisse schwächten die Verhandlungsposition der deutschen Waffenstillstandskommission unter Führung des Zentrumsabgeordneten *Matthias Erzberger.* Am 11. November 1918 wurde im Wald von Compiègne – heute eine nationale Gedenkstätte Frankreichs – ein **Waffenstillstand** unterzeichnet, der praktisch einer bedingungslosen Kapitulation Deutschlands gleichkam. *Erzberger* blieb keine andere Wahl als zu unterzeichnen; das Reich konnte keinen militärischen Widerstand mehr leisten. Doch noch standen die deutschen Truppen tief in Frankreich, praktisch kein Meter deutschen Bodens war bisher von den Alliierten besetzt. So ließen die hohen Militärs den Eindruck entstehen, der schmähliche Waffenstillstand sei das Werk vaterlandsloser Zivilisten, während das deutsche Heer „im Felde unbesiegt" geblieben sei. Auf diesem Nährboden erwuchs die berüchtigte **Dolchstoßlegende**, nach der das an sich ungeschlagene Heer hinterrücks durch Verrat in der Heimat „erdolcht" worden sei. Alle historischen Tatsachen widersprechen dieser Legende; aber sie wurde von den meisten Deutschen nur zu gern geglaubt. Sie stellte für die neuen demokratischen Kräfte von Anfang an eine schwere psychologische Belastung dar.

Die Entstehung dieser Legende war ein Grund, dass die Alliierten nach der bedingungslosen Kapitulation 1945 das gesamte Deutschland militärisch besetzten. Auch die Bewohner des entlegensten Bauernhofes sollten Truppen der Besatzungsmächte sehen, damit kein Deutscher die Illusion aufkommen lassen konnte, *eigentlich* sei man doch militärisch nicht besiegt worden.

7.1.3 Alternative Gestaltungsversuche der Demokratie

Nationalversammlung

Rat der Volksbeauftragten

Die Ausrufung der Republik und die Flucht des Kaisers hatten natürlich auch die Verfassung des Deutschen Reiches außer Kraft gesetzt. Eine **Nationalversammlung** sollte eine neue, eine republikanische Verfassung ausarbeiten. Bis zu ihrer Wahl übernahm der **Rat der Volksbeauftragten** die Regierungsgeschäfte. Je drei Mitglieder der SPD *(Ebert, Scheidemann, Landsberg)* und der USPD *(Haase, Dittmann, Barth)* wurden von einem Ausschuss der Berliner Arbeiter- und Soldatenräte als Regierung anerkannt. Einig waren sich die beiden Gruppen im Bewusstsein, die entscheidende Verantwortung für die weitere Entwicklung in Deutschland zu tragen; aber sie unterschieden sich grundlegend in ihren An- und Absichten, wohin und auf welchem Weg diese Entwicklung gehen sollte.

Parlamentarische Demokratie

Die schon in der Vorkriegszeit längst *reformistisch* gewordene SPD unter Führung von *Friedrich Ebert* hatte keine Revolution angestrebt, sie war von ihr selbst überrascht worden. Jetzt sah sie ihre wichtigste Aufgabe darin, eine **parlamentarische Demokratie** nach westlichem Vorbild einzuführen. Deshalb forderte sie die Einberufung einer verfassungsgebenden Versammlung, gewählt nach den Grundsätzen des allgemeinen, gleichen, direkten und geheimen Wahlrechts. Mit diesem Lösungsvorschlag wussten sich *Ebert* und seine Freunde mit dem Großteil ihrer Partei einig.

Spartakusbund

Rätediktatur

Parlamentarische Demokratie

▶ Q. 3

Die USPD lehnte diese Zielvorstellung ab. Sie wurde darin vom **Spartakusbund** unterstützt, einer Gruppe radikaler Marxisten, die von der USPD abgesplittert war. Diese Kreise waren „entschlossen, mit dem demokratischen Staatsplunder Schluss zu machen und eine Räterepublik nach russischem Muster aufzubauen“. Die Entscheidung der Alternative – **Rätediktatur** oder **parlamentarische Demokratie** – wurde vom Rat der Volksbeauftragten zunächst vertagt. Andere Aufgaben erschienen dringender und harrten einer sofortigen Lösung, wie ein Aufruf vom 12. November 1918 zeigt. *Friedrich Ebert* entschloss sich jedoch, ein Angebot des Generals *Wilhelm Groener* zur Zusammenarbeit anzunehmen, um sich so die Mitarbeit der Offiziere und Beamten des alten Regimes zu sichern.

Reichskongress

Dieser Schritt wurde je nach politischem Standort von den einen als „Verrat an der Revolution“ gebrandmarkt und von den anderen als „Verhinderung einer Bolschewisierung“ gelobt. Für die Mitglieder der USPD war er Anlass, den Rat der Volksbeauftragten zu verlassen. Unversöhnlich standen sich Sozialdemokraten und Sozialisten gegenüber; die SPD konnte sich schließlich durchsetzen. Der **Reichskongress** der Arbeiter- und Soldatenräte entschied am 19. Dezember 1918 mit großer Mehrheit, am 19. Januar 1919 allgemeine Wahlen zur verfassungsgebenden Nationalversammlung durchzuführen.

Spartakusaufstand

Freikorps

Schon wenige Tage nach diesem Beschluss entstanden in Berlin schwere Unruhen; der **Spartakusaufstand** begann. *Friedrich Ebert* beauftragte seinen Parteigenossen *Gustav Noske*, für die Regierung eine zuverlässige Truppe zur Bekämpfung des Aufstandes zu gewinnen. *Noske* nahm den Auftrag mit den Worten an: „Einer muss schließlich den Bluthund machen“, und organisierte **Freikorps**, die, von monarchistisch gesinnten Offizieren geführt, den Aufstand blutig niederschlugen. Von Stund an war *Eberts* Ansehen auch in den eigenen Reihen lädiert. Die Freikorps setzten sich zum größten Teil aus konterrevolutionären Gruppen zusammen, die mehr an der Weisung des jeweiligen Offiziers als an den Idealen der neuen Republik orientiert waren. *Ebert* aber hatte gar keine andere Wahl, als die illegalen Putschversuche zu unterdrücken.

Dieselben militärischen Mittel setzte er ein, als *Karl Liebknecht* und *Wilhelm Pieck*, der spätere erste Staatspräsident der DDR, am 5. Januar 1919 die Absetzung der Regierung *Ebert* verkündeten.

Im Verlauf der blutigen Kämpfe in Berlin wurden am 15. Januar 1919 *Liebknecht* und die auch bei den Sozialdemokraten hoch angesehene *Rosa Luxemburg* von Freikorpssoldaten entführt und hinterrücks ermordet. Nicht nur die Kommunisten waren darüber empört. Radikalisierung und Verschärfung der schon bestehenden Gegensätze waren die Folge.

Die Berliner Unruhen griffen auf weite Teile Deutschlands über, wurden aber überall gleichermaßen niedergeschlagen. Am 19. Januar 1919 konnten die Wahlen zur Nationalversammlung stattfinden; es stellten sich Parteien, die auch schon im Kaiserreich kandidiert hatten.

Freikorpsplakat im Januar 1919

USPD

SPD

Die von der SPD abgesplitterte **USPD** setzte sich zusammen mit den Kommunisten für eine Räterepublik nach sowjetischem Muster ein. Nach wie vor stand der größte Teil der Arbeiterschaft jedoch hinter der **SPD**. Sie vertrat gemäßigt sozialistische Positionen und setzte auf demokratische Reformen.

Zentrum

Das traditionell christlich-katholisch orientierte **Zentrum** wurde getragen von kleinbürgerlichen Kreisen und Teilen der christlichen Gewerkschaften.

Deutsche Demokratische Partei

Die linksliberale **Deutsche Demokratische Partei** (DDP) stellte sich von Anfang an auf die Seite der Republik und wurde zu einer ihrer Stützen.

Wahlen zur Nationalversammlung und zum Deutschen Reichstag 1919–1933
Angabe der Stimmanteile in % und der daraus errechneten Reichstagsmandate

	19.1.1919		6.6.1920		4.5.1924		7.12.1924		20.5.1928		14.9.1930		31.7.1932		6.11.1932		5.3.1933	
Deutschnationale Volkspartei	10,3	44	15,0	71	18,4	95	20,4	103	14,2	73	7,0	41	5,9	37	7,2	52	8,0	52
NSDAP	–	–	–	–	6,5	32	2,9	14	2,6	12	18,3	107	37,2	230	33,0	196	43,9	288
Deutsche Volkspartei	4,4	19	13,9	65	9,2	45	10,6	51	8,7	35	4,5	30	1,1	7	1,7	11	1,0	2
Deutschsoziale Partei	–	–	–	–	1,1	4	0,5	0	–	–	–	–	–	–	–	–	–	–
Deutsches Landvolk	–	–	–	–	–	–	–	–	1,8	10	3,1	19	0,2	1	0,1	0	–	–
Deutsche Bauernpartei	–	–	–	–	–	–	–	–	1,5	8	0,8	6	0,3	2	0,4	3	0,2	1
Landbund	–	–	–	–	1,9	10	1,6	8	0,6	3	0,5	3	0,2	2	0,2	2	0,2	1
Wirtschaftspartei	0,9	4	0,8	4	2,3	10	3,3	17	4,5	23	3,9	23	0,3	2	0,3	1	–	–
Deutsch-Hannoversche Partei	0,2	1	1,1	5	1,0	5	0,8	4	0,6	3	0,4	3	0,1	0	0,1	1	0,1	0
Zentrum	19,7	91	13,6	64	13,3	65	13,5	69	11,9	62	11,7	68	12,4	75	11,9	70	11,2	74
Bayerische Volkspartei	–	–	4,1	21	3,2	16	3,7	19	3,9	16	3,0	19	3,2	22	2,9	20	2,7	18
Christliche Volkspartei	–	–	0,2	0	–	–	–	–	–	–	–	–	–	–	–	–	–	–
Deutsche Demokratische Partei	18,5	71	8,2	39	5,3	28	6,3	32	4,9	25	3,7	20	1,0	4	0,9	2	0,8	5
SPD	37,9	163	21,7	102	23,9	100	26,0	131	28,7	153	24,5	143	21,5	133	20,4	121	18,3	120
USPD	7,6	22	17,8	84	0,7	0	0,3	0	–	–	–	–	–	–	—	–	–	–
KPD	–	–	2,0	4	12,5	62	8,9	45	10,6	54	13,1	77	14,2	89	16,8	100	12,3	81
Andere Parteien	0,5	2	1,6	0	0,7	0	1,2	0	5,5	4	5,5	18	2,4	4	4,1	5	1,2	4

Deutsche Volkspartei

Die in der Tradition der *Nationalliberalen* stehende **Deutsche Volkspartei** (DVP), eine Partei des Mittelstandes, sah zwar nach wie vor in der Monarchie die für Deutschland geeignete Staatsform und wandte sich zunächst gegen die SPD. Unter ihrem Vorsitzenden *Gustav Stresemann* (1878–1929) betrieb sie aber später eine demokratiefreundliche Politik. Als Außenminister wurde *Stresemann* einer der angesehensten Politiker der Weimarer Republik.

Deutschnationale Volkspartei

Die **Deutschnationale Volkspartei** war eindeutig monarchistisch, antidemokratisch und nationalistisch gesinnt. Sie stand dem neuen Staat von Anbeginn ablehnend, ja feindlich gegenüber. Ihre Anhänger kamen aus den Adelskreisen, dem Großbürgertum und dem kaisertreuen

Offizierskorps. Erst später kamen als extreme Linke und Rechte die **Kommunistische Partei Deutschlands** (KPD) und die **Nationalsozialistische Deutsche Arbeiterpartei** (NSDAP) hinzu.

Kommunistische Partei Deutschlands

Nationalsozialistische Deutsche Arbeiterpartei

Wegen der Unruhen in Berlin war die Nationalversammlung nach Weimar (Thüringen) einberufen worden; der Tagungsort gab der neuen Republik den Namen.

Die Väter des Grundgesetzes, der *Parlamentarische Rat*, tagte 1948/49 in Bonn. Daher wurde die Verfassung, zumindest bis zur Wiedervereinigung und der Verlegung der Hauptstadt nach Berlin, auch als „Bonner Grundgesetz" bezeichnet. Dagegen ist die Titulierung „Bonner Republik" allein auf die Wahl Bonns als provisorische Bundeshauptstadt zurückzuführen. Für die erste deutsche Republik blieb Berlin Hauptstadt, so wie es dies heute wieder ist. Dennoch hat sich bis heute die Bezeichnung **Weimarer Republik** für sie erhalten.

Die Wahl Weimars als Tagungsort hatte auch eine symbolische Bedeutung: Die Ideen des Humanismus und der deutschen Klassik, wie sie die Stadt Goethes und Schillers ausstrahlte, sollten den militärisch geprägten Geist Potsdams verdrängen.

Friedrich Ebert wurde zum vorläufigen Präsidenten der Republik gewählt.

Die drei großen Parteien – SPD, Zentrum und DDP – bildeten die erste **Weimarer Koalition**. Die Reichsregierung unter *Philipp Scheidemann* wurde von *Ebert* am 13. Februar 1919 ernannt. Hinter dieser Koalition standen über 75 % der Wähler, eine Mehrheit, die nie wieder erreicht wurde.

Weimarer Koalition

Der deutsche Historiker K. D. Erdmann über die Kriegsschuldfrage

▶ QUELLE 1

Das Problem [der Kriegsschuld] gewinnt eine tiefere Dimension, wenn man – angenommen, keine der Regierungen habe es auf einen allgemeinen Krieg angelegt – die Frage umgekehrt stellt, ob sie denn den Frieden gewollt haben. Auch auf diese Frage muß die Antwort für alle Beteiligten nein lauten. Denn wie deutlich auch bei einigen Staaten der Wunsch und die Bereitschaft sichtbar wurden, den Frieden zu vermitteln, keiner hat es zuwege gebracht, das Entscheidende zu tun, nämlich sich aus den bestehenden Bündnissen und Verpflichtungen herauszureißen und auf die Verfolgung bestimmter politischer Ziele zu verzichten.

[...]

Von diesen sehr verständlichen, nicht zufälligen Interessen waren also die verantwortlichen Staatsmänner der europäischen Mächte in der Krise geleitet. Keiner von ihnen wollte eigentlich den Weltkrieg. Alle sahen im Verlauf der Krise früher oder später das Risiko eines allgemeinen Krieges. Einige unternahmen Schritte, die einen mehr oder weniger starken Wunsch nach Vermeidung eines allgemeinen Krieges erkennen lassen: so Wilhelms II. und Bethmanns Versuche, Österreich zurückzuhalten, Greys Vermittlungen, Poincarés Warnung an Rußland, Deutschland nicht zu provozieren. Aber niemand wollte den Preis für den Frieden bezahlen. Wenn man den Frieden auch wünschte, so hat ihn doch niemand ernsthaft gewollt.

(Karl Dietrich Erdmann: Der Erste Weltkrieg. In: Gebhardt. Handbuch der deutschen Geschichte. Band 18, hrsg. von Wolfgang Benz und Ursula Büttner, München, Klett Cotta 1980, S. 92 f.)

1. **Wer ist nach Erdmann verantwortlich für den Ausbruch des Ersten Weltkriegs?**
2. **Welche Bedeutung misst er den „bestehenden Bündnissen und Verpflichtungen" in diesem Zusammenhang zu?**

Der deutsche Historiker F. Fischer über die Kriegsschuldfrage

▶ QUELLE 2

Diese Behauptung Erdmanns ist die wissenschaftliche Variation der These Lloyd Georges, daß alle Mächte in den Krieg hineingeschlittert seien. Sie hält der Konfrontation mit den Dokumenten nicht stand. Nicht jede der europäischen Mächte konnte den Krieg verhindern, verhindern konnte den Krieg nur die Macht, die ihn wollte – sie hätte auf den Krieg verzichten müssen.

Ich selbst habe noch auf dem Historikertag in Berlin im Oktober 1964 die Ansicht vertreten, Deutschland habe im Juli 1914 bewußt das Risiko eines großen europäischen Krieges auf sich genommen, weil ihm die Situation so günstig wie nie zuvor schien. In Verschärfung meiner damaligen Ausführungen stelle ich heute fest, gestützt auf allgemein zugängliches wie auch auf unveröffentlichtes Material: Deutschland hat im Juli 1914 nicht nur das Risiko eines eventuell über den österreichisch-serbischen Krieg ausbrechenden großen Krieges bejaht, sondern die deutsche Reichsleitung hat diesen großen Krieg gewollt, dementsprechend vorbereitet und herbeigeführt.

[...]

Es gibt nicht ein einziges Dokument in der Welt, das die zentrale Wahrheit entkräften könnte, daß im Juli 1914 ein Kriegswille einzig und allein auf deutscher Seite bestand und daß alle Verabredungen auf der Seite der Entente nur der defensiven Sicherung ihrer Allianz dienten.

(Fritz Fischer: Vom Zaun gebrochen – nicht hineingeschlittert. Deutschlands Schuld am Ausbruch des Ersten Weltkrieges. In: Die Zeit vom 3. September 1965)

1. **Wer ist nach Fischer verantwortlich für den Ausbruch des Ersten Weltkriegs?**
2. **Wie begründet er seine These?**

▶ QUELLE 3 Aufruf des Rats der Volksbeauftragten vom 12. November 1918

An das deutsche Volk!

Die aus der Revolution hervorgegangene Regierung, deren politische Leitung rein sozialistisch ist, setzt sich die Aufgabe, das sozialistische Programm zu verwirklichen. Sie verkündet schon jetzt mit Gesetzeskraft folgendes:

1. Der Belagerungszustand wird aufgehoben.

2. Das Vereins- und Versammlungsrecht unterliegt keiner Beschränkung, auch nicht für Beamte und Staatsarbeiter.

3. Eine Zensur findet nicht statt. Die Theaterzensur wird aufgehoben.

4. Meinungsäußerung in Wort und Schrift ist frei.

5. Die Freiheit der Religionsausübung wird gewährleistet: Niemand darf zu einer religiösen Handlung gezwungen werden.

6. Für alle politischen Straftaten wird Amnestie gewährt. Die wegen solcher Straftaten anhängigen Verfahren werden niedergeschlagen.

7. Das Gesetz über den vaterländischen Hilfsdienst wird aufgehoben, mit Ausnahme der sich auf die Schlichtung von Streitigkeiten beziehenden Bestimmungen.

8. Die Gesindeordnungen werden außer Kraft gesetzt, ebenso die Ausnahmegesetze gegen die Landarbeiter.

9. Die bei Beginn des Krieges aufgehobenen Arbeiterschutzbestimmungen werden hiermit wieder in Kraft gesetzt.

Weitere sozialpolitische Verordnungen werden binnen kurzem veröffentlicht werden. Spätestens am 1. Januar 1919 wird der achtstündige Maximalarbeitstag in Kraft treten. Die Regierung wird alles tun, um für ausreichende Arbeitsgelegenheit zu sorgen. Eine Verordnung über die Unterstützung von Erwerbslosen ist fertiggestellt. Sie verteilt die Lasten auf Reich, Staat und Gemeinde.

Auf dem Gebiete der Krankenversicherung wird die Versicherungspflicht über die bisherige Grenze von 2500 Mark ausgedehnt werden.

Die Wohnungsnot wird durch Bereitstellung von Wohnungen bekämpft werden.

Auf die Sicherung einer geregelten Volksernährung wird hingearbeitet werden.

Die Regierung wird die geordnete Produktion aufrechterhalten, das Eigentum gegen Eingriffe Privater sowie die Freiheit und Sicherheit der Person schützen.

Alle Wahlen zu öffentlichen Körperschaften sind fortan nach dem gleichen, geheimen, direkten, allgemeinen Wahlrecht auf Grund des proportionalen Wahlsystems für alle mindestens 20 Jahre alten männlichen und weiblichen Personen zu vollziehen.

Auch für die Konstituierende Versammlung, über die nähere Bestimmung noch erfolgen wird, gilt dieses Wahlrecht.

Ebert, Haase, Scheidemann, Landsberg, Dittmann, Barth

(Wolfgang Michalka und Gottfried Niedhart [Hrsg.]: Die ungeliebte Republik. Dokumente zur Innen- und Außenpolitik Weimars 1918–1933. München, dtv 1980, S. 30 f.)

1. **Welche Grundrechte garantiert der Rat der Volksbeauftragten?**
2. **Welche sozialpolitischen Maßnahmen werden angekündigt?**
3. **Nennen Sie die Grundzüge der neuen Verfassung.**

7.2 Die Anfänge der ersten deutschen Republik

7.2.1 Der Versailler Vertrag

DARSTELLUNG
www.versailler-vertrag.de

Seit dem 11. November 1918 schwiegen an allen Fronten die Waffen. Am 18. Januar 1919 begann in Paris eine Konferenz zur Ausarbeitung eines Friedensvertrages, an der 32 Staaten teilnahmen – Deutschland blieb ausgeschlossen. Die entscheidenden Meinungsführer dieser Konferenz waren der amerikanische Präsident *Wilson*, der englische Premierminister *Lloyd George* und der französische Ministerpräsident *Clemenceau*, dessen deutschfeindliche Haltung besonders ausgeprägt war. Am 7. Mai 1919 wurde der deutschen Delegation in **Versailles** der fertige Vertragstext überreicht; sein Inhalt übertraf selbst die schlimmsten Befürchtungen.

Versailles

Etwas mehr als 100 Jahre früher hatte eine andere Konferenz der Welt gezeigt, dass ein dauerhaftes Friedenswerk nur *mit* dem Verlierer, aber nicht *gegen* ihn errichtet werden kann: der Wiener Kongress (siehe S. 97).

Territoriale Verluste

Das Deutsche Reich musste erhebliche **territoriale Verluste** hinnehmen, insgesamt verlor es ein Siebtel seines Gebietes und ein Zehntel seiner Bevölkerung.

Besonders die Abtrennung Ostpreußens vom Gesamtreich durch den „polnischen Korridor" hatte verhängnisvolle Folgen; revanchistische Kreise fanden mit ihrer Forderung nach Rückeroberung dieses alten deutschen Gebietes in weiten Teilen der Bevölkerung Zustimmung.

Wirtschaftlich schwer wog auch die Abtretung Elsass-Lothringens mit seinen Industriegebieten, die französische Besetzung und Ausbeutung des Saarlandes für 15 Jahre und der Verlust Oberschlesiens. Trotz dieser ökonomischen Schwächung sollte Deutschland im Rahmen der allgemeinen Wiedergutmachung u. a. jährlich 25 Millionen Tonnen Kohle an Frankreich liefern. Außerdem sollte Deutschland noch eine Kriegsentschädigung auferlegt werden, für die zunächst keine feste Summe benannt wurde. Gerade die umstrittene Frage der **Reparationen** wurde zu einer ständigen Quelle der Unruhe und verhinderte eine rasche Aussöhnung.

Reparationen

Kolonien

Deutschland verlor sämtliche **Kolonien** und musste seine Handelsflotte den Siegermächten ausliefern.

Von den deutschen Zeitgenossen wurde der Verlust der Kolonien als besonders schmerzlich und schmählich empfunden. Langfristig aber wirkte sich dies zum Vorteil aus. Kein europäisches Land konnte aus der Kolonialherrschaft nach dem Ersten Weltkrieg noch einen nennenswerten Nutzen ziehen, politisch aber war der Kolonialbesitz spätestens nach 1945 nur noch eine Belastung.

Wehrpflicht

Einschneidend waren auch die militärischen Bestimmungen: Es durfte keine **Wehrpflicht** mehr geben, das Heer wurde auf 100 000 Mann, die Marine auf 15 000 Matrosen begrenzt. (Zum Vergleich: Die Bundeswehr umfasste 2006 etwa 250 000 Soldaten.) Diese kleine Truppe durfte keine Panzer besitzen, kaum schwere Artillerie und keine Luftwaffe. Die Hochseeflotte musste an Großbritannien ausgeliefert werden; sie versenkte sich selbst am 21. Juni 1919 in Scapa Flow bei den Orkney-Inseln. Künftig durfte Deutschland nur wenige Großkampfschiffe halten, vor allem keine U-Boote mehr. Ein 50 Kilometer breiter Streifen rechts des Rheins wurde zur **entmilitarisierten Zone** erklärt.

Entmilitarisierte Zone

Entwaffnung

Die fast völlige **Entwaffnung** Deutschlands wurde damit begründet, dass sie ein erster Schritt zu einer allgemeinen Rüstungsbeschränkung sein sollte, aber bald versandeten die anfänglichen, zögerlichen Versuche.

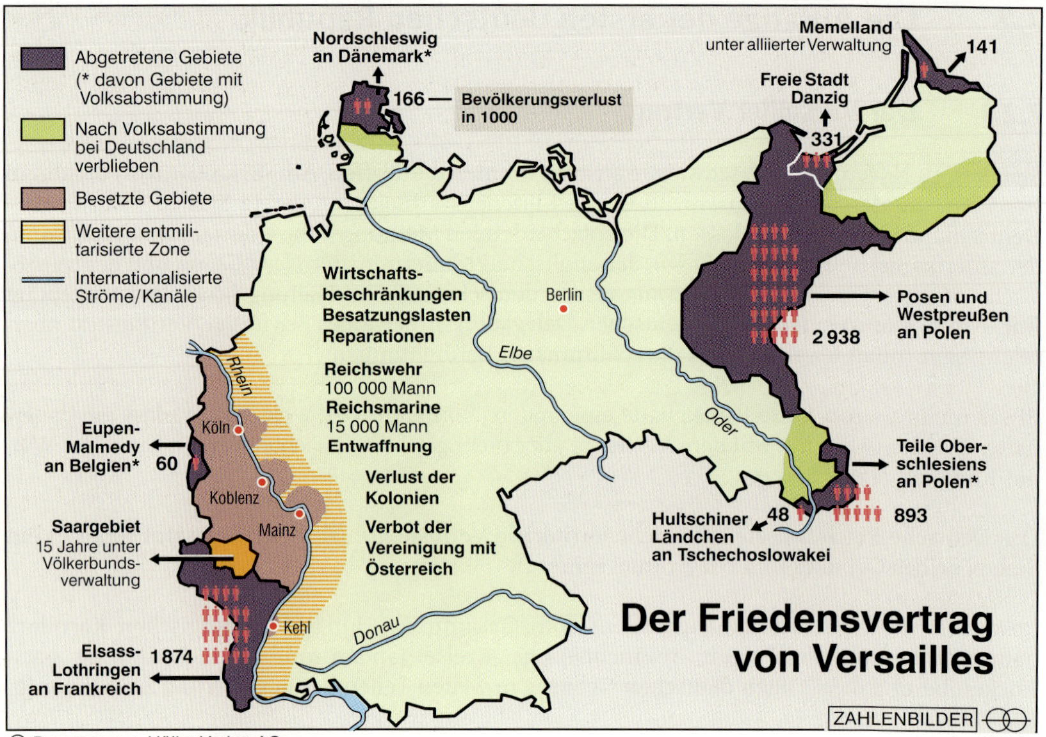

 50 067

Kriegsschuldartikel

Keine Bestimmung aber löste in allen politischen Lagern Deutschlands so einhellige Empörung aus wie der sog. **Kriegsschuldartikel**. Der Art. 231 des **Versailler Vertrages** lautet:

„Deutschland erkennt an, dass Deutschland und seine Verbündeten als Urheber für alle Verluste und Schäden verantwortlich sind, die die alliierten und assoziierten Regierungen und ihre Staatsangehörigen infolge des Krieges, der ihnen durch den Angriff Deutschlands und seiner Verbündeten aufgezwungen wurde, erlitten haben."

Gerade diese Bestimmung ließ den Vertrag in den Augen der meisten Deutschen nicht als Vertrag, sondern als *Diktat* erscheinen. Die Siegermächte hatten die psychologisch-politische Wirkung des Art. 231 offensichtlich nicht vorausgesehen. Es ging ihnen dabei nicht in erster Linie um eine moralische Verdammung der Deutschen, dann hätte diese Bestimmung an den Anfang des Vertragswerkes gehört. Aber ein Artikel, der bei 400 anderen erst an 231. Stelle auftaucht, sollte im Zusammenhang mit den benachbarten Texten vor allem eine Rechtfertigung für die laufenden und künftigen Reparationsforderungen geben und eine Legitimationsgrundlage für wirtschaftliche und politische Maßnahmen gegen Deutschland liefern. Das deutsche Volk aber sah darin, in seltener Übereinstimmung, nur ein Verdammungsurteil, das zu dem Empfinden kontrastierte, einen Krieg zur eigenen Verteidigung geführt zu haben.

Scheidemann (SPD) lehnte die Vertragsunterzeichnung mit den Worten ab, dass die Hand verdorren müsse, die dies Diktat unterschreibe. Am 20. Juni 1919 trat er mit seinem Kabinett zurück. Sein Parteifreund *Gustav Bauer* übernahm die undankbare Aufgabe einer Regierungsumbildung. Obwohl die Nationalversammlung gleichfalls heftig gegen den Vertrag protestierte, wurden der neue Außenminister *Hermann Müller* (SPD) und der Verkehrsminister *Johannes Bell* (Zentrum) beauftragt zu unterschreiben. Es blieb keine andere Wahl. Militärischer Widerstand war unmöglich, die Nichtunterzeichnung hätte wahrscheinlich den Einmarsch der alliierten Truppen zur Folge gehabt.

Vorortverträge

Die *europäische Ordnung*, wie sie insgesamt mit den sog. **Vorortverträgen** geschaffen wurde – *Versailles* für Deutschland, *Saint-Germain-en-Laye* für Österreich, *Trianon* für Ungarn, *Neuilly-sur-Seine* für Bulgarien und *Sèvres* für die Türkei –, trug bereits den Keim neuer Kriege in sich. Der Versailler Vertrag belastete die junge deutsche Republik von Anfang an mit einer Hypothek aus Ablehnung und verletztem Stolz. Zu den linken Gegnern Weimars gesellten sich nun in wachsender Zahl die Gegner von rechts. So putschten diese mit den Worten von den „Verrätern" und „Erfüllungspolitikern" auch die eher unpolitischen Angehörigen der Mittelschichten gegen die Männer auf, die bereit waren, die Verantwortung für das Staatswesen – trotz aller Belastung – zu übernehmen. Entgegen der historischen Wahrheit wurde das „Schanddiktat von Versailles" nicht als das Ergebnis des verlorenen Krieges betrachtet, sondern als Werk der Demokratie, eben der Weimarer Republik.

7.2.2 Die Weimarer Reichsverfassung

www.verfassungen.de

Bereits im November 1918 hatte *Friedrich Ebert* den Berliner Staatsrechtler *Hugo Preuß* mit der Ausarbeitung eines Verfassungsentwurfes beauftragt. Die Nationalversammlung übernahm davon alle wesentlichen Teile und verabschiedete die Verfassung – auch *Preuß'sche Verfassung* genannt – am 31. Juli 1919. Sie trat am 11. August 1919 in Kraft.

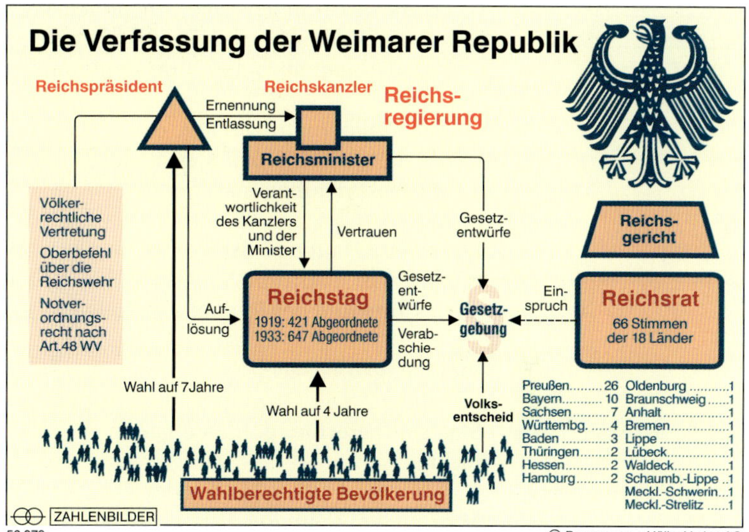

50 070 © Bergmoser + Höller Verlag AG

Die Reichsverfassung beginnt im ersten Hauptteil nicht wie das Bonner Grundgesetz mit den *Grundrechten*, sondern mit „Aufbau und Aufgaben des Reiches". Darin werden die Kompetenzen der höchsten Staatsorgane beschrieben.

Reichstag
Reichskanzler
Reichsregierung

Der **Reichstag** ist das zentrale Organ des Parlamentarismus und mit allen Rechten einer demokratischen Volksvertretung ausgestattet. **Reichskanzler** und **Reichsregierung** benötigen das Vertrauen des Reichstages. Sie können jederzeit, auch einzeln, durch einfache Mehrheit gestürzt werden, ohne dass der Reichstag verpflichtet ist, einen neuen Reichskanzler zu wählen (destruktives Misstrauensvotum)[1]. Die Abgeordneten genossen alle Rechte, wie sie heute auch die Mitglieder des Bundestages haben, und wurden nach demokratischen Grundsätzen aufgrund eines reinen Verhältniswahlsystems (Listenwahl) gewählt.

Reichsrat

Der **Reichsrat** war als Nachfolger des *Bundesrates* der Verfassung von 1871 konzipiert, ohne dessen Kompetenzen zu besitzen. Einsprüche des Reichsrates konnten vom Reichstag mit Zweidrittelmehrheit zurückgewiesen werden.

Reichspräsident

Eine herausragende Machtstellung besaß der **Reichspräsident**. Er sollte in Zukunft direkt vom Volk auf sieben Jahre gewählt werden – *Ebert* war noch von der Nationalversammlung bestimmt worden – und diese Legitimation sicherte ihm Autorität und Unabhängigkeit gegenüber den anderen Staatsorganen. Seine wichtigsten Verfassungsrechte waren:

Staatsoberhaupt
Oberbefehl

- völkerrechtliche Vertretung des Reiches als **Staatsoberhaupt**
- **Oberbefehl** über die *Wehrmacht* in Krieg und Frieden
- Ernennung und Entlassung von Reichskanzler und Reichsministern
  Im Gegensatz zum Art. 64 GG handelte es sich dabei aber nicht um ein bloß formales Recht. Lediglich die Möglichkeit, dass der Reichstag einem Kanzler oder Minister das Vertrauen entziehen konnte, begrenzte den Ermessensspielraum des Präsidenten.

1 Vgl. demgegenüber die Verfassungskonstruktion des Grundgesetzes (Art. 67).

- Recht zur Auflösung des Reichstages (mit anschließenden Neuwahlen), „jedoch nur einmal aus dem gleichen Anlass" (Art. 25 der Weimarer Verfassung)
  Mit dem Recht zur Ernennung und Entlassung des Reichskanzlers einerseits und dem Auflösungsrecht andererseits war dem Präsidenten ein Druckmittel gegen den Reichstag in die Hand gegeben, dessen Gefährlichkeit die Verfassungsväter vermutlich übersehen hatten: Der Präsident konnte so auch dem Reichstag nicht genehme Kanzler durchsetzen, indem er mit der Auflösung drohte – *Zangenpolitik*.

Notverordnungsrecht

- **Notverordnungsrecht** gem. Art. 48 der Reichsverfassung
  Diese Bestimmung sollte sich als besonders verhängnisvoll erweisen. Der Reichspräsident konnte, „wenn im Deutschen Reiche die öffentliche Sicherheit und Ordnung erheblich gestört oder gefährdet wird", Grundrechte außer Kraft setzen und Anordnungen mit Gesetzeskraft erlassen.
  Damit war er in der Lage, am „Reichstag vorbei" Gesetzesfunktionen auszuüben. Zwar mussten auf Verlangen des Reichstages die „nötigen Maßnahmen" wieder aufgehoben werden, aber dagegen blieb dem Präsidenten immer noch die Drohung mit der Auflösung des Reichstages.
  Der *Parlamentarische Rat*, das verfassungsgebende Organ der Bundesrepublik Deutschland, hat diese Konstruktion nicht in das Grundgesetz übernommen und die Machtstellung des Staatsoberhauptes stark reduziert.

▶ Q. 1

Der zweite Hauptteil der Verfassung beschreibt die „Grundrechte und Grundpflichten der Deutschen". Vor allem die weitgehenden Rechte ohne jede Loyalitätsverpflichtung gegenüber der Verfassung und der Republik gründeten den Ruf der „freiesten Verfassung der Welt".

Staatsbürgerechte

Weimar gab tatsächlich auch den Verfassungsfeinden volle Freiheit, sogar das Recht, sie zu beseitigen.[1] Die Grundrechte waren keine subjektiven einklagbaren Rechte und zumeist nur **Staatsbürgerechte**, d. h., sie galten nur für Deutsche und nicht für jedermann als Menschenrechte.

Man hat die Weimarer Verfassung auch als „Schönwetterverfassung" bezeichnet. Sie funktionierte gut, solange keine politischen Stürme wehten. Zum Kampf gegen die Feinde der Republik, zur Verteidigung der demokratischen Grundordnung erwies sie sich jedoch als wenig tauglich. Die Ansichten darüber sind geteilt, der Vergleich mit Bonn und dem Grundgesetz ist fragwürdig. Die Bundesrepublik Deutschland wurde bisher niemals von solchen wirtschaftlichen, sozialen und politischen Krisen geschüttelt wie die erste deutsche Republik. Ganz gewiss aber war Weimar keine streitbare Demokratie wie die Bonner bzw. Berliner Republik, die sich gegen die inneren Feinde der Demokratie zu wehren vermag.

7.2.3 Die Krisen der Jahre 1920 bis 1922

Freikorps

Das Jahr 1920 begann für Deutschland wenig verheißungsvoll, denn die Ratifizierung des Versailler Vertrages am 10. Januar signalisierte den tiefen Sturz von der vermeintlichen Weltmacht in die Zweitrangigkeit. Besonders verbittert waren die nationalistisch und monarchistisch eingestellten Offiziere und Soldaten. Viele von ihnen fanden in das bürgerliche Leben nicht zurück, und das kleine Hunderttausend-Mann-Heer bot ihnen keinen Platz. So organisierten sie sich in **Freikorps**, die Verfassung und Republik offen bekämpften.

Die Marine-Brigade *Ehrhardt*, eine besonders radikale und antidemokratische Formation, holte in der Nacht vom 12. zum 13. März 1920 zu einem großen Schlag aus: Sie marschierte unter dem alten General *von Lüttwitz* nach Berlin, besetzte das Regierungsviertel und ernannte den unbekannten „Generallandschaftsdirektor" *Wolfgang Kapp* zum neuen Reichskanzler. Der

1 Vgl. dagegen Art. 18 GG.

Kapp-Putsch schien erfolgreich zu verlaufen, denn die Reichsregierung floh nach Dresden und von dort nach Stuttgart.

Kapp-Putsch

Auf die Frage des Reichspräsidenten *Ebert* an den Generalstabschef *Seeckt,* auf wessen Seite bei diesem Staatsstreich die Reichswehr stehe, antwortete dieser ausweichend: „Reichswehr schießt nicht auf Reichswehr." Praktisch kam das einer Gehorsamsverweigerung gegenüber dem Oberbefehlshaber gleich.

Generalstreik

Daraufhin riefen SPD und die Gewerkschaften zum **Generalstreik** auf, der weitgehend, vor allem in Berlin, befolgt wurde. Der Putsch brach zusammen, denn *Kapp* und seine Brigadisten bekamen nicht einmal Verpflegung und Benzin. *Kapp* selbst floh nach Schweden, die Marinebrigade zog ab und die rechtmäßige Regierung konnte nach Berlin zurückkehren.

▶ Q. 2

Der Generalstreik aber ging weiter. Teile der Gewerkschaften sahen die Chance, nun alte sozialistische Forderungen durchzusetzen, wie etwa die **Sozialisierung** wichtiger Wirtschaftszweige und den Ausschluss „unzuverlässiger Elemente" aus dem Beamten- und Militärapparat.

Sozialisierung

Im Ruhrgebiet weitete sich der Streik zum offenen Aufruhr aus. Kommunisten organisierten eine „Rote Armee" aus 50 000 Freiwilligen zum Kampf gegen die Regierung. Diese stellte unter Führung des Generals *Watter,* der nicht gerade im Ruf eines glühenden Republikaners stand, den Kommunisten Reichswehr- und Freikorpstruppen entgegen. Nach wochenlangen, auf beiden Seiten gnadenlos geführten Kämpfen setzte sich die Regierungsmacht durch. Auch in Thüringen und Sachsen warf die Reichswehr kommunistische Aufstände nieder.

„Rote Armee"

Das Ansehen der Regierung hatte nun auch in der Arbeiterschaft gelitten. Der verhasste Reichswehrminister *Gustav Noske* (SPD), der für das Blutbad verantwortlich gemacht wurde, trat auf Drängen seiner Parteifreunde zurück.

Die Reichstagswahlen vom 6. Juni 1920 (siehe Tabelle S. 174) zeigten, wie die Radikalisierung zugenommen hatte: Die Parteien der Weimarer Koalition, die bisher mehr als zwei Drittel der Wählerstimmen auf sich vereinen konnten, erreichten nicht einmal 44 %. Die Republik wurde zu einer „Demokratie ohne Demokraten". Die Rechtsradikalen forderten die Rückkehr zur Monarchie, für sie waren die herrschenden „Novemberverbrecher" schuld an der Niederlage.

„Novemberverbrecher" war die diffamierende (in ihrem Ansehen herabsetzende) Bezeichnung für jene Männer, die nach der Kapitulation von 1918 die Verantwortung übernommen hatten.

„Novemberverbrecher"

Große Teile der Arbeiterschaft konnten im Bündnis der Reichsregierung mit den alten militärischen Mächten nicht mehr „ihre" Regierung erkennen.

Es begann die Zeit der **politischen Morde**. Eines der ersten Opfer war – nach *Karl Liebknecht* und *Rosa Luxemburg* – der Zentrumsabgeordnete und Reichsfinanzminister *Matthias Erzberger,* der von einem „Femegericht" einer *Organisation Consul* „zum Tode verurteilt" worden war. Völlig zu Unrecht war er für die harten Bedingungen des Versailler Vertrages verantwortlich gemacht worden. Er galt als typischer Vertreter des verhassten „Systems", wie die Weimarer Republik von ihren Gegnern abwertend genannt wurde.

Politische Morde

Die Ähnlichkeit mit den Verbrechen der *Rote Armee Fraktion* (RAF) in der Bundesrepublik Deutschland ist frappierend. Auch hier die Anmaßung, „richterliche" Todesurteile gegen einen „Repräsentanten des Systems" zu fällen und diese zu vollstrecken (Ermordung von *Hanns-Martin Schleyer* 1977).

Das prominenteste Mordopfer wurde Außenminister *Walter Rathenau* am 22. Juni 1922. Auch er galt als „Erfüllungspolitiker" und war zudem noch Jude. Den beiden Mördern, die beim Schusswechsel mit der Polizei bzw. durch Selbstmord ums Leben kamen, ließ *Hitler* später ein Denkmal setzen.

Die Justiz, durchweg besetzt mit kaisertreuen Richtern und Staatsanwälten, erwies sich auf dem „rechten Auge“ als blind, sah „links“ aber desto schärfer.

Die Sühne der politischen Morde

Politische Morde begangen	von Linksstehenden	von Rechtsstehenden	Gesamtzahl
Gesamtzahl der Morde	22	354	376
davon ungesühnt	4	326	330
teilweise gesühnt	1	27	28
gesühnt	17	1	18
Zahl der Verurteilungen	38	24	
Geständige Täter freigesprochen	—	23	
Geständige Täter befördert	—	3	
Dauer der Einsperrung je Mord	15 Jahre	4 Monate	
Zahl der Hinrichtungen	10	—	
Geldstrafe je Mord	—	2 Papiermark	

Von den im Zusammenhang mit dem Kapp-Putsch begangenen Verbrechen

Amtlich bekannt geworden	705	Verfahren eingestellt	176
Davon amnestiert	412	Bestraft	1

(Harry Pross: Die Zerstörung der deutschen Politik. Dokumente 1871-1933, Frankfurt a. M., Fischer-Bücherei 1959, S. 139 f.)

7.2.4 Auf dem Höhepunkt der Krise: 1923

7.2.4.1 Der Ruhrkampf

Londoner Konferenz

Die Siegermächte hatten auf der **Londoner Konferenz** von 1921 die Höhe der Gesamtreparationen auf die für die damalige Zeit unvorstellbare Summe von 132 Milliarden Goldmark festgesetzt. Widerspruch gegen diesen selbst von alliierten Wirtschaftssachverständigen *(Keynes)* für unerfüllbar gehaltenen Beschluss war nicht möglich. Deutschland blieb nichts anderes übrig, als ihn so weit wie möglich zu befolgen.

Besetzung des Ruhrgebiets

Bis 1922 erfüllte das Reich die baren Goldzahlungen, geriet aber in Verzug mit einigen Lieferungen von Holz, Kohle und Telegrafenstangen. Frankreich und Belgien nahmen diesen Rückstand sofort zum Anlass, das **Ruhrgebiet** zu besetzen, um die Reparationsleistungen zu sichern. Die Reichsregierung reagierte auf diese von ihr als überzogen betrachtete Maßnahme mit Empörung. Sie stellte ab sofort alle Lieferungen an Frankreich und Belgien ein. Die staatlichen Beamten und Angestellten wurden angewiesen, den Besatzern jede Unterstützung zu versagen, die Arbeiter aufgefordert zu streiken und die Bevölkerung aufgerufen, keine französischen und belgischen Waren mehr zu kaufen.

Französische Truppen während der Rheinlandbesetzung 1923

Einmütig leistete das gesamte Ruhrgebiet **passiven Widerstand**. Zwar wurde das Ziel nicht erreicht, die Lieferungen an Frankreich und Belgien zu stoppen. Die Besatzungsmächte holten eigene Ingenieure und ausländische Arbeiter ins Ruhrgebiet, die Produktion und Transport der Reparationsleistungen wieder ankurbelten. Dennoch verhalf der **Ruhrkampf** der Republik zu einigem Ansehen und nötigte sogar den Siegermächten einen gewissen Respekt ab.

Passiver Widerstand

Ruhrkampf

7.2.4.2 Die Inflation

Doch der moralische Erfolg wurde teuer erkauft. Die streikenden und passiven Widerstand leistenden Arbeiter, Angestellten und Beamten mussten vom Reich finanziell unterstützt werden. Schrumpfende Steuereinnahmen auf der einen Seite und wachsende Ausgaben auf der anderen vergrößerten täglich das **Haushaltsdefizit**. Um die benötigten Beträge aufzubringen, setzte die Regierung die Notenpresse in Gang, immer schneller wurde Papiergeld gedruckt, immer höher lautete der *Nominalwert* (Nennwert; aufgedruckter Wert) auf den Scheinen, und damit sank der Geldwert immer tiefer.

Haushaltsdefizit

Schon die Kriegskosten hatten den Staatshaushalt übermäßig belastet. Bis 1919 stieg die **Verschuldung** des Reiches auf 156 Milliarden Mark, das entsprach dem Dreifachen des Volkseinkommens der Vorkriegszeit, und die Kaufkraft der Mark sank bis Ende dieses Jahres auf ein Achtel des Wertes vom August 1914.

Verschuldung

Im Oktober 1923 kostete eine einzige Briefmarke sechs Milliarden Mark!

Hauptleidtragender der *galoppierenden* **Inflation** war der Geldsparer, also der „kleine Mann", der seine Ersparnisse zur Sparkasse bringt.

Inflation

Die in jahrelangem Verzicht zurückgelegten Kleinstbeträge – als gedachtes Zubrot zur Altersversorgung – reichten nun gerade noch aus, einen halben Liter Milch zu kaufen. Andererseits profitierten von der Inflation alle Sachwertbesitzer, Fabrikeigner, Hauseigentümer u. a., weil ihre Schulden real zu einem Nichts schrumpften. Unbeirrbar hielt das Reichsgericht an seiner Rechtsprechung „Mark = Mark" fest, sodass selbst Schulden in Millionenhöhe, vor dem Krieg

Preise in den Berliner Markthallen am 9. Juni 1923

		Mark
1 Pfund	Rindfleisch	8 500–12 000
1 Pfund	Kalbfleisch	6 800–10 000
1 Pfund	Hammelfleisch	7 000–9 000
1 Pfund	Schweinefleisch	9 000–10 500
1 Pfund	Molkereibutter	13 000–5 000
1 Pfund	Margarine	7 600–9 600
1 Pfund	Schmalz	12 000–12 400
1 Pfund	Rindertalg, ausg.	9 200–10 000
1 Pfund	Pflanzenfett, lose	9 000–9 500
1 Pfund	Speisekartoffeln	112–130
1 Pfund	Kaffee, geröstet	26 000–36 000
1 Pfund	Tee	30 000–48 000
1 Pfund	Kakao	7 500–14 000
1 Pfund	Zucker	1 400–1 550
1 Pfund	Weizenmehl	1 900–2 600
1 Pfund	Kl. Steinbutten	4 000–5 000
1 Pfund	Plötzen	5 000
1 Pfund	Grüne Heringe	2 500
1 Pfund	Kuttelfleck	4 500
1 Pfund	Berliner Bratenschmalz	13 000
1 Pfund	Linsen	10 000–11 000
1 Pfund	Neue Kartoffeln	2 200–2 500
1 Pfund	Sauerampfer	500–600
1 Pfund	Blaubeeren	8 000
1 Bund	Kohlrabi	5 000–6 000
1 Ei		800–810

Dollarnotierungen 1914–1923

	Mark
Juli 1914	4,2
Januar 1919	8,9
Juli 1919	14,0
Januar 1920	64,8
Juli 1920	39,5
Januar 1921	64,9
Juli 1921	76,7
Januar 1922	191,8
Juli 1922	493,2
Januar 1923	17 972,0
Juli 1923	353 412,0
August 1923	4 620 455,0
September 1923	98 860 000,0
Oktober 1923	25 260 208 000,0
15. November 1923	4 200 000 000 000,0

(Wolfgang Michalka und Gottfried Niedhart [Hrsg.]: Die ungeliebte Republik. Dokumente zur Innen- und Außenpolitik Weimars 1918–1933. München, dtv 1980, S. 117 f.)

aufgenommen, mit dem Geldwert eines Kilo Brotes getilgt werden konnten. Das Reich aber war seine inneren Kriegsschulden los: 156 Milliarden Mark waren am Ende der Inflation von 1923 genau noch 15,4 Pfennig wert!

Geldentwertung

Diese schlimmste Inflation in der deutschen Währungsgeschichte bietet gutes Anschauungsmaterial dafür, dass gerade der *kleine Mann* die größten Opfer bei jeder **Geldentwertung** bringt. Wer statt „im Strumpf" oder auf dem Sparbuch oder in festverzinslichen Wertpapieren zu sparen, sein Geld in Häusern, Grundstücken, Fabriken usw. anlegt, gewinnt real. Jede Geldentwertung, so hat es der frühere Bundesbankpräsident *Blessing* einmal formuliert, *ist eine Wohlstandsverschiebung von den Armen zu den Reichen.*

Am 26. September 1923 stand die Regierung finanziell endgültig vor dem Ruin. Die Inflation hatte sich in einem derartigen Tempo beschleunigt, dass die Notenpresse in Berlin nicht einmal mit dem Druck neuer Banknoten nachkam, obwohl sie Tag und Nacht arbeitete. Die Reichsregierung erließ einen Aufruf, den Ruhrkampf abzubrechen.

▶ Q. 3

Währungsreform

Rentenmark

Am 15. November 1923 führte die Regierung eine **Währungsreform** durch. Dem Reichsbankpräsidenten *Hjalmar Schacht* gelang das „Wunder der Rentenmark". Zum Umrechnungskurs von 1 000 Milliarden Mark gab es eine **Rentenmark**. Die neue Währung wurde gedeckt durch eine Grundschuld auf landwirtschaftlichen und industriellen Grundbesitz. Ihre Besitzer erhielten dafür zinstragende *Rentenbankbriefe,* daher der Name der neuen Währung.

Diese angebliche Gelddeckung war nichts weiter als ein psychologischer Kunstgriff, um Vertrauen in die Rentenmark zu wecken. Niemals hätte sie gegen die Deckung eingelöst werden können. Der Erfolg der Währung war natürlich auch kein Wunder, sondern ein Ergebnis der Geldpolitik, die Geldmenge knapp zu halten und die Kreditaufnahme zu beschränken. Der Wert einer Währung resultiert nicht aus irgendeiner Deckung, worin sie auch immer bestehen mag, sondern nur aus ihrer Kaufmacht und Kaufkraft. **Kaufmacht** bezeichnet den Grad der Fähigkeit des Geldes, jederzeit und überall als Tauschmittel akzeptiert zu werden. Die **Kaufkraft** gibt an, wie viel an Waren und Diensten für eine Geldeinheit erworben werden kann.

Kaufmacht
Kaufkraft

7.2.4.3 Auflösung in den Ländern des Reiches

Auch nach dem Ende des Ruhrkampfes blieben die Truppen Frankreichs und Belgiens im Ruhrgebiet und unterstützten separatistische Strömungen (*Separatismus* = Abtrennung, Loslösung) im Rheinland und in der Pfalz, wo versucht wurde, **autonome Republiken** zu gründen. Die Weimarer Republik sah sich nicht nur ideologisch bedroht, sondern auch territorial gefährdet.

Autonome Republiken

Waren die Loslösungstendenzen im Westen mehr symptomatischer Natur, so zeigten sich in Bayern, damals ein Sammelbecken nationalistischer Gruppen, Kräfte am Werk, die offen den radikalen Bruch mit der Republik anstrebten. Am 26. September 1923 verkündete die bayerische Regierung den **Ausnahmezustand** und ernannte den Regierungspräsidenten *Gustav von Kahr* zum Generalstabskommissar. Dieser, mit diktatorischen Vollmachten ausgestattet, ging mit ungesetzlichen Mitteln gegen „die Linken" vor und ignorierte Weisungen des Reichspräsidenten *Ebert* in Berlin. Bayern befand sich teilweise in offener Rebellion gegen die Reichsregierung, doch zur militärischen Auseinandersetzung kam es nicht. *Ebert* scheute den Einsatz der bewaffneten Macht, wozu er nach Art. 48 der Verfassung berechtigt gewesen wäre, unabhängig von der Frage, ob die Reichswehr seine Befehle befolgt hätte.

Ausnahmezustand

Anders entwickelte sich dagegen die Lage in den Ländern Sachsen und Thüringen. Hier besaßen Kommunisten und Sozialdemokraten die parlamentarischen Mehrheiten. Die Kommunisten nutzten diese zu einer revolutionären Erhebung. Doch nun wurde die Reichswehr sofort in Marsch gesetzt und der *Ausnahmezustand* gegen den Aufstand proklamiert. Die an der Reichsregierung beteiligten Sozialdemokraten forderten entweder die Aufhebung des Ausnahmezustandes oder auch in Bayern militärisch zu intervenieren. Reichskanzler *Gustav Stresemann* (DVP) lehnte beides ab. Daraufhin kündigte die SPD die Koalition auf, und die sozialdemokratischen Minister verließen am 2. November 1923 die Regierung.

Wenige Tage später, am 8. November 1923, betrachtete *Adolf Hitler* die Gelegenheit als günstig, zusammen mit dem Kriegsgeneral *Ludendorff* einen Putschversuch zu wagen (siehe S. 199 f.). Doch die „Nationale Revolution" scheiterte kläglich.

▶ Q. 4

Das Jahr 1923 stellt zweifellos den vorläufigen Höhepunkt der **Krisen** der Weimarer Republik dar. Obwohl die Reichsregierung unter *Gustav Stresemann* ein im Ganzen erfolgreiches Krisenmanagement gezeigt hatte, war der Kanzler nicht unangefochten. Als er die Vertrauensfrage stellte, verlor er und musste am 23. November 1923 zurücktreten. *Stresemann* blieb jedoch Außenminister bis zu seinem Tode im Jahre 1929.

Krisen

Auch hier zeigt sich ein signifikanter Unterschied zum Grundgesetz mit seiner viel größeren *Kanzlerstabilität*. Selbst wenn der Bundeskanzler von sich aus die Vertrauensfrage stellt, wozu er zu keinem Zeitpunkt verpflichtet ist, so braucht er auch bei einer Abstimmungsniederlage *nicht* zurückzutreten (Art. 68,1 GG). Es liegt völlig in seinem Ermessen, ob er nun dem Bundespräsidenten die Auflösung des Bundestages mit Neuwahlen vorschlagen will oder nicht.

www.documentarchiv.de/wr

▶ QUELLE 1 Aus der Weimarer Verfassung

Zweiter Hauptteil.
Grundrechte und Grundpflichten der Deutschen

Artikel 109

Alle Deutschen sind vor dem Gesetz gleich.

Männer und Frauen haben grundsätzlich dieselben staatsbürgerlichen Rechte und Pflichten.

Öffentlich-rechtliche Vorrechte oder Nachteile der Geburt oder des Standes sind aufzuheben. Adelsbezeichnungen gelten nur als Teil des Namens und dürfen nicht mehr verliehen werden.

Titel dürfen nur verliehen werden, wenn sie ein Amt oder einen Beruf bezeichnen; akademische Grade sind hierdurch nicht betroffen.

Orden und Ehrenzeichen dürfen vom Staat nicht verliehen werden.

Kein Deutscher darf von einer ausländischen Regierung Titel oder Orden annehmen.

Artikel 110

Die Staatsangehörigkeit im Reiche und in den Ländern wird nach den Bestimmungen eines Reichsgesetzes erworben und verloren. Jeder Angehörige eines Landes ist zugleich Reichsangehöriger.

Jeder Deutsche hat in jedem Lande des Reichs die gleichen Rechte und Pflichten wie die Angehörigen des Landes selbst.

Artikel 111

Alle Deutschen genießen Freizügigkeit im ganzen Reiche. [...]

Artikel 114

Die Freiheit der Person ist unverletzlich.

Artikel 118

Jeder Deutsche hat das Recht, innerhalb der Schranken der allgemeinen Gesetze seine Meinung durch Wort, Schrift, Druck, Bild oder in sonstiger Weise frei zu äußern. Eine Zensur findet nicht statt.

Artikel 123

Alle Deutschen haben das Recht, sich ohne Anmeldung oder besondere Erlaubnis friedlich und unbewaffnet zu versammeln.

Artikel 124

Alle Deutschen haben das Recht, Vereine oder Gesellschaften zu bilden.

Artikel 135

Alle Bewohner des Reiches genießen volle Glaubens- und Gewissensfreiheit.

(Adalbert Rudniak [Hrsg.]: Quellentexte Politik. 4. Auflage, Darmstadt, Winkler 1978, S. 20 f.)

1. **Welche Grundrechte gewährt die Weimarer Verfassung?**
2. **Vergleichen Sie die Grundrechte der Weimarer Verfassung mit denen des Grundgesetzes. Welche Unterschiede und Gemeinsamkeiten lassen sich feststellen?**
3. **Ist es gerechtfertigt, die Weimarer Verfassung als die „freieste der Welt" zu bezeichnen? Begründen Sie Ihre Meinung.**

▶ QUELLE 2 Aufruf der SPD zum Generalstreik (13. März 1920)

Der Militärputsch ist da. Die Marinedivision Ehrhardt marschiert auf Berlin, um eine Umgestaltung der Reichsregierung zu erzwingen. Die Landsknechte, welche sich vor der befohlenen Auflösung fürchten, wollen Reaktionäre auf die Ministerposten bringen. Wir weigern uns, uns diesem militärischen Zwange zu beugen. Wir haben die Revolution nicht gemacht, um das blutige Landsknechtsregiment heute wieder anzuerkennen. Wir paktieren nicht mit den Baltikum-Verbrechern.

Arbeiter, Genossen! Wir müßten uns vor Euch schämen, wenn wir anders handeln würden. Wir sagen: Nein und noch einmal nein! Ihr müßt uns bestätigen, daß wir in Eurem Sinne gehandelt haben. Wendet jedes Mittel an, um diese Wiederkehr der blutigen Reaktion zu vernichten.

Streikt, legt die Arbeit nieder und schneidet dieser Militärdiktatur die Luft ab. Kämpft mit jedem Mittel um die Erhaltung der Republik. Laßt alle Spaltung beiseite. Es gibt nur ein Mittel gegen die Wiederkehr Wilhelms II.: Die Lahmlegung jedes Wirtschaftslebens! Keine Hand darf sich mehr rühren! Kein Proletarier der Militärdiktatur helfen! Generalstreik auf der ganzen Linie. Proletarier, vereinigt Euch!

(Wolfgang Michalka und Gottfried Niedhart [Hrsg.]: Die ungeliebte Republik. Dokumente zur Innen- und Außenpolitik Weimars 1918–1933. München, dtv 1980, S. 79)

1. **Wie werden die Putschisten – sprachlich – charakterisiert?**
2. **An wen wendet sich der Aufruf in erster Linie?**
3. **Welche konkreten Maßnahmen werden gefordert?**

Aufruf der Reichsregierung zum Abbruch des passiven Widerstandes am 26. September 1923

▶ QUELLE 3

An das deutsche Volk!

Am 11. Januar haben französische und belgische Truppen wider Recht und Vertrag das deutsche Ruhrgebiet besetzt. Seit dieser Zeit hatten Ruhrgebiet und Rheinland schwerste Bedrückung zu erleiden. Über 180 000 deutsche Männer, Frauen, Greise und Kinder sind von Haus und Hof vertrieben worden. Für Millionen Deutsche gibt es den Begriff der persönlichen Freiheit nicht mehr. Gewalttaten ohne Zahl haben den Weg der Okkupation begleitet. Mehr als hundert Volksgenossen haben ihr Leben dahingeben müssen, Hunderte schmachten noch in Gefängnissen.

Gegen die Unrechtmäßigkeit des Einbruchs erhoben sich Rechtsgefühl und vaterländische Gesinnung. Die Bevölkerung weigerte sich, unter fremden Bajonetten zu arbeiten. Für diese, dem Deutschen Reiche in schwerster Zeit bewiesene Treue und Standhaftigkeit dankt das ganze deutsche Volk.

Die Reichsregierung hatte es übernommen, nach ihren Kräften für die leidenden Volksgenossen zu sorgen. In immer steigendem Maße sind die Mittel des Reiches dadurch in Anspruch genommen worden. In der abgelaufenen Woche erreichten die Unterstützungen für Rhein und Ruhr die Summe von 3 500 Billionen Mark. In der laufenden Woche ist mindestens die Verdoppelung dieser Summe zu erwarten. Die einstige Produktion des Rheinlandes und des Ruhrgebietes hat aufgehört. Das Wirtschaftsleben im besetzten und unbesetzten Deutschland ist zerrüttet. Mit furchtbarem Ernst droht die Gefahr, daß bei Festhalten an dem bisherigen Verfahren die Schaffung einer geordneten Währung, die Aufrechterhaltung des Wirtschaftslebens und damit die Sicherung der nackten Existenz für unser Volk unmöglich wird. Diese Gefahr muß im Interesse der Zukunft Deutschlands ebenso wie im Interesse von Rhein und Ruhr abgewendet werden. Um das Leben von Volk und Staat zu erhalten, stehen wir heute vor der bitteren Notwendigkeit, den Kampf abzubrechen. Wir wissen, daß wir damit von den Bewohnern der besetzten Gebiete noch größere seelische Opfer als bisher verlangen. Heroisch war ihr Kampf, beispiellos ihre Selbstbeherrschung. Wir werden niemals vergessen, was diejenigen erlitten, die im besetzten Gebiet duldeten. Wir werden niemals vergessen, was diejenigen aufgaben, die lieber ihre Heimat verließen, als dem Vaterlande die Treue zu brechen.

(Wolfgang Michalka und Gottfried Niedhart [Hrsg.]: Die ungeliebte Republik. Dokumente zur Innen- und Außenpolitik Weimars 1918–1933. München, Deutscher Taschenbuchverlag 1980, S. 115 ff.)

1. Welche Folgen hatte die Besetzung des Ruhrgebietes für die dort lebende Bevölkerung?
2. Wie wird der Abbruch des passiven Widerstandes begründet?

Aufruf der Reichsregierung vom 9. November 1923

▶ QUELLE 4

An das deutsche Volk!

In der Zeit größter außen- und innenpolitischer Bedrängnis haben sich Verblendete ans Werk gemacht, um das Deutsche Reich zu zerschlagen. In München hat eine bewaffnete Horde die bayerische Regierung gestürzt, den bayerischen Ministerpräsidenten von Knilling verhaftet und sich angemaßt, eine Reichsregierung zu bilden, den General Ludendorff zum angeblichen Befehlshaber der deutschen Armee, Herrn Hitler, der erst vor kurzem die deutsche Staatsangehörigkeit erworben hat, zum Leiter der Geschicke Deutschlands zu bestimmen. Es bedarf keines Hinweises darauf, daß diese Putschbeschlüsse null und nichtig sind. Wer diese Bewegung unterstützt, macht sich zum Hoch- und Landesverräter. Statt unseren Brüdern im Rheinlande und an der Ruhr zu helfen, die für Deutschland kämpfen, stürzt man Deutschland ins Unglück, gefährdet die Ernährung, bringt uns die Gefahr eines feindlichen Einmarsches und zerrüttet alle Aussichten auf die Anbahnung wirtschaftlicher Gesundung. Die letzten Maßnahmen der Reichsregierung auf währungspolitischem Gebiet haben dazu geführt, daß die Mark im Auslande sich in den letzten 24 Stunden um das Vielfache gebessert hat; alles das ist hin, wenn das wahnwitzige Beginnen Erfolg hat, das in München versucht wird.

In der Schicksalsstunde des deutschen Volkes und Deutschen Reiches fordern wir alle Freunde des Vaterlandes auf, sich einzusetzen für die Bewahrung der Reichseinheit, deutscher Ordnung und deutscher Freiheit. Alle Maßnahmen für die Niederkämpfung des Putsches und die Wiederherstellung der Ordnung sind getroffen und werden mit rücksichtsloser Energie durchgeführt.

Der Reichspräsident: Ebert.
Die Reichsregierung: Dr. Stresemann, Reichskanzler.

(Wolfgang Michalka und Gottfried Niedhart [Hrsg.]: Die ungeliebte Republik. Dokumente zur Innen- und Außenpolitik Weimars 1918–1933. München, dtv 1980, S. 93 f.)

1. Wie werden die Putschisten – sprachlich – charakterisiert?
2. Welche negativen Folgen werden befürchtet?

7.3 Stabilisierung und Scheitern der Weimarer Republik

7.3.1 Von der Rentenmark zur Wirtschaftskrise

DARSTELLUNG

Das Jahr 1924 markiert den Wendepunkt in der kurzen Geschichte der Weimarer Republik. Stehen die ersten Jahre unter dem Vorzeichen zahlreicher, schwerer Krisen, so begannen jetzt die Goldenen Zwanziger, ein Jahrfünft der Beruhigung und relativer Stabilität.

Dawes-Plan

▶ Q. 1

Mithilfe amerikanischer Kredite für die deutsche Wirtschaft versuchte *Stresemann*, eine wirtschaftliche Konsolidierung zu erreichen. Der **Dawes-Plan** von 1924 legte Art, Zeitpunkt und Höhe der deutschen Reparationsleistungen – in einer der deutschen Zahlungsfähigkeit besser angepassten Weise – neu fest, ohne allerdings eine Endfrist dafür zu nennen. Die Verpflichtungen konnten aber nur erfüllt werden, wenn die deutsche Wirtschaft einen Aufschwung nahm. Dem dienten die Kredite, die tatsächlich zu einer Wirtschaftsbelebung führten.

Stabilisierung

Die Wahlen vom Dezember 1924 zeigten die ersten Erfolge der **Stabilisierung**: Die extreme Linke und Rechte verloren erheblich an Stimmen, doch blieben Regierungsbildungen aus mehreren Parteien weiterhin schwierig. Nach Abspaltung des antisemitischen radikalen Flügels steuerte die DNVP zwar einen gemäßigteren Kurs, aber mit über 20 % der Stimmen war sie als zweitstärkste Partei ein Sammelbecken von Kräften geworden, die der Republik zumindest nicht freundlich gesonnen waren, auch wenn sie mehr auf kritische Distanz denn Bekämpfung gingen.

Tod Eberts
www.fes.de

Am 28. Februar 1925 verstarb Reichspräsident *Friedrich Ebert,* nicht zuletzt zermürbt von der kaum erträglichen, jahrelangen Hetzkampagne gegen seine persönliche Ehre, vor deren Verletzung ihn die Gerichte nur unzureichend schützten.

Oftmals wurden selbst schwere Beleidigungen des „verräterischen Sattlergesellen" mit so lächerlich niedrigen Geldstrafen geahndet, dass dies eher einer neuen Beleidigung gleichkam. Die Verletzung der Ehre des Staatsoberhauptes kostete bei vielen Gerichten nur ein paar Mark.

Reichspräsidentenwahl 1925

1. Wahlgang (29. März 1925)			2. Wahlgang (26. April 1925)		
	in 1 000	v. H.		in 1 000	v. H.
Stimmberechtigte	39 226,1	100		39 414,3	100
Wahlbeteiligung	27 016,8	68,9		30 567,9	77,6
gültige Stimmen	26 866,1	100		30 351,8	100
davon entfielen auf:					
Jarres (DVP)	10 416,6	38,8	Hindenburg	14 655,6	48,3
Held (BVP)	1 007,5	3,7			
Ludendorff (NSDAP)	285,5	1,1			
Braun (SPD)	7 802,5	29			
Marx (Z)	3 887,7	14,5		13 751,6	45,3
Hellpach (DDP)	1 568,4	5,8		1 931,2	6,4
Thälmann (KPD)	1 871,8	7			
Verschiedene	25,8	0,1		13,4	0

(Aus: Statistik des Deutschen Reiches, Bd. 321 [1925])

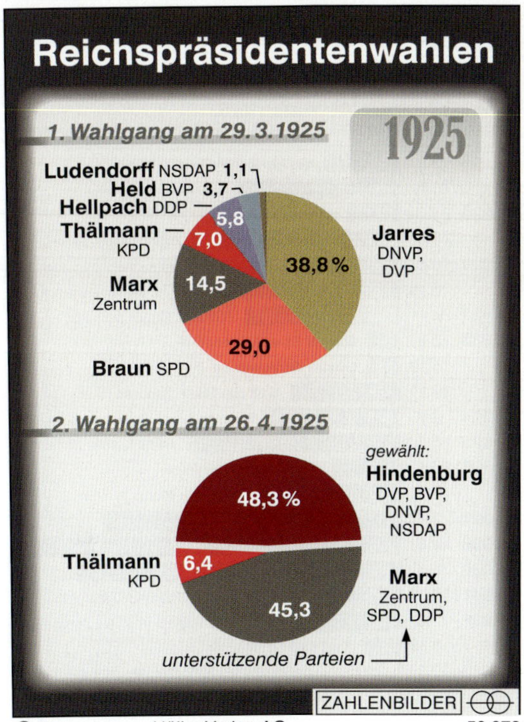

Reichspräsident Hindenburg

Am 26. April 1925 wurde der populäre Feldmarschall des Ersten Weltkrieges, *Paul von Hindenburg* (1847–1934), der erst im zweiten Wahlgang kandidierte, vom deutschen Volk als Nachfolger *Eberts* gewählt. Die Wahl hatte auch eine symbolische Bedeutung. Die alten Kräfte gewannen wieder verstärkten Einfluss, hatte doch der kaiserliche Marschall den Kandidaten der Republikaner, den Zentrumsabgeordneten *Marx* geschlagen.

Entgegen den Erwartungen seiner rechten Anhänger und zur Überraschung seiner Gegner fühlte sich der neue Reichspräsident streng an seinen auf die Verfassung abgelegten Amtseid gebunden, und die relative politische Stabilität hielt an. Der Reichstag wurde nicht vor Ende der Legislaturperiode aufgelöst, die Zahl der Kabinette blieb zwischen 1925 und 1929 mit fünf verschiedenen Koalitionen verhältnismäßig gering; darunter erreichte die Regierung *Müller* (SPD) mit 636 Tagen die längste Regierungszeit.

Im Vergleich mit der Amtszeit der Bundesregierung ist auch dies wenig. Von 1949 bis 2015 hatte die Bundesrepublik Deutschland nicht mehr als acht Kanzler, in über 60 Jahren nur sechs verschiedene Koalitionen in 23 Regierungen gebildet.

Aufschwung

Nach wie vor stand die deutsche Wirtschaft auf schwachen Füßen; der **Aufschwung** war „gepumpt", auch *Stresemann* erkannte die Gefahr, wenn die amerikanischen Kredite plötzlich abgerufen werden sollten.

Volksbegehren
Volksentscheid
▶ Q. 2

Vor allem aber erwies sich die Reparationsbelastung als zu hoch, eine Revision des *Dawes-Plans* erschien unumgänglich. Der amerikanische Bankier *Owen Young* entwickelte 1929 einen Plan, nach dem Deutschland 59 Jahre lang, das war bis zum Jahre 1988 (!), jährlich 2,05 Milliarden Goldmark aufbringen sollte. Obwohl diese Leistung die Wirtschaftskraft Deutschlands damals nicht überstieg, sprachen rechtsradikale Kreise von einer „Versklavung" Deutschlands für viele Generationen. Ein **Volksbegehren** konnte einen **Volksentscheid** über den Plan durchsetzen, doch die erforderliche Mehrheit zur Ablehnung wurde nicht erreicht.

Young-Plan

Doch bevor noch die ersten Zahlungen nach dem **Young-Plan** geleistet wurden, brach das Vertragsgebäude zusammen. An der New Yorker Börse fielen vom 23. bis 29. Oktober 1929 („Schwarzer Freitag") die Wertpapierkurse dramatisch. Banken und Wertpapierbesitzer riefen die Deutschland auf kurze Laufzeit gewährten Kredite ab, um wieder liquide (flüssig, zahlungsfähig) zu werden. Die **Weltwirtschaftskrise** begann.

Weltwirtschaftskrise

Die in langfristigen Anlagen investierten kurzfristigen Kredite konnten nicht schnell genug frei gemacht werden, Firmen und Banken meldeten ihre Zahlungsunfähigkeit, in deren Gefolge immer mehr Unternehmen den Gang zum Konkursrichter antreten mussten. Rasch stieg die **Arbeitslosigkeit** und damit die innenpolitische Radikalisierung.

Arbeitslosigkeit

Bis heute gab es keinen vergleichbaren Kurssturz mehr, selbst der sog. Schwarze Montag vom 19. Oktober 1987 hatte nicht annähernd die negativen Auswirkungen wie der Börsenkrach 1929. Auch die dramatischen Kursstürze im Jahr 2000 beendeten lediglich den Traum von ewigem Wachstum und Wohlstand der New Economy.

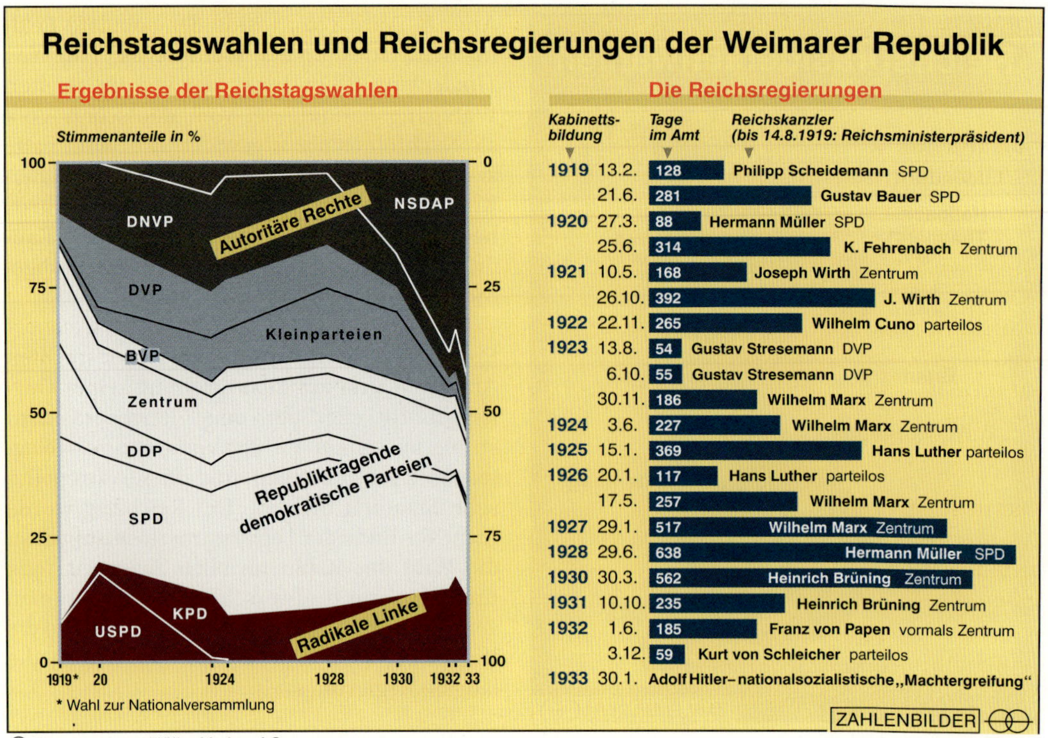

© Bergmoser + Höller Verlag AG 51 980

Regierungsrücktritt

Die letzte vom parlamentarischen Vertrauen getragene Regierung unter Führung von Reichskanzler *Müller* (SPD) trat am 27. März 1930 zurück. Sie stürzte über einen fast banalen Anlass: Eine notwendige geringfügige Erhöhung der Beiträge zur Arbeitslosenversicherung wollte die sozialdemokratische Fraktion nicht mehr mittragen.

Als Bundeskanzler *Helmut Schmidt* seine SPD-Fraktion 1982 beschwor, weiterhin die SPD/FDP-Koalition zu stützen, erinnerte er ausdrücklich an diesen historischen Vorgang.

7.3.2 Die Außenpolitik der Ära Stresemann

Kontinuität

Rapallo-Vertrag

Vom August 1923 bis Oktober 1929 war *Stresemann* in acht verschiedenen Regierungen der verantwortliche Außenminister. Er garantierte damit eine **Kontinuität** in der Außenpolitik, die Deutschlands Stellung in der Welt langsam, aber stetig wachsen ließ. Einer seiner Vorgänger, der später heimtückisch ermordete *Walter Rathenau*, hatte am 16. April 1922 in Rapallo einen deutsch-russischen Vertrag unterzeichnet **(Rapallo-Vertrag)**. Deutschland erkannte darin die Sowjetregierung als einzige legitime Vertretung Russlands an und verzichtete auf alle aus dem Krieg herrührenden Forderungen.

▶ Q. 3

Besonders den rechts stehenden Gruppen galt der Vertrag als geschickter Schachzug. Er sollte einerseits die Westmächte zu größerer Nachgiebigkeit bringen, wenn sie verhindern wollten, dass Deutschland sich noch mehr an Russland anlehnte. Andererseits eröffnete er Möglichkeiten, mithilfe der UdSSR Polen erneut zu zerschlagen. General *von Seeckt* nahm in einer Stellungnahme zu Rapallo die Ereignisse vorweg, die später so viel Menschenleben fordern sollten.

Aussöhnung

Doch *Stresemann* war trotz Rapallo bemüht, die **Aussöhnung** mit Frankreich zu betreiben. Zusammen mit seinem französischen Amtskollegen *Aristide Briand*, der ebenfalls die Versöhnung der ehemaligen Kriegsgegner anstrebte, ging *Stresemann* ans Werk. Im Juli 1924 konnte unter seiner Leitung eine deutsche Delegation an der Londoner Konferenz, die den *Dawes-Plan* (siehe S. 188) ausarbeitete, teilnehmen. *Stresemann* erhielt die Zusicherung Frankreichs, das Ruhrgebiet binnen Jahresfrist zu räumen, eine Zusage, die tatsächlich bis zum Juli 1925 erfüllt wurde. Dies war eine erste bescheidene Anerkennung Deutschlands als Verhandlungspartner des Westens.

Den Durchbruch zu internationaler Anerkennung und Wertschätzung schaffte *Stresemann* in seiner Außenpolitik mit den Verträgen von **Locarno.** Sie enthielten vor allem eine gegenseitige Anerkennung der Westgrenzen und damit die territoriale Unverletzbarkeit.

Locarno
▶ Q. 4

Die ehemaligen westlichen Kriegsgegner bezeichneten Locarno als einen „Wendepunkt in der europäischen Geschichte". Der Botschafter Großbritanniens in Berlin sah den wichtigsten Gewinn darin, dass der Vertrag die „Kriegsentente gegen Deutschland beendet. Er bringt Deutschland in das europäische Konsortium der Westmächte [...]." *Stresemann* selbst knüpfte große Hoffnungen an den „Geist von Locarno" und bezeichnete ihn als „den Silberstreifen am Horizont". Doch die radikalen Gruppen von links und rechts lehnten seine Politik ab; *Stresemann* wurde verächtlich als „Versöhnler" abgetan.

▶ Q. 5

Die neue Orientierung nach Westen drohte die begonnene Zusammenarbeit mit der Sowjetunion zu gefährden; deshalb schloss *Stresemann* am 24. April 1924 in Berlin einen **deutsch-russischen Freundschaftsvertrag.** Russland sollte nicht befürchten müssen, in der West-Bindung einen gegen Osten gerichteten Akt zu sehen.

Deutsch-russischer Freundschaftsvertrag

Eine Neuauflage dieser so pauschal bezeichneten *Rapallo-Politik* hat es nach 1945 nicht mehr gegeben. Im Gegenteil: Der erste Kanzler der Bundesrepublik Deutschland, *Konrad Adenauer,* geißelte gerade *Rapallo* als ein Beispiel verhängnisvoller „Schaukelpolitik". Nur ein eindeutiges und schwankungsfreies Verhältnis zum Westen – die **Westlösung** – könne der Bundesrepublik Deutschland auf Dauer Frieden und Freiheit sichern.

Westlösung

Höhepunkt und Krönung seiner Außenpolitik erlebte *Stresemann* mit der feierlichen Aufnahme Deutschlands in den **Völkerbund** am 10. September 1926. Im gleichen Jahr erhielt er den **Friedensnobelpreis**, den er sich mit *Briand* teilte.

Völkerbund
Friedensnobelpreis

Es gehört auch zur menschlichen Tragik der verantwortlichen Männer der Außenpolitik Deutschlands und Frankreichs, dass beide die Aussöhnung rascher vorantreiben wollten, aber Rücksicht auf die nationalistischen Kreise in ihren Ländern nehmen mussten.

http://nobelpeaceprize.org/

Im Gegensatz dazu brauchte der erste Kanzler der Bundesrepublik Deutschland, *Konrad Adenauer,* gestützt auf innenpolitische Autorität und internationales Ansehen, keine Rücksicht auf nationalistische oder gar revanchistische Kreise zu nehmen, abgesehen davon, dass sie nennenswert nicht existierten. So konnte er – in Übereinstimmung mit weitblickenden französischen Staatsmännern, z. B. *Schuman* – die deutsch-französische Aussöhnung nach 1950 vorantreiben und mit dem „Vertrag über die deutsch-französische Zusammenarbeit", dem Elysée-Vertrag von 1963, besiegeln.

Die letzte große außenpolitische Leistung *Stresemanns* bestand im Beitritt Deutschlands zum **Briand-Kellogg-Pakt**, der aus einer gemeinsamen Initiative *Briands* und des amerikanischen Staatssekretärs *Kellogg* hervorgegangen war. Dieser **Kriegsächtungspakt** wurde am 27. August 1928 von 15 Staaten unterzeichnet und erklärte den Angriffskrieg zu einem internationalen Verbrechen.

Briand-Kellogg-Pakt
Kriegsächtungspakt

Kurz vor seinem Tode konnte *Stresemann* erreichen, dass auch die teilweise noch besetzten Rheinlande endgültig bis spätestens 30. Juli 1930 geräumt werden sollten.

Trotz seiner Erfolge äußerte sich *Stresemann* wenige Tage vor seinem Tod gegenüber einem englischen Journalisten resigniert, ja fast verbittert: „Ich habe gegeben, gegeben und immer gegeben, bis sich meine Landsleute gegen mich gewandt haben. Hätte ich nach Locarno ein einziges Zugeständnis erhalten, so würde ich mein Volk überzeugt haben. [...] Die Jugend Deutschlands, die wir für den Frieden und für das neue Europa gewinnen konnten, haben wir beide [Stresemann und Briand] verloren."

Mitverantwortung

Aus diesem Vorwurf, dass die ehemaligen Siegermächte ein größeres Entgegenkommen gegenüber Deutschland hätten zeigen können, ziehen einige Zeithistoriker der Bundesrepublik Deutschland die Folgerung, dass auch die Westmächte eine **Mitverantwortung** (nicht Mitschuld!) am Aufstieg *Hitlers* und damit am Zweiten Weltkrieg hätten.

7.3.3 Krise und Scheitern der Republik

7.3.3.1 Von der Wirtschaftskrise zur politischen Krise

Präsidialkabinett

Nach dem Sturz der letzten noch parlamentarisch getragenen Regierung *Müller* gelang es dem Reichstag nicht mehr, sich auf eine mehrheitlich gestützte Regierungskoalition zu einigen. Als der Reichspräsident am 28. März 1930 den Vorsitzenden der Zentrumsfraktion, *Heinrich Brüning*, mit der Kabinettsneubildung beauftragte, war von Anfang an klar, dass diese *Minderheitsregierung* nur vom Vertrauen des Präsidenten getragen sein konnte. Das **Präsidialkabinett** *Brüning* wurde deshalb auch spöttisch als „Hindenburg-Kabinett" bezeichnet. *Brüning* analysierte die politische Situation, die er bei Amtsantritt vorfand, kurz und zutreffend so: „Je unfruchtbarer das Parlament ist, je uneiniger die Parteien werden, desto stärker wird automatisch die Stellung des Reichspräsidenten."

Brüning versuchte, die Bestimmungen des *Young-Plans* so weit wie möglich zu erfüllen. Er sah zwar, dass dies angesichts der wirtschaftlichen Depression unmöglich war, aber er wollte Zuverlässigkeit und Berechenbarkeit der deutschen Außenpolitik demonstrieren. Die Zahlungsunfähigkeit Deutschlands konnte er den Siegermächten nur dann glaubhaft machen, wenn zuvor alle Anstrengungen unternommen wurden, den Verpflichtungen nachzukommen. Deshalb betrieb er eine rigorose Sparpolitik: Erhöhung der Staatseinnahmen, scharfe Drosselung der Staatsausgaben.

Deflationspolitik

Heute wissen oft schon Schüler einer Wirtschaftsschule, dass eine solche **Deflationspolitik** während einer **Wirtschaftsdepression** genau das Falsche ist. Sie führt nur zu immer größeren Schwierigkeiten, die Zahl der Firmenzusammenbrüche wächst und mit ihr die Zahl der Arbeitslosen. Damals aber ahnten erst wenige, dass die fehlende Nachfrage – die Güter waren vorhanden, aber keine Kaufkraft, sie zu erwerben – durch ein „deficit spending" des Staates ersetzt werden müsse. Dies hätte die Beschäftigung angekurbelt und damit langfristig auch die Staatseinnahmen erhöht. Erst dem bedeutenden englischen Nationalökonom *John Maynard Keynes* gelang es 1936, diese theoretischen Zusammenhänge aufzuzeigen.

7.3.3.2 Die „Herrschaft" des Art. 48

Notverordnung

Brüning setzte seine Politik mithilfe von **Notverordnungen**, die er dem Reichspräsidenten vorschlug, über den Art. 48 der Reichsverfassung durch (siehe S. 180).

Als der Reichstag zwei Notverordnungen aufhob, die *Brüning* durch den Reichspräsidenten erlassen hatte, ließ er sich von *Hindenburg* ermächtigen, den Reichstag kurzerhand aufzulösen und Neuwahlen anzusetzen. In der Zwischenzeit konnte er mit einem ganzen Bündel von Notverordnungen weiterregieren.

Zangenpolitik

Zum ersten Mal wurde die **Zangenpolitik** praktiziert. Sie entsprach zwar dem Wortlaut der Verfassung, lief aber ihrem Geist zuwider. Langsam begann die Aushöhlung der demokratischen Legitimation.

Reichstagswahlen 1930

Die **Reichstagswahlen** vom 14. September 1930 endeten mit einem Fiasko: Entgegen der von *Brüning* erwarteten Stärkung seiner Position, also einem Sieg der parlamentarischen Mitte, erhöhten die antirepublikanischen Parteien KPD und NSDAP ihre Stimmenanteile beträchtlich (siehe Tabelle S. 174).

Besonders der Erfolg der Nationalsozialisten kam in dieser Höhe völlig überraschend. Es gab damals noch keine *Demoskopie;* die Parteizentralen ebenso wie die Öffentlichkeit waren völlig auf eigene Mutmaßungen angewiesen.

In einem SPD-Büro erwarteten die größten Pessimisten, dass die NSDAP mit maximal 50 Mandaten in den Reichstag einziehen würde, was gegenüber der vorhergehenden Wahl von 1928 ja schon eine Vervierfachung bedeutet hätte (12 Mandate). Unfassbar erschien den Sozialdemokraten, als am Wahlabend die nach und nach eintrudelnden Ergebnisse ankündigten, dass die „Nazis“ mit 107 Abgeordneten und damit als zweitstärkste Fraktion in den Reichstag einziehen würden. (Aus dem mündlichen Bericht eines Zeitzeugen.)

Präsidialregierung

Doch auch im neuen Reichstag fand sich keine Mehrheit für eine Regierung, sodass *Brüning* mit seinem Notverordnungssystem weiterregieren konnte, toleriert von der SPD, die damit „Schlimmeres verhüten“ wollte. Die **Präsidialregierung** mit ihren Notverordnungen, vom Parlament geduldet, führte zu einem „stillen Verfassungswandel“.

Die *eigentliche* Vertretung des Souveräns, der Reichstag, nahm zwei seiner wichtigsten Aufgaben nicht mehr wahr: Regierungsbildung und Gesetzgebung.

Zahlungsmoratorium

Die wirtschaftliche Lage Deutschlands verschlechterte sich weiterhin. Auch im Ausland sah man die Situation realistisch, und so schlug US-Präsident *Hoover* ein **Zahlungsmoratorium** (Zahlungsaufschub) vor. Deutschland brauchte seine Zahlungsverpflichtungen gemäß *Young-Plan* für 1931 nicht zu erfüllen. Dennoch stieg die Arbeitslosigkeit weiter an und erreichte im Januar 1932 mit über sechs Millionen den Höchststand. Das entsprach einer **Arbeitslosenquote** von rund 30 %.

Arbeitslosenquote

Zum Vergleich: Die höchste Arbeitslosenzahl hatte die Bundesrepublik Deutschland bisher im Februar 2005 mit 5,2 Millionen = 12,7 %.

Kabinettsumbildung

Im Oktober 1931 wurde das Kabinett umgebildet; *Brüning* blieb Reichskanzler, aber in der Regierung saßen nun mehrere parteilose Minister, was *Hindenburgs* Wunsch nach einem Kabinett „ohne parteimäßige Bindung“ entsprach. Der Reichstag versank zunehmend in der Bedeutungslosigkeit; die weitere Entwicklung wurde „von der Straße“ bestimmt.

Entwicklung der Arbeitslosigkeit

	Arbeitslose in Mio. (Jahresdurchschnitt)	Arbeitslose in v. H. der Arbeitnehmer
1921	0,354	...
1922	0,231	...
1923	0,751	...
1924	0,978	...
1925	0,636	...
1926	2,000	...
1927	1,300	...
1928	1,353	7,0
1929	1,892	9,6
1930	3,076	15,7
1931	4,520	23,9
1932	5,575	30,8
1933	4,804	26,3

Die öffentliche Zählung der Arbeitslosen begann erst 1928. (Zahlen ab 1928 aus: Bruno Gleitze (Hrsg.): Wirtschafts- und sozialstatistisches Handbuch, Köln, Bund 1960, S. 45)

Höchstzahlen der Arbeitslosen während der Wirtschaftskrise

Februar 1929	3,05 Mill.
Dezember 1930	4,384 Mill.
Dezember 1931	5,668 Mill.
Februar 1932	6,128 Mill.
Januar 1933	6,014 Mill.
Januar 1934	3,773 Mill.

(Nach Ernst Wagemann [Hrsg.]: Kurven und Zahlen zur Wirtschaftslage in Deutschland, Hanseatische Verlagsanstalt 1935, S. 8.)

7.3.3.3 Hindenburg zum zweiten Mal Reichspräsident

Harzburger Front
Eiserne Front

Am 11. Oktober 1931 hatten sich rechtsradikale Organisationen, darunter die NSDAP, Deutschnationale und der *Stahlhelm*, ein nationalistischer Frontkämpferverband, in Bad Harzburg zur **Harzburger Front** zusammengeschlossen. Als Antwort darauf gründeten Gewerkschaftsmitglieder, Teile der SPD und auch des Zentrums am 16. Dezember 1931 die **Eiserne Front**. Straßenschlachten bestimmten nun das Bild in den deutschen Großstädten; Totschlag und schwere Körperverletzung gehörten zum Alltag des politischen Lebens.

Hitler

Bei der anstehenden Reichspräsidentenwahl von 1932 hatte *Hitler* ernsthafte Chancen, nach dem Zusammenschluss der Rechtsgruppen zum Reichspräsidenten gewählt zu werden. Die SPD erschrak ob der Vorstellung, dass ausgerechnet dieser Mann die Machtfülle des Staatsoberhauptes erhalten könne. Sie verzichtete daraufhin, einen eigenen Kandidaten in das aussichtslose Rennen zu schicken. Zusammen mit den beiden anderen demokratischen Parteien (DVP und Zentrum) bewogen die Sozialdemokraten den 84-jährigen (!) *Hindenburg*, nochmals zu kandidieren. Unter dem Motto: *Wählt Hindenburg, schlagt Hitler!* glaubte man, sich für das kleinere Übel entschieden zu haben.

▶ Q. 6

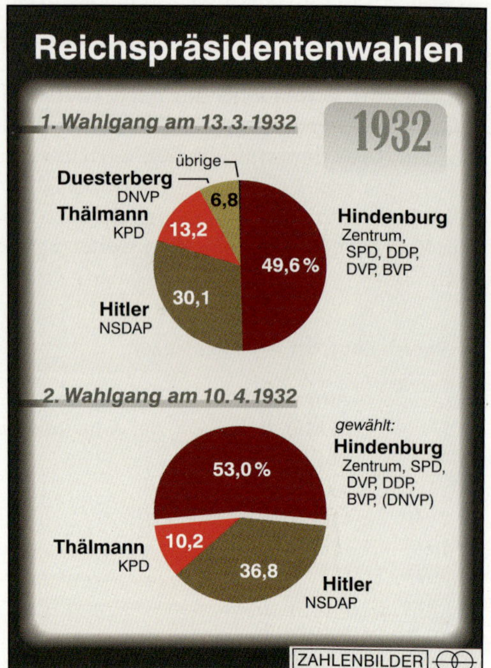

Hindenburg

Nur widerstrebend hatte *Hindenburg* die neuerliche Kandidatur angenommen; er fühlte sich „auf der falschen Seite", denn seine Kreise, die Konservativen, unterstützten *Hitler*.

Im ersten Wahlgang verfehlte Hindenburg die absolute Mehrheit nur knapp, konnte sich aber im zweiten Wahlgang am 10. April 1932 mit 53 % der Stimmen klar durchsetzen.

7.3.3.4 Die Episode der „Zwischenkabinette"

Nur wenige Wochen nach seiner Wahl ließ *Hindenburg* den Mann fallen, der sich in unzähligen Wahlveranstaltungen für seine Wiederwahl eingesetzt hatte: Am 30. Mai 1932 wurde Reichskanzler *Heinrich Brüning* abgesetzt. Die Gründe für die Absetzung sind bis heute nicht vollständig geklärt.

Kamarilla

Gewiss gab es zwischen den beiden Männern auch sachliche Meinungsverschiedenheiten, aber entscheidend dürfte wohl der Einfluss einer *Kamarilla* gewesen sein, einer „Hofpartei", die einen ebenso nachhaltigen wie unkontrollierten und nicht kontrollierbaren Einfluss auf den greisen Feldmarschall ausübte. Diese Art *Triumvirat* („Dreimännerherrschaft") bestand aus dem „in der Verfassung nicht vorgesehenen Sohn" *Hindenburgs, Oskar von Hindenburg,* dem Staatssekretär *Otto Meißner* und dem General *Kurt von Schleicher*. Diese drei entschieden letztlich darüber, wer Zugang zum Präsidenten bekam und welche Nachrichten ihm vorgelegt wurden. In der schweren politischen Krise, in der sich die Republik befand, war das Staatsoberhaupt schon aus Altersgründen verständlicherweise überfordert.

Reichskanzler Papen

Zum Nachfolger *Brünings* wurde der vornehmlich als *Herrenreiter* bekannte Baron *Franz von Papen* ernannt, der dem rechten Flügel des Zentrums angehörte. *Papen*, Aristokrat und überzeugter Monarchist, bildete eine als „Kabinett der Barone" verspottete Regierung, die mit viel kultivierter Eleganz, aber ohne politischen Erfolg agierte. Sie hob das erst drei Monate alte Verbot der SA (Sturm-Abteilung; militante Kampforganisation der NSDAP) auf, wodurch die gewalttätigen **Straßenkämpfe** wieder zunahmen. Am 20. Juli 1932 setzte die Reichsregierung die preußische Staatsregierung unter Ministerpräsidenten *Otto Braun* mit Innenminister *Carl Severing*, beide SPD, gegen jedes Recht einfach ab, und *Papen* ernannte sich selbst zum *Reichskommissar für Preußen*.

Straßenkämpfe

Dass dieser Rechtsbruch ohne Folgen blieb, bewies, in welche Resignation viele Demokraten bereits getrieben und wie wenig Bürger bereit waren, für die Erhaltung der demokratischen Republik noch auf die Straße zu gehen, im wörtlichen wie im übertragenen Sinne.

Die Reichstagswahlen vom Juli 1932 verdoppelten die Mandate der NSDAP (siehe Tabelle S. 174). Traditionsgemäß, wie auch heute im Deutschen Bundestag, stellte die stärkste Fraktion den Parlamentspräsidenten. Zum ersten Mal präsidierte ein Abgeordneter einer Partei der deutschen Volksvertretung, deren offen erklärtes Ziel es war, eben diese Volksvertretung völlig zu entmachten: *Hermann Göring*. Eine Regierungsbildung ohne Hinzuziehung einer radikalen Partei war nun nicht mehr möglich. *Hitler* aber lehnte den angebotenen Posten eines Vizekanzlers in der Regierung *Papen* ab; er wollte mehr. Bereits am 12. September wurde der Reichstag abermals aufgelöst, nachdem er *Papen* mit überwältigender Mehrheit das Misstrauen ausgesprochen hatte. Zwar brachten die Novemberwahlen von 1932 der NSDAP einen empfindlichen Rückschlag; viele sahen darin wirklichkeitsfremd bereits den Anfang vom Ende der NSDAP, aber nach wie vor gelang es *Papen* nicht, eine Mehrheitsregierung zustande zu bringen, sodass *Hindenburg* ihn am 3. Dezember desselben Jahres entließ und den General *Kurt von Schleicher* zum Reichskanzler ernannte.

Reichstagswahlen 1932

Reichskanzler Schleicher

7.3.3.5 Das Ende

Schleichers Plan sah vor, die NSDAP zu spalten, um danach unter Einschluss des Flügels um *Gregor Strasser*, dem Reichsorganisationsleiter der Nationalsozialisten, auf breiter Basis nach vorhergehenden abermaligen Neuwahlen eine Regierung zu bilden. Der Plan misslang; *Hitler* konnte *Strasser* in der Partei isolieren und abhalftern. Die NSDAP konzentrierte nun ihre gesamte Kraft auf eine Wahlentscheidung in einer völlig nebensächlichen Region: in Lippe mit nicht mehr als 160 000 Einwohnern. Die Absicht war, in dieser Testwahl das lädierte Ansehen wiederherzustellen. Die Rechnung ging auf, die Nationalsozialisten erreichten einen Stimmenanteil von fast 50 %. Dies für sich genommen bedeutungslose Ergebnis in einem winzigen Land schien aber den Reichspräsidenten zu überzeugen: An *Hitler* führte kein Weg mehr vorbei. Ihn, den er noch einige Wochen zuvor verächtlich den „böhmischen Gefreiten" genannt hatte, ernannte er nach *Schleichers* Rücktritt am 30. Januar 1933 zum Reichskanzler.

Testwahl in Lippe

Die **nationalsozialistische Regierungsübernahme** markiert das Ende der Weimarer Republik und damit das Scheitern des ersten Versuches, in ganz Deutschland eine parlamentarisch-demokratische Ordnung zu errichten. Bis heute wird die Frage diskutiert, welche Gründe dazu geführt haben.

Nationalsozialistische Regierungsübernahme

Wie so oft in der Geschichte gibt es für Entwicklungen nicht nur *eine* Ursache, sondern ein ganzes Ursachenbündel, zu dessen wichtigsten Teilen wohl folgende Faktoren zu zählen sind:

Ursachen des Scheiterns

- In erster Linie gehört dazu das antidemokratische, obrigkeitsstaatliche Denken vieler Deutscher. Die Worte von der *Demokratie ohne Demokraten* oder der *Republik ohne Republikaner* überzeichnen sicher etwas, enthalten aber mehr als nur einen Kern Wahrheit. Stets waren die überzeugten Republikaner und Demokraten in der Minderheit.

Antidemokratisches Denken

- Ein Grund, wenn auch sicherlich nicht der ausschlaggebende, waren die Hypotheken des verlorenen Krieges und des Versailler Vertrages. Das deutsche Volk hat die schwere militärische Niederlage mehrheitlich nie angenommen als eine Konsequenz von Fehlentwicklungen, an denen Deutschland mindestens einen erheblichen Teil der Schuld trägt, und die harten Friedensbedingungen machten es auch den Gutwilligen schwer, sich mit der neuen Ordnung abzufinden. Für alle Schwierigkeiten wurden die Politiker der Weimarer Republik verantwortlich gemacht.

Versailler Vertrag

Formuliert man es einmal salopp, so lässt sich sagen, dass für den Konkurs des Reiches nicht die Firmeninhaber (Kaiser und seine Regierung), sondern die Konkursverwalter verantwortlich gemacht wurden. Nach 1945 war die Einstellung der Deutschen völlig anders. Jeder begriff, dass der Krieg von 1939 bis 1945 eindeutig verloren war, und die meisten Deutschen zweifelten nicht an der deutschen Kriegsschuld.

Mangelnde Identifikation

- Schwer wiegt auch in der Ursachenforschung, dass Weimar stets eine ungeliebte Republik, bestenfalls distanziert toleriert, nicht aber als eigener Staat begriffen wurde. Eine Identifikation mit dem Staat war so nicht möglich. Eine Demokratie kann aber nur so lange leben, wie sie in der Überzeugung der Mehrheit lebendig ist, die sie für wert erachtet zu verteidigen, nach innen und außen. An dieser Überzeugung fehlte es weitgehend.

Antidemokratische Fachleute

- Eng damit zusammen hängt die fast unvermeidbare Schwäche, dass die Republik sich des Sachverstandes jener Kräfte in Verwaltung, Justiz und Militär bedienen musste, die ihr ablehnend, wenn nicht gar feindlich gegenüberstanden.

Wirtschaftskrise

- Mit der Wirtschaftskrise wurde die deutsche Reichsregierung ebenso wenig fertig, wie die Regierungen anderer europäischer Länder; aber der politische Grundkonsens, gerade in einer Notzeit nach Kompromissen zu suchen, fehlte auch bei den demokratischen Parteien.

Verfassungsfehler

- Fehlkonstruktionen der Weimarer Verfassung taten ein Übriges. Das reine Verhältniswahlrecht ohne Sperrklausel (z. B. Fünfprozentklausel) ermöglichte viele Splitterparteien, die im Parlament nicht koalitionsfähig waren, und für die aus drei und mehr Parteien gebildeten Regierungen galt das sarkastische Wort von der Koalition als „der intimsten Form der gegenseitigen Bekämpfung".
  Grundsätzlich kennt auch die heutige Republik dies Profilierungsproblem in einer Koalition. Aber solange demokratische Parteien *im Prinzip* mit jeder anderen bündnisfähig sind, kann keine Partei in einer Koalitionsregierung sich zu stark zulasten des Partners abheben, sondern muss zum Kompromiss bereit sein. Sonst besteht die Gefahr, dass dieser eine andere Koalition eingeht.

Reichspräsident

- Weitaus verhängnisvoller aber erwies sich die verfassungsrechtliche Machtfülle des Reichspräsidenten. In ruhigeren Zeiten war sie unbedenklich. In schweren politischen Stürmen, als von links und rechts zum Angriff auf die verfassungsmäßige Ordnung geblasen wurde, wäre die Verteidigung der Demokratie auch einem jüngeren Staatsoberhaupt schwergefallen. Der 85-jährige *Hindenburg* aber vermochte gewiss die möglichen Folgen und Fernwirkungen seiner letzten Kanzlerernennung nicht mehr zu überblicken.

▶ QUELLE 1

Gustav Stresemann über den Dawes-Plan (1. Mai 1924)

Die Lasten liegen einmal auf finanziellem Gebiet. Der Zahlungsplan der Sachverständigen unterscheidet zwischen Zahlungen aus dem ordentlichen Budget und Zahlungen direkt aus der Wirtschaft, nämlich der Eisenbahn plus Verkehrssteuer und der Industrie. [...]

Was die 1,25 Milliarden Mark jährlich aus dem ordentlichen Haushalt anbelangt, so ist es natürlich schwer, in einer Periode, die so um den Ausgleich des Haushalts ohne jede äußere Belastung ringt wie die gegenwärtige, den Optimismus aufzubringen, daß über den Ausgleich hinaus noch solche große Summe herausgewirtschaftet werden soll. Daß die für die Zahlungen aus dem Haushalt besonders mit Beschlag belegten und an eine besondere Reparationskasse abzuführenden Einnahmen, nämlich die Zölle und die Verbrauchsabgaben auf den Branntwein, Bier, Tabak und Zucker die vorgeschlagenen Summen ergeben, ist bei einer regelmäßigen Entwicklung der Wirtschaft und der Steuererhebung zwar anzunehmen. Es bleibt aber die Frage offen, wie die im ordentlichen Haushalt entstehende Lücke ausgefüllt werden soll, ohne den Ausgleich wieder zu gefährden. Wir dürfen hierbei aber nicht nur die augenblicklich schwierige Lage, sondern müssen auch die Tatsache ins Auge fassen, daß für den Haushalt im ersten und zweiten Jahre ein völliges Moratorium und daran anschließend eine weitere zweijährige Schonzeit vorgesehen ist. Ferner muß hier auf die Entlastungsmöglichkeiten hingewiesen werden, die in den weiter unten zu behandelnden Kautelen der Reparationskasse liegen, und schließlich kann nicht übersehen werden, daß die Haushalte unserer Gläubiger, die mit großen inneren und äußeren Schulden belastet sind, vor den gleichen Problemen und Schwierigkeiten stehen [...].

(Wolfgang Michalka und Gottfried Niedhart [Hrsg.]: Die ungeliebte Republik. Dokumente zur Innen- und Außenpolitik Weimars 1918–1933. München, dtv 1980, S. 150 ff.)

1. Woher nahm das Deutsche Reich die Mittel für die Reparationen?
2. Welchen Schwierigkeiten sah sich die Regierung bei den Reparationsleistungen gegenüber?

Volksentscheid über den Young-Plan vom 22. Dezember 1929

▶ QUELLE 2

Entwurf eines Gesetzes gegen die Versklavung des Deutschen Volkes.

§ 1: Die Reichsregierung hat den auswärtigen Mächten unverzüglich in feierlicher Form Kenntnis davon zu geben, daß das erzwungene Kriegsschuldanerkenntnis des Versailler Vertrags der geschichtlichen Wahrheit widerspricht, auf falschen Voraussetzungen beruht und völkerrechtlich unverbindlich ist.

§ 2: Die Reichsregierung hat darauf hinzuwirken, daß das Kriegsschuldanerkenntnis des Artikels 231 sowie die Artikel 429 und 430 des Versailler Vertrages förmlich außer Kraft gesetzt werden.

Sie hat ferner darauf hinzuwirken, daß die besetzten Gebiete nunmehr unverzüglich und bedingungslos, sowie unter Ausschluß jeder Kontrolle über deutsches Gebiet geräumt werden, unabhängig von Annahme oder Ablehnung der Haager Konferenz.

§ 3: Auswärtigen Mächten gegenüber dürfen neue Lasten und Verpflichtungen nicht übernommen werden, die auf dem Kriegsschuldanerkenntnis beruhen.

Hierunter fallen auch die Lasten und Verpflichtungen, die auf Grund der Vorschläge der Pariser Sachverständigen und nach den daraus hervorgehenden Vereinbarungen von Deutschland übernommen werden sollen.

§ 4: Reichskanzler, Reichsminister und deren Bevollmächtigte, die entgegen der Vorschrift des § 3, Abs. 1, Verträge mit auswärtigen Mächten zeichnen, unterliegen den im § 92, Nr. 3 StGB [Strafgesetzbuch, d. Hrsg.] vorgesehenen Strafen*).

§ 5: Dieses Gesetz tritt mit der Verkündung in Kraft.

*) d. h. Zuchthaus nicht unter 2 Jahren. [Es sprachen sich bei dem Volksentscheid nur 5 825 000 für dieses Gesetz aus; zu seiner Annahme wären 21 Millionen Stimmen nötig gewesen, d. Hrsg.]

(Wolfgang Michalka und Gottfried Niedhart [Hrsg.]: Die ungeliebte Republik. Dokumente zur Innen- und Außenpolitik Weimars 1918–1933. München, dtv 1980, S. 262)

1. Welche politischen Gruppierungen stehen vermutlich hinter diesem Volksentscheid?
2. Wie lauten die Forderungen im Einzelnen?
3. Welche Absicht wird mit diesem Volksentscheid verfolgt?

General von Seeckt zum Vertrag von Rapallo und zur außenpolitischen Lage am 11. September 1922

▶ QUELLE 3

Mit Polen kommen wir nun zum Kern des Ostproblems. Polens Existenz ist unerträglich, unvereinbar mit den Lebensbedingungen Deutschlands. Es muß verschwinden und wird verschwinden durch eigene, innere Schwäche und durch Rußland – mit unserer Hilfe. Polen ist für Rußland noch unerträglicher als für uns; kein Rußland findet sich mit Polen ab. Mit Polen fällt eine der stärksten Säulen des Versailler Friedens, die Vormachtstellung Frankreichs. Dieses Ziel zu erreichen, muß einer der festesten Richtungspunkte der deutschen Politik sein, weil er ein erreichbarer ist. Erreichbar nur durch Rußland oder mit seiner Hilfe.

Polen kann niemals Deutschland irgendwelchen Vorteil bieten, nicht wirtschaftlich, denn es ist entwicklungsunfähig, nicht politisch, denn es ist Vasall Frankreichs. Die Wiederherstellung der Grenze zwischen Rußland und Deutschland ist die Voraussetzung beiderseitiger Erstarkung. Rußland und Deutschland in den Grenzen von 1914 sollte die Grundlage einer Verständigung zwischen beiden sein. [...]

(Wolfgang Michalka und Gottfried Niedhart [Hrsg.]: Die ungeliebte Republik. Dokumente zur Innen- und Außenpolitik Weimars 1918–1933. München, dtv 1980, S. 143 ff.)

1. Aus welchen Gründen lehnt General Seeckt die Existenz eines polnischen Staates ab?
2. Welche Staaten sieht er als mögliche Gegner Deutschlands, welche als mögliche Verbündete? Warum?

▶ QUELLE 4 Aus dem Vertrag von Locarno (16. Oktober 1925)

Die Vertreter der Deutschen, Belgischen, Britischen, Französischen, Italienischen, Polnischen und Tschechoslowakischen Regierung, die vom 5. bis zum 16. Oktober 1925 in Locarno versammelt waren, um gemeinsam die Mittel zum Schutze ihrer Völker vor der Geißel des Krieges zu suchen und für die friedliche Regelung von Streitigkeiten jeglicher Art, die etwa zwischen einigen von ihnen entstehen könnten, zu sorgen, haben ihre Zustimmung zu den Entwürfen der sie betreffenden Verträge und Abkommen gegeben, die im Laufe der gegenwärtigen Konferenz ausgearbeitet worden sind [...].

Anlage A

Art. 1: Die Hohen Vertragschließenden Teile garantieren, jeder für sich und insgesamt, in der in den folgenden Artikeln bestimmten Weise die Aufrechterhaltung des sich aus den Grenzen zwischen Deutschland und Belgien und zwischen Deutschland und Frankreich ergebenden territorialen Status quo, die Unverletzlichkeit dieser Grenzen, wie sie durch den in Versailles am 28. Juni 1919 unterzeichneten Friedensvertrag oder in dessen Ausführung festgesetzt sind, sowie die Beachtung der Bestimmungen der Artikel 42 oder 43 des bezeichneten Vertrages über die demilitarisierte Zone.

Art. 2: Deutschland und Belgien und ebenso Deutschland und Frankreich verpflichten sich gegenseitig, in keinem Falle zu einem Angriff oder zu einem Einfall oder zum Krieg gegeneinander zu schreiten.

(Wolfgang Michalka und Gottfried Niedhart [Hrsg.]: Die ungeliebte Republik. Dokumente zur Innen- und Außenpolitik Weimars 1918–1933. München, dtv 1980, S. 165 ff.)

Welche Bedeutung hat dieser Vertrag für die Beziehungen Deutschlands zu Frankreich und Belgien?

▶ QUELLE 5 Ablehnung des Vertrages von Locarno von rechts und links

a) Aus dem „Völkischen Kurier" vom 19. Oktober 1925

Die Verantwortung, die Luther und Stresemann auf sich geladen haben, wird nicht im Reichstag festgestellt werden. Darüber wird die Geschichte befinden. Deren Urteile werden die selbstgefälligen Logenbrüder von Locarno hoffentlich noch hören. Auf jeden Fall wünschen wir ihnen aus diesem Grunde ein recht langes Leben. Denn die große Gnade, die Bethmann-Hollweg und Ebert widerfuhr, vor dem Tage der irdischen Abrechnung abberufen zu werden, wird nicht jedem zuteil.

b) Der KPD-Abgeordnete im Preußischen Landtag, Bartels, am 30. Oktober 1925

Was ist Locarno? Wenn man die einzelnen Verträge und ihre Paragraphen durchgeht, so sehen wir, daß Deutschland hinreichend Garantie gibt, aber dafür lediglich die Garantie erhält, daß es Kriegsbütteldienste leisten darf und andererseits Deutschland als Kriegsschauplatz ausliefern muß. Locarno bedeutet in Wirklichkeit – das wird auch in diesem Hause niemand zu bestreiten versuchen – die Auslieferung der Rheinlande, es bedeutet direkt ein Verschenken preußisch-deutschen Gebietes, es bedeutet die Garantie des Einmarsch- und Durchmarschrechtes durch Deutschland, es bedeutet die Kriegsdienstverpflichtung der deutschen Bevölkerung für die Entente gegen Rußland, es bedeutet vor allem die Anerkennung der Aufrechterhaltung des Besatzungsregimes, und es bedeutet erneut das Bekenntnis zu dem Versailler Vertrag. Es bedeutet darüber hinaus verschärfte Ausbeutung, verschärfte Entrechtung, Unterdrückung, Elend, Übel, Not und alles, was im Gefolge des neuen Krieges eben zu erwarten ist.

(Wolfgang Michalka und Gottfried Niedhart [Hrsg.]: Die ungeliebte Republik. Dokumente zur Innen- und Außenpolitik Weimars 1918–1933. München, dtv 1980, S. 167 f.)

1. **Welche Argumente werden im Einzelnen gegen den Vertrag vorgebracht?**
2. **Worin liegen die Unterschiede in der Argumentation von links und rechts?**

▶ QUELLE 6 Aufruf der SPD zur Reichspräsidentenwahl am 27. Februar 1932

Das deutsche Volk steht am 13. März vor der Frage, ob Hindenburg bleiben oder ob er durch Hitler ersetzt werden soll.

Jetzt geht es um alles! Sieg des Faschismus ist namenlose Schande, unabsehbares Unheil. Das darf nicht sein! Setzt alle eure Kräfte ein, damit der entscheidende Schlag schon im ersten Wahlgang fällt! Befreit mit diesem einen Schlag das deutsche Volk vor der faschistischen Bedrohung! Schlagt Hitler! Darum wählt Hindenburg!

(Wolfgang Michalka und Gottfried Niedhart [Hrsg.]: Die ungeliebte Republik. Dokumente zur Innen- und Außenpolitik Weimars 1918–1933. München, dtv 1980, S. 320 f.)

Beschreiben Sie die sprachliche Gestaltung dieses Aufrufs.

7.4 Hitler und die NSDAP bis zum 30. Januar 1933

DARSTELLUNG

Deutsche Arbeiterpartei

Die im Januar 1919 vom Werkzeugschlosser *Anton Drexler* und Sportjournalisten *Karl Harrer* gegründete **Deutsche Arbeiterpartei** (DAP) gehörte zu den unbedeutenden Splittergruppen, die weniger „eine Partei im herkömmlichen Sinne [...] als vielmehr eine Mischung von Geheimbund und Dämmerschoppen" waren *(Joachim Fest)*. Am 19. September 1919 besuchte ein „Vertrauensmann" des „Bayerischen Reichswehrgruppenkommandos 4" eine Veranstaltung der Partei. Er hatte die Aufgabe, die aus dem Krieg heimkehrenden Soldaten „in die politisch richtige Richtung" zu dirigieren. Er trat der DAP bei, obwohl er sich später über den kleinkarierten Verein belustigte, der einen „Reichsvorsitzenden" besaß. Ein siebenköpfiger Ausschuss repräsentierte die ganze Partei, die „in Wirklichkeit nichts anderes [...] als die Vorstandschaft eines kleinen Skatclubs" war. Der Mann hieß: *Adolf Hitler.*

Adolf Hitler

www.bpb.de/geschichte/nationalsozialismus/dossier-nationalsozialismus

www.dhm.de

www.ns-archiv.de

Hitler wurde am 20. April 1889 in Braunau am Inn geboren, war also Österreicher. Ohne Abschluss verließ er die Schule 1905 und ging nach Wien. Dort wollte er Kunstmaler oder Architekt werden. Doch die Professoren der Wiener Malerakademie vermochten in seinen Probezeichnungen keine ausreichende Begabung zu erkennen, so wurde seine Aufnahme in die Akademie abgelehnt. Mit Gelegenheitsarbeiten und einer Waisenrente, oftmals im Männerheim nächtigend, fristete er in seinen, so von ihm bezeichneten „Wiener Lehr- und Leidensjahren" ein etwas kümmerliches Dasein ohne Berufsausbildung und feste Anstellung. Der Wehrpflicht der k. u. k. Donaumonarchie entzog er sich und siedelte nach München um. Dort meldete er sich allerdings sofort als Kriegsfreiwilliger für das bayerische Heer, als 1914 der Krieg ausbrach. Mehrmals in Frankreich verwundet, kehrte er nach dem Krieg mit dem Mannschaftsdienstgrad eines *Gefreiten* dekoriert nach München zurück.

Sofort nach seinem Parteibeitritt mit dem Mitgliedsausweis *No.* 555 errang er Anerkennung und Bewunderung für seinen mitreißenden Redestil, mit dem er die Zuhörer zu emotionalisieren vermochte. Am 24. Februar 1920 verkündete er seiner immer zahlreicher werdenden Hörerschaft in einer Großveranstaltung im *Münchner Hofbräuhaus* das neue Programm einer Partei, die nun **Nationalsozialistische Deutsche Arbeiterpartei** (NSDAP) hieß.

Nationalsozialistische Deutsche Arbeiterpartei

▶ Q. 1

Seit Juli 1921 war *Hitler* auch offiziell Parteivorsitzender. Bald stießen zu ihm u. a. der Reichswehrhauptmann *Ernst Röhm,* später „Stabschef der SA" und nach dem sog. Röhm-Putsch 1934 auf Befehl *Hitlers* erschossen, der Journalist *Alfred Rosenberg* als eine Art Parteiideologe und der Volksschullehrer *Julius Streicher,* ein fanatischer Antisemit. Mithilfe eines eigenen Presseorgans, des *Völkischen Beobachters,* sicherte sich die NSDAP eine Propagandaplattform. Den Saalschutz übernahm bei allen Veranstaltungen eine Ordnertruppe, die *Sturmabteilung* (SA), die sich später in vielen Straßenkämpfen mit politischen Gegnern einen zweifelhaften Ruf erwarb.

Völkischer Beobachter

Das Krisenjahr 1923 (siehe S. 182 ff.) brachte der NSDAP regen Zulauf; Ende des Jahres gehörten ihr bereits fast 56 000 Mitglieder an. Weit über Bayern hinweg erregte die Partei mit ihrem Putschversuch am 8. und 9. November 1923 Aufsehen, als *Hitler* den Versuch unternahm, die „Regierung der Novemberverbrecher in Berlin" zu stürzen. *Hitler* ließ das Versammlungslokal des bayerischen „Generalstaatskommissars mit diktatorischen Vollmachten" und dessen Freunden von der SA umstellen und drang in den *Bürgerbräukeller* ein. Dort erklärte er, wild mit einer Pistole fuchtelnd, die Berliner Regierung für abgesetzt und berief stattdessen eine neue Regierung, die aus *von Kahr,* dem Wehrkreisbefehlshaber *von Lossow,* dem Münchener Polizeibefehlshaber *von Seisser,* dem General *Ludendorff* – alle befanden sich im Bürgerbräu – und ihm selbst bestand. Die drei Erstgenannten distanzierten sich noch in der Nacht, sodass damit die Revolte bereits zusammengebrochen war. Doch inzwischen waren die Anhänger in München versammelt. *Hitler* musste mit ihnen irgendetwas unternehmen. So ließ er sie am nächsten Tag, dem 9. November, in einem Demonstrationszug durch München marschieren.

Hitler-Putsch

An der **Feldherrnhalle** versperrte ihm eine Kette Landespolizei den Weg. Schüsse fielen, es gab Tote und Verwundete, *Hitler* und *Ludendorff* wurden verhaftet.

Feldherrnhalle

Links: Hitler-Putsch am 9. November 1923 in München. Eine Freikorpseinheit besetzt das bayerische Kriegsministerium. Heinrich Himmler mit Fahne und rechts neben ihm Hermann Göring.

Rechts: General Ludendorff und Adolf Hitler als Angeklagte im Hochverratsprozess im Februar 1924

Hochverratsprozess

Am 24. Februar 1924 begann der **Hochverratsprozess** gegen die Putschisten. Aufgrund des „rein vaterländischen Geistes und des edelsten selbstlosen Willens der Angeklagten", wie es in der Urteilsbegründung hieß, wurde *Ludendorff* freigesprochen und *Hitler* erhielt eine fünfjährige Freiheitsstrafe.

„Mein Kampf"

▶ Q. 2

In der Festung Landsberg schrieb er **„Mein Kampf"**. Das Buch ist eine stilistisch schwülstige Mischung aus Autobiografie, Propaganda, wirren Weltanschauungsthesen und geschichtlichen Halbwahrheiten.

www.historisches-lexikon-bayerns.de/artikel/artikel_44547

In seinem Buch legt *Hitler* im Grunde seine An- und Absichten offen dar. Vor allem sein fanatischer Antisemitismus kommt an vielen Stellen zum Vorschein. Keiner, der das Buch aufmerksam liest, kann Illusionen über *Hitlers* Pläne hegen. Zwar stand das Buch in fast jedem deutschen Haushalt im Regal, gelesen wurde es aber kaum, und wenn je einer näher hineinschaute, so hat er nicht geglaubt, was dort stand. Gerade die bombastische Sprache, die Maßlosigkeit im Ausdruck verhinderten, *Hitlers* Ausführungen wörtlich zu nehmen.

Reichstagswahlen

▶ Q. 23

Als *Hitler* nach nur acht Monaten Haft wieder entlassen wurde, spielte die NSDAP praktisch keine Rolle mehr. Mit 14 Mandaten 1924 – im Jahre 1928 wurden es sogar nur 12 – saß sie zwar im Reichstag, aber ihre Parolen verfingen lange nicht. Erst das Volksbegehren zum *Young-Plan* 1929, vor allem aber die große Wirtschaftskrise mit Massenarbeitslosigkeit und zunehmender Verarmung des Mittelstandes rückte die NSDAP wieder in den Blickpunkt. Die **Reichstagswahlen** vom 14. September 1930 brachten den Durchbruch: Die Partei mit ihrer starken sozialen Heterogenität (Verschiedenartigkeit) wurde zweitstärkste Fraktion.

Bei den Reichspräsidentschaftswahlen trat *Hitler* gegen *Hindenburg* an. Mit dem damals noch selten verwendeten Verkehrsmittel Flugzeug ließ er sich zu Hunderten von Veranstaltungen fliegen. „Hitler über Deutschland" wurde zum propagandistisch geflügelten Wort. Er unterlag, aber die Reichstagswahlen im Juli 1932 schienen mit 37,4 % der Stimmen sein Konzept zu bestätigen: Zerschlagung der Demokratie.

Reichskanzler Hitler

Am 30. Januar 1933 hatte er dieses Ziel, zu dem er „streng legal" gelangen wollte, wie er nach dem misslungenen Putschversuch stets versicherte, erreicht. *Hindenburg* ernannte ihn zum **Reichskanzler**. Die Mehrzahl der Minister seines Kabinetts gehörten nicht der NSDAP an. So glaubten die Konservativen, ihn umstellt zu haben. „Wir haben uns Hitler engagiert. In zwei Monaten haben wir Hitler in die Ecke gedrückt, dass er quietscht", vertraute Vizekanzler *Papen* einem Freund an. Sie wollten *Hitler* mit seinen Anhängern benutzen, um ihre Pläne durchzusetzen. Selten haben sich Politiker so sehr getäuscht!

Vizekanzler Papen

Die Frage, wie es *eigentlich geschehen* konnte, wird nie ganz und vor allem nicht widerspruchsfrei zu beantworten sein. Zu viele Gründe spielen mit, ihre Bedeutung wird unterschiedlich bewertet. Eine Erkenntnis darf als sicher gelten: Ein *Fall Hitler* wird sich nicht wiederholen.

Aus dem Programm der NSDAP von 1920

▶ QUELLE 1

Aus dem Programm der NSDAP von 1920

1. Wir fordern den Zusammenschluß aller Deutschen auf Grund des Selbstbestimmungsrechtes der Völker zu einem Groß-Deutschland.
2. Wir fordern die Gleichberechtigung des deutschen Volkes gegenüber den anderen Nationen, Aufhebung der Friedensverträge von Versailles und St. Germain.
3. Wir fordern Land und Boden (Kolonien) zur Ernährung unseres Volkes und Ansiedlung unseres Bevölkerungsüberschusses.
4. Staatsbürger kann nur sein, wer Volksgenosse ist. Volksgenosse kann nur sein, wer deutschen Blutes ist, ohne Rücksichtnahme auf Konfession. Kein Jude kann daher Volksgenosse sein.
5. Wer nicht Staatsbürger ist, soll nur als Gast in Deutschland leben können und muß unter Fremdengesetzgebung stehen. [...]
8. Jede weitere Einwanderung Nicht-Deutscher ist zu verhindern. Wir fordern, daß alle Nicht-Deutschen, die seit dem 2. August 1914 in Deutschland eingewandert sind, sofort zum Verlassen des Reiches gezwungen werden. [...]
11. Abschaffung des arbeits- und mühelosen Einkommens, Brechung der Zinsknechtschaft.
12. Im Hinblick auf die ungeheuren Opfer an Gut und Blut, die jeder Krieg vom Volke fordert, muß die persönliche Bereicherung durch den Krieg als Verbrechen am Volke bezeichnet werden. Wir fordern daher restlose Einziehung aller Kriegsgewinne.
13. Wir fordern die Verstaatlichung aller (bisher) bereits vergesellschafteten (Trusts) Betriebe.
14. Wir fordern Gewinnbeteiligung an Großbetrieben.
15. Wir fordern einen großzügigen Ausbau der Altersversorgung.
16. Wir fordern die Schaffung eines gesunden Mittelstandes und seine Erhaltung, sofortige Kommunalisierung der Groß-Warenhäuser und ihre Vermietung zu billigen Preisen an kleine Gewerbetreibende, schärfste Berücksichtigung aller kleinen Gewerbetreibenden bei Lieferung an den Staat, die Länder oder Gemeinden.
17. Wir fordern eine unseren nationalen Bedürfnissen angepaßte Bodenreform, Schaffung eines Gesetzes zur unentgeltlichen Enteignung von Boden für gemeinnützige Zwecke, Abschaffung des Bodenzinses und Verhinderung jeder Bodenspekulation.
18. Wir fordern den rücksichtslosen Kampf gegen diejenigen, die durch ihre Tätigkeit das Gemeinintresse schädigen. Gemeine Volksverbrecher, Wucherer, Schieber usw. sind mit dem Tode zu bestrafen, ohne Rücksichtnahme auf Konfession und Rasse.
19. Wir fordern Ersatz für das der materialistischen Weltordnung dienende römische Recht durch ein deutsches Grundrecht. [...]
22. Wir fordern die Abschaffung der Söldnertruppe und die Bildung eines Volksheeres.
23. Wir fordern den gesetzlichen Kampf gegen die bewußte politische Lüge und ihre Verbreitung durch die Presse. Um die Schaffung einer deutschen Presse zu ermöglichen, fordern wir, daß:
    a) sämtliche Schriftleiter und Mitarbeiter von Zeitungen, die in deutscher Sprache erscheinen, Volksgenossen sein müssen;
    b) nichtdeutsche Zeitungen zu ihrem Erscheinen der ausdrücklichen Genehmigung des Staates bedürfen. Sie dürfen nicht in deutscher Sprache gedruckt werden;
    c) jede finanzielle Beteiligung an deutschen Zeitungen oder deren Beeinflussung durch Nicht-Deutsche gesetzlich verboten wird, und fordern als Strafe für Übertretungen die Schließung eines solchen Zeitungsbetriebes sowie die sofortige Ausweisung der daran beteiligten Nicht-Deutschen aus dem Reich. – Zeitungen, die gegen das Gemeinwohl verstoßen, sind zu verbieten. Wir fordern den gesetzlichen Kampf gegen eine Kunst- und Literaturrichtung, die einen zersetzenden Einfluß auf unser Volksleben ausübt, und die Schließung von Veranstaltungen, die gegen vorstehende Forderungen verstoßen.
24. Wir fordern die Freiheit aller religiösen Bekenntnisse im Staat, soweit sie nicht dessen Be-

stand gefährden oder gegen das Sittlichkeits- und Moralgefühl der germanischen Rasse verstoßen. – Die Partei als solche vertritt den Standpunkt eines positiven Christentums, ohne sich konfessionell an ein bestimmtes Bekenntnis zu binden. Sie bekämpft den jüdisch-materialistischen Geist in und außer uns und ist überzeugt, daß eine dauernde Genesung unseres Volkes nur erfolgen kann von innen heraus auf der Grundlage: Gemeinnutz vor Eigennutz.

25. Zur Durchführung alles dessen fordern wir: Die Schaffung einer starken Zentralgewalt des Reiches. Unbedingte Autorität des politischen Zentralparlaments über das gesamte Reich und seine Organistionen im allgemeinen. – Die Bildung von Stände- und Berufskammern zur Durchführung der vom Reich erlassenen Rahmengesetze in den einzelnen Bundesstaaten. – Die Führer der Partei versprechen, wenn nötig unter Einsatz des eigenen Lebens für die Durchführung der vorstehenden Punkte rücksichtslos einzutreten.

München, den 24. Februar 1920.

(Walter Hofer [Hrsg.]: Der Nationalsozialismus. Dokumente 1933–1945, Frankfurt a. M., Fischer-Bücherei 1957, S. 28 ff.)

1. Welche Punkte des Programms setzen sich mit den Bestimmungen des Versailler Vertrags auseinander? Wie lauten die erhobenen Forderungen?
2. In welchen Punkten werden
a) „nationale“
b) „sozialistische“ Forderungen erhoben?
3. Welchen gesellschaftlichen Gruppen werden in welchen Punkten des Programms „Angebote“ gemacht?

▶ QUELLE 2 Ein Entschluss von welthistorischer Bedeutung (Auszug aus „Mein Kampf“)

[...] Elende und verkommene Verbrecher!
Je mehr ich mir in dieser Stunde über das ungeheure Ereignis klarzuwerden versuchte, um so mehr brannte mir die Scham der Empörung und der Schande in der Stirn. Was war der ganze Schmerz der Augen gegen diesen Jammer?
Was folgte, waren entsetzliche Tage und noch bösere Nächte – ich wußte, daß alles verloren war. Auf die Gnade des Feindes zu hoffen, konnten höchstens Narren fertigbringen oder – Lügner und Verbrecher. In diesen Nächten wuchs mir der Haß gegen die Urheber dieser Tat.
In den Tagen darauf wurde mir auch mein Schicksal bewußt. Ich mußte nun lachen bei dem Gedanken an meine eigene Zukunft, die mir vor kurzer Zeit noch so bittere Sorgen bereitet hatte. War es nicht zum Lachen, Häuser bauen zu wollen auf solchem Grunde? Endlich wurde mir auch klar, daß doch nur eingetreten war, was ich so oft schon befürchtet, nur gefühlsmäßig nie zu glauben vermochte.
Kaiser Wilhelm II. hatte als erster deutscher Kaiser den Führern des Marxismus die Hand zur Versöhnung gereicht, ohne zu ahnen, daß Schurken keine Ehre besitzen. Während sie die kaiserliche Hand noch in der ihren hielten, suchte die andere schon nach dem Dolche.
Mit dem Juden gibt es kein Paktieren, sondern nur das harte Entweder – Oder.
Ich aber beschloß, Politiker zu werden [...]

(Walter Hofer [Hrsg.]: Der Nationalsozialismus. Dokumente 1933–1945, Frankfurt a. M., Fischer-Bücherei 1957, S. 21)

1. Auf welches politisches Ereignis bezieht sich der Auszug aus „Mein Kampf“?
2. Charakterisieren Sie Stil und Sprache des Werks.

▶ QUELLE 3 Die Wählerschaft der NSDAP

- Die NSDAP profitierte nach 1928/30 stärker als andere Parteien von der Aktivierung früherer Nichtwähler.
- Sie gewann von den Wechselwählern relativ viele von den bürgerlichen Mittelparteien, den Regionalparteien und von der SPD. (Über ein verhältnismäßig stabiles Wählerreservoir verfügten die beiden katholischen Parteien – Zentrum und Bayerische Volkspartei – und die KPD.)
- Vor 1932/33 war die NSDAP attraktiver für männliche Wähler: bezüglich des Alters überwogen die jüngeren Jahrgänge.
- Während vor 1930 Angehörige des alten Mittelstandes (kleinere Kaufleute, Handwerker, selb-

ständige Landwirte) stark zur NSDAP tendierten, wuchs später die Wählerschaft aus dem sogenannten neuen Mittelstand (Angestellte, Beamte).

- Von den Arbeitslosen wählten die Angestellten mehr die NSDAP, die Arbeiter mehr die KPD.
- Die schwierige Lage der bäuerlichen Familienbetriebe führte vor allem in den protestantischen Gegenden zu einem Wählerzustrom zur NSDAP; in Gebieten mit agrarischen Großbetrieben konnte die DNVP lange ihre starke Stellung halten; in den katholischen Landwirtschaftsgebieten erwiesen sich Zentrum und Bayerische Volkspartei als relativ stabil.
- In kleineren und mittleren Gemeinden hatte die NSDAP höhere Wählerzahlen als in Großstädten.

(Helmut Kistler: Der Nationalsozialismus. In: Informationen zur politischen Bildung. Hefte 123/126/127 Neudruck 1984, S. 17)

1. Aus welchen gesellschaftlichen Schichten kamen die Wähler der NSDAP?
2. Wie ist das relativ stabile Wählerreservoir von Zentrum und KPD zu erklären?

AUFGABEN

1. Vergleichen Sie die Haltung der westlichen Siegermächte nach dem Ersten Weltkrieg mit der nach dem Zweiten Weltkrieg.

2. Nennen und erläutern Sie die wesentlichen Bestimmungen des Versailler Vertrages. Stellen Sie die wichtigsten Bestimmungen in einer Mindmap zusammen. Warum belastete dieser Friedensvertrag die Weimarer Republik?

3. Diskutieren Sie über die Berechtigung eines Generalstreiks
   - im März 1920 im Deutschen Reich,
   - heute in der Bundesrepublik Deutschland.

   Organisieren Sie ein Plan- oder Rollenspiel zum Thema „Generalstreik".

4. Vergleichen Sie die Inflation der ersten deutschen Republik mit der schleichenden Geldentwertung in der zweiten.

5. Erläutern Sie die Aussage „Berlin ist nicht Weimar!".

6. Definieren Sie folgende Begriffe:
   - Notverordnung
   - Präsidialkabinett
   - einfaches Misstrauensvotum
   - „Rapallo-Politik"

7. Beschreiben Sie die Gründe, die zum Scheitern der Weimarer Republik geführt haben.

8. Skizzieren Sie die Entstehung und den Aufstieg der NSDAP mit eigenen Worten. Visualisieren Sie Ihre Aussagen in geeigneter Form.

HOT Grundlegende Arbeitstechniken und Methoden 7:
Fallstudie

Exemplarisches Lernen bedeutet, dass man anhand eines bestimmten, repräsentativen Beispiels auf allgemeine Erscheinungen, Gegebenheiten oder Gesetzmäßigkeiten schließen kann. Nicht nur in der Politik- und Geschichtswissenschaft ist dies sehr häufig der Fall: Gerade an einem konkreten Einzelfall können theoretische Aussagen verdeutlicht, ergänzt und ggf. auch korrigiert werden.

Ein *Beispiel:* Beim Umbau einer alten Scheune tauchen die Prozessakten eines 1525 hingerichteten Bauern auf. Diese Schriftstücke geben Aufschlüsse und Hinweise über den Bauernkrieg, der in diesem Jahr große Teile Deutschlands überzogen hatte. An diesem einen Fall kann man etwas über die Beweggründe der Bauern erfahren, einen solchen Aufstand anzuzetteln, man erfährt, wie die Obrigkeit reagierte und wie sich der Konflikt zum Krieg ausweitete.

Im Mittelpunkt einer jeden Fallstudie stehen zunächst die Informationsbeschaffung und die Bewertung des Falles. In unserem Beispiel müssten also Informationen über die rechtlichen Grundlagen des Prozesses, über die ethisch-moralischen Maßstäbe der Zeit, über die Herrschaftsverhältnisse usw. eingeholt werden. Ferner müsste natürlich geprüft werden, ob der vorliegende Fall wirklich repräsentativ ist oder vielleicht nur ein Einzelfall, bei dem besondere Umstände vorhanden waren.

Die Fallstudienarbeit vollzieht sich in vier Schritten:

Konfrontation

1. Sie werden mit einem bestimmten Fall bekannt gemacht und bekommen dazu eine konkrete Aufgabe. Häufig müssen Sie auch selbst herausfinden, worin das Problem besteht bzw. worin Ihr Interesse an diesem Fall liegt. Unmittelbar im Anschluss an diese Einleitung, an **die Konfrontation mit dem Fall**, müssen Arbeitsaufträge vergeben und die weitere Vorgehensweise besprochen werden. Immer wird dies zunächst heißen:

Information

2. **Informationen beschaffen und auswerten**, die man zur weiteren Bearbeitung des Falls benötigt. Diese Informationen können aus Fachbüchern, aus dem Internet usw. besorgt werden, man kann natürlich auch eine Expertenbefragung durchführen.

Bewertung

3. Bei der **Bewertung des Falls** sollte immer berücksichtigt werden, dass es fast nie nur eine richtige Lösung gibt, sondern dass es mehrere Sichtweisen ein- und desselben Falles geben kann. Gerade bei politischen und/oder moralischen Bewertungen müssen auch die zeit- und gesellschaftstypischen Maßstäbe mitberücksichtigt werden.

Vergleich

4. Wenn dies möglich ist, wird die Fallstudie durch einen **Vergleich mit der Wirklichkeit** abgeschlossen. Sie haben sich mit einem Fall beschäftigt und eine Lösung gefunden bzw. diesen Fall bewertet. Vielleicht war der Fall auch schon Gegenstand wissenschaftlicher Forschung? Vielleicht wurde das von Ihnen theoretisch bearbeitete Problem schon einmal in der Praxis erprobt, so z. B. im Bereich politischer Entscheidungen? Gerade in solch einer Situation ist es immer interessant, Ihr eigenes „Urteil" mit dem tatsächlich von einem Gericht gesprochenen zu vergleichen.

8 Der Nationalsozialismus

„Du bist nichts, Dein Volk ist alles!"
„Recht ist, was dem Volke nützt."
„Deutschland muß leben, und wenn wir sterben müssen!"
„Fahnensprüche" im „Dritten Reich"

SCHLÜSSELDATEN

1933	30. Januar: Hitler wird Reichskanzler
1934	Hindenburg gestorben; Hitler wird Reichspräsident
1935	Flottenabkommen mit England
1936	Besetzung der entmilitarisierten Rheinlande
1938	Einverleibung Österreichs und des Sudetenlandes Abkommen von München
1939	„Zerschlagung" der Tschechoslowakei 1. September: Angriff auf Polen
1940	April: Besetzung Dänemarks und Norwegens Mai: Feldzug gegen Frankreich und die Beneluxstaaten
1941	März: Angriff auf Griechenland und Jugoslawien 22. Juni: Angriff auf die Sowjetunion 11. Dezember: Kriegserklärung an die USA
1943	Kriegswende, Februar: Kapitulation der 6. Armee in Stalingrad
1944	20. Juli: Attentat auf Hitler
1945	8. Mai: Bedingungslose Kapitulation der deutschen Wehrmacht

www.bpb.de/geschichte/nationalsozialismus/dossier-nationalsozialismus

Drittes Reich

Die Geschichte kennt nicht viele Beispiele dafür, dass eine diktatorische Staatsführung in wenigen Jahren die nahezu vollständige Herrschaft im Innern erringt und kurz darauf fast sämtliche Nachbarstaaten militärisch besiegt und dennoch nach einer – weltgeschichtlich betrachtet – äußerst kurzen Zeitspanne von nur zwölf Jahren ihrem Land und Volk die größte Niederlage seiner Geschichte beschert. Das nationalsozialistische **„Dritte Reich"** unter *Hitler* ist ein solches Beispiel. Noch heute, so viele Jahrzehnte später, rätseln Zeitgenossen, die diese Ära erlebt haben, darüber, *wie „es" geschehen konnte.* Historiker und Wissenschaftler benachbarter Disziplinen diskutieren in zum Teil heftigen Kontroversen, was denn die *eigentliche* Ursache dafür war, dass ein Kulturvolk wie die Deutschen sich in seiner Mehrheit in den Erfolgsjahren Hitlers nur allzu willig seiner Herrschaft unterwarf und dass im Namen dieses Volkes unter Mithilfe vieler Deutscher Verbrechen begangen wurden, für die es in der Geschichte keine Parallelen gibt.

Ursachen

Wie stets bei historischen Ereignissen greift der Versuch zu kurz, eine einzige Ursache allein oder als die wesentliche dingfest zu machen. Lag der Hauptgrund in dem verlorenen Ersten Weltkrieg? Auch das kaiserliche Österreich-Ungarn hatte den Krieg verloren und sogar stärkere Gebietsverluste erlitten als das Deutsche Reich, aber die Nationalsozialisten konnten in Österreich erst nach dem „Anschluss" 1938 an die Macht kommen. Ist nicht die entscheidende Ursache in der Weltwirtschaftskrise zu Beginn der 1930er-Jahre zu suchen? Für diese These spricht immerhin, dass Hitlers Aufstieg, ablesbar an der wachsenden Zahl seiner Wählerstimmen, zeitlich weitgehend deckungsgleich mit der Vergrößerung der wirtschaftlichen Not und der Arbeitslosenquote lief. Doch diese weltweite Wirtschaftskrise hatte in den USA und bei den ehemaligen Kriegsgegnern, wie Großbritannien und Frankreich, kaum geringere soziale Folgen, und dennoch erwuchs in keinem anderen industrialisierten Land eine vergleichbare totalitäre Bewegung. Lediglich der **Faschismus** in *Mussolinis* Italien wies verwandte Beziehungen auf, auch wenn er gesellschaftlich niemals die Totalität wie in Deutschland erreichte und seine Ideologie

Faschismus

Rassenlehre
Anti-Haltungen
Führerprinzip
▶ Q. 1

eine spezielle **Rassenlehre** nicht kannte. Der italienische Faschismus, und *Hitler* hat sich mehrfach auf ihn berufen, teilt mit dem deutschen Nationalsozialismus die **Anti-Haltungen** (siehe S. 210 f.) und das **Führerprinzip** des **autoritären Staates**.

Umstritten bleibt auch, welche Rolle und Bedeutung der Person *Adolf Hitlers* zukommt.

Ist *alles,* was geschah, nur durch ihn bewirkt und erklärbar? Oder ist nicht manches auch ohne seinen Willen oder gar gegen seinen Willen erfolgt? Gerade die letzte Annahme hat viele Deutsche dazu verleitet, mit dem Satz „Wenn das der Führer wüsste", sich den Glauben an Hitler bis Kriegsende zu bewahren. Der Zeithistoriker *Eberhard Jäckel* sagt zu dieser Problematik: „Im 3. Reich konnte sicherlich vieles ohne Hitlers Willen geschehen; aber nichts *gegen* ihn."[1]

Im Jahre 1996 erregte das Buch des jungen US-Historikers *Daniel J. Goldhagen* „Hitlers willige Vollstrecker – Ganz gewöhnliche Deutsche und der Holocaust" großes Aufsehen. Goldhagen behauptet, dass der Nationalsozialismus kein „Betriebsunfall" der deutschen Geschichte und der Holocaust ein organisches Resultat eben dieser NS-Herrschaft gewesen wäre. Die Deutschen schlechthin, nicht einzelne oder bestimmte Gruppen, hätten entweder durch zustimmende Duldung oder gar durch tätiges Mitwirken den massenhaften Judenmord in Europa ermöglicht und vollzogen. Der fehlende massive Widerstand der Mehrheit der Deutschen gegen die Judenvernichtung wird als Beweis der **Zustimmung** gewertet.

Zustimmung

Unstreitig scheint aber zu sein, dass Deutschland gewisse Rahmenbedingungen bot, in dem die Saat des Nationalsozialismus besonders gedieh und kompromisslos durchgesetzt wurde. Dazu gehören das Ruhe- und Schutzbedürfnis, die protestantisch geprägte Untertanenneigung, die ausgeprägten Wertvorstellungen von Disziplin und Gehorsam bis hin zur apolitischen Grundhaltung. Der Historiker *Joachim Fest* schreibt dazu in seiner Hitlerbiografie:

Mittellage

„Aus seiner [Deutschlands] geographischen **Mittellage** hatte es schon frühzeitig Einkreisungs- und Abwehrkomplexe entwickelt, die sich in der nie verwundenen Greuelerfahrung des Dreißigjährigen Krieges, als das Land in eine menschenarme Wüste verwandelt wurde, furchtbar bestätigt sahen. Die folgenreichste Hinterlassenschaft des Krieges war ein traumatisches Gefühl des Ausgeliefertseins sowie eine tiefsitzende Angst vor allen chaotischen Zuständen. [...]

Obrigkeit

Die Ruhe, die als die erste Bürgerpflicht galt, war zugleich immer auch der erste Bürgeranspruch an die **Obrigkeit**, Angst und Not vom Land fernzuhalten, und das protestantische Obrigkeitsverständnis hat diese Vorstellung noch ideologisch abgestützt. [...]

Führerkult

Die für das deutsche Bewusstsein so ungemein suggestiven Kategorien der Ordnung, Disziplin und Strenge gegen sich selbst, die Ideologisierung des Staates als unanfechtbare Instanz und *Aufhalter des Bösen* oder auch der Führerglaube haben in solchen unvergessenen Erfahrungen der Geschichte ihren Ursprung. Die Schutzbedürfnisse, die sich darin offenbaren, hat Hitler wirksam aufgegriffen und durch eine gering stilisierende Wendung seinen Herrschaftsabsichten nutzbar machen können: im **Führer- und Gefolgschaftskult**, der seinen Unterwerfungsanspruch ideologisierte, oder durch die Geometrie militärähnlicher Aufmärsche, die den eingewurzelten Abwehrinstinkt gegen chaotische Zustände anschaulich beschwor."
(Joachim Fest: Hitler. Frankfurt a. M., Propyläen 1973, S. 519 f.)

Tausendjähriges Reich

Schon vor der nationalsozialistischen *Machtergreifung* 1933 hatte die Parteiführung daran gedacht, „ihren" Staat nicht als eine bloße Fortsetzung der *Weimarer Republik* zu verstehen, sondern als die Wiederherstellung alter Reichsvorstellungen. Der NS-Staat sollte in einem *Kontinuum* (zusammenhängende Entwicklung) stehen, das sich vom Reich *Heinrichs I.* (911) über das „zweite" Reich von 1871 bis zum „dritten" 1933 erstreckte. Am 10. Mai 1940, dem Beginn des Frankreichfeldzuges, verkündete Hitler den deutschen Truppen in einem Tagesbefehl, dass der *nun beginnende Kampf das Schicksal des Deutschen Reiches für die nächsten tausend Jahre bestimmt.* Das war sozusagen die Geburtsstunde des **Tausendjährigen Reiches**, das bereits fünf Jahre später unterging.

1 Eberhard Jäckel: Vollzug einer Weltanschauung, 4. Aufl., Stuttgart, DVA 1999, S. 24.

8.1 Die nationalsozialistische Ideologie

DARSTELLUNG
www.bildung-gegen-rechtsextremismus.de

Im Schrifttum des Nationalsozialismus gibt es keine geschlossene Darstellung der nationalsozialistischen Weltanschauung. *Alfred Rosenbergs* berühmt-berüchtigtes Buch „Der Mythos des 20. Jahrhunderts" wurde von *Hitler* selbst und seiner Umgebung manchmal belächelt, *Heinrich Himmlers* SS-Ideologie blieb auch einigen hohen Repräsentanten der NSDAP fragwürdig. Die geistige Doktrin des NS-Staates muss aus einer Vielzahl unzusammenhängender Quellen ermittelt werden, wobei sicherlich *Hitlers* „Mein Kampf" und seine Reden die wichtigsten sind. Im Folgenden werden nur die von der historischen Forschung als wesentlich anerkannten Elemente behandelt und jeweils belegt.

„Mein Kampf"

8.1.1 Der Rassismus

Die Lehre von der Überlegenheit der „arischen Rasse" als die führende unter den weißen Rassen geht letztlich auf den französischen Philosophen *Arthur de Gobineau* (1816–1882) zurück. In Deutschland wurde diese Rassenlehre, nunmehr erweitert durch den **Antisemitismus**, durch das Buch des Engländers *Houston Stewart Chamberlain* (1855–1927) „Die Grundlagen des 19. Jahrhunderts" (1899) bekannt. Ursprünglich war der Begriff *arisch* ein Gattungsname für bestimmte verwandte Sprachgruppen, nun wurde er als biologisches Merkmal für rassische Verwandtschaften ge- und missbraucht. Hitler steigerte diese willkürliche Nutzung durch eine völlig subjektive Interpretation, ohne jeden empirischen oder theoretisch-wissenschaftlichen Beleg. Für ihn erschien es als selbstverständlich vorgegeben, dass die Germanen den arischen Kern bildeten und das deutsche Volk diesen noch am reinsten erhalten habe.

Antisemitismus

Nun konnten auch die NS-Ideologen nicht leugnen, dass nur der kleinere Teil der Deutschen die idealen „reinrassigen" Merkmale, wie schlank, hochgewachsen, blauäugig und blond, aufwies. Also unterteilte man die **Arier** in Gruppen, wie *fälische, dinarische, westische* u. a. Rassen, von denen die *nordische* als die edelste galt. Der *nordische Mensch* besitze nicht nur die genannten körperlichen Vorzüge, ihm seien – angeblich – in besonderem Maße vorbildliche Charaktereigenschaften eigen, wie Mut, Opferbereitschaft, Treue, Tapferkeit, die bei anderen arischen Rassen schwächer ausgeprägt wären und bei den *Nichtariern* zum Teil ganz fehlten. Der Gedanke, das deutsche Volk rassisch hochzuzüchten, lag nahe, und mit dem Versuch einer „Aufnordung" wurde noch während des Krieges allen Ernstes begonnen.

Arier

Die **NS-Rassenlehre** trieb groteske Blüten. So mussten beispielsweise die Schüler in Gymnasialklassen sich gegenseitig rassisch einstufen, und peinlich war es für den unterrichtenden Biologielehrer, wenn ausgerechnet der dunkelhäutige „Schrumpfgermane" dem großen Blonden sportlich überlegen war. Wie sollte er dies unter Beachtung der amtlichen Richtlinien der Klasse erklären?

NS-Rassenlehre

Dem Idealtyp der „arischen Rasse" wurde als stärkster Kontrast die „semitische Rasse" gegenübergestellt, die als minderwertigste Rasse bezeichnet wurde. *Hitler* hat zwar seinen Antisemitismus unter anderem mit „Erkenntnissen" aus obskuren Broschüren eines Tabakwarenladens begründet, die er im Wiener Obdachlosenheim gelesen hatte und die beispielsweise den Titel „Bist du blond?" trugen. Aber unbezweifelbar ist, dass – ähnlich wie in anderen Staaten – auch in der deutschen Bevölkerung ein latenter Antisemitismus vorhanden war. So fiel die Propaganda, dass alles „Jüdische" die Verkörperung des Dunklen, Verwerflichen, ja des Bösen schlechthin sei, auf einen fruchtbaren Boden. Nach dem verlorenen Krieg und nach der Inflation waren viele Deutsche, vor allem das verarmte Kleinbürgertum, nur zu gern bereit, eine Art jüdische Weltverschwörung als Ursache für ihre Not anzunehmen.

▶ Q. 2

Die Pseudowissenschaftlichkeit der gesamten nationalsozialistischen Rassenlehre wurde spätestens offenbar, als versucht wurde zu bestimmen, wer von den Deutschen nun *Jude* sei. Trotz fast verzweifelt wirkender Bemühungen, die rassische Zugehörigkeit anhand von körperlich sichtbaren Merkmalen zu bestimmen, wie z. B. Form der Nase oder des Gesäßes (!), gelang das

Nürnberger Gesetze
Reichsbürger

selbstverständlich nicht. So bestimmten die **Nürnberger Gesetze**, nach denen nur Deutsche „arischer Abstammung" **Reichsbürger** sein konnten, die *biologische* Abstammung mithilfe der *Konfessionszugehörigkeit.*

Ariernachweis

Der **Ariernachweis** war nichts anderes als ein Auszug aus Kirchenbüchern, aus denen die christliche Taufe der (Ur-)Großeltern hervorging. Wer als Abkömmling jüdischer Vorfahren das Glück hatte, dass seine Ahnen sich drei Generationen vor ihm hatten taufen lassen, blieb unbehelligt.

Die Rassenlehre, so wissenschaftlich unhaltbar sie auch war und so wenig die *Reinrassigkeit* gerade für das deutsche Volk diagnostiziert werden konnte, blieb bis Kriegsende das propagandistische Instrument und die ideologische Rechtfertigung für alle Opfer und Leiden, die die Menschen in Deutschland zu ertragen hatten.

8.1.2 Der Sozialdarwinismus

Unter „Sozialdarwinismus" wird eine um die Jahrhundertwende entstandene *soziologische* Auffassung verstanden, nach der die Erkenntnisse von *Charles Darwin* (1809–1882) auf die Gesellschaft angewandt werden.

Dazu gehören:

- Der soziale Konflikt resultiert nicht etwa aus ungleichen Vermögens- und Einkommensverhältnissen oder gegensätzlichen wirtschaftlichen Interessen sowie unterschiedlichen politischen Meinungen, sondern ist die Folge eines allgemeinen „Struggle of Life".

Kampf ums Dasein

- Dieser **Kampf ums Dasein** ist objektiv unvermeidbar und bestimmt das soziale Leben nicht nur innerhalb, sondern auch zwischen den Gesellschaften.
- Sieger in diesem Kampf werden jene Individuen und Gesellschaften, die sich durch ihre vererbten Anlagen am besten durchsetzen und fortpflanzen können.
- Das „Survival of the Fittest" ist nichts anderes als das *Gesetz der natürlichen Auslese* im politisch-sozialen Bereich – die nicht Durchsetzungsfähigen werden *ausgemerzt.*

Sozialdarwinismus

Hitler vergröberte im Rahmen seiner Weltanschauung diesen *politischen Darwinismus* abermals und proklamierte geradezu das Recht und die Pflicht der überlegenen arischen Rasse und insbesondere der Deutschen, schwächere Völker zu unterwerfen und „minderwertige" Rassen auszubeuten. Was ursprünglich im **Sozialdarwinismus** primär als politischer und sozialer Behauptungs- und Durchsetzungskampf verstanden wurde, steigerte sich bei *Hitler* zum Gebot der kriegerisch-militärischen Aggression. Letzte, erbarmungslose Konsequenz war, dass der Nationalsozialismus einerseits auf besonderen *Eliteschulen (Nationalpolitischen Erziehungsanstalten, Adolf-Hitler-Schulen)* „Auserlesene" zum Führungsnachwuchs heranzüchtete und andererseits „lebensunwertes Leben" vernichtete.

Kritik

Die Kritik am Sozialdarwinismus lässt sich in wenigen Sätzen zusammenfassen:

1. Der englische Naturforscher *Darwin* hat mit seinem „Daseinskampf" lediglich ein Gesetz formuliert, das für von Menschen unbeeinflusstes Naturgeschehen gilt.

2. Im Sozialdarwinismus, besonders in der extremen Ausprägung im Rahmen des Faschismus, werden zwei völlig unterschiedliche Bereiche vermischt. Die Feststellung, dass in der Natur eine bestimmte Tendenz gilt, ist eine wissenschaftliche *Erkenntnis,* ob sie aber zur Richtschnur politischen Handelns gemacht werden soll, ist eine menschliche *Entscheidung.*

3. Das Sozialverhalten der Menschen vollzieht sich nicht einfach in regellosem Kampfgeschehen, sondern schafft Normen und Regeln, die auf Dauer angelegt sind.

4. Im Sozialdarwinismus haben moralische und ethische Begriffe keinen Platz. Der Daseinskampf kennt keine *Solidargemeinschaft,* keine Hilfe und keinen Schutz für die Schwachen,

und für *Entwicklungshilfe* bliebe beispielsweise so überhaupt keine Rechtfertigung. Gerade die humane Entscheidung, auch dem von Natur körperlich und geistig Schwächeren zu helfen, steht dieser *Auslese- und Ausmerzungsdoktrin* entgegen. Die Übertragung der *Rassenlehre* und der *Verhaltensforschung* der Tiere auf den Menschen führt letztlich zu einer **Biologisierung** der Politik. Hieraus das vermeintliche Recht abzuleiten, einen Offensivkrieg zu führen, ist der Versuch, eine **Ideologie** praktisch umzusetzen.

Biologisierung

▶ Q. 3

8.1.3 Der Anspruch auf Lebensraum

Schon früh hat *Hitler* „neuen Grund und Boden" gefordert. Er rief auf „zum Vormarsch auf jener Straße, die aus der heutigen Beengtheit des Lebensraumes dieses Volkes hinausführt". Unmissverständlich formulierte er: „Staatsgrenzen werden durch Menschen geschaffen und durch Menschen geändert." In konsequenter Anwendung sozialdarwinistischer Vorstellungen heißt es in seinem Buch „Mein Kampf" weiter: „Das Recht auf Grund und Boden kann zur Pflicht werden, wenn ohne Bodenerweiterung ein großes Volk dem Untergang geweiht erscheint." Denn „Deutschland wird entweder Weltmacht oder überhaupt nicht sein". Auch die Stoßrichtung, in der die Bodengewinnung erfolgen soll, wird offenbart: „Wir stoppen den ewigen Germanenzug nach dem Süden und Westen Europas und weisen den Blick nach dem Land im Osten."

(Alle Zitate aus: Adolf Hitler: Mein Kampf, 372. Aufl. München, Eher 1938, S. 739 ff.)

Bodenerweiterung

▶ Q. 4 bis 7

Der Versuch, diese ausdrücklich als außenpolitisch bezeichnete Zielsetzung – schon lange vor der *Machtergreifung* formuliert – zu verwirklichen, musste zwangsläufig zum **Angriffskrieg** führen. Es bleibt für die Nachfahren wahrscheinlich für immer ein Rätsel, warum die Zeitgenossen *Hitlers* dies nicht oder nicht rechtzeitig gesehen haben. Eine Politik, die eine Lebensraumerweiterung proklamiert, obwohl es auf diesem Planeten schon seit über 100 Jahren praktisch kein herrenloses Land mehr gibt, plant den Krieg als Mittel zur Interessendurchsetzung bewusst ein. Der Kriegsbeginn 1939 durfte also im In- und Ausland im Grunde niemanden überraschen (siehe S. 229 ff.).

Angriffskrieg

8.1.4 Das Führerprinzip

Schon in den ersten Auflagen seines Buches hatte *Hitler* gefordert, dass die nationalsozialistische Bewegung den Grundsatz der „unbedingten **Führerautorität**, gepaart mit höchster Verantwortung" vertreten müsse. Das von Anfang an für die NSDAP geltende, wenngleich von *Hitler* erst nach erheblichem Widerstand in seinen Reihen durchgesetzte Prinzip wurde nach 1933 zum tragenden Strukturmerkmal in Staat, Gesellschaft und Wirtschaft. Dieses Führerprinzip beruht auf folgenden Grundsätzen:

Führerautorität

▶ Q. 8

- Alle Funktionen, Kompetenzen und Machtträger werden von oben nach unten bestimmt und eingesetzt.
- Der Untergebene hat seinen Vorgesetzten absoluten, bedingungslosen **Gehorsam** zu leisten.
- Jeder Funktionsinhaber ist nur „nach oben", nicht aber „nach unten" oder seinen gleichrangigen Mitarbeitern rechenschaftspflichtig und verantwortlich.

Gehorsam

▶ Q. 9

Auf den ersten Blick erscheint das Führerprinzip nur die Anwendung des Organisationsgrundsatzes einer **Hierarchie** zu sein, wie sie in öffentlichen Verwaltungen, großen Industrieunternehmen und vor allem in den Armeen der Welt praktiziert wird. Tatsächlich aber sind die Unterschiede zumindest in den demokratischen Staaten erheblich. Befehle, die gegen Recht und Gesetz verstoßen, dürfen eben nicht befolgt werden, die höchsten Machtinhaber sind demokratisch legitimiert und abrufbar und schließlich gibt es eine Vielzahl von Sicherungen, angefangen vom *Personalvertretungsgesetz* bis zum *Beschwerde- und Klagerecht* – von der Mobilisierung der öffentlichen Meinung ganz zu schweigen –, die einen Missbrauch des *Weisungsrechts* der Vorgesetzten verhindern können.

Hierarchie

Aufmarsch beim Nürnberger Parteitag der NSDAP 1933, in der Mitte Adolf Hitler und Ernst Röhm

Führerkult

Die Orientierung der staatlichen Organe und die gläubige Hinwendung aller gesellschaftlich relevanten Gruppen auf die *Person Hitlers* wäre ohne den **Führerkult** nicht möglich gewesen. Für uns heute bleibt es unfassbar, wie Millionen von Menschen in einer Art religiöser Hingabe mit einem Fanatismus sondergleichen an diesen Mann *glaubten*.

Großveranstaltungen

Eine wenigstens teilweise Erklärung dafür liefert die Technik der nationalsozialistischen Propaganda, die außerordentlich geschickt die Gefühle der Massen nutzte, um sie zu manipulieren. Bei **Großveranstaltungen** erschien der „Führer" grundsätzlich zu spät. Bis dahin wurde die Menge mit Musik und Sprechchören in steigende Spannung gebracht, die Stirnwand des Saales „zierten" Spruchbänder etwa mit dem Satz: *Der Führer hat immer recht.* Endlich erschien – ER!

▶ Q. 10

Hitlers Wunsch und Wille wurde zum Gesetz. Ein Stück Papier, das den Briefkopf „Der Führer" und seine Unterschrift trug, hatte Gültigkeit und Wirksamkeit eines förmlichen Gesetzes. Selbst verbrecherische Weisungen erhielten durch seine Anordnung den Schein des Rechts und den Sinn, richtig im Sinne der nationalsozialistischen Idee und des Staates zu sein. Dem *„Führer"* wurde eine pseudoreligiöse *Unfehlbarkeit* zugeschrieben.

8.1.5 Die Anti-Haltungen

Anti-Haltungen

Die nationalsozialistische Ideologie ist durch eine Reihe von **Anti-Haltungen** charakterisiert, die das Wesen dieser Weltanschauung in der Verneinung deutlicher machen als ihre „positiven" Aussagen.

„Positives Christentum"

Der ablehnende Grundzug des Nationalsozialismus war:

- **antichristlich und antikirchlich:** Angesichts der traditionellen Verwurzelung der deutschen Bevölkerung im Christentum glaubte *Hitler* zwar, den offenen Kampf gegen die Kirche vor allem während der Kriegszeit nicht wagen zu können. Aber langfristig planten die nationalsozialistischen Ideologen die Ablösung des christlichen Glaubens mit seinem „jüdischen Gott" durch ein „positives Christentum" mit einem „deutschen Gott".

- **antiindividuell und antiliberal:** Grundrechte, unveräußerliche Menschenrechte, staatsfreie Individualsphäre waren dem Nationalsozialismus wesensfremd, vertrugen sich nicht mit seiner Auffassung von der **Allmacht des Staates**, verkörpert in der Person des „Führers“, dessen Wille grundsätzlich keine Schranken kannte.
- **antidemokratisch:** Die Staats- und Gesellschaftsordnung des *„Dritten Reiches“* besaß keine Gewaltenteilung, keinen Rechtsschutz für Minderheiten, keine Begrenzung der Exekutivgewalt durch Recht und Gesetz, keine *Partizipations- und Mitwirkungsmöglichkeit* der Bürger am staatlichen Willensbildungsprozess, vor allem aber keine *Wahl- und Abwahlmöglichkeiten* der Machtinhaber.

Hitlerjugend

Allmacht des Staates

- **antipluralistisch:** Jede Spielart des Faschismus geht von der *verschworenen* „Volksgemeinschaft“ aus, die als vorgegebene Einheit unterstellt wird. Es sind die Parteien und Verbände, die das Volk in Konflikte und klassenkämpferische Auseinandersetzungen stürzen. Die Anklage von der „Parteizerrissenheit“ des deutschen Volkes gehörte zum Standardrepertoire der Reden *Hitlers* in den Wahlkämpfen.

Volksgemeinschaft

- **antimodern:** Deutschland war 1933 ein hoch industrialisiertes Land, auch wenn der Anteil der Agrarproduktion an der volkswirtschaftlichen Gesamtleistung bei 25 % lag. Desto erstaunlicher war die Rückwendung, das ideologische Anknüpfen an bäuerliche Traditionen, wie sie in einem **Blut-und-Boden-Mythos** ihren Ausdruck fand. Auf dem Land glaubte man noch das Wahre, Unverfälschte, Echte zu finden; dagegen galt die Industriestadt als die Verkörperung des Degenerierten, Verweichlichten, des im Grunde Kranken. Zu dieser Ablehnung passte die Kritik an der modernen Kunst, die sich bis zum staatlichen Verbot sog. entarteter Kunst steigerte.

Blut-und-Boden-Mythos

- **antiinternational:** Wirtschaftlich zeigte sich diese Haltung in einem an den Realitäten vorbeigehenden **Autarkiestreben**, politisch im Unwillen und Unvermögen, gerade auch mit den ehemaligen Feinden und potenziellen Gegnern dauerhafte Verträge abzuschließen und sie zu halten. Die für ein internationales Zusammenleben unabdingbaren Voraussetzungen wie *Vertragstreue, Zuverlässigkeit, Berechenbarkeit* lehnte der Hitlerfaschismus ab und ordnete sie vermeintlichem Volksnutzen unter.

Autarkiestreben

- **antifreiheitlich:** Darin liegt wohl der entscheidende Kern aller nationalsozialistischen Anti-Haltungen. In dieser ablehnenden Einstellung ist die Quelle für seine Inhumanität, seine Fortschrittsfeindlichkeit und seinen *totalitären Herrschaftsanspruch* zu suchen. Ein Fahnenspruch wie *Du bist nichts, Dein Volk ist alles* entlarvt die Ideologie als menschenverachtend.

▶ Q. 11 bis 13

Der Nationalsozialismus ist eine Variante des **Totalitarismus**. Totalitarismus geht weiter und dringt tiefer in die Lebensbereiche der Menschen ein. Seine Merkmale sind

Totalitarismus

- verbindliche Staatsideologie als Verheißungslehre,
- umfassende staatliche Propaganda unter Ausschaltung der Medienfreiheit,

- Einparteienherrschaft,
- keine freie Wahl und Abwahl der Herrschenden,
- geheimer Überwachungs- und Kontrollapparat zur Erstickung und Unterdrückung der Opposition,
- staatliche Planwirtschaft.

Obwohl die DDR mit dem „Dritten Reich" nicht gleichgesetzt werden darf, hatte sie unleugbar in ihrer Struktur ebenfalls totalitäre Elemente.

▶ QUELLE 1 Zum Faschismus

Der Faschismus leugnet, daß die Zahl, bloß weil sie Zahl ist, die menschliche Gesellschaften leiten und vermöge einer periodischen Befragung registrieren könne. [...] Niemals stärker als in diesem Augenblick haben die Völker Durst nach Autorität, nach Direktiven und nach Ordnung. Wenn jedes Jahrhundert seine Lehre hat, so wird aus tausend Zeichen sichtbar, daß das gegenwärtige Jahrhundert das des Faschismus ist. Der Faschismus ist heute die Zusammenfassung all der Ideen, die, wenn sie in die Wirklichkeit überführt werden, einen Höhepunkt in der Geschichte des menschlichen Geistes bedeuten.

(Benito Mussolini in der „Enciclopedia Italiana" (1932). Zit. nach: Carl Haensel und Richard Strahl: Politisches ABC des Neuen Reiches. Stuttgart, Engelhorn 1933, S. 26)

Gegen welche Regierungsform richtet sich der Faschismus? Belegen Sie Ihre Aussagen am Text.

▶ QUELLE 2 Zur Rassenlehre

Alles, was wir heute auf dieser Erde bewundern ... ist nur das schöpferische Produkt weniger Völker und vielleicht ursprünglich einer Rasse. Von ihnen hängt auch der Bestand dieser ganzen Kultur ab. Gehen sie zugrunde, so sinkt mit ihnen die Schönheit dieser Erde ins Grab. [...]

Alle großen Kulturen der Vergangenheit gingen nur zugrunde, weil die ursprünglich schöpferische Rasse an Blutvergiftung starb. [...]

Würde man die Menschheit in drei Arten einteilen: in Kulturbegründer, Kulturträger und Kulturzerstörer, dann käme als Vertreter der ersten wohl nur der Arier in Frage. [...]

Den gewaltigsten Gegensatz zum Arier bildet der Jude. [...]

Wären die Juden auf dieser Welt allein, so würden sie ebensosehr in Schmutz und Unrat ersticken wie in haßerfülltem Kampf sich gegenseitig zu übervorteilen und auszurotten versuchen, sofern nicht der sich in ihrer Feigheit ausdrückende restlose Mangel jedes Aufopferungssinnes auch hier den Kampf zum Theater werden ließe. [...]

Daher ist das jüdische Volk bei allen scheinbaren intellektuellen Eigenschaften dennoch ohne jede wahre Kultur, besonders aber ohne jede eigene. Denn was der Jude heute an Scheinkultur besitzt, ist unter seinen Händen meist schon verdorbenes Gut der anderen Völker. [...]

Nein, der Jude besitzt keine irgendwie kulturbildende Kraft, da der Idealismus, ohne den es eine wahrhafte Höherentwicklung des Menschen nicht gibt, bei ihm nicht vorhanden ist und nie vorhanden war. Daher wird sein Intellekt niemals aufbauend wirken, sondern zerstörend und in ganz seltenen Fällen vielleicht höchstens aufpeitschend [...].

(Adolf Hitler: Mein Kampf. 372. Aufl. München, Eher 1938, S. 318 ff.)

1. **Welche Eigenschaften ordnet Hitler den Ariern, welche den Juden zu?**
2. **Welche Eigenschaften und Fähigkeiten werden den Juden abgesprochen?**
3. **Wie rechtfertigt Hitler seine Bewertung der „Rassen"?**

▶ QUELLE 3 Die Weltanschauung des Sozialdarwinismus

Von grundlegender Bedeutung für das Staats-, Kultur- und Bildungsideal ist hier nun die Art, wie Rassen und Völker diesen Kampf um ihren Lebensraum bestehen. Die einen suchen diesen durch Bedürfnislosigkeit, Fügsamkeit, Zähigkeit, vielfach auch Fleiß und allmähliches unmerkliches

Eindringen in schon bevölkerte Räume auszufechten. [...]
Zu diesen Kuli- oder Fellachenrassen gehört die Überzahl der Bevölkerung des Erdballs, das Gros der farbigen Menschen Asiens und Afrikas und das ostbaltisch-ostisch-innerasiatische Volkstum Rußlands. Ein kleiner, aber mächtiger Teil der Erdbevölkerung wählte den Weg der Parasiten. Er suchte sich durch intelligente und heuchlerische Einfühlung und Überlistung in bodenständige Volkstümer einzunisten, diese mit händlerischer Schlauheit um den Ertrag ihrer Arbeit zu bringen und durch raffinierte geistige Zersetzung der Selbstführung zu berauben. Die bekannteste und gefährlichste Art dieser Rasse ist das Judentum.
Die dritte Gruppe endlich führt den Kampf offen, mit Wagemut und selbstbewußtem Einsatz rassischer Kraft. Sie umfaßt die ausgesprochenen Herren- und Kriegerrassen. Sie ringen mit der Natur, um ihr Nahrung und Schätze des Bodens abzugewinnen, erst als Jäger, dann als Hirten und Bauern. Aber sie greifen auch zum Schwerte, wenn man sie ihrer Freiheit berauben will oder andere, insbesondere niedere Rassen, ihrem Nachwuchs einen Lebensraum streitig machen wollen, den sie ungenügend zu nutzen wissen. Nur diese Rassen haben sich als kulturschöpferisch und staatenbildend erwiesen. Die bedeutsamste unter ihnen ist die nordische geblieben, die sich mit ihrer Arbeits- und Wehrkraft über die Hälfte des Erdballs erobert und mit ihrer Technik und Wissenschaft ihn heute fast ganz unterworfen hat, das Vorvolk dieser Rasse aber ist das deutsche. [...]

(Karl Zimmermann: Die geistigen Grundlagen des Nationalsozialismus. Leipzig 1933. Zit. nach: Walther Hofer: Der Nationalsozialismus. Dokumente 1933–1945. Frankfurt a. M., Fischer-Bücherei 1957, S. 32 f.)

1. **Welche Bedeutung wird dem „Kampf um Lebensraum" beigemessen?**
2. **Welche „Rassen" unterscheidet der Autor?**
3. **Nennen Sie die Merkmale, die diesen „Rassen" zugewiesen werden.**

Hitlers Ziele

▶ QUELLE 4

Viel zu sehr von seiner Erlöserrolle überzeugt und unter dem Zeitdruck einer raschen Abwicklung stehend, gelang es Hitler eigentlich niemals, echte Geheimhaltungspolitik über seine Endziele zu treiben. Es war das Dilemma seiner Zeitgenossen, das ausgeuferte Vokabular zwar zu kennen und zum Teil auch zu benutzen, im Gegenteil zu Hitler aber nicht wörtlich zu nehmen. Die Parole „Weltmacht oder Untergang" bedeutete daher, wie Hitler schon lange vor der Machtergreifung in aller Öffentlichkeit unmißverständlich ausgeführt hatte, nicht die Erfüllung wilhelminischer Ziele, sondern Weltherrschaft oder Verschwinden des deutschen Volkes.

(Jochen Thies: Architekt der Weltherrschaft. Düsseldorf, Droste 1976, S. 192 f.)

Worin bestand das Dilemma von Hitlers Zeitgenossen?

Gewinnung von Lebensraum

▶ QUELLE 5

Ansprache Hitlers vor den Oberbefehlshabern der drei Wehrmachtsteile u. a. (Hoßbach-Protokoll) am 5. November 1937

[...] der Führer führte sodann aus: Das Ziel der deutschen Politik sei die Sicherung und die Erhaltung der Volksmasse und deren Vermehrung. Somit handele es sich um das Problem des Raumes.
Die deutsche Volksmasse verfüge über 85 Millionen Menschen, die nach der Anzahl der Menschen und der Geschlossenheit des Siedlungsraumes in Europa einen in sich geschlossenen Rassekern darstellte, wie er in keinem anderen Land wieder anzutreffen sei, wie er andererseits das Anrecht auf größeren Lebensraum mehr als bei anderen Völkern in sich schlösse. [...]
Zur Lösung der deutschen Frage könne es nur den Weg der Gewalt geben, dieser niemals risikolos sein. [...] Stelle man an die Spitze der nachfolgenden Ausführungen den Entschluß zur Anwendung von Gewalt unter Risiko, dann bleibe nur noch die Beantwortung der Fragen wann und wie. [...]

(Zit. aus: Walter Hofer [Hrsg.]: Der Nationalsozialismus. Dokumente 1933–1945, Frankfurt a. M., Fischer-Bücherei 1957, S. 193 ff.)

1. **Wie lautet Hitlers politisches Ziel?**
2. **Welche Konsequenzen ergeben sich dadurch für die Zukunft?**

▶ QUELLE 6 Hitler vor den Oberbefehlshabern am 24. November 1939

[...] Ich sehe im Kampf das Schicksal aller Wesen. Niemand kann dem Kampf entgehen, falls er nicht unterliegen will. Die steigende Volkszahl erfordert neuen Lebensraum. Mein Ziel war, ein vernünftiges Verhältnis zwischen Volkszahl und Lebensraum herbeizuführen. Hier muß der Kampf einsetzen. Um die Lösung dieser Aufgabe kommt kein Volk herum oder es muß verzichten und allmählich untergehen. [...]

(Zit. nach: Werner Conze: Der Nationalsozialismus. Quellen- und Arbeitshefte zur Politik und Geschichte. Teil II, Stuttgart, Klett 1972, S. 57)

Wie rechtfertigt Hitler den Anspruch auf „Lebensraum"?

▶ QUELLE 7 Aus einem SS-Leitheft nach Ausbruch des Krieges gegen Rußland

Was aber den Goten, den Warägern und allen einzelnen Wanderern aus germanischem Blut nicht gelang – das schaffen wir, ein neuer Germanenzug, das schafft unser Führer, der Führer aller Germanen. Jetzt [...] wird erfüllt, wovon germanische Kämpfer in den Wäldern und Weiten des Ostens einst träumten. Ein dreitausendjähriges Geschichtskapitel bekommt heute seinen glorreichen Schluß. Wieder reiten die Goten, seit dem 22. Juni 1941 – jeder von uns ein germanischer Kämpfer.

(Zit. nach: Werner Conze: Der Nationalsozialismus. Quellen- und Arbeitshefte zur Politik und Geschichte. Teil II, Stuttgart, Klett 1972, S. 59.)

Auf welche historischen Ereignisse beruft sich das SS-Leitheft?

▶ QUELLE 8 Das Führerprinzip

Die [...] Bewegung ist ihrem Wesen [...] nach antiparlamentarisch, d. h. sie lehnt im allgemeinen wie in ihrem eigenen inneren Aufbau ein Prinzip der Majoritätsbestimmung ab [...]. Die Bewegung vertritt im kleinsten wie im größten den Grundsatz der unbedingten Verantwortung Führerautorität, gepaart mit höchster Verantwortung.
Es ist eine der obersten Aufgaben der Bewegung, dieses Prinzip zum bestimmenden [...] auch für den gesamten Staat zu machen. Wer Führer sein will, trägt bei höchster, unumschränkter Autorität auch die letzte und schwerste Verantwortung. Wer dazu nicht fähig oder für das Ertragen der Folgen seines Tuns zu feige ist, taugt nicht zum Führer. Nur der Held ist dazu berufen.

(Aus: Adolf Hitler: Mein Kampf. 372. Aufl. München, Eher 1938, S. 378 f.)

1. **Erklären Sie, was Hitler unter „antiparlamentarisch" versteht.**
2. **Welche Risiken liegen in dem von Hitler beschriebenen Regierungssystem?**

▶ QUELLE 9 Führerprinzip und Verantwortlichkeit

Der Staatsrechtler *Carl Schmitt* schreibt 1933 über das Führerprinzip: „[...] Die organisatorische Durchführung des Führergedankens erfordert zunächst negativ, daß alle der liberal-demokratischen Denkart wesensgemäßen Methoden entfallen. Die *Wahl* von unten mit sämtlichen Residuen bisheriger Wählerei hört auf. Auch die alten *Abstimmungsprozeduren*, mit deren Hilfe eine irgendwie zusammenkoalierte Mehrheit eine Minderheit majorisierte und aus der Abstimmung ein Machtmittel der Überstimmung und Niederstimmung machte, dürfen sich [...] nicht [...] wiederholen [...], überall muß das System der *Verantwortungsverteilung und -verschiebung* durch die klare *Verantwortlichkeit* des zu seinem Befehl sich bekennenden *Führers*, und die Wahl durch *Auswahl* ersetzt werden."

(Zit. nach: Walter Hofer [Hrsg.]: Der Nationalsozialismus. Dokumente 1933-1945, Frankfurt a. M., Fischer-Bücherei 1957, S. 36)

1. **Warum lehnt Schmitt demokratische Wahlen ab?**
2. **Werden Ihrer Meinung nach die genannten Gründe durch das Führerprinzip entscheidend verbessert? Begründen Sie.**

Zum Führerkult

▶ QUELLE 10

Rudolf Heß, Stellvertreter des „Führers" im Kölner Rundfunk

[...] Mit Stolz sehen wir: Einer bleibt von aller Kritik ausgeschlossen, das ist der Führer. Das kommt daher, daß jeder fühlt und weiß: Er hatte immer recht und er wird immer recht haben. In der kritiklosen Treue, in der Hingabe an den Führer, die nach dem Warum im Einzelfalle nicht fragt, in der stillschweigenden Ausführung seiner Befehle liegt unser aller Nationalsozialismus verankert.
Wir glauben daran, daß der Führer einer höheren Berufung zur Gestaltung deutschen Schicksals folgt! An diesem Glauben gibt es keine Kritik. [...]

(Zit. nach: Werner Conze: Der Nationalsozialismus. Quellen- und Arbeitshefte zur Politik und Geschichte. Teil I, Stuttgart, Klett 1972, S. 79)

Erklären Sie anhand der Äußerungen von Rudolf Heß den Begriff „Führerkult".

Reichspropagandaminister Joseph Goebbels bei der Eröffnung der Reichskulturkammer am 15. November 1933

▶ QUELLE 11

[...] Das System, das wir niederwarfen, fand im Liberalismus seine treffendste Charakterisierung. Wenn der Liberalismus vom Individuum ausging und den Einzelmenschen in das Zentrum der Dinge stellte, so haben wir Individuum durch Volk und Einzelmensch durch Gemeinschaft ersetzt. Freilich mußte dabei die Freiheit des Individuums insoweit eingegrenzt werden, als sie sich mit der Freiheit der Nation stieß oder im Widerspruch befand [...]. Die Grenzen des individuellen Freiheitsbegriffs liegen deshalb an den Grenzen des völkischen Freiheitsbegriffs.

(Völkischer Beobachter vom 16. November 1933. Zit. nach: Telekolleg II. Geschichte. München, TR-Verlagsunion 1972, S. 210)

1. **Wie definiert Goebbels den Begriff „Freiheit"?**
2. **Was versteht er unter „Liberalismus"?**

Faschismus und Freiheit

▶ QUELLE 12

Das Wesen des Faschismus ist die Rebellion gegen die Freiheit. Dieser Aufstand gegen die Freiheit konnte sich bis hin zum zynischen, inhumanen Freiheitshaß, zum Ekel vor der Freiheit steigern, er kennzeichnet alle Bewegungen, die [...] sich entweder selbst faschistisch nannten oder [...] so bezeichnet wurden. Unter ihren Anhängern gab es allerdings auch viele, die aufrichtig glaubten, auf die Freiheit verzichten zu müssen, weil ein freiheitlicher Staat der kommunistischen Gefahr nicht gewachsen sei und andere, die für den Wert der Freiheit blind waren. Der Aufstand gegen die Freiheit richtete sich gegen alles, was mit ihr wesentlich verbunden ist, gegen die Ideen des Fortschritts und der Humanität, des Individualismus und der Demokratie [...].

(Hans Buchheim: Totalitäre Herrschaft. München 1962. Zit. nach: Wolfgang Mickel, Wanda Kampmann, Berthold Wiegand: Politik und Gesellschaft. Bd. II. Frankfurt a. M., Hirschgraben 1980, S. 141)

Erklären Sie die Bedeutung von Freiheit für die Anhänger des Faschismus.

Hitler in einer Rede vom 4. Dezember 1938

▶ QUELLE 13

Diese Jugend, die kennt ja nichts anderes, als deutsch denken und deutsch handeln, und wenn diese Knaben mit 10 Jahren in unsere Organisation hineinkommen und dort zum ersten Mal überhaupt frische Luft bekommen und fühlen, dann kommen sie 4 Jahre später vom Jungvolk in die Hitlerjugend und dort behalten wir sie wieder 4 Jahre. Und dann geben wir sie erst recht nicht zurück in die Hände unserer alten Klassen- und Standeserzeuger, sondern dann nehmen wir sie in die Partei, in die Arbeiterfront [...] usw. Und wenn sie dort 2 Jahre sind [...] und noch nicht ganze Nationalsozialisten geworden sein sollten, dann kommen sie in den Arbeitsdienst und werden dort wieder 6 und 7 Monate geschliffen, alles mit einem Symbol, dem deutschen Spaten. Und was dann nach 6 oder 7 Monaten noch an Klassenbewußtsein und Standesdünkel vorhanden sein sollte, das übernimmt dann die Wehrmacht zur weiteren Behandlung auf 2 Jahre, und wenn sie nach 2, oder 3 oder 4 Jahren zurückkehren, dann nehmen wir sie, damit sie auf keinen Fall rückfällig werden, sofort wieder in die SA, SS usw. Sie werden nicht mehr frei ihr ganzes Leben.

(Zit. nach: Hans-Hermann Hartwich [Hrsg.]: Politik im 20. Jahrhundert. Braunschweig, Westermann 1995, S. 121)

1. **Charakterisieren Sie Hitlers Pädagogik.**
2. **Fassen Sie zusammen, wie Hitler die Jugend für den Nationalsozialismus gewinnen will.**

8.2 Der Weg in die Diktatur

DARSTELLUNG
www.dhm.de/lemo/html/nazi

Am 30. Januar 1933 ernannte der Reichspräsident *Adolf Hitler* zum Reichskanzler, obwohl *Hindenburg* noch einige Tage zuvor im vertrauten Kreise geäußert hatte: „Sie werden mir doch nicht zutrauen, meine Herren, dass ich diesen böhmischen Gefreiten zum Reichskanzler berufe."

Präsidialkabinett

Der Vorgang war verfassungsrechtlich korrekt. Nicht zum ersten Mal hatte der Reichspräsident, gestützt auf den Art. 48 der *Weimarer Verfassung*, ein **Präsidialkabinett** ohne eine tragende parlamentarische Mehrheit ernannt. Außerdem war die neu ernannte Regierung eine Koalitionsregierung, in der außer *Hitler* nur noch zwei nationalsozialistische Minister – *Frick* und *Göring* – saßen. Die konservativen Minister wähnten sich sicher, *Hitler* und seine Leute „eingerahmt" zu haben, ihn zu „zähmen". Doch schon der Abend desselben Tages zeigte, dass nach Meinung der Nationalsozialisten mehr geschehen war als einer der vielen Versuche, eine neue Regierung zu bilden. In einem gewaltigen nächtlichen Fackelzug durch das Brandenburger Tor in Berlin wurde die **Machtergreifung** gefeiert und der 30. Januar zum „Tag der nationalen Erhebung" deklariert. Da die Bezeichnungen „Machtergreifung" oder auch „Machtübernahme" als nicht neutral und präzise angesehen werden, gebrauchen Historiker heutzutage auch die Begriffe „Machtübergabe" oder „Machtübertragung".

Machtergreifung

Notverordnungen

Schneller, als selbst Skeptiker mit dem größten Misstrauen erwartet hatten, schlug *Hitler* zu und nutzte, gestützt auf die Zusage des Reichspräsidenten, auch weiterhin mit **Notverordnungen** regieren zu können, die Machtmittel zur stückweisen Demontage der Weimarer Verfassung.

8.2.1 Auf dem Weg zum totalen Staat

Diktatur

Die wichtigsten Etappen auf dem Weg zum Ausbau der **Diktatur**:

1. Februar 1933
Der Reichspräsident löste auf Verlangen *Hitlers* den Reichstag auf, denn der neue Reichskanzler hoffte, bei Neuwahlen die absolute Mehrheit zu erhalten, war doch die NSDAP nun im Besitz aller staatlichen Propagandamöglichkeiten und hatte keine Finanzierungsschwierigkeiten mehr.

4. Februar 1933
„Verordnung des Reichspräsidenten zum Schutze des deutschen Volkes", wonach Zeitschriften, Zeitungen und Versammlungen ohne Rechtsmittel – richterliche Anordnung – verboten werden konnten.

28. Februar 1933
Nachdem am Tag zuvor der Reichstag vermutlich von dem Holländer *Marinus van der Lubbe* angezündet worden war, nutzten die Nationalsozialisten diesen angeblichen Anschlag der Kommunisten, um die politischen Möglichkeiten ihrer Gegner weiter einzuschränken, indem sie wichtige Grundrechte aufheben ließen. Der Reichspräsident erließ eine Verordnung „zum Schutz von Volk und Staat".

Reichstagsbrand

▶ Q. 1

5. März 1933
Trotz einer erdrückenden propagandistischen Überlegenheit und systematischen Behinderung der oppositionellen Parteien gelang es der NSDAP nicht, die absolute Mehrheit zu erreichen. Sie war weiter auf eine Koalition mit den Deutschnationalen angewiesen.

24. März 1933
Im Reichstag – die Abgeordneten der Fraktion der KPD waren in „Schutzhaft" genommen worden – konnte *Hitler* gegen die Stimmen der SPD ein Gesetz durchsetzen, das ihm legislative Vollmachten gab. Mit der Verabschiedung dieses **Ermächtigungsgesetzes** hatte sich der Reichstag selbst entmündigt.

▶ Q. 2
Ermächtigungsgesetz
▶ Q. 3

14. Juli 1933
Mit dem von der Regierung verkündeten „Gesetz gegen die Neubildung von Parteien" sicherte sich *Hitler* eine **Einparteienherrschaft**. Soweit die alten Parteien noch bestanden, lösten sie sich in den nächsten Wochen auf, da sie, ihrer Versammlungs- und Publikationsmöglichkeiten beraubt, keinen politischen Spielraum mehr sahen.

Einparteienherrschaft
▶ Q. 4

1. Dezember 1933
Mit dem „Gesetz zur Sicherung der Einheit von Partei und Staat" wurde die NSDAP eine Partei, die, überspitzt formuliert, einen Staat besaß.

▶ Q. 5

30. Januar 1934
Das „Gesetz über den Neuaufbau des Reichs" beseitigte die Eigenständigkeit der Länder und zentralisierte die Macht verstärkt bei der Reichsregierung und damit praktisch bei *Hitler*.

▶ Q. 6

14. Februar 1934
Mit dem „Gesetz über die Aufhebung des Reichsrats", wiewohl dessen Fortbestand im Ermächtigungsgesetz ausdrücklich verankert war, wurde nur die Konsequenz aus der vorangegangenen Länderauflösung gezogen.

1. August 1934
Schon einen Tag vor dem Tod *Hindenburgs* ließ Hitler sich auch das Amt des **Reichspräsidenten** und damit dessen verfassungsrechtliche Macht übertragen. Damit war auch die letzte tragende Institution der Verfassung beseitigt.

Reichspräsident
▶ Q. 7

2. August 1934
Mit der Ämtervereinigung zum **Führer und Reichskanzler** und der Vereidigung der Reichswehr *auf die Person* Hitlers wurde die totale Machtübernahme abgeschlossen.

Führer und Reichskanzler
▶ Q. 8

8.2.2 Gleichschaltung

In der politischen Herrschaftspraxis verfolgten die Nationalsozialisten einen extremen **Zentralismus**. Schon im April 1933 wurden unter Bruch der Verfassung *Reichsstatthalter* – in der Regel waren dies *NSDAP-Gauleiter* – eingesetzt, die den Länderregierungen gegenüber weisungsberechtigt waren und die deren Mitglieder beliebig einsetzen und entlassen konnten. Die bereits erwähnte **Aufhebung des Reichsrats** war nur das sichtbare Zeichen einer völligen Entmachtung der Länder.

Zentralismus

Aufhebung des Reichsrats

Die **Gleichschaltung** umfasste vor allem folgende Maßnahmen:

Gleichschaltung

- **Beseitigung des Systems konkurrierender Parteien**
  Im Juni 1933 wurde die SPD zur volks- und staatsfeindlichen Partei erklärt und ihr jede politische Betätigung untersagt. Die übrigen Parteien lösten sich wegen fehlender Wirkungsmöglichkeiten in den nächsten Wochen selbst auf. Mit dem „Parteiverbotsgesetz" vom 14. Juli 1933 erhielt die NSDAP den Status einer staatlichen Monopolpartei.

▶ Q. 4

- **Verbot der Gewerkschaften**
  Einen Tag nach dem „Tag der Arbeit", am 2. Mai 1933, wurden alle *freien Gewerkschaften* aufgelöst und ihr Vermögen zugunsten einer Nebenorganisation der NSDAP, der **Deutschen Arbeitsfront**, beschlagnahmt. Die Unternehmer wurden zu „Betriebsführern" ernannt, die Arbeitnehmer eines Betriebes hießen fortan „Gefolgschaft".

Deutsche Arbeitsfront

- **Ausschaltung möglicher Gegner in der SA**
  Hitler fürchtete, dass unzufriedene SA-Führer seine Stellung gefährden könnten. Die SA-Leute hatten in den jahrelangen Straßen- und Saalkämpfen zum Teil erhebliche Opfer gebracht, waren aber nach der Machtübernahme zumeist leer ausgegangen. Außerdem wichen ihre Vorstellungen, besonders die des SA-Stabschefs *Ernst Röhm*, erheblich von denen *Hitlers* ab. Sie wollten eine sozialistische Revolution und nicht das Bündnis mit den bürgerlich-konservativen Kräften. Das Verlangen *Röhms* nach einer *politischen Armee*, deren Kern die SA stellen sollte, musste die **Reichswehr** als Schwächung ihrer Position, „einziger Waffenträger der Nation" zu sein, betrachten. Sie ließ deshalb *Hitler* bei der Beseitigung seiner innerparteilichen Gegner freie Hand. Ein Treffen der höchsten SA-Führer in Bad Wiessee nutzte *Hitler* zu einer Blitzaktion und ließ diese durch seine ihm ergebene SS verhaften. Insgesamt wurden in wenigen Tagen etwa 150 Menschen erschossen, darunter auch *Röhm* selbst, *Hitlers* einstiger Duzfreund. Die Reichswehr nahm auch den Mord an einem der ihren, General *Kurt von Schleicher*, *Hitlers* Vorgänger im Reichskanzleramt, als unvermeidbaren „Exzess" im Zuge einer Revolution hin. *Hitler* erklärte den gesamten Vorgang als einen Putschversuch, gegen den er das Recht der **Staatsnotwehr** gehabt habe. Die SA sank zur völligen Bedeutungslosigkeit herab, sie spielte in den weiteren Jahren des NS-Staates nur noch die Rolle eines Statisten.

Reichswehr

Röhm-Putsch

Staatsnotwehr

- **Anpassung der Justiz und Verwaltung**
  Mit dem „Gesetz zur Wiederherstellung des Berufsbeamtentums", das im Widerspruch zu seinem Namen gerade die Aushöhlung des Berufsbeamtentums erst ermöglichte, konnten jüdische Beamte entlassen oder degradiert werden. Das Gleiche galt für Beamte, „die nach ihrer bisherigen politischen Betätigung nicht die Gewähr dafür bieten, dass sie jederzeit rückhaltlos für den nationalen Staat eintreten". Auf diese Weise konnten in der Verwaltung viele freie Stellen für parteitreue Anhänger geschaffen werden.
  Die Justiz passte sich mit der Errichtung von Sondergerichten dieser Entwicklung an. Der berüchtigte **Volksgerichtshof** sollte vor allem für Straftaten des „Hochverrats" zuständig sein.

Volksgerichtshof

- **Kulturpolitische Einheit**
  Mit der Schaffung der **Reichskulturkammer** vom 22. September 1933 wurden alle deutschen („arischen") Künstler der Literatur, aus Film, Rundfunk, Theater, Musik und bildender Kunst zu einer, wie *Goebbels* formulierte, „geistigen Kultureinheit" zusammengefasst und sollten sich „unter dem Patronat des nationalsozialistischen Staates geborgen fühlen". Als Journalisten wurden nach dem **Schriftleitergesetz** vom 4. Oktober 1933 nur Personen mit Eigenschaften zugelassen, wie sie „die Aufgabe der geistigen Einwirkung auf die Öffentlichkeit erfordert".

Reichskulturkammer

Schriftleitergesetz

- **„Glaubensbewegung Deutsche Christen"**
  „Ein Volk! – Ein Gott! – Ein Reich! – Eine Kirche!" hieß es in der Proklamation der *Nationalkirchlichen Bewegung* vom 11. Dezember 1933. Damit sollte der Versuch unternommen werden, die unabhängigen evangelischen Landeskirchen zugunsten einer einheitlichen zentralen deutschen Kirche zu beseitigen. Aber der Versuch misslang. Trotz *Hitlers* Versicherung, dass die christlichen Konfessionen zur Erhaltung des Volkstums notwendig seien, wurde der **Kirchenkampf** besonders gegen die katholische Kirche sowohl offen als auch versteckt geführt.

Kirchenkampf

8.2.3 Wirtschaftliche Maßnahmen

Kein Zweifel, die wirtschaftlichen Anfangserfolge der NS-Regierung waren erheblich und nötigten selbst den Gegnern Respekt ab: rasche Verminderung der Arbeitslosigkeit durch Vergabe öffentlicher Aufträge, erhebliche Steigerung der Industrieproduktion, wachsender Lebensstandard, Verbesserung der sozialen Hilfen. Doch schon 1936 zeigte sich für Eingeweihte, welches politische Ziel die Führung mit ihrer Wirtschaftspolitik verfolgte: **Autarkiestreben**, um für den Kriegsfall unabhängig zu sein, und forcierte Aufrüstung.

Autarkiestreben

Die Volkswirtschaft des „Dritten Reiches" kann als staatlich gelenktes kapitalistisches Wirtschaftssystem bezeichnet werden. Die herkömmlichen Eigentumsformen blieben erhalten, selbst der *Großbesitz* wurde entgegen dem Parteiprogramm nicht angetastet. Die wesentlichen Produktionsentscheidungen trafen die Unternehmer. Aber die *Tarifautonomie* wurde beseitigt, und als sich 1936/37 die ersten Anzeichen einer Konsumgüterknappheit zeigten – eine Folge der kreditär finanzierten Rüstung –, wurde eine allgemeine Preiskontrolle eingeführt. Mangel herrschte schon sehr früh bei vielen landwirtschaftlichen Produkten; entgegen der Ideologie konnte sich Deutschland damals noch nicht aus „eigener Scholle" ernähren. Schon 1938 gab es Butter- und Fettmarken als erste Rationierungsmaßnahme, die *Göring* offen mit der Parole „Kanonen statt Butter" begründete. Mit Kriegsbeginn setzte die Regierung sofort ein totales, organisatorisch gut vorbereitetes Bewirtschaftungssystem in Kraft. Aus dieser **Zentralverwaltungswirtschaft** wurde das deutsche Volk in den westlichen Besatzungszonen erst neun Jahre später mit der Währungsreform von 1948 „entlassen".

Zentralverwaltungswirtschaft

Aus der Verordnung des Reichspräsidenten zum Schutz von Volk und Staat vom 28. Februar 1933

▶ QUELLE 1

Aufgrund des Artikels 48, Absatz 2 der Reichsverfassung wird zur Abwehr kommunistischer staatsgefährdender Gewaltakte folgendes verordnet:

§ 1. Die Artikel 114, 115, 117, 118, 123, 124 und 153 der Verfassung des Deutschen Reiches werden bis auf weiteres außer Kraft gesetzt. Es sind daher Beschränkungen der persönlichen Freiheit, des Rechtes der freien Meinungsäußerung, einschließlich der Pressefreiheit, des Vereins- und Versammlungsrechtes, Eingriffe in das Brief-, Post-, Telegraphen- und Fernsprechgeheimnis, Anordnungen von Haussuchungen und von Beschlagnahme sowie Beschränkungen des Eigentums auch außerhalb der sonst hierfür bestimmten gesetzlichen Grenzen zulässig.

§ 2. Werden in einem Lande die zur Wiederherstellung der öffentlichen Sicherheit und Ordnung nötigen Maßnahmen nicht getroffen, so kann die Reichsregierung insoweit die Befugnisse der obersten Landesbehörde vorübergehend wahrnehmen.

§ 3. Die Behörden der Länder und Gemeinden (Gemeindeverbände) haben den aufgrund des § 2 erlassenen Anordnungen der Reichsregierung im Rahmen ihrer Zuständigkeit Folge zu leisten.

(Johannes Hohlfeld: Dokumente der deutschen Politik und Geschichte, Bd. IV., Berlin, Wendler o. J., S. 19 f.)

1. **Welche besonderen Rechte werden der Reichsregierung übertragen?**
2. **Worin bestehen die konkreten Konsequenzen dieser Verordnung?**

Aus der Rede des SPD-Abgeordneten Wels vor dem Deutschen Reichstag am 23. März 1933

▶ QUELLE 2

Vergeblich wird der Versuch bleiben, das Rad der Geschichte zurückzudrehen. Wir Sozialdemokraten wissen, daß man machtpolitische Tatsachen durch bloße Rechtsverwahrungen nicht beseitigen kann. Wir sehen die machtpolitische Tatsache Ihrer augenblicklichen Herrschaft.

Aber auch das Rechtsbewußtsein des Volkes ist eine politische Macht, und wir werden nicht aufhören, an dieses Rechtsbewußtsein zu appellieren. [...]

Wir deutschen Sozialdemokraten bekennen uns in dieser geschichtlichen Stunde feierlich zu den Grundsätzen der Menschlichkeit und der Gerechtigkeit, der Freiheit und des Sozialismus. Kein Ermächtigungsgesetz gibt Ihnen die Macht, Ideen, die ewig und unzerstörbar sind, zu vernichten.

(Hermann Meyer [Hrsg.]: Weltgeschichte im Aufriß. Bd. 3, Frankfurt a. M., Diesterweg 1966, S. 204)

1. **Warum lehnt der SPD-Abgeordnete Wels das Ermächtigungsgesetz ab?**
2. **Nennen Sie die Werte, auf die er sich beruft.**

▶ QUELLE 3 Gesetz zur Behebung der Not von Volk und Staat (Ermächtigungsgesetz) vom 24. März 1933

Artikel 1. Reichsgesetze können außer in dem in der Reichsverfassung vorgesehenen Verfahren auch durch die Reichsregierung beschlossen werden. Dies gilt auch für die in den Artikeln 65, Absatz 2 und 87 der Reichsverfassung bezeichneten Gesetze.

Artikel 2. Die von der Reichsregierung beschlossenen Reichsgesetze können von der Reichsverfassung abweichen, soweit sie nicht die Einrichtung des Reichstags und des Reichsrats als solche zum Gegenstand haben. Die Rechte des Reichspräsidenten bleiben unberührt.

Artikel 3. Die von der Reichsregierung beschlossenen Reichsgesetze werden vom Reichskanzler ausgefertigt und im Reichsgesetzblatt verkündet. Sie treten, soweit sie nichts anderes bestimmen, mit dem auf die Verkündung folgenden Tage in Kraft. Die Artikel 68 bis 77 der Reichsverfassung finden auf die von der Reichsregierung beschlossenen Gesetze keine Anwendung.

Artikel 4. Verträge des Reiches mit fremden Staaten, die sich auf Gegenstände der Reichsgesetzgebung beziehen, bedürfen für die Dauer der Geltung dieser Gesetze nicht der Zustimmung der an der Gesetzgebung beteiligten Körperschaften. Die Reichsregierung erläßt die zur Durchführung dieser Verträge erforderlichen Vorschriften.

Artikel 5. Dieses Gesetz tritt mit dem Tage seiner Verkündung in Kraft. Es tritt mit dem 1. April 1937 außer Kraft, es tritt ferner außer Kraft, wenn die gegenwärtige Reichsregierung durch eine andere abgelöst wird. [...]

(Johannes Hohlfeld: Dokumente der deutschen Politik und Geschichte., Bd. IV., Berlin, Wendler o. J., S. 40.)

1. **Fassen Sie in eigenen Worten Inhalt und Bedeutung dieses Gesetzes zusammen.**
2. **Dieses vom Reichstag verabschiedete Gesetz dient zur „Selbstentmachtung des Parlaments". Wie lautet Ihre Meinung zu dieser These?**
3. **Welche Bedeutung hatte Artikel 5 zum Zeitpunkt der Verabschiedung und in der weiteren Geschichte des „Dritten Reiches"?**

▶ QUELLE 4 Gesetz gegen die Neubildung von Parteien vom 14. Juli 1933

§ 1. In Deutschland besteht als einzige politische Partei die Nationalsozialistische Deutsche Arbeiterpartei.

§ 2. Wer es unternimmt, den organisatorischen Zusammenhalt einer anderen politischen Partei aufrechtzuerhalten oder eine neue politische Partei zu bilden, wird [...] mit Zuchthaus bis zu drei Jahren oder mit Gefängnis von sechs Monaten bis zu drei Jahren bestraft

(Reichsgesetzblatt. Jahrg. 1933. Teil I, S. 479)

1. **Welche inhaltlichen Erwartungen erweckt der Name des Gesetzes?**
2. **Welche konkreten Folgen hatte dieses Gesetz für die bestehenden Parteien?**

▶ QUELLE 5 Richtlinien im „Gesetz zur Sicherung der Einheit von Partei und Staat" vom 1. Dezember 1933

§ 1. (1) Nach dem Sieg der nationalsozialistischen Revolution ist die Nationalsozialistische Deutsche Arbeiterpartei die Trägerin des deutschen Staatsgedankens und mit dem Staat unlöslich verbunden.
(2) Sie ist eine Körperschaft des öffentlichen Rechts. Ihre Satzung bestimmt der Führer.

§ 2. Zur Gewährleistung engster Zusammenarbeit der Dienststellen der Partei und der SA mit den öffentlichen Behörden werden der Stellvertreter des Führers und der Chef des Stabes der SA Mitglieder der Reichsregierung.

§ 3. (1) Den Mitgliedern der Nationalsozialistischen Deutschen Arbeiterpartei und der SA (einschließlich der ihr unterstellten Gliederungen) als der führenden und bewegenden Kraft des nationalsozialistischen Staates obliegen erhöhte Pflichten gegenüber Führer, Volk und Staat.
(2) Sie unterstehen wegen Verletzung dieser Pflichten einer besonderen Partei- und SA-Gerichtsbarkeit.

(Reichsgesetzblatt. Jahrg. 1933. Teil I, S. 1016)

1. **Wie wird das Verhältnis Staat – Partei(en) durch dieses Gesetz verändert?**
2. **Welche zusätzlichen Machtmittel werden der NSDAP und Hitler zugebilligt?**
3. **Welche Bedeutung hat eine „besondere Partei- und SA-Gerichtsbarkeit"?**

▶ QUELLE 6

Durch das „Gesetz über den Neuaufbau des Reiches" vom 30. Januar 1934 wurde die Eigenständigkeit der Länderregierungen vollends beseitigt

Artikel 1. Die Volksvertretungen der Länder werden aufgehoben.
Artikel 2. (1) Die Hoheitsrechte der Länder gehen auf das Reich über.
(2) Die Landesregierungen unterstehen der Reichsregierung.
Artikel 3. Die Reichsstatthalter unterstehen der Dienstaufsicht des Reichsministers des Innern.
Artikel 4. Die Reichsregierung kann neues Verfassungsrecht setzen.
Artikel 5. Der Reichsminister des Innern erläßt die zur Durchführung des Gesetzes erforderlichen Rechtsverordnungen und Verwaltungsvorschriften. [...]

(Reichsgesetzblatt. Jahrg. 1934. Teil I, S. 75)

Welche konkreten Veränderungen ergeben sich durch dieses Gesetz für die Länder?

▶ QUELLE 7

Gesetz über das Staatsoberhaupt des Deutschen Reiches vom 1. August 1934

Das Amt des Reichspräsidenten wird mit dem des Reichskanzlers vereinigt. Infolgedessen gehen die bisherigen Befugnisse des Reichspräsidenten auf den Führer und Reichskanzler Adolf Hitler über. Dieses Gesetz tritt mit Wirkung von dem Zeitpunkt des Ablebens des Reichspräsidenten von Hindenburg in Kraft. [...]

(Reichsgesetzblatt. Jahrg. 1934. Teil I, S. 747)

1. **Beschreiben Sie mit eigenen Worten die verfassungsrechtliche Stellung des Staatsoberhauptes, wie sie sich aus diesem Gesetz ergibt.**
2. **Welche demokratischen Grundsätze werden durch dieses Gesetz endgültig außer Kraft gesetzt?**

▶ QUELLE 8

Die Vereidigung der Wehrmacht auf Adolf Hitler am 2. August 1934

Ich schwöre bei Gott diesen heiligen Eid, daß ich dem Führer des Deutschen Reiches und Volkes Adolf Hitler, dem Oberbefehlshaber der Wehrmacht, unbedingten Gehorsam leisten und als tapferer Soldat bereit sein will, jederzeit für diesen Eid mein Leben einzusetzen.

(Werner Conze: Der Nationalsozialismus. Teil II, Stuttgart, Klett 1962, S. 20)

1. **Welche konkreten Verpflichtungen ergeben sich für die Soldaten, die diesen Eid geleistet haben?**
2. **Warum zeigt dieser Eid, dass Deutschland kein demokratischer Staat mehr war?**

8.3 Der Völkermord

DARSTELLUNG
www.lpb-bw.de/publikationen/pogrom/Pogrom.pdf

Es gehört zu den nur schwer verständlichen Eigenarten des nationalsozialistischen Systems, dass bestimmte ideologische Zielsetzungen mit erbarmungsloser Konsequenz durchgesetzt wurden. Die in „Mein Kampf" erhobene Forderung nach „Ausmerzung des jüdischen Parasitentums" war eben nicht – wie viele Gutgläubige meinten – nur eine pathetisch-schwülstige politische Kampfansage, den (vermeintlich) zu starken Einfluss der Juden zurückzudrängen, sondern war wortwörtlich zu verstehen. Gerade die Ungeheuerlichkeit eines solchen Vorhabens ließ die meisten zweifeln, ob es wirklich so gemeint sei. Es gab bis 1938 jüdische Mitbürger, die, nachdem es ihnen schwergefallen war, im Ausland Fuß zu fassen, nach Deutschland zurückkehrten in der hoffenden Erwartung, dass alles nicht so schlimm werden würde und vieles nur vorübergehende Auswüchse seien. Für kein innenpolitisches Ziel wurden so viel Kräfte und Mittel eingesetzt wie für die Verfolgung und Vernichtung der Juden und anderer ethnischer Minderheiten, wie z. B. der *Sinti und Roma*. Gewiss, **Antisemitismus** gab und gibt es in vielen christlich-europäischen Ländern, Unterdrückung von Minoritäten ist auch in Demokratien nicht selten, Abneigung, ja Hass gegen Fremde und Ausländer ist keine auf die Deutschen beschränkte

Antisemitismus

Eigenschaft. Aber nirgendwo sonst ist die systematische Ausrottung eines ganzen Volkes zum erklärten Staatsziel erhoben und unter Einsatz aller staatlichen Machtmittel verwirklicht worden.

„Reichskristallnacht" im November 1938: brennende Synagoge in Berlin

Darin liegt das historisch Einmalige und gleichzeitig Unfassbare des Vorgangs. Wer heute die Ausländerfeindlichkeit in der Bundesrepublik Deutschland – zu Recht! – beklagt, darf sie auf keinen Fall gleichsetzen mit der **Judenverfolgung** des „Dritten Reiches". Das würde zu einer nachträglichen Verharmlosung dieses letzten unbeschreibbaren Programms des **Holocaust** führen und gleichsetzen, was schlechterdings unvergleichbar ist.

Judenverfolgung

Holocaust

8.3.1 Der Weg zur Vernichtung

Einige besonders wichtige Etappen können mit folgenden Vorgängen gekennzeichnet werden:

- Am 1. April 1933 rief die SA zum Boykott gegen jüdische Geschäfte auf. Da dieser **Boykottaufruf** nur relativ geringe Folgewirkungen hatte und ein sehr negatives Echo in der internationalen Presse auslöste, ging man zunächst zu mehr versteckten Formen der **Diskriminierung** und Diffamierung über: Juden wurden von einer Reihe von Tätigkeiten ausgeschlossen, sie konnten nicht Beamte und nicht Redakteure sein, der Besuch „deutscher" Schulen war ihnen, wiewohl selbst Deutsche, untersagt, sie durften keinen Jagdschein erwerben und nicht die Doktorwürde erlangen.
- Mit den **Nürnberger Gesetzen** kam es zur ersten scharfen gesetzlichen Benachteiligung und Unterstellung der Juden unter ein Sonderrecht.
- Ein Attentat auf einen deutschen Botschaftsangehörigen in Paris diente den Machthabern als Vorwand, in der Nacht vom 9. auf den 10. November 1938 Tausende jüdischer Geschäfte zu zerstören und zahlreiche Synagogen anzuzünden. Das Werk der SS war angeblich eine Folge „spontaner Empörung" des Volkes, das von diesen Verbrechen verharmlosend als **„Reichskristallnacht"** sprach. Der Zynismus *Görings* als Innenminister kannte keine Grenzen: Als Buße für die von der SS angerichtete Zerstörung wurde den Juden eine Geldstrafe von 1,25 Milliarden Reichsmark auferlegt. Über 90 Juden wurden in dieser Nacht ermordet, etwa 3 000 kamen in Konzentrationslager.

Boykottaufruf

Diskriminierung

Nürnberger Gesetze

▶ Q. 1

„Reichskristallnacht"

www.kristallnacht.at

Diffamierung

Danach verstärkte sich die **Diffamierung**. Juden wurde der Besuch aller öffentlichen Veranstaltungen, wie Kino, Theater, Konzerte usw., untersagt, bestimmte Straßen und Plätze durften sie nicht betreten, auf vielen Parkbänken prangten Schilder mit der Aufschrift *„Für Juden verboten"*. Ihren täglichen Bedarf, ohnedies frühzeitig und drastischer rationiert als bei den „arischen" Deutschen, konnten sie nur noch in bestimmten, ihnen zugewiesenen Geschäften einkaufen, und mancher Gastwirt genierte sich nicht, ermuntert und auch aufgefordert von Dienststellen der Partei, an die Eingangstür seines Lokals „Juden unerwünscht" zu schreiben.

8.3.2 Die „Endlösung“

„Endlösung“
▶ Q. 2

Gipfel- und Endpunkt der antisemitischen Planung war die **„Endlösung“**, wie sie in der Wannsee-Konferenz vom 20. Januar 1942 beschlossen wurde. Man muss versuchen, sich dies zu verdeutlichen: In ganz Europa, soweit es militärisch beherrscht war, wurden die Juden zusammengetrieben und in Güterzügen, für die eigens Fahrpläne entworfen wurden, in die Vernichtungslager abtransportiert mit dem einzigen Ziel, sie dort sofort oder nach kurzem Arbeitseinsatz zu töten!

Auschwitz, Treblinka, Maidanek, Buchenwald

So unbestreitbar heute nur wenige noch lebende Deutsche eine unmittelbare Schuld an diesem Verbrechen trifft, so wenig kann für noch lange Zeit gelöscht werden, dass **Auschwitz**, **Treblinka**, **Maidanek**, **Buchenwald** mit dem deutschen Namen unlösbar schändlich verbunden sind. Das missverständliche Wort von der „Gnade der späten Geburt“ kann nur bedeuten, dass die nach 1930 Geborenen nicht in eine Lage versetzt wurden, dem verbrecherischen Regime des NS-Staates gezwungen oder freiwillig zu dienen. Alle Deutschen aber leben in der Kontinuität ihrer Geschichte, zu der auch dieses düsterste Kapitel gehört.

Holocaust

Die genaue Zahl der Todesopfer ist nicht feststellbar, aber angesichts der Größe und Ungeheuerlichkeit des **Holocaust** auch nicht entscheidend. Die wohl zuverlässigsten Schätzungen ermitteln eine Zahl von über fünf Millionen getöteter Juden in den Vernichtungslagern außerhalb der Reichsgrenzen und weitere fast 200 000 Ermordete in deutschen Konzentrationslagern (nach: *Gerald Reitlinger: Die Endlösung: Hitlers Versuch der Ausrottung der Juden Europas 1939 – 1945, 7. Aufl., Berlin, Colloquium Verlag 1956* und *Eberhard Jäckel: Das deutsche Jahrhundert. Eine historische Bilanz. Frankfurt, Fischer Taschenbuch 1999*).

▶ QUELLE 1

Gesetz „zum Schutze des deutschen Blutes und der deutschen Ehre“ vom 15. September 1935

Durchdrungen von der Erkenntnis, daß die Reinheit des deutschen Blutes die Voraussetzung für den Fortbestand des deutschen Volkes ist, und beseelt von dem unbeugsamen Willen, die deutsche Nation für alle Zukunft zu sichern, hat der Reichstag einstimmig das folgende Gesetz beschlossen, das hiermit verkündet wird.

§ 1.1. Eheschließungen zwischen Juden und Staatsangehörigen deutschen oder artverwandten Blutes sind verboten. Trotzdem geschlossene Ehen sind nichtig, auch wenn sie zur Umgehung dieses Gesetzes im Auslande geschlossen sind.

2. Die Nichtigkeitsklage kann nur der Staatsanwalt erheben.

§ 2. Außerehelicher Verkehr zwischen Juden und Staatsangehörigen deutschen oder artverwandten Blutes ist verboten.

§ 3. Juden dürfen weibliche Staatsangehörige deutschen oder artverwandten Blutes unter 45 Jahren nicht in ihrem Haushalt beschäftigen.

§ 4.1. Juden ist das Hissen der Reichs- und Nationalflagge und das Zeigen der Reichsfarben verboten.

2. Dagegen ist ihnen das Zeigen der jüdischen Farben gestattet. Die Ausübung dieser Befugnis steht unter staatlichem Schutz.

§ 5.1. Wer dem Verbot des § 1 zuwiderhandelt, wird mit Zuchthaus bestraft.

2. Der Mann, der dem Verbot des § 2 zuwiderhandelt, wird mit Gefängnis oder mit Zuchthaus bestraft.

3. Wer den Bestimmungen der §§ 3 oder 4 zuwiderhandelt, wird mit Gefängnis bis zu einem Jahr und mit Geldstrafe oder mit einer dieser Strafen bestraft.

[...]

(Walter Hofer [Hrsg.]: Der Nationalsozialismus. Dokumente 1933–1945, Frankfurt a. M., Fischer-Bücherei 1957, S. 285)

1. **Welche Konsequenzen ergaben sich für die deutsche Bevölkerung, sowohl für Arier als auch für Juden?**
2. **Welche Motive und Absichten, die hinter den einzelnen Paragrafen standen, lassen sich vermuten?**

▶ QUELLE 2 **Aus dem „Wannsee-Protokoll"**

Der Chef der Sicherheitspolizei und des SD, SS-Obergruppenführer Heydrich, teilte eingangs seine Bestallung zum Beauftragten für die Vorbereitung der Endlösung der europäischen Judenfrage durch den Reichsmarschall mit und wies darauf hin, daß zu dieser Besprechung geladen wurde, um Klarheit in grundsätzlichen Fragen zu schaffen. Der Wunsch des Reichsmarschalls, ihm einen Entwurf über die organisatorischen, sachlichen und materiellen Belange im Hinblick auf die Endlösung der europäischen Judenfrage zu übersenden, erfordert die vorherige gemeinsame Behandlung aller an diesen Fragen unmittelbar beteiligten Zentralinstanzen im Hinblick auf die Parallelisierung der Linienführung.

Die Federführung bei der Bearbeitung der Endlösung der Judenfrage liege ohne Rücksicht auf geographische Grenzen zentral beim Reichsführer-SS und Chef der Deutschen Polizei (Chef der Sicherheitspolizei und des SD). [...]

III. An Stelle der Auswanderung ist nunmehr als weitere Lösungsmöglichkeit nach entsprechender vorheriger Genehmigung durch den Führer die Evakuierung der Juden nach dem Osten getreten.

Diese Aktionen sind jedoch lediglich als Ausweichmöglichkeiten anzusprechen, doch werden hier bereits jene praktischen Erfahrungen gesammelt, die im Hinblick auf die kommende Endlösung der Judenfrage von wichtiger Bedeutung sind. [...]

Unter entsprechender Leitung sollen im Zuge der Endlösung die Juden in geeigneter Weise im Osten zum Arbeitseinsatz kommen. In großen Arbeitskolonnen, unter Trennung der Geschlechter, werden die arbeitsfähigen Juden straßenbauend in diese Gebiete geführt, wobei zweifellos ein Großteil durch natürliche Verminderung ausfallen wird.

Der allfällig endlich verbleibende Restbestand wird, da es sich bei diesem zweifellos um den widerstandsfähigsten Teil handelt, entsprechend behandelt werden müssen, da dieser, eine natürliche Auslese darstellend, bei Freilassung als Keimzelle eines neuen jüdischen Aufbaues anzusprechen ist. (Siehe die Erfahrung der Geschichte.)

Im Zuge der praktischen Durchführung der Endlösung wird Europa von Westen nach Osten durchgekämmt. [...]

(Walter Hofer [Hrsg.]: Der Nationalsozialismus. Dokumente 1933–1945, Frankfurt a. M., Fischer-Bücherei 1957, S. 303 ff.)

1. **Was verstehen die Beteiligten der „Wannsee-Konferenz" unter dem Begriff „Endlösung"?**
2. **Wie sollte diese „Endlösung" praktisch durchgeführt werden?**

8.4 Hitlers Außenpolitik bis 1939

DARSTELLUNG

Die Außenpolitik der NS-Reichsregierung, d. h. praktisch der umgesetzte Wille *Hitlers*, lässt sich in drei, allerdings nicht deutlich voneinander abtrennbare **Phasen** einteilen.

8.4.1 Die sogenannte Friedenspolitik

Friedensbeteuerungen

In den ersten Jahren nach seiner Amtsübernahme agierte *Hitler* auf dem außenpolitischen Gebiet vorsichtig. Das geschah einmal mit Rücksicht auf noch vorhandene innenpolitische Gegenströmungen, denen er „beweisen" wollte, dass er nicht kriegslüstern sei, wie es Programmatik und vor allem seine vielen Reden nahezulegen schienen. Seine ersten außenpolitischen Erklärungen sind getränkt von **Friedensbeteuerungen**.

So versicherte er in einer Reichstagsrede vom 17. Mai 1933:
„Deutschland ist bereit, jedem feierlichen Nichtangriffspakt beizutreten, denn Deutschland denkt nicht an einen Angriff, sondern an seine Sicherheit! [...] Die deutsche Regierung wünscht, sich [...] mit den anderen Nationen friedlich und vertraglich auseinanderzusetzen. Sie weiß, daß jeder militärische Akt in Europa auch im Falle seines vollständigen Gelingens, gemessen an seinen Opfern, in keinem Verhältnis steht zum möglichen endgültigen Gewinn."

Ein anderer Grund für die deklarierte Friedenspolitik lag in der Befürchtung, dass die Vertragsmächte von Versailles einschreiten könnten, wenn zu rasch und zu deutlich **revisionistische Forderungen** erhoben würden. Keiner militärischen Maßnahme der Siegermächte hätte Deutschland 1933 irgendeinen nennenswerten Widerstand leisten können. Erst als auch bei offenen Vertragsbrüchen die Intervention unterblieb, glaubte *Hitler*, massiver auftreten zu können.

Revisionistische Forderungen

Der **Austritt aus dem Völkerbund** im Oktober 1933 schien gewagt. Aber die Begründung wirkte im Ausland nicht abwegig, und das Inland gab *Hitler* dafür in einer **Volksabstimmung**, der natürlich keinerlei oppositionelle Meinungsbildung vorausging, eine breite Zustimmung.

Austritt aus dem Völkerbund

Volksabstimmung

Die NS-Führung war von der schon fast einmütigen Billigung selbst so überrascht, dass sie fortan das Instrument dieses **Scheinplebiszits** wiederholt einsetzte, um sich die Bestätigung ihrer Politik zu holen. Ein weiterer Grund für das vorsichtige Taktieren lag in der Rücksichtnahme auf Frankreich, dem man keinen Anlass geben wollte, das Votum der Saarbevölkerung zu unterlaufen, die sich im Januar 1935 mit 90 % zur Rückkehr nach Deutschland entschieden hatte.

Scheinplebiszit

Nachdem er den Völkerbund verlassen hatte, überwand der deutsche Diktator rasch die außenpolitische Isolation. Zur Verblüffung der Weltöffentlichkeit schloss er im Januar 1934 mit Polen einen auf zehn Jahre befristeten **Nichtangriffspakt.** Scheinbar schien der Konfliktherd – *Danzig und der polnische Korridor* – beseitigt. Noch hatte man nicht die Erfahrung gemacht, dass für *Hitler* der Völkerrechtsgrundsatz „Verträge müssen eingehalten werden" *(Pacta sunt servanda)* nicht galt.

Nichtangriffspakt

8.4.2 Die Revisionspolitik

Um die Mitte der 1930er-Jahre klebten auf den Litfaßsäulen Deutschlands Propagandaplakate mit der Aufschrift: *Stück um Stück zerriß Adolf Hitler das Diktat von Versailles.* Das war so falsch nicht formuliert, denn es gelang ihm in der Tat, die Bestimmungen des *Versailler Friedensvertrages* einseitig zu brechen, ohne dass irgendeine Sanktion, ja zumeist nicht einmal eine Reaktion der ehemaligen Siegermächte erfolgte.

Am 16. März 1935 verkündete *Hitler* die Wiedereinführung der allgemeinen **Wehrpflicht**; die verdeckte **Aufrüstung** war längst angelaufen. Diesen offenen Bruch des Versailler Vertrages beantworteten die europäischen Westmächte und das faschistische Italien mit der *Konferenz von Stresa,* auf der sie scharfen Protest erhoben. Dabei aber blieb es, denn die Interessen der Länder liefen auseinander. Italien bereitete einen Angriff auf Abessinien vor, Frankreich schloss einen Beistandspakt mit der UdSSR und England vereinbarte im Rahmen seiner beginnenden **Appeasement**-Politik (Beschwichtigungspolitik) mit dem Reich ein Flottenabkommen.

Wehrpflicht

Aufrüstung

Appeasement-Politik

Dieses **Flottenabkommen** war ein besonders geschickter Schachzug *Hitlers.* Es sicherte ihm den Aufbau einer Kriegsflotte bis zur Höhe von 35 % der britischen zu. Beim Bau von Unterseebooten wurde ihm sogar Parität zugestanden. Beide Zugeständnisse überstiegen für lange Zeit beträchtlich die Baukapazitäten der deutschen Werften, sodass *Hitler* selbst im Grunde gar keine Konzession gemacht hatte. Abermals jedoch hatte er eine Vertragsbestimmung von Versailles, diesmal sogar mit Zustimmung einer Siegermacht, beseitigen können.

Flottenabkommen

Am 7. März 1936 marschierten deutsche Truppen in das gemäß Versailler Vertrag **entmilitarisierte Rheinland** ein. Wieder reagierten die Westmächte kaum, obwohl selbst eine schwache militärische Intervention Frankreichs die Deutschen zum sofortigen Rückzug veranlasst hätte, waren sie zu diesem Zeitpunkt doch in keiner Weise für eine kriegerische Auseinandersetzung bereit. Im In- und Ausland musste sich der Eindruck verstärken: *Hitler* erreicht ohne Blutvergießen in Deutschland allgemein anerkannte Ziele, um die viele Politiker Weimars jahrelang vergeblich gerungen hatten.

Entmilitarisiertes Rheinland

Spanischer Bürgerkrieg

Ab Juli 1936 unterstützte das nationalsozialistische Deutschland zusammen mit Italien den faschistischen General *Franco* im **spanischen Bürgerkrieg** mit kompletten militärischen Einheiten, was letztlich den Krieg zugunsten der *Falangisten* im Frühjahr 1939 entschied.

Antikominternpakt

Am 25. November 1936 schloss *Hitler* mit Japan den gegen die UdSSR gerichteten **Antikominternpakt**, dem Italien im November 1937 beitrat.

8.4.3 Die Annexionspolitik

Die bisherigen Erfolge ermunterten *Hitler,* unterstützt durch das Stillhalten Englands und Frankreichs, sein Ziel, mehr „Lebensraum" zu gewinnen, offener zu verfolgen.

Ultimatum

Die österreichische Regierung unter *Kurt Schuschnigg* beugte sich, von den anderen Mächten allein gelassen, einem **Ultimatum** der Reichsregierung, und am 11. März 1938 marschierten deutsche Truppen unter dem Jubel eines Großteils der Bevölkerung in *Österreich* ein, um damit einen angeblichen Wunsch der überwältigenden Mehrheit zu erfüllen.

Großdeutsches Reich

Die „Ostmark" war nun Teil des **Großdeutschen Reiches.** Schien *Hitler* nicht wirklich der Erfüller und Vollender eines alten deutschen Traumes zu sein? War *er* es nicht, der, wiederum ohne einen einzigen Schuss abzugeben, erreichte, was 1848 als *großdeutsche Lösung* zwar geplant, aber gescheitert war?

Nicht nur die Anhänger *Hitlers* stellten sich diese Fragen. In einer Volksabstimmung, vor der selbstverständlich keine offene Kritik an *Hitlers* Politik geübt werden durfte, stimmte die überwältigende Mehrheit der Deutschen einschließlich der neuen *Ostmärker* dem „Anschluss Österreichs" zu.

▶ Q. 1

Abermals schwiegen die Westmächte. Ein britischer Diplomat begründete dies mit der Formel: Man kann den Deutschen doch nicht verwehren, ihren Vorgarten zu besetzen.

Zwei Monate später mobilisierte die *Tschechoslowakei* wegen deutscher Truppenkonzentration an ihrer Grenze. *Hitler* in einer Weisung vom 30. Mai 1938: „Es ist mein unabänderlicher Entschluss, die Tschechoslowakei in absehbarer Zeit durch eine militärische Aktion zu zerschlagen." Der Chef des Generalstabes, *Ludwig Beck,* protestierte; er sah darin eine bewusst herbeigeführte europäische Kriegsgefahr. Er wurde entlassen und durch General *Franz Halder* ersetzt.

Sudetenland
Selbstbestimmungsrecht
Konferenz von München

Im Herbst 1938 stellte *Hitler* seine angeblich „letzte territoriale Forderung": Er verlangte von der *Tschechoslowakei* die Abtretung des **Sudetenlandes.** Der hohe deutsche Bevölkerungsanteil gab ihm unter Berufung auf das **Selbstbestimmungsrecht** den Schein des Rechts für diese Forderung. Diesmal reagierten England, Frankreich und Italien; aber noch einmal versuchten Premierminister *Neville Chamberlain* und Ministerpräsident *Edouard Daladier,* den deutschen Diktator zu beschwichtigen, um den Frieden zu retten. Im September 1938 wurde in der **Konferenz von München** die „Abtretung des sudetendeutschen Gebiets" vereinbart.

Am 1. Oktober 1938 wird das Sudetenland von Deutschland besetzt. Es entbehrt nicht der Tragik, dass der britische Premierminister einer jubelnden Menschenmenge zuwinkt, als er nach der Rückkehr in England aus dem Flugzeug klettert, in der Hand den Vertrag mit der Unterschrift haltend und verkündet: „Peace for our generation, peace for our time", während Hitler bereits am 21. Oktober befiehlt, die „Erledigung der Resttschechei" militärisch vorzubereiten.

Münchner Abkommen
Tschechei
Protektorat Böhmen und Mähren
Slowakei

Am 15. März 1939 wird – unter offenem Bruch des **Münchner Abkommens** – die Tschechoslowakei militärisch besetzt. Der Staat fühlt sich von England und Frankreich schmählich im Stich gelassen und verraten. *Hitler* proklamiert die **Tschechei** zum **Protektorat Böhmen und Mähren.** Die **Slowakei,** schon Ende 1938 ein von Deutschland abhängiger Satellitenstaat geworden, stellt sich „unter den Schutz des Reiches". Nun war das internationale Vertrauen in die

Reichsregierung und die Person *Hitlers* endgültig erschüttert; *Chamberlain* verkündet das Ende der Appeasement-Politik.

▶ Q. 2

Ein „Angebot" der Reichsregierung an Polen zur Lösung der *Danzigfrage* und des *Korridors* sowie der Einmarsch deutscher Truppen in das litauische **Memelgebiet** im März 1939 lassen keinen Zweifel, wohin die nächste Stoßrichtung *Hitlers* zielt. England und Frankreich geben eine als Warnung an Deutschland gedachte **Garantieerklärung für Polen** ab. Doch *Hitler* hält das abermals für einen Bluff. Er kündigt den Nichtangriffspakt mit Polen, schließt mit *Mussolinis* Italien den **Stahlpakt**, ein umfassendes politisch-wirtschaftlich-militärisches Bündnis, und bereitet den militärischen Angriff auf den östlichen Nachbarn vor.

Memelgebiet

Garantieerklärung für Polen

Stahlpakt

Noch aber bestand die Gefahr, dass die UdSSR im Rahmen des sowjetisch-französischen Beistandspaktes von 1935 den Westmächten zu Hilfe eilen könnte, zumal sich England seit Monaten um ein Arrangement mit der Sowjetunion bemühte. Doch zur grenzenlosen Überraschung der gesamten Weltöffentlichkeit schlossen Hitler und Stalin am 23. August 1939 einen **deutsch-sowjetischen Nichtangriffspakt**. Dieses Abkommen zwischen dem nationalsozialistischen Deutschland und der bolschewistischen UdSSR von *Hitler* wiederholt zum Todfeind erklärt, konnte in der Tat niemand erwarten. Doch der nationalsozialistische Alleinherrscher hatte nun freie Hand für seinen von ihm gewollten und bewusst herbeigeführten Krieg.

Deutsch-sowjetischer Nichtangriffspakt

▶ Q 3

Nach wie vor bleibt umstritten und unbekannt, was *Stalin* bewogen haben mochte, mit *Hitler* das Abkommen zu schließen. Kein Zweifel besteht aber daran, dass erst dieser Vertrag *Hitler* die Möglichkeit zum Angriff auf Polen eröffnete. Nun konnte er mit einiger Sicherheit annehmen, dass die Westmächte zur Offensive übergehen würden, solange er mit Polen beschäftigt war, ja er wog sich sogar in der Hoffnung, dass nun, ohne die Unterstützung der Sowjetunion, England und Frankreich nicht zu ihrer **Garantieerklärung für Polen** stehen würden. Die ideologischen Erzfeinde hatten sich arrangiert, so schien es, auch wenn *Hitler* schon damals entschlossen war, den Pakt nur als kurzfristiges Mittel zum Zeitgewinn zu betrachten. Am 1. September 1939 bewahrheitete sich, was eine französische Zeitung bereits 1933 schrieb: *Hitler, das ist der Krieg!*

Garantieerklärung für Polen

Hitler zur österreichischen Frage (Reichstagsrede vom 21. Mai 1935)

▶ QUELLE 1

Deutschland hat weder die Absicht, noch den Willen, sich in die inneren österreichischen Verhältnisse einzumengen, Österreich einfach zu annektieren oder anzuschließen. Das deutsche Volk und die deutsche Regierung haben aber aus dem einfachen Solidaritätsgefühl gemeinsamer nationaler Herkunft den begreiflichen Wunsch, daß nicht nur fremden Völkern, sondern auch dem deutschen Volk überall das Selbstbestimmungsrecht gewährleistet wird. Ich selbst glaube, daß auf die Dauer kein Regime, das nicht im Volke verankert, vom Volke getragen und vom Volke gewünscht wird, Bestand haben kann.

(Verhandlungen des Reichstags. Bd. 458, S. 53. Zit. nach Werner Conze: Der Nationalsozialismus. Quellen- und Arbeitshefte zur Politik und Geschichte. Teil II, Stuttgart, Klett 1972, S. 48)

1. **Wie charakterisiert Hitler das Verhältnis Deutschlands zu Österreich?**
2. **Welche Andeutungen Hitlers sind Belege dafür, dass er einen Anschluss Österreichs doch nicht ausschließt?**

Chamberlain zum Bruch des Münchener Abkommens durch Hitler am 17. März 1939:

▶ QUELLE 2

Da ich das Münchener Abkommen mit unterzeichnet habe, hatte ich natürlich Anspruch darauf, von Herrn Hitler gemäß der Münchener Erklärung konsultiert zu werden, wenn er meinte, daß das Abkommen rückgängig gemacht werden sollte. Statt dessen hat er jedoch eigenmächtig gehandelt.

(Werner Conze: Der Nationalsozialismus. Quellen- und Arbeitshefte zur Politik und Geschichte. Teil II, Stuttgart, Klett 1972, S. 54)

Erläutern Sie die Hintergründe dieser Äußerung.

▶ QUELLE 3 Deutsch-sowjetischer Nichtangriffspakt vom 23. August 1939

Die Deutsche Reichsregierung und die Regierung der Union der Sozialistischen Sowjetrepubliken, geleitet von dem Wunsche, die Sache des Friedens zwischen Deutschland und der UdSSR zu festigen, und ausgehend von den grundlegenden Bestimmungen des Neutralitätsvertrages, der im April 1926 zwischen Deutschland und der UdSSR geschlossen wurde, sind zu nachstehender Vereinbarung gelangt:

Artikel I. Die beiden Vertragsschließenden Teile verpflichten sich, sich jeden Gewaltakts, jeder aggressiven Handlung und jeden Angriffs gegeneinander, und zwar sowohl einzeln als auch gemeinsam mit anderen Mächten, zu enthalten.

Artikel II. Falls einer der Vertragschließenden Teile Gegenstand kriegerischer Handlungen seitens einer dritten Macht werden sollte, wird der andere Vertragschließende Teil in keiner Form diese dritte Macht unterstützen.

Artikel III. Die Regierung der beiden Vertragschließenden Teile werden künftig fortlaufend zwecks Konsultation in Fühlung miteinander bleiben, um sich gegenseitig über Fragen zu informieren, die ihre gemeinsamen Interessen berühren.

Artikel IV. Keiner der beiden Vertragschließenden Teile wird sich an irgendeiner Mächtegruppierung beteiligen, die sich mittelbar oder unmittelbar gegen den anderen Teil richtet.

Artikel V. Falls Streitigkeiten oder Konflikte zwischen den Vertragschließenden Teilen über Fragen dieser oder jener Art entstehen sollten, werden beide Teile diese Streitigkeiten oder Konflikte ausschließlich auf dem Wege freundschaftlichen Meinungsaustausches oder nötigenfalls durch Einsetzung von Schlichtungskommissionen bereinigen. [...]

Geheimes Zusatzprotokoll

Aus Anlaß der Unterzeichnung des Nichtangriffsvertrags zwischen dem Deutschen Reich und der Union der Sozialistischen Sowjetrepubliken haben die unterzeichneten Bevollmächtigten der beiden Teile in streng vertraulicher Aussprache die Frage der Abgrenzung der beiderseitigen Interessensphären in Osteuropa erörtert. Diese Aussprache hat zu folgendem Ergebnis geführt:

1. Für den Fall einer territorial-politischen Umgestaltung in den zu den baltischen Staaten (Finnland, Estland, Lettland, Litauen) gehörenden Gebieten bildet die nördliche Grenze Litauens zugleich die Grenze der Interessensphäre Deutschlands und der UdSSR. Hierbei wird das Interesse Litauens am Wilnaer Gebiet beiderseits anerkannt.

2. Für den Fall einer territorial-politischen Umgestaltung der zum polnischen Staate gehörenden Gebiete werden die Interessensphären Deutschlands und der UdSSR ungefähr durch die Linie der Flüsse Narewe, Weichsel und San abgegrenzt.
Die Frage, ob die beiderseitigen Interessen die Erhaltung eines unabhängigen polnischen Staates erwünscht erscheinen lassen, und wie dieser Staat abzugrenzen wäre, kann endgültig erst im Laufe der weiteren politischen Entwicklung geklärt werden.
In jedem Falle werden beide Regierungen diese Frage im Wege einer freundschaftlichen Verständigung lösen.

3. Hinsichtlich des Südostens Europas wird von sowjetischer Seite das Interesse an Bessarabien betont. Von deutscher Seite wird das völlige politische Desinteressement an diesen Gebieten erklärt.

4. Dieses Protokoll wird von beiden Seiten streng geheim behandelt werden.

(Walter Hofer [Hrsg.]: Der Nationalsozialismus. Dokumente 1933–1945, Frankfurt a. M., Fischer-Bücherei 1957, S. 229 f.)

1. **Wie lauten die wichtigsten Bestimmungen des Vertrags?**
2. **Warum wurde das Zusatzprotokoll als geheim eingestuft?**
3. **Weshalb reagierten Beobachter im In- und Ausland überrascht auf den Abschluss dieses Vertrages?**

8.5 Der Zweite Weltkrieg

DARSTELLUNG
www.shoa.de

Der Verlauf des Krieges kann in drei sich überlappende Zeitabschnitte eingeteilt werden: die rein militärisch gesehen eindrucksvollen Anfangserfolge, den Höhe- und Wendepunkt des Krieges und den Zeitraum der fortlaufenden Niederlagen bis zum Ende.

Vorgegebener Anlass war ein fingierter Überfall am Abend des 31. August 1939: Häftlinge aus Konzentrationslagern, in polnische Uniformen gesteckt, griffen den auf deutschem Gebiet gelegenen Sender *Gleiwitz* (Oberschlesien) an. Man hatte ihnen dafür die Freiheit versprochen, tatsächlich wurden sie bereits am nächsten Tag liquidiert. *Hitler* verkündete am **1. September 1939** im Reichstag, dass nunmehr reguläre Truppen Polens angegriffen hätten. „Seit fünf Uhr fünfundvierzig wird nun zurückgeschossen!"

1. September 1939

8.5.1 Die Anfangserfolge

Gegen das hoch gerüstete Deutschland hatte die gegnerische veraltete Armee im **Polenfeldzug** keine Chance, sich längere Zeit zu halten, zumal das britisch-französische Garantieversprechen sich auch militärisch als wertlos erwies, da die beiden Westmächte zwar am 3. September Deutschland den Krieg erklärten, aber weder willens noch fähig waren, im Westen zur Offensive überzugehen, obwohl ein sofortiger Angriff nicht aussichtslos gewesen wäre. Stattdessen überrannten die deutschen Truppen in knapp drei Wochen Polen, unterstützt durch einen Einmarsch sowjetischer Truppen in Ostpolen am 17. September gemäß dem *Geheimen Zusatzprotokoll* zum Nichtangriffspakt.

Polenfeldzug

Am 9. und 10. April 1940 überfielen *Hitlers* Truppen überraschend **Dänemark** und **Norwegen**, einer Landung britischer Kräfte in Nordnorwegen knapp zuvorkommend. Dänemark kapitulierte sofort, Norwegen leistete Widerstand, vor allem, nachdem ein englisches Expeditionskorps in *Narvik* gelandet war. Die Kämpfe um den Erzverschiffungshafen dauerten bis Anfang Juli, dann zogen die Engländer ab, und Norwegen ergab sich am 10. Juli 1940.

Dänemark
Norwegen

Mit dem **Westfeldzug** am 10. Mai 1940 begann zweifellos *Hitlers* größter militärischer Triumph. Zum allgemeinen Erstaunen der Teilnehmer des Ersten Weltkrieges, die den vierjährigen erbitterten Widerstand Frankreichs erlebt und erlitten hatten, konnte der Erbfeind in nur sechs Wochen vollständig besiegt werden. Am 22. Juni 1940 unterzeichnete Frankreich im historischen Salonwagen im Wald von *Compiègne* den Waffenstillstand. Das neutrale *Holland* war gleichfalls überrannt worden und kapitulierte bereits am 15. Mai, *Luxemburg* wehrte sich gegen den deutschen Durchmarsch verständlicherweise überhaupt nicht, und das mit Frankreich verbündete *Belgien* kämpfte nur bis zum 28. Mai. Dem britischen Expeditionskorps in Frankreich gelang über **Dünkirchen** die Flucht nach England, wenn auch unter Verlust des gesamten Kriegsmaterials, aber England hatte seine einzigen kampffähigen Heerestruppen gerettet.

Westfeldzug

Dünkirchen

In Deutschland wie in Großbritannien rechnete man mit einer baldigen Invasion auf der Insel. Die deutschen Generalstäbler waren zwar optimistisch, dass die Landung selbst gelingen könnte, aber sie fürchteten, dass die Invasionstruppen nicht den laufend dringend benötigten Nachschub erhielten, solange die Seeherrschaft der Engländer im Kanal nicht gebrochen sei. So entschied *Hitler*, den großspurigen Versprechungen seines frisch bestallten *Reichsmarschalls Göring* Glauben schenkend, England aus der Luft „in die Knie zu zwingen". Der Versuch misslang, die Luftschlacht um England musste wegen unerträglich hoher Verluste der Luftwaffe abgebrochen werden. Ohne dass es der deutschen Öffentlichkeit bewusst wurde, hatte Deutschland seine erste Niederlage und England seinen ersten Sieg errungen.

Doch noch überwog der Nimbus (Ruf) der Unbesiegbarkeit des deutschen Soldaten, dem nichts unmöglich war. Am 6. April 1941 begann der **Feldzug gegen Griechenland und Jugoslawien**, der schon drei Wochen später siegreich beendet war. Auch die Eroberung *Kretas* durch deutsche

Feldzug gegen Griechenland und Jugoslawien

Siegesparade in Berlin. Rückkehr der Truppen vom Frankreichfeldzug im Juli 1940

Fallschirmjäger gehört in diese Reihe von Anfangserfolgen, obwohl er wegen der erbitterten Abwehr der Engländer einen hohen Blutzoll forderte.

Italienische Truppen hatten im April 1939 kampflos Albanien besetzt. Nun, im Herbst 1940, glaubte *Mussolini* – einen mächtigen Bundesgenossen an Deutschlands Seite – die Gunst der Stunde nutzen zu können und ließ, ohne *Hitler* zu informieren, von Albanien aus nach Griechenland einmarschieren. Der „Führer" war verärgert, fürchtete, dass eine neue Front im Südosten entstehe und damit seinen Feldzugsplan gegen Russland zumindest verzögere. Die Sorgen erwiesen sich als nur zu berechtigt. Der italienische Angriff blieb rasch stecken, und die Truppen des „Duce" (Fürst) gerieten sogar in die Defensive. Die Griechen konnten ein Drittel Albaniens erobern.

Als auch der Winterfeldzug des italienischen Heeres 1940/41 unter erheblichen Verlusten kläglich scheiterte, war *Hitler* notgedrungen gezwungen, seinem prahlerischen Bündnispartner zu Hilfe zu eilen.

Unternehmen Barbarossa

Am 22. Juni 1941 griff die deutsche Armee mit Unterstützung finnischer, rumänischer, bulgarischer und ungarischer Verbände sowie Freiwilligen aus anderen europäischen Ländern, insbesondere *Italien* und *Spanien*, Sowjetrussland an **(Unternehmen Barbarossa)**.

Wintereinbruch

Es war übrigens fast auf den Tag genau 129 Jahre her, dass *Napoleon* Russland angegriffen hatte – ein Menetekel. In den ersten Wochen schien jedoch alles wie gewohnt zu verlaufen: rascher Vormarsch, Vernichtung ganzer Armeen, viele Gefangene. War der „russische Koloss" bereits geschlagen? *Hitler* und seine Umgebung wähnten sich des endgültigen Sieges bereits sicher. Doch dann – Anfang Dezember – blieb der Angriff kurz vor Moskau stecken. Früher **Wintereinbruch** mit besonders niedrigen Temperaturen, unzulängliche Vorbereitung auf die Kälte bis zu minus 40 Grad, Erschöpfung der deutschen Truppen an Menschen und Material, keine ausreichende Logistik (Nachschub- und Versorgungseinrichtungen) für die inzwischen ausgedehnten Transportwege schufen Probleme, mit denen auch die willigsten Soldaten und Offiziere nicht mehr fertig werden konnten.

Die UdSSR hingegen konnte dank eines Nichtangriffspaktes mit Japan frische Reserven in den Kampf werfen. Zum ersten Mal wurden die Deutschen auf breiter Front in die Defensive gedrängt.

8.5.2 Höhe- und Wendepunkte des Krieges

Afrikakorps

Wenige Tage vor Ende des Frankreichfeldzuges war Italien an der Seite Deutschlands in den Krieg eingetreten. *Mussolini* vermeinte, es gälte nur noch die Beute des längst sicheren Sieges zu verteilen. Aber ebenso wie in Albanien gegen die Griechen scheiterte Italien bei dem Versuch, die Engländer aus Ägypten zu vertreiben. Im Gegenteil: Die italienische Regierung musste *Hitler* um Hilfe bitten, und der schickte, weil er seine Südflanke bedroht sah, im Frühjahr 1941 das **Afrikakorps** unter General *Erwin Rommel* nach Libyen. Sofort wendete sich das Blatt. Nach einigen Anfangsschwierigkeiten gelang *Rommel* der Vorstoß über die ägyptische Grenze; Alexandria und damit der für Großbritannien lebenswichtige *Suezkanal* schienen bedroht, aber der entscheidende Durchbruch misslang, die deutschen Kräfte waren gegenüber den britischen zu schwach. Im Oktober 1942 musste *Rommel* den Rückzug antreten.

Im Osten schien mit Beginn des Jahres 1942 noch einmal die erprobte deutsche Kriegsmaschine zu triumphieren. Bis in den Kaukasus stießen die Truppen vor, erreichten die Wolga bei *Stalingrad*. Im Sommer 1942 erklomm das „Dritte Reich" den Höhepunkt seiner militärischen Expansion.

Am 7. Dezember 1941 hatten die Japaner die US-Flotte in **Pearl Harbor** überfallen. In kaum fasslicher Überschätzung der eigenen Kraft und Unterschätzung der Stärke der USA erklärte *Hitler* (zusammen mit Italien) am 11. Dezember 1941 den USA den Krieg. Der europäische Krieg war damit zum **Zweiten Weltkrieg** geworden. *Sir Winston Churchill,* seit Mai 1940 britischer Premierminister, war sich sicher: So viele Opfer der Krieg auch noch fordern mochte, jetzt konnte er nur mit einer Niederlage der Deutschen enden.

Pearl Harbor

Weltkrieg

Am 19. November 1942 traten starke russische Verbände westlich von **Stalingrad** zur Offensive an, kesselten in wenigen Wochen die Sechste Armee ein und zwangen deren Reste am 2. Februar 1943 zur Kapitulation. Zum ersten Mal hatte eine große deutsche Armee eine vernichtende Niederlage erlitten, und für jedermann wurde offenbar, dass auch das deutsche Heer besiegbar war.

Stalingrad

Kapitulation

8.5.3 Die Niederlage

Mit dem Jahr 1943 steigerten Briten und Amerikaner bis zum Kriegsende unaufhörlich ihre Luftoffensive gegen deutsche Städte. Deutschland bekam mehrfach verstärkt zurück, was es im Herbst 1940 begonnen hatte: den **Luftkrieg** gegen die Zivilbevölkerung, auch wenn er letztlich ebenso wenig kriegsentscheidend war wie der Versuch, England „weich" zu bomben.

Luftkrieg

Auch die **Atlantikschlacht** der deutschen Unterseeboote gegen die alliierte Versorgung ging verloren. Die Abwehrerfolge wuchsen, von vier auslaufenden Booten kehrte nur eines zurück. Längst überstiegen die Neubauten der alliierten Werften die Versenkungserfolge der Deutschen.

Atlantikschlacht

Im November 1942 landeten die ersten US-Truppen in Marokko und Algerien. *Rommels* sagenumwobenes Afrikakorps, von zwei Seiten bedrängt, musste sich im Mai 1943 ergeben. Im Juli 1943 begann der Kampf gegen die „Festung Europa"; die Alliierten nahmen *Sizilien, Mussolini* wurde abgesetzt und Italien, ohnedies mehr eine Belastung denn Hilfe, fiel als Verbündeter aus. Die USA und Großbritannien eröffneten den langsamen Vormarsch durch Italien nach Norden und besetzten im Juni 1944 *Rom.*

Niederlage Rommels

Besetzung Roms

Schüler in Uniform mit Panzerfaust

Längst aber hatte sich die Aufmerksamkeit einem anderen Kriegsschauplatz zugewandt: Der erwarteten Invasion starker amerikanischer und britischer Verbände in Frankreich. Im Morgengrauen des 6. Juni 1944 begann „der längste Tag": die **Invasion in der Normandie**. Nun kämpfte Deutschland an drei Fronten, überall in hoffnungsloser Unterlegenheit in die Defensive gedrängt. Der Krieg war endgültig verloren, auch wenn die

Invasion in der Normandie

Nürnberg nach den Bombenangriffen, aufgenommen im Frühjahr 1945

Mehrzahl der Deutschen dies eher dumpf ahnte, als dass sie daran glauben mochte. Als die amerikanischen Truppen am 2. Oktober 1944 den Stadtrand von Aachen erreichten, wurde erstmals auch auf deutschem Boden gefochten. **Durchhalteparolen** sollten die Deutschen zum äußersten Widerstand bewegen, die Hoffnung auf eine Wunderwaffe noch einmal Mut machen. Aber das Hitlerreich, von drei Seiten angegriffen, hatte angesichts der erdrückenden Überlegenheit der Gegner keine Chance mehr.

Durchhalteparolen

▶ Q. 1 und 2

Ardennenoffensive

Örtliche militärische Erfolge kurzfristiger Art, wie die **Ardennenoffensive** im Dezember 1944, der letzte deutsche Angriff, schufen allenfalls eine verlustreiche Atempause, am Gesamtverlauf war nichts mehr zu ändern. Das „Gesetz des Handelns" war unwiderruflich in die Hände der Kriegsgegner Deutschlands übergegangen. Im Januar 1945 traten Briten und Amerikaner zu ihrer Offensive gegen das Ruhrgebiet an und die sowjetischen Großverbände überquerten *Weichsel* und *Oder* mit der Stoßrichtung *Berlin*. Am 7. März überschritten die Truppen der Westmächte den Rhein und am 25. April reichten sich auf einer zerstörten Brücke bei Torgau an der Elbe sowjetische und amerikanische Soldaten die Hand.

Torgau

unconditional surrender

Berlin kapitulierte nach sinnloser Abwehrschlacht am 2. Mai. Am 8. Mai 1945 unterzeichneten hohe Offiziere des Heeres, der Luftwaffe und der Kriegsmarine in Berlin die **„unconditional surrender"**.

Atombomben

In Asien ging der auch für Japan längst aussichtslos gewordene Krieg weiter, bis die **Atombomben** auf *Hiroshima* und *Nagasaki* am 6. und 9. August 1945 ebenfalls zur bedingungslosen Kapitulation zwangen. Der Zweite Weltkrieg war zu Ende.

Verluste

Die **Verluste** lassen sich nur annähernd schätzen. Insgesamt starben 55 Millionen Menschen, weitere drei Millionen wurden vermisst. Die Zahl der Verwundeten wird auf 35 Millionen geschätzt. Die größten Menschenopfer brachte die Sowjetunion mit fast 14 Millionen toten Soldaten und sieben Millionen Zivilisten. Deutschland hatte an Toten und Vermissten den Verlust von etwa 4 Millionen Soldaten und einer gleich hohen Zahl von Zivilisten zu beklagen. Trotz ihres Zweifrontenkrieges erlitten die USA mit 259 000 Gefallenen verhältnismäßig geringe Verluste.

Die **Kriegskosten** lassen sich erst recht nur sehr grob ermitteln und werden mit der unvorstellbaren Summe von 1 500 Milliarden US-Dollar veranschlagt. (Alle Angaben aus *Manfred Hergt, Hermann Kinder, Werner Hilgemann: dtv-Atlas zur Weltgeschichte. Bd. 2, 41. Aufl., München, dtv 2012.*)

Kriegskosten

Kriegseinsatz jedes Einzelnen und der ganzen Nation

▶ QUELLE 1

14 Leitsätze für die politische Führung

Nach einer Rede von Reichsminister Dr. Goebbels

1. Es geht um Sein oder Nichtsein der Nation.
2. Das mit zynischer Offenheit ausgesprochene Ziel unserer Feinde ist es, das deutsche Volk, seine Anschauungswelt, sein soziales und wirtschaftliches Lebensgefüge sowie seine Art zu leben, mit Stumpf und Stiel auszurotten.
3. Das deutsche Volk ist in Gefahr! Also verhalte sich jeder, als sei er selbst in Lebensgefahr!
4. Halte dir stets das Beispiel des Soldaten der vorderen Linie vor Augen!
5. An jeden Deutschen ergeht der Appell, den weit reduzierten Lebensstandard in den Luftnotgebieten zum Maßstab der eigenen Lebensführung zu machen.
6. Ehrgeiz jedes Deutschen: Seinen Beitrag zur Erringung des Endsieges hinaufzuschrauben und seine persönlichen Ansprüche so weit wie möglich einzuschränken.
7. Die Heimat wird uns noch zahlreichere und noch bessere Waffen zur Verfügung stellen.
8. Wir müssen die ganze Kraft unserer Herzen aufbieten, um die noch vor uns liegenden schweren Belastungen zu bestehen.
9. Keinen Augenblick dürfen wir am Sieg der Gerechtigkeit unserer Sache zweifeln.
10. Wir müssen uns darüber klar sein, daß auch der Feind gleich schwere Sorgen hat, die ihm mit jedem Kriegstag zu schaffen machen.
11. Unser erstes Ziel muß es sein, überall und unter allen Umständen standhaft und erfolgreich auf dem Schlachtfeld zu bleiben, tapfer um uns zu schlagen und nicht eher mit den Kriegsanstrengungen nachzulassen, als bis sich der Feind an unserem härteren Widerstand die Zähne ausgebissen hat.
12. Wir wissen, daß wir alle Chancen zum Sieg in unseren Händen halten.
13. In gläubigem Vertrauen schauen wir auf den Führer. Er wird die Nation mit sicherer Hand durch alle Gefahren und Prüfungen führen.
14. Ein Kampf, hinter dem der ganze Fanatismus einer Nation steht, kann nie anders als mit einem Sieg enden.

(Durchhaltepropaganda im Frühjahr 1944)

1. **Beschreiben Sie die Lage in Deutschland, wie sie in diesem Redetext – auch zwischen den Zeilen – geschildert wird.**
2. **Welche Hoffnungen werden dem deutschen Volk gemacht?**
3. **Wie beurteilen Sie die Wirkung dieses Redetextes?**

Flugblatt von 1944

▶ QUELLE 2

Die neue Waffe

Mit gleißnerischen Versprechungen versucht der Feind das Deutsche Volk wieder einmal zu betören. Derselbe Gegner, der Tag und Nacht Mord und Brand über deutsche Städte und Dörfer bringt, der den Krieg gegen die wehrlose Zivilbevölkerung führt, will durch verlogene Worte erreichen, was ihm im ehrlichen Waffenkampf versagt blieb. Er spricht vom Frieden und meint unseren Tod. Allein in seinen teuflischen Haßprophezeiungen:

Ausrottung unseres Volkes,
Vernichtung unserer Kultur,
Zerstörung aller Werte

ist er ehrlich. Nur diesen mörderischen Absichten glaubt! Alles andere ist Lüge.

Deutscher Volksgenosse

daran denke und weise alle schwächlichen Anwandlungen ab! Mag vielleicht noch einige Zeit des Abwartens bis zum Einsatz neuer Kampfmittel vergehen, mögen bis dahin noch Leid und Schmerzen zu ertragen sein, die große Stunde für unser Volk

wird kommen!

Dann wendet sich das Blatt des Krieges.
Jetzt mannhaft, zäh und treu
kämpfen und arbeiten!

Aus solchen Tugenden erwächst uns

der Sieg.

(Durchhaltepropaganda im Frühjahr 1944)

Analysieren Sie das Flugblatt und beschreiben Sie die psychologische Wirkung.

8.6 Der Widerstand

DARSTELLUNG
www.gdw-berlin.de

Entgegen dem äußeren Anschein, der eine ungeteilte Zustimmung während der „Erfolgsjahre" vermuten ließ, hat es von Anbeginn der nationalsozialistischen Gewaltherrschaft Opposition und Gegnerschaft gegeben.

Georg Elser

Einer der ersten Einzelkämpfer gegen *Hitler* war der Kunsttischler *Georg Elser,* der eine selbst gebastelte Bombe in einem Pfeiler des Münchner Bürgerbräukellers montierte, in dem *Hitler* zur jährlichen Wiederkehr seines Putschversuches von 1923 am 9. November 1939 eine Rede hielt. Die Bombe explodierte mit verheerender Wirkung, aber *Hitler* hatte bereits kurz zuvor den Saal verlassen. Es gehört zu den nie zu lösenden Rätseln der Geschichte, warum so viele Attentatsversuche gegen ihn fehlschlugen. *Hitler* sah in diesem, wie in späteren, ein Zeichen dafür, „dass die Vorsehung mich mein Ziel erreichen lassen will".

KPD
Sozialdemokraten

Gruppen des Widerstandes formierten sich aus der frühzeitig verbotenen **KPD**. Bald darauf bauten auch die **Sozialdemokraten** illegale Widerstandszellen auf, die mit Material und Information von emigrierten politischen Freunden versorgt wurden. Fast alle diese Gruppen konnten bis Kriegsbeginn enttarnt und zerschlagen werden.

Eine Würdigung der Widerstandsbewegung muss vor dem Hintergrund eines totalitären Staates gesehen werden, der mit seinen vielfältigen Kontrollen, den Spitzeln, der Unterdrückung von Nachrichten und der fortlaufenden Überwachung von ihm verdächtig erscheinenden Personen eine konspirative Arbeit sehr schwer, ja fast unmöglich machte. Hinzu kam die Abschreckungswirkung der hohen Strafandrohung. Schon ein geäußerter Zweifel am Sieg, der für sich genommen ja noch gar nichts über eine antinazistische Einstellung besagt, sondern nur ein rationales Urteil über eine Wahrscheinlichkeit enthält, konnte in den letzten Kriegsjahren als Ausdruck des sogenannten **Defätismus** (Neigung zum Aufgeben) mit dem Tode bestraft werden!

Defätismus

Auch Jahrzehnte nach dem „Dritten Reich" ist es immer noch schwer, die Grenze zwischen einem passiven, bloßen Dagegensein und einem aktiven Widerstand zu ziehen. Die Übergänge sind fließend; aber mancher, der sich nach 1945 als „Widerstandskämpfer" bezeichnete, war kaum mehr als ein skeptischer Beobachter des Geschehens, der seine Kritik nur im kleinsten vertrauten Kreis zu äußern wagte. Andere wieder gingen einen Schritt weiter und versuchten, auch Kollegen und Kameraden zu einer kritisch-ablehnenden Haltung gegenüber dem NS-Regime zu bewegen. Aktiven Widerstand hat bis Kriegsende zweifelsfrei nur ein kleiner Teil der Bevölkerung geleistet, aber unter den Bedingungen eines totalitären Überwachungsstaates hatten die allermeisten dazu auch keine Möglichkeit.

Einstellung der Bevölkerung

Der Versuch, die **Einstellung der Bevölkerung** zum Nationalsozialismus zu kategorisieren, könnte etwa zu folgender Einteilung führen:

Fanatische Gefolgsleute

1. **Fanatische Gefolgsleute** des Hitlerregimes, die bereit waren, in gläubigem *Kadavergehorsam* nahezu jede ihnen befohlene Aufgabe zu erfüllen und große Opfer zu bringen. Zu dieser Gruppe gehörten vermutlich nicht einmal 10 % des Volkes.

Anhänger

2. Millionen begeisterter **Anhänger**, die in gutem Glauben waren, für ihr Volk und Land zu kämpfen und zu arbeiten, die *Hitler* vertrauten. Ihre Zahl nahm im Laufe des Krieges sicherlich ab, aber ohne sie hätte das System sich nicht bis zum bitteren Ende halten können.

Mitläufer

3. Angepasste und **Mitläufer**, die zwar keine Nazis im Sinne der Ideologie waren, aber das System insgesamt akzeptierten, auch wenn sie sich im Einzelfall kritisch und ablehnend verhalten konnten. Insbesondere die *Karrieristen* gehörten dazu, denen der Nationalsozialismus bei entsprechendem Wohlverhalten glänzende Aufstiegschancen in der Verwaltung und beim Militärdienst eröffnete. Die Mehrheit der Bevölkerung war sicherlich dieser Kategorie der Sich-Anpassenden und Sich-Arrangierenden zuzurechnen.

4. Nahe verwandt mit dieser großen Gruppe sind jene, die in die **innere Emigration** gingen, d. h., sie lehnten das Regime aus Überzeugung ab, versuchten auch nicht, ihm hilfreich zu sein, sondern trachteten, möglichst unbehelligt zu bleiben; aber sie kämpften auch nicht gegen das NS-System.

Innere Emigration

5. Ein kleinerer Teil aus allen Bevölkerungskreisen hat dem Nationalsozialismus **Widerstand** entgegengesetzt, wobei die Form des Widerstandes höchst unterschiedlich war. Sie reichte von der Weitergabe systemkritischer Informationen über Flugblätter, Sabotage an Rüstungsgütern, der Nichtbefolgung und des Unterlaufens von Befehlen und Weisungen, der bewussten Verletzung von Gesetzen und Vorschriften des Regimes bis zu den wiederholten und mehrfach fehlgeschlagenen Versuchen, den Diktator durch ein Attentat zu töten.

Widerstand

8.6.1 Die Widerstandsgruppen

Die ersten Widerstandskreise setzten sich aus **Kommunisten** und **Sozialdemokraten** zusammen, zwischen denen es jedoch wegen der Moskauhörigkeit der KPD keine Verbindung gab. Bekannt geworden ist die Widerstandszelle der **Roten Kapelle**, die vom Luftfahrtministerium aus bis 1942 Kontakte mit der Sowjetunion unterhielt.

Kommunisten
Sozialdemokraten
Rote Kapelle

Eng mit SPD-Mitgliedern arbeiteten traditionsgemäß sozialistische **Gewerkschafter** zusammen, zu deren führenden Köpfen *Julius Leber* und *Wilhelm Leuschner* zählten. Zu ihnen stießen bald die Repräsentanten der christlichen Gewerkschaften um *Jakob Kaiser*. Schon damals keimte der Gedanke, nach dem Krieg eine *Einheitsgewerkschaft* zu gründen, wie sie in Gestalt des DGB heute tatsächlich besteht.

Gewerkschafter

Aus christlichen Motiven leistete die **Weiße Rose**, eine studentische Gruppe, aktiven Widerstand. Die *Geschwister Hans und Sophie Scholl, Alexander Schmorell* und Prof. *Kurt Huber* von der Universität München gehörten dazu.

Weiße Rose
www.weisse-rose-stiftung.de
▶ Q. 1

Von der **katholischen Kirche** übte der Bischof von Münster *Graf von Galen* offene Kritik am Nationalsozialismus, insbesondere an dessen *Euthanasieprogramm*. Bei den Protestanten formierte sich in der **Bekennenden Kirche** um Pastor *Martin Niemöller* eine oppositionelle Gruppe.

Katholische Kirche

Bekennende Kirche

Seit 1940 traf sich auf dem Gut *Kreisau* (Schlesien) des Grafen *Helmuth von Moltke* der danach benannte **Kreisauer Kreis**. Zu ihm gehörten Gegner des Nationalsozialismus aus unterschiedlichsten Richtungen. Dazu zählten die Aristokraten *York von Wartenburg*, die Sozialisten *Mierendorff, Haubach* und *Reichwein*, der Jesuitenpater *Delp* sowie Mitglieder der Bekennenden Kirche.

Kreisauer Kreis

▶ Q. 2

Mittelpunkt der **bürgerlich-konservativen Widerstandsgruppen** war der Leipziger Oberbürgermeister *Carl Friedrich Goerdeler*, der über zahlreiche Verbindungen zu Oppositionsgruppen in Wirtschaft und Generalstab verfügte.

Gewaltsamer Widerstand konnte – spätestens nach Kriegsbeginn – nur noch vom Militär geleistet werden. Um den aus Protest gegen *Hitlers* Angriffspläne im August 1938 zurückgetretenen Generalstabschef *Ludwig Beck* scharten sich hohe Offiziere, die vor allem mit zunehmender Kriegsdauer keine Siegeschance mehr sahen und denen die von der Führung begangenen Verbrechen die Augen über den wahren Charakter des nationalsozialistischen Systems geöffnet hatten.

Der Tatkräftigste unter ihnen war der Oberst *Claus Schenk Graf von Stauffenberg*. Ihm gelang es, eine Bombe in das Führerhauptquartier „Wolfschanze" zu schmuggeln und unmittelbar neben *Hitler* zu deponieren. Doch auch das **Attentat vom 20. Juli 1944** misslang. Wie durch ein Wunder blieb der „Führer" trotz der Explosion, die mehrere Personen schwer verletzte, am Leben.

Attentat vom 20. Juli 1944

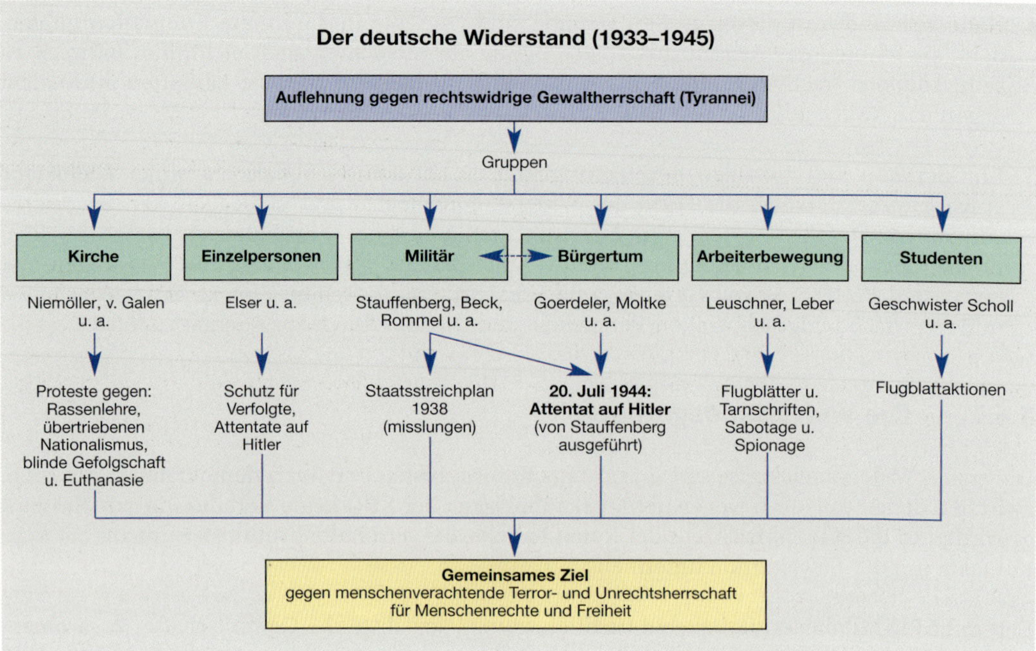

8.6.2 Würdigung des Widerstandes

„Aufstand des Gewissens"

Bis heute ist die Diskussion darüber nicht verstummt, warum es erfahrenen Militärs nicht gelang, ein Attentat erfolgreich durchzuführen. Sicherlich hat *Hitler* oft Glück gehabt, großes, nahezu unverständliches Glück, aber selbst nach dem misslungenen Attentat im Juli 1944 hätte wenigstens noch eine schwache Chance bestanden, das NS-Regime zu beseitigen und den Krieg vorzeitig zu beenden und damit allen Krieg führenden Völkern viel Leid zu ersparen. Der „**Aufstand des Gewissens**" war bei den meisten Widerständlern stärker moralisch geprägt als vom Entschluss zu konsequenter Rebellion.

So äußerte einmal ein General, dass Rebellion gegen den Oberbefehlshaber im Ausbildungsprogramm eines deutschen Offiziers nicht vorgesehen sei. Viele, gerade jüngere Offiziere fühlten sich durch den *persönlichen Eid,* den sie *Hitler* geleistet hatten, gebunden. Andere warteten ganz einfach ab, wie sich die Lage nach dem 20. Juli entwickelte. „Ja, wenn das Schwein tot wäre ...", soll der Oberbefehlshaber in Frankreich 1944 geantwortet haben, als er aufgefordert wurde, die Revolte zu unterstützen.

Einer der Männer des 20. Juli, *Henning von Tresckow,* hat ahnungsvoll dem Versuch eine würdige Deutung gegeben:

„Das Attentat auf Hitler muss erfolgen, koste es, was es wolle. Sollte es nicht gelingen, so muss trotzdem der Staatsstreich versucht werden. Denn es kommt nicht mehr auf den praktischen Zweck an, sondern darauf, dass die deutsche Widerstandsbewegung vor aller Welt und vor der Geschichte unter Einsatz des Lebens den entscheidenden Wurf gewagt hat. Alles andere ist daneben gleichgültig."

Volksgerichtshof

Kurt Huber beendete sein Schlusswort vor dem **Volksgerichtshof**, der ihn zum Tode verurteilte, mit dem stolzen *Fichte*-Wort:

> Und handeln sollst du, als hinge
> Von dir und deinem Tun allein
> Das Schicksal ab der deutschen Dinge,
> Und die Verantwortung wär' dein.

Weiße Rose

▶ QUELLE 1

Ein Flugblatt ruft zur Freiheit auf (Auszug)

Aufruf an alle Deutschen!

Der Krieg geht seinem sicheren Ende entgegen. Wie im Jahre 1918 versucht die deutsche Regierung alle Aufmerksamkeit auf die wachsende U-Boot-Gefahr zu lenken, während im Osten die Armeen unaufhörlich zurückströmen, im Westen die Invasion erwartet wird. Die Rüstung Amerikas hat ihren Höhepunkt noch nicht erreicht, aber heute schon übertrifft sie alles in der Geschichte seither Dagewesene. Mit mathematischer Sicherheit führt Hitler das deutsche Volk in den Abgrund. Hitler kann den Krieg nicht gewinnen, nur noch verlängern! Seine und seiner Helfer Schuld hat jedes Maß unendlich überschritten. Die gerechte Strafe rückt näher und näher!

Was aber tut das deutsche Volk? Es sieht nicht und es hört nicht. Blindlings folgt es seinen Verführern ins Verderben. Sieg um jeden Preis! haben sie auf ihre Fahne geschrieben. Ich kämpfe bis zum letzten Mann, sagt Hitler – indes ist der Krieg bereits verloren. [...]

Freiheit der Rede, Freiheit des Bekenntnisses, Schutz des einzelnen Bürgers vor der Willkür verbrecherischer Gewaltstaaten, das sind die Grundlagen des neuen Europas.

Unterstützt die Widerstandsbewegung, verbreitet die Flugblätter!

(Kurt Huber. In: Walter Hofer [Hrsg.]: Der Nationalsozialismus. Dokumente 1933–1945, Frankfurt a. M., Fischer-Bücherei 1957, S. 327 f.)

1. **Wann ist dieses Flugblatt vermutlich erschienen? Begründen Sie.**
2. **Welche Freiheitsrechte fordert die Weiße Rose?**

Grundsätze für die Neuordnung Deutschlands

▶ QUELLE 2

Entwurf des Kreisauer Kreises vom 9. August 1943

Die Regierung des Deutschen Reiches sieht im Christentum die Grundlage für die sittliche und religiöse Erneuerung unseres Volkes, für die Überwindung von Haß und Lüge, für den Neuaufbau der europäischen Völkergemeinschaft.

Der Ausgangspunkt liegt in der verpflichtenden Besinnung des Menschen auf die göttliche Ordnung, die sein inneres und äußeres Dasein trägt. Erst wenn es gelingt, diese Ordnung zum Maßstab der Beziehungen zwischen Menschen und Völkern zu machen, kann die Zerrüttung unserer Zeit überwunden und ein echter Friedenszustand geschaffen werden. Die innere Neuordnung des Reiches ist die Grundlage zur Durchsetzung eines gerechten und dauerhaften Friedens.

Im Zusammenbruch bindungslos gewordener, ausschließlich auf die Herrschaft der Technik gegründeter Machtgestaltung steht vor allem die europäische Menschheit vor dieser Aufgabe. Der Weg zu ihrer Lösung liegt offen in der entschlossenen und tatkräftigen Verwirklichung christlichen Lebensgutes. Die Reichsregierung ist daher entschlossen, folgende nach innen und außen unverzichtbare Forderungen mit allen ihr zur Verfügung stehenden Mitteln zu verwirklichen:

1. Das zertretene Recht muß wieder aufgerichtet und zur Herrschaft über alle Ordnungen des menschlichen Lebens gebracht werden.
2. Die Glaubens- und Gewissensfreiheit wird gewährleistet. [...]

5. Die Arbeit muß so gestaltet werden, daß sie die persönliche Verantwortungsfreudigkeit fördert und nicht verkümmern läßt.
6. Die persönliche politische Verantwortung eines jeden erfordert seine mitbestimmende Beteiligung an der neu zu belebenden Selbstverwaltung der kleinen und überschaubaren Gemeinschaften. In ihnen verwurzelt und bewährt, muß seine Mitbestimmung im Staat und in der Völkergemeinschaft durch selbstgewählte Vertreter gesichert und ihm so die lebendige Überzeugung der Mitverantwortung für das politische Gesamtgeschehen vermittelt werden.
7. Die besondere Verantwortung und Treue, die jeder einzelne seinem nationalen Ursprung, seiner Sprache, der geistigen und geschichtlichen Überlieferung seines Volkes schuldet, muß geachtet und geschützt werden. Sie darf jedoch nicht zur politischen Machtzusammenballung, zur Herabwürdigung, Verfolgung oder Unterdrückung fremden Volkstums mißbraucht werden. Die freie und friedliche Entfaltung nationaler Kul-

tur ist mit der Aufrechterhaltung absoluter einzelstaatlicher Souveränität nicht mehr zu vereinbaren. Der Friede erfordert die Schaffung einer die einzelnen Staaten umfassenden Ordnung. Sobald die freie Zustimmung aller beteiligten Völker gewährleistet ist, muß den Trägern dieser Ordnung das Recht zustehen, auch von jedem einzelnen Gehorsam, Ehrfurcht, notfalls auch den Einsatz von Leben und Eigentum für die höchste politische Autorität der Völkergemeinschaft zu fordern. [...]

(Walter Hofer [Hrsg.]: Der Nationalsozialismus. Dokumente 1933-1945, Frankfurt a. M., Fischer-Bücherei 1957, S. 333 f.)

1. Auf welche Werte beruft sich der Kreisauer Kreis?
2. Prüfen Sie, inwieweit die Grundsätze des Kreisauer Kreises für die politische Ordnung der Bundesrepublik Deutschland Bedeutung gewannen.

AUFGABEN

1. Stellen Sie der NS-Weltanschauung die Werte der freiheitlich-demokratischen Grundordnung gegenüber. Worin sehen Sie die schärfsten Gegensätze?

2. Stellen Sie die Merkmale der NS-Ideologie der marxistisch-leninistischen Ideologie in einer Synopse gegenüber. Beachten Sie: Vergleichen heißt nicht gleichsetzen.

3. Warum ist die Rassenlehre der Nationalsozialisten weder empirisch noch theoretisch haltbar?

4. Skizzieren Sie zeichnerisch einen Stufenaufbau von der Errichtung der Diktatur ab dem 30. Januar 1933 bis zur totalitären Herrschaft. Geben Sie den einzelnen Stationen einen prägnanten Begriff.

5. Prüfen Sie mithilfe einer (möglichst mit Kurzkommentar versehenen) Ausgabe des Grundgesetzes, gegen welche Grundrechte bei der Diskriminierung und Verfolgung von Minderheiten jeweils verstoßen wurde.

6. Organisieren Sie den Besuch einer Gedenkstätte der nationalsozialistischen Gewaltherrschaft. Die Bundeszentrale für politische Bildung hat dazu eine Dokumentation „Gedenkstätten für die Opfer des Nationalsozialismus" herausgegeben, die digital im PDF-Format heruntergeladen werden kann: *www.ns-gedenkstaetten.de/gedenkstaetten-bundesweit.html*

7. Hitler hielt die Garantieerklärung Englands für Polen im Frühjahr 1939 für einen Bluff. Stellen Sie die Argumente zusammen, die damals für und gegen diese Vermutung sprachen.

8. Vergleichen Sie die Außenpolitik des letzten deutschen Kaiserreiches mit der Hitlers und stellen Sie in einer Synopse Ähnlichkeiten und Unterschiede zusammen.

9. Analysieren Sie die Tragik der Widerstandskämpfer, insbesondere der Offiziere, im Krieg gegen die eigene Führung zu revoltieren. Organisieren Sie zu dieser Frage ein Rollenspiel, bei dem eine Seite die Widerständler und die andere Seite jene spielt, die sich an den Hitlereid gebunden fühlten.

10. Organisieren Sie ein Projekt zum Thema „Unsere Stadt/Gemeinde in der Zeit des Nationalsozialismus". Wählen Sie die Ihnen geeignet erscheinenden Methoden und präsentieren Sie die Ergebnisse Ihrer Arbeit.

Grundlegende Arbeitstechniken und Methoden 8:

HOT

Oral History

Keine Fernsehreportage, die sich mit einem Thema der Zeitgeschichte beschäftigt, verzichtet auf die Befragung von Zeitzeugen vor der Kamera. Ganz gleich, ob es sich um Themen aus der Zeit des Nationalsozialismus oder der Nachkriegsgeschichte bis zur Gegenwart handelt – man nutzt Interviews, um Menschen zu Wort kommen zu lassen, die die dargestellte Zeit selbst erlebt haben, sei es als politisch aktiv Handelnde oder als Betroffene. Diese erzählende, mündliche Darstellung von Geschichte wird in der Wissenschaft als „Oral History“ bezeichnet.

Schülerin beim Interview

Die befragten Zeitzeugen können natürlich nur eine eng begrenzte Zahl sein, meistens sind sie zufällig ausgewählt und schon deshalb nicht repräsentativ. Ihre Aussagen entsprechen keineswegs der „objektiven Wahrheit“, sondern müssen mit wissenschaftlichen Darstellungen und anderen Quellen verglichen und ggf. korrigiert werden. Darüber hinaus bietet allein die Tatsache, dass man ein politisches Ereignis oder eine Zeitspanne selbst miterlebt hat, noch keine Gewähr dafür, alles verstanden zu haben und richtig deuten und einordnen zu können. Wenn Menschen über Ereignisse berichten, die 20, 30 oder noch mehr Jahre zurückliegen, dann neigen sie sehr häufig dazu, die damals empfundene Stimmungslage aus heutiger Sicht zu beschreiben. Oft werden schlimme Erfahrungen im Nachhinein verharmlost, die eigene Rolle wird über- oder unterschätzt, vieles wird nachträglich entschuldigt oder einfach verdrängt. Auch ist es dem Zeitzeugen nicht immer möglich, klar zu unterscheiden, was er damals gedacht und gefühlt hat und welche Einsichten/Gefühle erst in späteren Jahren hinzugekommen sind.

Einige Regeln sind bei der Vorbereitung einer Zeitzeugenbefragung zu beachten:

- Bei der **Auswahl** der Zeitzeugen sollte man eine möglichst große Vielfalt anstreben: Männer und Frauen, Jüngere und Ältere, Reiche und Arme, Vorgesetzte und Untergebene sehen ein und dasselbe Ereignis oft sehr unterschiedlich. Ein aus mehreren Perspektiven dargestelltes Ereignis vermittelt mehr historische Wahrheit als eine isolierte, von keinem anderen ergänzte oder korrigierte Erzählung. *(Auswahl)*
- Unerlässlich ist eine gründliche **Vorbereitung**. Notwendig ist nicht nur eine Einarbeitung in das zu besprechende Thema, sondern darüber hinaus müssen Fragen vorbereitet und das Ziel der Befragung festgelegt werden. Dabei sollte man aber nicht der Gefahr unterliegen, einen vorbereiteten Fragenkatalog abzuarbeiten. Der Zeitzeuge sollte nicht das Gefühl haben, sich in einer Verhörsituation zu befinden. Einfühlungsvermögen, Flexibilität und das nötige Fingerspitzengefühl sind Voraussetzungen für ein gewinnbringendes Gespräch. *(Vorbereitung)*
- Natürlich spielt auch der **äußere Rahmen** eine wichtige Rolle: Die Sitzordnung im Klassenzimmer sollte so sein, dass jeder jeden anschauen und sehen kann. Ein Strauß Blumen und/oder ein kleines Gastgeschenk schaffen eine freundliche Atmosphäre. Von vornherein sollten genügend Zeit eingeplant und Störungen ausgeschlossen werden. *(Äußerer Rahmen)*
- **Während der Befragung** sollten alle Beteiligten sich mit Respekt und Höflichkeit behandeln. Auch wenn der Zeitzeuge Anschauungen vertritt, die Sie nicht teilen oder nachvollziehen können, bleiben Sie höflich und bringen Sie Ihre Fragen oder Argumente sachlich vor. Hören Sie zu, geben Sie dem Zeitzeugen Zeit, sich zu besinnen. *(Während der Befragung)*
- Die Hauptarbeit liegt **nach der Befragung**: Der Verlauf muss in einem Protokoll festgehalten werden; die Nachbereitung soll die Befragung noch einmal kritisch reflektieren: Was ist gut gelaufen, was nicht? Was wollen wir das nächste Mal besser machen? *(Nach der Befragung)*

9 Deutschland und Europa nach dem Zweiten Weltkrieg

Wir alle, ob schuldig oder nicht, ob alt oder jung,
müssen die Vergangenheit annehmen.
Wir alle sind von ihren Folgen betroffen
und für sie in Haftung genommen.

Bundespräsident Richard von Weizsäcker in seiner Gedenkrede am 8. Mai 1985 zum 40. Jahrestag der Kapitulation, abgerufen unter www.bundespraesident.de/SharedDocs/Reden/DE/Richard-von-Weizsaecker/Reden/1985/05/19850508_Rede.html;jsessionid=1D102E88859469530C151ECD602D7527.2_cid285 [19.01.2016]

SCHLÜSSELDATEN

1945	2. August: „Potsdamer Abkommen" – Deutschland wird in vier Besatzungszonen geteilt
1948	20. Juni: Währungsreform in den Westsektoren
1949	23. Mai: Gründung der Bundesrepublik Deutschland
	7. Oktober: Gründung der DDR
1953	17. Juni: Volksaufstand in der DDR
1955	Mai: Bundesrepublik Deutschland wird Mitglied der NATO und damit (eingeschränkt) souverän
1961	13. August: Bau der Berliner Mauer
1972	21. Dezember: Grundlagenvertrag der Bundesrepublik Deutschland mit der DDR
1979	7. Juni: Erste Direktwahl zum Europäischen Parlament
1989	9. November: Öffnung der Berliner Mauer
1990	3. Oktober: Deutschland wieder vereint – Tag der Deutschen Einheit
	2. Dezember: Erste gesamtdeutsche Wahlen zum Bundestag

8. Mai 1945
Niederlage
Befreiung

Kaum eine Nation wird es so schwer haben wie die deutsche, den Tag einer solchen Niederlage in das Geschichtsbild einzuordnen. Zu widersprüchlich sind Gedanken und Empfindungen, die sich mit dem Datum des **8. Mai 1945** verknüpfen. Unbestreitbar ist dies der Tag, mit dem die größte politische und militärische **Niederlage** der Deutschen in ihrer Geschichte verbunden wird, während er für die Siegermächte verständlicherweise ein Tag des Triumphes ist. Der 8. Mai 1945 ist aber gleichzeitig auch der Tag, an dem ein menschenverachtendes System eines Unrechtsstaates ausgelöscht wurde, und insofern auch der Zeitpunkt eines moralischen Neubeginns. Für nicht wenige Deutsche ist der 8. Mai 1945 auch ein Tag der **Befreiung** und für alle, die ihn erlebten, bedeutete er das Ende des Kriegsschreckens.

▶ Q. 1 und 2

Die in **Quelle 1** und **2** wiedergegebenen Meinungen zum 40. Jahrestag der Kapitulation spiegeln die unterschiedlichen Akzente wider. Der erste deutsche Bundespräsident *Theodor Heuss* hat das Widersprüchliche dieses Tages auf eine kurze, einprägsame Formel gebracht:

Im Grunde genommen bleibt dieser 8. Mai die tragischste und fragwürdigste Paradoxie der Geschichte für jeden von uns. Warum denn? Weil wir erlöst und vernichtet in einem gewesen sind.

9.1 Deutschlands Einheit zerbricht

DARSTELLUNG

Historiker nennen es die „irony of history", wenn als Ergebnis einer Politik das Gegenteil der Absicht herauskommt. Ausgerechnet die Führung, die vom **Großgermanischen Reich** träumte und dies für 1 000 Jahre errichten wollte, hinterlässt dem Volk ein verwüstetes Land, dessen – von *Bismarck* geschaffene – Einheit als Folge des verlorenen Krieges zerstört wird. Der Beginn der Teilung Deutschlands darf nicht 1945 angesetzt werden, sondern muss als unmittelbare Konsequenz des von *Hitler* gewollten und angezettelten Krieges betrachtet werden. Ohne *Hitler* und ohne diesen Krieg wäre Deutschlands Einheit zweifellos erhalten geblieben.

Großgermanisches Reich

www.hdg.de

9.1.1 Die Kriegskonferenzen

In unregelmäßigen Abständen haben sich die Regierungschefs der Kriegsallianz und ihre Beauftragten getroffen, um über die Behandlung Nachkriegsdeutschlands zu beraten. Am endgültigen Sieg haben sie offenkundig nie gezweifelt. Die wichtigsten Begegnungen waren:

- Treffen zwischen US-Präsident *Roosevelt* und Premierminister *Churchill* auf dem britischen Schlachtschiff „Prince of Wales" vor Neufundland am 14. August 1941.
- **Konferenz von Casablanca** vom 14. bis 24. Januar 1943, auf der sich wiederum *Roosevelt* und *Churchill* trafen und die Forderung nach der **„unconditional surrender"** (der bedingungslosen Kapitulation) Deutschlands aufstellten. NS-Propagandaminister *Goebbels* triumphierte, endlich hatte er den „Beweis", dass der Kampf der Alliierten nicht der nationalsozialistischen Führung galt, sondern dem deutschen Volk, das die Westmächte im Bündnis mit der UdSSR angeblich zu vernichten trachteten.

Konferenz von Casablanca

unconditional surrender

Stalin, Roosevelt und Churchill auf der Konferenz von Teheran im November 1943

Die 1941 verkündete **Atlantik-Charta** enthielt die sog. vier Freiheiten, das sind Freiheit von Not und Furcht, Meinungs- und Glaubensfreiheit. Die Charta proklamierte das **Selbstbestimmungsrecht** der Völker, den Verzicht auf Gebietsgewinne. „Territoriale Veränderungen, die nicht mit dem frei geäußerten Willen der betroffenen Völker übereinstimmen [...]", sind „abzulehnen". Wenig später erklärte *Churchill* allerdings, dass die Charta auf keinen Fall auf feindliche Länder angewendet werden solle, und vor dem britischen Parlament führte er am 24. Mai 1944 aus: „Es ist keine Rede davon, dass sich Deutschland auf irgendwelche Garantien gegen territoriale Veränderungen berufen könnte [...]."

Atlantik-Charta

Selbstbestimmungsrecht

- **Konferenz von Teheran** vom 28. November bis 1. Dezember 1943, an der auch *Stalin* teilnahm. Auf ihr wurde zum Ausgleich für die Westverschiebung der russischen Grenze *(Curzon-Linie)* mit Polen ein „gleichwertiger Ersatz im Westen" beschlossen. Der britische Außenminister *Eden:* „Was Polen im Osten verliert, könnte es im Westen gewinnen."
- **Konferenz von Jalta** vom 4. bis 11. Februar 1945, wiederum als „Treffen der Großen Drei" bezeichnet, auf der die Leitlinien für die Behandlung Nachkriegsdeutschlands und die Einteilung in Besatzungszonen beschlossen wurde.

Konferenz von Teheran

Konferenz von Jalta

9.1.2 Das „Potsdamer Abkommen" vom 2. August 1945

Kriegskonferenzen

Obwohl das letzte Treffen der Großen Drei vom 17. Juli bis 2. August 1945 erst nach dem Waffenstillstand stattfand, zählt es auch noch zu den sog. **Kriegskonferenzen**, zumal der Krieg gegen Japan noch nicht beendet war. An der Begegnung in Berlin nahmen teil: US-Präsident *Harry S. Truman* anstelle des im April 1945 verstorbenen *Roosevelt, Joseph Stalin* für die UdSSR und *Winston Churchill,* der noch im Laufe der Konferenz aufgrund des Labour-Wahlsiegs in Großbritannien durch *Clement Attlee* ersetzt wurde.

Dreimächtekonferenz

Gemäß der Vereinbarung in Jalta hatte Frankreich gleichfalls eine Besatzungszone erhalten, ohne dass es an der Konferenz von Berlin teilnahm oder deren Ergebnis zustimmte. Die Berliner **Dreimächtekonferenz** lag
- im Schnittpunkt der unterschiedlichen Nachkriegsziele der Siegermächte,
- war damit Grundlage einer differierenden Besatzungspolitik und somit
- Ausgangspunkt der sich abzeichnenden Teilung Deutschlands.

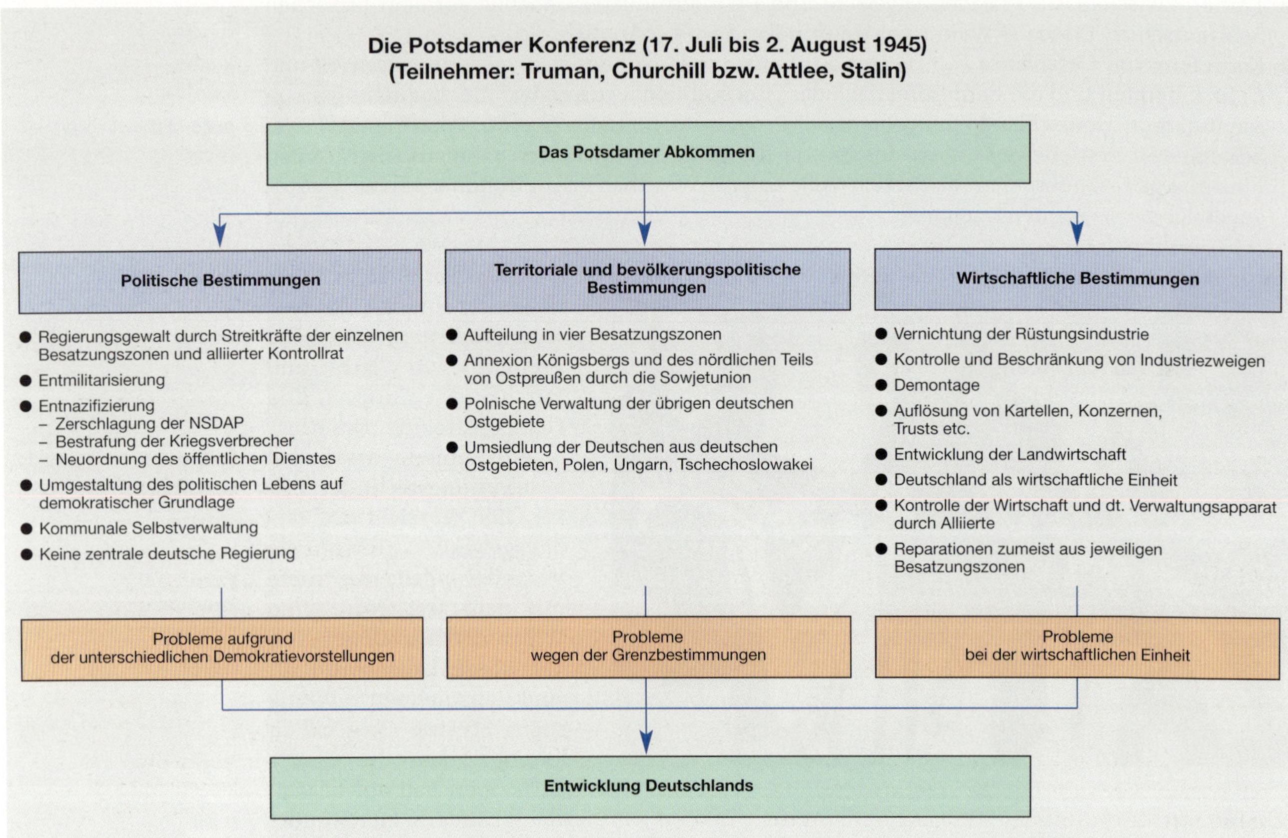

Protokoll

Formell trägt das „Abkommen" diesen Namen zu Unrecht, denn tatsächlich handelt es sich um nichts anderes als einen Bericht bzw. ein **Protokoll**, das nach Abschluss der Beratungen im *Cäcilienhof* bei Potsdam von *Stalin, Truman* und *Attlee* unterzeichnet wurde.

Fünf große D

Man kann die grundlegenden Ziele der drei Siegermächte mit den **fünf großen D** kennzeichnen:
- **Denazifizierung** zur „Ausrottung" des Faschismus
- **Demilitarisierung** zur Vernichtung des deutschen Militarismus
- **Demontage** zur Wiedergutmachung der Kriegsschäden
- **Dekartellisierung** zur Zerschlagung des „Großkapitals"
- **Demokratisierung**

Gerade am letzten Begriff zeigte sich von Beginn an die unterschiedliche Zielvorstellung der Siegermächte, denn die USA verstanden darunter etwas gänzlich anderes als die UdSSR.

Hauptziele der Siegermächte

Die unterschiedlichen **Hauptziele der Siegermächte** waren:
- **USA:** allmählicher Aufbau eines demokratischen Deutschlands mit Westorientierung
- **Großbritannien:** Reparationen, Zerschlagung des „Großkapitals“ und Demokratisierung
- **UdSSR:** Kontrolle über ganz Deutschland, Reparationen
- **Frankreich:** Sicherheit gegenüber Deutschland, deshalb Zerstückelung

9.2 Die Entstehung der beiden deutschen Staaten

9.2.1 Der Weg zum westdeutschen Staat

Der 8. Mai

Immer wieder entbrannte in Deutschland eine Diskussion darüber, ob **der 8. Mai** nicht (auch) ein Tag der Befreiung gewesen sei. Er wurde von nicht wenigen schon damals so gesehen. Es gab keine Bombenangriffe mehr, die Oppositionellen wurden nicht mehr verfolgt und die Häftlinge in den Konzentrationslagern wurden auch im buchstäblichen Sinne befreit. Aber für viele Deutsche begann eine langjährige Gefangenschaft und Zehntausende Frauen in den von den Sowjets „befreiten“ Gebieten hatten Entsetzliches zu ertragen.

Die Erklärungen der Siegermächte, wie sie den Tag sahen, lassen darüber keinen Zweifel aufkommen. Die alliierten Truppen besetzten Deutschland nicht zu seiner Befreiung, sondern als „besiegter Feindstaat“.

Britische Besatzungszone

In der **britischen Besatzungszone** lag zwar an Rhein und Ruhr das größte Industriepotenzial, aber weitgehend zerstört und zusätzlich demontiert, brachte dies keinen Vorteil. Die Mangellage im eigenen Land erlaubte den Briten nur relativ geringe Hilfe; zusätzlich belastet wurden die Gebiete von Schleswig-Holstein und Niedersachsen noch durch den Strom der Flüchtlinge und Vertriebenen.

Französische Besatzungszone

Frankreich berief sich darauf, dass es am „Potsdamer Abkommen“ nicht beteiligt gewesen sei und betrachtete deshalb die Beschlüsse als nicht verbindlich. Die **französische Besatzungszone** wurde gegen Flüchtlinge abgeriegelt und der französische Staat trennte das Saarland vom deutschen Territorium ab. Darüber hinaus verhinderte er – aus Sicherheitsgründen an einer Zerschlagung Deutschlands interessiert – im Berliner Kontrollrat Regelungen, die Deutschland als Ganzes betrafen.

Sowjetische Besatzungszone

Das schwerste Los hatten zweifellos die Menschen in der **sowjetischen Besatzungszone** zu tragen. Vor allem war die UdSSR an erheblichen Reparationen interessiert, um die schweren wirtschaftlichen Kriegsverluste wenigstens teilweise auszugleichen. Die Sowjetunion hatte unbestreitbar von allen Krieg führenden Nationen, einschließlich der deutschen, die größten Verluste an Menschen und Gütern erlitten. Transportable Produkte und Geräte wurden daher von der Roten Armee zumeist sofort als Kriegsbeute abtransportiert, etwa die Hälfte der Industrieanlagen fiel der Demontage zum Opfer. Selbst aus der spärlich laufenden Produktion wurden Güter entnommen, auf allen Fernstrecken wurde das zweite Gleis der Eisenbahn demontiert und nach Russland verschickt. Das System der wirtschaftlichen Ausschlachtung hat, neben vielen strukturellen Mängeln und Schwächen des sozialistischen Systems, die Zone der UdSSR auf lange Zeit zurückgeworfen.

US-Amerikaner

Es waren vor allem drei Erkenntnisse, die zuerst die **US-Amerikaner** veranlassten, sich vom Gedanken einer einheitlichen Politik mit der UdSSR für ganz Deutschland zu lösen. Großbritannien schloss sich rasch den USA an, zumal es sich außerstande sah, aus eigener Kraft die Not der britischen Besatzungszone zu lindern. Frankreich folgte, wenn auch mit erheblicher Verzögerung, später nach.

1. Die sowjetische Forderung nach Wirtschaftsleistungen aus ganz Deutschland führte praktisch dazu, dass die für Westdeutschland gedachte Hilfe via Reparationsleistung an die UdSSR weiterfloss.
   Aus der britischen Besatzungszone wurden beispielsweise noch Industrieanlagen für die Sowjetunion demontiert, als bereits im Ruhrgebiet moderne Walzstraßen aus den USA installiert wurden.

2. Demokratisches Bewusstsein und Bereitschaft zum friedlichen Zusammenleben konnten sich nur entwickeln, wenn Not und Elend beseitigt und die Grundlagen für einen wirtschaftlichen Wiederaufbau gelegt wurden. Dem sollte die Beteiligung Westdeutschlands an dem Europäischen Wiederaufbauprogramm **(Marshallplan)** dienen, für die als Voraussetzung eine **Währungsreform** als unabdingbar erschien.

Marshallplan
Währungsreform

3. Das Vorgehen der Sowjetunion in den osteuropäischen Staaten, die Besetzung der Machtpositionen mit moskautreuen Anhängern und Unterdrückung aller oppositionellen Kräfte, die Zwangsvereinigung von SPD und KPD zur SED in der sowjetischen Besatzungszone hatten jede Hoffnung zerstört, die UdSSR würde einen demokratischen Aufbau nach westlichem Verständnis tolerieren oder gar fördern.

▶ Q. 4
▶ Q. 5

Am 6. September 1946 hielt der US-Außenminister *Byrnes* in Stuttgart eine damals als aufsehenerregend empfundene Rede, in der die „Wende" der US-Besatzungspolitik deklariert wurde.

▶ Q. 6

Bizone

Im Januar 1947 schlossen sich die amerikanische und britische Besatzungszone zur **Bizone** zusammen. Frankreich näherte vor dem Hintergrund wachsender Ost-West-Spannungen seine Politik den beiden Westmächten an. Die UdSSR verweigerte den Anschluss.

Alle Fachleute und maßgebenden Politiker waren sich darin einig, dass eine Währungsreform unabdingbare Voraussetzung eines wirtschaftlichen Aufschwungs sei. Die UdSSR weigerte sich aber, die neue Währung einer gemeinsamen Kontrolle zu unterstellen, sondern beharrte auf dem Recht eigener Notenausgabe. Das aber hätte jeden Ansatz zu einer stabilitätsorientierten Geldpolitik im Keim erstickt und kein Vertrauen in die neue Währung geschaffen. So wurde am 20. Juni 1948 die *Deutsche Mark* (DM) nur für die drei Westzonen als neue Währung eingeführt, die die alte *Reichsmark* (RM) zum Regelsatz von 10:1 ablöste. Vier Tage später antwortete die Sowjetunion mit der Einführung einer eigenen Währung in ihrer Zone.

Deutsche Mark

Damit war Deutschland in zwei Währungsgebiete geteilt, eine Teilung, die erst am 1. Juli 1990 durch die sog. Währungsunion mit der DDR wieder aufgehoben wurde.

Ebenfalls am 24. Juni 1948 sperrte die sowjetische Besatzungsmacht aus „technischen Gründen" die Land- und Wasserwege vom Westen nach Berlin, um auf diese Weise Westberlin abzuschnüren und entgegen den Potsdamer Beschlüssen zum Teil der sowjetischen Zone zu machen. Die **Berliner Blockade** hatte begonnen; sie dauerte bis zum Mai 1949. Nachdem die Bevölkerung Westberlins einmütig ihren Willen bekundet hatte, sich nicht der Sowjetunion zu unterwerfen, organisierten die Westalliierten, insbesondere die USA durch *General Lucius D. Clay*, eine **Luftbrücke**, die die Menschen in Westberlin mit den notwendigsten Gütern versorgte.

Berliner Blockade
Luftbrücke

Zur Erinnerung an die dabei verunglückten amerikanischen und britischen Piloten wurde am Flughafen Tempelhof und Frankfurt/Main das Luftbrückendenkmal errichtet.

Am 1. Juli 1948 erhielten die Ministerpräsidenten der westdeutschen Länder in Frankfurt am Main von den Besatzungsmächten „Empfehlungen", die als **Frankfurter Dokumente** in die Gründungsgeschichte der Bundesrepublik Deutschland eingegangen sind. Ihr wichtigster Teil war die

Frankfurter Dokumente

Ermächtigung, eine **verfassunggebende Versammlung** einzuberufen, die eine „demokratische Verfassung" mit einer „Regierungsform des föderalistischen Typs" und mit „Garantien der individuellen Rechte und Freiheiten" ausarbeiten sollte. Außerdem sollten in einem **Besatzungsstatut** die Rechtsbeziehungen zwischen den Westalliierten und den Westdeutschen förmlich geregelt werden, bis dahin galt das unbeschränkte Recht der Sieger. Vor allem aber hatten die drei Westmächte im März 1948 öffentlich kundgetan, dass sie die Grundlagen für die Beteiligung eines demokratischen Deutschlands an der Gemeinschaft der freien Völker schaffen wollten; das hieß nichts anderes, als einen **westdeutschen Staat** zu gründen.

Verfassunggebende Versammlung

Besatzungsstatut

Westdeutscher Staat

Die deutschen Politiker reagierten eher zurückhaltend. Sie fürchteten, dass mit einer Verfassung die Teilung Deutschlands vertieft und damit die Wiedervereinigung erschwert, wenn nicht gar unmöglich gemacht würde.

Mitte 1948 trafen sich die Ministerpräsidenten der drei westlichen Zonen in Koblenz zu einer weithin unbekannten Konferenz. Eine Hinweistafel an der Tagungsstätte erinnert daran:

„Hier auf dem Rittersturz tagte am 8., 9. und 10. Juli 1948 die **Konferenz der westdeutschen Ministerpräsidenten**. Aus ihren Beratungen führte der Weg über den Parlamentarischen Rat zur Annahme des Grundgesetzes und zur Bildung der Bundesrepublik Deutschland."

Konferenz der westdeutschen Ministerpräsidenten

Damit könnte der Eindruck entstehen, als sei mit dieser Tagung der entscheidende Schritt zur westdeutschen Staatsgründung getan worden. Tatsächlich aber lehnten die Ministerpräsidenten es ab, sich „zu Erfüllungsgehilfen für politische Absichten fremder Staaten" zu machen, „die vielleicht ein Interesse daran haben, Deutschland in zwei Teile zu spalten".

Klar sah die Konferenz die Gefahr der **nationalen Teilung**, aber der Zwang, die Notlage in den westlichen Zonen zu lindern, den von der Bevölkerung ersehnten wirtschaftlichen und

Nationale Teilung

politischen Prozess der Gesundung einzuleiten, die Besatzungsmächte nicht zu brüskieren, ließ den Konferenzteilnehmern keine andere Wahl. Man griff *Carlo Schmids* (SPD) These auf,

Provisorium

dass es sich bei dem zu schaffenden „Gebilde" lediglich um ein **Provisorium** handle. Der rheinland-pfälzische Ministerpräsident *Peter Altmeier* (CDU) fasste als Vorsitzender der Konferenz das Beratungsergebnis in die Worte: „[...] absolute Übereinstimmung scheint mir zunächst zu bestehen in der Tatsache, dass niemand der Herren [Ministerpräsidenten] einen Weststaat, bzw. eine verfassunggebende Versammlung wünscht [...], dass wir alle eine wirtschaftliche und verwaltungsmäßige Zusammenfassung der drei Zonen wünschen durch die Schaffung eines Provisoriums."

Nicht Täuschungsabsicht verleitete die Konferenz zu ihrem Beschluss, sondern die Hoffnung, die endgültige Spaltung der Nation zu verhindern.

9.2.2 Die Gründung der Bundesrepublik Deutschland und der Deutschen Demokratischen Republik

Die meisten Deutschen glaubten damals zweifellos noch an eine rasch wiederherstellbare Einheit und hielten die Trennung nur für ein kurzzeitiges Provisorium.

Parlamentarischer Rat

Verfassungskonvent von Herrenchiemsee

Grundgesetz

Bundesrepublik Deutschland

Am 1. September 1948 trat in Bonn der **Parlamentarische Rat** zu seiner ersten Sitzung zusammen. Ihm gehörten 65 Abgeordnete der Länderparlamente an, die entsprechend der jeweiligen Fraktionsstärke entsandt waren. Die fünf Berliner Vertreter nahmen nur mit beratender Stimme teil. Aufgrund des Entwurfs des **Verfassungskonvents von Herrenchiemsee** erarbeitete der Parlamentarische Rat ein **Grundgesetz**, das am 23. Mai 1949 verkündet wurde. Mit Ausnahme von Bayern, dem die föderalistische Struktur des neuen Weststaates nicht weit genug ging, stimmten die Länderparlamente zu, und am 14. August 1949 konnte der erste Deutsche Bundestag gewählt werden. Die **Bundesrepublik Deutschland** war geschaffen.

Deutsche Demokratische Republik

Die Gründung der **Deutschen Demokratischen Republik** folgte am 7. Oktober 1949 mit dem Inkrafttreten der Verfassung, ohne dass ihr eine aus freien Wahlen hervorgegangene demokratische Legitimation zugrunde lag. Deutschland war nunmehr auch politisch und verfassungsrechtlich geteilt.

www.ddr-geschichte.de

Während die DDR – politisch und wirtschaftlich nach dem Modell der UdSSR organisiert – sich nur sehr langsam entwickeln konnte, nahm das wirtschaftliche und soziale Leben in Westdeutschland einen ungeahnten, ja selbst den größten Optimismus noch übertreffenden Aufschwung. In der Welt wurde diese Phase als das „Wirtschaftswunder" bezeichnet.

Soziale Marktwirtschaft

In der Tat: Bei aller berechtigten Kritik an den Mängeln der **sozialen Marktwirtschaft** kann vor dem Hintergrund der Ausgangslage der Erfolg nur als hervorragend bezeichnet werden. Die Gegner dieses politischen Kurses gerieten mehr und mehr in Schwierigkeiten, zu überzeugend waren die Resultate, zu groß die Zustimmung in praktisch allen Bevölkerungskreisen. Der sog. Vater des Wirtschaftswunders, der erste Bundeswirtschaftsminister und spätere Bundeskanzler *Ludwig Erhard* (CDU), konnte schon nach wenigen Jahren erklären: „Sie sehen mich in der Lage eines Mannes, dem seine Gegner abhanden gekommen sind." Auch die SPD, anfänglich entschiedener Gegner des marktwirtschaftlichen Kurses, nahm spätestens mit dem *Godesberger Programm* von 1959 Abschied von planwirtschaftlichen Vorstellungen. Unleugbar waren Leistung und Erfolg des Wirtschafts- und Sozialsystems der Bundesrepublik Deutschland.

Marshallplan-Hilfe

Eine zusätzliche Unterstützung gab die **Marshallplan-Hilfe**, offiziell bezeichnet als **European Recovery Program** (ERP), an dem 18 Staaten teilnahmen, die insgesamt 20 Milliarden Dollar erhielten. Die dazu auch eingeladenen Ostblockstaaten mussten auf Druck Moskaus absagen. Die Bundesrepublik erhielt – gemessen an ihrer Bevölkerungszahl – einen vergleichsweise geringen Beitrag in Höhe von 1,6 Milliarden Dollar.

ERP-Hilfe

Die **ERP-Hilfe** ist in der Öffentlichkeit stets überschätzt worden. Vor allem hat sie nicht das sog. *Wirtschaftswunder* bewirkt, ja nicht einmal initiiert. Im Herbst 1948, als sich die drei Westzonen längst auf ihrem wirtschaftspolitischen Erfolgskurs befanden, waren erst Lieferungen im Wert von 22 Millionen Dollar eingetroffen. Im vierten Quartal von 1949 – die Hilfe erstreckte sich bis 1952 – betrug der Anteil an der Gesamteinfuhr 16 %. Angesichts der damaligen **passiven Handelsbilanz** (Importe übersteigen die Exporte) bedeuteten diese nicht zu bezahlenden Einfuhren allerdings eine Verminderung der Devisenschuld.

Passive Handelsbilanz

In den Nachkriegsjahren bis zur Währungsreform am 20. Juni 1948 konzentrierte sich das Interesse der Bevölkerungsmehrheit auf den Kampf um das nackte Überleben. Für die junge Generation von heute ist es kaum vorstellbar, dass Menschen für ein Pfund Brot, bei einem Bauern gegen zehn Zigaretten getauscht, acht Kilometer weit gingen. Jahrelang lag die offizielle Zuteilung an Lebensmitteln unter dem biologischen Existenzminimum! Wer nicht von irgendeiner Seite *Naturalien* erhielt, verhungerte buchstäblich. Schuhe, Textilien, Hausrat unterlagen einer totalen Bewirtschaftung und konnten nur gegen einen amtlichen *Bezugsschein* erworben werden, den man beim Wirtschaftsamt beantragen musste. Nur in dringendsten Fällen wurde er ausgestellt, oftmals nutzte er gar nichts: Es war einfach keine Ware da. Auch die gelegentlich eingeführte *Punktekarte* blieb wertlos, weil die Punkte nicht *aufgerufen* wurden, mithin keine Gültigkeit erhielten.

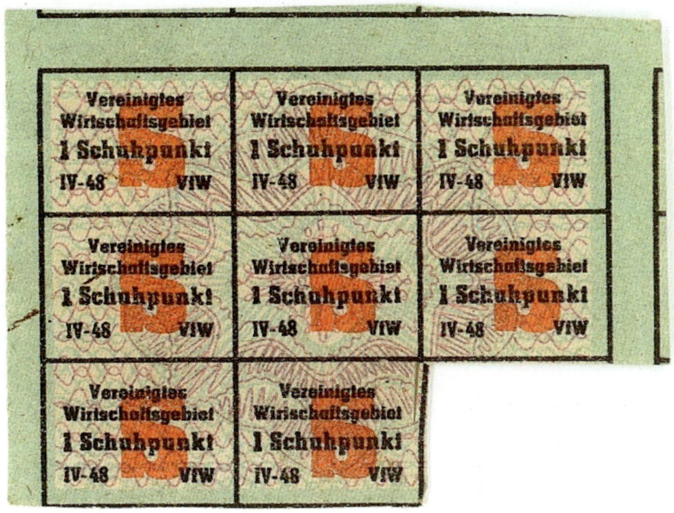

Schuhpunktekarte von 1948 für das Vereinigte Wirtschaftsgebiet (britische und amerikanische Besatzungszone)

Die Stadt Düsseldorf erhielt einmal als Halbjahreszuteilung eine einzige (!) Babyausstattung zur „Verteilung".

Die Korruption blühte. Als einmal eine Schiffsladung Datteln, eine Spende der USA, eintraf, fand man in Dortmund (!) bereits die Dattelsteine in der Bürgersteigrinne, bevor das zuständige Wirtschaftsamt in Bremen davon erfuhr. Die Datteln waren längst in die Kanäle des Schwarzmarktes gelangt.

Stimmen zum 8. Mai

▶ QUELLE 1

Bundespräsident Roman Herzog zum 50. Jahrestag des Kriegsendes
Es ist – zumal in Deutschland – in den vergangenen Wochen leidenschaftlich darüber gestritten worden, ob der 8. Mai 1945 für die Deutschen ein Tag der Niederlage oder ein Tag der Befreiung gewesen sei. Diese Frage ist schon deshalb nicht sehr fruchtbar, weil sie verschiedenen Erfahrungen verschiedener Menschen nicht ausreichend Raum gibt. [...] Als Angehöriger einer jüngeren Generation, die den 8. Mai 1945 entweder überhaupt nicht bewußt oder – wie ich – jedenfalls nur im Kindesalter erlebt hat, möchte ich aber sagen, daß ich ihn – wenn auch nachträglich – vor allem als einen Tag begreife, an dem das Tor in die Zukunft aufgestoßen wurde. Nach ungeheuren Opfern und unter ungeheuren Opfern. Aber doch ein Tor in die Zukunft.

Staatspräsident Mitterrand am 8. Mai 1995 im Berliner Reichstag
Ich bin nicht gekommen, um einen Sieg zu feiern. Ich habe mich gefreut, 1945, für mein Land. Aber ich bin nicht gekommen, um eine Niederlage hier zu unterstreichen, denn ich habe erfahren, welche Tugenden, welchen Mut das deutsche Volk besitzt. Was heißt schon Uniform, was heißt schon auch die Idee und die Vorstellung, die im Kopfe eines oder dieses oder jenes Soldaten gesteckt hat. Sie waren in diesem Sturm losmarschiert unter Einsatz ihres Lebens. Für schlechte Ziele, aber ihre eigene Geste hat

mit diesen Zielen nichts zu tun. Es waren Menschen, die ihr Heimatland liebten. Das sollten wir uns klarmachen. Das Europa, das wir machen, das Europa, das wir lieben, ist ein Europa, das das Heimatland und das Vaterland dieser Europäer ist. Bleiben wir uns treu. Uns selbst. Bauen wir die Zukunft, bauen wir diese Zukunft im Geist des Friedens, in dem Geist, der unser ist, wir, die wir Zeugen dieser Zeit sind.

(Bundespräsidialamt Berlin, Veröffentlichungen, abgerufen unter www.bundespraesident.de/SharedDocs/Reden/DE/Roman-Herzog/Reden/1995/05/19950508_Rede.html [19.01.2016])

1. Wie beurteilt Roman Herzog die These, der 8. Mai 1945 sei ein Tag der Befreiung gewesen?
2. Ist es gerechtfertigt, den 8. Mai 1945 ausschließlich positiv bzw. negativ zu sehen?

▶ QUELLE 2 Aus der Gedenkrede des Bundespräsidenten Richard von Weizsäcker vor dem Deutschen Bundestag am 8. Mai 1985

Der 8. Mai ist für uns Deutsche kein Tag zum Feiern. Die Menschen, die ihn bewußt erlebt haben, denken an ganz persönliche und damit ganz unterschiedliche Erfahrungen zurück. Der eine kehrte heim, der andere wurde heimatlos. Dieser wurde befreit, für jenen begann die Gefangenschaft. Viele waren einfach nur dafür dankbar, daß Bombennächte und Angst vorüber und sie mit dem Leben davongekommen waren. Andere empfanden Schmerz über die vollständige Niederlage des eigenen Vaterlandes. Verbittert standen Deutsche vor zerrissenen Illusionen, dankbar andere Deutsche für den geschenkten neuen Anfang. [...]

Die meisten Deutschen hatten geglaubt, für die gute Sache des eigenen Landes zu kämpfen und zu leiden. Und nun sollte sich herausstellen: Das alles war nicht nur vergeblich und sinnlos, sondern es hatte den unmenschlichen Zielen einer verbrecherischen Führung gedient. Erschöpfung, Ratlosigkeit und neue Sorgen kennzeichneten die Gefühle der meisten. Würde man noch eigene Angehörige finden? Hatte ein Neuaufbau in diesen Ruinen überhaupt Sinn? [...]

Der Blick ging zurück in einen dunklen Abgrund der Vergangenheit und nach vorn in eine ungewisse, dunkle Zukunft.

Und dennoch wurde von Tag zu Tag klarer, was es heute für uns alle gemeinsam zu sagen gilt: Der 8. Mai war ein Tag der Befreiung. Er hat uns alle befreit von dem menschenverachtenden System der nationalsozialistischen Gewaltherrschaft.

Niemand wird um dieser Befreiung willen vergessen, welche schweren Leiden für viele Menschen mit dem 8. Mai erst begannen und danach folgten. Aber wir dürfen nicht im Ende des Krieges die Ursache für Flucht, Vertreibung und Unfreiheit sehen. Sie liegt vielmehr in seinem Anfang und im Beginn jener Gewaltherrschaft, die zum Krieg führte.

(Bundespräsidialamt Berlin, abgerufen unter www.bundespraesident.de/SharedDocs/Reden/DE/Richard-von-Weizsaecker/Reden/1985/05/19850508_Rede.html [19.01.2016])

1. Warum ist der 8. Mai 1945 für Richard von Weizsäcker kein Tag zum Feiern?
2. Wieso betrachtet er diesen Tag dennoch als „Tag der Befreiung"?

▶ QUELLE 3 Auszug aus dem Protokoll der Dreimächtekonferenz – „Potsdamer Abkommen"

A. Politische Grundsätze

1. Entsprechend der Übereinkunft über das Kontrollsystem in Deutschland wird die höchste Regierungsgewalt in Deutschland durch die Oberbefehlshaber der Streitkräfte der Vereinigten Staaten von Amerika, des Vereinigten Königreichs, der Union der Sozialistischen Sowjetrepubliken und der Französischen Republik nach den Weisungen ihrer entsprechenden Regierungen ausgeübt, und zwar von jedem in seiner Besatzungszone, sowie gemeinsam in ihrer Eigenschaft als Mitglieder des Kontrollrates in den Deutschland als Ganzes betreffenden Fragen.

2. Soweit dieses praktisch durchführbar ist, muß die Behandlung der deutschen Bevölkerung in ganz Deutschland gleich sein. [...]

XIII. Ordnungsgemäße Überführung deutscher Bevölkerungsteile

Die Konferenz erzielte folgendes Abkommen über die Ausweisung Deutscher aus Polen, der Tschechoslowakei und Ungarn:

Die drei Regierungen haben die Frage unter allen Gesichtspunkten beraten und erkennen an, daß die Überführung der deutschen Bevölkerung oder Bestandteile derselben, die in Polen, Tschechoslowakei und Ungarn zurückgeblieben sind, nach Deutschland durchgeführt werden muß. Sie stimmen darin überein, daß jede derartige Überführung, die stattfinden wird, in ordnungsgemäßer und humaner Weise erfolgen soll.

b) Bezüglich der Westgrenze Polens wurde folgendes Abkommen erzielt:

In Übereinstimmung mit dem bei der Krim-Konferenz erzielten Abkommen haben die Häupter der drei Regierungen die Meinung der Polnischen

Provisorischen Regierung der Nationalen Einheit hinsichtlich des Territoriums im Norden und Westen geprüft, das Polen erhalten soll. [...] Die Häupter der drei Regierungen bekräftigen ihre Auffassung, daß die endgültige Festlegung der Westgrenze Polens bis zu der Friedenskonferenz zurückgestellt werden soll.
Die Häupter der drei Regierungen stimmen darin überein, daß bis zur endgültigen Festlegung der Westgrenze Polens, die früher deutschen Gebiete östlich der Linie, die von der Ostsee unmittelbar westlich von Swinemünde und von dort die Oder entlang bis zur Einmündung der westlichen Neiße und die westliche Neiße entlang bis zur tschechoslowakischen Grenze verläuft, einschließlich des Teiles Ostpreußens, der nicht unter die Verwaltung der Union der Sozialistischen Sowjetrepubliken in Übereinstimmung mit der auf dieser Konferenz erzielten Vereinbarung gestellt wird und einschließlich der früheren Freien Stadt Danzig unter die Verwaltung des polnischen Staates kommen und in dieser Hinsicht nicht als Teil der sowjetischen Besatzungszone betrachtet werden sollen.
(Seminarmaterial des Gesamtdeutschen Instituts, Bonn, o. J.)

1. **Welche Regelungen trifft das Abkommen bezüglich der Deutschen in Polen, Ungarn und der Tschechoslowakei?**
2. **Welche Regelungen werden bezüglich der Grenzen Polens beschlossen?**

Die „Truman-Doktrin"

▶ QUELLE 4

Rede des amerikanischen Präsidenten Truman vor dem Kongress, 12. März 1947:
Es muß, glaube ich, der außenpolitische Grundsatz der Vereinigten Staaten werden, allen Völkern, deren Freiheit von militanten Minderheiten oder durch einen von außen ausgeübten Druck bedroht wird, unseren Beistand zu leihen.
Wir müssen, glaube ich, allen freien Völkern dabei helfen, ihre Geschicke selber zu bestimmen.
Unter einem solchen Beistand verstehe ich vor allem wirtschaftliche und finanzielle Hilfe zur Herstellung geordneter politischer Verhältnisse und zur Sicherung der wirtschaftlichen Stabilität. [...]
Die totalitären Regierungen wurzeln in dem üblen Boden der Armut und des Bürgerkriegs, sie saugen ihre Nahrung aus Elend und Not und erreichen ihr volles Wachstum dort, wo die Hoffnung auf ein besseres Dasein stirbt.
Diese Hoffnung aber gilt es lebendig zu erhalten. Die freien Völker erhoffen von uns Hilfe für ihren Kampf um die Freiheit. Wenn wir Schwäche zeigen, gefährden wir den Frieden der Welt und schaden der Wohlfahrt unseres eigenen Landes.

(Harry S. Truman: Memoiren. Übersetzt von Eduard Thorsch. Bd. 2. Bern, Scherz 1955, S. 114 f. Zit. nach Eckart Thurich: Die Teilung Deutschlands 1955 bis zur Einheit. In: Informationen zur politischen Bildung, Heft 233/1991, S. 14 f.)

1. **Welche konkreten Maßnahmen schlägt Truman vor, um den bedrohten Völkern zu helfen?**
2. **Welche Motive leiten das US-Engagement?**
3. **Die Truman-Doktrin wurde zur Geburtsstunde der These, dass der Kommunismus eine Sumpfdotterblume sei. Wieso?**

Zur „Befreiung" Osteuropas

▶ QUELLE 5

In allen „befreiten" Ländern (Osteuropas) wurden die Innenministerien kommunistischen Ministern anvertraut, wurden unter dem Deckmantel der „Bestrafung faschistischer Kräfte" potentielle Gegner eines sowjetfreundlichen Regimes verhaftet, kontrollierten prosowjetische Kräfte Presse und Armee und suchten die Kommunisten für die künftigen Wahlen „antifaschistische" Einheitslisten zu etablieren, die ihren vergleichsweise schwachen Rückhalt in der Bevölkerung verdecken konnten. [...]
Verstärkt wurde die teilweise polizeistaatliche Atmosphäre in den besetzten Gebieten durch die Maßnahmen der Roten Armee.
(Wilfried Loth: Die Teilung der Welt. dtv-Weltgeschichte des 20. Jahrhunderts. München, dtv 1980, S. 96 f.)

Sechs Monate nach Potsdam war das sowjetische Expansions-Programm angelaufen. Das kommunistische Machtstreben in den Satellitenstaaten nahm an Wucht und Umfang zu. Übereinstimmung in Deutschland war da nicht mehr möglich.
(Lucius D. Clay: Entscheidung in Deutschland. Übersetzt von Annemarie Langens. Frankfurt a. M., Verlag der Frankfurter Hefte 1950, S. 59)

1. **Warum misstrauten die westlichen Regierungen in den nächsten Jahrzehnten allen sowjetischen Angeboten?**
2. **Aus welchem Grund erstrebten die Kommunisten vor allem die personelle Besetzung der Innenministerien?**
3. **Warum sah der amerikanische General Clay keine Übereinstimmung mehr mit der östlichen Siegermacht?**

▶ QUELLE 6

Aus der Rede des US-Außenministers Byrnes am 6. September 1946 in Stuttgart

Es liegt weder im Interesse des deutschen Volkes noch im Interesse des Weltfriedens, daß Deutschland eine Schachfigur oder ein Teilnehmer in einem militärischen Machtkampf zwischen dem Osten und dem Westen wird. [...]

Wir treten für die wirtschaftliche Vereinigung Deutschlands ein. Wenn eine völlige Vereinigung nicht erreicht werden kann, werden wir alles tun, was in unseren Kräften steht, um eine größtmögliche Vereinigung zu sichern. [...]

Deutschland ist ein Teil Europas. Die Gesundung in Europa und besonders in den Nachbarstaaten Deutschlands wird nur langsam voranschreiten, wenn Deutschland mit seinen großen Bodenschätzen an Eisen und Kohle in ein Armenhaus verwandelt wird. [...]

(Übersetzt von Eduard Thorsch. Zit. nach Eckart Thurich: Die Teilung Deutschlands 1955 bis zur Einheit. In: Informationen zur politischen Bildung, Heft 233/1991, S. 21 f.)

1. **Warum wurde die Rede Byrnes von den Zeitgenossen als „Wende" der US-Deutschlandpolitik gewertet?**
2. **Inwiefern kann in der Rede Byrnes ein Abschied von der Vorstellung eines ungeteilten Deutschlands gesehen werden?**

9.3 Der Weg zur Westintegration

DARSTELLUNG

Bundestagswahlen am 14. August 1949

Aus den ersten **Bundestagswahlen am 14. August 1949** war die CDU/CSU mit 31 % der Wählerstimmen vor der SPD mit 29,2 % als stärkste Fraktion hervorgegangen. Zusammen mit der FDP und der DP (Deutsche Partei) bildete der CDU-Vorsitzende *Konrad Adenauer* eine Koalitionsregierung und wurde vom Bundestag einen Monat später mit einer Stimme Mehrheit (absolute Mehrheit) zum ersten Bundeskanzler der Bundesrepublik Deutschland gewählt.

Westlösung

Der damals bereits 73 Jahre alte *Adenauer* verfolgte von Anbeginn seiner Tätigkeit eine Außenpolitik, die unter dem Namen **„Westlösung"** oder „Westintegration" in die Geschichte eingegangen ist. Seine Politik, selbst in den eigenen Reihen zunächst nicht unumstritten, wurde von der SPD als Oppositionspartei unter *Kurt Schumacher* scharf bekämpft. Die SPD sah sich zum einen als Wahrer nationaler Interessen – nicht noch einmal wollte sie sich den Vorwurf der „vaterlandslosen Gesellen" machen lassen. Zum anderen fürchtete sie, dass die Westbindung der Bundesrepublik Deutschland jede Chance auf eine Wiedervereinigung für absehbare Zeit zunichte machen würde. Selbst den Beitritt der Bundesrepublik Deutschland zum **Europarat** als assoziiertes Mitglied bekämpfte sie, obwohl dieser Rat kaum mehr als unverbindliche Empfehlungen aussprechen konnte. Diesem Beitritt kam allerdings eine hohe symbolische Bedeutung zu, wurde doch zum ersten Mal die Bundesrepublik Deutschland gleichberechtigtes Mitglied in einer internationalen Organisation. Erbitterten Widerstand leistete die Partei auch gegen die Ratifizierung des Vertrages zur **Montanunion** und erst recht gegen den Beitritt zur **NATO**. Doch *Adenauer* setzte sich durch, gestützt auf wachsende Zustimmung in der Bevölkerung, wie die beiden nächsten Bundestagswahlen bewiesen.

Europarat

Montanunion

NATO

www.nato.int

Bis heute bleibt umstritten, ob *Adenauer* wirklich geglaubt hat, über die Westintegration auch die Wiedervereinigung zu erreichen. Oder ob er als Realist die sowjetische Besatzungszone schon sehr früh abgeschrieben hat. Die Kritik an ihm gipfelt in dem Vorwurf, die Wiedervereinigung nur „verbal“ angestrebt zu haben, in Wirklichkeit aber jeden Schritt vermieden, ja unterbunden zu haben, der die Einheit näher bringen könnte.

Dagegen steht die These, dass eine andere Politik als die des vorbehaltlosen Bekenntnisses zum Westen gar nicht möglich gewesen wäre, nicht zuletzt wegen der Sicherheitsinteressen Frankreichs. Kein Zweifel besteht, dass *Adenauer* stets bereit war, einen hohen Preis für die endgültige Aussöhnung mit Frankreich zu zahlen, und nicht zu Unrecht gilt deshalb der „Deutsch-Französische Freundschaftsvertrag“ von 1963 als die eigentliche Krönung seines Lebenswerkes.

Zweitstimmen in %	1953	1957
CDU/CSU	45,2	50,2
SPD	28,8	31,8
FDP	9,5	7,7
BHE	5,9	4,6
DP	3,2	3,4
Sonstige	7,5	2,4

Die Quellen 1–3 versuchen, ein Spiegelbild des sehr differenzierten Meinungsspektrums zu geben.

▶ Q. 1 bis 3

Koreakrieg

Im Juni 1950 begann der Krieg im zweigeteilten Korea. Nordkoreanische Truppen drangen tief nach Südkorea ein. Auf Vorschlag der USA entsandte die UNO Truppenkontingente, von denen die USA rund 90 % stellten. Die denkbare Parallele zum geteilten Deutschland drängte sich geradezu auf. *Adenauer* bat um Verstärkung der Besatzungstruppen und erklärte sich bereit, auch einen deutschen militärischen Beitrag zu leisten, wenn es, wie *Churchill* als Erster vorgeschlagen hatte, zur Aufstellung einer westeuropäischen Armee kommen sollte. Der französische Ministerpräsident *Pleven* entwickelte einen Plan, nach dem deutsche Truppenkontingente ab Bataillonsstärke (500–800 Soldaten) an einer überstaatlich organisierten und geführten **Europaarmee** teilnehmen sollten. Damit begann eine jahrelange, erbitterte Auseinandersetzung um die deutsche Wiederbewaffnung.

Europaarmee

In seiner Entschließung vom Februar 1952 formulierte der Deutsche Bundestag die Bedingungen eines deutschen Verteidigungsbeitrages:
- Aufhebung des Besatzungsstatuts
- Wiedergewinnung der Souveränität
- keine Erschwerung eines künftigen Friedensvertrags durch die Westintegration
- Sicherung Berlins als Teil der Bundesrepublik Deutschland

Bundeskanzler Konrad Adenauer und Verteidigungsminister Theodor Blank schreiten eine Ehrenformation der Bundeswehr ab (Januar 1956)

Europäische Verteidigungsgemeinschaft

Junktim

Der Plan der **Europäischen Verteidigungsgemeinschaft** (EVG) scheiterte zwar am Einspruch der französischen Nationalversammlung. Aber das **Junktim** (Verflechtung; das eine ist nur in Verbindung mit dem anderen zu haben) war geschaffen. Die Bundesregierung sah in der Wiederbewaffnung den politischen Hebel, die Bundesrepublik Deutschland zum gleichberechtigten Mitglied der westlichen Allianzen – z. B. der 1949 gegründeten NATO – zu machen. Die Westmächte erkannten, dass eine Eingliederung der Deutschen in das Verteidigungskonzept nicht nur Sicherheit *mit* Deutschland brachte, sondern auch Sicherheit *vor* Deutschland, woran besonders Frankreich gelegen war. Die **Wiederbewaffnung** wurde so zum Preis der Souveränität.

Wiederbewaffnung

Kollektives Sicherheitssystem

Westeuropäische Union

Deutschlandvertrag (Generalvertrag)

Nach dem Scheitern der **EVG** verfolgte die westliche Politik zügig den Einbau der Bundesrepublik Deutschland in das **kollektive Sicherheitssystem** des Westens, und mit dem Beitritt zur NATO und zur **Westeuropäischen Union** (Brüsseler Vertrag) im Mai 1955 wurde der Bundesrepublik Deutschland förmlich die „volle Souveränität" zugesprochen. Der **Deutschlandvertrag (Generalvertrag)** löste das **Besatzungsstatut** ab und gab der Bundesrepublik Deutschland „die volle Verfügungsgewalt über ihre inneren und äußeren Angelegenheiten", allerdings mit einer Reihe von Ausnahmen, z. B. die Verantwortlichkeit für Berlin.

Warschauer Pakt

Nur wenige Tage später wurde die DDR Mitglied im **Warschauer Pakt**. Die beiden Teile Deutschlands waren damit in gegeneinander gerichtete Militärblöcke integriert.

9.3.1 Das sowjetische „Wiedervereinigungsangebot"

Wenige Wochen vor der Unterzeichnung der Erstfassung des Deutschland- und (später nicht ratifizierten) EVG-Vertrages richtete die Sowjetunion am 10. März 1952 eine Note an die drei Westmächte, in der sie vorschlug, „die Frage eines Friedensvertrages mit Deutschland zu erwägen [...] unter unmittelbarer Beteiligung Deutschlands, vertreten durch eine gesamtdeutsche Regierung [...]".

▶ Q. 4

Das Angebot schien für die Deutschen verlockend, denn immerhin bot die UdSSR die Wiedervereinigung, Abzug aller Besatzungstruppen, freie Betätigung demokratischer Parteien und sogar die Aufstellung nationaler Streitkräfte zur Landesverteidigung an, freilich mit der Bedingung, dass Deutschland keinerlei Koalitionen eingehen dürfe, die sich gegen einen Staat richteten, der im Zweiten Weltkrieg gegen Deutschland gekämpft habe.

Mit ausdrücklicher, empfehlender Zustimmung *Adenauers* lehnten die Westmächte schon zwei Wochen später das sowjetische Angebot ab. Bevor nicht freie, gesamtdeutsche Wahlen stattgefunden hätten, könne über die Wiedervereinigung nicht gesprochen werden.

Stalin-Note

www.stalinwerke.de

Viele Zeitgenossen haben damals von der letzten versäumten Chance gesprochen, die Wiedervereinigung herbeizuführen. Ja, es entstand sogar so etwas wie die *Legende von der verpassten letzten Gelegenheit*. Weit über die Oppositionspartei hinaus forderten Persönlichkeiten der verschiedenen politischen Gruppierungen, auch solcher, die der CDU nahestanden, eine Prüfung, ob das sowjetische Angebot „seriös" sei. Die Geschichtswissenschaft vermag die **Stalin-Note** noch immer nicht abschließend zu bewerten; es bestehen unverändert Zweifel an ihrer Ernsthaftigkeit.

Damals blieben zu viele Fragen offen:

1. Schon das Datum, bald nachdem die Bundesrepublik Deutschland ihre Bereitschaft verkündet hatte, sich in das westliche System zu integrieren, stimmte viele Skeptiker bedenklich. Sollte damit nicht nur in letzter Minute der Integrationsprozess verhindert werden?

2. Hätte nicht ein Eingehen auf die Vorschläge ein irreparables Misstrauen bei den Westmächten hervorgerufen und den Vorwurf einer „Schaukelpolitik" genährt?

3. Wären diese auch beim Scheitern der Verhandlungen, das doch zumindest in Rechnung zu stellen war, abermals zu neuerlichen Vereinbarungen mit der Bundesrepublik Deutschland bereit gewesen?

4. Hätten diese neuen Vereinbarungen der Bundesrepublik Deutschland gleich günstige Bedingungen geboten?

5. Die sowjetischen Vorschläge liefen praktisch auf eine **Neutralität** Gesamtdeutschlands hinaus. Wie sicher aber wäre ein solches neutrales Deutschland gewesen? Wer hätte den Schutz übernommen, wenn die Sowjets – unter irgendeinem berechtigten oder unberechtigten Vorwand – ihre Besatzungstruppen *nicht* abziehen oder wieder einmarschieren ließen? Neutralität

6. Schon beim „Potsdamer Abkommen" hatte sich gezeigt, dass Begriffe wie „demokratische Parteien" oder „demokratische Rechte" einem unterschiedlichen Verständnis unterlagen. Verstand die UdSSR unter den zu verbietenden Organisationen, die der Demokratie und der Erhaltung des Friedens feindlich sind, dasselbe wie der Westen?

Aufgrund einer UN-Resolution vom Dezember 1951 sollte eine **UNO-Kommission** vor Ort prüfen, ob in Gesamtdeutschland freie Wahlen stattfinden könnten. Die Kommission stellte dies nach einer Reise durch Westdeutschland für die Bundesrepublik als zweifelsfrei gegeben fest; aber die DDR verweigerte ihr – natürlich in Übereinstimmung mit der sowjetischen Besatzungsmacht – die Einreise in ihr Gebiet. Die Kommission hätte im Grunde auch nichts anderes feststellen können, als das, was jedermann wusste: In der sowjetischen Besatzungszone waren freie Wahlen nicht möglich. Diese Bloßstellung vor der gesamten Weltöffentlichkeit aber wollten die Sowjetunion und erst recht die DDR verständlicherweise vermeiden. UNO-Kommission

Für die Westmächte als Demokratien standen **freie Wahlen** am Anfang des Wiedervereinigungsprozesses, weil nur sie die zum Handeln befugten Organe legitimieren. Die Forderung nach völliger Handlungsfreiheit der gewählten Staatsorgane fußte natürlich auf der berechtigten Annahme, dass diese sich zu einer Westorientierung bekennen würden. Das aber war für die Gegenseite unannehmbar. Freie Wahlen

Die unterschiedlichen Positionen lassen sich in Form der vorgeschlagenen Schritte zur Wiedervereinigung verkürzt wie folgt gegenüberstellen:

Vorschlag der Westalliierten	Vorschlag der UdSSR
1. Wahlen zu einer gesamtdeutschen Nationalversammlung	1. Bildung eines gesamtdeutschen Rates, paritätisch besetzt von Vertretern aus West- und Ostdeutschland
2. Ausarbeitung einer Verfassung	2. Bestellung einer provisorischen Regierung
3. Wahl der Staatsorgane auf der Grundlage dieser Verfassung	3. Mitwirkung bei der Ausarbeitung eines Friedensvertrages
4. Völlige Handlungsfreiheit von Parlament und Regierung gegenüber Ost und West	4. Gesamtdeutsche Wahlen

Die Kontroverse um die Aufrichtigkeit des Stalin-Angebotes hält bis in unsere Tage an; aber fast alle Historiker vertreten heute die Meinung, dass sie ein Täuschungsmanöver Stalins gewesen sei, um einen Keil zwischen die Bundesrepublik und ihre westlichen Verbündeten zu treiben. Kein Zweifel besteht darüber, dass Stalin ein hohes Interesse daran hatte, Westdeutschland nicht zum politisch-militärischen Bündnispartner des Westens werden zu lassen, und wahrscheinlich bereit war, dafür auch einen hohen Preis zu zahlen – unter Umständen bis hin zur Preisgabe der DDR.

9.3.2 Der Aufstand in der DDR

17. Juni 1953

www.ddr-zeitzeugen.de
www.ddr-ausstellung.de

Der **17. Juni 1953** bestätigte das Misstrauen gegenüber der UdSSR. Der Aufstand in der sowjetisch besetzten Zone war zwar einerseits Ausdruck des Freiheits- und Einheitswillens, andererseits aber auch ein Vorzeichen für die Teilung Europas und Deutschlands. Unter Einsatz von Truppen, die sich bei der Anwendung ihrer Waffen auffallend zurückhielten, behauptete die UdSSR die Macht in ihrem Herrschaftsbereich, und die westlichen Demokratien respektierten dies. Die verständliche Empörung der Menschen in beiden Teilen Deutschlands über das sowjetische Vorgehen und die Verschärfung der antikommunistischen Haltung in der westdeutschen Bevölkerung verschleierten für die meisten, dass die Niederschlagung des Aufstandes zugleich die Aussichtslosigkeit der bisherigen Wiedervereinigungsbemühungen offenbarte.

Der Aufstand des 17. Juni – entstanden aus einer streikähnlichen Demonstration Ostberliner Bauarbeiter, die sich gegen die Erhöhung ihrer Arbeitsnormen wandten – geschah spontan, ohne Planung und ohne jede zentrale Leitung und Vorbereitung. Er überraschte den Westen ebenso wie die SED-Führung. Für sie kam hinzu, dass nach ihrem eigenen Selbstverständnis eigentlich gar nicht passieren konnte, was geschehen war: ein Aufstand der Arbeiter gegen ihren eigenen, von ihnen selbst geleiteten Staat.

Inzwischen hat die Geschichtsforschung neue Ergebnisse über den Volksaufstand geliefert. Die wichtigsten Erkenntnisse lauten:

Volksaufstand

1. Es war ein **Volksaufstand** und nicht nur einer der Arbeiter, denn selbst in abgelegenen Dörfern haben sich die Bauern gegen ihre SED-Unterdrücker erhoben.

2. Der Aufstand bewies, dass die SED-Regierung in breiten Volksschichten keinerlei Rückhalt besaß. Sie war – den Volkszorn fürchtend – in das Hauptquartier der sowjetischen Streitkräfte nach Berlin-Karlshorst geflüchtet.

Politische Forderungen

3. Die **politischen Forderungen** nach freien Wahlen und Wiedervereinigung ähneln denen von 1989, sodass der 17. Juni als der (vergebliche) Versuch verstanden werden kann, der erst 36 Jahre später gelang: die Befreiung von kommunistischer Diktatur.

Berlin, 17. Juni 1953

9.3.3 Die „Politik der Stärke"

Eingebettet in das westliche Bündnissystem, gestützt auf eine unaufhörlich wachsende Wirtschaftskraft, getragen vom Vertrauen der Bevölkerung – auch die SPD gab mit ihrem Godesberger Parteitag von 1959 ihren Widerstand gegen die Westintegration auf – verfolgte die Bundesregierung eine **Politik der Abgrenzung** gegenüber der DDR, die im offiziellen Sprachgebrauch nur SBZ (sowjetische Besatzungszone) oder die „sogenannte DDR" genannt wurde. Man versuchte, die DDR außenpolitisch zu isolieren, indem jedem Land mit dem Abbruch der diplomatischen Beziehungen und den daraus resultierenden wirtschaftlichen Folgen gedroht wurde, das solche Beziehungen zu dem nicht anerkannten Staat, dem „Phänomen" *(Kiesinger)*, aufnimmt. Mit dieser, nach dem damaligen Staatssekretär im Auswärtigen Amt *Walter Hallstein* benannten **Hallstein-Doktrin** gelang es über mehrere Jahre, den **Alleinvertretungsanspruch** der Bundesrepublik Deutschland zu sichern. Nur die aus freien demokratischen Wahlen hervorgegangene Bundesregierung sah sich legitimiert, für *alle* Deutschen zu sprechen.

Politik der Abgrenzung

Hallstein-Doktrin

Alleinvertretungsanspruch

▶ Q. 5 und 6

Noch einmal versuchte die Sowjetunion, die militärische Aufrüstung und Eingliederung in die NATO zu verhindern. Im Januar 1959 legte die sowjetische Regierung einen neuen Friedensvertrag vor, über den mit den Regierungen in Bonn und Berlin verhandelt werden sollte. Vorausgegangen war eine Note, die den Status Berlins ändern sollte, das **Chruschtschow-Ultimatum**.

Chruschtschow-Ultimatum

Westberlin sollte eine „freie Stadt im Herzen der Republik" *(gemeint war die DDR)* werden. Wiederum lehnten die Westmächte ab, abermals in Übereinstimmung mit der Bundesregierung und wahrscheinlich auch der Bevölkerungsmehrheit. Ungeklärt und unsicher erschien die Gewährleistung der Sicherheit. Das galt besonders für die **Drei-Staaten-Theorie** mit Westberlin als *freier Stadt*. Wer gewährleistete, wenn die drei westlichen Schutzmächte abgezogen würden, die Freiheit der Stadt? Allein der Vorschlag, dass die DDR die Zufahrtswege „garantieren" solle, erschien unannehmbar. Zu lebendig war die Erinnerung an die Blockade Westberlins 1948/49. Auf Ablehnung stieß auch der Vorschlag des polnischen Außenministers, der sog. **Rapacki-Plan**, in Europa eine *atomwaffenfreie Zone* zu schaffen. Die Bundesregierung sah wegen der konventionellen Überlegenheit der Staaten des **Warschauer Pakts** darin eine einseitige Schwächung des Abschreckungspotenzials der NATO und damit eine Erhöhung der Kriegsgefahr.

Drei-Staaten-Theorie

Rapacki-Plan

Warschauer Pakt

Das **Berlin-Ultimatum** hatte eine der DDR sehr unliebsame Folgewirkung. Von 1945 bis Januar 1961 waren über zwei Millionen Menschen aus der DDR geflohen. Im Jahre 1960 waren es 331 000 gewesen, 1959 „nur" 144 000. Aber mit Beginn des Jahres 1961 schwoll der Flüchtlingsstrom wieder stark an, von Januar bis Juli gingen 200 000 in den Westen, und es wurden ständig mehr. An einzelnen Tagen suchten bis zu 8 000 Menschen Aufnahme im Lager Berlin-Marienfelde, weil die Grenze zwischen West- und Ostberlin am ungehindertsten passiert werden konnte. „Unser Kapital läuft uns davon", kommentierte *Eduard Schnitzler* im Ostberliner Rundfunk. In der Tat: Diese Massenabwanderung von zumeist jüngeren, leistungsfähigen Menschen war für die DDR ökonomisch nicht mehr zu verkraften. In der Nacht vom 12. auf den 13. August 1961 bohrten Presslufthämmer Löcher in den Asphalt der Sektorengrenze, um die Pfosten für den Stacheldrahtverhau einzurammen. Der Bau der **Berliner Mauer** begann. Für jedermann unübersehbar war nunmehr die tiefe Spaltung Deutschlands in zwei Staaten, getrennt durch die „absurdeste Grenze der Welt".

Berlin-Ultimatum

Berliner Mauer

www.berlin.de/mauergedenken

Die Bezeichnung „absurd" rührt daher, dass diese Grenze eben nicht der Abwehr der von außen eindringenden unerwünschten Personen diente, das wäre verständlich und international normal, sondern sie sollte das Abwandern der eigenen Staatsbürger verhindern. Die DDR behandelte damit ihre eigenen Bürger als Eigentum, die sie sozusagen in ein großes Gefängnis einsperrte.

Unfreiwillig offenbart auch die offizielle Erklärung der DDR zum Mauerbau den Widerspruch zwischen Außensicherung der Grenze und ihrem tatsächlichen Zweck, denn Ausländer, wozu nach dem Verständnis der DDR auch die Bundesdeutschen zählten, konnten die Mauer passieren.

▶ Q. 7

Bau der Berliner Mauer im August 1961

Reaktion des Westens

Vor allem die Westberliner Bevölkerung erwartete eine massive **Reaktion des Westens**, eine Erwartung, die sich bis zur Hoffnung auf militärische Gewaltanwendung – „Panzergegenstoß" – steigerte. Sie blieb aus. Bundesregierung und der Regierende Bürgermeister von Westberlin, *Willy Brandt,* konnten nur ohnmächtig die als weich empfundene Haltung der USA registrieren. Dem US-Präsidenten *Kennedy* wurde zwar bei seinem Besuch in Westberlin von der Bevölkerung ein geradezu triumphaler Empfang bereitet, aber das konnte nicht darüber hinwegtäuschen, dass grundsätzlich alle Vorgänge jenseits des **Eisernen Vorhangs** als „innere Angelegenheiten" der UdSSR bzw. der Warschauer-Pakt-Staaten betrachtet wurden. Solange wesentliche Interessen der Westmächte nicht berührt wurden, sahen sie keinen Anlass zum Eingreifen.

Eiserner Vorhang

Drei „Essentials"

Es kam allerdings zur Erklärung der sog. **drei „Essentials"**, die als Grundbedingungen für Frieden und Freiheit Westberlins bis 1990 Gültigkeit hatten:

1. das Recht der Westmächte auf Anwesenheit in Westberlin,
2. der freie Zugang von und nach Westberlin von der Bundesrepublik Deutschland aus,
3. die wirtschaftliche Verflechtung Westberlins mit der Bundesrepublik zur Sicherung der Lebensgrundlagen der Teilstadt.

Der Mauerbau hat die Spaltung Deutschlands im doppelten Sinne betoniert. Mit ihr ging die Zeit der Hoffnung auf Wiedervereinigung vorläufig zu Ende. Sie verschaffte der DDR die Möglichkeit, zu überleben, gab ihr damit aber zugleich die Chance, der Bundesrepublik Deutschland auf dem Weg zu „normalen gutnachbarlichen Beziehungen" entgegenzukommen.

Antifaschistischer Schutzwall

Die DDR nahm den 13. August als Jahrestag immer wieder zum Anlass, die Errichtung des **antifaschistischen Schutzwalls** zu feiern. Sie begründete den Bau und hielt daran fest, dass Mauer und Stacheldraht „zur Sicherung des Friedens" notwendig gewesen seien. In der amtlichen Darstellung wurde der Eindruck zu erwecken versucht, dass sich alle Grenzbefestigungen und Wachen nur gegen „Provokateure und Grenzverletzer" des Westens richten würden und ausschließlich zu Verteidigungszwecken gegen „imperialistische Aggressionsakte" dienten.

▶ Q. 8

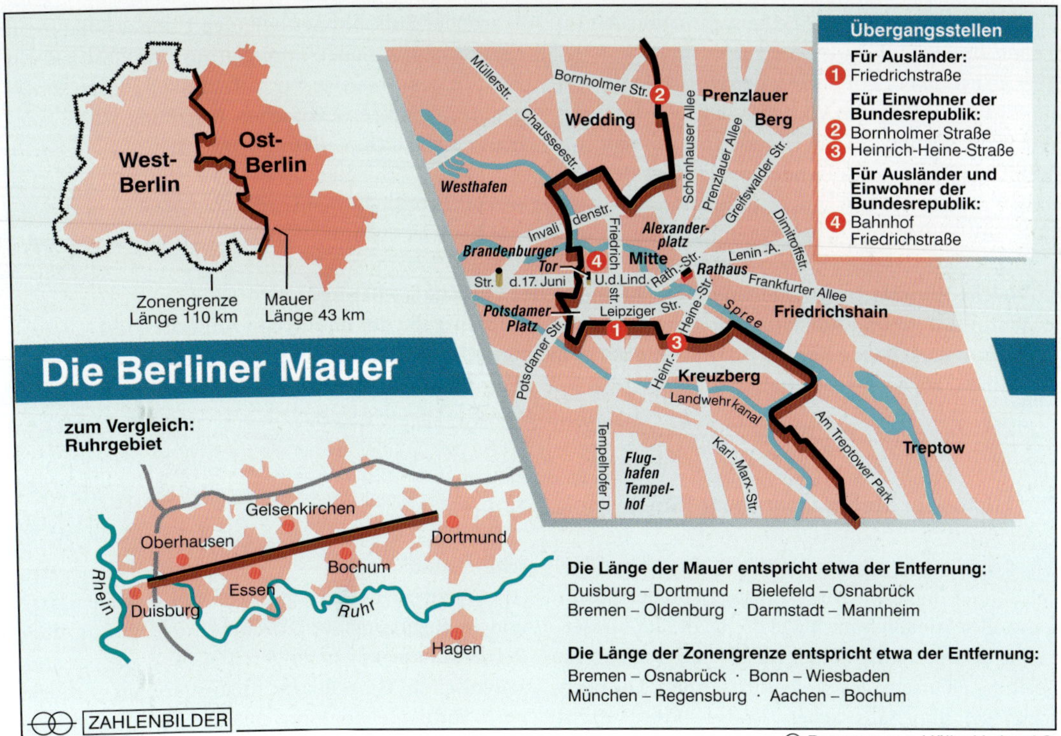

16 495

© Bergmoser + Höller Verlag AG

Mit Bildern, Texten, Karikaturen und Briefmarken feierte die DDR den 25. Jahrestag des Berliner Mauerbaus, und im August 1989 versprachen die Einheiten der Grenztruppen aus Anlass des Jahrestages „zur Sicherung der Staatsgrenze am 13. August 1961", dass der „Klassenauftrag weiter zuverlässig erfüllt" wird.

Schon drei Monate später sah sich die DDR-Führung unter dem Druck der Ereignisse gezwungen, die Mauer zu öffnen. Heute erinnern nur noch einige Bruchstücke an die unmenschliche Grenze.

Arnulf Baring: Die westdeutsche Außenpolitik in der Ära Adenauer

▶ QUELLE 1

Die Außenpolitik Konrad Adenauers [...] war zwar ganz entscheidend geprägt von einer eigenwilligen persönlichen Interpretation der deutschen – der westdeutschen Interessen, beruhte aber doch zugleich auf weitverbreiteten Überzeugungen in der Bevölkerung. [...]

Daß die Bundesrepublik dann aber mit solcher Entschiedenheit auf Westkurs ging, lag ohne Zweifel an Konrad Adenauer.

Was viele andere noch lange als provisorischen Zustand betrachteten, hatte er frühzeitig als etwas wahrscheinlich Endgültiges begriffen. Nicht jedermann war so klarsichtig und zugleich so kühl, schon im Herbst 1945 die sowjetisch besetzte Zone schlicht abzubuchen. „Der von Rußland besetzte Teil", sagte er damals zu einigen Journalisten, „sei für eine nicht zu schätzende Zeit für Deutschland verloren". Ihm lagen die Gebiete, um die es ging, sowieso ferne. [...] Er hielt es, nach dem Zweiten Weltkrieg zur Macht gekommen, für seine Hauptaufgabe, den ihm anvertrauten Teilstaat in einen größeren westeuropäischen Zusammenhang einzugliedern. Adenauer wußte dabei seinen Landsleuten nicht nur das Gefühl zu vermitteln, dieses vereinte Westeuropa symbolisiere den historischen Fortschritt gegenüber den alten, abgelebten Nationalstaaten. Zugleich beschrieb er die

Erreichung dieses Zieles als eine vom nationalen Interesse diktierte Pflicht.
Aber selbst unter dem Schock der Niederlage, selbst angesichts des Eisernen Vorhangs ließ sich der Westabmarsch, wie ihn Gustav Heinemann genannt hat, nach Überzeugung des Bundeskanzlers der Bevölkerung nur plausibel machen, wenn man ihn zugleich als kürzesten Weg zur Wiedervereinigung ausgab. Trotz aller Entschlossenheit, den Bonner Staat nicht als Provisorium oder Transitorium, sondern als ein endgültiges Staatswesen aufzufassen, trotz seiner geradezu genialen taktischen Begabung wagte Adenauer nicht, sich zu dem zu bekennen, was er tat.

(Arnulf Baring: Die westdeutsche Außenpolitik in der Ära Adenauer. In: Politische Vierteljahresschrift, Heft 9/1968)

1. **Welche Priorität setzte Adenauer nach Meinung des Historikers Baring?**
2. **Worin sah Konrad Adenauer nach dem Krieg die Hauptaufgabe der deutschen Außenpolitik?**
3. **Warum verschwieg Konrad Adenauer, dass er die sowjetisch besetzte Zone, wie seine Kritiker meinen, abgeschrieben hatte?**

▶ QUELLE 2 Der Historiker Stefan Doernberg (SED)

Die Adenauer-Regierung hatte mit dem Abschluß der Bonner und der Pariser Verträge und der Ablehnung aller Friedensvorschläge der DDR, der Sowjetunion und der anderen sozialistischen Staaten die Spaltung Deutschlands wesentlich vertieft. Die herrschenden imperialistischen Kreise Westdeutschlands forderten immer offener eine gewaltsame Eroberung der DDR. [...] In dieser Situation waren entscheidende Maßnahmen notwendig, um den ersten Arbeiter-und-Bauern-Staat weiter zu stärken. [...] In dem einheitlichen kontinuierlichen Prozeß der volksdemokratischen Revolution hatte die sozialistische Umwälzung bereits schon vorher eingesetzt. [...] Trotzdem hatten die Partei der Arbeiterklasse und die Regierung der DDR die Durchführung einer Reihe von objektiv herangereiften Aufgaben der sozialistischen Umwälzung hinausgezögert, um die noch vorhandenen Möglichkeiten für eine rasche Wiedervereinigung und eine offene demokratische Auseinandersetzung mit den Kräften des Imperialismus im Rahmen eines einigen deutschen Staates bis ins letzte auszuschöpfen.

(Zit. nach: Heinrich Bodensieck (Hrsg.): Die deutsche Frage seit dem Zweiten Weltkrieg. Stuttgart, Klett 1972, S. 52)

1. **Welche Absicht unterstellt Doernberg der Adenauer-Regierung?**
2. **Wem gibt Doernberg die Schuld an der Spaltung Deutschlands?**
3. **Inwiefern lässt sich aus der Wortwahl nachweisen, dass Doernberg SED-Historiker ist?**

▶ QUELLE 3 Zeitungskommentar (1986)

Der Historiker Foschepoth sagte, es ginge ihm nicht darum, an Adenauers geschichtlicher Leistung zu rütteln, sondern deren Motivation aufzudecken. Adenauer sei überzeugt gewesen, daß die Deutschen vor sich selbst gerettet werden müßten, weil sie sonst die gleichen west-östlichen Fehler machen würden wie zuvor nach dem Ersten Weltkrieg mit der Rapallo-Politik.
In einem anderen, im Londoner Archiv entdeckten Staatsdokument vom 22. Juni 1953 hatte der damalige britische Staatsminister und spätere Außenminister Selwyn Lloyd an den Premierminister Winston Churchill geschrieben: „Deutschland ist der Schlüssel zum Frieden in Europa. Ein geteiltes Europa bedeutet ein geteiltes Deutschland. Deutschland wiederzuvereinigen, so lange Europa geteilt ist, ist – selbst wenn dies machbar wäre – gefahrvoll für uns alle. Deshalb fühlen alle – Dr. Adenauer, die Russen, die Amerikaner, die Franzosen und wir selbst – im Grund ihres Herzens, daß ein geteiltes Deutschland zur Zeit die sicherere Lösung ist. Aber keiner von uns wagt dies, wegen der Auswirkungen auf die öffentliche Meinung in Deutschland, auch offen zuzugeben. Deshalb unterstützen wir alle öffentlich ein vereintes Deutschland, jeder allerdings aufgrund seiner eigenen Bedingungen."

(Stuttgarter Zeitung vom 14. März 1986)

1. **Welche Motive werden Adenauer für seine Ablehnung der Wiedervereinigung unterstellt?**
2. **Erklären Sie den Begriff „Rapallo-Politik".**

Aus dem Entwurf der Regierung der UdSSR für einen Friedensvertrag mit Deutschland vom 10. März 1952

▶ QUELLE 4

In Noten an die drei Westmächte hieß es:
Es versteht sich, daß ein solcher Friedensvertrag unter unmittelbarer Beteiligung Deutschlands, vertreten durch eine gesamtdeutsche Regierung, ausgearbeitet werden muß. Hieraus folgt, daß die UdSSR, die USA, Großbritannien und Frankreich, die in Deutschland Kontrollfunktionen ausüben, auch die Frage der Bedingungen prüfen müssen, die die schleunigste Bildung einer gesamtdeutschen, den Willen des deutschen Volkes ausdrückenden Regierung fördern. [...]

Grundlagen des Friedensvertrages mit Deutschland.

Die Teilnehmer
Großbritannien, die Sowjetunion, die USA, Frankreich, Polen, die Tschechoslowakei, Belgien, Holland und die anderen Staaten, die sich mit ihren Streitkräften am Krieg gegen Deutschland beteiligt haben.

Politische Leitsätze
1. Deutschland wird als einheitlicher Staat wiederhergestellt. Damit wird der Spaltung Deutschlands ein Ende gemacht, und das geeinte Deutschland gewinnt die Möglichkeit, sich als unabhängiger, demokratischer, friedliebender Staat zu entwickeln.
2. Sämtliche Streitkräfte der Besatzungsmächte müssen spätestens ein Jahr nach Inkrafttreten des Friedensvertrages aus Deutschland abgezogen werden. Gleichzeitig werden sämtliche ausländische Militärstützpunkte auf dem Territorium Deutschlands liquidiert.
3. Dem deutschen Volke müssen die demokratischen Rechte gewährleistet sein, damit alle unter deutscher Rechtsprechung stehenden Personen ohne Unterschied der Rasse, des Geschlechts, der Sprache oder der Religion die Menschenrechte und die Grundfreiheiten genießen, einschließlich der Redefreiheit, der Pressefreiheit, des Rechts der freien Religionsausübung, der Freiheit der politischen Überzeugung und der Versammlungsfreiheit.
4. In Deutschland muß den demokratischen Parteien und Organisationen freie Betätigung gewährleistet sein; sie müssen das Recht haben, über ihre inneren Angelegenheiten frei zu entscheiden, Tagungen und Versammlungen abzuhalten, Presse- und Publikationsfreiheit zu genießen.
5. Auf dem Territorium Deutschlands dürfen Organisationen, die der Demokratie und der Sache der Erhaltung des Friedens feindlich sind, nicht bestehen.
6. Allen ehemaligen Angehörigen der deutschen Armee, einschließlich der Offiziere und Generale, allen ehemaligen Nazis, mit Ausnahme derer, die nach Gerichtsurteil eine Strafe für von ihnen begangene Verbrechen verbüßen, müssen die gleichen bürgerlichen und politischen Rechte wie allen anderen deutschen Bürgern gewährt werden zur Teilnahme am Aufbau eines friedliebenden, demokratischen Deutschland.
7. Deutschland verpflichtet sich, keinerlei Koalitionen oder Militärbündnisse einzugehen, die sich gegen irgendeinen Staat richten, der mit seinen Streitkräften am Krieg gegen Deutschland teilgenommen hat.

Das Territorium
Das Territorium Deutschlands ist durch die Grenzen bestimmt, die durch die Beschlüsse der Potsdamer Konferenz der Großmächte festgelegt wurden.

Wirtschaftliche Leitsätze
Deutschland werden für die Entwicklung seiner Friedenswirtschaft, die der Hebung des Wohlstandes des deutschen Volkes dienen soll, keinerlei Beschränkungen in bezug auf den Handel mit anderen Ländern, die Seeschiffahrt und den Zutritt zu den Weltmärkten auferlegt.

Militärische Leitsätze
1. Es wird Deutschland gestattet sein, eigene nationale Streitkräfte (Land-, Luft- und Seestreitkräfte) zu besitzen, die für die Verteidigung des Landes notwendig sind.
2. Deutschland wird die Erzeugung von Kriegsmaterial und -ausrüstung gestattet werden, deren Menge und Typen nicht über die Grenzen dessen hinausgehen dürfen, was für die Streitkräfte erforderlich ist, die für Deutschland durch den Friedensvertrag festgesetzt sind. [...]

(Zit. nach Heinrich Bodensieck (Hrsg.): Die deutsche Frage seit dem Zweiten Weltkrieg. 3. Auflage, Stuttgart, Klett 1985, S. 50 ff.)

1. **Von den Zeitgenossen wurde die Note damals teilweise als „sensationell" empfunden. Versuchen Sie herauszufinden, welche Passagen zu diesem Eindruck geführt haben könnten.**
2. **Stellen Sie das Angebot, das Stalin den Deutschen machte, stichwortartig zusammen.**
3. **Welche Forderungen werden als Gegenleistung erhoben?**
4. **In welchen Passagen sehen Sie die möglichen „Fallstricke"?**

▶ QUELLE 5 Die Hallstein-Doktrin

Aus einer Regierungserklärung Adenauers vom 22. September 1955:

Die Bundesregierung ist daher nach wie vor die einzige frei und rechtmäßig gebildete deutsche Regierung, die allein befugt ist, für das ganze Deutschland zu sprechen. [...] Auch dritten Staaten gegenüber halten wir unseren bisherigen Standpunkt bezüglich der sogenannten „DDR" aufrecht. Ich muß unzweideutig feststellen, daß die Bundesregierung auch künftig die Aufnahme diplomatischer Beziehungen mit der „DDR" durch dritte Staaten, mit denen sie offizielle Beziehungen unterhält, als einen unfreundlichen Akt ansehen würde, da er geeignet wäre, die Spaltung Deutschlands zu vertiefen.

(Auswärtiges Amt: Die auswärtige Politik der Bundesrepublik Deutschland. Köln 1972, S. 312)

1. Welche Konsequenzen sollten sich für dritte Staaten aus der Hallstein-Doktrin ergeben?
2. Wie lässt sich diese Doktrin rechtfertigen?
3. Warum konnte sie bereits Ende der 60er-Jahre des vorigen Jahrhunderts nicht mehr konsequent befolgt werden?

▶ QUELLE 6 Der Alleinvertretungsanspruch

Bundeskanzler Adenauer im Deutschen Bundestag, 21. Oktober 1949:

Ich stelle folgendes fest: In der Sowjetzone gibt es keinen freien Willen der deutschen Bevölkerung. Das, was jetzt dort geschieht, wird nicht von der Bevölkerung getragen und damit legitimiert.
Die Bundesrepublik Deutschland stützt sich dagegen auf die Anerkennung durch den frei bekundeten Willen von rund 23 Millionen stimmberechtigter Deutscher. Die Bundesrepublik Deutschland ist somit bis zur Erreichung der deutschen Einheit insgesamt die alleinige legitimierte staatliche Organisation des deutschen Volkes. [...]
Die Bundesrepublik Deutschland fühlt sich auch verantwortlich für das Schicksal der 18 Millionen Deutschen, die in der Sowjetzone leben. Sie versichert sie ihrer Treue und ihrer Sorge.
Die Bundesrepublik Deutschland ist allein befugt, für das deutsche Volk zu sprechen.

(Verhandlungen des Deutschen Bundestages. Bd. 1, S. 308)

Warum ist nur die Bundesrepublik berechtigt, auch für die Deutschen in der Sowjetzone zu sprechen?

▶ QUELLE 7 Beschluss des Ministerrates der DDR vom 12. August 1961

Zur Unterbindung der feindlichen Tätigkeit der revanchistischen und militaristischen Kräfte Westdeutschlands und Westberlins wird eine solche Kontrolle an den Grenzen der DDR einschließlich der Grenze zu den Westsektoren von Groß-Berlin eingeführt, wie sie an den Grenzen jedes souveränen Staates üblich ist. Es ist an den Westberliner Grenzen eine verläßliche Bewachung und eine wirksame Kontrolle zu gewährleisten, um der Wühltätigkeit den Weg zu verlegen. Diese Grenzen dürfen von Bürgern der Deutschen Demokratischen Republik nur noch mit besonderer Genehmigung passiert werden.

(Neues Deutschland vom 13. August 1961)

1. Woraus ist erkennbar, dass die Grenzkontrolle sich eben nicht gegen Bürger der Bundesrepublik richtet, sondern gegen die der DDR?
2. Wie wurden die Maßnahmen begründet?
3. Warum kann diese Begründung als absurd bezeichnet werden?

Erich Honecker auf dem Kampfappell der Kampfgruppen am 29. September 1973

▶ QUELLE 8

Am 13. August 1961 ist ein Markstein in der Entwicklung unserer sozialistischen Republik. Im wahrsten Sinne des Wortes haben wir damals, auf das engste verbunden mit der Sowjetunion und den anderen Staaten des Warschauer Vertrages, dem deutschen und internationalen Monopolkapital die Grenzen seiner Macht gezeigt. Durch ihre Einsatzbereitschaft halfen die Kampfgruppen der Arbeiterklasse, den Frieden zu sichern. Sie legten damit einen Grundstein für die Stärkung der internationalen Positionen der Deutschen Demokratischen Republik als sozialistischer Staat, einen Grundstein für den Erfolg unserer Politik der Entspannung und der friedlichen Zusammenarbeit.

(Mehls „13. August". Zentralinstitut für Geschichte der Akademie der Wissenschaften der DDR. Berlin [Ost] 1979)

1. **Wie rechtfertigt Honecker nachträglich die bewaffnete Grenze?**
2. **Mit welchen positiv besetzten Begriffen versucht er, den Mauerbau zu rechtfertigen?**

9.4 Neue Ansätze der Ostpolitik

9.4.1 Der Kampf um die Ostverträge

DARSTELLUNG
Ironie der Geschichte
www.dhm.de

Es gehört zum bereits zitierten Begriff der **Ironie der Geschichte**, dass der Berliner Mauerbau, wiewohl er vor aller Welt die Spaltung Deutschlands manifestierte, zur Entspannung beitrug. Zum einen wurde das Ausbluten der DDR abrupt gestoppt, für sie bestand keine existenzielle Krise mehr. Ja, hinter ihrem „antifaschistischen Schutzwall", wie die offizielle Bezeichnung lautete, konnte sich ein gewisses staatliches Selbstbewusstsein entwickeln, das es der DDR erleichterte, dem westdeutschen Nachbarn Zugeständnisse zu machen. Zum anderen hat die Respektierung der Einflusszonen die Befürchtung gemindert, der jeweils andere Teil könne sich einmischen.

US-Präsident *Kennedy* stellte nach dem Mauerbau die hypothetische Frage, was es wohl genutzt hätte, dieses Bauwerk an der Sektorengrenze einzureißen, und gab selbst die Antwort: Ein paar Hundert Meter weiter zurück wäre die Mauer wieder errichtet worden; dort aber könne man sie nicht mehr zerstören, nachdem man stillschweigend seit zwölf Jahren die Hoheitsrechte der Sowjets in Ostberlin anerkannt habe.

Gewaltverzichtserklärung

Zunehmend erkannte man, dass eine Annäherung in Richtung Wiedervereinigung nur im Rahmen einer Entspannungspolitik, nicht aber mit der „Politik der Stärke" möglich sei. Schon die Bundesregierung unter Bundeskanzler *Ludwig Erhard* (seit 1963) bot eine **Gewaltverzichtserklärung** an die UdSSR und Polen an, um zu dokumentieren, dass zwar am Ziel der Wiedervereinigung festgehalten werde, dies auch mögliche Grenzrevisionen einschließe, aber dass beides ausschließlich mit friedlichen Mitteln erreicht werden solle. Der Bundeskanzler der Großen Koalition, *Kurt Georg Kiesinger,* wiederholte in seiner Regierungserklärung vom 13. Dezember 1966 die Bereitschaft, ein Abkommen über Gewaltverzicht abzuschließen. Der Senatssprecher von Westberlin, *Egon Bahr* (1922–2015), formulierte eine „Politik der kleinen Schritte" und sprach von einem „**Wandel durch Annäherung**". Viele seiner Grundgedanken haben die spätere Ostpolitik der sozial-liberalen Koalition geprägt.

Wandel durch Annäherung

▶ Q. 1

Bundeskanzler *Willy Brandt,* mit Unterstützung der FDP zum ersten sozialdemokratischen Kanzler der Bundesrepublik Deutschland gewählt, trieb diese neue Ostpolitik dynamisch voran. Er traf sich, was damals als politische Sensation ersten Ranges gewertet wurde, mit dem

Bundeskanzler *Willy Brandt* vor dem Denkmal der Opfer des Warschauer Gettos (1970)

Vorsitzenden des Ministerrates der DDR, *Willi Stoph*, im März 1970 in Erfurt und im Mai desselben Jahres in Kassel. Gleichzeitig versuchte die Bundesregierung, in Verhandlungen mit Moskau und Warschau zu einer Aussöhnung mit den östlichen Nachbarn zu gelangen. Das gegenseitige Misstrauen sollte abgebaut, wenigstens vermindert werden, und die NS-Vergangenheit sollte nicht länger die Außenpolitik belasten. Vor allem in Polen und der UdSSR wurde versucht, die Furcht vor „Revanche" zu tilgen. Den östlichen Nachbarn sollte deutlich werden, dass die Bundesrepublik Deutschland auf keinen Fall mit Drohung oder Anwendung gewaltsamer Mittel danach trachtete, die nach 1945 entstandenen Verhältnisse zu ändern. Insbesondere *Willy Brandt* bemühte sich um die Versöhnung mit Polen. Die große Geste seines spontanen Kniefalls vor dem Denkmal der Gefallenen des Aufstandes (1943) im Judengetto Warschaus drückte dieses Bemühen symbolisch vor aller Welt eindrucksvoll aus.

Moskauer Vertrag
Warschauer Vertrag

Verständlicherweise wurde es von der amtierenden Bundesregierung als großer diplomatischer Erfolg der „neuen Ostpolitik" gefeiert, dass es bereits am 12. August 1970 – ein Jahr nach der Regierungsübernahme – gelang, einen **Vertrag mit Moskau** zu unterzeichnen. Am 7. Dezember desselben Jahres folgten die Unterschriften unter den **Vertrag mit Warschau**. Die Texte der Verträge sind weitgehend deckungsgleich, allerdings wird im Warschauer Vertrag die Oder-Neiße-Linie genauer beschrieben. Im Kern enthalten beide Verträge

- Erklärungen zum Verzicht auf Anwendung oder Androhung von Gewalt in Übereinstimmung mit Art. 2 der Charta der Vereinten Nationen,
- Anerkennung der Unverletzlichkeit (nicht Endgültigkeit) der Grenzen,
- Verzicht auf Erhebung von Gebietsansprüchen „auch in Zukunft",
- gegenseitige Respektierung aller Verträge und internationaler Vereinbarungen.

▶ Q. 2

Ein ähnlicher Vertrag wurde auch mit der Tschechoslowakei abgeschlossen, in dem ausdrücklich das von *Hitler* abgeschlossene Münchner Abkommen für ungültig erklärt wurde.

Viermächteabkommen

Die Bundesregierung hatte mehrfach angedeutet, dass die Ratifizierung der Verträge so lange hinausgeschoben werde, bis es zu einer zufriedenstellenden Berlin-Vereinbarung zwischen den vier Besatzungsmächten gekommen sei. Es gelang den Westmächten im **Viermächteabkommen** über Berlin, eine solche Regelung durchzusetzen, die vor allem das Recht der Besatzungsmächte auf militärische Präsenz anerkannte und damit das Chruschtschow-Ultimatum annullierte. Das Viermächteabkommen besiegelte den Status quo, d. h., es wurde im Wesentlichen nur vertraglich nochmals abgesichert, was seit dem Potsdamer Abkommen offen oder stillschweigend bereits galt.

Ostverträge

Inzwischen war der Kampf um die Ratifizierung der **Ostverträge** in voller Schärfe entbrannt. Die Bundesregierung mit den sie tragenden Parteien SPD und FDP sah darin eine Voraussetzung für eine realistische Entspannungspolitik und eine Möglichkeit, zu humanitären Erleichterungen zu kommen. *Nichts wurde aufgegeben,* erklärte *Willy Brandt* in einer Fernsehansprache, *was nicht durch den Krieg Hitlers längst verloren war.* Die Opposition dagegen sprach von einem „Ausverkauf der deutschen Interessen". In namentlicher Abstimmung ratifizierte der Bundestag 1972 mit 248 Jastimmen der Regierungskoalition gegen zehn Neinstimmen der CDU/CSU-Opposition bei 238 Enthaltungen die Ostverträge.

Zuvor hatten sich alle Fraktionen auf eine gemeinsame Entschließung zu den Ostverträgen geeinigt, die für lange Zeit die Basis einer Deutschlandpolitik darstellte, auf der sich alle Parteien treffen konnten. ▶ Q. 3

9.4.2 Der Grundlagenvertrag (Grundvertrag)

▶ Q. 4

Grundlagenvertrag

Nun konnte auch gewagt werden, mit der DDR eine vertragliche Regelung zu erreichen. Am 21. Dezember 1972 wurde der **Grundlagenvertrag** unterzeichnet und vom Bundestag wiederum gegen die Stimmen der Opposition am 11. Mai 1973 angenommen.

www.bundestag.de/geschichte

Der damalige bayrische Ministerpräsident *Franz Josef Strauß* (1915–1988) sprach von „einem erschütternden Missverhältnis zwischen den politischen Leistungen der Bundesrepublik und Gegenleistungen des Vertragspartners" (Bayernkurier vom 19. Mai 1973), und wenige Tage später reichte die *Bayrische Staatsregierung* beim *Bundesverfassungsgericht* einen Antrag ein, es möge feststellen: „Das Gesetz zu dem Vertrag vom 21. Dezember 1972 zwischen der Bundesrepublik Deutschland und der Deutschen Demokratischen Republik über die Grundlagen der Beziehungen zwischen der Bundesrepublik Deutschland und der Deutschen Demokratischen Republik ist mit dem Grundgesetz unvereinbar und deshalb nichtig."

Am 31. Juli 1973 entschied das höchste deutsche Gericht über diesen Antrag und erklärte das Vertragswerk als verfassungskonform.

▶ Q. 5

Das Verfassungsgericht hat mit diesem Urteil allerdings ausdrücklich für Recht erkannt, dass die damals gültige Präambel des Grundgesetzes alle Verfassungsorgane der Bundesrepublik bindet und sie somit gehalten sind, bei aller Freiheit in der Wahl der politischen Mittel, auf die Wiedervereinigung hinzuwirken.

Brief zur deutschen Einheit

▶ Q. 6

Der **Brief zur deutschen Einheit**, unmittelbar vor Vertragsunterzeichnung der DDR überreicht, sollte sicherstellen, dass der Vertrag nicht im Widerspruch zum Wiedervereinigungsgebot stand. Das Bundesverfassungsgericht hat seine, dem Vertrag zustimmende Entscheidung ausdrücklich mit diesem Brief begründet.

Das Schreiben ist von der DDR nicht anerkannt worden, aber nach völkerrechtlicher Regel gilt ein Schriftstück zu einem Vertrag, das unmittelbar vor seiner Unterzeichnung angenommen wird, als „dem Vertrag nicht entgegenstehend".

„normale und gutnachbarliche Beziehungen"

Wie präzise völkerrechtliche Verträge formuliert sein müssen, ja, dass sogar ein Komma von höchst rechtlicher Bedeutung sein kann, zeigt das Beispiel des Grundlagenvertrages. Darin heißt es in Art. 1: „Die Bundesrepublik Deutschland und die Deutsche Demokratische Republik entwickeln normale gutnachbarliche Beziehungen zueinander [...]." Zwischen *normal* und *gutnachbarlich* fehlt ein Komma. Damit bezieht sich das Wort *normal* auf *gutnachbarlich* und nicht auf *Beziehungen*. Es sollen keine *normalen Beziehungen* zwischen Staaten im Sinne des Völkerrechts entstehen. Das hätte ja geheißen: Die Bundesrepublik Deutschland anerkennt die DDR als zweiten deutschen Staat. So weit konnte und wollte die Bundesregierung nicht gehen. Konsequenterweise werden die jeweiligen Vertreter in Bonn und Ostberlin auch nicht *Botschafter* genannt, sondern *„Ständiger Vertreter"*. Aber gegenüber der Weltöffentlichkeit bestand spätestens seit der Aufnahme beider deutscher Staaten in die UNO am 18. September 1973 kein Zweifel mehr: Es existierten zwei selbstständige, voneinander unabhängige deutsche Staaten. Die Bundesrepublik Deutschland hatte die DDR *völkerrechtlich nicht als Auslandsstaat*, aber als einen zweiten deutschen Staat anerkannt.

Erleichterungen

Mit dem Grundlagenvertrag und der dadurch möglichen Politik gelang es, in der politischen Praxis im Umgang mit der DDR viele **Erleichterungen** durchzusetzen, die zwar nicht die Grenze beseitigen konnten, aber diese doch wenigstens in west-östlicher Richtung etwas durchlässiger machten. Vor allem die Möglichkeit der Westdeutschen, Freunde und Verwandte auf Einladung in der DDR zu besuchen, zählte zu den günstigsten Auswirkungen der Vereinbarungen mit der

DDR. Dasselbe galt für die Berlin-Regelung. Seit dem Viermächteabkommen von 1971 hat es eine „Berlin-Krise" nicht mehr gegeben.

9.4.3 Politische Zieldivergenzen

Wiedervereinigungsanspruch

Die Bundesrepublik Deutschland verfolgte das Ziel einer Wiedervereinigung, auch wenn diese lange Zeit nicht erreichbar schien. Es galt aber, wie das Bundesverfassungsgericht betont hat, diesen **Wiedervereinigungsanspruch** nach außen beharrlich zu vertreten und „im Innern wach zu halten". In einem gemeinsamen Beschluss der Kultusminister der Bundesländer vom 23. November 1978 heißt es: „Die Bundesrepublik Deutschland ist nicht das ganze Deutschland, ihre Bevölkerung nicht das ganze deutsche Volk: Deutschland ist mehr als die Bundesrepublik."

Demgemäß fußte die Politik der Bundesrepublik Deutschland auf folgenden Grundlagen:

- Es gibt nur eine gemeinsame deutsche Nation.
- Es gibt nur ein deutsches Volk, das seit 1949 in zwei deutschen Staaten getrennt leben muss.
- Die deutsche Staatsangehörigkeit im Sinne des Grundgesetzes besitzt jeder Deutsche, wirksam aber wird sie für ihn erst, wenn er sich in den Geltungsbereich des Grundgesetzes und den Schutzbereich der Bundesrepublik Deutschland begibt. Keinem DDR-Bürger wurde, wenn er Westdeutschland besuchte, je sein Pass zwangsweise abgenommen; aber freiwillig konnte er ihn jederzeit gegen einen bundesdeutschen Pass eintauschen und beliebig wieder umtauschen, etwa wenn er in die DDR zurückkehren wollte.

Selbstbestimmungsrecht

- Für alle Deutschen gilt das **Selbstbestimmungsrecht**, d. h. das Recht, in Freiheit zu bestimmen, unter welchem staatlichen Dach sie wohnen wollen.

Zwei-Staaten-Theorie

Von dieser Rechtsauffassung unterschied sich die Position der DDR erheblich. Sie ging grundsätzlich von der **Zwei-Staaten-Theorie** aus, nach der die beiden deutschen Staaten füreinander Ausland sind. Nach offizieller Staatsauffassung der DDR waren auf deutschem Boden zwei neue deutsche Staaten mit völlig unterschiedlichem Staats-, Gesellschafts- und Wirtschaftssystem entstanden. Demnach gab es auch zwei Nationen, denn die Verfassung der DDR nannte diese seit 1968 einen „sozialistischen Staat deutscher Nation". Ein Wiedervereinigungsgebot, wie das der Bundesrepublik Deutschland, kannte die DDR nicht.

9.5 Die deutsche Revolution von 1989

Niemand, kein Politiker, kein Wissenschaftler, auch nicht einer der sog. Ostexperten hat vorausgesagt, ja nicht einmal geahnt, was im Sommer 1989 mit der Flucht von DDR-Bürgern aus Ungarn über eine immer durchlässiger werdende Grenze nach Österreich begann und am 3. Oktober 1990 mit der Wiederherstellung der staatlichen Einheit Deutschlands endete.

Ausreisewelle

Noch im August 1989, als die große **Ausreisewelle** über die Botschaften in Prag und Budapest anlief, schrieb der Chefredakteur einer angesehenen westdeutschen Wochenzeitung, dass doch wohl niemand ernsthaft daran denken könne, „das Gerippe der deutschen Einheit" aus dem Schrank zu holen.

Vom 9. November 1989 an, als das SED-Politbüro-Mitglied *Günter Schabowski* (1929–2015) auf einer Pressekonferenz eher beiläufig mitteilte, dass ab sofort alle DDR-Bürger ohne Genehmigung über alle Grenzstellen in die Bundesrepublik Deutschland und nach Westberlin ausreisen könnten, beschleunigte sich das Tempo der Revolution fortlaufend.

Noch in der Nacht vom 9. auf den 10. November 1989 strömten Zehntausende nach Westberlin, wo sich unbeschreibliche Szenen der Freude abspielten. Menschen, die oft nur einige Hundert

Montagsdemonstration in Leipzig 1989

Meter voneinander entfernt wohnten und sich doch noch nie gesehen hatten, feierten und tanzten gemeinsam auf der Mauer, die plötzlich all ihren Schrecken verloren hatte.

Die Siegermächte des Zweiten Weltkriegs reagierten – mit Ausnahme der USA – zunächst zögerlich auf die deutsche Entwicklung. Aber im Herbst längst hatte der Drang zur Einheit eine **Eigendynamik** entwickelt, die durch nichts und niemanden mehr zu stoppen war. Aus dem Ruf der Leipziger Demonstranten **„Wir sind das Volk“** war im Herbst längst „Wir sind ein Volk“ geworden. Noch Ende November hatte der Schriftsteller *Stefan Heym* für eine „eigenständige DDR als sozialistische Alternative zur BRD“ plädiert, aber schon im Dezember überwogen auf den Straßen die schwarz-rot-goldenen Fahnen mit herausgetrenntem DDR-Emblem Hammer und Zirkel.

Eigendynamik
„Wir sind das Volk“

9.5.1 Schritte zur Wiedervereinigung

Das von Bundeskanzler *Helmut Kohl* im Dezember 1989 vorgelegte **Zehn-Punkte-Programm** zur Schaffung „einer konföderierten Struktur“ wurde in beiden deutschen Staaten kaum diskutiert; längst war die Entwicklung darüber hinweggegangen. Die Menschen in der DDR wollten die D-Mark und den damit verbundenen Wohlstand; beides war nur zu bekommen über die wirtschaftliche Einheit als Vorläufer der staatlichen.

Zehn-Punkte-Programm

www.wiedervereinigung.de

Damals wurde der Satz geprägt: „Das Wort veraltet im Munde.“ Gemeint ist: Noch ehe ein Gedanke vollständig ausgesprochen wurde, war er durch die Beschleunigung der Ereignisse bereits überholt.

Am 18. März 1990 fanden in der DDR die **ersten freien Wahlen** statt, die zugleich die einzigen bleiben sollten. Das Ergebnis war eindeutig: Zwar errang die SED (umbenannt in PDS, d. h. Partei des Demokratischen Sozialismus) wider Erwarten 16,3 % der Stimmen, aber rund 80 % der Bürger wählten Parteien, die sich vorbehaltlos für die rasche Schaffung der deutschen Einheit aussprachen.

Erste freie Wahlen

Staatsvertrag

▶ Q. 7

Mit dem **Staatsvertrag** vom 18. Mai 1990 über die Schaffung einer „Währungs-, Wirtschafts- und Sozialunion“ zum 1. Juli 1990 wurde die erste juristische Grundlage für die deutsche Einheit gelegt.

Währungsunion

Der Name des Staatsvertrages ist allerdings irreführend; er wurde mit Rücksicht auf die psychische Befindlichkeit der DDR-Bürger gewählt. Eine **Währungsunion** ist die Bildung einer neuen Währung aus zwei oder mehreren anderen, die damit abgeschafft werden. Die Mark der DDR wurde zwar ungültig, nicht dagegen die DM; es wurde eben keine neue (dritte) Währung kreiert. Etwas anderes wäre den Westdeutschen politisch auch kaum zumutbar gewesen, ganz abgesehen davon, dass die DDR-Bürger ja die DM begehrten.

Das Währungsgebiet der DM wurde auf das Gebiet der DDR erweitert, wobei alle währungspolitischen Kompetenzen allein bei der Deutschen Bundesbank in Frankfurt am Main verblieben.

Wirtschafts- und Sozialunion

Ähnlich ist es mit der **Wirtschafts- und Sozialunion**. Tatsächlich wurde von der DDR damit das Wirtschafts- und Sozialsystem der Bundesrepublik Deutschland übernommen mit der selbstverständlichen Folge, dass z. B. die (bisherige) Bundesrepublik für die Alimentation der Arbeitslosen aufzukommen hatte, weil die DDR keine Arbeitslosenversicherung besaß.

Beitritt

Am 20. September 1990 stimmte die DDR-Volkskammer mit einer Mehrheit von 82,6 % dem **Beitritt** der DDR zur Bundesrepublik Deutschland gemäß Art. 23 des Grundgesetzes zu. Als einzige Fraktion stimmte die PDS geschlossen gegen den Beitritt und damit gegen die Wiedervereinigung.

Der Beschluss dürfte historisch einmalig sein. Ohne jeden äußeren Zwang, gedrängt allerdings von den selbstständig nicht mehr lösbaren Problemen im Innern, beschloss ein frei gewähltes Parlament die Auflösung des eigenen Staates.

Der Art. 23 GG hatte damals den seit Inkrafttreten der Grundgesetzes gleich gebliebenen, folgenden Wortlaut:

„Dieses Grundgesetz gilt zunächst im Gebiete der Länder Baden, Bayern, Bremen, Groß-Berlin, Hamburg, Hessen, Niedersachsen, Nordrhein-Westfalen, Rheinland-Pfalz, Schleswig-Holstein, Württemberg-Baden, Württemberg-Hohenzollern. In anderen Teilen Deutschlands ist es nach deren Beitritt in Kraft zu setzen.“

▶ Q. 8

Am selben Tag billigte die Volkskammer wiederum mit der erforderlichen Zweidrittelmehrheit (78,7 %) den Einigungsvertrag, der am 31. August 1990 unterzeichnet worden war. 299 Abgeordnete stimmten bei einer Enthaltung zu. Die Gegenstimmen kamen wiederum geschlossen von der PDS und vielen Vertretern von Bündnis 90/Grüne.

Einigungsvertrag

Im Bundestag votierten 442 Abgeordnete (89,8 %) für den **Einigungsvertrag**, 47 stimmten mit Nein, drei enthielten sich der Stimme.

Zwei-plus-Vier-Verhandlungen

Die sog. **Zwei-plus-Vier-Verhandlungen** endeten mit einem kaum für möglich gehaltenen außenpolitischen Erfolg: Die UdSSR willigte ein, dass auch das wiedervereinigte Deutschland Mitglied der NATO bleiben kann, und alle vier Siegermächte verzichteten auf sämtliche Vorbehaltsrechte. Der „Vertrag über die abschließende Regelung in Bezug auf Deutschland“ – auch

Zwei-plus-Vier-Vertrag

Zwei-plus-Vier-Vertrag genannt – wurde am 12. September 1990 in Moskau von den vier Außenministern der ehemaligen Siegermächte, dem Bundesaußenminister Hans-Dietrich *Genscher* und dem Ministerpräsidenten der (noch) DDR unterzeichnet.

Auf dem Namen „Zwei-plus-Vier-Verhandlungen“ hat die deutsche Seite bestanden. Sie wollte damit deutlich machen, dass sie die Einladende zu den Verhandlungen ist und nicht etwa die ehemaligen Siegermächte die beiden deutschen Staaten herbeizitieren oder gar über sie zu

Gericht sitzen. Die Vermeidung des Begriffs **Friedensvertrag** – wiewohl der Zwei-plus-Vier-Vertrag völkerrechtlich einem solchen gleichsteht – geschah aus der Überlegung heraus, dass zu einer solchen Friedenskonferenz alle 53 (!) ehemals gegen das Hitlerreich Krieg führenden Staaten hätten geladen werden müssen. Es bedarf nicht viel Fantasie, um sich auszumalen, wie lange eine solche Mammutkonferenz gedauert und mit welchen Forderungen auf Kriegsentschädigung Deutschland konfrontiert worden wäre. Mit dem Zwei-plus-Vier-Vertrag ist die Nachkriegsgeschichte Deutschlands endgültig beendet.

Friedensvertrag

▶ Q. 9

Mit diesem Vertrag endete auch der *Sonderstatus Berlins;* die alliierten militärischen Stadtkommandanturen beendeten ihre Tätigkeit.

Um Mitternacht vom 2. auf den 3. Oktober 1990 hatte die DDR aufgehört zu existieren. Seitdem gibt es nur noch einen deutschen Staat. Der 3. Oktober wird zum **Nationalfeiertag**, diesmal zum wirklichen „Tag der Deutschen Einheit" erklärt. Ein neues Kapitel deutscher Geschichte beginnt, aber nicht als herkömmlicher Nationalstaat, sondern als Teil des europäischen Staatenverbundes.

Nationalfeiertag

Hierzu einige Auszüge aus der Rede des Bundespräsidenten Richard *von Weizsäcker* beim Staatsakt am 3. Oktober 1990 in Berlin:

> In der Präambel unserer Verfassung, wie sie nun für alle Deutschen gilt, ist das Entscheidende gesagt, was uns am heutigen Tag bewegt: In freier Selbstbestimmung vollenden wir die Einheit und Freiheit Deutschlands. Wir wollen in einem vereinten Europa dem Frieden der Welt dienen. [...]
>
> Inmitten unserer europäischen Nachbarschaften hatte uns das Schicksal in den letzten vierzig Jahren geteilt. Es hat die einen begünstigt und die anderen belastet. Aber es war und bleibt unser gemeinsames deutsches Schicksal. Dazu gehört die Geschichte und die Verantwortung für ihre Folgen. [...]
>
> Zu danken haben wir heute vor allem jenen Deutschen, die in der DDR den Mut aufbrachten, sich gegen Unterdrückung und Willkür zu erheben. [...]„Wir sind das Volk", mit diesen vier einfachen und großen Worten wurde ein ganzes System erschüttert und zu Fall gebracht. [...]
>
> Wir haben den gemeinsamen Willen, die großen Aufgaben zu erfüllen, die unsere Nachbarn von uns erwarten. [...]
>
> *(Bundespräsidialamt, abgerufen unter www.bundespraesident.de/SharedDocs/Reden/DE/Richard-von-Weizsaecker/Reden/1990/10/19901003_Rede.html; Zugriff am: 20.11.2015)*

9.5.2 Änderungen des Grundgesetzes

Mit dem deutsch-deutschen Einigungsvertrag vom 31. August 1990 traten auch mehrere **Grundgesetzänderungen** in Kraft. Die erste betrifft die Präambel, die nunmehr folgenden Wortlaut hat:

Grundgesetzänderungen

www.gesetze-im-internet.de/bundesrecht/gg/gesamt.pdf

> Im Bewußtsein seiner Verantwortung vor Gott und den Menschen, von dem Willen beseelt, als gleichberechtigtes Glied in einem vereinten Europa dem Frieden der Welt zu dienen, hat sich das Deutsche Volk kraft seiner verfassungsgebenden Gewalt dieses Grundgesetz gegeben. Die Deutschen in den Ländern Baden-

> Württemberg, Bayern, Berlin, Brandenburg, Bremen, Hamburg, Hessen, Mecklenburg-Vorpommern, Niedersachsen, Nordrhein-Westfalen, Rheinland-Pfalz, Saarland, Sachsen, Sachsen-Anhalt, Schleswig-Holstein und Thüringen haben in freier Selbstbestimmung die Einheit und Freiheit Deutschlands vollendet. Damit gilt dieses Grundgesetz für das gesamte deutsche Volk.

Verfassungsauftrag

Damit soll unmissverständlich klargestellt werden: Der **Verfassungsauftrag**, „in freier Selbstbestimmung die Einheit und Freiheit Deutschlands zu vollenden“, ist erfüllt. Das deutsche Volk hat gegenüber niemandem irgendeinen Anspruch auf Vereinigung mit irgendeinem ehemals deutschen Gebiet.

Streichung des Art. 23

Denselben Zweck verfolgte auch die 1990 vorgenommene ersatzlose **Streichung des Art. 23**, der 1992 als Artikel zur **Europäischen Union** mit einem gänzlich anderen Inhalt wieder erstand. Es sollte vor aller Welt deutlich gemacht werden, dass es kein deutsches Gebiet mehr gibt, das einen „Beitritt" beschließen könnte.

Artikel 146

Schließlich erhielt der **Artikel 146** die folgende Fassung:

> Dieses Grundgesetz, das nach Vollendung der Einheit und Freiheit Deutschlands für das gesamte deutsche Volk gilt, verliert seine Gültigkeit an dem Tage, an dem eine Verfassung in Kraft tritt, die von dem deutschen Volke in freier Entscheidung beschlossen worden ist.

Bisheriger Wortlaut:

> Dieses Grundgesetz verliert seine Gültigkeit an dem Tage, an dem eine Verfassung in Kraft tritt, die von dem deutschen Volke in freier Entscheidung beschlossen worden ist.

Neue Verfassung

Mit dieser Formulierung wird offengelassen, ob irgendwann einmal eine völlig **neue Verfassung** ausgearbeitet werden soll. Der (neue) Artikel 146 lässt diese Möglichkeit zu; er ist noch nicht, wie Juristen formulieren, erschöpft. Solange eine solche Verfassung nicht rechtskräftig beschlossen worden ist, bleibt es bei der Gültigkeit des Grundgesetzes; einen verfassungslosen Zustand wird es in Deutschland nicht geben.

Für die Bürgerrechtler waren die relativ geringfügigen Änderungen des Grundgesetzes, wie sie nach den Beratungen der Verfassungskommission 1994 beschlossen wurden, eine herbe Enttäuschung. Sie hatten gehofft, dass schon im Laufe der Wiedervereinigungsverhandlungen, spätestens aber nach Rückgewinnung der staatlichen Einheit, Deutschland sich auch eine neue Verfassung geben würde. Aber den Vereinigungsprozess selbst mit endlosen Verfassungsdebattten zu belasten, hätte diesen Vorgang auf gefährliche Weise verzögert, ja vielleicht sogar scheitern lassen, und nach dem 3. Oktober 1990 schien es der Mehrheit im Bundestag und Bundesrat besser, am Grundgesetz – „ein einmaliger Glücksfall in der deutschen Verfassungsgeschichte“ *(Roman Herzog)* – festzuhalten, zu dessen Geltungsbereich sich die DDR schließlich freiwillig und ausdrücklich bekannt hatte.

Artikel 51

Artikel 51 (Zusammensetzung des Bundesrates) Absatz 2 erhielt folgende Fassung:

> Jedes Land hat mindestens drei Stimmen, Länder mit mehr als zwei Millionen Einwohnern haben vier, Länder mit mehr als sechs Millionen fünf, Länder mit mehr als sieben Millionen Einwohnern sechs Stimmen.

Landtagswahlen 1990

Nach den Landtagswahlen vom 14. Oktober 1990 auf dem Gebiet der ehemaligen DDR konstituierten sich die früheren fünf Länder des östlichen Teils Deutschlands neu. Es sind dies: *Brandenburg, Mecklenburg-Vorpommern, Sachsen, Sachsen-Anhalt* und *Thüringen*. Ost- und Westberlin vereinigten sich zum Land *Berlin*.

Das Ergebnis der ersten Wahlen in den fünf neuen Bundesländern vom 14. Oktober 1990 (amtliches Endergebnis)

	Brandenburg Wahlberechtigte 1 943 871 Wahlbeteiligung		**Mecklenburg-Vorpommern** Wahlberechtigte 1 420 194 Wahlbeteiligung		**Sachsen** Wahlberechtigte 3 674 691 Wahlbeteiligung		**Sachsen-Anhalt** Wahlberechtigte 2 217 055 Wahlbeteiligung		**Thüringen** Wahlberechtigte 1 998 623 Wahlbeteiligung		Volkskammerwahl 18. 3. 1990
	1 310 818	67,4 %	26 189	65,2 %	2 699 854	73,5 %	1 455 309	65,6 %	1 441 525	72,1 %	
	Prozent	Sitze	Prozent	Sitze	Prozent	Sitze	Prozent	Sitze	Prozent	Sitze	Prozent
CDU	29,4	27	38,3	29	53,8	92	39,0	48	45,4	44	40,91
DSU	1,0	–	0,8	–	3,6	–	1,7	–	3,3	–	6,32
SPD	38,3	36	27,0	21	19,1	32	26,0	27	22,8	21	21,84
PDS	13,4	13	15,7	12	10,2	17	12,0	12	9,7	9	16,33
FDP	6,6	6	5,5	4	5,3	9	13,5	14	9,3	9	5,28
Grüne	2,8	–	4,2	–	–	–	5,3	5	6,5	6	1,96
Neues Forum	–	–	–	–	5,6	10	Bündnis mit Grünen		Bündnis mit Grünen		1,96
Bündnis 90	6,4	6	2,2	–	–	–	–	–	–	–	2,90
Sonstige	2,1	–	6,3	–	2,4	–	2,5	–	3,0	–	7,36

Die neu zum Bundesrat gehörenden (östlichen) Bundesländer hätten nach der bisherigen Stimmverteilung ein Mehrfaches an Gewicht gegenüber dem größten westdeutschen Bundesland, Nordrhein-Westfalen, gebracht, obwohl die Einwohnerzahl aller fünf ostdeutschen Länder diesem Bundesland etwa entspricht. Aus diesem Grunde wurde die Stimmverteilung geändert und die Zahl der Bundesratsmitglieder von bisher 45 auf 69 erhöht.

9.5.3 Gründe für den Zusammenbruch der DDR

Real existierender Sozialismus

Das System des **real existierenden Sozialismus** ist gescheitert. Zu allen systembedingten Mängeln kommen noch – nicht zufällig – schwere menschliche Unzulänglichkeiten und Verfehlungen der Machthaber. Sie haben das *Kollektivunternehmen DDR* nicht nur in den Konkurs getrieben, sondern den betrügerischen Bankrott verschuldet. Aber ausschlaggebend waren die intellektuellen und moralischen Defizite des Führungskaders nicht für den völligen Zusammenbruch. Auch ein besseres Management hätte die DDR nicht zu retten vermocht. Die Gründe für das Scheitern lassen sich – versuchsweise – folgendermaßen zusammenfassen:

Planwirtschaft

- Schon theoretisch kann bewiesen werden, dass die sozialistische **Planwirtschaft**, wie sie in der DDR praktiziert wurde, einer marktwirtschaftlich orientierten Wettbewerbswirtschaft mit sozialer Absicherung unterlegen ist. Das subventionierte Preissystem führte in vielen Bereichen zur Verschwendung, z. B. der Energie im Haushalt oder von Brot, das billiger war als Schweinefutter und deshalb auch als solches eingesetzt wurde. Die Preise spiegelten keine Knappheitsverhältnisse wider, also kannte das System niemals seine wahren Kosten, mit denen es arbeitete. Die zentrale Wirtschaftslenkung war schwerfällig, ineffizient. Das **Außenhandelsmonopol** des Staates vermochte die Vorteile einer internationalen Arbeitstei-

Außenhandelsmonopol

Schaufenster eines Bekleidungsgeschäftes – 1983

lung nicht zu nutzen. Die Abschirmung vom Weltmarkt ließ selbst an sich Erfolg versprechende DDR-Unternehmen, wie z. B. Robotron, nie wettbewerbsfähig werden. Die Mark der DDR verkümmerte zum bedingt einlösbaren inländischen Bezugschein.

Marxismus-Leninismus

- Die dogmatisierte Parteiideologie des **Marxismus-Leninismus** verhinderte jede Kreativität. Was nicht in das Raster der angeblichen gesetzlichen Entwicklung vom Kapitalismus über den Sozialismus zum Kommunismus passte, wurde im Namen der allein zur Interpretation berufenen Partei, sprich des Politbüros der SED, verworfen.

Goldener Westen

www.alltagskultur-ddr.de/ausstellungen/dauerausstellung

- In keinem anderen sozialistischen Staat waren die Menschen so sehr dem Widerspruch zwischen Anspruch und Wirklichkeit ausgesetzt. Westfernsehen und ab 1972 Besuche von Verwandten und Bekannten aus der Bundesrepublik vermittelten praktisch jedem Bürger der DDR das – überhöhte – bessere Bild vom **goldenen Westen**. Die Kinder und Jugendlichen lernten in der Schule, dass der Kapitalismus zum Untergang verurteilt sei, und wussten doch genau, dass ihre Eltern begierig auf jede kapitalistische Westmark waren. Oder sie hörten von der kapitalistischen Dekadenz, wie sie sich etwa in der Mode zeige, und warteten doch voller Ungeduld auf den Westbesuch, der die heiß begehrten Jeans mitbrachte.
- Die DDR lebte von der Substanz. Sie reinvestierte mangels Kapitalbildung zu wenig. In fast allen DDR-Betrieben musste mit Maschinen gearbeitet werden, die 50 Jahre und älter waren. Werkzeugmaschinen aus dem Jahr 1913 oder Textilfabriken, die noch 1990 mit dem 1924 angeschafften Maschinenpark arbeiteten, waren keine Seltenheit.

Wettkampf der Systeme

- Der **Wettkampf der Systeme**, wie ihn die DDR-Führung propagierte, fand in Wirklichkeit nie statt, sondern war zu einem hoffnungslosen Hinterherlaufen in allen wirtschaftlichen Sektoren geworden. Auch dringend erforderliche *Umweltschutzmaßnahmen* konnten nicht finanziert werden, sodass die DDR nur auf einem Gebiet führend war: in der Verseuchung und Vergiftung ihrer Umwelt. In einigen Bezirken, z. B. in und um Bitterfeld, Leipzig, Dresden oder Pirna, lag die Schadstoffbelastung z. T. über dem Zehnfachen der in der Bundesrepublik Deutschland bis dahin geltenden Höchstwerte.

Demotivation

- Die Masse der Menschen in der DDR wurde zunehmend **demotiviert**. Sie sah, dass alle Bemühungen, alle Anstrengungen vergeblich blieben; immer blickte ihnen zwar nicht die nackte Not, aber der tägliche Mangel ins Auge. Bis zu 14 Jahre Lieferzeit für ein längst museumsreifes Auto wie den Trabant mussten in Kauf genommen werden. Es gab kaum frisches Gemüse, so gut wie nie Südfrüchte, und selbst die Beschaffung einer Glühbirne konnte zum Problem werden. Die Verbitterung wuchs und ist bis heute geblieben. „Wir haben doch auch gearbeitet, wir waren doch nicht faul“, sagen sie mit einem neidisch-ärgerlichen Blick auf ihre „Brüder und Schwestern“, die in Wirklichkeit – gemessen an der tariflichen Arbeitszeit – sogar wesentlich weniger gearbeitet haben und vor allem viel mehr Urlaub genossen.

- Es begann der *Teufelskreis:* weniger Arbeitsmotivation = geringe Leistung = knappes Angebot = schwache Bedarfsdeckung = verringerte Arbeitslust.
- Seit 1980 war die DDR im Grunde international bereits zahlungsunfähig. Sie musste DM-Schulden aufnehmen („Strauß-Kredit" 1983), um auch nur die Zinsen für die Verbindlichkeiten bei den „nichtsozialistischen Ländern" zu begleichen und die dringendsten Westeinfuhren bezahlen zu können, damit der Bevölkerung – gemessen an der Bundesrepublik – wenigstens ein bescheidener Konsumstandard erhalten blieb.
  In einer internen SED-Dokumentation von 1985 (Schürer-Schalck-Papier) wird dem Politbüro vorgerechnet, dass allein für den Schuldendienst, also ohne Nettotilgung, sich der Export der DDR in die „kapitalistischen" Staaten binnen zehn Jahren verdoppeln müsste. Das aber sei nur möglich, wenn der Lebensstandard der Bevölkerung um rund 25 % gesenkt würde. Das erschien der Spitze des Politbüros politisch untragbar. Starr hielt *Honecker* bis zum bitteren Ende an dem Grundsatz der „Einheit von Wirtschafts- und Sozialpolitik" fest. Die DDR leistete sich sozial mehr, z. B. die billigen Wohnungen, als sie sich volkswirtschaftlich leisten konnte. Nicht unwissend, aber unfähig, eine Änderung herbeizuführen, trieb die DDR-Staatsführung in ihren eigenen Untergang. Sie wusste nicht mehr, was noch getan werden konnte, um das ökonomische Desaster abzuwenden, und ergab sich nicht zuletzt deshalb kampflos der Wende.

Der 3. Oktober 1990 vor dem Reichstagsgebäude in Berlin

- Nicht Grund, aber entscheidender Anlass war die **Reformpolitik** *Michail Gorbatschows.* Ohne den von ihm initiierten Reformprozess mit der daraus ungewollt folgenden Erosion des gesamten Ostblocks hätte auch die deutsche Revolution nicht begonnen. Die Sowjetunion wollte den Abbau der Spannungen, weil sie ihn brauchte, um wirtschaftliche Hilfe aus dem Westen zu bekommen. Die DDR verlor ihre Bedeutung als strategisches Vorfeld und wurde für die UdSSR zur vernachlässigbaren Größe. Damit war das Schicksal der DDR besiegelt. Nicht noch einmal rollten – wie am 17. Juni 1953 – sowjetische Panzer gegen demonstrierende Arbeiter. Die sowjetischen Truppen erhielten in den revolutionären Tagen im Oktober und November 1989 den strikten Befehl, in den Kasernen zu bleiben und sich **nicht einzumischen**. Wie ein Kartenhaus brach die so felsenfest geglaubte SED-Herrschaft zusammen, am wenigsten fassbar gerade für ihre Anhänger. Die DDR ist nie von außen besiegt worden, niemand hat sie je militärisch bedroht oder gar angegriffen. Sie ist an ihren eigenen Systemfehlern zugrunde gegangen, sie war innerlich morsch, hohl und leer. Ihre Führung selbst wusste keinen Ausweg mehr aus der wirtschaftlichen Misere und dem politisch-moralischen Verfall des Regimes. Die DDR ist **implodiert**, denn es gab Ende 1989 nichts, was sie aus eigener Kraft hätte stützen können. Deshalb mussten auch alle Versuche um die Jahreswende 1989/90 scheitern, eine „neue DDR", diesmal mit einem Sozialismus „menschlichen Antlitzes", zu errichten.

Reformpolitik Gorbatschows

Nichteinmischung

Implosion

9.5.4 Das Erbe der SED

Die Hinterlassenschaften nach 40 Jahren Sozialismus in der DDR waren auf den ersten Blick fast trostlos. Erst nach und nach wurden alle Tatsachen bekannt. Die DDR-Wirtschaftsstatistiken waren in einem unvorstellbaren Ausmaß **gefälscht**, sodass im Westen selbst Fachleute auf das Märchen vom zehntstärksten Industriestaat hereinfielen. Erst nach der Grenzbeseitigung erkannte man allmählich nüchtern das gesamte Ausmaß der Misere. Der veraltete und verrottete Maschinenpark, die fehlerhafte Arbeitsorganisation durch personelle Überbesetzung, das willkürlich gestaltete Preissystem drückten trotz des bewundernswerten Fleißes der Menschen in der DDR die Arbeitsproduktivität auf rund 25 % des westdeutschen Niveaus.

Gefälschte Wirtschaftsstatistiken

Doch verkommene Häuser ließen sich renovieren, gefährliche Atomkraftwerke abschalten, die umweltfeindliche Braunkohleverbrennung konnte zunächst verringert und später fast ganz eingestellt werden; neue, international wettbewerbsfähige Unternehmen konnten nach und nach gegründet und die zumeist sehr lernwilligen Menschen in den ostdeutschen Bundesländern umgeschult werden.

Todesschüsse

Schwerer wog dagegen das geistige Erbe, der Umgang mit der Vergangenheit. Fielen etwa keine **Todesschüsse** an der Mauer und der „Staatsgrenze"? Wer gab den Befehl, wer führte ihn aus? Wer hatte bespitzelt, verhört, gequält, gar gefoltert? Sollten alle diese großen und kleinen Verbrechen mit dem Mantel des Vergessens und Vergebens zugedeckt werden?

Staatssicherheit

www.nachkriegsmuseen.de/stasi.html

Andererseits: Offiziere der berüchtigten **Staatssicherheit** handelten im Auftrag des von praktisch allen Ländern anerkannten Staates DDR; sie verstanden sich als „Kämpfer für den Frieden", erhielten dafür Auszeichnungen, Ehrungen. Hatten sie ein Unrechtsbewusstsein? Kann man ihnen heute als strafbare Handlung vorwerfen, was ihnen damals höchstes Lob der Staatsführung eingebracht hätte?

Warum sollten sie sich gegen *Erich Honecker* stellen, wenn selbst ranghohe westdeutsche Politiker ihn als „deutschen Patrioten" lobten, der „das Beste für sein Land" wolle. Fortlaufend empfing die DDR-Staatsführung offizielle Delegationen und Vertreter aus der Bundesrepublik, und auch das vertrauliche Du war keine Seltenheit mehr.

SED-Unrecht

Die strafrechtliche Aufarbeitung von **SED-Unrecht** ist weitgehend gescheitert, musste scheitern, weil der Rechtsstaat nur eine individuelle Schuld zu beurteilen vermag. Schwerstes politisches Versagen, ja das Steuern eines Staatsschiffs in den Abgrund ist für sich allein genommen noch keine strafbare Handlung. Hinzu kommt, dass am ehernen Grundsatz festgehalten werden muss: Strafbar darf nur sein, was zum Zeitpunkt der Tat bereits strafbewehrt war.

„Welches Land soll ich verraten haben?", fragte *Markus Wolf,* der Chef des formal betrachtet erfolgreichen DDR-Spionagedienstes, in leicht gespielter Unschuld. Er hatte nach bestem Wissen und Gewissen „seiner" DDR, dem von der Bundesrepublik anerkannten Staat, loyal gedient. Konnte das strafbar sein?

Schießbefehl

Bei schweren Menschenrechtsverletzungen ist allerdings eine Verurteilung aufgrund übergeordneten Völkerrechts möglich, wie z. B. wegen des **Schießbefehls**. Aber durchweg fallen alle Urteile gegen Straftäter aus DDR-Zeiten milde, wie viele Kritiker meinen, zu milde aus. Besonders glimpflich kommen – wie schon in der Nachkriegszeit in der alten Bundesrepublik – die Richter davon, die harte Urteile gegen Regimegegner gefällt haben. Der Vorwurf der vorsätzlichen Rechtsbeugung, der unangemessenen Urteilsschärfe ist praktisch nie zu belegen. Die wenigen angeklagten Richter beteuern, mit bestem Gewissen nur das Recht der DDR korrekt angewandt zu haben.

Stasi-Akten

Die erschütterndste Hinterlassenschaft des DDR-Systems sind die **Stasi-Akten**. Bei dem „Sonderbeauftragten der Bundesregierung für die personenbezogenen Stasi-Akten", der nach ihrem damaligen Leiter *Joachim Gauck* benannten Gauck-Behörde, reihten sich auf einer Länge von rund 128 km Akten mit insgesamt fast 100 Millionen Schriftstücken. Über jeden vierten Bürger der DDR und jeden 20. der Bundesrepublik wurde eine Akte angelegt. Am 31. Oktober 1989 beschäftigte die Staatssicherheit über 90 000 hauptamtliche zuzüglich der fast 175 000 inoffiziellen Mitarbeiter (IM).

Die Aktenzahl zeigt bei Weitem nicht das ganze Ausmaß der Bespitzelung. In den ersten Revolutionswochen konnten viele Unterlagen vernichtet werden; wochenlang arbeiteten fünf Schreddermaschinen Tag und Nacht. Dabei haben die Stasi-Bediensteten gezielt die Akten zuerst vernichtet, mit denen ihre Leute am stärksten belastet werden konnten. Es muss also befürchtet werden, dass gerade über die Haupttäter keine Unterlagen mehr vorhanden sind.

Die große Zahl der haupt- und nebenamtlichen Mitarbeiter – doppelt so viele wie die amerikanische CIA an Personal beschäftigt, fünfmal so viel wie die berüchtigte Gestapo – zeigt mit aller Deutlichkeit, wie sehr die DDR-Führung dem eigenen Volk misstraut hat, wie wenig sie jemals sich der Zustimmung auch nur eines nennenswerten Teiles sicher sein konnte. Doch selbst dieser gigantische **Überwachungsapparat**, an der Bevölkerungszahl gemessen wahrscheinlich der größte der Geschichte, hat den Zusammenbruch nicht aufhalten können. Die Stasi-Unterlagen zeigen aber auch dies: Über 98 % der Deutschen in der DDR waren eben keine Spitzel, haben nicht für die Stasi gearbeitet.

Überwachungsapparat

Mehr als 20 Jahre nach der Wiedervereinigung zeigen sich Nostalgien, sehnsüchtige Rückerinnerungen an vermeintliche oder partiell tatsächlich bessere Zeiten in der DDR, wo es z. B. keine Arbeitslosigkeit gab. Eine Bundestagsabgeordnete der Partei „Die Linke" schwärmte 2011 gar von der Suche nach einem „neuen Weg zum Kommunismus" (*Lötzsch*), und nur schwer kann man verstehen, dass sich ehemalige Generäle der NVA damit brüsten, nicht befohlen zu haben, auf die Demonstranten zu schießen – als ob es keine Selbstverständlichkeit wäre, dass eine Armee nicht ihre Waffen gegen das eigene Volk einsetzt.
Doch nichts kann darüber hinwegtäuschen, dass der Kommunismus – unter welchem Namen und in welcher Form er auch immer auftrat – gescheitert ist.

▶ Q. 10

9.5.5 Zukunftsperspektiven

„Blühende Landschaften" – um dies berühmt-berüchtigte Wort des ehemaligen Bundeskanzlers *Helmut Kohl* zu zitieren – sind inzwischen tatsächlich entstanden, wovon sich jeder überzeugen kann, der die DDR einmal besucht hatte und nun vorurteilsfrei die neuen Bundesländer bereist. Aber gleichzeitig gibt es unübersehbare Schattenseiten wie eine überproportionale Arbeitslosigkeit, Wegbrechen ganzer Industriezweige, Abwanderung gerade der Leistungsträger in den Westen, Vergreisung oder gar Aussterben ländlicher Räume und Kleinstädte, weil der Geburtenrückgang in den neuen Bundesländern noch stärker als in den alten ist. Die Folge ist Abriss – schönfärberisch „Rückbau" genannt – vollständiger Wohnblocks, weil die Wohnungen nicht mehr gebraucht werden.

Blühende Landschaften

Unzählige Veröffentlichungen haben sich mit der Frage beschäftigt, warum es nach der Wiedervereinigung so viele **wirtschaftliche Fehlentwicklungen** gegeben hat. Kurz aufgelistet werden folgende Hauptfehler genannt:

- zu rasche Anhebung der Löhne in die Nähe des Westniveaus trotz der um ein Drittel niedrigeren Produktivität
- vorwiegend konsumtive statt investive Verwendung der westlichen Finanzhilfe, was zwar den niedrigen Lebensstandard der Ostdeutschen rasch gehoben, aber nicht zu einem sich selbst tragenden Wirtschaftsaufschwung in den neuen Bundesländern geführt hat
- Überstülpung der gesamten, schon die alte BRD einengenden Bestimmungen im Arbeits-, Sozial- und Steuerrecht. Fachleute sind sich einig: Hätte es diese vielen staatlichen und betrieblichen Gründungs- und Beschäftigungshemmnisse 1948/49 in Westdeutschland schon gegeben, hätte sich auch dort kein „Wirtschaftswunder" entfaltet.

Wirtschaftliche Fehlentwicklung

In der öffentlichen Diskussion wird – fälschlicherweise – oft auf den Entwicklungsrückstand der früheren DDR abgehoben. Aber dieser ist nicht das eigentliche Problem. Wenn das **Beitrittsgebiet**, sprich die DDR, einfach nur um 30 Jahre der Bundesrepublik Deutschland hinterhergehinkt hätte, hätte es sich praktisch um die Vereinigung der Bundesrepublik aus dem Jahre 1990 mit der des Jahres 1960 gehandelt. Diese wäre vergleichsweise einfach mit technologischer und finanzieller Hilfe zu vollziehen gewesen. Aber die Schwierigkeiten waren nicht quantitativer, gradueller, sondern qualitativer Art. Es handelt sich um die *Vereinigung zweier konträrer Wirtschafts- und Gesellschaftssysteme.*

Beitrittsgebiet

Ein *Beispiel:* Der Betriebsleiter in der Bundesrepublik Deutschland von 1960 war Unternehmer, vertraut mit den Spielregeln eines marktwirtschaftlichen Systems, hatte gelernt, was es heißt, für den Kunden und nicht in Erfüllung eines vorgegebenen Volkswirtschaftsplans zu handeln.

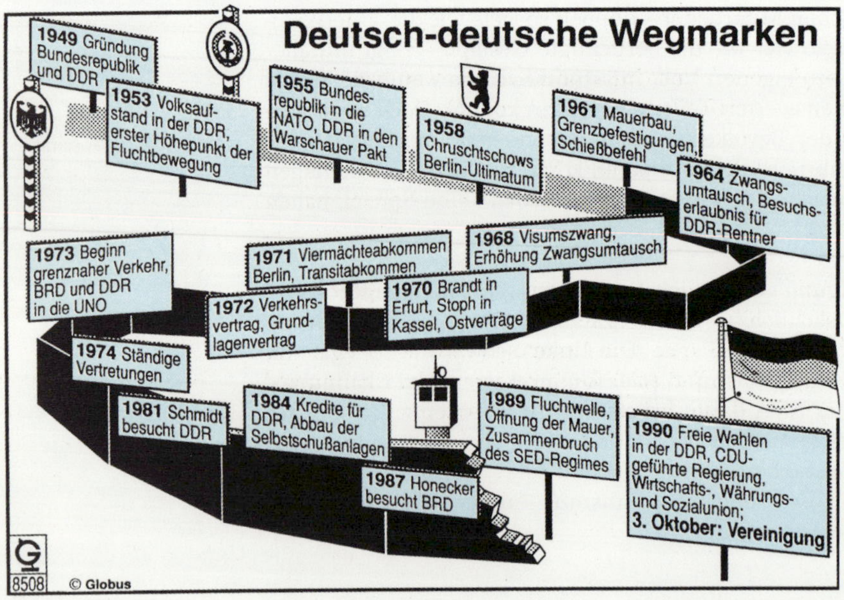

Das alles ist dem Leiter eines Staatsbetriebes der ehemaligen DDR fremd, der womöglich noch als früheres SED-Mitglied „treuhänderisch" eingesetzt ist und weder willens noch fähig ist, sich umzustellen.

Wirtschaftshistorisch gibt es kein Beispiel dafür, dass eine Wirtschaftsregion einer anderen in einem derartigen Umfang geholfen hat wie die alten Bundesländer den neuen. Selbst wenn statistisch manche Zählungen der Netto-Transferleistung fragwürdig erscheinen mögen, wie z. B. die Tätigkeit eines westdeutschen Beamten in Dresden, der unverändert aus dem Etat seines Heimatlandes Baden-Württemberg alimentiert wird, so ist doch die in der Zeit von 1991 bis 2003 gezahlte Summe von insgesamt rund einer Billion € (= eine Zahl mit zwölf Nullen) unvorstellbar hoch.

Solidarpakt

Nachdem bereits Ende des vorigen Jahrhunderts absehbar war, dass das Ziel des **Solidarpakts** I nicht zu erreichen war, nämlich die neuen Bundesländer auf einen mit dem Westen *vergleichbaren* Stand zu bringen (nicht *gleichen*, den gibt es auch zwischen den Altbundesländern nicht!), wurde zwischen Ländern und Bund der neue Solidarpakt II ausgehandelt, der eine weitere Hilfe bis zum Jahre 2019 mit einem Gesamtvolumen von 156,5 Milliarden € vorsieht.

Wirtschaftsmacht

Auf mittlere Sicht, erst recht bei einer langfristigen Perspektive, kann die Entwicklung nach Meinung der meisten Fachleute nur aufwärts gehen. Das historisch beispiellose Experiment, die Integration einer maroden Planwirtschaft in eine hoch effiziente Marktwirtschaft wird, wenn auch unter großen Mühen und vielen Rückschlägen, gelingen. Wenn nicht unvorhersehbare außenpolitische Turbulenzen auftreten, wird Deutschland im Rahmen der Europäischen Union zur noch stärker führenden **Wirtschaftsmacht**. In einer friedlichen Welt wächst Macht nicht „aus den Gewehrläufen", sondern aus ökonomischem Potenzial. Darin liegt die Stärke Europas und vor allem der neuen Bundesrepublik Deutschland.

Eine Kleinstadt in den neuen Ländern: Wernigerode

Egon Bahr in einer Rede vom 15. Juli 1963

▶ QUELLE 1

Die Voraussetzungen zur Wiedervereinigung sind nur mit der Sowjetunion zu schaffen. Sie sind nicht in Ost-Berlin zu bekommen, nicht gegen die Sowjetunion, nicht ohne sie. [...] Die amerikanische Strategie des Friedens läßt sich [...] durch die Formel definieren, daß die kommunistische Herrschaft nicht beseitigt, sondern verändert werden soll. [...]
Die erste Folgerung, die sich aus einer Übertragung der Strategie des Friedens auf Deutschland ergibt, ist, daß die Politik des Alles oder Nichts ausscheidet. Entweder freie Wahlen oder gar nicht, entweder gesamtdeutsche Entscheidungsfreiheit oder ein hartes Nein, entweder Wahlen als erster Schritt oder Ablehnung, das alles ist nicht nur hoffnungslos antiquiert und unwirklich, sondern in einer Strategie des Friedens auch sinnlos. Heute ist klar, daß die Wiedervereinigung nicht ein einmaliger Akt ist, der durch einen historischen Beschluß an einem historischen Tag auf einer historischen Konferenz ins Werk gesetzt wird, sondern ein Prozeß mit vielen Schritten und vielen Stationen. [...]
Wir haben gesagt, daß die Mauer ein Zeichen von Schwäche ist. Man könnte auch sagen, sie war ein Zeichen der Angst und des Selbsterhaltungstriebes des kommunistischen Regimes. Die Frage ist, ob es nicht Möglichkeiten gibt, diese durchaus berechtigten Sorgen dem Regime graduell so weit zu nehmen, daß auch die Auflockerung der Grenzen und der Mauer praktikabel wird, weil das Risiko erträglich ist. Das ist eine Politik, die man auf die Formel bringen könnte: Wandel durch Annäherung. [...]

(Informationen zur politischen Bildung, Heft 233/1991, S. 12–19)

1. **Welches ist die entscheidende These Egon Bahrs?**
2. **Inwiefern kann die Mauer als Zeichen der Schwäche gedeutet werden?**
3. **Erklären Sie, was Bahr unter „Wandel durch Annäherung" versteht. Welche Erwartungen setzt Bahr in diesen Wandel?**

Vertrag zwischen der Bundesrepublik Deutschland und der UdSSR

▶ QUELLE 2

Die Hohen Vertragschließenden Parteien
IN DEM BESTREBEN, zur Festigung des Friedens und der Sicherheit in Europa und in der Welt beizutragen.
IN DER ÜBERZEUGUNG, daß die friedliche Zusammenarbeit zwischen den Staaten auf der Grundlage der Ziele und Grundsätze der Charta der Vereinten Nationen den sehnlichen Wünschen der Völker und den allgemeinen Interessen des internationalen Friedens entspricht.
IN WÜRDIGUNG der Tatsache, daß die früher von ihnen verwirklichten vereinbarten Maßnahmen, insbesondere der Abschluß des Abkommens vom 13. September 1955 über die Aufnahme der diplomatischen Beziehungen, günstige Bedingungen für neue wichtige Schritte zur Weiterentwicklung und Festigung ihrer gegenseitigen Beziehungen geschaffen haben.
IN DEM WUNSCHE, in vertraglicher Form ihrer Entschlossenheit zur Verbesserung und Erweiterung der Zusammenarbeit zwischen ihnen Ausdruck zu verleihen, einschließlich der wirtschaftlichen Beziehungen sowie der wissenschaftlichen, technischen und kulturellen Verbindungen, im Interesse beider Staaten, sind wie folgt übereingekommen:

Artikel 1
Die Bundesrepublik Deutschland und die Union der Sozialistischen Sowjetrepubliken betrachten es als wichtiges Ziel ihrer Politik, den internationalen Frieden aufrechtzuerhalten und die Entspannung zu erreichen.
Sie bekunden ihr Bestreben, die Normalisierung der Lage in Europa und die Entwicklung friedlicher Beziehungen zwischen allen europäischen Staaten zu fördern und gehen dabei von der in diesem Raum bestehenden wirklichen Lage aus.

Artikel 2
Die Bundesrepublik Deutschland und die Union der Sozialistischen Sowjetrepubliken werden sich in ihren gegenseitigen Beziehungen sowie in Fragen der Gewährleistung der europäischen und der internationalen Sicherheit von den Zielen und Grundsätzen, die in der Charta der Vereinten Nationen niedergelegt sind, leiten lassen. Demgemäß werden sie ihre Streitfragen ausschließlich mit friedlichen Mitteln lösen und übernehmen die Verpflichtung, sich in Fragen, die die Sicherheit in Europa und die internationale Sicherheit berühren, sowie in ihren gegenseitigen Beziehungen gemäß Artikel 2 der Charta der Vereinten Nationen der Drohung mit Gewalt und Anwendung von Gewalt zu enthalten.

Artikel 3
In Übereinstimmung mit den vorstehenden Zielen und Prinzipien stimmen die Bundesrepublik

Deutschland und die Union der Sozialistischen Sowjetrepubliken in der Erkenntnis überein, daß der Friede in Europa nur erhalten werden kann, wenn niemand die gegenwärtigen Grenzen antastet.
Sie verpflichten sich, die territoriale Integrität aller Staaten in Europa in ihren heutigen Grenzen uneingeschränkt zu achten;
sie erklären, daß sie keine Gebietsansprüche gegen irgend jemand haben und solche in Zukunft auch nicht erheben werden;
sie betrachten heute und künftig die Grenzen aller Staaten in Europa als unverletzlich, wie sie am Tage der Unterzeichnung dieses Vertrages verlaufen, einschließlich der Oder-Neiße-Linie, die die Westgrenze der Volksrepublik Polen bildet, und der Grenze zwischen der Bundesrepublik Deutschland und der Deutschen Demokratischen Republik.

Artikel 4
Dieser Vertrag zwischen der Bundesrepublik Deutschland und der Union der Sozialistischen Sowjetrepubliken berührt nicht die von ihnen früher abgeschlossenen zweiseitigen und mehrseitigen Verträge und Vereinbarungen.

Artikel 5
Dieser Vertrag bedarf der Ratifikation und tritt am Tage des Austausches der Ratifikationsurkunden in Kraft, der in [...] stattfinden soll.

GESCHEHEN zu Moskau
am 12. August 1970 in zwei Urschriften, jede in deutscher und russischer Sprache, wobei jeder Wortlaut gleichermaßen verbindlich ist.

Für die Bundesrepublik Deutschland

Willy Brandt	*Walter Scheel*
Bundeskanzler	Bundesminister des Auswärtigen

Für die Union der Sozialistischen Sowjetrepubliken

Alexej N. Kossygin	*Andrej A. Gromyko*
Vorsitzender des Ministerrats	Minister für Auswärtige Angelegenheiten

(Seminarmaterial des Gesamtdeutschen Instituts, Bonn)

1. **Beschreiben und beurteilen Sie den Stil, in dem dieses Dokument abgefasst ist. Was mögen die Gründe für solch einen Stil sein? Welches sind die wichtigsten Vereinbarungen zwischen der Bundesrepublik Deutschland und der Sowjetunion?**
2. **Aus welchen Teilen besteht die Gewaltverzichtserklärung?**
3. **Wäre der Versuch einer Grenzrevision – von den damit verbundenen politischen Problemen einmal abgesehen – von vornherein vertragswidrig?**

▶ QUELLE 3 Entschließung des Deutschen Bundestages zur Abstimmung über die Ostverträge

Anläßlich der Ratifizierung der Ostverträge nahm der Deutsche Bundestag am 17. Mai 1972 einstimmig bei fünf Enthaltungen folgende Entschließung an:
Im Zusammenhang mit der Abstimmung über den Vertrag zwischen der Bundesrepublik Deutschland und der Union der Sozialistischen Sowjetrepubliken vom 12. August 1970 und den Vertrag zwischen der Bundesrepublik Deutschland und der Volksrepublik Polen über die Grundlagen der Normalisierung ihrer gegenseitigen Beziehungen vom 7. Dezember 1970 erklärt der Deutsche Bundestag:
1. Zu den maßgebenden Zielen unserer Außenpolitik gehört die Erhaltung des Friedens in Europa und der Sicherheit der Bundesrepublik Deutschland. Die Verträge mit Moskau und Warschau, in denen die Vertragspartner feierlich und umfassend auf die Anwendung und Androhung von Gewalt verzichten, sollen diesen Zielen dienen. Sie sind wichtige Elemente des Modus vivendi, den die Bundesrepublik Deutschland mit ihren östlichen Nachbarn herstellen will.
2. Die Verpflichtungen, die die Bundesrepublik Deutschland in den Verträgen eingegangen ist, hat sie im eigenen Namen auf sich genommen. Dabei gehen die Verträge von den heute tatsächlich bestehenden Grenzen aus, deren einseitige Änderung sie ausschließen. Die Verträge nehmen eine friedensvertragliche Regelung für Deutschland nicht vorweg und schaffen keine Rechtsgrundlage für die heute bestehenden Grenzen.
7. Die Bundesrepublik Deutschland steht fest im Atlantischen Bündnis, auf dem ihre Sicherheit und ihre Freiheit nach wie vor beruhen.
8. Die Bundesrepublik Deutschland wird die Politik der europäischen Einigung zusammen mit ihren Partnern in der Gemeinschaft unbeirrt fortsetzen mit dem Ziel, die Gemeinschaft stufenweise zu einer politischen Union fortzuentwickeln.
Die Bundesrepublik Deutschland geht dabei davon aus, daß die Sowjetunion und andere sozialistische

Länder die Zusammenarbeit mit der EWG aufnehmen werden.

9. Die Bundesrepublik Deutschland bekräftigt ihren festen Willen, die Bindungen zwischen Berlin (West) und der Bundesrepublik Deutschland gemäß dem Viermächteabkommen und den deutschen Zusatzvereinbarungen aufrechtzuerhalten und fortzuentwickeln. Sie wird auch in Zukunft für die Lebensfähigkeit der Stadt und das Wohlergehen ihrer Menschen Sorge tragen.

10. Die Bundesrepublik Deutschland tritt für die Normalisierung des Verhältnisses zwischen der Bundesrepublik Deutschland und der DDR ein. Sie geht davon aus, daß die Prinzipien der Entspannung und der guten Nachbarschaft in vollem Maße auf das Verhältnis zwischen den Menschen und Institutionen der beiden Teile Deutschlands Anwendung finden werden.

(Seminarmaterial des Gesamtdeutschen Instituts, Bonn)

1. **Wie ist die Einstimmigkeit bei der Verabschiedung der Entschließung zu erklären?**
2. **Welche außenpolitischen Grundlagen der Bundesrepublik wünscht der Bundestag unangetastet zu lassen?**
3. **Wie äußert sich der Bundestag zum Wiedervereinigungsgebot?**

Vertrag über die Grundlagen der Beziehungen zwischen der Bundesrepublik Deutschland und der Deutschen Demokratischen Republik von 1972

▶ QUELLE 4

Artikel 1
Die Bundesrepublik Deutschland und die Deutsche Demokratische Republik entwickeln normale gutnachbarliche Beziehungen zueinander auf der Grundlage der Gleichberechtigung.

Artikel 2
Die Bundesrepublik Deutschland und die Deutsche Demokratische Republik werden sich von den Zielen und Prinzipien leiten lassen, die in der Charta der Vereinten Nationen niedergelegt sind, insbesondere der souveränen Gleichheit aller Staaten, der Achtung der Unabhängigkeit, Selbständigkeit und territorialen Integrität, dem Selbstbestimmungsrecht, der Wahrung der Menschenrechte und der Nichtdiskriminierung.

Artikel 3
Entsprechend der Charta der Vereinten Nationen werden die Bundesrepublik Deutschland und die Deutsche Demokratische Republik ihre Streitfragen ausschließlich mit friedlichen Mitteln lösen und sich der Drohung mit Gewalt oder der Anwendung von Gewalt enthalten. Sie bekräftigen die Unverletzlichkeit der zwischen ihnen bestehenden Grenze jetzt und in der Zukunft und verpflichten sich zur uneingeschränkten Achtung ihrer territorialen Integrität.

Artikel 6
Die Bundesrepublik Deutschland und die Deutsche Demokratische Republik gehen von dem Grundsatz aus, daß die Hoheitsgewalt jedes der beiden Staaten sich auf sein Staatsgebiet beschränkt. Sie respektieren die Unabhängigkeit und Selbständigkeit jedes der beiden Staaten in seinen inneren und äußeren Angelegenheiten.

(Seminarmaterial des Gesamtdeutschen Instituts, Bonn)

1. **Worauf erstreckt sich die jeweilige Souveränität der beiden deutschen Staaten?**
2. **Worin besteht der Unterschied zwischen „normalen gutnachbarlichen" und „normalen, gutnachbarlichen Beziehungen"?**

Auszug aus dem Urteil des Bundesverfassungsgerichts vom 31. Juli 1973

▶ QUELLE 5

III
2. Zum Wiedervereinigungsgebot und Selbstbestimmungsrecht, das im Grundgesetz enthalten ist, hat das Bundesverfassungsgericht bisher erkannt und hält daran fest: Dem Vorspruch des Grundgesetzes kommt nicht nur politische Bedeutung zu, er hat auch einen rechtlichen Gehalt. Die Wiedervereinigung ist ein verfassungsrechtliches Gebot. Es muß jedoch den zu politischem Handeln berufenen Organen der Bundesrepublik überlassen bleiben zu entscheiden, welche Wege sie zur Herbeiführung der Wiedervereinigung als politisch richtig und zweckmäßig ansehen. [...] Ein breiter Raum politischen Ermessens besteht hier besonders für die Gesetzgebungsorgane. Das Bundesverfassungsgericht kann dem Gesetzgeber erst dann entgegentreten, wenn er die Grenzen dieses Ermessens eindeutig überschreitet, wenn seine Maßnahme also rechtlich oder tat-

sächlich einer Wiedervereinigung in Freiheit offensichtlich entgegensteht. [...]
Aus dem Wiedervereinigungsgebot folgt zunächst: Kein Verfassungsorgan der Bundesrepublik Deutschland darf die Wiederherstellung der staatlichen Einheit als politisches Ziel aufgeben, alle Verfassungsorgane sind verpflichtet, in ihrer Politik auf die Erreichung dieses Zieles hinzuwirken – das schließt die Forderung ein, den Wiedervereinigungsanspruch im Innern wachzuhalten und nach außen beharrlich zu vertreten – und alles zu unterlassen, was die Wiedervereinigung vereiteln würde. Die Bundesregierung hat allerdings in eigener Verantwortung zu entscheiden, mit welchen politischen Mitteln und auf welchen politischen Wegen sie das nach dem Grundgesetz rechtlich gebotene Ziel der Wiedervereinigung zu erreichen oder ihm wenigstens näherzukommen versucht. [...] [D]ie Verfassung verbietet, daß die Bundesrepublik auf einen Rechtstitel (eine Rechtsposition) aus dem Grundgesetz verzichtet, mittels dessen sie in Richtung auf Verwirklichung der Wiedervereinigung [...] wirken kann [...]. Es ist ein Unterschied, ob man politisch von einem Rechtstitel keinen Gebrauch macht [...] oder ob man auf ihn im Rechtssinne verzichtet. Man kann sich in diesem Sinne also politisch mit Realitäten abfinden. [...] Die klare Rechtsposition jeder Regierung der Bundesrepublik Deutschland ist: Wir haben von der im Grundgesetz vorausgesetzten, in ihm „verankerten“ Existenz Gesamtdeutschlands mit einem deutschen (Gesamt-)Staatsvolk und einer (gesamt-)deutschen Staatsgewalt auszugehen. [...]

3. Der Vertrag kann so interpretiert werden, daß er mit keiner der dargelegten Aussagen des Grundgesetzes in Widerspruch gerät. Keine amtliche Äußerung innerhalb der Bundesrepublik Deutschland kann dahin verstanden werden, daß sie bei der Interpretation des Vertrages diesen verfassungsrechtlichen Boden verlassen hat oder verläßt.

V

1. Wie oben dargelegt, setzt das Wiedervereinigungsgebot des Grundgesetzes der Gestaltungsfreiheit der Staatsorgane verfassungsrechtliche Grenzen: Es darf keine Rechtsposition aus dem Grundgesetz, die der Wiedervereinigung auf der Grundlage der freien Selbstbestimmung des deutschen Volkes dienlich ist, aufgegeben werden, und es darf andererseits kein mit dem Grundgesetz unvereinbares Rechtsinstrument unter Beteiligung der Verfassungsorgane der Bundesrepublik Deutschland geschaffen werden, das der Bemühung der Bundesregierung um Wiedervereinigung entgegengehalten werden kann. In diesem Zusammenhang hat der Brief der Bundesregierung zur deutschen Einheit an die Regierung der Deutschen Demokratischen Republik seine Bedeutung [...], daß der wesentliche Inhalt des Briefes vor Abschluß der Verhandlungen angekündigt und der Brief der Gegenseite unmittelbar vor Unterzeichnung des Vertrages zugestellt worden ist. [...]

Diese Entscheidung ist einstimmig ergangen.

(Seminarmaterial des Gesamtdeutschen Instituts, Bonn)

1. **Worin liegt das vom BVerfG formulierte „Wiedervereinigungsgebot“?**
2. **Warum konnte die Bayerische Staatsregierung vom „Erfolg“ ihrer Klage sprechen, obwohl ihr Antrag – Erklärung des Grundvertrages als verfassungswidrig – verworfen wurde?**
3. **Welchen Gestaltungsspielraum belässt das Verfassungsgericht den anderen obersten Staatsorganen?**

▶ QUELLE 6 Brief zur deutschen Einheit der Regierung der Bundesrepublik Deutschland an die Regierung der DDR vom 21. Dezember 1972

An den
Staatssekretär beim Ministerrat
der Deutschen Demokratischen Republik
Herrn Dr. Michael Kohl

Sehr geehrter Herr Kohl!
Im Zusammenhang mit der heutigen Unterzeichnung des Vertrages über die Grundlagen der Beziehungen zwischen der Bundesrepublik Deutschland und der Deutschen Demokratischen Republik beehrt sich die Regierung der Bundesrepublik Deutschland festzustellen, daß dieser Vertrag nicht im Widerspruch zu dem politischen Ziel der Bundesrepublik Deutschland steht, auf einen Zustand des Friedens in Europa hinzuwirken, in dem das deutsche Volk in freier Selbstbestimmung seine Einheit wiedererlangt.

Mit vorzüglicher Hochachtung
Bahr

(Presse- und Informationsamt der Bundesregierung [Hrsg.]: Bulletin vom 22. Dezember 1972)

Mit dem Brief sollte der Vertrag „verfassungsgerichtssicher“ gemacht werden. Mit welcher Formulierung ist das gelungen?

Auszug aus dem Vertrag über die Schaffung einer Währungs-, Wirtschafts- und Sozialunion zwischen der Bundesrepublik Deutschland und der Deutschen Demokratischen Republik

▶ QUELLE 7

Artikel 1 [...]
(2) Die Vertragsparteien bilden beginnend mit dem 1. Juli 1990 eine Währungsunion mit einem einheitlichen Währungsgebiet und der Deutschen Mark als gemeinsamer Währung. Die Deutsche Bundesbank ist die Währungs- und Notenbank dieses Währungsgebietes. [...]
(3) Grundlage der Wirtschaftsunion ist die Soziale Marktwirtschaft als gemeinsame Wirtschaftsordnung beider Vertragsparteien. Sie wird bestimmt durch Privateigentum, Leistungswettbewerb, freie Preisbildung und grundsätzliche Freizügigkeit von Arbeit, Kapital, Gütern und Dienstleistungen. [...]

Artikel 2
(1) Die Vertragsparteien bekennen sich zur freiheitlichen, demokratischen, föderativen, rechtsstaatlichen und sozialen Grundordnung.
(2) Entgegenstehende Vorschriften der Verfassung der Deutschen Demokratischen Republik über die Grundlagen ihrer bisherigen sozialistischen Gesellschafts- und Staatsordnung werden nicht mehr angewendet. [...]

(Das Parlament. Sonderausgabe Wiedervereinigung 28/2000, S. 18)

Inwiefern wird bereits mit diesem Vertrag, auch 1. Staatsvertrag genannt, das Wirtschafts- und Gesellschaftssystem der DDR umgewälzt, also revolutioniert?

Auszug aus dem Einigungsvertrag vom 31. August 1990

▶ QUELLE 8

Die Bundesrepublik Deutschland und die Deutsche Demokratische Republik sind übereingekommen, einen Vertrag über die Herstellung der Einheit Deutschlands mit den nachfolgenden Bestimmungen zu schließen:

Artikel 1
(1) Mit dem Wirksamwerden des Beitritts der Deutschen Demokratischen Republik zur Bundesrepublik Deutschland gemäß Artikel 23 des Grundgesetzes am 3. Oktober 1990 werden die Länder Brandenburg, Mecklenburg-Vorpommern, Sachsen, Sachsen-Anhalt und Thüringen Länder der Bundesrepublik Deutschland. [...]
(2) Die 23 Bezirke von Berlin bilden das Land Berlin.

Artikel 2
(1) Hauptstadt Deutschlands ist Berlin. Die Frage des Sitzes von Parlament und Regierung wird nach der Herstellung der Einheit Deutschlands entschieden.
(2) Der 3. Oktober ist als Tag der Deutschen Einheit gesetzlicher Feiertag. [...]

(Das Parlament. Sonderausgabe Wiedervereinigung 28/2000, S. 20)

Fassen Sie die zentralen Punkte des Einigungsvertrages in einer Mindmap zusammen.

Auszug aus dem Vertrag über die abschließende Regelung in Bezug auf Deutschland vom 12. September 1990

▶ QUELLE 9

Die Bundesrepublik Deutschland, die Deutsche Demokratische Republik, die Französische Republik, die Union der Sozialistischen Sowjetrepubliken, das Vereinigte Königreich von Großbritannien und Nordirland und die Vereinigten Staaten von Amerika sind [...] wie folgt übereingekommen.

Artikel 1
(1) Das vereinte Deutschland wird die Gebiete der Deutschen Demokratischen Republik und der Bundesrepublik Deutschland und ganz Berlin umfassen. Seine Außengrenzen werden die Grenzen der Deutschen Demokratischen Republik und der Bundesrepublik Deutschland sein und werden am Tage des Inkrafttretens dieses Vertrags endgültig sein. [...]
(3) Das vereinte Deutschland hat keinerlei Gebietsansprüche gegen andere Staaten und wird solche auch nicht in Zukunft erheben.
(4) [D]ie Verfassung des vereinten Deutschlands [wird] keinerlei Bestimmungen enthalten [...], die mit diesen Prinzipien unvereinbar sind. Das gilt entsprechend für die Bestimmungen, die in der Präambel und in den Artikeln 23, Satz 2 und 146 des Gundgesetzes der Bundesrepublik Deutschland niedergelegt sind.

Artikel 6

Das Recht des vereinten Deutschlands, Bündnissen mit allen sich daraus ergebenden Rechten und Pflichten anzugehören, wird von diesem Vertrag nicht berührt.

Artikel 7

(1) Die Französische Republik, die Union der Sozialistischen Sowjetrepubliken, das Vereinigte Königreich von Großbritannien und Nordirland und die Vereinigten Staaten von Amerika beenden hiermit ihre Rechte und Verantwortlichkeiten in bezug auf Berlin und Deutschland als Ganzes. [...]

(2) Das vereinte Deutschland hat demgemäß volle Souveränität über seine inneren und äußeren Angelegenheiten.

(Das Parlament. Sonderausgabe Wiedervereinigung 28/2000, S. 44)

1. **Warum kann der Deutschlandvertrag, das Ergebnis der Zwei-plus-Vier-Verhandlungen, einem Friedensvertrag gleichgestellt werden?**
2. **Der Vertrag wird auch als Stichtag für das Ende der Nachkriegszeit betrachtet. Wieso?**

▶ QUELLE 10 Ein ehemaliges Mitglied des Politbüros über das Scheitern der DDR-Wirtschaft

Wie prekär die Lage war, erfuhren wir erst nach der Absetzung Honeckers. Der Planungschef Gerhard Schürer teilte im Politbüro mit, dass die DDR im Frühjahr 1990 zahlungsunfähig sein würde, weil sie die Zinsen für die ausländischen Kredite nicht mehr begleichen konnte.

Sechs Jahre zuvor hatte die Bundesrepublik auf Drängen von Franz Josef Strauß für einen Zwei-Milliarden-DM-Kredit der Bayerischen Landesbank für die DDR gebürgt. Gestützt auf die Bundesbürgschaft konnte der Außenhandelschef der DDR bei ausländischen Banken unter Hinweis auf die von Bonn verbürgte Bonität wieder neue Kredite einsammeln. 1989 betrug die Bruttoauslandsverschuldung der DDR 50 Milliarden Valutamark. Die Valutaeinnahmen, also die Einnahmen von Westwährung [*gerechnet in DM*] durch Exporte lagen niedriger als die Zinsbelastungen im Westen. Damit waren sowohl wichtige Importe von Rohstoffen und Halbfabrikaten als auch Konsumgütern wie Apfelsinen und Bananen oder notwendige Medikamenten nicht mehr gesichert.

Es war die unabwendbare Folge ihrer [*der DDR*] Lebensuntauglichkeit. Die sozialistischen Volkswirtschaften waren dem Wirtschaftssystem unterlegen, das sie herausgefordert hatten. Ein kommunistischer Glaubenssatz von Lenin lautet: Die höhere Arbeitsproduktivität entscheidet in letzter Instanz über den Sieg der neuen Gesellschaftsordnung. Damit war dem System schon früh das Ende prophezeit. Es hat den eigenen Kriterien nicht standgehalten. Die Ineffizienz der sozialistischen Volkswirtschaften ist keine temporäre oder nationale Erscheinung, die durch spezifische Ursachen – wie technologische Rückständigkeit, Bildungsdefizite und Erfahrungsmangel, administrative Inkompetenz und andere Faktoren – zu erklären wäre.

(Günter Schabowski: Wir haben fast alles falsch gemacht. Berlin, Econ 2009, S. 203, 209)

1. **Inwiefern lebte die DDR auf Pump und wer gab ihr Kredite?**
2. **Warum musste dieses System geradezu zwangsläufig bald scheitern?**
3. **Worin sieht der Autor den entscheidenden Grund für die Schwäche der DDR gegenüber westlichen Volkswirtschaften?**
4. **Versuchen Sie, die Ironie der Geschichte in der Aussage Lenins zu entdecken.**

AUFGABEN

1. Machen Sie sich anhand geeigneter Wirtschaftsstatistiken ein Bild vom sogenannten Wirtschaftswunder.
2. Stellen Sie in einer Übersicht die unterschiedlichen Interessen der USA und der UdSSR nach dem Ende des Zweiten Weltkriegs zusammen.
3. Befragen Sie Ihre Großeltern oder andere ältere Menschen, wie sie das „Wunder der DM" erlebt haben.
4. Stellen Sie die Situation in Europa nach 1945 in Form einer Mindmap zusammen.
5. Fertigen Sie eine Collage zum Thema „Die Welt im Jahr 1945" an.
6. Fertigen Sie eine Fallstudie zur Sowjetisierung Osteuropas an. Wählen Sie dazu ein Land (Ungarn, Rumänien, Polen, Tschechoslowakei oder Bulgarien) aus, sammeln Sie entsprechend Informationen, z. B. zu Wahlen, Besetzung der Ministerien, Gleichschaltung der Presse u. a., und präsentieren Sie die Ergebnisse Ihrer Arbeit.
7. In den 1950er-Jahren wurden die Ziele der deutschen Außenpolitik mit der Begriffstrias „Freiheit – Frieden – Einheit" umschrieben. Die Reihenfolge ist nicht zufällig. Begründen Sie die Rangfolge.
8. Stellen Sie das Pro und Kontra einer Annahme der sowjetischen „Friedensnote" zusammen.
9. Organisieren Sie ein Projekt, das sich mit dem geistig-kulturellen Leben in Deutschland zwischen 1945 und 1950 beschäftigt. Analysieren Sie dazu Schlagertexte, Spielfilme, Wochenschauausschnitte, Theaterspielpläne usw. Wählen Sie eine geeignete Form, um die Ergebnisse Ihrer Arbeit zu präsentieren.
10. Stellen Sie Geschichte, Aufbau, Strategie und Entwicklung der NATO in einer Präsentation zusammen.
11. Listen Sie stichwortartig alle Gründe auf, die Ihrer Ansicht nach zum Zusammenbruch der DDR geführt haben.
12. Stellen Sie die Argumente zusammen, die für und gegen die neue Ostpolitik der sozialliberalen Koalition sprachen, und bringen Sie diese in ein Rollenspiel ein.

HOT Grundlegende Arbeitstechniken und Methoden 9:

Planspiel

Militär

Planspiele wurden im militärischen Bereich entwickelt: Sie wurden und werden durchgeführt, um militärische Führer in strategischen und taktischen Fragen zu schulen, und zwar in simulierten, sich rasch verändernden Situationen. Im wahrsten Sinne des Wortes wird am Sandkasten geübt, was im Ernstfall auf dem Gefechtsfeld nicht mehr geübt werden kann, sondern beherrscht werden muss.

Wirtschaft

Auch Wirtschaftsunternehmen bedienen sich nun schon seit einigen Jahrzehnten der Methode des Planspiels, vor allem im Bereich der Fort- und Weiterbildung von Managern. Hier gilt es, in einem Spiel Entscheidungen zu treffen, zusätzliche Handlungsalternativen zu entwickeln und aus den eventuell gemachten Fehlern zu lernen.

Schulen

Um jungen Menschen die teilweise hochkomplexen Zusammenhänge in Wirtschaft und Politik zu verdeutlichen, werden z. B. das „Planspiel Börse" oder „POL&IS (Politik und internationale Sicherheit) an vielen Schulen in Deutschland bereits erprobt. Auch im privaten Bereich kennt man Planspiele: Man könnte Schach als eine verwandte Form des Planspiels bezeichnen, ebenso wie die inzwischen weitverbreiteten, zahlreichen Computerstrategiespiele, z. B. „Siedler".

Planspiele bestehen aus zwei Teilen: dem Modell, das den Rahmen für das Spiel gibt, und dem Spiel selbst, in dessen Verlauf Entscheidungen zu treffen sind, die dann wiederum die Entscheidungen der anderen Gruppen beeinflussen.

Jedes Planspiel braucht vorher festgelegte Regeln, die von der Gruppe selbst bestimmt werden können. Ein *Beispiel:*

Gruppen

Die **Gruppen** setzen sich wie folgt zusammen [...] und
- erhalten ihre Rollenkarten, deren Inhalt den anderen Gruppen nicht bekannt sein darf,
- kommunizieren mit anderen Gruppen schriftlich über die Spielleitung,
- können mit anderen Gruppen Gesprächstermine vereinbaren,
- protokollieren ihre Aktivitäten und verwalten aus- und eingehende Schriftstücke,
- respektieren die Entscheidungen der Spielleitung,
- können aber gegen jede Entscheidung der Spielleitung schriftlich Protest einlegen.

Spielleitung

Die **Spielleitung** besteht aus [...] und hat folgende Befugnisse und Pflichten:
- kann neue Spielzüge veranlassen, neue Rahmenbedingungen schaffen, um dem Spiel neue Impulse zu geben,
- legt den zeitlichen Ablauf des Spiels fest; insbesondere Fristen für Spielzüge, Pausen und das Ende des Spiels,
- protokolliert den Verlauf von mündlichen Verhandlungen zwischen Gruppen,
- gibt Informationen weiter und informiert – soweit erforderlich – über durchgeführte Aktionen und Reaktionen einzelner Gruppen,
- greift nur in Ausnahmefällen bei Diskussionen und Entscheidungen innerhalb einzelner Gruppen ein,
- weist aber unangemessene oder offensichtlich unrealistische Spielzüge zurück,
- entscheidet sofort nach Eingang eines Protestes über dessen Annahme oder Ablehnung.

10 Die Europäische Integration

Europa läßt sich nicht mit einem Schlag herstellen.
Der französische Außenminister Robert Schuman bei der feierlichen Verkündung des Plans zur Schaffung der Montanunion am 9. Mai 1950 in Paris

SCHLÜSSELDATEN

www.europa.eu

1950	13. Juli: Beitritt der Bundesrepublik Deutschland zum 1949 gegründeten Europarat (Sitz: Straßburg)
1952	23. Juli: Inkrafttreten des Vertrages über die Europäische Gemeinschaft für Kohle und Stahl – sog. Montanunion
1958	1. Januar: Beginn der Europäischen Wirtschafts- und Atomgemeinschaft
1965	25. März: Zusammenschluss der Organe der drei europäischen Gemeinschaften zur Europäischen Gemeinschaft (EG)
1983	19. Juni: Feierliche Deklaration in Stuttgart zur Umwandlung der EG in eine Europäische Union (EU)
1986	17. Februar: Einheitliche Europäische Akte mit der Bildung des Europäischen Rats
1992	17. Februar: Vertrag von Maastricht zur Bildung einer Europäischen Union
1993	1. November: Beginn der Europäischen Union; der Name EG wird durch EU ersetzt
1998	März: Beginn des Erweiterungsprozesses mit sechs Staaten
1999	1. Januar: Beginn der Europäischen Währungsunion
2000	11. Dezember: Beitrittsverhandlungen mit weiteren sechs Staaten; mittel- und osteuropäische Erweiterung (MOE)
2001	1. Januar: Einführung des gemeinsamen Bargeldes „Euro" (€) in 12 Staaten der EU
2004	1. Mai: Osterweiterung der EU um zehn Staaten; die EU hat nun 25 Mitglieder
2009	1. Dezember: Vertrag über die Europäische Union (EUV) – Vertrag von Lissabon mit 27 Mitgliedern
2012	Die Europäische Union erhält den Friedensnobelpreis
2013	Kroatien wird der 28. Mitgliedstaat der EU

Europäische Integration

Dem ersten Bundeskanzler der Bundesrepublik Deutschland, *Konrad Adenauer*, gebührt das bleibende historische Verdienst, die **europäische Integration** initiiert und so verfestigt zu haben, dass keine Bundesregierung die vorgezeichnete Bahn der Westeinbindung mehr verlassen konnte und wollte. Die staatsmännische Leistung *Adenauers* bestand vor allem darin, dass er, in geduldiger Arbeit Schritt für Schritt Vertrauen gewinnend, die Sorgen und die aufgrund der geschichtlichen Erfahrung der Nachbarn nur zu berechtigten Ängste abzubauen verstand. Denn während alle übrigen westlichen Partner mit der Integration auf vorhandene **Souveränitätsrechte** verzichten mussten, gab die Bundesrepublik Deutschland nur auf, was sie ohnedies nicht besaß, gewann aber erheblichen Handlungsspielraum zunächst nur im Inneren und später auch nach außen. So konnte die Bundesrepublik Deutschland konsequent den wirtschaftspolitischen Kurs einer sozialen Marktwirtschaft verfolgen, der sich z. B. von der französischen Wirtschaftspolitik, der sog. *Planifikation* erheblich unterschied, ganz zu schweigen von der Verstaatlichungspolitik Großbritanniens unter den Labour-Regierungen.

Souveränitätsrechte

10.1 Geschichtliche Entwicklung

DARSTELLUNG

Die Idee einer *europäischen Union* wurde im 20. Jahrhundert erstmals nach den bitteren Lehren des Ersten Weltkrieges von dem österreichischen Grafen *Coudenhove-Kalergi* 1923 in Wien entwickelt. Dieser Gedanke wurde von ihm nach dem Zweiten Weltkrieg als **Paneuropa-Union** zur Schaffung der „Vereinigten Staaten von Europa" wiederbelebt. Obwohl die Vorschläge des

Paneuropa-Union

Die Europäische Union

	Beitrittsjahr	Einwohner 2014[1] in Mio.	BIP[2] 2013 pro Kopf in Tausend Euro
Belgien	★ 1958	11,2 Mio.	30,5 Tsd. €
Deutschland	★ 1958	80,8	32,0
Frankreich	★ 1958	65,9	27,8
Italien	★ 1958	60,8	25,2
Luxemburg	★ 1958	0,5	67,9
Niederlande	★ 1958	16,8	32,6
Dänemark	★ 1973	5,6	32,1
Großbritannien	★ 1973	64,3	27,2
Irland	★ 1973	4,6	32,5
Griechenland	★ 1981	11,0	19,5[3]
Portugal	★ 1986	10,4	19,4
Spanien	★ 1986	46,5	24,5
Finnland	★ 1995	5,5	28,7
Österreich	★ 1995	8,5	33,2
Schweden	★ 1995	9,6	32,7
Estland	★ 2004	1,3	18,8
Lettland	★ 2004	2,0	17,3
Litauen	★ 2004	2,9	19,1
Malta	★ 2004	0,4	22,7
Polen	★ 2004	38,5	17,5
Slowakei	★ 2004	5,4	19,6
Slowenien	★ 2004	2,1	21,3
Tschechien	★ 2004	10,5	20,6
Ungarn	★ 2004	9,9	17,2
Zypern	★ 2004	0,9	22,1
Bulgarien	★ 2007	7,2	12,0
Rumänien	★ 2007	19,9	13,9
Kroatien	★ 2013	4,2	15,6

[1]zum Teil vorläufig, [2]kaufkraftbereinigt, [3]2012 Quelle: Eurostat

Grafen ein überwältigendes Echo fanden, spielten sie in der 1948 in *Den Haag* gegründeten *Europäischen Bewegung* keine bedeutende Rolle mehr. Auch der ehemalige britische Premierminister *Winston Churchill* griff die Idee in seiner berühmten *Züricher Rede* vom 19. September 1946 auf; aber bis zum heutigen Tag hat sich Großbritannien mehr als Bremser denn als Motor des Einigungsprozesses verstanden.

Europarat

Mit dem Beitritt zum **Europarat** 1950, zunächst mit beratender Stimme, aber bereits ein Jahr später als Vollmitglied, hatte das westliche Teildeutschland einen kleinen ersten, aber diplomatisch-protokollarisch bedeutenden Schritt getan, fünf Jahre nach Kriegsende wieder in den Kreis der europäischen Völker, darunter auch der Siegermächte, aufgenommen zu werden.

Leitgedanke der *französischen* Deutschlandpolitik war die Sicherung vor einer „neuen deutschen Gefahr". Zu diesem Zweck sollten jene Wirtschaftszweige einer Kontrolle unterworfen werden, die damals als Schlüsselindustrien einer möglichen Wiederaufrüstung galten.

Montanunion
Europäische Gemeinschaft für Kohle und Stahl

So entwickelte 1950 der damalige französische Außenminister *Robert Schuman* den Plan eines *Zusammenschlusses der Kohle- und Stahlindustrie* der europäischen Staaten, kurz **Montanunion** genannt. Der Vertrag über die – so die offizielle Bezeichnung – **Europäische Gemeinschaft für Kohle und Stahl** (EGKS) trat 1952 in Kraft. Gründungsmitglieder waren Frankreich, Italien, die drei Beneluxstaaten und als voll gleichberechtigtes Mitglied die Bundesrepublik Deutschland. Diese Länder gelten seitdem als die europäischen *Gründer-* oder *Kernstaaten*.

Diese Gemeinschaft erfüllte weitgehend die in sie gesetzten Erwartungen, aber die abnehmende Bedeutung der Kohle- und Stahlproduktion, die immer noch anhält, ließ auch den politischen Stellenwert der EGKS schrumpfen.

Europäische Verteidigungsgemeinschaft

Nachdem 1954 die **Europäische Verteidigungsgemeinschaft** (EVG) an der Ablehnung durch die französische Nationalversammlung gescheitert war, verlegte die Bundesregierung ihre Integrationsbemühungen wieder auf das bisher erfolgreichste Feld, das wirtschaftliche. Mit der Gründung der **Europäischen Wirtschaftsgemeinschaft** (EWG), die am 1. Januar 1958 in Kraft trat, begann der Siegeszug der geschichtlich erfolgreichsten Wirtschaftsgemeinschaft. Mit dem Vertrag zur EWG wurde am 25. März 1957 auch der Vertrag zur **Europäischen Atomgemeinschaft** (EAG) in *Rom* unterzeichnet; beide zusammen werden deshalb auch kurz **Römische Verträge** genannt. Die EAG mit dem Ziel einer gemeinsamen friedlichen Nutzung der Atomenergie hat allerdings niemals auch nur annähernd die Bedeutung der **Montanunion**, geschweige denn die der EWG erlangt. Es gelang nicht, eine europäische Atomindustrie aufzubauen, sie blieb national abgeschirmt und desintegriert.

Europäische Wirtschaftsgemeinschaft

Europäische Atomgemeinschaft

Römische Verträge

Nach Art. 49 des EU-Vertrages kann jeder europäische Staat die Mitgliedschaft in der Union beantragen, wenn er folgende Voraussetzungen erfüllt:

- Anerkennung der auf der Konferenz von Nizza 2001 beschlossenen Charta der Grundrechte der Europäischen Union, die auf der europäischen Konvention zum Schutze der Menschenrechte basiert. Zu ihnen gehören vor allem die Menschenwürde, Freiheit, Gleichheit, Solidarität, Bürgerrechte und justizielle Grundrechte.
- Stabilität der staatlichen Institutionen als Garantie für diese Rechte, Schutz von Minderheiten, eine funktionierende Marktwirtschaft und die Fähigkeit, dem Wettbewerbsdruck der Union standzuhalten.
- Anpassung der Verwaltungsstrukturen und des Justizapparates, sodass EU-Recht national umgesetzt und angewandt werden kann.
- Beilegung bestehender Grenzstreitigkeiten und Garantie eines hohen Standards nuklearer Sicherheit.

10.2 Die Hauptorgane der Europäischen Union

10.2.1 Der Europäische Rat

www.europa.eu

Der Europäische Rat wurde erst mit der *Einheitlichen Europäischen Akte* von 1986 fest institutionalisiert und ist seitdem das höchste Organ der Mitgliedstaaten. Als eine Art „Superorgan" tagt er viermal im Jahr grundsätzlich nur auf der obersten Ebene der Staats- und Regierungschefs. Er fasst Beschlüsse weitreichender und grundsätzlicher Art, wie z. B. die von *Maastricht* 1992.

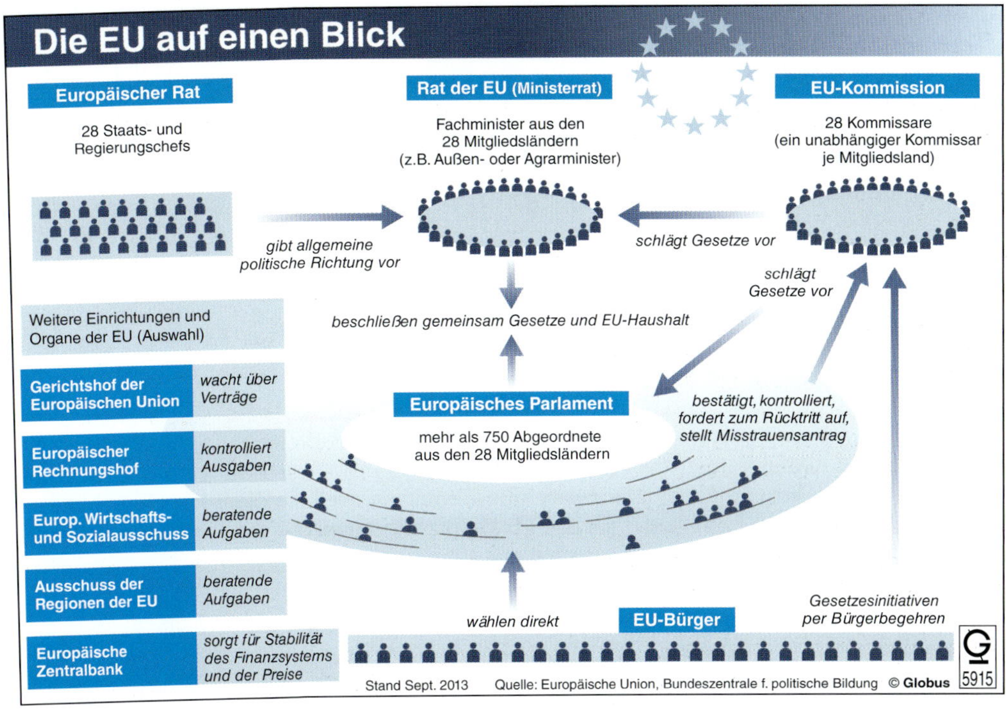

Der Europäische Rat hat jederzeit das Recht, die Aufgaben des Ministerrats zu übernehmen, und ist damit zum eigentlichen Motor des Integrationsprozesses geworden. Nur die **Staats- und Regierungschefs** selbst haben die Zuständigkeit zu weittragenden Beschlüssen und genügend Autorität, diese auch in ihren Parlamenten durchzusetzen, wenn eine Ratifizierung erforderlich ist. Deshalb wird der Europäische Rat vielfach auch als ein Vorläufer einer „Europaregierung" betrachtet, obwohl diese im Unionsvertrag nicht vorgesehen ist. Die Beschlüsse dieses Rates werden in aller Regel **einstimmig** gefasst, bei allen entscheidenden Fragen ist dies zwingend vorgeschrieben, so z. B. bei der Aufnahme neuer Mitglieder oder bei Änderungen des Vertrages zur Europäischen Union.

Staats- und Regierungschefs

Einstimmigkeit

10.2.2 Der Ministerrat

Ministerrat

Der **Ministerrat** – verkürzt auch einfach **Rat** genannt – ist ein *Entscheidungsorgan* auf der Ebene der Fachminister, der in rund 80 Bereichen der gemeinschaftlichen Politik tätig wird, z. B. bei der Agrarpreispolitik in der Union. Der Ministerrat ist zwar dem **Europäischen Rat** nachgeordnet, aber auch er kann als Antriebskraft der Gemeinschaftsentwicklung betrachtet werden.

Im Ministerrat werden die nationalen Interessen gebündelt und zum Ausgleich gebracht; er ist auf der ständigen Suche nach dem „großen Kompromiss", der in der Regel der kleinste gemeinsame Nenner ist. Der Ministerrat fasst seine Beschlüsse in Verfahrensfragen mit einfacher Mehrheit, sonst je nach Bedeutung des anstehenden Gegenstandes mit qualifizierter Mehrheit oder einstimmig, was als Regelfall gilt.

Fachminister

Die Mitgliedsländer entsenden je einen **Fachminister**, der für den anstehenden Beratungsgegenstand in seinem Heimatland zuständig ist. Geht es also beispielsweise um die Agrarsubventionen, dann tagen die 28 Landwirtschaftsminister.

10.2.3 Die Kommission

Die Kommission mit Sitz in *Brüssel* ist *das* Exekutivorgan der Gemeinschaft mit regierungsähnlichen Aufträgen. Ihre Mitglieder sind nicht an nationale Weisungen gebunden, sondern gehalten, stets das Wohl der Gemeinschaft als Ganzes anzustreben. Im Jahre 2015 beschäftigte die Kommission über 23 000 Bedienstete, darunter mehr als 8 000 Beamte mit Führungsaufgaben und fast 2 000 Übersetzer und Dolmetscher. Der Umfang des Sprachendienstes resultiert aus der vertraglichen Verpflichtung, dass alle schriftlichen Vorgänge in die elf **Amtssprachen** übersetzt werden müssen.

Amtssprachen

Umgangssprachen in der Kommission und dem Gerichtshof sind Französisch und Englisch, weil sie die international bedeutendsten Sprachen sind, obwohl innerhalb der EU Deutsch die meistgesprochene Sprache ist.

Die Kommission ist

- Hüterin der Verträge,
- Motor der Gemeinschaftspolitik,
- Sprecherin der EU in ihren Außenbeziehungen,
- Verwalterin des Haushalts,
- höchstes ausführendes Organ der EU.

Der quantitative Umfang der von der Kommission ergangenen **Rechtsakte** ist beeindruckend und besorgniserregend zugleich. Allein im Jahr 2011 hat die Kommission beispielsweise rund 12 000 Rechtsakte erlassen, den größten Teil für den Agrarbereich.

Rechtsakte

Sitz der Europäischen Kommission in Brüssel

10.2.4 Das Europäische Parlament

www.europarl.de

Das Europaparlament – nicht zu verwechseln mit dem Europarat in Straßburg – besteht aus den 751 Abgeordneten der 28 Mitgliedstaaten (Stand: 2015). Sie haben sich in acht Fraktionen zusammengeschlossen, deren stärkste mit 217 Mitgliedern die Fraktion der Europäischen Volkspartei (Christdemokraten) und Europäischen Demokraten (EVP-ED) ist. 14 Abgeordnete gehören keiner Fraktion an. Deutschland stellt 96 Parlamentsmitglieder.

Zwar als „Parlament" bezeichnet, hat das Europäische Parlament doch nicht die volle Kompetenz einer Volksvertretung in einer parlamentarischen Demokratie; insbesondere kann es nicht die „Regierung", also den Ministerrat oder gar den Europäischen Rat wählen.

Befugnisse

Gesetzgebungsrecht

Die **Befugnisse des Europaparlaments** sind folgende:

- **Gesetzgebungsrecht** mit je nach Materie unterschiedlich stark ausgeprägten Einflussmöglichkeiten. Diese reichen vom Anhörungs- und Konsultationsverfahren z. B. bei Agrarfragen bis zur Mitentscheidung in 45 Politikfeldern, d. h. dass ein europäisches Gesetz nur dann zustande kommt, wenn sich im Ministerrat *und* Parlament eine Mehrheit findet. Insbesondere ist

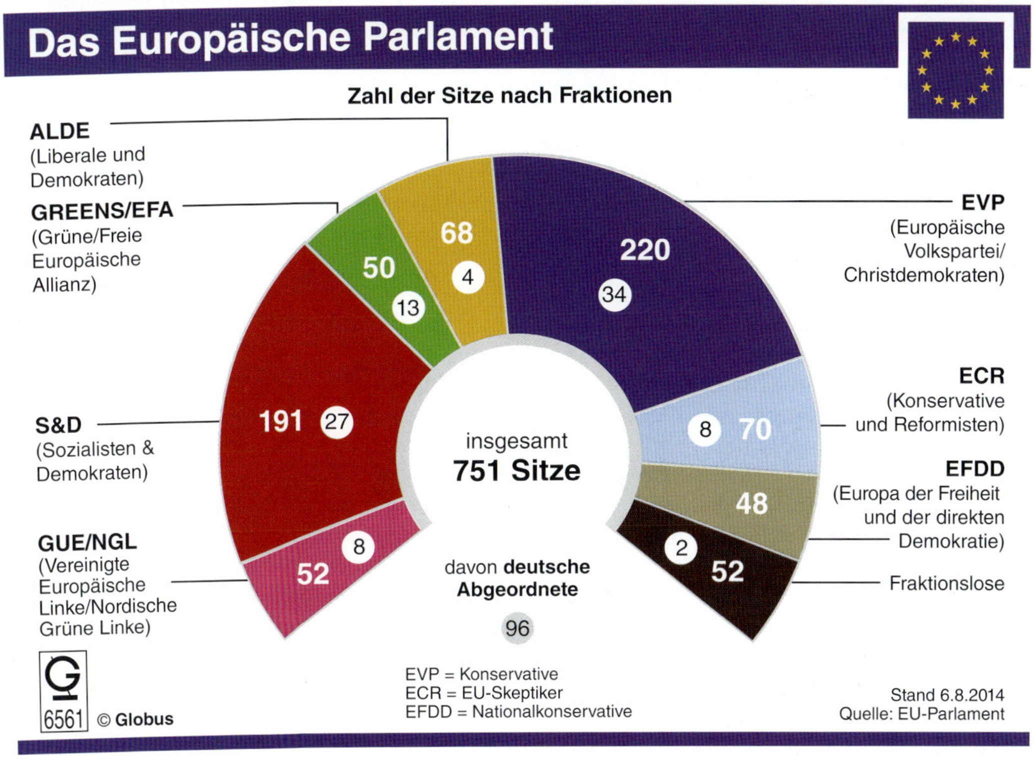

EU-Parlament in Straßburg

seine Zustimmung erforderlich, wenn ein neues Mitglied aufgenommen werden soll, wie zuletzt etwa Kroatien (2013).

Haushalt

- Haushaltsbefugnis als „Königsrecht", denn wer über das Geld verfügen kann, besitzt Macht. Das Parlament kann den **Haushalt** als Ganzes ablehnen und hat zudem bei den meisten Ausgaben das letzte Wort, z. B. bei der Bewilligung von Mitteln zur Bekämpfung der Arbeitslosigkeit.
- Initiativrecht politischer Art besitzt das Parlament insofern, als es die Kommission auffordern kann, einen Gesetzesvorschlag vorzulegen. Eine eigene Gesetzesinitiative kann es aber nicht entfalten.

Kontrollrechte

- **Kontrollrechte** gegenüber der Kommission und der gesamten Exekutive geben dem Parlament das Recht, Vorgaben zu prüfen und halbjährlich einen Rechenschaftsbericht zu erhalten. Bei gravierenden Verstößen gegen das Gemeinschaftsrecht kann das Parlament auf Antrag eines Viertels seiner Mitglieder auch einen Untersuchungsausschuss einsetzen.
- Mitwirkung bei der Bestellung der Kommission: Die EU-Kommissare werden zwar vom Ministerrat ausgewählt, können aber erst nach Zustimmung des Parlaments von ihm ernannt werden.

Initiator und Dialogpartner

- Als **Initiator und Dialogpartner** in Erscheinung zu treten, sind die weiteren Aufgaben des Europaparlaments. Es kann jederzeit politische Initiativen entfalten und Anregungen geben. So geht z. B. die Schaffung des Europäischen Amtes für Betrugsbekämpfung (OLAF) auf eine solche Initiative zurück. Für internationale Beziehungen wie etwa interparlamentarische Delegationen ist das Parlament der europäische Ansprechpartner.

10.2.5 Der Europäische Gerichtshof

http://curia.europa.eu

Durchgriffswirkung
Gemeinschaftsrecht

Die rechtsprechende Gewalt hat ihren Sitz in *Luxemburg*. Der Europäische Gerichtshof besteht aus 28 Richtern, die auf sechs Jahre gewählt sind und die üblichen Richterprivilegien genießen. Aufgabe des höchsten europäischen Gerichtes ist „die Wahrung des Rechts bei der Auslegung und Anwendung" der europäischen Verträge. Mit seiner Lehre von der sog. **Durchgriffswirkung** hat der EuGH unmittelbar europäisches **Gemeinschaftsrecht** geschaffen. Auch ein Recht, das nur in einem Mitgliedsland gilt, wird auf alle Unionsbürger angewandt, wenn sie in diesem Land leben. So gilt z. B. das deutsche Recht auf Lohnfortzahlung im Krankheitsfall auch für Arbeitnehmer aus Italien oder Griechenland, die in der Bundesrepublik arbeiten, obwohl es in ihren Heimatländern eine solche Lohnfortzahlung nicht gibt. Mit dieser Doktrin der Durchgriffswirkung wurde der Gerichtshof zum Motor der Entwicklung des Gemeinschaftsrechtes. Andererseits wird gegen ihn erhebliche Kritik laut, dass er sich zu einer Art Übergesetzgeber entfalte, Recht setze, das nicht oder nicht so von dem eigentlichen „Gesetzgeber", dem Ministerrat, gewollt wurde.

Der Europäische Gerichtshof hat bis zum Jahr 2014 fast 18 000 Urteile gefällt.

10.2.6 Die Hilfsorgane der Europäischen Union

www.eesc.europa.eu

Die folgenden Institutionen sind der Union beigeordnet, um sie bei der Erfüllung ihrer Aufgaben zu unterstützen:

- der **Wirtschafts- und Sozialausschuss** (WSA, 350 Mitglieder), der seit der Gründung der EWG mit *beratender Stimme* seinen Sachverstand der Kommission zur Verfügung stellt; er besteht aus Vertretern des wirtschaftlichen und sozialen Lebens. Zur deutschen Delegation gehören vor allem Repräsentanten des Bundesverbandes der Deutschen Industrie und des DGB.
- der **Ausschuss der Regionen (AdR)**, ein erst mit dem Vertrag zur Europäischen Union geschaffenes *Anhörungs- und Beratungsgremium,* bestehend aus 350 Vertretern (Deutschland stellt davon 24). Dieser Regionenausschuss ist ein Ergebnis gerade auch der Forderung deutscher Bundesländer zur stärkeren Berücksichtigung föderaler Interessen beim europäischen Integrationsprozess.
- der von allen anderen Organen unabhängige **Europäische Rechnungshof** zur Überprüfung des Finanzgebarens der Gemeinschaft auf Rechtmäßigkeit, Ordnungsgemäßheit und Wirtschaftlichkeit. Wiederholt hat sich der Rechnungshof z. B. sehr kritisch mit der Agrarpolitik der EU beschäftigt und ihr vor allem mangelhafte Buchführung, fehlende Kontrolle und falsche Bewertung von Lagerbeständen angelastet.
- die **Europäische Investitionsbank (EIB)** zur Förderung von Investitionen in strukturschwachen Gebieten, darunter auch in den neuen Bundesländern.

Wirtschafts- und Sozialausschuss

Ausschuss der Regionen

www.cor.europa.eu

Europäischer Rechnungshof

Europäische Investitionsbank

Weitere wichtige **EU-Behörden** sind

- die *Europäische Umweltagentur* (EUA) mit Sitz in Kopenhagen (DK) zur Unterstützung der Kommission bei ihrer Umweltpolitik;
- das *Harmonisierungsamt für den Binnenmarkt (HABM)* in Alicante (E) zur Wahrung der Rechte aus Marken- und Warenzeichen sowie Mustern und Modellen;
- die *Europäische Stiftung für Berufsbildung* (ETF) in Turin (I) zur Förderung der beruflichen Aus- und Fortbildung Jugendlicher;
- die *Europäische Beobachtungsstelle für Drogen und Drogensucht* (EBDD) mit Sitz in Lissabon (P) als Sammelstelle für Informationen über Drogen und Ausarbeitung von Strategien zur Suchtbekämpfung.

EU-Behörden

10.3 Die Europäische Union als Gemeinschaft

10.3.1 Die Ziele der Europäischen Union

Die meisten Ziele der EWG sind auch in den Vertrag zur Europäischen Union eingegangen.

▶ Q. 1

Zu den bisherigen Wirtschaftszielen sind vor allem der *Umweltschutz,* der im Vertrag zur EWG nicht einmal erwähnt wurde (!), und die *Wirtschafts- und Währungsunion* hinzugekommen.

Die **wirtschaftlichen Hauptzielsetzungen** der Gemeinschaft (Art. 2) sind

- Schaffung eines gemeinsamen *Binnenmarktes* ohne jede wirtschaftliche Grenze,
- ausgewogene Entwicklung des gemeinschaftlichen Wirtschaftslebens,
- nicht inflationäres und umweltverträgliches Wachstum,
- hohes Beschäftigungsniveau,
- hohes Maß an sozialem Schutz,
- Hebung der Lebenshaltung und der Lebensqualität,
- Förderung des wirtschaftlichen und sozialen Zusammenhalts zwischen den Mitgliedstaaten.

Wirtschaftliche Hauptzielsetzungen

Als neue außerökonomische Ziele sind mit der Schaffung der Europäischen Union hinzugekommen

- die Einführung einer *gemeinsamen Außen- und Sicherheitspolitik,*
- die *Zusammenarbeit in den Bereichen Justiz und Inneres* vor allem zur Bekämpfung der internationalen Bandenkriminalität und der Drogenabhängigkeit.

Es ist unmöglich, das komplizierte, schlecht strukturierte und selbst für Fachleute kaum durchschaubare Vertragswerk hier auch nur annäherungsweise darzulegen. Weder im Inhalt noch in der Sprache ist viel von der vom **Europäischen Rat** so oft beschworenen *Bürgernähe* wahrzunehmen.

Binnenmarkt

Ein **Binnenmarkt**, bei dem jede Ware aus jedem anderen Mitgliedsland so behandelt wird, als wäre sie aus dem eigenen, setzt umfangreiche Rechtsangleichungen in der Steuerbelastung, der Warenkennzeichnung, der technischen Normung usw. voraus, um *Wettbewerbsverzerrungen* zu vermeiden und durchgängig *Markttransparenz,* sprich qualitative und preisliche Vergleichsmöglichkeiten, zu schaffen. Das hat dazu geführt, z. B. im Lebensmittelrecht eine Normierung für den Dotter im „EG-Ei" zu erlassen oder die Fahrersitzhöhe bei Traktoren zu bestimmen, damit kein Mitgliedsland wegen angeblicher oder tatsächlicher Gefährdung durch ungeeignete Fahrersitze einen Vorwand findet, die Einfuhr von Traktoren aus Mitgliedsländern zu verbieten und damit einen generell verbotenen **Protektionismus** auszuüben.

Protektionismus

Dazu der Verordnungstext: „Sitzbezugspunkt ist der Punkt in der Längsmittelebene des Sitzes, in dem sich die Tangentialebene am unteren Teil der gepolsterten Rückenlehne mit einer Horizontalebene auf der Sitzlehne schneidet; diese Horizontalebene schneidet ihrerseits die Oberfläche des Sitzes 150 Millimeter vor dem Sitzbezugspunkt."

Grundsätzlich gilt: Was in einem Mitgliedsland zugelassen ist, muss auch in jedes andere einführbar sein, weshalb z. B. auch Bier, das nicht nach dem deutschen Reinheitsgebot gebraut wurde, in Deutschland verkauft werden darf – der Verbraucher muss es ja nicht trinken.

Als ein ebenso abschreckendes wie belustigendes Beispiel für den *Perfektionismus* der lebensmittelrechtlichen Bestimmungen mag ein Auszug aus der Verordnung der Kommission vom 26. April 1989 über die Qualitätsnormen für Lauch dienen:

„A. Mindesteigenschaften
In allen Klassen muss der Lauch vorbehaltlich besonderer Bestimmungen für jede Klasse und der zulässigen Toleranzen sein:

- ganz (diese Bestimmung gilt jedoch nicht für die Wurzeln und die Blattenden, die abgeschnitten werden dürfen);
- gesund; ausgeschlossen sind Erzeugnisse mit Fäulnisbefall oder anderen Mängeln, die sie zum Verzehr ungeeignet machen;
- sauber, praktisch frei von sichtbaren Fremdstoffen; die Wurzeln dürfen jedoch leicht mit Erde behaftet sein;
- von frischem Aussehen, ohne verwelkte oder angewelkte Blätter;
- nicht geschlossen;
- frei von anomaler äußerer Feuchtigkeit, d. h. nach etwaigem Waschen wieder ausreichend abgetrocknet;
- frei von fremdem Geruch und/oder Geschmack."

10.3.2 Herausforderungen der EU

Im Jahre 2004 sind weitere zehn Staaten Mitglied der Europäischen Union geworden. Es sind dies die Länder (in der Reihenfolge ihrer Bevölkerungszahl): Polen, Ungarn, Tschechien, Slowakei, Litauen, Lettland, Slowenien, Estland, Zypern und Malta. Seit dem 1. Januar 2007 sind auch Bulgarien und Rumänien, seit 2013 auch Kroatien Teil der EU, die damit 28 Staaten umfasst. Umstritten ist die Aufnahme der **Türkei**, die schon rein geografisch nur in ihrem kleineren Teil

Türkei

zu Europa gehört. Das Land hat bisher eher den Status einer Anwartschaft – auf eine Beitrittskandidatur. Kernpunkt der Auseinandersetzung über die künftige Stellung der Türkei ist ihre Tradition, die eben nicht im christlich-abendländischen Raum verankert ist. Ferner muss bald entschieden werden, wie weit der europäische Raum überhaupt geht, denn schon hat Marokko als afrikanischer Staat auch einen Beitrittsantrag gestellt, über den allerdings auf absehbare Zeit nicht beraten wird.

Die Probleme, vor denen die erweiterte EU steht, sind gewaltig und erscheinen auf den ersten Blick kaum lösbar.

Schon früh war die Idee einer einheitlichen europäischen Währung entstanden. Der Vertrag von Maastricht 1992 legte die Grundlagen für die Einführung des **Euro**; die Gründung der Europäischen Zentralbank 1999 und die Überprüfung der Haushaltslage der Mitgliedstaaten bildeten die Grundlagen für die endgültige Einführung der neuen gemeinsamen Währung.

Konvergenzkriterien

Bereits im Vertrag von Maastricht waren die sogenannten **Konvergenzkriterien** definiert worden:

- **Preisstabilität:** Die Inflationsrate durfte nicht mehr als 1,5 Prozentpunkte über derjenigen der drei preisstabilsten Mitgliedstaaten liegen.
- **Stabilität der öffentlichen Haushalte:** Der staatliche Schuldenstand durfte nicht mehr als 60 %, die jährliche Nettoneuverschuldung nicht mehr als 3 % des Bruttoinlandsprodukts ausmachen.
- **Wechselkursstabilität:** Das Mitglied musste mindestens zwei Jahre lang ohne Abwertung der bisherigen Währung geblieben sein.
- **Langfristige Zinssätze:** Der Zinssatz langfristiger Staatsanleihen durfte nicht mehr als 2 Prozentpunkte über dem Durchschnitt der drei preisstabilsten Mitgliedstaaten liegen.

Teilnehmende Länder der ersten Phase, als der Euro lediglich als Buchgeld eingeführt wurde, waren 1999: Belgien, Deutschland, Finnland, Frankreich, Irland, Italien, Luxemburg, Niederlande, Österreich, Portugal und Spanien. 2001 wurde auch Griechenland in die Eurozone aufgenommen, allerdings stellte sich bald heraus, dass die Konvergenzkriterien nur aufgrund massiver Fälschungen erfüllt werden konnten.

Euroeinführung

Am 1. Januar 2002 wurde der Euro als Bargeld in den Mitgliedstaaten eingeführt und entgegen vieler Befürchtungen erwies sich die neue Währung zunächst als stabil. Diese Einschätzung schwand jedoch rasch, spätestens mit dem Beginn der Eurokrise im Jahr 2009. Deren Ursachen sind vielfältig und umstritten, allerdings gelten folgende Faktoren als Hauptursachen: Wegen einer vermehrten staatlichen und oft auch privaten Kreditaufnahme kam es in einigen Euroländern, wie z. B. Spanien, Portugal, Irland und Griechenland, zu hohen Inflationsraten. Durch den Wegfall der Wechselkursunsicherheit sanken aber gerade in diesen Staaten die Zinsen sehr stark, sodass Regierungen und Privatpersonen ein viel zu optimistisches Kreditaufnahme- und Investitionsverhalten an den Tag legten, also Schulden machten. Als wichtiger Faktor für die Eurokrise wird auch die Finanzkrise ab 2007 genannt.

Euro-Rettungsschirm

Einen ersten Höhepunkt erreichte die Krise 2012 in Zypern, dessen Banken von der Europäischen Zentralbank mit mehreren Milliarden Euro gestützt werden mussten. Zypern war auch eines der ersten Euroländer, die Gelder aus dem 2012 in Kraft getretenen **Europäischen Stabilitätsmechanismus** erhielten, der umgangssprachlich auch als **Euro-Rettungsschirm** bezeichnet wird.

Der Euro-Rettungsschirm ist ein förmlich geschlossener Vertrag zwischen Mitgliedstaaten der Eurozone, der Europäischen Union und des Internationalen Währungsfonds (IWF). Er soll dazu dienen, eine eventuell drohende Staatsinsolvenz („Staatspleite“) aufgrund von Liquiditätsengpässen zu vermeiden und so die finanzielle Stabilität im Euroraum abzusichern. Er stellte bisher folgenden Schuldenstaaten Notkredite und Notbürgschaften zur Verfügung: Spanien, Irland, Portugal, Zypern und vor allem **Griechenland**.

Zu Beginn des Jahres 2010 war offensichtlich geworden, dass Griechenland kurz vor dem Staatsbankrott stand. Die Länder der Eurozone beschlossen einen Notfallplan, der vorsah, dass zunächst Kredite der Länder der Eurozone Griechenland helfen sollten. 80 Milliarden € wurden bewilligt, der Internationale Währungsfonds (IWF) erhöhte die Summe um einen Kredit von 30 Milliarden €. Griechenland hatte zu diesem Zeitpunkt bereits Schulden in Höhe von über 300 Milliarden € angehäuft.

Austerität

Die Bewilligung der Kredite wurde mit der Forderung nach Haushaltskonsolidierung und **Austerität** verknüpft. Austerität bedeutete „Disziplin“, „Entbehrung“ oder „Sparsamkeit“. Die Maßnahmen einer solchen Politik umfassen Kürzungen in allen Bereichen des Staatshaushaltes, z. B. bei Renten und Sozialleistungen, Verschlankung des Beamtenapparats und Steuererhöhungen. Diese Sparmaßnahmen führten u. a. dazu, dass der griechische Durchschnittsverdienst um 30 % sank, die Arbeitslosigkeit aber auf über 25 %, bei Jugendlichen auf über 50 % anstieg. Eine Verbesserung der Staatsfinanzen, insbesondere eine Verringerung der Staatsschulden gelangen nicht, insbesondere, weil die reichen Griechen ihr Vermögen nach wie vor nicht versteuerten und die eingeleiteten Reform- und Privatisierungsmaßnahmen nicht konsequent verfolgt wurden.

Aufgrund der zunehmenden Staatsverschuldung Griechenlands werden seit 2012 die Chancen und Probleme eines Austritts Griechenlands aus der Eurozone („**Grexit**“) diskutiert.

Im Januar 2015 kam es zu Neuwahlen in Griechenland, die das linke Parteienbündnis **Syriza** an die Regierung brachte. Zunächst weigerte sich die neue Regierung, weiteren Hilfsmaßnahmen zuzustimmen. In einem Referendum stimmte die Mehrheit der Griechen dieser Forderung zwar zu, aber letztlich mussten neue Kredite aufgenommen und den Sparmaßnahmen zugestimmt werden, um einen Staatsbankrott und den drohenden Grexit zu verhindern.

Die Eurokrise ist damit noch nicht gelöst, sondern vermutlich nur aufgeschoben. Die weitere Entwicklung wird zeigen müssen, wie stabil und belastbar die gemeinsame Währung in Zukunft sein wird.

Am 19. August 2015 billigten die Regierungen und Parlamente der Euroländer ein weiteres Programm für Griechenland im Umfang von 86 Mrd. €. Ein erster Teilbetrag von 10 Mrd. € wurde am folgenden Tag ausgezahlt.

10.4 Europäische Jugend- und Mobilitätsprogramme

Vier Freiheiten

Schon in den Verträgen zur EWG hatten die sechs Gründerstaaten **vier Freiheiten** als grundlegende Rechte für das gesamte Gebiet aller Mitgliedstaaten proklamiert:

- freier Warenverkeh
- freier Dienstleistungsverkehr
- freier Kapitalverkehr
- Freizügigkeit der Unionsbürger

Zur Verwirklichung dieser Freiheitsrechte hat die EU seit vielen Jahren mehrere Mobilitäts- und Ausbildungsprogramme entwickelt, die sich vor allem an junge Menschen wenden. Ziel ist dabei, dass sie neben ihrer Muttersprache noch wenigstens zwei weitere europäische Sprachen beherrschen, um die Chancen wahrzunehmen, die der gemeinsame Markt eröffnet, die Vorteile einer Art „Globalisierung“ in Europa zu nutzen und die Europabürger der anderen Staaten kennenzulernen.

Erasmus+ ist das EU-Programm für Allgemeine und berufliche Bildung, Jugend und Sport. Es ging am 1. Januar 2014 an den Start und löst die Programme für lebenslanges Lernen (LLP), JUGEND IN AKTION sowie die internationalen EU-Hochschulprogramme ab. Ausgestattet ist das Programm bis zum Ende der Programmlaufzeit mit 14,7 Milliarden €. Darüber hinaus wurden 1,68 Milliarden € für die Finanzierung von Aktivitäten mit Drittländern/Partnerländern aus den Haushaltsmitteln für das auswärtige Handeln der EU bereitgestellt („Heading 4").

Erasmus+
www.erasmusplus.de

Zu den unter Erasmus+ zusammengefassten Bildungsbereichen gehören:

- Hochschulbildung (NA im DAAD)
- Schulbildung (NA im PAD)
- Berufsbildung (NA beim BIBB)
- JUGEND IN AKTION (NA JFE)
- Sport

Bildungsbereiche
http://eu.daad.de und
www.daad.de

Die Maßnahmen richten sich dabei sowohl auf die Mobilität/Lernmobilität der Einzelnen als auch auf die Zusammenarbeit mit Organisationen und Institutionen sowie die Politikunterstützung.

(Quelle: www.erasmusplus.de/erasmus/bildungsbereiche, Zugriff am: 26.11.2015)

Um den Schritt über die Grenzen zu erleichtern, hat die EU den **Europass** entwickelt. Damit soll es besonders den jungen Europäern erleichtert werden, sich europaweit zu bewerben und erworbene Kenntnisse in jedem europäischen Land nachzuweisen. Zum Europapass gehören fünf Dokumente: der Europass-Lebenslauf, -Sprachenpass, -Mobilitätsnachweis sowie die Europass-Zeugniserläuterungen und das Europass-Diplomasupplement.

Europass
www.europass.cedefop.europa.eu/de/about

10.5 Die politische Union – ein Staatenverbund

Weder Verfassungsrechtler noch Historiker vermögen eindeutig, geschweige denn einhellig zu sagen, welches Rechtskleid die Europäische Union hat. Ist sie (schon?) ein lockerer Staatenbund mit Ansätzen wie die USA oder (noch?) eine mit vielen zusätzlichen Kompetenzen ausgestattete Wirtschaftsgemeinschaft? Auch zwischen den Mitgliedstaaten selbst gibt es erhebliche Unterschiede über das Selbstverständnis der politischen Union und noch mehr über die Zielsetzung bei ihrer weiteren Entwicklung. Die Regierungen haben die Entscheidungen darüber zunächst einmal aufgeschoben.

www.europa.eu/index_de.htm

Nach wie vor ist offen, zu welcher staatsrechtlichen Form sich die EU entwickelt. Bleibt sie ein *Staatenverbund* oder entwickelt sie sich zu einem *Staatenbund* wie die USA oder gar zu einem *Bundesstaat* wie die Bundesrepublik?

▶ Q. 4

Der Lissabon-Vertrag vom 1. Dezember 2009 beruht auf der Grundlage der bisherigen Verträge, angefangen vom Vertrag über die EWG (1958). Der neue Vertrag war notwendig geworden – weil im Gegensatz zu den nur sechs Gründerstaaten der EWG – mit zu der Zeit 27 Ländern viel schwerer eine Einigung erzielt werden kann. Deshalb wurde vereinbart, dass Abstimmungen auch mit Mehrheitsbeschluss gültig werden können.

Ursprünglich war daran gedacht, eine europäische Verfassung auszuarbeiten; aber bei ihren Beratungen über diese komplexe Aufgabe nahmen die Staats- und Regierungschefs davon deutlich Abstand. Zu groß war in einigen Mitgliedstaaten der Widerstand gegen noch weitere Kürzungen der nationalen Souveränitätsrechte. Aus demselben Grund wurde auch nicht das Amt eines europäischen Außenministers für die Außen- und Sicherheitspolitik geschaffen, sondern nur ein(e) „Beauftragte(r) für die Außenbeziehungen der EU" bestimmt.

In seinem bedeutsamen Urteil des Bundesverfassungsgerichtes vom 30. Juni 2009 hat das höchste deutsche Gericht ausdrücklich bestimmt, dass deutsche Staatsorgane, wie Bundesregierung und Bundestag, nicht ermächtigt sind, auf die nationale Identität zu verzichten.

Sollte sich die EU zu einem Bundesstaat entwickeln, dann setzte das eine *Verfassungsneuschöpfung* voraus, zu dem nur der *Verfassungsgeber*, das ist das deutsche Volk, berechtigt ist.

Nach Art. 20, 2 des Grundgesetzes geht alle Staatsgewalt allein vom Volk aus. Kein zur Ausübung der Staatsgewalt berechtigtes Organ, also auch nicht die mit Zweidrittelmehrheit zustimmende Legislative aus Bundestag und Bundesrat ist berechtigt, das deutsche Staatsvolk in einen anderen Staat zu überführen.

▶ Q. 5

Eine *Verfassungsklage gegen Maastricht*, eingebracht u. a. von einigen Abgeordneten der GRÜNEN, scheiterte. Das *Bundesverfassungsgericht* stellte klar, dass mit der Europäischen Union kein neuer Staat begründet wird. Es gibt *keine europäische Nation*, der Vertrag spricht von den Völkern Europas und nicht von dem europäischen Volk. Die **Unionsbürgerschaft** ist eben *keine europäische Staatsbürgerschaft*. Die Union ist gegenwärtig nicht mehr als ein **Staatenverbund**. Ob und inwieweit die Weiterentwicklung zu einem **europäischen Bundesstaat** anstelle eines „Europa der Vaterländer" vom Grundgesetz noch gedeckt ist, ließ das Verfassungsgericht offen.

▶ Q. 6
Unionsbürgerschaft
Staatenverbund
Europäischer Bundesstaat

Europäische Verfassung

Das Schicksal der im Juni 2004 unterzeichneten **Europäischen Verfassung** ist und bleibt einstweilen ungewiss. Das Europäische Parlament hat den Text gebilligt und 14 Staaten hatten den Verfassungsvertrag bereits ratifiziert, darunter Deutschland als eines der ersten. Aber in den Niederlanden und in Frankreich wurde die Verfassung im Mai und Juni 2005 durch Volksentscheid abgelehnt, und in Großbritannien zögerte die Regierung, sie überhaupt zur Abstimmung vorzulegen. Die Verfassung erlangte keine Rechtskraft. Stattdessen schlossen im Juni 2007 die europäischen Staats- und Regierungschefs den Vertrag von Lissabon ab.

10.6 Der Europarat

www.coe.int

47 Mitglieder

Der Straßburger Europarat – am 5. Mai 1949 von zehn Staaten gegründet – mit inzwischen **47 Mitgliedern**, darunter auch Russland, stand seit 1957 zunehmend im Schatten der Europäischen Wirtschaftsgemeinschaft, später der Europäischen Gemeinschaft und jetzt der Europäischen Union. Seine Kompetenzen sind gering, die Finanzausstattung ist spärlich, was allein schon die Zahl von nur 900 Mitarbeitern beweist. Seine Wirkung ist schwach, weil er nur unverbindliche Beschlüsse fassen kann, die von den Mitgliedstaaten des Europarates in nationales Recht umgesetzt werden können, aber nicht müssen.

Ziel des Europarates ist die *Förderung des europäischen Einigungsstrebens*, die *Verwirklichung der Menschenrechte* sowie die Entwicklung einer „europäischen Dimension", worunter die geschichtlichen und kulturellen Gemeinsamkeiten im Leben der europäischen Völker zu verstehen sind.

Europäische Menschenrechtskonvention

Die wichtigsten Ergebnisse seiner Arbeit sind die **Europäische Menschenrechtskonvention** von 1950, die einzuhalten sich inzwischen alle Mitgliedsländer verpflichtet haben, ferner das Abkommen von 1955 über die *Gleichwertigkeit von Reifezeugnissen* und die (unverbindliche) *Europäische Sozialcharta* von 1961, die nicht mit der rechtsverbindlichen Sozialcharta der EG verwechselt werden darf. Generell werden die Funktionen und Organe von Europarat und EU leicht verwechselt; nach Umfragen sollen nur 0,7 % der Deutschen den Unterschied kennen. Nachstehend die wichtigsten Unterscheidungen:

Europarat Sitz: Straßburg, 47 Staaten	**Europäischer Rat** Höchstes Beschlussorgan der EU-Mitglieder
Parlamentarische Versammlung Organ des Europarats mit 318 Abgeordneten der nationalen Parlamente (D: 18)	**Europäisches Parlament** 761 direkt gewählte Abgeordnete der 28 Mitgliedstaaten der EU
Europäische Kommission der Menschenrechte Internationales Kontrollorgan	**Europäische Kommission** Höchstes Exekutivorgan der EU
Europäischer Gerichtshof für Menschenrechte, Straßburg Rechtsprechungsorgan für Menschenrechtsverletzungen	**Europäischer Gerichtshof, Luxemburg** Zuständig für Auslegung und Anwendung der EU-Verträge

Auszug aus dem Vertrag über die Europäische Union (EUV) vom 1. Dezember 2009

QUELLE 1

Artikel 2
Die Werte, auf die sich die Union gründet, sind die Achtung der Menschenwürde, Freiheit, Demokratie, Gleichheit, Rechtsstaatlichkeit und die Wahrung der Menschenrechte einschließlich der Rechte der Personen, die Minderheiten angehören. Diese Werte sind allen Mitgliedstaaten in einer Gesellschaft gemeinsam, die sich durch Pluralismus, Nichtdiskriminierung, Toleranz, Gerechtigkeit, Solidarität und die Gleichheit von Frauen und Männern auszeichnet.

Artikel 3
(1) Ziel der Union ist es, den Frieden, ihre Werte und das Wohlergehen ihrer Völker zu fördern.
(2) Die Union bietet ihren Bürgerinnen und Bürgern einen Raum der Freiheit, der Sicherheit und des Rechts ohne Binnengrenzen, in dem – in Verbindung mit geeigneten Maßnahmen in Bezug auf die Kontrollen an den Außengrenzen, das Asyl, die Einwanderung sowie die Verhütung und Bekämpfung der Kriminalität – der freie Personenverkehr gewährleistet ist.
(3) Die Union errichtet einen Binnenmarkt. Sie wirkt auf die nachhaltige Entwicklung Europas auf der Grundlage eines ausgewogenen Wirtschaftswachstums und von Preisstabilität, eine in hohem Maße wettbewerbsfähige soziale Marktwirtschaft, die auf Vollbeschäftigung und sozialen Fortschritt abzielt, sowie ein hohes Maß an Umweltschutz und Verbesserung der Umweltqualität hin. Sie fördert den wissenschaftlichen und technischen Fortschritt.
Sie bekämpft soziale Ausgrenzung und Diskriminierung und fördert soziale Gerechtigkeit und sozialen Schutz, die Gleichstellung von Frauen und Männern, die Solidarität zwischen den Generationen und dem Schutz der Rechte des Kindes.
Sie fördert den wirtschaftlichen, sozialen und territorialen Zusammenhalt und die Solidarität zwischen den Mitgliedstaaten.
Sie wahrt den Reichtum ihrer kulturellen und sprachlichen Vielfalt und sorgt für den Schutz und die Entwicklung des kulturellen Erbes Europas.
(4) Die Union errichtet eine Wirtschafts- und Währungsunion, deren Währung der Euro ist.
(5) In ihren Beziehungen zur übrigen Welt schützt und fördert die Union ihre Werte und Interessen und trägt zum Schutz ihrer Bürgerinnen und Bürger bei. Sie leistet einen Beitrag für Frieden, Sicherheit, globalerer nachhaltiger Entwicklung, Solidarität und gegenseitiger Achtung unter den Völkern, zu freiem und gerechtem Handel, zur Beseitigung der Armut und zum Schutz der Menschenrechte, insbesondere der Rechte des Kindes, sowie zur strikten Einhaltung und Weiterentwicklung des Völkerrechts, insbesondere zur Wahrung der Grundsätze der Charta der Vereinten Nationen.
(6) Die Union verfolgt ihre Ziele mit geeigneten Mitteln entsprechend den Zuständigkeiten, die ihr in den Verträgen übertragen sind.

Artikel 6
(1) Die Union erkennt die Rechte, Freiheiten und Grundsätze an, die in der Charta der Grundrechte der Europäischen Union vom 7. Dezember 2000 [...] niedergelegt sind; die Charta der Grundrechte und die Verträge sind rechtlich gleichrangig.

Artikel 9
Die Union achtet in ihrem gesamten Handeln den Grundsatz der Gleichheit ihrer Bürgerinnen und Bürger, denen ein gleiches Maß an Aufmerksamkeit seitens der Organe, Einrichtungen und sonstigen Stellen der Union zuteil wird. Unionsbürger ist, wer die Staatsangehörigkeit eines Mitgliedstaats besitzt. Die Unionsbürgerschaft tritt zur nationalen Staatsbürgerschaft hinzu, ersetzt sie aber nicht.

1. **In welchen Bereichen hat die Europäische Union – gemessen an ihren Zielsetzungen – Fortschritte erzielt?**
2. **Worin bestehen die Beschränkungen für den Freiheitsraum in der Union?**
3. **Wer ist Unionsbürger und welche Rechte hat er?**

Stimmen zum möglichen Beitritt der Türkei zur EU

QUELLE 2

2 a: Pro
[D]ie Türkei befindet sich auf einem viel fortgeschritteneren Stand als die übrigen Beitrittsländer zu der Zeit, als ihre Beitrittsverhandlungen begannen. Viele Beitrittsländer erfüllten die Kriterien [nach Art. 49 des EU-Vertrages; siehe S. 285 d] erst vollständig, nachdem die Beitrittsverhandlungen bereits begonnen hatten. Doch wenn es um die Türkei geht, soll sie diese im Voraus erfüllen. Dieser unfairen Behandlung zum Trotz hat die Türkei einen langen Weg bei der Beseitigung der noch bestehenden Diskrepanzen zurückgelegt [...], wie die Abschaffung der Todesstrafe [...], die Freiheit des Denkens, des Ausdrucks und der Versammlung

wurden erweitert [...], das Verbot politischer Parteien wurde aus Ausnahmefälle beschränkt [...], der Bau von Gebetsstätten einschließlich Kirchen wurde möglich gemacht.

(Aus einer Rede des ehemaligen Außenministers der Türkei Yaşar Yakiş am 20.11.2003 in Stuttgart, in: Politik & Unterricht, Zeitschrift für die Praxis der politischen Bildung, hrsg. von der Landeszentrale für politische Bildung Baden-Württemberg, 1-2/2004, S. 68, abgerufen unter: www.politikundunterricht.de/1_2_04/eurpawirdgroesser.pdf [26.01.2016])

2 b: Kontra

Mit der Türkei würde ein Land Mitglied der EU werden, das geographisch überwiegend nicht zu Europa gehört. Die politische Kultur der Türkei unterscheidet sich immer noch sehr von der des Westens. [...] Der Modernisierungsprozess [...] lief auf eine mit autoritären Mitteln durchgesetzte Teilverwestlichung hinaus. Trotz aller Reformen des Rechtssystems, zu denen sich die Türkei [...] zumindest auf dem Papier bereitgefunden hat, ist sie noch immer keine Demokratie westlicher Prägung und weit davon entfernt, eine entwickelte Zivilgesellschaft zu sein.

Wer die europäische Einigung vertiefen will, darf keine Erweiterung ohne Rücksicht auf die Geschichte und die Zukunft Europas betreiben. Eine solche Erweiterung wäre eine Ausdehnung ohne Maß und Ziel. Eine maßlos erweiterte EU könnte an kein europäisches „Wir-Gefühl" mehr appellieren.

(Der Historiker Heinrich August Winkler. In: Internationale Politik, 2/2003, S. 59)

1. **Welches sind die zwischen den Zeilen zu erkennenden Pro- und Kontra-Argumente?**
2. **Welche Gründe wiegen Ihrer Ansicht nach am schwersten für oder gegen die Aufnahme der Türkei in die EU?**

▶ QUELLE 3 Steilvorlage für Freizügigkeit

Berühmt geworden ist auch ein Urteil des Gerichtshofs aus dem Jahre 1995, dem eine Klage des belgischen Profi-Fußballspielers Bosman zugrunde gelegen hatte. Eine Folge dieses „Bosman-Urteils" ist, dass seither auf deutschen Fußballplätzen für Spieler aus anderen Staaten der EU nicht mehr die „Ausländer-Regel" gilt, die es einem Verein verbietet, mehr als drei ausländische Spieler pro Spiel einzusetzen. Ebenso wenig darf ein Verein eine Transferentschädigung fordern, wenn einer seiner Spieler, der Staatsangehöriger eines EU-Staates ist, zu einem Verein in einen anderen EU-Staat wechselt. Die Begründung: Staatsangehörige aus anderen Staaten der EU dürfen nicht als Ausländer behandelt werden, denn die EU-Verträge verbieten innerhalb des Binnenmarktes jede Diskriminierung, also Schlechterstellung eines Unionsbürgers aufgrund der Nationalität. Jeder hat das Recht, überall zu arbeiten.

(Europäisches Parlament [Hrsg.]: Europa 2002, S. 59)

1. **Welche Fernwirkungen kann dieses Urteil haben?**
2. **Worin liegen die Folgen für die Bedeutung der Staatsangehörigkeit?**

▶ QUELLE 4 Modelle der europäischen Integration

1. Modell „Europäischer Bundesstaat"

Vor allem die sechs Gründerstaaten – Deutschland, Frankreich, Italien, Belgien, Niederlande und Luxemburg – scheinen den europäischen Bundesstaat zu bevorzugen. Das föderale Modell entspricht dem politischen System der Bundesrepublik Deutschland und wird deshalb von ihr besonders befürwortet. Es gibt eine europäische Zentrale mit einem Regierungschef, der vom Europaparlament mit Mehrheit gewählt wird. Eine Vielzahl von politischen Zuständigkeiten werden, wie im Föderalismus Deutschlands, auf die Gliedstaaten verlagert, zum Beispiel der gesamte Bereich der Kulturpolitik. Dagegen wird die Zentrale für die Wirtschafts- und Währungspolitik sowie die Außen- und Sicherheitspolitik zuständig sein.

2. Modell „Europäischer Staatenbund"

Dieses Modell entspricht am ehesten den Vorstellungen Großbritanniens und der skandinavischen Länder und findet auch in Frankreich bei den Gaullisten Unterstützung. Ein Staatenbund beruht auf der Zusammenarbeit der Regierungen souveräner Staaten, bei denen die Letztentscheidung liegt. In der Regel sind die Regierungschefs dieser Staaten „Herren des Verfahren" – die Europäische Union in ihrer jetzigen Form als Staatenverbund entspricht weitgehend diesem Modell.

3. Modell „Europa der Regionen"
Regionen – in der Bundesrepublik Deutschland und in Österreich sind dies die Länder – übernehmen wichtige Funktionen im Rahmen regionaler Mitwirkungen, zum Beispiel bei der Verkehrsplanung. Die Problemnähe der Regionen wird als eine Voraussetzung für die bessere Umsetzung von Entscheidungen der europäischen Zentrale gesehen. Zudem wird die Regionalisierung der EU als ein Gegengewicht zu der Machtzentralisierung der EU-Organe gesehen.
Das Problem der Regionalisierung besteht darin, dass es in Europa keine allgemein akzeptierte Begriffsbestimmung gibt, was eine Region ist. Größe und Machtausstattung der Regionen sind sehr unterschiedlich; in Deutschland haben sie den Charakter von Staaten wie die Bundesländer. In anderen EU-Ländern, zum Beispiel Spanien und Frankreich, sind die Regionen nicht mehr als Verwaltungseinheiten ohne eigenes Gestaltungsrecht.

4. Modell „Differenzierte Integration"
Mit zunehmender Erweiterung der EU werden die Schwierigkeiten, Fortschritte in der Einigung zu erzielen, immer größer, sodass dieses Modell einer unterschiedlichen Integration entwickelt worden ist. Dazu stehen folgende Varianten zur Auswahl:

- Europa der „zwei Geschwindigkeiten". Für alle Mitgliedstaaten werden die Zielvorgaben verbindlich vorgeschrieben, sie dürfen aber in unterschiedlichen Zeiträumen realisiert werden.
- Zulassung von staatlichen Sonderwegen (engl.: opting out). Einzelne Staaten dürfen sich zeitlich begrenzt oder auf Dauer aus der gemeinsamen Entwicklung ausklinken. Diese Variante wurde bei der Einführung des Euro gefahren, indem einige EU-Länder, z. B. GB, die europäische Währung (noch) nicht übernommen haben.
- Konzept der „variablen Geometrie". Einzelne Mitgliedstaaten finden sich zu pragmatischen Problemlösungen zusammen; z. B. zu einer gemeinsamen Verteidigungspolitik. Andere betreiben eine einheitliche Forschungspolitik.

(Otto Schmuck. In: Informationen zur politischen Bildung Bonn, Heft 279/2003, S. 9 ff.)

1. Lassen Sie sich von der Staatskanzlei in Stuttgart zum Problem der Regionalisierung Unterlagen zusenden.
2. Arbeiten Sie jeweils die Vor- und Nachteile der einzelnen Modelle heraus.
3. Welches Modell verspricht am ehesten mehr Bürgernähe und warum?

Peter Graf Kielmansegg: Europa fehlt die Zustimmung der Bürger

▶ QUELLE 5

Die größten Schwierigkeiten haben der Demokratie Nationalitätenvielfalt, ethnischer Pluralismus, Sprachkonflikte bereitet, während sie Klassenkonflikte erstaunlich erfolgreich zu handhaben und zu relativieren gelernt hat. [...]
Alles spricht dafür, daß es eine wirklich belastbare kollektive politische Identität der Europäer als Europäer noch nicht gibt. [...]
Was die Vielsprachigkeit Europas für die Demokratiefähigkeit der Europäischen Gemeinschaft eigentlich bedeutet, darüber ist ernsthaft bisher noch nicht nachgedacht worden. Sie ist vermutlich das elementarste aller Hindernisse, die dem Projekt einer europäischen Demokratie entgegenstehen. Es gibt keine Demokratie, in der die meisten Bürger sich mit den meisten anderen Bürgern nicht verständigen können. Nicht einmal die Politiker haben es ja in vierzig Jahren dahin gebracht, ohne Dolmetscher miteinander reden zu können. [...] Es gibt keine europäische Zeitung und kein europäisches Fernsehprogramm. Es gibt keine europäische öffentliche Meinung, es gibt keinen europäischen politischen Diskurs. Was an Sprache gebunden ist, und der politische Prozeß ist essentiell an Sprache gebunden, bleibt offenbar weitgehend an Sprachräume gebunden.

(Frankfurter Allgemeine Zeitung vom 2. Dezember 1992)

Worin sieht der Autor das Haupthindernis im Zusammenwachsen der europäischen Völker zu einer Nation Europa?

▶ QUELLE 6 Kernaussagen des Urteils des Bundesverfassungsgerichts vom 30. Juni 2009 zum Vertrag von Lissabon

Solange im Rahmen einer europäischen Bundesstaatsgründung nicht ein einheitliches europäisches Volk als Legitimationssubjekt seinen Mehrheitswillen gleichheitsgerecht politisch wirksam formulieren kann, bleiben die in den Mitgliedstaaten verfassten Völker der Europäischen Union die maßgeblichen Träger der öffentliche Gewalt, einschließlich der Unionsgewalt. Für den Beitritt zu einem europäischen Bundesstaat wäre in Deutschland eine Verfassungsneuschöpfung notwendig, mit der ein erklärter Verzicht auf die vom Grundgesetz gesicherte souveräne Staatlichkeit einherginge. Ein solcher Akt liegt hier nicht vor.

Durch den Ausbau der Kompetenzen des Europäischen Parlaments kann die Lücke [...] [*das demokratische Defizit*] nicht geschlossen werden. Das Europäische Parlament [...] ist gemessen an staatlichen Demokratieanforderungen nicht gleichheitsgerecht gewählt und innerhalb des supranationalen Interessenausgleichs zwischen den Staaten nicht zu maßgeblichen politischen Entscheidungen berufen [...]. Die Völker der Mitgliedstaaten sind Träger der verfassungsgebenden Gewalt. Das Grundgesetz erlaubt es den besonderen Organen der Gesetzgebung, der vollziehenden Gewalt und Rechtsprechung nicht, über die grundlegenden Bestandteile der Verfassung, also über die Verfassungsidentität zu verfügen. (Art. 23 Abs. 1 Satz 3, Art. 79 Abs. 3 GG). Die Verfassungsidentität ist unveräußerlicher Bestandteil der demokratischen Selbstbestimmung eines Volkes.

1. **Warum handelt es sich nach Ansicht des Bundesverfassungsgerichtes bei der Europäischen Union um keinen Staat?**
2. **Welche Voraussetzung für die Gründung eines europäischen Bundesstaates müsste gegeben sein?**

AUFGABEN

1. Besorgen Sie sich mithilfe der angegebenen Internetadressen statistische Angaben zur wirtschaftlichen und sozialen Situation der 28 EU-Mitgliedstaaten. Ermitteln Sie Durchschnittswerte und stellen Sie die besonders gravierenden Unterschiede fest.

2. Bereiten Sie ein Projekt für einen Auslandsaufenthalt nach den beschriebenen Jugendprogrammen vor.

3. Erstellen Sie nach den Grundsätzen der Demoskopie ein Art „Europabarometer“. Wie ist die Stimmungslage in der Bevölkerung bezüglich der europäischen Integration?

Grundlegende Arbeitstechniken und Methoden 10:

HOT

Rollenspiel

Bereits Kinder im Vorschulalter führen ein Rollenspiel auf, wenn sie „Vater, Mutter, Kind“ spielen. Sie nehmen damit unbewusst vorweg, was ihnen später in Schule und auch in der Erwachsenenbildung wieder begegnen wird: die spielerische Auseinandersetzung mit einer aus der Realität entlehnten Rolle, um eigene Verhaltensweisen zu erproben.

Rollenspiele haben auch den Zweck, im Spiel auf bestimmte Situationen vorzubereiten, sie einmal durchzuspielen und dadurch Sicherheit zu bekommen. So ist es nicht nur hilfreich, sondern fast unverzichtbar, sich auf die Situation eines Vorstellungsgesprächs im Rollenspiel vorzubereiten und einzustellen; sehr viele Veranstalter von „Bewerbertrainings“ nutzen diese Möglichkeit.

Daneben kann das Rollenspiel auch dazu dienen, sich in Konfliktsituationen zu üben. Wir werden uns im Spiel nicht nur über unsere eigenen Anschauungen und Argumente bewusster, sondern wir lernen auch die unserer Gegner kennen – gerade wenn wir eine Rolle spielen, die nicht unserem eigenen Standpunkt entspricht.

Der Verlauf eines Rollenspiels kann folgendermaßen skizziert werden:

Zur Vorbereitung des Spiels müssen Lehrer oder Schüler Rollenkarten formulieren, in denen für jede einzelne Rolle festgelegt wird, welche Eigenheiten sie auszeichnet, welche Anschauungen sie hat und mit welchen Motiven, Erwartungen und mit welcher Absicht sie in das Gespräch gehen wird. Diese Rollenkarten dürfen nicht bekannt sein, müssen also noch geheim gehalten werden.

Die vorbereitete Situation wird besprochen, Fragen werden abgeklärt und die Rollen werden genannt. Danach bilden sich Schülergruppen, die jeweils eine bestimmte Rolle spielen wollen. Diese Gruppen bereiten sich unabhängig voneinander auf das Spiel vor, sammeln z. B. Argumente, bereiten Anschauungsmaterial vor und überlegen sich, welche Argumente möglicherweise von den anderen Spielern genannt werden. Anschließend werden die Rollen besetzt, d. h. aus jeder Gruppe wird ein Mitglied benannt, das spielen wird.

Die Gruppenmitglieder, die jetzt noch nicht zum Zuge kommen, werden zu Beobachtern. Am besten ist es, wenn sie einen schriftlich formulierten Beobachtungsauftrag bekommen. Man kann auch verschiedenen Rollen einen oder mehrere Beobachter zuteilen, die ausschließlich das Verhalten eines bestimmten Spielers beobachten.

Nach dem Herrichten des szenischen Aufbaus und dem Bereitstellen eventuell benötigter Requisiten beginnt das Spiel. Der Beginn des Spiels muss eindeutig definiert sein, wenn es erst einmal angefangen hat, ist es verboten, aus seiner Rolle „herauszutreten“. Die anderen Schüler beobachten, was sie sehen und machen sich Notizen z. B. über Auffälligkeiten in der Argumentation oder im Verhalten der Spieler.

Nachdem das Spiel beendet ist, werden die vorgebrachten Argumente und das Verhalten der einzelnen Spieler besprochen. Die Spieler können ihr Verhalten begründen und erläutern, warum sie welches Argument zu welchem Zeitpunkt vorgebracht haben, wie sie die Argumente ihrer Mitspieler aufgefasst haben usw.

11 Vergleich der Herrschaftssysteme USA und ehemalige UdSSR

Die größte Strafe für alle jene, die sich nicht mit der Politik beschäftigen, besteht darin, dass sie von Leuten regiert werden, die sich für Politik interessieren.
Der englische Historiker Arnold Toynbee (1889–1975)

SCHLÜSSELDATEN

1776	4. Juli: Unabhängigkeitserklärung der USA
1787	17. September: Verabschiedung der US-Verfassung
1861–1865	Bürgerkrieg in den USA (Sezessionskrieg)
1905	22. Januar: „Blutiger Sonntag“ löst in Russland erste Revolution aus
1917	6./7. November: Oktoberrevolution in Russland
1922	Dezember: Gründung der UdSSR
1924	21. Januar: Tod Lenins; Alleinherrschaft Stalins
1985	11. März: Michail Gorbatschow wird Generalsekretär der KPdSU – Beginn umfassender Reformen
1991	Auflösung der UdSSR; „Gemeinschaft unabhängiger Staaten“ (GUS)

11.1 Die Vereinigten Staaten von Amerika

11.1.1 Das Regierungssystem

DARSTELLUNG
Amendments

Die Verfassung der USA von 1787 ist mit über 200 Jahren die älteste geschriebene, gültige Verfassung der Welt. Geändert wurde sie nie; lediglich 27 **Amendments** (Zusätze, Ergänzungen) reichten aus, um sie den jeweiligen Erfordernissen anzupassen.

Zum Vergleich: Das Grundgesetz der Bundesrepublik Deutschland wurde innerhalb von gut 60 Jahren 60-mal geändert.

Präsidialdemokratie
Gewaltentrennung
Gewaltenverschränkung
▶ Q. 1

Das amerikanische Regierungssystem ist eine **Präsidialdemokratie**, im Gegensatz zu dem im westlichen Europa vorherrschenden Typ der *parlamentarischen Demokratie* (Ausnahme: Frankreich). Die drei Staatsgewalten, geteilt nach dem Prinzip von *Montesquieu* (siehe S. 77), sind in einem System von Machtgleichgewichten gegenseitiger Hemmungen und Kontrolle miteinander verbunden, das mit dem Begriff „Checks and Balances“ umschrieben wird. **Gewaltentrennung** und **Gewaltenverschränkung** sollen einerseits Machtkonzentration und damit der Gefahr des Machtmissbrauchs vorbeugen, andererseits eine effiziente Regierungsarbeit ermöglichen.

11.1.1.1 Der Präsident

Präsident der USA

Der **Präsident** der USA ist oberster Dienstherr der gesamten Bundesexekutive. In seiner Person vereinigen sich die Funktionen eines Staatsoberhauptes, Regierungschefs und des Oberbefehlshabers aller Streitkräfte. Seine Macht wird dadurch legitimiert (gerechtfertigt), dass er als Einziger von der Gesamtnation gewählt wird, während alle anderen Wahlbeamten und Abgeordneten nur in den Einzelstaaten durch Wahl bestimmt werden.

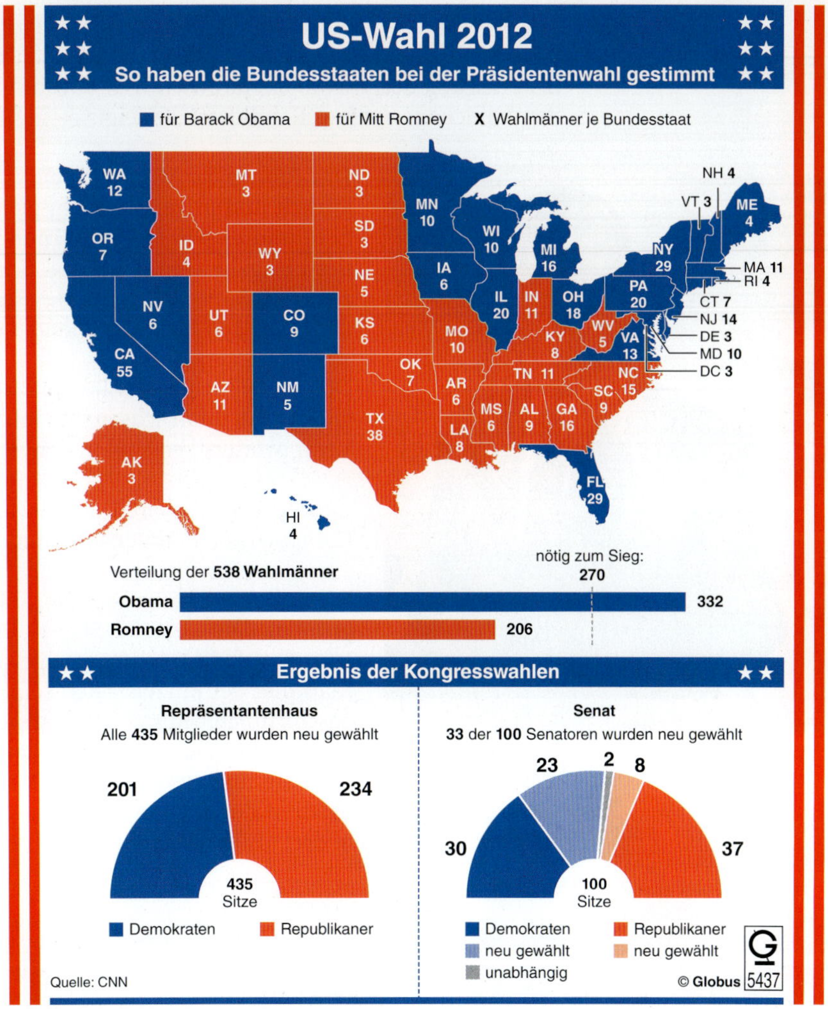

Die Präsidentenwahl erfolgt allerdings nicht direkt, sondern indirekt über 538 *Wahlmänner* – auch *Elektoren* genannt. Bei der nur noch formellen Wahl in Washington sind sie zwar gesetzlich nicht verpflichtet, für einen bestimmten Kandidaten zu votieren, aber traditionell geben sie ihre Stimme ausnahmslos dem Mann der Partei, der sie selbst angehören. Die Stimmenmehrheit in einem Staat entscheidet darüber, welche Partei die Wahlmänner stellt.

Allen 50 Staaten und dem das Gebiet von Washington umfassenden *District of Columbia* (Washington D. C.) steht eine bestimmte Anzahl von Wahlmännern proportional zur Einwohnerzahl zu. Ihre parteiliche Zusammensetzung je Einzelstaat entspricht aber nicht dem Verhältnis der für die konkurrierenden Kandidaten abgegebenen Stimmen, sondern es gilt die *„Winner-Takes-All-Rule“*. Alle Wahlmänner „gehören“ dem Präsidentschaftsbewerber, der in einem Staat die meisten Wählerstimmen errungen hat *(einfache Mehrheit)*. So ist beispielsweise im Jahre 1936 *Franklin D. Roosevelt* mit 523 gegen 8 Wahlmännerstimmen in seinem Amt bestätigt worden, obwohl er nur 28 gegen 17 Millionen Wählerstimmen auf sich vereinen konnte. Im Jahr 2000 wurde *George W. Bush* aufgrund dieses Wahlmännersystems zum Präsidenten gewählt, obwohl er rund 370 000 Wählerstimmen weniger hatte als sein Kontrahent *Al Gore*. Winner-Takes-All-Rule

Verständlicherweise konzentrieren die Bewerber ihre Anstrengungen um das höchste Amt der USA auf zwei Staatengruppen:

- Staaten mit hoher Bevölkerungszahl und damit einer großen Anzahl von Wahlmännern
- Staaten, bei denen die Entscheidung erfahrungsgemäß knapp ausfallen kann

Primaries

Der Prozess der Kandidatenaufstellung vollzieht sich in den einzelnen Staaten der USA auf höchst unterschiedliche Weise. In den meisten Staaten fanden 2012 sogenannte **Primaries** (Vorwahlen) statt, in den anderen Gebieten entfielen sie. Bei diesen Vorwahlen können die Abstimmungsberechtigten entscheiden, wer von den Bewerbern als *Präsidentschaftskandidat* von einer Partei nominiert werden soll. Der Wähler gibt also seine Meinung über die Kandidatur kund.

Doch diese *Vorwahlen* unterliegen wiederum fast befremdlich zu nennenden, verschiedenen Prozeduren:

- In einigen Staaten sind alle Wähler berechtigt, sich an den *Primaries* zu beteiligen.
- In anderen wiederum nur jene, die sich in entsprechende Wählerlisten eintragen lassen.
- In einigen weiteren Staaten können nur Mitglieder einer Partei darüber befinden, wer aufgestellt werden soll.
- In ein paar Staaten sind die Parteitagsdelegierten, die endgültig auf dem Wahlkongress über die Nominierung befinden, an den Vorwahlentscheid gebunden, in den meisten anderen sind sie es nicht.

Parteikongresse

Bewerben kann sich praktisch jedermann. Die **Parteikongresse** entscheiden mit Mehrheit über die Aufstellung des Kandidaten und können auch für einen Außenseiter votieren. Dennoch ist der Ausgang der Vorwahlen ein wichtiges Stimmungsbarometer, das die Popularität und damit die Wahlchancen eines Kandidaten anzeigt.

Präsident Barack Obama

Das *Prinzip der Vorwahlen* wirkt nach unserem Politikverständnis leicht willkürlich und unverständlich, gleichwohl ist es nicht von vornherein abzulehnen, und es wurde auch schon für die Bundesrepublik Deutschland diskutiert. Es gäbe dem Wähler z. B. die Chance, schon bei der Auswahl des Spitzenkandidaten und damit des Kanzlerkandidaten mitzubestimmen und diese nicht nur den Parteigremien zu überlassen.

Der schließlich gewählte „mächtigste Mann der freien Welt" hat damit zugleich auch ihren schwersten Job übernommen. Macht, aber auch weitgehende Verantwortlichkeit sind in der westlichen Welt ohne Beispiel.

Überspitzt formuliert: Der Präsident kann sogar noch für die Anschaffung eines Computers einer untersten Bundesbehörde zur Rechenschaft gezogen werden.

Diese Konzentration der Verantwortung auf eine Person ist historisch begründet. Die „United States" brauchten nach ihrer Gründung 1776 *einen* Mann, auf den die Zentralgewalt des Staatenbundes zulief. Er sollte die Klammer der Einzelstaaten sein. Auch die Bestellung durch Wahlmänner ist geschichtlich bedingt. Der Farmer Ende des 18., Anfang des 19. Jahrhunderts konnte die Präsidentschaftskandidaten in aller Regel nie kennenlernen, wusste nicht einmal, wie sie aussahen. Er wählte Männer, denen er das Urteil über den Richtigen zutraute. Die Konstruktion der US-Verfassung war ursprünglich zwar auf ein großes Gebiet, aber auf nicht einmal drei Millionen Einwohner (1790) zugeschnitten.

Präsidenten der USA

1. George Washington, Föderalist	1789–1797	24. S. Grover Cleveland, Dem.	1893–1897
2. John Adams, Föderalist	1797–1801	25. William McKinley, Rep.	1897–1901
3. Thomas Jefferson, Rep. Dem.	1801–1809	26. Theodore Roosevelt, Rep.	1901–1909
4. James Madison, Rep. Dem.	1809–1817	27. William H. Taft, Rep.	1909–1913
5. James Monroe, Rep. Dem.	1817–1825	28. T. Woodrow Wilson, Dem.	1913–1921
6. John Qu. Adams, Unabhängiger	1825–1829	29. Warren G. Harding, Rep.	1921–1923
7. Andrew Jackson, Dem.	1829–1837	30. Calvin Coolidge, Rep.	1923–1929
8. Martin Van Buren, Dem.	1837–1841	31. Herbert C. Hoover, Rep.	1929–1933
9. William H. Harrison, Whig	1841	32. Franklin D. Roosevelt, Dem.	1933–1945
10. John Tyler, Whig (später Dem.)	1841–1845	33. Harry S. Truman, Dem.	1945–1953
11. James K. Polk, Dem.	1845–1849	34. Dwight D. Eisenhower, Rep.	1953–1961
12. Zachary Taylor, Whig	1849–1850	35. John F. Kennedy, Dem.	1961–1963
13. Millard Fillmore, Whig	1850–1853	36. Lyndon B. Johnson, Dem.	1963–1969
14. Franklin Pierce, Dem.	1853–1857	37. Richard M. Nixon, Rep.	1969–1974
15. James Buchanan, Dem.	1857–1861	38. Gerald R. Ford, Rep.	1974–1977
16. Abraham Lincoln, Rep.	1861–1865	39. James E. Carter, Dem.	1977–1981
17. Andrew Johnson, Dem.	1865–1869	40. Ronald W. Reagan, Rep.	1981–1989
18. Ulysses S. Grant, Rep.	1869–1877	41. George W. Bush, Rep.	1989–1993
19. Rutherford B. Hayes, Rep.	1877–1881	42. William J. Clinton, Dem.	1993–2001
20. James A. Garfield, Rep.	1881	43. G. W. Bush (jun.), Rep.	2001–2009
21. Chester A. Arthur, Rep.	1881–1885	44. Barack Obama, Dem.	seit 2009
22. S. Grover Cleveland, Dem.	1885–1889		
23. Benjamin Harrison, Rep.	1889–1893	Rep.: Republikaner	
		Dem.: Demokrat	

(Meyers großes Taschenlexikon. Band 23, hrsg. vom Bibliographischen Institut, Mannheim 2001, S. 49 und Ergänzungen der Autoren)

Die herausgehobene Verantwortung des Präsidenten in seiner Eigenschaft als Chef einer Regierung zeigt sich auch darin, dass er keinem Kabinett von *Ministern* vorsteht, die ihren Geschäftsbereich in eigener Verantwortung leiten. Es gilt nicht das **Kollegialprinzip** einer kollektiven Regierungsverantwortung. Dem Präsidenten unterstehen **Staatssekretäre**, deren Aufgaben und politisches Gewicht von ihm bestimmt werden. Staatssekretäre

Zwar erfüllen diese **Staatssekretäre** in der Verfassungswirklichkeit ministerähnliche Funktionen, aber die Vertrauten und die Berater in unmittelbarer Umgebung des Präsidenten – das sog. *Küchenkabinett* – haben mindestens den gleichen, wenn nicht gar den stärkeren Einfluss auf ihn. Sie sind es, die am ehesten den Zugang zum „Ohr des Mächtigen" haben. Das *White House Office* und das *Executive Office* umfassen mehr als tausend Beschäftigte, die dem Präsidenten zuarbeiten.

Seit 1974 nimmt der **Nationale Sicherheitsrat** auch förmlichen Einfluss auf die Außen- und Sicherheitspolitik. Ihm gehören neben dem Präsidenten der *Vizepräsident*, der *Außen-* und *Verteidigungsminister*, der Vorsitzende des obersten Militärstabes *(Joint Chiefs of Staff)* und der Direktor der *CIA* (Central Intelligence Agency) an. Nationaler Sicherheitsrat

Der Präsident hat nicht die Möglichkeit, selbst Gesetze einzubringen. Mithilfe des *Executive Office* pflegt er jedoch die Kontakte mit dem **Kongress**, um so über ihm nahestehende Abgeordnete und Senatoren – zunehmend – *Gesetzesinitiativen* zu entfalten. Kongress

11.1.1.2 Der Kongress

Die *legislative Gewalt* wird von zwei *Kammern* wahrgenommen: **Senat** und **Repräsentantenhaus.** Beide zusammen bilden den **Kongress.** Senat Repräsentantenhaus Kongress

Jeder Einzelstaat entsendet – unabhängig von der sehr unterschiedlichen Einwohnerzahl – zwei vom Volk gewählte Vertreter in den Senat, deren Amtszeit sechs Jahre beträgt. Alle zwei Jahre wird ein Drittel der Senatssitze neu oder wiederbesetzt. Auf diese Weise verfügt der Senat stets über eine große Zahl erfahrener **Senatoren**, sodass eine kontinuierliche Arbeit gewährleistet ist. Einige Senatoren werden immer wieder gewählt und erlangen auf diese Weise einen großen Bekanntheitsgrad mit erheblichem politischen Einfluss. Senatoren

Im Gegensatz zu den meist hohes Ansehen genießenden *Senatoren* sind die *Abgeordneten* des Repräsentantenhauses weithin unbekannt. Allein ihre kurze Amtszeit von nur zwei Jahren erlaubt es ihnen kaum, politisches Profil zu gewinnen, es sei denn, sie gewinnen ihr Mandat mehrmals. Die insgesamt 435 Abgeordneten werden in den Einzelstaaten im Verhältnis der Bevölkerungszahl gewählt.

Der Kongress, für dessen Beschlüsse i. d. R. die Zustimmung *beider* Kammern erforderlich ist, hat vor allem folgende Befugnisse:

1. **Gesetzgebungsrecht** Gesetzgebungsrecht

2. **Budgetrecht** mit scharfer Budgetkontrolle. Damit besteht etwa die Möglichkeit, ein kostspieliges Rüstungsprogramm zu blockieren. Budgetrecht

3. **Ratifizierung** auswärtiger Verträge – Zweidrittelmehrheit des Senats. *Beispiel:* So verweigerte der Kongress die Genehmigung des von Präsident *Carter* mit der UdSSR ausgehandelten *Salt-II-Abkommens.* Ratifizierung

4. **Amtsenthebung** *(Impeachment)* des Präsidenten nach Anklageerhebung durch das Repräsentantenhaus und Urteil des Senats mit Zweidrittelmehrheit. Dieser Sturz des Präsidenten ist nur bei schweren Verfassungs- und Rechtsverstößen möglich und wurde bisher erst zweimal Amtsenthebung

versucht: *Andrew Johnson* wurde 1868 freigesprochen, *Bill Clinton* wurde 1998 angeklagt und ein Jahr später entlastet. *Richard Nixon* kam dem bereits eingeleiteten Verfahren 1974 durch seinen Rücktritt zuvor.

Ein Misstrauensvotum ist in der Verfassung nicht vorgesehen, der Präsident ist also während seiner Amtszeit von vier Jahren – zweimalige Wahl ist möglich – ein unabsetzbarer Regierungschef. Gegen Gesetze des Kongresses kann der Präsident ein **suspensives** (aufschiebendes) **Veto** einlegen, das nur mit einer Zweidrittelmehrheit *beider* Häuser außer Kraft gesetzt werden kann. In der heutigen politischen Praxis kommt das im Verhältnis zu dem von früheren Präsidenten der letzten Jahrzehnte häufig genutzten *Vetorecht* nur noch selten vor.

Suspensives Veto

11.1.1.3 Der Supreme Court

Oberster Gerichtshof

Der **Oberste Gerichtshof** besteht aus neun Richtern, die vom Präsidenten mit Zustimmung des Senats auf Lebenszeit ernannt werden. In diesem *Ernennungsprivileg* könnte eine Verletzung des *Gleichgewichtssystems* gesehen werden, indem ein Präsident sich willfährige Richter sucht. Dieser Annahme widerspricht jedoch die Verfassungswirklichkeit.

Das Recht auf Veröffentlichung der *Dissenting Vote* als der abweichenden und überstimmten Meinung bei einem Gerichtsbeschluss erlaubt eine fortlaufende kritische Verfassungsdiskussion. Außerdem hat der Oberste Gerichtshof wiederholt Urteile gefällt, deren liberaler Inhalt den Auffassungen konservativer Präsidenten widersprach.

Verfassungskonformität

Der *Oberste Gerichtshof* entscheidet vor allem über die **Verfassungskonformität** der Bundesgesetze und über *Kompetenzkonflikte* zwischen dem Bund und den Einzelstaaten.

Nur unvollständig spiegelt der politische Entscheidungsprozess des Alltags die Machtbalance der Verfassung wider. Viel hängt von der Persönlichkeit des Präsidenten ab, seinem taktischen Geschick, seinem Rückhalt in der Bevölkerung und seiner Überzeugungskraft gegenüber Senatoren, die seine Politik zu konterkarieren (gegensteuern) suchen. Deren Mittel sind nicht gering. Sie reichen von der schleppenden Behandlung einer Vorlage im Ausschuss bis hin zu den *Filibusterreden* (Flibustier = Freibeuter), bei denen ein Senator so lange sprechen kann, wie er will. Während seiner Rede darf keine Abstimmung stattfinden.

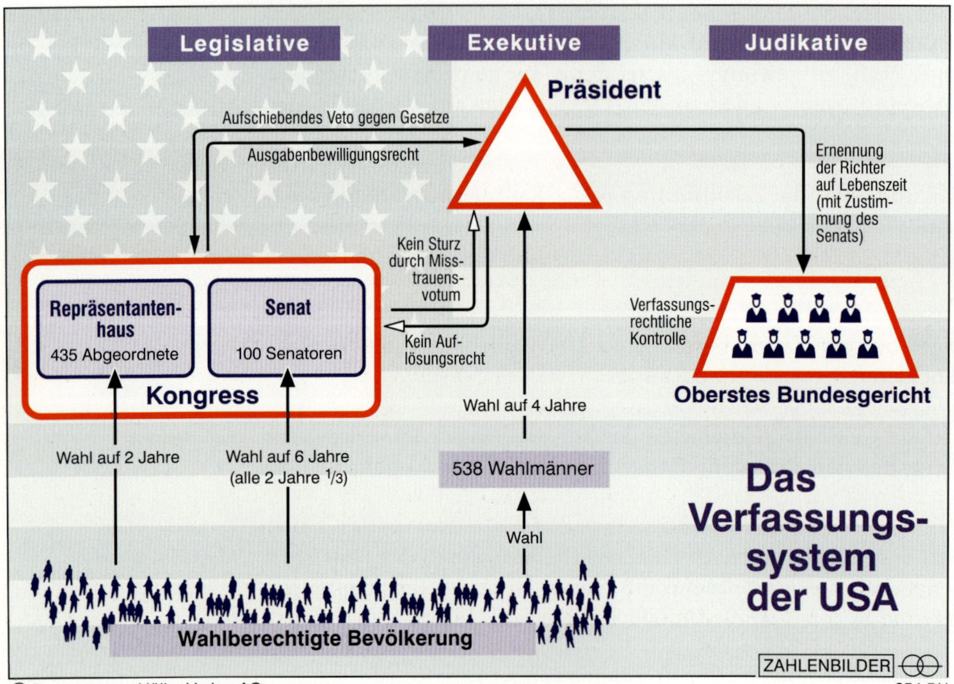

So konnte z. B. 1964 eine Bürgerrechtsvorlage erst nach 57 Tagen beschlossen werden, weil eine süddemokratische Minderheit in regelrechten Redeschichten unablässig die Abstimmung blockierte.

Zusätzlich erschwert wird der vom Präsidenten gewünschte Entscheidungsprozess, weil die Fraktionen nur lockere Verbindungen sind, in denen *Fraktionsdisziplin* oder gar *Fraktionszwang* unbekannt sind. Der Präsident kann sich also – ganz im Gegensatz zum Regierungschef eines europäischen Parlaments – nicht auf die Parlamentarier seiner Partei verlassen.

Die fehlende *Durchfraktionierung* des Parlaments ist ihrerseits eine Folge des amerikanischen Parteiensystems.

11.1.1.4 Das Parteiensystem

So groß die Unterschiede zwischen dem *präsidialen Regierungssystem* der USA und dem parlamentarischen der Bundesrepublik Deutschland auch sein mögen, sie sind gering im Vergleich zu den geradezu verblüffenden Differenzen im jeweiligen Parteiensystem.

Die USA haben seit Beginn ihrer politischen Geschichte ein **Zweiparteiensystem**. Die beiden großen Parteien – es gibt noch ein paar völlig bedeutungslose Splitterparteien, unter ihnen auch eine *Kommunistische Partei* –, die **Republikaner** und die **Demokraten**, konkurrieren zwar miteinander, ihre programmatischen Ziele aber sind weitgehend gleich. Lediglich bei den vorgeschlagenen Methoden lassen sich in der politischen Auseinandersetzung größere Meinungsverschiedenheiten ausmachen. Entstanden sind diese Gruppen als *Patronageparteien* (siehe S. 388), die ihr Ziel in der Versorgung der Parteimitglieder mit Ämtern und Staatsaufträgen sahen.

Zweiparteiensystem

So gilt es bis in die Gegenwart als völlig legitim, dass ein *republikanischer* Präsident den Regierungsapparat von den Anhängern seines demokratischen Vorgängers „säubert" und mit seinen Leuten besetzt, und selbstverständlich handelt jeder *demokratische* Präsident genauso.

Heute sind die Parteien in erster Linie *Wahlkampfvereine*, die nur im Jahr einer Präsidentschaftswahl überregional wirken, ansonsten kaum über lokale Bedeutung hinausreichen. Den USA ist die für uns charakteristische Prägung der *politischen Landschaft* (fast nur) durch Parteien völlig unbekannt.

Mit allem Vorbehalt kann das **Wählerprofil** der Parteien folgendermaßen beschrieben werden:

Wählerprofil

Die älteste Partei ist die der **Demokraten**, die unter dem dritten Präsidenten *Thomas Jefferson* (1743–1826) ins Leben gerufen wurde. Sie vertritt traditionell die Interessen des Südens. Die Demokraten gelten als die Partei der Gewerkschaften, der Armen, der kleinen Farmer und der großstädtischen Arbeiter. Obwohl sie im *Sezessionskrieg* (1861–1865, auch „Sklavenkrieg" genannt) die Interessen der Südstaaten vertrat, wird sie von der Mehrzahl der Farbigen gewählt. Auch die Mehrheit der Intellektuellen, wie schwer die Gruppe auch abzugrenzen ist, scheint ihr zuzuneigen.

Demokraten

Die **Republikaner** gingen unter Präsident *Abraham Lincoln* (1808–1865) aus der liberalen *Whigpartei* hervor. Sie war von Anfang an die Partei der Geschäftsleute, des Handels und der späteren Großindustrie. Ihre Wähler wohnen in den reichen Vororten und sind besonders stark im *Mittleren Westen* vertreten. Sie hat unter ihren Anhängern einen überproportionalen Anteil weißer Protestanten angelsächsischer Herkunft.

Republikaner

Wollte man die beiden amerikanischen Parteien in das übliche *Parteienspektrum* einreihen, so könnte man die *Demokratische Partei* als mehr links und liberal bezeichnen, während demgegenüber die *Republikanische Partei* als rechtsstehend und konservativ gelten kann.

Bei dieser Kategorisierung ist äußerste Vorsicht geboten: Schon der Begriff „soziale Marktwirtschaft", *das* Markenzeichen der CDU, gilt in den USA als ein Stück Sozialismus, mithin als links.

Die Grenzen zwischen den Parteien sind fließend. Es kommt häufig vor, dass z. B. bei einem *Rassenproblem* die *Südrepublikaner* mit den *Süddemokraten* gemeinsam gegen den *fortschrittlichen* Norden abstimmen.

▶ Q. 2

11.1.2 Gesellschaftliche Probleme im 20. und 21. Jahrhundert

Ein Rückblick auf über 200 Jahre US-Verfassungsgeschichte zeigt, dass die Vereinigten Staaten zwar von Krisen, Machtmissbrauch und Korruption so wenig verschont geblieben sind wie andere Staaten auch. Niemals jedoch erwiesen sich die Verfassungsorgane als funktionsunfähig; keinem Amtsinhaber gelang es, das Kräfteparallelogramm grundsätzlich auszuhebeln. Die Ursache könnte darin zu finden sein, dass die US-Verfassung keine statische Ordnung beschreibt, sondern auf ein dynamisches politisches Wettbewerbssystem angelegt ist. Auch wenn die Grenzen der obersten Staatsgewalten sich im Laufe der Machtkämpfe mal nach der einen oder anderen Seite verschoben, stets gelang es den demokratisch legitimierten Kräften, die Machtbalance wiederherzustellen.

Vietnamkrieg

So wurde das Recht des Präsidenten, in seiner Eigenschaft als Oberbefehlshaber auch nach Übersee Truppen zu entsenden, gegen Ende des **Vietnamkrieges** (1973) von der ausdrücklichen Zustimmung des Kongresses abhängig gemacht (War Powers Act). Nicht noch einmal sollte ein Präsident die Vereinigten Staaten in einen „unerklärten Krieg“ verwickeln, der als „Polizeiaktion“ begonnen hatte.

Sendungsbewusstsein

Die amerikanische *Administration* blieb fähig zum Handeln, ohne dass demokratische Freiheiten und verfassungsmäßige Rechte beschnitten wurden. In Verbindung mit technischer Überlegenheit und einem sehr hohen Lebensstandard entwickelten die USA eine Art **Sendungsbewusstsein** für den „American Way of Life“. Die eigene Gesellschaftsordnung wird als die allen anderen überlegene gepriesen, und mit fast missionarischem Eifer trachten die USA danach, auch andere Völker von den Segnungen der Demokratie zu überzeugen.

Der gelegentlich beim internationalen Auftritt moralisierend wirkende Anspruch der USA wurzelt in ihrem Selbstverständnis:

Religiosität

1. Die meisten Amerikaner zögern nicht, sich als **religiös** zu bezeichnen und ihre Nation als Ganzes für fromm zu halten. Der Erfolg ihrer Pionierarbeit aus den Anfängen lässt sie ihr Land als das der Verheißung betrachten, in dem sie selbst im Sinne einer *offenkundigen Vorherbestimmung* (manifest destiny) das auserwählte Volk in *God's own country* sind.

Optimismus

2. Daraus resultiert ein fast unbegrenzter **Optimismus** in das Mögliche und Machbare auch in der Zukunft.

Kriegsteilnahmen

3. Die USA können für sich in Anspruch nehmen, in zwei großen Kriegen erst spät und erst als Angegriffene aufgetreten zu sein (1917 und 1941). *Wilson* versprach 1917, der Welt den Fortschritt der Demokratie zu bringen, und *Roosevelt* wollte 1941 die Welt von der Furcht vor Aggression befreien. Beide meinten im Grunde dasselbe und der Kampf dafür erschien ihnen und ihrem Volk nicht nur berechtigt, sondern geradezu geboten.

Der Oberbefehlshaber der US-Streitkräfte in Europa und spätere Präsident, *Dwight D. Eisenhower*, nannte die Landung in Frankreich (1944) und Niederschlagung *Hitler-Deutschlands* einen „Kreuzzug für Europa“. Das war mehr als ein geschicktes propagandistisches Schlagwort: Es war seine subjektiv ehrliche Überzeugung.

11.1.3 Die US-Außenpolitik

11.1.3.1 Vom Isolationismus zum Engagement

Bereits im Jahre 1796, als die Vereinigten Staaten nur aus einem schmalen Territorium entlang der Ostküste bestanden, formulierte ihr erster Präsident *George Washington* (1732–1799) ein Grundprinzip der amerikanischen Außenpolitik: Die USA sollten mit anderen Nationen so wenig politische Verbindung wie möglich halten und stattdessen der freiwilligen **Isolation** den Vorzug geben. Das Stichwort behielt rund 100 Jahre seine Gültigkeit.

Isolation

▶ Q. 3

In der ersten Hälfte des 19. Jahrhunderts dehnten sich die USA weiter aus. England, Frankreich, Spanien und Mexiko schlossen z. T. *Verträge über Landabtretungen* oder gaben riesige Gebiete auf, um mögliche Konflikte mit den USA zu vermeiden. In einer Botschaft an den Kongress formulierte 1823 der amerikanische Präsident *James Monroe* (1758–1831) den Anspruch seines Landes, den amerikanischen Kontinent zu okkupieren.

▶ Q. 4

Dieser als **Monroe-Doktrin** in die Geschichte eingegangene Leitsatz prägte die US-Außenpolitik bis zum Ersten Weltkrieg. Die Doktrin (Lehrsatz, Glaubenssatz), in die griffige Formel „Amerika den Amerikanern“ gebracht, besagt: Amerikaner, und nur Amerikaner, haben das Recht auf Amerika.

Monroe-Doktrin

Im letzten Jahrzehnt des vorletzten Jahrhunderts traten die USA in eine neue Phase ihrer Außenpolitik. Die **Binnenkolonisation** war weitgehend abgeschlossen, das Land bis zur Westküste besetzt und die Indianer waren aus ihren angestammten Jagdgründen vertrieben. Der *Isolationismus* wich im Zeitalter des **Imperialismus** einem zunehmenden Engagement in Gebieten außerhalb des eigentlichen Territoriums der USA.

Binnenkolonisation

Imperialismus

Die rasch aufblühende amerikanische Wirtschaft suchte nach neuen Absatzmärkten und hoffte, sie im pazifischen Raum zu finden. Die Karibik und Mittelamerika gerieten in den Blickpunkt des Interesses. Wollte die Flotte die Außenhandelsinteressen schützen, musste sie ungehindert auf beiden Ozeanen operieren können. Der Sieg in dem von Nordamerika provozierten Krieg mit Mexiko (1898) erlaubte den USA zahlreiche **Annexionen** (gewaltsame Aneignungen) pazifischer Inseln und *Puerto Ricos*. Die Verwirklichung des alten Traumes, eine Seeverbindung zwischen dem Atlantik und Pazifik beim *Isthmus* (Landenge) von Panama herzustellen, lag zum Greifen nahe.

Annexionen

Der Erbauer des Suezkanals, der Franzose *Ferdinand de Lesseps* (1805–1894), hatte schon in den Jahren von 1881–1887 versucht, die Landenge zu durchstoßen, war aber technisch an dem großen Höhenunterschied gescheitert. Krankheiten kosteten Tausenden von Arbeitern das Leben. Finanziell endete das Projekt im völligen Kursverfall der für den Kanal gezeichneten Aktien.

11.1.3.2 Die USA betreten die Weltbühne

Die Mittelamerikapolitik kann als Kernstück des amerikanischen Imperialismus gelten. Die Kanalzone lag in einer Provinz Kolumbiens, das 1903 den Vereinigten Staaten für die geringe Summe von 40 Millionen Dollar Rechte und Anlagen der gescheiterten französischen Gesellschaft überließ. Doch der kolumbianische Senat verweigerte die Ratifizierung dieses Vertrages. Geschickt provozierte der amerikanische Präsident *Theodore Roosevelt* (1858–1919) einen Aufstand, an dessen Ende die Gründung der *Republik Panama* stand. Von ihr erwarben die USA die erwünschte 16 Kilometer breite Zone. Der **Panamakanal** konnte aufgrund der bisherigen Erfahrungen und mit neuen technischen Mitteln gebaut und 1914 eröffnet werden. Er verkürzt den Seeweg von der nordamerikanischen Küste nach Japan um fast 5 500 Seemeilen.

Panamakanal

Die USA beschritten den Weg zur **Weltmacht**. Präsident („Teddy“) *Roosevelt* beanspruchte in einem Zusatz zur *Monroe-Doktrin* das **Interventionsrecht** auf dem gesamten amerikanischen Kontinent und betonte, dass die USA bereit seien, „die Aufgabe einer internationalen Polizeimacht zu übernehmen“.

Weltmacht
Interventionsrecht

▶ Q. 5

Die *Dollar-Diplomatie*, auch als **Dollarimperialismus** bezeichnet, bestimmte von nun an das amerikanische Vorgehen in Mittelamerika. Kapitalinvestitionen und monopolartige Handelsunternehmen (*United Fruit Company*) brachten die jungen Kleinstaaten in wirtschaftliche Abhängigkeit zu den USA. Auch militärische Mittel wurden eingesetzt: Mehrmals zwischen 1908 und 1913 landeten *Marines* in Nicaragua, um amerikanische Interessen zu schützen. Die

Dollarimperialismus

gesamte Mittelamerikapolitik wurde mit dem Hinweis begründet und gerechtfertigt, dass nur so die armen Länder zu wirtschaftlichem Wohlstand gelangen könnten.

Erster Weltkrieg
Neutralität

Als 1914 in Europa der Krieg ausbrach, erklärte Präsident *Woodrow Wilson* (1856–1924) auf der Basis der *Monroe-Doktrin* scheinbar selbstverständlich zunächst die strikte **Neutralität.** Doch die Parteinahme für die *Entente* war von Anfang an offenkundig. Über zehn Milliarden Dollar Kredit erhielten die Kriegsgegner Deutschlands. Schon aus rein ökonomischen Gründen mussten die USA deren Sieg wünschen, es bedurfte nur noch eines überzeugenden Anlasses. Den lieferte die deutsche Seekriegsleitung in Kenntnis des Risikos selbst.

Am 1. Februar 1917 erklärte das Reich den *uneingeschränkten U-Boot-Krieg,* und bereits am 12. März 1917 wurde der amerikanische Dampfer *Algonquin* in der Nähe der Britischen Inseln ohne Vorwarnung von einem deutschen Unterseeboot versenkt. Einige Wochen später wurden weitere amerikanische Schiffe torpediert, dabei kamen US-Bürger ums Leben. Nun hatte *Wilson* freie Hand: Am 6. April 1917 erklärten die USA Deutschland den Krieg.

Der amerikanische Präsident begründete den Kriegseintritt mit der Pflicht, demokratisches Ideengut auszubreiten, „that world must be safe for democracy". Vier Tage zuvor verzichtete er ausdrücklich in einer Botschaft vor dem Kongress auf materielle Kriegsziele und Schadenersatzansprüche, womit er seiner Begründung zum Kriegseintritt Glaubwürdigkeit verlieh.

Völkerbund
Neutralitätsgesetze
Embargo

Nach dem Ersten Weltkrieg zogen sich die USA enttäuscht aus Europa zurück. Die geplante Weltfriedensordnung blieb Stückwerk, weshalb sie dem **Völkerbund** nicht beitraten, die europäischen Siegermächte dachten in den Machtkategorien des imperialen Zeitalters. Die USA verfielen wieder in den *Isolationismus.* Die **Neutralitätsgesetze** von 1935 bis 1937 verliehen dieser Stimmung Ausdruck. Beinahe um jeden Preis sollte eine erneute Verwicklung in überseeische Kriege vermieden werden. Im Kriegsfall sollte ein **Embargo** (Lieferstopp) die Lieferungen von Kriegsmaterialien an die Kriegführenden unterbinden.

Die Bestimmung enthielt eine Ausnahme: Bei Barzahlung und Transport auf ausländischen Schiffen dürfen Rüstungsgüter verkauft werden (*Cash-and-carry-Klausel).*

Zweiter Weltkrieg
Vier Freiheiten
▶ Q. 6

Auch zu Beginn des Krieges 1939 verhielten sich die USA zunächst neutral. Aber bis zum Oktober 1940 hatte der Kongress bereits 17 Milliarden Dollar für eine zusätzliche Aufrüstung bewilligt. Doch in der Bevölkerung schien der Wunsch, neutral zu bleiben, zu überwiegen. Konsequenterweise versprach *Franklin D. Roosevelt* im Präsidentschaftswahlkampf von 1940, die USA aus dem Krieg herauszuhalten – und wurde gewählt. Seine berühmte Rede über die **vier Freiheiten** im Januar 1941 zeigte jedoch deutlich, welcher Seite er zuneigte.

Supermächte

Der Angriff der Japaner auf die US-Flotte in Pearl Harbor am 7. Dezember 1941 und *Hitlers* Kriegserklärung an die USA am 12. Dezember 1941 schufen schlagartig klare Fronten. Die USA setzten die größte Kriegsmaschine in Gang, die die Welt bis dahin gesehen hatte. Sie kämpften in beiden Hemisphären der Welt, in Fernost wie in Europa. Am Ende des Krieges blieben nur noch zwei Großmächte übrig, von nun an als **Supermächte** bezeichnet: USA und UdSSR. Die schon 1945 beginnende Konfrontation verbot jeden Gedanken eines neuerlichen Rückzuges der USA in die Isolation.

11.1.3.3 Vietnam und die innenpolitischen Folgen

Great Society

Lyndon B. Johnson (1908–1973), der als Nachfolger des im November 1963 ermordeten *John F. Kennedy* ins *Weiße Haus* einzog, wollte eine neue Qualität des „American Dream" schaffen: die **Great Society**. Seine Regierungspläne sahen einen allgemeinen wirtschaftlichen und vom Staat garantierten Wohlstand vor. Spannungen innerhalb der Gesellschaft und Konflikte zwischen den Klassen würden der Vergangenheit angehören, wenn jeder am Wohlstand teilhat.

Lagen die Ausgaben für Wohlfahrtszwecke 1950 noch bei 15 Milliarden Dollar, so stiegen sie bis 1970 auf über 180 Milliarden an. Dennoch genügten sie nicht, um alle „reich" zu machen.

Johnson selbst musste sein ehrgeiziges Programm kappen. Die schon unter *Kennedy* begonnene Politik, Berater nach Südvietnam zu entsenden, um dieses Land im Kampf gegen das kommunistische Nordvietnam (unter Führung von *Ho Chi Minh*) zu unterstützen, wurde von ihm fortgesetzt und ausgebaut. Zum Schutz dieser Berater entsandte *Johnson* ab 1965 reguläre US-Truppen. Behaupteter Anlass war ein Angriff kleiner nordvietnamesischer Kanonenboote gegen einen mächtigen amerikanischen Flottenverband **(Tonking-Golf-Affäre)**. Auf dem Höhepunkt des Vietnamkrieges (1969) standen über 500 000 amerikanische Soldaten im prowestlichen Südvietnam. Trotz militärischer Überlegenheit und einem Bombenhagel auf Nordvietnam von der dreifachen Menge, die während des Zweiten Weltkrieges von den Alliierten über Europa abgeworfen wurde, gelang es den USA nicht, das Land zu besiegen. Der Druck der öffentlichen Meinung auf die Regierung, den sinnlosen Krieg zu beenden, stieg von Monat zu Monat. Die Zahl der Fahnenflüchtigen wuchs, Studenten zerrissen öffentlich ihre Einberufungsbefehle. Noch klammerte sich die Regierung zu ihrer Rechtfertigung an die **Domino-Theorie**, nach der alle östlichen Länder dem Kommunismus anheimfallen würden, wenn man eines opferte. Vorübergehend ließ *Nixon* auch Kambodscha bombardieren, wo sich der *Vietcong* sicher wähnte. Aber der Konflikt spaltete die Nation; der Meinungsriss ging quer durch die Familien. Zwar erlitten die USA keine militärische Niederlage, aber politisch verloren sie den Krieg. Wenige Monate nach ihrem Abzug eroberten die Truppen Nordvietnams fast mühelos die Hauptstadt Südvietnams *Saigon*.

Tonking-Golf-Affäre

Domino-Theorie

Zum ersten Mal – sieht man einmal vom Ausgang des formal von der UNO geführten Krieges in Korea (1950–1952) ab – hatten die USA eine Kriegsstatt nicht als Sieger verlassen. Diese bittere Erkenntnis und die nach und nach bekanntgewordenen **Kriegsverbrechen** der USA (so z. B. die Ermordung von über 500 Zivilisten im Dorf My Lai) führten zu tiefem Misstrauen. Das vermeintliche Vorbild USA verschwamm. In einem „schmutzigen Krieg" hatte der „hässliche Amerikaner" sein wahres Gesicht gezeigt. Selbstzweifel über die Integrität ihres Landes und seiner Regierung befielen viele amerikanische Bürger.

Kriegsverbrechen

Die **Watergate-Affäre**, bei der offenbar wurde, dass der amerikanische Präsident *Nixon* selbst kriminelle Handlungen seiner engsten Mitarbeiter gedeckt und die Öffentlichkeit vorsätzlich belogen hatte, verstärkten das Misstrauen zur **Identitätskrise**. Und die *Geiselaffäre* im Iran 1979/80 unter Präsident *Jimmy Carter* verschärfte den Verlust an Selbstvertrauen. Die *Weltmacht* USA musste tatenlos zusehen, wie ein in ihren Augen drittklassiges Land mehr als 100 US-Bürger ein Jahr lang gefangen halten konnte. Der von *Carter* befohlene, aber nur halbherzig geplante Versuch einer gewaltsamen Befreiung scheiterte an technischen Mängeln im Wüstensand.

Watergate-Affäre

Identitätskrise

Erst Präsident *Ronald Reagan* (1911–2004) vermochte dem Wunsch zu entsprechen, das Volk vom *Trauma* Vietnams, Watergates und der Geiselaffäre zu lösen und ihm neues Selbstbewusstsein zu geben. Er erklärte das Vietnamengagement in Übereinstimmung mit den besten amerikanischen Traditionen und die US-Soldaten des Krieges bezeichnete er als „Helden". Die Schande schien gelöscht.

11.1.3.4 Der Golfkrieg und die Folgen des 11. Septembers 2001

Mit dem ersten **Golfkrieg** Anfang 1991 dokumentierten die USA, dass sie weltweit die einzig noch verbliebene militärische Supermacht sind. Am 2. August 1990 hatte der Irak unter Führung seines Diktators *Saddam Hussein* Kuwait überfallen und mit 100 000 Mann militärisch besetzt und annektiert. Einstimmig verlangte der UN-Sicherheitsrat „den sofortigen und bedingungslosen Rückzug der irakischen Soldaten". Die irakische Führung lehnte ab und ließ ebenso alle danach ergangenen Ultimaten verstreichen. US-Präsident *George Bush* ordnete die Operation „Wüstenschild" an zum Schutz von Saudi-Arabien, das darum ersucht hatte. Insgesamt 435 000 GIs werden in dieser Wüstenregion stationiert. Ein letztes Ultimatum des Sicherheitsrates an den Irak verrinnt am 15. Januar 1991 um 14:00 Uhr New Yorker Zeit. In den frühen Morgenstunden des 17. Januars mitteleuropäischer Zeit beginnen die USA, unterstützt von britischen und französischen Verbänden, die **Operation „Wüstensturm"** mit einer massiven Luftoffensive, die bis Ende Februar anhält. Am 22. Februar stellt der US-Präsident dem irakischen

Golfkrieg

Operation „Wüstensturm"

Ein zweites Flugzeug nähert sich am 11. September 2001 dem Südturm des World Trade Center in New York

Diktator ein letztes Ultimatum zum bedingungslosen Rückzug, „wenn ein Bodenkrieg vermieden werden soll". Auch dieses Ultimatum verstreicht ergebnislos, und am 24. Februar um 04:00 Uhr (Ortszeit Kuwait) beginnen die US-Truppen zusammen mit Soldaten aus Großbritannien, Frankreich und Saudi-Arabien den Landkrieg. Drei Tage später ist die Schlacht, die „Mutter aller Schlachten" *(Saddam Hussein)*, geschlagen, sind die irakischen Elitetruppen mit den modernsten Panzern sowjetischer Produktion vernichtet und der Rest der irakischen Truppen auf der Flucht bzw. in Gefangenschaft.

Der „100-Stunden-Krieg", wie er in den USA genannt wird, ist beendet. Der Irak muss die Waffenstillstandsbedingungen der UN akzeptieren, die u. a. Inspektionen im Lande vorsehen, die sicherstellen sollen, dass nicht heimlich Massenvernichtungswaffen hergestellt werden.

Doch die Konflikte zwischen den Vereinten Nationen und dem Irak halten an: Die Weigerung *Saddam Husseins*, gemäß dem Waffenstillstandsabkommen UN-Kontrollinspekteuren den ungehinderten Zugang zu militärischen und zivilen Einrichtungen zu ermöglichen, führte 1996 zu einem erneuten militärischen Eingreifen der USA: Mehrere Marschflugkörper wurden auf irakische Radar- und Luftabwehrstationen im Südirak abgefeuert.

11. September 2001

Der **11. September 2001** bedeutete für die USA einen Schock nie gekannten Ausmaßes: In keinem der Kriege des 20. Jahrhunderts, an dem sie beteiligt waren, waren die USA auf eigenem Territorium angegriffen worden. Das Gefühl, das sich seit dem Zusammenbruch der Sowjetunion ausgebreitet hatte, dass keine Macht der Welt der einzig verbliebenen Supermacht etwas anhaben könne, erwies sich nun als große Illusion und Selbsttäuschung.

Angehörige der islamisch-fundamentalistischen Terrororganisation El Kaida (frei übersetzt „Basis") hatten am Morgen des 11. Septembers (nine-eleven) auf verschiedenen Flughäfen vier amerikanische Passagiermaschinen entführt. Um 08:45 Uhr Ortszeit raste die erste, nun von einem Terroristen gesteuerte Maschine in den Nordturm des World Trade Center in New York, um 09:03 Uhr eine zweite in den Südturm. Fast 3 000 Menschen verloren in den wenig später einstürzenden Hochhäusern ihr Leben, die gesamte Weltöffentlichkeit war an den Fernsehschirmen Augenzeuge dieses ungeheuerlichen Anschlags.

Eine weitere Maschine wurde zielgerichtet ins Pentagon, das amerikanische Verteidigungsministerium in Washington, gesteuert. Eine vierte Maschine stürzte in der Nähe von Pittsburgh ab. Auch bei diesen Anschlägen verloren sämtliche Passagiere wie auch zahlreiche Beschäftigte im Pentagon ihr Leben.

Iraker schauen am 9. April 2003 zu, wie eine Statue von Saddam Hussein zu Fall gebracht wird

Präsident *George W. Bush* erklärte noch am selben Tag in einer Fernsehansprache, dass er diese Anschläge als Kriegserklärung gegen die USA und die gesamte zivilisierte Welt betrachte und die Täter unnachsichtig verfolgen lassen werde. Als Drahtzieher und Kopf der Terroranschläge galt *Osama Bin Laden*, der sich in Afghanistan versteckt hielt. Da sich das radikalislamische Regime der Taliban weigerte, die USA zu unterstützen, erklärten die Vereinigten Staaten und Großbritannien am 7. Oktober 2001 den **Krieg gegen Afghanistan**. Nach wenigen Monaten waren die Truppen der Taliban zwar besiegt und Afghanistan befreit. Aber es war weder gelungen, den entscheidenden Schlag gegen El Kaida zu führen, noch deren Anführer *Osama Bin Laden* zu verhaften. Erst in der Nacht zum 2. Mai 2011 erschossen US-Soldaten *Bin Laden* bei einer von US-Präsident *Barack Obama* befohlenen Erstürmung seines Anwesens in Pakistan.

Krieg gegen Afghanistan

Auch der Irak war immer verdächtigt worden, die Terroristen zu unterstützen. Außerdem war die US-Regierung davon überzeugt, dass *Saddam Hussein* seit zwölf Jahren kontinuierlich die geforderte Abrüstung, vor allem von Massenvernichtungswaffen, verzögere. Am 18. März 2003 stellte Präsident *Bush* dem Regime ein Ultimatum, in dem er eine mögliche Gewaltanwendung als souveränes Recht der USA darstellte und dem UN-Sicherheitsrat Versagen vorwarf. Erwartungsgemäß reagierte *Saddam Hussein* nicht auf *Bushs* Forderungen, und so begann ohne Zustimmung bzw. Auftrag der Vereinten Nationen am 19. März 2003 der **Krieg gegen den Irak**, den die USA zusammen mit ihrem Verbündeten Großbritannien führten. Der Krieg selbst dauerte nur wenige Wochen und war spätestens mit der Einnahme Bagdads erfolgreich beendet.

Irak-Krieg

Am 1. Mai 2003 verkündete Präsident *Bush* das **Ende der Kampfhandlungen**. In dem Krieg hatten die verbündeten Truppen der USA und Großbritanniens insgesamt 171 Tote zu beklagen, gemessen an früheren Kriegen eine sehr geringe Verlustquote. Doch in der Zeit des darauf folgenden „Friedens" stieg die Zahl der Toten durch viele Anschläge von Selbstmordattentätern bis zum Abzug der ausländischen Truppen 2011 auf weit über 5 000 und übertraf damit die der eigentlichen Kriegstoten. Eine weitere Folge des Irakkriegs stellt ab 2014 die Expansion der sich selbst so nennenden Terrororganisation **Islamischer Staat** dar, die das erneute Eingreifen der US-amerikanischen Luftwaffe zur Folge hatte.

Ende der Kampfhandlungen

Islamischer Staat

Sehr viel nachhaltiger bleibt die Frage nach der Rolle und dem Selbstverständnis der USA als Weltmacht. Selbst enge Verbündete wie Deutschland oder Frankreich distanzierten sich vom Krieg gegen den Irak, vor allem auch deshalb, weil sich die Bush-Regierung über die Vereinten Nationen und deren Bemühungen um eine wirkungsvolle Abrüstung des Irak hinweggesetzt hatte. Die einzig verbliebene Supermacht hatte sich in den Augen vieler Kritiker angemaßt, selbst darüber zu entscheiden, wann der Weltfrieden gefährdet sei, und die Vereinten Nationen in dieser wichtigen Frage zur Bedeutungslosigkeit verurteilt.

11.1.3.5 Die Bush-Doktrin

Präventivschlag

Aus den Verlautbarungen der US-Administration geht nicht deutlich hervor, ob präzise zwischen einem Präventivschlag (preemptive strike) und einem Präventivkrieg (preemption) unterschieden wird. Ein **Präventivschlag** gegen eine unmittelbar drohende Gefahr wird vom Völkerrecht akzeptiert. Dagegen gilt der Präventivkrieg gegen eine bloß vermutete Bedrohung als rechtswidrig.

Präventivkrieg

Ein **Präventivkrieg** wird von den USA gerechtfertigt mit der Erkenntnis, dass gegenüber risikobereiten Diktatoren die klassische Form der nuklearen Abschreckung nicht wirkt. Ihre Bereitschaft, notfalls die eigene Bevölkerung für außenpolitische Abenteuer zu opfern, gestattet keine bloße reaktive Abschreckungsstrategie.

Präventivstrategie

Die Entwicklung einer **Präventivstrategie** wurde erstmals 1992 von dem Neokonservativen *Paul Wolfowitz* formuliert. Ihre Maxime besteht darin, dass unilaterale, also einseitige unabhängige Maßnahmen zulässig sind, wenn kollektive Handlungen etwa durch die UN nicht zustande kommen. „The US should be prepared to preempt the use of nuclear, biological or chemical weapons."

Selbstverteidigung

„Preemptive strikes" können als vorbeugende Schläge interpretiert werden. Das völkerrechtlich unstrittige Recht auf **Selbstverteidigung**, ausgelöst durch den indikativen Satz „Wir sind angegriffen worden", wird abgelöst durch den Konjunktiv „Wir könnten angegriffen werden".

▶ Q. 7

Damit war die Grundlage für die Entstehung der Bush-Doktrin gelegt.

Hegemonie

Ein weiteres Merkmal dieser Doktrin ist die Entschlossenheit, die weltweite militärische Überlegenheit der USA zu nutzen und eine **Hegemonie** (Vorherrschaft) zu errichten, die es jeder denkbaren feindlichen Konstellation unmöglich macht, die USA zu attackieren.

Präemption

Die USA haben nach dem Ende des Ost-West-Konflikts schrittweise die Politik der Nonproliferation (Nichtverbreitung von Atomwaffen) zu einer Counterproliferation entwickelt, das heißt Zerschlagung möglicher Nuklearpotenziale vor ihrer Einsatzfähigkeit. Eine Voraussetzung für die Bush-Doktrin der **Präemption** (Vorbeugung) ist die asymmetrische Überlegenheit der US-Streitkräfte. Deren Rückgrat ist die Alleinverfügung über den Weltraum, die dem US-Militär eine Kriegsführung ohne Feindberührung ermöglichen soll. Größere eigene Verluste sollen vermieden und die Kämpfe möglichst rasch beendet werden. Andernfalls könnte die politische Zustimmung in der eigenen Bevölkerung und damit ihre Unterstützung sinken – wie es der Vietnamkrieg gegen Ende mit aller Deutlichkeit gezeigt hat. Auf diese Weise aber wird der Krieg auch in einer wirtschaftlichen und politischen Nutzen-Kosten-Kalkulation wieder ein Instrument der Politik. „It doesn't pay" gilt nicht mehr.

Die Umsetzung der Bush-Doktrin ist, wie der frühere US-Außenminister *Henry Kissinger* formulierte, revolutionär. Denn die USA verlassen damit die Normen und Institutionen des internationalen Systems wie der UN, an deren Entwicklung sie im vorigen Jahrhundert maßgeblich mitgewirkt haben. Sie beanspruchen das Recht, gegen Staaten, die heute oder in Zukunft für sie eine Sicherheitsbedrohung darstellen könnten, notfalls allein militärisch vorzugehen.

▶ Q. 8

Stets war die US-Außenpolitik vom Sendungsbewusstsein und der Fähigkeit zur Machtausübung geprägt. So wie US-General *Eisenhower* im Zweiten Weltkrieg den „Crusade for Europe" proklamierte, US-Präsident *Truman* 1947 die Eindämmung des Kommunismus zur Doktrin erhob, wird heute der Sturz brutaler diktatorischer Regime als ein durchaus legitimes Ziel betrachtet.

Mit dem 44. Präsidenten der USA, *Barack Obama*, setzt die US-Administration wieder verstärkt auf den Dialog. Noch im Jahr seines Amtsantritts, am 10. Dezember 2009, erhielt *Obama* den Friedensnobelpreis. Das Komitee begründete seine Entscheidung mit *Obamas* „außergewöhnlichen Bemühungen, die internationale Diplomatie und die Zusammenarbeit zwischen den

Völkern zu stärken". *Obama* sah in der Preisverleihung Ansporn für seine begonnenen Abrüstungs- und Versöhnungsvorhaben. So wurde beispielsweise im Februar 2011 mit Russland ein weiterer Vertrag zur Reduzierung der atomaren Langstreckenraketen unterzeichnet.

Die USA stehen nicht zuletzt mit Blick auf die politischen Umwälzungen in Nordafrika zu Beginn des Jahres 2011 vor weiteren Herausforderungen. Es bleibt bei der Feststellung der früheren US-Außenministerin *Madeleine Albright:* Die USA sind eine unverzichtbare Nation.

James Madison, 4. Präsident der Vereinigten Staaten von 1809–1817 über das Prinzip der „Checks and Balances"

▶ QUELLE 1

Zu den Haupteinwänden, welche die achtenswerten Gegner der Verfassung vorbringen, gehört die ihr angelastete Verletzung jenes politischen Grundsatzes, der besagt, daß die gesetzgebende, die vollziehende und die richterliche Gewalt deutlich voneinander getrennt sein müssen. Es wird behauptet, daß diese für die Freiheit wesentliche Vorsichtsmaßregel beim Aufbau der Zentralregierung nicht berücksichtigt worden sei. Die verschiedenen Machtbefugnisse seien in einer Weise verteilt und miteinander vermischt, die nicht nur jede Symmetrie und Schönheit der Form zerstöre, sondern auch die Gefahr heraufbeschwöre, daß wichtige Teile des Gebäudes unter dem Übergewicht anderer Teile zusammenbrechen können. [...]

Keiner anderen politischen Wahrheit wohnt ein so hoher Wert inne und keine wird von der Autorität so erlauchter Verteidiger der Freiheit unterstützt wie die, auf der jener Einwand beruht. Die Vereinigung aller Gewalten, der gesetzgebenden, vollziehenden und richterlichen, in den gleichen Händen, mögen es die Hände eines einzelnen oder einiger weniger oder vieler sein, und mag ihnen die Macht im Erbgang, durch Selbsternennung oder durch Wahl zugefallen sein, kann mit vollem Recht als das Musterbild der Tyrannei bezeichnet werden. Könnte der vorgeschlagenen Verfassung der berechtigte Vorwurf gemacht werden, daß sie eine solche Vereinigung der Gewalten oder auch nur eine Vereinigung der Machtbefugnisse, die zu einer solchen Vereinigung führen könnte, begünstige, so wäre kein weiteres Argument nötig, um ihre allgemeine Ablehnung zu rechtfertigen. Meiner Überzeugung nach wird es jedoch jedermann sehr bald klar werden, daß dieser Vorwurf nicht aufrecht erhalten werden kann und daß der Grundsatz, auf den er sich bezieht, völlig mißverstanden und falsch ausgelegt wurde.

Wenn Montesquieu sagt, es kann keine Freiheit geben, wo gesetzgebende und vollziehende Gewalt in ein und derselben Person oder in ein und derselben Körperschaft vereinigt sind, oder, wo die richterliche Gewalt nicht von der gesetzgebenden und von der vollziehenden Gewalt getrennt ist, so meint er damit keineswegs, daß die drei Zweige der Regierung untereinander auf ihre spezifische Tätigkeit nicht ein gewisses Maß von Einfluß ausüben oder einander nicht wechselseitig kontrollieren sollten.

(Aus den „Federalist Papers". Übersetzt von Felix Ermacora. Zit. nach Informationen zur politischen Bildung, Heft 199/1983, S. 8 f.)

1. **Welche Argumente bringen die Gegner einer Gewaltenteilung vor?**
2. **Was versteht Madison unter dem „Musterbild einer Tyrannei"?**
3. **Warum wird das von Madison erläuterte Modell das Prinzip von „Checks and Balances" genannt?**

Die Parteien in den USA

▶ QUELLE 2

Herr A. mag sich für einen Demokraten halten und auch als solcher gelten; Herr B. für einen Republikaner und Herr C. für einen Sozialisten, und häufig wird darunter verstanden, daß sie „Mitglieder" der betreffenden Partei seien. Für die meisten Leute ist Mitgliedschaft in einer Partei jedoch ein reichlich vager und schwer definierbarer Begriff. Wenn eine Person irgendeiner anderen Organisation angehört – einer Kirche, einer Loge oder einer Berufsorganisation –, dann geht man davon aus, daß sie ihr durch irgendeinen positiven Akt beigetreten ist, daß sie Beiträge zahlt oder sonstige Zuwendungen macht, möglicherweise in einem Ausschuß tätig ist, ein Amt bekleidet oder anderweitig am inneren Verbandsleben aktiven Anteil nimmt. Bei den großen politischen Parteien kann nichts Derartiges mit Sicherheit angenommen werden. Es bestehen keine Verfahrensregeln oder Zeremonien für den Beitritt. Es gibt in der Regel keine Mitgliedschaft. Die Partei erhält keine schriftliche Verpflichtung, die ein Bekenntnis zu dem Parteiprogramm enthält, sie erhebt keine Beiträge (obgleich gelegentlich Anstrengungen gemacht worden sind, ein System regelmäßiger Beitragszahlungen einzuführen), sie hat keine Statuten, die sie durchzusetzen in der Lage ist und keine Mittel, ein Mitglied zu maßregeln, außer, daß es die Partei ablehnt, ihn zu unterstützen, wenn er sich um ein öffentliches Amt bewirbt. Man ist ein Demokrat oder ein Republikaner, wenn man dies von sich behauptet, jedenfalls, wenn man ständig der einen oder anderen Partei bei den Wahlen seine Unterstützung gibt. Und das ist alles, was hierüber zu sagen ist. Außerdem kann man seine Meinung und seine Parteitreue so oft ändern, wie es einem paßt. Es bleibt jedermann überlassen, sich den Kopf darüber zu zerbrechen, wie viele Mitglieder eine Partei besitzt, und dies gilt auch dann, wenn es zuverlässigere Kriterien darüber gäbe, wer als Parteimitglied angesehen werden kann und auf wen dies nicht zutrifft.

(Ogg/Ray: Introduction to American Government. 1948, S. 211 ff. Übersetzt von Franz Greß. Zit. nach Informationen zur politischen Bildung, Heft 199/1983, S. 22)

1. **Worin unterscheidet sich die Parteienlandschaft der USA von der Parteienwelt der Bundesrepublik Deutschland?**
2. **Worin unterscheidet sich die Mitgliedschaft in einer amerikanischen Partei von der Mitgliedschaft in anderen Organisationen?**

▶ QUELLE 3 George Washingtons Abschiedsbotschaft (1796)

Die große Verhaltensregel hinsichtlich fremder Nationen liegt für uns darin, bei der Ausweitung unserer Handelsbeziehungen so wenig politische Verbindung wie möglich mit ihnen zu haben. Soweit wir bereits Verpflichtungen eingegangen sind, laßt sie in vollendet gutem Glauben erfüllt werden. – Hier aber laßt uns haltmachen.

Europa hat ein Gefüge primärer Interessen, die keine oder sehr entfernte Beziehungen zu uns haben. Deshalb muß es in häufige Auseinandersetzungen geraten, deren Ursachen unseren Anliegen wesentlich fremd sind. Daher also muß es unklug für uns sein, uns durch künstliche Bande in die gewöhnlichen Wechselfälle seiner Politik oder die gewöhnlichen Kombinationen und Zusammenstöße seiner Freund- und Feindschaften zu verwickeln.

Unsere abgesonderte und entfernte Lage veranlaßt uns und setzt uns instand, einen anderen Kurs zu verfolgen. Wenn wir ein einiges Volk unter einer wirksamen Regierung bleiben, ist die Zeit nicht fern, wo wir beträchtlicher Schädigung durch auswärtige Staaten trotzen können; wo wir eine Haltung einnehmen können, die die Neutralität achten lassen wird, die wir zu irgendeiner Zeit beschließen mögen; wo kriegführende Nationen angesichts der Unmöglichkeit, Erwerbungen bei uns zu machen, nicht leichthin damit spielen werden, uns zu provozieren; wo wir Krieg oder Frieden wählen können, wie unser Interesse, geleitet vom Recht, es geraten sein läßt. Warum sich der Vorteile einer so besonderen Lage begeben? Warum unseren eigenen Boden verlassen, um auf fremdem zu stehen? [...]

(Zit. nach: Erich Angermann: Der Aufstieg der Vereinigten Staaten von Amerika 1607–1917. Stuttgart, Klett 1973, S. 53)

1. **Wie beurteilt Washington die Beziehungen zwischen Amerika und Europa?**
2. **Nennen Sie die „Vorteile einer so besonderen Lage", die Washington aufführt.**

▶ QUELLE 4 Präsident James Monroe in einer Botschaft an den Kongress 1823 (Monroe-Doktrin)

Wir sind stets eifrige und interessierte Zuschauer der Vorgänge in jener Gegend der Erdkugel gewesen, mit der wir so viel Verkehr haben und aus der wir herstammen. Die Bürger der Vereinigten Staaten hegen die freundlichsten Gefühle für die Freiheit und das Glück ihrer Mitmenschen auf der anderen Seite des Atlantik. An den Kriegen der europäischen Mächte in nur sie selbst angehenden Angelegenheiten haben wir nie irgendwelchen Anteil genommen, noch verträgt es sich mit unserer Politik, so etwas zu tun. Es ist nur, wenn unsere Rechte geschmälert oder ernstlich bedroht werden, daß wir Schädigungen übelnehmen oder Verteidigungsmaßnahmen treffen. Mit den Bewegungen auf dieser Halbkugel sind wir notwendig unmittelbar verbunden, und das aus Gründen, die allen aufgeklärten und unparteiischen Beobachtern offenkundig sein müssen. Das politische System der alliierten Mächte [der Heiligen

Allianz] ist in dieser Hinsicht wesentlich verschieden von dem Amerikas. [...] Wir sind es deshalb der Aufrichtigkeit und den freundschaftlichen Beziehungen, die zwischen den Vereinigten Staaten und jenen Mächten bestehen, schuldig, zu erklären, daß wir jeden Versuch ihrerseits, ihr System auf irgendeinen Teil dieser Hemisphäre auszudehnen, als gefährlich für unseren Frieden und unsere Sicherheit betrachten würden. In den vorhandenen Kolonien und Besitzungen irgendeiner europäischen Macht haben wir uns nicht eingemischt und werden uns nicht einmischen. Aber bei den Regierungen, die ihre Unabhängigkeit erklärt und aufrechterhalten haben und deren Unabhängigkeit wir nach reiflicher Erwägung und auf Grund gerechter Prinzipien anerkannt haben, könnten wir irgendein Eingreifen einer europäischen Macht mit dem Zweck, sie zu unterdrücken oder auf andere Weise ihr Schicksal zu bestimmen, in keinem anderen Licht sehen denn als Manifestation einer unfreundlichen Gesinnung gegen die Vereinigten Staaten. [...]

(Botschaften der Präsidenten der Vereinigten Staaten von Amerika zur Außenpolitik. 1793 –1947. Bearb. von Herbert A. Strauß. Bern, Lang 1957 S. 288 f.)

1. **Fassen Sie die Kernaussagen der Monroe-Doktrin zusammen.**
2. **Welche Bedeutung hat die Monroe-Doktrin für die Kolonialpolitik europäischer Staaten in Amerika?**
3. **Welche Folgen für den amerikanischen Kontinent sind zu erwarten?**

Der Roosevelt-Zusatz zur Monroe-Doktrin (1904)

▶ QUELLE 5

Wenn eine Nation zeigt, daß sie weiß, wie man mit vernünftiger Wirksamkeit und Angemessenheit in sozialen und politischen Angelegenheiten handelt, wenn sie Ordnung hält und ihren Verpflichtungen nachkommt, braucht sie keine Intervention von seiten der Vereinigten Staaten zu fürchten. Chronisches Fehlverhalten [...] und in der westlichen Hemisphäre die Anhänglichkeit der Vereinigten Staaten an die Monroe-Doktrin können die Vereinigten Staaten in offensichtlichen Fällen solchen Fehlverhaltens oder von Unfähigkeit zur Ausübung internationaler Polizeigewalt zwingen, wie widerstrebend auch immer. [...] Wir würden in ihnen [den lateinamerikanischen Staaten] nur als letztes Mittel intervenieren, und nur dann, wenn offenbar würde, daß ihre Unfähigkeit und Willenlosigkeit, Gerechtigkeit zu Hause und im Ausland zu üben, die Rechte der Vereinigten Staaten verletzt oder einen ausländischen Aggressor zum Nachteil aller amerikanischen Nationen eingeladen hätte. Es ist eine Binsenwahrheit, daß jede Nation, [...] die ihre Freiheit, ihre Unabhängigkeit aufrecht zu erhalten wünscht, sich letztlich darüber klar sein muß, daß das Recht auf eine solche Unabhängigkeit nicht von der Verantwortung getrennt werden kann, davon guten Gebrauch zu machen.

(Theodore Roosevelt: Fourth Annual Message. Dec. 6, 1904. In: Wolfgang Mickel, Wanda Kampmann, Berthod Wiegand: Politik und Gesellschaft. Übersetzt von Wolfgang W. Mickel, Bd. I, Frankfurt, Hirschgraben 1985, S. 246)

1. **In welchen Fällen ist ein militärisches Eingreifen der USA in anderen Staaten zu erwarten?**
2. **Welche außenpolitische Rolle weist Roosevelt den USA zu?**

Präsident Franklin D. Roosevelt: Die vier Freiheiten (Januar 1941)

▶ QUELLE 6

Unsere Politik läuft auf folgendes hinaus:
Erstens haben wir uns zu einer allumfassenden Landesverteidigung verpflichtet. – Zweitens haben wir uns zur vollen Unterstützung aller jener standhaften Völker verpflichtet, die überall den Angreifern entschlossenen Widerstand leisten und hierdurch den Krieg von unserem Erdteil fernhalten. – Drittens haben wir uns aus Moralprinzipien und in der Sorge um unsere eigene Sicherheit dazu verpflichtet, niemals zu einem Frieden unser Einverständnis zu geben, der von den Angreifern diktiert und von Beschwichtigungspolitikern unterstützt wird. Wir wissen, daß ein dauernder Friede nicht um den Preis der Freiheit anderer Völker erkauft werden kann.
Für die Zukunft, die wir zu sichern versuchen, erhoffen wir eine Welt, die sich auf vier wesentliche menschliche Freiheitsrechte gründet.
Das erste ist die Freiheit der Rede und der Meinungsäußerung – überall in der Welt.
Das zweite ist die Freiheit für jeden, Gott auf seine Weise zu verehren – überall in der Welt.

Das dritte ist die Freiheit von Not – was, international gesehen, soviel heißt wie wirtschaftliche Abkommen, die der Bevölkerung jedes Landes gesunde Friedensverhältnisse sichern – überall in der Welt.
Das vierte ist die Freiheit von Furcht – was, international gesehen, soviel heißt wie eine die ganze Welt betreffende Abrüstung bis zu dem Grade und so gründlich, daß keine Nation in der Lage sein wird, einen Angriffsakt gegen ein Nachbarland zu begehen – überall in der Welt.

Das ist kein Wunschbild eines fernen tausendjährigen Reiches. Das ist eine bestimmte Basis für eine Welt, wie wir sie in unserer Zeit und in unserer Generation schaffen können. Eine solche Welt ist der genaue Gegensatz zur sogenannten Neuordnung der Tyrannei, die die Diktatoren mit der Explosion ihrer Bomben zu schaffen versuchen.

(Donald Day [Hrsg.]: F. D. Roosevelt. Links von der Mitte – Briefe, Reden, Konferenzen. Übers. von Peter Stadelmayer, Frankfurt a. M., Frankfurter Hefte 1951, S. 35)

1. Nennen Sie die drei Gründe für den Kriegseintritt der USA, die Roosevelt aufzählt.
2. Nennen Sie die vier wesentlichen menschlichen Freiheitsrechte.

▶ QUELLE 7 „Zuerst zuschlagen […]"

Im September 2002 wurde das Dokument der National Security Strategy (NSS) veröffentlicht. Darin heißt es:
„Wir müssen bereit sein, Schurkenstaaten und ihre terroristische Klientel aufzuhalten, bevor sie in der Lage sind, Massenvernichtungswaffen gegen die Vereinigten Staaten oder unsere Alliierten und Freunde einzusetzen oder damit zu drohen. […] Wir dürfen nicht zulassen, dass unsere Feinde zuerst zuschlagen […]
Um solchen feindseligen Aktionen unserer Gegner zuvorzukommen oder sie zu verhindern, werden die Vereinigten Staaten, wenn notwendig, präventiv handeln […]. Die Vereinigten Staaten werden nicht in allen Fällen Gewalt anwenden, um entstehenden Bedrohungen zuvorzukommen, noch sollten Nationen Prävention als Vorwand für Aggression gebrauchen. Aber in einer Zeit, da die Feinde der Zivilisation offen und aktiv nach den zerstörerischsten Waffentechniken streben, dürfen die Vereinigten Staaten nicht untätig bleiben. […]"

(Zitiert nach: Stefan Fröhlich. In: Frankfurter Allgemeine Zeitung vom 10. April 2003, S. 8)

1. Wie begründen die USA ihre Bereitschaft, auch präventiv zu handeln?
2. Welche Konsequenzen hat die hier formulierte Bush-Doktrin für die Vereinten Nationen und die Verbündeten der USA?

▶ QUELLE 8 Wesen der imperialen Mission

Imperiale Missionen tendieren dazu, mit religiösen Begriffen und einem entsprechenden Pathos aufgeladen zu werden. Das notorische Unverständnis der Europäer gegenüber der religiösen Rhetorik der amerikanischen Politik zeugt von einem Unverständnis gegenüber der imperialen Mission der USA. Diese Rhetorik lässt sich weder auf strategisches Kalkül beim Stimmensammeln in einer stark christlich geprägten Wählerschaft noch auf pure Irrationalität reduzieren, wie in europäischen Kommentaren häufig behauptet wird. Hier geht es um den Kern des politischen Selbstverständnisses der USA, von Woodrow Wilsons Zielsetzung beim Eintritt Amerikas in den Ersten Weltkrieg über Dwight D. Eisenhowers vor Beginn der Invasion in der Normandie geprägte Formel vom „Kreuzzug in Europa" bis zu Ronald Reagans Charakterisierung der Sowjetunion als „Reich der Finsternis" und George W. Bushs Begriff einer „Achse des Bösen", die vom Irak bis Nordkorea reiche.

(Herbert Münkler: Imperien. Berlin, Rowohlt 2005, S. 148 f.)

1. Worin liegt nach Meinung des Verfassers das europäische Missverständnis der USA?
2. Welche Kontinuität der US-Politik wird nachgewiesen?

11.2 Die ehemalige UdSSR

11.2.1 Der Marxismus-Leninismus

DARSTELLUNG
Marxismus-Leninismus

Die Wortverbindung **Marxismus-Leninismus** war seit dem 14. November 1938 die offiziell vom *Zentralkomitee der KPdSU* beschlossene verbindliche Bezeichnung für die ideologische Grundlage des Sowjetsystems. Die „schädliche Trennung zwischen Marxismus und Leninismus" sollte verhindert werden und stattdessen der einheitliche, geschlossene Charakter der Lehre betont werden. *Lenin* hatte die Theorien von *Marx* und *Engels* (vgl. hierzu S. 140 ff.) weiterentwickelt, neu gedeutet und in andere Zusammenhänge gestellt. Seine Interpretationen widersprachen teilweise den bisherigen Auslegungen. Die aus dieser Diskrepanz entsprungenen kontroversen Auseinandersetzungen um die „wahre Lehre" sollten beendet werden, indem *ein* System aus Elementen der Lehre des „Dreigestirns" *Marx-Engels-Lenin* geschaffen wurde.

Weltanschauung

In den politischen Lehrbüchern der Sowjetunion wurde *Marxismus-Leninismus* (ML) als ein „harmonisches System philosophischer, ökonomischer, sozialtheoretischer und politischer Anschauungen definiert, in dem alle Bestandteile organisch miteinander verbunden sind". Der ML war also eine **Weltanschauung** mit dem Anspruch auf universelle Gültigkeit. Die gesamte den Menschen umgebende Wirklichkeit kann mithilfe dieser Lehre nicht nur beschrieben, sondern auch ursächlich erklärt werden. Der ML bietet den Menschen Antworten auf die Sinnfragen des Lebens und stellt für seine Anhänger ein Instrument dar, „mit dem wir in die Zukunft blicken und den künftigen Geschichtsverlauf in seinen Umrissen wahrnehmen können" (aus: Grundlagen des Marxismus-Leninismus. Berlin [Ost] 1963).

▶ Q. 1

Sowjetmarxismus

Eurokommunismus

Die Parteiideologen der Sowjetunion betonten immer wieder, dass der ML die theoretische Grundlage für *alle* kommunistischen Parteien darstelle und *generell* die kommunistische Weltanschauung beschreibe. In Wirklichkeit war jedoch der Marxismus sowjetischer Interpretation **(Sowjetmarxismus)** die offizielle Staatsideologie der UdSSR und der von ihr abhängigen Staaten. Kommunistische Parteien, die einen eigenständigen Weg einschlugen, wie in China, Jugoslawien oder Albanien, galten als Abtrünnige, die sich von der „richtigen Lehre" des ML entfernt hatten. Auch der **Eurokommunismus** in Westeuropa, der sich gleichfalls auf *Marx* berief, wich erheblich vom ML sowjetischer Prägung ab.

Der ML wird in drei Hauptteile gegliedert:

Dialektischer und historischer Materialismus

1. **Dialektischer und historischer Materialismus** sind die Träger der marxistisch-leninistischen Philosophie. Sie basiert im Wesentlichen auf den Arbeiten von *Karl Marx* und *Friedrich Engels* selbst (siehe S. 140 ff.)

Politische Ökonomie

2. Die **politische Ökonomie** beschäftigt sich mit den „Gesetzen der Produktion und der Verteilung der materiellen Güter in den verschiedenen Perioden der Geschichte".

Wissenschaftlicher Kommunismus

3. Der **wissenschaftliche Kommunismus** ist die „Wissenschaft vom Klassenkampf des Proletariats und von der sozialistischen Revolution, von Sozialismus und Kommunismus".

(Zitate aus: Wissenschaftlicher Kommunismus. Berlin [Ost] 1972)

Die Bedeutung des Marxismus-Leninismus nahm nach *Michail Gorbatschows* Amtsantritt 1985 immer mehr ab. Schon 1986, wenige Monate nachdem er die Stellung des Generalsekretärs übernommen hatte, wurden Passagen aus dem Parteiprogramm der KPdSU gestrichen, die besagten, man lebe in „einer Epoche des Triumphes des Sozialismus und Kommunismus im Weltmaßstab". In der Gegenwart ist der Marxismus-Leninismus ohne Bedeutung; lediglich die Altkommunisten in den Nachfolgestaaten der UdSSR hängen noch einer Ideologie nach, die als Grundlage des politischen Lebens abgedankt hat.

KPdSU

Die Kommunistische Partei der Sowjetunion **(KPdSU)**, wie sie sich seit 1925 nannte, war innerhalb der Ideologie des Marxismus-Leninismus von entscheidender Bedeutung.

Der letzte Generalsekretär der KPdSU, *Michail Gorbatschow*, war noch überzeugt, dass seine Reformvorhaben nur aus der alles beherrschenden Partei heraus begonnen werden konnten. Doch bereits wenige Jahre nach seinem Amtsantritt war die Monopolmacht der KPdSU gebrochen, zahlreiche prominente Politiker hatten ihren Austritt erklärt, und wenige Tage nach dem gescheiterten Putsch von 1991 erklärte der russische Präsident *Boris Jelzin* (1931–2007) sogar das Verbot der KPdSU in Russland. Hatte *Gorbatschow* zunächst noch protestiert, so zog er am 24. August 1991 die Konsequenzen: Er stimmte dem Verbot zu und trat gleichzeitig als Generalsekretär zurück. Auch in anderen Republiken wurde daraufhin die KPdSU verboten, zahlreiche Parteihäuser wurden versiegelt. Das Parteivermögen wurde beschlagnahmt, das bisher allgegenwärtige Zentralorgan **Prawda** versank in die Bedeutungslosigkeit. Die über sieben Jahrzehnte allein regierende Kommunistische Partei der Sowjetunion, die den Staat beeinflusst und beherrscht hatte, war aufgelöst.

Prawda

▶ Q. 2

11.2.2 Die Oktoberrevolution von 1917

Zarenreich

Schwere innere und äußere Krisen erschütterten das **zaristische Russland** zu Beginn des 20. Jahrhunderts. Zahlreiche Attentate gegen Regierungsmitglieder in den Jahren 1901 bis 1905 und ein vergeblicher Revolutionsversuch von 1905/06 zeigten, wie labil das absolutistische Regime Russlands war, eines der letzten in Europa. Hinzu kam der schwere Prestigeverlust im Krieg gegen Japan 1904–1905, in dem zum ersten Mal ein asiatisches Land eine alte europäische Großmacht zu Lande (Einnahme von Port Arthur in Korea) und zu Wasser (Seeschlacht bei Tsushima) besiegt hatte.

Die Reformversuche *Nikolaus' II.* (1868–1918, von den Bolschewisten erschossen), der von 1894 bis 1917 „Herrscher aller Reußen" war, blieben Stückwerk. Der Krieg gegen Deutschland-Österreich begann mit einer schweren Niederlage (Schlacht bei Tannenberg, Ende August 1914), und auch in den folgenden Jahren blieben die miserabel versorgten und schlecht geführten Truppen erfolglos. Die Wirkungen des korrupten zaristischen Regierungsapparates zeigten sich. Am 23. Februar 1917 (julianischer Kalender, siehe S. 16) – eigentlich 8. März – kam es in Petrograd (bis 1914 St. Petersburg; 1924–1991 Leningrad, heute wieder St. Petersburg) zu Streiks und Hungerdemonstrationen. Zur Niederschlagung der aufstandähnlichen Unruhen wurden Soldaten eingesetzt, diese verbündeten sich aber mit den Demonstranten, und so wurde die **Februarrevolution** eingeleitet. Zar *Nikolaus II.* musste zurücktreten.

Februarrevolution

Doppelherrschaft

Reichsduma

Eine *provisorische Regierung* und der *Petrograder Sowjet* (Rat) aus *Arbeiter- und Soldatendeputierten* bildeten eine Art **Doppelherrschaft**. Die provisorische Regierung war aus der vom Zaren 1906 gebildeten **Reichsduma** hervorgegangen, einem Parlament, dem nahezu alle parlamentarischen Rechte fehlten. Diese Regierung konnte sich nicht lange halten und wurde am 8. November 1917 durch die **Große Sozialistische Oktoberrevolution** gestürzt. Die Doppelherrschaft war beseitigt, und die Sowjets hatten allein die Macht. In ihnen eroberten nach und nach die **Bolschewiki** die Vorherrschaft.

Große Sozialistische Oktoberrevolution

Bolschewismus

Der Begriff **Bolschewismus** (russ. *bolschinstwo* = Mehrheit) wird seit dem Parteitag der Sozialdemokratischen Arbeiterpartei Russlands von 1903 zur Bezeichnung der Anhänger *Lenins* benutzt, die damals bei der Wahl der leitenden Funktionäre die *Mehrheit* erhielten. Die in der *Minderheit* verbliebene sozialdemokratische Opposition trug danach die gleichfalls sprachlich abgeleitete Bezeichnung des **Menschewiki**.

Der Sieg der Bolschewiki hatte sich nach dem Eintreffen ihres Führers *Wladimir Iljitsch Uljanow*, Deckname: *Lenin* (1870–1924), in Petrograd im April 1917 abgezeichnet. Der deutsche Generalstab stellte einen Sonderzug, um ihn aus dem Schweizer Exil, wohin er vor dem Zaren geflüchtet war, nach Russland zu bringen.

Dieser Schachzug war – kurzfristig gesehen – geschickt und erfolgreich: Der Krieg gegen Russland ging dadurch rasch zu Ende, die frei werdenden Truppen konnten im Westen eingesetzt werden. Andererseits: Erst *Lenin* wurde zum entscheidenden Motor, der die sozialistische Revolution vorantrieb. Lenin

Diese Tatsache verleitet zu der Frage: Wäre die Revolution auch ohne *Lenin* ausgebrochen? Hätte sie denselben Verlauf genommen? Was wäre geschehen, wenn der Generalstab *Lenin* im Schweizer Exil gelassen hätte? Der Historiker verbietet sich im Allgemeinen, solche Fragen zu stellen, er hat nur zu forschen: Was ist geschehen? Warum ist es geschehen? Warum ist es so und nicht anders geschehen? Und er soll nicht spekulieren: *Was wäre, wenn ...?* Doch dem nachdenklichen Leser können sich solche Fragen aufdrängen.

Schon in ihren ersten Tagen erließ die neue *Sowjet*regierung drei **Dekrete** über den sofortigen *Waffenstillstand*, die Aufteilung des *Großgrundbesitzes* und die *nationale Selbstbestimmung* der Völker. Dekrete

▶ Q. 3

Gerade die angekündigte Aufteilung des Grundbesitzes veranlasste die russischen Soldaten zu Massendesertionen. Jedermann wollte zu Hause sein, wenn das Land den Kleinbauern geschenkt würde. Die Anhänger der alten Regierung verloren damit ihren letzten innen- und außenpolitischen Trumpf. Genau diese Wirkung hatte *Lenin* vorausgesehen und gewollt.

Die noch von der nachzaristischen *Kerenski-Regierung* ausgeschriebenen Wahlen zu einer „konstituierenden Versammlung" im November 1917 brachten den Bolschewisten keine Mehrheit. Bei ihrem ersten Zusammentritt im Januar 1918 wurde sie auf Geheiß *Lenins* von Truppen gesprengt. Er hatte sich gegen die *parlamentarische* Republik entschieden.

Nun übernahm eine kleine Gruppe revolutionärer Aktivisten die Macht. Doch viele Gebiete Russlands waren noch unter der Herrschaft der „Weißen", und besonders im Offizierskorps hatten die traditionellen Herrscherschichten viele Anhänger. Erst in einem jahrelangen Bürgerkrieg, in dem die Weißgardisten von militärischen Freiwilligeneinheiten westlicher Staaten unterstützt wurden, konnte sich die **Rote Armee** unter *Trotzki* durchsetzen. Gegen die beginnende Einparteienherrschaft *Lenins* wuchs die Opposition auch von links (1921 Aufstand radikaler Matrosen in Kronstadt). Rote Armee

Auf ihrem X. Parteitag im März 1921 beschloss die Führung der „Kommunistischen Partei Russlands (B)" (B für *Bolschewiki)* den Beginn einer „Neuen Ökonomischen Politik" **(NEP)**. Der *Kriegskommunismus* 1918–1920 hatte schwere wirtschaftliche Schäden verursacht, die Städter hungerten, weil die Bauern zu den festgesetzten Niedrigpreisen nicht lieferten. Die neue Wirtschaftspolitik sollte Marktanreize schaffen, ausländische Privatinvestoren (!) anlocken und Handelspartner gewinnen. *Lenin* selbst begründete diese Strategie in einem Grundsatzreferat als „vorübergehenden Rückzug". Die NEP wirkte sich langfristig günstig aus, obwohl die Hungersnot gerade in den Jahren 1921/22 ihren Höhepunkt erreichte. NEP

▶ Q. 4

Im Dezember 1922 wurde auf dem *I. Unionskongress* die **Union der Sozialistischen Sowjetrepubliken** (UdSSR) geschaffen. Union der Sozialistischen Sowjetrepubliken

11.2.3 Der Stalinismus

Am 21. Januar 1924 starb *Lenin*. In einem mehrere Jahre dauernden innerparteilichen Machtkampf konnte sich *Joseph Wissarionowitsch Stalin* (1879–1953) durchsetzen, alle Rivalen aus der Parteiführung verdrängen und seine mächtigsten Konkurrenten, allen voran *Trotzki* (geb. 1879, auf Weisung Stalins 1940 im mexikanischen Exil ermordet), auf dem XV. Parteitag aus der Partei ausschließen. Auf demselben Parteitag wurde die NEP rückgängig gemacht. Man beschloss Maßnahmen zum *sozialistischen Aufbau*, und das hieß vor allem **Kollektivierung** der Landwirtschaft mit „Liquidierung des Kulakentums" (Großbauern). Außerdem sollte die Kollektivierung

Stalin inmitten des Volkes im Kreml („Unser weiser Führer, lieber Lehrmeister", Gemälde von Boris W. Joganson, 1952)

Fünfjahresplan
Zwangskollektivierung

Industrialisierung forciert und dabei der Schwerindustrie in einem **Fünfjahresplan** Vorrang eingeräumt werden. Ab 1929 trieb Stalin die **Zwangskollektivierung** rücksichtslos voran. Zu Hunderttausenden wurden die Groß- und Mittelbauern von ihren Höfen vertrieben, deportiert oder auch einfach erschossen. Die bis dahin selbstständigen Kleinbauern wurden zum unselbstständigen Landproletariat, um sie politisch besser beherrschen zu können. Eine schwere Hungersnot in den Jahren 1932/33 mit Millionen Toten war die Folge. Massenverhaftungen, willkürliche Hinrichtungen und Schauprozesse selbst gegen engste Mitarbeiter *Stalins*, darunter Revolutionäre der ersten Stunde, in der Zeit von 1935 bis 1936 bildeten den schaurigen Höhepunkt auf dem Weg zu einer **totalitären Alleinherrschaft**. Die Säuberungen begleiteten über Jahre den Aufbau des **Stalinismus**, zu dem auch ein System von *Straf- und Zwangsarbeitslagern*, der **Archipel Gulag** gehörte, über das *Alexander Solschenizyn* eindrucksvoll geschrieben hat.

Totalitäre Alleinherrschaft
Stalinismus
Archipel Gulag

Das stalinistische System hat zur Machterhaltung systematisch den „Klassen-Genozid" betrieben (Genozid = Mord an Völkern und Volksgruppen). Vor der *Entkulakisierung* betrieb Stalin ab 1920 die *Entkosakisierung*. Die Gesamtheit der auf einem fest umrissenen Gebiet angesiedelten Kosaken wurde buchstäblich ausgelöscht: die Männer erschossen, die Frauen und Kinder deportiert und die Dörfer dem Erdboden gleichgemacht.

Nach einer umfangreichen Dokumentation französischer Historiker kann die Gesamtzahl der stalinistischen Opfer mit hinlänglicher Genauigkeit auf 20 Millionen Tote geschätzt werden.

Sozialistischer Realismus

Stalin griff in alle Lebensbereiche ein, seine Macht war **totalitär**. Er schrieb die sozialistischen Erziehungsziele den Schulen ebenso vor, wie er den Künstlern Weisung erteilte, Werke des **sozialistischen Realismus** zu schaffen, die der Verherrlichung der Sowjetunion dienen sollten.

Der „Große Vaterländische Krieg", wie der Zweite Weltkrieg in Anlehnung an den *Vaterländischen Krieg* gegen *Napoleon* (1812) offiziell genannt wird, forderte dem Volk noch einmal gewaltige

Opfer ab. Zwanzig Millionen Tote und verheerende Verwüstungen in fast ganz Westrussland, vollständige Vernichtung vieler Städte und Dörfer und die Zerstörung nahezu aller Industrieanlagen, die innerhalb des von der Wehrmacht eroberten Gebietes lagen, rechtfertigen das Urteil, dass kein Volk so unter diesem Krieg gelitten hat wie das sowjetische.

11.2.4 Stalins Nachfolge: Chruschtschow und Breschnew

Mit *Stalins* Tod im März 1953 begannen sich die innenpolitischen Verhältnisse zu entspannen. Dieser als **Entstalinisierung** bezeichnete Prozess wurde eingeleitet durch eine große, zunächst geheim gehaltene Rede von *Nikita Chruschtschow* (1894–1971), dem späteren Ministerpräsidenten von 1958 bis 1964. In diesem 1956 gehaltenen Referat vor dem XX. Parteitag der KPdSU rechnete der Generalsekretär der Partei schonungslos mit Stalin ab. Er geißelte die götzenhafte Verherrlichung von Stalins Person, den **Stalinkult**, kritisierte dessen skrupellose Machtpolitik und sprach in diesem Zusammenhang nicht nur von Fehlern, sondern sogar von Verbrechen. Er warf ihm Irrtümer und Fehleinschätzungen vor und bezeichnete ihn als mitverantwortlich für die Schwierigkeiten der UdSSR.

Entstalinisierung

Stalinkult

▶ Q. 5

Diese Schwierigkeiten traten vor allem im wirtschaftlichen Bereich immer deutlicher zu zutage. Die **zentrale Planwirtschaft** hat es trotz laufender Fünfjahrespläne, deren Ziele nach der amtlichen Statistik zumeist erfüllt, ja sogar übererfüllt wurden, in über 70 Jahren sozialistischer Herrschaft nicht vermocht, die permanenten Versorgungsmängel wenigstens beim Grundbedarf landesweit zu beheben.

Zentrale Planwirtschaft

An den Nahrungsengpässen sind sicherlich auch die klimatischen Bedingungen schuld. Aber der technologische Rückstand bei allen zivilen Produkten – unabsetzbar außerhalb des Ostblocks –, die fehlende Leistungsmotivation, die mangelhafte Infrastruktur und das unzulängliche Transportwesen zeigen die Schwächen des Systems. So führte zum Beispiel bis zum Zusammenbruch der Sowjetunion in 90 % aller Ortschaften keine befestigte Straße.

Im Jahre 1961 hatte *Chruschtschow* das ehrgeizige Programm verkündet, dass die Sowjetunion binnen zehn Jahren die USA im Lebensstandard einholen und danach überflügeln werde. Bereits bis 1980 sollte der „gesellschaftliche Reichtum“ so groß sein, dass gemäß kommunistischem Ideal viele Bedürfnisse „kostenlos“ befriedigt werden könnten. Ärztliche Versorgung, Mieten einschließlich der Nebenkosten und die öffentlichen Verkehrsmittel seien dann für den Sowjetbürger frei – und das alles beim kürzesten Arbeitstag der Welt.

Diese utopischen Ziele wurden nicht annähernd erreicht und auf den nachfolgenden Parteitagen auch nie wieder erwähnt. Die offensichtlichen Misserfolge in *Chruschtschows* Wirtschaftspolitik führten mit zu seinem **Sturz** im Oktober 1964, bei dem ihm in der *Prawda* massive Vorwürfe gemacht wurden, obwohl sein Name nicht direkt genannt wurde. Aber jeder wusste, wer gemeint war, wenn von „verfrühten Schlussfolgerungen und überstürzten, wirklichkeitsfremden Beschlüssen und Handlungen, Prahlerei und Wortgeklingel“ die Rede war.

Chruschtschows Sturz

Nach *Chruschtschows* Sturz übernahm zunächst ein Führungskollektiv die Macht, aus dessen Mitte sich jedoch bald der neue Parteichef *Leonid Breschnew* als „Primus inter Pares“ (Erster unter Ranggleichen) hervortat.

Die neue Führung knüpfte mit einer Neuorganisation der KPdSU bewusst an **Traditionen** der Stalinzeit an, setzte aber im wirtschaftlichen Bereich einige äußerst vorsichtige **Reformen** durch. Von den visionären Zielsetzungen *Chruschtschows* rückte man deutlich ab.

Traditionen
Reformen

Tatsächlich stellten sich auch relative Anfangserfolge ein. Insgesamt beschleunigte sich die Wirtschaftsentwicklung, vor allem in rüstungsnahen Bereichen waren spürbare Erfolge zu verzeichnen. Allerdings machte sich schon damals in der Elektronik- und Computerindustrie ein Rückstand im Vergleich zum Westen bemerkbar, in einem Bereich also, der zunehmend an

Bedeutung gewann. Bald waren die Anfangserfolge verflogen: Die mangelhafte Flexibilität des sowjetischen Wirtschaftssystems wurde durch alle Maßnahmen der Führung nicht beseitigt, sondern eher noch verstärkt, weil die Wirtschaft weiter zentralisiert wurde und die Schwierigkeiten der einzelnen Betriebe, z. B. bei der Ersatzteilbeschaffung, nicht behoben werden konnten.

Zu den Unzulänglichkeiten im industriellen Sektor kamen noch massive Schwierigkeiten in der Landwirtschaft. Vier Missernten zwischen 1972 und 1982 zwangen die Sowjetunion, im „kapitalistischen Ausland", vor allem in den USA und Kanada, erhebliche Getreideeinkäufe zu tätigen.

Weizenlieferungen

Die seither jährlich erfolgten **Weizenlieferungen** zeigten, dass die UdSSR trotz erheblicher Anstrengungen auf den riesigen Getreidefeldern nicht in der Lage war, die Bevölkerung aus dem eigenen Land ausreichend zu versorgen. Mit ausschlaggebend war u. a. die Tatsache, dass jährlich mehr als 20 % der eigenen Getreideernte und etwa 35 % der Kartoffelernte durch unsachgemäße Lagerung oder beim Transport verloren gingen.

Die Sozialpolitik der Ära *Breschnew* war geprägt von Beschränkungen und Rationierungen. Trotzdem stieg der Lebensstandard der sowjetischen Bevölkerung spürbar an. Das trotz aller politischer und wirtschaftlicher Gängelung vorherrschende Gefühl der sozialen Sicherheit, für das ein Staat sorgte, der in allen Lebensbereichen regulierend eingriff, zeitigte eine Reihe negativer Konsequenzen und Einstellungen, die teilweise bis in die jüngste Vergangenheit wirkten: Interessenlosigkeit und sinkende Arbeitsmoral bis in die hohe Partei- und Staatsbürokratie hinein, fehlende Eigeninitiative und das Aufschieben von wichtigen Entscheidungen führten zu wachsender Stagnation im gesellschaftlichen und wirtschaftlichen Bereich.

Nationalitätenkonflikt

Der **Nationalitätenkonflikt**, der schon einige Jahre vor dem Zusammenbruch der Sowjetunion offen zutage getreten war und gegenwärtig auf dem Gebiet der ehemaligen UdSSR weiter an Schärfe zunimmt, war von *Breschnew* noch massiv unterdrückt worden. Zwar war in der Verfassung die „Gleichheit aller Nationen und Völkerschaften" garantiert, doch die Wirklichkeit sah anders aus: Eine teilweise rücksichtslose Russifizierungspolitik hatte zum Ziel, die über 100 Völker, die in der UdSSR lebten, an das russische anzugleichen, das mit rund 150 Millionen Angehörigen das größte war und mehr als die Hälfte der Gesamtbevölkerung umfasste. Besondere Bedeutung kam hierbei der russischen Sprache zu, die zur allgemeinen Wissenschaftssprache erklärt wurde und von jedem Kind zumindest als Zweitsprache erlernt werden sollte. Außerdem wurden sowjetische Feiertage eingeführt und alte Volksbräuche und nationale Traditionen verdrängt oder gar verboten. Schließlich forcierte *Breschnew* eine Politik, die darauf abzielte, möglichst viele Russen in anderen Unionsrepubliken anzusiedeln, um so den russischen Einfluss zusätzlich zu verstärken.

Dissidenten

Besonders hart ging die Sowjetführung mit **Dissidenten** um, also den politisch Andersdenkenden verschiedenster Ausrichtung. Diesen Menschen drohte nicht nur der Verlust des Arbeitsplatzes, sondern manchmal neben Haft und Zwangsarbeit auch die Zwangseinweisung in eine psychiatrische Klinik. Prominente Dissidenten waren der Atomphysiker und Friedensnobelpreisträger *Andrej Sacharow* und der Schriftsteller und Literaturnobelpreisträger *Alexander Solschenizyn*. *Sacharow* war von 1980 bis 1987 nach Gorki verbannt worden, wo er unter strenger

KGB

Bewachung des **KGB**, des sowjetischen Geheimdienstes, stand. *Solschenizyn* hatte in seinem 1973 erstmals im Westen veröffentlichten Werk „Der Archipel Gulag" das System der Straflager beschrieben und offene Kritik an der politischen Führung geübt. Er wurde 1974 zwangsausgebürgert und von den staatlichen Medien in der Sowjetunion als „moralisch verkommen" diffamiert.

Gerontokratie

Nach *Breschnews* Tod im Jahr 1982 setzte sich die **Gerontokratie** (Herrschaft der Alten) in der Sowjetunion fort: Nacheinander kamen zwei Funktionäre an die Macht, die noch unter *Stalin* gedient hatten und aufgestiegen und dementsprechend politisch geprägt waren. Beide waren mit 69 bzw. 72 Jahren die ältesten Generalsekretäre der Geschichte. *Jurij Andropow*, der frühere Chef des KGB, starb 15 Monate nach seinem Amtsantritt, sein Nachfolger *Konstantin Tschernenko* schon nach 13 Monaten.

Beide waren zu kurz an der Macht, als dass ihre Herrschaft Spuren hätte hinterlassen können. Lediglich das unbedingte Festhalten am Konfrontationskurs gegenüber dem Westen und eine insgesamt reformfeindliche Politik zeichnete beide aus.

11.2.5 Das Ende der Sowjetunion: Gorbatschow

Michail Gorbatschow war innerhalb von nur 28 Monaten bereits der vierte Generalsekretär der KPdSU. Am 11. März 1985 wurde der mit 54 Jahren jüngste Generalsekretär der Nachkriegsgeschichte zum mächtigsten Mann im Kreml. Mit einer ungewohnten Dynamik und offenkundig viel Elan versuchte er, das erstarrte System der UdSSR zu öffnen, ihm neue Impulse zu geben und gegenüber dem Westen aufzuholen. Die Schlagworte von **Glasnost** (Offenheit, Transparenz) und **Perestroika** (Umgestaltung) standen stellvertretend für einen Prozess der Demokratisierung. Dennoch entglitt der Führung unter *Gorbatschow* die Kontrolle über das Geschehen im Land immer mehr. Als verhängnisvoll erwies sich jetzt, dass ein umfassendes Gesamtkonzept zur Umgestaltung und Neuorganisation der Wirtschaft fehlte. Viele Reformen blieben Stückwerk, andere wurden nur halbherzig begonnen und wieder andere waren bereits vor ihrer Bekanntgabe von den Ereignissen überholt oder wurden von Kritikern zerredet und massiv behindert. Gingen den sogenannten Radikalreformern *Gorbatschows* Versuche zur wirtschaftlichen und politischen Neugestaltung nicht weit genug, so betätigten sich die alten Kader als Bremser: Sie fürchteten um ihre Privilegien und hatten deshalb kein Interesse, sich den Wettbewerbsbedingungen der Marktwirtschaft zu stellen oder ihre bisher nahezu unkontrollierte Macht begrenzen zu lassen. *Gorbatschows* neuer Stil zeigte sich z. B. darin, dass er zahlreiche Dissidenten aus der Haft entließ oder begnadigte. Die Zensur wurde gelockert und am 1. August 1990 wurde die **Pressefreiheit** durch ein Mediengesetz abgesichert. Dennoch blieben sämtliche politischen Reformen stets ein Ausdruck von *Gorbatschows* Festhalten am Sozialismus sowjetischer Prägung. Auch die Einführung von Alternativkandidaten bei **Wahlen** konnte darüber nicht hinwegtäuschen. Im gleichen Maße wie *Gorbatschows* Popularität im Westen stieg, sank sie im eigenen Land. Die alles überschattende **Versorgungskrise** schwächte seine Position immer mehr. Schließlich versuchte er noch mehr Macht in seiner Person zu bündeln, als er sich am 15. März 1990 in das auf ihn zugeschnittene Amt des Präsidenten der Sowjetunion einsetzen ließ.

Glasnost

Perestroika

Pressefreiheit

Wahlen

Versorgungskrise

Ein vom KGB inszenierter **Putsch** im August 1991 scheiterte zwar, weil der Präsident Russlands, *Boris Jelzin,* mutig Widerstand leistete und zahlreiche Soldaten entweder den Putschisten jeglichen Gehorsam verweigerten oder zu *Jelzin* übergelaufen waren. Dennoch markierte dieser Staatsstreich das Ende von *Gorbatschows* Herrschaft. Ausgerechnet die reaktionären Kräfte, die *Gorbatschow* in die Regierung berufen hatte, um sie so einzubinden, waren unter den maßgeblichen Anführern zu finden. Der Druck auf *Gorbatschow* verstärkte sich; vor allem *Boris Jelzin* kritisierte den Präsidenten der UdSSR immer schärfer, und im Dezember 1991 markierte der Rücktritt *Gorbatschows* das Ende der Sowjetunion.

Putsch 1991

In der Nacht zum 27. Dezember 1991 wurde die sowjetische Flagge über dem Kreml eingeholt. An die Stelle der Sowjetunion trat ein loser Staatenbund: die „Gemeinschaft Unabhängiger Staaten" **(GUS)**.

GUS

11.2.6 Die Außenpolitik der Sowjetunion

Nach der Oktoberrevolution von 1917 war die neue sowjetisch-russische Führung davon überzeugt, dass der Funke der Revolution auch auf andere Staaten überspringen werde. Doch trotz der Novemberrevolution 1918 in Deutschland und der Ausrufung von Räterepubliken in Ungarn und Bayern erfüllte sich diese Hoffnung nicht. Die sowjetische Außenpolitik ging deshalb gemäß einer These *Lenins* von der **zeitweiligen Parallelexistenz** des Sowjetstaates mit den kapitalistischen Ländern aus. Man bemühte sich also um diplomatische Anerkennung, die von Deutschland als erstem Staat 1922 im **Vertrag von Rapallo** gewährt wurde. Bis 1933 wurde die

Zeitweilige Parallelexistenz

Vertrag von Rapallo

1922 gegründete UdSSR praktisch von allen wichtigen Staaten als legitimer Nachfolgestaat des Zarenreiches anerkannt.

Kollektive Sicherheit

Nach *Lenins* Tod im Januar 1924 und der Ausschaltung aller Gegner verfolgte *Stalin* in der Außenpolitik zunächst die Konzeption der **kollektiven Sicherheit**, deren Ziel es war, alle europäischen und asiatischen Nachbarstaaten in ein engmaschiges Netz gegenseitiger Verträge und Abkommen zu binden. Zu Beginn der 30er-Jahre des vorigen Jahrhunderts war die sowjetische Fernostgrenze durch das immer aggressiver auftretende Japan stark bedroht, sodass *Stalin* zunächst im Westen ein System von bilateralen Nichtangriffsverträgen schloss, um im Osten Handlungsfreiheit zu behalten. 1932 wurden Verträge mit Finnland, Lettland, Estland, Polen und Frankreich geschlossen. Drei Jahre später unterzeichneten die Tschechoslowakei und Frankreich einen Nichtangriffsvertrag mit der Sowjetunion, der sogar eine Beistandsverpflichtung vorsah. Im Fernen Osten dagegen gelang es *Stalin* nur, einen Nichtangriffsvertrag mit China abzuschließen; ansonsten blieben alle diplomatischen Bemühungen ohne Erfolg. Zwar wurde die UdSSR 1934 in den Völkerbund aufgenommen, doch die Politik der kollektiven Sicherheit schien spätestens mit dem Abschluss des Münchner Abkommens (siehe S. 226) endgültig gescheitert, die Hoffnung *Stalins*, die europäischen Staaten gegen Hitler-Deutschland einigen zu können, hatte sich nicht erfüllt. Die Außenpolitik der UdSSR vollzog nach diesen Misserfolgen eine Wendung, die nur wenige erwartet hatten: Mit Deutschland wurde im August 1939 ein Nichtangriffspakt geschlossen, mit Japan im April 1941 ein Neutralitätspakt.

22. Juni 1941

Stalin hatte gehofft, mit den beiden Mächten, von denen er eine Bedrohung der westlichen bzw. östlichen Flanke seines Riesenreiches erwartete, eine Art von Stillhalteabkommen erreichen zu können, eine Hoffnung, die sich als trügerisch erwies. *Hitler* griff am **22. Juni 1941** die Sowjetunion an. Auch wenn einzelne Anzeichen dafür sprechen, dass *Stalin* einen militärischen Angriff zu einem späteren, ihm günstig erscheinenden Zeitpunkt zumindest in Erwägung gezogen hat, von der Wucht des plötzlichen deutschen Überfalls wurde er überrascht. Erst im November 1941 gelang es ihm, die Wehrmacht kurz vor Moskau zu stoppen, und mit der Schlacht von **Stalingrad** im Winter 1942/43 wendete sich das Blatt: Die Rote Armee konnte verlorenes Gebiet wieder zurückerobern und ab 1944 auf deutschem bzw. osteuropäischem Boden kämpfen.

Stalingrad

Nach der bedingungslosen Kapitulation der deutschen Wehrmacht verfolgte *Stalin* das außenpolitische Ziel, möglichst viel Einfluss auf die künftige Gestaltung Osteuropas zu nehmen. Gegenüber dem serbischen Politiker *Milovan Djilas* äußerte er: „Wer immer ein Gebiet besetzt, erlegt ihm auch sein eigenes gesellschaftliches System auf. Jeder führt sein eigenes System ein, so weit seine Armeen kommen." Damit war exakt die Strategie der kommenden Monate umrissen. Die Rote Armee hatte fast ganz Osteuropa besetzt; in Polen, der Tschechoslowakei, Ungarn, Rumänien und Bulgarien übernahmen in der Sowjetunion geschulte Kommunisten die Regierung, unterstützt von *Stalins* Offizieren und Soldaten.

Satellitenstaaten

Entgegen dem klaren Wortlaut des auch von *Stalin* unterzeichneten Abkommens von Teheran vom Dezember 1943, nach dem in diesen befreiten Ländern „demokratische Einrichtungen nach eigener Wahl" und Selbstverwaltung gewährleistet werden sollten, bildeten die neu entstandenen „Volksrepubliken" einen Gürtel von **Satellitenstaaten**, der u. a. einen Angriff auf die UdSSR nahezu unmöglich machen sollte. Die westlichen Alliierten reagierten auf die Sowjetisierung Osteuropas mit Protesten. Das Verhältnis innerhalb der ehemaligen Anti-Hitler-Koalition kühlte merklich ab und 1946 wurde diese Koalition mit den Westmächten von *Stalin* für beendet erklärt.

Annexionspolitik

Ein weiteres Vordringen *Stalins* gelang nicht: In Jugoslawien, wo keine sowjetischen Besatzungstruppen standen, widersetzte sich *Tito* offen, und im Juni 1948 kam es zum Bruch mit Moskau. Es misslangen auch Versuche, in den persischen Nordprovinzen, in der Türkei oder Griechenland Fuß zu fassen und ebenfalls kommunistische Regierungen einzusetzen bzw. zu unterstützen. Vor allem die USA widersetzten sich der sowjetischen **Annexionspolitik**. In der nach ihm benannten **Truman-Doktrin** (siehe S. 249) sicherte der amerikanische Präsident allen Staaten Hilfe zu, die sich von der UdSSR bedroht fühlten und bereits eigene Bemühungen zur Abwehr getroffen hatten.

Truman-Doktrin

Die während des Krieges nur mühsam kaschierten ideologischen Gegensätze zwischen der UdSSR und den Westmächten traten nun wieder offen zutage: Es begann der **Kalte Krieg**; die sozialistischen Staaten grenzten sich konsequent vom „imperialistischen und antidemokratischen kapitalistischen Westen“ ab.

Kalter Krieg

Nach *Stalins* Tod 1954 begann in der Sowjetunion unter Führung des neuen Parteichefs *Chruschtschow* eine Phase des „Tauwetters im Osten“. Solange das erklärte Ziel, nämlich ein Kräftegleichgewicht zwischen Ost und West zu erreichen, noch nicht verwirklicht war, verfolgte die sowjetische Führung jetzt die Politik der **friedlichen Koexistenz**.

Friedliche Koexistenz

Auch die zwangsweise dem Ostblock angehörenden sozialistischen Länder erhofften sich eine liberalere Politik und mehr Unabhängigkeit von der Moskauer Zentrale. Doch diese Hoffnung währte nicht lange. Am 17. Juni 1953 schlugen sowjetische Truppen den Volksaufstand in der DDR nieder, und 1956 wurden Unruhen in Polen unterdrückt und der Aufstand der Ungarn rücksichtslos militärisch niedergekämpft.

Zwar näherten sich die USA und die UdSSR Ende der 1950er-Jahre vorübergehend einander an, doch mit der **Kuba-Krise** von 1962 erreichte die Konfrontation im Kalten Krieg den Höhepunkt: Nur knapp entging damals die Welt dem dritten Weltkrieg und der drohenden atomaren Katastrophe. Nach dieser Krisensituation begann wiederum eine Phase der Entspannung, jedoch erhielt die Sowjetunion ihren Anspruch aufrecht, international als Großmacht anerkannt zu werden.

Kuba-Krise

Diesen Anspruch bekräftigte nach *Chruschtschows* Sturz auch die neue Führung unter *Breschnew*. Man hielt nach wie vor am Prinzip der friedlichen Koexistenz fest, unternahm aber gleichzeitig entschiedene Schritte, um vor allem den Einfluss in der Dritten Welt auszudehnen. Dort wurde massiv wirtschaftliche und militärische Hilfe gewährt, um wenigstens in den Entwicklungsländern mit den USA Schritt zu halten. Allerdings gelangen in Afrika, Asien und Lateinamerika nur bescheidene Erfolge. In Asien war mit dem seit 1949 kommunistischen *China* eine mächtige Konkurrenz entstanden, in Lateinamerika konnte nur *Kuba* als zuverlässiger Verbündeter gelten und in Afrika war häufig Zurückhaltung geboten, um nicht mit den Interessen der Westmächte zu kollidieren.

Ende der 1960er-Jahre hatte die UdSSR trotz der damit verbundenen wirtschaftlichen Probleme ihre Position als – in erster Linie militärische – Weltmacht gefestigt, doch im Jahr 1968 kam es im eigenen Lager zu Differenzen: In der Tschechoslowakei propagierte der erst seit wenigen Monaten amtierende KP-Chef *Alexander Dubček* einen „Sozialismus mit menschlichem Antlitz“, in dem u. a. auf die staatliche Zensur der Presse verzichtet und die Wirtschaft neu gestaltet werden sollte. Diese Vorhaben schienen der sowjetischen Führung mit unkalkulierbaren Risiken behaftet. Vor allem befürchtete man, dass diese Ideen von den anderen Staaten des Ostblocks übernommen und damit die Führungsmacht UdSSR direkt infrage gestellt würde. Mit Unterstützung der sozialistischen Regierungen, die um die innere Stabilität in ihren Ländern und letztlich um ihre Macht fürchteten, begann am 21. August 1968 die militärische Intervention, um den **Prager Frühling** auf diese Weise zu beenden. Ideologisch begründet wurde dieses Vorgehen mit der **Breschnew-Doktrin**, die mit dem Völkerrecht unvereinbar war. Nach dieser Doktrin war die Souveränität eines verbündeten Staates dem Ziel des Weltsozialismus untergeordnet. Wenn sozialistische Errungenschaften gefährdet seien, habe die Sowjetunion nicht nur das Recht, sondern geradezu die Pflicht einzugreifen.

Prager Frühling
Breschnew-Doktrin

▶ Q. 6

Trotz des von den USA und den westeuropäischen Staaten scharf verurteilten militärischen Eingreifens in der Tschechoslowakei gestalteten sich die Beziehungen zum Westen in den

Moskauer Vertrag
Viermächteabkommen
KSZE-Schlussakte

folgenden Jahren im Zeichen einer zunehmenden Entspannung: Der Abschluss des **Moskauer Vertrags** 1970 und des **Viermächteabkommens** über Berlin 1971 signalisierten dies ebenso wie die Unterzeichnung der **KSZE-Schlussakte** von 1975. Erst mit der militärischen Intervention in *Afghanistan*, die im Jahr 1979 begann, kam es zu neuen Spannungen zwischen der UdSSR und dem westlichen Ausland, die erst von *Gorbatschow* vollständig ausgeräumt werden konnten.

Mit *Michail Gorbatschow* begann der Rückzug von der Weltmachtposition: 1989 verließen die letzten sowjetischen Truppen Afghanistan, wachsende wirtschaftliche Schwierigkeiten zwangen zum Rückzug aus der Dritten Welt und auch die Beziehungen zu den „sozialistischen Bruderstaaten" wurden immer mehr gelockert. Daneben schloss *Gorbatschow* mit den USA und der NATO zahlreiche Abrüstungsvereinbarungen. Dennoch blieben seine Bemühungen, mit dem außenpolitischen Rückzug den innenpolitischen Fortschritt zu sichern, letztendlich erfolglos. Aber sein Verdienst war es zweifellos, dass die atomare Bedrohung wenigstens zeitweilig ihren Schrecken verlor.

Es bleibt abzuwarten, ob und wie die Nachfolgestaaten der UdSSR, soweit sie noch über Atomwaffen verfügen, die von *Gorbatschow* so entschieden forcierte Abrüstungspolitik fortsetzen werden.

11.2.7 Probleme der Gegenwart

Gemeinschaft Unabhängiger Staaten

Die ehemalige Sowjetunion ist inzwischen in 15 unabhängige Staaten zerfallen. Die drei baltischen Staaten Estland, Lettland, Litauen wurden nach harten Auseinandersetzungen bereits im September 1991 in die Unabhängigkeit entlassen und sind seit 2004 Mitglieder der Europäischen Union. Die anderen ehemaligen Republiken der UdSSR hatten teilweise schon vor dem Zusammenbruch der UdSSR ihren Austritt erklärt und bildeten nach *Gorbatschows* Rücktritt die **Gemeinschaft Unabhängiger Staaten** (GUS). Russland ist in diesem Staatenbund der wichtigste Staat; sowohl die USA als auch die Europäische Union betrachten es als Rechtsnachfolger der Sowjetunion.

Die Russische Föderation besteht 2015 aus insgesamt 85 Föderationssubjekten. Dazu zählen 22 Republiken, neun Regionen, 46 Gebiete, drei Städte föderalen Ranges (Moskau, Sankt Petersburg und Sewastopol), ein Autonomes Gebiet und vier Autonome Kreise.

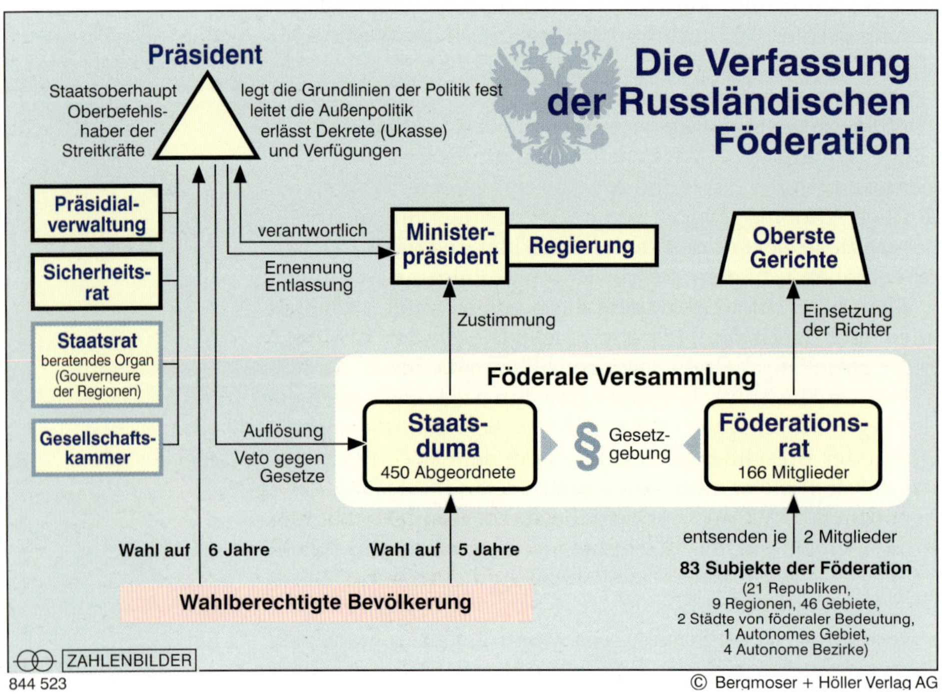

Ab 1990 war *Boris Nikolajewitsch Jelzin* Präsident der Russischen Föderation. Er entwickelte zu Beginn seiner Amtszeit ein ehrgeiziges Reformprogramm, dem das mehrheitlich aus Kommunisten und Nationalisten zusammengesetzte Parlament, der Oberste Sowjet, sehr ablehnend gegenüberstand. Diese „Doppelherrschaft" beendete Jelzin mit dem „Dekret über die Auflösung des Obersten Sowjet der Russischen Föderation", das er am 21. September 1993 erließ. Zahlreiche Reformgegner, die sich daraufhin im

Weißen Haus, dem Parlamentsgebäude Russlands, verschanzt hatten, ließ *Jelzin* mit militärischer Gewalt auseinandertreiben. In einem Referendum wurde der russischen Bevölkerung eine neue Verfassung zur Abstimmung vorgelegt und von ihr angenommen. In dieser **Verfassung**, die bis heute (2015) gilt, wird dem Präsidenten eine dominierende Stellung zugeschrieben: Das direkt gewählte Staatsoberhaupt setzt die Regierung ein und kann sie gegebenenfalls wieder entlassen. Der Präsident kann außerdem das Parlament auflösen, er kann gesetzesähnliche Dekrete erlassen, kann Volksabstimmungen einleiten und ist Oberbefehlshaber der Streitkräfte.

Sturm auf das Weiße Haus, Russland 1993

Wiederwahl Jelzins

Am 3. Juli 1996 wurde *Boris Jelzin* trotz seines schlechten Gesundheitszustands in den Stichwahlen in seinem Amt bestätigt, nachdem er im ersten Wahlgang nur 35 % der abgegebenen Stimmen erhalten hatte. Auf den ehemaligen sowjetischen Staats- und Parteichef *Michail Gorbatschow* entfielen bei dieser Wahl nicht einmal 1 % der Stimmen.

In einer handstreichartigen Aktion erklärte *Jelzin* in der Neujahrsnacht des Jahres 2000 seinen Rücktritt. Er übergab die Amtsgeschäfte an den Ministerpräsidenten *Wladimir Putin*, der die Präsidentschaftswahlen im März 2000 bereits im ersten Wahlgang für sich entscheiden konnte.

Wahlen 2003

Die *Putin* nahestehende Partei Geeintes Russland hat die **Duma-Wahl** am 7. Dezember 2003 mit 37,6 % der Stimmen gewonnen. Die zweitplatzierte Kommunistische Partei erhielt nur noch 12,6 % der Stimmen und verlor damit ihren Status als stärkste Partei, den sie noch 1999 innegehabt hatte.

Putin ist seit dem 7. Mai 2012 Präsident der Russischen Föderation. Dasselbe Amt hatte er bereits von 2000 bis 2008 inne. Von 1999 bis 2000 und erneut von Mai 2008 bis Mai 2012 war Putin Ministerpräsident Russlands.

Alltagsleben

Doch am größten sind die Konfliktpotenziale im **Alltagsleben** der Russen: Die Schwierigkeiten beim Übergang zur Marktwirtschaft bedeuten für viele Arbeitslosigkeit, begleitet von einer beinahe explosionsartig steigenden Inflation und einer nie gekannten Wohnungsnot. Die Korruption beherrscht alle Bereiche des wirtschaftlichen und gesellschaftlichen Lebens, mafiaähnliche Strukturen breiten sich immer weiter aus, das Geschäft mit Drogen und Prostitution ist das einzige, das floriert und ungeahnte Gewinne abwirft.

Einführung der Marktwirtschaft

Die **Einführung der Marktwirtschaft** mit Privateigentum an Produktionsmitteln wird noch durch weitere Faktoren zusätzlich erschwert:

- Die Finanzkrise der Russischen Föderation wirkt gleich zweifach. Trotz hoher Inflationsrate bleibt der Staat oft monatelang mit seinen Zahlungsverpflichtungen gegenüber Rentnern, den Offizieren und Mannschaften der Armee und den Arbeitern in Staatsbetrieben in Rückstand.
  Die äußere Verschuldung (Auslandsschulden) zwingt zu immer neuen Umschuldungsverhandlungen, bei denen lediglich die älteren Kredite durch neue mit längeren Laufzeiten und günstigeren Konditionen ersetzt werden. Schon jetzt wird deutlich, dass Russland seine Gesamtverpflichtungen gegenüber dem Ausland auf absehbare Zeit nicht wird bezahlen können. Die weitverbreitete und die Wirtschaft durchdringende Korruption verstärkt die Verdachtsmomente, dass Gelder des Internationalen Währungsfonds auf Privatkonten reicher Russen vor allem in der Schweiz angelegt worden sind.

- Unfähigkeit und Unwilligkeit – beides nicht unerklärlich nach 70 Jahren sozialistischer Kommandowirtschaft –, für den Markt und nicht nach Plan zu produzieren, sich an Konsumentenwünschen zu orientieren und nicht auf Befehle der Kommandozentrale zu warten. Völlig unbekannt ist das jedem westlichen Ökonomen geläufige Kosten-Nutzen-Denken. Häufig wird nicht einmal ansatzweise berechnet, ob eine bestimmte, Kosten verursachende Arbeit sich überhaupt auszahlt.
  Zum *Beispiel:* Die Republik Usbekistan, ein mittelasiatisches Land der GUS, weiß nicht, ob die volkswirtschaftlichen Kosten ihrer Goldförderung niedriger als der Erlös sind.
- Der Zusammenbruch der alten Ordnungsstrukturen, ohne dass neue bereits bestehen. Funktionierte die wirtschaftliche Zusammenarbeit zwischen den Betrieben dank parteilicher Weisung auch mehr schlecht als recht, so garantierte sie wenigstens ein Minimum an Kooperation. Immer noch hatte der örtliche Parteisekretär die Möglichkeit, über formelle und informelle Verbindungen zur Moskauer Parteizentrale dafür zu sorgen, dass „sein" Betrieb die dringend benötigten Ersatzteile bekam. Das Verbot und die Auflösung der KPdSU haben auch diesen Kanal verstopft.
- Die fehlenden Verkehrswege und Nachrichtenverbindungen, die insgesamt mangelhafte Infrastruktur potenzieren die Probleme jeder wirtschaftlichen Reform. Das Getreide verfault auf dem Halm, weil nicht genügend reparierte Mähdrescher zur Verfügung stehen, und Arbeitskräfte fehlen, da in der Landwirtschaft immer noch äußerst schlechte Löhne gezahlt werden. Das schließlich abgeerntete Getreide verschimmelt im Freien, weil keine Lagerschuppen vorhanden sind, oder es vergammelt in undichten Lagerhäusern, weil Transportkapazitäten fehlen. Russland und die anderen Staaten der GUS zahlen heute den bitteren Preis für die Bevorzugung des militärischen vor dem zivilen Bereich.

▶ QUELLE 1 **Die ökonomischen Gesetzmäßigkeiten des Hinüberwachsens des Sozialismus in den Kommunismus**

Sozialismus und Kommunismus sind zwei Phasen einer einheitlichen Gesellschaftsformation. Ihre wichtigsten Gemeinsamkeiten sind das gesellschaftliche Eigentum an Produktionsmitteln und die planmäßige Entwicklung der Wirtschaft mit dem Ziel einer wachsenden Bedürfnisbefriedigung. Zwischen Sozialismus und Kommunismus bestehen auf ökonomischem Gebiet die folgenden wesentlichen Unterschiede:

- im Sozialismus gibt es zwei Formen des gesellschaftlichen Eigentums an Produktionsmitteln, während im Kommunismus das einheitliche kommunistische Eigentum existiert;
- im Sozialismus erfolgt die Verteilung nach der Arbeitsleistung, während im Kommunismus das Prinzip „Jeder nach seinen Fähigkeiten, jedem nach seinen Bedürfnissen" verwirklicht wird;
- im Kommunismus werden die im Sozialismus noch bestehenden Unterschiede zwischen geistiger und körperlicher Arbeit sowie zwischen Stadt und Land im wesentlichen aufgehoben;
- im Sozialismus ist die Arbeit noch „Maßstab des Konsums der Menschen und in diesem Sinne Mittel zum Leben". Erst im Kommunismus bildet sich der neue Charakter der Arbeit voll aus, der diese zum ersten Lebensbedürfnis werden läßt;
- im Kommunismus werden die im Sozialismus noch bestehenden sozialen Unterschiede durch „die volle Gleichheit aller Gesellschaftsmitglieder" überwunden;
- im Kommunismus werden die Ware-Geld-Beziehungen und das Wertgesetz aufgehoben.

(Zit. nach: Wolfgang Leonhard: Die politische Ökonomie des Marxismus-Leninismus. Informationen zur politischen Bildung, Heft 184: Kommunistische Ideologie 2, 1980, S. 34)

Worin unterscheiden sich „Kommunismus" und „Sozialismus"? Stellen Sie die Unterschiede in einer Tabelle zusammen.

Die Verfassung der UdSSR von 1977 zur „entwickelten sozialistischen Gesellschaft"

▶ QUELLE 2

Das ist eine Gesellschaft, in der mächtige Produktivkräfte und eine fortschrittliche Wissenschaft und Kultur geschaffen wurden, in der der Wohlstand des Volkes ständig wächst und sich immer günstigere Bedingungen für die allseitige Entwicklung der Persönlichkeit herausbilden.

Das ist eine Gesellschaft reifer sozialistischer gesellschaftlicher Verhältnisse, in der auf der Grundlage der Annäherung aller Klassen und sozialen Schichten und der juristischen und tatsächlichen Gleichheit aller Nationen und Völkerschaften sowie ihrer brüderlichen Zusammenarbeit eine neue historische Gemeinschaft von Menschen – das Sowjetvolk – entstanden ist.

Das ist eine Gesellschaft von hoher Organisiertheit, Ideenstärke und Bewußtheit der Werktätigen – Patrioten und Internationalisten. Das ist eine Gesellschaft, deren Lebensgesetz die Sorge aller um das Wohl jedes einzelnen und die Sorge jedes einzelnen um das Wohl aller ist.

Das ist eine Gesellschaft wahrer Demokratie, deren politisches System die effektive Verwaltung aller gesellschaftlichen Angelegenheiten, die immer aktivere Teilnahme der Werktätigen am staatlichen Leben sowie die Verknüpfung der realen Rechte und Freiheiten der Bürger mit ihren Verpflichtungen und ihrer Verantwortung gegenüber der Gesellschaft ist.

(Zit. nach: Informationen zur politischen Bildung, Heft 184/1980, S. 39)

1. **Nennen Sie die Merkmale einer „entwickelten sozialistischen Gesellschaft".**
2. **Inwiefern entsprachen diese Merkmale der Realität in der Sowjetunion?**

Auszüge aus den Dekreten über den Frieden und über den Grund und Boden vom 8. November 1917

▶ QUELLE 3

Dekret über den Frieden (Auszug)

Die Arbeiter- und Bauernregierung, die durch die Revolution vom 24.–25. Oktober geschaffen wurde und die sich auf die Sowjets der Arbeiter-, Soldaten- und Bauerndeputierten stützt, schlägt allen kriegführenden Völkern und ihren Regierungen vor, sofort Verhandlungen über einen gerechten demokratischen Frieden zu beginnen. [...] Ein solcher Friede ist nach der Auffassung der Regierung ein sofortiger Friede ohne Annexionen und ohne Kontributionen. [...]

Die Regierung schafft die Geheimdiplomatie ab, sie erklärt, daß sie ihrerseits fest entschlossen ist, alle Verhandlungen völlig offen vor dem ganzen Volk zu führen, und geht unverzüglich dazu über, alle Geheimverträge zu veröffentlichen, die von der Regierung der Gutsbesitzer und Kapitalisten in der Zeit vom Februar bis zum 25. Oktober 1917 bestätigt oder abgeschlossen wurden. [...] Die Regierung schlägt allen Regierungen und Völkern aller kriegführenden Länder vor, sofort einen Waffenstillstand abzuschließen [...]. Die Provisorische Arbeiter- und Bauernregierung Rußlands, die dieses Friedensangebot an die Regierungen und an die Völker aller kriegführenden Länder richtet, wendet sich gleichzeitig an die klassenbewußten Arbeiter der drei fortgeschrittensten Nationen der Menschheit und der größten am gegenwärtigen Kriege beteiligten Staaten: Englands, Frankreichs und Deutschlands. Die Arbeiter dieser Länder haben der Sache des Fortschritts und des Sozialismus die größten Dienste erwiesen [...], sie werden die ihnen jetzt gestellte Aufgabe der Befreiung der Menschheit von den Schrecken des Krieges und seinen Folgen begreifen; denn diese Arbeiter werden uns durch ihre allseitige, entschiedene, rückhaltlos energische Tätigkeit helfen, die Sache des Friedens und zugleich damit die Sache der Befreiung der werktätigen und ausgebeuteten Volksmassen von jeder Sklaverei und jeder Ausbeutung erfolgreich zu Ende zu führen.

Dekret über den Grund und Boden

1. Das Eigentum der Gutsbesitzer an Grund und Boden wird unverzüglich ohne jede Entschädigung aufgehoben.

2. Die Güter der Gutsbesitzer sowie alle Kron-, Kloster- und Kirchenländereien mit ihrem gesamten lebenden und toten Inventar, ihren Wirtschaftsgebäuden und allem Zubehör gehen bis zur Konstituierenden Versammlung in die Verfügungsgewalt der Bezirksbodenkomitees und der Kreissowjets der Bauerndeputierten über.

(Wladimir Iljitsch Lenin: Ausgewählte Werke. Bd. II, S. 256 f. Zit. nach: Reinhold Auel, Ludwig Helbig: Sowjetunion. Frankfurt a. M., Wochenschau Verlag 1966, S. 18 f.)

1. **Worin unterscheidet sich die Politik der Revolutionäre von der der alten Mächte?**
2. **Welche Konsequenzen ergaben sich aus den beiden Dekreten für die Bevölkerung?**

▶ QUELLE 4 Lenins Begründung der Neuen Ökonomischen Politik (NEP) vom März 1921

Wenn wir alle Aufmerksamkeit auf den Wiederaufbau der Wirtschaft richten, müssen wir wissen, daß wir einen kleinen Landwirt, einen Kleinbesitzer, einen Kleinproduzenten vor uns haben, der bis zum vollen Sieg der Großproduktion, bis zu deren Wiederherstellung, für den Warenmarkt arbeitet. Diese Wiederherstellung ist aber auf der alten Basis unmöglich: das ist eine Sache von vielen Jahren, von nicht weniger als einem Jahrzehnt, bei der Zerrüttung unserer Wirtschaft wahrscheinlich noch mehr. Bis dahin werden wir lange Jahre mit diesem Kleinproduzenten als solchem zu tun haben, und die Losung des freien Handels wird unvermeidlich sein.

Die proletarische Staatsmacht kann sich durch Konzessionen eine Vereinbarung mit den kapitalistischen Staaten der fortgeschrittenen Länder sichern, und von dieser Vereinbarung hängt die Verstärkung unserer Industrie ab, ohne die wir auf dem Weg zur kommunistischen Gesellschaftsordnung nicht weiterkommen können; andererseits müssen wir es in dieser Übergangsperiode, in einem Lande mit überwiegender Bauernschaft, verstehen, zu Maßnahmen der wirtschaftlichen Sicherstellung der Bauernschaft, zu einem Maximum von Maßnahmen zur Erleichterung ihrer wirtschaftlichen Lage überzugehen. Solange wir die Bauernschaft nicht umgemodelt haben, solange die große Maschine sie nicht umgemodelt hat, muß ihr die Möglichkeit gesichert werden, frei zu wirtschaften. Die Lage, in der wir augenblicklich leben, ist zwitterhaft, unsere Revolution existiert, umgeben von kapitalistischen Ländern. Solange wir uns in einer solchen Zwitterlage befinden, sind wir genötigt, außerordentlich komplizierte Formen der gegenseitigen Beziehungen zu suchen [...].

(Hans-Joachim Lieber, Karl-Heinz Ruffmann [Hrsg.]: Der Sowjetkommunismus. Dokumente. Band 1: Die politisch-ideologischen Konzeptionen, Köln, Kiepenheuer & Witsch 1963)

1. **Welche Bedeutung misst Lenin den Kleinproduzenten zu?**
2. **Erklären Sie, was Lenin unter der „augenblicklich zwitterhaften Lage" versteht.**

▶ QUELLE 5 Aus der Geheimrede Chruschtschows am 25. Februar 1956

Es hat sich erwiesen, daß viele Aktivisten der Partei, der Sowjets und der Wirtschaft, die in den Jahren 1937 bis 1938 zu „Volksfeinden" gestempelt worden waren, in Wirklichkeit niemals Feinde, Spione, Schädlinge usw. waren, sondern allzeit aufrechte Kommunisten. Sie wurden nur als Feinde gebrandmarkt und bezichtigten sich oft selbst, weil sie die barbarischen Folterungen nicht länger ertragen konnten, nach den Weisungen der Untersuchungsrichter – und Wahrheitverfälscher – aller möglichen schweren und unwahrscheinlichen Verbrechen. [...]

(Zit. nach Wolfgang Mickel, Wanda Kampmann, Berthod Wiegand: Politik und Gesellschaft. Band II, Frankfurt a. M., Hirschgraben 1975, S. 63)

Genossen, der Persönlichkeitskult nahm vor allem deshalb so ungeheuerliche Formen an, weil Stalin selbst mit allen denkbaren Methoden die Glorifizierung seiner Person unterstützte. Dies wird durch zahlreiche Tatsachen erhärtet. Eines der bezeichnendsten Beispiele für Stalins Selbstverherrlichung und für seinen Mangel an elementarster Bescheidenheit ist die Herausgabe seiner „Kurzen Biographie", die 1948 erschien. Dieses Buch ist Ausdruck der hemmungslosesten Schmeichelei, ein Beispiel dafür, wie man einen Menschen zum Götzen macht, wie man ihn in einen unfehlbaren Weisen verwandelt – in den „größten Führer", in den „hervorragendsten Strategen aller Zeiten und Völker". Schließlich konnte man überhaupt keine anderen Worte mehr finden, um Stalin in den Himmel zu heben.

Wir brauchen hier keine Beispiele für die widerwärtige Beweihräucherung zu geben, die dieses Buch füllt. Wir brauchen nur zu sagen, daß Stalin persönlich alles billigte und selbst redigierte und manches sogar eigenhändig in das Manuskript einfügte.

Was hielt Stalin für so wesentlich, daß er es selbst in dieses Buch schrieb? Wollte er den Eifer seiner Schmeichler ein wenig abkühlen, die seine „Kurze Biographie" zusammenstellten? Nein, er strich ausgerechnet jene Stellen an, wo seine Verdienste seiner Ansicht nach nicht genügend gerühmt wurden.

(Zit. nach Reinhold Auel, Ludwig Helbig: Sowjetunion. Frankfurt a. M., Wochenschau Verlag 1966, S. 136)

1. **Nennen Sie die Verbrechen, deren Stalin bezichtigt wird.**
2. **Welches Charakterbild entwirft Chruschtschow von Stalin?**
3. **Warum handelt es sich um eine „Geheimrede"?**

Die Breschnew-Doktrin

▶ QUELLE 6

Wir können jedoch nicht damit einverstanden sein, dass feindliche Kräfte ihr Land vom Weg des Sozialismus stoßen und die Gefahr einer Lostrennung der Tschechoslowakei von der sozialistischen Gemeinschaft heraufbeschwören. Das sind nicht mehr nur ihre Angelegenheiten. Das sind die gemeinsamen Angelegenheiten aller kommunistischen und Arbeiterparteien und aller durch Bündnis, durch Zusammenarbeit und Freundschaft vereinten Staaten. Das sind die gemeinsamen Angelegenheiten unserer Staaten, die sich im Warschauer Pakt vereinigt haben [...].

Die Grenzen der sozialistischen Gemeinschaft haben sich bis in das Herz Europas, bis zur Elbe und bis zum Böhmerwald vorgeschoben. Und wir werden niemals damit einverstanden sein, dass diese historischen Errungenschaften des Sozialismus, die Unabhängigkeit und Sicherheit aller unserer Völker in Gefahr geraten. Wir werden niemals zulassen, daß der Imperialismus auf friedlichem oder unfriedlichem Wege, von innen oder von außen, eine Bresche in das sozialistische System schlägt und das Kräfteverhältnis in Europa zu seinen Gunsten verändert. [...]

(Brief vom 15. Juli 1968 an die Tschechoslowakei, unterzeichnet von der UdSSR, der DDR, Ungarn, Polen und Bulgarien)

Inwiefern verstößt der Inhalt der Breschnew-Doktrin gegen das Völkerrecht?

AUFGABEN

1. Stellen Sie die Aufgaben und Rechte des amerikanischen Präsidenten in einer Mindmap zusammen.

2. Definieren Sie
   - Impeachment,
   - Amendment,
   - Isolationismus,
   - Winner-Takes-All-Rule.

3. Beschreiben Sie mit zeitlicher Abgrenzung die Phasen der US-Außenpolitik. Fertigen Sie hierzu ein Schaubild.

4. Diskutieren Sie mögliche Argumente für und gegen die gegenwärtige Außenpolitik der USA. Organisieren Sie zu dieser Frage ein Rollenspiel.

5. Zählen Sie die wichtigsten Probleme auf, denen sich die Nachfolgestaaten der ehemaligen UdSSR gegenwärtig gegenübersehen.

6. Vergleichen Sie die Verfassung der Russischen Föderation mit dem Grundgesetz und stellen Sie die Unterschiede fest.

7. Warum können die USA als einzige noch verbliebene Weltmacht bezeichnet werden?

HOT Grundlegende Arbeitstechniken und Methoden 11:

Diskussion

Die Diskussion ist eine besondere Form des Gesprächs, das uns jeden Tag in vielerlei Formen begegnet: Wir diskutieren mit unseren Mitschülern über ein von der Schulleitung geplantes generelles Verbot aufreizender Kleidung in der Schule, wir diskutieren mit unseren Mitschülern und unserem Klassenlehrer über das Programm des beabsichtigten Schullandheimaufenthaltes, und wir diskutieren im Jugendclub über die Anschaffung von neuen Sportgeräten. Gemeinsam ist all diesen Gesprächssituationen, dass eine Auseinandersetzung über unterschiedliche Standpunkte stattfindet und dass dieses „Rundgespräch" – wie die Diskussion auch genannt wird – mit dem Ziel geführt wird, neue Erkenntnisse zu gewinnen, Lösungsmöglichkeiten aufzuzeigen und zu einem Ergebnis zu gelangen.

Tagtäglich bieten sich unzählige Gelegenheiten zur Diskussion. Damit diese aber nicht fruchtlos bleibt und ausschließlich zu viel Gerede um nichts führt, gilt es, einige Regeln zu beachten:

Der Diskussionsleiter sollte

- neutral bleiben, d. h. seine eigene Meinung zurückhalten;
- die Diskussion eröffnen. Dabei muss er das Problem, das besprochen werden soll, kurz umreißen und sich z. B. eine Frage überlegen, die er einem der Teilnehmer als Einstieg in die Diskussion stellen will;
- während der Diskussion Wortmeldungen sammeln, das Wort erteilen, Dauerredner bremsen und Schüchterne – z. B. mit einer gezielt gestellten Frage – ermuntern. Außerdem muss er darauf achten, dass die Diskussion eine Struktur hat und auch behält, d. h., er muss verhindern, dass vom Thema abgeschweift oder verschiedene Aspekte ungeordnet und ohne Zusammenhang diskutiert werden;
- die gesamte Diskussion konzentriert mitverfolgen, um Zwischenergebnisse zusammenzufassen, bei einem Stocken der Diskussion neue Impulse zu geben und neue Aspekte einführen zu können;
- die Diskussion mit einem zusammenfassenden Schlusswort abschließen.

Der Diskussionsteilnehmer sollte

- den anderen Teilnehmern aufmerksam zuhören und sie ausreden lassen;
- sich Notizen über seine eigenen und die Argumente und Beispiele anderer Diskussionsteilnehmer machen;
- auf die Beiträge der Vorredner eingehen;
- nicht monologisieren, immer versuchen, sich kurz zu fassen;
- nicht abschweifen.

Eine besondere Form der Diskussion ist die *Podiumsdiskussion*. Hier wird ein Thema nur von ausgewählten Fachleuten und Betroffenen diskutiert, die Zuhörer haben keine Möglichkeit, einen Beitrag zu leisten, außer es handelt sich um eine offene Podiumsdiskussion. Dann kann der Diskussionsleiter auch einem oder mehreren Zuhörern das Wort erteilen.

Im Vergleich zur demografischen Katastrophe
ist der Zusammenbruch des Kommunismus unwichtig.
Der Philosoph Claude Lévi-Strauss, 1992

1 Die nachindustrielle Gesellschaft der Bundesrepublik Deutschland

Der Satz des Pythagoras umfasst 24 Worte,
das Archimedische Prinzip 67,
die Zehn Gebote 179,
die amerikanische Unabhängigkeitserklärung 300 –
und allein der Paragraph 19a des
deutschen Einkommensteuergesetzes 1 862 Worte.
Der damalige bayerische Finanzminister Erwin Huber, 1997

1.1 Gesellschaftliche Eingliederung

DARSTELLUNG

Soziales Wesen

Der Mensch ist ein **soziales Wesen**, d. h., er braucht zu seiner Entfaltung Nähe, Zuwendung und Zusammenwirken mit anderen Individuen. Nach seiner Geburt ist das Menschenkind völlig hilflos und damit auf jede Art Fürsorge angewiesen. Mit Inhalt und Art dieser Fürsorge beginnt die erste Prägung für ein Leben in menschlicher Gemeinschaft, die **Sozialisation**. Diese primäre Sozialisation findet in der Familie statt. Dabei erwirbt das Kind bestimmte Denk-, Gefühls- und Handlungsmuster, die sich im späteren Leben nur noch innerhalb von gewissen, schwer bestimmbaren Grenzen verändern lassen.

Sozialisation

Primärsozialisation

Wie wichtig diese **Primärsozialisation** für das Hineinwachsen in eine menschliche Kultur ist, zeigte sich 1920 am Beispiel von zwei Mädchen im Alter von etwa acht und eineinhalb Jahren, die in einem Wolfsbau im indischen Dschungel entdeckt wurden. In einem Waisenhaus versuchte man, sie zu zähmen, zu erziehen, aber ihre Sozialisation misslang. Sie starben ein paar Jahre später.

Je älter das Kind wird, desto mehr „Sozialagenturen“ wirken ein. Verwandte, Nachbarn, Freunde, Kindergarten, Schule, Ausbildungsbetrieb, Verein und viele andere nehmen am Sozialisationsprozess teil. Die Prägung und Ausformung dessen, was wir Charakter nennen, sichtbar in Verhaltensweisen, vollzieht sich in einem unaufhörlichen Prozess des Lernens, der bis ins hohe Alter anhält. In diesem Sinne gilt der Satz: Man lernt nie aus.

1.1.1 Erziehung in Familie und Schule

1.1.1.1 Die Familie

Familie

www.bmfsfj.de/BMFSFJ/Ministerium/ministerin.html

Familie ist da, „wo Menschen partnerschaftlich füreinander Verantwortung übernehmen“, heißt es in einer Erklärung des Bundeministeriums für Familie, Senioren, Frauen und Jugend.

Großfamilie
Kernfamilie
Mehrkindfamilie
Einkindfamilie
Single

Historisch betrachtet hat sich damit das Familienbild gewaltig gewandelt. Überwog in Europa bis zur Mitte des 19. Jahrhunderts noch die agrarische **Großfamilie** mit drei Generationen, so entwickelte sich mit der Industrialisierung der Typ der bürgerlichen **Klein-** oder **Kernfamilie**, die nur noch aus zwei Generationen besteht, den Eltern und ihren Kindern. Aber auch diese **Mehrkinderfamilie** wird zunehmend abgelöst von der **Einkindfamilie**. Parallel dazu nimmt die Zahl der unvollständigen Familien zu, d. h., mehr und mehr Kinder wachsen nur mit einem Elternteil auf, sei es nach Scheidungen oder als Abkömmlinge von Menschen, die bewusst als **Single** leben wollen, dennoch auf wenigstens ein Kind nicht verzichten möchten.

Als das Verhältnis zwischen Jung und Alt noch unverzerrt war: „Am Fronleichnamsmorgen“ von Ferdinand Georg Waldmüller, 1857 (Österreichische Staatsgalerie, Wien)

Die klassische Familie – Vater als Alleinverdiener, Mutter kümmert sich vor allem um die Kinder – stirbt aus. Auch von politischer Seite wird zunehmend die Vereinbarkeit von Beruf und Kindern für beide Elternteile nach dem gelungenen Beispiel Frankreichs gefordert und vielfach praktiziert. Dort kommt es immer häufiger zu einer Art Renaissance der Großfamilie: Die Großeltern, insbesondere die Großmütter, so sie am Ort des jungen berufstätigen Ehepaares wohnen, übernehmen mehr und mehr Pflege- und Erziehungsaufgaben gegenüber den Enkeln und begnügen sich nicht mehr mit dem gelegentlichen Babysitten.

Eine weitere – allerdings noch seltene – Variante im ständig sich wandelnden Familienbild ist das Auftreten der „neuen Väter“, wie sie die Soziologie genannt hat. Bewusst und gewollt, d. h. nicht nur als Notlösung, verzichten Männer auf Beruf und Karriere und überlassen beides ihrer darin zumeist recht erfolgreichen Partnerin. Stattdessen übernehmen sie die herkömmliche Mutterrolle, füllen diese Rolle aber als Männer anders aus als Frauen. Mit größter Selbstverständlichkeit füttern, waschen und wickeln sie die Kleinen und schieben den Kinderwagen zum nächsten Kinderspielplatz – ein noch vor 50 Jahren fast unvorstellbares Bild.

Partnerschaften

Die klassisch-bürgerliche Familie als Gefühlsgemeinschaft aus Eltern und Kindern und die lebenslängliche Ehe verlieren zunehmend an Bedeutung und werden abgelöst durch **Partnerschaften** dauerhafter oder auch nur zeitweiliger Art, in der beide in der Regel berufstätige Teile in ökonomischer Unabhängigkeit voneinander leben wollen.

www.bmfsfj.de

Lebenspartnerschaftsgesetz

Der Gesetzgeber hat die juristische Konsequenz aus dieser Entwicklung gezogen. Mit dem im Jahre 2002 in Kraft getretenen „Gesetz zur Beendigung der Diskriminierung gleichgeschlechtlicher Gemeinschaften: Lebenspartnerschaften“ können auch gleichgeschlechtlich veranlagte Partner ihre Beziehung rechtlich absichern lassen. Die Lebenspartner sind den Ehepartnern in fast allen Lebensbereichen (z. B. Steuerrecht, Erbrecht) gleichgestellt, lediglich das Adoptionsrecht wird ihnen bisher nicht zugestanden.

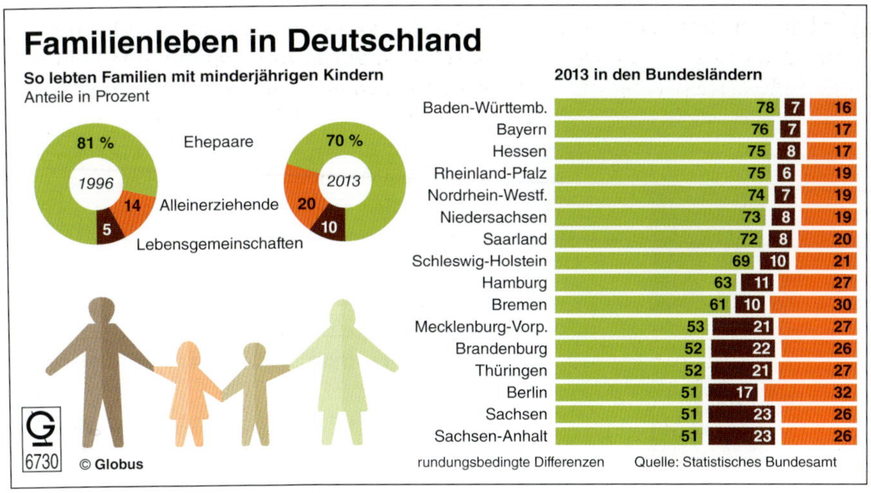

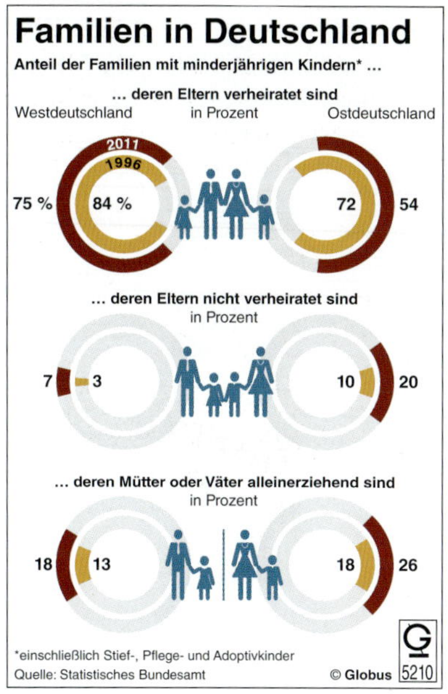

„Deutschland stirbt aus", „Kindergärten werden mangels Kindern geschlossen", „Schulklassen zusammengelegt", „Ein Dorf in Brandenburg spendet jeder neuen Familie ein Einfamilienhaus, um das Aussterben zu verhindern", „Die demographische Zeitbombe tickt", „Der Klapperstorch wird müde", so oder ähnlich lauten häufig die Schlagzeilen. In der Tat ist der Befund erschreckend.

Betriebskindergärten sind sehr beliebt, da sich mit ihrer Hilfe Familie und Beruf besonders gut verbinden lassen.

Der Geburtenschwund ist historisch erst- und einmalig. Noch niemals ist ein Volk ohne externe Einwirkungen wie Krieg, Pandemie (eine Epidemie großen Ausmaßes wie Pest oder Cholera) oder durch Naturkatastrophen derartig geschrumpft. Die Folgen sind immer noch nicht abzusehen, auch wenn sich erste Anzeichen der Vergreisung – Konjunkturabschwächung, geringe Innovationskraft, politische Erstarrung – mehren.

Demografische Rekorde

Deutschland hält drei **demografische Rekorde:**

- Es ist das Land, in dem der Bevölkerungsrückgang am frühesten begann, nämlich 1972.
- Es hat mit einer Geburtenrate von aktuell 1,4 Kindern je Frau im fortpflanzungsfähigen Alter eine der niedrigsten der Welt, vor allem aber deshalb, weil der Anteil der Frauen und Männer, die zeitlebens kinderlos bleiben, mit einem Drittel am höchsten ist.
- Fehlende Geburten werden durch (weitgehend unkontrollierte) Zuwanderung ersetzt. In Deutschland wanderten pro 100 000 Einwohner in den 1980er-Jahren 1 022 Menschen zu. Zum Vergleich: In den klassischen Einwanderungsländern wie den USA waren es 245, in Kanada 479 und in Australien 694. Im Jahresdurchschnitt kamen 800 000 Menschen nach Deutschland. Vergleicht man diese Zahl mit den rund 700 000 Geburten, so wird deutlich, dass die Geburtenzahl unter der Zuwandererzahl liegt.

▶ Q. 1

Generationenvertrag

Für keine Gesellschaft, keinen Staat, keine Partei kann Kinderlosigkeit Programm und Zukunftsvorstellung sein. Eine Gemeinschaft, in der alle auf Kinder gewollt verzichten, stirbt binnen weniger Generationen zwangsläufig aus. Allein schon der **Generationenvertrag** zur Alterssicherung basiert stillschweigend auf der Annahme, dass aus Ehen und heterosexuellen Lebensgemeinschaften Kinder hervorgehen. Die ältere, nicht mehr berufstätige Generation lebt von der erwerbstätigen Nachfolgegeneration. Unmissverständlich hat das Bundesverfassungsgericht festgestellt, dass Kinderlose voll und Kinderarme (Paare mit nur einem Kind) im Alter teilweise auf Kosten und zulasten der Nachkommen leben, für die andere Paare Mühe und

▶ Q. 2

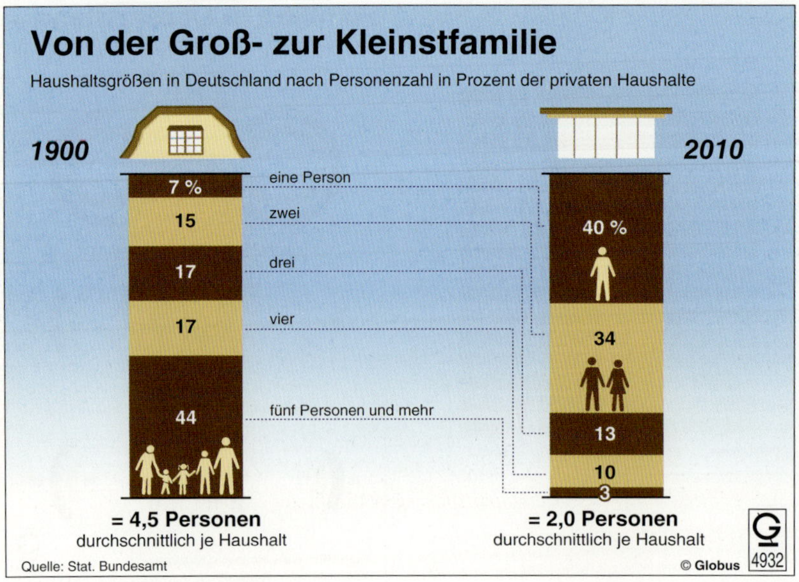

nahezu allein den Aufwand der Erziehung getragen haben. Kurz formuliert: Die Aufzuchtkosten sind weitgehend privatisiert, ihr Ertrag wird sozialisiert.

Noch provokativer formulierte es 2005 der renommierte Bevölkerungswissenschaftler *Herwig Birg:* „Von Kindern profitiert, wer keine hat."(Herwig Birg: Die demographische Zeitenwende. Der Bevölkerungsrückgang in Deutschland und Europa. München, C. H. Beck 2001, S. 122)

Für den ehemaligen Bundesverfassungsrichter Udo Di Fabio ist es unbegreiflich, wie sehr Staat und Gesellschaft es in den letzten 30 Jahren versäumt haben, Rahmenbedingungen zu schaffen, die den Fortbestand der Gesellschaft sichern.

Rentenansprüche

Eine weitere Ungerechtigkeit besteht zweifellos darin, dass kinderlose, voll berufstätige Ehepaare überproportionale **Rentenansprüche** erwerben, weil sie nie aus Rücksicht auf die Kinder eine Berufsunterbrechung oder einen Karriereknick hinnehmen mussten. Dagegen erhalten etwa kinderreiche Mütter eine Minirente oder eine schmale Witwenrente, obwohl sie zur Alterssicherung ihrer Generation sehr viel beigetragen haben.

Um diese Ungerechtigkeit zu beseitigen, wird beispielsweise gefordert, dass die Rente nach der Kinderzahl geleistet werden solle. Wer keine Kinder in die Welt setzt und großzieht, soll nur die Hälfte der Rente erhalten.

Kinderwahlrecht

▶ Q. 3

Im Bundestag wurde bereits 2007 von verschiedenen Abgeordneten der Bundestagsfraktionen – ein sogenannter interfraktioneller Antrag – ein Vorschlag eingebracht, dass der Bundestag sich mit der Einführung eines **Kinderwahlrechts** befassen sollte. Selbst ehemalige Verfassungsrichter, wie z. B. der frühere Bundespräsident *Roman Herzog*, befürworteten diese Idee. Kernziel ist, dass Familien auf diese Weise ein stärkeres Stimmgewicht bei Wahlen und Abstimmungen erhalten, was die Parteien zwingt, die Belange der Familien und damit vor allem der Kinder stärker zu berücksichtigen. Denn entschieden wird über deren Zukunft. So wird ihnen z. B. der Schuldendienst für die gewaltige Last öffentlicher Schulden in Höhe von zwei Billionen € ungefragt aufgebürdet. Da Kinder bis zur Volljährigkeit ihr Stimmrecht nicht ausüben können bzw. dürfen, müssen die Eltern dies in ihrem Interesse tun. Rein rechnerisch-technisch ist das Verfahren einfach: Jeder Elternteil erhält für jedes Kind zwei halbe Stimmrechte, die zwischen den Eltern geteilt werden; Alleinerziehende bekommen beide Stimmen.

Selbstentfaltung

www.profamilia.de

In einer freien Gesellschaft kann und darf der Staat niemandem vorschreiben, ob und wie viele Nachkommen er haben will. Selbstverständlich hat jeder Einzelne das individuelle Grundrecht zur **Selbstentfaltung**, das das Recht einschließt, bewusst und gewollt auf Kinder zu verzichten. Das Grundrecht auf „freie Entfaltung seiner Persönlichkeit" (Art. 2 Abs. 1 GG) erlaubt jedermann, sich selbstständig zu entscheiden, wie er sein Leben gestalten will. Dieses Menschenrecht gestattet im Rahmen der Gesetze ebenso eine konsumorientierte, völlig am Eigeninteresse ausgerichtete Daseinsentfaltung wie die Entscheidung für eine Großfamilie.

Beruf und Karriere

Einer der Gründe, aber selbstverständlich nicht der einzige, für den Geburtenknick seit 1972 liegt darin, dass Frauen oft vor der Alternative stehen, sich zwischen **Beruf und Karriere** einerseits und Kindern andererseits entscheiden zu müssen. Darum ist Kinderlosigkeit gerade bei Frauen mit akademischem Abschluss noch häufiger als im Durchschnitt der Bevölkerung. Bei ihnen kommt erschwerend hinzu, dass ihre Ausbildung oft erst jenseits der 30 Jahre endet, nach der sie ihr erstes Kind gebären wollen. Schon rein biologisch bleibt für mehrere Geburten nicht mehr viel Zeit.

Der Wunsch, **Familie und Beruf** vereinbaren zu können, ist verständlich und legitim. Deshalb können Ganztagsschulen, Teilzeitarbeitsangebote für Frauen, weitgehend materielle Unterstützung durch den Staat das Problem zu lösen helfen. Andererseits dürfen Mütter und Väter, die sich aus freien Stücken für Kinder entscheiden und dafür auf Beruf und Laufbahn verzichten, nicht diskriminiert werden.

Familie und Beruf

Die **Alterssicherung** nur nach dem herkömmlichen Umlageverfahren ist nicht mehr möglich. Die steigende Lebenserwartung in Verbindung mit der demografischen Schrumpfung bewirkt, dass der Anteil der Alten, also der über 60-Jährigen, von gegenwärtig 22 % auf fast 40 % wächst. Im Jahre 2004 mussten knapp drei Erwerbstätige für den Unterhalt eines Älteren aufkommen, im Jahre 2050 trägt beinahe jeder einzelne Erwerbstätige die finanzielle Last für einen Rentner. Formelhaft gesagt: Immer weniger Menschen in Deutschland finanzieren immer länger den Unterhalt für immer mehr Ältere.

Alterssicherung

▶ Q. 4

In diesem Zusammenhang wird gern vom **Generationenkonflikt** gesprochen, also einem Konflikt zwischen der alten und der noch erwerbstätigen Generation. Der Begriff vernebelt die wahre Konfliktlage. Sie besteht nunmehr zwischen den Alten und Jungen mit Kindern und denen ohne Kinder.

Generationenkonflikt

Auch eine kapitalgedeckte Eigenversorgung kann dieses Grundproblem nur zum Teil lösen. Was nutzen z. B. Alterssicherungen in Form von Immobilien, wenn keine arbeitende Generation darin lebt und Mieten zahlt? Im Jahre 1957 formulierte der deutsche Nationalökonom *Gerhard Mackenroth*: „Es gibt keine Ansammlung von Fonds, keine Übertragung von Einkommensteilen von Periode zu Periode, kein Sparen im privatwirtschaftlichem Sinne – es gibt gar nichts anderes als das laufende Volkseinkommen als Quelle für den Sozialaufwand."[1] Einfacher formuliert: Im Alter verzehrt der Rentner nicht seine lebenslänglich gezahlten Rentenbeiträge, sondern nur das, was ihm von der arbeitenden Generation aus laufenden Einkommen zur Verfügung gestellt wird.

▶ Q. 5

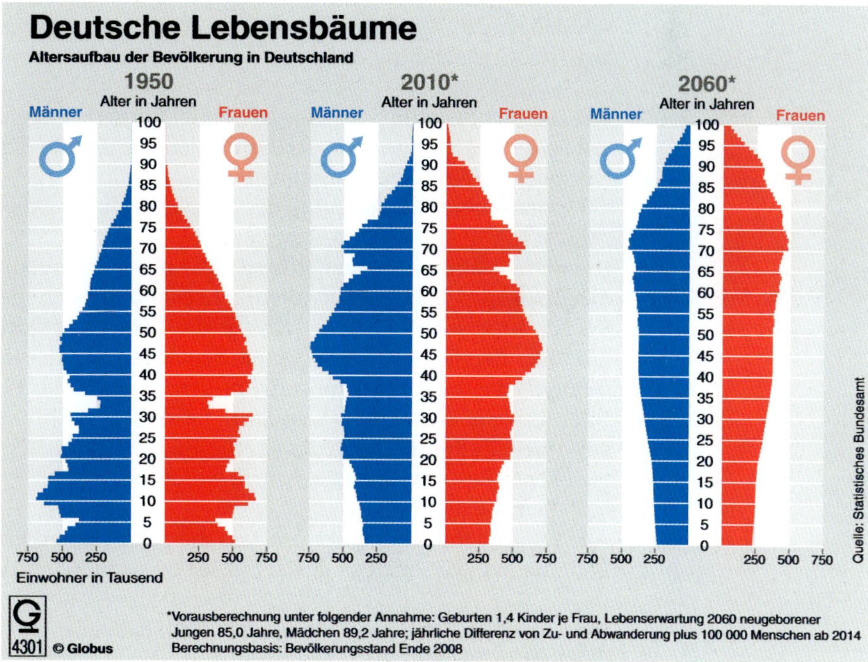

Weitverbreitet ist die Annahme, man könne den demografischen Kollaps – schönfärberisch und damit verharmlosend auch „demografischer Wandel" genannt – verlangsamen oder gar stoppen, wenn ab morgen jede Frau im Fertilitätsalter (Alter der Fruchtbarkeit, etwa von 15 bis 45 Jahre) im Durchschnitt die zur Bestandserhaltung notwendige Kinderzahl von 2,13 Kindern zur Welt bringen würde. Von der Illusion einer solchen Hoffnung einmal ganz abgesehen, ist dies ein besonders schwerwiegender Irrtum: Es dauert nach übereinstimmender Erkenntnis der Demografie ein Dreivierteljahrhundert, um ein Vierteljahrhundert Schrumpfung zu stoppen, und zwar aus einem simplen Grund: Es fehlen inzwischen Generationen von Kindern, die wiederum keine Kinder haben werden. Einfacher formuliert: Nichtgeborene zeugen und gebären keine Kinder.

Bleibt die Hoffnung auf Einwanderung, die aber nur Erfolg verspricht, wenn die Integration der neuen Bürger nicht nur in die Gesellschaft, sondern auch in den Arbeitsmarkt gelingt und nicht nur eine in die sozialen Sicherungssysteme ist.

1 Gerhard Mackenroth: Bevölkerungslehre. Berlin, Springer 1953, S. 57 f.

1.1.1.2 Die Schule

www.forum-bildung.de

Mit der Schule begegnet dem Kind die zweite wichtige Sozialisationsinstanz. Bei Schuleintritt erfährt das Kind, dass es sich Zwängen und Ansprüchen unterwerfen muss. Es muss stillsitzen, darf nicht nach Belieben spielen und muss sich an neue Gruppen und Lehrer anpassen. In Deutschland wurde die **allgemeine Schulpflicht** im Jahre 1717 zuerst in Preußen eingeführt; ab 1794 übernahm der Staat dafür auch die Verantwortung. Fast während des gesamten 19. Jahrhunderts bestand das deutsche Schulwesen aus zwei gegeneinander abgeschotteten Schultypen: der **Volksschule** und dem humanistischen **Gymnasium**. Im Zuge der Industrialisierung entstanden neben dem altsprachlichen auch das neusprachliche sowie das mathematisch-naturwissenschaftliche Gymnasium. Im Jahre 1872 wurde zusätzlich die Mittelschule eingerichtet, ab 1964 **Realschule** genannt, die zur mittleren Reife (Fachschulreife) führt. Fast 100 Jahre herrschte in Deutschland das sogenannte dreigliedrige Schulsystem, das – im Gegensatz zu heute – im Wesentlichen nur in einer Richtung durchlässig war: von oben nach unten.

Allgemeine Schulpflicht

Volksschule

Gymnasium

Realschule

Mit Beginn des 20. Jahrhunderts entwickelten sich die verschiedenen Zweige des beruflichen Schulwesens. An ihrem Anfang standen die sogenannten Fortbildungsschulen, die im letzten Drittel des 19. Jahrhunderts aus den christlichen Sonntagsschulen hervorgegangen waren. Erst nach dem Ersten Weltkrieg regelte der Staat Struktur und Aufgaben der Berufsschulen. Unter dem Sammelbegriff **berufsbildendes Schulwesen** ist eine fast unübersehbare Vielfalt schulischer und beruflicher Vor-, Aus-, Weiter- und Fortbildung entstanden. Das Alter der Schüler reicht von 15 Jahren (Berufsfachschule) bis 40 Jahre und darüber. Ihre Vorbildung variiert vom Sonderschulabgänger bis zum Abiturienten; ja selbst Universitätsabsolventen, die nachträglich eine praktische Ausbildung durchlaufen, finden sich bereits vereinzelt in Berufsschulklassen.

Berufsbildendes Schulwesen

Für das Schulsystem der Bundesrepublik Deutschland gilt der Kulturföderalismus, d. h., es unterliegt der Kulturhoheit der Bundesländer, die alle Schulfragen in eigener Kompetenz regeln. Nur über die Ständige Konferenz der Kultusminister gelang eine Rahmenvereinbarung, die z. B. die gegenseitige Anerkennung der Schulabschlüsse (Abitur) vorsieht.

www.kmk.org

▶ Q. 6

www.PISA.oecd.org

Die im Jahr 2000 erhobene PISA-Studie (Programme for International Student Assessment), die die Lesekompetenz und naturwissenschaftliche Fähigkeiten von 15-jährigen Schülern aus 32 Staaten untersuchte, brachte ein für das deutsche Bildungssystem ernüchterndes Ergebnis: In fast allen Bereichen fanden sich die deutschen Schüler im letzten Drittel wieder. Eine erste Konsequenz, die die Kultusministerkonferenz aus diesem Befund zog, war die Einführung von sog. Bildungsstandards. Diese Standards formulieren Anforderungen an Schüler, die zu einem bestimmten Zeitpunkt nachzuweisen sind. Auf diese Weise sollen in allen Bundesländern vergleichbare Resultate hervorgebracht werden.

Alle Bundesländer erkennen an, dass die Schule einen Erziehungs- und Bildungsauftrag wahrzunehmen hat, wie er im § 1 des Schulgesetzes von Baden-Württemberg formuliert wurde.

▶ Q. 7

Im Art. 7 des Grundgesetzes ist verankert, dass „das gesamte Schulwesen [...] unter der Aufsicht des Staates“ steht. Die Bestimmung ist einmal eine Abgrenzung gegenüber der kirchlichen Schulaufsicht, wie sie erst nach *Bismarcks* Kulturkampf voll beseitigt wurde, zum anderen auch ein Anspruch gegenüber Privatschulen, unbeschadet ihres Rechts auf Gründung und Erhaltung (Art. 7,4 GG), Inhalt und Art ihres Unterrichts zu kontrollieren.

Schulaufsicht

Praktisch wird die staatliche **Schulaufsicht** von den Schulämtern und Oberschulämtern im Auftrag der Kultusministerien der einzelnen Bundesländer wahrgenommen.

Im weiteren Sinne gehören zur Schule auch die Universitäten, Hochschulen, Fachhochschulen und ähnliche öffentliche und private Studieneinrichtungen, wie z. B. eine Krankenpflegeschule oder eine Musikschule. Die *Volkshochschule* ist dagegen trotz ihres Namens weder eine Schule noch gar eine Hochschule, sondern eine *freie Bildungseinrichtung* vor allem der Erwachsenenfortbildung.

Spätestens seit den Studentenprotesten 1997 sind die Mängel an fast allen Hochschulen und Universitäten auch einer breiten Öffentlichkeit bekannt: überfüllte Hörsäle und Seminare, zu wenig Laborplätze, mangelhafte Ausstattung der Bibliotheken, zu geringe finanzielle Förderung (BAföG) usw.

Kinder werden knapp

▶ QUELLE 1 A

Auch in den Schulen werden die Kinder knapp. [...] Eine Lehrerin in einer westdeutschen Kleinstadt erzählte mir, wie der Einschulungstag aussieht: Da sitzen in der Turnhalle 30 Erstklässler in den ersten Reihen. Und dahinter drängen sich 300 Verwandte: Eltern, Großeltern, oft Urgroßeltern, Onkel und Tanten – alle wollen sie einen Blick werfen auf das kostbare Einzelkind, das da der Familie noch übrig geblieben ist, ihm etwas schenken, ein Wort mit ihm wechseln.

Nicht zuletzt in den Familien werden Kinder knapp. Sie werden gebraucht. Nicht nur weil die Alten von ihnen etwas haben wollen, sondern weil sie ihnen etwas geben wollen. Sie wollen ihnen die Liebe weitergeben, die sie selbst von ihren Eltern bekommen haben. Aber wie ist das möglich, wenn, wie der demographische Trend zeigt, vier von zehn der gebildeten Frauen kinderlos bleiben?

Seit 1990 sank in Deutschland der Anteil derjenigen, die jünger als 20 Jahre alt sind, von einem Drittel auf ein Fünftel der Bevölkerung. In 40 Jahren wird er nach Schätzung der Demographen auf 15 % gefallen sein ... Was nützt es, dass die Jugend die Werte der Erwachsenen weiterträgt, wenn die Werteträger immer weniger werden?

(Karl Otto Hondrich: Katalysator Katastrophe. In: Frankfurter Allgemeine Zeitung vom 19. Dezember 2002)

1. Erklären Sie den letzten Satz des Textes.
2. Beschreiben Sie Ihre eigenen Erfahrungen zu diesem Thema.

▶ QUELLE 1 B

Im Durchschnitt bekommen deutsche Frauen nur noch 1,3 Kinder. Die Gründe dafür sind bekannt. Kinder machen arm, sagen uns die Statistiker. Die Politik versucht das zu ändern. Ohne allzu viel Erfolg. Und da haben wir dann das Dilemma: Sex, richtig eingesetzt, macht reich. Kinder kosten.

Kinder erfordern Verzicht. Aber Kinder machen auch reich. Nicht allein, weil sie später einmal die Renten der Älteren bezahlen sollen, sondern weil ein erwachsener Mensch nichts Beglückenderes erleben kann, als ein Kind zu haben, als den Duft einer Säuglingshaut einzuatmen, als zu sehen, wie so ein hilfloses Wesen zu einem Menschen heranreift, wie es mit Inbrunst Nahrung aufnimmt, wie es mit einer unglaublichen Lernkapazität die Welt in sich aufsaugt, wie es zu lachen, zu laufen, zu sprechen, zu denken, zu urteilen, sich durchzusetzen beginnt. Kein Abenteuer der Welt kommt dem Abenteuer der Elternschaft gleich. In jeder Geburt wiederholt sich das Weihnachtsgeschehen. So gesehen sind alle Kinder Wunderkinder.

Sex macht Spaß, gewiss. Aber Sex ist Minutensache, Sex ist vergänglich. Vielleicht müssen wir uns deshalb von früh bis spät mit seinen Fetischen umgeben. Doch ... nur mit seinen Kindern erhascht der Mensch einen Teil von der Ewigkeit.

(Sibylle Krause-Burger: Ein einig Volk von Träumern. Szenen der deutschen Krise. München, DVA 2005, S. 118)

1. Worin sieht die Publizistin den größten Wert eigener Kinder?
2. Was ist mit „Fetischen“ gemeint?

▶ QUELLE 2 Mehr Vorteile für Eltern

Bürgerinnen und Bürger mit Kindern müssten beim Wählen mehr Gewicht haben, das heißt ein Mensch mit Kind hat zwei Stimmen usw. [...]
Eine Mutter soll in der Zeit, bis ihr jüngstes Kind 15 Jahre alt ist, rentenrechtlich so behandelt werden, als hätte sie in ihrem Beruf weitergearbeitet. Kinder müssen in die Rentenformel [Formel, durch die die Höhe der Altersrenten berechnet wird]. Es war ein fataler Irrtum Konrad Adenauers, der 1957 sagte: „Kinder kriegen die Leute immer." Sie kriegen nur zum Teil noch Kinder, aber viel zu wenige. Es sollten nur noch jene, die mindestens drei Kinder aufgezogen haben, in den Genuss der vollen Rente gemäß der Rentenformel kommen. Für alle anderen gibt es Abschläge. [...]
Junge Menschen müssen lernen: Höhere Lebensqualität wird nicht durch weniger Kinder gewährleistet. Was auf kurze Frist für eine Familie aus ihrer individuellen Sicht als gut erscheint, wird auf längerer Sicht zur Katastrophe für die Gemeinschaft und damit auch für die Individuen, aus denen diese sich zusammensetzt.
Junge Leute sollten ein Wort des Dichters Friedrich Rückert beherzigen:

Von den Kindern lernst du mehr als sie von dir;
Sie lernen eine Welt von dir, die nicht mehr ist;
Du lernst von ihnen eine, die nun wird und gilt.

(Heinrich Körbel: Sterben die Deutschen aus? In: Schriftenreihe der Gesellschaft für die Einheit Deutschlands, Ausgabe 2/2001, Europaforum-Verlag, S. 36)

1. Diskutieren Sie den Vorschlag, Kindern ein Wahlrecht zu geben, das mindestens bis zum 14. Lebensjahr nur von den Eltern wahrgenommen werden kann.
2. Wie würde sich ein solches Wahlrecht politisch auswirken?
3. Erklären Sie das Wort des Dichters Rückert.

▶ QUELLE 3 Neue Formen der Ausbeutung

Mit Beginn der kolonialen Epoche nahmen die Starken den Schwachen das Land. Dann beuteten sie ihre Bodenschätze und Energiequellen aus. Und jetzt beginnen sie, auf die qualifizierten Menschen zuzugreifen. [...]. [Das] ist und bleibt Ausdruck kolonialen Denkens und Handelns, heute vielleicht sogar in dessen perfidester Form.
Und warum das alles? Weil die Bevölkerungen der frühindustrialisierten Länder die Fülle der Optionen individualistischer Wohlstandsgesellschaften ungeschmälert und in vollen Zügen genießen wollen. Deshalb überlassen viele die Lasten des Kinderhabens und -erziehens Müttern, Vätern und Völkern, die unter oft extrem schwierigen Bedingungen die nachwachsende Generation heranbilden. Wenn es dann soweit ist, holen sich die frühindustrialisierten Länder die Besten.

(Meinhard Miegel: Die deformierte Gesellschaft – wie die Deutschen ihre Wirklichkeit verdrängen. Berlin, Propyläen 2002, S. 49)

1. Erklären Sie in eigenen Worten, warum die Anwerbung qualifizierter Kräfte aus Entwicklungsländern nach Ansicht des Autors eine besonders perfide Form kolonialer Ausbeutung ist.
2. Beurteilen Sie die These, dass Masseneinwanderung das Problem fehlenden Nachwuchses auf Dauer nicht lösen kann.

▶ QUELLE 4 Human- und Realkapital

Es ist kein Zufall, dass Deutschland, wo ja die Rentenversicherung erfunden wurde, heute zu den Ländern mit der niedrigsten Geburtenrate gehört. Generationen von Deutschen haben seit 1889 die Erfahrung gemacht, dass man auch ohne eigene Kinder im Alter zurechtkommt. So haben sich auf dem Weg der Nachahmung von Generation zu Generation Lebensmuster verbreitet, die an die neuen institutionellen Verhältnisse angepasst sind. Das Single-Dasein wurde immer attraktiver, und die Dink-Familie ist heute in. „Double income, no kids!" lautet die Devise. Zwei Einkommen ohne Kinder ist allemal besser als ein Einkommen mit mehreren Kindern. So lebt es sich angenehmer. Aber jede Generation wird einmal alt und dann kann sie nur leben, wenn sie in ihrer Jugend selbst vorgesorgt hat. Entweder muss sie Humankapital [...] oder Realkapital gebildet haben.

(Hans-Werner Sinn: Rente nach Kinderzahl. In: Frankfurter Allgemeine Zeitung vom 14. Januar 2003)

Was meint der Verfasser mit Human- und Realkapital?

Negatives Anreizsystem

▶ QUELLE 5

Die breite Schicht der Leistungsträger vom Handwerksmeister über den qualifizierten Facharbeiter bis zum Programmentwickler werden mit dem Unwort der Besserverdienenden schon für den Kindergarten mit gestaffelten Beiträgen herangezogen und auch ansonsten nicht gerade von Abgabenlasten verschont.

Dies hat dazu beigetragen, dass gerade in dieser für die Leistungskraft einer Gesellschaft ausschlaggebenden Schicht ein Rückgang der Geburten zu beobachten ist [...]. Es tut sich geradezu eine neue soziale Frage auf, wenn man das Einkommen, das ein beruflich erfolgreiches kinderloses Ehepaar in mittleren Jahren erzielt, mit dem Lebensstandard eines in derselben Schicht angesiedelten Ehepaars mit drei oder mehr Kindern vergleicht. Obwohl der gemeinsame Arbeitseinsatz in Beruf und Kinderbetreuung – wie auch immer in einer Ehe verteilt – in einer Rund-um-die-Uhr-Rufbereitschaft für diejenigen, die Kinder betreuen, denjenigen der Doppelverdiener ohne Kinder regelmäßig weit übersteigt, hat die Familie deutlich weniger Mittel zur Verfügung, um finanzielle Zukunftsvorsorge zu treffen. [...]

Mit der weit geöffneten Wohlstandsschere zwischen Kinderlosen und den mit Kindern gesegneten Familien wird in unserem System der sozialen Sicherung ein uralter, geradezu universaler Mechanismus der gesellschaftlichen Reproduktion ins Gegenteil verkehrt: Wer für seine Zukunft gut sorgen will, sollte, wenn er nüchtern kalkuliert, heute auf Kinder verzichten, weil er dann genügend finanzielle Spielräume besitzt, um private Altersvorsorge zu betreiben. Dieses negative Anreizsystem hat verheerende Folgen.

(Udo Di Fabio. In: Schönhauser Gespräche des 12. Gesellschaftspolitischem Forum der Banken: Deutschland altert. Berlin, bankenverband 2004, S. 43)

1. Worin sieht der Autor den Unterschied in der Lebensführung der Kinderlosen gegenüber den Paaren mit Kindern, insbesondere den Kinderreichen?
2. Welche Folgen hat dieser Unterschied?
3. Inwiefern hat sich der „universale Mechanismus" ins Gegenteil verkehrt?
4. Was meint Di Fabio mit „negativem Anreizsystem"?

Wertorientierung in der Bildung

▶ QUELLE 6

Ich wünsche mir ein Bildungssystem, das wert orientiert ist. Ich weiß sehr wohl, daß jede Art von Wertekatalog seit Jahren unter den Ideologieverdacht fällt, zumindest wenn er sich nicht auf Allgemeinplätze zurückzieht. Aber Bildung darf sich nicht auf die Vermittlung von Wissen und funktionalen Fähigkeiten beschränken! Zur Persönlichkeitsbildung gehört neben Kritikfähigkeit, Sensibilität und Kreativität eben auch das Vermitteln von Werten und sozialen Kompetenzen. Dabei denke ich durchaus an die Vermittlung von Tugenden, die gar nicht so altmodisch sind, wie sie vielleicht klingen: Verläßlichkeit, Pünktlichkeit, Disziplin, vor allem aber Respekt vor dem Nächsten und die Fähigkeit zur menschlichen Zuwendung. [...]

Wir müssen unseren Kindern aber auch vermitteln, daß Freiheit ohne Ziele, Orientierungslosigkeit ist und daß Individualismus ohne Solidarität kein Gemeinwesen begründen kann. Wir brauchen also den Mut, erzieherische Werte wieder offensiver in den Unterricht einzubauen. Zugleich müssen sich unsere Bildungsinstitutionen wieder darauf besinnen, daß man Leistung nicht fördern kann, ohne sie auch zu fordern. Das setzt freilich das Bewußtsein aller voraus, daß es im Leben ohne Anstrengung nicht geht. Wenn wir uns als Bildungsziel darauf verständigen können, junge Menschen auf ein Leben in Freiheit und Selbstbestimmung vorzubereiten, reicht dafür kein „Laissez-faire", sondern wir müssen schon deutlich machen, daß Freiheit anstrengend ist, weil eben jeder die Ergebnisse seiner Freiheit zunächst selbst verantworten muß. Kurz: Wir brauchen eine neue Kultur der Selbständigkeit und Verantwortung! Und beides kann nicht als abstrakte Theorie vermittelt werden, sondern nur durch das täglich gelebte Beispiel von Eltern, Lehrern und Erziehern.

(Aus der Bildungsrede des damaligen Bundespräsidenten Roman Herzog am 5. November 1997 in Berlin. In: Das Parlament vom 14. November 1997, S. 13)

1. Was fordert Herzog von Erziehung und Bildung?
2. Warum ist Leistungsförderung mit Anstrengung verbunden?
3. Welche wiederum anstrengende Wirkung hat die Erziehung zur Freiheit?

▶ QUELLE 7 **Erziehungs- und Bildungsauftrag der Schule – § 1 SchG**

(1) Der Auftrag der Schule bestimmt sich aus der durch das Grundgesetz der Bundesrepublik Deutschland und die Verfassung des Landes Baden-Württemberg gesetzten Ordnung, insbesondere daraus, daß jeder junge Mensch ohne Rücksicht auf Herkunft oder wirtschaftliche Lage das Recht auf seine seiner Begabung entsprechende Erziehung und Ausbildung hat und dass er zur Wahrnehmung von Verantwortung, Rechten und Pflichten in Staat und Gesellschaft sowie in der ihn umgebenden Gemeinschaft vorbereitet werden muss.

(2) Die Schule hat den in der Landesverfassung verankerten Erziehungs- und Bildungsauftrag zu verwirklichen. Über die Vermittlung von Wissen, Fähigkeiten und Fertigkeiten hinaus ist die Schule insbesondere gehalten, die Schüler

- in Verantwortung vor Gott, im Geiste christlicher Nächstenliebe, zur Menschlichkeit und Friedensliebe, in der Liebe zu Volk und Heimat, zur Achtung der Würde und der Überzeugung anderer, zu Leistungswillen und Eigenverantwortung sowie zu sozialer Bewährung zu erziehen und in der Entfaltung ihrer Persönlichkeit und Begabung zu fördern,
- zur Anerkennung der Wert- und Ordnungsvorstellungen der freiheitlich-demokratischen Grundordnung zu erziehen, die im Einzelnen eine Auseinandersetzung mit ihnen nicht ausschließt, wobei jedoch die freiheitlich-demokratische Grundordnung, wie in Grundgesetz und Landesverfassung verankert, nicht in Frage gestellt werden darf,
- auf die Wahrnehmung ihrer verfassungsmäßigen staatsbürgerlichen Rechte und Pflichten vorzubereiten und die dazu notwendige Urteils- und Entscheidungsfähigkeit zu vermitteln,
- auf die Mannigfaltigkeit der Lebensaufgaben und auf die Anforderungen der Berufs- und Arbeitswelt mit ihren unterschiedlichen Aufgaben und Entwicklungen vorzubereiten.

(3) Bei der Erfüllung ihres Auftrages hat die Schule das verfassungsmäßige Recht der Eltern, die Erziehung und Bildung ihrer Kinder mitzubestimmen, zu achten und die Verantwortung der übrigen Träger der Erziehung und Bildung zu berücksichtigen.

(4) Die zur Erfüllung der Aufgaben der Schule erforderlichen Vorschriften und Maßnahmen müssen diesen Grundsätzen entsprechen. Dies gilt insbesondere für die Gestaltung der Bildungs- und Lehrpläne sowie für die Lehrerbildung.

(Schulgesetz für Baden-Württemberg in der Fassung vom 1. August 1983, zuletzt geändert durch: Änderungsgesetz vom 11. Oktober 2005)

1. **Welche Erziehungsziele formuliert das Schulgesetz von Baden-Württemberg?**
2. **Formulieren Sie Ihre Meinung zu den einzelnen Zielen.**

1.2 Jugend und Freizeit

1.2.1 Zum Begriff „Freizeit"

DARSTELLUNG

Umgangssprachlich wird der Begriff „Freizeit" als Gegenstück zum Begriff „Arbeit" gebraucht, bezeichnet also die freie Zeit, die dem Erwerbstätigen außerhalb der Arbeitszeit zur Verfügung steht. Ein Teil dieser Zeit kann aber nicht beliebig verwendet werden, sondern ist *gebundene Zeit*. Dazu zählt der notwendige Zeitaufwand für Schlafen, Essen, Körperpflege und der – besonders in den letzten Jahren ständig gewachsene – Zeitbedarf für die Wegstrecke zwischen Wohnung und Arbeitsplatz. Erst die restliche Zeit ist ungebundene, also *verhaltensbeliebige Zeit*.

Selbstverständlich ist es schwierig, praktisch sogar unmöglich, diese Mußezeit genau zu berechnen, fließen in sie doch auch gebundene Zeiten ein, wie z. B. die Unterhaltung beim Essen oder das Trödeln beim morgendlichen Anziehen. Auch die Wissenschaft vermochte bisher keinen klaren Begriff der Freizeit zu erarbeiten.

▶ Q. 1 und 2

Freizeit im Altertum

Der *Mensch des Altertums* hätte mit dem Wort „Freizeit“ als Gegenstück zur Arbeitszeit gar nichts anfangen können. Für den Großteil der Bevölkerung bestand das Leben aus harter Körperarbeit, um auch nur die dringendsten Bedürfnisse befriedigen zu können. Dagegen hatte ein kleiner Teil der Gesellschaft freie Zeit praktisch unbegrenzt zur Verfügung, in der die Muße gepflegt wurde.

Die *Philosophen der Antike* blickten voll Verachtung auf die arbeitende Bevölkerung herab; zum wahren Menschsein konnte sich nach ihrer Auffassung nur der entwickeln, der nicht zur Arbeit gezwungen war.

Moderne Werbeslogans politischer Parteien wie „Arbeit für alle“ oder „Wir schaffen Arbeitsplätze“ wären bei ihnen auf Unverständnis und Ablehnung gestoßen.

Freizeit im Mittelalter

Auch im *Mittelalter* bestand für den überwiegenden Teil der Menschen – so wie heute noch in allen Entwicklungsländern – das Leben aus dem Arbeitsleben, freilich damals oft kurzfristig unterbrochen von den vielen Feiertagen, über deren Einhaltung die Kirche streng wachte.

Man schätzt, dass im späten Mittelalter zu den 52 Sonntagen noch etwa 115 kirchliche Feiertage kamen.

Arbeitszeit

Die tägliche **Arbeitszeit** war von der Natur bestimmt. Da es kein elektrisches Licht gab, arbeiteten die Bauern und Handwerker – über 90 % der Bevölkerung – im Sommer 12 bis 14 Stunden und im Winter 8 bis 10 Stunden. Legt man im Jahresdurchschnitt eine tägliche Arbeitszeit von etwa 12 Stunden zugrunde, ergibt das bei 200 Arbeitstagen rund 2 400 Arbeitstunden im Jahr; das sind etwa 10 % mehr als heute. Dabei muss noch berücksichtigt werden, dass der Arbeitsablauf wesentlich ruhiger war und auf keinen Fall mit der nervlichen Belastung unseres heutigen Arbeitstages verglichen werden kann.

Mit der Erfindung des Gaslichts um 1800 konnte die Arbeitszeit auf 16 Stunden und mehr erhöht werden. Noch 1860 kämpften einige Arbeitergruppen in England um den Achtzehnstundentag. In Preußen wurde 1839 die Höchstarbeitszeit für Kinder ab neun (!) Jahre auf 61 Stunden in der Woche festgesetzt.

1.2.2 Freizeit heute

Lebensarbeitszeit

Im Verlauf der Industrialisierung kam es zur scharfen Trennung von Arbeitszeit und Nichtarbeitszeit, zur Sechstagewoche, der Vierzigstundenwoche und dem mehrwöchigen Urlaub. In allen Industrienationen hat sowohl die tägliche wie auch die **Lebensarbeitszeit** in den letzten 40 Jahren beständig abgenommen. Rechnet man Sonntage, Samstage, Urlaubstage, Feiertage und durchschnittliche Krankheitstage zusammen, so betrug das Verhältnis von Arbeitszeit zur Nichtarbeitszeit in Deutschland am Ende des letzten Jahrtausends 45:55 – und das immer noch bei sinkender Lebensarbeitszeit durch späten Berufseintritt und Frühverrentung.

Animateure

Freizeitindustrie

Die geschichtliche Erkenntnis, dass die Erreichung eines – für sich genommen – wünschenswerten Zieles eine Vielzahl neuer Probleme aufwirft, lässt sich gerade an der gewonnenen Freizeit demonstrieren. Viele Menschen sind unfähig, ihre freie Zeit sinnvoll zu verwenden; sie benötigen im Urlaub ein attraktives Angebot, um der Langeweile zu entgehen. Sog. **Animateure** sollen helfen, die Zeit auszufüllen. Eine stark expandierende **Freizeitindustrie**, vom Sportartikelhersteller bis zum Erlebnispark, von der Kletterhalle bis zum Abenteuerurlaub unter kundiger Führung zeigt, wie groß der Bedarf nach Freizeitgestaltung ist.

Erstaunlich ist die durchschnittliche Höhe des Taschengeldes der Teenager. Die 13- bis 17-Jährigen erhalten zusammen 7,5 Milliarden € was pro Kopf etwa 1 440,00 € jährlich entspricht. Eine beachtliche Kaufkraft, weshalb sich auch viele Angebote der Geschäftswelt fast ausschließlich an diese Altersgruppe wenden.

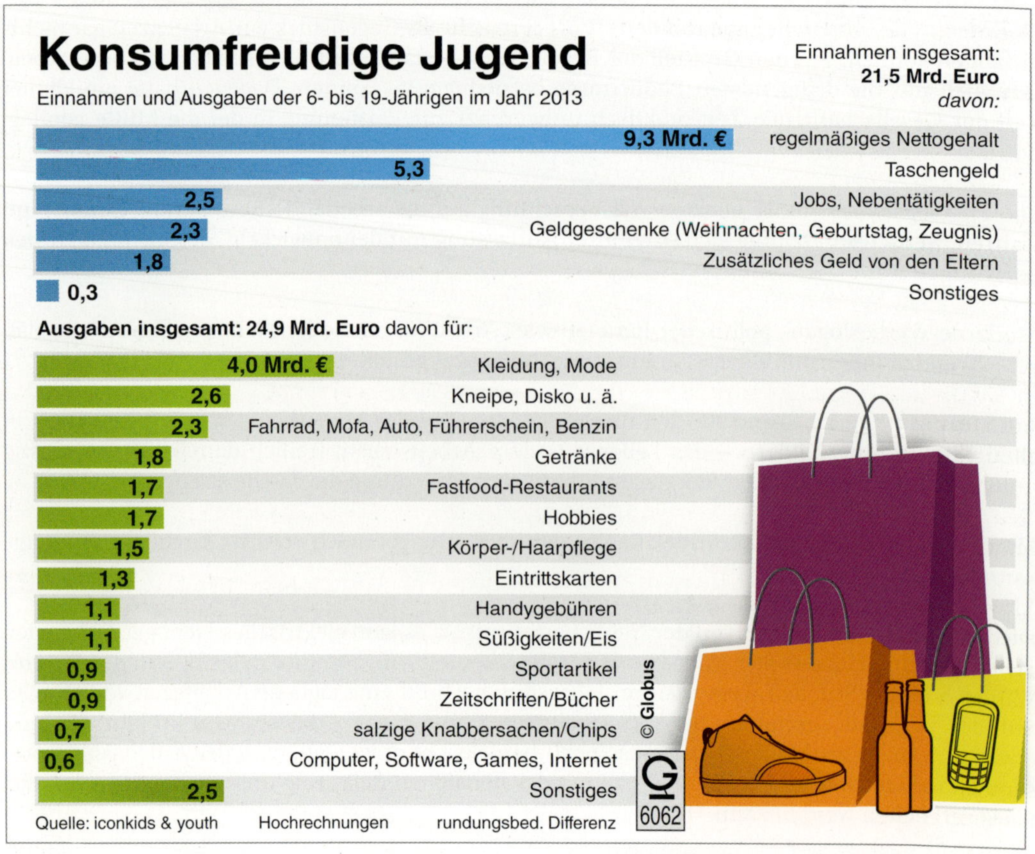

1.2.3 Sinnvolle Freizeitgestaltung

Natürlich kann es kein für alle gültiges Patentrezept zu einer sinnvoll genutzten Freizeitgestaltung geben, denn jeder hat andere Vorlieben und Bedürfnisse, um die arbeitsfreie Zeit zu gestalten. Jugendliche haben andere Vorstellungen, wie sie ihre Freizeit nutzen wollen, als Erwachsene, individuelle Begabungsschwerpunkte wirken sich nicht nur beruflich, sondern auch in der Freizeit aus. Grundsätzlich kann von einer sinnvollen Freizeitgestaltung dann gesprochen werden, wenn sie der physischen und psychischen Erholung dient, Talente nutzt und kreative Neigungen verstärkt.

▶ Q. 3 Von Verbänden und Parteien wird einmütig beklagt, dass Jugendliche sich nicht bei ihnen engagieren wollen. Wenn, dann tun sie es heute projektbezogen außerhalb der Parteien, also punktuell bei bestimmten Problemen, die sie unmittelbar betreffen, wie etwa der wiederholte Vorlesungsboykott gegen die Einführung von Studiengebühren gezeigt hat. Aber das motiviert sie nicht zu langfristiger, kontinuierlicher Mitarbeit in den politischen und gesellschaftlichen Organisationen. Ein weiterer Grund für diese Enthaltsamkeit dürfte im Verlust des Vertrauens in die politische Elite liegen (siehe S. 385 f.).

Freizeitverhalten ist nicht nur, ja nicht einmal in erster Linie Ausdruck höchstpersönlicher Wünsche, sondern wird durch kulturelle Trends, insbesondere Moden und die verbreitete Meinung, was in ist, bestimmt.

1.2.4 Gefahren der modernen Konsumwelt

1.2.4.1 Kriminalität

Freizeitprobleme haben vor allem jene Jugendlichen, die zu viel davon haben, also die arbeitslosen. Freie Zeit im Überfluss, aber nur wenig wirtschaftliche Mittel, sie zu nutzen, führen zu einer gefährlichen Mischung, die leicht in der Kriminalität enden kann. Seit Jahren sind Jugendliche (14 bis 18 Jahre) und Heranwachsende (18 bis 21 Jahre) überdurchschnittlich an der Gesamtkriminalität in der Bundesrepublik Deutschland beteiligt.

Nach der polizeilichen Kriminalstatistik (PKS) gab es im Jahre 2014 2,1 Millionen Tatverdächtige. Von diesen entfielen 2,9 % auf nicht straffähige Kinder (bis zu 14 Jahren), 8,9 % auf Jugendliche (14–18 Jahre) und 8,9 % auf Heranwachsende (18–21 Jahre). Auffallend ist die wesentlich geringere Straffälligkeit von Mädchen und Frauen in der jeweiligen Altersgruppe.

Altersgruppe	Männlich	Weiblich
Jugendliche (14 < 18)	70,1	29,0
Heranwachsende (18 < 21)	77,0	23,0
Erwachsene ab 21 Jahre	74,6	25,4

(Auszug aus der Tabelle „Tatverdächtige insgesamt nach Altersstruktur und Geschlecht“ (6.1.1 - T01), Angaben in Prozent, in: Polizeiliche Kriminalstatistik 2014, hrsg. vom Bundeskriminalamt, S. 64)

Seit Jahren entspricht die Kriminalitätsrate der Jugendlichen und Heranwachsenden mehr als dem Dreifachen ihres Bevölkerungsanteils.

Ausländerkriminalität

Unverändert hoch ist auch die **Ausländerkriminalität**. Bei einem Anteil von 10,7 % an der Gesamtbevölkerung beträgt die Quote der ausländischen Straftäter fast das Dreifache der Bevölkerung. Dabei ist aber Folgendes zu berücksichtigen:

- Bei Ausländern ist der Anteil der Jugendlichen und Heranwachsenden höher als bei der deutschen Bevölkerung. Generell gilt, auch für Deutsche: Je höher der Anteil der Jugendlichen und Heranwachsenden an der Gesamtbevölkerung ist, desto höher ist auch ihr Anteil an den Straffälligen.
- Manche Strafdelikte können Deutsche kaum begehen, sondern nur Ausländer, z. B. Verstöße gegen das Ausländergesetz beim Asylrecht.

Dennoch bleibt gerade bei den schweren Verbrechen der Anteil der ausländischen Straftäter erschreckend hoch. *Beispiele:* Mord und Totschlag 24,7 %, schwere Körperverletzung 23,9 %, Vergewaltigung 29,7 %.

Ursachen

Unleugbare Tatsachen festzustellen ist das eine, sie strafrechtlich und moralisch zu bewerten das andere. Sie geben für keine irgendwie geartete *Ausländerfeindlichkeit* eine Rechtfertigung; sie können und sollten allerdings Anlass geben, nach den **Ursachen** der Kriminalität zu forschen und sie zu bekämpfen. Zu diesen gehören vor allem der Verlust der traditionellen Bindungen mit ihren Normen und Werten, die unzureichende Integration – oft auch der mangelnde Wille dazu – bedingt nicht zuletzt durch die Sprachbarrieren und die im Vergleich zu den Deutschen insgesamt schlechteren Ausbildungs- und Berufschancen.

Bemerkenswert in des Wortes doppelter Bedeutung ist die geringe weibliche Straffälligkeit: So waren beispielsweise in den Strafvollzugsanstalten Ende des Jahres 2015 von den rund 60 000 einsitzenden Insassen nur 3 800 weiblich (6,3 %). Bei den besonders schweren Gewaltverbrechen sind Frauen statistisch kaum mehr wahrnehmbar.

Berücksichtigt man, dass mit zunehmendem Alter die Kriminalitätsneigung abnimmt, so kann man lapidar formulieren: Die Häufigkeit kriminellen Verhaltens wird vor allem durch Alter und Geschlecht bestimmt. Noch einfacher formuliert: Kriminalität ist jugendlich und männlich.

Innere Sicherheit
▶ Q. 4

Die **innere Sicherheit** scheint zu dem politischen Problem im Deutschland des ausgehenden Jahrhunderts zu werden. Mit schärferen Strafbestimmungen, verstärkter Präsenz und größeren Vollmachten der Polizei wird versucht, die bedrohliche Entwicklung insbesondere bei der Banden- und Rauschgiftkriminalität zu bekämpfen.

Offene Kritik wird inzwischen von Politikern der CDU/CSU sowie der SPD an der zu laschen

Strafjustiz geübt. Kriminalbeamte prangern den „Gesetzesungehorsam der Justiz“ an, die fast immer am unteren Rand des Strafrahmens bleibe und die Haftmöglichkeiten nicht ausschöpfe.

Wirtschaftskriminalität

Weniger im Rampenlicht einer am „Tatort“ orientierten Öffentlichkeit, aber nicht minder gefährlich für den Bestand des gemeinschaftlichen Zusammenhalts ist die **Wirtschaftskriminalität**. Sie reicht vom Einschleusen der Erträge aus Drogengeschäften in den legalen Wirtschaftskreislauf *(Geldwäsche)* über die zunehmende *Bestechung* von Beschäftigten im öffentlichen Dienst, früher als Beamtenbestechung eine absolute Seltenheit, bis zur *vereinigungsbedingten Kriminalität*, z. B. durch Betrügereien bei der Währungsumstellung und *Subventionsbetrug*.

www.drugcom.de

1.2.4.2 Sucht

Alltagsdrogen

Die Flucht in die Droge, wozu im weiteren Sinne auch die gesellschaftlich tolerierten **Alltagsdrogen** wie Alkohol und Nikotin gehören, nimmt trotz aller Aufklärungskampagnen nicht signifikant ab. Obwohl heute kein Raucher auch nur den geringsten Zweifel mehr hegen kann, dass Rauchen krank macht (sogar das Passivrauchen!) und zu vorzeitigem Siechtum und Tod führt.

Todesopfer

In Europa starben um die Jahrtausendwende jährlich 7 000–8 000 vorwiegend junge Menschen durch den Konsum illegaler Drogen, schätzt die *Europäische Drogenbeobachtungsstelle* (Sitz: Lissabon). Aber die in den 1990er-Jahren befürchtete Drogen-Epidemie blieb aus; in Deutschland verringerte sich die Zahl der **Todesopfer** vom Höchststand von über 2 100 (1992) auf „nur“ 1 032 im Jahre 2014.

Methadon

Cannabis

Von der Deutschen Hauptstelle für Suchtfragen e. V. wird geschätzt, dass es in Deutschland rund 3 Millionen Drogenkonsumenten gibt. Bis zu 150 000 sind Opiatabhängige; davon befanden sich im Jahre 2014 50 000 in Behandlung mit der Ersatzdroge **Methadon**. Ein Drittel aller 12- bis 25-Jährigen hat schon einmal illegale Drogen konsumiert, am häufigsten **Cannabis**. Da jedoch die Zahl der Erstkonsumenten harter Drogen wie Heroin seit Jahren leicht rückläufig ist, sinkt auch die Zahl der Rauschgifttoten.

Bei den legalen Drogen – Alkohol und Nikotin – ist bei Jugendlichen in den letzten Jahren ein Anstieg der alkoholhaltigen Getränke zu verzeichnen. Dagegen sank die Zahl der jugendlichen Raucher bei den Jungen insgesamt leicht, während sie bei den Mädchen weiter anstieg. Bemerkenswert ist, dass Nie- und Nichtraucher wesentlich weniger anfällig sind, illegale Drogen zu konsumieren.

Neben der lange bekannten und erforschten Drogen- oder Alkoholsucht sind in der modernen Mediengesellschaft neue Süchte entstanden: Computerspielsucht ist eine negative Folge des steigenden Medienkonsums und kann für die Betroffenen zu psychischen, gesundheitlichen, sozialen und beruflichen Auswirkungen führen.

▶ QUELLE 1

Dieter Hanhart: Freizeit ist keine Muße

Von Freizeit kann nur dort die Rede sein, wo ihr Arbeit als eigener umgrenzter Bereich (eben als Arbeitszeit) gegenübersteht. Deshalb können wir auch weder beim vorschulpflichtigen Kinde noch beim pensionierten Beamten von Freizeit reden, ohne den Begriff über Gebühr zu forcieren. [...] In sehr allgemeiner, aber zweckmäßiger Form läßt sich die Freizeit bestimmen als jene Zeit, die dem einer regelmäßigen Arbeit nachgehenden Berufstätigen außerhalb seiner eigentlichen Arbeitszeit zur Verfügung steht. Freizeit als von Berufsarbeit entlastete Zeit stellt demnach einen rein formalen Begriff dar, der im Gegensatz zur Muße auf keinerlei inhaltliche Bestimmung hinweist [...]. Der Rahmen, innerhalb dessen die Freizeit Raum hat, wird einerseits begrenzt durch die Arbeit, andererseits durch den

Bereich der maximalen psycho-physischen Ruhe (Schlaf). Jedes Tun, welches weder in den Bereich der Arbeit noch in den Bereich des Schlafes fällt, gehört somit der Freizeit an.

(Hans-Werner Prahl, Albrecht Steinecke [Hrsg.]: Jugend und Freizeit. Arbeitstexte für den Unterricht, Stuttgart, Reclam 1982, S. 10)

1. Wie wird der Begriff „Freizeit" definiert?
2. Trifft diese Definition angesichts der zunehmenden Verwischung der Grenzen zwischen Arbeit und Freizeit durch z. B. das Abfragen und Beantworten beruflicher E-Mails nach der Arbeitszeit noch zu?

Dieter Kramer: Freizeit als Glücksmöglichkeit

▶ QUELLE 2

Die Zeit, die die Arbeitenden für die Produktion und Regeneration ihrer Arbeitskraft brauchen, hat also nichts mit „disponibler" (frei verfügbarer) Zeit zu tun: sie ist notwendige Zeit, auch wenn der Arbeitende gewisse Wahlmöglichkeiten hat, mit welchen Mitteln er seine Kräfte wiederherstellen will. [...] „Freizeit", in der die Arbeitenden für die individuelle und kollektive Reproduktion der Arbeitskraft sorgen, ist etwas anderes als „freie Zeit", die sie mit ihren vollen, körperlichen, geistigen und seelischen Kräften zu beliebiger Tätigkeit nutzen können. Echte gesellschaftliche disponible Zeit, „freie Zeit" ist gesellschaftlich frei verfügbare, vollwertige (d. h. nicht für Reproduktionsbedürfnisse in Anspruch genommene) Zeit, in der Dinge getan werden können, die das gleiche Ausmaß an Kraft-Verausgabung bedeuten wie die Produktion der notwendigen Lebensmittel, deren Auswahl aber theoretisch allein von den Genuß- und Glücks-Bedürfnissen der gesellschaftlichen Individuen abhängt. Und weil sie in der Regel von der gesellschaftlichen Arbeitsteilung abhängt und ihre Existenz dieser Arbeitsteilung zu verdanken ist, gehört sie zunächst nicht einzelnen, sondern der ganzen Gesellschaft [...]. Indem die Menschen in ihrer disponiblen, frei verfügbaren Zeit auch Aneignung ihrer Umwelt betreiben, entwickeln sie allgemein ihr individuelles Arbeitsvermögen weiter (statt es bloß in der alten Form wiederherzustellen), und entwickeln die kollektiven Möglichkeiten der Umweltaneignung (d. h. machen Entdeckungen und Entwicklungen, die nicht nur ihre Glücksmöglichkeiten, sondern auch ihre Möglichkeiten, den Lebensunterhalt zu gewinnen, erweitern).

(Hans-Werner Prahl, Albrecht Steinecke [Hrsg.]: Jugend und Freizeit. Arbeitstexte für den Unterricht, Stuttgart, Reclam 1982, S. 16)

1. Welche Verbindung zum Glücksstreben stellt der Autor her?
2. Welche Möglichkeiten eröffnet die Freizeitgestaltung?

Über die Politikverdrossenheit der Jugend

▶ QUELLE 3

[...] Die Selbsteinschätzung zum politischen Interesse ist eine der zentralen Zeitreihen der Shell Jugendstudie. Hierzu liegen uns seit der 10. Shell Jugendstudie aus dem Jahr 1984 für die Frage »Interessierst du dich ganz allgemein für Politik? Würdest du sagen, du bist stark interessiert, interessiert, wenig interessiert oder gar nicht interessiert?« vergleichbare Querschnittsdaten vor. Die aktuellen Ergebnisse zeigen, dass sich an dieser Stelle inzwischen eine Trendwende vollzogen hat. Das politische Interesse ist bei den Jugendlichen in Deutschland wieder deutlich gestiegen. [...]

Typisch für die Sicht von Jugendlichen in Deutschland ist die nach wie vor ausgeprägte Politikverdrossenheit. Wir hatten diese Stimmungslage bereits in den früheren Shell Jugendstudien untersucht und beschrieben. An diesen Befunden hat sich trotz der gestiegenen Zufriedenheit mit der Demokratie und der Gesellschaft in Deutschland nichts Grundlegendes geändert. Nach wie vor unterdurchschnittlich ist das Vertrauen, das Parteien entgegengebracht wird (2,6 auf einer Skala von 1 bis 5). Der Aussage »Politiker kümmern sich nicht darum, was Leute wie ich denken« stimmen 69 % der Jugendlichen zu (Altersgruppe 15 bis 25 Jahre). Politikverdrossenheit ist sicherlich vorurteilsbeladen und hat etwas Stereotypes an sich. Dem hierbei zum Ausdruck kommenden fehlenden Vertrauen und dem Defizit an Glaubwürdigkeit wird man allerdings kaum mit Gegenvorwürfen oder dem Hinweis auf fehlendes Differenzierungsvermögen beikommen können. Den Jugendlichen in Deutschland mangelt es nicht an Demokratieakzeptanz und auch nicht an Problembewusstsein. Vielmehr werfen sie der Politik eine Orientierung primär an den eigenen Organisationsinteressen sowie eine fehlende Verlässlichkeit vor. Wenn Politik Vertrauen zurückgewinnen will, wird sie vor allem in diesen Punkten mit überzeugenden Argumenten für sich werben müssen. Zu extremistischen Konzepten bekennt sich hingegen nur eine Minderheit der Jugendlichen. 14 % stimmen der Aussage zu, dass es »in jeder Gesellschaft Konflikte gibt, die nur mit Gewalt gelöst werden können«. Am markantesten sind die Unterschiede bei der Links-rechts Positionierung: Während die Zustimmung zur Legitimität von Gewalt in gesellschaftlichen Auseinandersetzungen bei den Jugendlichen, die sich links, eher links oder in der Mitte einstufen, in etwa dem Durchschnittswert entspricht (links: 14 %, eher links: 12 %, Mitte: 15 %, ohne Positionierung: 12 %), steigt sie bei Jugendlichen, die sich eher rechts oder rechts positionieren, deutlich an (eher rechts: 19 %, rechts: 37 %). [...]

(Shell Deutschland Oil GmbH (Hrsg.): 17. Shell Jugendstudie 2015 - Zusammenfassung der Studie, abgerufen unter http://s01.static-shell.com/content/dam/shell-new/local/country/deu/downloads/pdf/shell-jugendstudie-2015-zusammenfassung-de.pdf, Zugriff am: 25.11.2015)

1. **Beschreiben Sie das Interesse der Jugendlichen an Politik mit eigenen Worten. Worin sehen Sie mögliche Gründe?**
2. **Warum vertrauen Jugendliche der Politik nicht? Erläutern Sie Ihre persönliche Einstellung dazu.**

▶ QUELLE 4 Frühwarnsystem gegen Gewalt

Die [...] Statistik aus dem Jahre 2008 verzeichnet zwar weniger tatverdächtige Kinder, Jugendliche und Heranwachsende als im Jahre 2007. Dem [...] relativen Rückgang steht allerdings seit geraumer Zeit ein erheblicher Anstieg bei den Gewaltdelikten gegenüber.

Besonders die Zahl der schweren Körperverletzungen ist laut Polizei-Statistik gestiegen; seit 1998 um immerhin 54 Prozent. Auch die Zahl der jugendlichen Intensivtäter ist statistisch unklar. [...] Es gibt nicht einmal eine bundeseinheitliche Definition des Begriffs. Nach Schätzungen sind Intensivtäter, vielleicht ein Fünfzigstel aller Tatverdächtigen unter 21 Jahren, für ein Drittel aller Jugendstraftaten verantwortlich. [...]

Bei Gewalttaten [...] wollen die Täter meist nichts erbeuten, kein Geld rauben, kein Handy „abziehen". Sie planen die Taten nicht, es passiert einfach. Das deckt sich mit Erkenntnissen der IMK-Studie [*Innenministerkonferenz*] von 2008. Die Verfasser kommen angesichts der jugendlichen Gewaltexzesse zu dem Schluss: „Als Auslöser wurden immer wieder Nichtigkeiten und Banalitäten angeführt. Die Gewalt wird um ihrer selbst willen verübt, sie scheint der ‚Unterhaltung' und dem ‚Zeitvertreib' zu dienen".

Viele Täter kennen Gewalt von zu Hause, von klein auf. Nicht jeder Schulschwänzer wird zum Gewalttäter. Aber viele Gewalttäter werden zum ersten Mal in der Schule auffällig. Schulversagen ist ein regelmäßiges Merkmal einer beginnenden kriminellen Karriere: erste Auffälligkeiten schon in der Grundschule, Disziplinprobleme und Konzentrationsschwierigkeiten, dann häufiges Schwänzen, Schlägereien, Verweise. Schließlich verlassen die künftigen Täter die Schule ohne Abschluss. Was folgt, ist ein Leben auf der Straße, mit den Kumpeln. Zu den Eltern nach Hause, sagen die Ermittler, gehe es, wenn überhaupt, nur noch zum Essen, zum Schlafen und manchmal, um die Kleidung zu wechseln.

Die Laufbahnen der Schläger sind von deprimierender Gleichförmigkeit. Jugendrichterin Kerstin Heisig [*Amtsgericht Neukölln*] hat deshalb vor ein paar Jahren angefangen, Kontakte zu knüpfen. Mit Eltern, Lehrern, Polizisten, dem Jugendamt, mit Streetworkern und Migranteninitiativen [...]. Wenn die jungen Täter bei ihr im Gerichtssaal stehen, ist es nämlich meist viel zu spät. Deshalb versucht sie Netzwerke zu schaffen, Frühwarnsysteme zu installieren, damit die vielen Stellen, die sich um die Jugendlichen kümmern, nicht isoliert voneinander vor sich hinwurschteln. Damit sie frühzeitig auf die Schulschwänzer aufmerksam werden. Damit die Lehrer erfahren, was ihre Schüler so treiben.

Noch steht diesem Anliegen häufig der Datenschutz im Weg, oft hapert es an der Zusammenarbeit. So dürfen Polizeibeamte eine Schule offiziell nicht informieren, wenn einer ihrer Schüler außerhalb des Geländes auffällig geworden ist. Das ist nur dem Staatsanwalt erlaubt und auch erst dann, wenn es zu einer Anklage kommt.

(Christian Denso, Heinrich Wefing: Aus heiterem Himmel. In: Die Zeit Nr. 7 vom 11.02.2010)

1. **Von welchen Motiven werden jugendliche Straftäter angetrieben?**
2. **Worin zeigt sich häufig der Beginn einer kriminellen Karriere?**
3. **Was kann dagegen getan werden?**
4. **Welche Barrieren behindern eine frühzeitige Bekämpfung?**

1.3 Der Strukturwandel und seine Folgen

1.3.1 Die Globalisierung

Nach dem Wort des Soziologen *Ulrich Beck* ist Globalisierung das „am meisten missbrauchte und am seltensten definierte Streitwort“[1]. Möglicherweise erzeugt gerade die Unbestimmtheit des Begriffs die vielfachen Ängste, Widerstände, Sorgen und teilweise irrationalen Reflexe.

DARSTELLUNG
www.imf.org
▶ Q. 1 und 2

Globalisierung ist zunächst einmal die Fortsetzung eines Prozesses, der spätestens im 19. Jahrhundert als Welthandel begann. Der (freie) Welthandel war immer schon, wie sein Name sagt, global. Was diesem Prozess heute seine ungeheure, ja fast unheimliche Dynamik verleiht, ist die elektronische Kommunikation mit all ihren Facetten. So werden täglich weltweit Hunderte von Milliarden Dollar in Sekundenschnelle rund um den Erdball transferiert, von denen nur 10 % zur Bezahlung eines realen Geschäftes dienen. Der Rest ist Finanzkapital, das kurz-, mittel- oder langfristig nach möglichst ertragreichen Anlagen sucht.

www.un.org

Definitorisch meint Globalisierung die über Staatsgebiete und Territorien hinausgehenden Räume mit weltumfassender Ausweitung von wirtschaftlichen, politischen, kulturellen und auch militärischen Praktiken, wozu auch Terroranschläge gezählt werden können.

Der Prozess der Globalisierung wirkt sich auf die verschiedensten Bereiche aus:

- **Politik**: Staatsgrenzen verlieren zunehmend an Bedeutung. Die Bewegungsfreiheit auf der ganzen Welt wächst beträchtlich. Der internationale Tourismus hat vorweggenommen, was heute und morgen Alltäglichkeit wird, fremde Menschen kommen auf kürzere oder längere Zeit ins Land. (Politik)
- **Technik**: Ständiger Fortschritt in der Verkehrs- und Kommunikationstechnik. Produkte lassen sich virtuell in wenigen Sekunden als elektronische Konstruktion verbreiten. Ideen und Informationen sind die Träger der Entwicklung. (Technik)
- **Gesellschaft**: Tradition und soziale Beziehungen wie Familie, Heimat, Brauchtum verlieren an Bindungskraft, was die geografische und emotionale Mobilität der Menschen erhöht. (Gesellschaft)
- **Wirtschaft**: Global Players, also international operierende Manager und Unternehmen, suchen weltweit nach den besten Standortbedingungen für Produktion und Vertrieb. Ein aus vielen Einzelteilen zusammengesetztes Produkt, wie etwa ein Pkw von BMW, ist nur noch bedingt als „Made in Germany“ zu bezeichnen; rund die Hälfte seiner Teile stammen aus dem Ausland, die Motoren z. B. aus Österreich, weshalb Weltkonzerne als Herkunft nicht mehr das Land, sondern ihren Firmennamen einsetzen, etwa „Smart – engineered by Mercedes-Benz“. (Wirtschaft)

1.3.1.1 Die Chancen der Globalisierung

Nahezu einhellig wird anerkannt, dass freier Handel und Wettbewerb auf einem nationalen Binnenmarkt wohlstandsfördernd sind. Globalisierung ist nichts anderes als die Übertragung dieses erfolgreichen liberalen Prinzips auf die Welt. Empirisch belegt ist, dass Länder, die am globalen Handel teilnehmen, **Wohlstand** schaffen. Wer aber seine Grenzen schließt, Einfuhr verhindert, Zölle erhebt, bleibt auf Dauer arm.

www.worldbank.org
Wohlstand

Beispiel: Seit Hongkong 1997 von Großbritannien in die Unabhängigkeit entlassen wurde, ist es eine Enklave im chinesischen Wirtschaftssystem und gehört zu den am weitesten entwickelten Volkswirtschaften der Welt.

Der Vorteil der Globalisierung für junge, bewegliche und qualifizierte Menschen liegt auf der Hand. Man braucht sich nur einmal vorzustellen, dass ein stellungssuchender Akademiker in Sachsen-Anhalt lediglich in diesem Bundesland mit der höchsten Arbeitslosenquote Deutschlands einen Arbeitsplatz finden will. Seine Chancen wachsen, wenn er bereit ist, auch in andere

www.wto.org

1 Ulrich Beck: Was ist Globalisierung? Frankfurt am Main, Suhrkamp 1997, S. 224 f.

Bundesländer zu gehen oder gar ins europäische Ausland, wie etwa die junge Rechtsanwältin, die vergeblich in Deutschland eine Stelle suchte, aber eine in Palma de Mallorca fand.

www.attac.org

1.3.1.2 Die Risiken der Globalisierung

Verlierer

Armutsproletariat

Jeder Strukturwandel hat in der Geschichte mindestens kurz- und mittelfristig auch **Verlierer** gehabt. So bildeten im 19. Jahrhundert im Zusammenhang mit der Industrialisierung die von der Landwirtschaft freigesetzten Arbeitskräfte das städtische **Armutsproletariat**. Zweifellos wird auch die Globalisierung viele Menschen aus ihrem herkömmlichen Berufsleben vertreiben. Nach der Osterweiterung der EU grassiert in Deutschland die Angst vor einem großen Zustrom billiger ausländischer Arbeitskräfte. Sprachbarrieren und soziale Bindungen an die Heimat werden zwar die Zahl der Immigranten dämpfen, keinesfalls aber die Einwanderung verhindern. Die moderne elektronische Kommunikations- und Informationsverarbeitung ermöglicht aber noch eine ganz andere Art der Vernichtung heimischer Arbeitsplätze: die Verlagerung (Outsourcing) von Aufträgen ins Ausland. So lässt beispielsweise eine große europäische Luftfahrtgesellschaft ihre Flugpläne, Buchungen usw. in Indien erstellen, wohin die Daten von jedem Check-in-Schalter in Europa übermittelt werden können. Das Design für Stoffe, die in Stuttgart hergestellt werden, kann von Spezialisten im fernen Asien angefertigt werden. Derartige Beispiele lassen sich fast unbegrenzt fortführen.

www.destatis.de

1.3.2 Arbeitslosigkeit

Quote

www.arbeitsagentur.de

Kaum eine Wirtschaftsstatistik erhält so viel Aufmerksamkeit wie die der Arbeitslosigkeit. Als **Quote** wird sie berechnet in Prozent der Erwerbspersonen, das sind alle Erwerbstätigen zuzüglich Arbeitslose.

Dennoch hat diese Statistik nur einen begrenzten Aussagewert, insbesondere für internationale Vergleiche, weil die Erhebungs- und Berechnungsmethoden sehr unterschiedlich sind.

Beispiele: Nach wie vielen Tagen Arbeitslosigkeit wird der Stellungsuchende als arbeitslos gezählt? Werden auch ausländische Arbeitsuchende mitgezählt (in der Schweiz zum Beispiel nicht)? Wie wird mit Saisonarbeitern verfahren? Wie viele Wochenstunden musste ein Arbeitnehmer gearbeitet haben, um nach Verlust seiner Stellung als arbeitslos zu gelten?

Statistik

www.bmas.bund.de

In Deutschland gilt jeder **statistisch** als arbeitslos, der willens und fähig ist, irgendeine Arbeit auszuüben, dem deutschen Arbeitsmarkt zur Verfügung steht, sich also z. B. nicht dauerhaft im Ausland aufhält und weniger als wöchentlich 15 Stunden erwerbstätig ist. Der Arbeitslose muss im Prinzip täglich erreichbar sein und ist zur Eigeninitiative bei der Beschäftigungssuche verpflichtet.

Jahres-durchschnitt	Arbeitslose in Tsd.		Arbeitslosenquote in %		Kurzarbeiter in Tsd.	
1950	1 580		10,4		116	
55	928		5,2		24	
60	271		1,3		3	
65	147		0,7		1	
70	149		0,7		10	
75	1 074		4,7		773	
80	889		3,8		173	
90	1 883		7,2		56	
	West	Ost	West	Ost	West	Ost
92	1 808	1 170	6,6	14,8	283	370
99	2 756	1 344	8,8	17,6	92	27
2000	2 529	1 359	7,8	17,4	62	24
01	2 320	1 532	7,2	17,3	94	29
02	2 498	1 563	7,7	17,7	162	45
03	2 753	1 623	8,4	18,5	160	35
04	2 783	1 599	8,5	18,5	122	29
05	3 246	1 617	9,9	18,4	101	25
Ab 2006 gelten die Angaben nur noch für Gesamtdeutschland.						
Jahres-durchschnitt	Arbeitslose in Tsd.		Arbeitslosenquote in %		Kurzarbeiter in Tsd.	
2006	4 487		10,8		67	
07	3 777		9,0		26	
08	3 268		7,8		58	
09	3 423		8,2		1 144	
10	3 238		7,7		502	
14	2 912		6,7		94	

(Eigene Zusammenstellung der Autoren nach den Monatsberichten der Deutschen Bundesbank)

Die deutsche **Arbeitslosenstatistik** weist auf der einen Seite einen zu hohen, auf der anderen Seite einen zu niedrigen Stand aus. Arbeitslosenstatistik

Zu hoch sind die Zahlen, weil
- Stellungsuchende an einer Arbeitsaufnahme nicht ernsthaft interessiert sind und dies auch mehr oder weniger offen beim Bewerbungsgespräch erkennen lassen;
- die Arbeitsagentur nur selten von der **Zumutbarkeitsregel** Gebrauch macht, einem Arbeitnehmer auch eine völlig andere, vor allem erheblich schlechter bezahlte Tätigkeit als bisher anzubieten, z. B. einem Büroangestellten eine Stelle in der Pfandflaschenrückgabe eines Supermarktes. Ein Wohnungswechsel wird sowieso keinem Arbeitslosen zugemutet! Zumutbarkeitsregel
- nicht wenige in die Schwarz- und Schattenwirtschaft abwandern, also in Wirklichkeit sehr wohl Arbeit haben. Die Schätzungen, wie hoch dieser Anteil ist, reichen von 3 % als Untergrenze (so die Gewerkschaften) bis zu 25 % (nach Arbeitgebermeinung).

Zu niedrig sind die statistischen Angaben, weil
- viele Arbeitsuchende sich gar nicht bei der Arbeitsagentur melden, weil sie keine Hoffnung haben, die von ihnen gewünschte Stellung zu erhalten;
- in Beschäftigungsgesellschaften tätige und ausgebildete Arbeitnehmer nicht mitgezählt werden, obwohl sie keine reguläre und dauerhafte Beschäftigung ausüben. Beschäftigungsgesellschaften

www.iab.de

1.3.2.1 Die Ursachen der Arbeitslosigkeit

Es gibt ungefähr 15 verschiedene Einzelursachen der Arbeitslosigkeit. Sie reichen von persönlichen Gründen wie mangelnder Eignung und Fähigkeit bis zur globalen Konkurrenz, weil einfache Spielwaren in Hongkong etwa wesentlich billiger produziert werden können als in Nürnberg.

▶ Q. 3

Man unterscheidet:

Konjunktur
- Die **konjunkturelle Arbeitslosigkeit**, die eine Folge von Investitions- und Wachstumsschwächen ist. Sie könnte durch entsprechende Konjunkturspritzen und *Beschäftigungsprogramme* bekämpft werden.

Struktur
- Die **strukturelle Arbeitslosigkeit** als Folge von Veränderungen im wirtschaftlichen Produktionsgefüge, z. B. weniger Kohleabbau und mehr Ölimporte. Eine langfristige Beschäftigungsumschichtung ist bei dieser Art von Arbeitslosigkeit unvermeidbar.

Technologie
- Die **technologische Arbeitslosigkeit** als Ergebnis von *Produktivitätssteigerungen* durch *Rationalisierung* und Einsatz von elektronisch gesteuerten Verfahren in Fertigung und Verwaltung (z. B. Roboterfertigung im Fließbandverfahren und elektronische Textverarbeitung im Bürobetrieb).

Saison
- Die **saisonale Arbeitslosigkeit** ist witterungsbedingt und vor allem charakteristisch für die Bauwirtschaft.

Region
- **Regionale Arbeitslosigkeit** hat ihre Ursache in fehlender Mobilität der Arbeitskräfte oder in mangelnder Bereitschaft von Unternehmen, beispielsweise ein Zweigwerk zu errichten. Hier können unter Umständen *Lohn- und Steueranreize* helfen, die Menschen zu veranlassen, in Gebiete mit besseren Beschäftigungsaussichten überzusiedeln oder Unternehmen zur Ansiedlung zu bewegen.

Wettbewerbsfähigkeit
- Arbeitslosigkeit im Gefolge von Verzerrungen der internationalen **Wettbewerbsfähigkeit**, typisch z. B. für die Werft- und Stahlindustrie.
  Die deutschen Werften können gegen das Angebot aus *Billiglohnländern* wie z. B. Korea kaum konkurrieren, und die Stahlindustrie unserer westeuropäischen Nachbarn wird vom Staat hoch subventioniert, sodass die deutsche Stahlproduktion im Absatzpreis nicht wettbewerbsfähig ist.

Wir stellen ein ... (Karikatur von Erik Liebermann)

Standortnachteile
- Arbeitslosigkeit durch **Standortnachteile**. Sie ergibt sich daraus, dass vor allem die Arbeitskosten durch *Personalzusatz- und Sozialkosten* stark erhöht sind, ohne dass dem eine entsprechende produktive Leistung gegenübersteht. So ist praktisch unbestritten, dass die Arbeitnehmer der Bundesrepublik Deutschland unter allen entwickelten Industrieländern den längsten bezahlten Urlaub, die meisten bezahlten Feiertage und die kürzeste Wochenarbeitszeit haben und Deutschland auf diese Weise auch die kürzesten Maschinenlaufzeiten hat.

1.3.2.2 Die Bekämpfung der Arbeitslosigkeit

Schier zahllos sind die Rezepte zum Abbau der Arbeitslosigkeit. Das hängt zum einen mit den verschiedenartigen Ursachen zusammen, die jeweils eine andere Bekämpfungsmethode erfordern. Zum anderen vermag auch die Wirtschaftswissenschaft kein unstrittiges Konzept zu liefern. Schließlich stehen hinter den differierenden Vorschlägen kontroverse politische Ansichten. Die beiden Hauptrichtungen der Arbeitslosenbekämpfung lassen sich in *angebots- und nachfrageorientierte* Vorschläge einteilen. Die wichtigsten Merkmale sind folgende:

Angebotsorientierte Arbeitsmarktpolitik
Sie wird – mit kleinen Unterschieden im Detail – befürwortet vom Sachverständigenrat zur Begutachtung der gesamtwirtschaftlichen Entwicklung beim Bundeswirtschaftsministerium („Fünf Weise"), der überwiegenden Mehrzahl der Wirtschaftsinstitute, der Europäischen Zentralbank (EZB) und Deutschen Bundesbank, den Arbeitgeberverbänden, und auch die EU neigt zu dieser Politik. Die Große Koalition versuchte von 2005 bis 2009 einerseits durch nochmals erhöhte Neuverschuldung die Binnennachfrage zu beleben, andererseits versuchte sie die Arbeitskosten zu drücken, indem sie die Mehrwertsteuer erhöhte. Die wichtigsten Vorschläge der angebotsorientierten Arbeitsmarktpolitik lauten:

1. Wer den Lohn festsetzt, bestimmt die Absatzhöhe der „Ware" Arbeitskraft. Die Nachfrage nach Arbeit ist eine Funktion, eine abhängige Variable der **Produktivität**; liegt der Lohn darüber, ist Arbeitslosigkeit die zwangsläufige Folge. Produktivität

2. Die Löhne müssen stärker **gespreizt** werden, d. h., für einfache Arbeiten können nur deutlich geringere Löhne gezahlt werden, denn gerade diese Arbeitsplätze lassen sich am leichtesten wegrationalisieren. Lohnspreizung

3. Die Lohnhöhe muss stärker den **betrieblichen** Möglichkeiten angepasst werden. Ein *Flächentarifvertrag*, der ohne Rücksicht auf die unterschiedlichen Betriebsergebnisse von allen Unternehmen denselben Lohn verlangt, führt zu Firmenzusammenbrüchen und damit zum Verlust von Arbeitsplätzen. Betriebslohn

4. Das deutsche **Arbeitsrecht** ist zu starr, es sollte dereguliert werden. Dazu gehört auch ein Abbau der (übertriebenen) Kündigungsvorschriften, die praktisch einem Ausschluss der Arbeitsuchenden zugunsten der Arbeitsplatzbesitzer gleichkommen. Arbeitsrecht

5. Die hohen **Personalzusatzkosten** insbesondere im Bereich der Altersversorgung führen zu einer im internationalen Vergleich überproportionalen Kostenbelastung deutscher Unternehmer und sind einer der Gründe für die fortlaufende Unternehmensverlagerung ins Ausland. Personalzusatzkosten

6. Die *Erhaltungssubventionen*, vor allem im Bergbau und in der Landwirtschaft, müssen rasch abgebaut werden, weil sie finanzielle Mittel zur Schaffung neuer Arbeitsplätze in zukunftsorientierten Bereichen binden. Subventionsabbau

7. Eine Senkung der Steuersätze und eine grundlegende **Steuerreform** schafft die Voraussetzung für mehr Investitionen, Wachstum und Beschäftigung. Steuerreform

Nachfrageorientierte Arbeitsmarktpolitik
Sie wird angestrebt von Teilen der Gewerkschaften, vor allem der IGM und ver.di sowie Teilen der SPD und der LINKEN.

1. Die Massenkaufkraft muss gestärkt werden, weil nur durch sie die **binnenländische Nachfrage** erhöht wird, was zu Neueinstellungen führen wird. Binnennachfrage

2. Die **Personalnebenkosten** sind zu verringern, indem vor allem die versicherungsfremden Leistungen der Rentenversicherung aus dem Steueraufkommen erbracht werden müssen. Personalnebenkosten

3. Die einkommensbezogenen Steuern sollen zugunsten erhöhter **Verbrauchsteuern** gesenkt werden, wodurch die Nettoeinkommen steigen. Verbrauchsteuern

4. In den Betrieben, insbesondere auf den Baustellen, muss schärfer gegen das **Lohndumping** durch ausländische Arbeitskräfte vorgegangen werden. Lohndumping

Flächentarifvertrag

5. Der **Flächentarifvertrag** hat auch eine Befriedungsfunktion zwischen dem einzelnen Betrieb und seinen Beschäftigten und soll deshalb – bei zugestandenen Öffnungsklauseln und Härtefallregelungen – beibehalten werden, weil er der Beschäftigungssicherung dient.

Öffentlicher Dienst

6. Der Personalbestand des **öffentlichen Dienstes** ist auszuweiten, damit der Staat und die Gebietskörperschaften einen Beitrag zur Senkung der Arbeitslosigkeit leisten können.

Sozialstandards

7. Die **Sozialstandards** sind international anzugleichen, sodass es keine Kostenvorteile zulasten der in Deutschland Beschäftigten mehr geben kann.

Ein Gutachten des Sachverständigenrates zur Begutachtung der gesamtwirtschaftlichen Entwicklung bilanzierte am 8. November 2006 nüchtern: „Die konjunkturelle Arbeitslosigkeit bildet sich spürbar zurück, aber diese erfreuliche Entwicklung geht an den Problemgruppen des Arbeitsmarkts – Geringqualifizierten und Langzeitarbeitslosen – [...] vorbei. [...] Die erfreuliche Belebung auf dem Arbeitsmarkt [...] [darf] nicht zu einem Erlahmen der Reformanstrengungen verleiten. [...] Den Geringqualifizierten kann ein wirksames Kombilohnmodell helfen, die Langzeitarbeitslosigkeit mit Hilfe eines flexiblen Kündigungsschutzes verringert werden. [...] Nachgerade kontraproduktiv zu den beabsichtigten Wirkungen eines Kombilohns wäre die zurzeit diskutierte Einführung eines gesetzlichen Mindestlohnes [...]." *(Quelle: Jahresgutachten 2006/07, http://www.sachverstaendigenrat-wirtschaft.de/fileadmin/dateiablage/download/gutachten/ga06_ges.pdf, Zugriff am: 26.11.2015)*

Überstunden

Ein Ärgernis ist, dass parallel zu einer millionenfachen Arbeitslosigkeit in Deutschland rund 1,6 Milliarden **Überstunden** gefahren werden (was 3,4 % aller Arbeitsstunden entspricht), wie die *Nürnberger Bundesagentur für Arbeit* schätzt. Doch auch dieser Sachverhalt hat zwei erklärbare Ursachen:

Wir haben einen *gespaltenen Arbeitsmarkt,* d. h., die qualitative Nachfrage nach Arbeitskräften ist nicht deckungsgleich mit dem Angebot. Es hilft dem stellungslosen Geschichtslehrer wenig, wenn ein Unternehmer seinen Mechatroniker in Überstunden arbeiten lässt.

Der Faktor Arbeit ist in Deutschland wegen des umfassenden Kündigungs- und Sozialschutzes, z. B. in Form von Abfindungen bei betriebsbedingten Kündigungen, zum Risikofaktor Nr. 1 geworden. Er ist in seinen künftig anfallenden Kosten unkalkulierbar, deshalb zögern die Unternehmer mit Neueinstellungen.

Kündigungsschutz

Der weltweit fast beispiellose **Kündigungsschutz** – in den USA z. B. nahezu unbekannt – zeigt hier sein Janusgesicht. Er schützt den in Arbeit Stehenden, aber erschwert den Zutritt der Arbeitsuchenden.

Zwar können solche Überstunden dauerhaft nur mit Genehmigung des Betriebsrates geleistet werden und auch die Betroffenen selbst sind wegen der erheblichen Lohnzuschläge auf Überstunden darüber nicht gerade unglücklich, aber wie kann sich ein Betriebsrat gegen solche Mehrleistung wehren, wenn es gilt, ein vorübergehendes Auftragspolster abzubauen?

Vollbeschäftigung

Kaum jemand mag noch daran glauben, dass es in einem sozialstaatlich stark abgesicherten Gemeinwesen wie Deutschland gelingen könnte, annähernd **Vollbeschäftigung** im Sinne dauerhafter Ganzzeitbeschäftigung zu erreichen. Vielleicht ist die heutige, in ganz Europa zu verzeichnende Arbeitslosigkeit „Vorbote eines gesellschaftlichen Wandels" *(Ralf Dahrendorf),* bei dem Teilarbeitszeit, Hobby, freiwillige Dienste, Familienfürsorge eine neue Mischung eingehen.

Arbeitszeitverkürzungen

Immer noch umstritten ist, ob **Arbeitszeitverkürzungen**, noch dazu mit vollem oder teilweisem Lohnausgleich, dauerhaft Arbeitsplätze schaffen können. Die in der Wissenschaft seit Jahrzehnten weithin gesicherte Erkenntnis, dass Arbeitszeitverkürzungen solche eher vernichten, wird inzwischen auch von den meisten Politikern geteilt. Eine Arbeitszeitverkürzung, etwa für den Elektroschweißer, bringt den stellungsuchenden Bäcker nicht in Lohn und Brot. Die Verminderung der Wochenarbeitszeit bedeutet für den Unternehmer in aller Regel erhöhte Arbeitskosten, die er durch verstärkte Rationalisierung, sprich Entlassungen wieder aufzufangen versucht, sowie durch erhöhten Druck auf die Arbeitsleistungen.

1.3.3 Die Krise des Sozialstaats

www.bmas.de

Schon vor der Wiedervereinigung war das „Modell Deutschland“ in die Krise geraten. Ein System, in dem ungefähr ein Drittel des Sozialproduktes für soziale Leistungen im weitesten Sinne ausgegeben wird und bei dem dennoch oftmals das Gefühl herrscht, dass eigentlich alle **Sozialleistungen**, angefangen von der Rente über Kindergeld, BAföG, Sozialhilfe und Pflegesatz usw. zu niedrig bemessen seien – ein solches System kann nicht mehr als funktionsgerecht bezeichnet werden. Oft sind es dieselben Gruppen, die einerseits über die hohe Abgabenquote (fast 50 % für Steuer- und Sozialbeiträge) klagen und gleichzeitig vom Staat Leistungen für ihre jeweiligen Interessen fordern.

Sozialleistungen

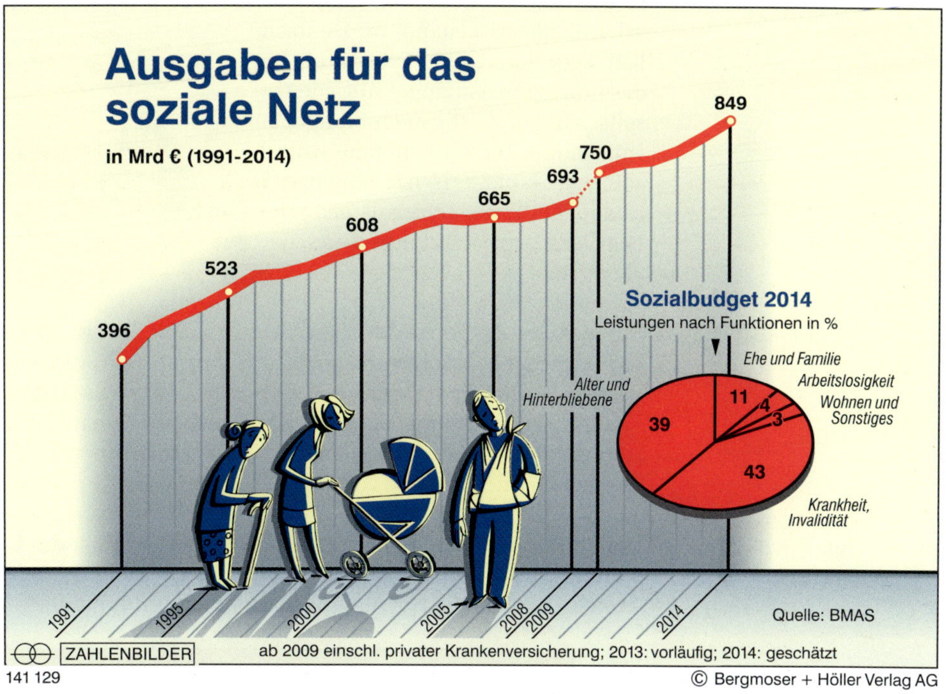

In Deutschland weiß niemand mehr genau, wie viele soziale Leistungen gewährt werden, denn schon ein verbilligter Museumsbesuch für Studenten, Schüler, Auszubildende und Rentner ist eine letztlich von der Gesamtheit zu tragende Vergünstigung. Als halbwegs gesicherte Erkenntnis kann gelten: Für etwa 60 % der Bevölkerung ist das System der gigantischen Umverteilung günstigstenfalls ein Nullsummenspiel, d. h., sie bekommen in irgendeiner Weise nach Abzug der Verwaltungskosten zurück, was ihnen zuvor an Steuern und Sozialbeiträgen genommen wurde. Für etwa 20 % dürfte der Saldo negativ sein, vor allem für jene 5 % der Bürger, die 43 % des Einkommensteueraufkommens zahlen. Für die restlichen 20 %, die Ärmsten, könnte die Bilanz positiv aussehen, also für jene Steuerbürger, die keine Lohn- und Einkommensteuer an das Finanzamt abzuführen brauchen.

▶ Q. 4

Von den fünf sozialen **Sicherungssystemen** – Renten-, Unfall-, Kranken-, Arbeitslosen- und Pflegeversicherung – sind insbesondere die Renten- und Krankenversicherung in eine schwere Finanzkrise geraten. Für beide Versicherungszweige sind die Ursachen nahezu identisch:

Sicherungssysteme
www.deutsche-rentenversicherung-bund.de

1. Die **Überalterung** der Bevölkerung, oder ihre „Unterjüngung“, lässt die Zahl der Rentner unablässig wachsen. Müssen derzeit 100 Erwerbstätige für 41 Rentner aufkommen, so steigt der Rentneranteil ab dem Jahre 2010 kontinuierlich an und erreicht 2050 fast 100.

Überalterung

2. Der demografische Kollaps (siehe Kap. 1.1) wird noch verschärft durch die ständig wachsende Lebenserwartung. Die **Rentenbezugsdauer**, also die Zahl der Jahre, in der ein Rentner Leistungen aus der gesetzlichen Rentenversicherung erhält, stieg von 1960 bis zum Jahr 2014 von zehn Jahren bei Männern auf 16 und bei Frauen sogar auf 22 Jahre.

Rentenbezugsdauer

3. Die lang anhaltende Wachstumsschwäche der deutschen Wirtschaft in Verbindung mit der auch daraus resultierenden verfestigten **Arbeitslosigkeit** verschärfte das Problem, denn Arbeitslose können keine Beiträge zur Renten- und Krankenversicherung leisten.

Arbeitslosigkeit

Nicht wenige Wissenschaftler und politisch Verantwortliche sehen einen Grund dafür in der fehlenden Kinderzahl. Für arme Länder gilt, dass viele Kinder eine Last sind, aber ein reiches Land, und das ist Deutschland immer noch, wird durch zu wenig Kinder arm. Es fehlt an binnenländischer Nachfrage. Angenommen wird auch, dass wenn die jährlich fehlenden 350 000 Kinder geboren würden, es genug Arbeit gäbe. Und die **Kinderlosigkeit** soll der Grund für den anhaltenden wirtschaftlichen Stillstand in Deutschland sein. Gesicherte Erkenntnis ist, dass Nachwuchsmangel für jede Gesellschaft langfristig auch Mangel an Innovationskraft, an neuen Impulsen, an künstlerischer Kreativität und jugendlicher Dynamik bedeutet. Die Gesellschaft und ihre Wirtschaft vergreisen.

Kinderlosigkeit

▶ Q. 7

Berufseintritt

4. Ein weiterer Faktor ist der späte **Berufseintritt.** Er erfolgt im Durchschnitt erst mit 25 Jahren, bei Universitätsabsolventen sogar erst mit 28 Jahren. Gleichzeitig waren im Jahre 2001 nur noch 37 % aller Erwerbsfähigen zwischen 55 und 64 Jahren berufstätig, wobei dieser Prozentsatz sich bis zum Jahr 2014 auf fast 50 % erhöht hat. Trotzdem gilt:. Wir haben in Deutschland die ältesten Studenten und die jüngsten Rentner. Überspitzt kann die Situation wie folgt gekennzeichnet werden: vom BAföG in die Rente.

Gesundheitskosten

▶ Q. 5

5. Der an sich erfreuliche medizinische Fortschritt lässt die **Gesundheitskosten** geradezu explodieren. Hinzu kommt, dass für die meisten Menschen der größte Teil ihrer Ausgaben für Arztbesuche, Medikamente und Krankenhausaufenthalte erst im Alter anfällt. Die verlängerte

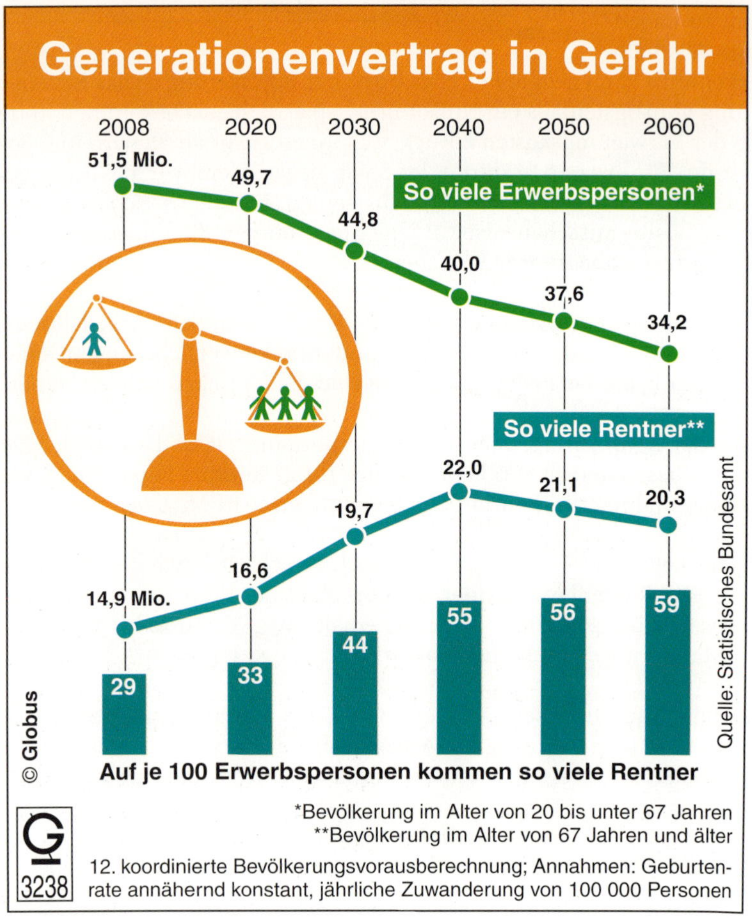

Lebensdauer ist gleichzeitig eine Verlängerung der Krankheitsanfälligkeit und damit des Kostenanstieges.

An Kommissionsvorschlägen zur Lösung dieser unausweichlich sich von Jahr zu Jahr verschärfenden Problematik mangelt es nicht; einiges ist bereits auf den Weg gebracht. Ein **demografischer Faktor**, von der damaligen Bundesregierung 1998 abgeschafft und als **Nachhaltigkeitsfaktor** vier Jahre später wieder eingeführt, koppelt die Renten von der Einkommensentwicklung ab, d. h., die Renten wachsen künftig langsamer als die Einkommen der Berufstätigen. Auf diese Weise sollen die zunehmenden Lasten der Überalterung nicht nur von der erwerbstätigen Bevölkerung getragen werden, sondern auch von den Älteren. Die Pensionsansprüche der Beamten werden gleichermaßen nach und nach reduziert, diese bekommen statt bisher im Regelfall 75 % der zuletzt erhaltenen Bezüge nur noch 71,75 %.

Demografischer Faktor
Nachhaltigkeitsfaktor

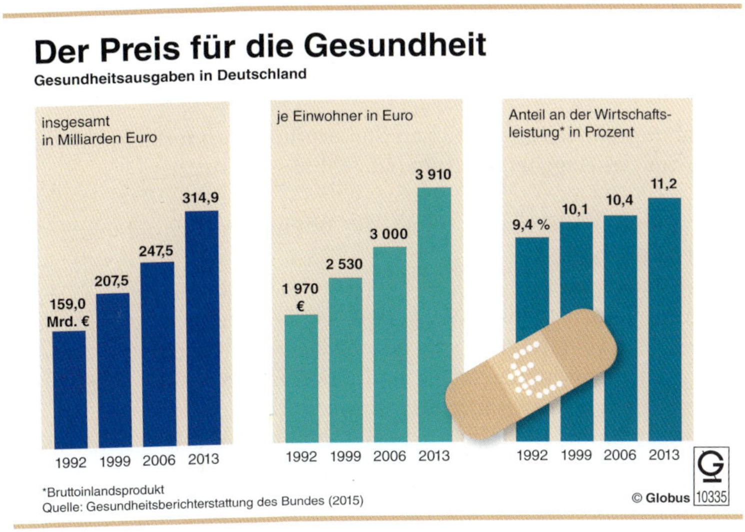

Eine zweite Möglichkeit, die Rentenlast zu lindern, ist das **Kapitaldeckungsverfahren**. Die Erwerbstätigen sparen einen Teil ihrer Einkommen, aus denen sie dann im Alter eine Zusatzrente beziehen können – die sogenannte **Riester-Rente**.

Kapitaldeckungsverfahren

Riester-Rente

Bei der Krankenversicherung wird eine zunehmende Eigenbeteiligung verlangt, insbesondere beim Krankengeld, beim Zahnersatz und bei Sehhilfen.

Es bleibt abzuwarten, ob die jeweils beschlossenen Maßnahmen ausreichend sind und sich nicht in wenigen Jahren schon wieder als unzureichend erweisen werden, so wie dies auch immer wieder bei der **Pflegeversicherung** der Fall ist.

Pflegeversicherung

1.3.4 Die Steuer- und Schuldenlast

Für die Bundesrepublik Deutschland gilt seit ihrer Geburt der eherne Grundsatz von den „wachsenden Staatsauf- und ausgaben" – 1950 hatte die BRD eine **Steuerquote** (Anteil des Steueraufkommens am Bruttoinlandsprodukt) von knapp 10 %; derzeit liegt sie bei etwa 23 %.

Steuerquote

Bisher hat noch kein Politiker einen Ausweg aus diesem fast naturgesetzlichen Anstieg gefunden oder die von der Wissenschaft gebotenen Lösungswege genutzt.

Die Bürger sind an dieser Entwicklung nicht unschuldig. Unablässig fordern die verschiedenen Gruppen mehr finanzielle staatliche Zuwendungen; jede einzelne von ihnen mag sich durchaus im Recht fühlen, insgesamt aber ergibt dies Anforderungen an den Staat, die dieser nur mit erhöhten Steuern erfüllen kann. Bei staatlichen Sparvorhaben zeichnet sich ein zur Realsatire gerinnendes Bild: Alle sind für Sparen, aber bitte: nicht bei mir oder bei unserer Gruppe!

▶ Q. 6

Niemand, nicht einmal ein Steuerberater, vermag das Dickicht der **Steuergesetze**, ihre darauf basierenden Verordnungen und die Zehntausende von Erlassen zuzüglich einschlägiger Gerichtsentscheidungen noch ganz zu durchschauen. Schon der römische Senator *Cicero* (106–43 v. Chr.) wusste: Summum ius summa iniuria (Größtes Recht ist höchste Ungerechtigkeit). Im Streben nach immer mehr (Fall-)Einzelgerechtigkeit bleibt das Recht auf der Strecke, weil es den

Steuergesetze

Begüterten mehr Optionen (Möglichkeiten) der Steuervermeidung eröffnet. Das Dickicht des Steuerdschungels in Verbindung mit einer sinkenden *Steuermoral* ermöglicht und verursacht **Steuerhinterziehung**. Der Umfang kann nur vage geschätzt werden; er beläuft sich pro Jahr auf mindestens 20 Milliarden € und wird von der Steuergewerkschaft auf 75 Milliarden € veranschlagt, das entspricht den Soziallasten des Bundes.

Steuerhinterziehung

Eine einzige Zahl zeigt das ganze Elend des von niemandem mehr zu durchschauenden deutschen Steuerwesens: Von der gesamten Weltliteratur zum Steuerrecht entfallen 60 % (!) allein auf Deutschland.

Abschreibungsmodelle

Ein weiteres Ärgernis waren die bis 1997 geltenden steuerlich begünstigten Verlustabschreibungen für Investitionen in den neuen Bundesländern, die **Abschreibungsmodelle**. Hohe Steuersätze begünstigten die Neigung, auch risikoreiche Investitionen zu tätigen, was im Interesse des Aufbaus Ost durchaus wünschenswert war. Aber es muss empören, wenn – wie der Regierungschef der Hansestadt Hamburg berichtete – Hunderte von Millionären seines Stadtstaates auf diese Weise keinen Pfennig Steuern zahlen.

Dieser Missbrauch ist nicht einmal ungesetzlich. Die reichen Steuerpflichtigen nutzen nur völlig legal Schlupflöcher aus, die ihnen der Gesetzgeber geöffnet hat.

Nicht erst seit der Wiedervereinigung Deutschlands steigt die öffentliche Schuldenlast. Sie wuchs in unregelmäßigen Schüben seit 1950.

Staatsschuld

Eine **Staatsschuld** ist nicht von vornherein negativ zu bewerten. Es ist durchaus gerecht, dass eine künftige Generation einen Teil der Lasten trägt, die die gegenwärtige durch Zukunftsinvestitionen auf sich nimmt. Kritisch wird die Schuldenentwicklung in zwei Fällen:

- Die Schuld wächst permanent rascher als die gesamtwirtschaftliche Leistung.
- Die Neukreditaufnahme deckt nicht einmal mehr die Last der Zinszahlungen, d. h., die neuen Kredite können insgesamt gesehen nicht investiv verwendet werden, sie dienen nur noch dem Schuldendienst und vermögen selbst diesen nicht mehr ganz zu erfüllen.

Gesamtverschuldung

Die **Gesamtverschuldung** aller Gebietskörperschaften – Bund, Länder, Gemeinden – betrug Mitte 2015 über 2,2 Billionen € (2 200 000 000 000 €)

Staatsverschuldung wächst ... die Schuldenuhr in Wiesbaden am 28.09.2015

Das sind pro Kopf der Bevölkerung über 26 600,00 €, und in jeder Sekunde wächst diese Staatsschuld um 1 556,00 €. Das unten stehende Foto der Schuldenuhr des Bundes der Steuerzahler zeigt den Zuwachs pro Sekunde. Rechnet man für einen Lidschlag 0,33 Sekunden, dann bedeutet das: In der Zeit eines einzigen Augenaufschlages wächst die Schuld um über 500,00 €.

Selbst diese exorbitanten Zahlen zeigen noch nicht einmal die gesamten Finanzverpflichtungen der öffentlichen Hand. Rechnet man zu der explizit ausgewiesenen Schuld von über 2 Billionen € noch die staatlichen Alterslasten wie Pensions- und Rentenansprüche, dann liegt die gesamte Staatsschuld noch viermal höher, nämlich bei 270 % statt bei 67 % des Bruttoinlandsproduktes. Unter den Bundesländern haben die Stadtstaaten (in dieser Reihenfolge) Bremen, Berlin und das Saarland die höchsten Schulden; die Länder Sachsen, Bayern und Baden-Württemberg haben dagegen die niedrigsten Schulden je Einwohner.

Man kann hochrechnen, wie groß der Schuldenstand in zehn, zwanzig, dreißig Jahren sein wird. Man muss aber beachten, dass jede Neuverschuldung durch die wachsende Zinslast den Schuld-

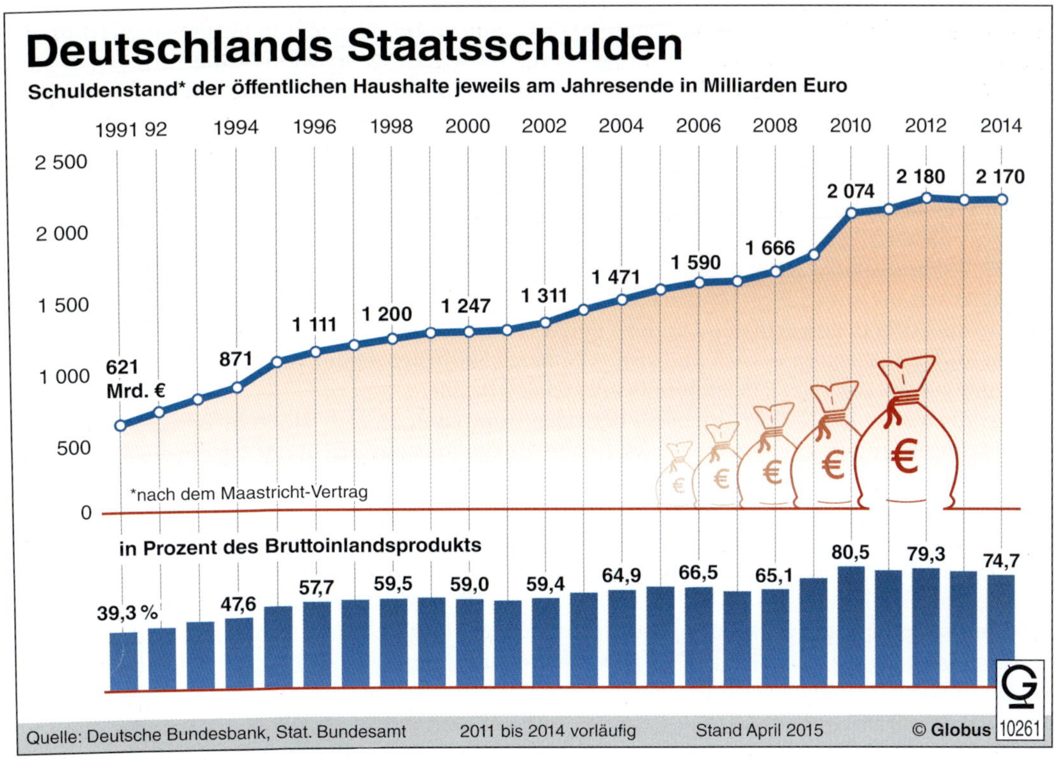

zuwachs ebenso beschleunigt wie ein zwischenzeitlich steigender Zinssatz. Ein sinkender Zinssatz oder gar eine Nettotilgung, eine allerdings ganz und gar unrealistische Annahme, würde dagegen den Zuwachs mindestens mindern.

2 Billionen € Schulden

Niemand vermag sich einen Betrag von mehr als 2 **Billionen** € (= 2 000 000 000 000) konkret vorzustellen. Deshalb hat die FAZ zusammen mit dem Bund der Steuerzahler aufgrund von Informationen der Deutschen Bundesbank einmal folgende Vergleiche angestellt:

Bei der Stückelung des Euro-Bargelds ist die 500-Euro-Note die größte. Um die genannte Schuld in dieser Banknote zu begleichen, brauchte man vier Milliarden Scheine, die nebeneinander gelegt zehnmal um den Äquator reichten. Übereinander gestapelt bildeten sie eine Höhe von fast 400 km. Nähme man statt der 500-Euro-Note die zur Barzahlung üblichen 50-Euro-Scheine, reichten diese zweimal für die mittlere Entfernung Erde–Mond (= 1,6 Millionen km). Diese Scheine wögen mehr als 8 Millionen t, für deren Transport man einen Güterzug mit einer Länge von 2 033 km, also von Nürnberg bis Madrid benötigte.

1.3.5 Umweltprobleme

www.bundesumweltamt.de

Club of Rome

Nachdem erstmals vor gut vierzig Jahren der *Club of Rome*[1] die Öffentlichkeit mit eindringlichen Warnungen über den weltweit drohenden Zusammenbruch unserer Zivilisation schockierte, ist die Diskussion über den Umfang der Umweltkatastrophe und die Notwendigkeit eines umfassenden **Umweltschutzes** nicht mehr abgerissen.

Umweltschutz

Waren die ersten Untersuchungen methodisch noch unzulänglich und mit vielen Fehlern behaftet, so kann doch über die Grunderkenntnis kein Zweifel mehr erlaubt sein: Diese Erde ist endlich und kann kein unbegrenztes Wachstum verkraften!

1 Dennis Meadows: Die Grenzen des Wachstums. Stuttgart 1972; Mihaljo Mesarovic, Eduard Pestel: Menschheit am Wendepunkt. 2. Bericht an den Club of Rome zur Weltlage. Stuttgart 1974

Inzwischen wurde im Auftrag des früheren US-Präsidenten *J. Carter* eine Studie angefertigt, die unter dem Titel „Global 2000“[1] die immer noch umfassendste Untersuchung über die spätestens im 21. Jahrhundert drohende Weltkatastrophe darstellt – wenn nicht energische Anstrengungen dagegen unternommen werden.

Die wichtigsten Erkenntnisse der Studie „Global 2000“ lauten:

www.greenpeace.de

- Die Welt des Jahres 2000 ff. ist noch *verschmutzter, ökologisch labiler* und für *Störungen anfälliger* als bisher.
- Die *Weltbevölkerung* wächst jährlich um rd. 80 Millionen und wird von heute (2015) mit 7,3 Milliarden bis zum Jahre 2050 nach UN-Schätzungen auf 9,2 Milliarden zunehmen, davon etwa zu 90 % in den ärmsten Ländern der Welt.
- Die *Kluft zwischen den reichen und armen Nationen* wird sich weiter vertiefen.
- Regionale *Wasserknappheit* ist bereits ein ernstes Problem.
- Die *Abholzung der Wälder,* insbesondere der tropischen Regenwälder in Afrika, Asien und Südamerika mit jährlich knapp 20 Millionen Hektar (das entspricht der Größe des US-Staates Kalifornien oder der 1,6-fachen der Bundesrepublik Deutschland), *verschlechtert die landwirtschaftliche Nutzfläche* (Bodenerosion, Wüstenausbreitung) und führt spätestens um das Jahr 2050 zu einer entscheidenden *Veränderung des Weltklimas.*
- Auch die Zerstörung der die Erde wie einen Schutzgürtel umgebenden Ozonschicht durch Fluorchlorkohlenwasserstoffe (FCKW), die z. B. in Spraydosen enthalten sind, wird das Weltklima verändern und zu vermehrtem Auftreten von Hautkrebs u. a. führen.
- Die *Ausrottung der Pflanzen- und Tierarten* schreitet fortgesetzt voran; ca. 20 % aller Arten werden unwiederbringlich verloren sein.

Ökologie

Noch vor vierzig Jahren konnte nur ein ganz kleiner Teil der Bevölkerung mit Umweltschutzbegriffen überhaupt eine Vorstellung verbinden. Fachausdrücke wie etwa **Ökologie** kannten nur die Wissenschaftler.

www.bmu.de

Unter *Ökologie* versteht man die Lehre von den Beziehungen der Organismen zu ihrer Umwelt. Im weiteren Sinne umfasst die Ökologie alle Erkenntnisse über Zusammenhänge von Natur und Umwelt. Einfaches *Beispiel:* Waldvernichtung für Autobahnbau, Monokulturen in der Landwirtschaft und Verwendung von Pestiziden zur Schädlingsbekämpfung zerstören die Lebensmöglichkeiten vieler Vogelarten. Folge: Insektenplage.

1.3.5.1 Die Bevölkerungsentwicklung

Bevölkerungsexplosion

Noch vor wenigen Jahren wurde die weltweite **Bevölkerungsexplosion** als ein gravierendes, wenn nicht das schwerste Problem angesehen und galt als eine Art Schlüsselproblem für viele Umweltfragen. Denn jeder zusätzlich geborene Mensch stellt ein „Anspruchsbündel“ dar. Er braucht Nahrung und Wohnraum, benötigt verarbeitete Rohstoffe, verbraucht Energie und hinterlässt Abfall. Inzwischen herrscht unter den Bevölkerungswissenschaftlern weitestgehend Einigkeit, dass das Wachstum gebremst und in einigen Erdteilen wie Europa bereits eine Kehrtwende in Richtung Schrumpfung eingesetzt hat. Das nachfolgende Schaubild veranschaulicht acht mögliche Varianten. Es handelt sich dabei nicht um Prophezeiungen, sondern um mathematisch nachprüfbare „Wenn-dann-Aussagen“. Die in das Schaubild eingearbeiteten Jahreszahlen geben an, ab wann die zur Bestandserhaltung notwendige Geburtenrate von 2,13 Kindern je Frau erreicht wird. Das Wachstum geht danach zwar noch verlangsamt einige Jahrzehnte weiter, wenn und weil die vermehrt Geborenen Kinder haben, aber bei der generell angenommenen Schrumpfung der Geburtenrate wird bei allen Szenarien eine Abnahme der Weltgesamtbevölkerung berechnet. Bei der niedrigsten Variante beginnt diese bereits vor dem Jahre 2040; bei der höchsten erreicht die Weltbevölkerung ihren Maximalstand um 2090 mit etwa 11,5 Milliarden Nach der mittleren und wahrscheinlichsten Möglichkeit wird das Bestandserhaltungsniveau ab dem Jahre 2040 unterschritten und die Erdbevölkerung erreicht dann mit rund 9,5 Milliarden im Jahre 2070 ihr Maximum.

1 Global 2000. Der Bericht an den Präsidenten. Bd. I. Deutsche Ausgabe. Frankfurt 1981

Man mag einen Widerspruch darin erblicken (siehe Kap. 1.3.3), dass auf der einen Seite Deutschland – und andere europäische Länder wie Österreich, Italien, Spanien – wegen der rückläufigen Geburtenzahlen vor schier unlösbaren Problemen der sozialen Sicherungssysteme stehen, während auf der anderen Seite Länder der Dritten und Vierten Welt unter der Vermehrung leiden. Aber die sozialen Absicherungen für Alter und Krankheit sind national und nicht global organisiert, sie sind ja nicht einmal in Europa vereinheitlichlicht. So hilft es dem deutschen Rentner des Jahres 2050 wenig, wenn seine Rente stagniert oder gar gekürzt wird, weil einfach nicht genügend Nachwuchs da ist, der dafür Beiträge zahlt, wenn beispielsweise im Sudan reichlich Kinder geboren werden.

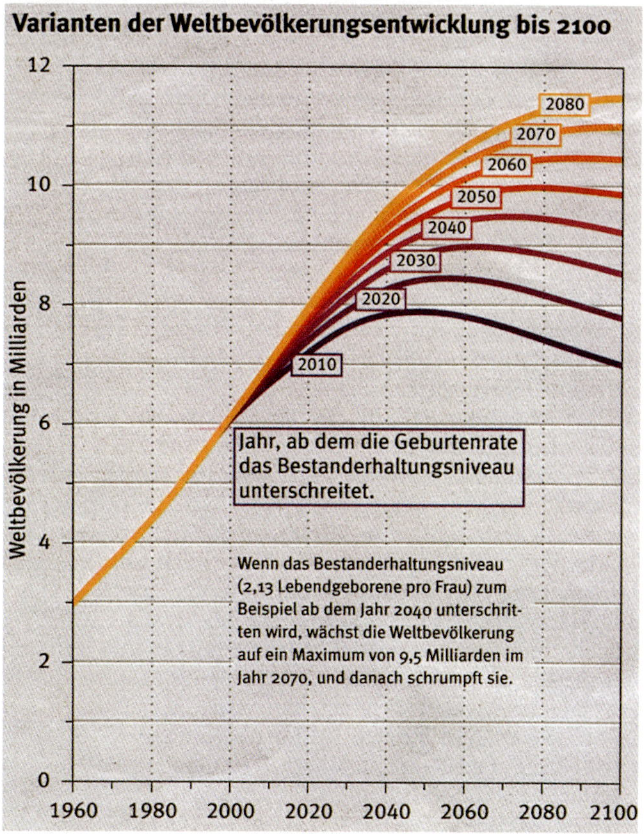

(Herwig Birg: World Population Projections for the 21st Century. Frankfurt a. M. 1995)

1.3.5.2 Die Atemluft

Wie wirken die Schadstoffe in der Luft auf den Menschen?

Schwefeldioxid (SO_2)
reizt Augen, Nase, Bronchien, Luftröhre, Lunge; schädigt schon bei geringer Konzentration die Atemwege.

Kohlenmonoxid (CO)
bewirkt Kopfschmerzen, Müdigkeit, Erbrechen; behindert die Sauerstoffbindung des Blutes, führt in höherer Konzentration zu Schwindel, Bewusstlosigkeit, Atemnot, Versagen der Muskelkraft bis zum Tod.

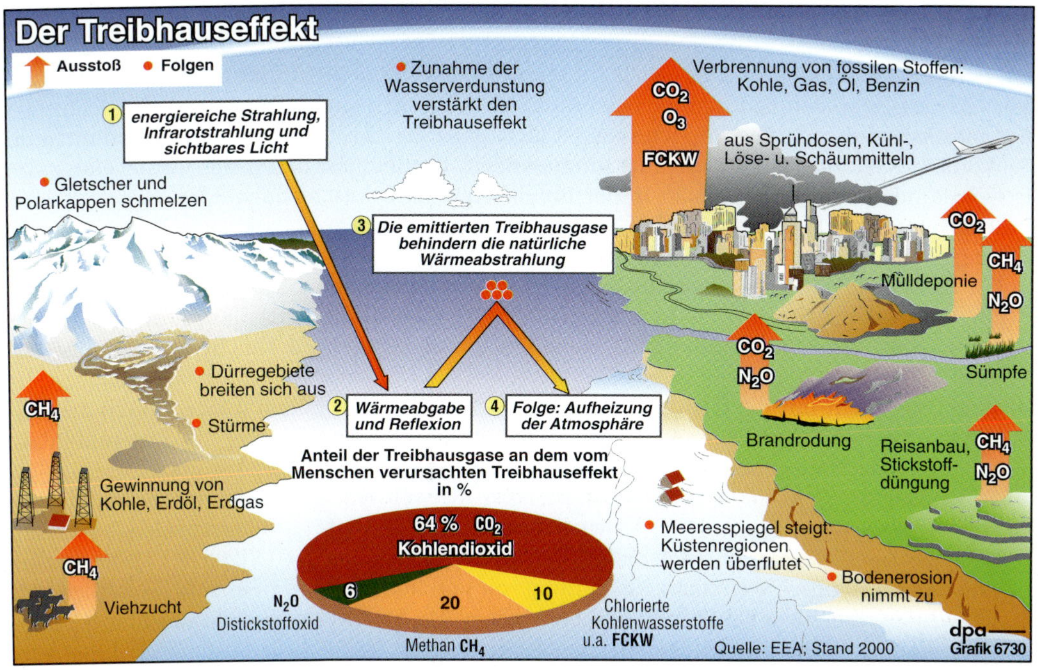

Stickoxid
greift die Schleimhäute an, schädigt die Lunge, führt zu Zahnverfall, Zahnfleischentzündungen.

Bleigehalt
Einatmen von bleihaltigem Staub führt zu gefährlichen Bleivergiftungen. Blei lagert sich überall im Körper ab, bewirkt Gelenk- und Nervenerkrankungen, Herz- und Kreislauferkrankungen, führt langsam zum Tode.
(Hartwig Walletschek, Jochen Craw: Ökolexikon. München, Beck 1995, S. 38 ff.)

www.worldwatercouncil.org

1.3.5.3 Wasser und Boden

Verunreinigung des Wassers

Die **Verunreinigung des Wassers** ist besonders gefährlich, weil dabei über die *Nahrungskette* Schadstoffe im menschlichen Gewebe gespeichert werden und dort eine *schleichende Vergiftung* hervorrufen.

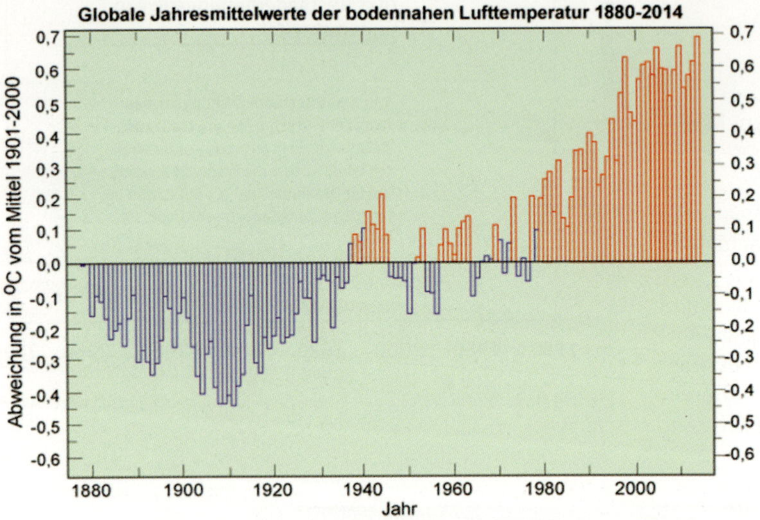

Quelle: Deutsches Klimarechenzentrum, Hamburg

Beispiel: Pflanzenschutz- und Schädlingsbekämpfungsmittel gelangen durch Regen, Wind usw. in die Seen: Anreicherung im Plankton – Fisch – Fischmehl – Schlachttier/ Milch – Mensch.

Oder: Schlammröhrenwürmer – Asseln – Egel – Fisch – Mensch.

Der Ausstoß von Schadstoffen aus den Fabrikschornsteinen an Rhein und Ruhr sowie der angrenzenden Beneluxstaaten gelangt auch in sehr hohe Schichten der Atmosphäre und wird dort bis nach Skandinavien transportiert. Die Folge ist der ökologische Tod vieler schwedischer Seen.

Natürliche Bodenfläche

Die **natürliche Bodenfläche** wird gleich auf mehrfache Weise genutzt und belastet. Die Wirkungen – gemessen an den Bedingungen einer intakten Umwelt – sind überwiegend schädlich.

Versiegelung

- *Landschaftsverbrauch.* Die Bezeichnung ist nicht ganz korrekt, denn Landschaft wird nicht im Wortsinne *verbraucht,* sondern nur umgewandelt. Gemeint ist damit die **Versiegelung** von Land durch Beton und Asphalt. In der Bundesrepublik Deutschland werden täglich (!) über 100 Hektar freie Fläche für Straßen, Häuser, Fabriken, Flugplätze, Parkplätze, Freizeiteinrichtungen usw. geopfert.
  Für *Baden-Württemberg* ist errechnet worden, dass bei anhaltender Zunahme der *Siedlungsfläche* (und gleichzeitiger Abnahme der unbebauten Landschaft) das Land in 190 Jahren „verbraucht" ist, d. h., es gibt dann keinen Quadratmeter mehr, der nicht betoniert oder asphaltiert ist.
- *Vergiftung.* Nicht nur die Gewässer, sondern auch Grund und Boden werden durch die vielfältige Anwendung von Chemikalien aller Art zunehmend vergiftet. Über Pflanzen und Pflanzen fressende Tiere gelangt dieses **Gift** auch in den menschlichen Organismus.

Gift

Ressourcen

- *Erschöpfung der Rohstoffe.* Die Schätzungen über die weltweit noch vorhandenen *natürlichen Rohstoffreserven* (sog. **Ressourcen**) schwanken erheblich. Auch ist zu unterscheiden, ob das absolut vorhandene Vorkommen gemeint ist oder nur die beim jetzigen Stand der Technik nutzbare und ökonomisch vertretbare Verwertung von Vorräten. Dennoch: Eines Tages werden sich alle Vorräte verbraucht haben, und für eine Vielzahl von Stoffen ist dieser Tag nicht mehr fern.
- *Müllbelastung.* In der Bundesrepublik Deutschland wurde die *jährliche Gesamtabfallmenge 2014* auf rund 135 Millionen Tonnen geschätzt (170 kg je Einwohner pro Jahr).

1.3.5.4 Tiere und Pflanzen

www.tierschutzbund.de
www.wwf.de

Für spätere Generationen wird es vermutlich einmal unfassbar sein, wie gleichgültig, ja missachtend wir mit unserer *natürlichen Pflanzen- und Tierwelt* umgegangen sind.

Zivilisationsgüter

Die Vernichtung von **Zivilisationsgütern** durch „konventionelle" Kriege ist demgegenüber vergleichsweise harmlos. Häuser kann man wieder aufbauen, Brücken neu errichten, Denkmäler restaurieren; aber wir sind nicht in der Lage, auch nur eine einzige ausgestorbene Tier- oder Pflanzenart zu „reproduzieren". Unsere Welt ist, wenn eine Gattung ausstirbt, endgültig und unwiderruflich ärmer geworden.

Ökosysteme
Biotoptypen

Generell ist die Vielfalt der **Ökosysteme** in Deutschland bedroht. In der 2013 neu erstellten Roten Liste der gefährdeten **Biotoptypen** werden fast die Hälfte als gefährdet eingestuft; von den besonders schutzbedürftigen sind es sogar über 90 %. Ein **Biotop** ist der Standort einer Lebensgemeinschaft aus Tieren, Pflanzen und Mikroorganismen.

Naturschutzgebiete

In der ersten gesamtdeutschen Roten Liste der gefährdeten Wirbeltiere werden 589 einheimische Arten erfasst; die Hälfte gilt als gefährdet, 5,3 % sind bereits ausgestorben. Grund sind die Vernichtung und Zerschneidung von Lebensräumen und ihre qualitative Veränderung, z. B. durch das Waldsterben. Die Zahl der **Naturschutzgebiete** hat zwar in den letzten Jahren leicht zugenommen, aber ihr Anteil an der Gesamtfläche stagniert mit knapp 2 %, und der größte Teil dieser Schutzgebiete umfasst weniger als 50 ha und ist nicht untereinander verbunden, sodass die einzelnen Gebiete keinen Biotopkomplex bilden können.

Nach dem Stand von 2011 gibt es in Deutschland folgende Schutzgebiete:

- 14 Nationalparks mit einer Fläche von 962 000 ha einschließlich dem Wattenmeer an der Nordseeküste.
- 16 Biosphärenreservate, z. B. die mittlere Elbe bei Magdeburg.
- 101 Naturparks, z. B. der Hochharz.
- 7 203 Landschaftsschutzgebiete mit insgesamt rund 9,9 Mio ha, z. B. im Nordschwarzwald am Mummelsee. Sie genießen den relativ geringsten Schutz; Sondererlaubnisse für Hotel- und Straßenbau, Anlage von Parkplätzen usw. können erteilt werden.

1.3.5.5 Ursachen der Umweltbelastung

Industrialisierung

1. Industrialisierung
Nach neuesten historischen Forschungsergebnissen ist der *Mensch als Gattung* über vier Millionen Jahre alt. Bis auf die letzten paar Tausend Jahre hat er dabei als *Jäger* und *Sammler* in völligem Einklang mit der Natur gelebt, er war in ihre *Lebensgemeinschaft* eingebettet, er konnte sie nicht verändern oder auch nur stören. Mit der Sesshaftwerdung begann die erste, wenngleich noch naturerhaltende Veränderung. Erst seit 150 Jahren vollzieht sich mit der *industriellen Revolution* und dem Voranschreiten des **Maschinenzeitalters** die zunehmende Verwandlung der natürlichen Landschaft in eine *künstliche Industrielandschaft*.

Maschinenzeitalter

Primärenergie

Typisch dafür ist auch die *Ausbeutung der fossilen Energieträger*. Wir verbrauchen zurzeit in *einem* Jahr mehr an **Primärenergie** (Kohle, Erdöl, Erdgas usw.) als die gesamte Menschheit vom Beginn ihrer Existenz bis zum Ende des 19. Jahrhunderts.

Fast alle Probleme des Umweltschutzes sind eine Folge der *industriellen Revolution* und der mit ihr einhergehenden *Bevölkerungsexplosion*.

Wegwerfmentalität

2. Wegwerfmentalität
Die Industrie der entwickelten Länder hat aus technischen wie wirtschaftlichen Gründen die Tendenz zur *Massenproduktion* und damit zum *Massenverbrauch* von Gütern. Viele Güter werden für den Einmal- oder für den kurzlebigen Gebrauch hergestellt. Die Folgen sind hoher Energiebedarf, raschere Erschöpfung der natürlichen Rohstoffe und zunehmende Müllberge.

© Bergmoser + Höller Verlag AG 126 595

Vielfach wird die Produktion von *Wegwerfartikeln* mit Kostengründen gerechtfertigt. Die Herstellung einer neuen Bierflasche ist (noch) billiger als das Sammeln, Transportieren, Reinigen und Neuetikettieren der alten. Natürlich könnte man ein Langzeitauto mit einer garantierten Lebensdauer von zwanzig Jahren bauen. Es wäre allerdings wesentlich teurer und würde technisch sehr schnell veralten.

Das Abfallaufkommen ist in Deutschland seit 1990 zurückgegangen, gleichzeitig erhöhte sich die Wiederverwertungsquote **(Recycling)**. Der Erfolg ist vor allem auf die Verringerung des Hausmülls durch den Sammel- und Sortiereifer der Deutschen zurückzuführen; fast 90 % aller Verkaufspackungen wandern in die gelben Tonnen.

Recycling

Verschwendung von Rohstoffen

3. Verschwendung von Rohstoffen
Die Verschwendung von Gütern ist ein weiterer Grund für Ausbeutung und Zerstörung der Umwelt. Täglich kaufen und verbrauchen wir Güter, die frühere Generationen noch nicht einmal dem Namen nach gekannt haben. Der technische Fortschritt und die stete Verbesserung des Lebensstandards vor allem in den hoch industrialisierten Ländern schufen das Phänomen des *Massenkonsums* von Waren mit schier unendlicher Vielfalt. Die damit einhergehende progressive Ausbeutung der Rohstoffquellen lässt besorgte Ökologen vom „Ausverkauf der Erde“ sprechen.

Herr-der-Welt-Bewusstsein

4. „Herr-der-Welt-Bewusstsein“
Nicht nur die christliche, auch andere *Religionen* haben den Menschen zur „Krone der Schöpfung“ erhoben und ihm damit das Recht gegeben, sich die Welt untertan zu machen. Aber dürfen wir das wirklich? Sind wir nicht ein Teil der Natur, von ihr auch abhängig? Haben wir das Recht, das Leben von Tieren und Pflanzen zu zerstören?

▶ Q. 8

Man sollte versuchen, sich die Problematik einmal ganz praxisnah am Beispiel des Igels zu vergegenwärtigen: Wir verdichten das Straßennetz, verbreitern und begradigen vorhandene Straßen: Vermutlich 80 Millionen Jahre konnte der Igel überleben, seine Stacheln boten Schutz genug; aber sein Instinkt, sich einrollend still zu verhalten, wenn sich Gefahr nähert, versagt als Schutzmechanismus im modernen Straßenverkehr. Der Igel stirbt aus.

1.3.5.6 Umweltschutz

Umweltpolitik erstreckt sich auf drei Bereiche:

Private Initiativen

1. Private Initiativen
Aufklärung und *moralischer Druck* können viel bewirken. Fast uferlos sind die Möglichkeiten, wie der Einzelne wenigstens einen bescheidenen Teil dazu beitragen kann, die Umwelt sauberer zu halten. Es ist eine unzulässige Bequemlichkeit zu sagen: „Auf das bisschen kommt es nicht an“ oder „Die anderen tun’s doch auch“.

Jeder kann tagtäglich zur Verringerung der Umweltbelastung beitragen: Weder braucht man Tüten oder Taschentücher in den Straßengraben zu werfen, noch ist es nötig, den Motor warmlaufen zu lassen, solange man auf den Mitfahrer wartet. Das sind nur zwei Beispiele von vielen möglichen.

2. Gesellschaftliche Maßnahmen

Gesellschaftliche Maßnahmen

Mit wachsendem Umweltbewusstsein sind Schutzvereinigungen und einschlägige *Bürgerinitiativen* entstanden. Außerdem mehren sich die Überlegungen, ob Umweltschutz nicht auch wirtschaftlich lohnend sein kann. Ein Stichwort dazu ist das sog. *Recycling*, d. h. die Wiederverwendung von Abfallstoffen.

Technische Innovationen (Verbesserungen, Erfindungen) sollen Ersatz für die knapper werdenden *fossilen Energieträger* liefern. Dazu gehören sog. *sanfte Technologien* wie Windkraft, Sonnenkollektoren, Erdwärmepumpen und anderes. Ihre Anwendung scheitert manchmal an den hohen Kosten. Je knapper freilich (und damit teurer) *die Ursprungsstoffe* werden, desto schneller geraten die neuen Energiequellen in die *Rentabilitätszone*.

3. Staatliche Regeln und Hilfen

Staatliche Regeln und Hilfen

Verursacherprinzip

Allgemein anerkannt ist das sog. **Verursacherprinzip**. Das bedeutet, wer Umweltschäden – gleich welcher Art – verursacht, hat für die Folgen und deren Beseitigung finanziell einzustehen.

So einleuchtend dieses Prinzip erscheint, in der Praxis stößt die Durchsetzung auf eine Vielzahl von Schwierigkeiten. Das hängt vor allem damit zusammen, dass auf eine ganz bestimmte Ursache zurückzuführende oder einem bestimmten Verursacher (z. B. einer Fabrik) anlastbare Schädigungen im Allgemeinen kaum einwandfrei beweisbar sind. Tatsächlich ist die Störung des ökologischen Gleichgewichts mit seinen negativen Folgen ein äußerst komplizierter, in vielen Fällen erst teilweise exakt erforschter Vorgang.

Waldsterben

Das soll am Beispiel des **Waldsterbens** kurz erläutert werden.

Insgesamt sind in der Bundesrepublik bereits fast vier Millionen Hektar Wald geschädigt, das entspricht 53 % der gesamten Waldfläche. Im Schwarzwald sind von drei Fichten zwei krank. Als wesentliche Ursache ist der überhöhte Gehalt der Luft an Schwefeldioxid und anderen Schadstoffen erkannt worden. Sie bewirken den sauren Regen, der besonders in humusreichen Böden zu einer für Pflanzen schädlichen Übersäuerung führt. Der stärkste SO_2-Ausstoß entstammt Kohlekraftwerken und Industrien, die Großfeuerungsanlagen betreiben. Sie sind Hauptverursacher; daher wird gefordert, dass dort verbesserte **Entschwefelungsanlagen** eingebaut werden.

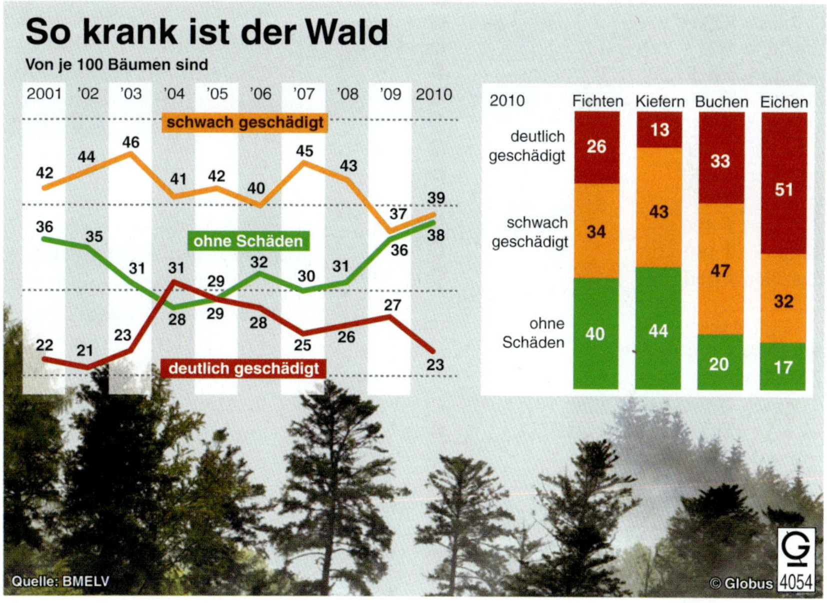

Entschwefelungsanlagen

Der gewünschte Erfolg wird jedoch von einer ganzen Reihe von Fachleuten angezweifelt. Erstens kennt man die kombinierte Wirkung der verschiedenen Schadstoffe auf den Haushalt der

Immissionsschutzgesetz

Pflanzen noch zu wenig. Zweitens haben die Wirkungen des **Immissionsschutzgesetzes** den Staubgehalt der Luft stark vermindert. Daraus resultiert aber der unvorhersehbare Nachteil, dass sich zahlreiche giftige Schwebstoffe, z. B. auch Kohlenoxid- und Bleiverbindungen aus Autoabgasen, ungehinderter verbreiten können. Vorher wurden diese Gifte von den Staubpartikeln aufgenommen und damit in größerem Umfange gebunden und neutralisiert.

Subventionen
Steuererleichterung

Anreize zur umweltfreundlichen Produktion können durch staatliche **Subventionen** oder **Steuererleichterungen** gegeben werden.

Gebots- und Verbotsgesetzgebung

Gesundheits- und Naturschutz

Als schärfstes Instrument steht dem Staat die **Gebots- und Verbotsgesetzgebung** mit entsprechenden *Strafmöglichkeiten* zur Verfügung. Auf folgenden Gebieten hat die Bundesrepublik inzwischen eine Vielzahl von Gesetzen erlassen, die alle eine Verhinderung und Beseitigung von Umweltschäden anstreben und **Gesundheits- und Naturschutz** gewährleisten sollen:

- Natur- und Landschaftsschutz, z. B. *Bundesnaturschutzgesetz*
- Abfallbeseitigung, z. B. *Altölgesetz*
- Luftreinhaltung, z. B. *Bundes-Immissionsschutzgesetz* (Immission = Einwirkung von Schadstoffen auf Lebewesen und Gegenstände)
- Gewässerschutz, z. B. *Abwasserabgabegesetz*
- Lärmschutz, z. B. *Verkehrslärmschutzverordnungen*
- Kreislaufwirtschaftsgesetz von 2012, das eine Abfallhierarchie vorschreibt: vermeiden – verwerten – beseitigen

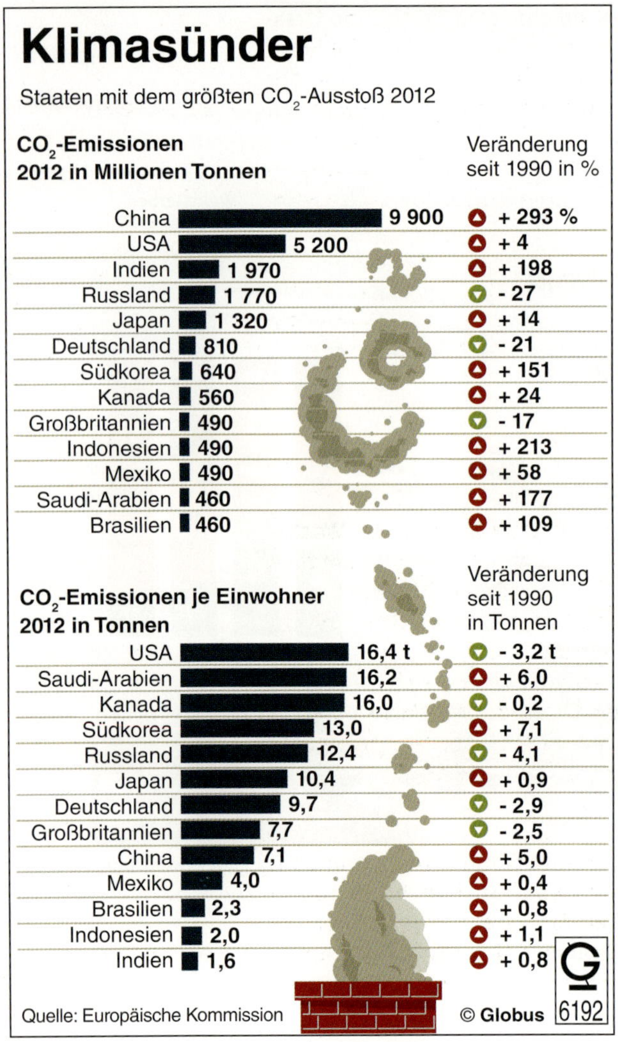

Die Wirksamkeit dieser Gesetze ist umstritten. Immerhin ist es mithilfe des Immissionsschutzgesetzes gelungen, den Staubgehalt der Luft auf die Hälfte der Verunreinigungswerte von 1970 zu senken. Auch auf dem Gebiet des Gewässerschutzes sind Erfolge erzielt worden; dass aber kein wirklich durchschlagender Wandel eingetreten ist, beweisen uns die regelmäßig in der Presse nachzulesenden Meldungen über Verseuchungen im Wasserversorgungsnetz dieser und jener Gemeinde (Eindringen von Giftstoffen in den Grundwasserspiegel), über Fischsterben in diesem und jenem Fluss, über Vernichtung der natürlich ausgewogenen Wasserflora in diesem und jenem Binnensee (Ableitung ungenügend gefilterter Abwässer aus chemotechnischen Produktionen und/oder unverträglich hohe Temperaturen dieser Abwässer).

Viele Umweltpolitiker verweisen – nicht zu Unrecht – auf das gute Abschneiden der Bundesrepublik im europäischen Vergleich. Tatsächlich sind andere Industrieländer wie Frankreich, England oder Italien (man erinnere sich der Seveso-Katastrophe!) weit bedenkenloser gegenüber ökologischen Gefährdungen aller Art, erst recht dann, wenn man auch noch die zweifelhaften Vorschriften dieser Länder über Betrieb und Entsorgung der Atomkraftwerke hinzunimmt (siehe die Unfälle in Tschernobyl, Fukushima).

Aber grobe Missstände und schwere Unzulänglichkeiten in anderen Staaten dürfen keine Entschuldigung oder gar Rechtfertigung sein, mögliche Umweltschutzmaßnahmen zu verzögern oder gar zu verhindern.

Im Jahre 1997 einigten sich die UN-Staaten in Kyoto (Japan) auf ein **Klimaschutzabkommen** mit dem Ziel, den Ausstoß von Kohlendioxyd (CO_2-Emissionen) im Vergleich zu 1990 bis 2012 um 5,2 % zu senken. Die 18. UN-Klimakonferenz fand 2012 in Doha statt, der Hauptstadt des arabischen Emirats Katar. Man einigte sich auf die Fortschreibung des Kyoto-Protokolls und auf einen Nachfolgegipfel in den Jahren 2015 und 2020.

Klimaschutzabkommen

Deutschland stellte sich ein ehrgeizigeres Ziel, nämlich den Ausstoß um 40 % zu verringern, und das bereits bis 2020 zu erreichen. Es ist fraglich, ob dieses Ziel erreicht werden kann, weil die 18 % Reduktion bis zum Jahre 2003 vor allem auf den Zusammenbruch der ehemaligen stark umweltbelastenden DDR-Betriebe zurückzuführen war.

Das Protokoll kann leicht als „symbolische Politik" gewertet werden, steht es doch jedem Unterzeichnerstaat frei, ohne Sanktionen befürchten zu müssen, das Vertragswerk zu kündigen, von den Aufweichungstendenzen ganz zu schweigen. Ein wirksamer Klimaschutz kann nur erreicht werden, wenn die Verminderungen der globalen Treibgasemissionen weit über die im Kyoto-Protokoll festgelegten Reduktionsziele hinausgehen.

Dürre im indischen Bundesstaat Rajasthan

Ein weiteres Instrument zur Senkung der schädlichen Emissionen ist der 2003 von der EU beschlossene **Emissionshandel**. Das an marktwirtschaftlichen Grundsätzen orientierte Projekt sieht vor, dass Unternehmen, die in ihrem schädlichen Treibgasausstoß unterhalb des vorgeschriebenen Limits bleiben, diese Differenz sozusagen als Überschuss an erlaubter Umweltvergiftung an andere Unternehmen verkaufen dürfen, die damit erlaubterweise ihren limitierten Giftausstoß überschreiten können.

Emissionshandel

Die Risiken bei diesem Vorhaben sind nicht gering. Es könnte z. B. sein, dass es für ein Unternehmen kostengünstiger ist, die börsenfähigen Emissionsrechte zu kaufen, anstatt sich um eine intensive, aber sehr kostenträchtige Reduktion der Abgase zu bemühen. Für den Klimaschutz wäre damit wenig gewonnen.

1.3.6 Die Grenzen des Wachstums

Spätestens mit dem ersten Bericht an den *Club of Rome* im Jahre 1972 „Die Grenzen des Wachstums" ist vielen bewusst geworden, dass das „Raumschiff Erde" nicht unbegrenzte Ressourcen (Rohstoffquellen) hat, nicht beliebig mit Abfall und Giften belastbar ist und mit Gewissheit nicht Platz hat für eine exponenziell (mit gleichen oder steigenden Prozentsätzen) wachsende Zahl von Menschen. So unzulänglich diese erste Analyse war, so viele der darin aufgestellten Prophezeiungen inzwischen auch widerlegt werden konnten, der Kerngedanke erwies sich als richtig. Damit hängt eng zusammen, was mit dem Begriff der **sozialen Grenzen des Wachstums** beschrieben wird. Viele Güter haben nur oder wenigstens vor allem einen Wert, weil andere sie nicht besitzen, ja ihre sinnvolle Nutzung wird erschwert, wenn nicht gar unmöglich, wenn viele das gleiche Produkt erwerben können.

Soziale Grenze des Wachstums

Beispiele dafür gibt es im alltäglichen Leben genug: Die Freude am Autofahren wird vermindert, wenn viele fahren wollen, das Segelboot auf dem Bodensee macht keinen Spaß mehr, wenn alle Häfen voll sind, das einsame Wochenendhäuschen verliert seinen Reiz, wenn mehr Menschen in derselben Gegend eins errichten. Dazu gehört auch das **Tourismusparadoxon**. Der Tourist, der eine ruhige, fremdartige, noch nicht für den Tourismus erschlossene Gegend aufsucht, beginnt just damit das zu zerstören, was ihn in die Ferne lockte.

Tourismusparadoxon

Das Problem, dass nicht alle sozial aufsteigen können und denselben hohen Rang, denselben Wohlstand genießen, wurde mit aller Schärfe bereits 1910 von dem Amerikaner *Wicksteed* gesehen. Er knüpft an ein Wort *Napoleons* an, dass bei ihm jeder Gefreite den Marschallstab im Tornister trage. *Napoleon* wollte damit die Gleichheit der Chancen kundtun, dass *jeder* – im Unterschied zu *jedem einzelnen* – Gefreite den Marschallrang erringen kann. Aber „die Existenz eines Marschalls impliziert die Existenz einer Anzahl von Soldaten, die *nicht* Marschall sind“ (zit. nach Fred Hirsch: Die sozialen Grenzen des Wachstums, Hamburg, Rowohlt 1980).

▶ Q. 9

Der Reichtum der Reichen von heute kann – im Gegensatz zu früheren Zeiten – nicht mehr der Reichtum der heutigen Armen für morgen werden. Konnten die Ärmeren früher zu Recht hoffen, auch einmal eine Wohnung zu besitzen, eine Urlaubsreise zu unternehmen oder wenigstens sich an guten Speisen satt essen zu dürfen, so können sie nicht alle erwarten, auch die Zweitwohnung im Tessin kaufen zu können, den Pilotenschein zu erwerben und mit der Luxusjacht auf dem jetzt schon vergifteten Mittelmeer zu kreuzen.

▶ QUELLE 1 A Pro Globalisierung

Jede Volkswirtschaft kann durch den internationalen Güteraustausch gewinnen. [...] Die internationale Arbeitsteilung ist kein Nullsummenspiel, bei dem das eine Land lediglich dann einen Nutzenzuwachs erfährt, wenn das andere Land verliert. Sie ist vielmehr ein Positivsummenspiel, bei dem alle Volkswirtschaften Vorteile haben. [...]

Zwar ist es richtig, dass Wohlstandsgewinne für ein Land nicht implizieren, dass sämtliche Produktionsfaktoren Vorteile haben. Und es ist auch richtig, dass im Gedankenexperiment das Arbeitsangebot steigt; stellt man sich einen Weltarbeitsmarkt vor, so nimmt mit der Integration Chinas das Arbeitsangebot der Welt um ein Fünftel zu.

Aber: Der Produktionsfaktor Arbeit ist in der Realität anders als im Modell nicht homogen. Die Arbeitnehmer in den Industrieländern sind mit besserer Technologie und höherwertigem Sachkapital ausgestattet, und sie sind besser qualifiziert, so dass sie über eine deutlich höhere Produktivität verfügen. Unterscheidet man traditionelle Arbeit und qualifiziertes Humankapital, so nimmt die Realentlohnung des Humankapitals in den Industrienationen auf Grund der verstärkten internationalen Arbeitsteilung zu, denn humankapitalintensive Produkte werden dort vermehrt hergestellt und exportiert. Es kommt hinzu, dass der Reallohn deshalb steigt, weil Importgüter günstiger zu haben sind, der Nominallohn in realer Rechnung also mehr wert ist.

(Horst Siebert: Mitglied des Sachverständigenrates. In: Frankfurter Allgemeine Zeitung Nr. 196 vom 24. August 2002, S. 13)

1. Was wird nach Meinung des Autors durch die Globalisierung fort- und weiterentwickelt?
2. Klären Sie die Begriffe „Reallohn“ und „Nominallohn“. Warum steigt der Reallohn trotz gleichbleibenden Nominallohns?
3. Was ist mit dem Begriff „Humankapital“ gemeint und wie empfinden Sie diesen Begriff?

▶ QUELLE 1 B Contra Globalisierung

Doch der „Turbo-Kapitalismus“, dessen weltweite Durchsetzung jetzt unaufhaltsam scheint, zerstört die Grundlagen seiner Existenz: den funktionsfähigen Staat und demokratische Stabilität. Das Tempo der Veränderung und die Umverteilung von Macht und Wohlstand erodieren die alten sozialen Einheiten schneller, als das Neue sich entwickeln kann. [...] Nur naive Theoretiker oder kurzsichtige Politiker glauben, man könne, wie derzeit in Europa, Jahr für Jahr Millionen Menschen um ihre Jobs und soziale Sicherheit bringen, ohne dafür irgendwann den politischen Preis zu bezahlen. Das muss schiefgehen. Anders als in der betriebswirtschaftlichen Logik der Konzernstrategen gibt es in der demokratisch verfassten Gesellschaft keine “surplus people”, keine überflüssigen Bürger. Die Verlierer haben eine Stimme, und sie werden sie nutzen. Kein Grund zur Beruhigung: Dem sozialen Erdbeben wird das politische folgen. Sozialdemokraten oder soziale Christen werden so schnell keine neuen Triumphe feiern. Stattdessen wird sichtbar, wie immer neue Wähler die stereotypen Formeln der Globalisierer wirklich ernst nehmen. Nicht wir sind es gewesen, die ausländische Konkurrenz ist schuld, erfährt der Bürger in jeder zweiten Nachrichtensendung aus dem Mund derer, die seine

Interessen vertreten sollten. Von diesem – ökonomisch falschen – Argument ist es nur ein kleiner Schritt zur offenen Feindschaft gegen alles Fremde. Längst suchen Millionen verunsicherter Mittelstandsbürger ihr Heil in Fremdenhass, Separatismus und der Abschottung vom Weltmarkt.

(Hans-Peter Martin, Harald Schumann: Die Globalisierungsfalle. Reinbek bei Hamburg, Rowohlt 1999, S. 19 ff.)

1. Welche Folgen prophezeien die Verfasser?
2. Wen oder was nennen sie naiv?
3. Wer ist konkret mit „surplus people" gemeint?

Europäer und die Globalisierung

▶ QUELLE 2

Im globalen Miteinander der Völker und Kontinente waren die Europäer über Generationen hinweg Spielmacher und Schiedsrichter in einem. Diese Rolle haben sie genossen. Aber sie ist ausgespielt. [...] Löhne wie in Indien, so protestieren sie lautstark, seien ihnen nicht zuzumuten. Warum eigentlich nicht? Wer oder was kann ihre hohen Einkommen sichern, sollten sie nicht dauerhaft mehr leisten? – und zwar sehr viel mehr als ihre indischen Kollegen? Die ehrliche Antwort: auf Dauer niemand und nichts. Dass ihr Einkommensniveau sinkt, dafür sorgen nicht irgendwelche perfiden Unternehmer, sondern die [...] Arbeitnehmer in den Niedriglohnländern. Diese Lektion ist für die Europäer bitter. Aber sie werden sie mit jedem verlorenen Arbeitsplatz und mit jeder Betriebsschließung tiefer verinnerlichen.

Gewiss ist, dass ohne das Wirtschaften in Niedriglohnländern viele Waren und Dienstleistungen weltweit teurer wären, als sie derzeit sind. [...] Wer aufgrund der Globalisierung seinen Arbeitsplatz verliert und nur noch über ein Existenzminimum verfügt, für den ist es ziemlich gleichgültig, ob die in den Niedriglohnländern hergestellten Schuhe oder Fernsehgeräte billiger oder teurer sind. Sein Lebensstandard wird in jedem Fall sinken – einmal weniger und einmal mehr.

Arbeitsplätze gehen nur dann nicht verloren, wenn sich die Erwerbstätigen überall [...] den Bedingungen des Weltarbeitsmarktes unterwerfen. Wer dies nicht oder nicht ausreichend tut, wird gnadenlos vom Markt weggefegt. Auch dafür haben die Befürworter der Globalisierung ein eindrucksvolles Beispiel parat: Während bei den flexiblen US-Amerikanern neun exportierte Arbeitsplätze durch zehn einheimische ersetzt werden, stehen in Deutschland fünf exportierte Arbeitsplätze nur vier im Inland neu geschaffene gegenüber – ein Minus von zwanzig Prozent. Die lapidare Begründung: unzureichende Flexibilität.

(Meinhard Miegel: Epochenwende. Berlin, Propyläen 2005, S. 30 und S. 78 f.)

1. Worin sieht Miegel die „Epochenwende"?
2. Welche Lektion haben die Europäer zu lernen?
3. Wie kann die Antwort auf den global zunehmenden Wettbewerb lauten?

Klaus von Dohnanyi (SPD) zu den Ursachen der Arbeitslosigkeit

▶ QUELLE 3

Erschreckt von der Globalisierung meint man, wesentliche Bereiche unserer bisherigen Branchen- und Arbeitsplätze gingen schon jetzt an billigere Anbieter aus anderen Staaten und Kontinenten verloren. In der Konkurrenz der Billiglohnländer liegt jedoch nur eine der Ursachen der wachsenden Arbeitslosigkeit.

So wichtig die direkte internationale Waren- und Dienstleistungskonkurrenz ist, der bisherige Abbau von Arbeitsplätzen war in erster Linie das Ergebnis beschleunigter wissenschaftlicher und technischer Entwicklungen in den Industriestaaten selbst. Sie ermöglichen eine wachsende Produktion mit immer weniger direkt eingesetzter menschlicher Arbeitskraft.

Die Zwänge des Wettbewerbs kommen also nicht nur von außen und wir können ihnen nicht entgehen. Eine Antwort auf den Rationalisierungsdruck kann nur darin liegen, einen sozial möglichst verträglichen Weg im Strukturwandel zu finden. Zum Beispiel durch flexiblere Arbeitszeiten und differenzierte Arbeitszeitverkürzung ohne Lohnausgleich. Denn ohne eine Öffnung der Lohnskala nach unten wird in überschaubarer Zeit Vollbeschäftigung nicht wiederherstellbar sein.

(Aus: Der Spiegel, Nr. 47 vom 17. November 1997, S. 132)

1. Welche zwei Hauptursachen der Arbeitslosigkeit werden genannt?
2. Welche Konsequenzen sind nach Meinung des Autors zu ziehen?

▶ QUELLE 4 Zur Krise des Sozialstaates

Die spannende Frage ist, weshalb der europäische Sozialstaat auf einem selbstzerstörerischen Trip ist. Es gibt dafür mehrere Gründe. Die eigentlichen Probleme des Sozialstaates, die er ohne marktliche Hilfe [Anwendung marktwirtschaftlicher Prinzipien] nicht in den Griff bekommt, sind das „moral hazard"- und das „Trittbrettfahrer"-Verhalten seiner Mitglieder. Dabei ist mit „moral hazard" das Risiko gemeint, daß die Menschen genau das tun, was man von ihnen befürchtet. Die bloße Existenz von Versicherungsverträgen verändert das Verhalten der Versicherungsnehmer. In der Arbeitslosenversicherung äußert es sich darin, daß die Lasten der Anpassung nicht von den Akteuren auf den Arbeitsmärkten direkt getragen, sondern auf die Arbeitslosenversicherung abgewälzt werden. Das individuelle Arbeitsangebot wird verringert, Unternehmen greifen schneller zum Instrument der Entlassung, die Tarifvertragsparteien orientieren sich bei der Lohnfindung nur bedingt an den tatsächlichen Gegebenheiten auf den Arbeitsmärkten. [...]

In den umlagefinanzierten Systemen der Alterssicherung zeigt sich das Problem des „moral hazard" und des Trittbrettfahrerverhaltens in mehreren Facetten. Die traditionelle Form offenbart sich in der großen Zahl von Berufs- und Erwerbsunfähigkeitsrenten. Die Alterssicherungssysteme werden nicht nur individuell von den Arbeitnehmern, sondern auch kollektiv durch die Tarifvertragsparteien zweckentfremdet. Die Tarifpartner nutzen mit staatlicher Hilfe die Alterssicherung, um Anpassungslasten auf Dritte abzuwälzen. Eine besondere Spielart von „moral hazard" tritt auf, weil die erwerbstätige Generation zu wenig Kinder in die Welt setzt. Wenn die Renten im Alter über eine Umlage unter den Erwerbstätigen finanziert werden, sind die finanziellen Anreize relativ gering, Kinder aufzuziehen, um für das Alter vorzusorgen. Da aber die Sicherheit der Renten auch von der Zahl der Erwerbstätigen in der Zukunft abhängt, verhalten sich zumindest jene, die keine Kinder haben, wie Trittbrettfahrer. Die Folge sind steigende finanzielle Ungleichgewichte, höhere Beiträge und eine steigende Arbeitslosigkeit.

(Norbert Berthod, Cornelia Schmid. In Beilage zum Parlament: Aus Politik und Zeitgeschichte, Nr. 48–49 vom 21. November 1997, S. 5 f.)

1. **Was versteht man unter „Moral hazard"- und „Trittbrettfahrer"-Mentalität?**
2. **Warum führen diese Verhaltensweisen zur Zerstörung des Sozialstaates?**
3. **Auf welche Weise wird das Alterssicherungssystem auch kollektiv missbraucht?**
4. **Wodurch wird es den Tarifparteien erleichtert, die Verantwortung für Arbeitslosigkeit abzuwälzen?**

▶ QUELLE 5 Kosten im Gesundheitswesen

Und weil wir nicht wollen, dass jeder nur so viel Gesundheit bekommt, wie er Geld zur Verfügung hat, haben wir die Gesetze der Marktwirtschaft außer Kraft gesetzt. Die Gesundheitsbranche funktioniert über weite Strecken nach den Regeln einer Planwirtschaft. Die Preise für ärztliche Leistungen entstehen nicht durch das freie Spiel von Angebot und Nachfrage, sie werden kartelliert zwischen Krankenkassen und Kassenärztlichen Vereinigungen ausgehandelt. Was die Behandlung eines einzelnen Patienten kostet, erfährt weder seine Kasse noch er selbst.

So viel Intransparenz muss zu Ineffizienz führen. Tatsächlich ist neben der Unterversorgung auch die Überversorgung ein Problem [...]. Das erstaunliche Ergebnis der „Befragung" von Ärzten über jedes Jahr tausendfach vorgenommene Eingriffe wie Entfernungen gutartiger Geschwülste, Bandscheiben- und Beipass-Operationen lautete: „Über die Hälfte der Ärzte hätten bei sich selbst auf Bandscheiben- und Beipass-Operationen verzichtet. [...] Die Studie lässt die Schlussfolgerung zu, dass Mediziner bei ihren Patienten großzügiger schneiden, als sie das am eigenen Leibe dulden würden."

(Jutta Hoffritz: Gesundheit – kein Produkt wie jedes andere. In: Aus Politik und Zeitgeschichte, Nr. B 33–34, 2003, S. 4 f.)

1. **Welche Eigenarten des deutschen Gesundheitssystems verstoßen gegen marktwirtschaftliche Prinzipien?**
2. **Was meint die Autorin mit Intransparenz?**
3. **Wieso führt diese zur Ineffizienz?**
4. **Worin liegt eine Ursache für die Kostensteigerungen im Gesundheitswesen?**

Die gespaltene Gesellschaft

▶ QUELLE 6

So entsteht eine Republik der Gegensätze: Die oben verdienen oft doppelt gut – im Job und an der Börse. Die in der Mitte schuften auch – aber für einen Lohn, mit dem sich zuweilen nur schwer die gewohnte Lebensführung bestreiten läßt. [...]
Die Politik scheint unfähig, den Reichen einen gerechteren Anteil abzuverlangen. Die Steuersätze sind zwar hoch – sogar zu hoch –, aber vielfältig sind die Schlupflöcher, die es gerade Gutbetuchten ermöglichen, den staatlichen Abgaben zu entfliehen.
Normalverdiener haben diese Möglichkeit nicht. Sie zahlen immer mehr: Steuern und all die Abgaben, die auf immer weniger Arbeitsplatzbesitzer verteilt werden.
Längst hat die ungleiche Verteilung von Arbeit und Vermögen das Gesicht des Landes verändert. In den Zentren locken immer neue Edelboutiquen, draußen am Stadtrand rutschen ganze Trabantenviertel in die Armut. Auf den großen Alleen der Stadt fahren die Cabrios der Gewinner dicht an dicht, untendrunter verkommt so manche U-Bahn-Linie zum Spielfeld der Ausgestoßenen.
Selbst in Stadtvierteln, die früher als gutbürgerlich galten, findet ein Szenenwechsel statt. Vor der Kulisse schmucker Wohnhäuser schleichen immer mehr Menschen durch die Straßen, deren Hab und Gut in zwei Plastiktüten paßt.

(Aus: Der Spiegel, Nr. 40/1997, S. 87)

1. **Worin erblickt der Autor die „gespaltene Gesellschaft"?**
2. **Welche Ursache glaubt er dafür zu erkennen?**
3. **Deckt sich das gezeichnete Bild mit Ihrem persönlichen Eindruck? Begründen Sie Ihre Meinung.**

Der frühere sächsische Ministerpräsident Kurt Biedenkopf (CDU) über die Politik der Rentensicherung

▶ QUELLE 7

Obwohl man schon 1957 den Zusammenhang zwischen den beiden Aufgaben der arbeitenden Generation – das Alter zu sichern und für Nachkommen zu sorgen – kannte, zog die damalige Rentenreform daraus nur unzureichende Konsequenzen. So entstand die bis heute gültige Praxis, die Lasten der Kinder zu privatisieren und den Nutzen der Kinder für die Alterssicherung zu sozialisieren. Eine Zeit lang lässt sich mit einem solchen Widerspruch leben. Auf Dauer muss er den Zusammenhalt der Generationen gefährden. [...]
Zu Recht stellte der Sachverständigenrat zur Begutachtung der gesamtwirtschaftlichen Entwicklung deshalb schon in seinem Jahresgutachten 1980/81 fest, die Rentenfinanzierung werde durch die demografische Entwicklung auf lange Zeit so wesentlich belastet, dass wohl nichts anderes mehr in Betracht komme als sowohl eine Erhöhung der Abgabenlast wie auch eine Einschränkung der Leistungsansprüche „und zwar beides in massiver Form". Würden weitere Leistungsverbesserungen [für die Rentner] beschlossen, so sei von vornherein klar, dass sie durch die Angehörigen einer Generation zu finanzieren seien, die selbst nicht in den Genuss dieser Verbesserungen kommen könne. Mit einem fairen Solidarausgleich zwischen den Generationen hätte dies wenig zu tun.

(Kurt Biedenkopf: Die Ausbeutung der Enkel. Berlin, List 2006, S. 212 f.)

1. **Inwiefern werden die Lasten der Kinder privatisiert, der Nutzen aber sozialisiert?**
2. **Wodurch wird die Generationengerechtigkeit infrage gestellt?**

▶ QUELLE 8 Zum Verhältnis von Arbeitsplätzen und Umwelt

Umweltschutz gerät parallel zu den Konjunkturzyklen immer wieder in den Verdacht, den Ausbau der Beschäftigung zu hemmen oder gar Arbeitsplätze zu vernichten. Obwohl dieser Vorwurf bereits durch mehrere Studien Ende der 70er Jahre entkräftet wurde [...], steht seit Mitte der 90er Jahre im Rahmen der sog. Standortdebatte Umweltschutz erneut als Kostenfaktor und Hemmnis für die Wettbewerbsfähigkeit der Unternehmen im Visier der Kritik. Verschärfend wirkt dabei das Schlagwort der Globalisierung, die vermeintlich das Ende nationaler Alleingänge bedeutet und eine Anpassung an deutlich niedrigere internationale Standards erfordert.

Eine ganze Reihe von Fakten steht dieser Stigmatisierung (= Anprangerung, Brandmarkung) entgegen:

Eine von vier Wirtschaftsforschungsinstituten im Auftrag des Bundesumweltministeriums 1996 erstellte Studie ermittelte für 1994 fast eine Million Beschäftigte im Umweltschutz. Dies entspricht rund 2,7 % aller Erwerbstätigen.

Insgesamt bedeutet Umweltschutz inzwischen überwiegend Dienstleistungsherstellung; knapp 56 % der umweltschutzinduzierten Arbeitsplätze befinden sich in Dienstleistungssektoren. Relativ gering ist der Anteil der Beschäftigten, die im produzierenden Gewerbe unmittelbar Umweltschutzaufgaben wahrnehmen (10 %).

Der ganz überwiegende Teil der Arbeitsplätze ist bisher dem sog. nachsorgenden Umweltschutz („end-of-the-pipe-Technologien" wie z. B. Filtertechnik oder Techniken zur Bodensanierung) zuzuordnen. Insbesondere wegen des Nachholbedarfs in den neuen Bundesländern kann in den nächsten 10 Jahren ein weiterer Anstieg der umweltschutzinduzierten Beschäftigung um 250 000 erwartet werden.

(Mario von Baratta: Fischer Weltalmanach '98, S. 1223 f.)

1. **Wie ist nach dieser Quelle das Verhältnis zwischen Umweltschutz und Beschäftigung zu sehen?**
2. **Was versteht man unter „nachsorgendem Umweltschutz"?**
3. **Welchen Unterschied in der Beurteilung der Globalisierung können Sie zwischen dieser und der Quelle 1 (siehe S. 368 f.) entdecken?**

▶ QUELLE 9 Die sozialen Grenzen des Wachstums

Eine extensivere Verbreitung von bestimmten Waren oder Diensten beeinflußt deren Eigenschaften auch in einem objektiven, nicht-psychologischen Sinne, indem sie die Bedingungen verändert, unter denen deren Nutzung erfolgt. [...] Der Besitz eines Autos [erscheint] [...] weniger als Befreiung aus einer früheren, untergeordneten Stellung, sondern als ein neuer Aspekt eines unveränderten Verhältnisses von Ungleichheit. Und zwar deshalb, weil der Luxus von Vergnügungsfahrten inzwischen durch verstopfte Straßen und fehlende Parkplätze erheblich beeinträchtigt worden ist, auf der anderen Seite der Besitz eines Autos durch den Niedergang des öffentlichen Verkehrs unumgänglich geworden ist. Oder, wie ein gutbezahlter Angehöriger der Mittelschicht es ausgedrückt hat, als billige Charterflüge entfernte exotische Länder als Urlaubsziel erschlossen: Jetzt, da ich eine Reise dorthin bezahlen kann, weiß ich, daß das Land mittlerweile verdorben ist.

(Fred Hirsch: Die sozialen Grenzen des Wachstums. Übersetzt von Udo Rennert. Hamburg, Rowohlt 1980, S. 235 f.)

1. **Was ist mit sozialen Grenzen des Wachstums gemeint?**
2. **Warum ändert sich auch objektiv und nicht nur psychologisch der Nutzwert eines Gutes, wenn es viele besitzen?**

AUFGABEN

1. Fragen Sie in den Geschäften Ihres Wohnortes nach Art und Häufigkeit von Ladendiebstählen. Stellen Sie diese zusammen mit den jeweiligen Tätermerkmalen (Alter, Geschlecht) in einer Statistik dar.
2. Stellen Sie anhand von Meldungen aus Tageszeitungen die Merkmale von Tatverdächtigen fest: Alter, Geschlecht, Beruf, Herkunft.
3. Besuchen Sie eine Polizeidienststelle und informieren Sie sich über die Alltagskriminalität, die die Polizei täglich beschäftigt.
4. Informieren Sie sich bei den politischen Parteien darüber, worin diese die Ursachen der Arbeitslosigkeit sehen und welche Mittel zur Bekämpfung sie vorschlagen. Sie können dieselbe Aufgabe auch bei Arbeitgeberverbänden und Gewerkschaften durchführen.
5. Stellen Sie in tabellarischer Form Chancen und Risiken der Globalisierung gegenüber.
6. Mit welchen Konsequenzen müssen deutsche Arbeitnehmer durch die Globalisierung der Arbeitsmärkte rechnen?
7. Versuchen Sie das Dilemma der Gewerkschaften zwischen Arbeitsplatzsicherung und Lohnsteigerung zu erklären.
8. Haben Sie in Ihrem Bekannten- und Nachbarschaftskreis schon Missbrauch der Sozialhilfe, des Arbeitslosengeldes oder der Altersversorgung erlebt? Wenn ja, beschreiben Sie – selbstverständlich ohne Namensnennung der Betroffenen – Ihre Beobachtungen.
9. Beschaffen Sie sich über das Internet einige Vorschläge zur Reform der Renten- und Krankenversicherung und stellen Sie diese in einer Synopse zusammen.
10. Ein Vorschlag zur Dämpfung der Ausgaben für Gesundheit besteht darin, Sportler von Risikosportarten (z. B. Drachenfliegen) Raucher und Alkoholiker mit höheren individuellen Beiträgen zu belasten. Bilden Sie sich im Rahmen einer Klassendiskussion Ihre Meinung.
11. Entwickeln Sie mit der Methode des Brainstormings praktische Vorschläge für den täglichen Umweltschutz.
12. Entwickeln Sie in einer Projektgruppe konkrete Vorschläge zur Verbesserung des Umweltschutzes in Ihrem Heimatort.

HOT Grundlegende Arbeitstechniken und Methoden 12:

Informationsbeschaffung

Die Menschen – nicht nur in den hoch entwickelten westlichen Staaten – leben zu Beginn des 21. Jahrhunderts in einer Informationsgesellschaft. War die Agrargesellschaft von der Landwirtschaft geprägt und ganz auf sie ausgerichtet, so vollzog sich mit der Herausbildung der Industriegesellschaft ein tief greifender Wandel, der langsam seinen Abschluss findet und wiederum einer neuen Entwicklung weichen muss: Das neue Jahrhundert ist das Jahrhundert der Kommunikation und der elektronischen Medien.

Der einzelne Mensch wird dabei einer unübersehbaren Flut von Informationen ausgesetzt. Diese Flut zu kanalisieren und nicht nur die benötigte Information zu finden, sondern sinnvolle von sinnloser zu trennen – das ist eine der Hauptaufgaben im beruflichen und privaten Alltag.

Ganz gleich, ob Sie ein Referat anfertigen sollen, eine wissenschaftliche Arbeit schreiben müssen oder sich einfach nur für ein bestimmtes Thema interessieren und mehr darüber erfahren wollen: Am Anfang steht immer die Informationsbeschaffung.

Für eine erste Orientierung sind Lexika nach wie vor unverzichtbar: Lexikonartikel geben einen ersten Überblick über ein Thema. Dazu müssen Sie sich natürlich über die einzelnen Schlagworte, die Sie nachsehen wollen, im Klaren sein. Querverweise, häufig in Form eines Pfeils und des anschließend kursiv gedruckten Stichworts, zeigen weitere, eventuell für Ihr Thema relevante Begriffe. Häufig finden Sie am Ende eines Lexikonartikels auch einen Hinweis auf weiterführende Literatur, die sich ausführlicher mit dem Thema beschäftigt. Die dort genannten Bücher können Sie dann in einer Bibliothek einsehen oder ausleihen.

Homepage des deutschen Bundestages

Das Internet bietet eine Vielzahl von Informationen und Informationsmöglichkeiten. Mithilfe von Suchmaschinen ist es möglich, zu einem oder mehreren Schlagworten ganze Listen von Anbietern zu erhalten.

Praktisch unendlich viele Angebote können aus dem Internet auf den heimischen Bildschirm geholt werden. Darunter bestimmt auch zahlreiche zuverlässige, seriös aufbereitete Quellen. Aber immer muss dem Nutzer bewusst sein, dass es keinerlei Beschränkungen oder Kontrollen im Internet gibt. Nicht jede Information darf deshalb ungeprüft übernommen werden. Gerade im Zusammenhang mit dem Internet kommt der Quellenkritik eine besondere Bedeutung zu: Welche Person oder Institution hat die Information ins Internet gestellt? Ist diese Quelle zuverlässig? Muss ich über die Herkunft der Quelle eventuell weitere Erkundigungen einziehen? Bin ich sicher, dass es sich um keine Fälschung handelt?

Zweifellos ist das Internet das Medium der Zukunft – eine Vielfalt von Informationen wird auf dem „Markt der Möglichkeiten" angeboten. Aber auf diesem Markt gibt es weder Zulassungsbeschränkungen noch Qualitätsprüfungen, denen sich die Anbieter unterziehen müssen. Auch das Aufsichtspersonal auf diesem Markt ist – wenn überhaupt vorhanden – hoffnungslos überfordert. Deshalb wird der Konsument immer sehr sorgfältig prüfen müssen, welche und wie viel Informationsware er einkauft.

2 Politische Willensbildung und Kontrolle in der Bundesrepublik Deutschland

> Der einzelne muß vor dem Staat,
> der Staat aber auch vor dem einzelnen geschützt werden.
> *Theodor Heuss (1884–1963), erster Bundespräsident*

In einer großen Gesellschaft ist der Mensch als Einzelwesen verloren; er hat kaum Möglichkeiten, auf sich allein gestellt, mit seinen Forderungen an die Gesellschaft durchzukommen. Nur in Verbindung mit Gleichgesinnten kann er seine politischen und wirtschaftlichen Interessen wahrnehmen, seine Wünsche wirkungsvoll vorbringen und sich mit seinen Überzeugungen auch bei anderen Gehör verschaffen. In großen und kleinen Gruppen versucht der einzelne Mensch, in einem Miteinander und Füreinander kollektiv seine Interessen durchzusetzen. Diese Funktion erfüllen die **Verbände** und politischen **Parteien**.

Verbände
Parteien

2.1 Gruppierungen der politischen Willensbildung

2.1.1 Verbände

> „Alle Deutschen haben das Recht,
> Vereine und Gesellschaften zu bilden“ (Art. 9,1 GG).

DARSTELLUNG

Von diesem Recht machen sie lebhaften Gebrauch. Niemand weiß genau, wie viele Interessenvereinigungen, Verbände, enge und lockere Gruppierungen es in der Bundesrepublik Deutschland gibt. Praktisch kennt die **Spannweite** der vielen großen und kleinen Zusammenschlüsse keine Grenzen. Sie reicht vom *Verein der Kakteenzüchter* in Klein-Zillersdorf bis zum mächtigen *Bundesverband der Deutschen Industrie* (BDI), vom *ADAC* mit seinen fast 19 Millionen oder dem *DGB* mit 6,1 Millionen in acht Einzelgewerkschaften eingeschriebenen Mitgliedern bis zum Skatclub „Gut Blatt“, dem nur eine kleine Runde angehört. Ebenso unterschiedlich können die **Ziele** sein. Sie erstrecken sich von der Bürgerinitiative zur Erhaltung einer Gartenwirtschaft über den *Bundeswehrverband* als Interessenvertretung der Reservisten bis hin zum Verein mit dem Ziel der „Förderung des Weltfriedens“.

Spannweite

Ziele

Fachleute schätzen, dass es in der Bundesrepublik bis zu 10 000 fest angemeldete Vereine und Verbände gibt, dazu kommen noch etwa 50 000 bis 60 000 Bürgerinitiativen aller Art. Niemand kennt ihre genaue Zahl, unbekannt sind Namen und Ziele, denn die Bildung dieser Gruppen ist frei.

Die **Interessenvertretungen** – diese Bezeichnung wird als Oberbegriff gewählt – lassen sich nach ihrer Zielsetzung unterteilen, wobei es Überschneidungen gibt, denn selbstverständlich verfolgt etwa der „Bund der Schlesier“ nicht nur politische, sondern auch ideelle Ziele, wie etwa die Pflege des heimatlichen Brauchtums.

Interessenvertretung

2.1.1.1 Arten der Interessenvertretungen

Wirtschaftliche Interessenorganisation

1. Wirtschaftliche Interessenorganisationen

Unternehmen und Selbstständigenorganisationen

- Branchenverbände, insgesamt rund 34 mit 400 Fachverbänden, wie *Verband Deutscher Putenerzeuger, Verband der Automobilindustrie*

  Dazu zählen auch die *Fachverbände des Deutschen Handwerks* mit ihren etwa 6 400 örtlichen *Innungen*, ferner der *Deutsche Bauernverband* mit den angegliederten speziellen Fachverbänden, wie die der Winzer und Imker.

  Schließlich gehören dazu noch der *Handelsverband Deutschland (HDE)*, der *Bundesverband Großhandel, Außenhandel, Dienstleistungen (BGA)*, die Vertretungen der freien Berufe und viele andere mehr.
- Kammern als öffentlich-rechtliche Einrichtungen mit Zwangsmitgliedschaft, aber dem Recht auf Selbstverwaltung, z. B. *Industrie- und Handelskammer* (IHK). Die *Zwangsmitgliedschaft* bedeutet, dass die Selbstständigen, für deren Sparte die IHK zuständig ist, dort Mitglied sein *müssen.*

www.arbeitgeber.de

- Arbeitgeberverbände, wie die *Bundesvereinigung der Deutschen Arbeitgeberverbände* mit über 50 Branchen- und rund 400 Unterverbänden

Arbeitnehmerverbände

www.dgb.de

- *Deutscher Gewerkschaftsbund* (DGB) mit 6,1 (2014) Millionen Mitgliedern, davon zwei Drittel Arbeiter, rund 20 % Angestellte und der Rest Beamte
- Sonstige Arbeitnehmerorganisationen, wie der *Deutsche Beamtenbund* (DBB) mit 1,28 Millionen Mitgliedern oder die *Vereinigung der Fluglotsen*

Verbraucherverbände

- DHB - Netzwerk Haushalt
- Berufsverband der Haushaltführenden

Soziale Verbände

2. Soziale Verbände

- Kriegsfolgenverbände

  Beispiele: *Bund der Vertriebenen* mit (noch) über zwei Millionen Mitgliedern, *Sozialverband Deutschland (SoVD), Volksbund Deutsche Kriegsgräberfürsorge*

518 513

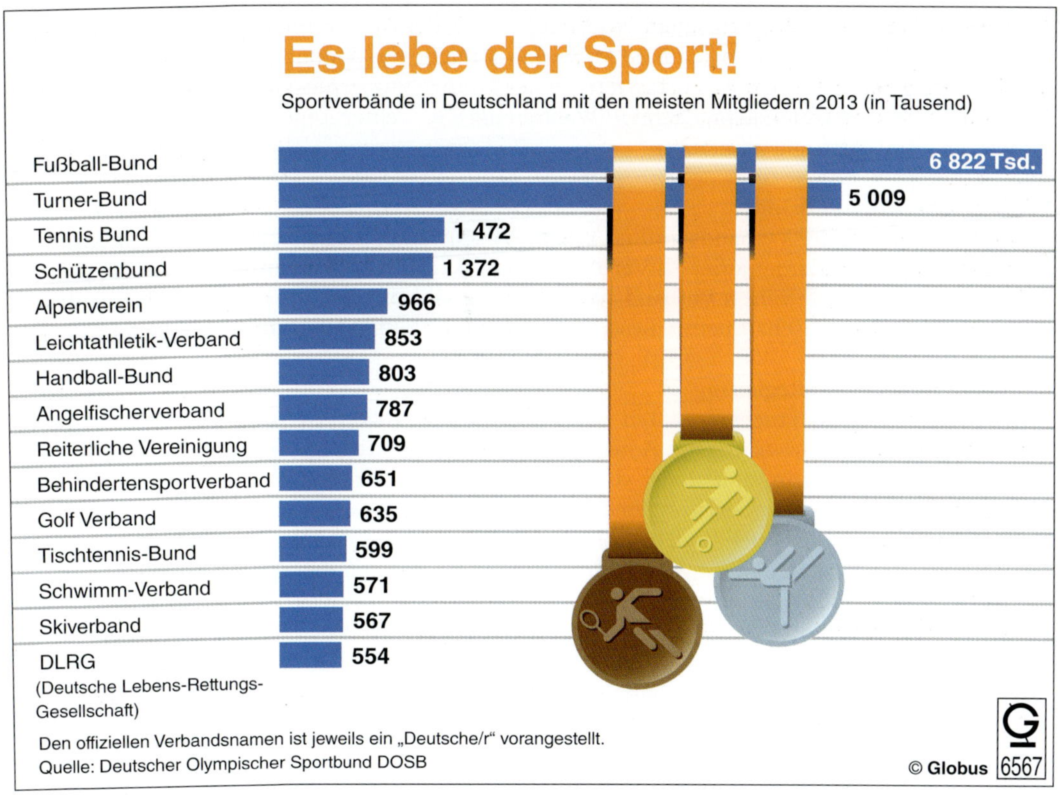

- Wohlfahrtsverbände, wie *Deutsches Rotes Kreuz* (DRK)
- Sonstige Sozialverbände, z. B. *Eigentümerverband Haus & Grund, Deutscher Mieterbund*

3. Freizeitvereinigungen

Freizeitvereinigungen

Die größte ist der *Deutsche Sportbund* mit fast 90 000 angeschlossenen Sportvereinen und mehr als 27 Millionen Mitgliedern, darunter der *Deutsche Fußballbund* allein mit fast sieben Millionen Kickern. Zu diesen Vereinigungen zählen auch die Automobilclubs und verschiedene Jugendverbände.

4. Ideelle Vereinigungen

Ideelle Vereinigungen

Dazu gehören u. a. die Kirchen, die Natur- und Tierschutzvereine *(Bund für Umwelt und Naturschutz Deutschland), Bund Freiheit der Wissenschaft,* die bekannte Gefangenenhilfsorganisation *Amnesty International,* die Umweltschutzorganisation *Greenpeace und das globalisierungskritische Netzwerk Attac.*

5. Bürgerinitiativen

Bürgerinitiativen

Diese sind zumeist regional und örtlich beschränkt. Eine Ausnahme bilden der *Bundesverband Bürgerinitiativen Umweltschutz* und die in der *Friedensbewegung* locker zusammengeschlossenen Gruppen.

2.1.1.2 Einflussnahme

Alle Verbände versuchen in unterschiedlicher Intensität und selbstverständlich mit höchst unterschiedlichem Erfolg, Einfluss auf den politischen Willensbildungsprozess zu nehmen.

Einflussnahme auf das Parlament

Einflussnahme auf das Parlament

Der traditionell älteste Bereich ist der des Parlaments. Die gängigen Bezeichnungen der Interessenvertretungen als *Pressure Group* oder noch deutlicher als *Lobby* (eigentlich: Vorhalle des

Parlaments) bezeichnen die unmittelbare Beeinflussung der Abgeordneten in ihrer Funktion als Gesetzgeber. Diese zumeist unsichtbare Mitwirkung reicht von der subtilen Formulierungshilfe bei der Gesetzesberatung bis zur massiven, an der Grenze zur Erpressung liegenden Drohung, Wahlkampfspenden vom entsprechenden *Wohlverhalten* einzelner Abgeordneter oder gar der gesamten Fraktion abhängig zu machen.

Einflussnahme der Verbände

Einflussnahme der Verbände

Wie weit insgesamt der Verbandseinfluss reicht, ist schwer abzuschätzen. Ein Indiz könnte die Zugehörigkeit der Parlamentarier zu Verbänden sein, kann man doch annehmen, dass sich der Bundestagsabgeordnete *seinem* Verband auch ohne Einwirkung von außen innerlich verpflichtet fühlt. Die Politikwissenschaft nennt diese Verbundenheit **Verbandsfärbung**.

Verbandsfärbung

Einflussnahme auf die Regierung

Einflussnahme auf die Regierung

Die Verbände versuchen nicht einmal in erster Linie auf die Volksvertretung, also das Parlament, Einfluss zu nehmen; ihr wichtigster Adressat ist vielmehr die Regierung mit ihrem Regierungsapparat. Das geschieht in aller Regel völlig legal. Die Ministerialbürokratie kommt gar nicht umhin, sich bei Gesetzesvorbereitungen des speziellen Sachverstandes und Expertenwissens der Verbandsvertreter zu bedienen, weil die zu behandelnde Materie zu komplex ist. Lange Jahre war es ausdrücklich gestattet, dass für die Vorbereitung von Gesetzen die Vertretungen der beteiligten Fachkreise herangezogen werden konnten. Der Verbandsvertreter wird also versuchen, schon im Vorbereitungsstadium, beim sog. *Referentenentwurf* eines Gesetzes, Einfluss zu nehmen.

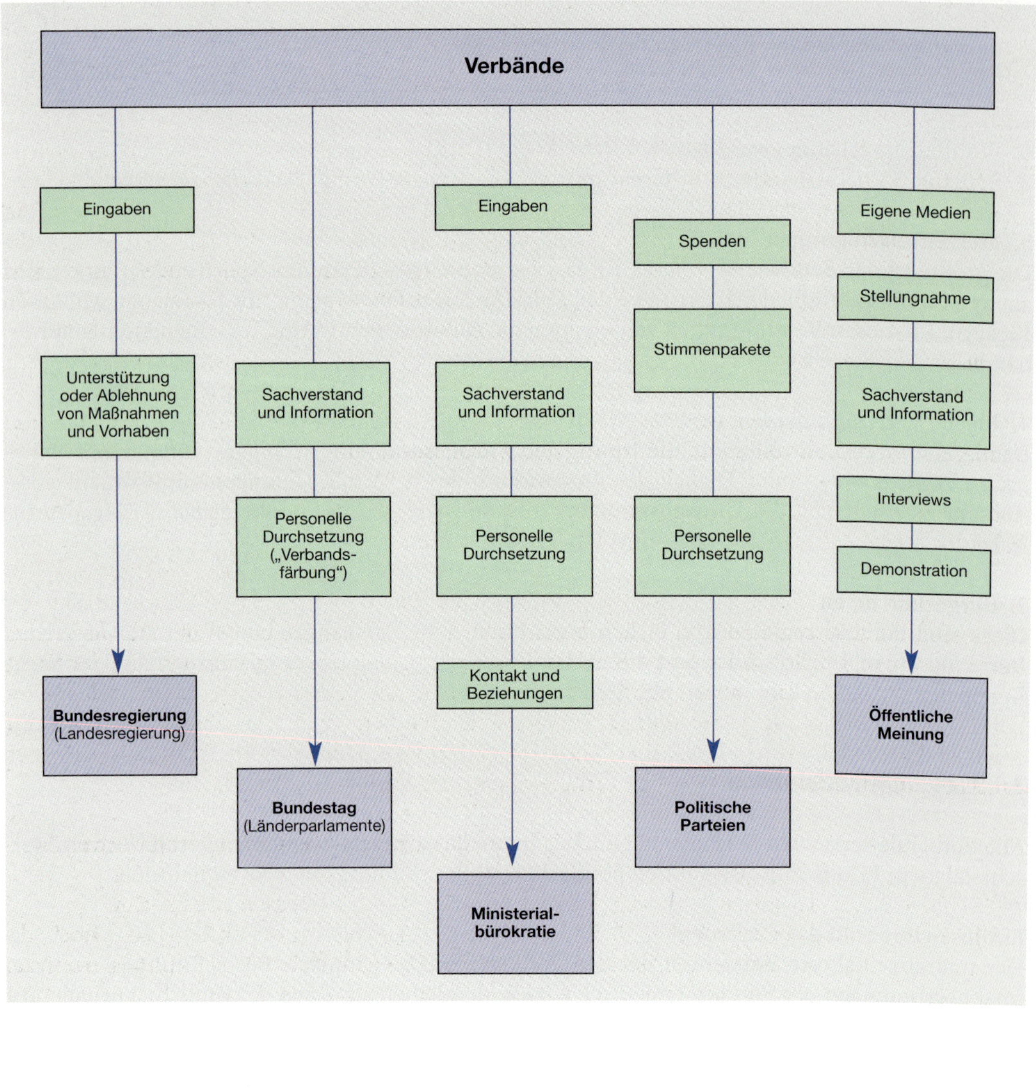

Dazu fügen sich die vielfältigen informellen persönlichen Kontakte. Man kennt sich, Minister haben oft die gleiche Herkunft und Bildung wie die Spitzenvertreter der Verbände, man schätzt den Sachverstand und Rat des anderen.

Einflussnahme auf die Parteien

Einflussnahme auf die Parteien
Diese geschieht zunächst einmal durch die bereits angedeutete *Verbandsfärbung*. Wer als Verbandsvertreter MdB ist, hat in seiner Partei zugleich Ansehen und damit Macht und Einfluss.

Die zweite Form der Einflussnahme ist die Zuweisung (oder Sperrung) von Geldmitteln, besonders in Wahlkampfzeiten. Die finanzielle Hilfe braucht nicht offen zu erfolgen. Sie kann z. B. durch Anzeigen in beliebigen Tageszeitungen zugunsten eines Abgeordneten, von einem Verband finanziert, geschehen.

Regelmäßig erhielt etwa das offizielle Parteiorgan der SPD, der inzwischen eingestellte „Vorwärts", großformatige Anzeigen von Gewerkschaften zwecks Mitgliederwerbung, obwohl innerhalb des Leserkreises kaum ein zusätzliches Gewerkschaftsmitglied gewonnen werden konnte. Die Anzeige war eine verdeckte Wahlkampfhilfe; andere Parteien verfahren ähnlich.

Die dritte Möglicheit ist der Versuch, der aber nur bei mitgliederstarken Verbänden Erfolg verspricht, das Wahlverhalten der Mitglieder zu steuern, offene oder verdeckte Aufrufe, nur bestimmte Parteien oder Kandidaten zu wählen.

Beispiele: Die Fragen der sog. *Wahlprüfsteine* des DGB sind so formuliert, dass sie fast nur von SPD-Kandidaten alle positiv beantwortet werden können. Die Aufforderung von Kirchenvertretern, nur „christlichen Kandidaten" die Stimme zu geben, zielt ebenso unmissverständlich auf die CDU wie der Wahlaufruf von Vertriebenenverbänden, nur Parteien zu wählen, die sich für das „Recht auf Heimat" einsetzen.

Einflussnahme auf die öffentliche Meinung

Einflussnahme auf die öffentliche Meinung
Viele Verbände betreiben *Imagepflege*, stecken Geld und Kraft in die *Öffentlichkeitsarbeit*. Ziel ist es, die *öffentliche Meinung* so zu beeinflussen, dass ein spezielles Verbandsinteresse als übereinstimmend mit dem *Gemeinwohl* betrachtet wird. Dabei ist wichtig, dass die Sonderinteressen in der öffentlichen Werbung nicht oder nicht sofort als solche entlarvt werden können.

Beispiele: Der Bauernverband spricht von „Landwirtschaft dient uns allen", wenn er weiterhin weit über dem Weltmarktpreis liegende Erzeugerpreise für sich beansprucht, und die Ärzte reden nicht von Honoraren, wenn versucht wird, die wuchernden Krankheitskosten zu dämpfen, sondern sie sprechen von der „Gefährdung der Volksgesundheit".

2.1.1.3 Macht und Grenzen des Verbandseinflusses

Nachweislich ist es falsch anzunehmen, dass noch so große und mächtige Verbände alle ihre Interessen durchsetzen können. Viele Gesetze sind gegen den erklärten Willen einflussreicher Verbände ergangen. So sind z. B. die Bestimmungen des Ladenschlusses gegen ver.di, der Nichtraucherschutz gegen die Tabak-Lobby, Arbeitsmarktreformen gegen den DGB und viele andere sozial- und steuerrechtliche Regelungen gegen starke Verbandswünsche durchgesetzt worden. Auch ist die Vorstellung nur bedingt richtig, dass ein Minister oder Parlamentarier sich bei seinen Entscheidungen in erster Linie von den Interessen seines Verbandes leiten lasse.

Folgende Faktoren bestimmen Macht und Grenzen des Einflusses einer Interessenvertretung:

Streikbereitschaft

- Mitgliederstärke und ihre Bereitschaft, sich für die Verbandsinteressen einzusetzen
  Beispiele: Die **Streikbereitschaft** ist bei allen Einzelgewerkschaften in der Regel sehr hoch, dagegen kann kaum erwartet werden, dass die Mitglieder des ADAC für eine Clubforderung auf die Straße gehen.

- Finanzkraft, die vor allem bei den ideellen Verbänden zumeist niedrig ist

Organisationsgrad

- Organisationsfähigkeit, die sich im **Organisationsgrad** ausdrückt. Sie ist z. B. bei der *IG Bergbau, Chemie, Energie* mit über 90 % sehr hoch, bei den Hausfrauenverbänden liegt sie weit unter 10 %.
- Konfliktfähigkeit. Darunter wird die Druckkraft von Aktionen verstanden. Die Konfliktfähigkeit ist umso größer, je mehr die Öffentlichkeit unter den Verbandsmaßnahmen und dem Verhalten der Mitglieder leidet.
  Beispiele: So ist ein „Vorlesungsstreik", ausgerufen von einer studentischen Vereinigung, selbst wenn er befolgt wird, für das öffentliche Leben und das Wohlergehen des Einzelnen praktisch bedeutungslos. Aber höchst empfindlich reagieren Bürger und Stadtverwaltung, wenn die Müllabfuhr streikt. Arbeitnehmer in bestimmten **Schlüsselpositionen**, z. B. Fluglotsen oder Lokführer, haben deshalb große Chancen, öffentlichen Druck auszuüben.

Schlüsselpositionen

Homogenität

- **Homogenität**, d. h. ein möglichst hohes Gleichmaß der Interessen der Verbandsmitglieder, verstärkt die Durchsetzungskraft. Wenn in der ver.di-Gewerkschaft der Ministerialdirektor ebenso organisiert sein kann wie der arbeitslose Gemeindearbeiter, so kann kaum mehr von einem Gleichklang der wirtschaftlichen Interessen gesprochen werden.

Bündnisfähigkeit

- **Bündnisfähigkeit**, worunter die Möglichkeit zu verstehen ist, auch andere Interessengruppen für die eigenen Ziele zu gewinnen. Sie ist ein weiterer Faktor für die Durchsetzungsfähigkeit.

Gemeinwohl

- **Gemeinwohl** in dem Sinne, inwieweit die Verbandsinteressen tatsächlich oder vermeintlich mit dem Allgemeininteresse übereinstimmen, auch wenn der Begriff des Gemeinwohls eine nicht konkret fassliche Größe bleibt.

2.1.1.4 Bedeutung der Verbände

Interessenvereinigungen aller Arten *bündeln* die Einzelinteressen, integrieren sie und machen sie dadurch durchsetzungsfähiger. Die Gefahr der Verbände liegt in dem unkontrollierbaren, nicht durch ausreichende Gegenkräfte gebändigten Einfluss. Darin liegt die Furcht vor dem **Verbandsstaat** begründet: Wie kann verhindert werden, dass die Sonderinteressen sich gegen das Allgemeininteresse durchsetzen?

Verbandsstaat

Auf der anderen Seite muss erkannt werden, dass eben dieses *Allgemeininteresse* nicht bestimmbar ist, dass erst im Konkurrenzkampf der Interessen und Gruppen sich herausschält, was als Gemeinwohlentscheidung gilt. Das ist sicherlich nicht immer das Richtige oder Vernünftige, aber das einzig politisch Mögliche, das durchsetzungsfähig, zumutbar ist und von einer Mehrheit akzeptiert werden kann. Wer die **pluralistische Gesellschaft** als einen Garanten einer freiheitlichen Ordnung betrachtet, muss Interessenvertretungen aller Art als den legitimen Preis dafür betrachten.

Pluralistische Gesellschaft

2.1.1.5 Bürgerinitiativen

Bürgerinitiativen

Unabhängig von Verbänden und politischen Parteien schließen sich gleichgesinnte Bürger auch in **Bürgerinitiativen** zusammen. Diese werden zumeist aus einem konkreten Anlass heraus gegründet, um tatsächlichen oder vermeintlichen Missständen zu begegnen und Fehlentwicklungen abzuwenden.

In der Bundesrepublik Deutschland entstanden Bürgerinitiativen seit Mitte der 1960er-Jahre, bestimmte politische und gesellschaftliche Erscheinungen begünstigten ihre Entwicklung.

APO

Studentenbewegung

Ein Grund war z. B. die Bildung der *Großen Koalition* zwischen CDU/CSU und SPD im Dezember 1966. Die FDP als kleinste Fraktion stand allein in der parlamentarischen Opposition, sodass sich viele Bürger in ihren Interessen gegenüber der mächtigen Regierung nicht mehr ausreichend vertreten fühlten. Es entwickelte sich eine **außerparlamentarische Opposition**, die **APO**, vorwiegend getragen und vorangetrieben von Studenten, deswegen auch als **Studentenbewegung** bezeichnet. Der studentische Protest erreichte immerhin erhebliche Reformen des herkömmlichen Schul- und Bildungsbetriebes. Die *APO* selbst versandete bald, wie vor ihr schon andere außerparlamentarische Protestbewegungen, z. B. die **Ostermarschbewegung** der 1950er-Jahre gegen atomare Waffen. Aber zurück blieb die Erkenntnis, dass es möglich ist, durch außerparlamentarische Aktivitäten Interessen durchzusetzen.

Ostermarschbewegung

Die meisten nun rasch entstehenden Bürgerinitiativen konzentrierten sich auf regionale und lokale Probleme. Den meisten Zulauf erhielten sie infolge des wachsenden Problembewusstseins in allen Bereichen des **Umweltschutzes.**

Umweltschutz

Der Umweltschutz ist ein Beispiel dafür, dass Menschen sich einer Frage erst annehmen, wenn ihnen diese bewusst wird; auch wenn das Problem selbst schon früher bestand. Die Vergiftung der Gewässer in der Bundesrepublik Deutschland, die Abgase in der Luft, die Gefährdung von Fauna und Flora waren Ende der 1950er-Jahre kaum weniger groß, dennoch war damals nicht einmal das Wort *Umwelt* geläufig, geschweige denn irgendeine Aktivität zu erkennen, der drohenden Gefahr einer Zerstörung der natürlichen Lebensgrundlagen entgegenzuwirken.

Zunehmend entwickelten sich aus den örtlichen Initiativen gegen Atomkraftwerke, Großflughäfen, Industrieprojekte, Autobahnschneisen überregionale Verbände, die z. T. mit spektakulären Aktionen Aufsehen erregten und Beachtung fanden. Zu ihnen gehören etwa der *Bundesverband der Bürgerinitiativen Umweltschutz, Greenpeace* und *Robin Wood.*

Selbstverständlich wäre es ein schlimmer Irrtum anzunehmen, dass Bürgerinitiativen in ihrem **Anliegen** grundsätzlich als positiv, da umweltfreundlich, anzusehen sind. Längst gibt es solche Initiativen auch in entgegengesetzter Richtung. So hat zum Beispiel eine hessische Bürgerinitiative 1997 erfolgreich zuerst die Einrichtung eines Nationalparks im Landkreis Waldeck (Edersee) verhindert, der dann erst 2004 gegründet werden konnte, und auch bei der Einrichtung des Nationalparks Nordschwarzwald 2014 gab es sowohl eine Pro- als auch eine Kontra-Initiative.

Anliegen

Grundsätzlich scheint die Bereitschaft der Bürger zuzunehmen, sich in Bürgerinitiativen zu engagieren, sei es zur Verhinderung der Rechtschreibreform, zur Blockade eines Atommülltransports in das Zwischenlager *Gorleben* oder zur Wiedereinrichtung der Kindertagesstätten (Kitas) aus DDR-Zeiten. Grundsätzlich sind Bürgerinitiativen so gut und so schlecht mit dem Gemeinwohl vereinbar wie jede andere Form von Interessenwahrnehmung durch organisierte Gruppen.

Bürgerinitiativen lassen sich im Grobraster nach ihrer *Dauer* einteilen. Gruppen, die sich langfristige Ziele gesetzt haben, sind auf ewig angelegt. Zu ihnen gehören beispielsweise die Initiative „Ärzte gegen Tierversuche“ oder die Gründung des *Instituts für angewandte Ökologie* in Freiburg.

Die häufigere Form ist freilich die **Ad-hoc-Initiative.** Sie erstrebt etwa einen neuen Kinderspielplatz oder die Erhaltung eines Baudenkmals; sie versucht, den Bau einer bestimmten Straße zu verhindern oder den Verkauf eines Ackergeländes zum Bau einer Automobil-Versuchsstrecke. Nicht selten entstehen dabei gegeneinander konkurrierende Initiativen, die jeweils das Gegenteil der anderen anstreben.

Ad-hoc-Initiative

Die **Anhänger** einer kurzfristigen Bürgerinitiative lassen sich in drei Gruppen unterteilen:

Anhänger

- Zum *Führungskreis* gehören die Initiatoren und besonders engagiert auftretende Mitglieder.
- Der *Verfügungskreis* umfasst jene, die nach Aufruf bereit sind, an Demonstrationen, bei Informationsständen oder Leserbriefaktionen mitzuwirken.
- Der größte Teil gehört zum weiteren Umfeld, zum *Sympathisantenkreis,* der sich nur sporadisch betätigt, oftmals auch nur eine Unterschrift leistet oder einen kleinen Geldbeitrag spendet.

Die Partei der *Grünen* hat eine ihrer Wurzeln in einer Bürgerinitiative, die „Grüne Aktion Zukunft“, gegründet von dem ehemaligen CDU-Bundestagsabgeordneten *Herbert Gruhl.* Im Allgemeinen versuchen Bürgerinitiativen parteipolitisch unabhängig zu bleiben, auch wenn ihre Anhänger in der Mehrzahl einer bestimmten Partei nahestehen.

Gewaltanwendung

In den letzten Jahren sind einige Demonstrationen von Bürgerinitiativen, die grundrechtlich geschützt sind (Art. 8 GG), zur **Gewaltanwendung** missbraucht worden. Gruppen von sog. *Chaoten, Berufsprotestierern* oder auch einfach junge Menschen, die Rabatz machen wollen, haben zunehmend Gewalt gegen Sachen und Personen – vor allem gegen Polizisten – angewandt. Damit haben sie die Grenze von der erlaubten friedlichen Versammlung zur illegalen, gewalttätigen Protestaktion überschritten. Auch eine noch so (vermeintlich) gesicherte Ansicht und die beste Absicht rechtfertigen keine Gewaltanwendung.

Eine weitere Grenze liegt in der Respektierung der Mehrheitsentscheidung. So zulässig es ist zu versuchen, diese Entscheidung zu revidieren, so unzulässig ist die Weigerung, dem rechtmäßig zustande gekommenen Beschluss Folge zu leisten.

Der Satz „Wo Recht Unrecht wird, ist Widerstand Pflicht" beantwortet nicht die Frage, wer denn darüber entscheiden darf, ob Unrecht vorliegt.

2.1.1.6 Bürgerpartizipation

Repräsentativdemokratie

Die Verfassung der Bundesrepublik Deutschland spiegelt – im Gegensatz zu den Länderverfassungen vor allem in den neuen Bundesländern – eine (fast) lupenreine **Repräsentativdemokratie**, sie ist eindeutig *antiplebiszitär*.

Volksbegehren
Volksentscheid

Eine Ausnahme bildet lediglich der Artikel 29 des Grundgesetzes, der **Volksbegehren** und **Volksentscheid** bei der *Neugliederung der Bundesländer* vorsieht.

Plebisphobie
Rechtsetzungsmonopol

Mit dieser antiplebiszitären Position des Grundgesetzes haben seine Verfassungsväter und -mütter eine eindeutige Konsequenz aus den Erfahrungen der Weimarer Republik gezogen. Nicht noch einmal sollten Plebiszite „in der großräumigen Demokratie die Prämie für Demagogen sein" *(Theodor Heuss)*. Die **Plebisphobie** (Angst vor dem Volk) prägte Entstehung und Inhalt des Grundgesetzes. Das Parlament der Bundesrepublik Deutschland, also der Deutsche Bundestag, hat in allen wesentlichen Angelegenheiten des Bundes das **Rechtsetzungsmonopol**. Nur das Parlament ist berechtigt, neues Recht zu schaffen, altes aufzuheben oder zu ändern.

Dies wird nunmehr weithin als Defizit empfunden, und so reichen die Forderungen von der Einführung der Volkswahl des Bundespräsidenten bis zur *Volksabstimmung bei schicksalhaften Entscheidungen,* wie z. B. der Einführung des Euro.

Verfassungsreform

In den Ländern der Bundesrepublik, besonders in den neuen, sind die Instrumente des Plebiszites in verschiedenen Varianten ausgebaut, z. B. kennt die Landesverfassung von Sachsen-Anhalt den *Volksentscheid,* das *Volksbegehren,* die *Volksinitiative* und die *Volksabstimmung.* Dagegen blieb auch nach der kleinen **Verfassungsreform** des Grundgesetzes von 1994, die nach der Wiedervereinigung beschlossen wurde, der Bund beim rein repräsentativen System.

Man muss freilich bedenken, dass jede nachträgliche Einführung plebiszitärer Formen in eine Verfassung das Machtgleichgewicht verschiebt. Eine direkte Wahl des Bundespräsidenten beispielsweise würde seinen Einfluss vergrößern und die des Bundeskanzlers schwächen, auch wenn an den Verfassungsbestimmungen sonst nichts geändert würde. Das Wort des Staatsoberhauptes bekäme dann ein (noch) größeres Gewicht. Man mag das für wünschenswert halten, doch gilt es, die Folgen für das politische Machtgefüge zu bedenken.

Direkte Demokratie

Die Forderung nach Plebisziten ist im Grunde eine Forderung nach mehr **direkter Demokratie**. Dabei lassen sich folgende Formen zunehmender rechtlicher Verbindlichkeit unterscheiden:

Braunschweiger Bürgerinitiative demonstriert 2013 gegen Atommüll

- **Volksbefragung**: eine den Gesetzgeber nicht bindende Einholung der Meinung des Wahlvolkes — Volksbefragung
- **Volksinitiative**: ein vom Volk (praktisch: der Gruppe der Initiatoren) dem Parlament zur Beratung und Beschlussfassung vorgelegter Gesetzesentwurf. Das Parlament ist nicht zur Annahme verpflichtet, es kann ihn ändern oder ablehnen. — Volksinitiative
- **Volksbegehren**: eine Gesetzesvorlage aus dem Volk. Wenn das Parlament diese nicht unverändert annimmt, findet darüber ein Volksentscheid statt. — Volksbegehren
- **Volksentscheid**: eine verbindliche Entscheidung der Wahlberechtigten über ein Volksbegehren, die mit der Mehrheit der abgegebenen Stimmen (relative Mehrheit) getroffen wird — Volksentscheid
- **Referendum**: eine **Volksabstimmung** über ein vom Parlament beschlossenes Gesetz — Referendum
- **Volkswahl**: direkte Wahl einer Person in ein Amt, z. B. des Bürgermeisters — Volkswahl

Quorum

Bei fast allen Plebisziten wird ein **Quorum** festgesetzt, d. h., wenn das Plebiszit gültig sein soll, muss eine Mindeststimmenzahl oder ein Mindeststimmanteil erreicht sein. So waren bei der Volksabstimmung in Baden-Württemberg zum Weiterbau des Bahnhofs „Stuttgart 21" mindestens 2,5 Millionen gültige Stimmen (ein Drittel der Wahlberechtigten) erforderlich.

Das Bundesland *Sachsen-Anhalt* kennt sogar das doppelte Quorum: Durch einen Volksentscheid kann nur dann ein Gesetzesentwurf angenommen werden, wenn eine Mehrheit zustimmt, die wiederum ein Viertel aller Stimmberechtigten betragen muss. Auf diese Weise soll verhindert werden, dass bei einem Volksentscheid überhaupt nur 10 % zur Abstimmung gehen und der Gesetzentwurf dann etwa von 5,01 % des Wahlvolkes angenommen wird.

▶ Q. 1

2.1.2 Parteien

www.bundeswahlleiter.de

Partei

Bereits in der Antike schlossen sich Menschen mit gemeinsamen sozialen Interessen und gleichen politischen Überzeugungen zu Gruppen zusammen, aus denen sich das Wort **Partei** als *pars* (lat. Teil, Anteil) ableitet. Aber diese Gruppierungen dürfen nicht mit modernen politischen Parteien gleichgesetzt werden, die ihre charakteristischen Merkmale erst mit der Durchsetzung der parlamentarischen Demokratie im Verlauf des 19. Jahrhunderts ausbildeten.

2.1.2.1 Merkmale und Aufgaben der Parteien

Merkmale

Die **Merkmale** sind

- Gliederung in regionale Teilverbände und bürokratische Organisation,
- Streben nach politischer Macht,
- Teilhabe am politischen Willensbildungsprozess des Volkes und an der staatlichen Entscheidung,
- Permanenz der Existenz, d. h., eine politische Partei will nicht nur kurzfristig, sondern dauerhaft bestehen.

Durch das Ziel einer direkten Teilhabe an politischer Macht unterscheiden sich Parteien von Verbänden; ihre Dauerhaftigkeit grenzt sie gegenüber Bürgerinitiativen ab, die sich oft mit dem Erreichen des selbst gesteckten Zieles oder nach dem Scheitern ihres Anliegens auflösen.

Das Grundgesetz formuliert in Art. 21 Abs. 1 die Rolle der Parteien zurückhaltend: „Die Parteien wirken bei der politischen Willensbildung des Volkes mit." Sie haben also ein verfassungsrechtliches Mitwirkungsrecht, ihre Gründung ist frei, ihre „innere Ordnung muss demokratischen Grundsätzen entsprechen" und sie sollen über ihre finanziellen Mittel Rechenschaft geben.

Mitwirkungsrecht

▶ Q. 2 und 3

Parteienstaat

Aus dem **Mitwirkungsrecht** hat das erst 1967 ergangene „Gesetz über die politischen Parteien" (*Parteiengesetz*) umfassende Teilhabe am politischen Meinungs- und Willensbildungsprozess formuliert; die tatsächliche Entwicklung ist aber weit darüber hinausgegangen. Die Bundesrepublik Deutschland hat sich zu einem **Parteienstaat** *(W. Hennis)* entwickelt, in dem die Parteien praktisch das gesamte öffentliche Leben durchdringen. Es dürfte schwerfallen, auch nur ein bedeutsames Feld der Gesellschaft zu benennen, in dem die Parteien nicht direkt oder indirekt (über ihre Mitglieder) Einfluss suchen und erhalten.

Die Entwicklung der Bundsrepublik Deutschland zum „massendemokratischen Parteienstaat" im Gegensatz zum „liberal-repräsentativen Parlamentarismus" der Honoratiorenschaft fußt auf der Annahme, dass der in den Parteien gebündelte politische Wille identisch sei mit dem Willen des Volkes. Mit dieser Auffassung werden die Parteien zu verfassungsähnlichen Organen, mit deren Hilfe das Volk die ihm gehörende Staatsgewalt ausüben lässt. Von da bis zur staatlichen Parteifinanzierung ist es nur ein konsequenter kleiner Schritt.

Parteienwesen

▶ Q. 4

Das **Parteienwesen** ist in kaum einer westlichen Demokratie so stark ausgeprägt wie in Deutschland, schon gar nicht in den USA, in denen die Parteien zwischen den Wahlen, insbesondere den Präsidentschaftswahlen, eine Art Dornröschenschlaf halten. In Deutschland konnten sie sich dagegen zu „Approbationsparteien" (vereinfacht „Beuteparteien" – *Hennis*) entwickeln. Ihre umfassende Macht, die selbst einen früheren Bundespräsidenten von ihrer „Machtversessenheit" *(von Weizsäcker)* sprechen ließ, und ihre allumfassende Einflussnahme kontrastieren krass zu ihrem öffentlichen Ansehen. In keine politische Institution haben die Bürger – nach allen Umfragen der letzten Jahre – weniger Vertrauen als in das Parteiwesen. Nur knapp 15 % trauen den politischen Parteien noch zu, ihren eigentlichen Aufgaben gerecht zu werden.

Zum Vergleich: Das Vertrauen in die Polizei liegt bei über 70 %.

▶ Q. 5

Die Parteien beherrschen die staatlichen Gewalten, sie bestimmen die Amtsinhaber, geben damit eine Grundorientierung vor und wirken nicht nur bei der Ernennung „politischer Beamter", also der Staatssekretäre, mit. Alle regierenden Parteien lassen Tendenzen zur „Parteibuchwirtschaft" *(von Arnim)* erkennen, vor allem, wenn sie sehr lange hintereinander in einem Bundesland regieren.

Parteienkartell

Konkurrenzparteien

Besonders verhängnisvoll ist die Bildung des **Parteienkartells.** Kern eines demokratischen Parteiensystems ist, dass die Parteien als **Konkurrenzparteien** auftreten, die gegeneinander um die Macht im Staat ringen. Wenn sie aber in informellen Gruppen Absprachen treffen, sich gegenseitig zugunsten ihrer verdienten Mitglieder Pfründe und Versorgungsposten zuschanzen, z. B. die Stellung eines Direktors der Totogesellschaft, dann wird die gegenseitige Kontrolle ausgehebelt, dann entsteht der berühmt-berüchtigte „Kölsche Klüngel", der als durchaus repräsentativ für die Bundesrepublik zu gelten hat *(Scheuch)*.

Es mag zynisch klingen, aber im Grunde müsste man einem jungen Menschen, wenn er eine staatliche Karriere machen will, empfehlen, einer der Parteien beizutreten, wobei es wegen der internen Kartellabsprachen um Ämterteilhabe nur von sekundärer Bedeutung ist, welcher.

Die Bundesrepublik als Parteienstaat zeigt sich auch an den repräsentativen Parteizentralen wie hier bei der CDU.

Die **Parteienkritik** lässt sich in folgenden Punkten zusammenfassen: Parteienkritik

1. Die Parteien erfüllen ihre Aufgaben, die Bürgerwünsche in politikfähige Forderungen umzusetzen, nur unzureichend.
2. Die Parteien sind nicht mehr repräsentative Transmissionsriemen, kapseln sich ab von der Willensbildung des Volkes und zerstören das Gleichgewicht der Staatsgewalten.
3. Die Parteien verlieren ihre Fähigkeit zur Interessenbündelung und können sich dadurch nicht mehr Problemen annehmen, die von „Ein-Themen-Bewegungen", z. B. Bürgerinitiativen, aufgegriffen werden.
4. Die Parteien schotten sich in ihrer Willensbildung von der Öffentlichkeit ab und werden dadurch zu undurchdringlichen Organisationen.
5. Parteien richten sich in erster Linie an den Möglichkeiten ihrer Vermittlung über die Medien aus, wodurch es zu einer Vorherrschaft symbolischer Politik kommt.
6. Nicht einmal 2 % der Wahlberechtigten gehören einer Partei an.

2.1.2.2 Die Parteienfinanzierung

In Art. 21 Abs. 1 Satz 4 des Grundgesetzes heißt es über die Aufgaben der Parteien: „Sie müssen über die Herkunft und Verwendung ihrer Mittel sowie über ihr Vermögen öffentlich **Rechenschaft** geben." Rechenschaft

Diese Verfassungsbestimmung wurde erst sehr spät – 18 Jahre nach Inkrafttreten des Grundgesetzes – mit dem **Parteiengesetz** von 1967 konkretisiert; eine Neufassung erfolgte 1994. Parteiengesetz

Die Materie ist allerdings bereits vom Ansatz her kompliziert:
Werden die Parteien nur aus öffentlichen Mitteln finanziert, so können sie sich, da sie die Höhe ihrer Zuwendungen durch Gesetz selbst bestimmen können, recht üppig aus den Steuermitteln bedienen und den Steuerzahler zwingen, auch jene Parteien mitzufinanzieren, die er ablehnt, ja bekämpft.

Eine rein private Finanzierung durch Mitgliedsbeiträge wäre die sauberste Lösung; sie würde jedoch Parteien mit zahlungskräftigen Mitgliedern begünstigen, ganz abgesehen davon, dass diese Beiträge selbst zuzüglich Spenden nicht ausreichen würden, die Aufgaben der Parteien zu bezahlen.

Zurzeit (Stand: 2015) gilt in Deutschland eine Regelung, die als Mischfinanzierung bezeichnet werden kann:

Staatliche Parteienfinanzierung

1. Staatliche Parteienfinanzierung

- Wahlkampfkostenpauschale. Die Parteien erhalten bei allen Wahlen zum Bundestag, Landtag und Europaparlament für die ersten vier Millionen Stimmen einen Zuschuss von je 0,85 €, für alle weiteren Stimmen je 0,70 €.
- Eine indirekte staatliche Hilfe bekommen die Parteien auch durch öffentliche Finanzmittel für die ihnen nahestehenden Stiftungen, z. B. Konrad-Adenauer-Stiftung (CDU), Friedrich-Ebert-Stiftung (SPD).
- Eine ebenfalls indirekte Hilfe sind geldwerte Leistungen, z. B. die steuerlich finanzierte Öffentlichkeitsarbeit der Regierung, die immer auch der sie tragenden Partei zugute kommt.

Private Parteienfinanzierung

2. Private Parteienfinanzierung

- Mitgliedsbeiträge bis zu einer Höhe von jährlich 1 650,00 € (für Verheiratete bis 3 300,00 €) können steuerlich geltend gemacht werden.
- Für Spenden gilt grundsätzlich dieselbe steuerliche Bestimmung. Sie können einer Partei in beliebiger Höhe gegeben werden. Aber sie unterliegen Sonderregelungen:
  - Spenden von politischen Stiftungen, Parlamentsfraktionen und Körperschaften, die gemeinnützigen, mildtätigen oder kirchlichen Zwecken dienen, dürfen nicht angenommen werden, da diese staatliche Fördermittel erhalten und ihre Parteispenden eine verdeckte Form der staatlichen Parteifinanzierung wären.
  - Gesellschaften, die der Körperschaftssteuer unterliegen, z. B. Aktiengesellschaften, können ihre Spenden steuerlich nicht absetzen.
  - Einzelspenden von mehr als 10 000,00 € müssen offen deklariert werden, d. h., der Name des Spenders muss im Rechenschaftsbericht genannt werden.
- Statt Geldspenden dürfen auch Sachspenden gegeben werden, z. B. Büromaterial, Möbel, Pkw u. a.
- Indirekte Finanzierungen durch geldwerte Leistungen sind grundsätzlich zulässig und üblich. Sie reichen vom freiwilligen, nicht entlohnten Kleben von Wahlplakaten durch idealistische Parteimitglieder über Honorare für Scheingutachten, wertlose Anzeigen in parteinahen Zei-

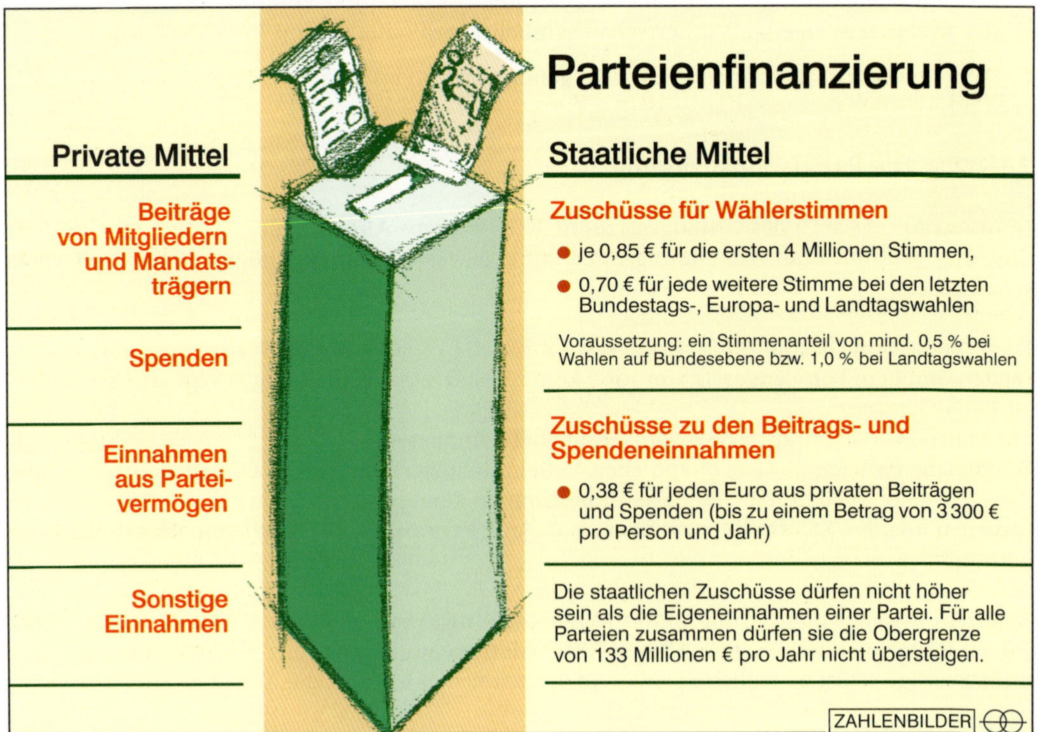

 95 054

tungen und Zeitschriften bis zur Gewährung von zinslosen oder zinsverbilligten Krediten an die Partei.

3. Rechenschaftslegung

Rechenschaftslegung

Der jährliche Rechenschaftsbericht – geprüft von einem unabhängigen Wirtschaftsprüfer – ist samt Vermögensstatus dem Bundestagspräsidenten zuzuleiten, der sie als Bundestagsdrucksache publiziert und verteilt. Verständlicherweise versuchen die Parteien schon aus Wettbewerbsgründen nur das vorgeschrieben absolut Notwendigste zu offenbaren. Verstöße gegen die Finanzierungsbestimmungen, z. B. nicht deklarierte Spenden, werden zwar nicht nach den Strafgesetzen geahndet, können aber die Partei teuer zu stehen kommen. Sie verlieren in Höhe des Zweifachen des rechtswidrig erlangten oder verschleierten Betrages den Anspruch auf staatliche Mittel. Außerdem müssen sie diese Spenden an das Präsidium des Deutschen Bundestages abführen.

2.1.2.3 Das Parteienprivileg

Alle Parteien genießen einen besonderen verfassungsrechtlichen Schutz. Das bedeutet:

1. Im Gegensatz zu Vereinen, die bei Verfassungswidrigkeit bereits auf Weisung des Innenministers eines Landes oder des Bundes aufgelöst und verboten werden können, ist dies bei Parteien nur durch ein Urteil des Bundesverfassungsgerichtes möglich.

2. Ein solches Urteil kann nur auf Antrag erfolgen; antragsberechtigt sind nur Bundestag, Bundesrat und die Bundesregierung.

Antragsberechtigte

Die Geschichte der Bundesrepublik Deutschland kennt bisher zwei Parteiverbote. Im Jahre 1952 wurde die *Sozialistische Reichspartei* **(SRP)** durch Verfassungsgerichtsurteil aufgelöst, weil ihre innere Ordnung nach dem *Führerprinzip* aufgebaut war und die Partei nationalsozialistisches Gedankengut verbreitete. Im Jahre 1956 entschied das Bundesverfassungsgericht, ebenfalls auf Antrag der Bundesregierung, dass die – moskautreue – *Kommunistische Partei Deutschlands* **(KPD)** Ziele verfolge, die mit der freiheitlich-demokratischen Grundordnung unvereinbar seien, und verbot deshalb auch diese Partei.

SRP (1952)

KPD (1956)

Der Sinn solcher Verbote war und ist umstritten. Zwar ist die Verfassungsordnung der Bundesrepublik Deutschland, im Gegensatz zur *Weimarer Reichsverfassung*, nicht „grenzenlos tolerant". Wer die Freiheit mit dem Ziel missbraucht, diese zu beseitigen, verwirkt sie (vgl. Art. 18 GG). Andererseits sollte die Demokratie stark genug sein, sich im politischen Kampf, also ohne staatliche Zwangsmaßnahmen, der Verfassungsfeinde zu erwehren. Erst im Jahre 2002 stellte die Bundesregierung, der sich Bundestag und Bundesrat anschlossen, wieder einen **Verbotsantrag**, und zwar gegen die als rechtextremistisch eingestufte Nationaldemokratische Partei Deutschlands (NPD). Der Verbotsantrag scheiterte aus prozessualen Gründen. Eine knappe Senatsmehrheit (4:3) sah in der staatlichen Beobachtung der NPD durch den Verfassungsschutz ein absolutes Verfahrenshindernis, das mit dem Rechtsstaatsprinzip unvereinbar sei. Die verdeckt arbeitenden Agenten hatten zum Teil in führenden Funktionen an eben jenen Erklärungen mitgewirkt, die als Beweis der Verfassungswidrigkeit der Partei dienen sollten. Am 2. Dezember 2015 entschied das Bundesverfassungsgericht, das Verbotsverfahren gegen die NPD zu eröffnen. Die mündliche Verhandlung soll 2016 in Karlsruhe beginnen.

Verbotsantrag

Dem Einzelnen oder den konkurrierenden Gruppen bleibt es unbenommen, bestimmte Parteien für *verfassungsfeindlich* zu halten und dies auch öffentlich zu bekunden. Das mag für die *Deutsche Volksunion (DVU)* und die *NPD* sogar zutreffen und gilt vielleicht auch für Teile der *Republikaner*. Aber so lange sie nicht vom BVerfG (auf Antrag) verboten sind, genießen sie alle (Vor-)Rechte einer politischen Partei.

Um zu einer Wahl zugelassen zu werden, sind die rein formalen Anforderungen gering; es genügt z. B. als Parteiprogramm eine halbe DIN-A4-Seite.

Zu der Wahl zum 18. Deutschen Bundestag im September 2013 traten insgesamt 34 Parteien an; einige kleinere waren aber nicht auf allen Landeslisten vertreten.

Ihre Namen sind teilweise so kurios, wie ihre Bedeutung gering ist, z. B. *Partei der Nichtwähler; Die Violetten – für spirituelle Politik; Partei für Soziale Gleichheit, Sektion der Vierten Internationale; Bergpartei, die „ÜberPartei“.*

2.1.2.4 Arten der Parteien

Parteien lassen sich nach verschiedenen Gesichtspunkten einteilen. Die wichtigsten sind:

Größe

1. Größe

- Bei Mitgliederparteien sind besonders die Stammwähler auch Mitglieder der Partei.
- Wählerparteien haben dagegen im Vergleich zu ihren Wählern nur einen geringen Mitgliederstamm und einen schwachen Parteiapparat.
- Massenparteien
- Splitterparteien

Mitgliederzusammensetzung

2. Mitgliederzusammensetzung

- Die Honoratiorenpartei, die aus wenigen Angehörigen zumeist der Oberschicht oder höheren Mittelschicht besteht
- Der Patronagepartei geht es um die Besetzung von Ämtern durch ihre Mitglieder.
- Als Persönlichkeitspartei wird eine Partei bezeichnet, die eine bestimmte Persönlichkeit zwecks Wahl unterstützt.

Interessenvertretung

3. Interessenvertretung

Volkspartei

- Nur noch mit Abstrichen können sich die beiden großen Parteien CDU und SPD als **Volksparteien** bezeichnen; am ehesten trifft diese Bezeichnung noch auf die CSU zu, die sowohl bei den Mitgliedern wie den Stammwählern in allen Volksschichten Bayerns verankert ist. Allerdings gehen auch ihre Mitgliederzahlen – wie bei SPD und CDU – in den letzten Jahren stark zurück.
- Die Interessenpartei ist dagegen in der Bundesrepublik Deutschland praktisch ausgestorben, am ehesten kam der BHE (Block der Heimatvertriebenen und Entrechteten) in den 1950er-Jahren diesem Typ nahe, weil diese Partei vor allem die Interessen der Flüchtlinge und Vertriebenen vertrat.
- Auch den in der Weimarer Republik häufigen Typ der Klassenpartei und der
- Weltanschauungspartei kennt die Berliner Republik nicht mehr. Für den ersten Typ kann die alte KPD genannt werden, während das (katholische) *Zentrum* als Partei mit eindeutiger ideologischer Ausrichtung gelten konnte.

Politische Richtung

4. Politische Richtung

Dies ist die wichtigste Unterscheidung. Die einfachste, aber zugleich auch ungenaueste ist die in Links- und Rechtsparteien, entsprechend der klassischen Sitzordnung – übernommen von der französischen Nationalversammlung 1789 – in der Volksvertretung, vom Präsidentenstuhl aus gesehen.

Differenziert man das Spektrum von rechts nach links genauer aus, so lässt sich – mit einschränkendem Vorbehalt – folgende Einteilung vornehmen:

Konservative Partei

Nationale Partei

- **Konservative Parteien** wollen das Bewährte erhalten und sind allenfalls für bedächtige und langsame Veränderungen zu gewinnen. Zu den *Konservativen* zählen in der Regel auch die **nationalen Parteien**, die insbesondere das nationalstaatliche Interesse betonen.

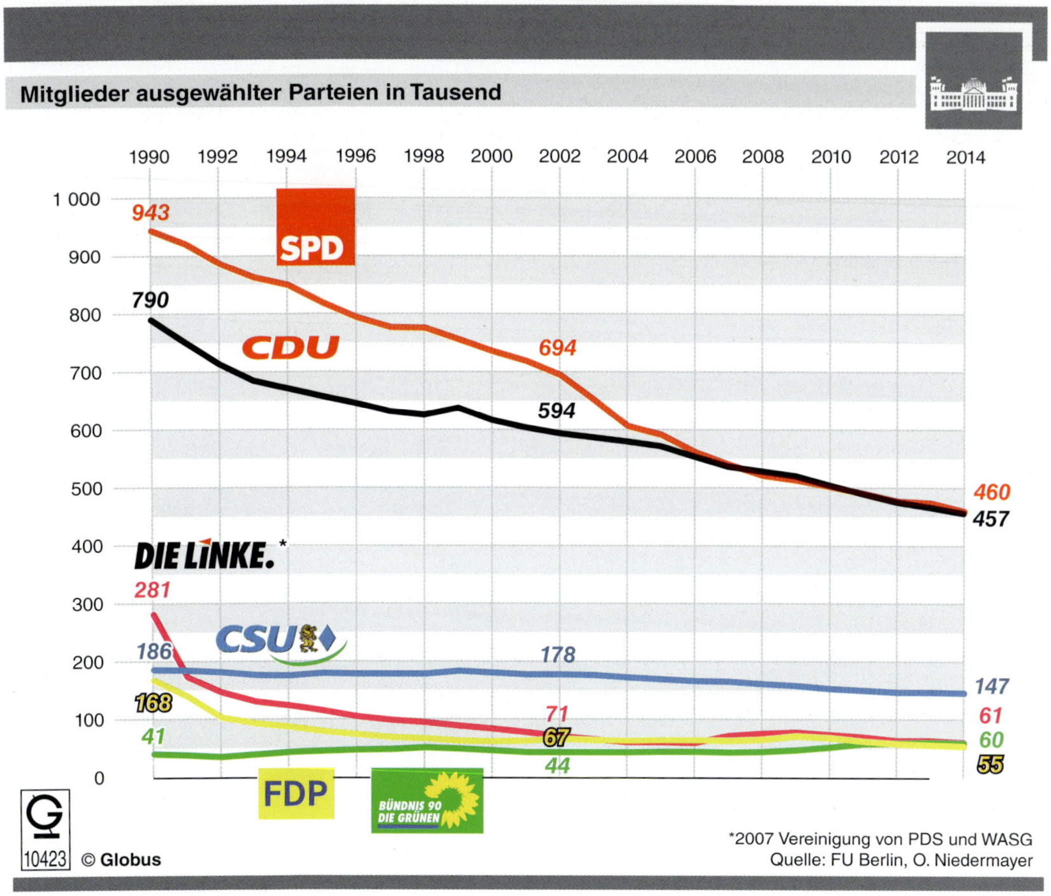

- **Liberale Parteien** betonen dagegen den Schutz des Einzelnen vor dem Staat. Sie wünschen vor allem die Freiheit des Individuums zu sichern, das sich politisch und wirtschaftlich entfalten und wenig staatliche Bevormundung erfahren soll. *Liberale Parteien*
- **Sozialistische Parteien** sehen ihr Ziel in der Schaffung von mehr sozialer Gerechtigkeit und sozialer Gleichheit. Im Allgemeinen stehen sie den Gewerkschaften nahe und wünschen stärkere Eingriffe in das Wirtschaftsleben. *Sozialistische Parteien*

2.1.2.5 Die Parteiprogramme

In der nachfolgenden Tabelle sind die wichtigsten **Hauptziele** der im Bundestag vertretenen Parteien in Form einer Synopse (vergleichende Übersicht) zusammengestellt. Auf den ersten Blick könnte es scheinen, als seien die Unterschiede der Programme minimal bzw. gar nicht vorhanden, und zweifellos sind sie dies in vielen Fällen nicht – besonders zwischen den beiden großen Volksparteien CDU/CSU und der SPD. Das ergibt sich zunächst daraus, dass die jeweilige Programmatik schlagwortartig komprimiert und damit nur verkürzt dargestellt werden kann. Zum anderen sind die Parteien in ihren großen, langfristigen Zielen wie Friedenssicherung, soziale Gerechtigkeit, Wohlstandswachstum, Umweltschutz auch tatsächlich deckungsgleich. Parteien unterscheiden sich nicht so sehr in ihren Zielsetzungen als vielmehr in den Methoden und Mitteln, mit denen sie diese Ziele zu erreichen trachten. Das wirtschaftspolitische Instrumentarium, das die CDU/CSU einzusetzen wünscht, weicht erheblich von dem ab, was die SPD angesichts ihrer traditionellen Verbundenheit mit den Gewerkschaften verwenden will. Kann der Frieden besser durch eine Wehrpflicht- oder durch eine professionelle Berufsarmee gesichert werden? Und brauchen wir diese überhaupt zur Friedenserhaltung? Und wie wird z. B. soziale Gerechtigkeit konkret definiert? In diesen Fragen können die Differenzen erheblich sein.

Hauptziele

www.cdu.de
www.csu.de
www.spd.de
www.gruene.de
www.die-linke.de

Schließlich spielt auch ein Rolle, in welcher **Rangfolge** die Ziele im Parteiprogramm genannt sind, weil grundsätzlich die wichtigste Zielsetzung an erster Stelle steht. *Rangfolge*

Synoptische Übersicht der Parteiprogramme der im 18. Bundestag vertretenen Fraktionen (in Stichworten)

Partei/Programm	CDU/CSU	SPD	Bündnis 90/Die Grünen	Die Linke
Grundwerte	Christliches Menschenbild, Bekenntnis zur Familie	Solidarität und Gerechtigkeit, Bändigung und Kontrolle von Macht und Einfluss	Mensch als Teil der Natur, Unantastbarkeit der Menschenwürde, Selbstbestimmung	Grundrecht auf würdige Arbeit für alle, mehr direkte Demokratie
Wirtschaft	Arbeitsmarkt deregulieren, Förderung der Selbstständigkeit, Abbau der Bürokratie	Förderung des Wachstums, Qualifizierungsmöglichkeiten für Arbeitslose, Mindestlohn	Qualifizierung von Arbeitskräften, Senkung der Lohnnebenkosten, Investitionen in Arbeit	Steuerlast von unten nach oben umverteilen, Globalisierung gerecht gestalten
Bildung	Gegliedertes Schulsystem, Bildung muss auch Erziehung sein	Umfassende Chancengleichheit, keine Studiengebühren	Bildungsreform, flächendeckende Ganztagsschulen	Einheitsschule, völlige Lehr- und Lernmittelfreiheit, keine Studiengebühren
Sozialsystem	Subsidiarität, Erhalt der Privatversicherung	Bürgerversicherung	Bürgerversicherung, Grundeinkommen	Grundeinkommen und Grundrente, gesetzlicher Mindestlohn, Abschaffung von Hartz IV
Innere Sicherheit	Mehr Opfer- als Täterschutz, schärfere Strafverfolgung	Bekämpfung der Kriminalität mit Besonnenheit und Augenmaß	Soziale Prävention, liberale Drogenpolitik, Humanisierung des Strafrechts	Gleiche Rechte für alle, D. als großzügiges Einwanderungsland, gegen Abschiebehaft
Äußere Sicherheit	Solidarität im westlichen Bündnis, Modernisierung der Bundeswehr	Militärische Einsätze nur nach Ausschöpfung aller anderen Möglichkeiten	Militäreinsatz nur als Ausnahme	Kollektive Kriegsdienstverweigerung, keine Auslandseinsätze der Bundeswehr

▶ QUELLE 1 Möglichkeiten einer direkten Bürgerbeteiligung

Als wirkliches Gegengewicht kommt vor allem ein Akteur in Betracht: das Volk. Es muß – in Ergänzung zur parlamentarischen Willensbildung – nicht nur mehr Einfluß auf Sachentscheidungen erhalten, sondern vor allem die Personalauswahl selbst treffen können [...] Ansatzpunkte dafür bestehen in

Deutschland durchaus: In fast allen Bundesländern gibt es bereits die Möglichkeit von Volksentscheiden. Auf Gemeindeebene hat das süddeutsche Modell auch in anderen Ländern Verbreitung gefunden. Danach können die Gemeindebürger die Mitglieder des Gemeinderats persönlich auswählen und sind nicht an starre Parteilisten gebunden. Die Bürger können zudem wichtige Kompetenzen des Rats notfalls an sich ziehen und die Entscheidungen selbst treffen, und vor allem wählen sie ihren Bürgermeister selbst. [...] Ist der direkt gewählte Bürgermeister aber nicht ein Beispiel dafür, daß Demokratie nicht notwendig entscheidungsschwach sein muß? Trifft in ihm nicht beides zusammen, was unsere Demokratie braucht: mehr Einfluß des Volkes und mehr Entscheidungskompetenz? [...] Ist der auf die Wahl Angewiesene nicht dafür prädestiniert, das Gemeinwohl zu vertreten und ein Gegengewicht gegen den organisierten Egoismus der Interessenverbände zu bilden? [...] Und läßt sich dieser Ansatz nicht auch bis zu einem gewissen Grade verallgemeinern? Würde das Volk zum Beispiel den Ministerpräsidenten in einem Bundesland direkt wählen [...], so würde daraus eine Fülle von Verbesserungen für das Zusammenspiel und die Wirkungsweise der politischen Institutionen folgen – und zugleich würden die berechtigten Wünsche des Volkes nach eigener Auswahl seines Repräsentanten erfüllt.

(Hans Herbert von Arnim: Staat ohne Diener. München, Droemer Knaur 1995, S. 363 f.)

1. Welche Vorschläge unterbreitet dieser Politikwissenschaftler für Wahlen?
2. Was verspricht er sich bei ihrer Erfüllung?

§ 1 und § 2 des Parteiengesetzes

▶ QUELLE 2

Erster Abschnitt. Allgemeine Bestimmungen

§ 1 Verfassungsrechtliche Stellung und Aufgaben der Parteien

(1) Die Parteien sind ein verfassungsrechtlich notwendiger Bestandteil der freiheitlichen demokratischen Grundordnung. Sie erfüllen mit ihrer freien, dauernden Mitwirkung an der politischen Willensbildung des Volkes eine ihnen nach dem Grundgesetz obliegende und von ihm verbürgte öffentliche Aufgabe.

(2) Die Parteien wirken an der Bildung des politischen Willens des Volkes auf allen Gebieten des öffentlichen Lebens mit, indem sie insbesondere auf die Gestaltung der öffentlichen Meinung Einfluß nehmen,
die politische Bildung anregen und vertiefen,
die aktive Teilnahme der Bürger am politischen Leben fördern,
zur Übernahme öffentlicher Verantwortung befähigte Bürger heranbilden,
sich durch Aufstellung von Bewerbern an den Wahlen in Bund, Ländern und Gemeinden beteiligen,
auf die politische Entwicklung in Parlament und Regierung Einfluß nehmen,
die von ihnen erarbeiteten politischen Ziele in den Prozeß der staatlichen Willensbildung einführen und für eine ständige lebendige Verbindung zwischen dem Volk und den Staatsorganen sorgen.

(3) Die Parteien legen ihre Ziele in politischen Programmen nieder. [...]

§ 2 Begriff der Partei

(1) Parteien sind Vereinigungen von Bürgern, die dauernd oder für längere Zeit für den Bereich des Bundes oder eines Landes auf die politische Willensbildung Einfluß nehmen und an der Vertretung des Volkes im Deutschen Bundestag oder einem Landtag mitwirken wollen, wenn sie nach dem Gesamtbild der tatsächlichen Verhältnisse, insbesondere nach Umfang und Festigkeit ihrer Organisation, nach der Zahl ihrer Mitglieder und nach ihrem Hervortreten in der Öffentlichkeit eine ausreichende Gewähr für die Ernsthaftigkeit dieser Zielsetzung bieten. Mitglieder einer Partei können nur natürliche Personen sein.

(2) Eine Vereinigung verliert ihre Rechtsstellung als Partei, wenn sie sechs Jahre lang weder an einer Bundestagswahl noch an einer Landtagswahl mit eigenen Wahlvorschlägen teilgenommen hat.

(3) Politische Vereinigungen sind nicht Parteien, wenn
1. ihre Mitglieder oder die Mitglieder ihres Vorstands in der Mehrheit Ausländer sind oder
2. ihr Sitz oder ihre Geschäftsleitung sich außerhalb des Geltungsbereichs dieses Gesetzes befindet.

(Beck'sche Textausgabe des Grundgesetzes mit Anhängen. 42. Aufl., München 1972, S. 29 f.)

1. Welche Merkmale sind an den Begriff „Partei“ geknüpft?
2. Welche konkreten Beispiele für die Aufgaben der politischen Parteien können Sie aufführen?
3. Auf welche Weise soll sichergestellt werden, dass eine Partei ernsthaft und dauerhaft die politische Machtteilhabe (wozu bereits die Opposition gehört) anstrebt?

▶ QUELLE 3 § 6 des Parteiengesetzes

Zweiter Abschnitt. Innere Ordnung
§ 6 Satzung und Programm

(1) Die Partei muß eine schriftliche Satzung und ein schriftliches Programm haben. Die Gebietsverbände regeln ihre Angelegenheiten durch eigene Satzungen, soweit die Satzung des jeweils nächsthöheren Gebietsverbandes hierüber keine Vorschriften enthält.

(2) Die Satzungen müssen Bestimmungen enthalten über

1. Namen sowie Kurzbezeichnung, sofern eine solche verwandt wird, Sitz und Tätigkeitsgebiet der Partei,
2. Aufnahme und Austritt der Mitglieder,
3. Rechte und Pflichten der Mitglieder,
4. zulässige Ordnungsmaßnahmen gegen Mitglieder und ihren Ausschluß (§ 10 Abs. 3 bis 5),
5. zulässige Ordnungsmaßnahmen gegen Gebietsverbände,
6. allgemeine Gliederung der Partei,
7. Zusammensetzung und Befugnisse des Vorstands und der übrigen Organe,
8. der Beschlußfassung durch die Mitglieder- und Vertreterversammlungen nach § 9 vorbehaltene Angelegenheiten,
9. Voraussetzung, Form und Frist der Einberufung der Mitglieder- und Vertreterversammlungen sowie Beurkundung der Beschlüsse,
10. Gebietsverbände und Organe, die zur Einreichung (Unterzeichnung) von Wahlvorschlägen für Wahlen zu Volksvertretungen befugt sind, soweit hierüber keine gesetzlichen Vorschriften bestehen,
11. eine Urabstimmung der Mitglieder und das Verfahren, wenn der Parteitag die Auflösung der Partei oder des Gebietsverbandes oder die Verschmelzung mit anderen Parteien nach § 9 Abs. 3 beschlossen hat. Der Beschluß gilt nach dem Ergebnis der Urabstimmung als bestätigt, geändert oder aufgehoben. [...]

(3) Der Vorstand hat dem Bundeswahlleiter

1. Satzung und Programm der Partei,
2. Namen der Vorstandsmitglieder der Partei und der Landesverbände mit Angabe ihrer Funktionen,
3. Auflösung der Partei oder eines Landesverbandes

mitzuteilen [...].

(Beck'sche Textausgabe des Grundgesetzes mit Anhängen. 42. Aufl., München 1972, S. 205 f. und 207 f.)

1. Auf welche Weise soll sichergestellt werden, dass die innere Ordnung der Partei demokratischen Grundsätzen entspricht?
2. Welche Mindestvoraussetzungen müssen erfüllt sein, um sich beim Bundeswahlleiter als Partei mit allen Rechten registrieren zu lassen?

▶ QUELLE 4 Zum Einfluss der Parteien

Die politischen Parteien durchdringen die Staatsorgane der Bundesrepublik. Sie bestimmen deren personelle Zusammensetzung und grundsätzliche Orientierung; hinter den Staatsorganen erscheinen sie als die eigentlichen Beweger der Politik. Abgeschwächt erreicht die parteipolitische Durchdringung auch den öffentlichen Dienst. Bei der Ernennung „politischer Beamter", aber auch höherer Richter, Krankenhausdirektoren, Behörden- und Schulleiter sowie leitender Journalisten im öffentlich-rechtlichen Rundfunkbereich spielen parteipolitische Überlegungen eine Rolle, getragen teils von politischen Einflußbedürfnissen, teils vom Drang zur Versorgung verdienter Parteimitglieder. [...]

Die Folgen: nicht selten eine Verfilzung lang regierender Parteien mit dem öffentlichen Dienst, ihre soziale Stabilisierung als „etablierte" Parteien, auch ein Vordringen bewußt „politischer Bürokratie" zumindest in der Ministerialverwaltung. Jene Durchdringung impliziert, daß politische Gewaltenteilung weniger durch die Trennung von Institutionen als durch Pluralität der Parteien gewährleistet wird – eine Machtteilung, die dann versagt, wenn die Parteien Gründe haben, einander nicht wehzutun. In den von der Parteiprojektion durchsäuerten Bereichen, so meinen Kritiker, bereitet sich parteibezogene Loyalität und Mittelmäßigkeit leitender Stelleninhaber aus.

(Wolfgang Rudzio: Das politische System der Bundesrepublik Deutschland. Opladen, Leske & Budrich 1991, S. 99 f.)

1. Auf welche Weise „durchdringen" die Parteien die Staatsorgane?
2. Welche Folgen hat diese Durchdringung?
3. Was versteht man unter „Parteipfründen" und „Parteiversorgung"?
4. Worauf führen Sie selbst den Ansehensverlust der Parteipolitiker zurück?

Die Ämterpatronage

▶ QUELLE 5

Das Zuschanzen von Stellen im öffentlichen Dienst an Pateigenossen im Wege der Ämterpatronage ist wohl die schlimmste Form der Ausbeutung des Staates durch die politischen Parteien, ein fortschreitendes Krebsgeschwür im Körper von Staat und Verwaltung [...].
Patronagebestrebungen der politischen Parteien beruhen zu einem guten Teil auf dem Wunsch, nicht nur die Mehrheit im Parlament zu erringen und zu behalten und die Regierung zu stellen, sondern ihre Macht auf alle Bereiche auszudehnen. (Eschenburg: „Herrschaftspatronage"). Darüber hinaus sollen verdiente Parteiangehörige versorgt („Versorgungspatronage") und dadurch neue Mitglieder angelockt werden. Das ist das ewige Gesetz der Macht, daß sie danach strebt, sich immer weiter auszudehnen, solange sie nicht auf Grenzen stößt. Wer Macht hat, will mehr Macht. [...]
Ämterpatronage fördert die Tendenz zur Aufblähung des öffentlichen Dienstes. Der Wunsch, Parteileute unterzubringen, kann dazu führen, daß mehr Stellen geschaffen (oder aufrechterhalten) werden [...]. „Ein Teufelskreis: Ämterpatronage nährt Ämterpatronage" (M. Kloepfer).

(Hans Herbert von Arnim: Staat ohne Diener. München, Droemer Knaur 1995, S. 135–138)

1. **Beschreiben Sie die verschiedenen Formen der Patronage.**
2. **Wie lautet der Teufelskreis der Patronage?**
3. **Wie verstärkt sich die Tendenz zur Bürokratie?**

2.2 Wahlen

DARSTELLUNG
www.destatis.de

Wahlen sind in einer repräsentativen Demokratie der entscheidende Ausdruck der Volkssouveränität. Mit der Wahl überträgt das Volk, von dem alle Staatsgewalt ausgeht, seine Befugnisse auf die „besondere[n] Organe der Gesetzgebung, der vollziehenden Gewalt und der Rechtsprechung" (Art. 20,2 GG). Die Deutschen in der Bundesrepublik üben vornehmlich auf diese Weise ihre politische Macht aus, indem sie sich an Wahlen zum Bundestag, zu ihrem Landesparlament und zum Gemeinde- oder Stadtrat beteiligen.

Die politisch wichtigste Wahl ist die zum Deutschen Bundestag, in den die Abgeordneten nach den demokratischen Wahlgrundsätzen (siehe Art. 38 GG) gewählt werden.

2.2.1 Wahlsysteme

2.2.1.1 Die Mehrheitswahl

Wahlgebiet
Wahlkreise
Einfache Mehrheitswahl
Absolute Mehrheitswahl
Stichwahl

Das **Wahlgebiet** wird in **Wahlkreise** aufgeteilt, die Fraktionsstärke im Parlament richtet sich nach der Zahl der eroberten Wahlkreise. Die Mehrheitswahl kann in zweifacher Form erfolgen
- als **einfache Mehrheitswahl** – es genügt die *relative (einfache) Mehrheit;*
- als **absolute Mehrheitswahl** – erreicht in einem Wahlkreis kein Bewerber 50 % (+ x) der Stimmen, so findet ein zweiter Wahlgang statt – **Stichwahl** –, bei dem die einfache Mehrheit genügt.

Das erste Verfahren ist in Großbritannien üblich, das zweite wird bei den Wahlen zur französischen Nationalversammlung angewandt.

Pro Mehrheitswahl

Für das System der Mehrheitswahl spricht, dass sie stark personenorientiert ist, der Wahlkampf wird zu einem Wettbewerb der einzelnen Bewerber, der Kontakt des Gewählten zu seinem Wahlkreis bleibt, weil er wiedergewählt werden will, sehr eng, die Wähler kennen ihren Abgeordneten. Unerwünschte Splitterparteien kommen nicht zum Zuge.

Der in der Fachliteratur häufig genannte Vorteil, eine Mehrheitswahl führe zu eindeutigen Parlamentsmehrheiten und damit einfacher Regierungsbildung, ist auch durch die praktische Erfahrung in England widerlegt. Nichts garantiert, dass bei etwa 500 Wahlkreisen jeweils nicht rund die Hälfte an die eine bzw. andere Partei fällt, sodass theoretisch in der Volksvertretung sogar ein *Patt* entstehen kann.

Contra Mehrheitswahl

Gegen das Mehrheitswahlsystem spricht, dass das gewählte Parlament kein (verkleinerter) Spiegel des politischen Meinungsfeldes der Bevölkerung ist. Neue Parteien haben praktisch keine Chance. So würden etwa die Grünen, wenn dieses System gültiges Recht in der Bundesrepublik Deutschland wäre, weder in einem Landtag noch im Bundestag einen Sitz haben – die LINKE auch nicht. Ein weiterer Nachteil ist, dass die Stimmen des unterlegenen Kandidaten völlig wegfallen. Daraus kann die eigenartige Lage entstehen, dass eine Partei mit jeweils knapper einfacher Mehrheit im Wahlkreis siegt, wozu schon – je nach Bewerberzahl – 20 % der Stimmen ausreichen, und dennoch 100 % der Mandate erreicht. Auch wenn dies nur ein theoretisch möglicher Fall ist, zeigt er doch die Gefahr, dass der Wählerwille verfälscht, ja in sein Gegenteil gekehrt werden kann.

Schließlich besteht noch die Tendenz der *Wahlkreisverödung*. Jede Partei hat ihre sicheren Wahlkreise, sog. *Rivierawahlkreise*. Die dort regelmäßig mit großer Stimmenmehrheit siegende Partei wird es kaum für nötig erachten, im Wahlkampf besondere Anstrengungen zu unternehmen, der Sieg ist ihr gewiss, und für die dagegen opponierende Partei lohnt es nicht, der Wahlkreis ist sowieso verloren. Also konzentrieren sich alle konkurrierenden Parteien auf einige umstrittene Kreise, der Wahlkampf läuft an den anderen vorbei.

2.2.1.2 Die Verhältniswahl

Verhältniswahl

Demgegenüber spiegelt bei der **Verhältniswahl** oder *Proportionalwahl* das Ergebnis die politische Meinung des Wählervolkes wider. Eine Einteilung des Wahlgebietes in Wahlkreise kann entfallen, die Parteien stellen Listen auf, zwischen denen sich der Wähler entscheiden muss – **Listenwahl**.

Listenwahl

Pro Verhältniswahl

Die *Vorteile* dieses Systems sind offenkundig. Keine Stimme geht verloren, auch *Newcomer* und kleine Parteien haben eine Chance, ins Parlament zu gelangen. Die Parteien können außerdem ihnen wichtige Persönlichkeiten auf den vorderen Plätzen der Liste nominieren, sodass sie auch bei schlechtem Wahlausgang auf jeden Fall einen Platz im Parlament erreichen.

Da plötzliche, erdrutschartige Veränderungen im Wählerverhalten selten sind, können sich etwa 70 % bis 80 % der künftigen Abgeordneten allein aufgrund ihres Listenplatzes ihres Mandates bereits *vor* dem Wahltag sicher sein.

Contra Verhältniswahl

Dem gegenüber stehen die *Nachteile* des Verhältniswahlsystems, die umgekehrt die Vorteile der Mehrheitswahl sind. Dazu gehört vor allem der Zwang zur Koalition mit einer kleinen Partei, die als Mehrheitsbeschaffer benötigt wird und so einen überproportional starken Einfluss gewinnt. Da der einzelne Abgeordnete über die Liste seiner Partei zum Zuge gekommen ist, fühlt er sich den Wählern seines Wahlkreises, sofern es diesen überhaupt gibt, nur wenig verbunden und verpflichtet.

Das System der Listenwahl kann noch einige Unterformen aufweisen:

- Bei *starren Listen* hat jeder Wähler nur eine Stimme für eine unveränderbare Liste. Dies entsprach dem Wahlsystem der Weimarer Republik.
- *Gebundene Listen* erlauben ihm dagegen, einem oder einzelnen Kandidaten zulasten anderer mehrere Stimmen zu geben – *Stimmenhäufung*.
- Bei *freien Listen* hat der Wähler sogar die Möglichkeit, Bewerber aus anderen Listen gegen entsprechende Streichung auf der von ihm gewählten zu übertragen.

Kumulieren
Panaschieren

Ein Beispiel für die letzten beiden Möglichkeiten bieten die Kommunalwahlen in Baden-Württemberg. Der Wähler kann von seiner Gesamtstimmenzahl, die der Zahl der Gesamtmandate im Gemeinderat entspricht, bis zu drei Stimmen einem einzelnen Bewerber geben – **kumulieren.** Er darf ferner aus anderen Listen Kandidaten übertragen – **panaschieren.** Er muss lediglich darauf achten, dass die Gesamtzahl der von ihm abgegebenen Stimmen die zulässige Stimmenzahl nicht übersteigt, also entsprechend seiner Listenveränderung Bewerber streichen. Gibt er die Liste unverändert ab, so hat er jedem Kandidaten eine Stimme gegeben.

Erststimme
Zweitstimme

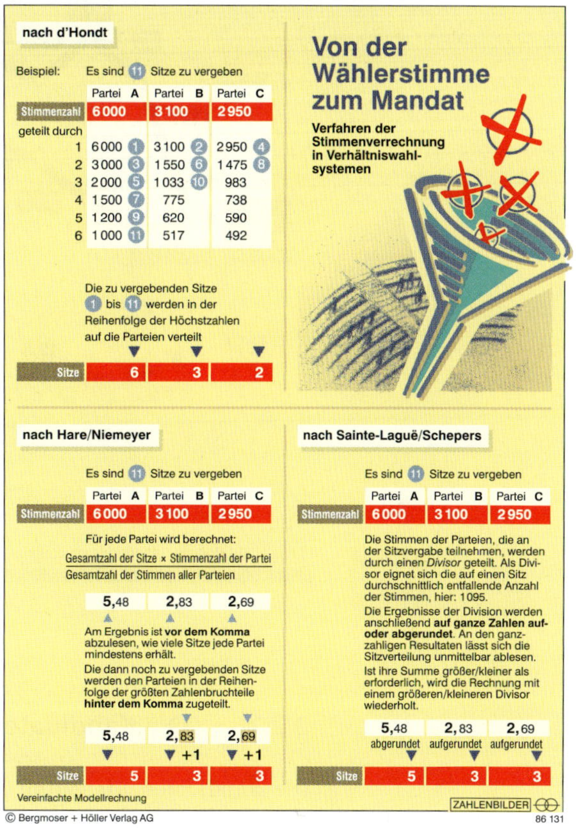

2.2.1.3 Die personalisierte Verhältniswahl

Das *Bundeswahlgesetz* versucht, die Vorteile beider Systeme zu verbinden und ihre Nachteile zu meiden.

Zu diesem Zweck wird das Bundesgebiet in 299 Wahlkreise eingeteilt. Wer in ihnen die relative Mehrheit der **Erststimmen** gewinnt, wird Abgeordneter. Eine gleich große Anzahl von Kandidaten (299) wird über unveränderliche Listen gewählt, für die der Wähler seine **Zweitstimme** abgibt. Ausschließlich nach diesem Stimmergebnis richtet sich die Sitzstärke der Fraktionen. Die direkt gewonnenen Mandate werden von den Sitzen wieder abgezogen, die der Partei aufgrund des Stimmenverhältnisses zustehen.

Das Bundestagswahlsystem ist also in der Form, in der Durchführung ein *Mischwahlsystem,* denn jeder Wähler hat zwei Stimmen. Im *Ergebnis* läuft es auf ein (fast) reines Verhältniswahlsystem hinaus. Dies gilt allerdings nur mit einer Einschränkung:

Die **Fünfprozentklausel** besagt, dass nur die Parteien bei der Mandatsverteilung berücksichtigt werden, die wenigstens 5 % der abgegebenen gültigen Zweitstimmen erhalten.

Fünfprozentklausel

Die für kleine Parteien praktisch bedeutungslose Möglichkeit, stattdessen drei Wahlkreise zu erobern und damit im Prozentsatz ihrer Gesamtstimmenzahl im Parlament vertreten zu sein, konnte in der Vergangenheit vernachlässigt werden. Erst die LINKE (früher: PDS) mit ihren einzelnen Hochburgen in Ostberlin und Brandenburg hat diese Möglichkeit genutzt.

Überhangmandate

Überhangmandate können das Prinzip der Proportionalität relativieren. Gewinnt eine Partei über die direkt gewählten Wahlkreiskandidaten mehr Mandate, als ihr nach dem Zweitstimmenergebnis zustehen, so behält sie diese Sitze. Aufgrund des 2012 geänderten Wahlgesetzes kommen im 18. Deutschen Bundestag zu den 598 Sitzen vier Überhangmandate und 29 **Ausgleichsmandate** hinzu.

Ausgleichsmandate

Die Berechnung der Sitzverteilung erfolgte bis zur Bundestagswahl 2005 nach dem Verfahren Hare-Niemeyer, seither ist es bei Bundestagswahlen durch das Sainte-Laguë/Schepers-Verfahren ersetzt, das im Wesentlichen dem nach d'Hondt entspricht. Die oben stehende Grafik „Von der Wählerstimme zum Mandat" zeigt die Berechnungsmethode; bedeutsam ist diese Verteilungsrechnung nur für die letzten zu vergebenden Sitze, ansonsten entspricht sie im Ergebnis dem Proportionalsystem.

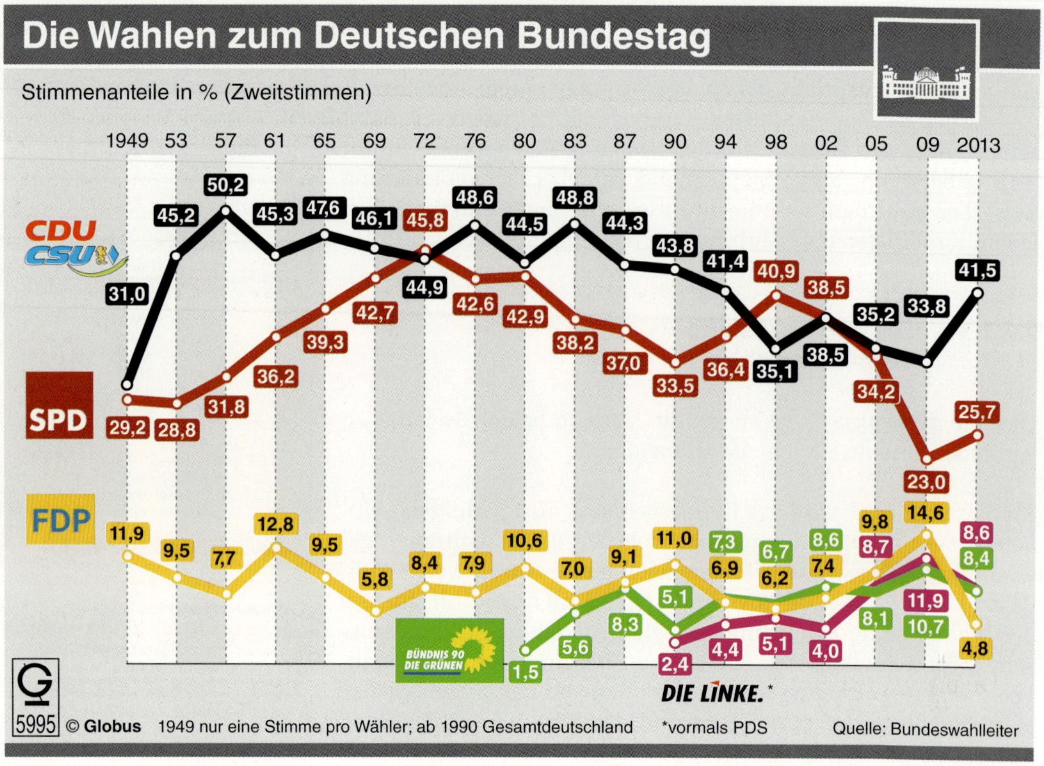

2.2.2 Die Kandidatenaufstellung

Die Kandidatenaufstellung ist ein Monopol der Parteien. Sogenannte *Primaries* (Vorwahlen, siehe S. 301) wie in einigen Staaten der USA, bei denen auch Wähler darüber entscheiden können, wer kandidieren soll, kennt die Bundesrepublik Deutschland nicht. **Delegiertenversammlungen** der einzelnen Landesverbände stimmen darüber ab, wer welchen Wahlkreis als Bewerber erhält, wobei selbstverständlich die sicheren Wahlkreise am begehrtesten sind. Sie verbleiben allerdings zumeist im „Besitz" des Wahlkreisinhabers, bis dieser seinen Platz räumt.

Delegiertenversammlungen

Landeslisten

Besonders umkämpft sind die (vorderen) Plätze der **Landeslisten**.

Wahlkreiskandidaten mit unsicheren oder gar für ihre Partei aussichtslosen Plätzen streben nach Absicherung. Erst recht versuchen Kandidaten, die keinen eigenen Wahlkreis zugeteilt bekamen, eine gute Platznummer zu ergattern, um dennoch die Chance zu wahren, in den Bundestag gewählt zu werden. Den Delegierten unliebsame Kandidaten erhalten einen aussichtslosen hinteren Listenplatz und werden damit politisch kaltgestellt. Im Grunde treffen die zuständigen Parteigremien bereits eine Vorentscheidung über die künftige Zusammensetzung ihrer Parlamentsfraktion.

2.2.3 Der Wahlkampf

Methoden

Die Formen des Wahlkampfes werden seit Jahren immer vielseitiger. Zu den traditionellen **Methoden** der Wahlkampfveranstaltung mit Redner und Diskussion, dem Plakatanschlag und der Kundgebung unter freiem Himmel kommen Werbespots in Film und Fernsehen, im Internet (mit Newslettern, Websites und Blogs),Wahlsonderzüge, Hausfrauennachmittage mit freiem Kaffee und Kuchen. Prominente und solche, die sich dafür halten, inserieren in Zeitungen mit dem Ratschlag, die Partei X zu wählen, und kleine Wahlgeschenke wie Kugelschreiber, Biergläser usw. sollen die „Freundschaft“ zu einer bestimmten Partei und ihrem Kandidaten wecken bzw. erhalten. Wahlgeschenke

Es fällt schwer, angesichts der „Waschmittelwerbung“ der politischen Parteien noch vom „mündigen Bürger“ zu sprechen. Zum Verwechseln ähnlich sind die beliebig austauschbaren, nichtssagenden Parolen, sog. *Leerformeln*. Gerade *Volksparteien* mit ihren weitgespannten Flügeln müssen versuchen, möglichst jedem Wähler *etwas* zu bieten.

Hier eine kleine Auswahl von **Wahlparolen**. Versuchen Sie, die parteiliche Zuordnung vorzunehmen (die Lösung finden Sie unten): Wahlparolen

1. Es geht um Deutschland
2. Wir schaffen das moderne Deutschland
3. Sie können Deutschland verändern
4. Wir haben die richtigen Männer
5. Der Beste für Deutschland
6. Gemeinsam erfolgreich
7. Leistung wählen
8. Auf den Kanzler kommt es an
9. Deutsche, wir können stolz sein auf unser Land
10. Arbeitsplätze mit Zukunft
11. Damit es weiter aufwärts geht
12. Du bist gemeint
13. Das Wir entscheidet

Der Preis der Massendemokratie scheint die Massenwerbung zu sein, die den Gesetzen der Werbepsychologie zu folgen hat.

▶ Q. 1 und 2

Wie hoch die Bedeutung der *Wahlkampfführung* eingeschätzt wird, zeigte die Äußerung eines Wahlkampfleiters einer großen Partei im November 1986, der öffentlich erklärte, dass das Ergebnis der Wahl natürlich *auch* (sic!) ein Urteil des Wählers über die Politik der Partei sei.

Die Werbung der Parteien richtet sich an vier *Zielgruppen:*

- Die **Stammwähler** sollen mobilisiert werden. Gehen sie Wahl, ist der Partei ihre Stimme sicher. Die aussichtsreiche Partei muss fürchten, dass ihre Wähler nach dem Motto „Die gewinnen sowieso“ zu Hause bleiben; die weniger chancenreiche bangt um denselben Effekt nach der Parole „Es lohnt nicht, die verlieren eh“. Stammwähler
- Der **Wechselwähler** ist der besonders umkämpfte Wähler. Er ist im Prinzip bereit, einer anderen Partei als bei der letzten Wahl seine Stimme zu geben. Sein Votum kann den Regierungswechsel bewirken, die Wende zu einer anderen Politik einleiten. Bestimmte Bevölkerungsgruppen, denen man eine hohe Flexibilität und Mobilität attestiert, wie etwa Aufsteiger, Intellektuelle werden deshalb besonders umworben. Wechselwähler
- **Jungwähler** als zum ersten Mal Wahlberechtigte sollen gewonnen werden, um diese als mögliche Stammwähler frühzeitig an eine bestimmte Partei zu binden – *Parteipräferenz*. Jungwähler
- **Erstwähler**, die schon wahlberechtigt waren, bisher aber nicht zur Wahl gegangen sind – Nichtwähler –, sollen mobilisiert werden. Eine hohe Wahlbeteiligung kann für kleinere Parteien nachteilig sein, weil es für sie dann schwieriger wird, die Fünfprozenthürde zu überspringen. Erstwähler

Auflösung der Wahlparolen:
1: CDU 1965, 2: SPD 1969, 3: FDP 1972, 4: SPD 1969, 5: SPD 1987, 6: CDU 2013, 7: FDP 1976, 8: CDU 1969, 9: SPD 1972, 10: SPD 2002, 11: CDU 1998, 12: PDS 1998, 13: SPD 2013

▶ QUELLE 1 Fernsehen und Wahlkampf

Der Fernsehwerbespot ist das wichtigste Instrument bei der Entwicklung der modernen Methoden zur Präsentation politischer Ideen gewesen, und zwar auf zweifache Weise. Zunächst dadurch, daß man seine Form in Wahlkämpfen zu verwenden begann. Es ist, glaube ich, unnötig, hier ausführlich auf diese Methode einzugehen. Jeder kennt sie, und jeder hat sich mehr oder weniger heftig über sie geärgert, auch der frühere Bürgermeister von New York, John Lindsay, der vorgeschlagen hat, politische Werbespots im Fernsehen zu verbieten. [...]
Der Werbespot will uns glauben machen, daß alle Probleme lösbar sind, daß sie schnell lösbar sind, und zwar schnell lösbar durch das Eingreifen von Technologie, Fachwissen und Chemie. Es ist dies natürlich eine ganz unsinnige Theorie über die Wurzeln innerer Unzufriedenheit, und jedem, der sie hörte oder läse, würde dies auffallen. Doch der Werbespot verschmäht die Erörterung, denn sie erfordert Zeit und fordert Einwände heraus. Das wäre ein miserabler Werbespot, der den Zuschauer veranlaßt, nach der Gültigkeit der vorgetragenen Behauptungen zu fragen. [...]
Jemand, der eine Million Werbespots gesehen hat, könnte durchaus zu der Meinung gelangen, daß es für alle politischen Probleme schnelle Lösungen mit einfachen Mitteln gibt – oder geben sollte. Oder daß einer komplizierten Sprache nicht zu trauen sei und daß sich alle Probleme in bühnenwirksame Dramatik umsetzen lassen. Oder daß alles Argumentieren geschmack- und taktlos sei und nur in unerträgliche Unsicherheit münde. Ja, daß es unnötig sei, zwischen Politik und anderen Formen des gesellschaftlichen Lebens zu trennen.

(Neil Postman: Wir amüsieren uns zu Tode. Urteilsbildung im Zeitalter der Unterhaltungsindustrie. Übersetzt von Reinhard Kaiser. Frankfurt a. M., Fischer 1985, S. 159 ff.)

1. **Warum ist die Fernsehwerbung ein wichtiges Instrument bei Wahlkämpfen?**
2. **Welches sind die Bedenken gegen Werbespots der Parteien?**

▶ QUELLE 2 Wahlkampf-Empfehlungen für Kandidaten von einem Kandidaten

Der Wahlkampfkalender ist das entscheidende Steuerungsinstrument. Wenn Überschneidungen dennoch mal vorkommen, schickt der Kandidat seine Ehefrau in das Altersheim, um dort Blumen zu verteilen. Glück hat er, wenn die Schwestern nicht zu sauertöpfisch sind, damit sich ihre Enttäuschung nicht auf die Bewohner des Altersheims überträgt. [...]
Eine Visitenkarte mit Bild oder eine Postkarte mit Porträtfoto sind unentbehrlich. Ich habe eine Postkarte verwendet, die im unteren Teil eine weiße Unterschriftenzeile hatte, die ich für Widmungen oder Unterschriften verwenden konnte. Am Anfang kam ich mir wie ein Filmstar vor, der Autogramme gibt. Insbesondere Kinder waren dankbare Abnehmer dieser bunten Porträtfotos. [...]
Die Kinder haben dann diese Karten mit nach Hause gebracht und in ihrem Zimmer unter Mick Jagger und Nino de Angelo aufgehängt. Es war schon ein merkwürdiges Gefühl, mein Foto neben Nina Hagen an einer Pinnwand zu entdecken. Diese bunten Postkarten fanden überall Platz: am Tresen in der Gaststätte, am Arbeitsplatz, am Feuerwehrspind und auf dem Vertiko.
Im Wahlkampf spielt die Familie zunehmend eine größere Rolle. Die Wähler wollen wissen, in welchem sozialen Umfeld der Kandidat lebt, wie seine Frau aussieht und ob seine Kinder genauso ungezogen sind wie andere Kinder. [...]
Ideal im Wahlkampf sind Mohair-Anzüge. Besonders empfehlenswert ist die Farbe Taubenblau als Mehrzweckwaffe. Allerdings muß man mehrere Anzüge in farblichen Abstufungen haben, damit bei den Bürgern nicht der Eindruck erweckt wird, als würde man ständig denselben Anzug tragen. Dadurch würde ein Hauch von Unsauberkeit vermittelt. Nach einem Wahlkampftag braucht ein Anzug mindestens drei Tage, um die Mischung aus Pommes-frites-Geruch, Rauch und Gaststättendunst wieder loszuwerden. Die Hosen müssen jeden Tag aufgebügelt werden. Hier empfiehlt sich ein Abkommen mit einer Reinigung, die nur die Hose oder den Anzug kurzfristig aufbügelt. Hosen mit Falten wie eine Ziehharmonika, die auf der Bühne des Wahlkampfs sofort erkennbar sind, signalisieren eben unverzeihliche hausfrauliche Schwächen der Ehefrau des Kandidaten. Politische Fehler sind verzeihlich, ungebügelte Hosen nicht. [...]
Informationsstände sind zentrale Mittel einer Wahlkampfkampagne, insbesondere an Samstagen in der Innenstadt. In größeren Städten ist zu berücksichtigen, daß die Info-Stände überwiegend von Menschen besucht werden, die in dieser Stadt gar nicht

wählen, aber all die teuren Wahlgeschenke wie Luftballons und Kugelschreiber für ihre Kinder mit nach Hause nehmen. An Sonnabenden darf man deshalb nur billige Flugblätter bereithalten. Kinder holen sich Aufkleber, deren Wert meist zwischen 30 und 50 Pfennig liegt. [...]
Anstelle großer Geschenke empfehle ich Zuckerwatte für die Kinder. Das kostet eine geringe Mietgebühr für den Wagen; die Kosten des Zuckers für diese klebrige Watte fallen nicht ins Gewicht. [...]
In den Wahlkämpfen werden den Kandidaten auch prominente Politiker der eigenen Partei für eine Großveranstaltung im Wahlkreis zugeteilt. Eine Veranstaltung mit einem Spitzenpolitiker im Hinterzimmer einer Gaststätte ist Verschwendung. Hier ist es wie bei den großen Unterhaltungsstars: Unter mindestens 2 000 Teilnehmern kann ein Spitzenpolitiker nicht gewonnen werden.
Die politischen Stars kommen meistens zu spät. Das ist für die Organisatoren ein großes Problem. Der örtliche Kandidat, der die Verspätung überbrücken muß, filibustert sich zu Tode. Er muß seine Wahlkampfrede ausdehnen wie ein Kaugummi, das dabei jeglichen Geschmack verliert. [...]
Zur Vorbereitung auf den Wahlkampf gehen amerikanische Politiker in eine Schönheitsfarm, specken ab und lassen sich bräunen. Schlank und braun zu sein, sind immer Zeichen von Jugendlichkeit und Erfolg. Ein bißchen Frische im Gesicht, durch ein paar Tage in den Bergen eingeholt, signalisiert Gesundheit und Vitalität. [...]
Viel Publikum trifft der Kandidat auf den Sportplätzen, insbesondere beim Fußball. Er muß sich zu Beginn eines großen Spiels mit Freunden an den Haupteingang stellen und den Eindruck erwecken, daß er mit ihnen gerade diskutiert. Nach der Begrüßung auf der Ehrentribüne muß er sich unter den Zuschauern bewegen.
In der Pause wird der Kandidat in der Clubkantine erwartet. Er sollte alle Besucher an den Tischen begrüßen und ihnen die Hand reichen. Viele Kandidaten spenden einen Ball, damit ihr Name vom Stadionsprecher genannt wird. Man kann sich in der Pause aber auch – und das kostet gar nichts – wegen eines wichtigen Telefongesprächs ausrufen lassen. Diejenigen, die diesen Trick nicht durchschauen, finden, daß der Kandidat ein wichtiger Mann ist. Die anderen, die den Trick kennen, loben seine Pfiffigkeit. [...]

(Joachim Becker: Netzhemd, kurze Hose und verschwitzt. Sozialdemokrat Joachim Becker über die Erfolgsstrategie eines SPD-Wahlkämpfers. In: Der Spiegel, 40/1986, S. 109–120)

1. **Worauf muss ein Parlamentskandidat im Wahlkampf besonderen Wert legen?**
2. **Welche Kleinigkeiten sind zusätzlich zu beachten?**
3. **Listen Sie stichwortartig die Empfehlungen für den Kandidaten auf.**

2.3 Gesetzgebungsinitiative und Gesetzgebungsweg

2.3.1 Der Bundestag

DARSTELLUNG
www.bundestag.de

Der **Deutsche Bundestag** ist das einzige politische Organ auf Bundesebene, das vom Bürger direkt gewählt wird. Allein schon diese Tatsache zeigt seine überragende Bedeutung. Die Mitglieder – mindestens 598 – genießen eine Reihe von Vorrechten, die ihnen ein möglichst ungehindertes Arbeiten erlauben und ihren Status sichern sollen.

2.3.1.1 Die Rechte der Abgeordneten

1. Gemäß Art. 46,1 GG können die Abgeordneten wegen ihrer Stimmabgabe oder Äußerung im Plenum oder Ausschuss – mit Ausnahme der verleumderischen Beleidigung – niemals zur Verantwortung gezogen werden – **Indemnität**.

Indemnität

2. Der Art. 46,2–4 GG bestimmt, dass ein Strafverfahren gegen sie nur eingeleitet werden darf, wenn der Bundestag vorher zustimmt. Auch ist ihre Verhaftung, es sei denn, sie erfolgt während oder unmittelbar nach der Straftat, wiederum nur mit Zustimmung des Parlaments zulässig – **Immunität**.

Immunität

Zeugnisverweigerungsrecht

3. Die Mitglieder des Bundestages haben ferner das Recht, die Namen von Personen oder Tatsachen, die ihnen „in ihrer Eigenschaft als Abgeordnete" bekannt wurden, zu verschweigen (Art. 47 GG) – **Zeugnisverweigerungsrecht**.

Diäten

4. Schließlich haben sie Anspruch auf eine ihre Unabhängigkeit sichernde Entschädigung (Art. 48,3 GG) – **Diäten**.

Zu der Frage, wie hoch eine „angemessene, ihre Unabhängigkeit sichernde Entschädigung" sein soll, ist der Dauerkonflikt verprogrammiert. Zumindest für Bundestagsabgeordnete, deren Tätigkeit in Umfang und Anstrengung normalerweise eine übliche Erwerbstätigkeit weit übersteigt – eine Siebzig- bis Achtzigstundenwoche ist durchaus normal –, kann die Höhe der Entschädigung nicht von vornherein als unangemessen betrachtet werden. Die Kritik daran entzündet sich vor allem an folgenden Punkten:

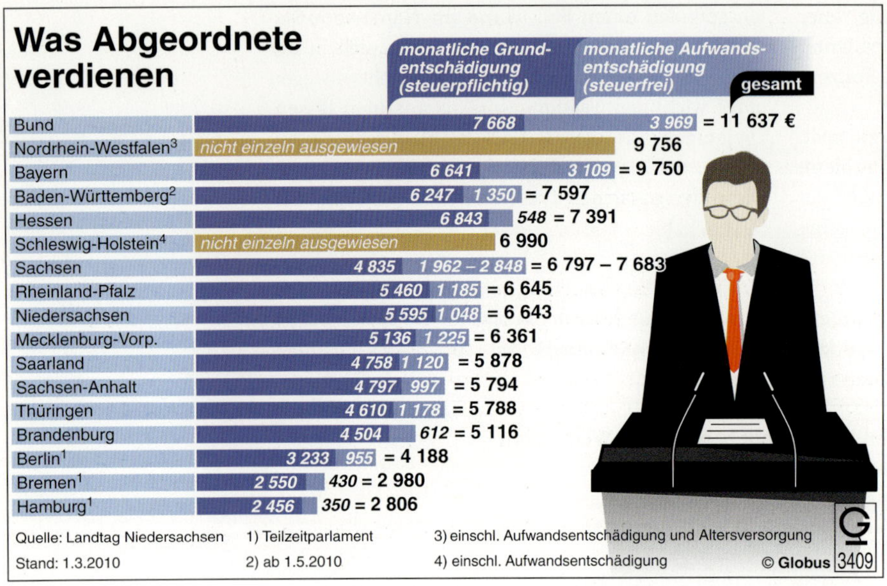

1. Die Volksvertreter in Bund, Ländern und Gemeinden sind die einzigen Personen, die ihr Einkommen selbst festlegen können; ein Gegenvorschlag besteht z. B. darin, ihre Einkommensentwicklung an die der Beamten zu koppeln.

2. Verschiedene Parlamente versuchten und/oder haben es durchgesetzt, sich im Schnellverfahren kräftige Diätenerhöhungen, hohe steuerfreie Zusatzleistungen, eine üppige, sehr früh einsetzende Altersversorgung und Doppelbezüge einzuräumen. Üblich ist z. B. der Einkommensdoppelbezug bei Ministern, die zugleich Abgeordnete sind.

3. Abgeordnete billigen sich auch in Zeiten kräftige Diätenerhöhungen zu, in denen der Bevölkerungsmehrheit Einschnitte im sozialen Netz und Minderung des Realeinkommens zugemutet werden oder werden müssen.

4. Misstrauen erzeugen vor allem die vielen Nebenzuwendungen. Sie reichen von der (steuerfreien!) *Aufwandspauschale,* über hohe Versorgungsansprüche (ohne entsprechende Eigenleistung!) bis zur kostenlosen Nutzung des Fuhrparks und der Flugbereitschaft der Bundeswehr – wobei die Trennung vom Amtsauftrag und Privatem nicht immer strikt eingehalten wird, vielleicht auch nicht werden kann. Auch der *Polittourismus* in fern gelegene Länder, deren Ertrag im Gegensatz zu den hohen Kosten kaum messbar ist, fällt unter diese Kategorie.

2.3.1.2 Die Fraktion

Fraktion
Fraktionsgemeinschaft

Die Abgeordneten einer Partei schließen sich zu einer **Fraktion** zusammen; seit Jahrzehnten bilden CDU und CSU eine **Fraktionsgemeinschaft**. Die Mindeststärke einer Fraktion beträgt 5 % *aller* Mitglieder, bei 631 (2015) Abgeordneten also 32. Hat eine Partei weniger Mandatsträger, bildet sie eine Gruppe, verliert aber damit eine Reihe von Rechten, wie finanzielle Zuwendungen, einen Sitz im *Ältestenrat* und den – an der Fraktionsstärke gemessenen – Anspruch auf eine proportionale Anzahl der wichtigen Ausschusssitze.

▶ Q. 1

Nach der Verfassung (Art. 38,1 GG) ist der einzelne Abgeordnete frei und „an Aufträge und Weisungen nicht gebunden". Er genießt ein **freies Mandat** im Gegensatz zum **imperativen Mandat**, das ihn verpflichtet, die Beschlüsse bestimmter Parteigremien zu befolgen. Einen **Fraktionszwang** darf es also nicht geben. Wohl aber unterwerfen sich die Abgeordneten einer **Fraktionsdisziplin** und befolgen in aller Regel den Mehrheitsbeschluss der Fraktion.

Freies Mandat
Imperatives Mandat
Fraktionszwang
Fraktionsdisziplin

Das Unbehagen über diesen *praktizierten Fraktionszwang* ist weitverbreitet, doch sprechen einige Argumente *für* ein geschlossenes parlamentarisches Auftreten der Abgeordneten einer Partei:

- Eine parlamentarische Regierung kann nicht kontinuierlich arbeiten, wenn sie ständig befürchten muss, wegen abweichender Meinungen ihrer eigenen Koalitionsmitglieder gestürzt zu werden oder Abstimmungsniederlagen bei Gesetzesvorschlägen zu erleiden.

- Ein langfristiges Gesetzgebungsvorhaben, ausgearbeitet von den Fraktionsexperten, wäre nicht zu realisieren, wenn man nicht eine einheitliche Fraktionshaltung wenigstens im Grundsätzlichen erwarten könnte.

- Der Wähler wählt eine Partei und nicht einen einzelnen Abgeordneten. Ist es daher abwegig, wenn eine Fraktion dafür sorgt, dass sie mit einem einheitlichen, für den Durchschnittswähler deutlich erkennbaren politischen Willen auftritt und abstimmt *(Problem der Profilierung)*?

- Jeder Abgeordnete kann nur auf einzelnen Gebieten sachverständig sein. Bei den meisten Abstimmungen steht er vor der Frage, ob er sich der **Expertenmeinung** seiner Fraktionskollegen oder der Expertenmeinung der politischen Gegner anschließen soll. Da er sich im Grundsätzlichen mit seinen Parteifreunden einig weiß, ist es nur konsequent, mit ihnen zu stimmen. Entspricht es ferner nicht rationeller Arbeitsteilung, sich vernünftigen Argumenten der Fachleute anzuschließen, bevor sich der Nichtfachmann mühselig und zeitraubend eine unsichere eigene Meinung bildet?

Expertenmeinung

- Die Fraktionsdisziplin gewährt einen gewissen Schutz gegen den mächtigen Druck der Verbandsvertreter.
  Dem Abgeordneten eines ländlichen Wahlkreises wird mit dem Entzug der Wahlspenden und Wahlunterstützung gedroht, wenn er sich nicht endlich im Parlament für eine stärkere Subvention der Milchproduktion kleinbäuerlicher Betriebe einsetzt. Er kann unter Umständen darauf hinweisen, dass er persönlich eine Verdoppelung des „Milchpfennigs" bejahe und unterstütze, sich aber leider dem Mehrheitswillen der Fraktion beugen müsse, die in dieser Frage im Augenblick keinen parlamentarischen Vorstoß wünscht.

- Die Fraktionsdisziplin zu wahren, ist nicht einfach Gehorsamsausübung gegenüber dem Diktat des Fraktionsvorstandes. Die **Fraktionssitzung** kann tatsächlich in vielen Fällen als die Tagung einer Art von *Vorparlament* betrachtet werden.
  In ihr prallen die verschiedenen Meinungen oft erbitterter als im eigentlichen Parlament aufeinander. In der Fraktionssitzung wird die Haltung der Parlamentsfraktion festgelegt, hier hat jeder Abgeordnete die Möglichkeit, seine Parteifreunde zu seiner Meinung zu bekehren.

Fraktionssitzung

- In schwere innere Konflikte kann der Abgeordnete eigentlich nur bei **Gewissensentscheidungen** kommen. Diese aber sind im Parlament äußerst selten. Bei ihnen wird die Fraktionsdisziplin in der Regel gelockert und den Abgeordneten die Abstimmung freigegeben.
  Angenommen, eine Bundestagsfraktion beschließt mehrheitlich, sich für die Einführung der Todesstrafe einzusetzen. Der Abgeordnete M. kann dies mit seiner inneren Überzeugung nicht vereinbaren. Er braucht keine Nachteile in Fraktion und Partei zu befürchten, wenn er sich z. B. der Stimme enthält.

Gewissens-
entscheidungen

- Sollte wirklich einmal ein Parlamentarier nicht in der Lage sein, in Übereinstimmung mit dem Mehrheitsbeschluss im Plenum abzustimmen, ist es sein Recht und seine Pflicht, sich anders zu verhalten. Er verliert zwar nicht sein Mandat, aber mit welchen Konsequenzen muss er unter Umständen rechnen? Ob er bereit ist, auch schwere Nachteile in Kauf zu nehmen, ist in erster Linie eine Frage seiner *Zivilcourage* und nicht zuletzt seiner wirtschaftlichen und sozialen Unabhängigkeit von der Parlamentstätigkeit und den Einkünften als Abgeordneter.

  Beispiel: Im Zusammenhang mit der Diskussion Ende 1997 um die doppelte Staatsbürgerschaft für Ausländer – ein höchst brisantes Thema – wurde von einzelnen Abgeordneten gefordert, dass die Fraktionsführung die Abstimmung darüber freigeben möge. Sind Abgeordnete bei Abstimmungen also normalerweise unfrei?

2.3.1.3 Die Aufgaben des Bundestages

Dem Bundestag obliegen die „klassischen“ Funktionen in einer parlamentarischen Demokratie:

- Wahl des Bundeskanzlers
- Verabschiedung von Gesetzen
- Kontrolle der Exekutive
- Artikulation der politischen Meinungen

2.3.1.3.1 Wahl des Bundeskanzlers

Kanzlermehrheit

Konstruktives Misstrauensvotum

Diese Aufgabe hat der Bundestag ohne Schwierigkeiten stets korrekt erfüllt. Alle bisherigen Regierungschefs der Bundesrepublik Deutschland wurden im ersten Wahlgang gemäß Art. 63 Abs. 2 GG mit der erforderlichen (absoluten) Mehrheit der Stimmen des Bundestages, der sog. **Kanzlermehrheit** gewählt. Zweimal wurde während einer Legislaturperiode eine Kanzlerneuwahl mit dem Instrument des **konstruktiven Misstrauensvotums** (Art. 67 GG) eingeleitet:

- 1972 gegen *Willy Brandt* (SPD), das scheiterte, weil der CDU/CSU-Kandidat *Rainer Barzel* nicht die erforderliche Mehrheit von 249, sondern nur 247 Stimmen erhielt, u. a. auch nicht die Stimme eines CDU-Abgeordneten.
- 1982 war dagegen das Misstrauensvotum gegen *Helmut Schmidt* (SPD) zugunsten von *Helmut Kohl* (CDU) mit 256 gegen 235 (4 Enthaltungen) Stimmen erfolgreich, weil die FDP die Koalition mit der SPD beenden wollte.

Die Bundeskanzlerin und die Bundeskanzler der Bundesrepublik Deutschland

Angela Merkel (*17.7.1954)
Am 22. November 2005 wurde Dr. Angela Merkel als erste Frau in das Amt des Bundeskanzlers gewählt. Sie bildete eine Große Koalition aus CDU/CSU und SPD. Arbeitsmarktpolitik und Föderalismusreform waren wichtige Aufgabenfelder, bevor nach der Bundestagswahl 2009 eine von ihr geführte schwarz-gelbe Koalition gebildet wurde. Diese beschloss unter anderem den Ausstieg aus der Atomenergie und die Energiewende. Seit 2013 führt Angela Merkel erneut als Kanzlerin eine Große Koalition aus CDU/CSU und SPD. Probleme in Europa und der Welt (Flüchtlingszustrom) stehen zurzeit (2015) im Mittelpunkt ihrer Arbeit.

Gerhard Schröder (*7.4.1944)
Gerhard Schröder (SPD) führte 1998 bis 2005 die erste rot-grüne Bundesregierung. Im ersten Regierungsjahr wurde er mit Kompetenzstreitigkeiten im Regierungslager sowie einer Reihe schwerer Wahlniederlagen der Regierungsparteien auf Landesebene konfrontiert. 2000 setzte er u. a. die Vereinbarung über den Ausstieg aus der Atomenergie und eine Steuerreform durch. Sein Versprechen, die Arbeitslosigkeit deutlich zu senken, gelang ihm allerdings nicht. Nach vorzeitiger Auflösung des Bundestags verlor er die Wahl 2005 nur knapp.

Helmut Kohl (*3.4.1930)
Helmut Kohl war der Bundeskanzler mit der längsten Amtzeit (1982–1998). Die bei seinem Amtsantritt angekündigte konservative Wende fand hauptsächlich in der Wirtschaftspolitik statt. Während der friedlichen Revolution in der DDR (1989) gelang es ihm durch diplomatisches Geschick, die deutsche Wiedervereinigung außenpolitisch abzusichern. Kohl wurde 1998 abgewählt.

Helmut Schmidt (1918–2015)
Während seiner Kanzlerschaft (1974–1982) erwarb sich Helmut Schmidt (SPD) den Ruf eines pragmatischen Politikers mit wirtschaftspolitischem Sachverstand. Sein nüchterner Regierungsstil, der auf die SPD-Basis wenig Rücksicht nahm, führte mit der Zeit zu einer Entfremdung innerhalb der Partei. Verstärkt wurde dies, als er sich 1979/1980 für eine Nachrüstung mit Pershing-II-Atomraketen in Deutschland aussprach. 1982 wurde Schmidt durch ein konstruktives Misstrauensvotum gestürzt.

Willy Brandt (1913–1992)
Willy Brandt war 1969 bis 1974 der erste Bundeskanzler der SPD. Seine Ostpolitik trug zur Überwindung der Konfrontation zwischen den militärischen Machtblöcken in Europa bei. 1971 erhielt er für „die Politik der Aussöhnung" den Friedensnobelpreis. Innenpolitisch unterlief er selbst seine Forderungen nach mehr Demokratie durch den sog. Radikalenerlass. 1974 trat er wegen der Affäre um den DDR-Spion Günter Guillaume zurück.

Kurt-Georg Kiesinger (1904–1988)
Kurt-Georg Kiesinger (CDU) war 1966 bis 1969 Bundeskanzler einer Großen Koalition aus CDU und SPD. In seine Amtszeit fielen die Überwindung der Rezession, die Stabilisierung der Bundesfinanzen durch eine mittelfristige Finanzplanung, die Strafrechtsreform von 1969 sowie die Verabschiedung der umstrittenen Notstandsgesetzgebung. Unter seiner Regierung verbesserten sich auch die Kontakte zu den Ländern Osteuropas.

Ludwig Erhard (1897–1977)
Vor seiner Kanzlerschaft (1963–1966) profilierte sich Ludwig Erhard (CDU) als Vater des Wirtschaftswunders, der durch das Konzept der sozialen Marktwirtschaft nach dem Zweiten Weltkrieg den wirtschaftlichen Aufstieg der Bundesrepublik ermöglichte. Als Bundeskanzler blieb er ohne Fortune: Außenpolitische Differenzen mit Frankreich und das Problem des deutsch-amerikanischen Devisenausgleichs führten 1966 zu seiner Ablösung.

Konrad Adenauer (1876–1967)
Als erster Bundeskanzler (CDU, 1949–1963) trat er für die Westintegration der Bundesrepublik ein, die er mit zahlreichen Verträgen festschrieb (u. a. 1950 Deutschland-Vertrag; 1955 NATO; 1957 EWG). Sein Ziel war die Wiederherstellung der deutschen Souveränität. Mit Frankreich leitete er die Aussöhnung beider Staaten ein. 1955 erreichte er die Rückkehr der letzten deutschen Kriegsgefangenen aus der UdSSR.

2.3.1.3.2 Das Gesetzgebungsverfahren

Debattenparlament

Arbeitsparlament

Plenarsitzung

Ausschussarbeit

Im Gegensatz zur französischen *Nationalversammlung* oder dem britischen *Unterhaus,* die sich als **Debattenparlamente** verstehen und deshalb damit begnügen, die großen Linien der Politik zu diskutieren und Gesetzesvorschläge von Präsident und Regierung anzunehmen oder abzulehnen, ist der Deutsche Bundestag in erster Linie ein **Arbeitsparlament.** „Bienenfleißig" ist er schon genannt worden, auch wenn der Blick auf die leeren Bänke während einer **Plenarsitzung** den gegenteiligen Eindruck erweckt. Der wesentliche und entscheidende Teil erfolgt in der **Ausschussarbeit.**

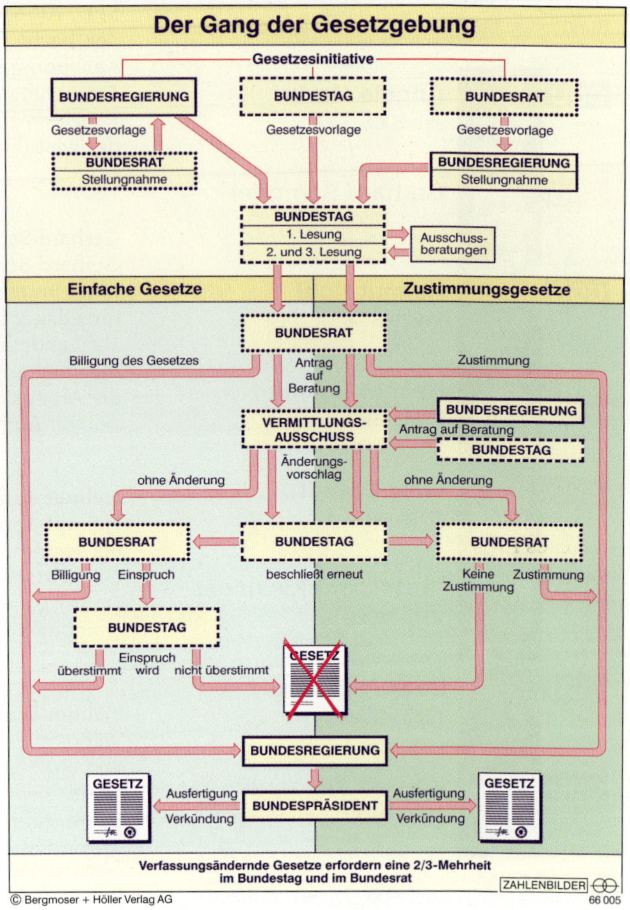

© Bergmoser + Höller Verlag AG

Fachausschüsse

Der Bundestag leistet den größten Teil seiner Arbeit in den Ausschüssen. In den **Fachausschüssen** findet die Einzelberatung der Gesetze und Gesetzesänderungen statt. Ein Ausschuss kann, um Detailfragen zu klären, Sonderausschüsse *(Unterausschüsse)* bilden. Sind mehrere Ausschüsse mit einem Komplex befasst, was bei allen größeren Vorhaben regelmäßig zutrifft, wird ein *federführender Ausschuss* bestimmt, der die Arbeit koordiniert. Die Zahl und Einteilung der Ausschüsse entspricht im Großen und Ganzen der Einteilung der Regierung in die Aufgabenbereiche der Ministerien. Die Ausschüsse sind gewissermaßen ein verkleinertes Spiegelbild des Parlaments; ihre parteiliche Zusammensetzung entspricht (gerundet) dem *Fraktionsproporz,* d. h. dem prozentualen Stärkeverhältnis der Fraktionen. Die Ausschüsse haben das Recht, Sachverständige zu befragen und *Hearings* (öffentliche Anhörung, Befragung) durchzuführen, obwohl sie in der Regel unter Ausschluss der Öffentlichkeit tagen.

▶ Q. 2

Verteidigungsausschuss

Eine Besonderheit stellt der **Verteidigungsausschuss** dar. Gemäß Art. 45 a Abs. 2 des Grundgesetzes kann er sich selbst zum Untersuchungsausschuss konstituieren (hier sinngemäß: ernennen), z. B. zur Untersuchung tatsächlicher oder angeblicher rechtsextremistischer Umtriebe in der Bundeswehr.

Die kritischen Fragen gegenüber der Ausschussarbeit lauten:

Gesetzesinitiative

1. Über 75 % der erfolgreichen **Gesetzesinitiativen** gehen von der Regierung aus. Sind somit nicht die Abgeordneten sehr stark von der Zuarbeit der Regierungsfachleute abhängig? Eng damit zusammen hängt die Frage:

2. Dominiert nicht die Ministerial- und Verbandsbürokratie in den Ausschüssen, deren spezielle Sachkenntnisse ja ausdrücklich verwertet werden sollen?

3. Wie stark ist der Einfluss eines einzelnen unbekannten Abgeordneten, eines Hinterbänklers, der sich freuen muss, wie es einmal ein frustriertes MdB gesagt hat, wenn er in einem Gesetzesvorschlag aus einem „und" ein „oder" machen konnte?

Gesetzesvorlagen (Art. 76 GG) können von der Bundesregierung (von ihr stammen mit weitem Abstand die meisten), vom Bundestag und (seltener) vom Bundesrat eingebracht werden – **Gesetzesinitiative.** Dabei ist zwischen **einfachen Gesetzen** und **zustimmungsbedürftigen Gesetzen** zu unterscheiden; letztere berühren Interessen der Länder, deshalb ist die Zustimmung des Bundesrates erforderlich. Verfassungsändernde Gesetze benötigen eine Mehrheit beider Kammern, des Bundestages und Bundesrates.

Einfaches Gesetz
Zustimmungsbedürftiges Gesetz

2.3.1.3.3 Kontrolle

Verfassungsrechtlich und nach der *Geschäftsordnung des Deutschen Bundestages* besitzt das Parlament der Bundesrepublik Deutschland ein reichhaltiges Instrumentarium, die Exekutive zu kontrollieren und zu überwachen. Dabei muss allerdings stets bedacht werden, dass in der **Verfassungswirklichkeit** sich nicht Bundesregierung und Bundestag als Kontrahenten gegenüberstehen, sondern die Regierung mit der sie tragenden Parlamentsmehrheit und die Opposition.

Verfassungswirklichkeit

An *formellen*, also rechtlich festgelegten Kontrollmöglichkeiten stehen folgende zur Verfügung:

- **Große Anfragen** schließen eine Plenumsdebatte ein; oftmals nutzt die Regierungskoalition dieses Instrument, das an sich als Kontrollmittel gedacht ist, um eine Gelegenheit zu erhalten, die Regierungspolitik ausführlich einer breiten Öffentlichkeit vorzutragen. (Große Anfrage)
- **Kleine Anfragen** werden von der Regierung zumeist schriftlich beantwortet, in der Regel findet über die Antwort keine Aussprache im Plenum statt. (Kleine Anfrage)
- **Mündliche Anfragen** werden in der **Fragestunde** vorgebracht. (Mündliche Anfrage, Fragestunde)
  Alle Anfragen müssen mindestens von so viel Mitgliedern unterzeichnet werden, wie einer Fraktionsstärke entspricht, zurzeit (2015) also 31 Abgeordnete.
- In **Aktuellen Stunden** debattiert das Plenum über ein zeitnahes Problem von allgemeinem Interesse; dabei hat jeder Abgeordnete i. d. R. nur fünf Minuten Redezeit. (Aktuelle Stunde)
- Regierungsmitglieder können während der Plenardebatte herbeigerufen werden.
- Ein **konstruktives Misstrauensvotum** kann eingebracht werden, um die Regierung zu stürzen. (Konstruktives Misstrauensvotum)
- Ein Ersuchen kann an den Kanzler gerichtet werden, die **Vertrauensfrage** zu stellen (Art. 68 GG), der allerdings diesem Ersuchen nicht nachkommen muss. (Vertrauensfrage)
- Das **Budgetrecht** (Art. 110 GG) gibt dem Bundestag die Möglichkeit, den Gesamthaushalt oder Teile davon abzulehnen. Dieses Recht ist in der Parlamentsgeschichte der westlichen Demokratien eines der ältesten. (Budgetrecht)
- Die Geschäftsordnung erlaubt ferner die Einsetzung einer **Enquete-Kommission** (Untersuchung eines komplexen Sachverhalts mit wissenschaftlichen Methoden) und die bereits genannten **Hearings**. (Enquete-Kommission, Hearings)
- Der **Wehrbeauftragte** ist *das* Kontrollorgan des Bundestages gegenüber der Bundeswehr. (Wehrbeauftragte)
- Schließlich bleibt dem Bundestag und den Abgeordneten noch die Möglichkeit, das **Bundesverfassungsgericht** anzurufen. (Bundesverfassungsgericht)
- Eines der schärfsten Kontrollinstrumente ist dem Bundestag mit der Einsetzung eines **Untersuchungsausschusses** an die Hand gegeben, wobei es freilich auch bei diesem zu bedenken gilt, dass er mehrheitlich aus den Mitgliedern der Regierungskoalition gebildet wird. Der Bundestag ist grundsätzlich frei, darüber zu entscheiden, welche öffentlichen Angelegenheiten er zum Gegenstand seiner Untersuchungen machen will. (Untersuchungsausschuss)
  Für die Beweiserhebung wendet der Untersuchungsausschuss die Vorschriften der Strafprozessordnung sinngemäß an.

Zu den mehr *informellen* Kontrollmöglichkeiten zählen die Beratungen in den Ausschüssen, in denen insbesondere die Abgeordneten der Opposition die Regierungstätigkeit auf Schwachstellen und Angriffspunkte untersuchen. Ferner die persönlichen Kontakte der Abgeordneten mit Regierungsmitgliedern und der Ministerialbürokratie, die Beeinflussung von Verbänden und Wählern und nicht zuletzt die **Öffentlichkeit** der Plenarsitzungen.

Öffentlichkeit

Ältestenrat

Grundsätzlich wird die zeitliche Dauer einer Plenardebatte vom **Ältestenrat** festgelegt und nach dem *Fraktionsproporz* auf die Fraktionen verteilt, die bestimmen, wer die Ansicht der Fraktion vorträgt. Einzelne Abgeordnete können darüber hinaus nur Redezeit zur Abgabe einer „persönlichen Erklärung" beanspruchen.

2.3.1.3.4 Die Artikulationsfunktion

Das Parlament soll Meinung, Willen und Wünsche des Volkes öffentlich diskutieren. Es soll „Sprachrohr" der Nation sein, im Parlament sollen seine „Schicksalsfragen" diskutiert werden.

Diese Aufgabe erfüllt der Bundestag offensichtlich nur unzulänglich. Die meisten aktuellen Stunden und Fragestunden haben den „Charakter von Nachhutgefechten" *(Sontheimer)*, die eigentliche politische Diskussion ist in der interessierten Öffentlichkeit schon längst geführt worden. Gibt nicht nahezu jedes Fernseh- oder Zeitungsinterview, jede Talkshow oder ein „Spiegel"-Gespräch mehr Aufschluss über die Absichten, Einstellungen und Wegweisungen der Abgeordneten als eine Bundestagstagsdebatte, in der nur altbekannte Positionen, im Ausschuss mehrheitlich längst entschiedene Kontroversen, noch einmal aufgetischt werden?

▶ Q. 3

www.bundesrat.de

2.3.2 Der Bundesrat

Nach Art. 50 GG „wirken die Länder bei der Gesetzgebung und Verwaltung des Bundes [...] mit".

Bundesrat
Reichsrat

Der **Bundesrat** ist Ausdruck der **bundesstaatlichen Ordnung** und hat verfassungsgeschichtlich eine lange Tradition. Seine Vorläufer waren der *Bundesrat* von 1871 und der *Reichsrat* von 1919.

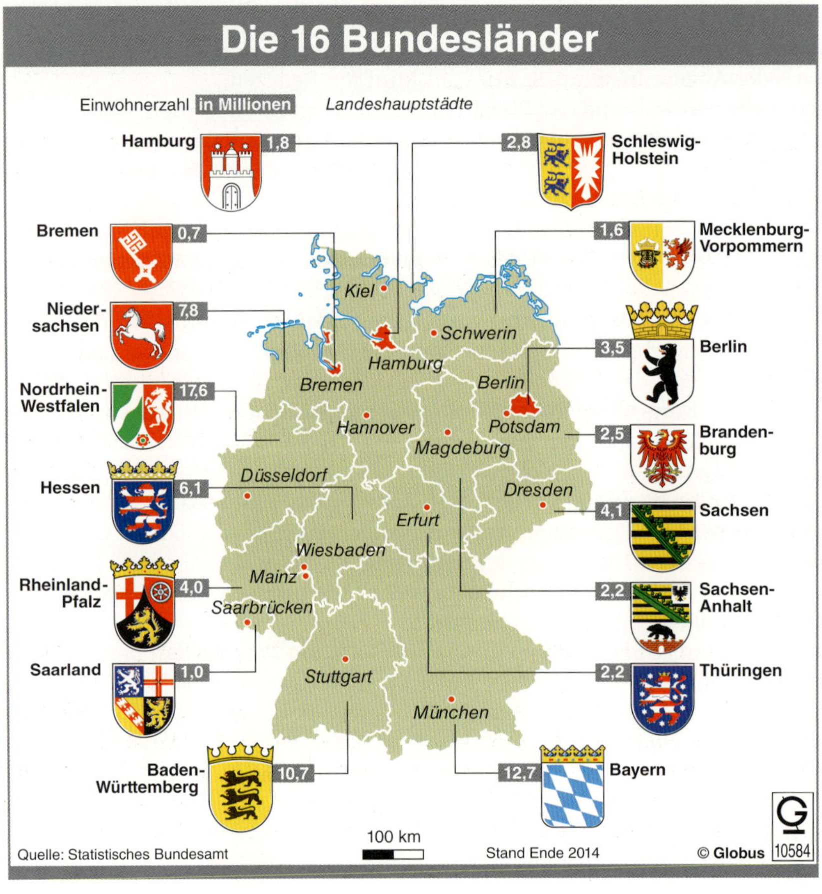

Alle „Räte“ haben drei gemeinsame Merkmale:

- Sie vertreten die Regierung der Gliedstaaten, nicht deren Parlamente oder gar deren Wähler; daraus folgt:
- Sie geben ihre Stimme jeweils einheitlich ab.
- Einwohner- und Stimmenzahl der Teilstaaten stehen in einem bestimmten, wenn auch nicht proportionalen Verhältnis zueinander, sogenannte **abgeschwächte Proportionalität**. Danach hat jedes Land unabhängig von der Einwohnerzahl (nicht Zahl der Staatsbürger!) mindestens drei Stimmen, Länder mit mehr als zwei Millionen haben vier, Länder mit mehr als sechs Millionen Einwohnern bekommen fünf Stimmen und die bevölkerungsreichsten Länder mit über sieben Millionen Einwohner erhalten sechs Stimmen im Bundesrat.

abgeschwächte Proportionalität

In seiner verfassungsrechtlichen Machtkompetenz steht der heutige Bundesrat zwischen seinen beiden Vorgängern: Er ist schwächer als der Bundesrat von 1871, aber stärker als der Reichsrat von 1919.

© Bergmoser + Höller Verlag AG

Der **Bundesrat** soll die Interessen der Bundesländer vertreten und damit das **föderative** Element in der Verfassung verkörpern. Seine Mitglieder werden nicht gewählt, sondern von den jeweiligen Landesregierungen bestimmt, an deren Weisungen sie gebunden sind. Ein Bundesratsmitglied hat – im Gegensatz zum Bundestagsabgeordneten – also kein freies Mandat. Bei wichtigen Beratungen sind die Fachminister der Länder, manchmal sogar die Regierungschefs selbst, anwesend, in den Ausschüssen arbeiten dagegen nur die Beamten der Länder. Der in einem festgelegten Turnus gewählte **Bundesratspräsident** ist zugleich Vertreter des **Bundespräsidenten**.

Bundesratspräsident

Im Gegensatz zum Bundestag ist der Bundesrat zu zügiger Behandlung der Gesetzesvorlagen verpflichtet. Nur sechs Wochen bleiben ihm – bei *eilbedürftigen Gesetzen* sogar nur drei –, um einen Gesetzentwurf zu beraten und in nur einer Lesung zu verabschieden bzw. abzulehnen.

Vermittlungsausschuss

Dem **Vermittlungsausschuss** kann zur Beschlussfassung eine entscheidende Bedeutung zukommen. Er ist ein *permanentes Gremium*, das vom Bundesrat angerufen wird, wenn er Einwendungen gegen ein Gesetz erhebt. Pragmatisch orientieren sich die 32 Mitglieder (aus jedem Bundesland eines und 16 Bundestagsabgeordnete) an dem, was politisch in der jeweiligen Kammer möglich und damit durchsetzbar ist. Ohne Kompromissbereitschaft auf beiden Seiten bliebe viel Gesetzesarbeit auf der Strecke.

Europaartikel

Jahrzehntelang hatte sich – entgegen der Intention der Verfassungsväter und -mütter – die Zentralisierung der politischen Macht in Richtung *Bundeshauptstadt* verstärkt. Diese Entwicklung ist seit 1990 rückläufig. Mit dem inhaltlich neuen Art. 23 GG **(Europaartikel)** wurden dem Bundesrat weitgehende Mitwirkungsrechte bei Angelegenheiten der EU eingeräumt, im Grunde ein Widerspruch zum Art. 73 GG, der dem Bund die ausschließliche Gesetzgebung in „auswärtigen Angelegenheiten“ gewährt. Vor allem aber berühren inzwischen mehr als die Hälfte aller Gesetze auch die Länderinteressen und sind damit zustimmungspflichtig. Der Verdacht der Blockade der Gesetzgebung des Bundestages durch den Bundesrat liegt nahe. Wenn zudem die parteipolitische Zusammensetzung der Mitglieder des Bundesrates der Mehrheit des Bundestages und

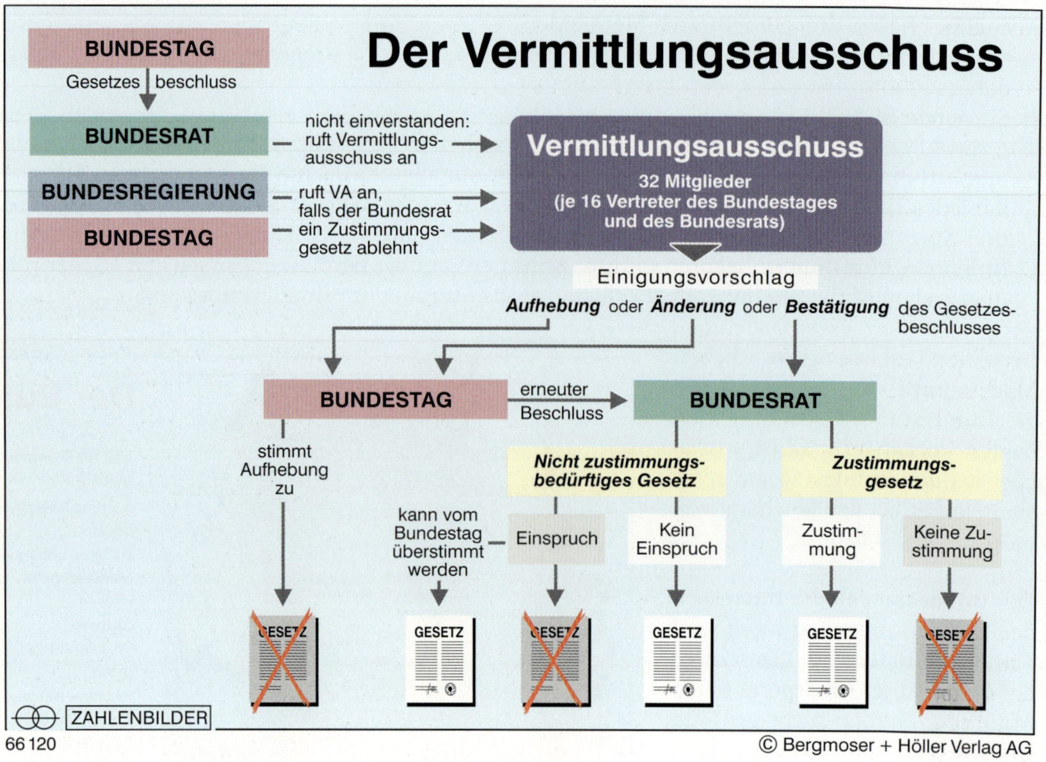

seiner Regierung entgegensteht, dann wird – ob zu Recht oder Unrecht – der Vorwurf einer Blockadepolitik erhoben. Jede Opposition, ganz gleich von welcher Partei sie gestellt wird, unterliegt verständlicherweise der Versuchung, ihre Abstimmungsniederlage im Bundestag durch ein Veto des Bundesrates auszugleichen. ▶ Q. 4

Aus diesem Grunde stehen alle Landtagswahlen auch unter bundespolitischen Aspekten, weil sie über Zusammensetzung und Einwirkungsart des Bundesrates entscheiden.

2.3.3 Verhältnis von Bund und Ländern und die Länderneugliederung

Mit der seit Langem – auch vom ehemaligen Bundespräsidenten *Horst Köhler* – geforderten Neuregelung des überholten förderalistischen Systems der Bundesrepublik Deutschland wurde in einem ersten Schritt zum 1. September 2006 Ernst gemacht. Es traten die größten Verfassungsreformen seit 1949 in Kraft. Sie regelten das Verhältnis von Bund und Ländern neu, gaben diesen neue, eigene Rechte z. B. zum Ladenschluss und zur Beamtenbesoldung.

Förderalismusreform

In einem zweiten Schritt **(Förderalismusreform II)** wurden 2009 die Finanzbeziehungen zwischen dem Bund und den Ländern – Stichwort: vertikaler Finanzausgleich – und zwischen den Ländern selbst – Stichwort: horizontaler Finanzausgleich – neu geregelt. Diese Aufgaben erwiesen sich erwartungsgemäß als schwer lösbar, denn die Interessen der **Geberländer** – allen voran Bayern und Baden-Württemberg – sind denen der **Nehmerländer** – das sind vor allem die ostdeutschen Länder (außer Sachsen) und Berlin – diametral entgegengesetzt.

Geberländer
Nehmerländer

Im Mittelpunkt des Pakets von Maßnahmen stand die Einführung einer neuen gemeinsamen Schuldenregel für Bund und Länder ab 2011. Offen blieb die Frage nach der Länderneugliederung.

Ursprünglich lautete der Art. 29 Absatz 1 des Grundgesetzes: „Das Bundesgebiet ist […] neu zu gliedern.“ Dieser Auftrag des Verfassungsgebers blieb Jahrzehnte unerfüllt; im August 1976 wurde aus der Verpflichtung eine Kannbestimmung – die wiederum nicht angewendet wird.

In einem Volksentscheid von 1951, der aufgrund einer damals noch bestehenden Spezialvorschrift (Art. 118 Neugliederung von Baden-Württemberg) des Grundgesetzes durchgeführt wurde, sprach sich eine Mehrheit für den *Südweststaat* aus.

Dagegen scheiterte 1996 – trotz massiver Fürsprache aller Parteien mit Ausnahme der PDS – der Versuch, die beiden neuen Bundesländer **Berlin** und **Brandenburg** durch einen Volksentscheid zu einem Bundesland *Berlin-Brandenburg* zusammenzuschließen.

Berlin
Brandenburg

Zu Beginn des Jahres 2003 hatten parteiübergreifend mehrere Bundestagsabgeordnete abermals einen Zusammenschluss der Länder auf sieben bis acht oder wenigstens auf elf gefordert, z. B. Schleswig-Holstein und Mecklenburg-Vorpommern mit dem Stadtstaat Hamburg, Niedersachsen mit dem Stadtstaat Bremen und das Saarland mit Rheinland-Pfalz. Die Widerstände dagegen – es geht dabei auch um Macht und Positionen – dürften erheblich sein, sodass auf absehbare Zeit mit einer Neugliederung nicht zu rechnen ist, auch wenn einige Länder, wie z. B. das Saarland im Westen und Sachsen-Anhalt im Osten zurzeit noch lange auf den Finanztransfer der reicheren Bundesländer angewiesen sein werden.

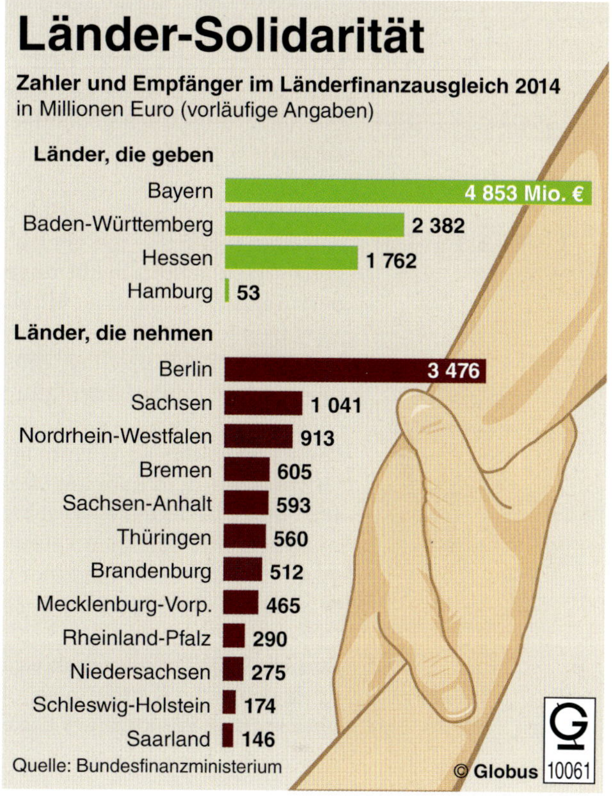

Grundsätzlich hat der Föderalismus auch Vorteile. Ein gewisser Wettbewerb zwischen den Bundesstaaten ist wünschenswert und durchaus auch von der Verfassung gewollt – Wettbewerbsföderalismus. So ist beispielsweise der Freistaat Bayern stolz darauf, dass seine Abiturienten auch nach internationalen Vergleichsstudien in nahezu sämtlichen Bereichen besser abschneiden als die der anderen Bundesländer. Auch in Baden-Württemberg liegen die Schülerleistungen nach der PISA-Studie erheblich über dem deutschen Durchschnitt. Wenn ein Land z. B. in der Kriminalitätsbekämpfung erfolgreicher ist als ein anderes, so kann sich diese Tatsache als durchaus vorteilhaft bei der Ansiedlungs- und Investitionsbereitschaft von Unternehmen auswirken.

Um allzu große Abweichungen im Bildungssystem – insbesondere bei den Lehrplänen – zu vermeiden, bemüht sich die Ständige Konferenz der Kultusminister der Länder (KMK) um eine Harmonisierung, indem sie beispielsweise die Einführung von Bildungsstandards beschloss. Dass die Probleme vielfältig und oft nur schwer lösbar sind, zeigte nicht zuletzt die „Reform der reformierten Rechtschreibreform".

2.3.4 Die Bundesregierung

Die Bundesregierung (Art. 62 GG) wird verfassungsrechtlich stark von der Stellung des **Bundeskanzlers** (oder der Bundeskanzlerin) geprägt. Er entscheidet nicht nur über Einstellung und Entlassung von Bundesministern – die Mitwirkung des **Bundespräsidenten** ist dabei rein formeller Natur (Art. 64,1 GG) –, sondern auch über deren Zuständigkeiten. Der Bundeskanzler besitzt in der Gestalt der **Richtlinienkompetenz** (Art. 65 GG) die sog. *Kompetenzkompetenz,* d. h., er kann jedes bei einem Minister anstehende Problem zur Richtliniensache erklären und dann entscheiden, auch wenn im Übrigen die Bundesminister ihren Geschäftsbereich „selbstständig und unter eigener Verantwortung" leiten.

www.bundesregierung.de
Bundeskanzler
Bundespräsident
Richtlinienkompetenz

Inwieweit der Kanzler von seinen Rechten *politisch* Gebrauch macht, ist eine Machtfrage, hängt von seiner Autorität, seiner Position innerhalb einer Koalition, vom Rückhalt in der Fraktion und vielem mehr ab.

Der einmal gewählte Kanzler (Art. 63 GG) ist praktisch (fast) unabsetzbar.

Kanzlerstabilität

Die Gründe für diese **Kanzlerstabilität** liegen auf der Hand: Die Mehrheit des Bundestages ist dem von ihr gewählten Kanzler verbunden, sein politisches Schicksal ist in der Regel auch das ihre. Es bedarf deshalb schon einer Wende, wie sie 1982 von der FDP durch Rücktritt ihrer vier Minister in der sozial-liberalen Koalition vollzogen wurde, um einen Kanzler zu stürzen.

Bundeskanzleramt

Presse- und Informationsamt

Regierungssprecher

Im **Bundeskanzleramt** wird die Regierungsarbeit koordiniert. *Helmut Schmidt* hat das Amt einmal als die leistungsfähigste Behörde der Bundesrepublik Deutschland bezeichnet; freilich liegt es ausschließlich an dem amtierenden Kanzler selbst, ob und inwieweit er die fachliche Kompetenz dieses Amtes nutzt. Dem Bundeskanzleramt untersteht auch das **Presse- und Informationsamt** unter der Leitung des **Regierungssprechers**. Seine Aufgabe ist es – verständlicherweise –, die Regierungsarbeit gegenüber der Presse und damit der Öffentlichkeit möglichst gut zu verkaufen.

Koalitionsrunden

Abseits der verfassungsrechtlichen Regelung hat sich – letzlich durch den Koalitionszwang der Zusammenarbeit – die zentrale Entscheidungskompetenz in **Koalitionsrunden** verlagert. Wer genau dazu gehört, bleibt ungewiss, zumal ihre Zusammensetzung sich je nach Thematik ändert. Sozusagen ständige Mitglieder sind der Bundeskanzler, die Fraktionsvorsitzenden und die Vorsitzenden der die Regierung tragenden Parteien. In dieser Runde kann geklärt werden, was politisch gewollt, machbar und vor allem in den Regierungsfraktionen durchsetzbar ist, damit eine Vorlage im Parlament durchkommt.

Dieses *informelle Organ* vermag im Gegensatz zu den verfassungsrechtlichen institutionalisierten Organen wie dem Kabinett effektiver zu arbeiten, weil es

- keiner Zuständigkeitsregelung unterliegt, jede Frage nach Belieben zur Entscheidung an sich ziehen oder ablehnen kann;
- nicht dem Reglement einer Geschäftsordnung unterworfen ist und damit frei arbeiten kann;
- nicht der Gewaltenteilung zwischen Legislative und Exekutive unterliegt.

Berliner Politiker aller Fraktionen äußern übereinstimmend, dass die Koalitionsrunde das wichtigste politische Gremium sei. In ihr wird über den Inhalt einer Regierungserklärung ebenso wie über strittige Punkte einer Gesetzesvorlage entschieden.

▶ QUELLE 1 Die Geschäftsordnung des Bundestags zu „Fraktionen"

IV. Fraktionen

§ 10 Bildung der Fraktionen

(1) Die Fraktionen sind Vereinigungen von mindestens fünf vom Hundert der Mitglieder des Bundestages, die derselben Partei oder solchen Parteien angehören, die auf Grund gleichgerichteter politischer Ziele in keinem Land miteinander im Wettbewerb stehen. Schließen sich Mitglieder des Bundestages abweichend von Satz 1 zusammen, bedarf die Anerkennung als Fraktion der Zustimmung des Bundestages.

(2) Die Bildung einer Fraktion, ihre Bezeichnung, die Namen der Vorsitzenden, Mitglieder und Gäste sind dem Präsidenten schriftlich mitzuteilen.

(3) Fraktionen können Gäste aufnehmen, die bei der Feststellung der Fraktionsstärke nicht mitzählen, jedoch bei der Bemessung der Stellenanteile (§ 12) zu berücksichtigen sind.

(4) Mitglieder des Bundestages, die sich zusammenschließen wollen, ohne Fraktionsstärke zu erreichen, können als Gruppe anerkannt werden. Für sie gelten die Absätze 2 und 3 entsprechend.

(5) Technische Arbeitsgemeinschaften zwischen Fraktionen können nicht zu einer Änderung der Stellenanteile führen, die den einzelnen Fraktionen nach ihrer Stärke zustehen.

§ 11 Reihenfolge der Fraktionen

Nach der Stärke der Fraktionen bestimmt sich ihre Reihenfolge. Bei gleicher Fraktionsstärke entscheidet das Los, das vom Präsidenten in einer Sitzung des Bundestages gezogen wird. Erledigte Mitgliedersitze werden bis zur Neubesetzung bei der Fraktion mitgezählt, die sie bisher innehatte.

§ 12 Stellenanteile der Fraktionen

Die Zusammensetzung des Ältestenrates und der Ausschüsse sowie die Regelung des Vorsitzes in den

Ausschüssen ist im Verhältnis der Stärke der einzelnen Fraktionen vorzunehmen. Derselbe Grundsatz wird bei Wahlen, die der Bundestag vorzunehmen hat, angewandt.

(Beck'sche Textausgabe des Grundgesetzes mit Anhängen, 42. Aufl., München 1972, S. 240 f.)

1. **Was ist eine Fraktion?**
2. **Beschreiben Sie die Methode zur Ermittlung der Ausschusszusammensetzung und ihrer Vorsitzenden.**

Die Geschäftsordnung des Bundestages zu „Ausschüssen"

▶ QUELLE 2

§ 55 Einsetzung von Unterausschüssen

(1) Zur Vorbereitung seiner Arbeiten kann jeder Ausschuß aus seiner Mitte Unterausschüsse mit bestimmten Aufträgen einsetzen, es sei denn, daß ein Drittel seiner Mitglieder widerspricht. In Ausnahmefällen können die Fraktionen auch Mitglieder des Bundestages benennen, die nicht dem Ausschuß angehören. [...]

§ 56 Enquete-Kommission

(1) Zur Vorbereitung von Entscheidungen über umfangreiche und bedeutsame Sachkomplexe kann der Bundestag eine Enquete-Kommission einsetzen. Auf Antrag eines Viertels seiner Mitglieder ist er dazu verpflichtet. Der Antrag muß den Auftrag der Kommission bezeichnen.

(2) Die Mitglieder der Kommission werden im Einvernehmen der Fraktionen benannt und vom Präsidenten berufen. Kann ein Einvernehmen nicht hergestellt werden, so benennen die Fraktionen die Mitglieder im Verhältnis ihrer Stärke. Die Mitgliederzahl der Kommission soll, mit Ausnahme der in Absatz 3 genannten Mitglieder der Fraktionen, neun nicht übersteigen.

(3) Jede Fraktion kann ein Mitglied, auf Beschluß des Bundestages auch mehrere Mitglieder, in die Kommission entsenden. [...]

§ 62 Aufgaben der Ausschüsse

(1) Die Ausschüsse sind zu baldiger Erledigung der ihnen überwiesenen Aufgaben verpflichtet. Als vorbereitende Beschlußorgane des Bundestages haben sie die Pflicht, dem Bundestag bestimmte Beschlüsse zu empfehlen, die sich nur auf die ihnen überwiesenen Vorlagen oder mit diesen in unmittelbarem Sachzusammenhang stehenden Fragen beziehen dürfen. Sie können sich jedoch mit anderen Fragen aus ihrem Geschäftsbereich befassen; mit Angelegenheiten der Europäischen Union, die ihre Zuständigkeit betreffen, sollen sie sich auch unabhängig von Überweisungen zeitnah befassen. Weitergehende Rechte, die einzelnen Ausschüssen durch Grundgesetz, Bundesgesetz, in dieser Geschäftsordnung oder durch Beschluß des Bundestages übertragen sind, bleiben unberührt.

(2) Zehn Sitzungswochen nach Überweisung einer Vorlage können eine Fraktion oder fünf vom Hundert der Mitglieder des Bundestages verlangen, daß der Ausschuß durch den Vorsitzenden oder Berichterstatter dem Bundestag einen Bericht über den Stand der Beratungen erstattet. Wenn sie es verlangen, ist der Bericht auf die Tagesordnung des Bundestages zu setzen. [...]

(Geschäftsordnung des Deutschen Bundestages und Geschäftsordnung des Vermittlungsausschusses, hrsg. vom Deutschen Bundestag, Deutscher Bundestag, Berlin 2014, S. 43 f. u. 47.)

1. **Welche Aufgaben obliegen den Ausschüssen?**
2. **Was ist eine Enquete-Kommission?**

Zur Öffentlichkeitswirkung und Kontrollfunktion des Bundestages

▶ QUELLE 3

Die geringe Kontrolltätigkeit des Parlaments wird auch erkennbar an der Art und Weise, in der es es über politische Entscheidungen der Regierung informiert wird.

Das Parlament als Ganzes ist heute normalerweise nicht der erste Adressat von politisch bedeutsamen Informationen der Regierung. Die spezifischen Kontrollinstrumente verlieren darum durch mangelnde Aktualität an Wirkung. Die meisten Fragestunden und Debatten über politische Vorgänge haben den Charakter von Nachhutgefechten, denn die eigentliche politische Auseinandersetzung ist in der politischen Öffentlichkeit schon lange vorher geführt worden. Damit wird, unterstützt durch die heutigen Formen und Medien der Massenkommunikation, dem Parlament eine wichtige Funktion genommen, nämlich das Forum zu sein, auf dem wesentliche Entscheidungen zuerst debattiert werden.

(Kurt Sontheimer: Grundzüge des politischen Systems der Bundesrepublik Deutschland. München, Piper 1993, S. 260)

1. **Warum ist das Parlament nicht mehr Zentrum der politischen Diskussion?**
2. **Wodurch ist die Kontrollfunktion des Parlaments beeinträchtigt?**

▶ QUELLE 4 **Zum Wirken des Bundesrates**

Wie man die jeweilige „Mitwirkung“ beurteilt, ist eine Standpunktfrage. Es ist Sache jeder Regierung, ihre politischen Ziele innerhalb der gegebenen Umstände, eben auch einer Oppositionsmehrheit im Bundesrat durchzubringen. Kapitän des bundesdeutschen Staatsschiffes ist der Bundeskanzler. Es steht ihm nicht zu, von der Opposition, sei es der im Bundestag oder im Bundesrat, Lotsen- oder Bugsierhilfe einzufordern. Wenn seine Politik nicht vorankommt, das Staatsschiff aufläuft, so muß er sich mit denen an einen Tisch setzen, die ihm helfen könnten, es wieder flott zu machen. Da die Opposition sich von solchen Helfersdiensten in der Regel wenig versprechen kann, ist sie kaum motiviert, den schnellen Samariter zu spielen. Da geht es nicht um bösen Willen, die Fehler stecken im System. Daß das parlamentarische Regierungssystem mit einem Föderalismus in dem die Einzelstaaten das gleiche parlamentarisch-parteienstaatliche Regierungsmodell praktizieren wie der Gesamtstaat, nicht gut in Deckung zu bringen ist, wußten gute Verfassungstheoretiker seit eh und jeh.

(Der Politologe Wilhelm Hennis. In: Frankfurter Allgemeine Zeitung, Nr. 189 vom 14. August 1997, S. 31)

1. **Warum handelt der Bundesrat parteiorientiert?**
2. **Worin liegt nach Hennis der Konstruktionsfehler des Grundgesetzes?**

2.4 Parlament und Opposition

DARSTELLUNG

Macht

Teilung der Gewalten

Die menschliche Geschichte selbst ist ein unerschöpflicher Beweis dafür, dass **Macht** ohne Kontrolle, ohne Gegengewicht, ohne Beschränkungen im Umfang und auf eine bestimmte Zeit beinahe zwangsläufig zum Machtmissbrauch führt. Die demokratischen Verfassungen in der Welt versuchen im Einzelnen auf unterschiedliche Weise, aber mit der gleichen Zielsetzung nach dem Prinzip der **Teilung der Gewalten**, die staatliche Machtausübung zu bändigen.

Horizontale Gewaltenteilung

Verfassungswirklichkeit

Die erstmals von *Montesquieu* (siehe S. 77) entwickelte **horizontale Gewaltenteilung** ist in der modernen parlamentarischen Demokratie nicht mehr gegeben. Nach diesem Schema soll das Parlament die Regierung kontrollieren; aber in der **Verfassungswirklichkeit** stehen sich nicht mehr Volksvertretung und Exekutive gegenüber, sondern Regierung mit Parlamentsmehrheit und Opposition. Die Kontrollfunktion des Parlaments wird also nur insofern und insoweit ausgeübt, als die Oppositionsminderheit dazu in der Lage ist.

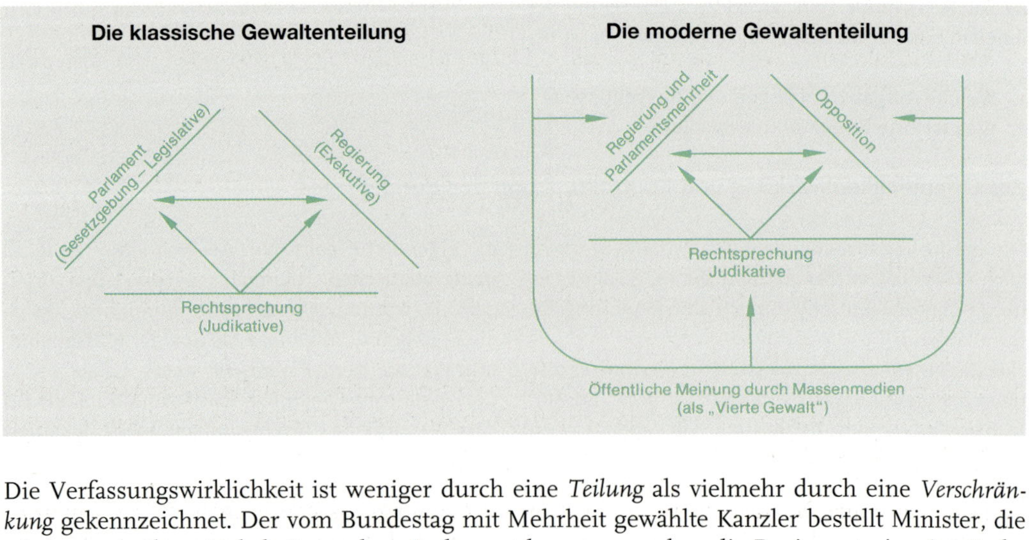

Die Verfassungswirklichkeit ist weniger durch eine *Teilung* als vielmehr durch eine *Verschränkung* gekennzeichnet. Der vom Bundestag mit Mehrheit gewählte Kanzler bestellt Minister, die wiederum in ihrer Mehrheit aus dem Parlament kommen, sodass die Regierung eine Art *Parlamentsausschuss* darstellt, freilich einen, der nicht nach dem Fraktionsproporz zusammengesetzt ist. Die Richter des höchsten Gerichts werden von der Legislative gewählt, die auf diese Weise zumindest einen personellen Einfluss auf die Rechtsprechung ausüben kann. Vor allem aber ist das politische Schicksal der Parlamentsmehrheit mit der Regierung verknüpft, ihre Erfolge und Misserfolge schlagen auf die Wahlchancen der Regierungspartei(en) durch, die wiederum für Partei- und Beamtenkarrieren entscheidend sein können. Es kann also kaum erwartet werden, dass die Parlamentsmehrheit ihrer Regierung in aller Öffentlichkeit widerspricht oder sie in scharfer Form kritisiert.

Opposition

Die **Opposition** wird gelegentlich auch als „Fleet in being" bezeichnet, jederzeit bereit, die Regierungsmehrheit abzulösen und die staatliche Verantwortung zu übernehmen. Aber diese Auffassung ist nur bedingt richtig. Zumindest kurz- und mittelfristig kann sich eine – insbesondere kleine – Opposition durchaus damit begnügen, in der Rolle des Kritikers zu bleiben, gelingt es ihr in dieser Rolle doch eher, sich zu profilieren. Denn eine (Mit-)Übernahme der Regierungsmacht würde für sie auch *Mit*verantwortung bedeuten und damit die Kritikmöglichkeiten beschränken.

Möglichkeiten der Opposition

Gegenüber der amtierenden Regierung und der sie tragenden Fraktion(en) hat die **Opposition** im Bundestag vor allem folgende Möglichkeiten:

1. Keine Regierung arbeitet pannenfrei. Es ist legitim, diese Pannen als Mängel und Versagen herauszustellen.

2. Jede Regierungstätigkeit weist Stärken und Schwächen auf; die Chance der Opposition und damit ihre eigentliche demokratische Funktion liegt darin, diese Schwachstellen aufzudecken.

3. In den meisten Demokratien nutzt sich eine Regierungspartei ab, verliert ihre Handlungsfähigkeit, ihren schöpferischen Schwung; für die Opposition wachsen damit die Chancen, die Schalthebel der Macht zu besetzen.

4. In einer Regierungskoalition schwindet im Laufe der Zeit der „Vorrat an Gemeinsamkeiten" (*Genscher*), ein Partner, zumeist der kleinere, löst sich aus der Bindung und geht mit der bisherigen Opposition eine neue Koalition ein, vollzieht also eine Wende.
   In geradezu lehrbuchhafter Weise wechselte so die FDP im Herbst 1982 ihren Partner, aus der sozial-liberalen Koalition unter *Helmut Schmidt* wurde die CDU/CSU-FDP-Koalition unter *Helmut Kohl.*

5. Jede Demokratie lebt vom Wechsel. Das angelsächsische Wort „It's time for a change" scheinen auch in der Bundesrepublik Deutschland mehr und mehr Bürger zu beherzigen, das erhöht die Wahlchancen einer Oppositionspartei.

Möglichkeiten der Regierung

Demgegenüber hat die **Regierung** mit ihren „Fußtruppen", den Abgeordneten der Regierungsfraktion, ein eher noch stattlicheres Arsenal an „Waffen", um auf die Angriffe der Opposition zu antworten:

1. Sie kann eine Oppositionsinitiative – etwa eine Gesetzesvorlage – in den Ausschüssen stilllegen, die publikumswirksamen und attraktiven Inhalte daraus aber übernehmen und in eine eigene Vorlage einbauen.

2. Der Regierungsapparat ist eher in der Lage zu erkennen, welche Vorhaben auch finanziell machbar sind, d. h., die Regierungsmehrheit ist in der Vorhand, wenn es darum geht,

Erreichbares vorzuschlagen. Oppositionsentwürfe können dagegen leicht als „unfundiert" abgewiesen werden.

3. Regierung und Parlamentsmehrheit begehen „Grausamkeiten" (*Machiavelli*), etwa Steuererhöhungen, am Anfang der Legislaturperiode und heben sich das Füllhorn der Wahlgeschenke für die Zeit des nächsten Wahlkampfes auf.

4. So wie der Regierung einerseits unverschuldete Schwierigkeiten angelastet werden, etwa Benzinpreiserhöhung infolge weltweiter Ölverknappung, so bekommt sie andererseits Erfolge gutgeschrieben, die auch ohne ihr Zutun eingetreten wären, z. B. mehr Beschäftigung durch steigende Exportchancen bei einer guten Weltwirtschaftskonjunktur.

5. Schließlich stellt die stärkste Regierungspartei den Bundeskanzler. Dieser hat i. d. R. einen **Amtsbonus**, den er in Wahlkampfzeiten kräftig nutzt.
Amtsbonus
Dazu gehört nicht nur die mit dem Amt verbundene Autorität, die ihm bei öffentlichen Auftritten im Wahlkampf Ansehen verleiht. Ebenfalls zählt dazu der Informationsvorsprung, den ein Regierungsapparat ihm zu sichern vermag. Schließlich rückt er bei Staatsbesuchen zwangsläufig ständig ins Rampenlicht von Fernsehen und Presse, eine kostenlose „Publicity", die ihm in Wahlkampfzeiten automatisch als Werbung zugute kommt.

Diese Gründe mögen eine Ursache dafür sein, dass es in der über 60-jährigen Geschichte der Bundesrepublik Deutschland noch niemals einer Partei aus der Opposition heraus gelungen ist, die absolute Mehrheit der Mandate (geschweige denn der Stimmen!) zu erringen. Wenigstens von der Warte dieser geschichtlichen Erfahrung musste das Wahlziel des späteren Bundespräsidenten *Johannes Rau* (SPD), bei der Bundestagswahl 1987 die absolute Mehrheit zu erreichen, als illusorisch erscheinen.

www.ard.de
www.zdf.de

2.5 Die „vierte Gewalt"

▶ Q. 1

Mit den Medien, wie Presse, Fernsehen, Internet und Rundfunk, ist ein nicht zu unterschätzendes Kontrollorgan entstanden. Dabei genießt insbesondere die private Presse, die im Gegensatz zu den *öffentlich-rechtlichen Anstalten* von Funk und Fernsehen nicht dem Gebot der Ausgewogenheit unterliegt, das Recht, auch einseitige, scharfe Kritik zu veröffentlichen. *Pressefreiheit* schließt das Recht auf Irrtum ein. Selbstverständlich wird vom Redakteur die Beachtung der journalistischen Sorgfaltspflicht erwartet, aber er braucht nicht – so hat das Bundesverfassungsgericht festgestellt – seine Recherchen mit der Akribie (Genauigkeit) einer richterlichen Wahrheitsfindung zu betreiben. Wollte man solche Anforderungen an den Journalisten stellen, so wäre dies das Ende der Pressefreiheit.

Die Bedeutung der freien Meinungsäußerung mit Information, Kontrolle und Kritik im Rahmen des Art. 5 GG wird durch eine einfache Überlegung erhellt: Solange noch das Recht zur Kritik besteht, solange Bürger noch über Missstände, Machtmissbrauch, Korruption u. Ä. unterrichtet werden können, besteht die Chance zur Abhilfe. Erst die Unterdrückung solcher den Herrschenden unliebsamen Nachrichten wäre das definitive Ende einer freiheitlichen Ordnung.

Freilich besteht auch die Gefahr des Missbrauchs der Medienfreiheit – wie bei jeder Freiheit. So haben z. B. Aufnahmeteams privater Fernsehanstalten Skinheads gegen Belohnung aufgefordert, vor laufender Kamera den Hitlergruß zu zeigen und Nazi-Parolen zu gröhlen. Der Film wurde prompt als Beleg starker neofaschistischer Umtriebe ausgestrahlt.

2.6 Das Bundesverfassungsgericht

www.bundesverfassungsgericht.de

Am 7. September 1951 wurde das Bundesverfassungsgericht als ein weiteres der höchsten Verfassungsorgane errichtet. Bewusst wurde als Amtssitz ein Ort abseits der Bundeshauptstadt gewählt – Karlsruhe. Die geografische Distanz sollte seine Unabhängigkeit von den übrigen Staatsgewalten betonen. Das **Bundesverfassungsgericht (BVerfG)** „ist ein allen übrigen Verfassungsorganen gegenüber selbstständiger und unabhängiger Gerichtshof des Bundes" (§ 1 des Gesetzes über das Bundesverfassungsgericht). Es ist einerseits als Teil der *Judikative* ein *Gericht* und andererseits ein *Verfassungsorgan*.

Bundesverfassungsgericht

▶ Q. 2

Das BVerfG ist als **Zwillingsgericht** organisiert, denn es besteht aus zwei Senaten, mit jeweils acht Richtern. Von Anbeginn gilt bei der Wahl der Verfassungsrichter der *Parteiproporz*, d. h., eine Partei, die einen Richterstuhl „besitzt", erhält ihn wieder für einen der ihren, sobald dieser frei wird. Ein zwölfköpfiges Wahlmännergremium des Bundestages wählt mit Zweidrittelmehrheit die Hälfte der Richter, und mit derselben Mehrheit wird die andere Hälfte vom Bundesrat gewählt. Der Parteiproporz bewirkt, dass gegenseitig Absprachen erfolgen, und die **qualifizierte Mehrheit** verhindert, dass eine Partei ihren Mann gegen die Anspruchsberechtigung der anderen durchsetzt. Der Präsident des BVerfG und sein Stellvertreter werden wechselweise vom Bundestag und Bundesrat gewählt.

Zwillingsgericht

Qualifizierte Mehrheit

Karlsruher Verfassungsrichter

Praktisch maßgebend für die Bestellung sind Findungskommissionen der politischen Parteien, die jeweils mit der anderen Seite verhandeln. Die erforderliche Zweidrittelmehrheit zwingt zum Kompromiss. Das Vorschlagsrecht wird abwechselnd ausgeübt. Aber liegt darin nicht die Gefahr, einen Kuhhandel zu schließen nach dem Motto: Wählst du diesmal meinen Richter, wähle ich, wenn du vorschlagen kannst, deinen? Könnten auf diese Weise nicht auch ungeeignete Persönlichkeiten zum Zuge kommen?

Dennoch wäre es zu einfach, in Verfassungsrichtern Parteihandlanger zu sehen; parteipolitische Überlegungen spielen nach übereinstimmendem Urteil keine erkennbare Rolle bei der Urteilsfindung. Der Beschlussfassung gehen intensive, kollegiale Beratungen voraus; wer dabei parteipolitische Überlegungen auch nur verdeckt ins Spiel bringen wollte, hätte einen schweren Stand. Die Wahl zum Verfassungsrichter auf zwölf Jahre ist in aller Regel das Ende der beruflichen Laufbahn, kein Richter braucht deshalb aus persönlichen Gründen irgendeine politische Rücksichtnahme zu üben.

2.6.1 Die Aufgaben des Bundesverfassungsgerichtes

Die nachfolgende Zusammenstellung zeigt die Verflechtung des BVerfG im politischen System der Bundesrepublik Deutschland. Die Aufgaben des höchsten deutschen Gerichtes lassen sich folgendermaßen bündeln:

1. Regelung von Verfassungsstreitigkeiten (Kompetenzkonflikten) zwischen obersten Bundes- und Landesorganen – Art. 93,1; 84,4 u. 99 GG

2. **Normenkontrolle**, d. h. Entscheidung darüber, ob ein Gesetz mit dem Grundgesetz übereinstimmt. Dabei wird unterschieden zwischen
   - *konkreter Normenkontrolle*, bei der in einem bestimmten Fall geprüft wird, ob das dabei angewandte Gesetz verfassungskonform ist.

Normenkontrolle

Beispiel: Ein Steuerpflichtiger hält das auf ihn angewandte Einkommensteuergesetz für verfassungswidrig – Art. 100 u. 126 GG.

– *abstrakte Normenkontrolle,* bei der auch geprüft wird, ob ein Gesetz oder ein Vertrag mit einem anderen Staat mit dem Grundgesetz in Einklang zu bringen ist.
Bekanntes *Beispiel:* Das Urteil des BVerfG von 1973, das den Grundlagenvertrag mit der DDR entgegen dem Antrag des Landes Bayern *nicht* im Widerspruch zur Verfassung sah – Art. 93,1 u. 126 GG.

3. Sicherung des demokratischen Rechtsstaates:
   – Verbot verfassungswidriger Parteien – Art. 21 GG
   – Verwirkung der Grundrechte – Art. 18 GG
   – Präsidentenanklage – Art. 61 GG
   – Richteranklage – Art. 98,2 GG
   – Wahlprüfung – Art. 41,2 GG

4. Verfassungsbeschwerden – Art. 93,1 GG

Verfassungsbeschwerde

Die **Verfassungsbeschwerde** ist ein *Jedermannsrecht,* das allerdings nur ausgeübt werden kann, wenn der normale Rechtsweg – ordentliche Gerichte, Verwaltungsgerichte – erschöpft ist. Die überwältigende Zahl der Verfassungsbeschwerden wird bereits in einem Vorprüfverfahren als offenkundig unbegründet abgewiesen; das BVerfG würde sonst in einer Antragsflut ersticken, wenn es jeden Fall einzeln behandeln wollte. Gerade 1 % aller Verfassungsbeschwerden wird positiv im Sinne des Beschwerdeführers entschieden.

2.6.2 Das Bundesverfassungsgericht – ein „Übergesetzgeber“?

Politische Funktion

Schon der erste Bundespräsident *Theodor Heuss* warnte vor der Gefahr der „Politisierung der Justiz“ ebenso wie vor der „Judizialisierung der Politik“. Damit meinte er die zu weit gehende *Verrechtlichung,* die sich darin äußert, dass alle politischen Entscheidungen *justitiabel,* d. h. einer richterlichen Überprüfung zugänglich gemacht werden. Doch unvermeidbar hat das Bundesverfassungsgericht eine **politische Funktion**. Sein Recht und seine Pflicht, die Verfassung zu interpretieren, können sich nicht im politikfreien Raum vollziehen. Seine Entscheidungen haben stets gesellschaftliche und politische Auswirkungen, umso mehr, als der Gesetzgeber (und die Verwaltung und Gerichte) an diese Entscheidungen gebunden ist. Alle politischen Gruppen in der Bundesrepublik Deutschland sind bisher der Versuchung erlegen, in Karlsruhe zu erreichen, was ihnen in Bonn bzw. Berlin misslang: Durchsetzung des politischen Willens gegen die Parlamentsmehrheit. Damit ist die Gefahr der **Judizialisierung der Politik** unmittelbar: Nicht mehr das Parlament als höchstes Vertretungsorgan des Volkes entscheidet, was als Gemeinwohl gilt, sondern ein nur indirekt legitimiertes Gremium mit einer möglichen, denkbar knappen Mehrheit von 5:3 (bei Stimmengleichheit gilt ein Antrag als abgewiesen).

Judizialisierung der Politik

Umstrittene Urteile

Mit Beginn der 1990er-Jahre erscheint das BVerfG in seinem ehemals untadeligen Ansehen leicht angekratzt. Es ist nach Meinung vieler Kritiker unter der Präsidentschaft von *Jutta Limbach* zu „einer bröckelnden Säule des Verfassungsstaates geworden“ *(Manfred Funke)*. Einige seiner **Urteile** sind als nicht nachvollziehbar auf stärkere Kritik als die der üblichen „Richterschelte“ gestoßen.

Beispiele: Zulässigkeit der allgemein geäußerten Meinung „Soldaten sind Mörder“, wenn damit nicht bestimmte Soldaten z. B. der Bundeswehr gemeint sind; Sitzblockaden sind keine strafbare Nötigung mehr, sondern nur noch eine Ordnungswidrigkeit; das „Kruzifix-Urteil“, nach dem die bayerische Staatsregierung nicht vorschreiben darf, dass in den Klassenzimmern ein Kruzifix aufgehängt wird.

Gegen diese Gefahr, die besonders nach umstrittenen Urteilen heraufbeschworen wird, gibt es folgende Sicherungen:

- Das BVerfG übt freiwillige **Selbstbeschränkung**, d. h., es lässt trotz Zweifeln die Mehrheitsentscheidung des Parlaments als verfassungskonform gelten.
  Im Juli 2005 hatte der damalige Bundeskanzler Gerhard Schröder die Vertrauensfrage gestellt. Geplant und beabsichtigt erhielt er im Bundestag keine Mehrheit, weil die meisten Mitglieder der SPD-Fraktion sich der Stimme enthielten. Ziel war, einen rechtlichen Grund zur Auflösung des Bundestages durch den Bundespräsidenten zwecks Neuwahlen zu finden. Alle durchschauten, dass Schröder im Grunde seine Fraktion darum bat, ihm das Misstrauen auszusprechen, damit sie ihm – nach erhofftem Wahlsieg – im neuen Bundestag das Vertrauen wieder schenken könne. Trotz schwerer verfassungsrechtlicher Bedenken hat das BVerfG diesen verkappten Weg der Parlamentsauflösung zum zweiten Mal (erstmals 1983 auf Antrag *Helmut Kohls*) für rechtens erklärt.
- Diese Selbstbeschränkung kann erst recht von den Antragsberechtigten geübt werden. Das BVerfG kann von sich aus niemals etwas unternehmen, erst der „Gang nach Karlsruhe" zwingt zu einer Stellungnahme.
- Das Verfassungsgericht kann zwar die Verfassung interpretieren, nicht aber ändern und Änderungen verhindern. Der Verfassungssouverän – Bundestag und Bundesrat mit Zweidrittelmehrheit – kann das Grundgesetz ändern und damit auch Rechte, Aufgaben und Zusammensetzung des höchsten Gerichtes neu bestimmen.

Selbstbeschränkung

Das Gericht ist also institutionell verwundbar. Es hat keine exekutive Gewalt, sondern ist darauf angewiesen, dass seine Beschlüsse von anderen Staatsorganen beachtet und befolgt werden. Nur die Bereitschaft dieser anderen Organe und letztlich der Bürger selbst in Verbindung mit einer selbst auferlegten Beschränkung des Gerichtes vermag auf Dauer zu verhindern, dass seine Befugnisse schon durch einfache Änderungen des *Bundesverfassungsgerichtsgesetzes* ausgehöhlt werden.

2.7 Der Bundespräsident

www.bundespraesident.de

Mit formalen Verfassungsrechten ist der Bundespräsident nach den leidvollen Erfahrungen mit dem „Ersatzkaiser" der Weimarer Republik (siehe S. 179 f.) von den Vätern des Grundgesetzes fast stiefmütterlich ausgestattet worden. Selbst ein Bundespräsident hat sich darüber gelegentlich leicht spöttisch geäußert und sich als *des Volkes oberster Notar* bezeichnet, der „reden kann, so viel er will", wie *Theodor Heuss* einmal meinte. Aus eigenem Entschluss kann das Staatsoberhaupt nur in wenigen Fällen unmittelbar entscheidend in die Politik eingreifen. Die Art. 63,4 und 68,1 GG geben ihm mit der *Kannvorschrift* eine eigenständige Entscheidungsvollmacht. Ansonsten wird der Präsident erst auf Vorschlag und Antrag ernennend, beglaubigend und ausfertigend tätig (vgl. Art. 64,1, 59, 60 und 82,1 des Grundgesetzes).

Bundespräsident Joachim Gauck

Seine Wirkung liegt im Ansehen, das ihm sein Auftreten und seine repräsentative Funktion verleihen.

Er kann Populäres anfordern oder kaum Bestreitbares moralisch anmahnen, ohne für Verwirklichung und Folgen verantwortlich zu sein. Auf diese Weise vermag er auch die öffentliche Meinung zu beeinflussen und damit politische Tendenzen zu verstärken oder abzuschwächen.

Er muss sich allerdings mit gezielten, parteipolitisch gefärbten Meinungen zurückhalten, damit er nicht in innenpolitische Auseinandersetzungen hineingezogen wird und damit seine Kraft zur **Integration** verliert.

Integration

Äußerungen ehemaliger Bundespräsidenten, z. B. *Heinrich Lübkes* offene Favorisierung einer Großen Koalition oder *Gustav Heinemanns* Wort vom „Machtwechsel" zur SPD/FDP, von dem seine eigene Wahl ein Teil sei, tangieren u. U. diese **Zurückhaltungspflicht**.

Zurückhaltungspflicht

Fast alle bisherigen Bundespräsidenten haben einen hohen Beliebtheitsgrad bei der Bevölkerung erreicht und damit die integrierende Kraft eines Staatsoberhauptes entfalten können. Dazu hat sicherlich auch beigetragen, dass bisher kein Bundespräsident nach Ausscheiden aus dem Amt in die aktive Politik zurückgekehrt ist.

▶ Q. 3

Das Amt des deutschen Staatsoberhauptes bekleideten seit Gründung der Bundesrepublik Deutschland:

1949 bis 1959	Theodor Heuss (FDP)	1984 bis 1994	Richard von Weizsäcker (CDU)
1959 bis 1969	Heinrich Lübke (CDU)	1994 bis 1999	Roman Herzog (CDU)
1969 bis 1974	Gustav Heinemann (SPD)	1999 bis 2004	Johannes Rau (SPD)
1974 bis 1979	Walter Scheel (FDP)	2004 bis 2010	Horst Köhler (CDU)
1979 bis 1984	Karl Carstens (CDU)	2010 bis 2012	Christian Wulff (CDU)
		seit 2012	Joachim Gauck

▶ QUELLE 1 Die Mängel der Medienherrschaft

Wendet man sich der Frage zu, wie die Medien die ihnen zugeordneten Funktionen erfüllen, so fallen – keineswegs allein in Deutschland – Defizite und Mängel ins Auge:

1. In der medialen Vermittlung der Politik wird – jedenfalls bei Hörfunk, Fernsehen und Boulevardpresse – ein Trend zur Vereinfachung, Personalisierung [...] und Emotionalisierung konstatiert: „Die dramaturgischen Notwendigkeiten – Spannung, Verkürzung und Simplifizierung – lassen Kontinuität und Rationalität auf der Strecke" (Oberreuter). [...]
2. Ähnlich problematisch wirkt sich eine zweite strukturelle Bedingung medialer Vermittlung aus: die journalistische Auswahl nach dem Nachrichtenwert, die dem Atypischen Vorrang vor dem Normalen, der Neuigkeit vor der Wiederholung [...], der affektiv ansprechenden Katastrophe bzw. dem Skandal vor ordentlichen Verhältnissen einräumt. [...]
3. Schließlich wird den Medien unbestritten die Wirkung zugeschrieben, die Themen der Politik und Diskussion zu bestimmen. Wieweit sie darüber hinaus auch politische Orientierungen zu steuern vermögen, ist umstritten. [...]

Die gewachsene Bedeutung der Massenmedien, insbesondere des Fernsehens, hat für die Demokratien daher keineswegs nur positive Folgen. Sie erweckt Befürchtungen vor einer Entwicklung zu einer „Stimmungsdemokratie und Mediokratie".

(Wolfgang Rudzio: Das politische System der Bundesrepublik Deutschland. Opladen, Leske & Budrich 1991, S. 213)

1. **Welche Gefahren liegen in der Macht der Medien?**
2. **Inwieweit wird durch sie die Wiedergabe des politischen und gesellschaftlichen Lebens in Deutschland verfälscht?**
3. **Was ist mit „strukturellen Bedingungen" der Medien gemeint?**

▶ QUELLE 2 Das Bundesverfassungsgericht

Das Bundesverfassungsgericht ist von allen übrigen Gerichtszweigen getrennt, aber trotzdem ein Teil der rechtsprechenden Gewalt, ein Gericht. Wie andere Gerichte befindet es mit unabhängigen Richtern anhand rechtlicher Normen darüber, was Rechtens ist. Es handelt im Rahmen genau umschriebener Zuständigkeiten und Verfahrensarten; es kann nur auf Antrag tätig werden; seine Urteile sind Rechtsentscheidungen.

Die Besonderheiten seiner rechtsprechenden Tätigkeit liegen in der Eigenart der rechtlichen Maßstäbe, die es anzuwenden hat, nämlich des Verfassungsrechts. Zwar haben alle rechtlichen Regelungen mit „Politik" zu tun, weil sie allgemein das Ergebnis politischer Entscheidungen sind und weil sie politische Wirkungen haben. Aber das Verfassungsrecht ist in besonderem Maße das Recht für das Politische selbst. Die Wirkung verfassungsgerichtlicher Entscheidungen betrifft nicht „das Detail gesetzlich normierter Lebensverhältnisse, sondern den verfassungsrechtlich geordneten Bereich politischer Einheitsbildung, politischer Gesamtleitung und politischer Willensbildung." (*Konrad Hesse*)

Die Entscheidungen des Bundesverfassungsgerichts sind für alle anderen Staatsgewalten (Verfassungsorgane des Bundes und der Länder, Gerichte und Behörden) verbindlich; in bestimmten Fällen haben sie sogar Gesetzeskraft. Neben seiner Eigenschaft als

Gericht ist das Bundesverfassungsgericht daher zugleich auch ein Verfassungsorgan: Durch seine Tätigkeit hat es Anteil an der obersten Staatsleitung; es ist keinem anderen Staatsorgan untergeordnet, sondern es steht zu den übrigen Verfassungsorganen (Bundestag, Bundesrat, Bundesregierung, Bundespräsident) in einer Beziehung der Gleichordnung.

(Wolfgang Horn. In: Informationen zur politischen Bildung, Heft 200/1983, S. 14)

1. Worin liegt die Hauptaufgabe des Bundesverfassungsgerichtes?
2. Wer ist an seine Entscheidungen gebunden?

Die Stellung des Bundespräsidenten

▶ QUELLE 3

Die Institution, die vom Mißtrauen des Bonner Verfassungsgebers gegen bestimmte Züge der Weimarer Konstitution am stärksten betroffen wurde, war die des Staatsoberhauptes [...] darum konzipierte das Grundgesetz die Stellung des Bundespräsidenten im großen und ganzen entsprechend der Funktion, die der Monarch im britischen Regierungssystem wahrnimmt.
Die Bonner Verfassung beschränkt den Präsidenten fast vollständig auf die Funktion des obersten Repräsentanten des Staates. Der Bundespräsident ist dem parteipolitischen Kampf und der machtpolitischen Auseinandersetzung entzogen – in seiner Person soll sich die Einheit des Staates symbolisieren.
Die ihm verbliebenen politischen Funktionen sind weitgehend formaler Natur. Sie werden allenfalls in kritischen Situationen des Verfassungslebens politisch bedeutsam. [...]
Der Bundespräsident wird [...] auf diskretes Vorgehen verwiesen; er kann warnen und raten, er kann nicht selbst politisch handeln, und er muß das meiste hinter den Kulissen tun oder in öffentlicher Rede zu wirken versuchen.

(Kurt Sontheimer: Grundzüge des politischen Systems der neuen Bundesrepublik Deutschland. München, Piper 1993, S. 279 f.)

1. Warum kann die Stellung des Bundespräsidenten mit der des britischen Monarchen verglichen werden?
2. Auf welche Weise vermag der Bundespräsident (nicht) Einfluss zu nehmen?

AUFGABEN

1. Machen Sie nach dem Vorbild demoskopischer Umfragen, z. B. des ZDF-Politbarometers, eine Erhebung in Ihrer Klasse und/oder Schule über die politische Stimmungslage und stellen Sie die „Sonntagsfrage".

2. Stellen Sie anhand der Synopsis auf S. 390 – noch besser aufgrund detaillierter Parteiprogramme – Übereinstimmungen und grundsätzliche Unterschiede in der Schwerpunktsetzung der Parteiprogramme fest.

3. Diskutieren Sie darüber, welche Gefahren von einem zu großen Verbandseinfluss ausgehen können.

4. Gestalten Sie ein Planspiel: Bilden Sie dazu in Ihrer Klasse eine Bürgerinitiative zu einem allgemein interessierenden Problem oder Projekt. Entwickeln Sie Initiativen dazu und halten Sie Erfahrungen mit anderen Bürgern, Organisationen und der Verwaltung fest.

5. Berichten Sie, welche Fälle von Machtmissbrauch Sie persönlich bereits erlebt haben bzw. von welchen Sie gehört haben. Breiten Sie Vorschläge aus, wie solchem Missbrauch begegnet werden kann.

HOT Grundlegende Arbeitstechniken und Methoden 13:

Zukunftswerkstatt

Im Geschichtsunterricht beschäftigen wir uns mit der Vergangenheit, Gemeinschaftskunde ermöglicht uns das bessere Verständnis der Gegenwart – aber beide Fächer sollen auch helfen, die Zukunft besser bestehen zu können und nicht völlig unvorbereitet „hineinzustolpern". Eine Methode, um dieses Anliegen auch praktisch umzusetzen, ist die Zukunftswerkstatt. Sie soll uns ermöglichen, zu einem bestimmten, für die Zukunft bedeutenden Problem Ideen zu sammeln und Probleme zu lösen. Fantasie, Kreativität und Originalität sind hier zunächst mehr gefragt als Expertenwissen und altbekannte Lösungen.

Bevor die eigentliche Arbeit in der Zukunftswerkstatt beginnen kann, sind einige Vorarbeiten zu leisten. Benötigte Materialien müssen bereitgestellt werden: Am besten eignet sich die auch für die Metaplan-Methode aufgelistete Grundausstattung an Papier, Stellwänden, Stiften usw. Dazu kommen noch für das spezielle Thema erforderliche Publikationen, Statistiken, Lehrbücher, Zeitungsausschnitte usw. Organisatorische Fragen müssen geklärt werden: Wie viel Zeit steht zur Verfügung? Wann sind Pausen eingeplant? Welche Räume können benutzt werden? Wer übernimmt die Moderation? usw.

Die eigentliche Arbeit in der Zukunftswerkstatt vollzieht sich dann in drei Phasen:

1. Kritikphase: Ein mögliches Thema für eine Zukunftswerkstatt könnte beispielsweise die Beschäftigung mit Bildung und Bildungspolitik sein. Unter der Themenstellung „Wie sieht die Schule der Zukunft aus?" wäre dann in dieser ersten Phase Kritik am bestehenden System zu formulieren. Wichtig ist in diesem Zusammenhang, dass Kritik nicht bedeutet, nur Negatives aufzuführen, sondern dass auch positive Erscheinungen des zurzeit bestehenden Zustandes berücksichtigt werden.

2. Fantasie- und Utopiephase: In dieser Phase sollen Ideen entwickelt werden, um alle gesammelten Kritikpunkte ins Positive zu wenden. In unserem Beispiel könnte die Leitfrage lauten: „Wenn ich die Macht, das Geld usw. hätte, um Schule nach meinen Vorstellungen zu gestalten, dann würde ich ..." oder „Welche Möglichkeiten gibt es, um Schule zu verbessern? Meine Ideen, Utopien, Träume, Vorschläge, Idealvorstellungen ..."

Es gibt viele Möglichkeiten, diese Phase zu gestalten: Man kann z. B. alle negativen Äußerungen aus der Kritikphase positiv umformulieren, man kann in Kleingruppen arbeiten und anschließend dem Plenum in einer möglichst originellen Präsentation seine Ideen vorstellen, man kann ein Brainstorming durchführen, eine Collage erstellen usw.

3. Umsetzungsphase: Nach den fantasievollen Höhenflügen geht es in der Umsetzungsphase darum, wieder auf den Boden der Tatsachen zurückzukehren und sich zu fragen, welche von der Vielzahl der Vorschläge verwirklicht werden können.

Am Ende steht im Idealfall ein konkretes Projekt, das von den Teilnehmern weiterverfolgt wird. In unserem Beispiel könnte das z. B. die Verbesserung des Schulklimas durch Aktivitäten wie Sportfeste, gemeinsame Konzertbesuche, Einführung von runden Tischen mit Schulleitung und Lehrern u. v. a. sein.

3 Friedenssicherung

Das Recht ohne Macht ist machtlos.
Die Macht ohne Recht ist tyrannisch.
Also muss man dafür sorgen,
dass das, was Recht ist, mächtig ist,
und das was mächtig ist, gerecht sei.
Der französische Philosoph Blaise Pascal (1623–1662)

SCHLÜSSELDATEN

1945	Gründung der UNO
1945–48	Osteuropa gerät unter sowjetische Kontrolle
1947	Truman-Doktrin und Marshall-Plan
1949	Gründung der NATO
1955	Bundesrepublik Deutschland wird Mitglied der NATO Abschluss des Warschauer Pakts (WP)
1956	Aufbau der Bundeswehr – Wehrpflicht
1962	Kuba-Krise
1975	Schlussakte der KSZE-Konferenz in Helsinki
1987	Abkommen über die Beseitigung der Mittelstreckenraketen in Europa
1991	Selbstauflösung des Warschauer Paktes
1999	Aufnahme von Polen, Tschechien und Ungarn in die NATO
2001	Erstmalige Ausrufung des Verteidigungsfalles der NATO nach Anschlag auf das World Trade Center in New York
2004	Aufnahme von Bulgarien, Estland, Litauen, Rumänien, Slowakei, Slowenien und Lettland in die NATO
2009	Mit der Aufnahme von Albanien und Kroatien hat die NATO jetzt 28 Mitglieder.

3.1 Die Vereinten Nationen als Friedensorganisation

DARSTELLUNG
www.un.org

Die **UNO** (United Nations Organization) geht zurück auf eine Initiative Präsident *Roosevelts*. Am 26. Juni 1945 unterzeichneten 50 Gründerstaaten (Polen unterzeichnete später) – zurzeit: 193 Mitglieder – die **Charta der Vereinten Nationen**. Hauptzweck und höchstes Ziel ist die Erhaltung des Friedens und der internationalen Sicherheit.

UNO
Charta der Vereinten Nationen

▶ Q. 1

Entscheidendes Organ für die Friedenssicherung ist der **Sicherheitsrat**, dessen fünf *ständige Mitglieder* (USA, Russland, Frankreich, Großbritannien, China) ein *auflösendes* (definitiv verhinderndes) **Vetorecht** genießen.

Sicherheitsrat
Vetorecht

Der Sicherheitsrat verfügt über ein ganzes Bündel von Maßnahmen, allerdings höchst unterschiedlicher Wirkung, um Konflikte beizulegen. Diese reichen von *Untersuchungen* über *Empfehlungen* (**Resolutionen**) bis hin zu *Maßnahmen* in Gestalt von Wirtschaftssanktionen und dem Abbruch der diplomatischen Beziehungen. Als schärfste Waffe kann der Sicherheitsrat Truppen entsenden, allerdings nur so weit, als diese nationalen Truppenkontingente von den Mitgliedstaaten gestellt werden. Über eigene bewaffnete Streitkräfte verfügt der **Generalsekretär**, das höchste Exekutivorgan der UNO, nicht.

Generalsekretär

Die vielfältigen **Friedensmissionen** der UNO zeigen zugleich Macht und Ohnmacht der Weltorganisation.

Friedensmissionen

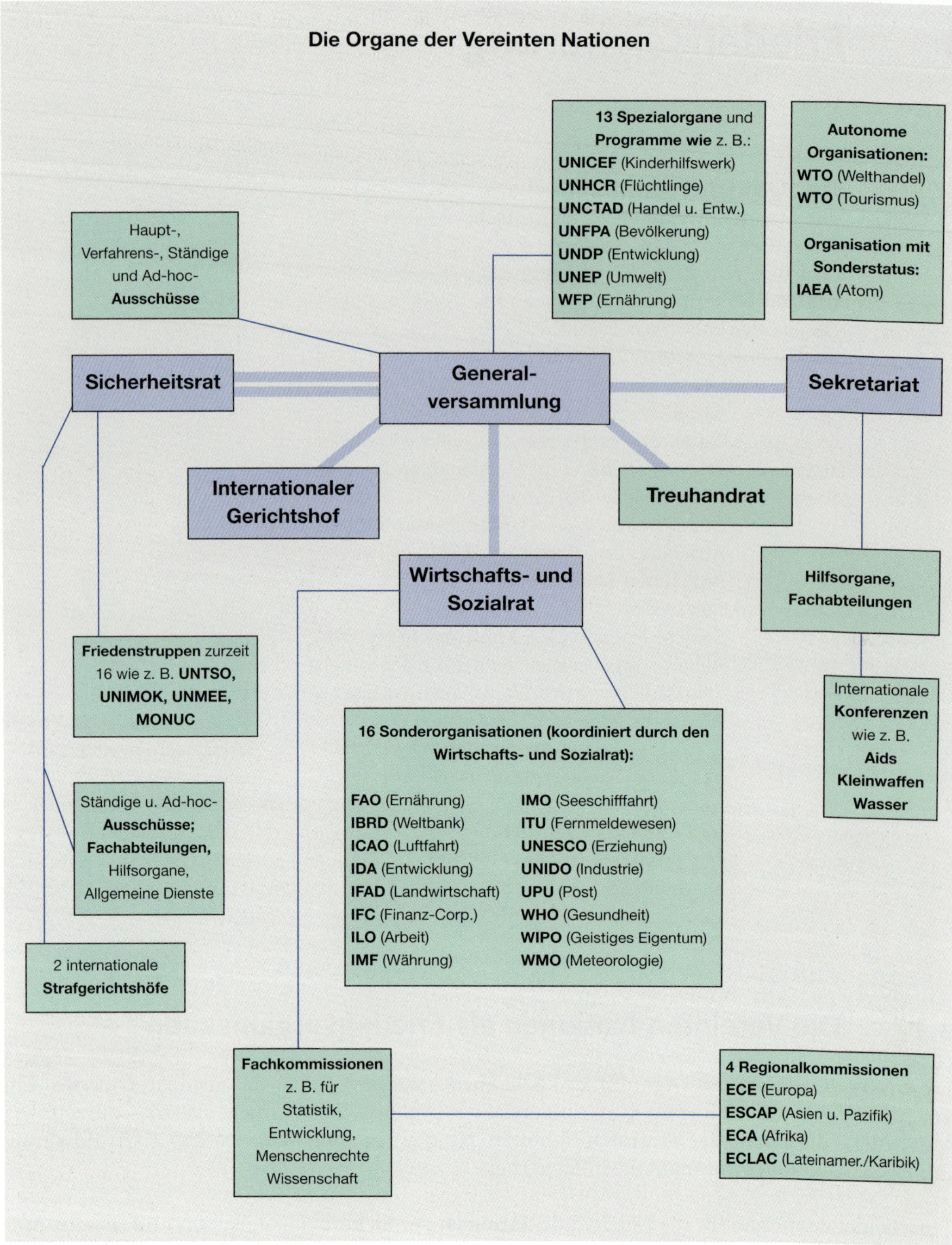

Die UNO hat weder das Recht noch die Möglichkeit, die Souveränität eines Landes gegen dessen Willen anzutasten oder sich in innere Angelegenheiten eines Staates einzumischen. Dennoch wird kein Mitglied Beschlüsse der UNO völlig unbeachtet lassen können, zumindest mittelfristig kann erheblicher politischer und auch moralischer Druck ausgeübt werden. Siehe als ▶ Q. 2 Beispiel Resolution Nr. 234 (1967) aus Anlass des sogenannten Sechstagekriegs zwischen Israel und Ägypten.

Zum ersten Mal in seiner Geschichte war sich der Sicherheitsrat einig, Sanktionen gegen einen Mitgliedstaat zu verhängen, als der Irak im August 1990 Kuwait überfiel und seinem Staatsgebiet anschloss. Unter Führung der Vereinigten Staaten wurden UNO-Truppen an den Golf entsandt, ein Handelsembargo verhängt und eine Luftblockade gegen den Irak beschlossen.

Die Grenzen zwischen **Kriegen** und **bewaffneten Konflikten** sind definitorisch nicht immer leicht zu ziehen. Nach vorherrschender Meinung kann von einem **Krieg** dann gesprochen werden, wenn er die drei folgenden Merkmale erfüllt:

Krieg

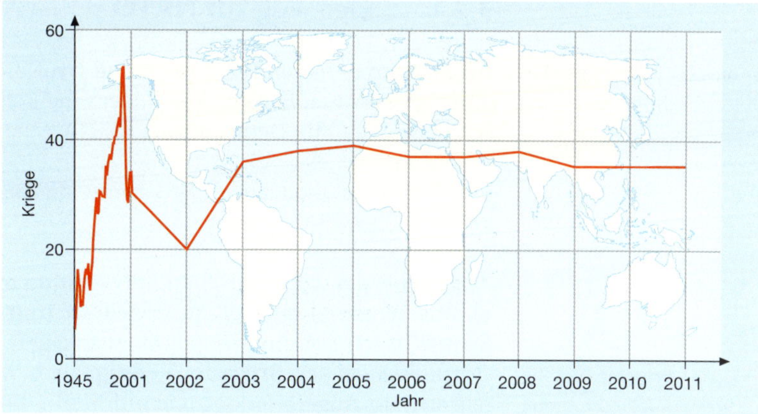

- Bei den Kämpfen sind zwei oder mehr bewaffnete Einheiten beteiligt, bei denen es sich mindestens bei einer Seite um reguläre Streitkräfte handeln muss.
  Beispiel: Der Irakkrieg im Jahre 2003.
- Auf beiden Seiten muss es ein Mindestmaß an zentralgelenkter Kriegsführung geben, das schließt einen Partisanen- und Antiterrorkrieg ein.
  Beispiele: Israel–Palästina seit 2000 und Afghanistan seit 2001.
- Die Kampfhandlungen erfolgen mit einer gewissen Kontinuität und werden nicht länger als ein Jahr unterbrochen.
  Beispiel: Russland–Tschetschenien 1999–2009.

Bewaffnete Konflikte sind gewaltsame Auseinandersetzungen, bei denen nicht alle genannten Merkmale der Kriegsdefinition erfüllt sind.
Beispiel: Angola seit 2002.

Bewaffneter Konflikt

Europa, insbesondere Deutschland ist seit Jahrzehnten von militärischen Auseinandersetzungen verschont geblieben; aber weltweit besteht – historisch gesehen – der Normalzustand: Kriege und Konflikte sind die Regel, der Frieden ist die Ausnahme.

Seit der Wiedervereinigung herrscht in Deutschland politisch weitgehend Einigkeit, dass die Bundesrepublik keine Sonderrolle mehr spielen kann. Von der rot-grünen Bundesregierung – und fugenlos fortgesetzt von den folgenden Koalitionsregierungen – wurden seit 1999 insgesamt elf Auslandseinsätze der Bundeswehr beschlossen, davon der größte mit 4900 Soldaten in Afghanistan (ISAF = International Security Assistance Force).

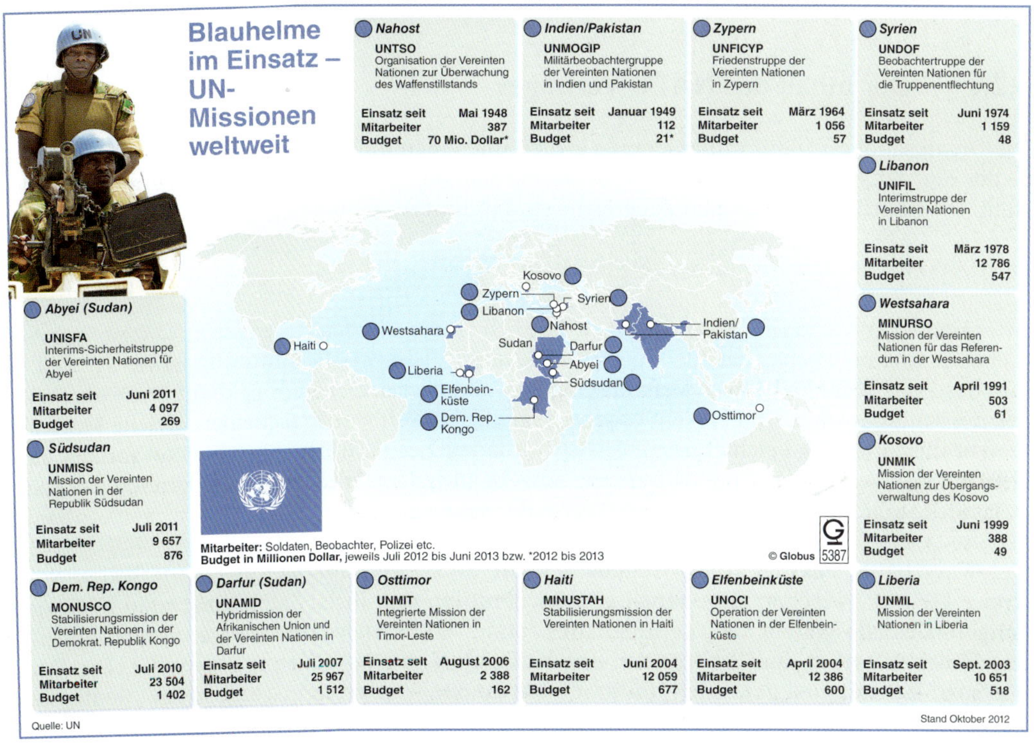

3.2 Die NATO

3.2.1 Der Weg zur NATO

Vertrag von Dünkirchen

Im März 1947 hatten Frankreich und Großbritannien den **Vertrag von Dünkirchen** geschlossen, einen 50-jährigen Beistandspakt, der eine kollektive Hilfeleistung für den Fall einer neuerlichen Aggressionspolitik Deutschlands vorsah.

Das Recht zur „kollektiven Selbstverteidigung" ist in Art. 51 der Charta der Vereinten Nationen geregelt.

▶ Q. 3

Brüsseler Vertrag
Westeuropäische Union

Angesichts der weltpolitischen Entwicklung regte Großbritannien an, den Vertrag durch die Aufnahme neuer Mitglieder zu erweitern und sich in einem neuen Abkommen gegenseitigen Schutz gegen *jede* Angriffspolitik zuzusagen. Am 17. März 1948 unterzeichneten auch die drei *Beneluxstaaten* den **Brüsseler Vertrag**, auch **Westeuropäische Union** genannt. Noch einmal richtete sich ihr Augenmerk primär auf Maßnahmen, die „im Falle der Wiederaufnahme einer deutschen Angriffspolitik als notwendig erachtet werden".

Doch schon als sich die Verteidigungsminister der fünf Brüsseler Paktstaaten im September 1948 trafen – inzwischen hatte die Berlinblockade im Juni 1948 begonnen –, erkannten sie die Notwendigkeit, eine Abwehr gegen die Bedrohung aus Osteuropa aufzubauen. Dazu aber reichten die Kräfte der *Westeuropäischen Union* nicht, aus weshalb Verhandlungen mit den USA und Kanada begannen, das Bündnis über den Atlantik hinweg auszudehnen und damit entscheidend zu stärken.

Vandenberg-Resolution

Im Juni 1948 hatte der US-Senat die **Vandenberg-Resolution** (benannt nach US-Senator *Vandenberg)* verabschiedet, nach der die USA die Absicht verwirklichen können, sich an regionalen Zusammenschlüssen *ohne* automatische militärische Beistandspflicht zu beteiligen. So begannen auf dieser Grundlage die Verhandlungsgespräche zwischen USA und Kanada einerseits und den Brüsseler Paktstaaten andererseits, in deren Verlauf auch die Länder Italien, Island, Dänemark, Norwegen und Portugal eingeladen wurden. Die Vertreter dieser zwölf Staaten schlossen am 4. April 1949 in Washington den *Nordatlantik-Vertrag,* der nach seinem Inkrafttreten am 24. August 1949 zum Aufbau der **Nordatlantik-Vertrag-Organisation** (NATO = North Atlantic Treaty Organization) führte.

Nordatlantik-Vertrag-Organisation

3.2.2 Der Inhalt des NATO-Vertrages

www.nato.int

Die Organisationsstruktur umfasst einen zivilen und einen militärischen Bereich, an deren Spitze der *Rat* mit seinem *Ausschuss für Verteidigungsplanung* (DPC = Defence Planning Commitee) steht. Die militärischen Kommandobereiche sind in fünf Abteilungen gegliedert.

Die NATO hat gegenwärtig (2015) 28 Mitglieder.

▶ Q. 4

Prinzip der kollektiven Verteidigung

Art. 1 und 2 des Vertrages lehnen sich fast wörtlich an die *Charta der Vereinten Nationen* an; Art. 4 enthält eine politische Konsultationsverpflichtung. Wichtigste Bestimmung ist Art. 5, weil in ihm das **Prinzip der kollektiven Verteidigung** begründet wird. Der Vertrag kennt keine *automatische Beistandsklausel,* vor allem steht es jedem Mitgliedstaat frei zu entscheiden, welche Maßnahmen er für notwendig erachtet. Die geleistete Unterstützung muss nicht unbedingt von der gleichen Art sein, wie sie der Angegriffene zur Abwehr anwendet. Weitere Staaten können nur dann zusätzlich aufgenommen werden, wenn der Rat einstimmig zustimmt.

Warschauer Pakt

Der **Warschauer Pakt** (WP), als Gegenstück zur NATO gedacht, ist aus einem System *bilateraler Verträge* zwischen der ehemaligen Sowjetunion und ihren Satellitenstaaten hervorgegangen. Deshalb lautete auch sein genauer Name: *Warschauer Vertragsorganisation.* Formell wurde der WP nach dem Beitritt der Bundesrepublik zur NATO 1955 gegründet. Die DDR war 1956 Vollmitglied geworden und trat kurz vor der Wiedervereinigung am 24. September

Die NATO Response Force (NRF) ist die schnelle Eingreiftruppe des Bündnisses für weltweite Einsätze.

1990 förmlich aus. Am 25. Februar 1991 beschlossen die verbliebenen sechs WP-Staaten die Auflösung der gemeinsamen Kommandostruktur, und am 1. Juli 1991 löste sich der WP in Prag ohne jedes Zeremoniell oder vorhergehende Debatte auf.

Im April 1999 verabschiedete die NATO ein neues strategisches Konzept für unterschiedliche Möglichkeiten militärischer Konfliktregelung. Diese Optionen spiegeln die Einsätze der NATO in den 1990er-Jahren wider:

1. Kampfeinsätze im Rahmen eines Mandats der Vereinten Nationen wie z. B. im Krieg gegen den Irak 1991,
2. Blauhelmeinsätze (*peace-keeping*), das sind friedenssichernde Maßnahmen wiederum im Rahmen eines UN-Mandates, z. B. die SFOR (*Stabilisation Force*) in Bosnien-Herzegowina,
3. nicht mandatierte Peace-keeping-Einsätze aufgrund eines von einer Konfliktpartei ausgesprochenen Ersuchens an die NATO, z. B. in Mazedonien 2001,
4. Selbstmandatierung militärischer Einsätze zur Erzwingung eines Friedens, z. B. im Kosovo-Krieg von März bis Juni 1999,
5. militärische Einsätze aufgrund eines Angriffs auf einen der Bündnispartner. Dieser Bündnisfall wurde in der Geschichte der NATO erstmals am 2. Oktober 2001 nach den Terroranschlägen vom 11. September ausgerufen.

Selbstmandatierung

Völkerrechtlich und politisch umstritten ist vor allem die **Selbstmandatierung**. Die NATO hat sich damit die Befugnis zur militärischen Konfliktlösung selbst erteilt. Als Gründe werden eine ganze Reihe von Tatbeständen genannt, wie der Völkermord, ethnische Vertreibungen und die schwere Beeinträchtigung der Sicherheitsinteressen von NATO-Staaten.

▶ Q. 5

Die NATO kann zweifellos als eine der erfolgreichsten Militärorganisationen in die Weltgeschichte eingehen. Sie hat einen Sieg über ihren ursprünglichen Gegner, die UdSSR und ihre Satellitenstaaten, errungen, der 1949 Anlass für die Gründung des Bündnisses war, ohne auch nur einen einzigen Schuss abzugeben.

▶ QUELLE 1 Auszug aus der Charta der Vereinten Nationen

Kapitel I: Ziele und Grundsätze

Artikel 1: (Ziele)

Die Vereinten Nationen setzen sich folgende Ziele:

1. den Weltfrieden und die internationale Sicherheit zu wahren und zu diesem Zweck wirksame Kollektivmaßnahmen zu treffen, um Bedrohungen des Friedens zu verhüten und zu beseitigen, Angriffshandlungen und andere Friedensbrüche zu unterdrücken und internationale Streitigkeiten oder Situationen, die zu einem Friedensbruch führen könnten, durch friedliche Mittel nach den Grundsätzen der Gerechtigkeit und des Völkerrechts zu bereinigen oder beizulegen;
2. freundschaftliche, auf der Achtung vor dem Grundsatz der Gleichberechtigung und Selbstbestimmung der Völker beruhende Beziehungen zwischen den Nationen zu entwickeln und andere geeignete Maßnahmen zur Festigung des Weltfriedens zu treffen;
3. eine internationale Zusammenarbeit herbeizuführen, um internationale Probleme wirtschaftlicher, sozialer, kultureller und humanitärer Art zu lösen und die Achtung vor den Menschenrechten und Grundfreiheiten für alle ohne Unterschied der Rasse, des Geschlechts, der Sprache oder der Religion zu fördern und zu festigen;

Kapitel VI: Die friedliche Beilegung von Streitigkeiten

Artikel 33: (Verpflichtung zur friedlichen Streiterledigung)

(1) Die Parteien einer Streitigkeit, deren Fortdauer geeignet ist, die Wahrung des Weltfriedens und der internationalen Sicherheit zu gefährden, bemühen sich zunächst um eine Beilegung durch Verhandlung, Untersuchung, Vermittlung, Vergleich, Schiedsspruch, gerichtliche Entscheidung, Inanspruchnahme regionaler Einrichtungen oder Abmachungen oder durch andere friedliche Mittel eigener Wahl.

(2) Der Sicherheitsrat fordert die Parteien auf, wenn er dies für notwendig hält, ihre Streitigkeit durch solche Mittel beizulegen.

Artikel 51: (Selbstverteidigungsrecht bis zum Eingreifen des Sicherheitsrats)

Diese Charta beeinträchtigt im Falle eines bewaffneten Angriffs gegen ein Mitglied der Vereinten Nationen keineswegs das naturgegebene Recht zur individuellen oder kollektiven Selbstverteidigung, bis der Sicherheitsrat die zur Wahrung des Weltfriedens und der internationalen Sicherheit erforderlichen Maßnahmen getroffen hat. Maßnahmen, die ein Mitglied in Ausübung dieses Selbstverteidigungsrechts trifft, sind dem Sicherheitsrat sofort anzuzeigen; sie berühren in keiner Weise dessen auf dieser Charta beruhende Befugnis und Pflicht, jederzeit die Maßnahmen zu treffen, die er zur Wahrung oder Wiederherstellung des Weltfriedens und der internationalen Sicherheit für erforderlich hält.

(In: Politik und Unterricht, Heft 1/1985)

1. **Wie lauten – in Ihren Worten – die Zielsetzungen der UN?**
2. **Welches sind die grundlegenden Bedingungen der Charta der Vereinten Nationen?**
3. **Auf welche Weise sollen Streitigkeiten beigelegt werden?**
4. **Was versteht die Charta unter dem kollektiven Selbstverteidigungsrecht?**

▶ QUELLE 2 Resolution 234 (1967)

7. Juni 1967

Der Sicherheitsrat

in Kenntnis, daß trotz seiner Aufforderung an die es angehenden Regierungen, als ersten Schritt sofort alle Maßnahmen zu einer unverzüglichen Feuereinstellung und Beendigung aller Kriegshandlungen im Nahen Osten – Resolution 233 (1967) – zu ergreifen, die militärischen Unternehmungen andauern.

in Sorge, daß der Fortgang militärischer Handlungen eine noch bedrohlichere Lage in dem Gebiet herbeiführen könnte,

1. *verlangt,* daß die es angehenden Regierungen als ersten Schritt am 7. Juni 1967 um 20 Uhr Mittlerer Greenwicher Zeit das Feuer einstellen und alle militärischen Handlungen einstellen;
2. *ersucht* den Generalsekretär, den Rat umgehend und laufend über die Lage zu unterrichten.

Abstimmungsergebnis: Einstimmige Annahme

(In: Politik und Unterricht, Heft 1/1985)

1. **Inwieweit kann die Resolution als Ultimatum an die Krieg führenden Parteien – Israel und seine Feinde – gewertet werden?**
2. **Auf welche Weise versucht der Sicherheitsrat Neutralität zu wahren?**

Die Truman-Doktrin (Auszug)

▶ QUELLE 3

Der Ernst der Lage, der sich die Welt heute gegenübergestellt sieht, erfordert mein Erscheinen vor einer gemeinsamen Session des Kongresses, da die Außenpolitik und nationale Sicherheit unseres Landes auf dem Spiele steht.
Die Vereinigten Staaten haben von der Regierung Griechenlands einen dringenden Appell um finanzielle und wirtschaftliche Unterstützung erhalten. [...] Eine Hilfe [...] [ist] dringend erforderlich, wenn Griechenland als freie Nation bestehen bleiben soll. [...]
Griechenlands Nachbar, die Türkei, verdient unsere Aufmerksamkeit. Die Zukunft der Türkei als unabhängiger und wirtschaftlicher gesunder Staat ist nicht von geringerer Bedeutung für die friedliebenden Völker der Welt als die Zukunft Griechenlands. [...]
Wir sind das einzige Land, das diese Hilfe geben kann. Ich bin mir vollkommen im klaren über die weitgehenden Folgerungen, die sich im Falle einer Unterstützung der USA für Griechenland und die Türkei ergeben. [...]
Eines der vornehmsten Ziele der Außenpolitik der USA ist die Schaffung von Verhältnissen, unter denen wir und andere Nationen in der Lage sind, ein Leben frei von Zwang zu führen. [...]
Im gegenwärtigen Augenblick der Weltgeschichte muß fast jede Nation zwischen zwei verschiedenen Lebensarten wählen. Zu oft ist die Wahl keine freie. Die eine Art zu leben gründet sich auf den Willen der Mehrheit und zeichnet sich durch freie Institutionen, repräsentative Regierungen, freie Wahlen, Garantien der persönlichen Freiheit [...] und Freiheit von politischer Unterdrückung aus.
Die zweite Lebensart hat als Grundlage den Willen einer Minderheit, der mit Gewalt der Mehrheit gegenüber geltend gemacht wird. Sie stützt sich auf Terror und Unterdrückung, kontrollierte Presse und Rundfunk, von vornherein bestimmte Wahlen und auf die Unterdrückung der persönlichen Freiheit.
Ich bin der Ansicht, daß wir den freien Völkern beistehen müssen, ihr eigenes Geschick auf ihre Weise zu bestimmen. Ich glaube, daß unser Beistand in erster Linie in Form von finanzieller und wirtschaftlicher Hilfe gewährt werden sollte, eine Hilfe, die wesentlich ist für die wirtschaftliche Stabilität und ordnungsgemäße politische Entwicklung.
Die Welt ist nicht statisch und der Status quo ist nicht heilig; aber wir können keine Veränderungen des Status quo unter Verletzung der Charta der Vereinten Nationen durch Methoden des Zwanges oder auf dem Umweg der politischen Durchdringung zulassen. Bei der Hilfe für freie und unabhängige Nationen zur Erhaltung ihrer Freiheit werden sich die Vereinigten Staaten an die Prinzipien der Charta der Vereinten Nationen halten. [...]

(In: Keesing's Archiv der Gegenwart, 16./17. Jg. 1946/47, S. 1038 f.)

1. **An welche Voraussetzungen knüpfen die USA ihr Hilfsangebot?**
2. **Wie teilt Truman die Nationen ein?**
3. **Worauf beruft sich der amerikanische Präsident, wenn er die Hilfe der USA anbietet?**

Auszug aus dem NATO-Vertrag

▶ QUELLE 4

Artikel 1
Die vertragschließenden Staaten verpflichten sich, gemäß den Bestimmungen der Charta der Vereinten Nationen jeden internationalen Streitfall, an dem sie beteiligt sein mögen, durch friedliche Mittel in der Weise zu regeln, daß Frieden, Sicherheit und Gerechtigkeit unter den Völkern nicht gefährdet werden, und sich in ihren internationalen Beziehungen jeglicher Drohung oder Gewaltanwendung zu enthalten, die in irgendeiner Weise mit den Zielen der Vereinten Nationen nicht vereinbar ist.

Artikel 3
Um die Ziele dieses Vertrages nachhaltiger zu verwirklichen, werden die vertragschließenden Staaten einzeln und gemeinsam durch ständige, wirksame Selbsthilfe und gegenseitige Unterstützung die Kraft des einzelnen Staates und der Gesamtheit der Staaten, einem bewaffneten Angriff Widerstand zu leisten, aufrechterhalten und entwickeln.

Artikel 5
Die vertragschließenden Staaten sind sich darüber einig, daß ein bewaffneter Angriff gegen einen oder mehrere von ihnen in Europa oder Nordamerika als ein Angriff gegen sie alle betrachtet wird, und infolgedessen kommen sie überein, daß im Falle eines solchen bewaffneten Angriffs jeder von ihnen in Ausübung des in Artikel 51 der Charta der Vereinten Nationen anerkannten Rechts zur persönlichen oder gemeinsamen Selbstverteidigung den Vertragsstaat oder die Vertragsstaaten, die angegriffen werden,

unterstützen wird, indem jeder von ihnen für sich und im Zusammenwirken mit den anderen Vertragsstaaten diejenigen Maßnahmen unter Einschluß der Verwendung bewaffneter Kräfte ergreift, die er für notwendig erachtet, um die Sicherheit des nordatlantischen Gebietes wiederherzustellen und aufrechtzuerhalten.
Jeder derartige bewaffnete Angriff und alle als dessen Ergebnis ergriffenen Maßnahmen sollen dem Sicherheitsrat unverzüglich gemeldet werden. Diese Maßnahmen sind zu beenden, sobald der Sicherheitsrat die zur Wiederherstellung und Aufrechterhaltung des Völkerfriedens und der internationalen Sicherheit notwendigen Maßnahmen getroffen hat.

(In: Europa-Archiv, April 1949, S. 2071 ff.)

1. **Wie lauten Zweck und Ziele des NATO-Vertrages?**
2. **Welches ist die völkerrechtliche Grundlage der NATO?**
3. **Gibt es eine automatische Beistandsverpflichtung im Falle eines Angriffs auf einen der Mitgliedstaaten? Begründen Sie Ihre Meinung.**
4. **Warum kann die NATO keine Kriegserklärung abgeben und keinen Angriffskrieg führen?**

▶ QUELLE 5 **NATO in der Sinnkrise**

Noch ist der Krieg gegen Al-Qaida und ihre Sympathisanten in aller Welt nicht gewonnen. Doch ein prominentes Opfer wird schon zu Grabe getragen – die Nato. Nach dem Angriff auf Amerika hat das mächtigste Militärbündnis der Welt zum ersten Mal in 52 Jahren feierlich den Bündnisfall erklärt und wird trotzdem nicht gebraucht.
Landet die Nato also auf Washingtons Schutthaufen für „Relikte des Kalten Krieges“? […]
Der Nato fehlt der Feind als Kitt. Amerika hat längst eine eigene Agenda – und Europa auch. Die einen wollen jederzeit in aller Welt eingreifbereit sein; die anderen möchten lieber erst die Buschfeuer an Europas Flanke im Südosten löschen. Zwischen diesen widersprüchlichen Positionen soll die Nato eine Brücke schlagen. Fast scheint es, als eine die ungleichen Lager heute nur noch eines: der Vorsatz, einander auszunutzen. Die USA brauchen Europa als Geräteschuppen und Startbahn auf den Weg ins Einsatzgebiet. Und die Europäer brauchen die USA – weil sie nicht einmal die Sicherheit ihres eigenen Kontinents allein garantieren können.
Kein Zweifel: Die Allianz lebt immer noch vom Bekenntnis zu Freiheit und Demokratie. Doch für eine schlagkräftige Militärallianz reicht das nicht. […]

(Constanze Stelzenmüller, Michael Thumann: Kein Feind, kein Ehr. In: Die Zeit vom 10. Januar 2002)

1. **Worin sehen die Autoren den möglichen Brückenschlag der NATO**
2. **Was kritisieren die Autoren an Europa?**

3.3 Die Bundeswehr

DARSTELLUNG
www.bundeswehr.de

Die Bundeswehr ist im Gegensatz zu allen früheren deutschen Armeen durch zwei Hauptmerkmale charakterisiert:

Bündnisarmee

1. Sie ist eine Armee im Bündnis – **Bündnisarmee.**
   Die Kampfverbände des Heeres, mit Ausnahme einiger Territorialverbände, und die Kräfte der Luftverteidigung und -überwachung sind bereits in Friedenszeiten der NATO unterstellt. Diese Unterstellung der Bundeswehr unter die – international integrierten – Kommandostäbe der NATO, bei denen auch hohe deutsche Offiziere in voller Gleichstellung mit denselben Rechten und Pflichten Dienst tun, geht so weit, dass der Kommandant eines deutschen Fliegerhorstes die Genehmigung des NATO-Hauptquartiers in Brüssel benötigt, wenn er zwei *Tornados* zu einem außerplanmäßigen Übungsflug starten lassen will.

2. Die Bundeswehr darf nur zu Verteidigungszwecken eingesetzt werden (Art. 87 a, 2 GG) – **Verteidigungsarmee.**

Verteidigungsarmee

3.3.1 Der Auftrag der Bundeswehr

In der geänderten sicherheitspolitischen Lage – umgeben von Partnerstaaten, „umzingelt von Freunden" – hat die Bundeswehr folgende Aufgaben:

▶ Q. 1

Landesverteidigung

www.deutschesheer.de

- **Landesverteidigung:** Nach Überwindung der europäischen Teilung und Wiederherstellung der deutschen Einheit hat sich die sicherheitspolitische Lage der Bundesrepublik Deutschland erheblich verbessert. Dennoch bleibt die Verteidigung Deutschlands gegen eine äußere Bedrohung die politische und verfassungsrechtliche Grundlage der Bundeswehr. Angesichts der wachsenden Bedrohung des deutschen Hoheitsgebietes durch terroristische Angriffe hat der Schutz der Bevölkerung und des deutschen Territoriums wieder an Bedeutung gewonnen.

Bündnisverteidigung

Kollektive Verteidigung

- **Bündnisverteidigung:** Kein Staat kann heute mehr al-lein Frieden und Sicherheit gewährleisten. Vor allem der internationale Terrorismus zwingt zum gemeinsamen Handeln. Die Kernaufgabe der **kollektiven Verteidigung** dient der internationalen Konfliktverhinderung und Krisenbewältigung. Freiheit und Sicherheit der Bundesrepublik Deutschland werden „auch am Hindukusch" (ehemaliger Verteidigungsminister *Struck*, 2003) in Afghanistan verteidigt.

Internationale Einsätze

- **Internationale Einsätze:** Die Bundeswehr wird tätig bei humanitären Einsätzen, z. B. der Evakuierung deutscher Staatsbürger aus Notlagen, und beteiligt sich gemeinsam mit Streitkräften befreundeter Nationen an friedenserhaltenden, stabilisierenden und friedenserzwingenden Operationen. Der erste friedenserzwingende (Kampf-)Einsatz der Bundeswehr erfolgte im Kosovo-Luftkrieg von März bis Juni 1999.

Die Bundeswehr im internationalen Einsatz

Deutschland beteiligt sich derzeit mit rund 2 700 Soldaten an internationalen Einsätzen

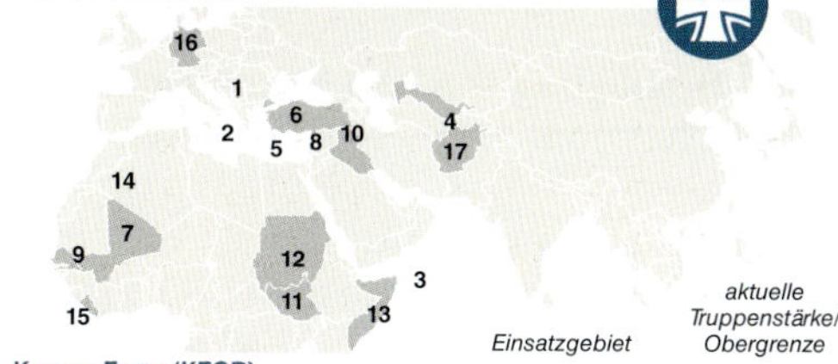

		Einsatzgebiet	aktuelle Truppenstärke/ Obergrenze
1	**Kosovo Force (KFOR)** Friedenstruppe der Nato	Kosovo	**686**/1 850
2	**EUNAVFOR MED** EU-Mission gegen Schleuser	Mittelmeer	**320**/950
3	**ATALANTA** Anti-Piraterie-Mission der EU	Horn von Afrika	**140**/950
4	**RSM** Int. Sicherheitsunterstützungstruppe der Nato	Afghanistan, Usbekistan	**822**/850
5	**OAE** Nato: Seeraumüberwachung u. Terrorismusabwehr	Mittelmeer	**0**/500
6	**Active Fence** Luftverteidigung der Nato (Patriot-Raketen)	Türkei	**267**/400
7	**EUTM** Trainingsmission der EU	Mali	**204**/350
8	**UNIFIL** Friedensmission der UN	Libanon	**116**/300
9	**MINUSMA** Friedensmission der UN	Mali, Senegal	**10**/150
10	Ausbildungsunterstützung	Nordirak	**101**/100
11	**UNMISS** Friedensmission der UN	Südsudan	**16**/50
12	**UNAMID** Friedensmission der UN und Afrikan. Union	Darfur, Sudan	**4**/50
13	**EUTM SOM** Trainingsmission der EU	Somalia	**11**/20
14	**MINURSO** Beobachtermission der UN	Westsahara	**4**/20
15	**UNMIL** Friedensmission der UN	Liberia	**3**/5
16	**STRATAIRMEDEVAC** Strategischer Verwundetentransport	Deutschland	**41**/-
17	**UNAMA** UN-Unterstützungsmission	Afghanistan	**3**/-

dpa•22745 Quelle: Bundeswehr Stand Sept. 2015

Das *Grundgesetz* hat den kriegerischen Einsatz der Bundeswehr restriktiv nur in zwei Fällen erlaubt:

Verteidigungsfall

Bündnisfall

- **Verteidigungsfall** (Art. 115 a GG): Er liegt vor, wenn das Bundesgebiet mit Waffengewalt angegriffen wird.
- **Bündnisfall** (Art. 80 a, 3 GG): Er ist gegeben, wenn ein solcher Angriff einem NATO-Verbündeten gilt.

Art und Umfang der Unterstützung, sie kann von einem Solidaritätstelegramm über Lebensmittelhilfe bis zum Kampfeinsatz reichen, bedürfen zuvor eines einstimmigen Beschlusses des *NATO-Rates*. Dieser kommt somit ohne Zustimmung auch des deutschen Ratsmitgliedes nicht zustande.

Nach Wiederherstellung der nationalen Einheit ist Deutschland so souverän wie die anderen europäischen Bündnispartner – mit allen daraus resultierenden Rechten und vor allem auch Pflichten. Die Bundesrepublik Deutschland kann sich deshalb nicht länger den von der Völkergemeinschaft für notwendig erachteten Aufgaben entziehen. Die Verweigerung auch militärischer Hilfe unter Hinweis auf die Hypothek der eigenen Geschichte mag für einen Einsatz im ehemaligen Jugoslawien noch plausibel erscheinen, für einen humanitären Hilfseinsatz in Somalia trägt er jedoch nicht mehr.

Out-of-Area-Einsätze

Nach jahrelangen heftigen politischen Auseinandersetzungen über die Zulässigkeit von **Out-of-Area-**Einsätzen (außerhalb des NATO-Gebietes) hat das Bundesverfassungsgericht in seinem Urteil vom 12. Juli 1994 endlich rechtliche Klarheit geschaffen.

Die entscheidenden Leitsätze des Urteils lauten:

▶ Q. 2

1. Art. 24, 2 GG erlaubt den Einsatz bewaffneter Streitkräfte im Rahmen eines Systems kollektiver Sicherheit.

2. Das Grundgesetz verpflichtet die Bundesregierung, für einen Einsatz bewaffneter Streitkräfte die – grundsätzlich vorherige – Zustimmung des Deutschen Bundestages einzuholen.

Versorgungs- und Hilfseinsätze

Unstrittig war bisher schon, dass reine **Versorgungs- und Hilfseinsätze** zur Linderung der Not der Bevölkerung in Gebieten, die von Hunger, Katastrophen und Bürgerkrieg heimgesucht werden, zulässig sind.

Beispiel: Beteiligung von 140 Sanitätssoldaten der Bundeswehr an der UN-Friedensmission in Kambodscha 1992.

Blauhelmeinsätze

Das Verfassungsgerichtsurteil stellt klar, dass auch „friedenssichernde" Aufgaben, etwa sog. **Blauhelmeinsätze** im Auftrag der UNO, zulässig sind.

Mit dem Begriff *Friedenssicherung* vermeidet das Gericht die reichlich akademische und praxisferne Diskussion um die Unterscheidung zwischen „friedenserhaltenden" und „friedensschaffenden" Missionen (Kampfeinsätze). Das **Selbstverteidigungsrecht** der Soldaten, sich gegen Angriffe zu wehren, war als Notwehrrecht ohnedies auch in der Vergangenheit stets gegeben.

Konstitutive Zustimmung

Die Bundeswehr ist, so urteilt das Bundesverfassungsgericht ferner, als Streitmacht nicht nur der Exekutive überlassen, sondern als „Parlamentsheer" Teil der demokratisch rechtsstaatlichen Ordnung. Somit bedarf ihr Einsatz der **konstitutiven Zustimmung** des Bundestages; das ist die einfache Mehrheit, mit der auch im Regelfall Gesetze beschlossen werden.

Die grundsätzlich im Voraus einzuholende Parlamentszustimmung gilt als Mindestanforderung; es bleibt dem Gesetzgeber, also dem Bundestag, überlassen, Art und Umfang seiner Mitwirkung und Mitbestimmung auszugestalten.

Die Bundeswehr darf innerhalb des Bundesgebietes nur im Falle schwerer Naturkatastrophen oder bei besonders schweren Unglücksfällen herangezogen werden, wenn die Polizeikräfte des Landes oder die anderer Länder nicht ausreichen. Das geschah beispielsweise bei der Bekämpfung des Elbehochwassers 2002 und der Vogelgrippe an der Ostsee im Februar 2006.

Bundeswehr beim Katastropheneinsatz

Mit einem **Luftsicherheitsgesetz** versuchte die rot-grüne Bundesregierung eine Rechtsgrundlage für einen weiteren Einsatz im Innern zu schaffen, sofern Polizeikräfte nicht in der Lage sind, eine Gefahr abzuwehren. Die Bundesluftwaffe sollte danach ein von Terroristen gekapertes und zur Waffe umfunktioniertes Passagierflugzeug, das in selbstmörderischer Absicht nach dem Beispiel von „nine-eleven" auf einen Wohnblock gesteuert wird, abschießen dürfen. Das Bundesverfassungsgericht hat im Februar 2006 das erst ein Jahr alte Gesetz in allen wesentlichen Teilen für nichtig erklärt. Ein solcher Einsatz bedürfe einer Grundgesetzänderung. Für absolut und in jedem Fall unzulässig hält das Gericht den Abschuss, wenn in dem Flugzeug auch Tatunbeteiligte (Passagiere) sind.

Luftsicherheitsgesetz

3.3.2 Die „neuen" Streitkräfte

Die neuen Aufgaben der Bundeswehr erfordern einen anderen Streitkräftetyp.

Nicht mehr Abschreckung oder ein erfolgreicher Verteidigungskampf gegen einen Aggressor ist das künftige Hauptaufgabenfeld der Bundeswehr, sondern die **Deeskalation**, also die Verringerung und Abschwächung des Einsatzes militärischer Mittel. Das Ziel ist vor allem, die alltägliche Ordnung wiederherzustellen und zu einer friedlichen Beziehung zwischen verfeindeten Gruppen beizutragen. Die strenge Bindung des militärischen Auftrages an die nationalen Interessen, der Schutz des eigenen Landes tritt zurück. Unter Umständen müssen deutsche Soldaten auch dann kämpfen, wenn ihr eigenes Land eben nicht Partei einer der rivalisierenden Gruppen ist.

Deeskalation

Die neuen Aufgaben erfordern eine neue Ausbildung in Kommunikation, Sprachenbeherrschung, in der Fähigkeit, in kleinen Einheiten mit Spezialgerät und -bewaffnung auf fremdem Territorium mit anderen Kulturen operieren zu können, und in der Fähigkeit zur Zusammenarbeit mit den einheimischen militärischen und zivilen Kräften. Damit steigt der Bedarf an akademisch vorgebildeten Offizieren und Unteroffizieren mit Fachhochschulausbildung.

▶ Q. 3

3.3.3 Struktur der Wehrverfassung

Alle Soldaten der Bundeswehr, angefangen vom ranghöchsten Offizier, dem Generalinspekteur der Bundeswehr, bis zum jüngsten Rekruten sind weisungsgebunden. Die Führungsspitze

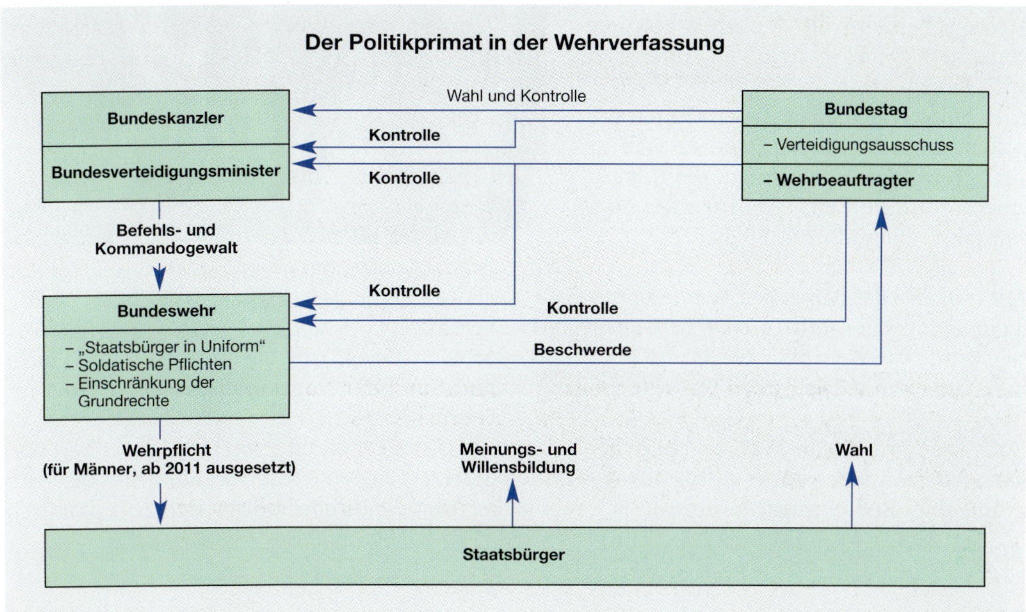

der Bundeswehr ist der politischen Führung untergeordnet. Im Frieden hat die höchste „Befehls- und Kommandogewalt" der Bundesminister für Verteidigung (Art. 65 a GG). Sie geht „mit der Verkündung des Verteidigungsfalles [...] auf den Bundeskanzler über" (Art. 115 b GG). Auf keinen Fall sollte die Bundeswehr sich „neutral", losgelöst von der politischen Führung, betrachten. Sie sollte nicht, wie die Reichswehr der Weimarer Republik, ein „Staat im Staate" sein. Der **Primat der Politik** für die Streitkräfte ist verfassungsrechtlich mehrfach abgesichert.

Primat der Politik

Die Unterstellung der Bundeswehr unter die politische Führung darf nicht verwechselt werden mit der gebotenen *parteipolitischen Neutralität.* Die Armee ist ein Instrument des Staates und damit der jeweiligen Staatsführung, nicht ein Werkzeug zur Verfolgung parteipolitischer Interessen.

3.3.4 Die Umstrukturierung der Bundeswehr

Bis zum Jahre 2012 wurde der Gesamtpersonalumfang der Bundeswehr auf etwa 180 000 Mann (Frauenanteil circa 7 %) verringert. Gegliedert wird die Bundeswehr in drei Kategorien, die jeweils aufgabenorientiert ausgebildet, ausgerüstet und eingesetzt werden:

- **Krisenreaktionsstreitkräfte** für Operationen von kurzer Dauer mit hoher Kampfbereitschaft und -fähigkeit, zum Beispiel in Afghanistan
- **Stabilisierungskräfte** für längere Einsatzzeiten mit geringer Kampfwahrscheinlichkeit
- **Unterstützungskräfte** zur logistischen Unterstützung dieser Einsätze zur Gewährleistung des Grundbetriebes, vor allem der Ausbildung

Ankunft der ersten Wehrpflichtigen auf dem Bahnhof in Mittenwald am 1. April 1957

Mit der Einführung der allgemeinen Wehrpflicht 1956 wurde die Bundeswehr mit einer verfassungsrechtlichen Grundsatzentscheidung als Wehrpflichtarmee konzipiert. Dabei dienten von Anfang an auch Freiwillige in ihr; vor allem Offiziere entschlossen sich dazu, sie erwählten das Soldatsein zum Beruf. Daneben gab es auch freiwillige Zeitsoldaten, die nur für eine bestimmte Zeit, etwa für zwei oder vier Jahre, „beim Bund" blieben.

Ankunft der letzten Rekruten der Wehrpflicht am 3.1.2011 in der Kaserne Fünfeichen in Neubrandenburg

Auf Initiative des damaligen Bundesverteidigungsministers *Karl-Theodor zu Guttenberg* wurde das Wehrpflichtgesetz im Jahre 2011 zwar nicht abgeschafft, aber ausgesetzt, also nicht mehr angewandt. Die letzten Wehrpflichtigen rückten am 1. Januar 2011 in die Kasernen ein.

Nach wie vor bleibt die Wehrpflicht in der Verfassung (Art. 12 a Grundgesetz) zwar verankert und kann jederzeit durch Anwendung des Wehrpflichtgesetzes wieder aktiviert werden, falls dies aufgrund einer Bedrohungslage erforderlich sein sollte. Aber die Bundeswehr wurde 2011 praktisch zu einer reinen Freiwilligenarmee und brach damit die Tradition eines alten preußischen Grundsatzes, „alle Bewohner des Staates sind geborene Verteidiger desselben“ (General *Gerhard von Scharnhorst* bei Einführung der allgemeinen Wehrpflicht 1814).

Die Meinungsverschiedenheiten über eine *Berufsarmee* oder *Wehrpflichtarmee* bleiben. Die Argumente lassen sich kurz gefasst folgendermaßen gegenüberstellen:

Wehrpflichtarmee

Für eine **Wehrpflichtarmee** spricht:
- Die Verteidigungslasten werden auf viele (männliche) Staatsbürger verteilt.
- Wehrpflicht verbindet Volk und Streitkräfte.
- Rekrutierung ist unabhängig von der Lage am Arbeitsmarkt möglich.
- Etwaige Staatsstreichpläne militärischer Führer sind mit einer Wehrpflichtarmee nur schwer durchsetzbar.
- Die Wehrpflicht schafft für den Konfliktfall ausgebildete und mobilisierungfähige Reservisten.
- Eine Wehrpflichtarmee ist erheblich billiger, spart Personalkosten.
- Wehrdienst kann für einen Jugendlichen zusätzliche Ausbildungsmöglichkeiten eröffnen (Führerschein!).

Berufsarmee

Für eine **Berufsarmee** spricht:
- Eine Freiwilligenarmee aus Berufssoldaten ermöglicht eine intensivere Ausbildung.
- Die komplizierten Waffensysteme können von Berufssoldaten besser beherrscht werden.
- Die geistige Vorbereitung auf den Verteidigungsfall kann dauerhafter betrieben werden.
- Eine Mobilisierung entfällt, das „stehende Heer“ ist im Konfliktfall sofort einsatzfähig.
- Bei entsprechender Besoldung können aus dem Interessentenkreis die Geeignetsten ausgewählt werden, die Armee stellt also eine gewisse Elite dar.
- Die Belastung der Unternehmen ist geringer, weil der Arbeitskräftewechsel entfällt, wichtige Mitarbeiter nicht zu Wehrübungen abgerufen werden und keine Arbeitsplatzgarantie gegeben werden muss.

Soldatin der Bundeswehr

Nicht zuletzt aufgrund eines Urteils des Europäischen Gerichtshofes dürfen auch Frauen seit 2001 – natürlich nur freiwillig – Waffendienst leisten. Bis dahin durften sie nur in Sanitäts- und Musikeinheiten Dienst tun. Nun können Frauen nach Eignung, Befähigung und Leistung jede militärische Laufbahn auch in Kampfeinheiten einschlagen. Die Wehrpflicht galt für sie nie. Knapp formuliert: Frauen dürfen bei der Bundeswehr alles werden, aber sie mussten und müssen nie „zum Bund“.

3.3.5 Rechte und Pflichten des Soldaten

Die oberste Pflicht des Soldaten ist es gemäß § 7 des Soldatengesetzes, „das Recht und die Freiheit des deutschen Volkes tapfer zu verteidigen“. Dieses Gesetz bestimmt seine Pflichten und Rechte. Grundsätzlich genießen die Soldaten „die gleichen staatsbürgerlichen Rechte wie jeder andere Staatsbürger auch“. Die Rechte werden allerdings als Folge des soldatischen Auftrages und der Eigenart des militärischen Dienstes zum Teil erheblich eingeschränkt, wie z. B. die Pflicht zum Wohnen in einer Gemeinschaftsunterkunft, wodurch das Recht auf Freizügigkeit (Art. 11,1 GG) beschnitten ist. ▶ Q. 4

Innere Führung

Keine Armee der Welt kommt ohne das Begriffspaar „Befehl und Gehorsam“ aus, auch nicht die Bundeswehr. Doch das Leitbild für die **innere Führung** ist der „Staatsbürger in Uniform“. Das heißt, dass der Soldat einen Anspruch darauf hat, unter Beachtung seiner unveräußerlichen Menschenwürde behandelt zu werden. Blinden Gehorsam („Kadavergehorsam“), gedankenloses Ausführen von offenkundig sinnlosen oder gar gesetzeswidrigen Befehlen soll es nicht geben.

Beschwerderecht

Petitionsrecht

Fühlt ein Soldat sich in seinen Rechten verletzt, ungerecht oder menschenunwürdig von einem Vorgesetzten behandelt, so hat er ein **Beschwerderecht**. Er kann die Beschwerde mündlich oder schriftlich gegenüber jedem Dienstvorgesetzten vortragen. Ausdrücklich bestimmt die *Wehrbeschwerdeordnung*, dass ihm kein Nachteil aus der Beschwerde erwachsen darf, auch dann nicht, wenn sie unbegründet war oder nicht auf dem vorgeschriebenen Weg vorgebracht wurde. Allerdings sind „gemeinschaftliche Beschwerden unzulässig“; das **Petitionsrecht** (vgl. Art. 17 GG) ist insofern eingeschränkt. Der Sinn dieser traditionellen Bestimmung ist die Verhinderung von Meuterei.

Wehrbeauftragter

Nach schwedischem Vorbild sieht das Grundgesetz einen **Wehrbeauftragten** (Art. 45 b) vor, der als Organ des Bundestages gilt, also bewusst nicht der Exekutive unterstellt wurde. An ihn kann sich der Soldat unmittelbar wenden – ohne Einhaltung des Dienstweges – und seine Beschwerde vorbringen. Der Wehrbeauftragte ist berechtigt, sämtliche Dienststellen der Bundeswehr unangemeldet zu besuchen. Er kann alle Unterlagen anfordern, die ihm für die Beurteilung eines Disziplinarfalles erforderlich erscheinen, und es liegt in seinem Ermessen, den Inhalt der Beschwerde und den Namen des Beschwerdeführers weiterzugeben, es sei denn, dieser hat um Vertraulichkeit gebeten.

Wie in jedem großen Unternehmen, ja wie in der gesamten Gesellschaft lassen sich Missbräuche nicht ausschließen. Auch bei der Bundeswehr klafft eine Lücke zwischen Norm und Wirklichkeit. Aber die wachsende Zahl von Eingaben, die der *Wehrbeauftragte* jährlich erhält, zeigt, dass die Soldaten sich zunehmend ihrer Rechte und Möglichkeiten bewusst werden. Die Bundeswehr ist ein Teil dieser Gesellschaft, und gerade in einer Armee spiegeln sich im Verhalten ihrer Angehörigen die Gepflogenheiten des zivilen Lebens wider. Die Klage etwa – ob berechtigt oder nicht – über den (zu hohen?) Alkoholkonsum in der Bundeswehr ist letztlich eine Anklage gegen den Alkoholmissbrauch in der Gesellschaft der Bundesrepublik Deutschland.

Sobald der Freiwillige Soldat wird, legt er ein Gelöbnis ab; Berufs- und Zeitsoldaten schwören einen – inhaltlich gleichlautenden – Eid.

▶ Q. 5

3.3.6 Die neuen Aufgaben der Bundeswehr

Unverändert bleibt die Landesverteidigung im Rahmen des Bündnisses in der NATO eine zentrale Aufgabe der Bundeswehr. Diese Aufgabe ist ein Zeichen der staatlichen Souveränität und eine Sicherheitsvorsorge gegen mögliche Bedrohungen, auch wenn diese auf absehbare Zeit nicht erkennbar sind.

Einsatz der Bundeswehr in Kundus

Für die nahe Zukunft sind internationale Konfliktverhütung und Krisenbewältigung einschließlich des

Kampfes gegen den internationalen Terrorismus die wahrscheinlicheren Aufgaben.

Rudergänger auf der Gorch Fock

Im Dezember 2001 erteilte der Bundestag mit großer Mehrheit der Bundeswehr ein Mandat zum militärischen Einsatz in Afghanistan. Dies geschah, nachdem die Anschläge vom 11. September 2001 als Angriff auf die USA gewertet wurde (siehe S. 443 f.). Damit rief die NATO zum ersten Mal den **Bündnisfall** aus. Dieser verpflichtete auch die Bundesrepublik Deutschland zu einer Unterstützung, wobei Art und Umfang des Beistandes im Ermessen des Bundestages lagen und weiterhin liegen.

Feierliches Gelöbnis vor dem Reichstag

Inzwischen wird dieser Einsatz nicht mehr als ein Kampf aufgrund eines sogenannten robusten Mandats betrachtet, sondern zunächst als „kriegsähnlicher Zustand“, aber zunehmend offen auch als Krieg bezeichnet. Beinahe täglich sind deutsche Soldaten in Gefechte verwickelt, die insgesamt einschließlich der bei Einsätzen Verunglückten schon fast 50 Tote gefordert haben. Sie werden zu Recht wie in einem Krieg als **Gefallene** bezeichnet.

Die Aufgaben der Bundeswehr

▶ QUELLE 1

- Internationale Konfliktverhütung und Krisenbewältigung einschließlich des Kampfes gegen internationalen Terrorismus
- Unterstützung von Bündnispartnern
- Schutz Deutschlands und seiner Bevölkerung
- Rettung und Evakuierung
- Partnerschaft und Kooperation
- Subsidiäre Hilfeleistungen

Die Verflechtungen zwischen innerer und äußerer Sicherheit nehmen immer mehr zu. Die Abwehr terroristischer und anderer asymmetrischer Bedrohungen innerhalb Deutschlands ist vorrangig eine Aufgabe der für die innere Sicherheit zuständigen Behörden von Bund und Ländern. Jedoch kann die Bundeswehr zu ihrer Unterstützung mit den von ihr bereitgehaltenen Kräften und Mitteln immer dann im Rahmen geltenden Rechts zum Einsatz kommen, wenn nur mit ihrer Hilfe eine derartige Lage bewältigt werden kann, insbesondere wenn nur sie über die erforderlichen Fähigkeiten verfügt oder wenn die zuständigen Behörden erst zusammen mit Kräften der Bundeswehr den Schutz der Bevölkerung und gefährdeter Infrastruktur sicherstellen können. Besondere Leistungen erbringt die Bundeswehr bei der Überwachung des deutschen Luft- und Seeraumes sowie zur Unterstützung anderer Ressorts bei deren Wahrnehmung luft- und seehoheitlicher Aufgaben.

Rettung und Evakuierung von Staatsbürgerinnen und -bürgern liegt grundsätzlich in nationaler Verantwortung. Diese Aufgabe muss weltweit eigenständig, aber auch mit Beteiligung von Verbündeten und Partnern wahrgenommen werden können und erfordert besonders schnell verfügbare und verlegbare Spezialkräfte und spezialisierte Kräfte der Bundeswehr.

(Bundesministerium der Verteidigung: Weißbuch 2006 zur Sicherheitspolitik Deutschlands und zur Zukunft der Bundeswehr. Berlin 2006, S. 72 f.)

1. **Worin wird die derzeit wichtigste Aufgabe der Bundeswehr gesehen?**
2. **Wer ist für die Bekämpfung einer terroristischen Bedrohung innerhalb des deutschen Gebietes zuständig?**
3. **In welchem Fall können Bund und Länder Kräfte der Bundeswehr anfordern?**
4. **Welche Beispiele kennen Sie für Hilfeleistungen der Bundeswehr?**

▶ QUELLE 2 Der ehemalige Bundespräsident Richard von Weizsäcker auf der 34. Kommandeurtagung der Bundeswehr am 5. Oktober 1993

Für den Auftrag der Bundeswehr bedarf es dreier elementarer Voraussetzungen. Die erste betrifft den eindeutigen politischen Willen. Hier geht es um die konzeptionelle und langfristige Beschreibung unserer vitalen außen- und sicherheitspolitischen Interessen und die Quellen ihrer möglichen Gefährdung. Teil dieser Interessen sind unsere Zuverlässigkeit und Berechenbarkeit im Rahmen unserer völkerrechtlichen Bindungen und unserer moralischen Verpflichtungen. [...]
Die zweite Voraussetzung zielt auf eindeutige rechtliche Grundlagen für den Einsatz der Streitkräfte. [...] Ich habe weder den Verfassungsgesetzgeber zu drängen, noch Urteilen des Bundesverfassungsgerichtes vorzugreifen. [...] Aber der Klärung der Fragen kommt nicht nur eine hohe sachliche, sondern auch eine zeitliche Priorität zu.
Die dritte Voraussetzung ist die Akzeptanz unserer Sicherheitspolitik durch die Bevölkerung. [...] Wenn wir heute im vereinten Deutschland die Aufgaben unserer Streitkräfte neu zu beschreiben haben, dann erfordert das von unseren Bürgern Einsicht und Bereitschaft, unsere veränderte Lage zu verstehen und ihre Konsequenzen zu akzeptieren. [...]
Zentrale Aufgabe der Bundeswehr bleibt die Landesverteidigung im wechselseitigen Beistand des Bündnisses. Hier gibt es keinen ernsthaften Zweifel über Sinn, Legitimation und verfassungsrechtliche Grundlage. [...] Auf der Verteidigungsfähigkeit beruht die friedensbewahrende Wirkung der Streitkräfte. Wir haben die Pflicht, unseren freiheitlichen Rechtsstaat nach außen zu schützen und notfalls zu verteidigen. Dies geschieht durch demokratisch legitimierte Macht, die in der Bundeswehr ihren Ausdruck findet. Ohne sie wären wir als souveräner Staat nicht politikfähig. Sie ist eine Rückversicherung gegen Rückfälle in Unvernunft, die niemand ausschließen kann. „Not to be kicked around", auch dafür brauchen wir Soldaten – immer und unabhängig von der aktuellen politischen Wetterlage.

(In: Bulletin des Presse- und Informationsamtes der Bundesregierung, Nr. 83 v. 8.10.1993)

1. **Welches sind die Voraussetzungen für die Bundeswehr, ihren Auftrag zu erfüllen?**
2. **Worin sieht der frühere Bundespräsident die Hauptaufgabe der Bundeswehr?**
3. **Was erwartet er von den Bürgern, die von der Bundeswehr geschützt werden sollen?**
4. **Welchen Zusammenhang stellt Weizsäcker zwischen Verteidigungsfähigkeit und Friedensbewahrung her?**

▶ QUELLE 3 Das Profil der neuen Streitkräfte

Deeskalations-Streitkräfte fechten nicht um den Sieg mit einem Gegner, vielmehr ist ihr Wirken auf dem Kriegsschauplatz darauf gerichtet, die Gewalt zwischen den verfeindeten Parteien einzudämmen. Hauptgrund für ihren Kampfeinsatz ist nicht die Bedrohung des eigenen Landes, vielmehr die Bedrohung der Zivilbevölkerung in einem anderen Land und die Bedrohung des Weltfriedens. Schutz der Bevölkerung, Überwachung der Hilfsmaßnahmen und ansatzweise der Wiederaufbau von menschenwürdigen Ordnungsstrukturen werden zu vorrangigen Einsatzzielen. Der Einsatz von Deeskalations-

Streitkräften findet unter dem Vorzeichen vielfältiger Kooperation statt: mit den Streitkräften anderer Länder (Friedensmissionen sind immer multinational zusammengesetzt), mit humanitären und anderen Nichtregierungsorganisationen, mit Repräsentanten der Konfliktparteien, aber auch mit den nationalen und internationalen Medien.

(Wilfried von Bredow: Multikulturelle Sozialarbeiter mit Spezialbewaffnung. In: Frankfurter Allgemeine Zeitung Nr. 179 vom 4. August 2001)

1. Worin unterscheiden sich nach Meinung des Verfassers die „alten" Streitkräfte von den „neuen"?
2. Welches sind die völlig neuen Aufgaben?

Auszug aus dem Soldatengesetz (Stand vom 18. August 2006)

▶ QUELLE 4

§ 6 Staatsbürgerliche Rechte des Soldaten
Der Soldat hat die gleichen staatsbürgerlichen Rechte wie jeder andere Staatsbürger. Seine Rechte werden im Rahmen der Erfordernisse des militärischen Dienstes durch seine gesetzlich begründeten Pflichten beschränkt.

§ 7 Grundpflicht des Soldaten
Der Soldat hat die Pflicht, der Bundesrepublik Deutschland treu zu dienen und das Recht und die Freiheit des deutschen Volkes tapfer zu verteidigen.

§ 11 Gehorsam
(1) Der Soldat muss seinen Vorgesetzten gehorchen. Er hat ihre Befehle nach besten Kräften vollständig, gewissenhaft und unverzüglich auszuführen. Ungehorsam liegt nicht vor, wenn ein Befehl nicht befolgt wird, der die Menschenwürde verletzt oder der nicht zu dienstlichen Zwecken erteilt worden ist; die irrige Annahme, es handele sich um einen solchen Befehl, befreit den Soldaten nur dann von der Verantwortung, wenn er den Irrtum nicht vermeiden konnte und ihm nach den ihm bekannten Umständen nicht zuzumuten war, sich mit Rechtsbehelfen gegen den Befehl zu wehren.
(2) Ein Befehl darf nicht befolgt werden, wenn dadurch eine Straftat begangen würde. Befolgt der Untergebene den Befehl trotzdem, so trifft ihn eine Schuld nur, wenn er erkennt oder wenn es nach den ihm bekannten Umständen offensichtlich ist, dass dadurch eine Straftat begangen wird. [...]

§ 12 Kameradschaft
Der Zusammenhalt der Bundeswehr beruht wesentlich auf Kameradschaft. Sie verpflichtet alle Soldaten, die Würde, die Ehre und die Rechte des Kameraden zu achten und ihm in Not und Gefahr beizustehen. Das schließt gegenseitige Anerkennung, Rücksicht und Achtung fremder Anschauungen ein.

§ 15 Politische Betätigung
(1) Im Dienst darf sich der Soldat nicht zu Gunsten oder zu Ungunsten einer bestimmten politischen Richtung betätigen. Das Recht des Soldaten, im Gespräch mit Kameraden seine eigene Meinung zu äußern, bleibt unberührt.
(2) Innerhalb der dienstlichen Unterkünfte und Anlagen findet während der Freizeit das Recht der freien Meinungsäußerung seine Schranken an den Grundregeln der Kameradschaft. Der Soldat hat sich so zu verhalten, dass die Gemeinsamkeit des Dienstes nicht ernstlich gestört wird. Der Soldat darf insbesondere nicht als Werber für eine politische Gruppe wirken, indem er Ansprachen hält, Schriften verteilt oder als Vertreter einer politischen Organisation arbeitet. Die gegenseitige Achtung darf nicht gefährdet werden.
(3) Der Soldat darf bei politischen Veranstaltungen keine Uniform tragen.
(4) Ein Soldat darf als Vorgesetzter seine Untergebenen nicht für oder gegen eine politische Meinung beeinflussen.

(www.deutsches-wehrrecht.de/Gesetze/SG.pdf, Zugriff am: 22.11.2015)

1. Welches sind die wesentlichen Einschränkungen der staatsbürgerlichen Rechte der Soldaten?
2. Wie werden die Grenzen der Gehorsamspflicht abgesteckt?
3. Warum wird die Pflicht zur Kameradschaft besonders hervorgehoben?
4. Welche Art der politischen Betätigung ist dem Soldaten (nicht) erlaubt?

▶ QUELLE 5

Fahneneid/Gelöbnis der Bundeswehr

„Ich gelobe (schwöre), der Bundesrepublik Deutschland treu zu dienen und das Recht und die Freiheit des deutschen Volkes tapfer zu verteidigen (so wahr mir Gott helfe)."

Zum Vergleich:
Fahneneid der Reichswehr 1919–1933
„Ich schwöre Treue der Reichsverfassung und gelobe, daß ich als tapferer Soldat das Deutsche Reich und seine gesetzmäßigen Einrichtungen jederzeit schützen, dem Reichspräsidenten und meinem Vorgesetzten Gehorsam leisten will."

Fahneneid der Wehrmacht seit dem 2. August 1934
„Ich schwöre bei Gott diesen heiligen Eid, daß ich dem Führer des Deutschen Reiches und Volkes, Adolf Hitler, dem Obersten Befehlshaber der Wehrmacht, unbedingt Gehorsam leisten und als tapferer Soldat bereit sein will, jederzeit für diesen Eid mein Leben einzusetzen."

Fahneneid der ehemaligen Nationalen Volksarmee
„Ich schwöre,
der Deutschen Demokratischen Republik, meinem Vaterland, allzeit treu zu dienen und sie auf Befehl der Arbeiter- und Bauernregierung gegen jeden Feind zu schützen.
Ich schwöre,
an der Seite der Sowjetarmee und der Armeen der mit uns verbündeten sozialistischen Länder als Soldat der Nationalen Volksarmee jederzeit bereit zu sein, den Sozialismus gegen alle Feinde zu verteidigen und mein Leben zur Erringung des Sieges einzusetzen.
Ich schwöre,
ein ehrlicher, tapferer, disziplinierter und wachsamer Soldat zu sein, den militärischen Vorgesetzten unbedingten Gehorsam zu leisten, die Befehle mit aller Entschlossenheit zu erfüllen und die militärischen und staatlichen Geheimnisse immer streng zu wahren.
Ich schwöre,
die militärischen Kenntnisse gewissenhaft zu erwerben, die militärischen Vorschriften zu erfüllen und immer und überall die Ehre der Republik und ihrer Nationalen Volksarmee zu wahren.
Sollte ich jemals diesen, meinen feierlichen Fahneneid verletzen, so möge mich die harte Strafe der Gesetze unserer Republik und die Verachtung des werktätigen Volkes treffen."

1. **Warum ist die religiöse Beteuerungsformel beim Bundeswehrfahneneid bzw. -gelöbnis in Klammern gesetzt worden?**
2. **Beschreiben Sie die Unterschiede der vier Fahneneide.**
3. **Wie ist Ihre Meinung zum Schlusssatz des NVA-Eides?**
4. **Worin liegt das Weltanschauliche dieses Eides und der Wehrmacht nach 1934?**

3.4 Der internationale Terrorismus

3.4.1 Das Wesen des Terrorismus

DARSTELLUNG

Die oftmals gleichbedeutend gebrauchten Begriffe „Terror" (lat. terror = Schrecken) und „Terrorismus" bezeichnen eine völkerrechtswidrige Gewaltanwendung zur Durchsetzung politischer Ziele. Endziel des Terrorismus ist die Aushöhlung der bestehenden gesellschaftlichen Ordnung durch die Verbreitung von Furcht und Schrecken, um sie anschließend durch eine fundamentalistische Ordnung oft religiöser Prägung zu ersetzen.

Historisch kann der Begriff zurückverfolgt werden bis zur Französischen Revolution (siehe Teil A, Kap. 3.3.), während der die Schreckensherrschaft *Robespierres* als „régime de la terreur" bezeichnet wird. Brutale diktatorische Systeme wie der Nationalsozialismus und Stalinismus nennt man „Terrorsysteme". Die NS-Propaganda bezeichnete im Zweiten Weltkrieg die Luftangriffe der britischen und amerikanischen Bomber auf die deutsche Zivilbevölkerung als „Terror".

Die Mitglieder der RAF (Rote-Armee-Fraktion), die Anfang der 1970er-Jahre in der Bundesrepublik Angst und Schrecken verbreiteten, wurden auf den offiziellen Fahndungsplakaten als Terroristen gekennzeichnet.

Rote-Armee-Fraktion

Nach dem Anarchisten *Michael Bakunin* (1814–1876) ist der Terror eine „Propaganda der Tat". Die Terroristen haben gewissermaßen den Gesellschaftsvertrag des friedlichen Zusammenlebens gekündigt und beanspruchen für sich, einen Zustand der Willkür herbeiführen zu dürfen. Jede Art von Terror arbeitet hinterhältig und heimtückisch. Völlig unterschiedliche Personengruppen und Objekte können Ziel terroristischer Angriffe sein. So war die Ermordung des Arbeitgeberpräsidenten *Hanns Martin Schleyer* (1977) als Kampf gegen die herrschende Kapitalistenklasse gerechtfertigt worden.

Die terroristischen **Anschläge** auf den US-Kreuzer „Cole" im Hafen von Aden (Jemen) am 12. Oktober 2000 und auf das Pentagon in Washington am 11. September 2001 können als Angriffe auf militärische Einrichtungen bezeichnet werden.

Anschläge

Aber wie soll die Bombe in einem Touristenhotel auf Bali (Indonesien) gewertet werden, durch die völlig unschuldige und unbeteiligte Zivilisten, zumeist Touristen, ums Leben kamen? Oder was ist von den palästinensischen Selbstmordattentätern in einer israelischen Disco zu halten?

Ziel der Terroristen

April 2015: IS-Kämpfer kontrollieren Stadtteil von Damaskus, Syrien

Das **Ziel der Terroristen** ist stets, Angst und Unsicherheit zu verbreiten. Dies ist noch wichtiger als die massenhafte Tötung und die materielle Zerstörung. Die Terroristen wollen vor allem das hochsensible und komplexe Wirtschaftsgewebe moderner Gesellschaften als seinen schwächsten Punkt treffen. Terror nutzt die Schwäche, auch Machtlosigkeit der Angegriffenen gegenüber solchen Anschlägen aus. Die teuflische Raffinesse liegt darin, dass Terroristen mit der Strategie der Angst langfristig Unsicherheiten und schwere Schäden im Luftverkehr und im Wirtschaftsleben, so zum Beispiel beim Tourismus erzeugen.

Die neuen, international operierenden Terroristengruppen verfügen über gute Finanzquellen, sie haben Zugang zu praktisch jeder Art von Waffen. Sie sind, wenn man so will, die Nutznießer der Globalisierung mit ihrer hohen Mobilität, dem weltweiten Kapitaltransfer und der globalen elektronischen Kommunikation.

Der Terrorismus der rund um den Erdball operierenden **Netzwerke**, das gefährlichste scheint das des am 2. Mai 2011 getöteten *Osama Bin Laden* zu sein, hat viele Ursachen. Eine Wurzel reicht sicherlich bis in die Kolonialzeit, eine andere ist die bestehende Weltwirtschaftsordnung. Aber es ist zu einfach, darin allein die Quellen terroristischer Verbrechen zu suchen. Die Gründe liegen auch in einer fundamentalen Ablehnung der westlichen Werte individueller Freiheit, gerade weil die westliche Kultur eine materielle Überlegenheit hervorgebracht hat.

Netzwerke

▶ Q. 1

3.4.2 Der Kampf gegen den Terrorismus

www.whitehouse.gov

Hauptziel terroristischer Anschläge sind die USA – und Israel im Palästinakonflikt. Für die amerikanische Nation war der Anschlag vom **11. September 2001** (siehe Kapitel 11.1.3.4) ein Schock, der ebenso tief ging wie der Angriff auf Pearl Harbor im Dezember 1941 durch Japan. Die Vereinigten Staaten betrachteten dies als eine Kriegserklärung und entsprechend reagierte der damalige US-Präsident *George W. Bush* mit Zustimmung der überwältigenden Mehrheit des Volkes und des Westens. Es entstand die weltweite „Operation Enduring Freedom" gegen den

11. September 2001

internationalen Terrorismus, an dem sich 70 Staaten beteiligten, von Ägypten über Frankreich und Russland bis zu den Vereinigten Arabischen Emiraten – die größte jemals gebildete Koalition. Der damalige Bundeskanzler *Gerhard Schröder* (SPD) versicherte dem amerikanischen Volk die „uneingeschränkte Solidarität" Deutschlands.

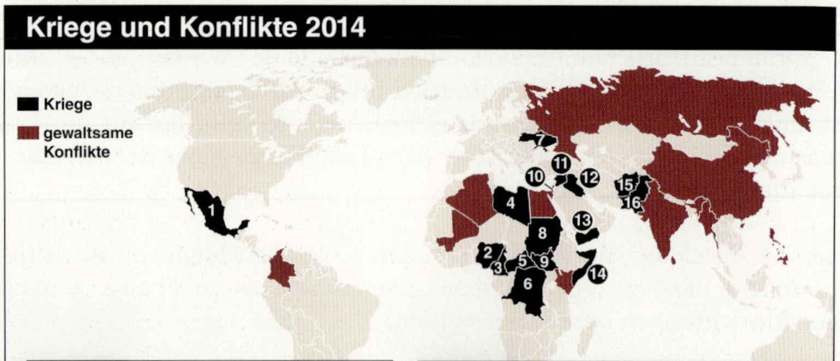

1 Mexiko	Drogenkartelle – Armee	9 Südsudan	interethnische Konflikte
2 Nigeria*	islamistische Sekte Boko Haram; Bauern – Nomaden	10 Israel*	Hamas – Fatah
3 Kamerun	islamistische Sekte Boko Haram	11 Syrien*	interethnische Konflikte; IS – Regierung, Kurdengebiete
4 Libyen	Opposition – Regierung	12 Irak	IS – Regierung, kurd. Regionalregierung
5 Zentralafrik. Republik	ehem. Rebellenallianz Séléka – christliche Anti-Balaka-Gruppen	13 Jemen*	Huthi-Rebellen – Regierung; Al Kaida auf der Arabischen Halbinsel
6 D. R. Kongo	Rebellengruppen ADF – Armee	14 Somalia	islamistische Miliz Al-Shabaab – Regierung
7 Ukraine	verschiedene Milizen – Regierung	15 Afghanistan	Taliban, and. milit. Gruppen – Regierung
8 Sudan*	Darfur: Rebellen – Milizen – Armee; Kurdufan, Blauer Nil: Widerstandsbewegung PLM; Sudan – Südsudan	16 Pakistan	milit. islamistische Gruppen – Regierung

*mehrere interne Konflikte Quelle: Heidelberger Institut für internationale Konfliktforschung © Globus 10178

Irakkrieg

Kein Zweifel, dass die USA mit dem einige Monate später begonnenen **Irakkrieg**, nachdem die Terrorherrschaft der Taliban in Afghanistan hinweggebombt war, viel von diesem Mitgefühl verloren haben.

▶ Q. 2

Der Kampf gegen den Terrorismus ist deshalb so schwierig, weil seine Mittel vielseitig sind, täglich wechseln und die Ziele beliebig sein können. Die Bevölkerung hat, wie das Bundesverfassungsgericht 1978 festgestellt hat, einen verfassungsrechtlichen Anspruch auf Sicherheit. Sicherheit und Frieden auch im Inneren zu gewährleisten, sind „Verfassungswerte, die mit anderen im gleichen Rang stehen und unverzichtbar sind".

Es besteht die Gefahr, und darin könnte sogar ein Sieg des Terrorismus liegen, dass das Verlangen nach Sicherheit die Freiheit tangiert. Jeder Flugtourist erlebt die intime Kontrolle, bevor er das Flugzeug betreten darf; zweifellos ein Eingriff in die Privatsphäre, wie sie im zivilen Leben gegen den Willen des Betroffenen als strafbare Handlung gewertet würde.

▶ QUELLE 1 **Was für den Westen zählt ...**

Was sie [die Extremisten] am meisten hassen, ist gerade die dort herrschende Freiheit jedes Einzelnen, nach eigenen Wertvorstellungen zu leben, ohne diese von übergeordneten Autoritäten einer allein seligmachenden Weltanschauung vorgeschrieben zu bekommen. [...]
Die Konsumentenkultur ist die eigentliche „Leitkultur" der westlichen Welt. Auf ihrer weltweiten Anziehungskraft, und nicht so sehr auf der militärischen und technologischen Überlegenheit der USA, beruht das Erfolgsgeheimnis der sog. „Amerikanisierung", gegen die sich Gralshüter kultureller Reinheit überall auf dem Globus so heftig erregen. Doch die „Amerikanisierung" ist kein Ausdruck von Kulturimperialismus; sie ist kein von außen aufgezwungenes Diktat, sondern gerade wegen ihrer großen Flexibilität und Kompatibilität so erfolgreich. Kein Land übernimmt die Importe der amerikanischen Massenkultur, ohne sie den jeweils eigenen, spezifischen Bedingungen anzuverwandeln.

(Richard Herzinger. In: Aus Politik und Zeitgeschichte, Nr. B 18/2002, S. 4 f.)

1. **Was versteht der Autor unter der eigentlichen Leitkultur des Westens?**
2. **Worauf beruht die Überlegenheit der westlichen Konsumkultur?**

Die Botschaften des Terrors

▶ QUELLE 2

Fast immer sind die von terroristischen Aktionen ausgehenden Botschaften doppelt adressiert: Sie wenden sich zunächst an den Angegriffenen, um ihm seine Verwundbarkeit vor Augen zu führen und zu signalisieren, dass er bei Fortsetzung seines militärischen Engagements in einer bestimmten Region oder – allgemeiner – bei Aufrechterhaltung seines politischen Willens mit erheblichen Schädigungen und Verlusten, das heißt politischen Kosten zu rechnen habe. Im Prinzip stellen terroristische Anschläge also die Frage, ob die Gegenseite bereit ist, die zunächst nur einmalig verursachten Kosten ein zweites und ein drittes Mal in Kauf zu nehmen, und sie sind dabei getragen von der nicht unbegründeten Erwartung, dass diese Bereitschaft nicht vorhanden ist. [...]

Die Botschaft der Anschläge an den interessierenden Dritten lautet, dass Widerstand gegen eine unendlich überlegene Macht nicht nur möglich ist, sondern auch erfolgreich sein kann – zumal dann, wenn noch mehr junge Männer und Frauen dem Vorbild der zunächst kleinen Gruppe von Kämpfern folgen und sich an bewaffneten Aktionen beteiligen. Bei den zu interessierenden Dritten handelt es sich also um diejenigen, für dessen Interessen die Terroristen zu kämpfen behaupten.

(Herbert Münkler: Die neuen Kriege. Reinbek bei Hamburg, Rowohlt 2003, S. 179 f.)

1. **Welches sind die beiden Adressaten terroristischer Anschläge?**
2. **Was ist mit „Botschaft der Anschläge“ konkret gemeint?**
3. **Worin könnte das Erfolgsrezept des Terrors liegen?**
4. **Was ist mit den „politischen Kosten“ gemeint?**

3.5 Die neuen Kriege

▶ Q. 1

Eng verwandt mit dem Terrorismus sind die „neuen Kriege“; die Grenzen können sogar fließend sein. Diese neuen Kriege weisen folgende Merkmale auf:

1. **Entstaatlichung**: Nicht mehr Staaten stehen sich als Feinde gegenüber, sondern kleine, auch ethnische Gruppen kämpfen gegeneinander oder gegen einen Staat mit seiner Regierungsgewalt, oft im eigenen Land (Bürgerkrieg).

Entstaatlichung

2. **Asymmetrisierung**: Nicht mehr gleichartige und wenigstens annähernd ähnlich starke Gegner kämpfen gegeneinander, sondern völlig unterschiedliche Kriegsparteien wie etwa die USA gegen die Taliban in Afghanistan.

Asymmetrisierung

3. **Autonomisierung**: Der Krieg beginnt sich zu verselbstständigen. Man kann oft nicht genau sagen, wann er begonnen hat und wann er zu Ende ist. Es gibt keinen Gegner mehr, der regulär kapitulieren kann, so z. B. im Irakkrieg, bei dem Präsident *Bush* nur das „Ende der Kampfhandlungen“ verkünden konnte, nicht aber einen Waffenstillstands- oder gar Friedensvertrag mit dem Irak.
   Der „kleine Krieg“ (Guerilla) war früher etwa als Partisanenkrieg eine Begleiterscheinung des großen Krieges, jetzt ist er selbstständig.

Autonomisierung

4. **Verbilligung**: Zeichneten sich die Kriege des 20. Jahrhunderts noch durch einen gewaltigen Materialaufwand und schwere Verluste auf beiden Seiten aus, so sind die modernen Kriege relativ billig. Die Waffen sind leicht zu beschaffen, die materiellen Kriegskosten vergleichsweise gering.

Verbilligung

Selbstaufopferung

5. **Selbstaufopferung**: Während der gesamten Zeit des Kalten Krieges galt das Prinzip der gegenseitigen Abschreckung als ein Instrument zur Stabilisierung des Friedens durch ein (labiles) Gleichgewicht, weil kein rational handelnder Staatsmann einen Krieg beginnen würde, der zur eigenen Vernichtung führen würde. Für Terroristen wie Selbstmordattentäter und Warlords wirkt das Abschreckungsprinzip nicht mehr. Es gibt also keine Vorbeugung gegen kriegerische Aktionen.

Kindersoldaten im Kongo

Seit 1945 gab es rund zehn schwere Kriege in Afrika und mindestens 40 in Asien mit insgesamt mehr Toten als im Zweiten Weltkrieg. Bemerkenswert ist auch, dass die Zahl der getöteten Zivilisten oft höher ist als die der Soldaten.

Unter Umständen kann sogar gut gemeinte westliche Hilfe den Krieg verlängern. Die Bürgerkriegsarmeen vertreiben die Zivilisten in Flüchtlingslager, von wo aus der Hilferuf an die Welt erfolgt. Die Privatarmeen sind damit der Verantwortung für die Versorgung dieser Menschen ledig. Internationale Hilfslieferungen für besonders von Hunger betroffene Regionen werden vielfach von den Kriegsführenden überfallen und für die eigenen Soldaten requiriert. Der Krieg ernährt sich damit selbst auf fast endlose Weise.

▶ QUELLE 1 Das Wesen des Terrorismus

Guerillatruppen und Terroristen sind per definitionem schwach. Und ihre Gegner sind per definitionem viel stärker. Im Gegensatz zum landläufigen Glauben und abgesehen von kleinen, ohne Unterstützung in der Bevölkerung agierenden Bewegungen wie der RAF in Deutschland haben die meisten Guerillakämpfer und Terroristen ihren Kampf gerade deshalb gewonnen, weil sie schwach waren. Ihre Schwäche ermöglichte es ihnen, sich zu verstecken; sie waren, noch wichtiger, gerade wegen ihrer Schwäche imstande, das zu tun, was sie tun wollten und was getan werden musste. Die meisten Bewegungen blieben schwach und gewannen dennoch ihren Kampf, lange bevor sie Maos dritte Phase eines offenen Krieges erreichten. Einige Bewegungen wurden genau deshalb geschlagen, weil sie früh aus dem Verborgenen hervorgetreten waren und sich ihren Gegnern gestellt hatten – der griechische Bürgerkrieg bietet hierfür ein sehr gutes Beispiel. All dies beweist, sofern es überhaupt noch eines Beweises bedarf, dass das Problem im Kern weder militärischer noch politischer, sondern moralischer Natur ist. [...]

Angesichts der Anschläge auf das World Trade Center und das Pentagon sowie anderer Anschläge, die Al Qaida und ihres gleichen durchführten, besteht kein Zweifel mehr: Der Terrorismus breitet sich in die „entwickelte Welt“ aus. Gerade weil so viele seiner Protagonisten [*hier im Sinne: Vorkämpfer*] imstande sind, in dieser Welt zu operieren, stellt der Terrorismus eine weit größere Bedrohung dar als alle drittklassigen Diktatoren – und das gilt selbst für jene, das sei noch angemerkt, die sich bereits Atomwaffen angeschafft haben oder entsprechende Programme planen. Entweder schüttelt die „entwickelte Welt“, mit den Vereinigten Staaten an der Spitze, endlich ihre Lethargie ab, erkennt das Wesen des Problems und lernt, wie sie mit Terroristen fertig wird, oder die Terroristen werden mit ihr fertig werden. Das ist so sicher wie das Amen in der Kirche. Wir haben, wie immer, die Wahl.

(Martin van Creveld: Gesichter des Krieges. 2. Aufl., München, Siedler 2009, S. 324, und 326)

1. **Wieso sind per definitionem (also begrifflich) Terroristen schwach und ihre Gegner stärker?**
2. **Was könnte der Autor damit meinen, dass das Lösungsproblem weder politischer noch militärischer, sondern moralischer Art ist?**
3. **Warum kann der Terrorismus eine größere Gefahr darstellen als eine Diktatur?**

3.6 Das Vormachtstreben der USA

DARSTELLUNG
▶ Q. 1

Mit dem ersten, relativ harmlos verlaufenen Attentat auf das World Trade Center (WTC) am 26. Februar 1993 begann die Serie von Anschlägen gegen die USA. Doch erst nach dem Doppelangriff vom 11. September 2001 auf das WTC in New York und das Pentagon in Washington merkten die Angegriffenen: „Das ist der Krieg!“ Es kam zu einem Paradigmenwechsel der US-Außenpolitik. Die von Washington in der „National Security Strategy“ vom September 2002 beanspruchte Befugnis zu einer **Preemptive Action** geht weit über das Recht der vorbeugenden Selbstverteidigung (preemptive defence) hinaus.

Preemptive Action

In der politischen Diskussion muss zwischen „prevention“ als ein Präventivkrieg gegen eine unmittelbar bevorstehende Aggression und „preemption“, dem vorbeugenden Schlag gegen eine potenzielle Bedrohung, unterschieden werden.

Für einen Militäreinsatz soll bereits die mögliche Gefahr genügen, die von einem „Schurkenstaat“ (rogue state) ausgehen könnte. Diese sogenannte Bush-Doktrin (siehe auch Kap. S11.1.3.3) ist seither Grundlage der US-Außenpolitik. Sie findet im Völkerrecht keine Stütze. Das Völkerrecht aber hat sich aus dem **Völkergewohnheitsrecht** entwickelt. Es könnte durchaus sein, dass es den Vereinigten Staaten künftig gelingt, andere davon zu überzeugen, dass ein vorbeugender Militärschlag notwendig ist. Dies gelang den USA beim Irakkrieg 2003 jedoch nicht.

Völkergewohnheitsrecht

Diese Tatsache beruht auf Differenzen, die nun deutlich akzentuiert wurden:

- Unterschiedliche Perzeptionen (Wahrnehmungen) in den USA und Europa. Vor allem konnte Europa das amerikanische Bedrohungsgefühl durch den Schock vom 11. September nicht nachvollziehen. Während sich die amerikanische Nation auch in ihrer Gefühlslage seitdem im Krieg befindet, ist Europa, insbesondere Deutschland, von einer solchen Wahrnehmung weit entfernt.
- Asymmetrie der Macht zwischen den USA und Europa, denn die USA sind militärisch die alleinige Supermacht. Das führt auch zu einem Bedeutungsverlust der NATO. Die USA sind, selbst wenn sie allein auf sich gestellt sind, auf absehbare Zeit jeder denkbaren gegnerischen Konstellation überlegen. Um einen Krieg siegreich zu führen, brauchen sie Europa nicht.

US-Armee patrouilliert im Osten Afghanistans

Der Begriff „Schurkenstaat“ ist schon älter und wurde bereits vom Vorgänger *Bushs*, *Bill Clinton*, ausgiebig benutzt, auch wenn er ihn am Ende seiner Amtszeit durch den harmloseren Ausdruck „state of concern“ ersetzt hat, was etwa mit „Sorgenland“ übersetzt werden könnte.

▶ Q. 2

Man macht es sich etwas zu leicht, wenn man die Wandlung der USA vom „gütigen Hegemon“ zur imperialen Herrschaft personalisiert, also vor allem etwa auf die Person des 2001 amtierenden Präsidenten *George W. Bush* zurückführt. Gewiss wären bei einem Wahlsieg seines Konkurrenten der Demokratischen Partei *John F. Kerry* die Akzente anders gesetzt worden. Aber auch *Kerry*, mehrfach verwundeter Kriegsfreiwilliger von 1969 in Vietnam, wurde nicht müde, die amerikanische militärische Stärke zu betonen. Auch greift die Formel zu kurz, viele Argumente der US-Administration seien der – allerdings für Europäer oft befremdlichen – **Religiosität** weiter amerikanischer Bevölkerungsteile geschuldet. Diese sind vor allem im Mittleren Westen, dem „Bible Belt“ zu Hause. Die US-Außenpolitik weist jenseits der persönlichen Akzentuierung eine gewisse Gesetzmäßigkeit auf. Die USA unterliegen als einzige nach 1990 verbliebene Supermacht – unbeschadet der Frage, ob die Sowjetunion je etwas anderes als eine rein militärische Großmacht war – dem **Gesetz des Imperiums.**

Religiosität

Gesetz des Imperiums

Alle Imperien der Geschichte vom antiken Rom, dem Imperium Romanum, bis zur Weltmacht Großbritannien im 19. Jahrhundert folgen imperialen Zwangsläufigkeiten – oder sie sind nicht mehr lange ein Imperium. Für ein Imperium im dritten Jahrtausend gelten folgende Merkmale:

Merkmale von Imperien

- Es kann nur ein Imperium auf dem Globus geben, es existieren keine konkurrierenden Imperien, das Imperium versteht sich selbst als einzigartig und einmalig.
- Das Imperium kann wegen seiner weltweiten Verflechtung nicht neutral bleiben, ob es will oder nicht.
- Ein Imperium, das versucht, sich aus Konflikten an seiner Peripherie herauszuhalten, verliert seinen Status.
- Ein Imperium ringt weltweit um politisches Prestige, versucht etwa durch wirtschaftliche Dominanz auch ohne das „Auskunftsmittel des Krieges" (*Clausewitz*) eine internationale Hierarchie aufzustellen.
- Ein demokratisch verfasstes Imperium braucht die ständige Bereitschaft seiner Bevölkerung, die ökonomischen Lasten seiner Hegemonie zu tragen.
- Diese Last wird leichter erträglich, wenn das Imperium eine „Selbstsakralisierung" (*Münkler*) zelebriert, die allerdings stets antiimperiale Reaktionen auslöst.

▶ Q. 3 und 4

Gerade das letzte Merkmal führt dazu, dass imperiale Interventionen – gerade auch solche, die nach Hilfeersuchen erfolgen – und Missionen mit religiösen Begriffen aufgeladen werden. Für die USA ist eine solche Kontinuität nachweisbar. Sie reicht von *Woodrow Wilsons* Zielsetzung beim Eintritt der USA in den Ersten Weltkrieg (1917) über die von *Dwight D. Eisenhower* kurz vor der Landung in der Normandie (Juni 1944) geprägten Formel vom „Cruisade for Europe" bis zu *Ronald Reagans* Bezeichnung der Sowjetunion als „Reich der Finsternis" und *Bushs* Begriff der „Achse des Bösen", die sich vom Irak über den Iran bis Nordkorea erstrecke. Und die ehemalige US-Außenministerin *Condoleeza Rice* formulierte fast missionarisch im Jahre 2003: „Wir möchten nach dem Sieg über den Terror die Welt nicht nur sicherer hinterlassen, sondern auch besser."

US-Präsident George W. Bush kündigt am 19. März 2003 in einer Rede an die Nation einen umfassenden Krieg gegen den Irak an (CNN-Video).

Die USA unterhalten weltweit mehr als 50 militärische Stützpunkte mit wenigstens 20 Soldaten. Rechnet man auch jene Posten hinzu, die mit weniger Personal bestückt sind, dann gibt es so gut wie keine Region auf dem Globus, in der die USA nicht auch militärisch vertreten sind.

Die Renationalisierung der US-Außenpolitik ist auch eine Folge der Ohnmacht der UN, die nur bei Einstimmigkeit im Sicherheitsrat militärisch handlungsfähig ist, und der Unfähigkeit und Unwilligkeit der EU, weltweite Befriedungsaufgaben zu übernehmen.

So konnte man sich z. B. im März 2006 selbst nach monatelangen Verhandlungen nicht über den Einsatz eines so geringen Kontingents wie das von 1 000 Soldaten für den Kongo einigen.

▶ QUELLE 1

Die amerikanische Weltordnung

Die Hegemonie, die die USA als Vormacht des Westens während des Kalten Krieges so erfolgreich praktizierten, hatte sich nur auf Macht gestützt, die auch die Kooperation miteinschließt und die Interessen der Geführten mitberücksichtigt. Die Hegemonie beruht [...] auf der „Selbstbändigung der Macht". In dieser klugen Selbstbeschränkung lag der Erfolg der amerikanischen Weltführung von 1945 bis 1990. Sie verfolgte ihre Ziele, bedachte dabei aber auch die Interessen ihrer Partner. Nicht zu Unrecht kursierte damals der Begriff des „gütigen Hegemon".
Die Weltordnungspolitik der Regierung George W. Bush wird inneramerikanisch schon mit dem Imperialismus des antiken Rom verglichen. Sie vertraut nicht auf die Macht, sondern auf die Gewalt, also auf Befehl und Gehorsam. Das ist [...] der Politikstil der Herrschaft. Wer die Welt mit militäri-

scher Gewalt nach seinem Gusto ordnen will, geht mit ihr so um, wie eine autoritäre Regierung mit ihrer Gesellschaft. Die Interimsphase der 90er Jahre wird beendet durch den Versuch der Administration Bush, eine selektive Weltherrschaft zu errichten. [...]

Der jüngere Bush unterscheidet sich von seinen Vorgängern dadurch, dass er verwirklicht, wovon sie nur gesprochen hatten: die amerikanische Suprematie [Vorrangstellung]. Sie ist durch die Katastrophe des 11. September nicht ausgelöst, sondern gekräftigt worden. Die Angst vor dem Terrorismus dient dazu, die globale Akzeptanz der amerikanischen selektiven Weltherrschaft zu erleichtern.

(Ernst-Otto Czempiel. In: Aus Politik und Zeitgeschichte, Nr. B48/2002, S. 3 f.)

1. Welchen Wandel in der US-Politik sieht der Autor?
2. Warum kräftigt der Anschlag vom 11. September 2001 das amerikanische Streben nach Vorherrschaft?
3. Was könnte Czempiel mit dem Begriff „selektiv" gemeint haben?

Unilateralismus der USA als Problem der internationalen Politik

▶ QUELLE 2

Tatsächlich ist die Politik Washingtons nicht erst seit dem Ende des Kalten Krieges und dem Antritt der Bush-Administration imperial angelegt, aber nicht automatisch und nicht immer unilateral. [...]

In diesem Kontext muss auch die völkerrechtliche Bedeutung des Irak-Krieges betrachtete werden: Dieser erfolgte erkennbar nicht in einer Situation der Selbstverteidigung, da weder die USA noch Großbritannien angegriffen worden waren und ein Angriff auch für die Zukunft (unmittelbar oder langfristig) nicht erkennbar war. Noch nicht einmal die Nachbarn des Irak fühlten sich bedroht. Auch ein Beschluss des UNO-Sicherheitsrates [...] lag bekanntlich nicht vor. Die Politik Washingtons stellte also nicht allein eine schwere Brüskierung und Schwächung der UNO dar, sondern auch einen Schlag gegen das Völkerrecht als zentrale Regelungsinstanz zwischenstaatlicher Konflikte [...].

(Jochen Hippler. In: Aus Politik und Zeitgeschichte, Nr. B31-32/2003, S. 20)

1. Worin liegt nach dieser Quelle ein Verstoß gegen das Völkerrecht?
2. Was ist unter unilateralem Vorgehen zu verstehen?

Unschuld und Sühne – zum Sinn des Krieges

▶ QUELLE 3

In der Tat: Die Liste der politischen und moralischen Fehler, die auf das Konto der Amerikaner gehen, ist lang. Aber nehmen wir das Unmögliche an: Sie hätten alles richtig gemacht. Dass es dann keinen Antiamerikanismus, keinen Fundamentalismus, keine lokalen Kriege und Stammesfehden, keinen Palästina-Konflikt gäbe, wird niemand behaupten wollen. Gegen drei Probleme ist auch die mächtigste Ordnungsmacht auf Erden machtlos: gegen lokale Konflikte, die sie nicht allüberall kontrollieren kann; gegen die Dynamik moderner Gesellschaften, die die Statik der älteren erschüttert [...] und gegen den unauflöslichen Widerspruch zwischen supranationaler Ordnung und nationalen Eigeninteressen. Amerika als einzige nationale Weltmacht ist zum Adressaten von Weltordnungs- und Konfliktausgleichserwartungen geworden, die ihm über den Kopf wachsen müssen.

(Karl Otto Hondrich. In: Frankfurter Allgemeine Zeitung Nr. 286 vom 8. Dezember 2001, S. 8)

1. Warum ist auch die einzige Supermacht der Welt nicht in der Lage, allein eine friedliche Weltordnung durchzusetzen?
2. Warum könnte diese Aufgabe, wie sich z. B. im Irak zeigt, zu viel für die USA sein?

Auszug aus der Nationalen Sicherheitsstrategie der USA von 2002

▶ QUELLE 4

Jahrhundertelang erkannte das Völkerrecht an, dass Staaten nicht erst einen Angriff erleiden müssen, bevor sie sich rechtmäßig gegen Streitkräfte verteidigen können, von denen eine unmittelbare Gefahr ausgeht. Rechtswissenschaftler und Völkerrechtler machen die Legitimation der Präemption

häufig von der Existenz einer unmittelbaren Bedrohung abhängig, die sich meistens in der Form sichtbarer Mobilisierung von Land-, See- und Luftstreitkräften manifestierte, die sich auf einen Angriff vorbereiten.
Wir müssen das Konzept der unmittelbaren Bedrohung an die Fähigkeiten und Ziele der heutigen Gegner anpassen. Schurkenstaaten und Terroristen wollen uns nicht auf konventionelle Weise angreifen. Sie wissen, dass solche Angriffe zum Scheitern verurteilt wären. Stattdessen setzen sie auf Terrorakte und potentiell auf den Einsatz von Massenvernichtungswaffen, die leicht versteckt und aus dem Verborgenen heraus und ohne Vorwarnung eingesetzt werden können.

(Zitiert nach Herfried Münkler: Der neue Golfkrieg. Reinbek bei Hamburg, Rowohlt 2003, S. 125 f.)

1. Wie begründen die USA die Bereitschaft, auch präventiv zu handeln?
2. Sehen Sie eine Änderung der US-Strategie? Wenn ja, worin besteht diese?

AUFGABEN

1. Geben Sie in Ihren Worten die Kernaussagen der Truman-Doktrin wieder.
2. Legen Sie Macht und Ohnmacht der UN dar.
3. Warum können – auch ohne eigene militärischen Verbände – die Vereinten Nationen Einfluss ausüben und friedenssichernd wirken?
4. Die NATO wurde einmal als größte und erfolgreichste Friedensorganisation der Welt bezeichnet. Wie stehen Sie zu dieser Ansicht?
5. Es gibt drei Arten von Befehlen:
   - „Muss-Befehle", die auf jeden Fall befolgt werden müssen
   - „Kann-Befehle", die zwar ausgeführt werden können, aber nicht ausgeführt werden müssen
   - „Darf-nicht-Befehle", denen nicht gehorcht werden darf

   Bilden Sie zu den drei Befehlsarten jeweils Beispiele.
6. Versuchen Sie in Form einer demoskopischen Erhebung die Hauptgründe für antiamerikanische Einstellungen zu finden.
7. Stellen Sie auf einer Liste materielle und immaterielle Güter zusammen, die Sie täglich nutzen und die ihren Ursprung in den USA haben. Denken Sie dabei auch an Filme und Musik.
8. Besuchen Sie eine Bundeswehrkaserne und fragen Sie Offiziere und Soldaten nach Mängeln und Defiziten ihrer Ausbildung und Ausrüstung.
9. Diskutieren Sie mit Ihrer Freundin/Ihrem Freund über das Thema „Frauen in Kampfeinheiten". Welche emotionalen und rationalen Unterschiede können Sie erkennen?

Grundlegende Arbeitstechniken und Methoden 14:

HOT

Metaplan

Die Metaplan-Methode wurde Anfang der 1970er-Jahre entwickelt und ist auch unter den Namen „moderierte Gruppenarbeit“ oder „Moderationsmethode“ bekannt. Zunächst im Bereich der Unternehmensberatung eingesetzt, ist diese Methode inzwischen auch an Universitäten, Schulen und in der Erwachsenenbildung weitverbreitet.

Erklärtes Ziel der moderierten Gruppenarbeit ist es, möglichst alle Teilnehmer an einer Besprechung oder einer Diskussion zu beteiligen und alle Beiträge durch Visualisierung – im einfachsten Fall durch Notieren auf Karteikarten – festzuhalten. Alle Beteiligten sollen das Gefühl haben, dass ihre Beiträge wertvoll sind und registriert werden. Außerdem hat das schriftliche Notieren den erwünschten Nebeneffekt, dass jeder sich über seine Äußerungen vorher Gedanken machen und sich somit aufs Wesentliche beschränken muss.

Eine wichtige Rolle kommt dem Moderator zu: Er soll seine eigene Meinung zurück- und sich aus der inhaltlichen Diskussion möglichst ganz heraushalten. Er ist nicht für das Ziel, sondern für den Weg verantwortlich: Er soll die Gruppe ermuntern, Impulse geben und für ein gutes Arbeitsklima sorgen. Er soll Methoden vorstellen und anwenden, die die Gruppe in die Lage versetzen, eigenverantwortlich und wirkungsvoll zu arbeiten.

Moderatorin im Seminar

Wichtigstes Hilfsmittel bei der Moderationsmethode sind eine oder – besser – mehrere Pinnwände, die aus einer Weichfaserplatte o. Ä. bestehen. Auf diese Wände werden Packpapierbogen gespannt, auf die dann die beschriebenen Karteikarten mit Nadeln gepinnt und später aufgeklebt werden können.

Die inhaltliche Arbeit beginnt meistens mit der Kartenabfrage. Der Moderator hat eine möglichst offen formulierte Frage – d. h. eine, die viele Antworten zulässt und nicht mit Ja oder Nein beantwortet werden kann – vorbereitet, vorgelesen und auf eine Pinnwand geschrieben. Beispielsweise könnte diese Frage lauten: „Wenn ich an erneuerbare Energien denke, dann fallen mir dazu folgende Ideen, Anregungen, Fragen, Probleme ein: ... “ Jeder Teilnehmer erhält eine bestimmte Anzahl von Karten – je nach Teilnehmerzahl drei bis fünf, insgesamt nicht mehr als 40 Karten – und notiert sich darauf seine Antworten. Dabei sind einige wichtige Regeln zu beachten:

- Kurzsätze, keine Stichworte, damit klar ist, was gemeint wurde.
- Pro Karte nur ein Gedanke.
- Maximal sieben Worte.
- Lesbar und in Druckschrift schreiben, Groß- und Kleinbuchstaben verwenden.

Der Moderator sammelt anschließend alle Karten ein, mischt sie gut durch, um die Anonymität der Antworten zu wahren, und liest eine nach der anderen vor. Er bittet die Gruppe, die Ideen nun an der Pinnwand zu ordnen, also ein sog. Cluster (Menge ähnlicher Begriffe) zu bilden.

Am Ende der so gestalteten Gruppenarbeit sollten greifbare Ergebnisse stehen. Deshalb muss eine Themenliste, ein Maßnahmen- oder Tätigkeitskatalog erstellt werden, der das weitere Vorgehen der Gruppe bestimmt.

4 Der Nord-Süd-Gegensatz

„Gibst du einem Hungernden einen Fisch, so hat er eine Mahlzeit, gibst du ihm ein Fischernetz, so hat er jeden Tag eine Mahlzeit.“
(Chinesisches Sprichwort)

4.1 Die Dritte Welt

www.bmz.de

4.1.1 Zum Begriff

DARSTELLUNG
Entwicklungsland

Der Begriff **Entwicklungsland** hat den nach dem Zweiten Weltkrieg geprägten Begriff „rückständige, unterentwickelte oder nicht entwickelte Länder“ verdrängt, weil dieser als verletzend galt. Aber auch der Ausdruck „Entwicklungsland“ ist missverständlich. Er unterstellt, dass diese Länder sich tatsächlich entwickeln würden, was aber zu einem erheblichen Teil nicht der Fall ist. Außerdem sagt der Begriff „Entwicklung“ nichts darüber aus, was von wem wohin entwickelt werden soll. Die ganze Problematik, die der Begriff in sich birgt, brachte die „Nord-Süd-Kommission“, die 1977 unter dem Vorsitz des ehemaligen deutschen Bundeskanzlers *Willy Brandt* eingerichtet wurde, mit folgenden Worten zum Ausdruck: „Der Begriff ‚Entwicklung‘ wird und kann niemals zur allgemeinen Zufriedenheit definiert werden. Er bezeichnet, weit gefasst, den erwünschten sozialen und wirtschaftlichen Fortschritt – und es wird immer unterschiedliche Auffassungen darüber geben, was erwünscht ist. Aber Entwicklung ist mehr als der Übergang von Arm zu Reich, von einer traditionellen Agrarwirtschaft zu einer komplexen Stadtgemeinschaft. Sie trägt in sich nicht nur die Idee des materiellen Wohlstands, sondern auch die von mehr menschlicher Würde, der Sicherheit, Gerechtigkeit und Gleichheit.“

Dritte Welt

Bedeutungsgleich zum Begriff „Entwicklungsländer“ wird heute der Begriff **Dritte Welt** benutzt. Begriffsgeschichtlich ist „Dritte Welt“ entsprechend der Reihenfolge der Industrialisierung zu verstehen, nicht etwa als Diffamierung oder Herabsetzung der Menschen, ihrer Gebräuche oder Kulturen als minderwertig oder drittklassig. Die Staaten, die zuerst industrialisiert wurden, werden als „Erste Welt“ bezeichnet; sie sind weitgehend mit den westlichen Industrienationen der Gegenwart identisch. Die ehemaligen Ostblockstaaten gelten als die „Zweite Welt“. Im Übrigen ist auch der Name „Industrieländer“ im Grunde genommen längst obsolet (veraltet). Gerade die reichsten unter ihnen sind inzwischen zu postindustriellen Dienstleistungsgesellschaften geworden.

▶ Q. 1

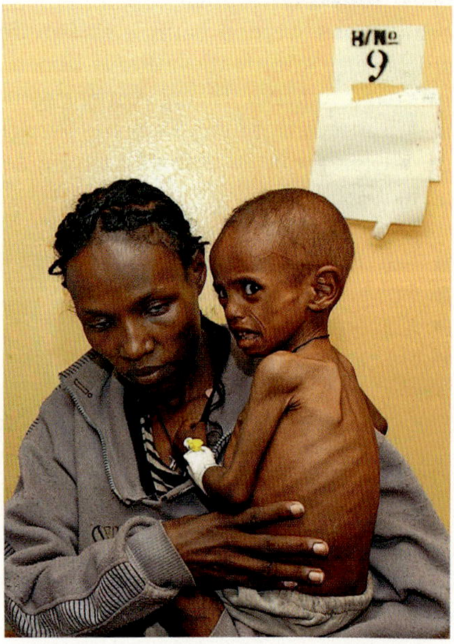

Nach wie vor hungern Millionen von Menschen in der Dritten Welt: unterernährtes Kind in Äthiopien

Schon lange aber muss die Welt als eine Einheit betrachtet werden. Hungersnöte und Klimakatastrophen in Afrika und Asien, die Bevölkerungsexplosion in einigen lateinamerikanischen Ländern und die durch all dies verursachte Zuwanderung lassen auch die entwickelten Staaten nicht unberührt. Die klassische Außenpolitik mutiert zur **Weltinnenpolitik**. Die Probleme in den Armutsländern werden in anderer Erscheinungsform auch zu den unsrigen.

Weltinnenpolitik

Die Dritte Welt umfasst Länder mit sehr unterschiedlichen geografischen, kulturellen, politischen, wirtschaftlichen und sozialen Gegebenheiten. Jedes Entwicklungsland ist anders, d.h., Entwicklungsland ist nicht gleich Entwicklungsland. Oder wie es die Entwicklungsexpertin *Brigitte Erler* einmal formulierte: „*Das* Entwicklungsland gibt es nicht!" Trotzdem können einige gemeinsame, allerdings nicht immer gleich stark ausgeprägte Merkmale von Entwicklungsländern genannt werden.

4.1.2 Merkmale eines Entwicklungslandes

www.worldbank.org

Traditionell bestimmt das Bruttosozialprodukt eines Staates seine Zugehörigkeit entweder zu den Industrie- oder zu den Entwicklungsländern, deshalb gilt das Pro-Kopf-Einkommen als wichtigster Indikator für den Grad der Entwicklung. Nach den Maßstäben der UNO gelten diejenigen Länder als Entwicklungsländer, deren Pro-Kopf-Einkommen weniger als ein Viertel des Durchschnittseinkommens der hoch entwickelten Industrieländer beträgt.

Pro-Kopf-Einkommen

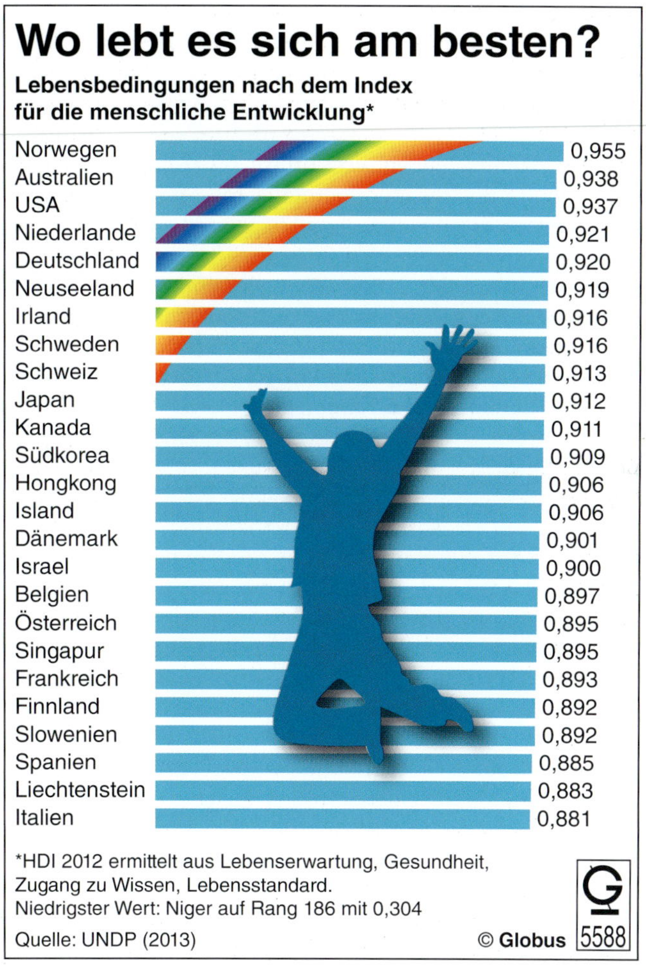

Allerdings häufen sich in den letzten Jahren die Zweifel, ob das **geringe durchschnittliche Pro-Kopf-Einkommen** für sich allein genommen eine hohe Aussagefähigkeit besitzt: Das Bruttosozialprodukt umfasst nämlich nur Leistungen und Lieferungen, die zu Markte gehen, die also gegen Geld gehandelt werden. Der gesamte Naturaltausch, die Produktion für den Eigenbedarf, die Nachbarschaftshilfe werden nicht erfasst. So kann rein rechnerisch das Sozialprodukt durch Intensivierung der Marktbeziehungen steigen, obwohl sich am Lebensstandard nichts geändert hat, weil der Anteil der Selbstversorgung entsprechend zurückgegangen ist. Außerdem werden z. T. extreme Ungleichheiten in der Einkommensverteilung durch die Durchschnittsberechnung verwischt, manchmal sogar verfälscht. So haben z. B. die meisten OPEC-Länder (OPEC = Organization of the Petroleum Exporting Countries) ein überdurchschnittlich hohes Pro-Kopf-Einkommen, dennoch wird die Armut der unteren Einkommensgruppen in diesen Ländern immer größer. Diese **extrem ungleiche Verteilung des Einkommens** bedeutet konkret, dass in vielen Entwicklungsländern die reichsten 10 % der Bevölkerung fast 50 % des Volkseinkommens erhalten.

Verteilung des Einkommens

Um präzisere Aussagen über die Entwicklung eines Landes machen zu können, hat die UNO den sogenannten Human Development Index (HDI) erarbeitet, der neben Angaben über das Bruttosozialprodukt bzw. das Pro-Kopf-Einkommen auch den Alphabetisierungsgrad und die Lebenserwartung bei der Geburt, also Daten über Kindersterblichkeit und durchschnittliche Lebenserwartung, berücksichtigt.

www.fao.org

Analphabetenquote

Eine in dem letzten Jahrzehnt zwar gesunkene, aber immer noch hohe **Analphabetenquote** ist ein weiteres prägendes Merkmal der meisten Entwicklungsländer. Sie ist mit fast 80 % in Niger am höchsten.

Funktionaler Analphabetismus

Zum Vergleich: In Europa liegt der Anteil bei 3 %. Erstaunlicherweise können auch in Deutschland rund sieben Millionen Menschen nicht oder nur mangelhaft lesen und schreiben. Letzteres wird auch als **funktionaler Analphabetismus** bezeichnet, d. h., die Menschen können vielleicht ihren Namen schreiben, sind aber nicht in der Lage, einen zusammenhängenden Text zu verstehen, einen Busfahrplan zu lesen oder einen Kontoauszug zu prüfen. Auch diese Art der Schreib- und Leseunkundigkeit ist in den unterentwickelten Ländern um ein Vielfaches höher.

Ausbildungsmängel

Geringe Produktivität

Der niedrige Alphabetisierungsgrad in der Dritten Welt bedingt natürlich auch erhebliche **Ausbildungsmängel**, die häufig nur geringe Arbeitsqualität zulassen und damit letztendlich für die **geringe Produktivität**, d. h. Leistung je Kopf, mitverantwortlich sind.

Bei allen Unterschieden, was Kultur, Wirtschaft oder auch die Ausstattung mit Rohstoffen betrifft, gibt es noch weitere gemeinsame Merkmale der Entwicklungsländer, die aber natürlich wiederum unterschiedlich stark ausgeprägt sind:

Niedrigere Lebenserwartung

Hohe Kindersterblichkeit

Schlechte medizinische Versorgung

Menschen, die in der Dritten Welt geboren werden, haben eine deutlich **niedrigere Lebenserwartung** als ein Neugeborenes in einem westlichen Industriestaat. Die um durchschnittlich etwa 15 Jahre niedrigere Lebenserwartung ist in erster Linie mit der **hohen Kindersterblichkeit** und der allgemein **schlechten medizinischen Versorgung** zu erklären. In vielen armen Staaten der Erde liegt die **Säuglings- und Kindersterblichkeit** (Tod vor Vollendung des fünften Lebensjahres) bei weit über 10 % (zum Vergleich: BRD: 0,5 %); am höchsten ist sie in Angola mit 40 % und Afghanistan mit 25 %.

Nach der UN-Organisation für Ernährung und Landwirtschaft (FAO) werden genügend Lebensmittel für alle Bewohner dieser Erde produziert, aber die Verteilung ist höchst ungleich. Die täglich verbrauchte Kilokalorienmenge liegt bei den entwickelten Ländern im Durchschnitt bei 3 340, während sie in den am wenigsten entwickelten Ländern nur 2 060 Kilokalorien beträgt. Außerdem ist die Unter- bzw. Mangelernährung auf zu wenig tierisches Eiweiß zurück zu führen.

www.unicef.de

Schlechte hygienische Verhältnisse

Katastrophale Wohnsituation

Ernährungsprobleme – dazu zählt auch der Mangel an einwandfreiem Trinkwasser – und **schlechte hygienische Verhältnisse** sowie eine oft **katastrophale Wohnsituation** begünstigen natürlich einen chronischen Schwächezustand und die Anfälligkeit für viele Krankheiten. Und wer krank ist, kann nicht arbeiten, wer nicht arbeiten kann, verdient kein Geld, um sich Nahrungsmittel zu kaufen, und so weiter. Ein Teufelskreis, aus dem es nur selten einen anderen Ausweg als den allzu frühen Tod gibt.

Extrem hohe Arbeitslosigkeit

Doch selbst für einigermaßen Gesunde gibt es in den seltensten Fällen Arbeit: Entwicklungsländer haben eine **extrem hohe Arbeitslosigkeit**, vor allem in versteckter Form. Versteckt arbeitslos ist z. B. ein Bauer, der offiziell als nicht arbeitslos gilt, aber nur einen geringen Teil seiner Arbeitskraft benötigt, um sein kleines Stück Land zu bewirtschaften, und den Rest seiner Zeit sozusagen beschäftigungslos ist. Man schätzt, dass etwa ein Drittel aller Erwerbstätigen in der Dritten Welt arbeitslos ist.

▶ Q. 2

Diese hohe Arbeitslosigkeit hat u. a. zur Folge, dass die Menschen ihr geringes Einkommen zur Deckung der lebensnotwendigen Bedürfnisse brauchen und kein Geld sparen oder gar investieren können. Diese **niedrige Spar- und Investitionstätigkeit** wird allerdings durch Kapitalflucht noch weiter verschärft. Gerade die Reichen, die es in jedem Entwicklungsland gibt, investieren nicht im eigenen Land, sondern deponieren ihr Geld lieber im Ausland, z. B. auf Schweizer Bankkonten.

Niedrige Spar- und Investitionstätigkeit

Es gibt einige wichtige Gründe, warum selbst Einheimische nur wenig Vertrauen in die eigene Wirtschaft haben und kein Geld investieren wollen: **Unsichere politische Verhältnisse** und die ständige Gefahr von zwischenstaatlichen Konflikten oder Bürgerkriegen sind bestimmt an erster Stelle zu nennen. Mehr als drei Viertel aller Kriege oder kriegsähnlichen Konflikte fanden seit 1945 in Ländern der Dritten Welt statt. Die **hohe Zahl der gewaltsamen Konflikte** lässt sich u. a. mit der willkürlichen Grenzziehung der Kolonialmächte z. B. in Afrika erklären, bei der vielfach keine Rücksicht auf ethnische oder historische Zugehörigkeit genommen wurde. Häufig ist die **Orientierung an Primärgruppen**, wie z. B. zur Familie, zum Clan, zum Stamm oder zum Dorf viel stärker entwickelt als die Loyalität gegenüber einem Staat, der sehr oft als abstraktes Gebilde verstanden wird.

Unsichere politische Verhältnisse

Hohe Zahl der gewaltsamen Konflikte

Orientierung an Primärgruppen

Wie stark diese Bindung sein kann, wurde auch der deutschen Bevölkerung vermittelt, als Bundeswehrsoldaten in Afghanistan humanitäre Hilfe leisteten und dabei häufig mit den rivalisierenden Clans konfrontiert wurden, für die der Staat nichts, die eigene Stammeszugehörigkeit aber alles bedeutet.

Das Nichtbeachten von Gesetzen und Vorschriften sowie eine oft von **Willkür und Korruption** geprägte Bürokratie schrecken nicht nur Einheimische davon ab, in die Wirtschaft zu investieren. Die in Entwicklungsländern oft anzutreffende **Rechtsunsicherheit** wirkt sich negativ auf die Mobilisierung der Einzel- oder Gruppeninteressen und auf Leistungs- und Risikobereitschaft aus. Wer mag schon Geld in Maschinen investieren, die schon am nächsten Tag vom Militär beschlagnahmt werden können?

Willkür und Korruption

Rechtsunsicherheit

Fehlende Investitionen wirken sich natürlich auch auf die Infrastruktur in der Dritten Welt sehr nachteilig aus. Ein mangelhaft ausgebautes Verkehrsnetz behindert den Aufbau der Wirtschaft

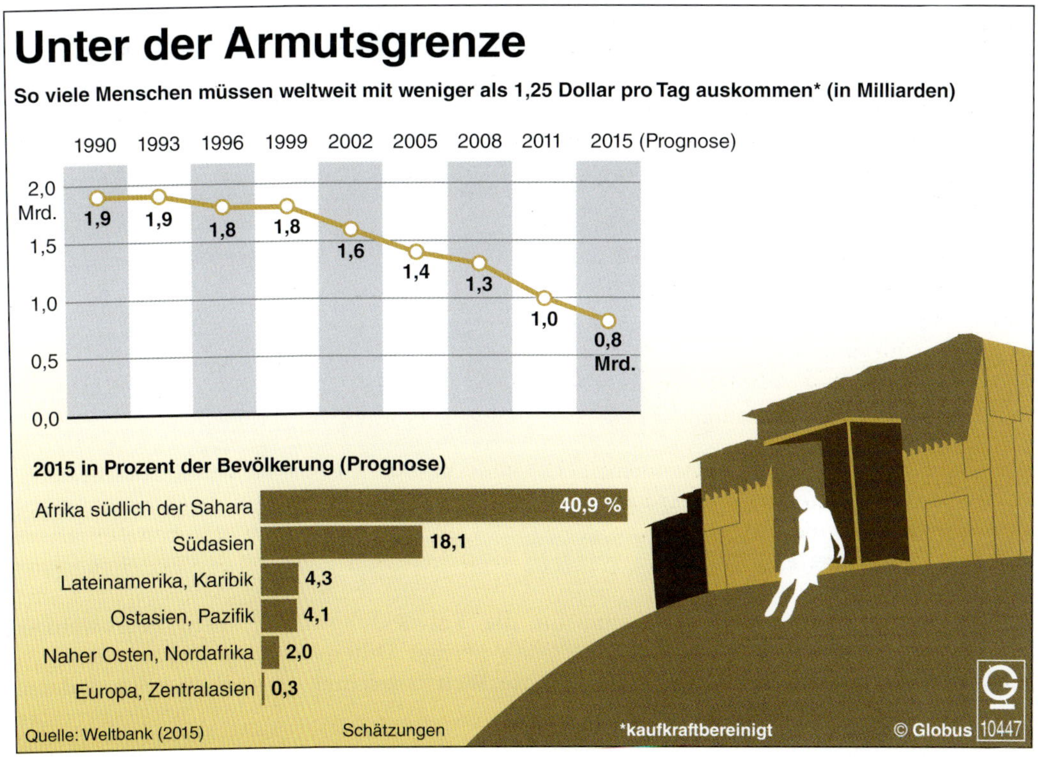

ebenso wie fehlende Kommunikationsmittel, wie z. B. Telefon und Internet, oder eine unregelmäßige Versorgung mit Elektrizität. Die **unzureichende Infrastruktur** ist vor allem in ländlichen Gebieten prägendes Merkmal und wichtiger Hinderungsgrund für den Auf- und Ausbau einer florierenden Wirtschaft.

Unzureichende Infrastruktur

Die meisten Entwicklungsländer nehmen nur im geringen Umfang am Welthandel und damit an der wohlstandsfördernden internationalen Arbeitsteilung teil. Der Hauptgrund liegt in ihren **Monostrukturen**, die sie von wenigen Exportartikeln abhängig machen, wie z. B. Kaffee, Tee, Zucker oder auch Edelmetallen wie Kupfer. Fallen die Weltmarktpreise, hat das katastrophale Folgen für die Auslandsverschuldung. Zudem verschlechtern sich für die Entwicklungsländer tendenziell die **Terms of Trade**, also das Verhältnis der Preise von Export- zu den Importgütern. Die Primärgüter (Rohstoffe und Agrarprodukte) der Drittweltstaaten werden relativ weniger wert, während die Fertigprodukte aus den entwickelten Ländern sich verhältnismäßig verteuern.

Monostrukturen

Terms of Trade

Ein weiteres Merkmal für nicht oder unzureichend entwickelte Länder ist die hohe **Auslandsverschuldung**. Als schwer verschuldet („severely indebted") gelten (2015) über 40 Länder, bei denen folgende Kriterien vorliegen:

Auslandsverschuldung

- Die Schuldenquote liegt gemessen am BIP (Bruttoinlandsprodukt) bei 275 %.
- Die Schuldendienstquote, also der Anteil an Tilgung und Zinsen, beträgt mindestens 30 %.
- Die Zinslast an diesem Schuldendienst drückt mit 20 % und mehr.

Die wichtigsten Charakteristika von Entwicklungsländern

Ökonomisch	Ökologisch	Politisch	Soziokulturell
Geringes BIP	Umweltzerstörung durch Verstädterung	Undemokratische Strukturen/Diktaturen	Orientierung an Primärgruppen
Krass ungleiche Einkommens- u. Vermögensverteilung	Bodendegradation, z. B. Versalzung	Menschenrechtsverletzungen	Geringe Mobilität
Niedrige Spar- und Investitionsquote	Vernichtung der Tropenwälder	Gewaltsame Konflikte mit Nachbarn	Kinderarbeit
Passive Handelsbilanz	Grundwasserbelastung durch fehlende Kläranlagen	Keine Akzeptanz der politischen Strukturen	Hohe Analphabetenquote
Schlechte Terms of Trade (= Austauschrelation Export/Import)	Gesundheitsschädliche Luftverschmutzung in Ballungszentren	Vetternwirtschaft	Luxuskonsum der Oberschicht statt Investition
Hohe Auslandsverschuldung	Desertifikation (Entstehung von Wüsten)	Entstaatlichung/Politische Instabilität	Geringe Besteuerung der Reichen
Schlechte Infrastruktur	Bedrohung der Bodenvielfalt	Bürgerkrieg/Warlords	Unterdrückung der Frau

4.1.3 Die Vierte Welt

www.oecd.org

Alle bisher genannten Merkmale sind für die Entwicklungsländer mehr oder weniger charakteristisch, erlauben jedoch nur eine relativ geringe Differenzierung. Die am wenigsten entwickelten Staaten werden deshalb als **Vierte Welt** bezeichnet, um sie von den anderen

Vierte Welt

Entwicklungsländern zu unterscheiden. Die UNO bezeichnet die Ärmsten der Armen als die am wenigsten entwickelten Länder (LDC = **Least Developed Countries)** und nennt drei Kriterien, die diese Staaten gemeinsam haben:

Least Developed Countries

- Das durchschnittliche Pro-Kopf-Einkommen liegt unter 1 $ pro Tag.
- Die Alphabetisierungsquote liegt bei der Bevölkerung über 15 Jahre unter 20 %.
- Der Anteil der industriellen Produktion am gesamten Bruttoinlandsprodukt liegt unter 10 %.

Bruttoinlandsprodukt

Das **Bruttoinlandsprodukt** ist das von den innerhalb der Grenzen eines Landes arbeitenden Menschen erwirtschaftete Gesamtergebnis aus Land-, Forst- und Fischereiwirtschaft, Industrie und Handwerk sowie aus privaten und öffentlichen Diensten. In der Bundesrepublik Deutschland liegt der Anteil der industriellen Produktion am gesamten Bruttoinlandsprodukt bei nicht einmal 25% (2015).

Zurzeit gehören 50 Länder mit zusammen rund 700 Millionen Einwohnern zur Vierten Welt. Die meisten davon liegen in Schwarzafrika. Die Anerkennung als Least Developed Country berechtigt zu besonderen Begünstigungen bei der Entwicklungshilfe, sodass sich manche Staaten, deren Situation sich verbessert hat, schon erfolgreich gegen den Entzug des Status eines LDC gewehrt haben.

Wohnungssiedlung in Indonesien

Typische Schwellenländer sind die „Tigerstaaten" in Südostasien. Hongkong, Blick über die Stadt 2001

Am anderen Ende der Skala „Entwicklungsländer" stehen die sogenannten **Schwellenländer**, die wie der Name schon sagt, an der Schwelle zum Industriestaat stehen. Es gibt keinen verbindlichen Merkmalkatalog für die Schwellenländer; jedoch werden im Allgemeinen Kriterien wie Pro-Kopf-Einkommen, Industrieanteil am Bruttoinlandsprodukt, Energieverbrauch, Alphabetisierungsgrad und Lebenserwartung zugrunde gelegt. Zu den Schwellenländern, die den alten Industriestaaten zunehmend Konkurrenz machen, gehören vor allem Südafrika, Mexiko, Südkorea und Brasilien.

Schwellenländer

4.1.4 Die Bevölkerungsentwicklung

Wachstum der Bevölkerung ist zu 97 % ein Wachstum in der Dritten und Vierten Welt. Die jährliche **Wachstumsrate** beträgt in den Industrieländern 0,3 %, bei den Entwicklungsländern 1,7 %. In Europa herrscht bereits ein Null-Wachstum, das bald in eine Schrumpfung übergehen wird. Dagegen hat Afrika das höchste Wachstum mit 2,6 %. In Asien sind es 1,4 %.

Wachstumsrate

▶ Q. 3

Die Bevölkerungsabteilung der UNO hat eine langfristige **Prognose** mit fünf Varianten erstellt (siehe auch Teil B, Kap. 1.3.5.1)

Prognose

- Bei der – allerdings unwahrscheinlichsten – höchsten Variante würde die Weltbevölkerung bis zum Jahre 2150 von heute 6,3 auf über 25 Milliarden wachsen.
- Eine mittelhohe Variante rechnet bis zu diesem Jahr mit einem Anstieg auf 15 Milliarden.
- Bei der mittleren wird bereits eine Stabilisierung bei 10 Milliarden erreicht.
- Eine mittelniedrige Variante rechnet noch 40 Jahre mit einem Anstieg auf 7,5 Milliarden, danach aber mit einem Absinken auf 5 Milliarden.
- Die niedrigste nimmt ebenfalls an, dass die Bevölkerung auf rund 7,5 Milliarden wächst, danach aber schrumpft auf 2 Milliarden, was der Bevölkerungszahl von 1970 entspräche.

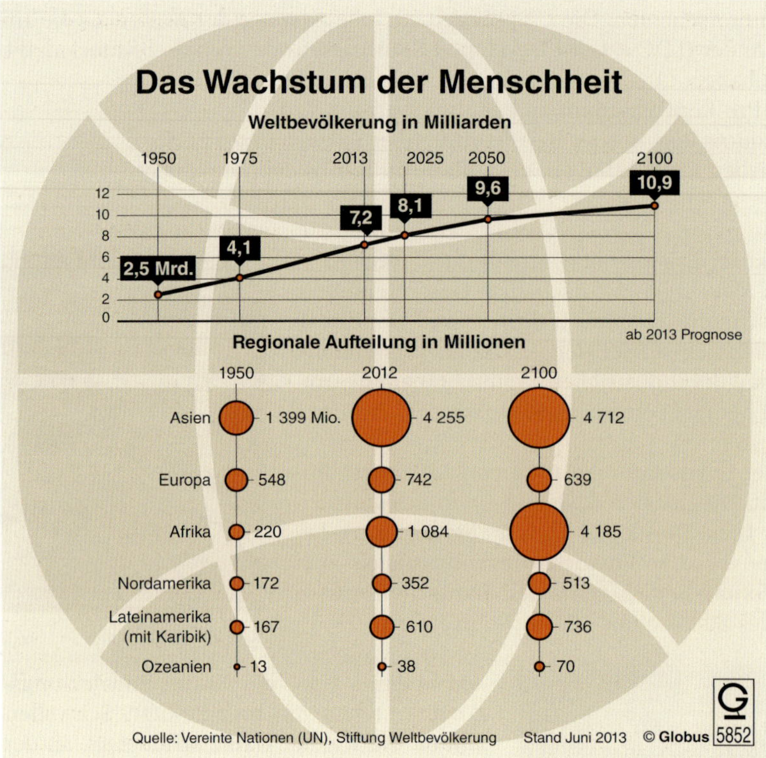

Bevölkerungsexplosion

Die Gründe für die **Bevölkerungsexplosion** in den Entwicklungsländern liegen in der Altersvorsorge und der zusätzlichen Arbeitskraft, die jedes Kind immer noch bedeutet. Während in reichen Staaten Kinder für die Gesellschaft wirtschaftliches Wachstum und Wohlstand bewirken und eine zu geringe Geburtenzahl sie langfristig arm macht, ist es in armen Ländern genau umgekehrt. Zudem sind tief verwurzelte geschlechtsbedingte Ungleichheiten verantwortlich für das vielerorts unveränderte Verhalten in der **Familienplanung**: Söhne werden vielfach höher geschätzt als Töchter, und angesichts der hohen Kindersterblichkeit reicht es nicht, einen Sohn zu zeugen und zu gebären, sodass sechs Kinder und mehr immer noch die Regel sind.

Familienplanung

Verstädterung

Am deutlichsten werden die immer unkalkulierbareren Folgen des Bevölkerungswachstums in der Dritten Welt durch die zunehmende **Verstädterung**. Einkommens- und Arbeitsmöglichkeiten

Ein Plakat in Benin gibt Hinweise zur Familienplanung. Solche Aufklärungskampagnen sind Teil der Bevölkerungspolitik.

sind trotz der hohen Arbeitslosigkeit in der Stadt immer noch wesentlich besser als auf dem Land. Außerdem gewähren häufig nur große Städte öffentliche Leistungen, wie z. B. eine Lebensmittelverteilung aus der Hungerhilfe der Geberländer.

Landflucht

Deshalb nimmt die **Landflucht** immer dramatischere Formen an: Man schätzt, dass z. B. in Afrika im Jahr 2015 knapp 40 % aller Menschen in Städten lebten, das bedeutet eine rasante Zunahme. Städte mit (geschätzten) über 20 Millionen Einwohnern, wie etwa Mexiko-Stadt, Kalkutta oder Kairo sind nahezu unregierbar, städtische Infrastrukturleistungen von der Wasserleitung bis zur Abfallbeseitigung sind nicht mehr zu erbringen und fast zwangsweise kommt es zur Slumbildung mit dem anscheinend ebenso unvermeidbaren Anstieg der Kriminalität.

Gruppe von Kindern in Uganda

Umweltprobleme

Desertifikation

Der in den Entwicklungsländern herrschende Bevölkerungsdruck kann als eine der wichtigsten, vielleicht sogar als die wichtigste Ursache für die **Umweltprobleme** in der Dritten Welt gelten. Der Boden wird z. B. durch Überweidung geschädigt, zur Erschließung neuer landwirtschaftlich nutzbarer Flächen oder auch nur, um den Brennstoffbedarf für die Armen zu decken, werden immer mehr Wälder abgeholzt. Häufige Folge dieses Zustandes ist die fortschreitende **Desertifikation** (Verwüstung), z. B. in der Sahelzone, wo die Wüste jährlich mehr als zehn Kilometer vordringt. Klimatische Veränderungen und sinkende Artenvielfalt durch die Abholzung des tropischen Regenwaldes sind bereits jetzt nachweisbar.

Jedoch sollte man sich davor hüten, alles nur aus der europäischen Sicht zu betrachten und nur die Umweltsünden, die in den Entwicklungsländern begangen werden, zu kritisieren: Der tropische Regenwald ist ein zentrales, aber nicht das einzige ökologische Problem auf der Welt. Man denke nur an die gewaltigen Schadstoffemissionen in den Industriestaaten.

4.2 Ursachen und Folgen der Unterentwicklung

Ursache und Merkmal

Als sehr schwierig und umstritten erweist sich die Frage nach den Ursachen für die Unterentwicklung vieler Länder. Auch sind **Ursache und Merkmal** nicht immer klar voneinander zu trennen: So kann beispielsweise die Bevölkerungsexplosion zugleich Grund als auch charakteristisches Merkmal für die Unterentwicklung eines Landes sein.

Im Folgenden sollen die wichtigsten Ursachen dargestellt werden. Wichtig ist dabei, dass kein Erklärungsansatz einen Anspruch auf Alleingültigkeit erheben kann. Wie immer greift ein monokausales Erklärungsmuster, das nur *eine* Ursache als allein verantwortlich für die Unterentwicklung machen würde, zu kurz.

4.2.1 Rahmenbedingungen

Natürliche Rahmenbedingungen

Ungünstiges Klima

Die **natürlichen Rahmenbedingungen**, denen sich die Menschen in der Dritten Welt gegenübersehen, können sich als entwicklungshemmend erweisen. Ein **ungünstiges Klima** wirkt sich z. B. negativ auf die Möglichkeiten in der Landwirtschaft und damit auf die Nahrungsmittelproduktion aus. Es gibt darüber hinaus auch Theorien, die davon ausgehen, dass sich tropisches Klima negativ auf die Arbeitshaltung der Menschen auswirken kann. Allerdings bedeuten gleiche klimatische Verhältnisse nicht automatisch den gleichen Entwicklungsstand, obwohl sich z. B. entlang des Äquators auf allen Kontinenten Entwicklungsländer befinden.

Rohstoffmangel

Auch die These, dass **Rohstoffmangel** als eine der Hauptursachen für Unterentwicklung gelten könnte, ist umstritten. Zwar zeigt das Beispiel der Erdöl exportierenden Staaten in der Dritten Welt, wie wichtig Rohstoffe für den Wohlstand eines Landes sein können. Aber auf der anderen Seite gibt es sehr rohstoffreiche Länder, wie z. B. die Demokratische Republik Kongo, die dennoch zu den armen Entwicklungsländern zählen, und gerade das Beispiel der nur mäßig mit Rohstoffen versehenen Schwellenländer, wie etwa Südkorea, Taiwan und Singapur, zeigt, dass auch andere Faktoren von Bedeutung sein müssen.

4.2.2 Endogene Ursachen

Traditionsorientierte Kultur

Endogene Ursachen sind solche, die in inneren Verhältnissen und Verhaltensweisen der Bevölkerung ihre Wurzeln haben. Dazu zählen z. B. eine **traditionsorientierte Kultur** und eine herkömmliche Werte- und Normenordnung. Sie erschweren, ja verhindern eine Entwicklung, die sich an den Maßstäben der fortgeschrittenen Industrieländer ausrichtet. Dazu gehören die Einstellung zur Arbeit, zum Sparen, zur Vorsorge und ein mangelndes Solidaritätsgefühl, das über die eigene Großfamilie hinausreicht. Auch betrachten die herrschenden Clans Staat und Volk nicht selten als Beute, die sie für ihre Interessen ausnützen können, wie z. B. die Militärmachthaber in Haiti noch 1994 gezeigt haben. Es fehlt der kreative, innovationsfreudige „dynamische Unternehmer" *(Schumpeter)*.

Damit soll kein Werturteil über andere Kulturen gefällt werden, sondern nur eine weitere Ursache für die rückständige Entwicklung aufgezeigt werden.

Bevölkerungswachstum

Bevölkerungsfalle

▶ Q. 3 und 4

Umstritten ist, ob das **Bevölkerungswachstum** als eigenständige Ursache der Unterentwicklung gelten kann. Es gab Staaten, z. B. Singapur mit einer jährlichen Wachstumsrate von 2,2 %, die sich trotzdem wirtschaftlich steil aufwärts entwickeln. Für die Mehrzahl der Entwicklungsländer dürfte allerdings die sog. **Bevölkerungsfalle** hauptverantwortlich dafür sein, dass alle wirtschaftlichen Fortschritte und die bescheidene Anhebung des durchschnittlichen individuellen Lebensstandards durch die wachsende Zahl der zu versorgenden Menschen zunichte gemacht werden.

4.2.3 Exogene Ursachen

Kolonialismus

▶ Q. 5

Die **exogenen Ursachen** für die Unterentwicklung der Dritten und Vierten Welt werden am häufigsten im **Kolonialismus** gesehen. Die Entwicklungsländer, so die These, seien von den europäischen Kolonialmächten ausgebeutet und damit regelrecht „unterentwickelt" worden. So unbestreitbar diese Ursache ist, denkt man z. B. an die bis heute nachwirkenden oft willkürlichen Grenzziehungen oder an die Abhängigkeit von Monokulturen, so reicht sie dennoch nicht aus, um das Nachhinken noch ein halbes Jahrhundert seit der Entlassung aus der Kolonialherrschaft für sich *allein* zu begründen.

Außerdem zeigt z. B. ein Blick auf die ehemaligen britischen Kolonien, wie unterschiedlich sich deren Entwicklung nach der Entlassung in die Unabhängigkeit gestaltet hat: Uganda zählt heute zur Vierten Welt, Indien zur Dritten, Singapur ist ein Schwellenland, Australien ist ein

Industrieland und Kanada zählt zu den G7-Staaten, also zu den sieben Wirtschaftsgroßmächten der Gegenwart.

Strukturelle Abhängigkeit

Als Weiterführung der kolonialen Ursache für die Unterentwicklung gilt die **strukturelle Abhängigkeit**. Die rückständige Entwicklung beruht nach dieser These im Verhalten der Industrieländer, die sich mithilfe der von ihnen abhängigen Macht- und Führungseliten des Entwicklungslandes die Wirtschaft dieses Staates auf ihre Bedürfnisse zuschneiden, ohne Rücksicht darauf, ob damit auch der Bevölkerung gedient ist. Richtig ist, dass in vielen Entwicklungsländern eine starke Ausrichtung der Wirtschaftsstruktur an den Bedürfnissen der Industrienationen festzustellen ist. Häufig wurde in der Vergangenheit beispielsweise hochwertige, arbeitssparende Industrietechnologie in Länder wie z. B. Indien geliefert, in denen nach wie vor eine hohe Arbeitslosigkeit herrscht. Aber zum einen vollzieht sich in den Industrienationen ein Umdenkungsprozess, und zum anderen zeigen viele Schwellenländer, dass sie sich von etwa vorhandenen Abhängigkeiten zu befreien vermögen, sodass auch diese Ursache nicht als allein entscheidendes Entwicklungshemmnis angesehen werden kann.

Außenwirtschaftliche Abhängigkeit

Eine andere These sieht in der Art der **außenwirtschaftlichen Abhängigkeit** eine der wichtigsten Ursachen für die Entwicklungsdefizite der Dritten Welt. Die UNO stellte fest, dass den Entwicklungsländern im Jahr 2004 mehr als 350 Milliarden US-$ an potenziellen Einnahmen aufgrund von überhöhten Realzinsen (das sind die Nominalzinsen abzüglich Inflationsrate), des Preisverfalls für Rohstoffe, ungleichen Bedingungen auf dem Weltmarkt für Dienstleistungen und aufgrund protektionistischer Maßnahmen der Industrieländer im Warenhandel entgangen sind. Durch die ständig sich verschlechternden *Terms of Trade* fallen die Entwicklungsländer wirtschaftlich immer weiter zurück.

4.2.4 Der Teufelskreis der Armut

Jedes Entwicklungsland weist ein Bündel an spezifischen Ursachen für seine Unterentwicklung auf. Als entscheidend wird angesehen, den **Teufelskreis der Armut** zu durchbrechen. Zu den Erscheinungsformen der Armut gehört nicht nur ein sehr niedriger Lebensstandard, sondern auch eine zunehmende **Verelendung**, die sogar die körperliche und geistige Kapazität der Menschen negativ beeinflusst.

Verelendung

Eine parlamentarische Kommission berichtete vor wenigen Jahren beispielsweise von den sogenannten Rattenmenschen im Nordosten Brasiliens, die buchstäblich auf der Müllhalde leben, selten größer als eineinhalb Meter werden, keinerlei Idee ihres Alters haben, geschweige denn davon, wer das Land regiert. Sie können keinen korrekten Satz sprechen und müssen ihre Kinder einzeln durchzählen, um festzustellen, wie viel sie haben.

Probleme der Dritten Welt

Wenn sich die möglichen Ursachen für die Unterentwicklung auch als recht umstritten darstellen und immer noch sehr kontrovers diskutiert werden, so ist man sich doch in der Beschreibung und Bewertung der gegenwärtigen **Probleme der Dritten Welt** und den Folgen, die sich aus der Unterentwicklung ergeben, weitgehend einig.

www.unaids.org

AIDS (Acquired Immunodeficiency Syndrome = erworbenes Immunschwächesyndrom) hat vor allem in Afrika zu einem merklichen Rückgang des Bevölkerungswachstums geführt. Weltweit waren 2011 rd. 34 Millionen mit dem AIDS-Erreger infiziert, davon 75 % im südlichen Afrika. Aber auch in Russland und den baltischen Staaten stieg der Zahl der Infizierten drastisch an. 80 % von ihnen waren jünger als 30 Jahre und zumeist drogenabhängig.

Reduktion der Bevölkerung durch Aids bis 2050 (in Prozent)

Botswana	63	Namibia	43
Swasiland	62	Sambia	43
Simbabwe	61	Malawi	33
Lesotho	58	Zentralafrikanische Republik	33
Südafrika	44		

Drogen

Viele Entwicklungsländer, vor allem in Südamerika und Asien, haben in den vergangenen Jahren mit dem Anbau, der Weiterverarbeitung und der Verteilung von **Drogen** ihre Wirtschaftsbilanz nachhaltig aufgebessert. Bolivien, so schätzen Experten, erwirtschaftet durch die Produktion von Kokablättern 24 % seines offiziellen Bruttosozialprodukts, 75 % der offiziellen Exporteinnahmen stammen aus dem Drogengeschäft, ca. 500 000 Personen finden in diesem Sektor eine Beschäftigung. Fast alle Staaten Südamerikas profitieren vom Drogenexport nach Europa und Nordamerika: Selbst Staaten wie Uruguay, Venezuela oder Chile, in denen fast keine Drogen angebaut werden, verdienen als Transit- oder Geldwäscheland mit. Ähnlich sieht es in Asien aus, in den Ländern des **Goldenen Dreiecks** (Myanmar – das ehemalige Burma –, Laos und Thailand) und des Goldenen Halbmonds (Afghanistan, Iran, Pakistan). Wegen der wirtschaftlichen Stagnation und der steigenden Arbeitslosigkeit schätzen manche Regierungen in den betroffenen Entwicklungsländern die positiven Effekte der Drogenwirtschaft sehr hoch ein und setzen die vor allem von den USA geforderte Verbotspolitik oft nur sehr zögerlich um. Auch die **Substitutionspolitik**, d. h. der Anbau alternativer Pflanzen, blieb bisher erfolglos, weil die Rentabilität von Drogenanbau und -produktion nicht erreicht werden kann.

Goldenes Dreieck

Substitutionspolitik

Drogenkonsum
Drogenkriminalität

Der Drogenkonsum wird in vielen Entwicklungsländern zum ernsten Problem: Auch die afrikanischen Transitländer, wie z. B. Nigeria, Kamerun, Kenia oder Somalia, geraten immer tiefer in den Strudel von **Drogenkonsum** und **Drogenkriminalität**.

Die politische Instabilität in vielen Staaten der Dritten und besonders der Vierten Welt führt zu bewaffneten Konflikten und Bürgerkriegen, in deren Gefolge Menschen aus ihrem Land fliehen und von anderen Staaten versorgt werden müssen.

Flüchtlinge

Das Jahresbudget der Vereinten Nationen für alle **Flüchtlinge** betrug im Jahr 2014 etwa 3,6 Milliarden. US-$, sodass die Länder in der Dritten Welt, die Flüchtlinge aufnehmen, die weitaus höheren Kosten selbst aufbringen müssen, sofern sie nicht von karitativen Organisationen unterstützt werden. Vor allem in Afrika und Vorderasien, die ständig von inneren Unruhen und Bürgerkriegen erschüttert werden, gibt es viele Flüchtlinge: In Jordanien z. B. sind seit Beginn des Bürgerkriegs in Syrien zahlreiche Flüchtlingslager entstanden, darunter Zaatari, inzwischen fünftgrößte Stadt des Landes.

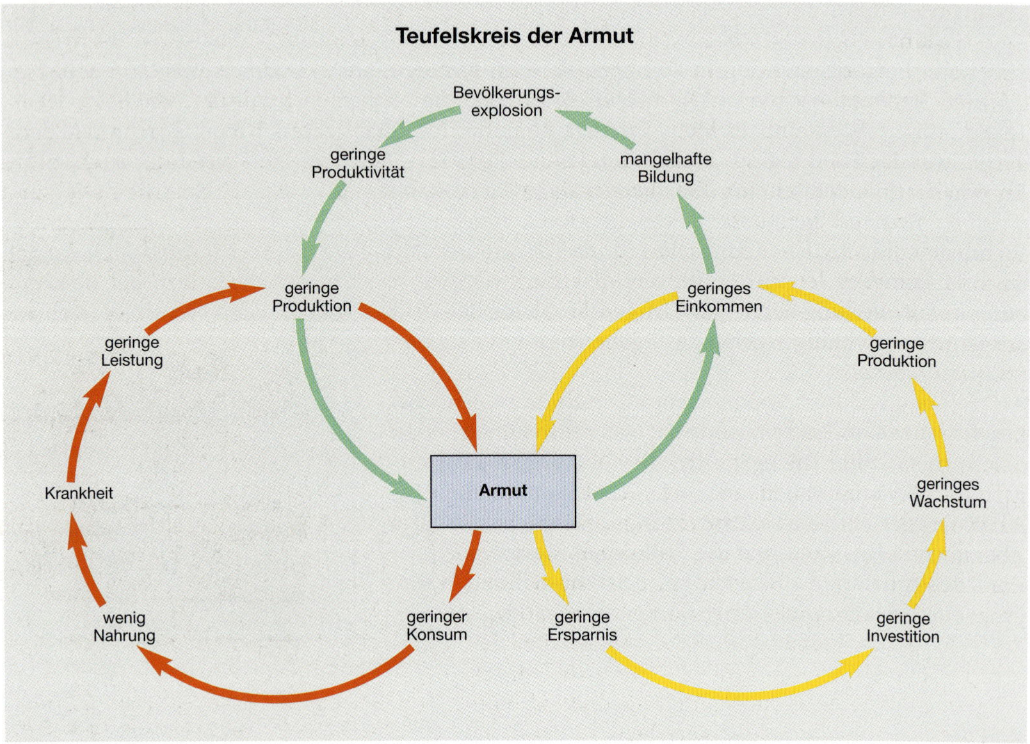

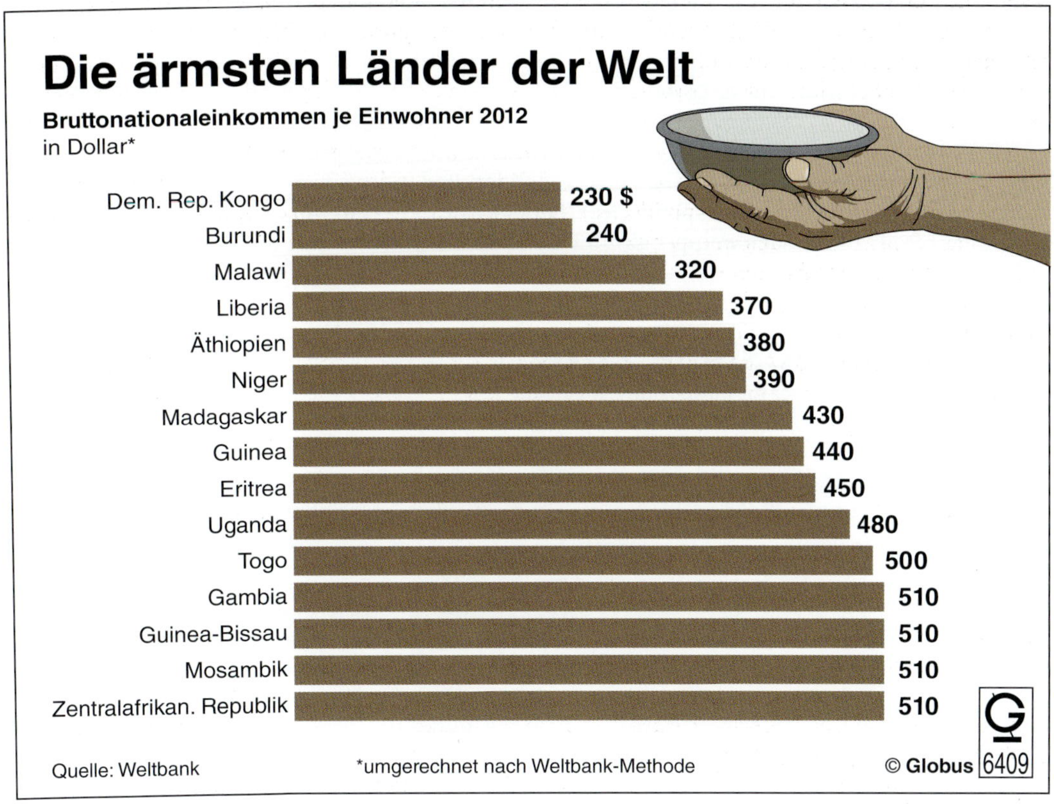

Die Zahl der Wirtschaftsemigranten, also Menschen, die in die Staaten ziehen, in denen sie sich lukrative Arbeitsmöglichkeiten erhoffen, kann nicht geschätzt werden; fest steht jedoch, dass es in der Dritten Welt immer mehr davon gibt.

Kinderarbeit

Eine Folge von Armut in den Entwicklungsländern ist **Kinderarbeit**. Man schätzt, dass 200 Millionen Kinder in der Dritten Welt sich ihren Lebensunterhalt selbst verdienen müssen. Die meisten Kinder arbeiten in Kleinbetrieben, in Heimwerkstätten oder in der Landwirtschaft. Traurige Berühmtheit haben beispielsweise die teppichknüpfenden Kinder aus Pakistan, Nepal, Indien, Afghanistan und anderen Ländern erlangt. Um Kinderarbeit wenigstens einzuschränken, wurde im Europa des 19. Jahrhunderts die **allgemeine Schulpflicht** eingeführt; auch für die Entwicklungsländer scheint dies die einzige Möglichkeit. Fatal an der Kinderarbeit sind zum einen die Bedingungen, unter denen die Kinder häufig arbeiten müssen, und zum anderen die Tatsache, dass Kinderarbeit letztlich neue Armut schafft, da die Niedriglöhne der Kinder die Löhne der Erwachsenen drücken und so neue Arbeitslosigkeit vorprogrammiert ist.

Allgemeine Schulpflicht

Die schlechte Bildungssituation hemmt die Entwicklungschancen der armen Länder. Diese Kinder haben Glück: Sie lernen in einer Schule in Myanmar.

Die sofortige Abschaffung der Kinderarbeit scheitert u. a. aber an der Einstellung der Eltern, die sich häufig daran gewöhnt haben, aus ihren Kindern Kapital zu schlagen. In vielen Entwicklungsländern wird deshalb versucht, wenigstens ein Minimalprogramm durchzusetzen, das z. B. Zwangsarbeit und Schuldsklaverei verhindert oder die Beschäftigung von Kindern in gesundheitsbedrohenden Industrien bekämpft. Wenigstens die Kinder unter zwölf Jahren sollen nicht arbeiten, sondern ihre Kindheit als eine Zeit des Lernens und Spielens erleben.

4.3 Möglichkeiten und Grenzen der Entwicklungshilfe

4.3.1 Träger der Entwicklungshilfe

www.attac.de

Außen- und sicherheitspolitische Überlegungen

Entwicklungshilfe wird etwa seit Beginn der 1960er-Jahre betrieben. Die Motive, Entwicklungshilfe zu leisten, sind vielfältig: Von entscheidender Bedeutung waren in der Vergangenheit zweifellos **außen- und sicherheitspolitische** Überlegungen. Im Ost-West-Konflikt wurde Entwicklungshilfe oft als mehr oder weniger sanftes Druckmittel benutzt, um die betreffenden Staaten auf die eigene Seite zu bringen.

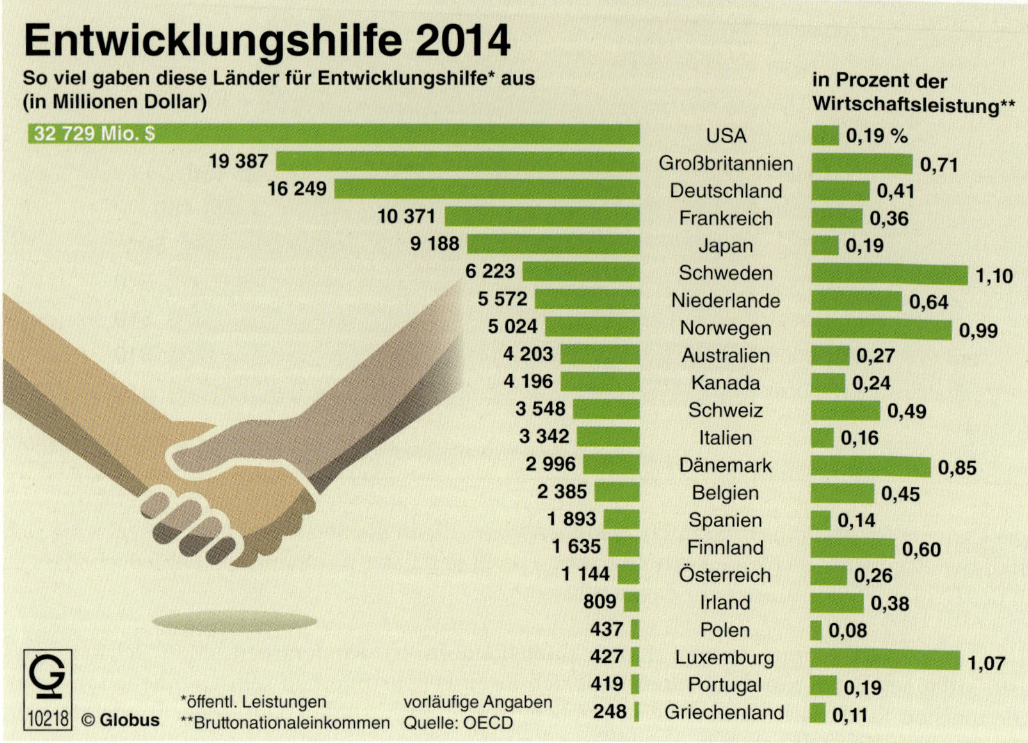

Ökonomische Beweggründe

Humanitäre Gründe

Neben diesen politischen Motiven waren oft auch **ökonomische** Beweggründe ausschlaggebend: Die Industrieländer waren zum einen bestrebt, Rohstofflieferungen aus der Dritten Welt zu sichern, und zum anderen, durch verstärkte Exporte neue Märkte zu schaffen oder durch die Produktion in sogenannten Billiglohnländern Gewinne zu vergrößern. Aber natürlich spielen auch **humanitäre Gründe** eine Rolle; es gab und gibt auch Stimmen, die Entwicklungshilfe als Wiedergutmachung für die koloniale Unterdrückung und Ausbeutung der Dritten Welt verstehen.

Kreditanstalt für Wiederaufbau (KfW)

Das 1961 eingerichtete Bundesministerium für wirtschaftliche Zusammenarbeit und Entwicklung (BMZ) leistet nicht unmittelbar Entwicklungsdienst, sondern unterstützt und finanziert Institutionen, die die Arbeit vor Ort ausführen. Das BMZ bedient sich bei der Kapitalhilfe der **Kreditanstalt für Wiederaufbau** (KfW) und bei der technischen Hilfe der Deutschen Gesellschaft für Internationale Zusammenarbeit (GIZ). Das letztgenannte, 2011 aus der Verschmelzung der Deutschen Gesellschaft für Technische Zusammenarbeit (GTZ), der Internationalen Weiterbildung und Entwicklung GmbH (InWEnt) und dem Deutschen Entwicklungsdienst (DED) hervorgegangene Bundesunternehmen führt in erster Linie Entwicklungsprojekte und -programme durch, leistet aber auch gegen Bezahlung entsprechende Dienste für andere Länder oder für Entwicklungshilfe-Organisationen. Alle Maßnahmen und Leistungen der GIZ zielen letztlich darauf ab, die Eigeninitiative der Menschen in den Partnerländern zu stärken und die Leistungsfähig-

Deutsche Entwicklungshilfe in Tunesien: Ein Ingenieur und einheimische Arbeiter bauen eine Anlage zur Trinkwasserversorgung auf.

keit von Menschen und Organisationen zu erhöhen, indem sie Kenntnisse und Methoden vermitteln oder die Voraussetzungen für deren Anwendung verbessern. Sachliche Schwerpunkte der GIZ-Arbeit sind die Bekämpfung der Armut, die Förderung der Landwirtschaft und des technischen Fortschritts sowie in verstärktem Maße auch der Umwelt- und Ressourcenschutz.

www.greenpeace.de

Die GIZ hat auch vom ehemaligen Deutschen Entwicklungsdienst (DED) die Aufgabe der Entsendung von Entwicklungshelfern übernommen, die „in Entwicklungsländern ohne Erwerbsabsicht Dienst leisten, um in partnerschaftlicher Zusammenarbeit zum Fortschritt dieser Länder beizutragen“. Die Bestimmung „ohne Erwerbsabsicht“ unterscheidet den **Entwicklungshelfer** vom **Entwicklungsexperten**. Selbstverständlich erhalten auch die Entwicklungshelfer, die in Ländern der Dritten Welt Dienst leisten, ein kleines Einkommen, das aber z. B. bei einem Arzt nur den Bruchteil dessen beträgt, was er als praktischer Arzt in der Bundesrepublik Deutschland verdienen könnte. Alle Entwicklungshelfer der GIZ verfügen über eine Berufsausbildung und in der Regel auch über eine mehrjährige Berufspraxis. Sie arbeiten mindestens zwei Jahre in einem Projekt mit, können ihren Vertrag aber bis auf sechs Jahre ausdehnen.

www.giz.de

Entwicklungshelfer

Entwicklungsexperte

Neben den staatlich getragenen Organisationen leisten auch noch andere Einrichtungen Entwicklungshilfe. Die politischen Stiftungen der Parteien erhalten z. B. Steuergelder, um damit beispielsweise Bildungseinrichtungen zu fördern oder **Entwicklungsprojekte** im Bereich der Medien zu unterstützen. Auch kirchliche Institutionen, wie z. B. *Brot für die Welt, Misereor* oder der

Entwicklungsprojekte

Deutsche Caritasverband erhalten Steuergelder, leisten aber das Vielfache aus Eigenmitteln, also aus Kirchensteuern, Mitgliedsbeiträgen und Spenden. Ähnlich finanzieren sonstige private Institutionen ihre Projekte und Hilfeleistungen an die Dritte und Vierte Welt, z. B. das *Deutsche Rote Kreuz, Terre des Hommes,* die *Deutsche Welthungerhilfe* und die zahlreichen Aktionsgruppen, die meistens ein konkretes Projekt oder eine begrenzte Region unterstützen.

Der deutsche Senioren-Experte Heinz Benz (r.) bildet in einer Fabrik im indonesischen Jakarta einen Mann als Schweißarbeiter aus.

Senioren Experten Service

Seit 1982 leisten auch Rentner und Pensionäre Entwicklungshilfe. Im Rahmen des **Senioren Experten Service** (SES) stellen sie ihre Berufserfahrungen und -fähigkeiten honorarfrei zur Verfügung, um vor Ort zu helfen. Die Einsatzdauer dieser sog. SES-Experten, durchweg hoch qualifizierte und hoch motivierte Fachkräfte, reicht von zwei Wochen bis zu sechs Monaten.

Konzept zur partizipativen Entwicklungszusammenarbeit

Entwicklungsbewusstsein

Das BMZ hat 1996 ein **Konzept zur partizipativen Entwicklungszusammenarbeit** vorgelegt, nach dem die Menschen in den Entwicklungsländern stärker als bisher an Entwicklungsprojekten beteiligt werden sollen; vor allem soll sich ein **Entwicklungsbewusstsein** herausbilden. Die Stufen können hierarchisiert wie folgt skizziert werden:

- **Information:** Die Betroffenen erfahren von Vorhaben, die sie etwas angehen.
- **Konsultation:** Die Menschen können hierzu ihre Meinung sagen.
- **Beteiligung:** Zumindest einige Teilentscheidungen werden von ihnen selbst getroffen.
- **Mitbestimmung:** Die Betroffenen entscheiden mit, ob und wie ein Projekt durchgeführt werden soll.
- **Mitverantwortung:** Die Bevölkerung beteiligt sich mit eigenen Mitteln, mindestens durch Arbeitseinsatz.
- **Partnerschaft:** Aus der Region selbst kommen Vorschläge, und die Bevölkerung entscheidet gleichberechtigt, wie ein Vorschlag umgesetzt werden kann und soll.
- **Selbstbestimmung:** Letztlich entscheiden die Betroffenen selbst. Sie erhalten die Mittel, um mit eigenen Leistungen in Selbstverantwortung und auf eigenes Risiko Vorhaben umzusetzen.

4.3.2 Arten der Zusammenarbeit

Die Bundesrepublik Deutschland vergibt ihre öffentlichen Entwicklungshilfeleistungen zu etwa einem Drittel über multilaterale Organisationen, also z. B. Hilfsorganisationen der UNO oder der Weltbank, und zu zwei Dritteln im Rahmen der bilateralen Zusammenarbeit direkt an die Empfängerländer.

Die bilaterale Zusammenarbeit kennt folgende Formen:

Finanzielle Hilfe

1. **Finanzielle Hilfe** in Form von Zuschüssen oder zinsgünstigen Krediten für Projekte und Programme. Der größte Teil der Finanzhilfe wird als *Projekthilfe* vergeben, d. h. für genau definierte und eingegrenzte Vorhaben, wie z. B. den Bau einer Düngemittelfabrik. Daneben gibt es auch noch die Programmhilfe, die wesentlich flexibler gestaltet werden kann, da hier für ein ganzes Maßnahmenbündel Gelder zur Verfügung gestellt werden, z. B. für die generelle Verbesserung der Infrastruktur und die dafür benötigten Geräte und Maschinen. Allerdings mehren sich in den letzten Jahren die Zweifel, ob ehrgeizige Infrastrukturvorhaben, wie z. B. die Anlage von Kraftwerken oder technologisch modernste Kommunikationsanla-

gen, die Not in der Dritten Welt wirklich beseitigen oder doch zumindest lindern können. Auch ist der Verdacht nicht unbegründet, dass mit solchen Programmen nur der Export der Geberländer unterstützt wird, denn oft wird gerade die bilaterale Entwicklungshilfe an die Bedingung geknüpft, die für ein Programm benötigten Maschinen, z. B. für den Straßenbau, nur im Geberland zu kaufen. Deshalb gehört die **Armutsorientierung** immer mehr zu den Schwerpunkten deutscher Entwicklungshilfepolitik. Darunter versteht man Programme und Projekte, die direkt den Armen zugutekommen, z. B. günstige Darlehen, um Hütten auszubauen und ein bisschen zu modernisieren, oder für den Bau von einfachen Kläranlagen oder Brücken.

Armutsorientierung

2. **Technische Hilfe** als Zuschuss durch die Entsendung von Experten, die Lieferung von Spezialmaterial und Geräten sowie die Ausbildung von einheimischen Fachkräften, die als Teil der

Technische Hilfe

3. **personellen Maßnahmen** zur Aus- und Fortbildung betrachtet wird.

Personelle Maßnahme

4. Die **weiteren Maßnahmen** umfassen vor allem die Nahrungsmittelhilfe, die Förderung der Exporte aus der Dritten Welt und Informationsarbeit, z. B. im Bereich Umweltschutz. Besondere Beachtung verdient hier die **Nahrungsmittelhilfe**, die in akuten Katastrophenfällen, wie z. B. Dürreperioden oder nach Naturkatastrophen, unerlässlich ist. Sie muss die betroffenen Menschen so lange vor dem Verhungern bewahren, bis die normalen Versorgungskanäle wieder funktionieren. Es mag zynisch klingen, aber Nahrungsmittelhilfe, die über diese Notfälle hinaus gewährt wird, kann auch fatale Auswirkungen haben: Ein Angebot von außen drückt zwangsläufig die Preise, sodass viele Bauern in der Dritten Welt dann nur noch für den Eigenbedarf („**food crop**") sorgen und ansonsten lieber „**cash crop**", wie etwa Kaffee oder Tabak anbauen, der für den Export bestimmt ist und wesentlich mehr Gewinn abwirft. Im Endeffekt verschlechtert sich so durch die von Industrieländern gewährte Nahrungshilfe noch die Versorgung der Gesamtbevölkerung.

Weitere Maßnahme
Nahrungsmittelhilfe
food crop
cash crop

Hungerhilfe ist zumeist die wichtigste Form der **Armutshilfe**. Auch sie scheint nur indirekt hilfreich zu sein, nicht dagegen als unmittelbare Hilfe.

Armutshilfe
▶ Q. 6

Beispiel: Ein Landwirtschaftsprojekt soll die Ertragslage verbessern, den Ernährungsmangel lindern und die bäuerlichen Einkommen, die in allen Entwicklungsländern zu den niedrigsten zählen, steigern. Allein eine falsche Preispolitik des Staates kann alles zunichte machen.

Die ständig wachsende **Verschuldung** gerade auch der ärmsten Länder wurde bereits Ende der 1950er-Jahre zu einem besonders großen Problem. Zu den hoch verschuldeten Ländern (HIPC = Highly Indebted Poor Countries) zählen inzwischen rund 40 Staaten, davon allein drei Viertel aus dem afrikanischen Raum.

Verschuldung

Die Ursachen für die unaufhaltsam wachsende Verschuldung sind kurz gefasst folgende:

- Verschlechterung der Austauschbedingungen (*Terms of Trade*), d. h., die Exporterlöse je Einheit wuchsen nicht proportional zu den steigenden Preisen der Importprodukte.
- zu großzügig gewährte Kredite der Weltbank ohne Rücksicht auf Leistungsfähigkeit und Tilgungswilligkeit.
  Nicht wenige kritische Beobachter sehen in der Art der Kreditvergabe die Hauptursache für die Überschuldung vieler Entwicklungsländer
- Die Regierungen der Nehmerländer entwickelten eine Unterstützungsmentalität, wie sie auch bei langfristigen Subventionen in Industrieländern zu beobachten ist, z. B. in der Landwirtschaft, bei der es zunehmend als selbstverständlich angesehen wird, laufend Hilfszahlungen zu erhalten und nie nur auf Eigenleistung angewiesen zu sein.
- Herrschaftsprinzip in vielen Krisenländern ist der Klientelismus, d. h., Politiker und Bürokraten nutzen ihre Ämter zur Selbstbereicherung und zur Befriedigung ihrer ethnisch-regionalen Klientel, um ihre Macht zu sichern. Finanzhilfen fließen dann in den laufenden Konsum – einschließlich Staatskonsum für Rüstung – nicht aber investiv in den Aufbau des Landes.

▶ Q. 7

Schuldenerlass

Von vielen Seiten, insbesondere auch von den in der Entwicklungshilfe idealistisch engagierten Gruppen, wird immer wieder ein **Schuldenerlass** wenigstens für die ärmsten der armen Entwicklungsländer gefordert. Wiederholt wurde ein solcher auch gewährt, oft in Form der Stundung fälliger Zinsen, der Verlängerung der Kreditlaufzeiten, der Herabsetzung des Zinsfußes oder einer Umschuldung mit günstigeren Bedingungen.

Im Juni 2005 einigten sich die führenden Industrienationen (G8-Staaten) darauf, den 18 ärmsten der armen Länder alle Auslandsschulden vollständig zu erlassen.

Auf den ersten Blick erscheint ein großzügiger Schuldenerlass plausibel, stecken doch manche Länder so tief in Auslandsschulden, dass niemals an eine Rückzahlung zu denken ist. Doch was menschlich verständlich und sogar ökonomisch geboten erscheint, kann sich auch als geradezu kontraproduktiv erweisen. Jeder Schuldenerlass und jede Erleichterung der Tilgungs- und Zinsbedingungen wirft wenigstens folgende Fragen auf:

- Werden dadurch nicht die sparsamen und tüchtigsten Länder bestraft, weil sie sich weniger hoch verschuldet haben und deshalb nicht in den Erlassgenuss kommen?
- Und als Gegenstück dazu: Werden dann nicht gerade jene Staaten belohnt, die am sinnlosesten mit Hilfsmitteln umgegangen sind, beispielsweise ihre eigenen Steuereinnahmen für zivile Projekte gespart und in völlig überflüssige Rüstungsausgaben gesteckt haben?
- Ermuntert ein Schuldenerlass nicht die weniger verschuldeten Länder, sich ebenfalls hoch zu verschulden, weil man dann Geld geschenkt bekommt?
- Wer soll den Erlass bezahlen, wenn der Kredit von privaten Banken gewährt wurde? Im Zweifel kann das nur der Steuerzahler des Gläubigerlandes sein.

4.3.3 Alternative Ansätze

Weltindustrialisierung

Die herkömmliche Entwicklungsstrategie sah das Ziel lange Jahre darin, dass die Entwicklungsländer möglichst rasch den „Sprung aus der Steinzeit in die hoch technologisierte Industriewelt“ schaffen sollten. Mit der **Weltindustrialisierung** sollte nach diesem Konzept der Wohlstand, also in erster Linie die Kaufkraft der städtischen Bevölkerung steigen, sodass diese die einheimische Agrarproduktion kaufen konnte. Ähnlich wie in Europa im Laufe der Industrialisierung sollte dann auch in den Entwicklungsländern die Geburtenrate sinken.

Autozentrierte Entwicklung

Gegen diese Entwicklungsstrategie sprechen sich die Befürworter der sogenannten **autozentrierten Entwicklung** (auf das eigene Land bezogene eigenständige Entwicklung) aus. Sie wollen, dass sich die Länder der Dritten Welt wenigstens für eine gewisse Zeit von der Weltwirtschaft abkoppeln. Zwar würde dies kurzfristig z. B. einen Verzicht auf importierte billige Weltmarktprodukte bedeuten, da nur noch die teureren Eigenentwicklungen auf dem Markt verfügbar wären. Auf lange Sicht gesehen biete jedoch nur die eigenständig aufgebaute Wirtschaft die notwendige Unabhängigkeit, um wenigstens einen bescheidenen Wohlstand aufzubauen. Außerdem sei mit der autozentrierten Entwicklung keineswegs ein Streben nach Autarkie (vollständige Selbstversorgung) verbunden, schließlich verfügten nur wenige Staaten, wie z. B. Indien oder China, über einen ausreichend großen Binnenmarkt, sondern die Entwicklungsländer sollten vielmehr verstärkt untereinander Handel treiben.

Theorie der abgeschotteten Entwicklung

Eine weitere Variante dieser Abkoppelungsstrategie besteht in der **Theorie der abgeschotteten Entwicklung**. Nach ihrer These führt die Durchindustrialisierung der Welt nicht nur zu einer unvertretbaren Erhöhung des Energieverbrauchs je Kopf – weltweit auf rund das Zehnfache –, sondern auch zu einer Verschärfung des bestehenden Ungleichgewichts. Insbesondere wird kritisiert, dass die bisherigen Formen der Entwicklungshilfe den armen Ländern nicht nur nicht genutzt, sondern sogar geschadet haben, weil selbst die spärlichen Ansätze einer einheimischen Produktion durch Importe der Industrieländer erstickt wurden. Außerdem setzte der Transfer moderner Technologien auch einen Wandel des Bewusstseins und des Wertesystems in den Gesellschaften der Entwicklungsländer voraus, der nur unter Zerstörung alter Traditionen erreicht werden kann.

Weizenernte in Äthiopien: Während die Agrarprodukte der Entwicklungsländer auf dem Weltmarkt nach wie vor benachteiligt sind ...

... wird die europäische Landwirtschaft subventioniert. Getreideernte in Deutschland, 2004

Alle modernen Technologien seien auf westliche Denk- und Lebensweisen zugeschnitten wie: Pünktlichkeit, kontinuierliche Arbeitshaltung, Zuverlässigkeit, Genauigkeit, Bereitschaft, auch dann weiter zu arbeiten, wenn der notwendige Lebensunterhalt gedeckt ist, Sparsamkeit, Einhaltung von Zusicherungen usw.

4.3.4 Das Ringen um die Öffnung der Märkte

Die „offizielle" Entwicklungspolitik, wie sie die Weltbank und die Regierungen der entwickelten Länder betreiben, lehnt die These von der Abkoppelung ab. Sie setzt nach wie vor auf die liberale Theorie, nach der **Freihandel** ohne Zölle und mengenmäßige Importbeschränkungen wohlstandsfördernd sind. Denn was unbestritten in einem Land gilt, dass nämlich ein möglichst intensiver Güteraustausch für alle von Nutzen und einer der Gründe für die Schaffung und Osterweiterung der EU ist, warum sollte das nicht auch weltweit gelten?!

Freihandel

Im Prinzip ist das richtig, und langfristig können die positiven Effekte auch eintreten, aber im harten Raum der (kurzfristigen) Interessen stoßen Erkenntnisse und ihre Umsetzung in die Praxis auf massiven politischen Widerstand.

Seit Jahrzehnten fordern die Entwicklungsländer von den Industriestaaten zu Recht die Öffnung der Märkte für Agrarprodukte aus den unterentwickelten Regionen. Vergeblich! Unverändert schotten sich USA und EU mit Zöllen und Kontingenten gegen den Import von deren Agrarerzeugnissen ab. Es gibt Berechnungen, nach denen die völlige Liberalisierung der Einfuhr landwirtschaftlicher Produkte den Entwicklungsländern mehr Gewinn bringen würde als die gesamte staatliche Entwicklungshilfe, die dann eingespart werden könnte.

Bananenstreit

Berühmt-berüchtigt für die Verweigerung der EU ist der **Bananenstreit** von 1992: Um sowohl die europäischen Bananenbauern, z. B. auf Kreta oder Madeira, als auch die der AKP-Staaten[1] vor der billigeren Konkurrenz aus Lateinamerika zu schützen, wurden hohe Zölle und Importquoten festgesetzt. Die zunächst von Experten befürchteten Auswirkungen auf Lateinamerika, wie Arbeitslosigkeit hunderttausender Menschen und Gefahr von sozialen Unruhen bestätigten sich nicht. Allerdings schwand in einigen Entwicklungsländern das Vertrauen gegenüber dem zusammenwachsenden Europa, was sich in z. T. wütenden Schlagzeilen in der südamerikanischen Presse niederschlug, wo schon von „wirtschaftlichem Neokolonialismus der Europäer" und der „Festung Europa" die Rede war. Am 15. Dezember 2009 trafen Vertreter der EU, der Vereinigten Staaten und mehrerer lateinamerikanischer Staaten eine Übereinkunft, die die durch die EU erhobenen Einfuhrzölle schrittweise absenkte und eine Verpflichtung der EU enthielt, die AKP-Länder mit bis zu 200 Millionen € zu unterstützen.

Der deutsche Verbraucher ist übrigens ebenfalls ein Leidtragender der neuen „Marktorganisation für Bananen". Deutschland, das rund 60 % aller in die EU importierten Bananen abnimmt, ist nun gezwungen, die teureren und minderwertigeren Bananen von den mit der EU assoziierten Ländern zu erwerben.

Subventionspolitik

Heftig kritisiert wird auch die **Subventionspolitik** in den reichen Staaten, die den Produkten aus den armen Ländern nur wenig Konkurrenzchancen einräumt.

Soweit diese Subventionen zum Ausgleich höherer Qualität dienen, z. B. im Tierschutz, gelten sie international als zulässig. Aber fast schon legendär ist das makabre Beispiel von der europäischen Kuh, die reicher ist als die überwiegende Mehrzahl der Afrikaner. Sie wird nämlich in der EU mit 2,50 US-$ täglich subventioniert (japanische Kühe erhalten sogar je 7,50 US-$), während drei Viertel der Einwohner Afrikas mit 2,00 US-$ pro Tag auskommen müssen.

Aber auch die Entwicklungsländer verweigern sich dem Freihandel und erheben auf nicht landwirtschaftliche Produkte Zölle, die zum Teil erheblich höher sind als die der Industriestaaten.

Drei Beispiele zum Vergleich, Zölle in Prozent (Stand: 2011):

	Arme Länder	Reiche Länder
Textilien	24,0	12,0
Metalle	10,8	4,0
Chemikalien	12,4	2,5

Welthandel

Das Gesamtergebnis für den **Welthandel** ist fatal. Der ehemalige Bundespräsident *Johannes Rau* erinnerte in seiner Berliner Rede vom Mai 2002 daran, dass 40 % der Menschheit in den ärmsten Ländern leben, ihr Anteil am Welthandel aber nicht einmal 3 % beträgt. 75 % des Welthandels entfallen auf 16 % der Weltbevölkerung.

Auch hier zeigt sich eine historische Gesetzmäßigkeit. Schon im 19. und Anfang des 20. Jahrhunderts galt: Europa handelte mit sich selbst. In der zweiten Hälfte des 20. Jahrhunderts wickelten die reichen (kapitalistischen) Staaten fast 90 % des Welthandels unter sich ab; die sozialistischen Länder vermochten daran ebenso wenig teilzuhaben wie die Entwicklungsländer.

1 AKP-Staaten: Seit 1975 gibt es Partnerschaftsabkommen zwischen der EU und den sogenannten AKP-Staaten, 79 Ländern Afrikas, der Karibik und des Pazifiks (Stand: 2011).

4.3.5 Die Rolle der Welthandelsorganisation

Den wohl wichtigsten Versuch zur Schaffung einer neuen Weltwirtschaftsordnung stellt das Allgemeine Zoll- und Handelsabkommen **(GATT)** dar. Ziel des GATT ist der Abbau der Zölle und der mengenmäßigen Einfuhrbeschränkungen, um den Welthandel zu steigern. Für die Entwicklungsländer ergaben sich allerdings für eine Teilnahme am Welthandel von Anfang an Probleme: Zum einen muss der größte Teil der vorhandenen Ressourcen für die eigene ständig wachsende Bevölkerung verwandt werden. Zum anderen ist das, was man auf dem Weltmarkt dann noch verkaufen kann, infolge von Überangebot von ständigem Preisverfall bedroht.

GATT

www.wto.org

Im April 1994 wurde die GATT-Nachfolgeorganisation aus der Taufe gehoben: Die **Welthandelsorganisation** (WTO), der 161 Staaten angehören, hat einen Abbau der Handelsschranken beschlossen: Die Zölle zwischen Industriestaaten sollen im Durchschnitt von 6,3 auf 3,9 % gesenkt werden. Zwischen Industrie- und Entwicklungsländern fallen sie auf 2,4 %, und die ärmsten Länder müssen nur noch 0,7 % Zoll zahlen. Allerdings wurden Übergangsfristen zwischen fünf und zehn Jahren vereinbart, sodass der Erfolg dieses Abkommens noch abgewartet werden muss. Bei allen Differenzen, wie eine neue, gerechtere Weltwirtschaft aussehen muss, scheinen sich doch Entwicklungs- und Industrieländer in einem einig zu sein: Ein zentraler Bestandteil jeder Weltwirtschaftsordnung muss der **Umweltschutz** sein. Eine UN-Kommission unter Vorsitz der Norwegerin Gro Harlem Brundtland entwickelte das Konzept **(Brundtland-Bericht)** einer **nachhaltigen Entwicklung** (sustainable development). Darin wird mit zwei Schlüsselbegriffen operiert:

Welthandelsorganisation

Umweltschutz

Brundtland-Bericht

Nachhaltige Entwicklung

1. Konzept der Stillung elementarer Grundbedürfnisse aller Menschen

▶ Q. 8

2. Idee der Grenzen im Hinblick auf die Tragfähigkeit des weltweiten Ökosystems

Letztlich baut die Strategie auf dem berühmten Bericht an den Club of Rome vom Jahre 1992 auf. Danach soll ein Zustand angestrebt werden, bei dem das System der Erde über unbeschränkte

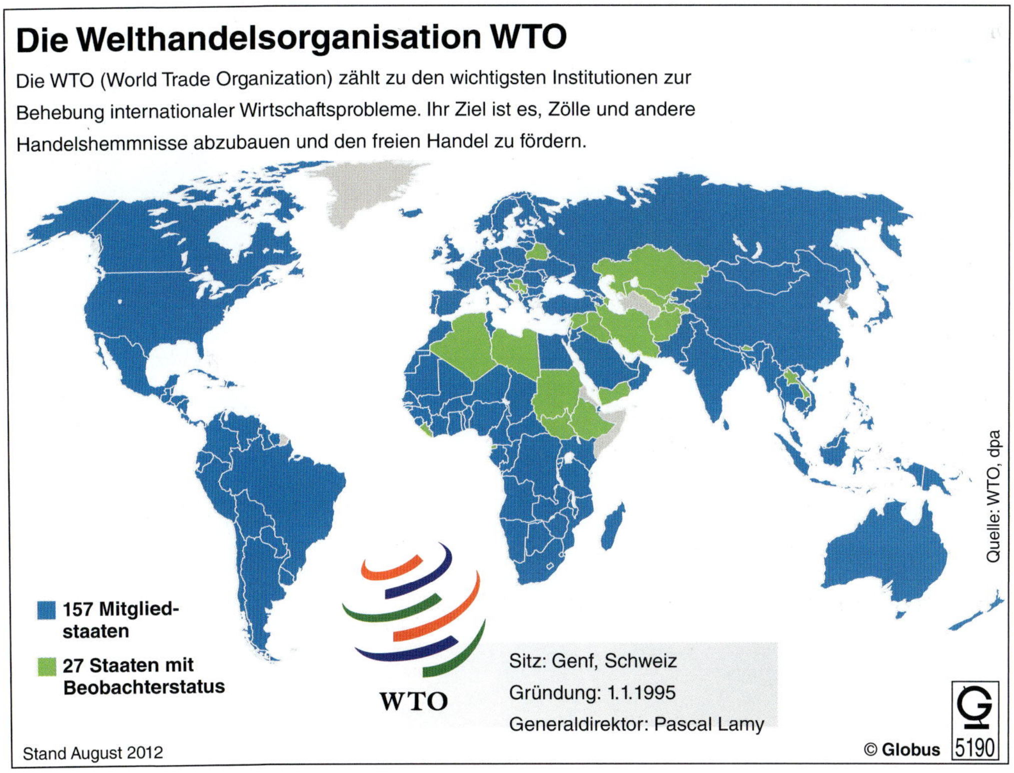

Zeiträume ohne grundsätzliche Veränderungen (Zusammenbruch) erhalten bleibt und vor allem nicht in den Bereich von Grenzüberziehungen gerät.

Ziel ist also, die dauerhafte Existenzfähigkeit der Erde bei gleichzeitiger Erfüllung der Grundbedürfnisse aller Menschen und künftiger Generationen zu sichern.

Auf großen Konferenzen – zuletzt bei der 9. Ministerkonferenz vom 3. bis zum 6. Dezember 2013 in Bali – versuchten die Mitgliedstaaten der WTO, den Nord-Süd-Gegensatz wenigstens zu lindern und die Liberalisierung des Welthandels voranzubringen. Alle bisherigen Konferenzen scheiterten, die von Cancún (Mexiko) endete sogar mit einem Eklat: Nach tagelanger Lähmung wegen des Streites über den europäischen, amerikanischen und japanischen Agrarprotektionismus forderten die reichen Länder für Zugeständnisse im Agrarsektor im Gegenzug von den Entwicklungsländern den Abbau von Handelshemmnissen, Verhandlungen über Wettbewerbsregeln und das öffentliche Beschaffungswesen sowie die Vereinfachung der Zollbürokratie. Daraufhin verweigerten die „Dritte Welt"-Staaten alle weiteren Gespräche, brachen die Verhandlungen abrupt ab und verließen die Konferenz.

Das demonstrativ gezeigte Selbstbewusstsein wurde zwar von ihnen bejubelt, in Wirklichkeit aber sind die Armen die Leidtragenden – wie das auch die Bundesregierung sieht. Die Konferenz scheiterte nicht an vergleichsweise nebensächlichen Fragen, auch nicht wegen des Zwangs zur Einstimmigkeit bei der Beschlussfassung, sondern weil aus dem Club der Reichen, die den Vorläufer der WTO (GATT) einst gegründet hatten, ein vielstimmiger Verein geworden ist. Vor allem seit dem Beitritt Chinas im Jahre 2002 hat sich die Machtbalance verschoben. China nutzte den Angriff der Armen auf die USA und die EU und solidarisierte sich mit den Drittweltländern.

Nichtregierungsorganisation

Eine besondere Rolle spielen seit Jahren die **Nichtregierungsorganisationen** (englisch: NGO, deutsch: NRO). Bei der Konferenz in Seattle (USA) traten sie wie David gegen Goliath mit massi-

Proteste gegen den G20-Gipfel 2014 in Brisbane

ven, zum Teil gewalttätigen Protesten auf, sodass ein ordnungsgemäßer Ablauf der Tagung nicht mehr möglich war. Die NRO setzen sich aus sehr unterschiedlichen Gruppierungen zusammen, die von Anarchisten mit revolutionären Absichten über Feministinnen, Globalisierungsgegnern, Gewerkschaftern, militanten Gegnern des kapitalistischen System schlechthin bis zu friedlichen Tier- und Umweltschützern reichen.

Die Liste der von der UN anerkannten Nichtregierungsorganisationen ist 60 Seiten lang, und jährlich kommen 500 neue Verbände dazu. Informell regieren sie längst in die Gremien der Vereinten Nationen hinein.

Allein in Deutschland zählt der Verband der Nichtregierungsorganisationen **(VENRO** = Verband Entwicklungspolitik und humanitäre Hilfe) rd. 100 Mitgliedsgruppen. Ihre Ziele sind nach Selbstauskunft allgemein gefasst: VENRO

- Erhöhung des Stellenwertes der Entwicklungspolitik
- Hinwirkung auf eine alle Politikbereiche einbeziehende, in sich stimmige Entwicklungspolitik
- Stärkung des gesellschaftlichen und politischen Beitrags der entwicklungspolitischen NRO

Um die **Globalisierungsgegner** zu besänftigen, hatte man in Cancún ungefähr 2 000 (!) NRO zur Konferenz zugelassen. Sie feierten den von ihnen forcierten Abbruch der Konferenz auch als ihren Sieg gegen die Ausbeuter der Welt. Aber viele stellten sich die Frage, ob es tatsächlich ein Sieg ist, wenn die Zollhürden im Agrarhandel nicht sinken, weil nicht einmal darüber verhandelt wird. Globalisierungsgegner

4.4 Zukünftige Perspektiven – Entwicklungshilfe als vergebliche Mühe?

Trotz – oder gar wegen? – der Entwicklungshilfe hat sich die Kluft zwischen Nord und Süd nicht geschlossen. Im Gegenteil: Die Schere hat sich seit den 1960er-Jahren weiter geöffnet.

Verbreitet ist die Vorstellung, dass die kapitalistische **Globalisierung** eine Hauptschuld an dem anhaltenden Elend trägt. Das ist richtig und falsch zugleich. Globalisierung

Falsch, weil der „digitale Kapitalismus" (*H. Schmidt*) die Ärmsten in den Entwicklungsländern noch gar nicht erreicht hat. Sie werden nicht in die Arbeitslosigkeit entlassen, weil elektronische Roboter ihre Tätigkeit übernehmen. Computer in den Büros setzen sie nicht frei, es gibt häufig noch gar keine. Die weltweite Kommunikation z.B. durch Mobilfunk ist inzwischen allerdings nur bei den ganz Armen noch nicht bekannt.

Richtig aber ist, dass der durch die neuen Technologien ausgelöste Boom, besonders in den USA, die Kluft vergrößert hat, weil die Entwicklungsländer daran nicht partizipieren konnten. Insofern scheint zu gelten: Wer sich vom weltweiten Netz der Kommunikation und des Handels abseilt oder gar abschottet, fällt immer weiter zurück.

Zweifellos sind in der Vergangenheit viele und schwere entwicklungspolitische Fehler gemacht worden, und Sünden wie die der direkten Kredit- und Finanzhilfe für korrupte Regierungen werden auch weiterhin begangen. Aber ob man daraus den Schluss ziehen sollte, auf Entwicklungshilfe teilweise oder gar ganz zu verzichten, ist auch unter Experten sehr umstritten. ▶ Q. 9 ▶ Q. 10

Die Probleme berühren zu viele Bereiche des gesellschaftlichen Lebens, haben historische Ursachen ebenso wie Wurzeln in aktuellen machtpolitischen Interessen. Europa und die USA können das Elend dieser Welt mit seinen krassen Ungleichheiten, den Menschenrechtsverletzungen, den Bürgerkriegen und der nackten Not allenfalls lindern. Mittel- oder gar kurzfristig ist keine Änderung in Sicht. Jeder der glaubt, er habe ein Patentrezept nach dem Motto „Man braucht nur ..." irrt. Denn wenigstens das lehrt uns die Geschichte: Einfache Lösungen gibt es auf dieser Welt nicht. ▶ Q. 11

QUELLE 1 Zum Begriff Unterentwicklung

Es gäbe manche Gründe, auf den Begriff der Unterentwicklung zu verzichten, wie es die UN-Diplomaten aus Rücksicht auf Empfindlichkeiten der Staatenmehrheit der Dritten Welt schon längst getan haben. Es gäbe auch andere Gründe als solche diplomatischer Rücksichten:

- Unterentwicklung hat einen abwertenden und verletzenden Beigeschmack, weil sie in der Alltagssprache mit körperlicher und geistiger Rückständigkeit oder Unterlegenheit assoziiert wird.
- Der Begriff schert sehr unterschiedliche Tatbestände über einen groben Kamm und wirft inzwischen 130 Länder in eine Schublade, die große Unterschiede kaschiert.
- Unterentwicklung wurde von Anfang an durch Mangelerscheinungen und durch mehr oder weniger große Entfernungen zu den „entwickelten Staaten" definiert, die damit zu nachahmenswerten Leitbildern von Entwicklung wurden.

Sollte der Begriff deshalb nicht vermieden und z. B. durch Armut ersetzt werden? Was so elegant erscheinen mag, ist dennoch problematisch. Die Kamerunerin Axelle Kabou forderte entschieden, wieder den Begriff Unterentwicklung hervorzuholen, um „Anspruch und Wirklichkeit wieder zusammenzubringen" und Illusionen über Realitäten auszuschließen. Entscheidend ist nicht so sehr, dass es auch in „reichen Staaten" Armut und in „armen Staaten" Reichtum gibt, sondern die unterschiedliche Fähigkeit, Armut zu überwinden. Unterentwicklung ist ein Strukturproblem, Armut eine Folgeerscheinung.

Unterentwicklung wird hier definiert als unzureichende Fähigkeit von Gesellschaften, die eigene Bevölkerung mit lebensnotwendigen Gütern und lebenswichtigen Dienstleistungen zu versorgen. Wenn die Weltbank der Mehrheit der lateinamerikanischen Staaten nachgewiesen hat, dass sie schon durch eine geringe Umverteilung des vorhandenen Reichtums in der Lage wären, die Massenarmut zu überwinden, dann ist Armut kein Produktionsproblem, sondern ein Verteilungsproblem und ein politisches Strukturproblem.

(Franz Nuscheler: Lehr- und Arbeitsbuch Entwicklungspolitik. Bonn, Dietz 1995, S. 136)

1. **Welche Gründe sprechen gegen den Begriff der Unterentwicklung, welche dafür?**
2. **Warum kann der Begriff „Armut" kein Ersatz dafür sein?**

QUELLE 2 Arbeitslosigkeit in der Dritten Welt

Das rapide Wachstum der Städte in der Dritten Welt bringt ein *sprunghaftes Anschwellen ihrer Erwerbsbevölkerung* mit sich, ohne daß genügend Arbeitsplätze für sie zur Verfügung ständen. Die hohe Arbeitslosigkeit betrifft in erster Linie die jüngeren Altersgruppen zwischen 15 und 24 Jahren, die älteren Arbeitskräfte über 45 sowie Personen mit geringer Schulbildung. Obwohl statistisch außerordentlich schwer erfaßbar, kann man davon ausgehen, daß es mit Ausnahme einiger weniger Schwellenländer in den Großstädten der Dritten Welt eine durchschnittliche *Arbeitslosenquote* von 10 bis 15 Prozent zuzüglich einer Unterbeschäftigungsquote von etwa 30 % gibt.

Diese schwierige wirtschaftliche Situation ist zum großen Teil darauf zurückzuführen, daß viele Regierungen *kopflastige Entwicklungsstrategien* verfolgen, die primär auf eine *rasche Industrialisierung* abzielen, den *Agrarsektor* jedoch weitgehend *vernachlässigen*. Diese (in urbanen Zentren, vor allem aber der Metropole angesiedelten) Industrien beruhen in der Regel auf *kapitalintensiven, importierten Fertigungstechnologien*, was bedeutet, daß die Kosten für die Schaffung von Arbeitsplätzen außerordentlich hoch sind, die Produktion aus Rentabilitätsgründen und infolge der massiven Konkurrenz aus Drittländern stark durchrationalisiert ist und folglich der Zugewinn an Arbeitsplätzen sich in einer bescheidenen Größenordnung bewegt.

(Landeszentrale für politische Bildung: Der Bürger im Staat. Heft 4/85, S. 223)

1. **Welche Bevölkerungs- und Altersgruppen sind in der Dritten Welt vor allem arbeitslos?**
2. **Welchen Fehler machen viele Regierungen in der Dritten Welt bei der Schaffung von neuen Arbeitsplätzen?**

Folgen der Überbevölkerung

▶ QUELLE 3

Überbevölkerung ist nahezu ausschließlich ein Drittweltproblem, denn die vorauszusehende rasante Vermehrung der Menschheit in den nächsten 50 Jahren findet zu 90 % in den heute sogenannten Entwicklungsländern statt. Hier werden sich alle damit verbundenen Probleme ballen und in Megastädten nie gekannten Ausmaßes, den neuen Babylons, gesteigerten Ausdruck finden. [...]
Heute schon wird fast keine der Ballungen in der Dritten Welt mit ihren Abfällen und Abwässern fertig. Die Luft in Mexiko City, Bombay oder Jakarta ist atemverschlagend schmutzig, zusammen mit Lärm, Gestank und der Hässlichkeit der Armut ein Anschlag auf alle Sinne. [...]
Slums, oft zwischen Müll und Fäkalien eingezwängt, sind für lange Zeit das Zuhause der vielen Millionen Zuzügler, ob in Rio oder Lagos, die sich ein besseres Leben als auf dem Lande erhoffen. [...]
Nord und Süd essen den Schöpfungskuchen von zwei Seiten her auf. Die Reichen zehren mit ihrem Überkonsum stark an den natürlichen Gemeinschaftsgütern der Menschheit [...]. Alles, was die Welt zu bieten hat [...], können sie mit ihrem Geld aus jedem Winkel der Erde beziehen. Die Armen aber knabbern, für sie selbst viel bedrohlicher, an den ihnen nahe liegenden Grundlagen ihrer eigenen Ernährung und Gesundheit; sie ziehen sich sozusagen selbst den grünen Teppich unter ihren Füßen weg. Sie pressen Boden, Wasser, Wald in ihrer Umgebung so weit aus, bis diese immer weniger hergeben und schließlich, im schlimmsten Fall, eine unbrauchbare Mondlandschaft zurückbleibt. [...]

(Dietrich Jörn Weder: Umwelt. Bonn, Bundeszentrale für Politische Bildung 2003, S. 59 ff.)

1. Welche Folgen der Überbevölkerung werden beschrieben?
2. Worin sieht der Autor das Hauptproblem?

Endogene Ursachen der Unterentwicklung

▶ QUELLE 4

Die Bevölkerungsbewegung, insbesondere die Geburtenquote, stellt einen der wichtigsten Unterschiede zwischen den Industrienationen und der Dritten Welt dar. [...] Die europäische Bevölkerung ist weder im 19. noch im 20. Jahrhundert je mit der gleichen Schnelligkeit gewachsen wie die überseeische, weil in Europa sehr bald nach der Senkung der Sterblichkeit auch die Geburtlichkeit zu sinken begann. [...] Bevölkerungswachstum und Bevölkerungsdichte sind für einen erheblichen Teil der Entwicklungsländer [...] entscheidende Faktoren für ihr Verharren in Armut. [...] Der Einfluß des Westens hat bisher am meisten zur Ausrottung der Krankheiten beigetragen. Damit hat er aber das Problem der Überbevölkerung noch verschärft. Für eine moralische Betrachtung des Einflusses des Westens auf den Rest der Welt muß es einen unauflöslichen Widerspruch bilden, daß der humanste dieser Einflüsse, die Verbesserung von Hygiene und Medizin, zugleich am meisten zur Aufrechterhaltung der wirtschaftlichen Nöte dieser Länder beigetragen hat. Je mehr Menschen am Leben erhalten werden können, desto stärker wächst der Druck auf die Subsistenzmittel dieser Regionen. Keine *imperialistische Ausbeutung* von Rohstoffen, keine Handels- und Produktionsumlenkung durch Anpassung an die Bedürfnisse dominierender Industrieländer, keine Investitionsentscheidung multinationaler Unternehmen kann einen ähnlichen tiefgehenden Einfluß auf die Entwicklungsländer ausüben. [...]
Überbevölkerung, d. h. zu dichte Besiedlung im Verhältnis zur landwirtschaftlichen Nutzfläche, und zu geringe Produktivität der Landwirtschaft sind die Hauptursachen der Armut.

(Wolfram Fischer: Die Weltwirtschaft im 20. Jahrhundert. Göttingen, Vandenhoeck & Ruprecht 1979, S. 53 ff.)

1. Worin sieht der Autor die Ursache für die Unterentwicklung der Dritten Welt?
2. Worin bestehen seiner Meinung nach die wichtigsten Unterschiede zwischen der europäischen Bevölkerungsentwicklung des 19. Jahrhunderts und der gegenwärtigen in den Entwicklungsländern?

▶ QUELLE 5 Exogene Ursachen der Unterentwicklung

Die klassische Streitfrage, ob interne oder externe Bedingungen entscheidend gewesen sind, wäre als Entweder-Oder-Frage falsch gestellt. Die Zunahme der Bevölkerung, die Steigerung der agrarischen Produktivität, die Akkumulation von Kapital sowie, worauf kürzlich verstärkt verwiesen wurde, die Herausbildung ländlicher, verdichtet besiedelter Räume mit Protoindustrialisierung – all dieses gehört zu dem Bündel von Entstehungsbedingungen der neuen Gesellschaftsformation. Der Zwangsbeitrag der Dritten Welt – die billige Arbeit der Sklaven (und auch der schollenpflichtigen Bauern in Osteuropa), die großen Mengen an Edelmetall, preiswert erworbene Güter, die mit politischer Gewalt durchgesetzte Zuordnung der außereuropäischen Märkte –, dieser Zwangsbeitrag war jedoch eine conditio sine qua non, eine der notwendigen Voraussetzungen für den industriellen Kapitalismus. Daß die Dritte Welt arm wurde, war eine der Voraussetzungen dafür, daß die Erste Welt reich wurde.
Ein mitentscheidender Grund für das Scheitern vieler Länder der Dritten Welt bei der nachholenden Industrialisierung war jedoch die Politik der Kolonialmächte, welche diese Länder oft aktiv „unterentwickelte". Auch hier bietet Indien ein eindringliches Beispiel. Nach 1800 überschwemmte die englische Tuchindustrie den indischen Markt mit industriell hergestellten Tuchen und ruinierte das einheimische Gewerbe. Lange Zeit war es verboten, die Maschinen für Textilfabriken aus England zu exportieren. Als indische Unternehmer endlich darangehen konnten, eigene Textilfabriken zu gründen, erhob die britische Kolonialregierung besondere Abgaben vom indischen Tuch, um die Konkurrenzfähigkeit der indischen Fabrikanten zu mindern.
Die damals von der britischen Kolonialregierung geförderte Unterentwicklung Indiens hat das Land auch nach der Unabhängigkeit 1947 nicht überwinden können. 1947 war der Abstand zwischen Mutterland und ehemaliger Kolonie schon so groß geworden, daß zumindest die bisherigen Regierungen nicht dazu beitragen konnten, ihn zu mindern – der Abstand wird vielmehr fortlaufend größer.

(Hans-Heinrich Nolte. In: Geschichte in Wissenschaft und Unterricht. Nr. 1/1981, S. 31 ff.)

1. **Nennen Sie die „Entstehungsbedingungen der neuen Gesellschaftsformation".**
2. **Wie begründet der Autor seine These, viele Länder der Dritten Welt seien von den Kolonialmächten aktiv „unterentwickelt" worden?**

▶ QUELLE 6 Armutsbekämpfung durch Entwicklungshilfe

[D]ass der direkte Angriff auf Armut mit entwicklungspolitischen Maßnahmen [ist] mit hoher Wahrscheinlichkeit überflüssig. Empirische Studien zur Armutswirksamkeit von einzelnen Projekten [...] sind in der Regel zu vorsichtigen bis negativen Urteilen gekommen: Das politische Umfeld erweist sich in der Regel als entscheidendes Hindernis. Eliten verstehen es [...] ausgezeichnet, sich die Früchte von gar nicht für sie bestimmten Projekten zu sichern. Das gilt auch für lokale Eliten. Der indirekte Weg des Angriffs auf die Armut dürfte bei weitem vorzuziehen sein. In Ländern mit guter makroökonomischer Politik hilft Entwicklungspolitik bei Wirtschaftswachstum, und dieses dürfte dazu beitragen, dass immer mehr Arme Zugang zu Schulen, Gesundheitswesen und Beschäftigungsmöglichkeit gewinnen und damit die Armut reduziert wird. Die Ausrottung der Armut jedenfalls, auch wenn sie als Ziel im Auge behalten werden sollte, ist ein zu hoch gestecktes Ziel. Bei alledem sind [...] institutionell und wirtschaftspolitische Verbesserungen wichtiger als Geld – gleichgültig, was die in diesem Bereich tätigen Nichtregierungsorganisation sagen.

(Jürgen H. Wolf. In: Aus Politik und Zeitgeschichte, Nr. B9/2000, S. 31)

Was könnte mit institutionellen und wirtschaftspolitischen Verbesserungen gemeint sein?

Entwicklungshilfe und Verschuldung

▶ QUELLE 7

Um eine ausgeklügelte ethno-regionale Balance aufrechtzuerhalten und die wachsenden Bedürfnisse der Begünstigten zu befriedigen, wächst der Bedarf an Ressourcen kontinuierlich. Klientelismus untergräbt damit die Leistungsfähigkeit des Staates und verhindert sozialen Wandel.
Eine kritische Betrachtung verdient in diesem Kontext die Rolle der Entwicklungshilfe. Sie konnte in der Vergangenheit – bei allen unbestrittenen Erfolgen im Bereich der Grundbedürfnissicherung – in vielen Fällen durchaus als überlebensnotwendige Infusion für den Klientelismus interpretiert werden. Für die Regierungen des Südens war die fortlaufende Finanzierung durch externe Geber wichtiger als die Verantwortlichkeit gegenüber der eigenen Bevölkerung. In manchen Fällen lässt sich sogar nachweisen: Machteliten verhalten sich letztlich rational, wenn sie in ihren Ländern weder Entwicklung fördern noch Armut bekämpfen – erhalten sie sich damit doch die Voraussetzung für den Zufluss weiterer Geber-Gelder.

(Tobias Debiel: Haben Krisenländer noch eine Chance? In: Aus Politik und Zeitgeschichte, Nr. 13–14/2003, S. 16)

1. **Welche Hindernisse sieht der Autor für den sozialen und wirtschaftlichen Wandel?**
2. **Warum ist seiner Ansicht nach Entwicklungshilfe oft kontraproduktiv?**

Sustainable Development – dauerhafte Entwicklung

▶ QUELLE 8

Die Zielvorstellung einer „dauerhaften Entwicklung" ist grundsätzlich ökologischer Natur und setzt zweierlei voraus. Erstens impliziert der Begriff, daß es auch solche Entwicklungsziele und -wege gibt – womit natürlich die tatsächlich verfolgten gemeint sind –, die nicht auf Dauer bestehen können, weil sie über kurz oder lang die ökologischen Grundlagen von Teilregionen oder sogar der Erde insgesamt zu zerstören drohen. Zweitens wird „Entwicklung" als Ziel aber keineswegs aufgegeben, und dies bedeutet, wenn der Begriff nicht in sich widersprüchlich sein soll, daß eine andere als die bisher verfolgte, nämlich eine ökologisch und sozial dauerhafte Entwicklung denkbar und realisierbar sei.
Im Begriff der dauerhaften Entwicklung sind also zwei Thesen enthalten, die bis heute andauernde und teils heftige Kontroversen ausgelöst haben. Sie lauten im Klartext:
Erstens: Das seit der Nachkriegszeit vorherrschende Modell einer weltweiten Industrialisierung nach dem Produktions- und Konsumtionsmuster der Industrieländer ist – von anderen, z. B. ethischen und politisch-gesellschaftlichen Kritikpunkten einmal abgesehen – aus ökologischen Gründen nicht realisierbar.
Zweitens: Eine „andere Entwicklung", nicht nur für die Entwicklungsländer, sondern auch für die Industrieländer, ist dringend erforderlich und auch grundsätzlich machbar.

(Hans-Jürgen Harborth: Dauerhafte Entwicklung statt globaler Selbstzerstörung. Berlin, Ed. Sima 1991, S. 7 f.)

1. **Welchen Ansatz zur Entwicklungshilfe-Politik vertritt der Autor?**
2. **Nehmen Sie zu den zwei Thesen zur dauerhaften Entwicklung Stellung.**

Spiegel-Redakteur Harald Schumann zur „Liberalisierung"

▶ QUELLE 9

Der IWF [Internationale Währungsfonds] und die amerikanischen und europäischen Regierungen drängen in den weniger entwickelten Ländern stets massiv auf eine Liberalisierung und Öffnung der internen Märkte. Nur dadurch, so die Verheißung, könne eine aufholende Entwicklung gelingen. In Wahrheit hat sich diese Entwicklung bis heute noch in keinem einzigen Fall erfüllt. Es lässt sich schlicht kein Land finden, wo durch Handelsliberalisierung Entwicklungsfortschritte erzielt worden wären. Stattdessen trat überall das Gegenteil ein: Fast immer war eine häufig ineffiziente und auch staatlich schlecht verwaltete Industrie nicht wettbewerbsfähig. [...] Das ist aber nur die eine Seite.
Die andere Seite ist: Die Liberalisierung fand und findet bis heute einseitig statt. Für die wichtigsten Exportprodukte des Südens, Agrarprodukte und Textilien, sind die Märkte entweder quotiert oder ganz gesperrt. [...] Vom freien Handel kann also keine Rede sein. Im Gegenteil: das schon bestehende Protektionssystem wurde mithilfe der Welthandelsorganisation sogar noch perfektioniert: durch

den Schutz der Patente. 90 Prozent des technologischen Wissens sind in Form von Patenten im Norden gebunden.

(Harald Schumann, in: Aus Politik und Zeitgeschichte, Heft B 13–14/2003, S. 26 f.)

1. Welche Einseitigkeiten prangert der Autor an?
2. Warum kann von einer echten Liberalisierung kaum gesprochen werden?
3. Worin besteht die besondere Benachteiligung der Entwicklungsländer?

▶ QUELLE 10 Der ehemalige deutsche Botschafter in Ägypten, Martin Elsasser, zur deutschen Entwicklungshilfe

[E]ine ganz wichtige Gruppe von Profiteuren der Entwicklungshilfe [ist] das Heer der freischaffenden „Consultants", welche im Auftrag der deutschen Bürokratie an jedem Projekt mit Machbarkeitsstudien aller Art stattliche Honorare einstreichen. [...] Bis schließlich nach vielen Jahren ein Projekt „reif" erschien, waren abermals Machbarkeitsstudien fällig, da die Budgetierung durch Zeitablauf oder technische Voraussetzungen überholt war. [...] Dieses absurde und teure Spiel, bei dem am Ende die deutsche Seite fast genauso viel profitiert wie das Entwicklungsland selbst, bedarf schon seit Jahren einer grundsätzlichen Änderung. Sie wird jedoch von den zahllosen Interessentengruppen auf beiden Seiten verhindert. Wenn der deutsche „Gutmensch" denkt, mit seinen Steuermitteln in der Entwicklungshilfe etwas Gutes zu tun, sollte er doch einmal etwas näher hinsehen.

(Martin Elsasser. In: Frankfurter Allgemeine Zeitung vom 03.12.2007, S. 13)

1. Wen meint der Verfasser mit den Profiteuren?
2. Warum lässt sich das von ihm kritisierte System so schwer ändern?
3. Weshalb sind Zahlenangaben über die Höhe der Entwicklungshilfe irreführend?

▶ QUELLE 11 Aus einem Leitartikel in der „Frankfurter Allgemeinen Zeitung" zum Thema Entwicklungshilfe

Wer da was mit welchem Geld macht, ist nicht mehr zu überblicken. Was tat eigentlich eine Organisation namens „Veterinäre ohne Grenzen" 2003 im liberianischen Krieg, wo es doch in Liberia weder Viehherden noch Haustiere gab, weil sie alle geschlachtet und verzehrt worden waren? Es gibt mittlerweile „Hilfsorganisationen", die nichts anderes tun, als anderen Hilfsorganisationen die Logistik zu stellen. [...] Diese Mitarbeiter sitzen ständig in „Meetings" zusammen, in denen sie darüber beratschlagen, wer wann wie viele Lebensmittel zu den Hilfsbedürftigen schaffen und das Interesse der Fernsehteams wecken kann. Wer dies über Jahre beobachtet, fragt sich irgendwann, worum es diesen Helfern in Wahrheit geht: um die Bedürftigen oder um ein gewöhnliches Geschäft? Die Internationale der Hilfsorganisationen ist längst zu einer Branche geworden, in der es wie in jeder anderen um Umsatz und Ergebnis geht: Umsatz in Form von Spendengeldern, Ergebnis in Form von Medienpräsenz – die wiederum neue Spendengelder generiert. Die Sprecherin einer großen deutschen Hilfsorganisation antwortete einmal auf die Frage, wie es ihr gehe, ganz unverblümt: „Ach, wir könnten eine neue Katastrophe gebrauchen."

(Thomas Scheen: Vor allem ein Geschäft. In: Frankfurter Allgemeine Zeitung vom 13.11.2007, S. 1.)

1. Was ist nach dieser Darstellung das Hauptziel der Hilfsorganisationen?
2. Nehmen Sie Stellung zur Aussage der „Helferin" im letzten Satz des Beitrages.
3. Angenommen, alle großen Probleme der Entwicklungsländer wären gelöst: Was wäre die Folge für diese Organisationen?

AUFGABEN

1. Stellen Sie die Gegensätze zwischen den reichen und den armen Ländern der Welt einander tabellarisch gegenüber.

2. Besuchen Sie eine NRO-Gruppe (Adressen sind im Internet erfahrbar) und berichten Sie davon in Ihrer Klasse.

3. Laden Sie einen ehemaligen Entwicklungshelfer in Ihre Klasse ein und lassen Sie ihn von seinen Erfahrungen berichten. Bereiten Sie sich gezielt auf diese Expertenbefragung vor.

4. Diskutieren Sie das Pro und Kontra, sich selbst für zwei Jahre als Helfer im Entwicklungsdienst zu verpflichten.

5. Vergleichen Sie die Probleme der Bevölkerungsschrumpfung (siehe Teil B, Kap. 1) mit denen des Bevölkerungswachstums in der Dritten Welt.

HOT Grundlegende Arbeitstechniken und Methoden 15:

Mindmapping

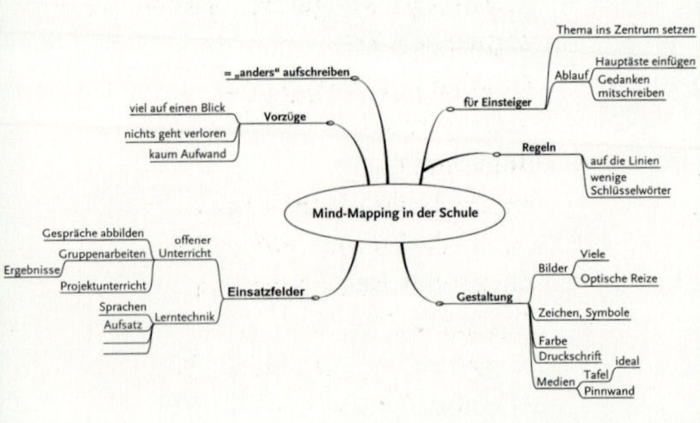

Der englische Psychologe Tony Buzan gilt als der Erfinder der Methode des Mindmapping, die am ehesten mit „Gedanken-Landkarte" übersetzt werden kann. Er machte sich wichtige Erkenntnisse der Gehirnforschung zunutze, die u. a. besagen, dass die beiden Gehirnhälften ganz unterschiedliche Aufgaben auf völlig verschiedene Weise bearbeiten: Die linke Gehirnhälfte gilt als das Zentrum des analytischen Denkens; hier werden z. B. auch die Sprachfunktionen gesteuert. Diese Gehirnhälfte ist für das rationale, logische Denken zuständig und wird – vereinfacht gesagt – vor allem bei den Menschen stark beansprucht, die mit Zahlen arbeiten, die linear denken und ordnen und die eine klar definierte Reihenfolge und eine gewisse Routine bevorzugen.

Die rechte Gehirnhälfte gilt dagegen als Quelle der Kreativität. Mit ihr werden eher Bilder, Farben und globale Muster verarbeitet. Sie gilt als die intuitive Seite, die das Ganze und die Zusammenhänge präsentiert.

Die rechte Gehirnhälfte wurde immer als die untergeordnete, als die weniger wichtige erachtet, weil z. B. die Verletzung der linken Gehirnhälfte oft viel schwerere Folgeschäden zeitigte als eine Verletzung der rechten. Auch wurden in der Schule, im Berufs- und Geschäftsleben immer die durch die linke Gehirnhälfte vermittelten Fähigkeiten höher eingeschätzt. Das Kreative, Künstlerische, auch Träumerische wurde dagegen lange Zeit als untergeordnet gesehen.

Doch ist es inzwischen unbestritten, dass fast jeder Mensch zwar durchaus von einer Gehirnhälfte dominiert wird, dass er aber ohne Weiteres auch das häufig brachliegende Potenzial der anderen aktivieren und daraus viele Vorteile ziehen kann.

Eine Konsequenz aus diesen Erkenntnissen ist nun die Mindmapping-Methode, die eine gleichwertige und -berechtigte Nutzung beider Gehirnhälften erlaubt. Zum einen werden zwar nach wie vor Notizen, z. B. in Form von Stichworten oder Kurzsätzen, gemacht, wofür in erster Linie die linke Gehirnhälfte zuständig ist. Zum anderen werden diese Notizen, Gedanken, Assoziationen aber auch bildlich dargestellt, auf einer „Landkarte" ausgebreitet und mit Bildern und Symbolen versehen, die sich gut einprägen lassen.

Mindmaps sind fast grenzenlos einsetzbar, z. B. zur Vorbereitung eines Referats.

Obwohl die Mindmapping-Methode jede Freiheit lässt und zum kreativen Gestalten auffordert, gibt es doch ein paar Grundregeln, die Sie beachten sollten:

- Verwenden Sie Papier stets im Querformat, weil sich auf diese Weise mehr Informationen übersichtlicher unterbringen lassen.
- Beginnen Sie nach Möglichkeit mit einem farbigen Bild oder Symbol in der Mitte.
- Platzieren Sie die Hauptinformationen auf den Hauptästen, die Nebeninformationen auf den Nebenästen.
- Besetzen Sie einen Ast nach Möglichkeit nur mit einem Wort oder einem Begriff.
- Zeichnen Sie die Linien gebogen und organisch, um so auch die Möglichkeit des „Wachsens" zu betonen.
- Gehen Sie bei der Gedankenfolge immer vom Allgemeinen zum Speziellen.
- Verdeutlichen Sie die zentralen Gedanken durch Symbole, Bilder und Farben, weil Sie so das Erinnerungsvermögen steigern können.

Personen- und Sachwortverzeichnis